中国企业管理研究会年度报告 **（2012～2013）**

中国企业管理研究会
中国社会科学院管理科学与创新发展研究中心 编

管理学百年与
中国管理学创新

经济管理出版社
ECONOMY & MANAGEMENT PUBLISHING HOUSE

图书在版编目（CIP）数据

管理学百年与中国管理学创新：中国企业管理研究会年度报告：2012~2013/中国企业管理研究会，中国社会科学院管理科学与创新发展研究中心编. —北京：经济管理出版社，2013.10
ISBN 978-7-5096-2695-5

Ⅰ.①管… Ⅱ.①中… ②中… Ⅲ.①企业管理—中国—文集 Ⅳ.①F279.23-53

中国版本图书馆 CIP 数据核字（2013）第 245206 号

责任编辑：勇　生等
责任印制：杨国强
责任校对：超　凡

出版发行：经济管理出版社
　　　　　（北京市海淀区北蜂窝 8 号中雅大厦 11 层　　100038）
网　　　址：www. E-mp. com. cn
电　　　话：（010）51915602
印　　　刷：北京晨旭印刷厂
经　　　销：新华书店
开　　　本：880mm×1230mm/16
印　　　张：39
字　　　数：1100 千字
版　　　次：2013 年 11 月第 1 版　　2013 年 11 月第 1 次印刷
书　　　号：ISBN 978-7-5096-2695-5
定　　　价：198.00 元

《管理学百年与中国管理学创新》

编委会主任： 陈佳贵

编委会委员（按姓氏笔画排列）：

王天义	王煌今	朱有志	刘如军	关锡友	杜自弘	李维安
吴照云	张兆东	张国有	郑文平	郑海航	赵纯均	施建军
党兴华	徐二明	高　闯	席酉民	黄速建	黄群慧	傅育宁
廖元和						

主　编： 陈佳贵

副主编： 黄速建　黄群慧　王　钦　刘建丽

作　者（按姓氏笔画排列）：

丁　敏	马钦海	亢　娜	王丹丹	王书林	王关义	王　芳
王性玉	王　昇	王　钦	王健聪	王　涛	王铁男	王　楠
王碧英	邓子纲	邓兴华	韦邦荣	务　凯	占小军	卢光莉
卢　锐	刘中刚	刘宝宏	刘建丽	刘建花	刘湘丽	刘新仕
刘锦英	吕　源	孙明贵	孙健敏	纪光欣	许英杰	许晓明
许　晟	吴照云	宋丽丽	张小宁	张文琪	张可军	张四一
张永军	张　刚	张国政	张建宇	张欣瑞	张英华	张金昌
张洁梅	张　莹	李光亚	李　芊	李治堂	李　晶	李新功
杨松贺	杨俊青	杨爱元	杨　茵	杨　慧	杨蕙馨	肖红军
苏雪梅	邱　红	陈　梅	陈超然	周发明	周阳敏	林汉川
林洲钰	武　龙	罗　吉	罗明新	涂云咪	胡国栋	胡彦斌
胡　铭	赵　君	赵剑波	党兴华	原伟泽	徐二明	郭　英
郭　勇	郭　锴	陶晓波	高日光	高良谋	屠巧平	曹元坤
盛昭瀚	谌飞龙	彭　宇	温　珂	董　燕	谢周亮	廖元和
熊胜绪	蔡　翔	霍春辉	魏成龙	魏剑锋		

序 言

管理学百年与中国管理学创新发展

陈佳贵[*]

1911 年，以泰罗制为代表的古典科学管理理论的出现具有划时代的意义，从此理性开始代替经验，管理学作为一门科学开始登上历史舞台。此后，管理科学不断随着时代而发展，新观点、新方法、新工具不断出现，逐渐形成了"管理理论丛林"。管理思想和管理理论在不断演变中逐渐得以丰富和发展。

管理学经过百年发展形成了巨大的知识积累，这些管理知识如何能够为中国管理学创新提供有效的经验和借鉴，中国管理学又如何结合中国文化和社会情景进行创新发展，这些问题是我们中国管理学者所关注的焦点。

一、"持续创新"是管理学百年发展的主要特征

回顾管理学百年的发展历程，有研究者认为整个管理学的百年发展史可以分为四个阶段：第一阶段是科学管理阶段；第二阶段是人际关系与行为科学理论阶段；第三阶段是"管理丛林"阶段；第四阶段是以企业文化理论等为标志的"软管理阶段"。这四个阶段的划分虽可商榷，但基本反映了百年管理学从"以物为本"到"以人为本"的基本路径，反映了人类根据社会环境的变化，在"控制"和"自由"之间寻求平衡的过程，是一个"持续创新"的发展过程。

在"科学管理阶段"，管理理论的着重点主要就放在通过对工人动作、行为的规范，以科学的工具和科学的方法来提高劳动效率。科学管理最重要的成果就是发现并界定了"管理工作"，明确了"管理工作"的中心任务就是"提升效率"，目标、指令与控制成为管理工作的主要内容。"责任"意识成为科学管理阶段人们观念变革的起点。泰罗（1911）曾指出，"除非工人们从思想上对自己和雇主的责任问题发生了完全的革命，除非雇主们对自己工作和工人们的责任认识发生了完全的思想革命，否则，科学管理不能存在，科学管理也不可能存在"。可以说，福特制是这一阶段最为典型的管理实践基础。

---

* 陈佳贵（1944 年 10 月~2013 年 2 月 2 日），四川岳池人。中国社会科学院原副院长、学部委员、研究员、博士生导师，经济学部主任，第十届、第十一届全国人大常委。

在"人际关系和行为科学理论"阶段，更偏重于对管理行为本质的思考，并将工作场所视为一个社会系统。管理者为追求效率使用的管理方法，都与组织中对人的关心相联系，将员工放在"社会系统"中去思考，更加重视对于"人"的研究，成为这一阶段管理学发展的一个特征。这一时期的代表人物梅奥，就是1926年洛克菲勒基金会为哈佛大学工业心理委员会提供资助项目中的一个成员，这个项目的中心议题，就是要回答"人们工作为了什么？如何激励人进行工作？影响人们心理和工作效率的因素是什么？"这样一系列问题（克雷纳，2003）。霍桑试验就是这个项目中的一项内容。在这个时期，虽然人类依然在享受着科学管理的成果，"控制"依然是管理的重要职能，但是对于"人"的研究，以及"人类自由"的追求，已经进入管理学研究的视野。马斯洛、赫茨伯格和麦格雷戈等学者都在探索着关于人的认识，对人的需求、人的激励因素和人的基本假设成为他们关注的焦点。

随后的"管理丛林"阶段，各种管理理论纷呈。管理过程学派、管理决策学派、经验主义学派、行为主义学派、社会系统学派、管理科学学派、权变主义学派、经理角色学派，等等，这些理论纷纷登上了管理学的舞台，对管理行为从不同视角下进行探索和研究。虽然对于管理学派之前的分歧的讨论以及是否存在"管理丛林"的争论从来没有停止过。但是，对于"人性"的研究、对于组织系统的范围研究以及组织内外部环境适应性的研究都成为这一阶段关注的焦点。研究者基本上都是以科层组织作为管理行为发生的基本组织背景。在这一阶段，通用公司的事业部制、丰田生产系统，都是管理学发展实践的基础。

20世纪80年代，以"企业文化理论"、"学习型组织"理论等为代表的"软管理阶段"，则是与技术和社会变化密切相关的。随着互联网兴起和知识经济的产生，人力资本在企业竞争中的作用日益凸显，管理学的发展趋势转向更注重于无形的组织文化氛围、组织框架内的成员学习、组织能力建设以及更深层次的价值观塑造。对于如何激发员工内心的追求，如何使员工成为创新者，如何提升组织适应能力等这些问题，都成为管理学研究的重点。在这一阶段，可以说是一个管理实践百花齐放的时代，崭新的、优秀的企业快速涌现。在快速变化、不确定性明显增强的环境下，明天会是怎样的呢？同样，给管理学研究带来了极大的挑战，管理实践者也在进行着持续的创新。因此，概括来讲，管理学百年发展的主要特征就是"现实不断发展，理论持续创新"。

二、中国管理学百年发展的三个阶段

根据中国近现代企业的发展历程，可以大致把中国管理学分为三个阶段：

第一阶段：1949年前的"管理学萌芽"阶段。在这一阶段，随着国内民族企业发展，开始引入西方企业管理的思想，但是还保留了一些东方传统。例如，民国时期的棉纺专家穆藕初，曾几次拜访过被后人尊称为"科学管理之父"的泰罗，1916年中华书局出版了由穆藕初翻译的泰罗的著作《科学管理原理》。此外，还有张謇在南通、荣氏兄弟在无锡创建民族企业，卢作孚创办民生公司、侯德榜等人创建纯碱厂等。这些人大都抱有"实业救国"的思想，强调"洋为中用"、"中学为体，西学为用"。在这一阶段，中国企业管理除了在提升企业效率方面做了大量的努力之外，在处理劳资双方关系、企业和社会关系等方面都做出了很多创新。

第二阶段：1949~1978年的"管理学初步形成"阶段。在这一阶段，我国社会主义企业管理学初步形成，并建成了独立的、比较完整的社会主义工业体系和国民经济体系。20世纪50年代，我国企业管理主要以学习借鉴苏联模式为主，在全国范围内系统引进了苏联的整套企业管理制度和方法，强调集中统一领导，推行苏联的"一长制"模式和《马钢宪法》，在计划管理、技术管理、经济核算制等方面奠定了生产导向型管理的基础。20世纪60年代初开始，为克服照抄照搬苏联管理方法的缺点，针对管理学存在的问题，结合国情，我国开始探索与建立社会主义企业管理模式，"鞍钢宪法"、《工业七十条》就是当时最具有代表性的成果。可以说，借鉴苏联模式，从管理实践出发，创新发展本土模式成为这一阶段管理学发展的重要特征。同时，需要指出的是，在这一阶段，企业并不是一个市场主体，属于生产型管理模式。因此，中国管理学语境更多的是具有"计划经济"的特色，更多涉及的是生产计划管理、班组建设、安全管理等方面的内容。

第三阶段：1979年至今的"融合发展与创新"阶段。从1979~1992年，我国企业管理模式开始从生产型转向生产经营型，学习国外管理学知识的重点从苏联转向美、日、欧等发达国家，管理学在学科建设、学术研究、教育培训等方面都有很大发展，我国管理学进入全面"恢复转型"阶段。1983年，袁宝华提出我国企业管理理论发展的16字方针："以我为主，博采众长，融合提炼，自成一家"，为建立有中国特色的管理理论和管理模式指明了方向。在1992年之前，主要是以引进和学习国外先进经验和方法为主。1992年以后，在社会主义市场经济条件下中国管理学发展更加强调"两个注重"，即注重对先进理论的引进，注重中国经济体制改革的特殊国情。在管理学研究方面，我国学者开始追踪国外管理学研究前沿，国际管理学权威期刊逐渐为国内学者所熟悉。中国管理学研究的规范性得以增强，实证研究方法受到重视，越来越多的管理学研究成果发表于国外顶级学术期刊。中国管理学发展同样离不开管理实践的发展，一些中国企业的优秀管理实践也逐步走进了一流国际商学院的案例库。例如，海尔的"休克鱼"、"人单合一双赢管理模式"、"自主经营体"等案例。可以说，中国企业实践也越来越多地吸引了国外学者的关注。总体上，这个阶段是一个管理学学科体系不断完善、研究水平不断提高、研究成果不断创新的阶段。

三、未来中国管理学创新发展面临的挑战

在人类工业化进程中经历了两次工业革命。第一次工业革命的标志是英国"纺织机"的出现，"纺织机"的使用使工业生产组织实现从手工作坊向工厂的转变。这次转变的背后是以煤炭为能源基础，以蒸汽机为动力基础。第二次工业革命的标志是"福特流水线"的出现，"福特制"促使工业的大规模生产组织方式得到迅速普及。它的背后是以石油为能源基础，以内燃机作为动力基础。目前，新技术范式正在加速形成，大数据、智能制造、3D打印机等新技术正在加速应用，使"第三次工业革命"的轮廓更加清晰。"数字化、智能化和定制化"的制造成为"第三次工业革命"的一个重要特征，大规模定制将成为未来主要的生产组织方式。

"第三次工业革命"将带来一场颠覆性的变化。对"第三次工业革命"的理解不应局限在技术基础、生产组织方式和生活方式变革方面，更深层次的是制度和管理方式的变革，是资源配置机制的变革。前两次工业革命出现了工厂制和现代公司制，未来是否会有新的企业制度出现？大型企业是当下经济生活的领导者，今后我们又需要什么样的商业组织？金字塔的科层组织还能够适应未来的发展吗？企业和消费者之间还仅仅是生产者和购买者的关系吗？未来员工与企业之间关系又会是怎样？

以大数据、智能制造和无线网络为代表的新技术范式正在激发企业组织、制造模式和商业生态等一系列管理变革（王钦，2013）。企业组织将从扁平化真正走向网络化。进入大数据时代，海量数据搜集、存储和处理变得轻而易举。企业能够迅速发现、合并、管理多种数据源，这将使管理预测准确性进一步提高，内部组织协调成本大大降低，为企业组织网络化发展创造条件，"层级组织"正在被"节点网状组织"所替代。智能制造正在加速深入推进。除了供应链管理领域自动

化技术和信息系统正在广泛应用外，计算机建模、模拟技术和全新的工业设计软件等数字制造技术正在加速推广，工业设计理念和流程都在加速变化。人工智能在工业领域快速应用，新的工业制造系统具备了自决策、自维护、自学习甚至自组织的能力。商业生态正在发生重构。企业将处于一个全新的商业生态之中。消费者具有了更大的选择权和更强的影响力，对价值体现的要求更高；企业与企业之间交易成本的降低以及客户对响应速度的要求提高，促使企业从追求内在一体化转向合作制造、社会制造；企业内部对透明度的要求越来越高，对部门或团队间协同的即时性要求更高，节点、节点连接和动态组网成为必需；员工对公平性和价值观的追求更高，雇佣关系已经不是企业和员工间关系的全部。

四、中国管理学创新发展需要正确处理的三个关系

一是正确处理理论引进和本土现实的关系。西方的管理学思想和方法为中国管理学提供了研究基础，中国的企业家和管理研究学者从中学习了很多。但是，单纯的理论引进还不能够满足本土现实的需要。中国是制造业大国，但是我国制造业面临着产业创新不足、劳动力成本提高等问题，传统制造业发展模式已越来越难支持制造业的发展。需要实现具有中国本土特征的管理理论和实践创新，从而提升中国企业的创造力和竞争力。在中国管理学未来的发展中，既要立足区域特征和制度特点，也要辅以严谨的方法论支撑和大规模的经验研究，使中国管理学研究既在国际上受到认可，又具有强有力的解释问题和解决问题的能力。

二是正确处理基础理论研究和现实热点研究的关系。在管理学研究领域，新概念层出不穷，概念快速引入，但是基础理论研究重视不够。其中一个典型现象是，在商学院的教学、研究中战略、组织、文化一类课程受到重视的程度较高，而对于生产运营、技术创新等课程的关注程度就没有那么高。一些新的管理概念，例如蓝海战略、长尾战略、基业长青等迅速受到业界和学者的关注，但是人们在关注这些热点的同时，还需要重视基础理论层面的研究，还应该进一步强调加强企业基础管理工作。

三是正确处理学院型教育和实践型教育的关系。1990年，MBA教育获得国务院学位委员会批准，我国九所大学开始试办MBA。经过20多年的发展，MBA教育有了长足发展，为经济发展做出了贡献。但在实际发展中，"学院型"教育的色彩较为浓厚，"实践型"教育的特色还显不足。作为专业学位教育，强调的是如何以解决实际问题为中心开展教育。MBA教育如何做到真正面向企业、贴近实践将是未来必须思考和回答的一个问题。

总之，中国经济快速发展的背后是中国丰富的企业实践，这为管理学理论研究提供了广袤和肥沃的土壤，为国际学术话语体系中"中国元素"的丰富提供了历史机遇。可以预见，未来的中国管理学研究将会更加丰富多彩，也将会更加国际化。

【参考文献】

［1］陈佳贵等：《中国管理学60年》，中国财政经济出版社，2009年。

［2］陈佳贵：《把握世界发展趋势，加快中国管理学创新》，在"管理学百年与中国管理学创新"学术研讨会暨中国企业管理研究会2012年年会的讲话。

［3］斯图尔特·克雷纳：《管理百年：20世纪管理思想与实践的批判性回顾》，海南出版社，2003年。

［4］王钦：《第三次工业革命引发管理变革》，《人民日报》（理论版），2013年1月7日。

目　录

第三篇　公司治理与财务管理

第四篇　组织行为与人力资源管理

第五篇　品牌管理、社会责任与可持续成长

第六篇　产业集群与技术创新

总　论

管理学百年与中国管理学创新：理论深化与实践创新

　　管理学诞生于 20 世纪初，迄今已经走过了百年历程。其间，在理论研究者和管理实践者的共同努力下，新的管理模式不断涌现，管理学理论不断丰富，管理学学科体系逐渐完善，形成了理论与实践互动发展的良好格局。尽管西方管理理论带动了中国管理理论和实践的蓬勃发展，但是，中国特殊的管理情境不断涌现出新的实践问题，迫切需要管理学中国化的创新与突破，从而为中国本土企业提供更加有效的理论指导。这是时代赋予中国管理理论研究者和企业管理实践者的重要使命。

　　随着大数据时代的到来，世界经济格局和国际产业分工格局加速重构，产业技术范式孕育着革命性的变革，管理学也迎来了实践和理论创新的重大历史机遇期。在这一背景下，哪些管理思想、管理学基本理论历久弥新，需要人们倍加关注；哪些管理学理论、研究范式随着环境的变迁，需要作出调整和创新，以适应新的环境；职能管理的哪些方面需要继续探索、创新，以适应中国特殊的管理情境。这些问题既是现实中不可回避的，也是理论研究者所需要关注的。本研究报告以历史的和现实的眼光，审视中国管理学发展问题，以期对这些问题进行探讨并有所启迪。

一、管理理论发展与学科建设

　　面对国际、国内环境的迅速变迁，企业管理理论在许多领域都亟待创新，以解决企业在新的市场环境和新的技术范式下的运营效率问题。相应地，学科建设也面临全新的挑战，以适应新环境、新情况、新需求。学者们针对不同的研究方向，总结或探讨了创新的方向及可能性。本研究报告第一篇主要围绕三个方面展开：一是企业管理研究动态；二是传统管理思想与现代企业管理；三是企业管理学科建设。

（一）企业管理研究动态

　　王钦等在"不确定环境下的企业管理研究新进展"一文中指出，中国企业发展面临的市场和技术不确定性日益增强。一是面对国际市场环境的不确定，原来依靠"低成本制造"为主导的出口模式不能为继；二是面对新兴技术发展的不确定，新兴产业企业发展面临着市场培育和技术转化的双重风险；三是面对传统产业企业竞争力提升的不确定，中国企业面临着"高不成、低不就"的压力，"大规模复制"的发展模式已经走到了尽头。如何在不确定环境下，通过管理创新持续提升中国企业的竞争优势就成为当前和今后一段时期企业管理研究关注的热点。他们对战略管理、人力资源管理、企业社会责任等领域的创新方向进行了总结和展望。

知识是企业的独特资源，是构筑企业核心竞争力的根本。如何对知识进行整合，决定了企业在快速变化环境下核心竞争力的获取。张洁梅在"知识整合理论研究综述及展望"一文中，对知识整合提出的背景进行了梳理，分析了知识整合理论研究所揭示的经济机制，并通过国外和国内的证据对知识整合有助于增强企业的核心竞争力进行了探讨，最后对知识整合理论未来的研究进行了展望。

一些学者注重通过比较管理方法研究中国管理学的创新。刘宝宏在"中国管理研究的发展方向"一文中，借助对美日企业管理模式差异原因的理论检验与历史考察，从实证研究的视角，批驳了管理模式的文化传统决定论及其蕴含的情境化管理研究方法论，提出中国管理研究的发展方向是"中国管理的西方理论"，即以中国管理现象为起点，整合运用西方理论予以解释并在解释之中进行理论创新；吴照云、李晶所著"战略管理研究：东方文化视角的理论回顾与发展走向"一文中，在对战略管理的产生与发展进行追溯的基础上，对现有西方管理理论进行了分析研究，由此提出战略管理的未来是基于东方文化"道"与西方文化"术"的结合，并进一步以东方文化之"道"探究战略管理的未来发展方向和发展定位。

（二）传统管理思想与现代企业管理

一些学者试图在传统管理思想和现代管理思潮中找到契合点。纪光欣、王昇在"泰罗科学管理理论中的和谐管理思想探要"一文中指出，泰罗创立的科学管理理论是一个以人机和谐为基础、以劳资和谐为灵魂、以社会和谐为终极追求、以科学方法为实现路径的、在内容上和谐统一的理论体系，对当今时代的组织管理仍具有重要的理论启示和实践价值；郭英、高良谋在"和合精神与后现代管理思潮的契合"一文中，试图探讨中国传统管理主张中所蕴含的和合精神与后现代管理思潮的契合之处，挖掘出二者的共通点；廖元和在"国有企业制度创新的理论基础"一文中，试图以马克思主义经济学为理论基础，对中国国有企业的性质、地位和作用进行探讨，并对一些基本理论问题和实践中遇到的重大问题进行了探讨，希望能够引起争鸣和讨论。

（三）企业管理学科建设

关于管理学的基本内核和性质的问题是学科建设永恒的也是现实的主题。胡国栋、高良谋在"人性结构与管理性质"一文中，围绕人性中的理性、德性与感性三个维度，探讨了管理的性质。他们指出，三个维度分别构成了人性的智力结构、意志结构和审美结构，内在地规定着管理活动的科学性、道德性与艺术性三重属性；管理学科是管理科学、管理伦理与管理艺术三位一体的以解决现实管理问题为导向的综合性知识，对跨学科知识的吸纳使之成为与自然科学、社会科学与人文科学综合交叉的、以问题解决为导向的应用学科。管理研究应该走出科学主义范式的主导局面，重视对管理之道德维度与艺术维度的拓展与深化。

一些新兴学科的建设值得关注。李治堂在"传媒经济与管理学科建设与发展"一文中，分析了我国传媒经济与管理学科建设的必要性，总结了传媒经济与管理学科的发展历史与现状，探讨了传媒经济与管理学科的内涵，介绍了北京印刷学院传媒经济与管理学科的建设情况，对传媒经济与管理学科发展前景进行了展望。

二、企业成长与商业模式创新

企业经营环境发生了剧烈的变化，这些变化对行业的发展路径有什么样的影响，企业在发展方式、商业模式方面需作出怎样的调整？中小企业在剧烈变化的环境中可以寻求怎样的成长路径？本研究报告第二部分主要对这些问题展开了探讨。

（一）产业发展路径与成长模式

一些学者重点关注了某一行业的发展路径与成长模式。王健聪在"生物医药产业市场参与主体的发展路径探析"一文中，对生物医药市场的主要参与者——跨国公司和大型制药企业、小型制药企业以及独立研发公司的发展历程分别予以探讨，从中总结了各类生物医药企业的发展路径。宋丽丽所著"纺织服装企业生存状态评价指标体系构建研究"一文中，主要从企业内部的视角入手，通过类比推理的方法提出了纺织服装企业生存状态评价原始指标体系，并采用我国 A 股市场上市的纺织服装板块的公司数据，运用主成分分析法建立了新的企业生存状态评价指标体系。在此基础上通过计算得出了企业生存状态各因子以及其权重，进而构建了生存状态评价综合模型。陈梅、张四一所著"正式控制、关系控制与企业战略供应关系绩效"一文中，以中国乳制品行业为研究对象，采用问卷调查方式，利用结构化方程模型对企业与其战略供应商之间的正式控制、关系控制及战略供应关系绩效之间的关系进行检验。实证表明，正式控制和关系控制均对企业战略供应关系绩效有显著的积极作用，并且正式控制与关系控制存在显著的互补关系。在此基础上，对改善中国乳制品企业供应商关系提出可资借鉴的建议措施。

（二）企业商业模式创新

如何适应外部环境的变化，选择适合自己的低碳化运营路径成为我国企业迫切而现实的问题。张英华、王丹丹在"我国企业低碳化运营模式的实现路径研究"一文中，依据低碳思维、引管结合、需求拉动、系统优化的原则，构建了政府、企业、企业间、消费者的"四层面、多方位"的低碳化实现路径，以助推我国企业低碳化转型的步伐；在信息网络经济时代，平台型经营模式越来越被更多的网络企业所采用。杨茵在"网络平台产业商业模式研究"一文中，尝试对网络平台组织的运行方式进行经济学分析，并以淘宝电子商务和苹果智能手机平台为例，展开阐述了当前网络平台企业的商业模式。郭锴在"电视传媒企业商业模式创新路径"一文中，从价值链视角对电视传媒企业商业模式进行分类，构建电视传媒企业价值链与商业模式创新对接模型，并提出聚焦内容、渠道和营销环节。跨区域、跨媒体创新；拓展经营空间；业务单元外包以及联盟与合作等作为电视传媒企业商业模式创新路径；企业从研发投资中获取成长机会的能力在一定程度上依赖于企业规模、财务杠杆和产业集中度。熊胜绪、胡铭在"我国企业研发投资创造成长机会的实证研究"一文中，研究表明企业规模和产业集中度在研发投资创造成长机会的过程中能够发挥积极作用，而财务杠杆则存在消极作用。企业规模和财务杠杆的互动效应对研发投资创造成长机会的影响具有复杂性。在负债率较低的条件下，大公司的研发投资将带来更多的成长机会；而在负债率较高的条件下，小公司更能从其研发投资中获取价值。产业集中度分别与公司规模、财务杠杆的互动效应对研发投资创造成长机会的影响不太重要。

（三）中小企业成长

部分学者重点关注了中小企业成长问题。张金昌在"论中小企业经营发展环境的改善"一文中指出，近 20 年来，中小企业的经营环境与过去相比、与国有企业相比有所恶化，并就有关问题进行了尽可能客观、深入的描述，期望有关部门能够在认识问题的基础之上采取果断措施，取消或消除这些制约中小企业生存和发展的各种障碍，推动中国经济步入良性循环。邱红、林汉川在"中小企业国际化经营环境影响因素研究"一文中提出，中小企业国际化经营环境影响因素评价指标评价方法与研究假设的基础上，基于珠三角中小企业问卷调查数据库信息，利用因子分析对珠三角中小企业国际化经营环境因素进行评价和比较分析，并运用结构方程模型对研究假设予以实证检验，得出了有意义的结论。周阳敏在"中小企业模块化风险管理实证研究"一文中，通过结构性访谈、问卷调查等方式分析得出中小企业风险管理目前存在着风险管理意识淡薄、风险管理成本过高和风险管理水平低下三大问题，在此基础上进一步分析了企业战略风险、企业财务风险、企业市场风险、企业运营风险和企业法律风险与这三大问题之间的相关性。研究结果表明，这五类风险与中小企业的风险管理意识是呈负相关的、与风险管理成本是呈正相关的、与风险管理水平则是呈负相关的，并揭示了存在这些问题的最主要原因，提出了中小企业的模块化风险管理模式，即在中小企业风险管理模式中引入模块化和"级"的管理方法。

三、公司治理与财务管理

随着市场化进程的推进，中国企业公司治理始终处于学习、改进与完善之中，而对于国有企业、上市公司以及家族企业，则分别面临着不同的治理问题，这些问题也吸引了大量学者进行跟进研究。财务管理与公司治理息息相关，财务管控本身也是公司治理的一部分。本研究报告第三部分主要对以上内容展开探讨。

（一）国有企业公司治理

国有企业公司治理受到持续关注。霍春辉、王书林在"国有企业的控制权转移效率问题"一文中，以 1998~2008 年在我国发生的国有控股上市公司控制权转移给民营部门的数据为样本，采用财务指标评估法中的因子分析方法，考察了控制权转移前一年到后三年企业绩效的变化情况。研究发现，国有控股上市公司通过控制权转移而实现的民营化只在短期内改善了企业绩效，并没有真正提升企业的长期绩效，国有控股上市公司的控制权转移是无效率的。国有企业在控制权转移过程中需要对民营企业接管国有股权的动机和控制权私人收益的问题予以关注。魏成龙、杨松贺在"利益相关者与国有企业 MBO 行为"一文中，重点分析了双汇借助外资财务投资公司完成MBO 及境内机构投资者与管理层的博弈等过程，发现双汇成功实施 MBO 的关键因素是与外资各取所需的合作、地方政府的配合以及管理层对境内机构投资者权益诉求的妥协。这种 MBO 选择是一种资本运营创新，同时也显现了国有股权改制中监管制度的缺失；由于垄断行业国有企业具有自然垄断与行政垄断双重垄断的特征，我国垄断行业国有企业高管人员的薪酬畸高问题日渐成为社会关注的焦点。丁敏等在"论垄断行业国有企业高管薪酬决定的特点及其特殊性"一文中，在认真界定垄断行业国有企业及其薪酬决定内涵的基础上，深刻剖析垄断行业国有企业高管薪酬决定的现状及其特殊性，有利于构筑与设计科学合理的高管薪酬决定机制。

（二）上市公司及家族企业治理

上市公司治理仍是研究重点。王性玉、彭宇在"独立董事辞职行为的信号传递效应"一文中，通过建立信号传递博弈模型，分析独立董事辞职行为传递上市公司经营质量信号的作用机理。结果表明，如果独立董事的薪酬状况在合理的范围之内，其辞职行为会形成投资者判断上市公司质量好坏的分离均衡和准分离均衡。王关义、张文琪在"从股市表现看上市出版企业存在的问题及发展对策"一文中，选取了沪深A股市场的10家出版上市企业，以2011年1月至12月为研究期间，从市场预期、股价波动、成长性、获利能力以及偿债能力等方面与A股市场总体变动情况进行比较分析，对上市出版企业存在的问题及完善对策进行了初步探讨。

家族企业治理亟待理论与实践创新。许晓明在"华人家族企业治理结构解析"一文中，着重分析了家族内部存在的双重治理结构，由代理理论视角分析了企业内契约治理模式，从社会网络视角分析家族系统内的关系治理结构，并根据华人家族企业的成长探讨两种治理结构的动态演化过程。

（三）公司财务及金融政策

财务管理方面研究内容较为宽泛。IPO首日收益异象的形成一直有争议，以信息不对称为基础的抑价解释被广为认同，但在新兴市场却解释能力有限；以行为金融为基础的溢价解释在新兴市场更具适应性，但在实证检验上却因解释变量的严谨性问题而难以得到有力支撑。武龙在"中国IPO首日收益溢价解释的新证据：基于随机前沿模型"一文中，分析了IPO首日收益形成的四种主要可能性，并以发行市盈率为替代变量，借助随机前沿模型对中国1998~2007年的新股定价进行检验，从而间接为中国IPO首日收益的溢价解释提供了新证据。屠巧平、亢娜在"基于动态调整模型的高新技术企业资本结构的实证研究"一文中，运用资本结构的动态调整模型，选择对高新技术企业资本结构有显著影响的因素做实证检验。结果表明，中国高新技术上市公司的资本结构存在调整成本；高新技术上市公司的实际资本结构在很大程度上偏离其最优资本结构。通过静态和动态两个模型的检验，证明了动态模型比静态模型能更好地解释中国高新技术企业资本结构的影响因素。李光亚在"平均价格投资组合策略研究及实证分析"一文中，在连续时间下标准CPPI策略的基础上，通过引入亚式期权，构造了一种基于平均价格的投资组合保险（APPI）策略。通过采用上证综合指数，对多头、空头和震荡三个时期，以及不同的乘数和要保额度，对APPI策略进行历史数据实证模拟，并与标准CPPI策略作对比。结果发现，虽然在多头时期APPI策略表现不如标准CPPI策略，但在空头和震荡时期，保险效果要优于标准CPPI策略；操作风险管理是现代商业银行管理架构的重要内容，是银行持续稳健发展的制度保证。温珂在"商业银行操作风险管理浅析"一文中，从我国商业银行操作风险管理的实际情况出发，对操作风险的定义、管理过程和管理工具分别进行了介绍，最后通过案例具体分析风险管理的具体实施情况。

四、组织行为与人力资源管理

组织行为与人力资源管理在我国有着悠久的历史文化根源，但我国传统管理思想与西方的现代管理思想能否在组织管理方面相互协调，进而形成内在一致的管理逻辑，是学者们致力于组织行为学与人力资源管理中国化研究的出发点。

（一）领导理论

领导研究历来是心理学、管理学、社会学、政治学等学科非常重视的课题，领导对社会、组织、团队的发展也起着非常重要的作用。由于文化的差异，西方的领导理论和中国的领导理论有所不同，务凯在"领导理论中国化研究及其反思"一文中，回顾了30多年来中国领导研究中最具中国文化特色的德行领导理论，通过整理比较众多学者的研究成果，从存在原因、研究整合、中外比较、时代发展四个角度，对以往德行领导研究作出反思，对未来研究方向作出展望。近年来，西方掀起了公仆型领导的研究热潮。公仆型领导强调服务下属为第一要务，既要充当仆人的角色，又要扮演领导者的角色，这种矛盾性让人们对公仆型领导的有效性产生了质疑。王碧英、孙健敏、高日光在"仆人与领导者可以集于一身吗?"一文中，采用"管理者—员工"直接上下属配对样本（N=281）收集数据。实证研究结果表明，中国组织情境下的公仆型领导通过主管忠诚间接影响下属的业绩表现（角色内绩效和组织公民行为）。这一结果既证明了公仆型领导的有效性，也进一步说明了服务与领导并不矛盾，仆人和领导者两种角色可以集于一身。

（二）组织理论与团队建设

团队建设是组织理论关注的重点。其中，追随力理论是当代人力资源管理的前沿课题。西方学者对核心概念"追随力"的解读呈现双取向多视角的态势，迄今为止，还没有直接测量部属追随力的成熟量表，这在一定程度上影响着追随力理论对组织管理实践的实用价值。曹元坤、许晟在"部属追随力：概念的界定与量表开发"一文中，通过文献研究和企业取样，用严格的研究程序和科学的实证方法，将追随力界定为：追随力是追随者追随领导者工作，与领导力和工作情境交互作用的多维特质与行为；建构了进取精神、认知悟性、执行技能、关系技能、影响力五维的追随力内涵结构模型；开发了具有较高信效度的部属追随力测量工具，为后续研究奠定了前期研究基础。张可军在"团队氛围、吸收能力对知识型团队绩效影响研究：知识整合视角"一文中，将知识整合划分为贡献知识和组合知识两阶段，从知识整合视角研究知识型团队的绩效影响机制，提出团队氛围、吸收能力、知识整合与团队绩效的概念模型，并采用SEM方法进行了实证检验。结果表明，团队氛围因素对贡献知识有显著影响，而吸收能力对组合知识有显著影响；贡献知识并不必然导致组合知识；贡献知识对团队一般绩效有显著影响，而组合知识对团队一般绩效和创新绩效均有显著影响。这对知识管理活动提供了有益的启示。

组织认同是近10多年管理学研究的一个重要话题，认同是影响员工认知和行为的心理状态，对组织绩效有显著影响。以往研究强调认同的正向作用，往往忽略过度的认同也可能产生消极作用。苏雪梅在"组织认同的扩展模型：积极认同的构建"一文中，基于过去的研究成果，对组织认同进行概念上的扩展，将组织认同划分为四种不同状态，探讨了不同状态的消极作用，并分析了不同状态下个体对组织文化的共享状态及对员工行为的影响。在组织认同扩展模型的基础之上，进一步探讨积极、正向组织认同的构建及其对组织和个人发展的意义。张永军在"组织政治知觉与反生产行为：心理契约破裂的中介检验"一文中，从社会交换的视角，构建了组织政治知觉通过心理契约破裂对反生产行为产生影响的理论模型，并通过435个有效样本对所提假设进行了实证检验。结果表明，组织政治知觉与组织指向和人际指向反生产行为显著正相关，与心理契约破裂显著正相关，心理契约破裂与组织指向和人际指向反生产行为均呈显著正相关，且对组织指向反生产行为的影响高于人际指向反生产行为，心理契约破裂在组织政治知觉与组织指向反生产行为之间具有部分中介作用。最后，对研究的结论进行了总结，并指出了研究意义、不足和未来研究方向。占小军在"服务员工组织支持感、工作态度与顾客忠诚"一文中，旨在研究服务员工组织支持感对顾客忠诚的作用机制。为此构建了一个以组织支持感为前因，以工作满意度和组织承诺为媒介，以顾客的行为忠诚和态度忠诚为结果的理论模型。研究结果表明：组织支持感在影响行为忠诚的过程中，工作满意度和组织承诺起到了部分中介作用；组织支持感在影响态度忠诚的过程中，工作满意度起到了部分中介作用，而组织承诺没有起到中介作用；在该模型中，工作满意度对组织承诺具有正向影响。赵君、蔡翔在"组织信任对工作满意度的影响：以组织公平为调节变量"一文中，通过 208 份全职员工样本探讨了组织公平在组织信任对工作满意度影响过程中的作用，研究发现组织信任对工作满意度具有显著正向影响，分配公平和程序公平在组织信任对工作满意度的影响中具有显著三重调节作用，即当分配公平和程序公平较高时，组织信任对工作满意度的正向影响最强。卢光莉、陈超然在"阶段转移事件对公平稳定性的影响"一文中，采取4（公平模式：公平控制/初始公平/不公平控制/初始不公平）×2（实验阶段：阶段 1/阶段 2）混合实验设计，探讨阶段转移事件对被试公平反应的影响。结果发现，不公平引发的公平启发式比公平引发的公平启发式具有更大的惯性。公平程序向不公平程序的转移，导致初始公平条件下的被试者对实验者信任和组织公民行为的评价显著降低；而不公平程序向公平程序的转移，并没有导致对实验者信任和组织公民行为评价的显著增加，从而说明了公平反应的有限稳定性。

（三）组织结构与人力资源管理

张刚在"基于企业生命周期的企业组织结构变革及评价研究"一文中，以我国民营机械制造企业的生命周期为依据，对处于成长期的民营机械制造企业存在的组织结构问题和困惑进行分析研究，并结合组织理论及其基本思想，为研究成长期民营机械制造企业的组织结构变革问题提供理论支撑。同时，基于系统论、组织经济学、组织社会学和生命周期理论对民营机械制造企业的组织结构变革动因进行了剖析，分析了影响民营机械制造企业组织结构变革的相关因素，以此为基础提出了优化成长期民营机械制造企业组织结构的基本思路。

伴随"民工荒"的出现与"农民工"工资的上升，学界与实业界都普遍认为，企业人工成本上升、利润下降、经营困难甚至亏损破产，吸纳"农民工"就业人数减少。杨俊青在"劳动力市场转型下的非国有企业人力资源管理模式探讨"一文中指出，企业可通过实施"人本管理"即充分使用工资的激励职能，激励劳动者积极性、提高劳动生产率，增加企业利润、扩大资本积累、吸纳更多农业劳动者就业；在劳动生产率提高不低于工资上升的情况下，不会出现通货膨胀，从而实现通货膨胀率低、失业率低、经济增长快的两低一高经济。

五、品牌管理、社会责任与可持续成长

进行品牌管理，提升企业品牌内涵，关注并承担相应的社会责任，是企业不断发展壮大的必由之路。本部分主要关注与企业可持续成长直接相关的品牌管理与企业社会责任研究。

（一）市场营销与品牌管理

经济全球化凸显出自主品牌战略的重要性，如何通过营销传播策略激发消费者对于自主品牌的品牌联想是其中的关键。张欣瑞等在"基于营销传播策略的自主品牌联想建设研究"一文中，基于已有文献借助多学科的研究方法，构建出一个理论模型，并获得实证分析的支持。研究发现，产品类别联想主要受到广告、口碑和销售促进的作用；产品品质联想主要受到广告和口碑的影响，其中企业着力打造优良品质的口碑对于加强积极的品质联想有着更为显著的作用；品牌知名度、品牌流行性及品牌市场竞争力等品牌市场表现主要受到口碑传播的影响；广告、公共关系、销售促进与企业服务对品牌属性因子联想的作用效应依次减弱；公司品牌联想受到企业服务的传播影响最为强烈，口碑、广告、人员推销和公共关系对公司品牌联想的效应依次减弱；消费者象征性利益联想受到企业服务的影响最为强烈，人员推销、广告和公共关系的效应依次减弱。刘中刚在"双面信息与代言人的匹配效果研究"一文中，基于相关研究现状的分析，探索双面信息与不同特征代言人的匹配效果。在通过预调查的筛选代言人、设计广告版本和测试量表的基础上，设计一个代言人和广告主张组合的6×2因子实验。通过问卷获得数据，利用 SPSS 软件进行信度分析、因子分析、均值检验、方差分析等方法对假设进行验证。主要结论：①在代言人诚实性较低时，双面广告主张可以显著提高广告可信度；而在代言人诚实性较高时，双面广告主张不能显著提高广告可信度。②在代言人诚实性较低时，双面广告主张引起的购买意愿更高，在代言人诚实性较高时，单双面的差异不明显。研究的结论对企业代言人的选择、代言广告的设计具有借鉴意义。

品牌管理与市场营销行为直接相关。张莹、孙明贵在"怀旧类型与消费者怀旧心理传导机制：一个实验研究"一文中指出，20 世纪 90 年代以来，全社会怀旧消费心理和消费现象普遍，怀旧成为消费者行为领域的新兴研究主题。研究结合消费者行为学和心理学的研究成果，分析影响怀旧产品购买意愿的消费者认知因素和情感因素，揭示解释了消费者怀旧心理的传导机制，并探讨不同类型怀旧刺激物激发的怀旧心理是否一致。实验结果表明：怀旧情绪反应、刺激物相关的心理想象以及消费者的怀旧倾向是构成消费者怀旧心理的传导机制的重要因素，影响消费者的怀旧产品购买意愿；不同怀旧刺激物类型所激发的怀旧情感反应、刺激物有关心理想象都存在差异。研究结果对怀旧产品开发、品牌设计和怀旧广告促销决策都有借鉴意义；品牌价值来源于消费者的品牌认知，认知的差异性和可变性导致延伸后"家族品牌"下，不同产品对品牌价值的贡献权重以及在市场中的品牌强度各不相同。谌飞龙在"'家族品牌'下不同产品的品牌强度确定"一文中，将包括品牌市场表现指数、品牌成长趋势指数以及品牌声誉指数等在内的三个指标采用因子乘积法计算得出不同产品的品牌强度，最后以青岛海尔为例进行实证分析。周发明等在"基于参与意愿视角的生猪期货市场主体客户细分研究"一文中，基于生猪市场主体参与生猪期货意愿视角，结合认知程度和交易规模，应用聚类方法对湖南生猪市场主体进行细分，数据主要来源于对湖南省生猪产业链的实地调研。研究结果表明，生猪市场主体可细分为如下群体："价值客户"、"样板客户"、"重点客户"、"一般客户"四类。最后，针对各客户细分群体提出相应的营销建议。

（二）企业社会责任管理

关于企业社会责任的研究取得了丰硕的成果。企业作为社会经济活动的主体，其社会责任的提升对促进国民经济的可持续发展、提升社会和谐水平有着深远的影响。在后金融危机的背景下，企业利益与社会利益矛盾的凸显和社会期望的提升，使企业承担社会责任的问题在中国变得日益紧迫。徐二明等在"中国上市公司的组织冗余与公司慈善"一文中，着重从公司慈善角度来看组织冗余与企业的可持续发展，看企业社会责任是不是利用组织冗余的有效途径之一。通过对 467 家中国 A 股上市公司 2010 年数据的实证研究，得到如下结论：第一，组织冗余，包括了吸收冗余和未吸收冗余，与公司慈善呈正相关关系；第二，国有控股比例会降低上市公司的公司慈善，并且会削弱未吸收冗余与公司慈善之间的正相关关系；第三，上年绩效会加强上市公司的公司慈善，并且会加强吸收冗余与公司慈善之间的正相关关系。郭勇、邓子纲在"中国企业社会责任影响因素的实证分析"一文中，以企业承担社会责任的影响因素为研究对象，在已有研究的基础上，利用 FAHP 法，对影响中国企业承担社会责任的因素，进行实证分析，以引领我们更加清晰和全面地理解企业社会责任的深刻内涵。杨蕙馨、刘建花在"消费者响应企业社会责任的内在机理和干预路径"一文中，通过深度访谈，应用扎根理论构建了消费者响应企业社会责任的内在机理和干预路径模型。根据这一模型，消费者个体心理感知和社会参照规范是引致消费者响应企业社会责任的两个主路径。社会责任第三方评价、社会责任信息披露、经济激励政策等情境变革通过影响消费者个体心理感知和社会参照规范实现干预。而由消费者责任直接效应、营销效应和声誉效应构成的企业社会责任消费者效应则通过企业的社会责任策略来实现。只有同时实现企业社会责任的消费者效应和情境变革，才能更好地增强消费者对企业社会责任的敏感度，实现责任消费和企业社会责任行为的良性互动。刘新仕、李芊在"上市公司社会责任信息披露影响因素的实证分析"一文中，以沪、深两市 A 股 290 家上市公司为研究对象，收集样本公司 2009~2011 年的报表数据，采用多元线性回归的方法分析了影响我国上市公司社会责任信息披露的主要因素。研究发现，公司规模、财务风险是影响我国上市公司社会责任信息披露的重要因素，而公司业绩、区域经济发展水平、行业属性均未表现出对社会责任信息披露的显著影响。最后，提出改进和完善企业社会责任信息披露的相关措施。原伟泽在"利益相关者理论视域下的企业社会责任与可持续发展"一文中指出，有恰当地选择承担社会责任的路径，才能够更好地维护企业与社会的可持续发展，因而实现更为丰厚的商业利润。

六、产业集群与技术创新

（一）产业集群与区域创新

网络创新是企业集群可持续发展核心。魏剑锋在"结构、资源、环境与企业集群创新"一文中，梳理了集群创新相关文献和掌握现实材料，归纳了实现集群创新的要素和条件，提出了"资源—结构与关系—环境"三维分析框架。运用该分析框架研究了河南大周有色产业集群创新发展过程及实现途径。刘锦英在"行动者网络理论：创新网络研究的新视角"一文中指出，通过"追随核心行动者"的方式来分析以该行动者为中心的网络建构过程，能够克服创新网络分析的非中心化特征；认为"行动者网络"既具有弹性的空间特征，也具有历时的、演化的特征，有助于空间维度与时间维度的有效结合。按照行动者网络理论进行的创新网络研究，可以开展以核心企业为"中心"行动主体的创新网络在时空变迁中的建构分析，从而为创新网络研究提供一个新颖的研究视角。罗吉、党兴华在"我国三大区域技术创新效率差异的比较研究"一文中，基于技术创新投入产出的视角，借鉴波特的钻石模型理论，采用随机边界模型方法，分析比较 2001~2010 年我国三大区域技术创新效率的差异及影响因素。结果表明：要素状况、需求状况、对外开放程度对技术创新效率存在统计上显著的正向作用，而金融支持、地方工业环境和地方政府行为却限制了技术创新效率的提高。我国技术创新效率整体上保持持续增长，但三大区域间差异显著且呈现进一步扩大的趋势。三大区域内部各省市技术创新效率水平的空间分布各有特点，但大体上与其经济梯度分布是一致的。许英杰在"'泛珠三角'区域构建低碳产业链研究"一文中，在对"泛珠三角"当前所面临的形势进行简要介绍之后，提出构建"泛珠三角"低碳产业链的构想。在对低碳产业链进行分析的基础上，对"泛珠三角"构建低碳产业链所面临的优势、弱势、机会、威胁进行了详细分析，认为"泛珠三角"地区具有构建低碳产业链的条件。最后，对"泛珠三角"地区构建低碳产业链提出了政策建议。

（二）技术创新与产业发展

微观层面的研究主要关注企业创新的内在机制以及创新与企业绩效的关系。林洲钰等在"中国企业创新特征与决定机制研究"一文中，使用 1999~2009 年中国制造业企业专利数据，研究中国制造业企业创新特征与决定机制。研究发现，发明专利比例持续上升成为近10年中国企业专利活动最显著的特征；专利产出与研发投资呈现出倒U型关系；政府的生产性补贴和为企业减负的政策工具对中国企业自主创新具有积极效果；适度的产业集中程度和外商投资营造了有利于企业创新的产业环境。该研究拓展了中国技术创新研究的理论框架，为政府创新政策制定提供了参考。罗明新等在"政治关联与企业技术创新绩效：研发投资的中介作用"一文中，依据高阶理论和资源基础观，检验了高管政治关联对企业技术创新绩效的影响及其作用机制。采用中国创业板上市公司2009~2011年数据进行的实证分析发现，政治关联对技术创新绩效具有显著负向影响，研发投资在其中起到完全中介作用。其作用机制在于：政治关联导致了较低的研发投资强度，而较高的研发投资强度正是提升创新绩效的关键因素。研究对于全面认识政治关联的作用、提升企业创新绩效具有重要的理论意义和管理启示。张建宇、张英华在"基层员工的创新行为的驱动因素及其向企业创新能力的转化"一文中，重点关注了基层员工的创新行为。通过对已有文献的梳理归纳出影响基层员工创新行为及其向企业创新能力转化的3个命题，然后对企业基层员工创新行为的发生过程进行了分析，最后借助4个高新技术企业的跨案例分析对3个命题进行了验证，形成了研究结论。研究结果表明，存在于高新技术企业内部基层的企业家精神、中层管理者对创新行为的解码和编码能力以及基于基层同事高度认同的组织创新氛围，营造构成了基层员工创新行为的重要驱动因素，同事也是基层创新行为向企业创新能力转化的关键力量。王铁男、凃云咪在"管理创新能力调节下技术创新能力对企业绩效的影响研究"一文中，研究了技术创新能力、管理创新能力及企业绩效三个变量之间的关系，通过对相关文献的梳理和深入企业调研，提出了技术创新能力对企业绩效有正影响以及管理创新能力对这一影响过程起正调节作用的假设。在此基础上构建了理论模型，并以我国高新技术企业为研究对象，通过实证分析验证了以上假设，为我国高新技术企业在管理创新能力调节下，以技术创新能力为手段来提高企业绩效提供理论支持。

产业创新的研究重点在于技术演化和创新政策。卢锐等在"中国汽车市场、技术的演化与创新研究"一文中，通过对我国汽车产业的市场波动、技术引进与消化吸收能力的演化分析，揭示了我国汽车产业技术和市场的关系；探讨了我国汽车企业以代工为主而缺乏国际品牌的成因，并讨论推动自主创新作为升级的一种途径。研究认为，汽车企业市场战略是企业成长的关键，代工技术学习则可提高转型成功的可能。李新功在"国际货币体系错配下中国制造业技术创新机制与途径"一文中指出，国际货币体系与世界制造业中心具有协同演变效应，货币体系错配强化资源产品出口抑制制造业技术创新。实证表明，国际货币体系匹配对英国、美国形成世界制造业中心起到了支持作用；国际货币体系错配造成了德国、日本与制造业强国失之交臂。中国面临国际制造业转移与货币体系错配局势，提升制造业技术创新能力需要新的机制与途径，如构建国际需求差别机制、改善汇率机制、外汇债权使用机制等促进技术创新；通过后金融危机下技术链裂变途径实现技术"突破"和"点断平衡"。

（作者：刘建丽，中国社会科学院工业经济研究所）

第一篇　管理理论发展与学科建设

不确定环境下的企业管理研究新进展

近年来，中国企业发展面临的市场和技术不确定性日益增强：一是面对国际市场环境的不确定，原来依靠"低成本制造"为主导的出口模式不能为继；二是面对新兴技术发展的不确定，新兴产业企业发展面临着市场培育和技术转化的双重风险；三是面对传统产业企业竞争力提升的不确定，中国企业面临着"高不成、低不就"的压力，"大规模复制"的发展模式已经走到了尽头。如何在不确定环境下，通过管理创新持续提升中国企业的竞争优势，就成为当前和今后一段时期企业管理研究关注的热点。

一、战略管理：变革、整合与领导者作用的研究

当前企业竞争环境发生深刻变化，竞争的种群、过渡性和共生演进特征日渐明显，以变革求生存成为企业发展基本目标。技术创新是企业进行变革和获得生存的条件之一，而目前新的技术创新范式正在形成。产业创新系统正在由传统的线性创新、网络化创新，向整个商业生态模式的创新转化，从技术创新向全面的组织创新转化（Eisenmann，2011）。除了进行创新，组织学习的研究也认为有效的产业学习环境能够帮助企业建立异质性（如 Balasubramanian & Lieberman，2010）。Helfat & Winter（2010）则从动态能力的角度探讨在持续变化环境中企业战略的制定和选择。动态能力增加了企业在创新活动中的机会识别（Ma，2011）。

在经济全球化条件下，企业必须进行全球资源整合。企业不得不面对国际化的竞争环境，企业必须能够建立自己的资源网络，并积极实施国际化战略（Li & Tallman，2011），开展收购与合并（Allatta & Singh，2011；Ragozzino & Reuer，2011）、建立战略联盟（Xia，2011）、发展伙伴关系（Yu，2011）等战略活动。例如，Joshi & Nerkar（2011）强调战略联盟对于企业创新战略的重要作用，在联盟和并购活动进行的过程中，企业可以通过网络联系来获得动态能力（Mahmood，2011）。

在企业获得竞争优势的过程中，领导者的作用应受到重视（Tuggle & Fong，2010）。Dowell 等（2011）研究了在金融危机过程中董事会和 CEO 对于企业的关键作用。因为 CEO 是企业的实际领导者，所以研究者也认为必须了解那些导致 CEO 被解雇的主要原因，以减少领导者离职对于企业的负面影响（Wiersema & Zhang，2011）。

二、组织管理：团队与组织间层次研究

关于企业如何进行组织创新，学者们还存在不同的观点。随着组织层次理论的发展，现在的研究观点都可看作是基于组织层次理论来展开的。在组织层次理论中，可以将组织层次划分为个体、团队、组织和组织间（Yang，2010）。在这里我们重点回顾了团队与组织间层次的研究。

越来越多的企业开始采用"团队"作为技术创新活动的基本单元。然而如何提高技术创新活动来获得团队绩效，则成为企业界和学术界所共同关注的问题。赵慧群、陈国权（2010）认为，需要注意到团队内的多样性和一致性，其中多样化的知识经验会使成员能够获取更广泛的信息，并用多样化的视角、观点和思维框架去思考问题，因而，会导致在团队内部更具有创造性和创新性。孙卫、崔范明、李垣（2010）针对新产品开发团队进行了研究，提出团队领导行为会强化团队效力，从而达到提升团队绩效的目的。石书德、张帏、高建（2011）从创业团队的视角出发，来探索提升创业团队有效合作的途径，提出通过创业团队治理可以推动组织创新活动。从这些研究来看，关于团队层面上创新活动的认识主要需要考虑到团队的性质、团队内部的组织行为等。

对于任何创新来说，并不是完全依靠企业自己的行为，在很大程度上也是伴随着企业环境的变化（Adner & Kapoor，2010）。在环境不确定情境中，识别外部存在的机会变得具有偶然性，这也导致企业需要准备去应对在环境中的影响性变革。任荣（2010）认为，合作创新是一种突破传统企业边界的外部协同技术活动，合作创新模式可以实现组织间互动，并提出界面管理的有效性对技术研发的效率和合作项目的成败具有很强的正向作用，直观反映企业合作创新活动的效果。张方华（2010）认为，本土企业通过网络嵌入乐意提高知识获取能力以及创新绩效，其中组织网络的关系型嵌入和结构型嵌入能够有效提高外部知识的获取效应。如果将组织间关系放大则可以考虑全球情境，例如，在跨国公司主导的外包生产网络中，由于跨国公司与代工企业之间是强关系，因而代工企业会陷入自主创新困境。为此中国企业需要发展弱关系，摆脱对跨国公司的技术与市场的依赖，构建自主创新支持体系来实现自主创新（王俊、刘东，2010）。从组织间关系层次上，学者们更多地关注企业作为个体而导致的互动会如何推动内部的创新活动。

虽然现在关于组织创新，学者们已经进行了大量的研究，在研究方法上也分别采取了理论构建、案例分析、实证研究等多种方式，但是在有些方面上还存在一定的不足，值得在未来的研究中继续深入下去。首先，现在的创新研究大部分还是集中于单独一个层次，很少采取跨层次研究方法。在张文勤、石金涛、刘云（2010）的研究中，已经开始探讨团队和个体层次间的交互影响是如何影响到组织创新活动。除此之外，未来的研究是否可以考虑团队和组织的层次间活动将会如何影响创新活动？其次，在对于环境因素的影响，现在学者们已经开始关注到环境不确定对组织创新活动造成的影响。在王涛、陈金亮（2011）的研究中，也利用实证研究探讨了环境不确定在组织活动中的调节作用。然而需要认识到的是，环境不确定仅仅是指代处于企业边界外部的环境因素。在企业边界内部同样也具有组织内部环境特性，这些内部环境因素又会如何影响到组织创新活动？例如，组织氛围、企业文化等。这些也是未来研究可以继续探讨的。

三、人力资源管理：知识型技能、薪酬增长机制与人性化工作环境研究

关于知识型技能的组织学习体系的研究。"知识型技能"指员工对其业务环境中的问题提出解决方案并加以解决的能力，是知识积累和逻辑性思考的结果。企业要制定长期培养计划，通过安排员工参与一系列相互关联的任务，拓展技能广度和深度，形成知识型技能。我国以往的员工培训多以短期任务为导向，缺乏战略性目标，不利于形成知识型技能，今后要建立以知识型技能培养为目标的长期、系统的培训体系。知识型技能培训应以全员为对象。这是因为我国以往的培训以技术、管理人员为重点，对一线操作人员投入较少，但随着工业化进入高加工度化时期，一线操作人员的技能日益重要。全员培训的目的在于提高员工整体能力，只有员工整体能力提高，企业绩效才会稳定提高。在我国劳动成本上升、员工流动频繁的环境下，尤其应该提倡全员培训理念。知识型技能培养还应与全员参与质量管理和技术改进密切联系，工作扩大化、工作丰富化、岗位轮换、团队自主管理等是有效手段。

关于合理的薪酬增长机制研究。2010 年以来发生了多起工人罢工事件，暴露出我国企业薪酬制度的诸多弊病：薪酬由企业单方面决定，雇员组织缺少参与；薪酬结构缺乏内部公平性；薪酬纠纷处理过程缺乏沟通；劳资双方缺乏相互信任。员工对合理薪酬增长机制的诉求日益增长。研究认为，合理的薪酬增长机制首先体现在工资由劳资协商决定。工资劳资协商有利于劳动者抵抗来自企业方面的工资水平下降的压力，保证劳动者在最坏情况下获得一定的工资率。工资集体协商同时也保证企业在最坏情况下获得一定利润。总体来看，集体协商是劳资双方从讨价还价到相互妥协的博弈过程，最终结果的工资协议是体现劳资双方利益和力量对比的产物。工资集体协商既保证了劳动者的最低利益，也保证了企业的最低利益。合理的薪酬增长机制还应体现为薪酬结构的内部公平性。企业应该重视员工有通过与他人比较来判断薪酬公平性的行为，使薪酬体现员工的贡献大小和能力差异。企业在薪酬决定和调整过程中不仅要重视员工需求，而且还要重视与员工沟通。不少工人罢工事件由于沟通不够而发生，带来重大经济损失。因此，增加企业与员工之间的对话尤为重要，它可以有效降低员工的不安全感，使员工理解企业的意图和目标，也可以保障员工的发言权，体现企业对员工的尊重，缓解冲突的负面效果。总之，合理的薪酬增长机制有利于构建稳定和谐的劳资关系，是提高员工积极性和员工智能发挥的必要基础。

关于人性化的工作环境研究。调查表明，我国劳动者的劳动态度和心理需求在发生变化，年轻劳动者的知识水平高、学习能力强，同时对工资、晋升、培训与开发、工作环境的要求也高，他们更加重视企业对自己的尊重、待遇的平等程度、劳动的意义、自我价值的实现。然而客观地看，很多中国企业的设备性能已是世界一流，但在保障劳动者安全、减轻劳动者的肉体疲劳、降低枯燥感、增加劳动者的人际交流等方面还有改善的余地。因此，企业应重视劳动者的需求变化，改革以往严苛的军事化管理，使包括技术系统在内的工作环境符合人性需要。所谓符合人性需要，就是要保障劳动者在安全、健康的条件下，身心舒畅地工作，获得合理的报酬，也就是有尊严地、体面地工作。有研究提出"人才联结模型"：一是"人与人的联结"，企业通过"工作伙伴"、"学习导师"等机制，加强员工之间的沟通、合作和互助。二是"人与公司愿景的联结"，通过加强员工的职业生涯通道建设，使员工看到自己在公司发展中的职业规划与晋升通道，强化与公司发展的联系。三是"人与公司资源的联结"，向员工开放公司的资源平台，鼓励内部专家与员工进行沟通，帮助其解决问题。通过上述三方面的结合，提高员工与企业之间的"双向忠诚度"。

中国已进入工业高加工度化、产业升级的时期，劳动成本上升不可逆转，劳动成本优势逐步减少。因此，在今后长期内企业都将面临如何建立高绩效员工队伍的课题。今后的研究，也将会以此为中心展开，具体包括以下几个方面。

（1）关于人力资源质量方面的研究。在今后的市场竞争中，企业必须依靠员工的素质来获取效益。而企业所需要的素质，应该包括哪些内容，需要进行深入的研究。学历、年龄、健康状况等因素需要考虑，技术理解与操作能力、团队协调能力、学习能力等因素也需要考虑。并且，根据行业、职务的不同，所需要人力资源素质也会有所区别。

（2）关于人力资源素质提升方法的研究。在今后一段时期，对知识型技能的组织学习体系的研究将会得到进一步展开与深入。知识型技能和组织学习的实践和理论，是在外国的社会背景下产生的。在中国的社会环境中，这种方法如何应用，或是能否应用，需要进一步探讨。这包括两个方面，一要准确、全面地理解外国的经验和理论；二要摸清中国企业的实际情况，对国外经验和理论进行修正，使其适应中国情况。通过这样的摸索与研究，将会逐渐形成中国自身的知识型技能形成方法，丰富组织学习的理论。

（3）关于合理薪酬增长机制的研究。首先，薪酬与物价、企业业绩关系的定量研究会得到深入开展。其次，薪酬决定过程中劳资双方的作用及交涉机制的研究会进一步加深。再次，为了给政府、企业和工会组织提供薪酬决定的基础资料，更加全面、详细的分行业、职务、年龄等的工资数据的收集和分析将会得到更广泛的展开。最后，人性化工作环境的研究。对人性化的工作环境的需求，必将在今后越来越强烈。社会需求催促理论界加紧这方面的研究。降低劳动强度，是人性化工作环境的重要内容。劳动强度，既包括肉体的疲劳度，也包括精神疲劳度。人体工学、产业心理学以及社会学的手法，将会得到普遍的应用。

四、绩效管理：系统性和动态性的研究

关于绩效管理系统的研究。黄燕、陈维政（2011）提出，建立开放式循环的绩效管理系统，这一系统主要包括五个部分：绩效管理环境、绩效管理目标、绩效考核要素、绩效管理流程与考核模式和利益相关者反馈，共同形成了一个复合的绩效管理系统。其新意是在绩效管理的原有的流程上引入了利益相关者，主要的利益相关者包括股东、投资机构、员工、顾客、供应商、社区和政府等，它们参与企业绩效管理，能随时提出不同意见，从而推动企业绩效管理模式的适时变化。这种开放式循环的绩效管理系统也符合当前以客户为导向的思想，只是客户作为企业所有利益相关者之一出现的。公艳、翁怀达、王成军（2011）介绍了 P-CMM 绩效管理系统，他们认为，P-CMM 绩效管理系统是一个多级的绩效管理系统，可以适合于不同规模和不同复杂程度的企业选用，因而适合于不同的中小民营企业。关于绩效管理的控制模式适时变化的讨论，也是以往研究的继续和深入。

关于绩效管理动态性的研究。孙佰清、董靖巍、唐坤、冯英浚（2011）介绍了动态绩效评价方法的思想，提出相对动态绩效的管理有效性评价方法，通过绩效的相对动态变化来定量地刻画管理效果。其新意是绩效管理的标准中引入环境和市场的因素，动态修订绩效的衡量标准。他们认为，动态绩效评价方法可以在排除环境和市场的不确定因素以后测度管理的有效性。但其实质是灵活的绩效标准，也即放松控制。李志宏、赖文娣（2010）研究了氛围对绩效的影响，指出强化创新氛围与创新绩效有明显的正相关性，属于替代控制的绩效管理研究。

从未来发展看，在传统型企业中，绩效管理的变化可能不大。但是任何一个成功的组织都会经历从一个传统型组织转变为一个创新型组织的演变过程，因为只有创新才能为企业带来长久的竞争能力。英国经济学家约翰·霍金斯认为，创意活动没有体系，充满了主观、杂乱和复杂性。由此，创新型企业的生产和管理具有一些新的显著特征：首先，创新型企业是利用新知识、新技术创造高附加值的产品或服务以获得盈利；其次，创新型企业的工作过程中强调创新，工作形态灵活度高，普遍进行团队工作，团队成员经常变换、重组，更多地采用矩阵组织和项目化运作方式，而且组织结构经常调整，员工流动性也可能较高；最后，创新型企业的员工具有较高的个人素质，自我定位比较高，不仅仅满足于低层次需要，还有更高层次的自我实现需求，员工更多地忠于职业，而不是忠于某一个企业。针对创新型企业的这些特征，其绩效管理的模式可能将具有开放、弹性、包容的特征。绩效管理发展的主线应该还是控制度的变化上——确定性的工作要加以控制，以得到效率；不确定的工作只能是放开，以便从主观、杂乱和复杂中得到结果——偶然的、不确定的结果。

五、企业社会责任：公司治理与利益相关方视角

公司治理对企业社会责任的作用。企业社会责任的实施与企业的公司治理有着密不可分的关系。管理学领域的学者们一直对了解公司治理机制，如所有权和董事会，对企业社会责任的影响十分感兴趣（Waddock & Graves，1997）。一些学者认为，公司治理保证社会责任有效履行的治理机制，好的公司治理能够保护公司利益相关方，促使企业的社会责任更好地履行社会责任（陈智和徐广成，2011）。宋建波和李爱华（2010）通过对公司治理和企业社会责任绩效的相关性的研究，分析了影响公司社会责任履行的公司治理因素，得出公司治理结构的完善有利于社会责任履行的结论。这一结论也得到了陈智和徐广成（2011）研究的支持。不过，也有学者认为，事实未必如此。Arora & Dharwadkar（2011）的研究得到相反的结论，他们的研究结论是有效的公司治理既不鼓励积极的企业社会责任（积极的利益相关方关系管理），也阻碍了消极的企业社会责任（违反法规和标准）。Hung（2011）则将研究的目标放在了公司董事上，认为公司董事在企业社会责任中起到十分关键的作用，并因此提出了企业社会责任中董事作用的概念（the Directors' Role of Corporate Social Responsibility，DR-CSR）。通过实证检验，结论显示公司董事对利益相关方越关切，那么他们越有可能感知到有效发挥 DR-CSR 的需要。

谭利和李亚楠（2010）基于利益相关者理论的分析，认为应将传统的"股东财富最大化"和"利益集权化"，企业目标转变为"企业价值最大化"和"利益分配均衡化"。李伟阳和肖红军（2010）从企业管理框架、管理目标、管理对象、管理价值和管理机制方面对传统企业理论进行了反思，提出了以自身行为应对社会负责任的价值追求为动力，以充分实现企业的社会功能为内容，通过激发利益相关方的社会价值创造潜能，有效管理企业运营对社会和环境的影响，最大限度地实现经济、社会和环境的综合价值的全面社会责任管理模式，并且相应地提出了社会责任管理的"3C+3T"模型，建立了全面社会责任管理的思想体系和实施体系。

利益相关方是企业履行社会责任的客体。企业社会责任绩效的优劣取决于利益相关方的感知。目前研究的焦点在于企业社会责任与消费者感知上。在消费者感知的企业社会责任内涵方面，邓德军和蒋侃（2011）对消费者心中的企业社会责任的内涵进行了研究，表明在消费者心中企业社会责任是一个多维结构，消费者期望企业承担社会公益责任、员工责任、法律责任、消费者责任和经济责任。其中消费者最看重消费者责任，相对不看重企业的社会公益责任和经济责任。Arli & Lasmono（2010）的研究表明，消费者意识中企业社会责任的重要程度按经济责任、慈善责任、

法律责任和伦理责任的降序排列。而且，这些责任与消费者的认知度随着行业不同而有差异（向阳等，2010）。在企业社会责任对消费者选择的影响方面，Russel & Russell（2010）的研究表明，邻近的环境损害会积极影响消费者购买意向，而且捐赠一般正面影响消费者的选择。在影响消费者对企业社会责任评价因素方面，Vlachos & Tsamakos（2011）的研究表明，消费者信任在企业社会责任评价框架内具有调节作用，认为管理者应该检测消费者信任，并将其作为控制消费者归因对推荐（recommendation）和光顾（patronage）意图的影响的重要子过程。此外，Liu（2010）的研究也表明，顾客对公司的态度比真假广告信息更重要。

对于未来企业社会责任研究方向，公司治理与企业社会责任的研究仍然是企业社会责任领域内的一个主题，有学者认为，公司治理与企业社会责任有着共有的理论源头和理论内核（高汉祥、郑济孝，2010），将企业社会责任与公司治理进行整合研究可能是未来一个研究方向。目前，已经不断有学者对传统企业理论提出质疑，甚至提出了新的颠覆性的企业管理模式，然而考虑到现实世界的复杂性，传统企业理论是否真的已经穷途末路还未可知，谈及新的管理模式的广泛应用也似乎为时尚早。但是，对传统企业理论的不断批判继承和对新的企业管理模式的不断思考可能是未来的研究趋势。另外，企业社会责任越来越紧密地与利益相关方理论联系在了一起（沈洪涛，2005），当前利益相关方在企业更好地履行社会责任中将发挥何种作用也是值得深入研究的。

【参考文献】

［1］邓德军、蒋侃：《消费者预期的企业社会责任的内涵研究》，《中国软科学》，2011 年第 10 期。

［2］高汉祥、郑济孝：《公司治理与企业社会责任：同源、分流与融合》，《会计研究》，2010 年第 6 期。

［3］公艳、翁怀达、王成军：《基于 P-CMM 的我国民营中小企业绩效管理系统设计》，《科技进步与对策》，2010 年第 6 期。

［4］韩翼、廖建桥：《基于不同组织形态的绩效评估模式研究》，《南开管理评论》，2006 年第 6 期。

［5］黄燕、陈维政：《基于管理熵和管理耗散结构理论的开放式绩效管理系统》，《重庆理工大学学报》（社会科学版），2011 年第 25 卷第 4 期。

［6］李伟阳、肖红军：《全面社会责任管理：新的企业管理模式》，《中国工业经济》，2010 年第 1 期。

［7］李志宏、赖文娣：《创新气氛对高校科研团队知识创新绩效的影响研究》，《高等教育研究》（成都），2010 年第 9 期。

［8］任荣：《合作创新与组织层次的融合：基于界面管理的思考》，《经济管理》，2010 年第 10 期。

［9］石书德、张帏、高建：《影响新创企业绩效的创业团队因素研究》，《管理工程学报》，2010 年第 4 期。

［10］宋建波、李爱华：《企业社会责任的公司治理因素研究》，《财经问题研究》，2010 年第 5 期。

［11］孙佰清、董靖巍、唐坤、冯英浚：《相对动态绩效评价方法的思想和最新研究进展》，《中国软科学》，2010 年第 11 期。

［12］孙卫、崔范明、李垣：《新产品开发团队领导行为、团队效力与团队绩效关系研究》，《管理工程学报》，2010 年第 4 期。

［13］谭利、李亚楠：《企业社会责任与公司治理变革——基于利益相关者理论的探析》，《财会通讯》，2010 年第 33 期。

［14］王海燕：《企业绩效管理模式的选择逻辑——基于 CSI 模糊识别模型的实证分析》，《管理世界》，2006 年第 9 期。

［15］王俊、刘东：《摆脱代工企业创新困境的社会网络论分析——基于温州打火机产业的案例研究》，《商业经济与管理》，2010 年第 5 期。

［16］王涛、陈金亮：《环境不确定条件下市场导向对价值创造的作用研究》，《南开管理评论》，2011 年第 6 期。

［17］向阳、曹勇、汪凤桂：《基于消费者认知度的企业社会责任行业差异性研究》，《管理学报》，2010 年第 2 期。

［18］张文勤、石金涛、刘云：《团队成员创新行为的两层影响因素：个人目标取向与团队创新气氛》，

《南开管理评论》，2010 年第 5 期。

[19] 赵慧群、陈国权:《团队两种多样性、互动行为与学习能力关系的研究》,《中国管理科学》,2010 年第 4 期。

[20] Adner R. & Kapoor R. Value Creation in Innovation Ecosystems: How the Structure of Technological Interdependence Affects Firm Performance in New Technology Generations [J]. Strategic Management Journal, 2010, 31: 306-333.

[21] Allatta JT., Singh H., Evolving Communication Patterns in Response to an Acquisition Event, Strategic Management Journal, 2011, 32 (10):1099-1118.

[22] Arli D I, Lasmono H K. Consumers' Perception of Corporate Social Responsibility in a Developing country[J]. International Journal of Consumer Studies, 2010, 34 (1): 46-51.

[23] Arora P, Dharwadkar R. Corporate Governance and Corporate Social Responsibility (CSR): The Moderating Roles of Attainment Discrepancy and Organization Slack [J]. Corporate Governance: An International Review, 2011.

[24] Eisenmann T, Parker G, Van Alstyne M, Platform Envelopment, Strategic Management Journal, 2011, 32 (12): 1270-1285.

[25] Helfat C E., Winter S G., Untangling Dynamic and Operational Capabilties: Strategy for the (N) Ever-changing World, Strategic Management Journal, 2011, 32 (11): 1243-1250.

[26] Hung H. Directors' Roles in Corporate Social Responsibility: A Stakeholder Perspective [J]. Journal of Business Ethics, 2011: 1-18.

[27] Liu T C, Wang C Y, Wu L W. Moderators of the Negativity effect: Commitment, Identification, and Consumer Sensitivity to Corporate Social Performance [J]. Psychology and Marketing, 2010, 27 (1): 54-70.

[28] Ma R, Huang Y, Shenkar O., Social Networks and Opportunity Recognition: A Cultural Comparison Between Taiwan and the United States, Strategic Management Journal, 2011, 32 (11): 1183-1205.

[29] Mahmood IP., Zhu H, Zajac EJ., Where can Capabilities Come From? Network Ties and Capability Acquisition in Business Groups, Strategic Management Journal, 2011, 32(8): 820-848.

[30] Russell D W, Russell C A. Here or there? Consumer Reactions to Corporate Social Responsibility Initiatives: Egocentric Tendencies and Their Moderators [J]. Marketing Letters, 2010, 21 (1): 65-81.

[31] Vlachos P A, Tsamakos A. Corporate Social Responsibility: Attributions, loyalty and the Mediating Role of Trust [J]. Journal of the Academy of Marketing Science, 2011, 37 (2): 170-180.

[32] Yang H. B., Lin Z. J., Lin Y. L.. A Multilevel Framework of Firm Boundaries: Firm Characteristics, Dyadic Differences, and Network Attributes [J]. Strategic Management Journal, 2010, 31: 237-261.

（作者：王钦、刘湘丽、张小宁、肖红军、赵剑波、王涛，中国社会科学院）

中国管理研究的发展方向
——基于美日企业管理模式差异原因分析的讨论

一、十字路口的中国管理研究

经济学家林毅夫（1995）曾提出，一个"经济地位决定理论地位"的观点，按照他的说法，解释的现象越重要，理论的影响也就越大。比如，在 20 世纪 30 年代以前，世界上著名的经济学家基本上不是英国人，都是在英国工作的外国人。20 世纪 30 年代以后，世界上著名的经济学家基本上不是美国人，都是在美国工作的外国人。因此，林毅夫非常乐观地判断，随着我国经济在世界中所占地位的提升，中国经济研究在世界经济学研究中的重要性将随之提高，"21 世纪将会是中国经济学家的世纪"。

实际上，在管理学领域，"经济地位决定理论地位"的观点同样适用。比如，20 世纪初至 60 年代的时间内，世界各国竞相模仿学习的是美国企业管理模式。"美国化"在当时几乎就是现代化的同义语。但是，60 年代以后，日本企业的竞争力逐步显露出来，在钢铁、造船、汽车、家用电器、光学仪器等诸多领域对美国产品形成了强大冲击。这导致美国在 80 年代形成了"日本热"，不仅很多企业纷纷学习日本的管理模式，学界更是积极研讨。比如，麻省理工学院就曾成立了一个包括诺贝尔经济学奖得主索罗和其他很多著名的经济学、管理学家在内的课题研究组，研究日本企业成功和美国企业失败的原因。所以，我们也可以预判，随着中国经济的崛起以及企业国际竞争力的增强，学术界必将对中国管理研究投入更多的热情与关注。

不过，与经济学的乐观不同，中国管理研究依然为其发展方向所困扰。Barney 和张书军（2009）认为，中国管理研究有两条不同的发展路径：一是"中国管理理论"，二是"管理的中国理论"。前者是指在中国情境下应用和修正的西方理论，其认识论基础是普遍性原理，即文化普遍性理论在多元文化情境中的阐述和验证，这一路径被比喻成"康庄大道"；后者假定某些中国现象只能按照本土或文化特殊性构念来理解，即针对中国现象和问题提出自己的理论，此一路径被比喻为"羊肠小道"。成立于 2002 年，影响日益增加的中国管理研究国际学会于 2008 年就上述议题召开了一次特别讨论会："开发还是探索：中国管理研究的未来"。会议围绕两篇文章（Barney 和张书军，2009；Von Glinow & Teagarden，2009），邀请了国外学者（"局外人"）、国内学者（"局内人"）、国外的中国学者（"局外的局内人"）共 10 人提交了 6 篇评论性文章。从讨论成果看，走"康庄大道"还是"羊肠小道"，依然是中国管理研究亟待解决的一个问题。

讨论会参与者一致认为，套用在西方发展起来的理论在中国进行演绎性的研究主导了中国的管理研究领域。Barney 和 张书军（2009）认为，这些研究是为了寻求一种"中国管理理论"。Whetten（2009）认为，尽管这样的研究说明了如何使用现有的研究成果来解释一些在新的情境下所出现的独特现象和问题，但却往往对现有的理论发展只提供有限的贡献，因为它们的目的并不是寻找对地方性问题的新的解释。郑伯埙等（2009）以及赵曙明和蒋春燕（2009）也认为，这种方法"可能限制对中国境内以及与中国有关的重要现象的发掘和理解"。所以，讨论会相对多数的意见是"发展更多'管理的中国理论'的研究"，具体思路是"要在所有的中国研究中认真对待情境因素"（徐淑英，2009）。根据 Whetten（2009）的说法，"所有的组织理论均以各自方式依赖于情境"。如果研究者不考虑新的情境特点，而一味应用在其他情境中发展出来的理论，研究的发现就只能局限在该理论所能涉及的范围里了。那些潜在的高度相关并且十分重要的知识，仍然"未被发现"（Von Glinow & Teagarden，2009）。Whetten（2009）指出了两条可以有效利用情境因素的方法：一种方法是当发现某个理论的预测结果需要被修订时，通过定义这个理论的边界条件进行"情境化理论"（Contextualize Theory），这样会产生情境嵌入型理论（Context-embedded Theory）。另一种方法是通过定义那些可以影响个体和公司行为的情境因素，来"理论化情境"（Theorize About Context），这样会产生情境效应型理论（Context-effects Theory）。郑伯埙等（2009）进一步说明了系统性地发展本土管理理论的五阶段步骤：发现值得关注之管理议题、实地观察、建构理论模式、实证性验证理论以及理论之再修正。

在参与讨论会的 13 位学者之中，曾荣光（2009）的观点可算作"少数派"。他认为，由于难以确定性地推翻已有的管理理论，试图创造新的理论来解释独特的中国管理现象，可能导致理论的过度繁衍，并延续薄弱甚至虚假的理论，而理论的过度繁衍，无论是对管理学自身发展，还是对管理实践以及全球研究社区，都有不良后果，因为"一个错误的'管理的中国理论'将比起初没有这个理论有着更大的危害"。曾荣光问道："如果理论创新方法在世界范围内备受推崇，我们将很快看到的不仅是'管理的中国理论'，而且是不同国家和地区（如上海和苏格兰）的管理理论。作为整体的管理学科，这样的发展健康吗？""假设某学者对中国公司与印度公司在巴西成立的合资企业的人力资源管理进行深入的案例研究，他应该用巴西、中国或印度的人力资源管理理论吗（假设这些理论都存在）？""在我们开始建立'管理的中国理论'之前，我们要认真地反思，'所研究的现象真的这么独特，以至于只有发展新理论才得以提供充分的解释吗？'"

尽管历史难以假设，但我依然设想，倘若有幸躬逢盛会，我一定会站在"少数派"一边。讨论中国管理研究发展方向的深远意义自不待言，更重要的是，多数派的意见因其强大的话语权已经开始在中国管理研究实践发挥影响，少数派的意见无疑没有受到足够重视；同时，已有研究主要是基于哲学层面的讨论，由于援引的哲学理论以及理解差异，不但提高了观点的争议性，同时也降低了理论的说服力。这里从实证研究的视角，通过对美日企业管理模式差异原因的分析，对中国管理研究的发展方向提出一些看法。之所以选择以美日企业管理模式差异原因分析为例，主要理由是，这一众所周知的现象通常被认为是文化差异所致，其蕴含的方法论意义与主流观点的情境化管理研究方法论具有内在关联性。

二、美日企业管理模式差异原因分析[①]

美日企业管理模式差异是管理学界一个众所周知的现象。根据一般性描述，美国企业管理模式的基本特点是，注重市场调节、制度化管理、对抗性劳资关系以及刚性工资制。与美国模式相反，日本企业管理模式不注重市场调节，规范化和制度化的程度也比较低，企业注重劳资之间的合作关系，工资制度呈现很大的弹性。这里需加说明的是，通常所言的美日企业管理模式，都是

---

① 此部分根据作者的博士论文第 5 章改写。

特定时段内企业管理表现出来的总体特征，具体来说，美国模式主要是 20 世纪初形成，80 年代以前在美国企业中占主导地位的管理模式；日本模式则是第二次世界大战以后日本经济恢复和高速发展时期形成，至 20 世纪 90 年代以前在日本企业占据主导地位的管理模式。①

（一）"文化传统决定论"批判

美日企业管理模式的差异引起了多方解读，其中最为流行的观点是"文化传统决定论"。按照这种解释，文化传统的不同引致管理模式的差异。比如，因写作了《Z 理论》而声名鹊起的威廉·大内（1984）就认为，日本企业管理模式产生于"日本特有的社会环境，即由历史形成的种族、语言、宗教信仰和文化上的同质化，以及认定个人无关紧要的集体价值观。"国际知名的社会学家日本裔美国学者福山，在其久负盛名的《信任：社会美德与创造经济繁荣》一书中，更是多处引用日本企业的事例，作为文化差异甚至日本文化优越性的例证（福山，2001）。美国学者佩格尔斯（1987）在《日本与西方管理比较》一书中，同样把日本企业的成功主要归咎于其独特的文化哲学"和"——和谐、协调与合作。

"文化传统决定论"之所以被广泛接受，或许是因为美日两国文化传统确实存在差异。正如本尼迪克特在《菊与刀》中明确指出的那样："任何人想弄明白日本人，得首先明白他们的口头禅'各安其位'。他们对秩序和等级的信赖，与我们对自由平等的信仰如此对立，犹如南北两极。我们认为等级制不可能是个合法制度。日本人首先对'社会人'有一个整体概念，然后形成等级制度，要理解它，必须对他们的民族习俗，诸如家庭、国家、宗教信仰及经济生活等作一番描述。"

但是，被广泛接受并不一定意味着正确。无须深究，文化传统决定论至少有如下几个难以自圆其说之处：

（1）与日本企业管理的史实不符。这里不妨列举两个例子：第一个例子是"终身雇佣制度"的非传统性。"终身雇佣"这个词，只不过是对日本厂商较长的工作雇佣期限的夸张性说法，而较长的工作期限则是实施特定激励制度的结果。这种激励制度并不是所谓的"传统"制度，即它并不是自上个世纪资本主义诞生以来就一直在运行，并继承了江户时期的商业习俗和其他社会习俗的制度。相反，它是在大约日俄战争（1904~1905 年）结束以后——通过管理部门、劳工和官僚部门的相互作用——逐渐发展起来的，只是到 20 世纪 50 年代才被确定为是一种既定的制度。它也不是所谓的"家长式"制度，即并非每个雇员只要忠实于厂商就可得到相等的报酬。相反，它是一种"竞争性"制度，即在较长期的基础之上根据工人通过竞争和合作所取得的工作成绩而给予他们不同的估价和报酬（青木昌彦，1994）。

实际上，即便是持"文化传统决定论"的威廉·大内，也清楚终身雇佣制度的非普遍性。"终身雇佣制虽然为雇员所期望并且是雇主的奋斗目标，但在日本还不是普遍的。并不是所有的企业都能创造终身雇佣制所需要的稳定性。因此，日本的劳动大军也许只有 35% 能在大企业和政府部门中享受终身雇佣制"（大内，1984）。

第二个例子是"合作性劳资关系"的非历史性。比如，王一江、孔繁敏（1998）指出，"事实上，在自明治维新至第二次世界大战结束前的长时期内，日本企业里的劳资关系也是很不和谐的。雇主与雇员之间是简单的、短期的劳动力买卖关系。雇主对工人提供的福利和劳动保证很少，工人也工作懒散。关于这一点，当时的日本人和外国人都有记载。一位 19 世纪到美国东海岸学习现代纺织技术的大名的官僚，在美国逗留的 5 年里，往家里写了 150 多封信。在这些信中，他一方面表示了对美国人勤奋工作的作风的赞赏，另一方面批评了日本人的懒散作风。他说："我热爱日本……但我不得不说，日本的贫穷是由于日本人的懒散而造成。他们工作时用于休息、饮茶吃东

---

① 关于 90 年代以后日本管理模式的发展，可参见熊泽诚：《日本式企业管理的变革与发展》，商务印书馆，2003 年。

西的时间太多……日本人应该学习美国人的勤奋精神。"一位 20 世纪初到日本访问的法国人写道："日本工人总的来说很懒。他们似乎不具备勤奋工作的能力……日本工人对原材料的使用漫不经心，浪费很大。每一个欧洲工人都知道小心使用和保养机器的道理，日本工人似乎是不明白的。"

（2）与日本的文化传统相悖。"日本社会与美国社会的一个显著区别是日本人非常重视等级制度。在美国，个人的权限很明确，在日本人看来几乎达到独裁的地步，但尽管如此，美国人具有强烈的平等意识，或至少有佯装平等的思想——'直呼我的名字吧！'日本由于不久以前还是一个封建社会，同时又是一个重视特殊关系的社会，所以日本人认为不同的等级和地位是天经地义、不可避免的。实际上，他们个人之间及其所属团体之间的关系常常是构筑在等级差别观念的基础之上"（赖肖尔，1992）。显然，与美日文化传统对应的管理模式，更适宜的应是"民主式管理"与"权威式管理"，但是，实际情况却恰恰相反：以平等为文化传统的美国管理模式侧重等级制，而以等级制为文化传统的日本管理模式却倾向于民主制。

（3）难以解释 20 世纪 90 年代之后美日企业管理模式呈现出来的融合趋势。如前所述，所谓的"美国模式"主要是 20 世纪初形成，80 年代以前在美国企业中占主导地位的管理模式，而"日本模式"则主要是第二次世界大战以后日本经济恢复和高速发展时期形成，至 20 世纪 90 年代以前在日本企业占据主导地位的管理模式。实际上，20 世纪 90 年代以后，随着外部市场环境的改善以及企业间的相互学习，美日企业管理模式逐渐呈现出一种融合趋势。倘若坚持"文化传统决定管理模式"，又当如何解释这种融合趋势呢？文化传统的变迁可不是件容易的事啊！

我们认为，企业管理模式不是文化传统决定的。这意味着，不同的文化传统也可能采用同样的管理模式，而同一文化传统内的企业也可能采用不同的管理模式。显然，这是一个与企业实践更加吻合的结论。

（二）管理模式的选择逻辑：假说与检验

由于企业面临的市场环境不同以及自身条件差异，不同的企业往往会选择不同的竞争战略。按照波特（1997）的思路，"一个企业所具有的优势或劣势的显著性最终取决于企业在多大程度上能够对相对成本或歧异性有所作为"，也即一个企业的竞争战略有众所周知的成本领先与差异化战略两种类型。成本领先战略要求企业"成为其产业中的低成本生产厂商"，从而"将价格控制在产业平均或接近平均的水平"。差异化战略要求企业"力求就客户广泛重视的一些方面在产业内独树一帜"，从而"因其独特的地位而获得溢价的报酬"。

不同的竞争优势往往有不同的来源。为实现成本领先战略，企业可以追求规模经济、专有技术、优惠的原材料等。其中与生产过程本身关系最为密切的无疑是规模经济。规模经济的含义是单位成本随着产量的增加而递减。这意味着，企业应实行大规模生产方式。与之相似，为实现差异化战略，企业必须在保证成本不高于竞争对手的情形之下，为顾客创造更多的独特价值。显然，企业此时已不能采用"大批量、低成本、无个性"的大规模生产方式，而必须采用或创造一种"个性化生产"方式（如后文所示，日本企业采用了独创的"精益生产"方式）。

不同的生产方式需要不同的人力资本类型。在大规模生产方式下，生产过程应当尽量自动化，由此增加的固定成本会被规模经济所消化，从而新的工艺技术也就能有力地推动成本降低。同时，时刻保持生产过程的效率，其中最重要的就是稳定，包括输入、转化、输出过程的稳定，以保障每一个环节的流畅运转。所以，与之适应的主要是那些具有通用人力资本类型的工人。反之，"个性化生产"则需要专用型人力资本。

通用型人力资本类似于劳动力市场的一个个"标准件"，这导致了劳资双方的"市场交易"偏好：资方可以随时根据需要到市场"购买"，劳工也可以随时根据"市场价格"变动情况"择高而据"，由此必然导致双方的彼此不信任。一方面，资方倾向于运用权威控制工人，认为没必要让工人参与管理；另一方面，工人为保护自己利益，容易组成行业工会来对抗资方。

与通用型人力资本相反，专用型人力资本投资由于面临劳资双方彼此"套牢"的风险，所以，资方愿意给劳方一个长期雇用合约的承诺，而劳方由于自身的人力资本属于专用型，再转移价值不高甚至降低，所以也愿意"忠诚"于一个企业。于是，劳资双方合作关系日益紧密，彼此冲突较小。

概而言之，管理模式选择的逻辑是：不同的市场环境导致企业选择不同的竞争战略，不同的竞争战略使企业采用不同的生产方式，不同的生产方式又使企业需要不同类型的人力资本，不同类型的人力资本导致了不同的管理模式，如图 1 所示。

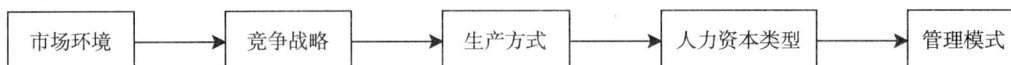

```
┌────────┐   ┌────────┐   ┌────────┐   ┌──────────┐   ┌────────┐
│ 市场环境 │→ │ 竞争战略 │→ │ 生产方式 │→ │ 人力资本类型 │→ │ 管理模式 │
└────────┘   └────────┘   └────────┘   └──────────┘   └────────┘
```

图 1　管理模式的选择逻辑

从管理模式选择的一般理论，不难推出如下三个假说：

假说 1：管理模式不同，则人力资本类型不同。

假说 2：同一文化传统中，如果选择的竞争战略不同，那么企业管理模式也将不同。

假说 3：不同文化传统中，当企业选择的竞争战略趋同时，管理模式也将呈现趋同化趋势。

客观地讲，若在今日通过对美日企业管理模式特征显著期的相关数据收集、整理来进行实证分析，不是不可能，而是相当艰难。一来相关数据收集极其困难。时过境迁，别说与研究有针对性的数据，就是普通数据收集估计都是件难事。二来财力、时间等费用过高。这一点应该显而易见。

幸运的是，一项关于"日美企业管理比较"的研究为我们保留了宝贵的历史数据。该研究是以加护野忠男为首的 4 位日本学者耗费 7 年时间完成的（加护野忠男，2005）。该调查从 1980 年 4 月到 8 月，在日本和美国同时进行。调查对象，美国方面是《财富》杂志的工矿业营业额排名前 1000 位的企业（1979 年排序），日本方面是在日本东京证券交易所 1 部、2 部上市的 1031 家企业。问卷调查表的邮寄，在美国寄给最高管理者个人，而在日本则寄给总裁办公室，委托能够代表公司全面回答提问项目的人来回答。对于长达 13 页的问卷，227 家美国企业给了回复，291 家日本企业给予了回复。调查结果就是根据这些回复问卷整理而成。当然，本文采用该调查的数据，除调查对象广泛，调查深入等因素之外，最重要的是因为该调查期恰好处于我们所研究的美日企业**管理**模式差异比较显著的时期。

在"组织结构的比较"一表里，有"权利集中度"一栏。根据他们的定义，权利集中度是上**级**的两个阶层对下级两个阶层影响力大小的比率，可以认为这一比率越高组织越集权化。显然，**我们**可以用这一数据作为衡量管理模式倾向于"权威"还是"民主"的依据。

为检验第一个假说，最困难的是如何测定人力资本的类型（通用人力资本与专用人力资本），**并且**，在加护野忠男等人的调查中，也没有人力资本类型这一数据。依据通用与专用人力资本的划分标准，本文打算借鉴该调查中的"技术的非常规性"指标进行测量。在我们看来，"技术的非常规性"越强，则意味对工人技能的要求越全面，意即专用人力资本程度越高，反之亦然。

表 1　美日企业中的权利集中度与技术的非常规性指标

	美国	日本
权利集中度	2.52	1.46
技术的非常规性	2.86	3.05

注：表中数据分别来自于加护野忠男（2005）第 43 页"表 2-10 组织结构的比较"与第 30 页"表 2-4 生产技术的比较"。

表1综合了该调查中"权利集中程度"与"技术的非常规性"两项指标。从中可以看出，美国企业的"权利集中度"为2.52，明显高于日本企业的1.46，这与我们理论推论与历史考察中的描述相一致，即美国企业倾向于"权威管理"，日本企业倾向于"民主管理"。美国企业的"技术的非常规性"为2.86，又明显低于日本企业的3.05，这反映出，美国企业工人的人力资本通用性较强，而日本企业工人的人力资本专用性较强。把上述两者指标综合对照，很明显，美国企业的"权威管理"对应于"通用型人力资本"，日本企业的"民主管理"对应于"专用型人力资本"。也即管理模式不同，人力资本类型不同。第一个假说得到证实。

图2是加护野忠男等人在上述问卷调查基础之上，又加入少数代表性企业的案例研究之后所得结论中的一张图。其中，官僚动力型是一种通过建立各种正式的阶层组织，通过规划和计划，实现组织整合和减少市场变化的影响的组织编制方法；群体动力型是在价值、信息共享的基础上，通过员工之间及其集团之间密切的合作，从而实现组织整合和减少市场所造成的影响的组织编制方法。显然，官僚动力型比较接近于美国企业的管理模式特点，群体动力型比较接近日本企业的管理模式特征，所以，我们用两者作为划分管理模式的两个标准。

产品意向战略是以产品为重点，通过机动地配置管理资源，演绎性权变的战略；生产意向战略是以生产为重点，通过知识的积累配置管理资源，从而归纳、渐进权变的战略。同样，作为类比，产品意向战略近似于成本领先战略，而生产意向战略则近似于差异化战略。

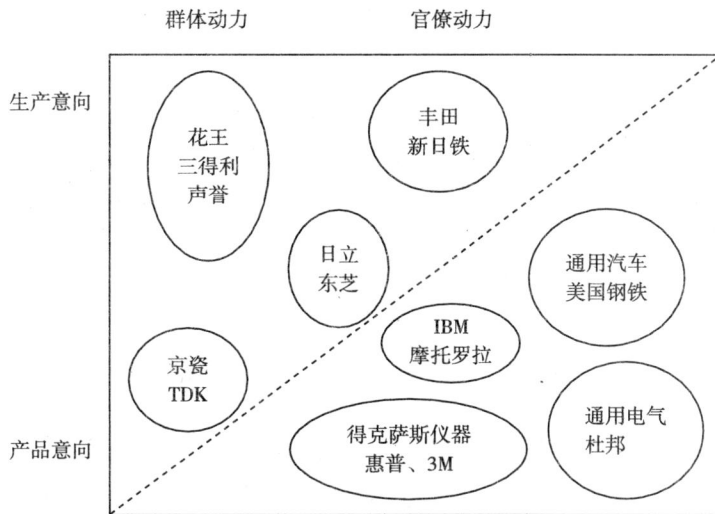

图2[①]　战略选择不同导致的企业差异

从图2可以看出，即便是同为日本企业，比如丰田与京瓷，由于战略选择不同，管理模式也有很大差异。这证实了第二个假说：同一文化传统中，如果选择的竞争战略不同，企业管理模式也将不同。至于第三个假说：不同文化传统中，当企业选择的竞争战略趋同时，管理模式也将呈现趋同化趋势。图2中更是给出了明显证实：比如美国企业IBM、摩托罗拉与日本企业日立、东芝，竞争战略与管理模式都在由两个极端向"居中"移动。

诚然，上面的实证检验相对粗略，但就本研究问题而言，特别是在考虑到"研究的经济性"之后，我们认为这种验证还是可以被接受。

---

① 转引自加护野忠男（2005）第275页。为方便绘制，在不影响研究质量的前提下，较原图有所简化。

（三）美日企业管理模式产生的历史考察

历史事实表明，美日企业管理模式的产生符合上述一般理论。具体来说，在当时的市场环境下，美国企业选择了成本领先战略，从而导致了大规模生产方式的流行，与之适应，工人主要是通用型人力资本，最终导致权威式管理。与之不同，日本企业选择差异化竞争战略，采用了精益生产方式，工人主要是专用型人力资本，所以形成了民主化管理，如图 3 所示。

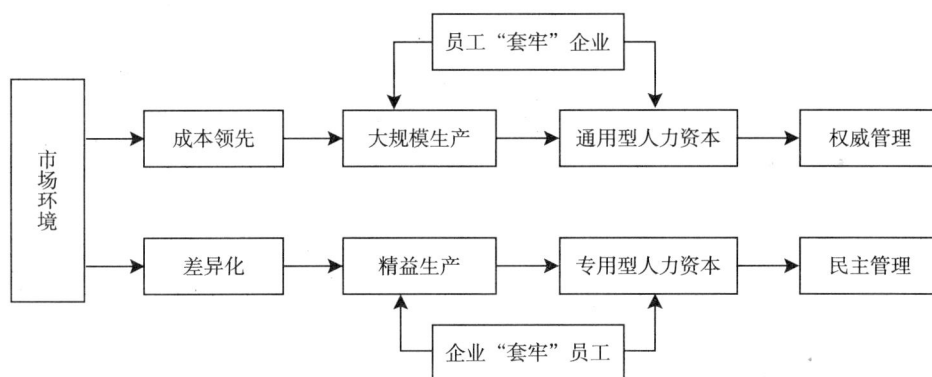

图 3　美日企业管理模式的产生逻辑

1. 美国模式的产生

19 世纪 40 年代至 20 世纪 20 时代，随着铁路大发展以及电报的使用等通讯条件改善，美国统一的大市场开始形成，传统的家庭式生产方式难以满足市场需求，一大批现代化巨型企业在美国应运而生（钱德勒，1987）。美国钢铁公司，新泽西美孚石油公司，通用、福特和克莱斯勒三大汽车公司，美国电话与电报公司以及许多其他我们熟悉的美国企业，都是在这个时期内产生的。从技术上看，巨型企业的形成和随之而来的现代化大生产，并不是传统的家庭式生产的简单外延、相加和扩大，而是通过大规模投资，形成资本密集型的生产，取得规模经济。20 世纪初，美国钢铁公司成为全世界第一家资产总额超过 10 亿美元的企业，当时曾作为特大新闻予以报道。

但是，通过大规模投资形成的巨大生产能力，使得每一家企业很容易处于被各个方面"套牢"的地位。巨大的生产能力形成后，每周、每天甚至每小时的停工停产，损失都是巨大的。这种损失不仅来自产品产量的下降因而单位成本的上升，而且可能来自机器设备由于缺乏正常的使用和保养发生的损坏。从企业内部看，工人可以以停工、怠工或离职相威胁，要求增加工资，企业由于对设备的安全和生产效益的考虑，会在谈判中处于非常不利的地位。作为投资者，理性地预期到这种问题，必然会想办法解决。

为防止企业被工人"套牢"，美国企业在劳动组织和人事管理的设计上，特别强调精细严密的分工。精细严密的分工之所以可以减少工人对企业的"套牢"风险，主要原因有二：一是它可以使每个人的工作内容尽量简化。工作内容充分简化后，就变得任何人都很容易胜任。这时，如果某个工人由于不满或其他原因不愿或不能工作，那么，企业就可以很容易地从劳动力市场上另外找人来取而代之。二是大大简化了的工作内容比较容易用文字明确地写下来，使之规范化和制度化，最大限度地摆脱经验型管理方式的限制。在经验型的管理方式下，人们对工作环境、内容和程序的熟悉主要是通过实践、"熬年头"获得。生产和管理中的很多经验和关键技巧，都装在老工人的脑袋里。一旦这些人离去，就会把他们掌握的知识和技巧带走，影响生产，给企业造成损失。规范化和制度化的管理方式，可以使这种损失尽量减少。新工人进来，可以"照章办事"、"照本子办事"，很快掌握生产内容和程序，进入工作状态。

除了高度的分工之外，美国企业管理还注意在每一个重要的生产环节，都使产品保持有一定的库存。这样，无论是由于某种技术原因还是工人人为的原因，造成某个环节生产中断，该环节以下的生产仍可以依赖库存继续进行一至两周甚至更长的时间。

劳动内容的简化和规范化、制度化，以及通过库存来保证生产的连续性，大大降低了普通工人"套牢"企业，在利益分配上讨价还价的能力。其后果是，大大简化了的生产内容使企业对工人的素质要求不高，同时，工人对企业生产过程的了解也集中在局部。这两个后果，使得工人在生产中应变和自我协调的能力较差。因此，管理人员的专业化和素质在美国企业中就显得非常重要。正是在这一背景下，"支薪经理"地位提升成为"美国企业的管理革命"重要表征之一，美国成为"经理式资本主义"的策源地（钱德勒，1987）。

但是，以上种种措施，虽然最大限度地保证了投资者的利益，但却使得普通工人感觉自身利益受到了威胁。普通工人在危机时期会面临失业的威胁，工作和收入没有保证，在繁荣和企业效益改善时期，又不一定能分享收益。普通工人对这种状况当然不满并极力予以改变。他们认识到个人力量有限，就把组织工会形成有组织的斗争力量当成争取自身利益的主要手段。这样，就形成了美国企业的"行业工会"。在雇主一方，则把工会视为对自身利益的最大威胁，极尽可能地打击工会的力量，从而促使企业形成了对抗性的劳资关系。

2. 日本模式的产生

日本企业管理模式是在第二次世界大战之后逐步形成的。其时，日本企业面临的市场环境有三个显著特点：一是国内市场狭小。这一点，在战败后显得更加突出。以汽车工业为例，日本国内汽车的年需求量直至1955年仍未超过数万辆的水平，而在1955年美国国内市场的需求量为900多万辆。二是需求多样性。在原本就狭小的市场上，日本各个市场主体的需求又多种多样。比如，工业企业希望购买小型运货卡车，政府官员和企业巨头们希望购买豪华客车，还有一些人则需要普通客车，如此平均起来，每种车的需求量不足千数。三是国际竞争力不强。日本的经济发展水平本来就低于欧美等发达国家。战前日本企业在资金、技术和管理水平上，都与美国相差很远。战后日本工业失去了军事力量的保护和广大的殖民地市场，更加无法通过扩大国际市场来解决国内市场需求不足的矛盾。

因此，日本企业战后所面临的挑战是：如何在狭小、支离破碎的市场上，形成对现代企业效益和成败至关重要的规模经济？由于其时美国企业已经通过专用设备建立规模经济，占据了大部分市场。所以，日本企业若想在与美国企业竞争中"分一杯羹"，就必须形成一种新的、更加灵活而又同时符合规模经济原则的生产制度，通过增加产品品种，把有不同需求而美国企业规模生产又不能满足的顾客和市场，一点一点地争夺过来。这种同时具有灵活性又符合规模经济原则的新生产方式，被称为"精益生产"，以区别于大规模生产方式。

精益生产希望在大型设备上灵活生产不同型号的产品。要做到这一点，必须满足两个条件：一是机器设备要灵活，二是生产组织形式、劳动力的使用要灵活，二者缺一不可。比如，美国汽车厂使用的冲压件，是由专业化厂家在千里之外，用专用模具生产的。日本企业为了做到能小批量生产更多的品种，不仅将冲压部件的生产设在装配厂内，而且要求工人能快速地更换模具。更换冲压模具，美国工人在20世纪50年代需要一星期才能完成，日本工人先是把这个时间缩短到几小时，然后又缩短到几分钟，做到了大多数类型的冲压件都可以随时生产。这样，一台大型冲压设备就能为生产多种型号的汽车服务。

为了实现"灵活生产"，企业内部的管理制度必须也相应灵活。比如分工不能太细、规章制度也不能太多，这样才能随时根据生产的需要，把劳动力在不同的部分和工种之间来回调动。如此，就又对劳动力的素质提出了新要求：工人既要掌握更多的技能，熟悉情况，又要责任心强，工作认真负责。原因有两个：一是工人不能再简单地在自己狭小的工作范围内照章办事。他们必须掌握更多的技能，了解生产的整体过程，必要时能自动根据需要调节生产活动的内容。工人能自动调节生产活动的内容之所以很重要，是因为精益生产不能依赖库存来保证生产的连续性。二是零部件的库存是资金的一种积压。在大规模生产方式下，产品品种单一，这种积压对企业效益的影响相对有限。在精益生产方式下，产品品种大量增加，而每个品种又都是小批量生产，用库存来保证生产的连续性就显得成本太高。而企业在减少零部件库存的同时，又要保证生产的连续性，只能靠工人随时随地自动调节其生产活动的内容，哪种零部件短缺或过多，就主动增加或减少生产这种零部件的时间分配。

精益生产，一是要求工人既要掌握更多的技能，又要工作认真负责；二是在精益生产制度下，产品的质量管理问题也面临新的挑战。在大规模生产制度下，产品的生产量很大，可以有一个逐步改进产品质量，使之从不稳定走向稳定，减少次品率的过程。而在精益生产制度下，每个品种的批量都很小，这时，为了保证产品质量，不能再允许有一个逐步提高产品质量的过程，而必须从一开始就做到没有或基本没有次品。而要做到这一点，每个工人都必须关心质量，必须随时注意和发现来料来件的质量变化，注意和发现机器设备运行的状况，必要时及时停机并尽快解决和处理好所发生的问题。这就是我们常听说的"全面质量管理"。显而易见，全面质量管理对工人的技能和工作责任心都提出了更高的要求。

精益生产的技术特点决定了日本企业内部不重视个人分工和管理的制度化，要工人掌握多种技能并通过经验熟悉如何在企业工作。这样，就使工人的人力资本构成中，企业专用人力资本的比重大幅度提高。由于专用型人力资本的市场转移会大幅度贬值，因而，当工人人力资本构成中专用人力资本比重很大时，一旦失业或由于其他原因更换雇主，收入就会受到很大损失。无疑，工人在某个企业工作一段时间之后，就很容易被该企业"套牢"，进而降低自身的谈判地位以及自我权益的保护能力。当工人理性地预计到这种情况时，就不会忠于企业以及对工作持积极负责的态度。

为解决工人担心被企业"套牢"的问题，日本企业，尤其是大企业，对正式职工普遍提供了终身就业的保障。这样，就有利于激励工人进行对企业有利的专用型人力资本投资。所谓的"年功序列工资"制度，实际上就是一个激励工人投资企业专用型人力资本的制度设计。但是，仅有终身就业对保障工人的权益还是不够的。由于雇主与职工对企业经营情况的了解之间存在着信息不对称，雇主依然可能利用自己信息上的优势，欺骗工人。比如谎称经济效益不好，拒绝给工人增加工资；或者直接采取给工人少加工资的强硬态度。因此，为了使工人相信自己公平分配的诚意，日本企业在向工人提供终身就业的同时，还吸收工人参加管理，使工人与企业管理者一道掌握企业的经营情况，并对关系到企业和自身利益的重大问题参与决策。这样，就形成日本企业管理制度中有特色的"企业内工会"以及合作性的劳资关系。

三、结　论

Child（2009）把管理运作的国家情境分为物质体系、理念体系与制度产出三大类，其中理念体系包括文化价值与理性、宗教价值、政治价值三个维度。依此分类，美日企业管理模式差异的"文化传统决定论"可看作是一种"情境化理论"。本文对"文化传统决定论"批判以及对美日企业管理模式差异原因的实证分析与历史考察表明，无须"情境化"，通过整合与运用已有理论，依然可以为这一现象提供一个逻辑自洽且与经验事实相吻合的可验证解释。

诚然，很难完全忽略情境尤其是文化对人类行为的影响，但是，正如对美日企业管理比较研究有深入研究的青木昌彦（1994）所言："虽然从传统文化继承而来的小集团价值在形成日本组织实践中已经起了重要作用，但是为了成为有效率的，日本厂商必须有意识地设计和发展集团间有效的协调机制和相应的激励结构。对于日本厂商的竞争行为来说，集团主义并不是一个充分条件。我进一步认为，它也不是一个必要条件。"正如本研究所表明的那样，日美企业管理模式中很多通常被视为"文化特征"的制度，如日本企业的"终身雇佣"、"年功序列"以及"企业内工会"等，恰恰是管理制度形塑的结果。

实际上，许多看起来有情境依赖性的现象，依然可以通过现有理论的整合与运用来予以解释。换言之，简单甚至草率地把一些不能或不易解释的现象，归咎于情境差异，是一种科学研究中的"后退策略"，是一种狡猾的权宜之计。倘若进而提出一种"特殊理论"来解释，确实如曾荣光所言，有这种理论比没有这种理论的危害还要大。

上述分析意味着，解释中国管理现象，不能过分夸大中国现象的独特性，动不动就提出一套所谓的"管理的中国理论"，因为，这种"另起炉灶式"的研究，在割裂了理论文献的继承与批判传统之时，也造成了理论的过度繁衍。当然，中国管理研究的"去情境化"也并不意味着可以简单地套用西方理论，甚至"有意识"地忽略某些"独特变量"。因为，这种"削足适履式"的研究，既不能真正解释中国现象，也可能错失了改进现有理论的大好时机。

所以，中国管理研究的发展方向应该是也必须是，立足中国现象，整合与运用西方已有理论进行解释，并在解释过程中修正其不完善之处。这一思路可简称为"中国管理的西方理论"，其实质是"中国现象+西方理论"。与实质是"西方理论+中国现象"的"中国管理理论"不同之处是，它不是套用西方理论进行演绎式研究，而是从中国现象出发进行归纳式研究，中国现象不再只是一个研究样本，而是一个理论创新源头；与实质是"中国现象+中国理论"的"中国的管理理论"的区别是，它不是针对中国现象提出新理论，而是用中国现象去修正西方理论。

我们相信，中国管理研究只有选择"中国管理的西方理论"方向，才真正有望实现"国际化"与"本土化"的有机结合，才真正有可能对整个管理学科做出理论上的实质性贡献。

【参考文献】

［1］波特：《竞争优势》，华夏出版社，1997年。

［2］曾荣光：《十字路口的中国管理研究：一些哲学层面的思考》，《组织管理研究》，2009年第5期。

［3］David A. Whetten：《理论与情境衔接关系的探讨及其对中国组织研究的应用》，《组织管理研究》，2009年第3期。

［4］弗朗西斯·福山：《信任：社会美德与创造经济繁荣》，海南出版社，2001年。

［5］赖肖尔：《当代日本人：传统与变革》，商务印书馆，1992年。

［6］刘宝宏：《管理理论科学化的方法论基础》，东北财经大学博士学位论文，2009年。

［7］林毅夫：《本土化、规范化、国际化——庆祝〈经济研究〉创刊40周年》，《经济研究》，1995年第10期。

［8］梁觉：《老死不相往来？西方管理研究的整合》，《组织管理研究》，2009年第5期。

［9］John Child：《中国管理研究的情境、比较观点与研究方法论》，《组织管理研究》，2009年第3期。

［10］Jay B. Barney、张书军：《中国管理研究之展望：中国管理理论与管理的中国理论》，《组织管理研究》，2009年第3期。

［11］加护野忠男等：《日美企业管理比较》，三联书店，2005年。

［12］卡尔·佩格尔斯：《日本与西方管理比较》，机械工业出版社，1987年。

［13］Mary Ann Von Glinow、Mary B. Teagarden：《中国管理研究的未来：严谨性与切题性的重生》，《组织管理研究》，2009年第3期。

［14］青木昌彦：《日本经济中的信息、激励与谈判》，商务印书馆，1994年。

［15］钱德勒：《看得见的手：美国企业的管理革命》，商务印书馆，1987 年。

［16］熊泽诚：《日本式企业管理的变革与发展》，商务印书馆，2003 年。

［17］徐淑英：《管理研究的自主性：打造新兴科学团体的未来》，《组织管理研究》，2009年第 3 期。

［18］威廉·大内：《Z 理论：美国企业界怎样迎接日本的挑战》，中国社会科学出版社，1984年。

［19］王一江、孔繁敏：《现代企业中的人力资源管理》，上海人民出版社，1998 年。

［20］赵曙明、蒋春燕：《从做中学：中国管理学研究的发展思路》，《组织管理研究》，2009年第 3 期。

［21］郑伯埙、王安智、黄敏萍：《康庄大道与羊肠小道之间的抉择：提升华人管理研究的"局内人"观点》，《组织管理研究》，2009 年第 3 期。

（作者：刘宝宏，东北财经大学工商管理学院）

战略管理研究：东方文化视角的理论回顾与发展走向

一、问题的提出

根据科学测算，宇宙距今约有 150 亿年的历史，地球则有 46 亿年的历史，而在地球上生存的生物至少也有 33 亿年的历史，其中人类在地球上发展至今则有 300 万年的历史。300 万年间，人类历史不断更迭，人类不断发展，文明不断跨越，文化趋于融合。今天，人类从宗教时代已经跨越到了经济时代，国家间文化是否高级的衡量标准已经从宗教发展是否高级转变为经济发展是否高级。而衡量经济发展的重要指标则是对经济增长贡献率达到 60%~80% 的科学技术，可以说，在经济领域所面对的竞争实质上已演变为科技的竞争。众所周知，科技不仅包括自然科学技术，还包括管理科学技术，在此基础上，更有国内外学者提出，经济时代是一个重视经济管理的时代，我们只有借助于管理科学技术的作用，自然科学技术才能转化为生产力。据此，我们可以认为管理在推动经济发展和促进人类文明中具有重要的作用，而管理的优劣也成为衡量一个国家文化是否繁荣的重要指标。与此同时，随着人类科学技术的不断发展，不仅带来了世界经济的全球化，也带来了世界权利中心由西向东的转移，以中国为代表的东方国家已经成为拉动未来增长最重要的经济体之一。诚然，经济的繁荣必然离不开文化的支撑，研究东方文化成为历史之必然，而探寻其分支东方管理文化则又成为推动历史发展的重要动力之一。

事实上，人类的管理活动是伴随着人类历史的产生而产生，并伴随着人类身体机能结构的发展而发展。当人类慢慢从四肢爬行的猿变为直立行走的人，他们的行动开始变灵活了、视野开始变开阔了，大脑也渐趋发达了，他们渐渐学会在劳动中进行分工与协作，这使得协调这一系列行为的管理活动得以产生。随着人类蒙昧时代的结束和文明时代的到来，人类还懂得了将这些外在的管理实践活动转化为内在的思维模式——管理思想，以试图通过思想来指引行动。然而伴随着工业化进程的不断加快，生产规模的迅速扩张，迫切需要人类把那些零散的管理思想加以归纳和总结，形成能够统一指导实践的管理理论，并在管理实践中不断修正和完善。直至今天，我们所能看到的管理理论数不胜数，却也发觉东方管理理论的缺失。无法否认，在古代，以中国古代管理思想为代表的东方管理思想曾经成就了世界上最富饶、最强盛的华夏帝国；在近代，却因为没有能够与产业革命和资本主义企业经营相结合而被忽视，错失了在这一特定时期形成系统理论体系的机会；在现代，因为经济的长期落后，实现赶超的迫切之需，一度照搬西方的管理理论来促进本国经济的发展，却殊不知"橘生淮南则为橘，生于淮北则为枳，叶徒相似，其实味不同"。不同的环境需要权变出不同的管理理论，不同的国家如此，即使是同一个国家在不同的经济发展阶段其所需要的管理理论也不尽相同。正因为此，西方管理理论在其发展过程中同样也表现出了不同的时代特征。沿着西方历史的发展轨迹，我们可以看到它大致经历了四个阶段：一是18世纪下半叶到19世纪末的经验管理时代；二是19世纪末20世纪初到20世纪40年代中期的生产管理时代；三是20世纪40年代后期到20世纪60年代中期的经营管理时代；四是20世纪60年代中期发展至今的战略管理时代。毋庸置疑，今天我们所面对的是一个需要用战略进行管理的时代，为此对战略管理的研究也成为时代之必然，而对战略管理发展走向的研究则成为推动历史发展的重要动力之二。

由此引申，我们有理由相信将东方管理文化和战略管理相结合具有极为重要的现实价值和特殊的时代意义，又由于东方管理文化是根植于"天人合一"的哲学思想，而"天人合一"是东方人对世界的基本体验，管理只是这种体验的一种表象，战略也是如此。因此我们可以认为文化引导管理，文化是纲，管理则是领，这也正是本文选择以东方文化视角对战略管理进行研究的初衷。

二、战略管理的产生与发展

对于战略管理的研究无论是中国还是西方都论证了较长一段时间，也出现了较多的研究流派，更是从不同角度阐释了战略管理试图解决的一些问题。然而时代在发展，文明在进步，社会在变更，战略管理仍在不断变化的管理实践中继续前行与发展，它会走向何方，又会以何种方式走是我们亟待解决的问题。要知未来，必先知过去。唐太宗李世民就曾以"以史为鉴，可以知兴替"作为自己治国的三鉴之一，也正是因为深谙此律，故造就了一个辉煌的"贞观之治"。今天，我们也应试图从战略管理的源头去追溯它的产生与发展，以试图探寻它的发展走向。

（一）战略管理的两大思想源流

追本溯源，要探寻战略管理的产生与发展，必须先了解产生它的两大思想源流：战略思想和"物竞天择"思想。

一是战略思想。在中国，早在春秋战国时期（公元前770~前221年）孙武所著的《孙子兵法》和吴起所著的《吴子兵法》中就已体现了战略在战争制胜中的重要作用，它们被认为是中国最早对战略进行全局筹划的著作。在其后的西晋时期（265~316年）司马彪在所著的《战略》一书中更是首次提出了"战略"的概念。相比有据可查的西方国家于579年由罗马皇帝毛莱斯用拉丁文所著的《stratajicon》一书（中文译为：战略）早了300多年，而这本书则被认为是西方第一本战略著作。由此，可推知中国应是最早提出战略这一概念并运用于实践的国家。但无论是在东方还是西方，其战略一词最早都是作为一个军事术语，出现在诸如孙子、拿破仑和其他军事领导者的军事著作中，是为实现战争目的而对军事力量进行的全局性部署和指挥。随着军事理论的不断发展，战略的概念也由军事领域逐渐扩展至其他领域。自20世纪50年代，战略思想开始被引入工商业的管理领域，并与达尔文"物竞天择"的生物进化思想共同成为战略管理学科的两大思想源流。1965年美国经济学家安索夫《企业战略论》一书的问世，标志着战略一词被更广泛地应用于政治、经济、社会、科技、管理等多个领域，由此，无论在私营领域还是在公共领域，战略思想都得到了进一步的运用。

究其战略的含义也在实践中不断拓展。在古代，战略一词被定义为：作战的谋略。在近代，它被衍生为在一定历史时期指导全局的方略。到了现代，战略一词被引申至政治和经济领域，其含义演变为泛指统领性的、全局性的、左右胜败的谋略、方案和对策，更多地表现为公司企业战略，它成为了手段或方法的代名词。在弗雷德·戴维的《战略管理》一书中，战略被定义为是实现长期目标的方法。亨利·明茨伯格则认为：“战略是一种模式，即长期行动的一致性。”

由此可见，战略并不是空的东西，也不是虚无的，而是直接左右企业能否持续发展和持续盈利的最重要的决策参照系。然而如何依据企业的战略思想进行战略规划，并对企业的战略实施加以监督、分析与控制，特别是对企业的资源配置与事业方向加以约束，最终促使企业顺利达成企业目标这一系列行为过程则需要管理。由此可见，战略需要管理，没有管理的战略是空洞和毫无意义的。

二是物竞天择思想。物竞天择是达尔文生物进化论的核心内容，他借以天择解释生物天演之道，意指生物因境遇使然，变异不止，适者数增，不适者减。作为主导地球上的高级生物——人类，正是因为他们比其他生物更懂得物竞天择才繁衍至今。300万年的发展，人类不断进步，发明创造、颠覆重构，再发明创造，他们将生物基因和文化基因不断延续、壮大。今天，我们可以看到正是生物基因使人类在任何时代都具有最大化自己利益的需求，而文化基因又使人类具有信仰信念和对公共道德范畴的价值追求。两者融合，就产生了经济学家所提出的人性假设，即人是在约束条件下，追求利益最大化的动物。这里的约束条件可以认为包括内外两部分：内就是指由于文化基因所引发的人类对自身行为选择的道德约束；外就是指外在环境对人类行为的条件约束。事实上，今天的外在环境瞬息万变，尤其是自20世纪90年代以来，由于互联网技术的出现，速度、效率的变更以及不确定性，致使工业社会下建立的企业管理组织不得不加速变革。美国著名管理学家彼得·德鲁克就曾认为：“世界的经济与技术正面临一个不连续的时代，在技术和经济政策上，在产业结构和经济理论上，在统领和管理的知识上，将是一个瞬息万变的年代。”社会的不确定性从根本上改变了传统企业战略管理的思路，适应网络时代变化的企业组织要求其反应更加迅速、沟通更加畅通、企业内外部的协调和互动更加频繁。在这个网络化、自动化、国际化的新经济时代，人这一追求利益最大化的生物在有约束的条件下需要寻求新的更加有效的方法，而战略这一宏观性的、系统性的思维模式则给我们提供了新的适者生存的法则。以战略之思维统观全局，顺势而为，应时权变，从竞争转变为竞合，将人类各种思想相互融合、相互促进，以促进人类社会文化繁荣、文明进步，无疑是物竞天择之必然。

（二）战略到战略管理的发展

战略与管理的结合经历了一段较长的发展历程。

一是纵观中国历史。中国传统战略管理只限于思想体系的构建，而未形成西方式的理论体系。这一思想体系大体上有五部分在逻辑上密切相关的内容：第一是以《易经》思想为核心的战略管理哲学思想；第二是传统的人生战略管理思想；第三是以中国传统治国之道为核心的国家战略管理思想；第四是以兵家思想为核心军事战略管理思想；第五是企业战略管理思想。由于中国古代缺乏企业这样的组织，而且企业战略管理思想是20世纪60年代后才在西方出现，直至我国改革开放后才在中国出现，该部分内容比较少，需要大量借鉴西方企业战略管理理论与实践。

二是纵观西方历史。自20世纪60年代开始，西方企业组织的规模日益庞大、管理层次日益增多、管理幅度日益扩大，与此同时面对全球化浪潮的不断推进和计算机的普遍应用所带来的外部环境的日益复杂多变，企业再也不能局限和满足于组织内部的改革和修整，而必须将关注焦点从内部转向外部，从局部转向全局，从微观转向宏观，从策略转向战略。事实上，自1972年安索夫在《战略管理思想》中正式提出战略管理的概念之后，西方战略管理思想才开始形成理论体系并逐步发展成一门新的管理学科，即战略管理学。自此，西方企业战略管理理论应运而生。随着其在实践方面的广泛应用，其内容不断丰富和发展，已被运用到企业管理、公共部门管理、国家管理中。如斯蒂芬·罗宾斯在1994年出版的《管理学》一书中写道：“战略计划已经超出了工商企业的领域，包括政府机构、医院、教育组织在内，都制定战略计划。”从以上可以看到，战略管理理论不仅包括企业战略管理理论，还包括军事战略管理理论、国家战略管理理论、人生战略管理理论等。但由于企业作为国家发展重要的经济支柱，使得企业战略管理理论仍是作为战略管理的主体被重视和研究。企业战略管理理论在经历了 20 世纪初至 50 年代的经典战略理论和 20 世纪六七十年代的传统战略理论阶段后，进入了 80 年代的鼎盛时期，直接导致了西方 20 世纪 80 年代企业战略管理主导时代的来临，以致我们今天所看到的关于战略管理理论的研究大都限于企业战略管理理论。因此，以下文中所论述的战略管理如无特别说明均是指企业战略管理。

对于战略管理的定义，不同的学者也有着不同的理解。关于企业战略管理一词最初是由安索夫在 1976 年出版的《从战略计划走向战略管理》一书中所提出。1979 年，他在《战略管理论》一书，对其概念又作了进一步的阐述。他认为，企业战略管理是将企业日常业务决策同长期计划决策（战略）相结合而形成的一系列经营管理任务。而格里高利·戴斯在《战略管理：创建竞争优势》一书中则提出战略管理是一个组织为了创造和维护竞争优势而采取的分析、决策和行动；它是制定、实施和评价使组织能够达到其目标的，跨功能决策的艺术与科学。彼得·德鲁克则认为，战略管理既不是一个魔术盒，也不是一组技术。它是分析式思维，是对资源的有效配置，计划不应是一堆数字。战略管理中最重要的问题是根本不能被数量化的。

对于这些众说纷纭的定义，亨利·明茨伯格认为，这是因为战略管理的各派理论家们对战略管理的形成与发展没有一个完整的、系统的认识，都只是建立在各自局部的思维模式基础上。进而，他在《战略历程》一书中提出了在战略管理理论中，有十种观点影响深远，主导着战略管理思维，被称作战略管理理论的十大学派。其中：设计学派认为，战略制定是个确切定义的过程；计划学派，认为战略制定是个正式规范的过程；定位学派认为，战略制定是个分析研究的过程；创新学派，认为战略制定是个想象的过程；认知学派认为，战略制定是个思维的过程；学习学派，认为战略制定是个新事物接受的过程；权力学派认为，战略制定是个权力权衡的过程；文化学派，认为战略制定是个社会性过程；环境学派认为，战略制定是个对环境反应的过程；构造学派，认为战略制定是个系统转化的过程等。在此基础上，亨利·明茨伯格又从战略的宏观和整体出发，提出了关于战略本质的共通之处。其中包括：战略与组织和环境都有关系；战略的本质是复杂的；战略影响着组织的整体利益；战略包括内容和程序；战略存在于不同的层次；战略包括不同的思想过程。

至此，我们可以认为战略管理的主要作用在于协调和解决组织矛盾和发展问题，是为组织确定方向，促进组织协调，为组织提供一致，使组织在复杂的环境中更好地生存下去。根据其在不同时期用于解决不同问题的这一维度，以下试图将战略管理理论的演变过程划分为三个阶段，即建立于对抗竞争基础上的战略管理理论、建立于合作竞争基础上的战略管理理论和建立于超越竞争基础上的战略管理理论，并据此探讨战略管理理论的新发展。

1. 建立于对抗竞争基础上的战略管理理论

自 20 世纪 60 年代初至 80 年代末，主流企业战略管理理论大都建立在对抗竞争基础之上。从 1962 年钱德勒在《战略与结构》一书中首开企业战略问题研究之先河后，又有计划学派的代表人物安索夫对战略结构问题进行继续追问，提出了"战略构成的四要素"（即产品与市场范围、增长向量、协同效应和竞争优势）其中协同效应和以此为基础发展起来的协同战略成为后来企业兼并、收购以及战略联盟的理论源泉。此后，定位学派的代表人物迈克尔·波特又把战略管理研究带到了一个全新的领域，产生了以产业结构分析为基础的竞争战略管理理论并一度取得了主导地位。直到核心能力学派的代表人物普拉哈拉德和盖瑞·哈默尔提出，企业战略的关键在于培养和发展"对自身独特的资源和知识（技术）的积累的"这一核心竞争力，将基于对抗竞争基础上的战略管理理论推向顶峰。

2. 建立于合作竞争基础上的战略管理理论

20 世纪 90 年代以后，战略管理理论在经历了建立于对抗竞争基础上的高峰——核心能力学派之后，转而进入另一个境界，开始表现出寻求合作的趋势，使得建立于合作竞争基础上的企业战略管理理论适时而生并一度占据主导地位，如合作竞争战略、集群战略等，战略联盟成为这一时期的主要行为合作模式。这种通过企业之间进行战略合作来达到共同拥有市场、共同使用资源的战略模式，在当时很长一段时间确实降低了风险和交易成本，然而这种构建在自身优势与他人竞争优势相结合基础上的、基于协议的松散的合作模式，可能会随时因为一方优势的失去，迅速瓦解。由于这种基于竞争基础上的有限合作的缺陷，使得研究者对这种建立于合作竞争基础上的企业战略管理理论有了进一步的思索，寻求一种更为稳固的、适应时代发展的企业战略管理理论便成为必然。

　　3. 建立于超越竞争基础上的战略管理理论

　　进入 20 世纪 90 年代中期以后，竞争的全球化及顾客需求的日益多样化和个性化，使企业逐渐认识到，如果想要持续发展和"长寿"，必须与其他公司共同创造顾客感兴趣的新价值，而不仅仅是简单地基于利益基础上的合作，通过创新和创造来超越竞争开始成为企业战略管理研究的一个新的焦点。而美国学者詹斯·莫尔在 1996 年出版的《竞争的衰亡》一书，则标志着这一战略管理理论的重大突破。在书中他提出了一种新的竞争战略形态，即企业生态系统观，提倡企业应该和谐共生于一个丰富而利益相关的动态系统中，打破了传统的以行业划分为前提的战略管理理论的限制，力求"共同进化"。这种新的战略管理理论在寻求合作竞争的基础上，进一步深化竞争的最终目标是为了超越竞争，获得与竞争对手的"共同进化"（为了与竞争对手互惠共存，和谐发展，共同生存于"商业生态系统"之中）。在此基础上，"世界创新思维之父"爱德华·德·博诺在其著作《超越竞争》中提出了"超越竞争"理论。即指领先企业以自己为竞争对手，凭借超越自我不断发展壮大，通过为市场提供相对更高的价值，从而避免与竞争对手直接竞争。在此背景下，以组织间学习为目标的学习型战略联盟开始逐渐取代以资源互补、风险共担为目标的传统战略联盟，成为企业间合作的主要形式。

（三）"物竞天择"下的战略管理新发展

　　由前所述，我们可以知道战略思想的源头来自于中国，而中国不仅是一个具有 5000 年历史的文化大国，更是世界上唯一一个在历史进程中没有中断的文明，其根本原因就在于其东方文化的核心——"道"的哲学思想一路影响至今已 2500 余年。它造就了中华民族"万邦协和"的博大胸怀，主张万物各从秉性，"尚中求和"、"和而不同"；它所揭示的宇宙规律及智慧论断也已越来越多地被今天科学所证实。如《道德经》中说"无，名天地之始；有，名万物之母"，即认为"有生于无"，这一论断已通过科学家对量子力学的研究而被证实，研究提出宇宙的一切都是由量子组成，而量子就是能量，能量本身就是虚无的东西。通过实验，依靠量子对撞击在真空中创造出粒子的过程，更进一步证实了"有生于无"这一论断。同样，科学也证实《易经》所说"一阴一阳，谓之道"。即任何物质都是由相互独立、相互依存的属性所组成，所谓"孤阴不长，独阳不生"。英国现代东方学家和哲学家李约瑟博士认为："中国人的科学或原始科学的思想包含着宇宙间两种基本原理或力量，即阴和阳……包含有产生那种文明的某些体征性的东西，并对其他文明产生过促进作用。"① 《第三次浪潮》的作者托夫勒说，当代西方文明中得到最高发展的技巧之一就是拆零，即把问题分解成尽可能小的部分，而中国传统的思维方式是以"天人合一"有机地认识天、地、生、人的关系。正是因为以太极为标志的中国"道学"思想糅合了哲学和宗教，人类如果要完整地认识世界，就必须把东方的哲学与西方的科学相结合。同样，企业战略管理理论正是制定、实

---

① 于希贤、于涌：《风水的理论与实践》，光明日报出版社，2005 年。

施、评价企业能够达到其目标的跨功能决策的一门艺术与科学，它需要西方的科学为其指引方法，更需要东方的哲学为其指引方向。因此，有学者从曾经的"西学中源说"、"中体西用说"、"洋为中用说"发展至今天的"中道西术论"来，即以中国之"道"驭西方之"术"，再以西方之"术"践行之。事实上，作为源自华夏文明的"道学"，是与西方科学的"术"在本质上相通、在形式上相对的哲学，如能使二者相结合，正好构成一个完整的阴阳太极体。随着历史的发展，经济时代的来临，西方之"术"——战略管理理论应势而生、顺势而进，唯与东方文化之"道"相融合、相促进，才能渐行渐远，此为"物竞天择"之选择。

三、战略管理的发展走向

（一）战略管理的驾驭之"道"

1. 东方文化"道"的理解

老子《道德经》第十四章写道："执古之道，以御今之有。能知古始，是谓道纪。"其意为：把握着早已存在的"道"，来驾驭现实存在的具体事物，并能认识、了解宇宙的初始，这就叫作认识"道"的规律。"道"是中国古代先秦思想家们的一个共同范畴，它与道家、道学、道教有着一定的区别。即讲"道"的未必是道家，"道学"也不完全就是指"道家"的学说。事实上儒家和道家都讲"道"。如儒家经典《易经》中说"一阴一阳谓之道"，在这里"道"是指法则；儒家学说与思想的集大成《论语》中说，子曰："朝闻道，夕死可矣。"汉郑玄注为："言将至死不闻世之有道"。[①] 其意为孔子感叹当今世界无道，这个"道"，在这里是指仁政和王道。新儒学的代表人宋朱熹说："道者，事物当然之理。"这个"道"即指道理、学说或真理。然这些所谓的"道"还不是最高的道。而《老子》中"道"则向我们展示了一个更加抽象的、形而上学的最高哲学范畴。"有物混成，先天地生。寂兮寥兮，独立不改，周行而不殆，可以为天下母。吾不知其名，强字之曰道，强为之名曰大。大曰逝，逝曰远，远曰反。故道大，天大，地大，人亦大。域中有四大，而人居其一焉。人法地，地法天，天法道，道法自然。"在这里，"道"是世界的本原，是宇宙的总规律和总法则。它演化出了人、地、天，即"道生一，一生二，二生三，三生万物"。而"道家"则是指先秦时期的一个思想派别，以老子和庄子为其创始人。据历史考证，在"先秦"时期其实并无"道家"的称呼。在《史记》和《汉书》的记载中，"道家"一词最早出现于汉初，由班固最先提出。道家从先秦的老子、庄子开始，经汉代黄老之学，到魏晋玄学，其从学理上为儒家政治、伦理学说提供了本体论基础。因此，在中国传统文化中，儒家、道家其实是相互渗透、相互影响、互为补充的。而"道学"一般指道家学说或道家哲学，但是后来"道学"被用于专门指以周敦颐、程颐、朱熹等人为代表的"宋明理学"，故很多学者将"新儒学"也称作"道学"。而"道教"则是由东汉期间的黄老学说流入民间与方士神仙之学和巫鬼道结合而产生，是作为一种宗教而出现，它不仅有教规、仪式和宗教实践，而且还和治病、养生、延寿之术结合在一起。至此，我们可以认为道教是信奉老子、庄子的道家学说，道家学说是道教的形而上的基础，它为道教提供了教义的理论依据和修道方法。本文中所说的"道"是中国古代智慧的别称，并不是指哪一家一派的道学，而是指道的哲学。用我们今天常说的就是指事物的根本特质和根本规律。

---

① （汉）郑玄著，（清）刘宝南注：《论语正义》，上海书店，1992年。

2. 东方文化"道"的运用

在我们已经清楚地阐释了什么是"道"之后，第二步要解决的问题就是怎么运用这个"道"。老子在《道德经》中的开篇说："道可道，非常道。"大意为道是可以认识的，也是可以用语言文字来解说的，但是，所有人们认识到的和语言文字表达出来的道，都已经不是永恒不变、自然而然的道本身。所以，我们不仅要重视天地之道、万事万物之道，更要重视自然而然存在的道，不能因为过分执着于我们主观认识到的道而导致认识的固执偏颇，正所谓"道常无为"、"道常无名"。在此基础上，孔子进而提出"道不远人。人之为道而远，不可以为道。"（《中庸》），即道并不远离人间，有人在实行道时却远离人世，其实那并不算是真实之道。其后，我们又从《礼记·大学》中找到了启示，即"格物、致知、诚意、正心、修身、齐家、治国、平天下"，此八项思想正是昭示我们如何悟道、得道，最后用道的过程。然中国在"用道"的实践层面却缺少明确清晰的方法论，使中国传统文化的"道"一度被束之高阁。如何实现"道"成为我们下一步要解决的问题。正是因为中国传统文化产生于一种以农业为主的"自给自足"的封闭经济模式下，使他们习惯于用直觉思辨和体悟来作出判断，擅长综合归纳，从宏观到微观。在研究问题时，通常从总体出发考虑个体。反之，由于西方传统文化产生于一种以游牧和渔业为主的开放经济模式下，使他们习惯于理性思辨和依实而断，擅长分析演绎，从微观到宏观。在研究问题时，强调化整为零，从局部入手，然后达到对整体的认识。有研究表明，西方在科学方面（侧重逻辑分析）优于东方人，而东方人在"道"的方面（侧重综合思辨）超过西方人，这其实是两个不同思维的结果。今天，在全球化、无界化的背景下，综合东西方二者的优势，充分发挥它们各自的特点，将能够更完整地认识现实世界，推进人类文明发展的脚步。著名科学家霍金说："科学的终极目的是提供一个描述整个宇宙的统一理论。"① 而我认为东方的指导论和西方的方法论正是这一统一理论。在企业战略管理为主的经济时代，这一统一理论则表现为以东方文化"道"为代表的指导论和以西方文化"战略管理"为代表的方法论，即中道西术的结合。

（二）战略管理的实施之"术"

"道学"理论指出，要做到最优化地选择"术"，就必须按照"道"的规律和法则要求，找到最符合事物本质要求的方法和手段。毛泽东提出的战略战术思想是：战略上藐视敌人，战术上重视敌人。可见，战略和战术是克敌制胜不可分割的两个方面。在战争年代，它曾经指导着中国人民取得了抗日战争、解放战争、抗美援朝等一系列的胜利。在和平年代，在另一场没有硝烟的战争中，"战略"和"战术"这两个独立的概念则被引入商业领域中，并合二为一，称之为"战略管理"。因为管理是一种动态的过程，而过程中方法的使用正是战术的使用。

1. 兵战之"术"和商战之"术"的理解

《战国策·魏策》中有："臣有百胜之术。"其中"术"意为方法和策略。西汉韩婴所著的《韩诗外传》中则有："夫人主年少而放，无术法以知奸。"其中出现的"术法"也意为方法。由此可见在古代"术"和"法"表示的是同一个意思，即都是方法。到了现代，人们又逐渐将"术"和"法"区别开来，成为与"道"相并列的管理学中三个关键要素。所谓 "法"从广义上来说，就是体现统治阶段的意志，国家制定和颁布的公民必须遵守的行为规则；从狭义上来说，在管理学领域则表示规范企业行为的一系列标准、制度和流程，如6S管理、矩阵管理等（本文以下所指均是狭义上的"法"）。"术"则倾向于更高的技巧，即包括处理各种人、事、物的各种技巧。因此，我们可以认为管理中的各种方法、技巧都是属于"术"的层面。两相比较，"法"被认为是可以教会、可以传承的，是属于执行层需要掌握的。而"术"则更多地指领导艺术和方法，是属于领导

① 史蒂芬·霍金、列纳德·蒙洛迪著，吴忠超译：《时间简史》，湖南科学技术出版社，2005年。

层需要掌握的。领导层如何掌握这个"术"又离不开"道"的指引。可见，现代商战中的"术"比之古代兵战中的"术"含义更广，对领导者的要求也更高，这也正印证了我国古代著名商人白圭曾说过的："商战胜于兵战"。其原因有三：一是目的不同。兵战在于彻底摧毁对方，为建设一个新世界而去破坏一个旧世界，讲究的是速战速决；而商战在于竞争与合作，是为和谐共生于这个世界，讲究的是长期共赢。二是目标不同。兵战目标明确，非友即敌，无须费心选择，表现为一对一的斗争；而商战目标众多，时友时敌，必须审慎思考，表现为一对多的斗争，尤其还包括了第三方消费者的引入。三是战术不同。虽然从理论上讲兵战中的方法和策略都可用于商战中，但兵战中使用的方法无所谓对错一概可用，要求的是一击即中；而商战则不同，讲究的长期的胜利，必须采用正当的手段，因此，商战的战术更为局限。

2. 商战之"术"的运用

纵观中西方管理发展史我们可以看到，中国管理之术受传统文化的影响体现了"持中贵和"的思想，表现出一种"静态"特征：重视自然、重视人与自然的和谐、人与社会的和谐、人与人之间的和谐以及每个人内心的和谐等，讲究无为而治。西方管理之术受其传统文化的影响体现了崇尚"工具理性"的思想，强调竞争，重视合同契约。虽然在西方工业革命后的较长一段时间内这种理性主义的管理模式带动了生产能力的提升和效率的提高，却也导致了管理者与被管理者关系的紧张、被管理者抵触情绪严重等缺点，直到 20 世纪 80 年代初随着日本的崛起，研究日本经济成功而催生的企业文化理论解决了这一矛盾，由于这种将激励理论由个人转移到树立企业的整体共同价值观念上，形成了企业强大的凝聚力，又注重文化的引导调控，把硬性管理技术和软性管理艺术相结合，从而在管理中将理性精神与人本主义结合在一起，使西方管理之术由理性的"物本管理"走向了柔性的"人本管理"。随着市场经济、知识经济和信息经济的飞速发展，工业社会向信息社会转变，知识在生产中的地位发生了革命性的变革。作为知识的载体——人的重要性越加明显，这使 "人本管理"发展到了高级阶段，即形成了以人的内在知识、智力、技能和实践创新能力为本的"能本管理"，这也使被管理者实现了角色转变，由被管理者转变为特定领域中的管理者，实现了真正意义上的"以人为本"。事实上，"以人为本"最早出自于中国，见于《管子》一书，即"夫霸王之所始也，以人为本。本理则国固，本乱则国危。" 可见，中西方商战之"术"的运用最终体现为在"道"的指引下的一致性和协同性。

（三）战略管理"道"和"术"的融合与发展

根据以上对"道"和"术"的阐释，本文在西方战略管理理论的基础上，融合东方文化《易经》和《孙子兵法》之精髓，整理出战略管理过程结构图（见图 1），依此来研究战略管理的发展方向。

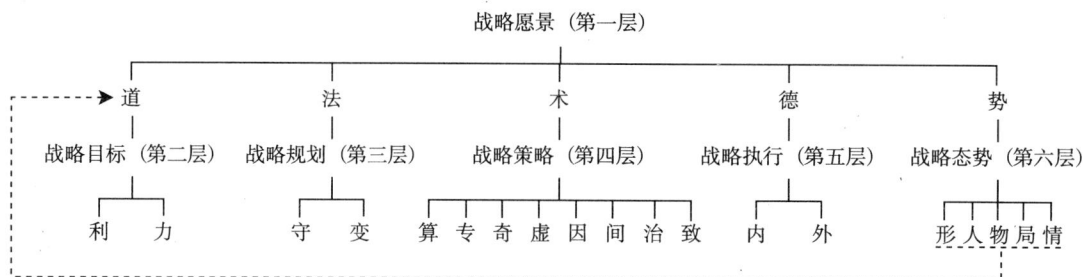

图 1 战略管理过程结构

图 1 根据"道学"宇宙模型——阴阳五行体（太极）的要求，将战略愿景描述为"悟道"的过程。因为无论战略过程的制定和实施如何高效，我们首先都必须明确战略的方向，这也是战略

管理存在的意义。而战略方向必须依靠组织愿景确定。道学理论认为，把握方向和趋势最重要的手段是悟道，即格物而后致知。在明确方向的基础上，再遵照万物包含"道"、"法"、"术"、"德"、"势"五大要素的原则，将战略管理过程中的战略目标、战略规划、战略策略、战略执行、战略态势一一对应，并将这五大过程描述为"用道"的过程。由于悟道受限于人的认知、经历甚至禀赋，本文不再详述，只重点就"用道"的过程进行分析研究，以探寻战略管理的发展方向。

（1）"道"——战略目标。在悟道之后，我们已能清楚地了解组织所处的阶段和所处的内外部环境所构成的整体态势，从而具备了确立战略目标的条件，进入了"用道"的过程。企业要根据战略愿景这一"大道"要求对内部各要素及条件进行调整，形成适应内外部环境的战略使命和目标，成为指引战略过程的"小道"。而"道学"中的战略目标又包括两个关键要素，即"利"和"力"。阿尔钦在研究人的自利行为的产生原因时，从生物学的角度提出了自利是由基因决定的，因此人类所制定的战略目标必是出于"利"，即为获得某种战略利益的结果；有多少付出就有多少收获，因此在希望获得的利益之外，人们还必须衡量自己能够付出的"力"的多少和匹配，即要衡量自己的资源和基础，两相比较修正，最后找到"利"与"力"的平衡点，在这个平衡点上的所有因子则是我们制定战略目标的决定性条件。

（2）"法"——战略规划。在明确了战略目标之后，我们必须依靠一系列法则将目标步骤化，即制定正确的战略计划和任务。它是把愿景转化为具体战术行动之间的桥梁。但是由于对组织外部环境变化的不可预测，一些通过严格程序，在理性思维模式下所制定的战略规划未能得到有效实现。相反，在现实环境中，往往是一些未经正式制定的、适时权变而生的战略却得以实现。另外，由于组织本身所固有的适应性，很多公司仅仅实现部分战略潜能，即出现战略目标、战术行动、战略结果之间的差距问题。按照"道学"法则，其实就在于"守"和"变"的问题，即在分析研究组织固有适应性特征的基础上，守住一部分常规化的战略；同时又在分析组织现处的内外部环境的基础上，及时变换创新一些战略，以适应新的发展需求。只有把握"守"和"变"的平衡才能制定适合企业发展的战略规划。西方学者 Sarah Kaplan 和 Eric D.Beinhocker 也认为，正式的战略规划并不是浪费时间，而是公司竞争优势的来源。Rosabeth Moss Kanter 则在研究组织在各种不可预测的环境约束下的战略形成问题时看到：由于新技术的出现给商业带来了更多的不确定性因素甚至变革，很多领先者的应变表现为依行动创造计划，而不是计划指引行动。据此，他提出了渐进战略模式，既不完全采用新的模式，也不完全抛开现有可能过时的模式。当环境的变化使得公司无法按照既有计划行事时，即兴创造就为公司赢得了时间和机会。此与我们按照"道"学原则所提出的"守"和"变"异曲同工。

（3）"术"——战略策略。中国古代统治者认为，"法"是规范社会所有成员的行动准则，而"术"则是作为君主巩固地位的方法和手段，是保障"法"实施的必要条件。《韩非子·外储说右下》曰："无术以御之，身虽劳，犹不免乱；有术以御之，身处佚乐之地，又至帝王之功也。"这与现代管理学中为达到组织目标的手段和方法如出一辙。现代管理之父杜拉克说，企业领导者的任务不仅仅是确定企业战略目标、制定战略计划，更在于实现企业的目标。而如何实现就需要一套有效的战略策略，即要"依法施术"。从战略管理来看，也就是针对某一确定的战略目标和战略规划，按照最经济、最有效率的原则，选择那些最优化的手段和方法，将战略规划转化为战术行动。作为兵家圣典的《孙子兵法》为我们制定战略策略提供了方法。据此提出八大战略策略，即算、专、奇、虚、因、间、治、致。①算。《孙子兵法》计篇："夫未战而庙算胜者，得算多也。多算胜，少算不胜，何况无算呼。"可见，在战略执行前应对内外部环境进行分析，即知己知彼，才可百战不殆。如西方提出的 PEST 模型、SWOT 模型等即为"算"的演变。②专。《孙子兵法》："兵以分合为变，我专而敌分。"可见，在企业竞争中，要懂得利用自己的优势对对方的弱势；毛泽东在第三次反围剿时面对强敌压境形势，提出的战略思想"避敌主力，诱敌深入，集中优势兵力，各个击破"即为"专"的演变。③奇。《孙子兵法》："以正治国，以奇用兵，以无事取天下。"即要做到出其不意，才能攻其不备。如由欧洲工商管理学院的 W.钱·金（W. Chan Kim）和莫博涅（Mauborgne）提出的"蓝海战略"正是避开红海以奇制胜。④虚。《孙子兵法》："能而示之不能，远而示之近，近而示之远。"即隐真示假。毛泽东在指挥四渡赤水战斗中，就是摸准了蒋介石要在西南地区围歼红军，阻止其北上的意图，几次佯装要渡江北上，调动了蒋军和各地军阀，等敌军主力逼进红军时，红军又出其不意地从敌军的空虚地带取道相反方向，从而成功地甩掉了追兵，最终跳出了包围圈。在企业竞争中，我们也常常要隐藏实力，己方的信息绝对不能让对方获取。这就需要假象示敌。⑤间。就是"用间"获取对方的信息。企业之间竞争的剧烈和残酷程度并不比军事斗争和缓。因此，"用间"、"诡道"在今天的企业竞争中仍有现实的意义。这是与竞争对手之间获取信息的智谋的较量，而不是以假冒伪劣的商品对消费者进行坑蒙拐骗的"诡道经济"。①⑥因。《孙子兵法》："水因地而制流，兵因敌而制胜。故兵无常势，水无常形，能因敌变化而取胜者，谓之神。"因，意为根据。在企业竞争中，我们要在贯彻原来战略意图的基础上，根据变化的形势予以权变，此外还要根据变化为自己造势。⑦治。《孙子兵法》："故善用兵者携手若使一人，不得已也。"即要使士卒一致奋勇作战，关键在于将帅领导得法、指挥正确。可见，企业制胜的关键还在于企业组织内部的协调一致，而这就需要领导的治理。西方强调公司治理的制度化，东方则强调人性化的管理，而两者的优劣则视企业所处的外部环境以及企业所处的发展阶段而定。不同的政治经济环境和不同的企业发展阶段需要不同的管理，直至两者的融合。⑧致。《孙子兵法》："致人而不致于人。"意为在公司的治理中要掌握主动权，要能控制别人而不是被别人所控制。而战略上的主动权需要的是"先知"，即比对方更早地掌握"己、彼、天、地"。在现代企业竞争中就是以信息和资源的获取为基础。

（4）"德"——战略执行。老子《道德经》开篇："上德不德，是以有德；下德不失德，是以无德。上德无为而无以为；下德无为而有以为。"此处之德是指沟通的方法，即人如何沟通天地、顺应自然、理解道。因此，在战略管理中，要使战略策略得到有效执行，即进入战略执行阶段，就需要对执行战略主体的组织内部成员进行沟通，因此战略执行的关键就在于对组织"内"、"外"的沟通，达到内外共同的认知，最终协调行为的一致。西方学者 Paul A. Argenti、Robert A. Howell 和 Karen A. Beck 站在战略一致性的角度提出了战略沟通的概念，即一种提升公司战略地位，和公司全面战略一致的沟通过程。战略沟通要求层次多样而目标统一的沟通方法，其中文化沟通成为企业战略执行中常用的沟通方法。在现实情况中，由于企业战略分为公司战略、竞争战略和职能战略三个层次，因此需要通过战略沟通使这三个层次的战略协调一致，形成匹配型战略。然而，由于企业面对的外部环境的瞬息万变以及企业行为的固有保守性，导致战略执行与战略计划和战略策略之间常常出现不匹配现象，Michael C.Mankins 和 Richard Steele 在此基础上，重点探讨了消除这种不匹配的直接利益：战略文化。研究结果表明，影响战略执行和战略策略差距的问题主要在于组织内部存在一种低绩效的公司文化。虽然在此之前研究者提出了很多消除这种差距的方法，包括战略简单具体化，使用增长框图和共同沟通语言，管理资源前期使用情况，跟踪管理绩效，开发战略执行人员的能力等，但这些都只在于提升短期绩效。Michael C. Mankins 和 Richard Steele 进一步提出，在企业内部形成一种战略文化——这种文化对组织能力、战略和竞争力具有重要而持久的影响。可见，战略文化在战略执行中的重要作用。

（5）"势"——战略态势。战略态势是战略实施的最后环节，是统筹运用所有战略元素，包括各种战略资源、条件及手段，造就必胜的态势，完成战略目标的目的，类似于战略评价和控制阶

---

① 廖祖义：《攀登》——"孙子兵法应用于现代企业管理值得商榷"，2005 年。

段，但又不仅仅止于此，它还包括为下一阶段的战略目标作战略储备这一功能。在中国古代文献中，"势"是事物发展的最后环节，即大势所趋。而在西方学术研究中，与其相近的概念是指环境或软实力等，西方管理学的运筹操作是认识它们的方法和手段。但中国道学"势"的内涵更为广泛，它不仅包含了客观的人、财、物、时间、信息等现代运筹学的核心要素，还包含了诸如文化、价值、理念、领导权威、群体心态、创造性思维等主观要素。与西方运筹学重视客观有形因素不同，中国道学的"势"更擅长对主观无形因素的研究，而这正成为主导战略结果成败的关键。结合道学用势原则和西方运筹学，可以将战略态势概括为五要素：形、人、物、局、情。一是形，即察形。要观察组织内外部环境的运行状况。二是人，即选人。人是战略态势实施的关键要素，因此在了解了特殊的形之后，还要选择恰当的人去谋划和实现战略态势。三是物，即用物。就是要恰当运用物质资源与环境条件创造出巨大的推动"势"发展的动力。四是局，即布局。就是综合分析各种主客观要素，进行布局谋篇。五是情，即激情。就是激发群体心理或情绪的反应，是导致事情最终成败或结果的群体心态。由这五势去反观战略目标、战略计划、战略策略、战略执行四个环节，以对战略过程进行总体评价，进而实现战略管理过程的调整，最终回归"道"的指引，实现"术"的完善。

四、战略管理的走向定位

在明确了战略管理的发展走向后，我们还要解决的第二个问题是它将以何种方式朝着这个方向走，也即发展的路线图，而在路线图中坐标点的定位最为关键。由图2可知，我们可以看到无论战略管理如何发展和变化，其始终不变的"道"：是对过程的管理和人的管理；而对过程和人如何管理则在于"术"的运用。因此，我认为战略管理发展路线图的坐标点定位应是两个，即"过程"和"人"的战略管理。

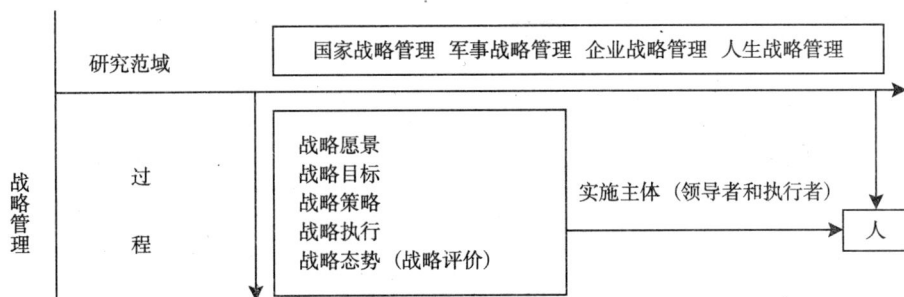

图2　战略管理发展路线

（一）"过程"的管理

一是要把握战略的弹性这一"大道"，采用柔性化的战略适应不断变化的外部环境，柔性战略是指企业为更有效地实现企业目标，在动态的环境下，主动适应变化、利用变化和制造变化以提高自身竞争能力而制定的一组可选择的行动规则及相应方案。它考虑的范围包括竞争的各类因素如资源柔性、能力柔性、组织柔性、生产柔性和文化柔性等。二是"悟道"——对战略愿景的思考。它与"使命"的不同在于前者关注的是"我们将向哪里去"，后者关注的是"我们是谁，我们做什么"，21世纪的企业所构建的应当是"和谐共生"的战略愿景，《孙子兵法》告诉我们，"途有所不由，军有所不击，城有所不攻，地有所不争，君命有所不受"，在竞争中应做到"有所为有所不为"，营造共同生存的"商业生态系统"。三是"用道"。第一步：确立可持续发展的企业战略目标体系，未来企业将从基于产品或服务的竞争，演变为在此基础上的标准与规则的竞争，通过创造和制定指导行业的技术标准或者是竞争规则，以此来获取高额利润，确定优势地位。第二步：多主体参与战略规划的制定。传统战略管理理论中，战略制定主要是企业高层管理者的任务，在确定总体战略的基础上，再确定职能层和业务层的战略，并由他们负责战略的实施，这是一种沿着企业等级链从上到下的战略制定模式。在快速变化的环境中，这种模式将会失效，因为即使最优秀的管理者在面对动态复杂的竞争环境时也会受到认知的限制以及信息的约束，从而导致战略的制定滞后于环境的变化，不能把握稍纵即逝的商机。21世纪的企业战略制定必将是一种多主体参与的模式。第三步：战略策略的灵活运用。不同环境下策略的选择其目的都在于实现：一是对外部资源的吸引力，其中包括人才性资源和物质性资源的导入，二是对内部的凝聚力。因此，运用策略的逻辑思维是：首先明确起点，确定战略需要的资源→然后衡量自身所具备的资源，形成你的局部优势→再根据战略所需资源和自身所具资源之间的差距寻找有效策略→最有效的策略是吸引对手加入你的队伍→然后再利用对手的条件制定最佳战略策略。第四步：战略执行，也即实施阶段。一要注意"知行合一"，二要注意"和而不同"，做好战略和组织能力之间的沟通协调、战略和奖惩制度之间的沟通协调、战略和内部支持体系之间的沟通协调、战略和组织文化之间的沟通协调。第五步：战略态势的实施，即运用系统的观点看待战略过程控制中各种因素的相互影响，在测量变量尤其是控制变量选择上应充分考虑到中国特定的社会、经济与文化背景，进而寻找一种动态的适应本土企业发展的平衡。西方学者卡普兰和诺顿提出的平衡积分卡（The Balanced Scorecard，BSC）理论作为战略评价的工具，可以帮助企业建立一套战略管理的基础框架。

（二）"人"的管理

在对人的协调与管理上，是整个管理领域中最难的也是最为重要的。《孙子兵法》说："令民与上同意，可与之死，可与之生，而不危也。"无论是国家战略管理思想还是军事战略管理思想、企业战略管理思想都离不开管理行为实施的主体——人，因此对人性的认识将决定着我们能否协调和管理好这个实施主体，更关乎战略管理的成败。在此基础上，西方管理研究者相继提出了"经济人"、"社会人"、"自我实现人"、"复杂人"以及"文化人"的人性假设，这些人性假设的出现，反映了西方管理学界对人性认识的发展过程。马斯洛则从人的欲望需求上揭示了人的本质，即由维持生存的有限权利到自我实现的无限权利。而中国古代的人性论思想则更加丰富，尤其是对中华民族的形成起过重要作用的儒家思想，整个体系就是建立在人性的基础之上。先秦儒家思想是以人的道德理性为中心所发展建立起来的。儒家管理人性论的最大特点，就是认为管理不仅是对于人性的适应过程，而且是对于人性的塑造过程，这就是所谓的"人性可塑论"。基于这种人性论，先秦儒家管理思想一分为二：一方面，为顺应人性之"善"，主张"仁政"，即"国家的管理者把道德领域中的'仁'引申到国家管理领域，通过自身道德人格榜样力量的引导使社会达到理想之境。"另一方面，为矫正人性之"恶"，又主张"礼治"，即"主张国家的管理者通过制礼作乐，建立必要的规章制度，来保证社会的安定有序"。综合地看，先秦儒家的"人性可塑论"是其"仁政礼治"思想的前提。以商鞅和韩非为代表的法家坚持的人性论是"人性好利论"。基于此，法家主张的是"以法治国"的管理思想。即"法律是管理国家的根本原则，国家应建立一套完善的法律制度，并通过深入广泛的法制教育，使被管理者充分了解法制的内容和要求，规范自己的行为举止"，最终实现国家的有序管理。由此我们可以看到，以人性论假设为前提拓展管理理论，是中西管理发展史上都秉承的学术传统。如何把握不同的人性需求则是战略管理要解决的核心问题。

如果说西方企业战略管理分为公司层战略和业务层战略，那么针对人的战略管理也可依此划分为：目标层战略管理和行为层战略管理。所谓目标层战略管理是指人对自己的价值定位和目标要求。如每个企业都要有自己的愿景和使命；每个人也都要问自己一个问题：我的人生目标是什么？我的使命是什么？我们中国传统文化所彰显的是在重人伦、重道德、尊君重民的基础上，以治国、平天下为人生的最高目标，这些在今天仍具有普世原则。作为企业中的一员，他们还被要求具有与企业相同的目标使命。因此，作为一个好的企业领导者不仅要能树立并坚守自己的价值观，还在于创造价值感，并能够传达价值观给他的执行者。作为领导者，一是要用清晰的目标管理来统一大家的行为，并协调上下级之间期望值的一致；二是要根据外界环境的变化，及时调整组织和个人的目标，让成员之间相互协作，而非单线领导；三是基于人的发展是动态的，是具有学习能力的，领导者还要不断促进组织和个人的学习成长。这里衡量是否成长的标准可以以"绝对成长"为标尺。所谓绝对成长，就是把个人的成长标杆放在外部，而不是内部。如此，即使你现在做得不是很好，但却比外面同样条件的人好，比你过去好，你都被认为是在成长的，而这一认知能使你的内心获得一种安宁，这也是个人战略管理的意义之一。所谓行为层战略管理，在于将个体心理目标与组织战略目标连接起来，进入战略的实践层面。2011 年底来自牛津大学、悉尼大学和 UCLA 的三位学者 Thomas C. Powell、DanLovallo 和 Craig R. Fox 共同提出了"行为战略"这一概念，首次将认知和社会心理学与战略管理理论和实践相结合。针对战略管理强调集体行为的这一特点，行为战略研究的重点就是解释个人心智过程影响组织的心理或者社会机制。这里的个人不仅包括在战略管理过程中所涉及的制定战略的人——领导者；实施战略的人——执行者；还包括战略实施的对象——利益相关者。因此，这里的行为就包括领导者的行为、执行者的行为以及利益相关者的行为，三者利益的协调统一才能使行为保持一致，战略过程得到有效贯彻，战略效用得以发挥。《孙子兵法》说："上下同欲者胜"。而要能做到"上下同欲"，一是领导者要能制定激发执行者责任、行动欲望的战略目标，使公司目标与个人利益导向一致，做到"和而不同"；二是建立透明的管理政策，使重要信息公开化、及时化；三是建立民主制的战略机制，变执行者也是决策者，在企业各项政策制度的制定中应尽量扩大参与。然而一旦制度制定，其执行必须采取集中制，才能保证执行方向不会出现偏差。正所谓创意需要众人之智，所以从圆；执行必须贯彻有力，所以外显为方。《孙子兵法》说："途有所不由，军有所不击，城有所不攻，地有所不争，君命有所不受。"在企业战略行为中领导者正因做到"有所为有所不为"，才能达到"无为而无不为"。如此，大家自然能从透明管理、自我追求的过程中，养成自主追求卓越和团队合作的精神。此为"道"的归途。

至此，沿着战略管理的产生源头一路追溯我们看到了战略管理在其发展过程中始终遵循"道"的指引，其战略管理理论之"术"在不断发展变化的环境中显现出它的时代特征和适应性功能，同时其未来也必随着企业所处经营环境的多变性和复杂性而呈现出一定规律的动态演变的特征。正如《边缘竞争》一书开篇时引用戴尔公司总裁迈克尔·戴尔所言："商业中唯一不变的就是一切都在不断的变化。"

【参考文献】

［1］［韩］ W.钱·金、［美］勒妮·莫博涅：《蓝海战略》，商务印书馆，2005 年。
［2］［美］克劳德·小乔治：《管理思想史》，商务印书馆，1985 年。
［3］柏学翥：《王道（五行战略领导力）》，上海远东出版社，2012 年。
［4］王其鑫：《心的管理：企业经营启示录》，清华大学出版社，2012 年。
［5］潘承烈、虞祖尧：《传统文化与现代管理》，企业管理出版社，1994 年。
［6］吴照云：《中国管理思想史》，高等教育出版社，2010 年。
［7］吴照云：《战略管理》，中国社会科学出版社，2008 年。

［8］臧守虎：《〈易经〉读本》，中华书局，2007 年。

［9］钟尉：《兵家战略管理》，经济管理出版社，2011 年。

［10］钟永森：《孙子与兵法战略管理》，凤凰出版社，2010 年。

（作者：吴照云、李晶，江西财经大学、江西财经大学现代经济管理学院）

人性结构与管理性质

引 言

自 1911 年弗雷德里克·温斯洛·泰罗《科学管理原理》一书问世以来，管理学已经走过百年历程。[①] 泰罗及其追随者的科学管理思潮以提高效率为目的，加速了资本周转和财富增长的速度，极大地改变了人类的生存形态。彼得·德鲁克对此曾评价说，"'科学管理'和后继的'工业工程'是由美国开始并席卷全球的重要思潮，对全世界的影响力远甚于美国宪法和联邦制度。过去一个世纪内，全世界只有一个思潮能与之抗衡，就是马克思主义"（彼得·德鲁克，2000）。经过百年发展，尽管管理学已经形成自己特有的理论体系，管理实践也日益科学化和规范化，但是，管理学并未向人们展现统一的研究范式与清晰的理论框架，其学科基础与学科属性也缺乏普遍的认同。

目前，管理学界出现追求效率的科学主义和追求人性的人文主义两大范式的分化。科学主义范式以"任务"为核心，将人机械化、符号化、标准化以增强管理中的可控性；人本主义范式以"人"为核心，重视情绪、情感、价值等非理性因素对管理的作用，强调人在工作中的尊严和快乐。持科学主义立场的学者力争以实证主义方法来研究管理而强调管理学的自然科学属性，持人文主义立场的学者则强调管理研究中的价值要素而倾向于视管理学为一门人文学科。两大范式对管理学学科基础的这种理解隔阂造成管理学理论体系的内部分化。两大范式之争的结果是以实证主义方法为代表的科学主义范式压倒人文主义范式成为管理学研究的主流范式，这样在"价值中立"的科学主义原则指导下，管理学不断地追求学术合法性并提供诸多提高管理效率的途径，却极少关涉如何服务于人性之需要与人类之福祉这一根本问题，这便导致管理学中价值与意义的丧失以及管理实践的非人性化倾向。在管理学百年反思之际，为走出管理理论的分裂状态以更好地指导管理实践，同时解决效率与人性在管理中的冲突，我们如何对管理学的科学主义与人文主义两大范式进行有效整合呢？

在一切社会实践中"人始终是主体"（马克思、恩格斯，2002 中译本），并且"人是目的"（康德，2002），管理作为一种特殊的群体性实践亦是如此。德鲁克认为管理是"一个以人为主轴的事业"（Drucker，1979），克劳德·乔治则指出，"真正而全面的管理史当然是人的历史"（克劳

[①] 对于管理学何时成为现代意义上的独立学科这一问题，学界有两种观点：一种认为应以 1911 年弗雷德里克·温斯洛·泰罗《科学管理原理》的发表为标志；一种认为应以 1954 年彼得·德鲁克《管理的实践》的发表为标志。泰罗的贡献是以科学的方法取代传统管理中的主观判断，使管理由一种传统的经验活动上升为现代性的实验科学；德鲁克的《管理的实践》则是第一部"将管理学作为一个整体，第一部尝试将管理学描述为一种独特功能，将管理描述为一项特殊工作，将担任经理人职务描述为一种独特责任"的书，因而是德鲁克奠定了现代管理学的知识基础，使管理学真正成为一门独立的学科。也就是说，泰罗与德鲁克分别从科学（science）与学科（discipline）两个层面推进了管理学的发展。尽管在 20 世纪中期的德鲁克那里管理学才真正独立为一门学科，但对管理学的科学考察应该从百年前的泰罗开始。有关德鲁克对管理学的贡献参见罗珉（2007）。

德·乔治，1985），任何管理实践的推进与管理思想的演化都离不开对人及其本质的认识。管理与人天然不能分割，脱离了人及其本质的管理活动必然导致管理目标的异化与扭曲，危及管理的合法性并降低人的生活质量，基于此的管理思想也必然不能存续久远。也就是说，管理实践与管理学说应当以作为人之本质规定的人性为起点，以人之主体性与目的性为归宿。科学主义范式与人文主义范式在管理中分化的根源就是由于对管理的这种终极性价值认识不清，对人性做出了不同的预设并使之沿着不同的逻辑主线愈行愈远，使管理理论与管理实践未能聚焦于人之主体性与目的性这一价值命题之上。基于此，本文首先对管理研究中的人性假设进行批判，剖析了人性假设如何沿着现代性的理性逻辑使管理出现范式分裂与人性异化的局面。其次在融通中西方人性观的基础上，建构了三位一体的人性结构，以此深入考察"人性对管理应有哪些内在规定"这一重大理论问题。最后在此基础上剖析了管理学的学科属性问题并对其理论体系进行整合性重构。

一、管理中的人性假设：批判与解构

管理与人之关系的相关探究，体现在推动管理思想不断演进的人性假设之中，管理中的人性反思要从管理学说中的人性假设开始。古今中外，人类在探寻良好的治理之道，追求人之上升的过程中，对人性提出了种种假设，并在以人性假设为前提的各种（系统的或散乱的）管理理论指导下进行实践活动。古代中国对人性的假设曾出现孟子的"性善论"、荀子的"性恶论"、告子与杨雄的"不善不恶论"、世硕与王充的"既善又恶论"。其主流是由孟子开启，朱熹强化的"性善论"，强调人的可塑性和对人精神力量的开发，并认为德性是人与动物的根本区别，基于此的管理多强调道德修养的重要性，管理的主要途径则是内心省悟和道德教化，"为政以德"、"孝治天下"、"礼治秩序"等成为中国古代管理实践中的基础性规定，政府机构、职位设计及各项社会管理制度都带有鲜明的伦理色彩。近代以前的欧洲则出现了亚里士多德的"政治人"、笛卡尔的"理性人"等基本假设，受古希腊理性精神及基督教原罪意识的影响，西方社会强调人性本恶而理性地追求私利，基于此的管理强调对人的外部控制，由此形成重视制度与法律以控制和约束人之利己本能的管理传统。

传统社会中的人性假设多是"善"与"恶"之间的纯粹定性判断，从中可以推导出基本的管理价值和管理理念，但其与具体的管理技术与管理方法之间的因果关系是模糊的，对管理效能及效率的影响也难以辨析。近代以后，随着工业化及理性精神的扩展与渗透，管理学成为一门独立学科并不断科学化，对人性也不断提出更科学和更系统的假设，并围绕这些假设发展出系统而缜密的管理理论。这些人性假设及相应的管理理论包括：其一，以泰罗、法约尔、韦伯的古典管理理论和麦格雷戈的"X理论"为代表的"经济人"假设，认为经济诱因是人主要的工作动机，组织中的每一个人都理性地追求个人利益的最大化，基于此的管理强调物质激励与严格标准化、程序化的制度控制。其二，由梅奥提出的"社会人"假设认为，人工作的最大驱动力是社会的、心理的需要而不是物质刺激，人们从社会关系中寻求工作的意义并受社会关系左右。基于此假设的理论包括人际关系理论及后来的行为科学学派，开始重视管理中"人"的因素并强调人的情感、心理等一些非理性的需要，是管理思想演变历程中的一个重大转折。其三，由马斯洛提出的"自我实现人"假设认为，自我实现是人类最高层次的需要，人具有自主性并勇于承担责任，能够积极地实施自我约束，其在工作中的最大动力源于自我实现的需要。基于此的管理理论主要有马斯洛的"需求层次"理论、阿吉里斯的"不成熟—成熟"理论和麦格雷戈的"Y理论"，强调管理者的环境支持，鼓励管理者信任下属并积极授权，激发员工的自我管理能力及创造力。其四，由沙因提出的"复杂人"假设认为，人的需要及动机多种多样并因时因地而变化，这些需要及动机相互作用并整合成复杂的动机模式。基于此假设的管理理论是卢桑斯、卡斯特与罗森茨韦克等人的权变管理理论，主张管理应该随着组织的内外环境随机应变，不存在普适性的、最好的管理理论和方法，"管理的主要任务是寻求最大的一致性。组织与其环境以及组织设计之间的和谐将导致提高效能、效率和参与者的满足感"（弗里蒙特·E.卡斯特、詹姆斯·E.罗森茨韦克，1985）。其五，以威廉·大内的"Z理论"及特雷斯·迪尔、阿伦·肯尼迪的企业文化理论为代表的"文化人"或"道德人"假设认为，人是文化的产物，具有利他的本性与传统，人在追求物质需要的同时，能够承担对组织的道德责任与义务。基于此的管理理论是企业文化理论或文化管理理论，强调管理在合规律性的同时也要合目的性，信仰、伦理、价值观等文化因素对管理至关重要。

假设是科学研究之需要，诸多人性假设的出现为管理科学的发展提供了坚实的理论基础。台湾学者殷海光认为假设与人类文明程度相关，他指出，"假设是经验科学建构的起点之一……人的文明程度愈高，知识程度也愈高。知识程度愈高的人，愈懂得假设对于知识之重要，而且制作假设的技巧也愈精"（殷海光，2004）。假设是科学观察与研究的基本参照点和进行理论建构与推导的起点，提出假设的能力及由假设构建的系统知识是衡量人类文明程度的重要标志。泰罗将"经济人"假设导入管理领域并以此为基准形成了系统化的管理知识，使管理成为一种实验科学，对人类文明的提升做出卓越贡献。而后在管理领域中，出现了日益精巧的各种人性假设，使管理理论的科学化不断增强并对管理实践产生很多积极影响，极大地促进了社会生产力的发展及人类物质财富的增长。这一切都是管理之中人性假设的合理之处，没有各种人性假设的提出与发展，管理只能停留在低级、重复的经验模仿与传授阶段，不可能成为塑造日益发达的现代社会的基本动力之一。但是，上述管理中的各种人性假设对人性本身及管理实践也有严重的危害。

一方面，管理中的人性假设大多具有某种理性偏执，导致人性在管理中的分裂与异化。将管理建构在人性假设之上，非但没有使管理向着人性化的趋势聚合反而与人性背道而驰并在某种程度上贬损了人性的某些重要方面。除"道德人"假设之外，其他人性假设都从功利主义及利己主义立场出发来设计管理行为，注重人际关系的"社会人"假设其实追求的也是管理效率的提高以及对人员控制的"更好方式"。这些人性假设均把人作为客体来认识，从线性因果关系来理解和建构人的存在及行为，并且这些行为"一方面根植于所欲求的结果，一方面依赖于对于因果关系的信念"（汤普森，2007），由此简约化并中心化的"理性"行为其实是一种典型的、剥夺了人与人温情感及存在意义的"工具理性"行为。诸多人性假设的理性偏执使情感、情绪、直觉等一切温情的东西被剔除出管理之外，组织成为功利性追求效率的场所，人欲自然成为被控制的对象，人的价值与情感也逐渐被清除在管理学之外。管理者通过一系列制度、规则、程序与技术规范将被管理者训化为一个个"温顺"而无思想的客体，人被降低为"物"，成为组织管理诸多要素中的一个控制对象，同时也成为组织这个庞大"机器"中的一个零件或齿轮，理性的人被异化为"机器"的一部分而在管理活动中过着"非人"的生活。

另一方面，管理中各种人性假设内部之间具有"不可通约性"（incommensurability），导致管理理论的封闭与分割。基于人性假设的管理"理论丛林"中的各种理论在各自预设的前提下纵向发展自己的理论体系，而没有探索在横向维度与其他理论的联系与整合。也就是说，以人性假设为范式之内核的各种管理理论没有也无法探索理论之间的整合路径，各自单单发展自身理论内部的完美逻辑，从而人为地使管理理论成为一个个断裂的"块茎"或"封闭系统"。以古典管理理论与现代管理科学学派为代表的理性主义范式力推效率至上、秩序第一观念，排斥价值与情感等非理性因素在管理学中的介入，减少管理中的不确定性以尽可能地增加可控性；行为科学、企业文化学派则着力展示心理、伦理、价值等非理性因素在管理中的意义，批判理性主义范式的冷漠、机械及其对人性的毁损。这种"闭门深造"的研究路径只能向人们展示人性的某个片段和管理的局部性质。理论范式失衡的背后是"碎片化"的分裂人性，各种管理理论范式都是从人的某一层次或角度去认识人的本性，截取人性中的某一片段并将之抽象夸大，要么以人的理性因素约束限制感性因素使人在管理实践中异化为机器而成为完全对象化的"物体"，要么片面强调本能、欲望等人的非理性因素而使人与动物无异并使组织成为利益争夺的竞争场地。人之理性与感性被分割在不同的人性假设及理论范式之中并严重失衡，由此管理理论展现的只是分裂的人性并造就了"单向度的人"。[①]

二、管理中的人性结构：整体性建构

无论从管理本身的理论发展与实践推进出发，还是从人性自身的完美展现出发，管理都不能建立在截取人性某个片段并将之放大、抽象而成并且无法通约的各种人性假设之上。"以往的组织及管理理论未能提供一种全面并深入描述人性与管理理论及实践之关系的模式"（Jeremiah J. Sullivan，1986）。管理应当关注更加真实而完整的人，并在此基础上建构新的分析模式。为了实现手段与目的的真正统一，现代管理学只有建立在完整丰富的人性基础上并且融合中西管理人性的合理成分，才能建立完整科学的人性管理理论（朱华桂，2003）。为此，我们应该对管理中的人性进行基础性反思以对管理进行"整体性"观察和建构，对人性之观察就需要由"非此即彼"的对立与分裂思维转变为"水乳交融"的和合共处思维。为寻求各管理理论在人性这一基点上的联系与统一，尝试建构基于客观、完整而现实的人性基石的管理实践与管理理论，我们从"能够理解和再造现实的唯一方法"的"总体性"[②]视角出发，对管理的性质及其理论体系进行全面考察。由于对某一对象"结构"的研究关涉这一对象的整体性与系统性，我们以"人性结构"取代"人性假设"来考察管理中的人性并以此为基础来对管理进行"整体性"的考量。

那么完整而现实的人性结构是什么？在西方认识论传统中，理性与感性是人性的基本结构。文艺复兴以来，人的理性觉醒使人之主体性地位得以确立，随着理性蜕变为工具理性，人性中的感性及价值因素被视为非理性的"他者"而被科学主义思潮边缘化。理性在西方认识论传统中一直处于优势地位，从而使西方的人性结构表现为理性统摄感性，主体控制客体的二元对立结构。在中国思想传统中，形而上思辨的认识论不够发达，其对人性的基本认识及其推演出的理论体系基本属于伦理学或价值论的范畴。作为文化主流的儒家思想将人性归结为德性，并将之视为人与动物的根本区别。对此，蔡元培曾指出，"我国以儒家为伦理学之大宗。而儒家，则一切精神界科学，悉以伦理为范围"（蔡元培，1996）。"为政以德"、"孝制天下"、"礼治秩序"历来是中国古代管理实践中的基本规定，无论是家庭中的长幼秩序还是国家的行政体系，其制度设计均带有鲜明的伦理色彩。与西方认识论中的人性结构不同，在儒家的人性结构中，德性是理性与感性交融之产物，理性以感性为基础，感性受理性支配。李泽厚认为"仁"是德性的核心并将"仁"之结构解析为血缘基础、心理原则、人道主义及个体人格，指出这种德性的实质是理性与情感、伦理与心理、历史与逻辑交融的实用理性（李泽厚，2003）。樊浩（2001）则更为具体地指出，在中国人

---

① "单向度的人"是法兰克福学派的马尔库塞提出的重要概念。马尔库塞认为工业文明是一种压抑性文明，随着技术控制的增强，人们的物质生活极大丰裕，但精神生活却陷入极度空虚，由此人变成了受物质欲望奴役的、工具化的"单向度的人"。马尔库塞进而主张通过情感解放与审美解放来发展一种非压抑性文明。详见马尔库塞（2006）。

② "总体性"方法由匈牙利著名哲学家和文学批评家卢卡奇提出，他主张从整体、全局中把握部分、局部及其互动关系，强调在考察历史及建构现实时应该从整体对于部分的全面的、主导的地位出发。详见卢卡奇（1989）。

的德性结构中，3/4 是情感，1/4 是理性，而且这个理性还不是西方式的纯粹理性，而是一种良知，这种以情感为统摄的德性结构，与西方文化所设计的以理性为统摄的人性结构完全不同。中国这种以伦理为本位，崇尚情感的人性观对西方理性与非理性二元对立的思想传统正好是一种有益补充。

西方"我思故我在"的理性认知传统是现代科学与技术繁荣发展的哲学根源，但"感性与理性这对范畴作为西方理性文明与知识论框架的核心范畴并不能概括多样的人类文明、复杂的人性结构"（陶伯华，2003），其导致的二元对立结构对人性的损害显而易见。中国传统中对德性及情感因素的重视使管理之目的性及价值性充分凸显，但由于"天人合一"的本体论造成主体与客体之间的含混，致使中国管理忽视对管理各要素内部规律的追问和对管理经验的理论升华而难以产生科学的管理理论体系。基于此，在建构人性结构时宜采取中西结合、扬长避短的基本立场，使中西方认识论与价值论中各自合理的部分完美地结合在一起。

在孔孟哲学中，"恻隐之心"作为"仁"的根源，是人的一种自然情感，属于人的情感结构部分；而"义"则理解为"应当"（劳思光，2005），属于一种意志结构，孟子的"养气"其实就是意志的锤炼；而"智"则显然是一种基于理性的智力结构，即孟子所谓的"是非之心"。与这种知、情、意三维人性相对应的是，孟子进而从价值层面指出理想的人性是真、善、美的统一，"可欲之谓善，有诸己之谓信，充实之谓美，充实而有光辉之谓大，大而化之之谓圣，圣而不可知之之谓神"（杨伯峻，1960）。在此孟子突出强调了伦理之善，同时也表达了对真、善、美的三重追求。在近代西方哲学中，也有类似的思想表述。人本主义集大成者费尔巴哈曾指出，"在人里面形成类，即形成本来的人性的东西究竟是什么呢？就是理性、意志、心……这就是作为人的绝对本质，就是人生存的目的"（费尔巴哈，1987）。这里的理性对应智力结构，意志对应德性结构，心则对应情感结构。马克思则更为明确地提出，"人类的天性可分作认知、行为和情感，或是理智、意志和感受三种功能，与这三种功能相对应的是真、善、美的观念"（马克思，1979 中译本）。

基于以上分析，我们认为现实而完整的人性结构由感性、理性及德性三个部分构成。"知、情、意"是建立在人的动物性生理机制之上而又与动物性相区别的人的社会性心理结构和能力，三者可以成为现实而完整的人性结构的基本内容。从人性之"知、情、意"三个部分出发，我们可以将其概括为智力结构、意志结构与审美结构三位一体的完整人性结构。"知"对应人性的智力结构，是人性中的理性部分，即人具有透过现象把握本质、总结规律的逻辑思维能力，其基本价值导向是求真。"意"对应人性的意志结构，即人具有社会性，在社会交往中对于一切制度仪文和生活秩序都有一种"正当之意识"，由此来节制自我，以决定是否采取某种行动，因此它对应的是人性中的德性部分。"情"对应人性的审美结构，是人性中的感性部分，导向"美"的价值体验。人类的情感、情绪等感性力量如能得到自然而恰当的宣泄或表达，便能使人在一种近乎神秘的体验中实现审美超越。人性之理性、感性及德性三重结构不仅是中西方人性论之精华的结合，还是认识论与伦理学的结合，同时也使自然之物理系统、人之心理系统、社会之伦理系统三大宇宙系统在人性的基础上获得了整合性的统一。管理之实践所关涉的要素不出物理—伦理—心理三大系统之外，以人性之三维结构考量管理之实践无疑可以使我们对管理获得更加整体性的认识。

三、人性结构对管理性质的三重规定

建构在理性、德性与感性三位一体的人性结构基础之上的管理实践具有科学性、道德性与艺术性三重基本性质。人性中的理性因素及其形成的智力结构使人能够探索、发现并利用管理各相关因素之间的因果关系及其内部规律，从而合理地配置包括人在内的各种管理资源，控制管理中的各种变量以科学、高效地完成管理目标，这体现为管理的规律性与科学性。人性中的德性因素及其构成的意志结构使人类可以凭借德性的力量追求一种应然的管理方式，使管理的目的性更加明确以确保管理服务于主体之需要，这种对管理实践中群体之利益及人与人之关系的总体性关怀体现为管理的道德性。人性中的感性因素及其形成的审美结构使管理不再是索然无味并与人之内心无涉的机械活动，而是随着人之情感波动及情景变化而不断更新的创造性的艺术实践，并能够使人在此实践中获得自我满足及审美体验，这体现为管理的艺术性。

（一）人性之智力结构与管理之科学性

管理的科学性是指管理作为一种特殊实践，其所关涉的主体、客体及环境等实践要素本身具有内在的、固有的客观规律性。管理的科学性是管理实践固有的基本属性，但此性质能否彰显则取决于人之理性的觉醒程度及人性之智力结构的成熟程度。在农业社会，人之理性被伦理精神（中国）或信仰精神（西方）遮蔽，由理性构成的智力结构发展程度十分有限，对自然规律及人本身的认识也处于幻想与假设的阶段，管理实践多依托传统、习俗与经验进行而缺乏对管理要素内在机理与规律的分析，更缺乏系统的理论体系的指导，因此管理的科学性程度很低并具有某种神秘色彩。启蒙运动以来，人的理性成为一切存在合理与否的最高判断标准，人之主体性地位确立并成为万物的尺度，使人摆脱了道德与神灵的长期束缚。随着理性的高扬，人的智力结构得到迅速发展，人对自然、社会及自身的认识都在理性原则的指导下走向繁荣。泰罗则顺应时代的要求，以人之理性来审视管理实践之问题，以牛顿物理学方法论范式探究管理各要素的内在规律及要素之间的客观联系，由此产生科学管理理论，管理的科学化进程被迅速推进，其科学性也得到充分彰显。以至于今日人们谈到管理，首先想到的就是它的科学化问题，即合乎理性的程度。

从根本上讲，管理的科学性来自于管理要素的客观性及人之智力结构的能动性。正是管理任务、管理对象及管理主体本身的客观性使其存在某种固有的规律性，而这种管理中的规律性能否被发现和利用则主要依赖于人的智力及理性能力。理性是现代管理的驱动力，对利润的理性追求在整个社会中制度化或习俗化以后，现代官僚组织才在技术理性的基础上得以充分发展：以规则为基础的等级制和权责明确的分工，以专业技能为基础的选拔任用，以及所有权与经营权的分离等（Robert P.Gephart Jr，1996）。依靠理性，人类可以进行实验和推理分析，从管理现象中抽象出本质性的东西，从个别中揭示一般并还原到一般，通过构造一系列概念体系来有力地指导管理实践。管理的科学性就根源于人的理性属性以及由此力量产生的人的逻辑推理、归纳总结能力和对管理实践的预测、改造能力。

管理的科学性要求管理活动要尽可能地遵循理性的标准以在管理中获取"真的知识"，并按照因果律运用此"知识"指导管理实践以实现管理的预期目标。管理科学性的聚焦点是管理活动中的逻辑与规律，其基本价值导向是"真"，即追求管理所关涉要素的真实状态及其内在运行规律，预期的目标也多是市场占有率、利润、绩效等功利性的追求，推崇效率至上主义，主张以尽可能低的成本获取尽可能高的管理效能。在这种理性逻辑主导下的科学主义管理模式强调对管理的预测及控制，将包括人在内的各种管理因素简约化、模型化与标准化以增加确定性及可控性，其基本的管理途径是发展出一套与其核心技术相关的标准化、程序化的等级控制体系，通过建构合理性及合法性的制度、规则、程序对管理的客体实施强制性的外部控制，并以此规范人的行为及思想使之符合管理的科学规律。

需要明确的是，理性在规定管理的科学性的同时，也内在地规定了管理科学性的限度。理性不是万能的，其在管理实践中的作用有特定的范围。首先，人类无法掌握用于管理决策的所有信息，不确定性因素和干扰条件的存在，加之人的非理性因素的综合作用，使人不可能做出最佳决策，效用最大化仅仅是决策者的一相情愿。其次，管理的重要对象是人，而人的素质和能力具有很大差异并具有动态变化性，难以在管理中对其进行定量分析，人的心理因素也是无法精确测量的模糊变量，加之管理情景的复杂多变，由人的理性推导出的因果律无法在管理实践中完全还原，因此理性的预测及控制能力在管理中非常有限。最后，理性局限于解决理论和技术的问题，而不能帮助我们发现或至少弄清最终目标和行为原则（里克曼，1996）建构在人性之智力结构基础之上的管理科学性与管理之价值因素无涉，它只能提高管理服务于人的效率，而不能解决管理服务于什么人以及如何处理管理中人与人之间的关系、能否满足人性之高级需要等价值判断问题。理性一旦僭越其作用范围就会给管理带来种种灾难，使管理背离其本质而走向人性的反面，因而管理之科学性受制于理性之范围而总有其限度。

（二）人性之意志结构与管理之道德性

管理的道德性是指管理作为一种目的性与群体性的实践，内在地蕴含着对人与自然、他者及自我三重关系的价值判断及道德关怀，为使管理之本质充分展现及管理之职能充分实现，管理中的人之行为需要遵循一定的伦理规范。霍金斯（1987）指出，"任何决策都包含价值成分，任何决策者都是一种价值综合体的象征"。管理无法回避"价值"及"意义"问题，管理目的之设定、管理资源之分配、管理成果之分享、管理进程之协调均涉及价值判断问题。价值是客体之于主体的意义，对管理中主客体关系的界定、协调及规范就是一个伦理问题，体现为管理的道德性。"人的任何一种实践活动均是在需要和目的的驱使下亦即价值判断的驱使下把主体尺度运用于客体对象世界，使自在之物转化成为我之物，使自然世界向属人世界转变"，管理之实践本质"决定了管理本身必然具有道德性，决定着管理是人类的一种对客观规律与主观价值的整合活动"（戴木才，2002）。成中英则研究了管理与伦理的内在关系，他指出，伦理是"内在"的管理，是有关个人的管理；管理是"外在"的伦理，是有关群体的伦理（2006）。两者性质虽然不同，但却追求类似的目的，即通过人之主观努力达到某种理想状态。因而，道德性是管理活动的一种内在属性。

大卫·休谟曾明确地断定，理智只能告诉我们"是什么"，不能告诉我们"应该是什么"，一个人不能从"是"中推论出"应该是"这个命题，纯事实的、描述性的论述本身只能赋予或暗示着其他事实的、描述性的论述，而永远不会得出标准、伦理见解或做某些事情的规定（1980）。管理的道德性不能依靠人性之智力结构来建构，因为人之理性因素关注的是管理中的事实因素与现实状态，对管理之价值因素及意义系统等应然状态的关注则需要依托人性之意志结构。意志是由理性凝聚感性而成的德性因素构成，意志结构是伦理学探究的重要问题（李泽厚，2005）。"德性"在亚里士多德传统中被视为一种"同感情和实践相联系的"好的品质，"是一种选择的品质，存在于相对于我们的适度之中"（亚里士多德，2003中译本）。而选择是对某种价值或状态的认同与自主，是一种意向性的自律行为，因此德性与具有自主选择功能的人性之意志结构紧密关联。正是由于人之意志结构及德性的存在，作为主体的人才可能在管理活动中根据其意向性进行选择，对管理关涉的价值因素进行裁决和判断，使管理之道德性得以展现。管理是以效率、利润为首要价值还是以公平、正义为首要价值以及管理服务于投资者还是服务于劳动者等价值判断问题的解决均依赖于人性之意志结构做出的意向性的选择。

"人的每种实践与选择，都以某种善为目的"（亚里士多德，2003中译本）。管理之道德性凸显了管理对"善"的追求，使管理在因果律之外追求对自然、他者及内在自我的关怀。基于德性的管理强调组织对股东、员工、客户、供应商、公众及自然环境的责任意识，主张在管理主体与管理客体之间建立和谐关系，使管理不仅仅表现为一种功利性的生产关系，同时也表现为一种非功利性的道德关系。道德性的管理要求管理主体重视道德修养、锤炼道德意志、提高自律能力，通过伦理的感化与教化作用来实施管理。它强调管理者的服务意识及对支持性环境的塑造，鼓励员工参与管理和自我管理。雷恩认为，"只有专职的有道德的领导才能提高组织的效力和人们的福利"（丹尼尔·雷恩，2000）。乔安妮·苏拉则更为明确地指出，在过硬的技术与优秀的道德之间，领导力的核心是伦理道德（Joanne Ciulla，1998）。因此说，德性在组织管理中不仅是价值判断的标准，同时也是提高组织效能、完成组织目标的一种重要能力或资源，这正是管理之道德性的两层意义所在。

（三）人性之审美结构与管理之艺术性

管理的艺术性是指面对复杂多变的管理问题，管理没有固定不变的模式可以遵循，在具体的情景中人们需要根据自己的经验或情感偏好随着管理之相关要素的变化采取恰当的主客体交互方式，使管理活动本身获得类似艺术之美的属性并给人带来美的享受和美的体验。管理具有艺术性已是关于管理的基本常识，但对此学界往往仅从管理的实用性来理解，认为管理学的艺术性体现在管理者在管理实践中对管理原则与管理方法的灵活运用，是管理者面对复杂环境时的应变性及对管理要素具体操作时的技巧性。这种理解其实远远没有抓住问题的根本，因为它没有追问"何谓艺术"以及"管理与艺术之内在关联"等问题。

在康德的美学体系中，"艺术不同于自然，它是人工产品；艺术也不同于科学，它是技巧而非知识；艺术又不同于手工艺，它是自由创造的结果，是自身令人愉快的"（曹俊峰，1999）。艺术的基本研究立场是人物相应、情景交融，其形成与创造是一种"情感—意象—情感"的过程；艺术的思维方法强调主观感应，重视想象与美感，以形象思维为主，强调从一般中发现个别，从共性中求异求新；艺术遵循自由意志论而不是因果决定论；艺术的关注对象主要是人类精神世界（张树旺、刘素菊，2009）。艺术的实质是审美（阿·布罗夫，1985），"是按美的规律创造的，是人的本质力量形象的体现"（栾栋，1984）。管理艺术性的人性根源在于人的感性及由此衍生的想象、创造与审美等能力。人性中的感性部分包括情感、情绪、直觉、想象力等非理性因素，其中情感是核心。"不能说人除了情感再也没有别的，但是对人而言，情感具有直接性、内在性和首要性，也就是最初的原始性"（蒙培元，2002）。情感是艺术的决定性因素，苏珊·朗格指出"艺术是人类情感的符号形式的创造"（苏珊·朗格，1986）。她认为美是由情感说明的，甚至是由情感决定的，美的心理本质就是愉悦的情感体验。承认管理实践的艺术属性却忽视管理中的情感因素及其审美创造是目前管理研究的一大误区。

从人的感性因素及其构筑的审美结构出发，管理实践的艺术性主要体现在以下方面：其一，管理实践的情境化需要感性的艺术思维。所谓情境化是指，"在对现象进行描述、理解以及理论化时，把所在的情境结合起来"（Tsui，2006），而对动态多变的情境要素的把握恰恰需要凭借直觉、灵感等感性的力量。管理实践的构成要素是复杂多样的，如人员流动、资源增减、技术革新等，管理活动总是在特定的情境中发生而需要处理具体的情境化问题。仅仅依靠人之智力结构的预测及控制能力，与特定的人与事紧密关联的很多管理问题无法解决。尤其在后工业社会，面临环境中日益增多的动荡因素，管理者依靠传统方式去预测和控制组织的内外部事物已经不可能解决所有问题。在非理性的混沌时代，企业经营世界里没有现成的蓝图和路线图，管理者需要重新想象，大胆地发挥想象力进行创造（Peters，2003）。管理需要想象力、直觉和情感等感性因素的释放，充分运用人之感性思维解决复杂多变的管理问题。其二，管理价值应当顾及人的感性需求。建构在人性基础之上的管理，在其目标及价值设定中，除了满足人之理性的物质需求之外，还应考量人之感性的精神或情感需求。管理之本质决定管理应当尊重人性及其现实需要，参与管理活动的现实的人都是具有情感、情绪和偏好并且能够进行自我思想的人，管理不能以完全理性的科学方法将人机械化以伤害人的自由与尊严。其三，管理参与者本身具有审美需要。马斯洛在对自我实现者的研究中发现，几乎所有自我实现者都经常谈到他们曾经感受到的一种神秘体验，这是一种

"转瞬即逝却极度强烈的幸福感",是"个人生命中最快乐、最心醉神迷的时刻",是"神秘的海洋般的或自然的体验、审美的知觉"(马斯洛,2003)。管理者与被管理者可以将管理过程本身视为对艺术作品的创造,自主而积极地完成管理任务的同时寻求从工作本身中体验到自我实现的愉悦。其四,管理者可以从审美的视角管理组织。安东尼奥·特拉提主张在组织管理中发展出一种审美途径,从美学的维度来理解组织生活(安东尼奥·特拉提,1992)。管理者可以美化办公环境,营造符合办公者审美情趣的工作氛围,满足其审美需要,以此来提高其积极性和创造性;在公司建筑、商标、办公用具以及产品包装上重视员工与消费者的审美需要,可能会在消费社会里赢得更多忠实的员工和顾客。其五,人性之审美结构使人可以从主客体互动的管理实践本身获得审美体验。管理是人的主观能力作用于客观对象的交互活动,必然有主客体的情景互动。在互动过程中,主体往往根据其自身的审美结构对客体进行审美创造及改造,在管理过程中实现合目的性与合规律性的统一以及主体与客体之间的和谐一致。人类在管理实践中曾经创造许多绝妙的艺术品和美学理论,如苏州园林、埃及金字塔与黄金分割点等。这种主观与客观、情感与外物的和谐交融,是管理实践艺术属性的另一个重要体现。

基于人性之审美结构的管理艺术性的确立极大地提升了管理之于人的意义,使管理与人性之关系更加内聚和一致。它使麦金太尔所提出的实践之外在利益及内在利益,[1] 在人性的基础上获得了统一。基于审美结构的管理不仅是对自然的改造,也不仅仅是对他者的关怀,更重要的是对人自身内在心灵世界的呵护和提升。古希腊人认为,"公正最高贵,健康最良好,实现心之所欲最令人愉悦",[2] 管理的艺术性及其审美特征就彰显了管理对人"实现心之所欲"的关注,展现了管理之内在的善。它充分体现了人在管理中的主体性、目的性以及管理作为一种特殊的实践对人性的解放功能。

四、管理知识的三维架构及其内部关联

基于人性结构的管理考察需要澄清的是人性结构的整体性和现实性的关联。人性本质的整体性只能在理念层面上方能洞穿,与人性之现实性并不等同甚至冲突。理念层面的人性在获得整体性规定的同时,往往具有总体性、抽象性、静止性,而实践层面的人性在获得现实性的同时,往往具有历史性、具体性和动态性。两者之间的二律背反不可能绝对消除,但我们可以使这种冲突在某一知识体系中尽可能地缩减。在某一管理活动中,人性不可能在同时展现其所有性质,以往管理研究的人性假设截取人性某一侧面并将之抽象放大,表面看可能与现实中展现的具体人性更加契合。但这种契合只是暂时性的,而且与被其剥离的其他人性相冲突。也就是说,人性假设只能暂时性与人性之现实性契合,却在总体上、长期上背离了人性之现实性,这是现代管理理论与管理实践背离的一个重要原因。相反,人性结构虽然也具有某种抽象性而与某一管理实践中的具体人性可能不相符,但这种抽象性由无数动态的、具体的现实性人性构成,包含了人性之全部现实性。整体性的人性结构正是对无数具体的、现实的、动态的人性之经验观照进行概括、凝练而

---

① 麦金太尔认为,实践的"外在利益"是与参与者的内心自觉无涉而仅依据环境或机遇存在的外在的、偶然的利益,如金钱、权力与地位等。实践的"内在利益"是内在于行为过程本身的,参与者自我感知、自我驱动、自在自为的收获,并且只有靠参加那种实践的经验才可识别和认识的这些利益。参见麦金太尔(1995)。

② 此为古代爱琴海文明之中心提洛岛上的一段著名铭文,体现了古希腊人对理想生活的基本追求,转引自亚里士多德(2003)。

成，由此构成了具有超越性、普遍性与总体性的人之"类本性"。管理应该建构在这种完整的"类本性"而非分裂的、互斥的并且难以对人的本质属性进行全面概括的人性假设之上。对人性进行理性审视和经验观照，以人性结构为起点，能够建构更加符合人性并确保人之主体性与目的性的管理知识，同时也有利于缩减管理理论与管理实践之间的鸿沟。

在智力、意志与审美构成的三维人性结构观照下，我们建构了管理实践的科学性、道德性与艺术性。由此就确立了管理观察的三个基本维度："理性—智力结构—科学性—管理科学"层面的科学维，"德性—意志结构—道德性—管理伦理"层面的伦理维，"感性—审美结构—艺术性—管理艺术"层面的艺术维。科学、伦理与艺术是人类观察与改造世界的三种异质性的知识领域，三者具有不同的理论旨趣、思维方式和研究范式。科学主要关注事实因素而主张价值无涉，为探寻客观规律往往将人视为对象化的客体；伦理则主要考察确保人之主体性的价值因素而常与科学之间保持某种张力；艺术则是一种主客体交融的创造过程。管理科学追问管理中的各种变量及其关系"是什么"，管理伦理则追问管理"为了谁"及"应该是什么"，管理艺术则追问在具体管理情景中"怎么办"。管理三维知识之间的异质性及其张力展现了管理作为一种特殊的社会实践的丰富性与复杂性，这也是管理学不同于其他非应用学科的重要方面。管理三维性质的包容性，避免了管理理论的无限分化，从而使有关管理考察的知识聚集为管理科学、管理伦理与管理艺术三大领域。那么，管理这三大领域之间会不会形成新的分化与断裂？我们认为，人性结构在管理之中具有聚敛性，正是这种内向的聚敛性，促使管理科学、管理伦理与管理艺术不断地聚合为管理实践之整体。人性的三个异质性维度在管理中的这种聚敛性主要来源于三个方面：其一是人性之完整性；其二是德性之中介性；其三是管理之实践性。

第一，虽然管理研究三个异质性维度有各自的主导逻辑，但它们也有统一性的整合逻辑，即理性、德性与感性三者不可分割的现实完整性。现实的人往往具有多种需要，其智力结构、意志结构与审美结构也不是独立存在的，三者相互作用，共同决定了人的行为选择。这就在人性根源上决定管理的科学性、道德性及艺术性天然地联系在一起。科学、道德和艺术是"知、情、意"三维结构在管理实践中物态化的表现，也是真正确保人之主体性与目的性的管理活动的全部性质。理性、德性与感性是人性统一体的构成部分，三者同时存在，缺一不可，建立在三者统一体基础之上的管理实践的三重性质自然也具有共存性和统一性。第二，作为管理伦理之人性基础的德性能够融通理性与感性两种对立的异质性因素，在管理科学与管理艺术之间起到一种中介性与连接性作用。德性在中西方亚里士多德传统与儒家传统中都被界定为一种适度选择，这种融通理性与感性的特质，使管理伦理的拓展有力地缓和了管理科学与管理艺术之间的张力，避免了理性规定的管理科学与感性规定的管理艺术朝向两极分化。第三，三个异质性维度能在管理中融通的另一根本所在是管理之实践性及管理学之应用性。以德鲁克为代表的经验管理学派反复强调了管理理论的有效性，这种有效性规定了管理问题之解决依靠某单一学科的知识不可能成功，待以解决的管理问题往往是科学、伦理与艺术的复合体，需要调动所有相关的知识来综合考察，这同时印证了管理研究和组织分析应该是一个跨学科的研究领域。

管理学理论体系的三维建构及其内部关联，既保证了管理中人性的完整性，避免了人性的分裂与异化；又确保了管理理论的统一性、完整性及实践相关性。管理学的科学维度是管理规律性的体现，展现了人之客体属性；伦理维度则保证了人在管理中的目的性与价值性，展现了人之主体性；艺术维度则保证了管理的应用性，展现了主体与客体之间的交互关系。由此，基于人性结构的管理知识的三维架构同时实现了管理之目的性与规律性的统一、主体性与客体性的统一、理论性与应用性的统一。将管理活动的性质及其理论体系的哲学基础及整合逻辑设定在不可分割的、完整的人性结构之上，有利于我们避免理性主义及其话语霸权对管理活动及管理理论的侵蚀，开拓人文艺术在管理中应有的栖身之地。

五、结　论

　　管理与人性之深层关系是管理领域与哲学领域探讨的一个古老而又新颖的命题。之所以古老是因为管理与人类发展史同步，自其产生伊始就一致在各种人性观的指导下不断前行；之所以新颖是因为如何使现代管理真正以人为本而非背离人性是当代学者亟待解决的一个重大理论难题。本文以马克思"主体性"命题与康德的"目的性"命题来考量管理研究中的人性假设演进脉络发现：将管理建构在截取人性某个片段并将之放大、抽象而成并且无法通约的各种人性假设之上，无论对人性还是对管理，无论对管理理论还是对管理实践，都造成了巨大损害，更无法确保人在管理中的主体性与目的性。基于此，我们对人性进行整体性审视和经验观照，结合中西方不同的人性观并融合认识论与价值论，提出更加完整性和现实性的"三位一体"人性结构。以人性结构替代人性假设，来考察管理活动的基本性质，以期建构更加符合人性并确保人之主体性与目的性的管理理论。在智力、意志与审美构成的三维人性结构考察下，我们的基本结论是：管理实践具有科学性、道德性与艺术性三重属性，以管理实践为研究对象的管理学科是管理科学、管理伦理与管理艺术三位一体的以解决现实管理问题为导向的综合性知识，对跨学科知识的吸纳使之成为与自然科学、社会科学与人文学科综合交叉的、以问题解决为导向的应用学科。这样我们就建构了管理观察的科学维度、伦理维度及艺术维度三位一体的整体性框架。

　　需明确的是，拓展管理的人文维度，并不意味着我们反对管理科学的发展，而是寻找科学主义与人文主义之间的整合，使管理不至于偏执一方而丧失其解放功能。我们反对的是，目前管理的主流研究范式过分强调管理的科学性，而忽视或轻视了其道德性与艺术性方面。作为一门实践性很强的学科，管理学不仅仅要告诉人们"管理的现实是什么"，还应该告诉人们"能够从管理中希望什么"。因此，管理研究需要从机械的科学主义范式转向真正符合人性的科学与人文并行不悖的整合范式，由功利主义境界提升到指导人们在管理实践中获取"善"与"美"的生活体验的更高层次境界。本文将管理活动的性质及其理论体系的哲学基础及整合逻辑设定在不可分割的、完整的人性结构之上，就是反对理性主义及其话语霸权对管理活动及管理理论的侵蚀，寻找人文艺术在管理中应有的栖身之地。管理作为一种改造人类现实世界及创造未来生活的重要实践，其知识必然要关注"人类的价值与意义"这一科学无法解决的根本问题。基于人性结构的研究，使管理走出了"管理科学"的遮蔽，拓展了其道德属性与审美属性两大维度，使探寻管理之中的道德价值及其审美价值具有了坚实的哲学基础和正当性。但我们同时也要清醒地认识到，管理学作为一门应用学科，功利性倾向是不可能避免的，利用科学的方法来追求经济效益永远都是管理的应有之义。在未完成工业化和现代化的后发国家里，或者在某些特定的领域与场合，强调管理的科学性仍然具有重要的现实意义。基于人性结构的管理性质研究及管理理论重构只是警醒我们，不能陷入科学主义范式之中而无视管理的其他属性和境界。只要人类追求美好生活和上升之路，管理学的视野就不能仅仅局限在管理的科学属性与功利方面。目前，我们依然要肯定和发展管理的科学属性，同时重视其艺术属性与道德属性方面，针对目前管理学研究中的理性主义与科学主义话语霸权，尤其应当重视对其艺术属性与道德属性的拓展与深化。

【参考文献】

[1] 阿·布罗夫：《艺术的审美实质》，高叔眉、冯申译，上海译文出版社，1985 年。

[2] 彼得·德鲁克：《21 世纪的管理挑战》，刘毓玲译，三联书店，2000 年。

[3] 曹俊峰：《康德美学引论》，天津教育出版社，1999 年。

[4] 蔡元培：《中国伦理学史》，东方出版社，1996 年。

[5] 成中英：《C 理论：中国管理哲学》，中国人民大学出版社，2006 年。

[6] 大卫·休谟：《人性论》，关云运译，商务印书馆，1980 年。

[7] 戴木才：《论管理和伦理结合的内在基础》，《中国社会科学》，2002 年第 3 期。

[8] 丹尼尔·雷恩：《管理思想的演变》，赵睿译，中国社会科学出版社，2000 年。

[9] 樊浩：《伦理精神的价值生态》，中国社会科学出版社，2001 年。

[10] 费尔巴哈：《费尔巴哈哲学著作选集》（下卷），商务印书馆，1987 年。

[11] 弗里蒙特·卡斯特、詹姆斯·罗森茨韦克：《组织与管理——系统方法与权变方法》，李柱流等译，中国社会科学出版社，1985 年。

[12] 康德：《实践理性批判》，韩水法译，商务印书馆，2002 年。

[13] 克劳德·乔治：《管理思想史》，孙耀君译，商务印书馆，1985 年。

[14] 克里斯托弗·霍金斯：《领导哲学》，刘林平译，云南人民出版社，1987 年。

[15] 劳思光：《新编中国哲学史》（一卷），广西师范大学出版社，2005 年。

[16] 李泽厚：《中国古代思想史论》，天津社会科学院出版社，2003 年。

[17] 李泽厚：《实用理性与乐感文化》，三联书店，2005 年。

[18] 里克曼：《理性的探险》，姚休等译，商务印书馆，1996 年。

[19] 栾栋：《文艺理论的两块基石——艺术本质初探》，《外国文学研究》，1984 年第 4 期。

[20] 卢卡奇：《历史和阶级意识》，王伟光、张峰译，华夏出版社，1989 年。

[21] 罗珉：《德鲁克实践性管理思想解读》，《外国经济与管理》，2007 年第 7 期。

[22] 马尔库塞：《单向度的人》，刘继译，上海译文出版社，2006 年。

[23] 马克思：《1844 年经济学——哲学手稿》，人民出版社，1979 年。

[24] 马克思、恩格斯：《马克思恩格斯全集》（第 3 卷），人民出版社，2002 年。

[25] 马斯洛：《马斯洛人本哲学》，成明编译，九州出版社，2003 年。

[26] 麦金太尔：《德性之后》，龚群等译，中国社会科学出版社，1995 年。

[27] 蒙培元：《情感与理性》，中国社会科学出版社，2002 年。

[28] 苏珊·朗格：《情感与形式》，中国社会科学出版社，1980 年。

[29] 汤普森：《行动中的组织：行政理论的社会科学基础》，敬义嘉译，上海人民出版社，2007 年。

[30] 陶伯华：《美学前沿：实践本体论美学新视野》，中国人民大学出版社，2003 年。

[31] 亚里士多德：《尼各马可伦理学》，廖申白译注，商务印书馆，2003 年。

[32] 杨伯峻：《孟子译注》，中华书局，1960 年。

[33] 殷海光：《逻辑新引：怎样判别是非》，三联书店，2004 年。

[34] 张树旺、刘素菊：《论科学与艺术在管理学研究中的意蕴》，《管理学家》，2009 年第 1 期。

[35] 朱华桂：《论中西管理思想的人性假设》，《南京社会科学》，2003 年第 3 期。

[36] Antonio Strati，"Aesthetic Understanding of Organizational Life"，Academy of Management Review，1992（3）：568-581.

[37] Drucker，P.F.，Adventures of a Bystander（autobiography），New York：Harper and Row，1979.

[38] Jeremiah J. Sullivan，"Human Nature，Organizations，and Management Theory"，Academy of Management Review，1986（3）：534-549.

[39] Joanne Ciulla，"Leadship Ethics：Mapping the Territory"，in Joanne Ciulla，Ethics，The Heart of Leadership，Westport，CN：Praeger，1998.

[40] Robert P.Gephart Jr，"Postmodernism and the Future History of Management：Comments on History as

Science", Journal of Management History（3），1996：90-96.

　　［41］Peters，T. J.，2003，Re-Imagine：Business Excellence in a Disruptive Age，London：Dorling Kindersley，2003.

　　［42］Tsui，A. S.，"Contextualization in Chinese Management Research"，Management and Organization Review，2006，2（1）：1-13.

（作者：胡国栋、高良谋，东北财经大学工商管理学院）

泰罗科学管理理论中的和谐管理思想探要

　　和谐是客观世界的普遍法则，也是人类社会的永恒追求。和谐是事物之间、事物内部各要素之间的相互配合得当、运转协调的一种状态。和谐管理是管理中各项职能、各种资源、各个方式方法之间的协调与互补所达成的整体组织状态和良性运行机制。通过和谐管理实现组织和谐，正在成为现代企业管理理论和管理实践的共同追求。其实，早在100年前，和谐、合作就成为美国工程师弗雷德里克·泰罗（Frederick Taylor，1856~1915）创立科学管理理论、实施科学管理的指导思想和基本前提。重新研读泰罗1911年发表、1912年开始广为传播的标志现代管理理论诞生的《科学管理原理》一书，真切回顾100年前泰罗所从事的艰苦卓绝的科学管理试验，都可以发现蕴含在科学管理理论中的深刻而丰富的和谐管理思想，这些思想依然是对当今时代的组织管理具有重要的理论启示和实践价值的思想遗产。

　　泰罗出生在美国宾夕法尼亚州费城一个富裕的律师家庭，从1878年到费城米德维尔钢铁厂做一名普通的机械工到1911年《科学管理原理》的发表乃至1915年不幸染病去世，泰罗所处的时代，正是美国工业化、城市化快速推进、大型企业不断产生、周期性经济危机频发的社会转型时期，社会矛盾尖锐、社会冲突加剧，企业内部的资源浪费、效率低下特别是劳资之间的冲突引发泰罗对工厂管理问题的思考，并致力于通过科学研究和试验探索协调劳资冲突、提高生产效率的科学方法。基于先后在米德维尔和伯利恒钢铁厂持之以恒进行的搬运铁块、铁砂和煤炭铲掘、金属切削等管理实验，泰罗冲破了工业革命以来传统的经验管理方法，第一次系统地把科学方法引入管理实践，创立了科学管理理论，首开20世纪作为"管理的世纪"之先河。"从管理学的角度看，泰罗最重要的贡献是创造性地把管理当做一门科学"。但是，泰罗的科学管理理论，绝不仅仅是一种提高生产效率的科学方法或管理制度，如工作研究、时间分析、工具标准化、职能工长制、差别工资制等，"科学管理主要包括一些广泛意义上的原则和一些可用于很多方面的理念。"克劳德·小乔治就曾指出"科学管理中，概念和哲学的成分大于技术的成分"。和谐管理就是这些原则或理念中的核心内容，也成为科学管理理论的重要特征。著名管理学家德鲁克就认为，泰罗的科学管理理论包含着与流行的认识（如效率工具、忽视群体、视工人为机器、强调等级控制等）完全不同的内容，这就是他的管理"和谐观"。泰罗的和谐管理思想既是科学管理理论的总体特征，也表现在人机和谐、劳资和谐、团队合作和社会和谐等方面，这些正是泰罗科学管理理论的当代价值之所在。

一、"整合的统一体"：泰罗科学管理理论的总体特征

　　在泰罗之后不久，有"管理学先知"之称的女管理学家玛丽·帕克·福列特（Mary Parker Follet，1868~1933）提出了一个重要的"整合"管理观，强调企业管理是一个"所有部分相互协调，步调一致，紧密结合，各自的活动得到调整，从而互相锁定、相互关联，形成一个运转的整

体——不是各个部分的简单堆积，而是一个功能整体或者整合的统一体（Integrated Unity）"，而管理者就是要通过"找到一种方法"来"整合"企业各方（工人、消费者投资者等）利益。对泰罗的科学管理理论也应该从这种"整合的统一体"，也就是从其内容构成的和谐统一中来理解和运用。

提到科学管理，人们首先想到的往往就是一套旨在提高生产效率的科学方法或控制工人劳动过程的工资制度，即所谓"泰罗制"。实际上，泰罗时代的许多企业和追随者正是从这方面来认识科学管理，把它作为降低生产成本、增加工人产出的方法来应用，结果却事与愿违，导致工人的不满和劳资之间的冲突，甚至引发美国国会就企业应用科学管理问题举行听证会。泰罗当时就对这种片面理解科学管理思想的做法提出过警告和批评，强调从经验管理过渡到科学管理，是一项长期的、复杂的工作，不是简单的管理工具或管理方法的应用问题，而是"以一套根本原则替代了另一套完全不同的原则，以一种管理思想代替了另一种管理思想"。除非认识到实行科学管理的复杂性、系统性，否则"就不要尝试从过去的管理变革到新的管理"。因为科学管理理论是一种系统化的管理理论、一套整体性解决生产效率和劳资冲突问题的方案（在布兰代斯提出"科学管理"这一概念之前，泰罗称自己创立的理论为"任务管理系统"）。正如泰罗指出的："各个要素的集成，而非个别要素，构成了科学管理，可概括如下：科学，不是单凭经验的方法。协调，而不是分歧。合作，而不是个人主义。最高的产出，而不是有限制的产出。发挥每个人的劳动生产效率最大化，富裕最大化，而不是贫困"。这表明，科学管理理论是一个由管理的理念、制度、方法和操作程序等不同要素构成的和谐统一的理论体系。科学管理"就其实质而言，包含有一定的管理思想"，泰罗反复提醒当时的人们，"一定不要误解这一机制的实质和基本原理"。这里，劳资之间相互合作的"精神革命"是科学管理能够取得实效的根本前提，而科学的管理方法又是实现劳资双方利益和谐共赢的有效途径。科学管理理论在内容构成上的整体性，实质上意味着科学管理的实践是一种系统的、程序化、规范化的管理过程。具体地说，通过深入的动作和工时研究，建立科学的操作程序和适当的绩效标准，确定每项工作任务的"最好的方法"；然后选择、培训"第一流的工人"，在职能工长的管理下，工人按照标准化的规范主动地、积极地工作，生产效率得到提高；最后根据工人完成的工作量情况参照绩效标准支付有差别的报酬，使劳资双方各有所得。而要达成这一完整管理过程的基本前提就是劳资双方形成真诚合作、互利共赢的和谐理念。生产流程系统化、生产工具标准化、工作任务标准化、工资激励差别化、组织结构职能化等，都只能在这一和谐理论体系中的一个环节或步骤。也只有从科学管理理论各项要素的和谐整体中，才能理解泰罗科学管理理论所实现的管理思想的"革命性"变革。

100年后的今天，无论是继承和借鉴，还是反思和批判，都必须充分认识到泰罗科学管理理论在内容构成方面的这一总体特征，才是准确合理地把握科学管理理论的真谛。

二、人机和谐：泰罗科学管理理论的基础

泰罗科学管理理论的中心问题是提高生产效率，是"提高每一单位劳动力的产量"。而工业生产中的效率主要涉及两个因素：一是机器，主要是生产设备、劳动工具、劳动环境等；二是人，是工人的工作积极性和劳动技能、劳动方法。但是，生产效率的最大化，不是机器方面的生产效率和工人方面的生产效率的简单相加，而是机器与工人和谐搭配所形成的"整体大于部分之和"的效果。这正是科学管理理论在技术、方法层面首先必须解决的问题。在机器方面，泰罗通过精确的工作研究和对以往工作情况的总结，提出了生产工具、生产要求、生产条件的标准化，这就是泰罗所说的"建立科学的劳动过程"；在工人方面，泰罗提出选拔"第一流的工人"，即那些愿

意工作并且有能力工作的人，并强调对工人的职业培训，教会工人掌握科学的工作方法。根据对生产工具和工人劳动的科学研究，特别是动作分析和时间分析，通过合理确定工作定额、科学安排工作程序、训练工人使用正确工作方法，找到既能发挥机器最大效率和工人劳动积极性，又能降低生产成本和减少工人付出的有效方式。这就是作为科学管理理论主要内容的工作任务的标准化、规范化和制度化。通过工时研究确定工人使用特定工具或从事特定工作的标准工作量，培训工人掌握必要的劳动技能（工人操作规范化），据此实行"有差别的计件工资制"，就可以"促使科学的劳动过程和经过挑选和训练的工人结合起来"。这样，人机之间的和谐运行局面形成，泰罗所期望的生产效率最大化的结果就可以经由工人积极性的发挥而源源不断地产生出来。据测算，20世纪初，泰罗的科学管理使劳动生产率普遍提高了20%~30%。这种人机和谐运行所形成的高生产率在随后福特汽车厂的标准化、流水线的生产方式中得到生动体现，成为现代工业生产的典范形式。

三、劳资和谐：泰罗科学管理理论的灵魂

泰罗时代，由于经济发展程度、法律规范、社会保障等方面的制约，美国社会的贫富差距拉大，社会矛盾突出，这一时期，先后发生1873年、1882年、1890年、1900年、1907年5次世界性的经济危机，劳资关系处在相对紧张的状态之中。据统计，1881~1905年，美国共发生了36757次罢工运动，参与运动的工人达几百万。劳资之间的对立和冲突，促进人们从企业内部探寻合理利用资源、提高生产效率、协调劳资关系的有效方法。这一时期的美国工业界掀起了一场广泛的"管理运动"，涌现出一大批像麦卡勒姆、亨利·汤、泰罗、亨利·甘特这样的"效率专家"、"管理专家"，泰罗科学管理理论的产生就是这场美国管理运动的系统总结和最大成果。

劳资关系的实质是利益关系，只要利益分配合理公正，雇主与工人各得其所就可以形成稳定和谐的劳资关系。但是，泰罗时代美国工业界的现实是，无论是雇主，还是工人，普遍都认为劳资双方"不可能协调到利益完全一致的地步"，永远都是"残酷斗争多于真诚合作"。泰罗则认为，科学管理的"主要目标应该是使雇主的财富最大化，同时也使每一位雇员的财富最大化"。他坚信，"雇主与雇员的真正利益是一致的，除非实现了雇员的财富最大化，否则不可能永久地实现雇主的财富最大化，反之亦然"。劳资双方利益共识的基点就是在科学管理的基础之上最大限度地提高劳动生产率，"财富最大化只能是生产效率最大化的结果"。所以，实行"科学管理时涉及的一个真正问题，是所有管理者（包括工人）的精神状态和习惯的彻底改变"，这就是泰罗特别强调的"工人对他们自己和雇主的职责的看法"和"雇主对他们自己和工人的责任的看法"进行一场"彻底的心理革命"，即劳资双方应该把关注的重点从分配生产剩余的问题上转向如何增加生产剩余上来，通过友好合作，"共同努力创造尽可能多的价廉的产品"，最终使工人所得和雇主所得都有增加。这样，"利益一致、为完成共同目标而整天并肩工作的劳资双方就不再发生争吵"。因此，泰罗明确提出："管理人员和工人亲密无间的个人之间的协作，是现代科学或任务管理的精髓"。"没有这种双方的心理革命，科学管理就不可能存在"。这样，工业进程中劳资双方从"对抗和斗争"的敌对关系转变到友好合作的和谐状态，才能保障科学管理的各项措施或方法取得实际的成效。

基于和谐劳资关系的建立，泰罗强调企业内部和谐人际关系的重要性，特别强调了雇主或管理者要"承担过去想都不敢想的新的职责"，"必须真正把工人们的利益放在心里"，要尊重、同情和关心工人，重视工人提出的建议，帮助工人提高工作技能，给予工人以"特殊的诱导或激励"，充分调动工人的工作积极性，通过科学管理发挥工人的最大潜力。克劳德·小乔治正确地指出：

"在对待工人方面，科学管理开辟了一个新纪元。它把劳资双方看成是在一起工作的一个集体……它倡导并号召一种新的和谐和衷心的合作精神以代替早期的拓荒者典型的强烈个人主义"。简言之，建立和谐劳资关系、实现劳资双方友好合作，首先在于雇主或管理者的主动责任，而不是传统管理中的把一切责任都推到工人身上。

四、科学方法：泰罗和谐管理思想的实现路径

泰罗创立的管理理论有两个突出的特征：一是科学性，他首次全方位地把科学方法引入管理实践，用科学研究替代单纯的个人经验，把管理发展为一门精确的科学；二是实践性，他的理论来自于他亲自参与的实践经验的总结，并强调只有经过实践检验的理论才有应用价值。为了探索最佳的工具使用方法，泰罗和他的助手就金属切屑工艺所进行的实验就长达 26 年，详细记录了 3 万~5 万次实验，花费了 15 万~20 万美元，把超过 80 万吨的钢铁切成了碎屑。因此，泰罗科学管理的任何一项制度、任何一个措施、任何一种方法，都追求实践基础上的科学性和可操作性，而不单纯是一种理念的倡导或思想的展示。同理，蕴含在科学管理理论中的和谐管理思想也是如此，无论是劳资合作、人机协调，还是计件工作、工人培训，泰罗都看成是"科学研究要解决的问题"，努力以科学方法探求其实践中的具体路径。以劳资和谐为例，在传统的经验管理模式下，不论是雇主还是工人，对于一个工人一天的工作量都心中无数，仅凭感觉判断，结果是：工人认为工资偏低，多劳不能多得，以"磨洋工"方式加以消极应对；雇主则认为工人工作量偏低，任意压低工资标准或增加工作量，以强制手段压制工人。这样，雇主与工人之间互不信任，自然引发矛盾和冲突。泰罗认为，这里的关键是要在合理确定"每日工作量"即劳动定额的基础上实行有效的激励机制，为劳资双方的合作提供一个"客观的标准"，从而避免因为相互猜疑而产生的矛盾。为此，泰罗通过对工作、时间、工具等的实验研究和分析，制定出一个每日工作量的标准，采用差别工资制，即按照工人是否完成定额而采用不同的工资率，如果工人达到或超过定额，就按高的工资率付酬；如果工人没有达到定额，就将全部的工作量按低的工资率付给，如再不改进就考虑解雇工人。这样，劳资双方在生产效率最大化的基础上，通过利益共享就可以实现相互协作、和谐共赢，泰罗为工业生产中劳资和谐找到了一个科学的方法和合理的制度基础，"正确的方法只能是科学管理"。

五、社会和谐：泰罗科学管理理论的社会哲学意蕴

泰罗以宗教般的热情和执着从事科学管理研究，是因为他认识到工业化进程中所产生的社会矛盾（如贫困、低收入、劳资冲突等）源于资源的浪费和生产效率低下，而致力于通过科学管理来提高劳动生产率，呼应当时的"全国性效率"运动，寻求社会问题的解决方法。在《科学管理原理》前言中，泰罗指出："根治效率低下的良药在于系统化的管理"，通过提高生产率、增加社会物质财富，让人们过上更幸福的生活。这就使他的科学管理理论具有了超越企业、工人和利益层面的社会考量，成为一种社会哲学。泰罗说："衡量社会进步的重要标志是单个产品的产量的增加"、"劳动生产率上的差异导致了文明与不开化、富裕与贫穷困扰之间的区别"。所以，泰罗要求人们特别是管理者、工人从社会进步、社会和谐的角度来认识科学管理，认识科学管理所带来的

生产效率和利润的提高。第一，实行科学管理除了雇主和工人这两个利益方可以合理分配经过协作产生的利润外，"这一管理方法的唯一目标在于保证全体第三方的利益（指'作为消费者的全体人民'）"，"这些人的利益比管理者或工人的利益要重要得多，第三方应从全部收益中得到其合理的份额"，因为科学管理如同机器生产一样，通过增加产品供给、提高产品质量、降低产品价格等方式，使"最大的收益还是落到全体人民头上"，最终使"今天的工人比300年前的国王生活得更好"。第二，通过实行科学管理，从事工业生产的工人成倍地提高其劳动生产率，对整个社会来说，这意味着"工作时间缩短了，而人们所需要的生活必需品和奢侈品都实现了增长，教育、文化和娱乐的机会大大增加了"。而这些又意味着"整个世界由于这种增长而受益"、"意味着增加财富、减少贫困。受益者不仅仅是这些工人，而且还有与他们近邻的整个社区"。所以，泰罗真诚地相信"只有劳资双方协作在所有共同工作中应用科学方法，才能使整个社会得到最大的福利"。这就使得科学管理理论"由不引人注目的中产阶级工程师的妄想变身为吸引人的、广为流传的、治愈社会痼疾的秘方，它几乎变成一场社会运动……美国民众热情拥抱泰罗的哲学，即清楚浪费不仅是道德责任，还是经济繁荣和社会和谐的关键"。这种以科学管理寻求社会问题解决的人文情怀使泰罗的科学管理理论超越了单纯的管理制度和方法层面而具有了社会哲学的意蕴。

当然，也许"泰罗调和阶级利益的药方十分天真"，也许是初创时期的科学管理论自身尚有不完善之处，更是由于历史的、社会的原因，"泰罗曾经许诺过的企业和谐从来没有实现过"，无论是劳资合作，还是社会和谐，在泰罗时代的美国社会都没有得到充分而普遍的实现。在泰罗去世大约10年以后，因为有了工业民主、集体谈判、劳动立法、社会保障等社会性条件的支持，科学管理理论的全面运用才不断产生出劳资合作、社会和谐的积极成果。但是，这并不能否定泰罗和谐管理思想的理论价值和实践意义。毕竟，泰罗认真地思考了这些问题，并身体力行地探索过。

【参考文献】

［1］［英］斯图尔特·克雷纳：《管理百年》，海南出版社，2005年。

［2］［美］弗雷德里克·泰罗：《科学管理原理》，马风才译，机械工业出版社，2007年。

［3］［美］克劳德·小乔治：《管理思想史》，孙耀君译，商务印书馆，1985年。

［4］［美］彼得·德鲁克：《完全的心理革命：尚未认识到的泰罗对当今时代的影响》，《IT经理世界》，2002年第3期。

［5］［美］玛丽·福列特：《福列特论管理》，机械工业出版社，2007年。

［6］竹立家等：《国外组织理论精选》，中共中央党校出版社，1997年。

［7］［美］乔森纳·汤普金森：《公共管理学说史》，夏镇平译，上海译文出版社，2010年。

（作者：纪光欣、王昇，中国石油大学（华东）经济管理学院）

和合精神与后现代管理思潮的契合

按照丹尼尔·雷恩的看法，"管理思想既是文化环境的一个过程，也是文化环境的产物，由于管理思想具有这些开放系统的特点，所以必须在文化范围内对它进行研究。"[①] 但是如果仅仅强调文化的差异，看不到不同文化之间的相通，就容易使不同文化背景下成长起来的管理理论范式之间出现托马斯·库恩所说的不可通约的现象。而在现实中，不同的管理范式之间的借鉴融合是更常见的现象。本文试图探讨中国传统管理主张中所蕴含的和合精神与后现代管理思潮的契合之处，挖掘出二者的共通点。

一、和合精神的思想内涵

关于"和"的含义，在《国语·郑语》中，史伯与郑桓公讨论西周社会问题时，有这样一段话，"夫和实生物，同则不继。以他平他谓之和，故能丰长而物归之。"[②] 在史伯看来"和"是万事万物生成的原因，所谓"和"就是把不同的事物结合在一起保持平衡。据《左传》记载，晏婴向齐景公纳谏的时候指出，"和如羹焉，水、火、醯、醢、盐、梅，以烹鱼肉。"[③] 也即晏婴认为"和"就像厨师做汤羹一样，是把不同的事物综合起来。

史伯和晏婴两位思想家关于"和"的理解中暗含着这样的观点："和"的前提是宇宙间的事物是不同的。在古人用来表示事物的不同概念中，使用得最多的是阴阳五行的概念。关于阴阳，古代中国人认为"物生有两"，两两相配，"体有左右，各有妃耦"，[④] 宇宙的一切都会有"清浊、大小、短长、徐疾、哀乐、刚柔、迟速、高下、出入、周疏，以相济也"。[⑤]《道德经》中更是明确提出"万物负阴而抱阳，冲气以为和"。[⑥] 这就表明万事万物因为有了阴阳这两种既对立又统一的性质，才能有"和"的可能性，"和"成的事物必然具有阴阳这两种相反相成的性质。关于五行的观点，《尚书·洪范》中认为"五行，一曰水，二曰火，三曰木，四曰金，五曰土。"[⑦] 在古人看来，世界可以分为金木水火土五种基本元素，这五种元素之间又相生相克。五行的相生相克达到"和"的状态。《国语·郑语》中史伯提出："故先王以土与金木水火杂，以成百物。是以和五味以调口……夫如是，和之至也。"[⑧] 晏婴也提出了"济五味和五声"的观点。[⑨] 在古人看来，五行与阴阳的概念又是统一的，"阴阳者，天地之枢机；五行者，阴阳之终始。非阴阳，则不能为天地；非五行，则不

① 丹尼尔·雷恩：《管理思想的演变》，中国社会科学出版社，1986年。
②⑧ 左丘明撰，鲍思陶点校：《国语》卷十六《郑语》，齐鲁出版社，2005年。
③⑤⑨《左传》，昭公二十年，《十三经注疏》，中华书局影印本，1979年。
④《左传》，昭公二十二年，《十三经注疏》，中华书局影印本，1979年。
⑥ 止庵著：《道德经》，四十一章《老子演义》，中华书局，2007年。
⑦ 殷昌编注：《尚书·洪范》当代世界出版社，2007年。

能为阴阳。"① "五行即阴阳之质，阴阳即五行之气。气非质不立，质非气不行。行也者，所以行此阴阳之气也 。"② 董仲舒认为："天地之气，合而为一，分为阴阳，判为四时，列为五行。"③ 这样一来，就可以看出，只有古人用"阴阳五行"这样一些概念来对宇宙间的万事万物的基本性质进行分类时，才有可能提出"和"的概念。而"和"也必然是对"阴阳五行"的"和"。

关于"合"的概念，《吕氏春秋》认为"类同相召，气同则合，声比则应"。④ 也即只有相同、相似的事物才能"合"。董仲舒认为"天亦有喜怒之气，哀乐之心，与人相副，以类合之，天人一也"。⑤ 这实际上反映了古人的一种观点，"天地人之间在精神上互相贯通，在现象上互相彰显，在事实上彼此感应"，⑥ 这就是"天人合一"的思想。"天"与人世之间是同一的。因此，"天"的那些基本规律、性质就必然成为人世间种种活动的指导原则，人只有遵守"天"的种种性质、特点才能与天"合一"。人世间的"仁义制度之数，尽取于天"。⑦ 在对"天"的规律、基本性质进行猜想描述时，阴阳五行的观点又一次凸显出来。《易·系辞上》中认为"一阴一阳谓之道"。⑧《易·系辞上》中还提出"易有太极，是生两仪，两仪生四象，四象生八卦"。⑨《道德经》中的观点是"道生一，一生二，二生三，三生万物"。⑩ 这样一来，人世与"天"的合一，就主要体现在与"阴阳五行""合一"上了。《大戴礼记·四代》提出："阳曰德，阴曰刑。"⑪《礼记·中庸》郑注曰："天命，谓天所命生人者也，是谓性命。木神则仁，金神则义，火神则礼，水神则信，土神则智"。⑫ 这样一来，阴阳与邢德、五行与仁义礼智信就"合一"。

因此，"和"与"合"概念的连用，表明了古人的这样一种观点：由于天人合一，因此，人世的运行规律与天道是合一的，这样一来，天道中的阴阳五行之"和"就成为人世间种种事物的阴阳五行诸种性质之"和"，理想的社会管理模式就是要使得种种事物都达到"和"的状态。

到了当代，和合精神的内涵更是得到了进一步的深入挖掘。如张岱年就认为"'和合'一词用两个字表示，称为'和合'；用一个字表示，则称为'和'……许多不同的事物之间保持一定的平衡，谓之和，和可以说是多样性的统一。"⑬ 在他看来，"和谐涵括四方面：一相异，即非绝对统一；二不相毁灭，即不相否定；三相成而相济，即相互维持；四相互之间有一种均衡。"⑭ 牟钟鉴在阐述"和而不同"的观念时，认为其包含了四个原则："一是自立原则，二是差异原则，三是互尊原则，四是和谐原则"。⑮ 通过以上简略的论述可以发现，和合精神的思维内涵主要包括以下几个方面：

"天"与人世是统一的，人世运行的指导原则需要以天道为依据。事物是有差异的，但是"天"处理差异的方式不是一方压倒另外一方，而是共生共存，不同的事物既对立又统一。因此，在处理人事问题时，按照"天人合一"的观念，也应该"和而不同"。

---

① 黄作阵校注：《中藏经·阴阳大要调中论》，学苑出版社，2008 年。
② 明·张介宾撰：《类经图翼·五行统论》，人民卫生出版社，1980 年。
③《春秋繁露》，卷十二《阴阳终始第四十八》，《二十二子》本，上海古籍出版社，1985 年。
④ 煤杨坚点校：《吕氏春秋·应同》，《吕氏春秋·淮南子》，岳麓出版社，2006 年。
⑤《春秋繁露》，卷二十《阴阳义第四十九》，《二十二子》本，上海古籍出版社，1985 年。
⑥ 葛兆光：《中国思想史》（第一卷），复旦大学出版社，2001 年。
⑦《春秋繁露》，卷二十《基义第五十三》，《二十二子》本，上海古籍出版社，1985 年。
⑧⑨ 郭彧译注：《周易》，中华书局，2006 年。
⑩ 止庵著：《道德经》四十一章《老子演义》，中华书局，2007 年。
⑪《大戴礼记·四代》，《大戴礼记解诂》，中华书局，1983 年。
⑫ 郑注：《礼记·中庸》，《十三经注疏》，中华书局影印本，1979 年。
⑬ 张岱年：《漫谈和合》社会科学研究，1997 年第 5 期。
⑭ 张岱年：《哲学思维论》，《张岱年全集》（第三卷），河北人民出版社，1996 年。
⑮ 牟钟鉴：《赞天地之化育"与"为天地立心"——儒家生态思想浅谈》，http://www.chinakongzi.org/gxlt/200707/t20070725_2364269.htm。

　　每一种事物都可以被还原成两个对立的范畴，中国古代发展出了一系列这样的范畴，如阴阳、文武、经权、身心、奖惩等。这些对立的范畴通过"和"的方式而构成新事物，因此，不同的对立范畴应该寻求统一。事物既是可以还原的，如还原到阴阳二气，又是统一的；不可还原的，即万事万物都是以"和"的方式存在的。

　　和生万物的观念蕴含着创新的意识，张扬着一种生生不息的精神。"声不过五，五声之变，不可胜听也。色不过五，五色之变，不可胜视也。味不过五，五味之变，不可胜尝也。战势不过奇正，奇正之变，不可胜穷也。奇正相生，如循环之无端，孰能穷之哉"。① 声音只不过宫商角徵羽五种音阶，但是五种音阶组合起来构成的曲目，多的不可胜数；颜色不过青白赤黑黄五种，可是组合而成的颜色灿烂多彩，让人目不暇接；战斗不过采用有规律可循的常法和无规律可循的出奇制胜之法两种，但是二者的结合具有无穷多的可能性。可见，阴阳五行的不同排列组合具有无限多的可能性，要想实现这些可能性，则必须尊重个人的独特性，发挥个人的创造性。

二、中国古代管理主张中蕴含的和合精神

　　在璀璨的历史长河中，中华民族的先贤们提出了种种宝贵的管理主张，其中有很多都闪耀着和合精神的光芒。②

　　一般认为，儒家文化以"内圣外王"为最高境界，以"修身、齐家、治国、平天下"为最高目标。在个人的修身层面，《礼记·中庸》郑注曰："天命，谓天所命生人者也，是谓性命。木神则仁，金神则义，火神则礼，水神则信，土神则智。"③ 因此，儒家认为"德之行五，和谓之德，四行和谓之善。善，人道也，德，天道也"，④ 也即在内圣方面，儒家主张要"和合五德"。在治平这一层面，孔子认为对于被管理的对象，"道之以政，齐之以刑，民免而无耻；道之以德，齐之以礼，有耻且格"，⑤ 如果管理者凭借的是政治权力与刑罚，则被管理者只会是因为害怕而不敢做出管理者所不希望发生的事情，而内心里并不会真正地为自己做了管理者所不希望发生的事情感到可耻。而如果通过德和礼来进行管理，则被管理者会以做了管理者所不希望发生的事情为耻辱。要想实行德治与礼治，则管理者自己必须要具有很高的道德水准，这样才能感化民众，这也是孔子强调"政者，正也"，⑥ "其身正，不令而行，其身不正，虽令不从"的原因所在。⑦ 在孔子这里，管理是和一定的伦理道德结合在一起的。汉朝的公孙弘赞颂的"人主和德于上，百姓和合于下……"⑧ 称赞的就是最高的管理者能够"和五德"，本身具备了很高的道德水准，为百姓树立了榜样，使得百姓自觉、自愿的模仿、效法。董仲舒也提出了君主管理臣下的一些具体主张。如他认为"五行之序，各从其序。五行之官，各致其能……使人必以其序，官人必以其能，天之数也。"⑨ 君主应该"列官致吏，必以其能，若五行；好仁恶戾，任德远刑，若阴阳"，⑩ 即他认为任命官员，要根据他们的不同才能而授予合适的职位；而最高的管理者在管理的过程中应该讲求仁、德，远离暴

　　① 蒋玉斌译注：《孙子兵法》《势篇》，《孙子译注》，黑龙江人民出版社，2002年。
　　② 中国古代诸子百家的管理主张犹如一颗颗散落在沙滩上的珍珠，虽然闪耀着智慧的光芒，但是缺乏系统性，因此，本文认为采用和合精神（它是中国古代管理主张背后最主要的指导思想）这一提法比较合适，而不宜直接使用和合管理这一概念。
　　③ 郑注：《礼记·中庸》，《十三经注疏》，中华书局影印本，1979年。
　　④ 《老子甲本及卷后古佚书》，文物出版社，1974年。
　　⑤⑥⑦ 张晏婴译注：《论语·为政》，中华书局，2006年。
　　⑧ 《汉书》卷五十八《公孙弘传》，中华书局点标本，1962年。
　　⑨ 《春秋繁露》，卷十一《五行之义》，《二十二子》本，上海古籍出版社，1985年。
　　⑩ 《春秋繁露》，卷十七《如天所为第八十》，《二十二子》本，上海古籍出版社，1985年。

戾和酷刑。

而道家也有着自己一套绝妙的理论，《道德经》中反复强调圣人要少欲、寡欲，只有 "圣人常无心"，才能 "以百姓之心为心"，① 作为管理人员，需要以被管理对象的心中所想为自己心中所想，需要控制自己的欲望，来帮助他人来实现其欲望。

法家的代表人物韩非子虽然强调通过法律对人的行为实施规范，主张要实施严刑峻法，如他认为 "所谓重刑者，奸之所利者细，而上之所加焉大者也。"② 他希望通过严峻的刑法来使百姓不敢轻举妄动，使得其行为符合管理者的期望。但是他也提出："明主之所道制其臣者，二柄而已矣。二柄者，刑德也。何谓刑德？曰：杀戮之谓刑，庆赏之谓德。为人臣者畏诛罚而利庆赏，故人主自用其刑德，则群臣畏其威而归其利矣。"③ 即他认为最高的管理者控制、治理其下属有两种方法，一种是德，一种是刑，杀戮惩罚是刑，奖赏、奖励是德，下属害怕惩罚，喜好奖赏，因此，最高管理者应该通过德刑并用的方法，使得下属能够为自己所用。

兵家也有自己的一些独特的管理主张。孙武在他的著作《孙子兵法》中强调作为一个将领，必须具备 "智、信、仁、勇、严" 五种素质，其中智、勇、严属于知识和专业方面的素质，而信、仁则是属于个人的道德精神方面的素质，是将领们在处理与士兵的关系时所必备的素质。《孙子兵法》反复强调 "上下同欲者胜"，④ 强调对待士兵 "令之以文，齐之以武"，⑤ "视卒如婴儿，故可与之赴深溪；视卒如爱子，故可与之俱死"。⑥ 非常强调对士兵的关爱，实现心灵上的共通的重要性。其后的兵书著作也都提出了相类似的主张。如《吴子兵法》强调 "凡制国治军，必教之以礼，励之以义，使有耻也"，⑦《孙膑兵法》提出 "德行者，兵之厚积也"。⑧ 而三国时期的马谡也向诸葛亮建议 "攻城为下，攻心为上"。更是将军队中管理下属以及管理 "竞争对手" 的方法提高到了一个艺术化的境界。其中 "吴起吮疮" 的例子可以很好地说明了这个问题，⑨ 在这个故事中我们看到的是管理者通过 "礼贤下士"，而达成被管理者的 "士为知己者死"。吴起对待士兵，表现的如同士兵的父母一样，甚至比士兵的父母还要亲。而可以想见的是被吴起吮吸伤口的士兵必然会以在战场上奋不顾身、奋勇杀敌来回报吴起，士兵在这样一种行为中找到了自己的存在价值。

对于吴起和士兵的这个故事，我们可以作其他假设：第一种情况是吴起看见士兵却 "看不见" 他的伤口，因为吴起关心的是士兵的训练情况。第二种情况是吴起看见士兵的伤口，指示军医进行治疗，这样是最符合 "程序" 的选择。第三种情况是吴起给士兵留下金钱，让其自己寻找医生治疗。然而，最终吴起选择的却是自己为士兵疗伤。我们也可以反问，吴起吮吸士兵的伤口能够起到治疗效果吗？很有可能是没有什么效果（当然这也有可能是一种民间疗法，有一定的疗效，但这已经超出了本文的探讨范围了），但是吴起这么做表现出了自己对士兵病痛的同情，表明自己愿意为士兵分担痛苦，而不是按照所谓的 "程序" 交给医生处理，这正是军队领导人五种素质中的 "仁" 的体现。通过主帅的 "仁"，士兵获得了心灵上的震撼，从而在战斗中拥有奋不顾身的勇气。

---

① 止庵著：《道德经》第四十九章《老子演义》，中华书局，2007 年。
② 张觉等撰：《韩非子·六反》，《韩非子译注》，上海古籍出版社，2007 年。
③ 张觉等撰：《韩非子·二柄》，《韩非子译注》，上海古籍出版社，2007 年。
④ 蒋玉斌译注：《孙子兵法》《谋攻》，《孙子译注》，黑龙江人民出版社，2002 年。
⑤ 蒋玉斌译注：《孙子兵法》《行军篇》，《孙子译注》，黑龙江人民出版社，2002 年。
⑥ 蒋玉斌译注：《孙子兵法》《地形篇》，《孙子译注》，黑龙江人民出版社，2002 年。
⑦ 邱崇丙译注：《吴子·图国》《吴子兵法》，中国社会出版社，2005 年。
⑧ 王丽华、贾广瑞译注：《孙膑兵法·篡卒》《孙膑兵法》，中国社会出版社，2005 年。
⑨ "起之为将，与士卒最下者同衣食。卧不设席，行不骑乘，亲裹赢粮，与士卒分劳苦，卒有病疽者，起为吮之。卒母闻而哭之。人曰：'子卒也，而将军自吮其疽，何哭为。' 母曰：'非然也。往年吴公吮其父，其父战不旋踵，遂死于敌。吴公今又吮其子，妾不知其死所矣。是以哭之。'"（《史记·孙子吴起列传第五》）

以上各家的主张，到了汉朝以后，出现了互相融合的趋势，统治阶层秉持"王霸杂用"的政策，对国家的治理主张"礼法合一"或者"以礼为法"，但是由于儒家思想占据主流地位，因此，对国家的管理中，"德"始终是具有优先地位的。汉朝的这种管理模式为后来的大多数朝代所采纳，成为中国古代主流的管理主张。

三、后现代管理思潮的主要特点

由于后现代哲学向社会科学的各个学科领域扩张，在组织和管理研究之中也出现了对后现代哲学能够为管理和组织研究带来什么样的可能性的探讨。Stewart Clegg 曾经对西方现代管理的特点作过一个比较全面的总结，在他看来，西方现代管理具有以下特点：①物质性，在人类活动中，可以客观化的事物的价值要高于其他的事物，正是这些事物构成了人类的理解基础。因此，组织主要处理的是人类的物质层面，对于情感等无形的事物也尽量将其客观化。②理性，主要是强调线性理性，强调事物之间存在着明确的因果关系，并且把这种因果关系普遍化，应用到对现实世界各个方面的理解和操控上。③线性，认为时间是连续发生的，组织也是处于一种线性发展状态的。④效率，这一点在泰罗科学管理对唯一最佳的方式的强调中可以看出来。⑤控制，通过对系统输入端的元素的控制，可以在输出端得到一个有效率的结果。⑥商品化，由于市场的存在，出现了人类生活的各个方面的商品化趋势，并且把这种商品化趋势看作是有效率的。①

丹尼尔·贝尔认为，在当代资本主义社会，经济领域的核心原则是效益原则。然而效益原则却与政治领域的核心原则——平等，以及文化领域的核心原则——个性化、独创性以及反制度精神处于一种根本对立的状态。②人们对于效率的追求正在使自身成为等级链条上的一环，正在不断地丧失自身的个性与独创性，使自己成为"单向度"的人。因此查尔斯·汉迪批判说，"我们并不注定就是空雨衣、薪水册上无名的数字、任务角色、经济学或社会学中的原材料、某政府报告中的统计数字。如果那是我们的代价，那么经济进步就是一个空的承诺。除了做别人的大机器上的一个齿轮外，生命一定还有更多的东西。"③

Robert Cooper、Gibson Burrell 和 Robert Chia 等学者提出的建设性的后现代主义的理念，注重从方法论的角度来对后现代管理和组织进行探讨。Robert Cooper 和 Gibson Burrell 两位学者认为差异的概念是理解后现代话语的关键。差异是一种自我指涉的话语形式，它包含着自身的对立面，因此，差异既是一个统一体，又与自身发生分裂。两位学者指出德里达的哲学研究工作就是揭示出我们通常所认为的理性和理性化不是一种静态的结果，而是一种理性和理性化压抑其在人类生活中心的对立面的过程，正是这一过程造成了现在我们所谓的理性和理性化结果。把这种观念应用到经济领域，就可以发现近代西方社会在现代化过程中通过强调个人的经济利益从而把冲动、激情等非理性因素驯化，使这些因素在经济、管理领域处于边缘、被压抑的状态。依据尼采的系谱学分析方法，两位学者指出后现代哲学对于知识持一种怀疑的态度。他们认为世界并不因为人类的某个目的而存在，也不可能在那里等待着我们对之进行思考和探究。我们获得的知识是一种想知道的意志对于世界施加作用的结果。这种意志把世界秩序化，以一种我们能够理解的方式呈

---

① Clegg, Stewart. Modern Organization：organization studies in the postmodern world. London：Sage Publications，1990.

② Daniel Bell. The Cultural Contradictions of Capitalism. New York：Basic Books，Inc，Publishers，1978.

③ Charles Handy. The Empty Raincoat. London：Century Press，1995.

现出来，而矛盾、悖谬等各种反常形式都需要被驱除出去。[①]

四、和合精神与后现代管理思潮的相通与契合

（一）组织和管理：矛盾、动态与过程

中国哲学中的阴阳概念并不是像西方那样对事物做简单化、绝对的区分的，任何事物都包含阴阳两种属性，事物的发展变化正是这两种属性对立统一运动的结果，而"反者，道之动"，[②]阴阳都向着自己相反方向的属性变化。根据这种哲学观念，Gareth Morgan 指出，如果采用中国的阴阳概念，以太极图作为组织的隐喻，那么我们就会看到组织内外都充满着互相对立又互相依赖的事物，如组织与环境、劳方与管理层、官僚制的理性与组织成员的集体无意识等，从而把组织看作是变化的、瞬间的，而且还能够把握变化的运行机制，发现变化背后的深层结构，而不仅仅是单纯地描述变化，从而使得组织能够应对、影响甚至于改变变化。[③]

Robert Chia 指出，现代管理研究中使用的组织、个体和环境等词汇反映了一种现代主义的本体论，这种本体论强调存在（Being），提倡具体的现象状态、静态特性和连续的事件，而后现代主义强调的是一种"生成"（Becoming）的本体论，这种本体论注重暂时、瞬息和不断涌现的现实。因此，后现代管理不是把个体、组织、环境等作为分析对象，而是研究哪些微观的过程使个体化、组织化最终以个体、组织的形式呈现出来。现代主义者也谈论"过程"，但是从静态的角度来谈论的，实际指的是孤立的事件/境况的不同的阶段/状态。而在后现代主义者看来，组织过程指的不是组织中的过程（Process in Organization），而是组织活动的集合（Assemblages of Organizings）。[④]

Robert Chia 指出，后现代的思维模式不仅提倡行动、运动、过程，而且后现代思维模式也长于处理矛盾、不确定和未知的事物。事实上，后现代主义者非常重视从矛盾、悖谬的观点来看待事物。[⑤] Martin Kilduff 和 Ajay Mehra 指出，后现代主义者对趣味性的偏爱超过对显著性的偏爱，重视幽默、悖论、对比、违反直觉的事物。[⑥] 这是因为自亚里士多德开始，经笛卡儿、牛顿等人，西方哲学都主张应该从更小的独立单元入手来分析各类现象。[⑦] 这种思维模式虽然在自然科学等领域取得了极大的成就，但这种逻辑依据的是一种或者这样、或者那样、非此即彼的思维，不能理解矛盾的复杂性。[⑧] 依照这种思维，人们在面对一个日趋复杂和不断变化的世界时，依然习惯把现实简化为或者这样、或者那样的两极化的概念，对现实事物之间的复杂关系视而不见。"而在今天日趋复杂的组织中，这种线性的、理性的问题解决模式只能给经理人员帮倒忙。"[⑨] 因此，经理人员需

① Robert Cooper & Gibson Burrell. "Modernsim, postmodernsim and organizational analysis: an introduction". organizational studies, 1988, 9/1: 91–112.

② 止庵著：《道德经》，第四十一章《老子演义》，中华书局，2007年。

③ Gareth Morgan. Images of Organizations Beverly Hills, California: Sage Publication, 1986.

④⑤ Robert Chia. "From modern to postmodern organizational analysis". Organizational studies, 1995, 16/4: 579–604.

⑥ Martin Kilduff, Ajay Mehra. "Postmodernism and Organizational Research". The Academy of Management Review, 1997, 22 (2): 453–481.

⑦ Charles Hampden-Turner. Maps of the mind New York: Macmillan, 1981.

⑧ Ford Jeffrey D. &Ford, Laurie W. "Logics of identity, contradiction, and attraction in change". Academy of management review, 1994, 19 (4): 756–785.

⑨ Marianne W. Lewis. "Exploring paradox: toward a more comprehensive guide". Academy of management review, 2000, 25 (4): 760–776.

要转变自己的观念，需要适应、拥抱矛盾。因为矛盾可以激发管理者的思维认知，从而产生创造性的洞察力，进行创造性的变革。[①] 因此，查尔斯·汉迪指出现代管理是通过计划和控制来处理事物的，而矛盾、悖谬的观念将使我们不再拘泥于这种现代管理的定义。[②]

（二）个体：尊重差异性与个性

和合精神的重要特点就是承认个体的差异性，尊重差异性。儒家的修齐治平是从个人的修身开始论述的。这种观念反映在管理中，就是主张管理者首先要面对自己的内心，要培育自己内在的仁爱之心。而"仁"在孔子看来，很重要的一点就是要"爱人"，[③] 于是，在和下属的关系中，儒家提倡要"己所不欲，勿施于人"，[④] 对于下属不是强调控制、征服，把下属变成无差别的机器，而是强调"君子成人之美"，[⑤] 于是管理者对待下属时，应该"己欲立而立人，己欲达而达人"。[⑥] 管理者自己想要取得外部的成就，首先要帮助下属取得成就。最终在儒家看来，理想的上下级的关系应该是"君子和而不同"，[⑦] 无论是上级还是下级都承认彼此之间存在着差异性，彼此也都尊重这种差异性。《道德经》中提倡说，"善用人者，为之下"，[⑧] 管理者对待下属要谦虚，要为下属服务，这就把现代组织中金字塔式的科层制颠倒过来了，表现出了尊重下属的个性的趋势。可以看出，和合精神强调管理者要尊重下属的个性、差异性，而下属也应该对管理者的决策、命令保持反思，不是一味地遵从，否则的话，上下级只能是"同"，而不是"和"。可见和合是在"不同"、"异"的基础上的和合，而不能被庸俗地理解为和稀泥、随大溜。

现代的管理层级制下，由于分工与专业化，组织只会选择一种权力、一种理性、一种声音。而在后现代管理学者看来，差异性是组织的一种资产。差异性是参与型的，它能够增加组织中观点的多样性，而不是鼓吹一种统治性质的观点。[⑨] 具体到管理者与下属的关系来讲，虽然真实、真正地认识世界是下属对管理者的期望，也是管理者的自我期待，但是管理者也会以错误的方式认识世界，这种错误的认识会在管理者做出那些重要决策时产生毁灭性的影响。[⑩] 因此，作为管理者，必须要听取各种形式的意见和反馈，也要鼓励下属提意见，这样就能在很大程度上纠正管理者的错误认识。也就是说，后现代学者赞同无论是管理者还是下属，每一个人的观点、每一种声音都有其合理性。鼓励个人发表自己的观点，保持差异性，已经成为后现代管理的一个重要组成部分。

（三）个人与组织：推崇创造性

"阴阳者，天地之道也，万物之纲纪，变化之父母，生杀之本始。[⑪]" 阴阳的对立统一运动，是宇宙间一切事物变化发展的原因所在。和合精神的这一思想体现在管理中，就是认为组织中的每个人都必须要有"天行健，君子自强不息"的精神。[⑫] 对于管理者来说，一方面要与外部环境和合，

---

① Eisenhardt, K., B. Westcott. Paradoxical demands and the creation of excellence: The case of just-in-time manufacturing. R. Quinn, K. Cameron, eds. Paradox and Transformation: Toward a Theory of Change in Organization and Management. Ballinger Publishing Company, Cambridge, MA, 1998：169–194.

② Charles Handy. The age of paradox. Cambridge, Massachusetts: Harvard Business School Press, 1994.

③④⑤ 张晏婴译注：《论语·颜渊》，2006 年。

⑥ 张晏婴译注：《论语·雍也》，中华书局，2006 年。

⑦ 张晏婴译注：《论语·子路》，中华书局，2006 年。

⑧ 止庵著：《道德经》第七十章《老子演义》，中华书局，2007 年。

⑨ David Boje & Robert Dennehy. Managing in the Postmodern World. 3rd Section, Kendall Hunt Pub Co, 2001.

⑩ Kets de Vries, M.F.R. Leaders, Fools, and Imposters: Essays on the Psychology of Leadership. Jossey-Bass, San Francisco, CA.1993.

⑪ 田代华整理：《素问·阴阳应象大论》，人民卫生出版社，2005 年。

⑫ 郭彧译注：《周易》，中华书局， 2006 年。

"世易时移，变法宜矣"，① 外部环境发生了变化，管理者自然也需要对组织的规章制度进行变革；另一方面要在企业内部营造出一种氛围，使员工"从心所欲而不逾矩"，② 这样员工就既能够发挥自己的创造性，又不会违背企业的规则，否则员工的自强不息可能只是带来个人利益的增加，而并不会给组织带来益处。只有做到了这些，管理者"和实生物"才能成为可能，整个组织才能"生生不息"。

而对创造性的推崇是后现代主义的一个重要特征。"在后现代思想家那里，最推崇的活动是创造性的活动，最推崇的人生是创造性的人生，最欣赏的人是创造性的人。"③ 这样一种观点体现在知识社会里，就是对知识员工的创新活动的推崇。这是因为在知识社会，经济的发展是以不断创新的知识为基础的，而知识的不断创新只能依赖于高知识和高创新能力的员工。因此，彼得·德鲁克才强调"不断创新必须成为知识工作者工作、责任和使命的一部分"。④ 然而，知识员工自身知识的增长，并不必然带来组织目标的实现，因此，组织需要在组织的目标实现和员工的知识增长之间实现平衡。正是出于这样一种考虑，后现代思想家所倡导的"创造"与现代人对"创造"的理解是有所不同的，"现代人不是受机械论的影响而将创造进行机械的理解，就是受浪漫主义的影响将创造看作随心所欲，看作对秩序的破坏。而在后现代思想家看来，后现代的创造既尊重无序，又尊重有序，过度的有序和过度的无序都是与真正的创造格格不入的。"⑤ 也即创新既要出自于员工的兴趣、爱好，又要有助于实现组织的目标，使自身的创新对组织和个人来说是双赢的。如果创新仅仅是出自员工的需要，就有可能成为"屠龙术"，对组织来说耗费人力、物力而无所收获，容易导致通常所说的"不创新等死，创新找死"的情况。而如果仅仅强调创新对组织目标实现的作用，不考虑员工的个人兴趣爱好，只能导致士气低落、效率低下。

Goodall 对 Nordstrom 公司员工手册的解构提供了这方面的一个绝佳例子。⑥ Nordstrom 公司的员工手册只有一条规定，那就是"在任何情况下运用自己良好的判断力，此外没有别的规定"。这条规定既模糊又清晰，它要求员工对自己的行动和决策负起责任来，要融入公司推崇个人创造性的文化中来。在这里，Nordstorm 公司不再是把公司的观点强加于员工，而是创造出一种宽松的环境，让每个员工都运用自己独特的判断力，发挥自己的聪明才智，从事创造性的活动。

（作者：郭英、高良谋，江西财经大学工商管理学院）

---

① 杨坚点校：《吕氏春秋·察今》，《吕氏春秋·淮南子》，岳麓出版社，2006 年。

② 张晏婴译注：《论语·为政》，中华书局，2006 年。

③④ 王治河：《后现代主义与建设性》，[美] 大卫·格里芬编：《后现代精神》序言，王成兵译，中央编译出版社，1997 年。

⑤ Peter F. Drucker. Management Challenges for the 21st Century [M]. New York：Free Press 1994：142.

⑥ H. L. Goodall Jr. "Empowerment Culture and Postmodern Organizing: Deconstruction the Nordstrom Employee Handbook," Journal of organizational change management, 1992, 5 (2)：25-30.

国有企业制度创新的理论基础

——对国有企业性质、地位和作用的再认识

国有企业制度创新需要科学的理论基础和现实依据，需要对国有企业再认识。对国有企业再认识的依据：一是因为这一问题的重要性，有其重大的现实意义和理论价值；二是因为现实社会中，人们对国有企业的认识观点多样，分歧较大，极不利于制定统一的国有企业政策和国有企业的制度创新。同一事物，由于立场、观点和理论基础不同，人们往往会得出不同的甚至相反的结论。对于国有企业的再认识，用西方经济学和用马克思主义经济学分析，也会得出不同的结论。本文试图以马克思主义经济学为理论基础，对中国国有企业的性质、地位和作用进行探讨，它包括以下基本理论问题和实践中遇到的重大现实问题：①中国国有企业建立的理论基础和现实条件。②公有制和市场经济的关系，国有企业能否与市场经济有机融合？③国有企业与外资企业、私营企业的关系，中国国有企业在市场经济体制中应处于主体地位，次要地位，还是主导地位？④国有企业的经济效率是高还是低？⑤国有企业在中国特色社会主义事业中有哪些基本职能？中国国有企业和外国国有企业的性质，职能是否完全相同？下面将分别进行研究和探讨。

一、中国国有企业建立的理论基础和现实条件

现实社会主义在实践上有两点突破了马克思、恩格斯关于社会主义社会的一般构想：第一，马克思、恩格斯认为社会主义制度不可能单独在一个国家内建立，而实践突破了这一原则；第二，马克思、恩格斯认为社会主义社会将首先在社会生产力高度发达的资本主义国家取得成功，他们关于未来社会的一般原理也是以资本主义工农业都高度发达的社会化大生产为前提条件，但社会主义却首先在经济相对落后、工农业劳动生产率差距较大的国家获得胜利。

从苏联看，列宁领导的十月社会主义革命发展在资本主义阵线中政治经济最薄弱的俄国。革命前的俄国，在经济上具有四大特点：第一，当时俄国的资本主义已发展到帝国主义阶段，垄断组织发展广泛，200家左右的垄断公司控制着全国煤炭、石油、钢铁、橡胶、纺织、制糖和烟草等主要工业部门和行业，12家银行控制着全国50家股份银行资本的80%，形成了工业资本和银行资本的联合统治。第二，外国资本控制着俄国工业资本的43%，冶金、石油、电力等重要工业部门被外国资本家所掌握。第三，农业经济十分落后，小农经济像汪洋大海一样广泛、众多。1917年，俄国的总人口为14350万人，其中城市人口占18%，农村人口占82%，个体农民和小手工业者是农村人口中的主要部分。第四，当时俄国的资本主义比英、美、法、德等资本主义国家落后，是资本主义世界中最薄弱的环节。

俄国的十月社会主义革命就是在这样一个经济相对落后、工农业差距较大的国度里取得成功的。

从中国看，社会主义制度更不是建立在社会生产力高度发达、工农业都已实现社会化大生产的现代经济基础之上，而产生在资本主义经济十分微弱、社会生产水平不高、工农业差距显著的

社会经济基础之上。按 1936 年的币值计算，中国在 1946 年的现代工业资本只有 42 亿元左右，以全国人口 4.5 亿计，人均工业资本不到 5 元，而同期美国的人均工业资本为 1600 元左右，由此可以想见当时中国生产力水平之低下。1949 年，中国现代工业总产值为 79.1 亿元人民币，仅占工农业总产值比重的 17%；如果加上工场手工业，两者合计占工农业总产值的 23.1%。除了生产力更落后外，中国和苏联的社会主义制度一样，都建立在小农经济如汪洋大海的社会基础之上。

由于现实社会主义和理想社会主义产生的历史条件的重大差异，就导致了在财产经济关系方面二者应当有下述重要区别。

第一，马克思主义经典作家所描述的理想社会主义财产关系的基本特征之一是一切生产资料归全社会所有，只存在一个所有权主体；但现实社会主义财产关系的基本特征在于不可能立即实现一切生产资料归全社会所有，存在多个所有权主体。

现实社会主义是建立在小农经济如汪洋大海的社会经济基础上。对于个体农民和个体手工业劳动者来说，国家不可以直接剥夺他们的生产资料，只有引导他们逐步建立起适合其生产力发展水平的所有制形式。事实上，无论在苏联还是中国，都存在着社会主义全民所有制和社会主义集体所有制两种公有制形式。由于集体所有制生产组织众多，因而单就集体所有制看，就存在众多的所有权主体，更不要说还有其他性质的所有权主体。

马克思主义经典作家认为在社会主义社会里，个人拥有的只是其消费品。事实上，消费资料和生产资料之间没有严格的界限，在一定的条件下二者可以相互转化。在一个存在着多层次生产力的社会里，劳动者会利用属于自己个人所有的劳动能力将分配给自己的消费品加工成一些与别人交换的产品。劳动者还会利用自己的劳动能力创造出一些新的简单生产工具，成为这些生产工具的私有者。

多层次的生产力的客观存在是现实社会主义财产关系中存在多种性质的所有制形式、多个独立的所有权主体的经济根源。

第二，马克思主义经典作家描述的理想社会主义公有制度的基本特征之二是每个劳动者的财产权利是平等的，但从现实社会主义的财产关系看，每个劳动者的财产权利是不平等的，这不仅表现在财产所有权方面，而且表现在财产使用权方面。

从财产所有权方面看，在社会主义初级阶段，不仅存在全民所有制、集体所有制，而且存在个体劳动者的小私有制，且不论改革开放以来所出现的新的所有制形式，单就传统社会主义财产关系中的全民所有制职工和集体所有制职工的财产所有权看，就是不平等的。从财产使用权方面看，也是不平等的。因为在社会主义社会，劳动者的劳动能力属个人所有，又存在较大差异。这不**仅**因为社会主义社会里劳动者的自然属性有较大的差异，社会默认这种天赋的特权，而且因为**择优**培养的教育制度会加剧劳动者的**能力**差异。我们知道，劳动过程是生产资料和劳动者的劳动能力相结合的过程。劳动者个人和生产资料相结合的形式是社会选择和个人选择相结合的结果。社会为了资源的优化配置，必然是让具有较高劳动素质的劳动者和落后的生产资料相结合，而不是相反。这样，由于劳动者的能力差异和生产资料的多层次，劳动者对生产资料的使用权就处于事实上的不平等地位。

不平等不等于不公平。因为不平等是一种客观事实，不公平是对这种客观事实的主观评判。在人类社会发展的不同阶段，不同的阶级有不同的公平观和评判公平与否的价值尺度。现实社会主义财产关系中劳动者的财产权利不平等与资本主义社会中劳动者的财产权利不平等是性质完全不同的两回事。与资本主义社会的财产关系相比，现实社会主义中劳动者所具有的财产权利是公平的，具有巨大的历史进步性。与理想社会主义中的财产关系相比，则现实社会主义中劳动者的财产权利则的确是不平等的。当然，缩小劳动者的财产权利差距直至享有平等的财产权利，既是现实社会主义财产制度发展的历史趋势，又是它的重要基本目标。

第三，在马克思主义经典作家所设想的理想社会主义社会里，劳动是分配的唯一尺度，不存在利用财产所有权参与分配的可能性，但现实社会主义的财产关系表明：按劳动分配和按财产分配同时存在。

在现实社会主义的财产关系中，存在着多个财产所有权主体。财产所有权主体提供财产给劳动者作为物质生产条件的目的是为了获得收益，劳动权使用财产的目的也是为了追求更多的收益，收益权是在财产所有者和财产使用者之间分割的。收益权在财产所有者和财产使用者之间分割这一事实就表明存在着既按劳动分配又按财产分配。

第四，马克思主义经典作家认为在未来社会中，个人劳动直接是社会总劳动的一部分，只存在一个层次的联合劳动。但现实社会主义的经济关系表明：个人的劳动不可能直接是社会劳动的一部分，它只能体现在企业的集体劳动成果中，由企业对社会提供有效的劳动。企业是现代社会化大生产的基本组织，劳动产品是企业集体共同创造的。由于存在两个层次的联合劳动，因而也就存在两级按劳分配。即社会先按企业集体的劳动贡献进行分配，然后再由企业集体对社会的分配所得按职工的劳动贡献进行再分配。对于"两级按劳分配"，中国卓越的经济学家蒋一苇先生曾做了深刻的理论分析，它是两个层次联合劳动的必然要求。而两个层次的联合劳动是现实社会主经济关系和理想社会主义经济关系的重要区别。

第五，马克思主义经典作家所设想的理想公有制社会里，不存在商品货币关系，劳动者的独立经济利益是由代表全社会的机关直接满足的。而在现实的社会主义经济关系中，存在市场经济和商品货币关系，劳动者的独立经济利益是通过相互满足其需要而实现的。

在现实的社会主义经济关系中，由于劳动者的劳动能力差异和财产权的不同，他们对社会所做的贡献不同，因而其报酬也就不同。在劳动还是谋生的手段的历史条件下，劳动者必然关心自己的经济利益，但劳动者的利益是千差万别的。代表全社会的国家既不能直接地、准确地衡量亿万劳动者所做出的实际贡献，也不能直接地满足其不同的经济利益。劳动者的经利益只能通过相互满足其实际需要来实现。这种相互满足其需要的基本表现形式就是实行商品生产和商品交换。商品生产和商品交换不但存在于各种不同的所有权主体之间，而且存在于同所有制形式之下的独立商品生产经营者之间。

第六，马克思主义经典作家所设想的社会主义制度是在英国、美国、法国、德国等资本主义经济高度发达的国家同时获得胜利，没有提出社会主义经济和资本主义经济之间的相互关系。但现实社会主义表明：社会主义经济和资本主义经济的共处是一种客观事实，两者之间既有相互对立、相互竞争的一面，又有相互交往、相互吸收的一面。它们的相互对立、相互竞争、相互交往和相互吸收都是在国际市场环境中进行的。市场机制既可以与社会主义共有产权主体相容，也可以与资本主义私有产权相容。

以上理想社会主义和现实社会主义的六大重要区别中，国有企业产生的理论基础和历史条件，是我们对国有企业经济体制的客观依据。

二、国有企业能够与市场经济有机结合的理论基础

公有产权制度与市场经济的相互关系问题是社会主义国家经济体制改革中碰到的一个基本理论问题，也是经济学的一个基本理论问题。对于这个基本理论问题的认识，人们经历了"对立论"、"主从论"和"有机结合论"三个阶段。在社会主义各国的经济体制改革以前，中外学者普遍把公有产权制度与市场经济对立起来，认为计划经济是公有产权制度的属性，市场经济是私有

产权制度的属性。随着社会主义各国经济体制改革的发展和深入，人们开始认识到市场机制的作用，认识到公有产权制度与市场经济具有相容性，但有些人又认为二者之间是主从关系。在计划与市场的关系问题上，谁为主谁为次的争论就或多或少地反映了这种认识。现在，人们已普遍接受社会主义市场经济是中国经济体制改革的目标模式这一科学论断。它标志着在公有产权制度与市场经济的相互关系问题上，人们已普遍认识到二者可以相互结合、相互促进。但是，公有产权制度与市场经济应如何结合？要解决这一问题，就必须回答三个方面的基本问题：

其一，市场经济的本质是什么？据此来确定实现目标模式的方法和途径。

其二，市场经济对其行为主体有哪些基本规定？据此来改造传统社会主义计划经济下的产权制度，使其适应社会主义市场经济发展的要求。

其三，公有产权制度对市场经济有哪些基本作用？据此来减少以至消除市场经济的盲目作用，建立能够促进公有产权制度目的实现的宏观调控体系。

传统社会主义计划经济下的产权制度是与市场经济相排斥的。人们一般认为市场经济是多个独立的所有权之间的交换。在传统体制下，国有制只有一个所有权主体，不存在多个独立的所有权之间的交换。马克思在分析简单商品经济时曾经指出："只有作为交换价值的私有者，不管是商品形式还是货币形式的交换价值的私有者，主体才能成为流通的主体。""劳动和对自己劳动成果的所有权表现为基本前提，没有这个前提就不可能通过流通而实行第二级的占有。以自己的劳动为基础的所有权，在流通中成为占有他人劳动的基础。"① 在马克思看来，市场交易的行为主体必须是所有者，具有独立的所有权是市场交易的基本前提。商品生产经营者对自己所有的劳动成果的占有是"第一级占有"，对他人劳动成果的占有是"第二级占有"，"第二级占有"是通过"第一级占有"彼此之间的市场交换而实现的。在简单商品经济条件下，交易双方交换的是自己劳动的产品，因而"第一级占有"向"第二级占有"转化的过程就是私人劳动向社会劳动转换的过程。在资本主义商品经济条件下，由于劳动力被看成商品，因而存在两类性质不同的市场交易：一是劳动力和工资之间的交易。在交易之前，劳动力属于工人所有，工资属于资本家所有的资本的一部分，交易双方都是所有者，只不过资本家所有的是财产，工人所有的是劳动力。这里发生的不是财产所有权之间的交换，而是财产所有权与劳动力所有权之间的交换。因此，市场交易的实质是所有权之间的交换，但不完全是财产所有权之间的交换。二是资本与资本之间的交换。两个企业之间的商品交换，实质是两个企业的资本家之间交换商品的使用价值。第一类交换是剩余价值产生的过程，第二类交换是剩余价值实现的过程。

按照马克思主义观点看，市场经济的实质就是多个独立的所有权之间的交换。在简单商品经济条件下，市场交易的基本内容是财产所有权之间的交换；在资本主义条件下，市场交易的基本内容除了财产所有权之间的交换外，还有体现资本主义制度性质的劳动力所有权和财产所有权之间的交换。

现代西方产权理论认为，"当一种交易在市场中议定时，就发生了两束权利的交换。权利束常常附着在一种有形的商品或服务上，但是，正是权利的价值决定了所交换的物品的价值。"② 现代西方产权理论看来，当劳动力和工资发生交换时，工人提供的是服务的权利，资本所有者提供的是一定量的货币使用权利；当资本和资本交换时，双方交换的是附着于资本之上的权利。这种权利被称之为产权，在交易之前，属于交易各方所有，以所有权为交易的前提。因此，按照现代西方产权理论看，市场经济的实质也是多个独立的所有权之间的。在马克思看来，未来社会的一切

---

① 《马克思恩格斯全集》，第46卷（下），第463页。

② 登姆塞茨：《关于产权理论》，《财产权利与制度变迁》，上海三联书店、上海人民出版社，1994年。

生产资料都归全体人民共有，只存在一个唯一的财产所有权主体。既然只存在一个唯一的财产所有权主体，就不存在所有权主体的排他性，不存在多个独立的财产所有权之间的交换，因而商品货币关系和市场机制也就没有存在的客观依据了。传统社会主义的产权制度是根据马克思关于未来社会的一般原则建立的。在传统社会主义的产权制度下，绝大部分生产资料都归国家所有，"国有国营"成为产权制度的基本模式。

既然一切国有生产资料和劳动产品都归国家所有和直接支配，那它就失去了在国内进行市场交换的对象。由于不存在多个独立的产权主体之间的交换，当然也就不存在市场机制。"国有国营"是在特殊历史条件下所形成的公有产权制度的一种初级形式。正如私有产权制度的实现形式有多种多样，公有产权制度的实现形式也有多种多样。现代西方的一些学者把"国有国营"这一产权制度形式当成公有产权制度本身，并据此得出公有产权制度与市场经济不相容，要发展市场经济就要实行私有产权制度的错误结论。

在公有产权制度与市场经济的关系这一重大理论问题上，一些人用"左"的观点看问题，教条式地领会马克思的论述，认为市场经济的本质是资本主义私有经济，公有产权制度与市场经济不相容，要坚持公有制为主，就不能发展市场经济；一些人用右的观点看问题，认为"从本质上说，财产公有与市场机制是一对相互否定的范畴。"① 要发展市场经济就要将公有产权制度改造成私有产权制度。二者在理论上的一个共同点，就是将公有产权制度与市场经济对立起来，将"国有国营"的模式看成公有产权制度的唯一形式。

国有企业能否与市场经济有机结合、相互促进呢？本文的回答是完全肯定的。无论按照马克思主义观点看，还是按照现代西方产权理论看，市场经济的本质都是多个独立的产权之间的交换。既然如此，问题的关键就在于：我们能否设计出一种产权制度，使市场交易的主体既具有独立的、排他的、可转让的产权，又不改变生产资料的公有制形式？下述理由表明，我们能够做到这一点。

第一，中国农村产权制度的改革并没有改变土地等财产的公有制形式，仅是赋予了农民以充分的经营自主权，将剩余劳动成果由财产所有者独占改变为由财产所有者和财产经营者分享。由于剩余劳动成果的一部分归农民所有，农民因此就能够以商品所有者的身份进行市场交易。中国城乡集市贸易的繁荣证明农村产权制度的改革促进了市场经济的发展。尽管这种市场还是农副产品市场，还不是生产资料市场，但农村产权制度改革却提供了一条基本经验：即使只有唯一的一个财产所有权主体，只要财产经营使用权是分散的，分属于不同的财产经营使用者，从而劳动产品也分属于不同的财产经营者，财产所有者只凭借所有权获得固定的财产收益，那么就能够促进市场经济的发展。

第二，现代商品经济的基本组织是企业，进入市场交易的主体也主要是企业。企业是分散的、彼此独立的商品生产经营者，具有各自独立的经济利益。企业之间经济利益的差别性是通过市场交换来实现的。不管进入市场交易的是私有制企业还是公有制企业，只要交易双方各自具有独立的产权就能使交易实现。我们完全可以赋予企业以独立的产权而不改变其公有制性质。对于集体所有制企业来说，它一方面表现出公有制性质，另一方面在市场交易中又具有独立的所有权与经营权，因而能够与市场经济有机结合。对于全民所有制企业来说，只要不是采取"国有国营"的产权模式，而是赋予企业经营者以充分的财产权利，包括对其产品的自销权、定价权和资产的经营权等，也能使企业成为市场交易中的独立产权主体。

按照马克思主义理论，除土地等自然财产外，由劳动创造的财产具有价值形态和实物形态两种形式。当国有企业的经营者具有资产经营权时，它实际上是在占有、使用、支配和处置财产的

---

① 《世界经济导报》，1989年3月20日。

实物形式，而无权改变财产的价值形式。如当企业经营 100 万元价值的国有资产时，国家具有 100 万元资产的最终所有权和财产收益权，企业具有占有、使用、支配、处置这 100 万元资产的财产经营权和财产收益权。在经营过程中，假定企业决定将这 100 万元的资产卖给其他有企业的经营者、集体企业或个人，这是否发生了所有权性质的改变呢？没有。因为卖出方转让的是 100 万元资产的实物，得到的是 100 万元资产的货币，其最终所有权和收益权仍然属于国家，社会主义公有财产并没有减少。对于买进方来说，转让的是 100 万元的货币，得到的是 100 万元的实物，其资产也未减少。两个独立的产权主体之间交换的是财产使用价值，就价值形态的所有权而言，双方的所有权性质都没有发生变化；就使用价值的所有权而言，则相互易位。同理，国有企业购买 100 万元私人企业，不是"国进民退"；相反，也不是"民进国退"。

由此，我们可以更深一步地认识市场经济的本质：它是多个独立的使用价值的所有权之间的交换，如果使用价值相同，就没有交换的意义。但使用价值反映的是商品的自然属性，只有价值才能体现商品的社会属性。财产价值最终归谁所有体现了这样一种社会属性：谁是财产的所有者。马克思曾经深刻指出，商品不是物，而是在物的外壳掩盖下的一种特定的社会关系。国有企业的经营者具有独立的产权并不改变企业财产属于全民所有这一社会性质，却使它能够成为市场经济中的行为主体。产权交换的结果，买卖双方都满足了各自对使用价值的新的需求，都从交换中得到了好处。

通常人们认为市场经济是多个独立的所有权之间的交换，但这只是看到了事情的表面。更进一步地考察，市场经济的本质是多个独立的使用价值的所有权之间的交换，作为价值形态的所有权并没有发生变化。马克思曾经指出："就通常的出售来说，让渡的是什么呢？那不是所出售的商品的价值，因为这个价值只是改变了形式。卖者实际让渡的，从而进入买者的个人消费或生产消费的，是商品的使用价值，是作为使用价值的商品。"[①] 所有权是所有制关系在法律上的肯定，它包含了人与人之间的一定财产关系。当市场交易主体在交换其所有的商品时，并没有交换包含在这种商品中的特定社会关系，而只是交换了包含在这种商品中的特定自然关系。如一个私有制企业和一个公有制企业在市场中交换彼此的商品时，私有企业商品的所有权中包含了资本对雇佣劳动的剥削，公有企业商品的所有权中包含了联合劳动，在交易实现时，商品所有权中包含的这两种社会关系是否也发生了交换呢？当然没有。既然包含在所有权中的这种特定社会关系没有交换，那就只有一种合理的解释：市场经济是多个独立的使用价值的所有权之间的交换，它以所有权为前提条件。

现代西方经济学不承认劳动价值学说，把财产看成一种"物"，把"物"的转移看成所有权的转移，把财产由公有制企业卖给私有制企业看成是财产所有权由公有变为私有，其理论基础就在于不承认财产具有两重形式，没有看到市场交易的本质是多个独立的使用价值所有权之间的交换。

财产的两重形式和市场经济的本质，能够使公有产权制度和市场经济有机结合起来，使国有企业的经营者成为市场交易中的独立产权主体。

三、中国国有经济在国民经济和社会主义市场经济体制中应处于主导地位

如何认识国有企业在市场中的地位？也存在两种错误的观点：一些人用"左"的观点看问题，

---

① 马列著作选读编辑部：《马列著作选读·政治经济学》，人民出版社，1990 年。

认为国有企业在国民经济的第二、三产业的各行各业中都应占据主体地位，在现代工业和现代服务业中的各行各业中都应保持数量上的优势。公有制为主体就是国有制为主体。一些人用右的观点看问题，认为国有企业仅是弥补市场的不足，应当退出竞争性领域，实质是国有企业在中国的社会市场体制中处于次要地位。

要正确认识国有企业在中国特色社会主义事业中的地位和作用，就要正确认识中国的国情，正确认识多种经济成分并存、国有制为主导的基本经济制度。

在社会主义初级阶段，私营经济的存在是必然的，个体、私营经济是社会主义市场经济的重要组成部分，这已为中共十五大报告所肯定。私营经济在社会主义社会里的发展，有其深刻的经济根源：

第一，现实社会主义社会存在多层次的生产力，这就决定了它必然存在多种所有制关系，包括私营经济。马克思主义经典作家认为，社会主义社会将首先在社会生产力高度发达的资本主义国家取得成功，他们关于未来社会的原理也是以资本主义工农业都高度发达的社会化大生产为前提条件，但社会主义却首先在经济相对落后、工农业劳动生产率差距较大的国家获得胜利。在这样的国度里，不可能做到一切生产资料归全社会所有。事实上，消费资料和生产资料之间没有严格的界限，在一定的条件下二者可以相互转化。在一个存在多层次生产力的社会里，劳动者会利用属于个人所有的劳动能力将分配给自己的消费资料加工成一些与别人交换的产品。如我们可以将棉布作为消费品分配给劳动者，但劳动者可以将棉布加工成衣服同别人交换；我们可以将粮食作为消费品分配给劳动者，但劳动者可以将粮食加工成食品出售。这时，棉布、粮食等消费品就转化成了生产衣服、食品的原料。由于现代商品经济既向大型化又向微型化发展，劳动者还会利用自己的劳动能力创造出一些新的生产工具，成为这些新的生产工具的私有者，如设计电脑软件。

多层次的生产力的客观存在是社会主义社会里个体、私营经济必然存在并发展的第一个经济原因。

第二，劳动者的累积劳动会转化为私人资本。在一个劳动能力存在差异、劳动生产率发展不平衡的社会主义社会里，劳动者贡献的差异会带来收入的差异。在社会主义社会里，尽管再生产劳动力的费用对于不同的劳动者是不同的，但只要劳动者的收入大于再生产其劳动力的费用，就必然有一部分剩余收入。如果剩余收入存入银行就成为获取利息的存款；如果用来购买债券，剩余收入所有者就成了债权人；如果用来购买股票、进行投资，就成了股份持有人；如果用来直接投资办企业，剩余收入就转化为私人资本。无论是银行利息收益、债券收益、股票收益，还是直接经营企业的收益，都是凭借财产所有权获得的合法收益，这种合法收益应视作累积劳动的收益，而不应把它看成剥削。

社会主义的目标是使全体人民共同富裕。随着经济的发展，人民的收入会不断提高，超过劳动力再生产的收入结存部分会越来越多并转化为私人资本。

1980 年，全国城乡居民的储蓄存款余额为 400 亿元，2009 年已跃增为 30.7 万亿元。这样巨大的储蓄存款余额必然带来相应的财产收益，它也为个体、私营经济的发展提供了相应的经济基础。将剩余收入存入银行获得利息是一种财产收益，购买债券、购买股票是一种投资行为，也会带来财产收益。将存款或剩余收入直接投资，发展个体私营经济也必然带来相应的财产收益。本质上，这些财产收益的性质应是相同的。如果我们承认了按生产要素分配是合理的，承认了财产收益权和劳动收益权，那么就会得出在社会主义条件下私营经济和剥削没有必然的联系，社会主义社会里的私营经济从业者在整体上是社会主义的建设者。

但这并不意味着社会主义初级阶段里不存在剥削。在现实的社会主义社会里，有两种情况将产生剥削：一是有一部分私营经济的原始积累不是通过劳动所得。二是有相当多的私营企业业主将大量劳工的工资压得很低，或者说给予工人的报酬低于工人贡献，否定了劳动者的劳动收益权，不让劳动者参与剩余价值或利润的分配，这种情况就是一种剥削行为。因此，在社会主义初级阶段里，私营经济的存在和发展是合理的、必然的，但它存在两种可能：一是私营业主和工人各自按财产收益权和劳动收益权获得各自应得的收益，在这种情况下，不应把私营业主看成剥削者。二是私营业主否定了劳动者的劳动收益权，不让劳动者参与剩余价值或利润的分配，这种情形就是私营业主带有剥削行为。关键的问题是国家如何通过宏观调控的政策和法律体系保证劳资双方的合法权益。

正因为多层次生产力的存在，正因为外资企业和私营企业在中国的发展有其合理性、必然性，因而国有企业也就没有必要在现代工业、现代服务业的各行各业中都占据主体地位和数量上的绝对优势。它应当在关系国计民生的关键领域和高科技领域里保持主体地位和优势地位，发挥主导国民经济全局的作用。

外资企业、私营企业的存在和发展虽然有其合理性、必然性，但它却具有两重性：一方面，它们都是为了追求利润最大化，都带有资本雇佣劳动的性质，其利益和全社会的利益之间会时有冲突和矛盾；另一方面，它们又是在社会主义市场经济的大背景下建立和发展起来的，要服从社会主义的法律体系。这种两重性就是国有企业要发挥主导作用的依据。

没有国有企业的主导作用，中国的经济基础就会和欧美国家的经济基础基本相同。按照马克思主义的理论，经济基础决定上层建筑。如果经济基础相同，又何来上层建筑的社会主义性质？

国有企业本身是一个中性概念，一旦它和具体的社会制度相联系就不是中性的了。美国的国有企业体现的是美国资本主义所有制的性质。中国国有企业体现的是社会主义公有制性质。中国国有企业的主导作用就是国家通过国有企业在市场经济中的作用和影响，促进多种经济成分共同发展，实现中国特色社会主义的经济意图。

四、国有企业的经济效率是高还是低？

主张取消或否定国有企业的人认为国有企业的经济效率低于私有企业，社会主义经济的效率劣于资本主义，但他们均未进行科学的论证，也从未拿出有力的事实依据。

从理论上说，无论国有企业、外资企业、私营企业现在都认同现代企业制度，都实行的是委托—代理关系制度，也就是说企业的经营都是由委托代理人实施的，与所有者没有直接的关联，与所有制也就没有直接的关联。即使个别或部分国有企业效率低下，那也是代理人选择任用不当的问题，而不是所有制本身的问题。在外资企业和私营企业里，也有许多委托代理人选择任用不当的案例，为什么这些认为国有企业经营效率低下的人士不把这些问题归结为所有制呢？美国的金融危机波及全世界，为什么这些人士不把经营效率低下的银行与美国的基本经济制度相联系呢？因为他们实行的是"双重标准"。一些人认为公有制企业效率比私有企业低的另一个原因是他们假定公有制必然导致领导人腐败和员工懒惰。但这一假定却无任何科学依据。

从经济史的事实看，历史证明社会主义公有制在总体上是高效率的。公有制的主要形式是国有企业。国有企业的经济效率分为微观效率和宏观效率。20世纪30年代，苏联的经济增长和效率曾令欧美国家黯然失色。1949~1978年，中国的国民经济中没有外资企业和私营企业，但宏观经济不仅保持了高增长也体现了较高的效率，这也为历史所证明。在中国的改革开放时代，在国有企业、外资企业、私有企业并存的格局下，既可以找到国有企业效率高与不高的案例，也可以找到私有企业和外资企业效率高与不高的案例，它表明：微观经济效率高低与所有制没有必然联系，而经济史则表明：宏观经济效率与经济制度密切相关。

五、国有企业的职能

中国国有企业的职能和美国国有企业的职能是不一样的：用西方经济学看待中国国有企业的职能和用马克思主义经济学看待中国国有企业的职能也是不一样的。

用西方经济学理论看待中国国有企业，它仅是提供公共产品，是政府弥补市场失灵、干预宏观经济的工具，因此应当退出竞争领域。用马克思主义经济学看待中国国有企业，它至少应当具有以下职能：

（1）它不仅要带头忠实服从国家政策和法令，而且要忠实贯彻执行国家的经济意图。

（2）在国民经济中发挥主导作用。

（3）对国有企业做大做强，使国有资产增值，增多全体人员的共有财富。

（4）是国家直接掌握的长期的、可持续的、可靠的经济资源。在必要时，可直接由国家调配。

（5）弥补市场缺陷，为全社会提供公共产品、准公共产品和服务。

（6）在高科技领域保持优势地位，引导科技产业发展。

（7）通过影响市场，促进良性竞争和健康的市场秩序。

（8）构建劳资和谐的微观基础。

提出"国进民退"命题的人实质上是想把国有企业的职能局限在非竞争性行业中。

实际上，在产业结构变动中，国有企业兼并民营企业或民营企业兼并国有企业是时有发生的常态事件。本文前面已经分析，当国有企业将100万元资产卖给其他企业时，在价值形态上，双方的资本均没有减少，只是使用价值易位。当国有企业兼并一家1亿元资产的民营煤矿企业时，民营煤矿企业可以将这1亿元投入食品或服装行业，这时，在煤矿行业中民营企业"退"了，在食品或服装行业却"进"了，我们难道能得出在服装或食品行业是"民进国退"？相反，当民营企业收购或兼并一家1亿元资产的国有企业时，也不能说是"民进国退"。从事实上看，改革开放30多年来，民营企业和外资企业的发展速度远高于国有企业，总体上不存在"国进民退"。

中国国有企业的制度创新就是要通过法律制度来保证中国国有企业的基本职能的实现和主导作用的发挥。

（作者：廖元和，重庆工商大学）

知识整合理论研究综述及展望

一、知识整合理论的研究背景

面对日益变化的市场环境，企业要想在竞争激烈的市场中获取竞争优势，就要不断地提高自身的核心竞争力。知识作为一种有价值的资源在当前的学术界和实践界已经成为共识，尤其是在知识经济时代，一切都以知识为基础，所有财富的核心都是知识，企业的发展越来越依赖于对知识的有效整合与利用。企业知识的积累水平决定了企业的发展路径。由于企业知识的来源、内容和价值的不同，知识在企业中的功能和价值也不同。而且企业内各种类型的知识有着不同程度的默会性和黏滞性，在企业内外部网络中的分布也处于无序状态，某些知识局限在特定单元或单元网络里去解决问题，对整个企业知识网络而言却没有得到最佳的利用。因此，要想发挥企业知识的最大价值，就必须对企业所拥有和能够控制的知识进行整合。Nonaka 认为，不确定是唯一可确定的因素，在这样一个经济环境中，知识无疑是企业获得持续竞争优势的源泉；由于组织急需的关键知识往往嵌入在组织的日常惯例、人际网络和流程之中，如果组织不能对这些知识进行有效的整合和利用，将会束缚其经营绩效的提升。只有那些持续创造新知识，将新知识传遍整个组织，并迅速开发出新技术和新产品的企业才能成功。Iansiti 和 West 指出，在竞争越来越激烈的产业中，企业发展产品所需的技术往往来不及自行建立，通过知识整合是这类产业的必然趋势，知识整合效率越高的企业，研发的绩效越高，所创造的产品也越好。Ditillo、Volberda 等也指出，企业竞争的优势来自知识整合，而不是单一的知识，因为整合的知识才能使企业在快速变动的环境中做好产品与市场的组合，快速而有效地发展产品以供应不同的市场需求。这意味着知识整合提供了产品创新、提供了生产产品所需技术的创新或是提供了管理创新的机会。

基于知识的核心竞争力观认为企业特性的、途径依赖性的、不易为外界获取和模仿的知识体系是企业核心竞争力的来源。在这种背景下形成的企业核心竞争力是知识经济时代企业获得持续竞争力的最根本基础；而对企业自身所拥有知识的激活和应用将是其实现持续竞争力的基本保证。知识之所以能够成为企业持续竞争优势的源泉，与企业所具有知识的类型和特征有关，一方面，知识的内隐性使其难以观察和模仿；另一方面，知识的路径依赖特征产生了锁定效应，从而使企业的竞争优势进一步增强。因此，要提高企业的核心竞争力，一方面，必须通过不断挖掘内部知识源，促进内部学习获取具有自身特性的知识；另一方面，必须通过与外部交流，发掘和利用外部知识，并与内在知识相结合，将获取的外部知识刻上企业自身特有的印记，使其具有专用性、不可复制性和稀缺性等特征。因此，知识整合是企业存在的基础，也是企业提高核心竞争力的关键因素。

二、知识整合理论研究所揭示的经济机制

（一）知识整合的内涵

Henderson 和 Clark 认为，企业的产品开发需要组分知识和结构知识，组分知识是指产品每个部件的核心设计思想以及把这些思想应用到特定部件的方式，结构知识是指把这些部件装配或者连接在一起成为整体所需要的知识。组分知识的结构受到外部市场需求的拉动，常常是问题导向，在特定的解决方案中，会产生结构知识，这个过程就是知识整合。这是知识整合概念的首次完整表述，但因为知识整合仅被描述为新产品开发过程中对企业技术的重新配置，因此是一种狭义的概念。Quinn 认为，隐性知识是企业最具战略意义的资源，而隐性知识指的是很难用文字、公式、图像等形式来表述清楚的、难以共享的知识，隐含于过程和行为中的非结构化知识。由于隐性知识很难分享和传播，要把隐性知识转化为企业技术创新能力离不开知识整合。Kogut 和 Zander 指出，知识整合是新组合已有的知识和运用开发潜在的知识，强调知识整合是结合现存以及发掘具有潜力的知识的能力，整合工具不仅靠硬件如数据库，也需靠人员间的沟通以及共通的文化。Iansiti 和 Clark 把知识整合的概念扩大到企业外部，确定了知识整合的概念框架。认为企业知识整合包括内部整合和外部整合，内部整合包括跨功能整合和广泛问题解决，外部整合包括技术整合和顾客整合。Inkpen 认为，知识整合就是知识的联结，即个人和组织间通过正式或非正式的关系促进知识的分享与沟通，并使个人知识转变为组织知识。Grant 认为，知识整合是组织的基本职能和组织能力的本质，把知识整合提高到企业的战略层面，并首次使用了"Knowledge Integration"来表示知识整合。Volberda 等认为，知识整合是企业内部为强化企业内部文化、价值的一致性，以及工作效率与系统运作的提升所做的一切协调运作的活动。

国内学者对知识整合的概念也进行了研究。沈群红和封凯栋提出，知识整合是对组织内部和外部的知识进行有效的识别、利用和提升，促进不同主体维度上知识的彼此互动并产生新知识的能力。赵修卫从组织学习角度探讨了知识整合问题，认为知识整合是指在学习过程中知识的重构与综合。知识整合包括四个方面：现有知识和新知识的整合、显性知识和隐性知识的整合、个人学习和组织学习的整合以及外部学习和内部学习的整合。

学者们从不同的角度和层面研究了知识整合，在两个方面达成共识：一是知识整合是一个对知识的重新排列组合的过程；二是知识整合最直接的结果就是产生了新的知识。知识整合的核心思想是通过改善企业知识结构来改变知识的运用方式，提高知识效能，最大化地实现知识中所蕴含的价值。企业竞争优势的真正来源是企业对知识的整合，知识整合的目的就是要把所有的零散知识、新旧知识、显性知识和隐性知识经过筛选、组合、提升，使其发挥最佳的整体性能，促进企业内外部网络知识的优化配置。在借鉴 Iansiti、魏江等研究的基础上，本文将知识整合定义为：企业在一定的环境条件下，对不同类型的知识（包括内部知识和外部知识）进行甄选、转移、吸收、重构所形成的一种特有的、动态的持续发展能力，表现为组织成员为实现组织目标而彼此之间进行交流、沟通与处理。它能够对企业知识进行整理与重构，使得不同来源、不同内容、不同载体、不同形态的知识有机地融合起来，从而产生新知识或实现知识的新用途，并以此形成企业新的核心知识体系。此概念强调知识整合是一种能力，知识整合能力是组织的基本职能和组织能力的本质。知识整合是一个动态过程，企业必须要时刻学会将无用的知识彻底的摒弃，把与企业战略密切相关的知识融合到企业的知识系统中来。

（二）知识整合增强企业核心竞争力的经济机制

核心竞争力具有知识的特征，而企业中具有难以模仿和难以替代特点的知识其实就是隐性知识。具体表现在：第一，核心竞争力的独特性、增值性依赖于隐性知识。企业内各种资源效用发挥程度上的差别、竞争及创新能力的差别，都是由企业现有的知识存量决定的。核心竞争力的显著增值性由隐性知识支撑。第二，核心竞争力的难以模仿性由员工头脑中的隐性知识决定，决定企业管理上的难以模仿性就是企业的隐性知识。第三，核心竞争力是企业为实现其战略目标所特有的、不易被复制。企业核心竞争力的管理，在很大程度上就是对企业知识特别是隐性知识的管理，隐性知识管理对提升企业的核心竞争力起着关键作用。第四，核心竞争力的延展性和整合性与隐性知识的开发和共享相关。企业核心竞争力应是多个技术、能力的有机整合。

企业竞争优势的形成和维持取决于企业的知识积累、应用和创新的能力，即知识整合的能力，如何有效地利用知识、使知识增值是形成企业核心竞争力的关键问题。知识整合涉及四个运作过程，即知识集约、知识交流与共享、知识应用和知识创新。知识集约是对组织现有的内部和外部知识进行收集、整理、分类和管理的过程，通常包含了隐性知识显性化和显性知识综合化这两个模式的知识转化。知识交流与共享指通过交流来扩展系统整体知识储备的过程。知识应用是利用集约而成的显性知识去解决问题的过程，也是显性知识内部化的过程。知识创新指整体的知识储备扩大并由此产生出新概念、新思想、新体系的过程，是前述三个过程相互作用的结果。知识整合就是通过引导和约束这四个环节，促进知识生产和流动，使知识在使用中增值，从而达到提高企业核心竞争力的目的，并最终实现获取企业持续竞争优势的终极目标。知识整合增强企业核心竞争力的经济机制如图1所示。

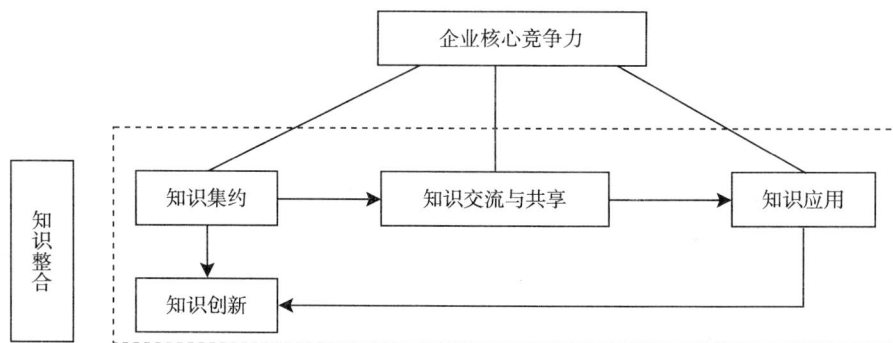

图1 知识整合增强企业核心竞争力的经济机制

从图1可以看出，知识整合有利于企业核心竞争力的形成，企业核心竞争力是在知识集约、知识交流与共享及知识应用的过程中形成的。首先，知识集约有利于提高核心竞争力的创新性。知识集约是组织获取知识所带来的收益并创造竞争优势的根本过程，将对企业的长远发展起到关键性作用并能够提升企业竞争力。其次，知识交流与共享有利于增加核心竞争力的延展性。随着知识在组织成员中的扩散和共享，拥有和使用该种知识的人越来越多，知识的效用也就会越大。创新和价值创造依赖于组织成员之间共享的思想、观点和专有知识，知识在整合过程中通过隐性知识和显性知识的螺旋转化能够不断加速知识的创造，从而加速企业的价值转化。为了更好地适应市场需求和改进企业的经营绩效，当企业面临的不确定性越大时，就越需要不断学习、相互交流，通过建立适当的激励机制和交流渠道共享知识，将企业的核心竞争力扩展至其他方面，从而增加核心竞争力的延展性。最后，知识应用有利于实现核心竞争力的递增效应。知识应用是企业以集体的智慧利用所掌握的知识预测外部市场的发展方向及其变化，提高企业的应变和创新能力，使企业对外部需求作出快速反应的过程，有利于实现核心竞争力的递增效应。

三、知识整合增强企业竞争力的研究证据

（一）国外的证据

在知识整合对企业核心竞争力的影响方面，目前国外研究主要集中在知识整合特征、知识整合要素、知识整合机制和知识整合过程等方面。国外学者如 Quinn、Leonard-Barton、Grant 等从不同角度强调了企业通过知识整合赢得竞争优势。Quinn 认为，知识尤其是默会隐性知识是企业最具战略意义的资源，将竞争优势的来源指向企业的技能、诀窍、经验等知识要素。Leonard-Barton 具体分析了企业的构成，认为核心能力是使企业独具特色并为企业带来竞争优势的相互作用、相互依赖的知识体系。Grant 指出，是整合的知识而非知识本身形成企业的核心能力。Petroni 分析了知识整合能力与核心能力的关系，认为企业的核心能力是基于企业知识的累积而成。当想收集新知识去执行运营任务时，主要是与知识的内部和外部的整合活动有关。外部整合活动是为了反映外部环境的不确定而建构所需的能力活动；内部整合活动则是包含特定技巧知识基础和管理系统，如程序、惯例和方法的整合。因此，企业知识的内部整合与外部整合构成了企业核心能力的基础。此外，Volberda 等从资源基础的观点出发，认为知识整合运作的效率、范围和弹性的大小对于企业建立持续竞争力有相当重要的影响。

（二）国内的证据

胡汉辉、周治翰认为，竞争优势的真正来源是知识的整合能力，这种能力使经理能够基于对未来的判断整合企业内外部知识，使企业把握变化中的机会。陈力、鲁若愚提出，知识整合不仅可以很好地利用专业分工的模式而缩短产品上市的时间，还可以利用共同学习的方式来增强研发能力，并通过持续的整合和创新，塑造企业的竞争力。易法敏从核心能力的构成要素和企业知识的关系及知识吸收、知识共享及知识创新方面建立了知识形成动态核心能力的模型圈。谢洪明的研究表明，知识整合对核心竞争力有明显的正面影响。黄蕴洁、刘冬荣从定量的角度对知识管理与核心能力之间的关系进行了探讨，研究表明知识管理对企业核心能力有显著的正向影响效果。本文强调知识整合是一种能力，根据前面的讨论，可以构建如图 2 所示的知识整合能力与企业核心竞争力的基本关系模型。

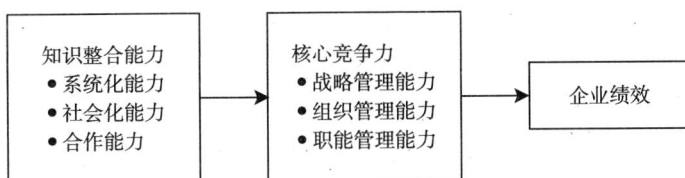

图 2　知识整合能力与核心竞争力的基本关系模型

根据这个基本关系模型，我们提出以下假设：知识整合能力与核心竞争力正相关。首先要确定基本变量、相互之间的关系假设以及变量测度方法，然后对基本假设进行检验。我们可以进一

步根据知识整合能力与核心竞争力关系的理论假设，主要变量的测度指标体系，运用大样本的实证统计分析来验证二者之间的关系，从而剖析二者之间的内在机理，为提高我国企业绩效提供理论指导和现实操作路径借鉴。

（三）这些研究的局限性

知识整合需要相应的环境，使整合实现机制在其中能充分有效的运行。目前对知识整合的研究主要集中在企业内部知识整合的内在发生和实现机制，而对跨边界和跨企业之间的知识整合问题关注较少。企业知识的来源，其中之一是来自企业的内部，企业自己投入资源生产知识，如技术知识、决策常规知识。这种自力更生策略有其局限性。这是因为它不仅需要花费较长的时间，而且需要花费较多的资源。全球一体化的趋势、技术爆炸性变革和顾客需求快速多变等环境剧烈变化给企业正常经营带来高度不确定性和巨大不可预测风险。一个企业采取完全靠自己获取关键性的资源、能力以及技术的策略风险较高。由于企业的隐性知识越来越多，企业采取自力更生的策略来获取所需要的全部知识也日趋困难，而由企业外部通过市场交易以及合并、收购其他企业的方式来获取隐性知识也存在种种障碍。利用市场交易进行知识转移会因为信息不对称问题造成交易成本较高，而且当一家企业想从别的企业获取隐性知识时，他必须和对方有直接的、密切的关系，允许他的员工、装备、构思甚至文化等超越企业的边界。在这种情况下，仅仅依赖市场交易，大量的隐性知识就无法顺利转移，而且知识获取、更新的速度较快，单靠企业自己内部学习是无法满足需要的。此外，虽然有不少学者分别从知识视角探讨企业核心竞争力问题，但对于知识整合对企业核心竞争力形成作用的探讨仍较少见。实证的缺乏是无法将理论运用到企业的根本原因，对知识整合与企业核心竞争力作用机理的实证研究才有助于我国企业核心竞争力的培养。

四、知识整合理论研究展望

（一）研究本身的展望

国内外学者从不同的研究领域研究了知识整合问题，取得了丰富成果，主要表现在两个方面：一是知识整合在企业管理中的重要程度明显上升，特别是 20 世纪 90 年代后期以来，学者们将知识整合上升到企业战略层次，把知识整合与企业的竞争优势联系在一起，认为整合后的知识构成了企业核心竞争力和竞争优势的本质；二是对知识整合的研究已经呈现多角度、多方向的趋势。虽然对知识整合的研究有了一定的发展，但在研究范围、实证分析等方面有待完善，应从以下几个方面做进一步的研究：

1. 加强对隐性知识的研究

在企业中，员工层面的知识多为隐性知识，企业应将员工工作实践中长期积累的隐性知识转变为企业内部员工共享的显性知识，不断形成新的隐性知识，并转换成显性知识。企业要使员工能够学习和掌握现有的显性知识，并促使员工的隐性知识显性化，激发员工的知识创新热情，从而使企业处于知识持续创新的氛围。由于隐性知识具有因果模糊性、路径依赖性、难以转移和复制、难以直接通过市场机制进行交易等特性，使隐性知识价值的实现严重依赖企业产品或服务价值链，其价值通常需要随着产品或服务在多次交易中才能实现。隐性知识又往往是形成企业竞争优势的关键资源，对企业的生存发展至关重要。因此，如何把企业知识与产品或服务价值链更加紧密结合，通过知识整合为企业创造更大价值，是知识整合研究有待深入的重要课题。

2. 重视对知识整合能力的研究

知识整合与知识转移或知识获取并不相同，以往的很多研究是从知识获取或知识转移、知识整合机制等角度进行研究，对知识整合能力的关注不够，而知识整合能力恰恰是其中最基本、最关键的一个环节。企业的知识整合能力有助于将内外部知识整合转化为产品或服务，并产生新的知识。企业的动态能力是整合、建设、重构组织内部和外部核心竞争力来适应快速变化环境的能力，这种能力表明唯有整合相关知识，快速进行创新的企业才能在全球竞争的环境下获得成功。Iansiti 和 West 认为，在竞争越来越激烈的产业中，企业开发新产品所需的技术往往来不及自行建立，通过技术整合是这类产业的必然趋势，并且技术整合越好的企业，研发的效率越好，所创造的产品也越好，充分说明了在市场和技术变化极为快速的今天，企业只有具备较强的知识整合能力才能在时间上占优势。所以，在研究中应对知识整合能力的本质、知识整合能力的影响因素、知识整合能力与核心竞争力、知识整合能力与组织绩效的关系等问题进行深入研究。

3. 加强对知识整合实践的研究

到目前为止，对知识整合理论的研究还未形成统一的研究框架，也没有总结出一套完整的可操作性和适应性都比较强的具体运作方法体系。虽然也有学者如魏江、王铜安提出了一个由评价层、途径层和要素层构成的知识整合分析框架，但知识整合的理论框架还不够完善，这些都在一定程度上制约了企业实践的发展。在知识整合活动开始前，需要了解企业当前的知识整合现状和水平。只有将自身知识整合水平与行业或者竞争对手知识整合水平进行对比分析后，才能找出自身的差距与不足，从而为知识整合实践活动制定出可行的战略。并且要对影响企业知识整合的因素进行分析，选择适宜的知识整合实现途径。因此，今后对知识整合的研究应从企业实际出发，构建企业知识整合的传导机理模型和企业知识整合评价体系。

4. 跨越企业边界的知识整合理论拓展

跨越企业边界的知识整合理论拓展主要体现在知识整合理论在组织间关系研究、网络研究以及产业集群研究中的应用，其中组织间关系研究中的知识基础视角是网络和集群分析的基础。组织间知识资源不但是重要的资源，而且在组织的价值创造过程中扮演着催化资源与竞争优势的角色，企业有效运用知识资源将产生综合效益，可以为组织带来竞争优势与价值。而组织间关系网络更是一种创新性合作，通过创造合作专有准租金为整个合作群体带来竞争优势。单个企业通过与其他组织的互动，得以接近外部知识，并与其既有的知识进行整合，产生新的知识应用情境。通过跨越组织边界的组织间关系网络、战略联盟或合作研发的方式来取得外部来源的知识和技术，是近年来企业建立竞争优势的重要一环。从组织间互动的视角看，企业为实现组织间创新性合作的绩效，必须有效地"杠杆化利用"组织与合作伙伴的组织间关系。从知识边界的角度来研究组织间创新性合作，可以更深刻地揭示知识边界的复杂性。知识整合理论从组织间互动的视角来探讨知识边界的理论框架，在理论逻辑上有其合理性，通过界定知识边界来揭示合作创新所面临的困境与挑战，可为组织间关系网络探索新的治理机制。

（二）提高我国企业知识整合能力的简单讨论

1. 从战略上重视知识整合

知识整合不仅是诸如产品开发这样的局部企业活动，而且更深层次上它与企业战略紧密联系。在企业战略研究上，越来越多的学者把知识整合提升到企业的战略高度。无论是能力学派的"组织中丰富的积累性学识"，还是资源学派的"不可模仿和不可替代的资源"，都强调知识整合在形成企业竞争优势中的重要作用。企业是一种社会性知识群体，知识构成了企业最重要的战略性资源，知识资源的异质性决定了企业间绩效的差异性。复杂的、专业的、隐含的知识资源的难以模仿，创造了企业更持久的竞争优势。知识能给予任何企业独一无二的特征，并且不被竞争对手所模仿。应用于企业发现机会过程中的知识资源能促进绩效的提高。知识使企业能够更加准确地预测环境中的市场变化倾向，并采取更合适的战略和战术行为。

2. 树立组织学习导向

在以知识为基础的新经济时代，组织学习成了企业生存的必要条件。通过组织学习，企业可以有效地配置资源，不断地创造新知识和能力，快速地响应竞争对手并满足顾客需求，实现企业的持续发展。由于企业环境日渐复杂且趋向多元化，组织必须运用学习来应对环境所带来的快速变迁。组织学习导向实质上是一种学习的倾向。这意味着，在组织内人们能把他们开展活动所依循的旧有的思维方式放到一边，并且更广泛地透视真正的组织工作，彼此开放性地学习，进而形成一致的战略，然后共同工作以完成新战略。组织学习导向体现了组织的学习功效，通过便于记忆的开放性学习方式，使全体成员共同分享愿景，实现团队学习。因此，企业的学习导向行为会促进组织的学习，进而产生对产品、流程与制度的创新及对组织绩效的正面影响。正是这个密集的学习过程创造出了企业的竞争优势。企业知识整合能力的提高尤其是隐性知识是通过组织学习完成的，由于隐性知识难以通过文字和实物传播，隐性知识的获得更多地依赖在组织实践中共同学习。组织学习既是指组织内单个个体的学习，也是组织成员在共同的目标指引下，组织成员在工作中的互动和交流中共同学习。组织结构的设立必须适应组织学习的需要，建立学习型组织。学习型组织的建立不仅有利于组织内的学习，这些学习经验同样会促进组织对本组织外部知识的吸收和接纳。

3. 构建知识整合平台

要构建知识整合平台，一方面表现为建立智能化的知识管理系统，企业知识管理系统是对一个企业所拥有的和所能接触的知识资源进行有效的识别、获取、传递、评价并利用这些知识为企业创造利益的系统。而知识整合平台则构成该系统的核心模块，由它对不同性质、不同来源的知识进行整合，即进行知识挖掘、知识整理、知识吸收以及知识的融合与创新。典型的知识整合平台可以由文档管理系统、专家查询系统（专家地图）、ERP 系统等组成。另一方面，知识整合本身包含了部分知识的创新，同时它更多表现为知识创新的前提与基础，没有知识的整合就难以有知识的创新，因此，可以借鉴 Nonaka 等提出的知识创新的"场"理论，努力创造并不断加强便于知识跨组织转移的"场"（如组织间交互式的实践社区），以实现知识（特别是隐性知识）的跨组织整合进而促进知识的创新。

4. 重视人本因素

企业知识是员工在长期的生产实践中积累起来的，它深深地根植于个体的大脑之中，是一种与认知者个体无法分离的智力资本。无论是知识的创造、储存、使用或传递，都离不开企业的员工，企业员工是企业知识的主要载体和传播媒介。企业知识难以通过语言、文字来清晰表述，并且只能在知识拥有者的劳动实践中才能体现其价值。对人本因素的重视主要包含两方面的内容：一是人力资源的开发，即科学合理地利用并购双方的人力资源，通过投资、培训、激励、任用等一系列手段做到人尽其才，人尽其能，让每个人都可以在新的组织内部充分发挥自己的才能，尤为重要的是要设计适当的激励机制，即要设计出明确的奖酬制度与合理的绩效评估制度，以吸引企业员工对知识的获取、转移、分享以及应用等做出必要的承诺。二是人力资源的调配，通过人力资源科学合理的配置以求最大限度地实现人员的知识和技能的共享。

本文通过分析知识整合对企业核心竞争力提升的作用机理，运用国外和国内的证据探讨了知识整合有助于增强企业竞争力，对知识整合理论未来的研究进行了展望，并提出要从战略上重视知识整合、树立组织学习导向、构建知识整合平台和重视人本因素等方面提高我国企业知识整合的效果，从而为快速和有效提升我国企业的核心竞争力提供借鉴。通过本文的研究，可以看出知识整合在企业核心竞争力的培养与提升中的重要作用。

【参考文献】

［1］丁涛、胡汉辉：《基于知识整合的企业战略业务组合构建研究》，《电子科技大学学报》(社会科学版)，2009 年第 11 期。

［2］沈群红、封凯栋：《组织能力、制度环境与知识整合模式的选择——中国电力自动化行业技术集成的案例分析》，《中国软科学》，2002 年第 12 期。

［3］赵修卫：《组织学习与知识整合》，《科研管理》，2003 年第 24 卷第 3 期。

［4］魏江、王铜安：《知识整合的分析框架：评价、途径与要素》，《西安电子科技大学学报》(社会科学版)，2008 年第 18 卷第 2 期。

［5］赵隽：《企业核心竞争力整合策略研究：知识管理视角》，《科技管理研究》，2010 年第 10 期。

［6］胡汉辉、周治翰：《试论企业核心能力的知识整合特征》，《管理工程学报》，2001 年第 4 期。

［7］陈力、鲁若愚：《企业知识整合研究》，《科研管理》，2003 年第 3 期。

［8］易法敏：《核心能力导向的企业知识转移与创新研究》，中国经济出版社，2006 年。

［9］谢洪明、吴隆增、王成：《组织学习、知识整合与核心能力的关系研究》，《科学学研究》，2007 第 25 卷第 2 期。

［10］黄蕴洁、刘冬荣：《知识管理对企业核心能力影响的实证研究》，《科学学研究》，2010 年第 28 卷第 7 期。

［11］魏江、叶学锋：《基于模糊方法的核心能力识别和评价系统》，《科研管理》，2001 年第 3 期。

［12］高巍、田也壮、姜振寰：《企业知识整合研究现状与分析》，《研究与发展管理》，2004 年第 16 卷第 5 期。

［13］罗珉：《组织间关系理论最新研究视角探析》，《外国经济与管理》，2007 年第 1 期。

［14］Nonaka L.. A Dynamic Theory of Organizational Knowledge Creation［J］. Organization Science，1994，5（1）：14 –37.

［15］Iansiti M，West J.. Technology Integration：Turning Great Research Into Great Products［J］. Harvard Business Review，1997，75（3）：69–79.

［16］Ditillo，Angelo.. Dealing With Uncertainty in Knowledge–Intensive Firms：the Role of Management Control Systems as Knowledge Integration Mechanisms. Accounting［J］. Organizations and Society，2004，29（3/4）：401.

［17］Volberda，Henk W.，Frans A. J.. Van Den Bosch and De Michiel. Boer. Managing Organizational Knowledge Integration in the Emerging Multimedia Complex［J］. Journal of Management Studies，1999，36（3）：379–398.

［18］Henderson R.M，Clark K.B.. Architectural Innovation：The Reconfiguration of Existing Product Technologies and the Failure of Established Firms［J］. Administrative Science Quarterly，1990（35）：9–30.

［19］Quinn J.B.. Intelligent Enterprise［M］. New York：Free Press，1992.

［20］Kogut，B. & U. Zander.. Knowledge of the Firm，Integration Capabilities，and the Replication of Technology［J］. Organization Science，1992，3（3）：383–397.

［21］Iansiti M.，Clark K.B.. Integration and Dynamic Capability：Evidence From Development in Automobiles and Mainframe Computers［J］. Industrial and Corporate，1994（3）：557–605.

［22］Inkpen C.. Creating Knowledge Through Collaboration［J］. California Management Review，1996，39（1）：123–140.

［23］Grant R.M.. Toward a Knowledge–based Theory of the Firm［J］. Strategic Management Journal，1996（17）：109–122.

［24］Leonard–Barton.. Core Capabilities and Core Rigidities a Paradox in Managing New Product Development［J］. Strategy Management Journal，1992（13）：111–125.

［25］Petroni A. The Analysis of dynamic Capabilities in a Competence Oriented Organization［J］. Technovation，1996，18（3）：179–189.

［26］Dyer J.H., Nobeoka H., Creating and Managing a High-Performance Knowledge-Sharing Network：The TOYOTA Case，Strategic Management Journal，2000（21）：345-367.

［27］Cohen W. M. & Levinthal D. A. Absorptive Capacity：a new Perspective on Learning and Innovation［J］. Administrative Science Quarterly，1990，35（1）：128-152.

［28］Nonaka I. & Konno N. The Concept of 'ba'：Building a Foundation for Knowledge Creation［J］. California Management Review，1998，40（3）：1-15.

（作者：张洁梅，河南大学工商管理研究所）

传媒经济与管理学科建设与发展
——兼论北京印刷学院的学科建设

一、传媒经济与管理学科建设的必要性与历史机遇

中共十七大报告明确提出推动社会主义文化大发展大繁荣，大力发展文化产业，实施重大文化产业项目带动战略，加快文化产业基地和区域性特色文化产业群建设，培育文化产业骨干企业和战略投资者，繁荣文化市场，增强国际竞争力。以广播、电影、电视、新闻出版、网络新媒体等为代表的传媒产业是文化产业的重要组成部分，已经成为国民经济的重要产业。传媒产业发展是市场经济条件下满足人民群众多样化、多层次、多方面精神文化需求的重要途径，也是推动经济结构调整、转变经济发展方式的重要着力点。改革开放以后，我国传媒业开始大力探索市场化、产业化经营，逐渐形成了以广播、电视、图书、报纸、杂志、网络等新媒体为主体的传媒市场。中共十六大以来，党中央、国务院高度重视发展传媒产业，深入进行传媒体制改革，加快推动传媒产业发展，涌现出一批具有较强实力和竞争力的传媒企业和企业集团，传媒产业规模逐步壮大，以公有制为主体、多种所有制共同发展的传媒产业格局初步形成。我国传媒产业整体呈现出健康向上、蓬勃发展的良好态势，正在成为推动社会主义文化大发展大繁荣的重要引擎和经济发展新的增长点。但是我们应该看到，同发达国家相比，我国传媒产业的发展水平还不高、活力还不强，与人民群众日益增长的精神文化需求还不相适应，与日趋完善的社会主义市场经济体制还不相适应，与现代科学技术迅猛发展及广泛应用还不相适应，与我国对外开放不断扩大的新形势还不相适应。传媒产业需要振兴，从而为"保增长、扩内需、调结构、促改革、惠民生"做出贡献。传媒产业的振兴以及传媒企业和企业集团的成长壮大需要强有力的传媒经营与管理人才保障。

与其他产业相比，我国的传媒产业正处于市场化的起步阶段。传媒产业将是中国最后未开垦的高利润产业，这也就意味着有更多的跟随者将进入传媒产业，传媒产业的市场风险将大大加强。传媒企业的高级管理者必须既熟悉相关业务知识，又熟知中国传媒国情。他们不能仅仅关心业务层面的运作，更要关注新闻产品的市场、受众和客户的需求以及传媒机构本身的管理和运作。他们要精通现代管理和经济学理论，具备战略眼光和开阔的视野，善于分析市场和制定有效的竞争策略，懂得运用市场化的手段与资本市场对话，善于运用资本工具谋求传媒机构的扩张和发展。作为中国的媒体经营者，必须将产品创新、市场创新、管理创新与制度创新结合起来，只有不断地改革体制、创新机制，才能立于不败之地。传媒产业特征及产业发展的特殊阶段决定了传媒企业的经营管理难度要大于传统产业，对人才素质的要求更高，对人才的需求更加迫切。一个合格的传媒企业高级经营管理人才应具备如下特质：清醒的政治头脑和深刻的政治意识，具备把握体制和政策的能力；具有敢于冒险的企业家精神；要有较强的机制创新能力；要有较强的业务能力和组织经营管理的能力。

目前，国内 5000 多家新闻媒介企业中，从业人员存在着严重的结构失衡，既能进行媒体基本业务操作，又懂经营管理的复合型人才只占传媒从业者约 1%的比例。复合型人才属于传媒高级经营管理人才。包括电影、电视、广播节目制片人，报业传播业务项目经理，出版界项目负责人等。这类人才的突出特征是能够融媒体传播与经营管理的知识和能力为一体，既懂传媒又懂管理，学有专长、经验丰富。作为当今世界增长最快的行业之一，随着传媒市场化程度的不断加快和国内外传媒竞争的日益加剧，传媒经营管理人才日渐受到重视。目前，国内这类人才极其缺乏。

综合以上分析，我国传媒产业将进入一个快速发展阶段，传媒产业的发展，需要大批熟悉传媒业务与传媒活动规律，掌握现代经济管理知识，具有战略眼光和国际视野，会经营、善管理的传媒经济与管理高级专门人才。

二、传媒经济与管理学科发展历史与现状

20 世纪 70 年代以后，随着社会经济转型和产业结构调整，发达国家文化产业快速发展。与此相适应，国外学者提出了传媒经济学的概念，传媒经济学的研究从欧美到世界范围内迅速普及，研究领域也随之拓展，涌现一批专门研究传媒经济学的学者和研究成果，与传媒经济与管理相近的学科开始在国外一些大学设置并进行学士、硕士、博士等层次的人才培养。目前此类学科在世界上许多高校的传播学院、经济学院乃至管理学院、商学院都有设置。作为一门新兴的交叉学科，传媒经济与管理是我国新闻出版体制改革和传媒业发展的产物。20 世纪 90 年代，"传媒经营管理"就以"新闻事业经营管理"为名作为我国高等院校新闻传播专业的必修课，列入国家教育部所规定的新闻传播学教学大纲。进入 21 世纪，我国传媒经济与管理学科得到快速发展，清华大学、中国人民大学、北京大学、中国传媒大学、复旦大学、中央财经大学等一批学校先后依托新闻传播学设立了传媒经济与管理相关学科，培养本领域的硕士、博士研究生。

（一）国外高校设置该学科的状况

1. 美国南加州大学

美国南加州大学（University of Southern California，USC）传播与新闻学院（Annenberg School for Communication & Journalism）设有传播管理学、战略公共关系、全球传播学、专业新闻学以及印刷、广播和在线新闻等硕士招生项目。其中传播管理学科下设 8 个研究方向：传播法规与政策、娱乐管理、卫生与社会变革传播、信息与传播技术、国际传播、营销传播、在线社区、组织与战略性企业传播等。该学科强调将传播学理论和研究方法与新技术、政府政策、传媒实务的融合。毕业生主要面向传媒集团管理层、政府、非营利性组织和高校就业。

2. 新加坡南洋理工大学

南洋理工大学（NanYang Technological University，NTU）黄金辉传播与技术学院（The Wee Kim Wee School of Communication and Information）下设传播学相关专业，主要研究方向：传播法规与政策（包括传媒经济与伦理、政治传播）、国际或者跨文化传播、卫生传播与信息、传播技术和社会心理学、媒体艺术与文化研究（包括图文传播、设计、影视研究、传媒研究、文化产业等）、营销传播与公共关系、新闻学等。

（二）国内高校设置该学科发展状况

1. 清华大学

清华大学新闻与传播学院新闻传播学一级学科下设有新闻学、传播学两个二级学科，在传播学下设有媒介经营与管理、影视传播、新媒体研究等方向。其中媒介经营与管理方向设立于1998年，是国内较早设立类似研究方向的高校，2002年4月成立清华大学媒介经营管理中心。媒介经营与管理现已成为与新闻学等学科并列的二级学科。该研究方向定位于培养高质量的传媒经营管理理论研究和实践操作精英，为我国的媒介领域改革与发展输送复合型人才。该方向凭借清华大学在经济学、社会学、管理学和公共政策学的综合优势，以媒介经营与管理研究为重点，主要研究的重点问题有：加入世界贸易组织后媒介所面临的机遇与挑战；媒体市场化和产业化趋势下面临的问题；我国媒介发展的政策法规问题与对策。该研究方向每年独立招收硕士生15名左右。学生就业主要面向国内各类主流媒体从事媒体经营与管理等中高层岗位，就业前景较好。

2. 中国传媒大学

中国传媒大学媒体管理学院以经济学和管理学两大学科为基础，以文化产业、传媒经济与管理为核心，多学科交叉融合，为全国传媒产业、文化产业和社会经济发展培养具有创新精神和实践能力的高级经济管理人才。该学院在新闻传播学一级学科下设有传媒经济二级学科，1995年起该学科作为传播学的研究方向之一开始招收硕士研究生。2002年起单独列为二级学科，现有硕士、博士招生、培养和授权资格，毕业后授予文学学位。该二级学科作为交叉学科，在研究生培养、课程设置等方面力争兼顾传播学、经济学两个方面，现每年招收硕士研究生20名左右，就业主要面向各类媒体，如出版社、报社、杂志社、电台、电视台等。该二级学科下设4个研究方向：传媒产业管理、国际文化贸易、文化产业管理、影视项目管理。

3. 中国人民大学

中国人民大学传媒经济学是新闻与传播学之下的二级学科，2004年开始独立硕士、博士招生。学科团队由喻国明教授等领衔，在教学、科研等方面取得较大成就。在教学方面，已为国内该领域培养了很多高层次人才；在科研方面，该专业在理论与实务研究等方面都有较好的建树，出版了相当数量的著作、论文、研究报告等，获得学界和业界广泛认可，在全国处于领先地位。该二级学科主要研究方向是传媒经济理论与传媒经济实务。理论研究主要是解决在该学科发展过程中理论体系的完善问题，对传媒经济发展提出一些深入的、终极性的思考等；实务则贴近传媒经济实践展开，主要为解决传媒经济实践中遇到的问题提出相关可操作性建议等。

4. 中央财经大学

中央财经大学文化与传媒学院于2005年在应用经济学一级学科下自主设置传媒经济二级学科，主要侧重于将经济学与媒体研究相结合的研究，是新闻传播学、经济学和管理学等学科融合的交叉学科。该学科下设传媒政策、出版经济、财经媒体研究3个研究方向。该二级学科每年招收硕士研究生10人左右，学生就业去向主要是各类媒体企业，就业需求较好。

三、传媒经济与管理学科内涵

传媒经济与管理是一门新兴的应用型交叉学科，致力于传媒领域中的资源配置和实践操作等问题的研究，探讨传媒、经济和管理三者之间的相互关系及其发展变化规律。

传媒经济与管理学科以提高现代传媒经济和管理效益为中心，充分吸收传播学、经济学、管理学等领域的理论成果，合理借鉴系统论、信息论、控制论等系统科学思想，有效利用现代计算机与信息技术手段，经学科交叉融合而成。该学科以现代传媒经济管理现象和规律为研究对象，旨在探寻现代传媒产业和企业发展的方向与内在规律，以期通过符合客观规律要求的科学化管理来指导传媒产业和企业发展。

传媒经济与管理学科重点研究两个层面的问题：一是重点研究行为主体在传媒领域的经济选择行为，着重解决"是什么、为什么"的问题，从而揭示因传媒企业自身特性与产业属性而形成的现象及规律，主要采用经济学研究方法；二是重点研究传媒领域的管理活动，着重解决"怎么做"的问题，目标是实现传媒活动的"效率和效果"，重点是管理的程序、方法和手段，主要采用管理学研究方法。传媒经济与管理学科主要的研究方法包括：

（一）历史研究方法

历史研究方法就是运用传媒经济管理理论与实践的历史文献，全面考察传媒经济管理的历史演变，从中找出规律性的东西，指导学科和产业的发展。

（二）比较研究方法

比较研究方法就是对传媒经济与管理现象进行横向、纵向等分析比较，通过比较发现规律，从而更好地指导实践。

（三）案例研究方法

案例研究方法是对传媒经济与管理过程中的典型案例进行剖析，从中总结出传媒经济管理的规律、经验和方法。

（四）系统研究方法

系统研究方法就是用系统的观点来分析、研究传媒经济管理的现象与规律。

传媒经济与管理是一门新兴的交叉学科。该学科的主要理论基础包括新闻传播学、经济学和管理学。新闻传播学从信息与信息传播的角度研究传媒活动的行为与规律，经济学从资源合理配置的角度研究传媒产品的生产、交换、消费过程与机制，管理学从资源有效利用的角度研究传媒企业的经营管理与运作。传媒经济与管理学科是新闻传播学、经济学、管理学的有机融合而形成的新兴交叉学科，不是简单地将经济学、管理学的理论和分析方法嫁接到传媒领域，而是从人类传播活动和经济社会发展的本质出发，研究传媒与经济、管理的相互关系以及传媒经济发展变化的规律。学科的发展，必须植根于不断变化的人类实践活动和社会、经济、政治、文化的基础之上，因此，传媒经济与管理学科的理论基础还应包括哲学、社会学、政治学等学科内容。从更具体的研究角度和研究方法的角度看，和传媒经济与管理关系比较密切的学科包括：新闻学、传播学、产业经济学、政治经济学、宏微观经济学、企业管理、管理科学与工程、系统理论等，这些学科构成了传媒经济与管理的主要支撑学科。

四、北京印刷学院传媒经济与管理学科建设情况

传媒经济与管理是北京印刷学院依托新闻传播学在目录外自主设置的二级学科。该校1998年获得传播学硕士学位授权资格，2002年该学科被批准为北京市重点建设学科，在传播学下设有出

版产业与管理研究方向，重点研究出版产业经济与出版企业管理理论和现实问题，培养出版产业经营管理高级人才。10 多年来，出版产业与管理研究方向积累了一批重要的标志性成果，形成了体现"传媒类、应用型、行业性"的人才培养特色，大部分毕业生已经成为出版印刷企业、出版科研单位、政府主管部门的骨干人才。但随着我国新闻出版强国建设进程的加快，仅局限于研究方向层面的人才培养，已远远不能满足产业发展的需求。鉴于此，该校在出版产业与管理研究方向的基础上经过学科交叉融合，建设传媒经济与管理二级学科。

北京印刷学院传媒经济与管理学科是在出版产业与管理研究方向基础上逐步发展起来的，逐步形成了以出版印刷业为重点的传媒产业经济、传媒企业管理、传媒数字资源管理、文化产业管理 4 个研究方向。

（一）传媒产业经济

传媒产业经济以传播学、产业经济学等学科相关理论为基础，以现代传媒产业为研究对象，重点研究传媒产业的发展演变规律、产业政策、产业组织、行为、绩效、产业发展战略、产业竞争力分析与评价、中外传媒业发展比较等理论与实践问题，为相关政府部门提供产业政策咨询。

该方向结合新闻出版业发展和首都建设国际出版中心等重大理论和实践问题开展战略性、政策性、应用性研究，将经济学的研究方法运用到出版、印刷产业研究，形成了出版业体制改革问题研究、出版业发展战略问题研究、首都出版业发展问题研究、印刷业发展问题研究等研究领域。

（二）传媒企业管理

传媒企业管理以传播学、管理学等学科相关理论为基础，以现代传媒企业为研究对象，重点研究传媒企业的改革改制、战略规划、经营管理、资本运作、市场开发、国际化经营等理论与实践问题，为传媒企业管理现代化提供支撑。

该方向通过传播学科和企业管理学科的交叉融合，针对新闻出版等传媒行业，结合传媒企业管理现代化理论和实践问题开展研究，在出版印刷企业管理方面形成了特色鲜明的研究领域。

（三）传媒数字资源管理

传媒数字资源管理以传播学、计算机科学、管理科学等相关理论为基础，以传媒数字资源为研究对象，重点研究传媒企业数字资源的开发和利用模式、数字资源保护和版权运营管理模式、数字资源加工、存储和管理相关的信息技术标准、资源管理平台等理论和实践问题，为传媒业的数字化转型提供支撑。

该方向依托现代数字媒体技术和数字内容资源管理平台，紧密结合我国传统出版企业数字化转型的需要，开展有针对性的研究、教学与人才培养，服务传媒业的数字化转型和信息化发展。

（四）文化产业管理

文化产业管理以文化学、经济学和管理学等相关学科理论为基础，以文化产业为研究对象，重点研究文化产业的发展模式与文化产业政策，包括商业模式、管理模式、市场运作模式和支持文化产业发展的相关政策等理论和实践问题。

该方向综合运用经济学、管理学、文化学、传播学等理论知识，借鉴国外文化产业发展的模式，研究文化产业发展中的共性问题，注重如何将文化资源转化为产业资源，从理论上探讨分析文化产业发展中的规律性问题，从实践上开展具有操作性的文化产业规划设计与实施。

北京印刷学院传媒经济与管理学科结合现代传媒产业和企业人才培养需求，以构建北京印刷学院学科特色与优势为导向，依托北京出版产业与文化研究基地，以传播学、产业经济学和企业管理学为学科基础，运用现代经济学和管理理论与方法，研究我国传媒业发展的趋势与规律、现代传媒企业经营与管理、传媒数字资源开发与管理、文化产业发展模式与政策等理论与实践问题，为政府主管部门制定产业规划、产业政策提供决策参考，为传媒产业发展和改善企业经营管理、提高经济效益提供帮助。

五、传媒经济与管理学科发展前景

（一）传媒业的发展为传媒经济与管理学科发展提供了良好机遇

传媒经济是以传播媒介为中心或为主导而形成的各类经济活动的总称。传媒经济是一种新经济、信息经济，具有高技术特征。传媒业发展受到各国广泛重视，传媒产业已经成为国民经济的重要组成部分，在美国等西方发达国家，传媒业已超过许多传统的制造业成为国民经济的支柱性产业。根据《2011年中国传媒产业发展报告》提供的数据，2010年中国传媒产业的总产值为5808亿元，比2009年增长17.7%。报告预测，2011年中国传媒产业的总产值将达到6882.4亿元，传媒产业总值预计比2010年增长约18.5%。"十二五"期间，我国传媒业等文化产业在国家政策的扶持下将会迅速发展，这为传媒经济与管理学科发展提供了良好的发展机遇。

（二）学科交叉和融合将促进传媒经济与管理学科更快发展

传媒经济与管理学科是一门新兴交叉学科，它利用新闻传播学、经济学和管理学理论与方法来研究传媒、经济和管理三者之间的相互关系及其发展变化规律。随着现代市场经济和现代传播活动的发展，传媒和经济的关系越来越密切，传媒活动可以促进知识和信息的传播，沟通生产和交换、消费，促进生产要素的合理流动与有机结合，发挥其生产力功能；经济的发展，将促进传媒产品的消费和传媒生产的投资，促进传媒的发展。传媒和经济管理紧密的结合，一方面提出了大量的理论和现实问题需要回答，另一方面，产业的发展又需要大批既懂传媒又懂经济管理的复合型人才。从学科发展方面看，传媒经济与管理学科要充分吸收、借鉴现代经济学、管理学的理论成果，研究传媒活动的经济规律和管理规律，形成传媒经济与管理学科自身的研究对象、内容、方法与规范，从人才培养方面看，要从传播和经济管理两个主要的方面构建学生的知识体系，培养学生的综合能力和素质。学科交叉和融合将促进传媒经济与管理学科更快发展。

（三）技术进步和传媒企业的转型将引领传媒经济与管理学科未来发展

作为现代信息经济和知识经济的重要组成部分，传媒业的发展既受到信息技术革命的深刻影响，也经历着产业体制机制的改革和战略转型，正从传统的产业形态向现代形态转变。随着信息技术和互联网技术的发展，各种数字电视、数字广播、数字报纸、数字杂志以及各种移动媒体等新媒体迅速发展起来，新媒体的发展，改变了信息传播方式，也改变人们的消费方式，适应新媒体的发展，传统的传媒运作和商务模式、盈利模式都需要改变。传媒企业运营的国际化、品牌化、一体化趋势加强，各种新旧媒体相互融合，传媒企业并购加剧，形成了一批多元化的传媒集团，跨媒体经营成为可能。这些变化，将为传媒经济与管理学科发展提供丰富的研究课题和发展空间，技术进步和传媒企业的转型将引领传媒经济与管理学科未来发展。

【参考文献】

［1］郭鸿雁：《传媒经济运营与文化产业发展》，《经济研究导刊》，2008 年第 3 期。

［2］郑亚楠：《国外传媒经济与管理研究》，《新闻传播》，2008 年第 5 期。

［3］谭天：《试论我国传媒经济的研究》，《暨南学报》（哲学社会科学版），2007 年第 1 期。

［4］王英：《在改革开放中兴起的传媒经济》，《群众》，2008 年第 12 期。

［5］周鸿铎：《中国传媒经济理论及其发展》，《现代视听》，2007 年第 7 期。

［6］周鸿铎：《中国传媒经济的发展》，《中国经贸》，2006 年第 6 期。

［7］董山峰：《我国传媒经营人才奇缺》，《科技日报》，2005 年 6 月 19 日。

［8］江作苏：《把握传媒管理的人本走向》，《新闻前哨》，2010 年第 10 期。

［9］田萱：《中西传媒管理主体及其职能的比较》，《新闻知识》，2005 年第 11 期。

［10］耿成义：《传媒管理学建构：整合与实践原则》，《山东社会科学》，2004 年第 8 期。

（作者：李治堂，北京印刷学院经济管理学院）

第二篇　企业成长与商业模式创新

生物医药产业市场参与主体的发展路径探析

企业作为产业技术创新的主体和先进生产力的推广应用主体，其个体发展汇聚形成产业的发展脉络。生物医药产业是一个由众多企业构成的产业链条，药物发现、临床前/临床试验、药物制造和销售每个环节上都有大量的参与者，它们专注的价值链环节不同，产出的产品特性不同，所开展的具体活动也不同。历数每一个企业在生物医药市场中所扮演的角色和发挥的作用是一个不可能完成的任务，但可以根据企业专注的活动领域、自身的规模、在产业价值链中的地位、产出产品的特性等要素，将其划分为跨国公司及大型制药企业、小型制药企业、独立研发公司等类型。本文对生物医药市场的主要参与者——跨国公司和大型制药企业、小型制药企业以及独立研发公司的发展历程分别予以探讨，从中管窥生物医药产业发展的道路。

一、跨国公司和大型制药企业的发展路径

1. 全球制药巨头的发展历程中并购不断，高潮迭起

全球跨国公司和大型制药企业一直进行着各种各样的兼并和收购活动，尤其是进入 20 世纪 80 年代以来，这种趋势在经济全球化的驱动下进一步得到加强。1989 年 7 月，美国的史克公司和英国的必成公司两大集团宣告合并，销售额稳居全球前 20 位的史克必成公司正式诞生。这次合并造就了一个跨洲的大型制药企业，也掀开了接下来 20 多年的并购序幕。1994 年罗氏花费 53 亿美元收购 Syntex 制药，使其成为罗氏在美国加州帕洛阿尔托的研发中心。1995 年，葛兰素出资 143 亿美元收购威康，1996 年，合并后的新公司葛兰素—威康在伦敦股票交易所中的市场资本达到 336 亿英镑，排名第三，成为拥有 5 万多名员工的、世界最大的药物研究企业。1996 年山德士以 301 亿美元收购了汽巴嘉基公司，二者合并成为如今大名鼎鼎的诺华公司，这单并购交易至今仍是历史上最大的公司并购案之一。1989~2009 年制药巨头主要并购案见表 1。

表 1　1989~2009 年制药巨头主要并购案

年份	并购对象	并购者	交易价值/亿美元
1989	史克必成公司	必成集团公司	79.22
1989	施贵宝	百时美	120.94
1994	Syntex	罗氏	53.07
1995	威康	葛兰素	142.84
1996	汽巴嘉基	山德士	300.9
1998	阿斯特拉默克	阿斯特拉	61
1998	Corange	罗氏	102
1999	阿斯特拉	捷利康	346
2000	沃纳—兰伯特	辉瑞	892

年份	并购对象	并购者	交易价值/亿美元
2000	史克必成	葛兰素威康	790
2002	法玛西亚	辉瑞	600
2004	安万特	赛诺菲	638
2006	先灵	拜耳	213
2006	雪兰诺	默克	133
2007	MEDI	阿斯利康	156
2009	惠氏	辉瑞	680
2009	先灵葆雅	默克	411
2009	基因泰克	罗氏	468

进入 21 世纪，制药巨头再掀并购浪潮。2000 年，辉瑞制药与沃纳—兰伯特合并，并购金额近 900 亿美元，新辉瑞首次成为全球第一大制药公司。2009 年被称为是"药企并购年"，辉瑞以 680 亿美元并购惠氏，默克以 411 亿美元收购先灵葆雅，瑞士制药巨头罗氏以 468 亿美元的总交易额实现了对基因泰克的全面控制。

2. 跨国公司和大型制药企业的发展史是一部"并购"史

大型制药企业多年来持续不断的并购行为极为有力地说明，面对企业发展的战略选择，除了通过内部能力的挖掘促进企业成长外，制药巨头们将并购视为最有效的"医药"，兼并和收购是其加强新药研发实力、优化资源配置、增强市场竞争力，从而谋求更大发展的重要途径和有力手段。在生物医药产业，跨国公司和大型企业的发展史也是一部企业不断兼并和收购的历史。

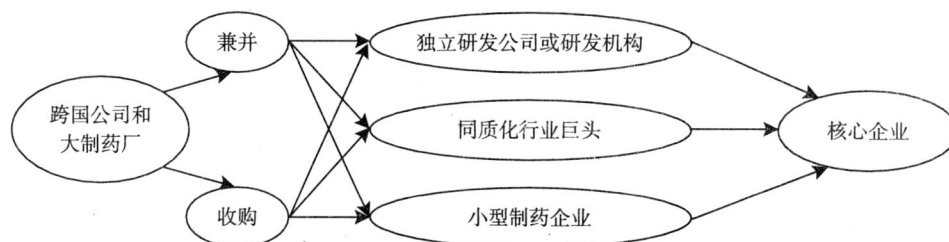

图 1　跨国公司和大型制药企业的发展路径

通过对同质化的行业巨头、小型制药企业以及独立研发公司或研发机构的兼并和收购，跨国公司和大型制药企业增强了技术研发实力，扩大了市场份额，节约了成本，促进了产品和要素的跨国流动，使资源得到了合理配置，企业竞争力得到提升。辉瑞无疑是并购成功的典范。20 年前，辉瑞在全球生物医药公司的排名中还处于十名开外，而如今连续几年位居顶峰位置，这一成绩不能不归功于 21 世纪初辉瑞对沃纳—兰伯特和法玛西亚药厂两家企业的并购。与沃纳—兰伯特的合并使辉瑞获得了多年来蝉联最畅销药品榜首的著名降脂药——立普妥，辉瑞四分之一的销售收入来自立普妥。而对法玛西亚药厂的并购使辉瑞拥有了抗关节炎药物西乐葆和 Bextra，作为辉瑞的主打镇痛药，仅 2004 年一年，Bextra 就为辉瑞进账 13 亿美元。并购使辉瑞获得了重量级产品和前所未有的行业地位，从某种意义上来看，这也正是制药企业并购的主要目的。并购也是制药企业提高全球药品市场份额的捷径。葛兰素在与威康公司合并前，主要在肠道、呼吸系统用药以及抗生素、心血管等 7 个治疗领域具有优势，而威康则以抗病毒、痛风、抗癌等 8 个方面的药物见长，合并使新成立的葛兰素威康公司覆盖了 15 个治疗领域的药品生产。2000 年，葛兰素威康与史克必成再次合并，两者的结合使新公司葛兰素史克的产品覆盖更加全面，市场份额大大增加，以接近7%的比重成为全球生物医药产业之冠。同时，并购带来的最直接效果之一就是减少成本支出，据麦肯锡统计，生物医药企业的并购行为可以节约15%~25%的研发费用、5%~20%的制造费用以及15%~50%的销售费用，再加上对管理费用20%~50%的降低，合计可以达到并购企业价值的三成到四成。

二、小型制药企业的发展路径

小型制药企业不仅在规模与实力方面同跨国公司和大型制药企业相比有一定差距，在盈利能力上，与大型制药企业也有较大的差距，主要表现为其产品以仿制药或非处方药为主，创新含量低，药品的附加值低。造成这一情况的重要原因是小型制药企业往往以低成本制造或是地区性的药品销售见长，其活动主要集中在生物医药产业价值链的制造和销售两个环节，而新药研发能力十分低下。在生物医药市场上，小型制药企业的生存和发展壮大通常遵循两种路线：一是向产业价值链的前端展开突破，拓展企业的研发能力，通过专利药的开发及生产、销售提升盈利能力；二是在产业价值链的后端做文章，强化企业的营销能力，通过品牌效应的树立、营销渠道的扩大提升盈利能力。

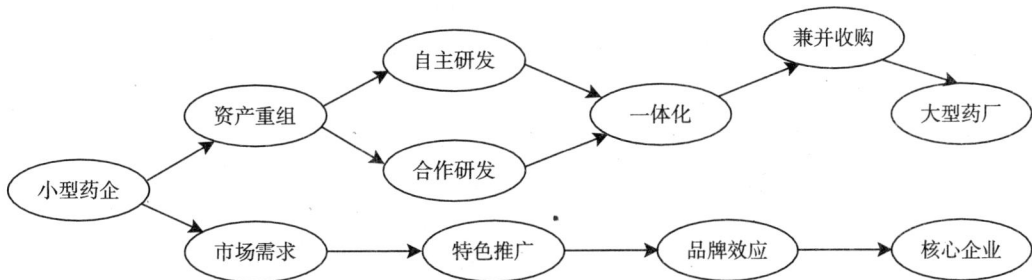

图 2　小型制药企业发展路径

1. 扩展研发能力形成一体化的大型制药企业

新药的开发需要高投入，这是大型制药企业已经验证的事实。不具有充足资金的小型制药企业，首先通过资产重组逐步扩大企业规模，聚积资本优势，进而加大在药品研发领域的投入，挖掘内部研发能力或借助独立研发公司、各类研发机构，扩展企业新药研发能力，从而实现从小型制药企业向一体化大型药厂的发展演变。

梯瓦的成长过程是这一路径的极好实践。1935年，梯瓦制药在博赫纳—李文—艾尔斯汀公司的基础上成立。"二战"结束后以色列政府的一系列产业促进措施，令新生的梯瓦制药快速成长，完成了最初的创业期和资本积累阶段。为了提高运营效率并将更多的资源投入到仿制药的生产中，梯瓦开始了一次次大规模的兼并重组，随之而来的是企业规模的扩大以及新出口机会的出现。然而，仿制药历来是一种相对利润较低的经营业务，进行原创药物的开发成为了梯瓦制药改善利润水平的重要举措。20世纪90年代之后，梯瓦开始了专利药物开发的尝试，为了避开常见病治疗用药开发的竞争，梯瓦将目光放到了那些患病人数稀少的市场上，希望在竞争相对不激烈的市场上获得专利药优势，赢得更多的发展空间。同时，《罕用药物法》帮助梯瓦实现了以较小投资试水创新药物领域的梦想。1997年，梯瓦制药的第一个原创药物Copaxone在经历了多年的临床研究之后上市，Copaxone主要用于治疗多发性硬化症，是当时第一个专门为多发性硬化症患者开发的针对性药物，为梯瓦带来了意想不到的收获，成为其最重要的摇钱树。梯瓦的第二个专利药物是治疗帕金森病的 Azilect，它于 2006 年面世，目前其整体销售规模在数亿美元。

小型制药企业的发展是一个十分艰辛的过程，由于其产品的技术含量相对较低，进入单一治疗领域市场显得较为容易，这往往会带来空前激烈的竞争环境，不具有研发能力的小型制药企业只能牺牲药品价格，结果带来的是销售额与利润的损失。梯瓦在其成长扩张的过程中避免了这样的问题，因为它除了比竞争对手具有更多的仿制药优势外，还具有产业价值链高附加值环节的专利药研发能力，并通过 Copaxone、Azilect 等产品为自己带来了更丰厚的利润。

2. 强化品牌效应形成规模较大的核心企业

制药企业想要实现向产业价值链上游的研发领域扩展，需要充足的资金和技术积累，而满足这一条件对于很多小型制药企业特别是创建初期的企业而言相当困难。因此，更多的小型制药企业倾向于在资金和技术需求相对较弱的产业价值链后端环节——销售上做文章，从研究市场需求着手，进行有特色的市场推广，强化品牌效应，通过创造更多的药品附加值来不断提高企业的盈利能力，实现规模化发展，建立其在同类企业中的核心地位。

仁和制药的企业发展路径就呈现出这样的轨迹：小型制药企业借助媒介的力量进行市场推广，促进核心产品从区域性品牌成长为全国性品牌，以品牌效应带动企业成长。仁和药业在成立之初毫无悬念地面临资金周转不灵、销量不佳的困难，特别是产品在市场上的同质竞争，让这个小型生物医药企业几乎找不到生存之路。企业创始人杨文龙意识到，只有适销对路的产品才能有市场。因此，以市场需求为核心生产药品和积极进行市场推广就成为仁和成长的两个"抓手"。在经过市场调查分析，成功开发出妇炎洁、可立克、优卡丹等产品的同时，仁和先后在皖、浙、湘、鲁、鄂五省台和中央电视台大规模投放广告，"仁和药业"开始在人们的视野中频繁出现。仁和采用了医药行业很少采用的娱乐营销手法，"闪亮新主播"节目为"闪亮滴眼露"带来了 8 倍于以前的销量，代言人周杰伦更是给"闪亮滴眼露"带来了大量的年轻消费者。仁和特色的市场推广，强化了品牌效应，使仁和药业在同类企业中脱颖而出，具有明显的竞争优势。

对于在仿制药和非处方药领域打拼的众多小型制药企业而言，产品雷同、创新性低是其面临的共同问题，如果企业没有能力或者并不立志于在创新药品的研发方面有所作为，那么，从众多同类仿制药中突围而出的有力武器无疑就是品牌效应。

三、独立研发公司的发展路径

技术和资本是独立研发公司成长的两大关键因素，从全球生物医药领域独立研发公司的产生过程来看，它们大都遵循着"科学家+风险资本"的创办模式。但在公司后来的成长演变过程中，为了获得药品研发所需要的巨大资金，不同企业开始沿着不同的发展道路前进。典型的路线有：

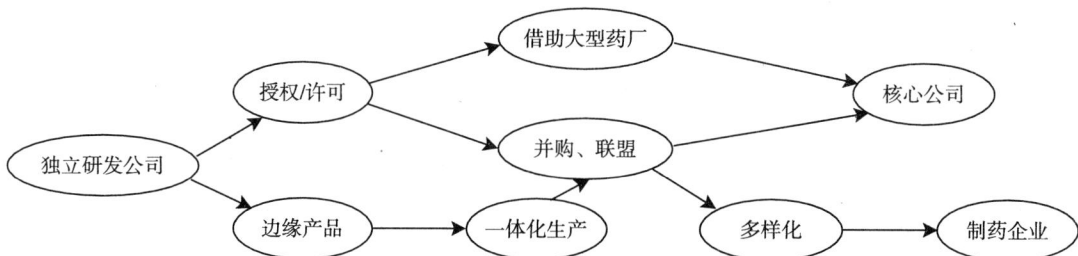

图 3　独立研发公司的发展路径

一是借助跨国公司和大型制药企业的力量发展；二是通过并购和联盟扩张企业实力；三是从边缘产品入手，通过研发罕见药物进而成长为一体化制药企业。

1. 借助跨国公司和大型制药企业

虽然在 2009 年最终被罗氏完全并购，但基因泰克依靠大型制药企业、以研发优势换取财务支持和销售网络的模式被众多新兴的独立研发公司广泛借鉴。基因泰克创始人是生物化学家赫伯·博伊尔博士和风险投资家罗伯特·斯万森。企业成立之初，主要通过授权专利和研究成果的方式获得发展所需的资金。1982 年，基因泰克将第一种 DNA 重组药品人工胰岛素的特许权授予礼来公司。1984 年，抗血友病因子的实验室产品问世，随后，基因泰克将其全球生产和销售权授予了 Cutter Biological 公司。1986 年，公司将 Roferon（R）-A 的商标授权霍夫曼—罗氏公司的干扰素 α-2，从 FDA 获准用于毛状细胞白血病治疗。到 1988 年，公司的总收入达到 3.4 亿美元，总资产和净资产分别达到 6.7 亿美元和 4.0 亿美元。但是，这些收入远远不能满足公司新药研发、药品规模化制造和建立营销网络的资金需求。特别是 20 世纪 80 年代末期，基因泰克由于大量投入纤溶酶原激活剂 Activase 的研发，一度出现了穷困潦倒的窘况。此时，董事会做出了一个果断大胆而又略有无奈的决定：将公司的六成股份以 21 亿美元出售给了罗氏制药。借助罗氏稳健的财务支持和强大的海外销售及市场营销网络，基因泰克迅速发展。这一决定一方面为基因泰克获得了继续投资新产品的经费，另一方面直接带来了公司发展路径的历史性转折。

2. 通过并购和联盟扩张企业实力

吉利德公司成立于 1987 年，是一家世界领先的艾滋病毒和传染病治疗药物研发的独立公司。在二十多年的发展过程中，凭借并购以及广泛的研发与市场联盟，吉利德极大地扩大了产品优势和影响，成长迅速，成为当今最著名的生物医药独立研发公司之一。

吉利德在创建之初是极其艰难的，公司采取发行股票等多种融资手段度过了困难期。1996 年 6 月，吉利德的第一个商业化产品 Vistide 面世，吉利德自己负责该产品在美国的销售，而将国际市场销售权授予法玛西亚公司。吉利德还将著名的抗流感药物达菲的所有商业权益与制造权出售给瑞士罗氏制药公司。这些药品为吉利德早期的销售业绩立下了汗马功劳。然而，公司在这一阶段的发展还是相对缓慢的，到 1999 年，吉利德的资产还只有 10 亿美元，收入仅为 2400 万美元。1999 年是吉利德并购之路的起点，公司在仅有 10 亿资产的情况下，出资 5.5 亿美元收购了 NeXstar 公司。尽管收购行为看起来有些冒进，但吉利德公司由此获得了欧洲的销售网络和一种抗真菌药物 AmBisome。2002 年，吉利德收购了 Triangle 制药公司，并由此获得了抗艾滋病药物 Emtriva。2006 年，公司以每股 52.5 美元现金收购 Myogen 公司，交易总额为 25 亿美元。同时，吉利德还同制药企业和其他独立研发公司开展广泛的合作，与百时美施贵宝、默克、葛兰素史克、辉瑞以及日本田边公司均建立了市场或研发合作联盟关系。通过并购和联盟，吉利德收获了丰富的产品组合，建立起全球性营销网络，增加了企业盈利能力。

3. 从罕见药品入手渐进式自主发展

1981 年健赞公司成立于波士顿，从成立之初，健赞就一直致力于罕见病领域的医药产品研发。经过了近 30 年的发展，健赞已经缔造了一个神奇的罕用药王国，其以罕用药为主，逐步实现产品多元化和企业纵向一体化的发展策略使其发展历程独树一帜。

健赞在 20 世纪 80 年代初成立时，主要从事科学基础和商业应用研究，是一家典型的独立研发公司，但与大多数独立研发公司不同，健赞选择了罕用药的研发。罕用药的研发往往获得国家在政策的扶持，因而对资金的需求相对较小，在发展过程中很少遇到资金压力。随着产品研发的延伸，罕用药制造规模小、销售网络简单的特征又为健赞实现一体化创造了极好的机会，公司的独立性一直牢牢掌握在健赞自己手中。1985 年，Ceredase 注射液以"罕用药"的身份上市，为公司带来了 1000 万美元的销售额。1994 年，Ceredase 的替代产品 Cerezyme 获得 FDA 的上市许可，这年公司的销售额达到了 3.1 亿美元。到 20 世纪 90 年代末，健赞公司的销售收入达到 6.35 亿美元，拥有员工近 4000 人，逐步从成长阶段进入成熟发展时期。健赞虽然在 20 世纪 80~90 年代也进行了一些并购活动，但主要是并购与原药品相关的实验室、独立研发公司和生产厂家，如在 1989 年合并了从事诊断产品和诊断测试产品研究的综合基因公司 Integrated Genetics，1994 年收购了 BioSurface 研发公司，另外还收购了瑞士一个肽生产厂房，并购行为显得十分谨慎。进入 21 世纪，健赞的发展已形成了一定的规模，2001 年公司销售收入接近 10 亿美元。在具备足够的生产能力和完善的营销网络后，健赞的并购和联盟活动开始活跃起来，并购目的也从支撑已有业务转向对新领域的探索。从 2000 年以来，健赞的产品呈现多样性，除了拳头产品 Cerezyme 之外，已经在各个领域都有上市药品。2008 年初，健赞的市值达到了 210 亿美元，在 Pharmexec 统计的全球 50 强制药企业中排名第 32 位。

【参考文献】

［1］李天柱、银路、成跃：《美国生物制药企业的发展路径研究及其启示》，《中国软科学》，2010 年第 5 期。

［2］黄东临：《医药经理人》，《梯瓦就是一切》，2010 年第 6~7 期。

［3］科学技术部社会发展科技司：《生物医药发展战略报告——产业篇》，科学出版社，2009 年。

［4］李亦菲：《并购狂人辉瑞之困：1+1 真能大于 2 吗?》，《南方都市报》，2009 年 3 月 5 日。

［5］黄丁毅：《仁和药业：娱乐营销铸就 OTC 品牌》，《医药经济报》，2010 年 8 月 13 日。

（作者：王健聪，河南大学工商管理学院）

纺织服装企业生存状态评价指标体系构建研究：以中国 A 股上市公司为例

　　每个企业在商品经济的浪潮中都面临着生存的压力与危机。生存是发展的基础，只有生存下来才能求得发展。纺织服装业是我国国民经济的传统支柱产业和重要的民生产业，也是国际竞争优势明显的产业，还是受国际市场和环境影响大的产业。该行业的企业良莠不齐，生存状况不一。客观地评价纺织服装行业企业的生存状况对企业及政府有效应对外在风险，提升发展基础，赢得竞争优势大有裨益。

一、生存状态与企业生存状态评价

　　"生存状态"这个词汇最早在船舶工程和医学中使用。在船舶工程（一级学科）和海洋油气开发工程设施与设备（二级学科）中的生存状态（Survival Condition）是指海洋工程结构物在风暴环境中承受与生存环境条件相应载荷的状态。在医学和生物学中也常用生存状态这个词汇，是指生物和人的生活情况，及周围环境对其的影响。在社会学中也有生存状态的用法，一般是指某种社会群体在社会中的总体地位和状况。

　　从上述三个"生存状态"词汇使用的语境可以看出，生存状态这一词汇的核心内涵是指客观物体或者生物体在特定条件和因素影响下呈现的一种存续和发展的状况。将"生存状态"一词延伸到企业中去，就是指企业在一定的外部条件和内部因素综合作用下所呈现的存续和发展的现有状况与未来趋势。企业生存状态是企业所处的外部环境与内部条件综合作用的结果。企业的外部环境最终要通过作用于企业内部产生作用，或者说，企业生存状态的外在体现是内外部共同作用的结果。

　　本文拟从企业的内部视角切入研究并评价企业的生存状态。首先以共相理论为基础，采用类比推理的方法，构建企业生存状态原始评价指标体系；然后运用主成分分析的方法验证性分析原始指标体系因子结构，得出修正的三层次企业生存状态评价指标体系结构；最后以每个主成分对应的方差贡献率占所提取主成分的方差贡献率之和的比例作为权重，建立主成分综合模型，得出指标体系中各因子的贡献率，为纺织服装企业的生存状态评价提供具体模型。

二、纺织服装企业生存状态原始评价指标体系的提出

　　惠更斯通过对声波与水波的类比，提出了光波动说；詹纳受倒挤奶工人感染了牛痘之后不患

天花的启发，发现种牛痘后可以预防天花。现代出现的仿生学，也是在运用类比推理的基础上发展起来的，例如，类比蝙蝠而提出了超声波定向的思想，类比响尾蛇而提出了红外线制导的思想等。

所谓类比推理得基本原理是：根据两个或两类事物的某些属性相同或相似、某一事物还有另外属性，进而推论另一事物也有这样的属性的推理。类比推理的客观基础是事物的可比性和事物属性间的联系、制约。正因为事物存在着可比性，才可能从两事物某些属性相同，去推知另一些属性也相同。客观事物都有这样或那样的属性，几个属性之间也并不是孤立存在的，而总是相互联系和相互制约的。某些属性的存在，就决定着另外属性的存在。因此，可以利用 A 事物几个属性间的联系、B 事物有 A 事物的一部分属性，去推知 B 事物也具有 A 事物的另外属性。

通过类比推理我们发现，在现实生活中，企业就像人似的"生存着"，企业管理与人体运转之间也有着许多惊人之处。我们可以将企业的生存类比为人的生存，找出影响企业生存状态的关键因素，为构建企业生存状态评价指标体系提供基础。人的生存状态的好坏可以从机体状态、心理状态和行为状态三方面来看。依次，我们可以将人的机体状态类比为企业组织的运作状态、将人的心理状态类比为企业的文化与创新状态，将人的行为状态类比为企业的经营行为与经营倾向，具体如表 1 所示。

表 1　企业生存状态的相似归并类比推理

要素	参照模型 人的生存状态	类比 对应于	对象模型 企业生存状态
要素联系方式及其功能	机体状态 年龄 骨骼 血液系统 整体机能 自我修复机能 成长机能 创新能力 心理状态 行为状态 性格特点	相似于	企业组织 成立年限 规模 资金状况 营运能力 偿债能力 成长能力 研发能力 企业文化 经营风格 经营稳健性 多元化程度

（一）企业机体状态类影响因素与指标

管理界普遍认为，组织像任何有机体一样，存在生命周期。在组织生命周期的不同阶段，企业的生存状态是明显不同的。1972 年，格林纳（Greiner）提出了组织成长与发展的五阶段模型（后又补充了一个阶段），他认为，一个组织的成长大致可以分为创业、聚合、规范化、成熟、再发展或衰退五个阶段。每阶段的组织结构、领导方式、管理体制、员工心态都有其特点。每一阶段最后都面临某种危机和管理问题，如在创业阶段的"领导危机"，聚合阶段的"自主性危机"，规范化阶段的"失控危机"，成熟阶段的"官僚主义危机"，衰退阶段的"变革危机"，都要采用一定的管理策略解决这些危机以达到成长的目的。由此可见，企业成立的年限是企业生存状态的重要影响因素。

根据《企业绩效评价操作细则（修订）》可知，企业可以运用财务指标包括企业规模实力、盈利能力、偿债能力、运营能力以及成长能力五个方面来衡量企业的机体状态，即企业的经营状况。

（二）企业心理状态类影响因素与指标

根据相似类比推理可知人体心理状态相似于企业文化，企业文化浸润的结果也是形成企业核心价值观及一系列规范的行为和主张。创新作为企业的核心价值观已不再是一个新名词。创新能力是企业能力的精髓，特别是对技术要求比较高的中小企业来说，企业要想发展壮大，成长为大企业，就要进行创新，加深对技术创新的认识，从而使企业能形成自己的核心技术，研发出高附加值的产品，才有更大的利润空间。企业研发投入体现创新意愿与能力，已有大量学者对创新与企业机体状态（财务评价指标）之间的相关性做了深入细致的研究，发现二者呈正相关关系。因此，本文将企业创新意愿（能力）作为企业心理状态评价指标。

（三）企业行为状态类影响因素与指标

1. 成长性

一般而言，企业的成长性影响因素包括行业优势、产品优势、财务状况、决策体系及开拓精神等内部因素，以及宏观调控、市场需求、优惠政策和集团控股优势等外部因素。在已有的对企业成长性理论及实证分析研究中，成长性评价通常从资产、利润和销售收入三个方面，采用增长率指标来进行。

2. 经营稳健性

纷繁复杂、动荡不定的外部环境会对企业持续经营构成实质性影响，只有那些对外部环境变化反应迅速且应对能力较强的企业才能生存和发展。Robert Lensink 和 Paul van Steen（2005）研究得出不确定性和风险在很大程度上通过影响成长机会的多寡来影响企业对环境的判断，小企业在不确定性加剧时丧失成长机会，投资积极性降低，经营业绩也会受到影响。John Stuart Mill 认为中小企业能否生存和发展，关键在于其对环境变化反应的灵敏性和有效性，即对环境的适应能力。

3. 多元化经营程度

实施多元化经营是企业发展到一定阶段与程度的必然选择。特别对于依赖出口的纺织服装企业来说，发达国家设置的种种针对性的非关税壁垒限制，使得企业要获得生存和发展，必须实施多元化经营战略管理。然而，企业要实施多元化战略，必须致力于寻找自身核心竞争力可以发挥作用的经营领域，而不应该涉足核心竞争力难以作用的经营领域。以核心竞争力为基础开展多元化经营，把核心竞争力延伸到力所能及的范围，最终在各个领域取得成功。从这个角度来说，企业多元化经营是衡量企业行为状态的正向指标。

综上，纺织服装企业原始生存状态评价指标如表2所示。

表 2　原始企业生存状态评价指标表

	一级指标	二级指标	三级指标
企业生存状态评价指标体系	企业机体状态（A）	A1 成立年限	
		A2 规模实力	A21：资产总额　　A22：主营业务收入 A23：利润总额　　A24：员工总数
		A3 盈利能力	A31：净资产收益率　　A32：主营业务利润率 A33：营业利润率　　A34：总资产报酬率 A35：每股收益　　A36：每股净资产 A37：每股资本公积
		A4 偿债能力	A41：流动比率　　A42：速动比率 A43：资产负债率　　A44：产权比率
		A5 营运能力	A51：存货周转率　　A52：流动资产周转率 A53：应收账款周转率　　A54：总资产周转率

续表

一级指标	二级指标	三级指标
企业生存状态评价指标体系	企业心理状态（B）　B1 创新倾向	B11：研发人员所占比例 B12：研发投入比例
	企业行为状态（C）　C1 成长性	C11：成长指数 C12：主营业务收入增长率
	C2 经营稳健性	C21：盈利变异系数
	C3 多元化程度	C31：Herfindhal 指数

三、纺织服装企业生存状态指标体系的构建

本文主要在原始指标体系的基础上，采用上市公司的财务数据，用主成分分析的方法探索指标体系的合理性。

（一）数据来源与样本选择

本文所选取的样本是在沪深两市上市的纺织服装板块公司，选取样本的基本原则是：截至2009 年 12 月 31 日所有在上海证券交易所和深圳证券交易所交易的纺织服装板块公司。根据沪深两市的资料，截至 2009 年 12 月底，共有纺织服装上市公司 60 家。选取的数据主要来源于北京大学中国经济研究中心 sinofen 数据库提供的我国上市公司数据和公开的上市公司数据，其他数据根据相关资料计算得出。其中，由于缺少星期六、罗莱家纺、富安娜三家公司 2009 年之前的盈利数值，不能计算出盈利变异指数这一数值，因此在进行主成分分析的时候，我们将这三家公司剔除。最后共计采纳样本数 57 家。样本主要集中在东部，这与我国纺织服装行业布局与经济发展水平基本相称。

（二）数据统计过程与方法

本研究主要采用软件 SPSS 16.0 进行统计分析。首先进行探索性研究的数据质量分析，探讨计量模型的信度和效度；然后进行聚类分析，探讨变量间的关系；最后总结探索性研究的结果，验证前文提出的指标体系假设。

（三）变量数据含义与计算方法

根据本文提出的企业生存状态的可能影响因素与原始指标，我们以原始指标体系中的 25 个变量为基础进行主成分分析，验证这些指标是否是构成企业生存状态评价体系的指标，并且探索这些指标之间的因子构成结构，以修正原始指标体系，构建基于实证基础上的、科学的企业生存状态评价指标体系。

（四）变量描述统计结果

研究所需变量的描述性统计分析如表 3 所示。在表 3 中列示了样本中 25 个输入变量的名称样本数、最大值、最小值、均值以及标准差的计算结果。

表3　变量描述性统计结果表

变量名称	样本数	最小值	最大值	均值	标准差
VAR00001	57	280.07	1.23E6	1.7325E5	2.13222E5
VAR00002	57	206.19	4.19E6	2.8979E5	5.57515E5
VAR00003	57	−5.64E4	4.10E5	1.5275E4	56515.09996
VAR00004	56	33.00	47109.00	5.2103E3	7606.01695
VAR00005	57	−38.27	40.39	5.9589	9.86537
VAR00006	57	−54.23	50.12	15.7668	14.45630
VAR00007	57	−99.80	142.61	4.6199	26.50928
VAR00008	57	1.78	65.93	22.2751	13.98018
VAR00009	57	−0.91	1.47	0.1574	0.33520
VAR00010	57	−2.25	8.49	2.8568	1.63199
VAR00011	57	0.01	5.69	1.2585	0.96653
VAR00012	57	0.15	9.70	1.7392	1.69147
VAR00013	57	0.06	8.55	1.2477	1.55462
VAR00014	57	8.38	215.96	48.9426	29.98167
VAR00015	57	−177.62	509.30	1.0740E2	107.65737
VAR00016	57	0.00	27.78	4.6694	4.74260
VAR00017	57	0.00	3.25	1.3596	0.74796
VAR00018	57	0.12	67.72	12.4529	10.78485
VAR00019	57	0.02	1.86	0.7013	0.37682
VAR00020	57	2.00	37.93	9.0095	6.58097
VAR00021	57	0.01	22.35	4.2411	4.13755
VAR00022	57	−16.66	25.62	−0.3759	5.01482
VAR00023	57	−0.81	12.81	0.2116	1.72848
VAR00024	55	−9.30	8.78	−0.0120	2.60106
VAR00025	57	0.21	1.00	0.7266	0.24586

（五）相关分析

根据主成分统计分析的方法与步骤，我们首先检验变量间的相关性，常用的验证变量间相关性的方法是进行 KMO and Bartlett's 检验。我们通过 SPSS16.0 软件计算得出，KMO 样本测度值为 0.872，高于 0.5 的可做因子分析的最低标准，同时 Bartlett 半球体检验小于 0.001，拒绝相关矩阵为单位矩阵的原假设，也支持因子分析。具体分析结果如表4所示。

表4　变量 KMO and Bartlett's Test 分析结果

Kaiser−Meyer−Olkin Measure of Sampling Adequacy		0.872
Bartlett's Test of Sphericity	Approx. Chi−Square	1092.262
	df	25
	Sig.	0.000

（六）因子抽取分析

1. 正交旋转与载荷分析

首先按照特征根大于1的原则和最大方差法正交旋转进行因素抽取。

经七步迭代，提取出7个公共因子，正交旋转后的企业生存状态指标因子载荷矩阵如表5所示。表 6 为总方差解释结果。通过表 6 可知，本文提取了 7 个主成分，且此 7 个主成分的累积贡献率已达到 73.454%，能将原变量的大部分信息反映出来，即 m=7。因此，采纳该结果。

表 5　企业生存状态指标因子载荷

Component Matrix							
	Component						
	1	2	3	4	5	6	7
资产总额	0.875	−0.174	0.209	0.001	0.015	0.044	−0.215
主营业务收入	0.852	0.010	−0.270	−0.333	0.116	0.008	−0.059
利润总额	0.804	0.111	−0.363	−0.290	0.096	−0.049	0.052
员工总数	0.784	0.286	−0.128	−0.354	−0.066	0.081	0.035
成长指数	0.783	0.228	−0.279	−0.143	0.285	−0.088	−0.011
主营业务收入增长率	0.752	−0.098	0.185	0.333	−0.298	−0.292	0.100
净资产收益率	−0.047	−0.840	0.194	−0.071	0.146	0.173	0.166
主营业务利润率	−0.080	−0.826	0.232	−0.112	0.143	0.194	0.214
营业利润率	0.330	−0.692	0.261	−0.248	−0.067	0.039	−0.171
流动比率	−0.121	0.681	−0.433	0.148	0.066	0.349	0.146
总资产报酬率	0.321	−0.595	0.130	0.081	0.088	0.387	−0.016
每股收益	0.209	0.036	0.796	0.390	0.317	0.045	−0.286
每股净资产	0.052	0.454	0.719	−0.093	−0.169	0.235	0.112
每股资本公积	−0.016	0.554	0.671	−0.138	−0.004	−0.034	−0.022
速动比率	−0.124	0.329	0.238	−0.638	−0.133	0.090	0.220
资产负债率	0.443	−0.080	−0.084	0.590	−0.228	−0.290	0.307
产权比率	0.339	0.242	0.358	0.576	0.247	0.037	−0.287
存货周转率	−0.175	0.136	0.033	0.553	0.320	0.247	−0.051
流动资产周转率	0.136	0.382	−0.075	−0.524	−0.255	0.059	−0.374
应收账款周转率	0.088	0.332	0.420	−0.175	0.520	−0.184	−0.024
总资产周转率	−0.325	0.117	−0.094	−0.013	0.511	−0.373	−0.006
研发人员所占比例	−0.229	−0.048	−0.021	−0.128	0.322	−0.709	−0.274
研发投入比例	0.192	0.293	−0.211	0.063	0.328	0.668	0.309
盈利变异系数	0.419	0.144	0.215	0.231	−0.082	−0.220	0.578
herfindha 指数	−0.040	−0.037	−0.032	0.257	−0.268	0.363	−0.491

表 6　总方差解释

Component	Initial Eigenvalues			Extraction Sums of Squared Loadings		
	Total	% of Variance	Cumulative %	Total	% of Variance	Cumulative %
1	5.353	21.411	21.411	5.353	21.411	21.411
2	3.847	15.389	36.800	3.847	15.389	36.800
3	2.691	10.763	47.563	2.691	10.763	47.563
4	1.862	7.449	55.012	1.862	7.449	55.012
5	1.747	6.988	61.999	1.747	6.988	61.999
6	1.556	6.223	68.222	1.556	6.223	68.222
7	1.308	5.232	73.454	1.308	5.232	73.454
8	0.971	3.595	89.211			
9	0.689	2.553	91.765			
10	0.576	2.133	93.897			
11	0.467	1.731	95.629			

Component	Initial Eigenvalues			Extraction Sums of Squared Loadings		
	Total	% of Variance	Cumulative %	Total	% of Variance	Cumulative %
12	0.383	1.419	97.048			
13	0.289	1.069	98.117			
14	0.241	0.891	99.008			
15	0.102	0.376	99.384			
16	0.082	0.303	99.687			
17	0.061	0.226	99.913			
18	0.023	0.087	100.000			
19	3.32E−016	1.23E−015	100.000			
20	2.09E−016	7.75E−016	100.000			
21	1.48E−016	5.50E−016	100.000			
22	−1.95E−017	−7.24E−017	100.000			
23	−4.13E−017	−1.53E−016	100.000			
24	−6.32E−017	−2.34E−016	100.000			
25	−2.41E−016	−8.94E−016	100.000			

2. 因子抽取与命名

根据因子分析的结果可知，在本文提出的所有企业生存状态评价指标通过主成分分析的方法可以抽取出 7 个因子。变量资产总额、主营业务收入、利润总额、员工总数、成长指数、主营业务收入增长率可以汇聚于一个因子 1；变量净资产收益率、主营业务利润率、营业利润率、流动比率可以汇聚于一个因子 2；变量总资产报酬率、每股收益、每股净资产、每股资本公积可以汇聚于一个因子 3；变量速动比率、资产负债率、产权比率、存货周转率、流动资产周转率可以汇聚于一个因子 4；变量应收账款周转率、总资产周转率可以汇聚于一个因子 5；变量研发人员所占比例、研发投入比例可以汇聚于一个因子 6；变量盈利变异系数、herfindhal 指数可以汇聚于一个因子 7。其中，总资产报酬率在因子 2 和因子 3 上的载荷都较大。

根据各个因子所包含的指标的含义，分别将因子命名，并用 F_{11}、F_{12}、F_{13}、F_{14}、F_{15}、F_{16}、F_{17} 来表示。并且我们根据因子所包含指标的含义将 F_{11}、F_{12}、F_{13}、F_{14}、F_{15}、F_{16}、F_{17} 分别命名，具体如表 7 所示。

表 7　因子命名

因子符号	因子名称	因子包含指标
F_{11}	规模实力	资产总额、主营业务收入、利润总额、员工总数、成长指数、主营业务收入增长率
F_{12}	运营能力	净资产收益率、主营业务利润率、营业利润率、流动比率
F_{13}	盈利能力	总资产报酬率、每股收益、每股净资产、每股资本公积
F_{14}	资金管理能力	速动比率、资产负债率、产权比率、存货周转率、流动资产周转率
F_{15}	资金循环能力	应收账款周转率、总资产周转率
F_{16}	创新能力	研发人员所占比例、研发投入比例
F_{17}	经营稳定性	盈利变异系数、herfindhal 指数

经过主成分分析之后，原始生存状态评价指标的结构发生了变化，得出的新的指标体系与结构如表 8 所示。从表 8 中可以看出，因子分析的结果与原始指标体系有所不同。经过分析我们可以发现，有些指标的归属发生了变化。具体来说，有关企业机体类的指标中，归属于规模实力因子的指标数增多。假设中归属于企业行为状态类的指标中，指标成长指数、主营业务收入增长率

归属到了企业机体类指标中的规模实力因子。其他几个，我们根据指标的含义，把对应的因子名称做了相应的修正。

表8　修正后的企业生存状态评价指标体系

	一级指标	二级指标	三级指标
企业生存状态 评价指标体系	企业机体状态（A）	F11 规模实力	X1：资产总额 X2：主营业务收入 X3：利润总额 X4：员工总数 X5：成长指数 X6：主营业务收入增长率
		F12 运营能力	X7：净资产收益率 X8：主营业务利润率 X9：营业利润率 X10：流动比率
		F13 盈利能力	X11：总资产报酬率 X12：每股收益 X13：每股净资产 X14：每股资本公积
		F14 资金管理能力	X15：速动比率 X16：资产负债率 X17：产权比率 X18：存货周转率 X19：流动资产周转率
		F15 资金循环能力	X20：应收账款周转率 X21：总资产周转率
	企业心理状态（B）	F16 创新能力	X22：研发人员所占比例 X23：研发投入比例
	企业行为状态（C）	F17 经营稳定性	X24：盈利变异系数 X25：Herfindhal 指数

针对实证结果与原始指标体系假设的差异，在理论上是可以解释的。企业的成长性与企业的规模实力是相关的。特别是针对纺织服装行业，由于竞争激烈，存在典型的"马太效应"，即规模越大的企业在国际竞争中越容易降低成本、获取订单从而获得较快的成长。而规模较小的企业，在企业发展初期，在与大企业竞争的过程中竞争优势并不强。

（七）因子赋予权重

通过分析，本文得出了企业生存状态评价指标体系的因子结构，为评价企业的生存状态提供了有效的结构框架，但是指标体系中各个因子、各个指标对企业生存状态的影响方向与影响程度还未知。以下主要基于主成分分析过程中得出的相关数据，采用统计计算的方法，得出各因子的权重，并在此基础上构建企业生存状态总体评价与各因子评价的得分函数，以便为企业生存状态评价提供定量的工具。

因子载荷矩阵列示了提取的各因子与原始指标间的线性关系，即各因子是原始指标的线性组合。通过计算可以得出提取的七个因子与其包含的指标之间的权重，具体方法是采用表5中旋转后的因子载荷数据除以主成分对应的特征值的平方根，得到主成分中各个指标所对应的系数，这一系数就是各因子包含的指标与对应因子之间的权重。

从计算结果发现：公共因子F11在资产总额、主营业务收入、利润总额、员工总数、成长指数、主营业务收入增长率指标上的因子载荷值最大。它主要反映了上市公司的规模实力。所以公共因子 F11 可称为规模实力因子。公共因子 F11 的方差贡献率为 21.411%。

公共因子 F12 在净资产收益率、主营业务利润率、营业利润率、流动比率、总资产报酬率指标上的因子载荷值较大。该因子反映了上市公司的运营能力，可以称之为运营能力因子。公共因子 F12 的方差贡献率为 15.389%。

公共因子 F13 在每股收益、每股净资产及每股资本公积指标上的因子载荷值较大。该因子反映了上市公司的盈利能力，可以称之为盈利能力指标。公共因子 F13 的方差贡献率为 10.763%。

公共因子 F14 在速动比率、资产负债率、产权比率、存货周转率、流动资产周转率指标上的因子载荷值较大。该因子反映了上市公司的资金管理能力，可以称之为资金管理能力指标。公共因子 F14 的方差贡献率为 7.449%。

公共因子 F15 在应收账款周转率与总资产周转率指标上的因子载荷值较大。该因子反映了上市公司的资金循环能力，可以称之为资金循环能力指标。公共因子 F15 的方差贡献率为 6.988%。

公共因子 F16 在研发人员所占比例及研发投入比例指标上的因子载荷值较大。该因子反映了上市公司的创新能力，可以称之为创新能力指标。公共因子 F16 的方差贡献率为 6.223%。

公共因子 F17 盈利变异系数 herfindha 指数指标上的因子载荷值较大。该因子反映了上市公司的经营稳定性，可以称之为经营稳定性因子。公共因子 F17 的方差贡献率为 5.232%。

（八）纺织服装企业生存状态评价综合模型

以每个主成分所对应的方差贡献率占所提取主成分的方差贡献率之和的比例作为权重，建立主成分综合模型，F1（7 个因子加权总得分），即：

$$F1 = 0.291 \times F11 + 0.210 \times F12 + 0.147 \times F13 + 0.101 \times F14 + 0.095 \times F15 + 0.085 \times F16 + 0.071 \times F17$$

由上述主成分综合模型可以看出，规模实力因子权重最大，为 0.291；其次为运营能力因子，权重为 0.210；之后依次为，盈利能力因子权重为 0.147，资金管理能力因子权重为 0.101，资金循环能力因子权重为 0.095，创新能力因子权重为 0.085，企业稳定性因子权重为 0.071。

根据企业生存状态评价指标体系的结构，我们依据各个因子的实际含义，并将其与人体的生存状态进行类比后，将 F11、F12、F13、F14、F15 归属于企业的机体状态类评价大类，将 F16 归属于企业心理健康评价类，将 F17 归属于企业行为健康评价类。

四、纺织服装企业生存状态评价综合模型分析

通过企业生存状态综合评价模型可以看出，归类于企业机体状态的因子 F11、F12、F13、F14、F15（分别对应于规模实力因子、运营能力因子、盈利能力因子、资金管理能力因子、资金循环能力因子）对企业生存状态都呈正向影响，且五个因子总的影响权重达到了 0.844，也就是说，企业的机体状态因素成为企业生存状态的主要影响因素。这个结论在理论上也是合理的，因为不管企业的外部环境如何，环境的影响最终是要在企业机体上得到体现的，并且企业的心理状态和行为状态对企业生存状态的影响也是间接的，或者说，也是最终要通过影响企业机体来得到体现的。

企业的生存状态最终要体现到企业的机体状态，就如同一个人的生存状态最终要体现为这个人要机体健康并且具有持续发展能力。根据相似类比的方法，企业的成立年限、规模实力、资金状况、营运能力、偿债能力以及成长能力等类似于人的机体状态的指标，如年龄、骨骼、血液系

统、整体机能、自我修复机能等。

针对评价企业机体状态的五个因子，企业的规模实力因子对企业生存状态的影响最大，成为当前纺织服装企业生存状态的最重要因素。事实上，这与当前中国纺织服装行业企业的现状也是相符的。纺织服装行业属于进入门槛不高，最早接受竞争洗礼的行业。经过多年的市场竞争以及国有企业改革的持续推进，发生了一场席卷全行业的兼并破产浪潮。纺织服装行业结构日趋合理，形成一些大型的抗市场风险能力强的企业集团，而一些规模小、实力弱的企业则破产或者消失。因此，在当前背景下，进一步推动我国纺织服装企业的兼并重组，打造具有较大规模实力和盈利能力与资金循环与运作能力的大型纺织企业仍是我们未来企业改革的一个方向。

企业的创新能力因子，即因子F16与企业的生存状态之间是呈正向影响的，但是影响的程度不大。这说明，对于纺织服装行业企业来说，企业创新能力是重要的，但是重要程度还未充分体现出来。

通过对现实的比对发现，对于单纯的纺织服装企业来说，不仅要进行一定的技术投入，使之接轨国际技术水平。还需要加强注入产品设计、品牌塑造与运作方面的投入。因为纺织服装产品是个典型的品牌附加值高的产品。虽然我国是世界上最大的纺织服装产品最大的加工国和出口国之一，但是我国尚处于整个价值链的制造环节，大量的利润被国际品牌商、渠道商获取。因此，在现行条件下，我国纺织服装企业不仅应加大对产品的技术研发和投入比例，更应该在延长产品价值链，获取设计、品牌、渠道多方面接入，改善"价值链低端锁定"的局面。

从企业生存状态综合评价模型可以看出，企业的经营稳健性因子F17对企业生存状态呈正向影响，但是影响的权重不大。实证结果与纺织服装产业的特点也是相符的，因为纺织服装行业作为比较典型的"夕阳产业"，产业发展较为成熟，对大多数行业内企业而言，这一因素对企业的区别性影响不大。

五、结　论

纺织服装业是我国国民经济的传统支柱产业和重要的民生产业，随着全球一体化的不断深入，我国纺织服装业面临着巨大的挑战，本文通过对现有纺织服装上市公司的实证研究，构建了纺织服装企业生存状态评价指标体系模型。对模型的构建与分析，有利于认清我国纺织服装企业生存状态的现状，为企业提高经营效率、改善生存状态提供了借鉴。

【参考文献】

[1] 常亚平：《中国纺织产业分析和发展战略》，中国纺织出版社，2005年。

[2] 董迎迎、胡燕京：《纺织行业上市公司经营绩效的多元分析》，《广西财经学院学报》，2006年第19卷第5期。

[3] Blanchard, Ken, Edington et al. Averting the Collision Between Rising Health Care Costs and Corporate Survival [J]. Leader to Leader, 2009 (53): 24-30.

[4] 邹国良：《企业人体管理理论研究》，《华东经济管理》，2007年第12期。

[5] 卢芸蓉：《类比推理的论证性》，《河北理工大学学报》（社会科学版），2011年第5期。

[6] 卢芸蓉、朱军：《类比推理的论证类型》，《衡阳师范学院学报》，2011年第1期。

[7] 洪瑞斌、李志鸿、刘兆明等：《从组织文化角度探索"健康组织"之意涵》，《香港第五届工商心理学学术与实务研讨会会议论文集》，2006年。

［8］Argyres，Nicholas，Bigelow et al. Does Transaction Misalignment Matter for Firm Survival at All Stages of the Industry Life Cycle？［J］. Management Science，2007，53（8）：1332-1344.

［9］Greiner，Larry E. Evolution and Revolution as Organizations Grow［J］. Harvard Business Review，1972（4）：37-46.

［10］张晓燕、胡玉明：《基于企业生命周期的绩效评价制度研究——以制造企业为例》，《经济问题探索》，2005年第7期。

［11］李文娟：《中国ST企业的生存分析》，厦门大学，2008年。

［12］梁烂英：《企业财务健康评价指标体系研究——来自信息技术类上市公司的实证分析》，浙江大学，2008年。

［13］Robert Lensink，Paul van Steen，Elmer Sterken. Uncertainty and Growth of the Firm［J］. Small Business Economics，2005（4）：381-391.

［14］Mill，John Stuart. A Few Words on Non-Intervention［J］. New England Review，2006（3）：252-264.

［15］Rufin，Ramon，Medina et al. Market delimitation，firm survival and growth in service industries［J］. Service Industries Journal，2010，30（9）：1401-1417.

［16］高顺成：《纺织服装业上市公司企业竞争力的主成分分析》，《中原工学院学报》，2009年第2期。

（作者：宋丽丽，江西财经大学工商管理学院）

正式控制、关系控制与企业战略供应关系绩效
——基于中国乳制品行业的调查研究

一、引　言

随着社会分工的不断深化，组织间的合作已经越来越密切，企业与战略供应商之间的供应关系管理也越来越重要。Carter & Narasi（1996）指出供应关系的建立有助于产品开发和物料流周转，也有助于保证产品质量和提高企业的服务与创新能力。Kalwain & Narayandas（1995）对供应链成员单位收益的研究表明，经过几年的信息共享之后，收益会逐渐地显现出来，主要来源于环境不确定性的减少、成本的降低和功能协同之后的快速响应。供应绩效和供应关系的有效管理越来越被认为是企业获取竞争优势的关键因素（Christopher，1998）。企业与战略供应商之间的控制，是管理控制中组织间关系研究的重要组成部分，企业对供应商的控制主要包括基于契约的正式控制和基于信任的关系控制。研究发现，无论是正式控制还是关系控制均对企业的关系绩效有积极的作用（Dyer，1996；Wagner & Buko，2005；陈国富，2002；Luo，2005；许景，2011），但是正式控制和关系控制是一种替代性关系（Bernheim & Whinston，1998；Dyer & Singh，1998；Granovetter，1985；Uzzi，1997）还是一种互补性关系（Poppo & Zenger，2002；Carson，2006），目前还存有争议。因此，本文将结合中国乳制品行业的实际情况，利用结构化方程模型，对正式控制、关系控制和战略供应关系绩效三者之间的关系进行实证研究，从而为中国乳制品行业战略原料及其战略供应商和供应关系的有效管理提出可以借鉴的措施建议。

二、文献回顾与研究假设

1. 战略供应关系绩效

Borman & Motowidlo（1993）把关系绩效定义为，它不是直接的生产和服务活动与行为，而是为这些活动与行为提供更为广泛的组织、心理和社会环境支持的行为或活动。它包括自发的行为、组织公民性、亲社会组织行为、献身组织精神以及对工作的非正式任务活动的自愿行为。

关系绩效在组织内部应用比较广泛，不少学者也对影响关系绩效的因素做了深入研究。例如，Salomon（2002）通过对233名飞行员实施OPQ测验，并由其上司做出绩效评定，研究发现，"大五人格"中外向和责任感两个维度更多地预测了职务奉献，与关系绩效显著相关；Mohammed（2002）研究了能力、经验和人格对绩效的影响，发现"大五人格"的责任感、外向、宜人性三个

维度均与关系绩效的"合作行为"维度相关。

企业与供应商关系大致经历三个阶段,交易性竞争关系、合作形式供应关系和战略供应关系。战略供应关系始于20世纪80年代,少数甚至唯一的供应商满足企业全部的采购需求,合作的领域也突破了单一价格、供货速度等范围,不断向纵深发展,如生产、设计、采购、营销。供应商积极参与到企业的产品规格制定和研发设计之中,并且合作的形式随着现实需要而不断更新变化。因此,战略供应商是公司在日常经营活动中逐步发展起来的,同时也是公司战略发展中必需的少数几家供应商。战略供应关系的形成主要是由降低成本、减少库存、实现信息共享、加强沟通交流等竞争压力驱动的,更加强调彼此的信任与合作。

战略供应关系绩效是企业与战略供应商在合作过程中所产生的,会对采购企业经营活动甚至战略目标实现产生重大影响的因素,它主要包括对双方合作的态度、对采购企业的支持等。随着经济社会的发展,企业间的合作越来越紧密,组织间的关系绩效研究也慢慢增多。零售商对供应商承诺的看法会影响其对供应商绩效的评价,当承诺增加时,对供应商绩效的评价将会在一个长期的时间框架内进行(Mills & Clark,1982)。Kumar,Stern & Achrol(1992)创立供应商业绩评价量表,主要包括关系处理满意程度、供应商表现满意度和合作时间程度三大方面。Poppo & Zenger(1998)从价格优势和价值、产品质量、双方沟通和争端的解决以及发货准时性来评价企业与战略供应商之间的关系绩效,该量表被广泛用来测量战略供应关系绩效。本文将用质量保证和成本降低两个维度来刻画战略供应关系绩效。

2. 正式控制与战略供应关系绩效

(1)基于契约的正式控制。正式控制是指通过各种规章、制度等契约性规范来实现的控制。Macneil(1978)认为,因契约不同所使用的治理手段也有差异,现实中的契约既有别于理论上的古典契约,又有别于纯粹的关系契约,介于两者之间,它所代表的正式治理广泛存在于社会经济生活之中。企业与战略供应商之间通过签订合同方式约定双方权利与义务的形式便属于正式控制。Williamson(1985)指出,在交易费用经济学中,交易问题最终均可以归结为契约问题。因此,只要发生交易活动,契约就广泛存在于各类组织之间和组织之中,契约也影响交易双方的行为。Williamson(1996)进一步指出,买卖双方的契约意味着特定的交易、协议和承诺,"交易"一词被定义为在质量、数量和持续期都明确的条件下的价格、资产专用性和保护措施。因此,正式契约治理是正式控制的一种治理机制,它通过较为正式的契约来约定交易双方的权利和义务,促进交易的正常进行。

正式契约代表着一种承诺和义务,表示在未来的某个时期将会按照契约规定采取特定的行动或计划安排,契约越复杂,所做的承诺或者承担的义务也更复杂,解决争端的过程和程序也相对较为复杂(Macneil,1978)。按照Macneil的观点,正式契约应该具备四个特征:①事前就已经将契约制定完毕;②事后契约具有可验证性;③验证的标准是客观存在的;④第三方可以证实契约和强制实施契约。这就表示,基于契约的正式控制是一种标准化的控制方式,交易双方的权利和义务会在契约签订前拟定好,双方若有违反契约的情况或发生争端时可以诉诸第三方按照客观标准进行判断并强制实施。

交易成本经济学学者普遍认为,资产专用性、合作者绩效评价的困难和不确定性这三种风险需要契约来约束。无论是物质专用性资产还是人力专用性资产,一旦交易中止,投入过大将会导致专用性资产的价值大大降低,退出壁垒过高会加大投资方的风险,为了防止另一方敲竹杠,必须订立更为复杂的契约来防范这种不道德行为,保护投资方的利益;当合作者绩效评价面临困难时,由于缺乏相应的激励措施,懒惰或不作为便会发生,也要求复杂的契约加以约束;不确定性是交易双方经营过程中经常碰到的难题,环境的不确定性和经营状况的不确定性等都会让合作双方的安全感降低,加以详细的契约控制有利于交易的顺利进行。

（2）正式控制与战略供应关系绩效之间的关系。在双方交易过程中，基于契约的正式控制可以规范交易双方的权利和义务，促进双方交易顺利进行和规避不必要的风险。无论双方是短期交易关系还是长期交易关系，正式控制都可以起到积极促进作用：在短期交易过程中，交易双方由于对彼此不熟悉，信任程度较差，为了防止对方的不诚实行为，签订购销合同是必然的。买卖双方处于自身利益的考虑，会在合同中详细约定商品或者服务的种类、数量以及规格，甚至违约损失担保等事项。基于契约的正式控制便是双方交易的基础和保证，在某种程度上可以提高双方的关系绩效。在长期交易过程中，仍然需要基于契约的正式控制，尽管双方已经初步建立了信任合作关系，但机会主义行为依旧不可避免，这就需要契约来加以解决。规定了强制仲裁和更直接地对机会主义一方施加成本（如通过担保）的契约条款常常可以节约诉讼成本和增加灵活性。

陈国富（2002）在研究契约治理的演进时指出，随着交易关系由人格化的交易方式向非人格化的交易方式转变，交易关系越来越复杂，契约履行逐渐由自愿过渡到以强制方式为主，并最终发展成现代契约的履行机制。履行契约的严格程度表达了企业对未来交易过程中机会主义行为的处理态度，严格履行契约能够对交易伙伴起到较强的威慑作用，从而阻止机会主义行为的发生，提高双方之间交易的绩效。许景（2011）通过综合运用交易成本理论和组织学习理论对正式契约、关系学习、关系绩效之间的关系进行了实证研究。研究结果也表明，正式契约在一定程度上会提高企业的关系绩效。根据以上分析，我们提出以下假设：

假设 1：正式控制有助于战略供应关系绩效的提高。

3. 关系控制与战略供应关系绩效

（1）关系控制。关系契约控制早期并没有像正式控制那样受到追捧，是美国法律社会学家Macaulay（1963）带领人们打开了这个新的学术研究领域。Macaulay 在其对美国工商界商务关系的考察中发现，很多合约关系并非依靠正式治理手段来调整，签订的契约也往往束之高阁。现实世界中许多交易并非都是理性的，即使出现纠纷也并非都借助于所签订的契约或者诉诸法律解决。他的研究揭示出交易双方除了借助契约等正式控制手段，还可以借助行业惯例、交易双方之间的私人关系和声誉等关系控制手段来促进交易的顺利进行，这些关系控制手段不仅能大大降低交易成本，还能提高交易的灵活性。

随着关系契约治理研究的不断深入，越来越多的学者开始关注关系控制这种非正式控制方式。Goldberg（1976）通过对大湖碳素公司与八大石油公司的石油焦炭交易研究发现，在动态环境中，双方更多的是通过非线性价格来保护供应商的信任，交易双方通过关系控制可以取得整体动态效益最大化，他们为了长期的利益也会主动放弃短期效用较大化。Willamson（1985）认为交易专用性投资可以增强双方的长期关系发展，所签订的契约应随着交易情形的变化而变化，而且要定期订立契约更新协议。随着人们交易频率的提高和交易经验的积累，专用的语言也发展起来，制度和人的信任关系也逐步发展起来，在其他条件不变的情况下，突出信誉的特质交换关系可以更好地适应环境的变化。经济学对非正式治理的认识建立在理性计算的基础上，Williamson（1996）也曾将这些非正式治理机制所依赖的信任基础称为"算计性信任"。Granovetter（1985）强调了缔约主体之间的社会关系对双方建立信任的作用，指出信任提供了对对方行为的清晰期待，促进双方的合作。

关系治理是在交易过程中慢慢建立起来的一系列关系准则或者关系规范，因此关系治理是通过一系列的关系准则来治理交易，它是建立在双方合作和信任基础上的治理。关系准则一般指一些社会过程和关系准则，它们也是建立在双方交易的基础上，包括信息共享、信任和团结等。关系治理是一种可以提高交易绩效的内生机制，它有助于促进共享的愿景（Uzzi，1997）。Poppo & Zenger（2002）通过研究发现，与正式契约控制一样，关系准则也可以降低交易成本和交易风险，促进交易的顺利进行。关系准则这些作用也被一些学者称为治理作用，因此，关系准则也是关治理的代名词。

尽管学者对于关系准则、关系治理和关系契约控制的称呼不尽相同，这些治理模式均有一些相同的特征。首先，这种治理模式有别于正式的契约治理模式。正式契约控制依靠事先所签订的契约条款形式，出现争议可以交由第三方仲裁解决，而关系控制则依靠双方协商解决。其次，这种治理模式建立在长期合作的基础上，是在交易过程中逐步发展起来的，并且随着交易环境的变化，其治理内容也不断丰富。最后，这种治理模式具有很强的灵活性和生命力，有助于交易双方长远利益的实现。因此，本文认为关系控制就是交易双方在长期交易过程中发展起来的，以声誉、未来合作收益等为保证，通过双方认可并建立起来的关系准则来规范双方交易行为的一种治理机制。它具有关系嵌入型、时间长期性、履约自觉性和条款灵活性等特征，能够很好适应快变环境并达到深化合作的要求。

（2）关系控制与战略供应关系绩效之间的关系。关系控制中交易双方并非通过条款的形式来约定双方的权利和义务，它与正式控制的不同在于许多安排都会依据双方所建立起来的信任等潜在因素进行调整（Gortz & Scott，1981）。Crocker & Masten（1991）也认为，关系控制的优点在于它并不试图去详细规定怎样去应对每一个可能发生的事件，它控制起来相对简单而且还保留了变化环境下的柔和性。因此关系控制能够快速适应未来环境的不确定性，有助于交易双方顺利解决争端，进而提高战略供应关系绩效。

从根本上讲，企业战略供应关系的形成是由于双方能够在交易过程中相互交流和沟通、实现信息共享，通过彼此之间的信任和合作关系，达到确保交货质量、降低成本和库存等目的。组织间交易是嵌入社会关系中的一种典型的重复性交易。关系控制是利用组织间在长期交易过程中，各方通过社会程序、行业惯例等发展出的包括柔性、团结和信息共享在内的关系规范来进行控制的一种方式。信息共享有助于双方分享彼此所获得的私有信息以降低彼此的信息搜寻成本，还能够参与到对方的产品开发中互相帮助；团结有助于双方取长补短，使交易双方产生一股强力并且持久的凝聚力，有助于交易各方同心协力的解决问题，而不是只为自己考虑甚至落井下石，团结能让交易双方的合作变得更加的紧密，关系绩效也会在彼此深化合作的过程中得到提升；柔性则是一种应对交易环境变化时的灵活性，增强了交易双方合作的韧性，有助于增强交易绩效和共同目标的实现。据此，我们提出本文的第二个假设：

假设2： 关系控制有利于战略供应关系绩效的提高。

4. 正式控制与关系控制的关系

如前所述，正式控制有助于战略供应关系绩效的提高，关系控制也有助于战略供应关系绩效的提高。那么，正式控制与关系控制之间的关系如何呢？早期的学者认为正式控制和关系控制是此消彼长的替代关系。Macaulay（1963）就指出在多数情况下，契约形式的正式控制是不必要的，现实中长期交易伙伴之间争端的解决往往不借助于契约或诉诸法律。Klein（1980）认为，由于不确定性意味着存在大量可能的偶发性因素，且要预先了解和明确这些可能的费用非常高，并且履行具体契约的费用非常高导致契约具有不完备性。基于契约正式控制本身的不完备性，可能会鼓励机会主义行为，助长不信任氛围。Larson（1992）在对企业间联盟关系进行考察之后，也指出关系控制使得这些正式合同变得很不重要，契约即使订立后也并不完全照此执行。Bernheim & Whinston（1998）也通过模型显示：合同越明晰，所暴露的缺点越明显，越容易激发机会主义的行为。这些学者认为契约的不完备性和违约执行困难，使得单纯的正式控制对战略供应关系绩效提升作用有限，而企业对战略供应商的关系控制可以灵活解决上述问题，因此随着关系控制的增强，正式控制的作用越来越小。随着研究的不断深入，Das & Teng（2001）认为，精确设计的正式契约可以限制交易面临的风险，促进信任的产生，强化双方的合作关系。信任与合作会促进正式契约的执行效果，关系性规则将解决正式契约的不适应性，使正式契约能适应环境的变化。Poppo &

Zenger（2002）实证证明正式控制与关系控制是互补关系，一方关系的增强并不会减弱另一方的作用，双方的有效结合使用更有利于双方交易目的的实现。Carson（2006）将不确定性划分为易变性和模糊性，他认为正式控制有助于应对模糊性而关系控制有助于应对易变行，因此二者的关系具有互补性，正式控制和关系控制的同时使用更能促进企业战略供应关系绩效的提升。

本文认为，正式控制与关系控制是互补关系。首先，正式控制本身具有不可替代性。随着人们的知识增长和经验积累，契约精神已经深入人心，交易双方最基本的权利和义务仍然需要契约加以明确，关系控制有助于解决问题，但并不能保证解决所有问题，正式控制可以规避一定的风险。其次，正式控制和关系控制具有动态互补性。关系控制是在交易过程中逐步发展起来的，双方交流和信息沟通有助于正式控制的进一步完善，正式控制的内容也会随着关系控制的发展不断更新。最后，正式契约的不完备性容易滋生机会主义行为，关系控制则有助于抑制机会主义行为。关系控制会随着交易的不断深而化发展，交易双方出于长远利益考虑会自觉抑制可能采取的机会主义行为，这也符合双方的自身利益。据此，我们提出以下假设：

假设 3：正式控制与关系控制具有互补性。

综上所述，本文的研究模型如表 1 所示。

表 1　结构路径图和基本假设

路径结构图	基本假设	
	H1：正式控制对关系绩效有正向影响	
	H2：关系控制对关系绩效有正向影响	
	H3	H3a：关系控制对正式控制有正向影响
		H3b：正式控制对关系控制有正向影响

三、研究设计

1. 变量界定

（1）正式控制。正式控制主要与契约相关，考虑所签订契约的详细程度。根据 Sandy D. Jap & Shankar Ganesan（2000）的研究，利用 3 个题项来进行衡量：与该公司的最好沟通途径是书面文件；我们主要通过书面协议与该公司明确双方权利义务；与该公司各方面的关系都通过书面协议详细规定。

（2）关系控制。根据 Kumar，Stern & Achrol（1992）的研究，我们将关系控制分为信息共享、联合运营和团结协作三个方面。其中，信息共享主要是指交易双方共享各自私有信息、发生突发事件及时通知和共享市场需求预测信息；联合运营是指交易双方联系紧密，彼此参与其中；团结协作则主要测量双方不要挟对方而是互相帮助，在对方需要的时候竭尽全力提供支持。

（3）战略供应关系绩效。战略供应关系绩效主要是评价企业与战略供应商之间的合作成果，本文借鉴 Poppo & Zenger（1998）的研究成果，从成本优势和产品质量及交货期优势两大方面进行测量。成本优势是企业建立战略供应关系的直接原因，产品质量保证和交货期则是合作长期维持下去的动力，失去这些单纯的成本优势，企业战略供应关系将黯然失色。

2. 问卷设计

本研究采用问卷调查法。本文假设是建立在相关的理论分析基础之上，问卷题项主要是根据国内外学者研究归纳总结而得。在问卷设计过程中，充分考虑中国乳制品行业的实际情况，并经过业内人士测试和改进，主要分为正式控制、关系控制和战略供应关系绩效三大部分。问卷采用李克特六点式量表，依次为完全不同意、基本不同意、有点不同意、有点同意、基本同意和完全同意六个题项，并依次记1~6分。

3. 问卷发放及回收

由于本文的研究专注于乳制品行业并且需要企业采购部门的高级管理人员填答，这大大加大了问卷的收集难度。我们的问卷重点投放在内蒙古、黑龙江、新疆、山东和江苏等产奶大省，实地走访内蒙古、新疆两大产奶区，通过网络、传真和邮寄等方式对其他地区进行调查。目前通过各地奶业协会、农委等部门共发放问卷150份，收回问卷70份，无效问卷3份，有效问卷67份，回收率为44.67%。

四、实证结果及分析

利用 SPSS 进行信度和效度检验。根据 Cronbach's α 的大小判断信度是否可靠，检验均在0.60以上，表示具有可靠性。效度检验主要通过主成分分析方法对问卷中的各个变量进行处理，分析时通过最大方差正交旋转后，选取特征值大于1并且因子荷载大于0.5的指标，并根据因子矩阵来解释因子意义，最后根据数据结构中各层面的特性命名。

从表2可以看出，各因素的信度都大于0.6，符合可靠性要求。各可观测变量在对应的潜变量上都有较大的载荷，说明测量模型很合适。

表2 信度和效度检验

变量	子变量	Cronbach's α	累积解释度（%）
关系绩效	质量保证	0.837	52.827
	成本降低	0.786	70.240
关系控制	信息共享	0.633	36.253
	联合运营	0.700	54.512
	团结协作	0.615	70.302
正式控制	契约完备	0.675	75.484

由表3可知，Chi-square（卡方值）较小并且显著性 P 值为 0.768，大于 0.05，接近虚无假设，表示数据所导出的方差协方差 S 矩阵与假设模型导出的方差协方差 Σ 矩阵相等的假设获得支持，即假设模型图与观察数据契合。另外，根据 RMSEA 远小于 0.8，GFI、NFI 等指标大于 0.90，可以认定模型与数据的拟合程度非常好。

表3 模型拟合度指标

Chi-square	P	RMSEA	NFI	GFI	AGFI
3.941	0.768	0.000	0.927	0.980	0.941

注：利用 AMOS 17.0 进行结构化方程模型处理。

表 4　实证结果

非标准化模型 A	非标准化模型 B

非标准化模型 A	非标准化模型 B

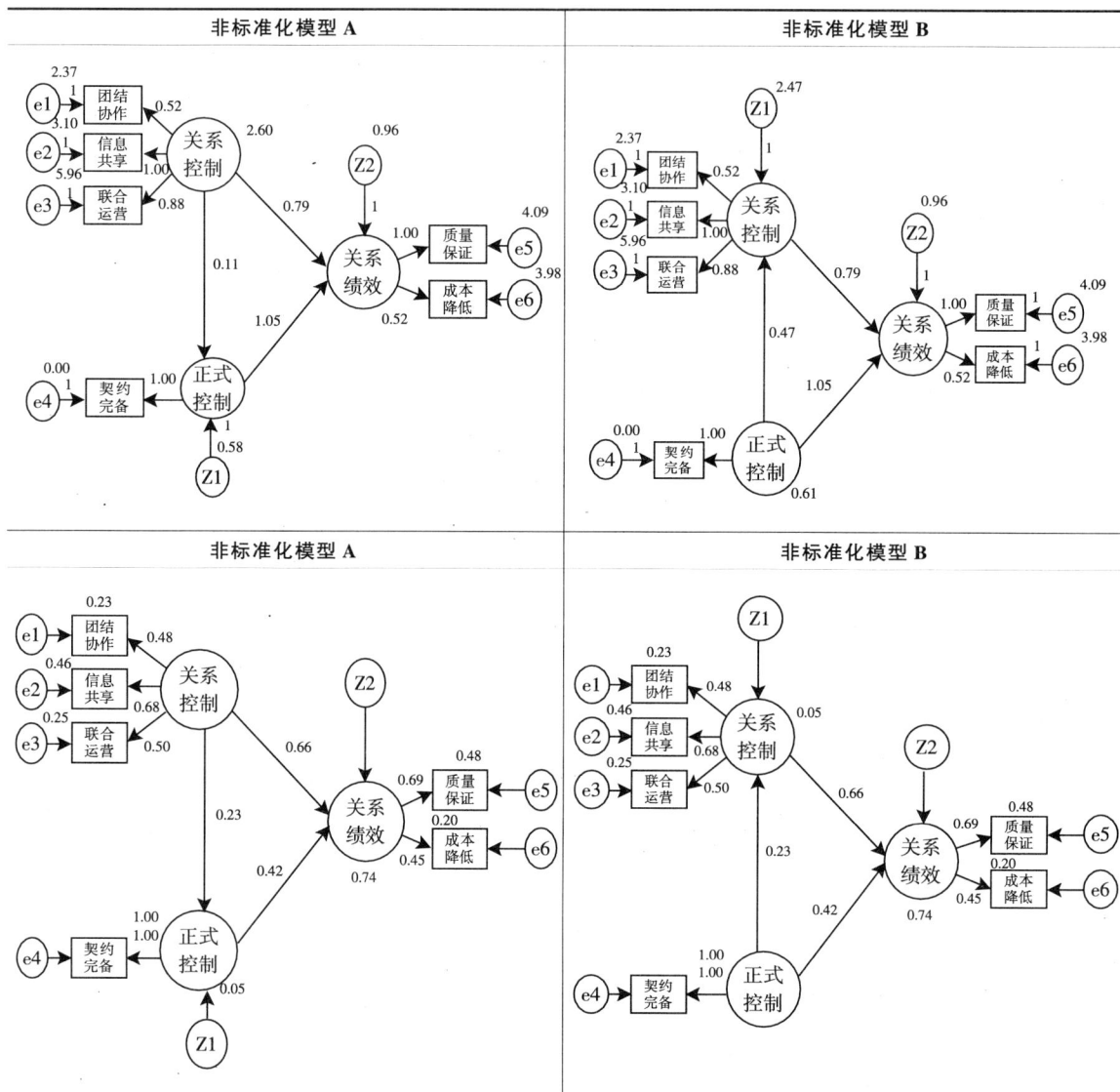

表 5　因素之间相关性验证结果

	关系控制	正式控制	关系绩效
关系控制		0.110 (0.023) *	0.794 (0.011) *
正式控制	0.469 (0.016) *		1.052 (0.007) **

注：*** 表示 p<0.001，** 表示 p<0.01，* 表示 p<0.05。

从表 5 可以看出，关系控制对关系绩效的正向影响显著，H2 得到支持。正式控制对关系绩效的正向影响显著，H1 得到支持。关系控制对正式控制的正向影响显著，H3a 得到支持。正式控制对关系控制的正向影响显著，H3b 得到支持，H3a 和 H3b 两个假设的同时成立，说明正式控制和关系控制之间具有显著的互补关系（Poppo and Zenger，2002）。由标准化回归系数进一步可知，正式控制到关系绩效的标准化路径系数是 0.42，关系控制到关系绩效的路径系数是 0.69。这表明：在其他条件不变的情况下，正式控制潜变量每提升一个单位，关系绩效潜变量将直接提升 0.42 个单位；关系控制每提升 1 个单位，关系绩效将提升 0.69 个单位。

标准化的路径系数代表的是共同因素对测量变量的影响，以"关系控制→信息共享"为例，其标准化回归系数值为 0.776，表示潜在因素对测量指标"信息共享"的直接效果为 0.776，值的大小可以反映测量变量在各潜在因素中的相对重要性。因此，对潜在因素关系控制而言，信息共享在关系控制中的作用相对最大，团结协作最小，联合运营居中；质量保证标准化系数为 0.69，成本保证保准化系数为 0.45。因此，对战略供应关系绩效而言，质量保证最重要，成本降低其次；由于正式控制只选用契约完备这个测量变量，标准化回归系数为 1，制定的契约越完备，正式控制越好。

五、结论与启示

企业与其战略供应商之间的供应关系控制是管理控制的重要组成部分，本文以中国乳制品行业为研究对象，采用问卷调查方式对正式控制、关系控制及战略供应关系绩效进行检验，实证证明正式控制和关系控制均对企业战略供应关系绩效有显著的积极作用，并且正式控制与关系控制存在显著的互补关系。由于每个行业竞争特征、需求特征、盈利特征等存在差异，组织间关系控制方式也必然存在一定的差异，本文的研究成果也许具有行业局限性。结合乳制品行业的实际和实证结果，我们有以下启示：

（1）乳制品行业在注重正式控制（契约控制）的同时，更要注重关系控制。正式控制作为一种常用的控制方式，在帮助乳制品企业稳定奶源数量和规避违约风险方面发挥着重要的作用，关系控制则在保证原料奶奶源质量方面发挥着积极作用。一方面，乳制品企业在与原料奶供应商签订契约前，要充分考虑双方的权利和义务，并在契约中尽可能详尽地加以明确；另一方面，乳制品企业应该实时分享自己的需求信息，让供应商可以制订好自己的计划，不但能满足生产需求还能避免浪费。乳制品企业还应该与原料奶供应商形成良性互动，双方可以相互参与到对方的生产经营中，取长补短，灵活解决问题，促进双方互惠共赢。

（2）乳制品生产企业在对战略供应商的控制过程中，成本考虑固然重要，但原料的质量保证已成为基本标准。乳制品行业生产的产品会直接被人体吸收，产品质量应该严重把关。我国目前遭遇的乳制品危机均由产品质量引起，原料奶作为产品生产的第一环节，若质量控制不当，不仅会影响后续生产，更会污染整个乳制品生产，成本降低也将无从谈起。

（3）企业与战略供应商应该加强互动，互惠互利。随着科技进步和人们生活质量的提高，消费者对产品的要求更加严格，企业应该与战略供应商加强彼此间的信息共享、加强联合运营效率，团结协作，参与到彼此的产品生产、设计当中谋求互惠双赢。例如，乳制品企业可以利用产品销售情况来分析消费者的需求，帮助战略供应商选择奶牛品种和饲料；战略供应商则可以利用自己的原料奶生产情况，帮助乳制品企业开发新的乳制品品种等。

【参考文献】

［1］Borman and Motowidlo. Task Performance and Contextual Performance：The meaning for Personnel Selection Research［J］. Human performance，1997（10）.

［2］Carter J. R. and Narasimhan R. Purchasing and Supply Management：Future Directions and Trends［J］. International Journal of Purchasing and Materials Management，1996（32）.

［3］Johnson and Jeff. W. The Relative Importance of Task and Contextual Performance Dimensions to

Supervisor Judgments of Over-all Performance [J]. Journal of Applied Psychology, 2001 (86).

[4] Laura Poppo and Todd Zenger. Do Formal Contracts and Relational Governance Function as Substitutes or Complements? [J]. Strategic Management Journal, 2002 (23).

[5] LePine J. A. and Van D. L. Voice and Cooperative Behavior as Contrasting Forms of Contextual Performance: Evidence of Differential Relationships with Big Five Personality Characteristics and Cognitive Ability [J]. Journal of Applied Psychology, 2001 (86).

[6] Lusch R. F. and Brown J. R. Interdependency, Contracting, and Relational Behavior in Marketing Channels [J]. Journal of Marketing, 1996 (60).

[7] Macaulay S. Non-contractual: A Preliminary Study [J]. American Sociological Review, 1963 (28).

[8] Macneil Ian R. Contracts: Adjustment of Long-term Economic Relations under Classical, Neo-classical, and Relational Contract Law [J]. Northwestern University Law Review, 1978 (72).

[9] Motowidlo. Stephan. J. and Van Scotter J. R. Evidence that Task Performance Should Be Distinguished from Contextual Performance [J]. Journal of Applied Psychology, 1994 (79).

[10] Uzzi B. and Embeddedness in the Making of Financial Capital: How Social Relations and Networks Benefit Firms Seeking Financing [J]. American Sociological Review, 1999 (64).

[11] Van Scotter JR and Motowidlo SJ. Interpersonal Facilitation and Job Dedication as Separate Factors of Contextual Performance [J]. Journal of Applied Psychology, 1996 (81).

[12] Victor P. Goldberg and John R. Erickson. Quantity and Price Adjustment in Long-Term Contracts: A Case Study of Petroleum Coke [J]. Journal of Law and Economics, 1987 (30).

[13] Christopher. Logistics and Supply Chain Management: Strategies For Reducing cost and Improving Services [M]. Financial Times/pitman publishing, London, 1998.

[14] Williamson O.E. The Economic Institutions of Capitalism [M]. Free Press, New York, 1998.

[15] Williamson O.E. Transaction Cost Economics Organization Theory [M]. Princeton University Press, 1996.

[16] 程新生、李海萍:《控制方式对控制绩效影响的实证研究》,《管理评论》,2009 年第 21 期。

[17] 姜翰、杨鑫、金占明:《战略模式选择对企业关系治理行为影响的实证研究——从关系强度角度出发》,《管理世界》,2008 年第 3 期。

[18] 李运河:《战略联盟关系治理对知识转移影响的实证》,《中国商贸》,2010 年第 29 期。

[19] 李向阳、陈旭:《企业合作关系治理的理论及分析框架》,《学术交流》,2009 年第 12 期。

[20] 万俊毅:《准纵向一体化、关系治理与合约履行——以农业产业化经营的温氏模式例》,《管理世界》,2008 年第 12 期。

[21] 许景:《企业间正式契约对关系绩效影响的实证研究》,《南京工业大学学报》,2011 年第 10 期。

[22] 云虹:《供应链中的组织间关系治理研》,《求索》,2004 年第 12 期。

[23] 袁静、毛蕴诗:《产业链纵向交易的契约治理与关系治理的实证研究》,《学术研究》,2011 年第 3 期。

[24] 陈国富:《契约的演进与制度变迁》,经济科学出版社,2002 年。

(作者:陈梅,中国内部控制研究中心;张四一,东北财经大学会计学院)

网络平台产业商业模式研究
——以电子商务、智能手机平台为例

信息技术是当今世界经济社会发展的重要驱动力，电子信息产业是国民经济的战略性、基础性和先导性支柱产业，对于促进社会就业、拉动经济增长、调整产业结构、转变发展方式和维护国家安全具有十分重要的作用。国家出台的《电子信息产业调整和振兴规划2009~2011》指出，要加快培育信息服务行业的新模式和新业态。在以网络为载体的互联网行业，近年来涌现出大量成功的平台型企业，如电商巨头阿里巴巴与淘宝、即时聊天软件QQ、第一大中文搜索引擎百度以及新兴的智能手机平台等，无一不是采用平台模式运营。网络产业的平台化运营模式，有效整合了网络行业的各种资源，大大拓展了企业的盈利空间，引起了业界的广泛关注和研究。与此同时，理论界的平台经济及双边市场理论也是近年来国内外产业组织研究的热点问题，越来越多的经济学家开始关注平台组织的运行方式。

一、网络平台化竞争趋势

网络经济这股新兴力量迅速崛起。由一个20岁年轻人创建的社交网络神话Facebook已拥有8亿用户，上市市值达千亿美元；2007年诞生的苹果iPhone手机带来了手机业的革命，"苹果到底多有钱？"的数据测算显示，其收入超过105个国家的GDP；市值等于5个亚马逊公司或10个eBay公司。与此同时，数以万计的应用程序不断涌现，人们正在享受这场科技产品盛宴。网络经济爆发的强大生命力让人们的目光聚焦到这个新兴的产业。中国的互联网经济自诞生以来，也呈现出快速蓬勃发展的势头，网络经济对中国经济增长的贡献也与日俱增。中国互联网市场的发展经历了从提供基本的内容服务到如今集成众多应用服务平台的发展过程。"平台竞争"成为时下互联网行业的热词，互联网企业的平台化特征日益明显。

1. 中国网络经济发展势头强劲

中国1994年开始接入国际互联网，1995年开始发展商用互联网服务，至今不过十余年时间，却呈现出蓬勃发展势头。数据显示，2012年一季度中国网络经济市场规模超840亿元，增速达到68.5%，远超GDP和社会消费品零售市场14.9%和12.1%的增速，中国网络经济增速远超实体经济（见图1）。咨询机构波士顿（BCG）发布的报告显示，中国互联网经济价值已占GDP的5.5%，位居世界第三，成为中国第六大产业。

与此同时，中国互联网络信息中心（CNNIC）发布的《第29次中国互联网络发展状况统计报告》显示，截至2011年12月底，中国网民规模达到5.13亿，互联网普及率为38.3%，中国手机网民规模达到3.56亿，中国已经成为世界上网民最多的国家（见图2）。这些数据显示，中国的互联网经济正在以庞大的规模迅速发展。无论是宏观层面，还是企业微观层面的发展，都显示网络

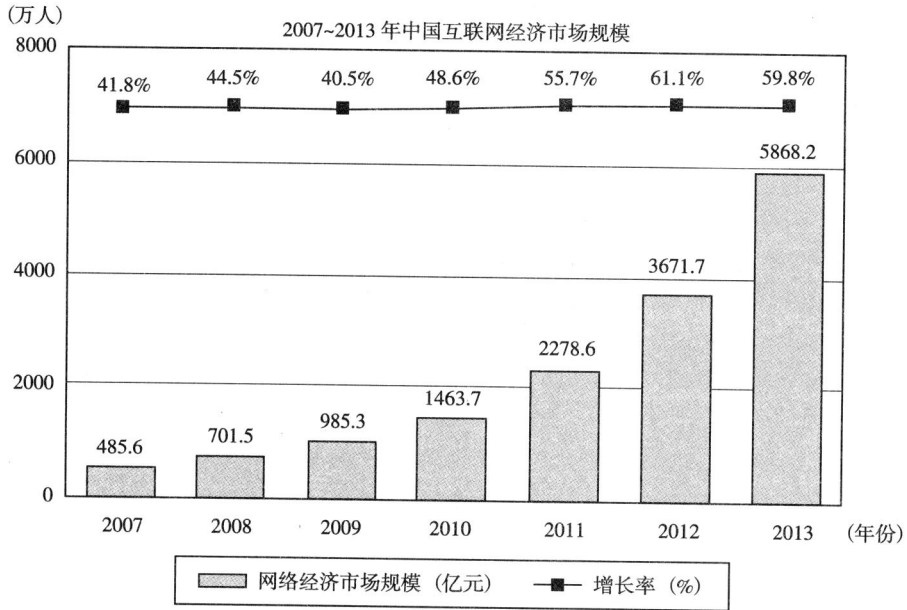

图 1　中国网络经济强劲增长态势——5 倍于 GDP 增速

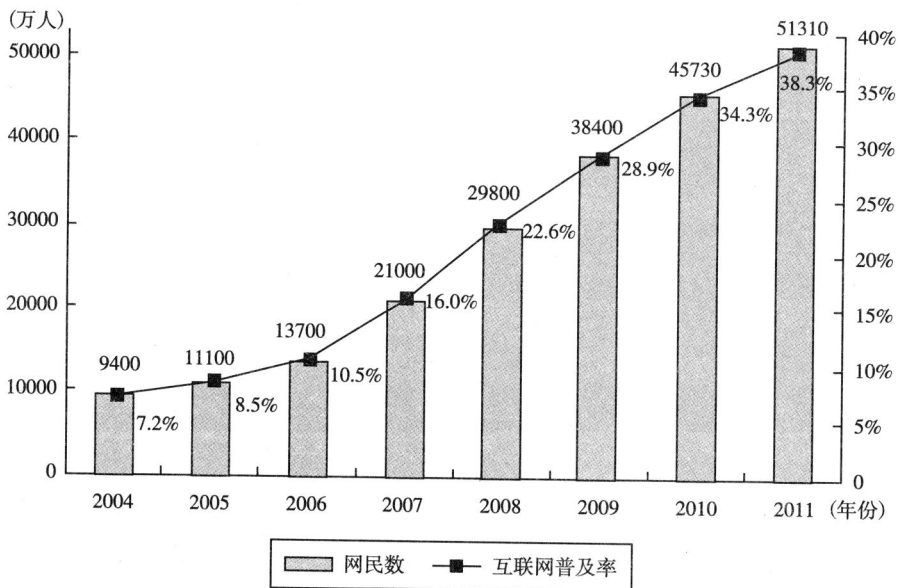

图 2　中国网民规模与普及率

经济正在以一股新兴的力量带动中国经济发展的步伐。

　　2. 网络产业平台化发展趋势

　　中国互联网市场的发展基本上是从 1998 年起步的，具体来说，中国互联网发展经历了接入与内容为王到平台应用服务为王的发展阶段。如今的中国互联网产业正在经历从以往的应用竞争向平台竞争转移的过程，这些竞争将带来新一轮的产业升级，中国互联网正在迈入一个服务经济升级的阶段（姜奇平，2010），如图 3 所示。

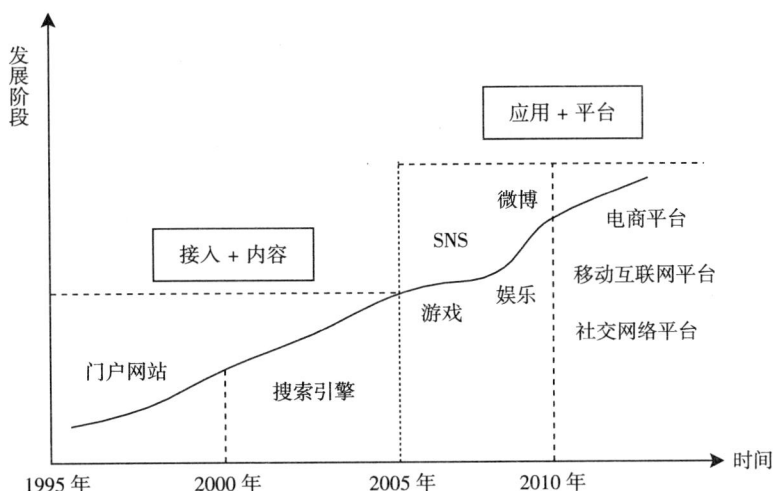

图3　中国互联网企业发展阶段

从图3中可以看到，中国的互联网企业经历了初期的网络接入与内容提供者角色，逐渐发展壮大，如今涌现出众多应用提供商与大型平台服务企业。在互联网发展初期，主要以提供互联网接入服务为主，主流厂商为ISP厂商，如中国在线、瀛海威、中网等。然而，互联网企业的发展是以内容为支撑的，因此，随后的发展是以内容取胜的阶段。在内容为王阶段，主要依靠内容进行用户吸引，拥有优良内容资源的网站会率先被用户使用，并获得较高的流量。此阶段的主流应用是门户等资讯网站。但门户资讯网站无法满足用户日益增长的多种信息交互式传播的需求，相应地，游戏、搜索、电子商务、视频、SNS等应用陆续推出，进而产生对更丰富的互联网应用的需求，其间，各个互联网应用独自发展，均取得了高速的增长，应用的发展变化推动中国互联网市场的进程。伴随着应用的蓬勃发展，跨应用的互联网企业不断涌现，一些互联网平台型企业不断涌现。由于用户的互联网使用程度不断加深，互联网企业开始通过提供各种多元化的应用服务来满足用户的各种需求。对于传统单一的互联网企业而言，凭借自身力量很难做到对用户不同层次、不同方位需求的满足，于是促使其走上打造平台之路，以利用第三方力量不断丰富和完善应用，从而满足用户需求，提高用户黏性。

目前互联网企业纷纷试图打造强大的平台服务，来争夺互联网入口。平台竞争，符合当前网络行业的最新发展趋势，在商业模式和资源整合上都为网络企业的下一轮扩张提供了机会。大型互联网企业在打造核心竞争力的同时，纷纷借助第三方资源增强自身平台优势，通过丰富的资源整合来吸引用户，构建平台型网络服务企业。国内最大的电商平台阿里巴巴充分利用商业资源来谋求发展；拥有7亿活跃用户数的即时通讯软件腾讯也一直在强化自身的平台地位；360浏览器、盛大游戏、人人社交网、百度搜索无一不在打造平台型企业。如今最为风靡的当属iPhone智能手机平台，将手机从传统的通信工具成功运作成平台服务类功能，颠覆式地拓展了盈利空间。"得平台者得天下"已被互联网企业奉为制胜法宝，平台企业的运行模式和竞争策略与传统单一业务企业有显著差别，理论界及实务界有必要深入认识平台竞争，从而制定适宜的政策服务于网络经济的发展。

二、平台的经济学含义

传统的市场交易方式是供需双方直接面对面的形式，而在信息网络经济时代，整合多方资源的平台型企业孕育而生。产品的供给者与消费者之间通过中间平台完成交易。平台通过协调双方需求实现自身盈利，平台在网络经济时代发挥了重要的作用。百度、淘宝、QQ、iPhone 这些耳熟能详的网络企业，无一不在试图打造强大的业务平台，从而立足于不败之地。

1. 平台诞生的经济学解释

知识经济、信息经济和网络经济时代带来了新的生产方式的变革。信息传播方式的加快、交流成本的降低，促使企业之间的组织方式更加灵活。每个企业在打造自身核心竞争力的同时，也在寻求灵活的企业网络组织方式进行合作，从而达到多方共赢的效果，当前信息网络产业便呈现出"竞合共生"的产业形态。平台产业是组织这种生产方式的有效形式。与传统市场简单分析买卖双方不同，双边市场以"平台"为核心，通过实现两类或多类顾客之间的接触而获取利润。平台的组织形式有效整合了活跃在网络经济中的各类资源，从而为终端用户提供优质服务。

平台组织方式是随着信息网络经济的演化而逐渐孕育而生的。不同的企业组织结构模式源自不同的经济形态。当人类告别工业经济时代走向知识经济时代之际，企业组织结构调整成为一种自然的发展趋势。在竞争日益激烈的市场环境下，企业开始专注于打造自身的核心竞争力。知识经济时代，信息网络技术赋予了企业进行技术模块化分工的能力，已有很多学者对模块化分工进行研究，并指出模块化生产是不同生产知识的整合（Caminati，2006）。模块化分工的推广降低了资产专用性，信息技术的应用方便了信息交流与沟通，降低了企业之间的交易成本，因此，企业间基于模块化的重组与合作应运而生，模块化网络组织成为企业间实现合作共赢的最佳治理模式（青木昌彦，2001；Sturgeon，2002；安藤晴彦，2003）。网络组织治理结构的诞生，为复杂多变的信息经济环境下的企业提供了灵活的组织方式，从而应对快速变化的市场环境和日益多样化的用户需求。网络型产业结构的产生也带来了企业间关系的重构，对企业间的产业链关系及产业整体生态都带来了新的革命（见表1）。

表1 传统产业与网络产业运行方式比较

区别	传统产业	网络产业
交易方式	一对一、面对面	多对多、平台中介
产业链关系	横纵单向、上下游	纵横交错、网络状
盈利模式	针对单一交易主体	协调多方交易主体
产业生态	相互竞争	竞合共赢

网络信息时代提供了平台产业诞生的土壤。与传统产业较为单一的企业间关系相比，网络型产业将面临多方的交易主体，企业间关系变得错综复杂。作为中介组织的平台产业将有效实现多方资源的整合，从而促进交易的实现。在信息技术集中应用的ICT产业，平台产业运作模式被广泛关注。从业界元老 Intel 与微软打造的平台系统，到产业新秀苹果 iPhone 的智能手机平台，以及群芳争艳的后起之秀 Facebook 社交网络平台，网络产业平台正在成为一种强大的产业运行模式成为新一轮经济引擎。针对平台产业的运作模式、定价等竞争策略的研究也不断深入，理论界的研究正在搭乘产业界的新一轮浪潮与之同行，来揭开这一具有强大生命力的新兴产业背后的面纱。

2. 网络平台释义

互联网企业的发展如今已由初期的独立门户与应用服务提供者的角色走向综合性平台提供商的定位。互联网服务平台化竞争的趋势已经显现。在高科技行业，塑造"赢家通吃"的平台领导者（Platform Leader）已成为业界和学术界关注的焦点。美国学者于 21 世纪初期开始研究英特尔、微软、思科这些科技巨头构建的平台型商业模式。中国的互联网大约在 2011 年全面进入平台化竞争时代。各大媒体与行业研究者纷纷采用"平台化竞争"来描述当前活跃在中国互联网领域的知名企业，腾讯、百度、新浪、360、淘宝等都竞相构建平台竞争的模式。平台化商业模式拓展了企业新的盈利空间，成为互联网企业整合多方资源重获利润增长的崭新模式。

网络平台企业（Web-based Platform Economy），是指借助网络平台载体提供一种交易空间或场所，从而促进双方或多方客户之间的交易，平台企业通过一定的盈利模式来获取利润。网络平台企业一方面面对网络产品需求者，另一方面集合产业链上游的内容提供商或应用服务提供商，构建灵活响应用户需求的网络状产业链结构。例如，电子商务淘宝平台旨在提供面向消费者的 B to C 类服务，平台的供给端则汇集了上千万的销售商家，同时整合物流、电子支付、交流软件等配套服务，从而促使买卖双方通过淘宝平台完成交易。网络平台企业突破了传统依靠单一业务供给直接面对市场需求的交易方式，转而通过搭建中间载体平台，汇聚多方资源达成"多方共赢"的局面。网络平台的运营模式有效整合了网络经济中的丰富资源，作为中间商的平台企业"借力做大"，从而大大提升了平台自身价值，也形成了独特的良性循环盈利模式。

3. 网络平台商业模式构建

网络经济催生了新的商业模式，如今"商业模式"一词已成为企业经营管理领域的热词，是创业者和风险投资者常挂在嘴边的名词。企业开始注重整合各种资源，探寻符合自身发展的商业模式。商业模式（Business Model）反映了企业盈利创造价值的新模式，是指企业为实现客户价值最大化，通过整合企业运行的内外各种要素，从而形成一个完整高效、具有独特核心竞争力的运行系统。描述了公司通过整合自身内部资源、建立合作伙伴网络和关系资本等借以实现可持续盈利收入的模式。

在当今的互联网领域，开发构建自身独特商业模式的企业层出不穷，各类互联网企业通过创新性经营模式，以求在变化迅速的网络经济中取胜。网络平台企业构建针对双边市场的商业模式，无论是集合了上万规模商家的淘宝电商平台，还是拥有数亿用户的 QQ 聊天平台，以及拓展移动通信增值空间的智能手机平台等，都纷纷打造适合自身发展的盈利平台。网络平台企业通过实施各种竞争策略打造符合自身特点的商业模式。平台企业的商业模式是建立在平台产业的经济特征基础之上的。关于双边市场、平台产业的经济学特征，近年来国内外学者展开了深入的研究。平台企业需要面对多方交易主体，并且交易主体之间相互影响。对于平台主体来说，需要制定恰当的价格策略来平衡多方需求，从而为自身盈利服务。对于双边市场平台，平台面临的两边用户相互影响、彼此产生外部性，一边用户规模和质量的提高会吸引另一边用户的增加。因此平台需要策略性利用这种用户间外部性来制定有利于自身发展的商业模式。

三、网络平台商业模式案例分析——以电子商务、智能手机平台为例

平台作为连接多方交易主体的中间组织，在不同的市场中具有不同的功能。Evans（2003）按照平台功能的不同进行了分类。本文参考其分类标准，根据分析对象的特点，选取电子商务平台

和智能手机平台为分析对象,通过解构不同类型网络平台的运营模式,来深入分析平台的价格及其他竞争策略,以及如何在此过程中构建自身核心商业模式。

(一)市场创造型——淘宝电子商务平台

1. 淘宝概况

马云于 2003 年创办的淘宝网,如今已发展成为亚太地区最大的网络零售商圈,引领了中国网购市场的发展,带动了消费在中国经济增长中的比重,也促进了中国中小企业的发展壮大。如今拥有 3.7 亿注册会员,365 万卖家数量,提供 8 亿件在线商品。2011 年市场交易额达 6100.8 亿元。与此同时,中国网购市场仍在快速增长。2011 年中国网民在线购物交易额达到 7849.3 亿元,比 2010 年增长了 66%,远远超过同期中国社会消费品零售总额的实际增长率 11.6%。B2B、B2C 类电子商务平台的蓬勃发展,带动了中国实体商品经济借助网络平台的腾飞,在网络信息技术日益成熟与普及的背景下呈现出蓬勃发展之势。

淘宝网是国内领先的个人网上交易平台。面向整个中国的个体群众,只要会上网、会在网上支付,都可以在淘宝上买东西,也可以在淘宝网开店卖东西。淘宝网自建立之初,旨在开拓中国网购市场,在发展过程中,通过不断推出各种新工具来强大平台的服务功能,例如,网络支付工具支付宝、买卖网络交流工具阿里旺旺等,从而日益壮大。

2. 淘宝商业模式解析

"淘宝商城自己不会卖货,不会做零售商,欢迎各种形式零售商在淘宝商城平台发展。"——淘宝商城总裁张勇。淘宝是如何构建自身的商业模式,从而成为亚太最大的网络零售平台,吸引了数亿在线商品和消费者?淘宝平台是如何做大,走向成功的?

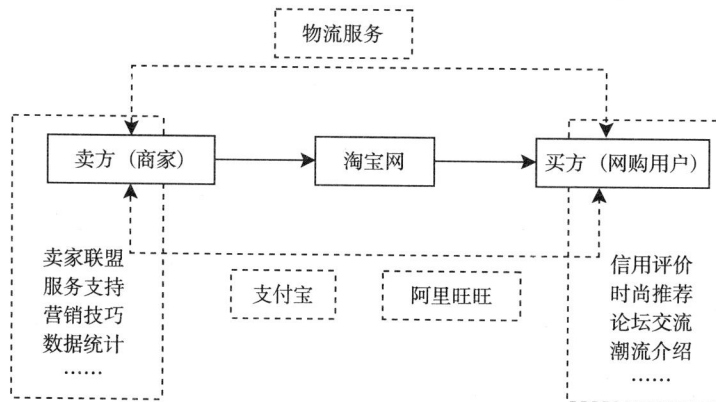

图 4　淘宝网商业模式结构

在淘宝 C2C 的模式中,淘宝网主要起着三方面的重要作用:一是淘宝网作为联系买家和卖家的桥梁;二是淘宝网担负着对交易过程和买卖双方信用的监督和管理职能,最大限度地防止网络欺骗的产生;三是淘宝网为买卖双方提供必要的技术支持和服务。淘宝作为网上购物商城,在网络信息化时代,极大地降低了人们购物所需付出的时间和精力成本,也为数万计卖家提供了展示产品的舞台,大大促进了中国零售商品流通的进程。不受地域、时间限制,天南海北的商品可以通过淘宝商城完成跨省市的交易。淘宝电子商务网站具有典型的市场创造者特性。为中国众多中小卖家的零售商品交易提供了平台,也使得个体消费者能随心所欲地在这个平台上选购自己心仪的商品,大大降低了市场交易成本。探寻淘宝电商神话的发展历程,可以发现如下轨迹。

免费注册、吸引用户:淘宝成立之初,在中国电子商务尚处于萌芽发展阶段。淘宝针对中国消费者的消费习惯，采取了免费的价格策略。淘宝网所有的服务均免费，卖家开店免费、买家注册免费、交易免费。给商家提供免费的产品展示空间，免费电子邮件，并提供大量及时的免费供求信息，吸引无数买卖家来尝试新鲜事物，为淘宝吸引了无数的买家和卖家。这种免费的低门槛进入价格策略，迅速为淘宝吸引了大量的用户。双边市场主要研究平台如何对两边用户进行收费，从而平衡需求，获取利润。作为淘宝这类面向个体消费者以及中小卖家的网商平台，最初毅然采用免费的定价策略，并延续至今。这一策略的成功采用，为淘宝平台初期建立用户基础起到了关键的作用。这一策略降低了初入电商网络卖家的进入门槛，从而能够吸引众多零散的零售商尝试网店销售，这样聚合了大量的淘宝商家、丰富的产品种类，几乎涵盖了人们日常生活中所需的各类日用品种类。丰富的产品种类、符合最新潮流款式、东西南北商品交换流通的便捷，吸引了年轻网购一代。淘宝作为面向个人交易的电子商务平台，成功创造了网络零售市场。

同时，在对买卖双方用户的管理方面，淘宝十分注重对卖家资质和销售能力的管理和支持。对于电子商务平台，卖家的数量和质量决定了平台的价值大小。为满足网络交易的信任度，采用信用评级制度，以星级高低来区别信誉度。在客户积累到一定阶段之后，淘宝针对卖家采取等级性收费策略。通过推出各种支持性服务进行收费。这种在基本会员功能的基础之上，通过提供附加性服务支持进行收费的方法，从商家会员盈利。并且当前淘宝开始着力打造大型销售商淘宝商城客户，对于这类大型客户，将会收取 6000 元的年费和 10000 元的保证金，以及 2%~5%的扣点费用。由此可见，淘宝的平台盈利模式，在对会员基本服务免费的基础之上，通过免费政策培育用户数量，之后采取服务加价收费，并通过大客户获取更高利益。淘宝针对卖家的增值性服务收费情况，在表 2 中进行了大致列举。

表 2　淘宝卖家等级定价策略

	普通卖家（入门级）	高级卖家（升级版）
开店费用	无（注册即可）	旺铺版：30~50 元/月 可选择升级到扶持版旺铺（免费）
增值服务	**店铺装修类：** 图片空间：10M 1 元/月 旺铺装修模板：5 元/月 优酷网视频展示引用 5 个视频：10 元/月 **营销与客户关系管理：** 限时打折：30 元/季 关键词竞价，按照点击付费，进行商品精准推广的服务 会员关系管理：90 元/季 "消费者保障服务"保障金：1000 元 **销售统计：** 好店铺统计：10 元/月，25 元/季 网店版发货与库存管理：58 元/月	

配套服务、平台增值：为打造功能强大的电子商务平台，淘宝陆续推出了完善平台服务功能的配套服务，有力地保障了平台稳定、持久的盈利能力。最开始推出了建立买家和卖家之间联系工具的阿里旺旺，由此在买卖双方之间构建了有效的沟通机制和渠道，使得买卖双方无需面对面即可通过网络实现通畅交流，这种做法维系和促进了买卖关系。尤其对于市场创造型双边市场平台来说，买卖双方沟通渠道的顺畅直接影响着交易的达成。独立聊天软件阿里旺旺的推出对于保证淘宝网商平台的顺畅性起到了不小的作用。另外，对于网络交易平台，强大的交付信用保障是至关重要的。淘宝率先推出独立的支付宝工具，解决了网络交易安全问题，提供了"第三方担保交易模式"，解决了网购一直以来面临的付款风险问题。支付宝与阿里旺旺作为淘宝网的左膀右

臂，为淘宝电子商务的迅猛发展起到了巨大的助推作用。淘宝于 2009 年推出自身独立的搜索引擎，服务于站内商品搜索应用。并于 2010 年推出大物流计划，开始与多家物流企业达成合作伙伴关系，整合物流资源。这几项措施的相继推出，一步步完善和强大了淘宝平台的服务功能，也构建了其他电商无法比拟的核心竞争能力。

深度服务、锁定用户：由于淘宝商家都是从最底层的小商品买卖做起，文化及经商专业程度有限，为扶持卖家做大做强，淘宝推出了"淘宝大学"服务项目，为淘宝卖家提供营销创新、店铺策划、客户管理、流量统计、在线接待等众多门培训课程，分别有免费和收费服务，来协助淘宝商家提升自身经营管理能力。涵盖范围广泛的淘宝大学课程为淘宝卖家的成长提供了支持，继而也打造了淘宝平台自身源源不断的成长能力。着眼于长期发展的服务措施，培育了淘宝平台卖家用户的忠诚度。此外，针对买方消费者，淘江湖、论坛、社区、积分、淘金币等各项措施，也增加了买方用户黏性。消费者在一个能够相互交流的社区环境里，可以了解最新的时尚潮流趋势、服装搭配技巧等各类信息，这也成为吸引买家逛"淘宝"的一大法宝。淘宝通过分别为买卖双方提供深入服务的方式，进一步锁定用户群，降低流失率，也维系了庞大的用户资源。

开放平台、打造"淘天下"：对于日益壮大的淘宝网，2011 年 6 月阿里巴巴集团将淘宝公司分拆成三个独立公司：①沿袭原有 C2C 业务的淘宝网；②平台型 B2C 电子商务服务商淘宝商城；③一站式购物搜索引擎淘海。这种业务的重组体现了淘宝谋求下一步发展的战略方向。淘宝开始注重大品牌、大商家的优质资源，通过淘宝商城拓展新的盈利空间。卖家作为电商网络平台的重要资源，其质量直接决定了消费者用户的使用规模和平台企业的盈利能力。淘宝打造淘宝商城，无疑是提升卖家质量从而拓展平台盈利空间的举措。接下来，在 2011 年 9 月，淘宝商城宣布实施开放 B2C 平台战略。淘宝开放平台，是指由淘宝网提供的、面向第三方的开放式电子商务服务基础服务框架。其主要内容包括：以 Open API 形式开放的淘宝网电子商务基础服务、淘宝网自有的开放式应用平台、对第三方应用平台的开放式基础支持。

面对大卖家经营管理的各种需要，淘宝开放平台将提供相应的技术支持工具，如客户管理系统、精准营销工具、统计分析、商品交易管理等服务软件；同时也将针对买方开发改善消费体验的各种工具，如 SNS 社区管理、口碑营销等。淘宝商城的战略是要打造开放的 B2C 平台，与品牌商、供货商、零售商及物流在内的各类第三方服务商共建 B2C 生态体系。通过开放平台，吸引外部资源共同建设平台，这种互补性搭配无疑增强了淘宝平台的服务能力。淘宝开放平台战略的推出，预示了电商网络生态体系重建的重要举措。淘宝推出"淘宝合作伙伴"(Taobao-Partner) 计划，通过与仓储、物流、IT、渠道、营销服务等合作，在技术、市场、销售层面为淘宝卖家提供服务。马云所宣称的"大淘宝"概念正在向我们走来。

（二）"软、硬互补型"——苹果智能手机平台

苹果 iPhone 的诞生创造了手机业的神话。传统手机仅作为通讯工具，盈利空间日益受限。然而随着 3G 移动通信时代的到来，能够承载多业务的智能手机开始风靡。而苹果的 iPhone 手机更是独占鳌头，被业界视为重新定义了手机行业。iPhone 的成功体现在多个方面，包括产品创新、营销、用户体验等，本文着重分析其如何打造一个强大的手机平台产业，从而突破传统手机仅依靠通讯功能盈利的模式，开创通过搭建智能手机平台，整合外界软件资源从而获利的新模式。

2010 年苹果的市值超过微软公司，如今不论是股市市值、利润还是规模，苹果公司几乎都是微软的两倍以上；2010 年，苹果的高市值亦超过了中国石油，因此被人们比作"轻公司"与"重公司"的较量。苹果手机优质的用户体验深得消费者喜爱，与此同时，在一流手机硬件设计的基础之上，苹果独创 App Store 智能手机运营平台，品种丰富的应用服务平台更进一步奠定了苹果手机帝国的霸主地位。

图 5 苹果智能手机平台商业模式

由图 5 可见,手机已不再是简单的通讯工具,在苹果的打造下已经摇身变成集成丰富应用程序的"个人移动应用平台"。3G 移动互联网时代的到来,搭载各类应用程序的智能手机平台正是顺应了这个变革潮流,带来了人们生活和消费习惯的改变。至 2011 年底,中国市场智能手机保有量规模为 1.3 亿台,智能手机渗透率为 13%。面对中国超过 10 亿的手机用户,市场潜力和增长空间无限。

1. 开放平台接口,吸纳第三方软件

苹果除了以硬件上的一流设计赢得市场之外,也通过"软硬结合"的方式,打造强大的手机平台服务来获得持续增长的动力。因此,苹果决定对第三方软件程序商开放平台接入,通过吸纳巨大的外部开发资源为自身平台的壮大服务。2007 年,苹果公司正式发布 iPhone,2008 年 3 月,苹果对外发布了针对 iPhone 的应用开发包(SDK),供免费下载,以便第三方应用开发人员开发针对 iPhone 及 Touch 的应用软件。2008 年 7 月正式推出 App Store,即 Application Store,通常理解为应用商店。App Store 是一个由苹果公司为 iPhone 和 iPod Touch、iPad 以及 Mac 创建的服务,允许用户从 iTunes Store 或 Mac App Store 浏览和下载一些为了 iPhone SDK 或 mac 开发的应用程序。用户可以购买或免费试用,让该应用程序直接下载到 iPhone 或 iPod Touch、iPad、Mac。其中包含:游戏、日历、翻译程式、图库,以及许多实用的软件。用户购买应用所支付的费用由苹果与应用开发商3∶7分成。

2. 打造软件、硬件互补式平台系统

苹果在应用软件商店上的成功取决于两个重要因素:开发者和用户规模。只有拥有大量的开发人员,才能保证丰富的应用供应,从而吸引大量用户。在双边市场平台理论中,间接网络外部性的概念阐述了供给方互补类产品将会带来外溢性网络效应,从而吸引使用者来到平台上进行交易。苹果的 App Store 正是成功抓住了这一特点,通过吸收第三方强大的程序资源,有力补充和打造了苹果智能手机平台的吸引力。苹果 App Store 从 2008 年 7 月正式推出后创造了一个又一个的数字神话,这也成为了苹果的成长秘笈。2008 年 7 月 App Store 正式推出时,出现 800 款 App。随后苹果 App Store 下载量高速增长,推出 9 个月后达到 10 亿次,2010 年 6 月达到 50 亿次,2011 年 1 月达到了 100 亿次,2011 年 10 月,App Store 应用商店的下载次数超过 180 亿次,如今又突破了 250 亿次大关。虽然 App Store 对苹果总收入的直接贡献很小,但是没有 App Store,苹果的 iOS 系统终端的销售量和利润率一定会受到很大影响。英国《金融时报》有消息称,如今有 24.8 万名开发员为苹果售出的 3.15 亿部 iPhone、iPod Touch 和 iPad 创建了 55 万款 App(应用)。迄今,苹果公司已向开发者支付了 40 亿美元。过去 4 年,整个 App 经济在美国创造了 46.6 万个就业岗位。目前国内一些新的创业者也将目光放在了苹果 App Store 上。这些应用让 iPhone 及 iPad 用户获得优质体验,让终端的价值极度放大。这一切又成为了用户购买苹果产品的一个重要理由。

3. 打造手机应用平台,构建产业链生态系统

苹果创造了一个 APP 平台型市场机制,它不仅为自己创造了一个获利机制,同时也为无数的

软件公司创造了这样一个平台。作为一个拥有庞大用户基数的封闭系统，开发者可以集中精力在应用开发上，而不是机型试配上。App Store模式的意义在于为第三方软件的提供者提供了方便而又高效的软件销售平台，使得第三方软件提供者参与其中的积极性空前高涨，适应了手机用户们对个性化软件的需求，从而使得手机软件业进入了一个高速、良性发展的轨道。苹果公司的App Store开创了手机软件业发展的新篇章，App Store无疑将会成为手机软件业发展史上的一个重要的里程碑。苹果的智能手机产业链已经不同于传统手机产业链，其中的角色参与者增多，各方不断加强深度合作。应用软件开始与操作系统平台商合作，系统平台商与品牌制造商合作，品牌制造商与渠道商、电信运营商合作，以及与周边设备制造商、服务供应商等多方合作。这种多方合作共赢的网络状产业链生态系统正在形成。

四、研究展望

1. 新兴网络平台商业模式值得关注

网络产业的平台化运营已经广泛地应用于推动技术创新和产业转型。构建大平台商业模式成为新一轮网络产业利润增长点，平台系统将为企业创造更大的价值。网络企业发展壮大之后，都想进一步成为行业生态的掌控者。通过吸附各类开发者、服务商资源，打造强大的平台产业链，已经成为当前中国大型互联网企业的战略方向。在互联网用户增长"人口红利效应"减弱、企业自身扩张边际渐显之后，吸纳第三方应用服务从而提升平台价值成为最新发展模式。2011年开始，网络企业的平台化运作模式日渐显现。拥有近7亿用户的腾讯QQ，集结了朋友网、腾讯微博、QQ游戏、QQ空间及Q+平台等软件应用，目前拥有超过8万名注册开发者，审核过4万多种应用，其中个体应用单月最高分成已超过1000万元。新浪微博拥有3亿多用户，目前已经引入约3500个第三方开发应用，正在构建平台的六大商业模式，即互动精准广告、社交游戏、实时搜索、无线增值服务、电子商务平台和数字内容收费。百度、360、搜狗等互联网业各巨头也纷纷打造自身平台系统。平台型商业模式这一新兴的企业运营模式，将创造巨大的商业价值，因此有必要关注这一崭新的经济现象。诞生于相对自由竞争环境下的中国互联网产业正处于蓬勃发展时期。互联网市场的蓬勃发展为研究提供了丰富的素材。未来在中国庞大的人口基数和经济规模基础上，信息网络技术将渗透到传统产业，并应用于经济运行的方方面面，网络载体对产业运行方式和利润增长将产生巨大影响，针对企业平台运营模式的研究将日益深入。

2. 网络平台竞争策略拓展研究

对平台产业的关注不仅具有重要的现实意义，对产业组织理论研究也具有重大意义。传统的产业组织大多关注单一产业链上企业之间的关系，这种关系相对较为单一。如今在信息网络产业，企业间合作关系呈现纵横交错的网络状，企业组织形式和产业链关系都突破了传统单一方向的形态，而彼此嵌入复杂交错的网络关系中，网络型产业生态组织的构成及运行方式是产业组织理论下一步拓展的方向。针对网络平台产业，面对双边甚至多边市场，传统针对单个网络产业特性，如网络效应、标准兼容等行为的研究已渐成熟，而面对新兴的平台型网络产业，有必要将多个交易主体相互影响的交叉网络效应纳入考虑因素，这种相互依赖性影响加大了对平台型网络产业的研究难度。而针对平台型企业的策略性竞争行为，如定价、捆绑销售、纵向约束与排他性行为等，也有必要从传统的单一产业框架拓展到双边或多边市场主体间的影响。平台的兼容和排他，将面临更复杂的考虑因素。随着现实产业组织形态的演进，理论研究有必要及时跟踪实际产业发展动态，更新理论研究工具来解决现实问题，拓展理论研究范围。理论界也有一些著作和论文关注到了平台产业这一崭新的运营模式，《平台：培育未来竞争力的必然选择》（贺宏朝，2005）、译著《平台领导：英特尔、微软和思科如何推动行业创新》（安娜贝拉·加威尔等，2007）、《看不见的引擎：软件平台驱动下的产业创新和转型》（埃文斯、哈吉犹、施马兰奇，2010）、《平台经济学：平台竞争的理论与实践》（徐晋，2007）等一系列著作或论文开启了理论界对平台产业的研究。并且近几年国内外对双边市场理论的研究也日益成熟，这一理论框架可以拓展和支持网络平台产业的相关研究。随着网络数据采集和获取的方便，可以进行深入的实证研究，从而得出更有建设性的研究成果。

3. 构建合宜规制与竞争政策

平台产业的复杂交错为规制政策提出了新的挑战。2011 年是中国网络经济垄断的多事之年，"3Q"大战、"淘宝伤城"、百度被诉、宽带垄断等各类涉及互联网公司的垄断事件频频出现，不禁引起人们对中国网络经济市场的垄断问题加以关注。互联网垄断案件问题较新且复杂多变，为反垄断执法带来了难度。在各种争辩与数据面前，如何运用经济分析工具对问题加以明晰，从而为反垄断执法提供分析依据，对行业规制和竞争政策的执行带来了全新的挑战。这些垄断事件的主角都是规模庞大的互联网巨头，网络效应的存在催生了互联网领域巨头企业的形成。垄断案件的浮出与社会热议，引发研究者们开始关注这一市场。运用理论与经济学数据分析，揭示产业运行规律，从而为政策服务。腾讯与 360 之争的案件中针对相关市场界定问题便产生了很大的争议。免费产品和服务的相关市场如何界定？平台跨界经营的产品市场又如何断定？对于平台巨头，传统网络行业垄断的界定标准如何适用？封闭平台与开放平台对社会福利的影响孰优孰劣？平台本身是否构成"瓶颈"类关键设施？平台的兼容和排他行为又会对市场竞争产生怎样的影响？脱胎于传统工业经济的反垄断法，在面对新一代信息经济环境下，如何针对产业特征进行适宜调整，是摆在理论界和执法界面前的一个全新挑战。

网络信息技术催生了新的经济运营模式。平台，这一崭新的经营模式，将极大地拓展企业的盈利空间，带动经济增长。苹果的智能手机平台不仅创造了自身发展的神话，也孕育了数万家创业企业。苹果不仅仅是开放平台，更重要的是，在此过程中营造了开放创新的产业发展环境。企业的竞争策略是为商业模式服务，随之而来的结果是盈利模式。在一个竞争激烈、变化迅速的网络环境中，只有不断推陈出新，以更优质的创新性服务满足用户的个性化需求，才能产生持续不断的竞争力。平台型产业不是一个孤军奋战的行业，而是鼓励竞合共赢的时代，需要开放式融合发展。中国的互联网产业，需要理论支持和政策扶持，更需要一个自由创新的环境，共同打造一个良性发展的产业环境。期待中国的互联网市场能够涌现出乔布斯式的创新领袖，为社会生活创造出更多更好的产品。

【参考文献】

[1] 程贵孙、陈宏民、孙武军：《双边市场视角下的平台企业行为研究》，《经济理论与经济管理》，2006 年第 9 期。

[2] 史晋川、刘晓东：《网络外部性、商业模式与 PC 市场结构》，《经济研究》，2005 年第 3 期。

[3] 尚秀芬、陈宏民：《双边市场特征的企业竞争策略与规制研究综述》，《产业经济研究》，2009 年第 4 期。

[4] 埃文斯、哈吉犹、施马兰奇：《看不见的引擎：软件平台驱动下的产业创新和转型》，陈宏民、胥莉、张艳华译，清华大学出版社，2010 年。

[5] 安娜贝拉·加威尔等：《平台领导：英特尔、微软和思科如何推动行业创新》，广东经济出版社，2007 年。

[6] 徐晋：《平台经济学：平台竞争的理论与实践》，上海交通大学出版社，2007 年。

[7] 中国互联网络信息中心（CNNIC）：《第 29 次中国互联网络发展状况统计报告》，2012 年 1 月。

[8] Michael A. Cusumano, Annabelle Gawer.The Elements of Platform Leadership. Engineering Management

Review，IEEE，2003.

［9］Geoffrey Parker and Marshall Van Alstyne. Managing Platform Ecosystems. ICIS 2008 Proceedings. Paper 53.

（作者：杨莴，东北财经大学产业组织与企业组织研究中心）

电视传媒企业商业模式创新路径
——基于价值链视角的研究

一、引 言

国务院总理温家宝在 2010 年 1 月 13 日主持召开的国务院常务会议中决定要加快推进电信网、广播电视网和互联网三网融合,对于促进信息和文化产业发展具有重要意义。但却使电视传媒企业面临更严峻的挑战。由于中国电视媒体按行政区域划分的传统体制的限制,电视传媒企业难以跨越地域和产业界限去寻求增长空间,其改革难免囿于本区域内和电视传媒企业内部。内容同质化、"模仿"与"跟风"早已成为电视传媒企业间恶性竞争不可逾越的鸿沟。而作为其主要收入来源的广告受宏观经济环境影响较大,电视传媒企业的经营一直处于枕戈待旦的状态。三网融合意见出台使其市场格局变得更为复杂,竞争也愈加激烈。笔者认为,电视传媒企业要想摆脱目前的困境,如何突破单一商业模式的"瓶颈",必须增强对电视传媒企业价值链的理解和重视,并把竞争的焦点从生产、广告等传统层面转移到电视传媒企业所选用的商业模式层面上来。

二、文献回顾

国外关于报业商业模式创新的研究从 20 世纪 90 年代开始,主要集中在在线新闻的商业模式研究,代表人物是罗伯特·皮卡特(Robert G. Picard),他论述了报纸以及其他内容提供商设法应付新技术挑战的可能性。他特别关注近年来报纸日益激烈的竞争环境和报纸应该针对的新消费群体,并描述了主要在线内容服务供应商的不同商业模式(图文电视模式、Internet 付费电视等)。Fetscherin and Knolmayer 将产品、消费者、收益、定价和传递作为内容产业商业模式应该包括的五种成分。他们在报纸和杂志产业中验证这五种成分在获得利润时的有效性,并展现了免费内容和收费内容选择以及在线版本作为物质版本的替代或补充的重要性。Stahl 等论述了捆绑式信息的成功,他发现当在线和离线版本提供相同的捆绑内容时就会出现市场份额的替代。Krueger(2006)与同事就互联网对新闻和音乐领域的商业模式演变进行了实证研究和理论创新,他们通过专家访谈、对欧美国家数十家重要的内容提供商发放问卷以及个案研究,论述了互联网技术和移动通信技术对新闻和音乐领域商业模式演变的过程,发展了一个内容提供商商业模式演变及创新的分析工具。国内业界和学界对传媒企业的商业模式及其创新的研究不是很多,基本上处于理论真空状态。最具代表性的是马金胜,他研究发现,以美国为代表的欧美国家报纸商业模式转型的七大方向，发展了欧美报纸商业模式创新的模式选择框架：商业模式组合和多成分组合（C+商业模式），并借用这一分析框架，对中国商业报纸商业模式的演变和转型进行了研究。综观国内外现有研究成果，笔者发现电视传媒企业作为研究主体的缺失，而且现有研究对象主要是互联网媒体，而对于以电视为代表的传统传媒企业如何进行商业模式创新问题的研究尚处空白。然而在现实中，中国传媒企业如何在激烈的市场竞争中获得优势，如何抵御国外媒体涌入带来的经营风险，都是亟待解决的问题，因此，对电视传媒企业商业模式创新的研究刻不容缓。

三、电视传媒企业商业模式创新的理论支点

境外电视媒体可以分为两大类：一类电视媒体具有公共属性，以体现国家意志和意识形态为主旨，既要担负国内外政治形象塑造和文化传播的任务，还要是对其他国家进行意识渗透，如美国的 VOA 和英国的 BBC；另一类电视媒体具有商业属性，即传统意义上的电视传媒企业（集团），它们一般隶属于私人财团，从事不同的商业活动和商业行为，它们都遵循市场经济规律，按照资本逻辑追求市场利润，如星空卫视。本文突破传统按照行政隶属关系划分的标准，依据电视台的市场属性将其分为经营性电视台和非经营性电视台，并将经营性的电视台作为研究对象，即已被上级主管部门"断奶"，是实行"事业单位，企业化管理"的单位，是奉行"自我发展、自负盈亏"，以盈利为目标来从事生产经营活动，向社会提供内容和服务的市场主体。

近年来，国内外学者关于企业商业模式的研究成果日益丰富，其中以价值链理论为工具，分析、解释企业商业模式及其创新行为的研究颇具代表性。Paul Timmers（1998）运用波特的价值链理论，对参与电子商务各方的价值链进行解构和重构，在此基础之上考虑价值链各环节之间的相互作用和价值链的整合，将电子商务模式划分为电子商店、电子采购等 11 类，并从创新程度和功能整合性两个维度对这 11 种模式进行了分级。Magretta（2002）将商业模式创新与价值链理论相结合，认为新的商业模式都是对现有价值链的调整，即对价值链中的两类基本活动（一类是与制造有关的商业活动，另一类是与销售有关的商业活动）的创新。高闯、关鑫（2006）运用价值链理论将企业商业模式界定为是对企业全部价值活动的有效整合，他们依据价值链创新理论将商业模式创新划分为五种基本类型，并对企业商业模式创新的实现方式和演进机理进行解释和分析。曾楚宏、朱仁宏、李孔岳（2008）认为，商业模式可以由企业在产业价值链或价值网络中的定位、企业在价值链或价值网络中的竞争优势以及企业在价值链或价值网络中能够获得的潜在利润三个维度来衡量。

通过对相关文献进行梳理，笔者认为，价值链作为研究企业商业模式创新的视角具有一定的科学依据和合理性、适应性。①价值链理论弥补了商业模式创新研究传统理论的缺憾。价值链理论既可以对企业商业模式创新进行全面的理论解释，又能够指导企业有效地进行商业模式创新，这便弥补了传统理论在商业模式创新问题上"纸上谈兵"的缺憾。②价值链的分析框架适合企业商业模式创新各项内容的综合研究。价值链涵盖了企业能够涉及的所有价值活动，并可以通过企业价值链延展、分拆等方面的创新与重构，创新企业的价值活动或价值体系，这对于研究企业商业模式创新的相关问题都提供了重要的借鉴。综合上述的分析可知，价值链的特征决定了它能够为构建企业商业模式创新研究分析框架提供理论基础，它能将企业商业模式创新研究的各项内容系统地连贯起来，具有系统的解释能力。

由此，笔者认为，电视传媒企业具有成熟的产业环境和企业化运营的鲜明特征，电视传媒企业商业模式创新是在电视传媒企业价值链重构的基础上，通过寻找价值增值环节，将自身资源、

能力与外部环境相结合，为获得盈利，实现提升核心竞争力目标而采取的一系列创新行为的总和。笔者将电视传媒企业价值链划分为电视传媒企业基本价值链、电视传媒企业延伸价值链、电视传媒企业拓展价值链、电视传媒企业虚拟价值链以及电视传媒企业价值网五种类型，相应的，电视传媒企业商业模式类型包括电视传媒企业聚焦型商业模式、延伸型商业模式、拓展型商业模式、外包型商业模式以及竞合型商业模式，并提出电视传媒企业价值链与商业模式创新的对接模型，如图1所示。

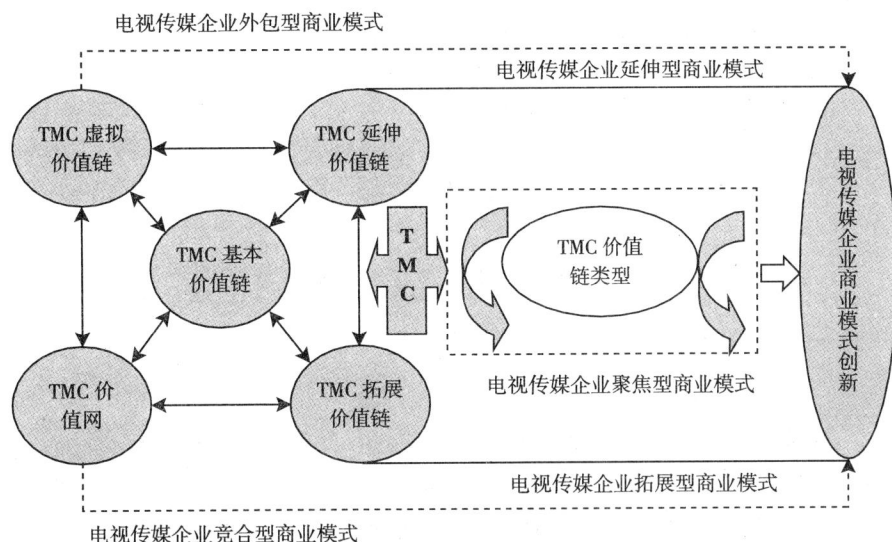

图1 电视传媒企业价值链与商业模式创新对接模型

其中，电视传媒企业基本价值链主要由创意生产、营销推广、传播渠道、广告经营及受众反馈等基本活动和电视传媒企业基础设施、人力资源管理、产品研发以及采购等辅助活动构成，依此进行的聚焦型商业模式创新是将自身的经营业务定位于基本价值链的某一个或几个价值创造环节来实现的。电视传媒企业延伸价值链是在识别基本价值链增值环节的基础上，通过向深度（产业价值链两端的供应商价值链、渠道价值链和顾客价值链）和广度（跨区域、跨媒体）延伸而形成，延伸型商业模式创新主要以内容产品为核心，以纵向延伸和横向延伸两种方式来实现。一般来说，只有当电视传媒企业发展到一定阶段，延伸型商业模式创新才开始进行，且必须有明确的目标和方向，而非盲目进行。电视传媒企业拓展价值链是在做大做强电视主业的基础上，基于动态环境的变化，围绕电视传媒产品形成的品牌效应，在某些价值活动的横截面上进行价值拓展活动，业务流上的各个业务单元都围绕着电视传媒企业的品牌运行。这将使电视传媒企业在不同领域、不同产业（行业）开展投资业务，或在同一产业中投资生产不同的产品，以扩大业务范围，拓展利润增长空间，获取品牌优势，提升核心竞争力。拓展型商业模式创新有高关联度创新和低关联度创新两种形式，高关联度创新是电视传媒企业通过涉足如广告咨询与策划、受众服务、营销等与电视核心业务相关的活动，或成立为电视传媒企业提供技术和服务的组织等方式来实现；低关联度创新通过涉足与电视产业关联性不大，甚至毫无联系的资本运作、房产、酒店、旅游等产业而实现，一般而言，低关联度创新风险相对较大，应持谨慎态度。电视传媒企业虚拟价值链是在电视传媒企业基本价值链的基础上，利用网络、信息技术，重新组织与安排企业内部各价值活动，或将部分价值活动外包来实现。电视传媒企业价值网是一种复杂的关系和结构，它以需求为导向，以提高竞争力、市场占有率、受众满意度和提升核心竞争力为目标，以优势互补、协同竞争和多赢为原则，使电视传媒企业与受众、代理商、推广商、广告商、内容生产商等利益相关者之间相互影响与协作，形成与节目制作、营销推广、代理、节目交易、广告等主体之间的竞合关系。

电视传媒企业聚焦型商业模式是根据电视传媒企业传统价值链，将自身的经营业务定位于原有价值链的某一个或几个价值创造环节上形成的；电视传媒企业延伸型商业模式是根据电视传媒企业延伸价值链，以现有经营领域为基础，根据价值产生的方向，将电视传媒企业现有业务范围向深度或广度发展而形成的；电视传媒企业拓展型商业模式是根据电视传媒企业拓展价值链，将人、财、物等资源重新整合，以现有经营领域为基础，根据价值产生的方向，将内部资源向外部其他媒体或非媒体行业扩张而形成的；电视传媒企业外包型商业模式是基于电视传媒企业虚拟价值链而进行的创新行为，是通过将部分价值活动外包而充分利用电视传媒企业外部资源的一种商业模式；电视传媒企业竞合型商业模式是基于电视传媒企业价值网而进行的创新活动，它的参与主体相应地包括同行业者、观众、节目制作商、广告商等。

四、电视传媒企业商业模式创新路径

1. 聚焦内容、渠道和营销环节

电视传媒企业将价值增值环节聚焦在内容、渠道和营销推广环节来实现聚焦型商业模式创新。内容创意和生产环节位于电视传媒企业价值链的最前端，是其实现价值增值的基础，是连接和促进其他业务的纽带。电视传媒产品的创意生产除了包括拍摄、画面和声音的编辑制作，还包括节目的包装、设计和物质载体的复制、保存。电视传媒企业应紧紧围绕"内容"这一基本环节，通过精良的内容制作和生产，实现商业模式创新；渠道制胜商业模式的增值环节在于提供电视传媒产品和服务的消费路径，利用自身的渠道资源为节目制作商和消费者（广告商和观众）创造价值，同时为自己带来盈利。渠道制胜商业模式可以利用自己的渠道资源向节目制作商收取渠道使用费用，可以向观众收取收视费，还可以出售观众的注意力资源给广告商收取广告费；营销推广是在电视传媒产品形成之后，电视传媒企业往往会对节目做一个期待获得同行、电视观众和广告客户较高的关注度的整体营销。2005 年"超级女声"的成功就是一个经典的营销案例：其节目各利益方直接总收益约 7.66 亿元。按照上、下游产业链间倍乘的经济规律估算，"超级女声"对社会经济的总贡献至少达几十亿元。

2. 跨区域、跨媒体创新

中国的电视传媒企业具有很强的区域特征，跨区域扩张仍处于"牛刀小试"的状态。这种条块分割的管理体制抑制了电视传媒企业之间整合优势、资源共享，不利于形成发展合力，而且容易导致资源浪费，甚至恶性竞争。笔者认为，跨区域扩张为电视传媒企业影响力提升和注意力资源的积累提供了可能性，进而为电视传媒企业的品牌塑造和广告商的加盟提供了良好的前期准备。而电视传媒产品接近于零的边际成本以及"边际效益递增"①的特性，为电视传媒企业减轻压力，转移战场，为实行低成本扩张提供了可能。从国外及港台的实践来看，电视传媒企业的跨媒体扩张具有一定的优越性和先进性。但中国电视产业正处在发展初期，电视传媒企业跨媒体扩张仍未彰显。随着互联网、手机、移动电视、数字电视等新型媒体的迅速崛起，观众总体规模下降，分

---

① 作为内容的信息被注入到物质载体后，每次复制既不会对原有的内容造成损害，也不会受到物质资源的制约，更重要的是，它的价值不但不会消耗，反而会在人们的共鸣中进一步提升原有的电视传媒产品价值，电视传媒产品可以被无限复制并制作播出。

流速度加快，电视传媒企业应该利用内容优势，通过跨媒体的扩张实现新媒体与传统媒体的对接，将新媒体发展成电视传媒企业传播的新渠道。

3. 拓展经营空间

电视传媒企业可以通过涉足如广告咨询与策划、受众服务、营销等与电视核心业务单元相关的价值增值环节以及与电视传媒企业价值链辅助活动相关联的环节，如成立为电视传媒企业提供技术和服务的组织，也可以通过涉足与电视产业关联性不大，甚至毫无联系的资本运作、房产、酒店、旅游等产业实现。目前，国外电视传媒企业进行拓展性商业模式创新的方式主要包括主题公园、会展、文化、旅游、酒店、资本运营，给中国电视传媒企业极大的启示。中国已有电视传媒企业为了摆脱商业模式单一的局面，开展了多元经营。由于起步较晚，开发能力比较薄弱，加之缺乏相关准确的市场定位和经营经验，成功的案例少之又少。笔者认为，中国电视传媒企业要进行拓展性商业模式创新，必须利用电视的主业优势，依托电视的品牌与社会影响来开发与之相关的领域，并在其中选择市场前景最好、最具潜力的项目，通过塑造品牌延伸，形成具有独特优势的商业模式。

4. 业务单元外包

电视传媒企业通过将虚拟价值链中的部分价值活动外包而充分利用电视传媒企业外部资源，可以实现外包的业务单元包括节目制作、营销推广、节目交易、广告、财务管理、后勤等。其中，节目制作外包是电视传媒企业不再负责一般节目的制作，而是把工作的重点放在节目的编排、播出、推广上，但由于电视作为大众传播媒体，还承担着一定的社会功能，因此，笔者认为，在实行节目制作外包后，要建立严格的内部播出控制制度和外购节目审查制度，警惕并防止片面追求收视率而使节目低俗化。业务单元外包不但可以发挥外包公司的专业化优势，还可以使电视传媒企业甩开包袱，降低运营管理成本。

5. 联盟与合作

电视传媒企业通过竞合行为，寻求与节目制作、营销推广、代理、节目交易、广告等主体之间的竞合关系，这种竞合关系可以是股权合作、契约合作、特许经营以及战略联盟等多种方式。著名的传媒学者喻国明认为，中国的传媒业已经进入了"合竞时代"，两个或者是两个以上的传媒组织组成的战略联盟，是媒体多元化扩张、做大做强的主要选择。

五、案例：凤凰卫视商业模式创新

凤凰卫视以"传播中华文化，团结世界华人，沟通两岸三地"为办台宗旨，凤凰卫视通过不断进行商业模式创新，目前已发展成为受众最广泛的华语媒体，其节目已经覆盖了东南亚、欧、美、北非等96个国家和地区。

1. 凤凰卫视商业模式创新路径

由于制度和政策原因，为了避免国际媒体对我国传媒市场的冲击，我国内地实行了市场禁入政策，凤凰卫视按照有关规定，被定为境外媒体。境外媒体的接收，国务院《卫星电视广播地面接收设施管理规定》做出了明确规定，有三类单位有资格接受信号，包括级别较高、规模较大的教育、科研、新闻、金融、经贸等确因业务工作需要的单位，三星级或国家标准二星级以上的涉外宾馆以及外销公寓。这种政策性限制使凤凰的发展受到诸多限制，他们提出了一系列策略，其中取得良好效果的包括准确定位市场、积极整合资源、生产异质化产品、创新广告策略、打造经典品牌等，正是这样一系列商业模式创新路径使凤凰卫视在华语媒体中占据一席之地。

（1）准确定位市场。政策限制大大缩小了凤凰卫视的受众群。经过分析，居住在三类单位中的人不是专家学者、企业职位较高的人士就是外国人，正是面对这样的竞争和制约，凤凰卫视遵循市场规律，提出了"影响有影响力的人"的市场定位，成功实现了从"大众"到"小众"的传播方式转变。

（2）积极整合资源。对于电视传媒企业而言，在实现宣传功能的基础上，实现利润最大化是其作为市场主体的终极目标。在传媒竞争加剧、新闻资源有限以及传播形式多元的背景下，凤凰卫视对现有的资源进行多次的开发和利用，将自身作为一个"加工厂"，由采集部统一采集信息，送到协调部进行信息的分类，再由各个栏目根据自身的特点和风格选取不同的信息或者信息的不同方面进行制作播出。不仅如此，随着《凤凰周刊》创刊和凤凰网络平台的搭建，这种资源整合迅速将期刊和网络纳入到体系内，在将一种资源通过网络和杂志进行立体化再利用，实现资源价值扩大化，不仅大大节约了成本，实现"低投入、高产出"的市场化原则，还能根据节目的定位确定传播的差异性，满足观众对信息多方面的需求。

（3）生产异质化产品。经济学中的异质化是让消费者觉察到的某一产品和其他产品真实或潜在的细微差别。凤凰卫视成立之初，由于市场份额较低以及资源短缺等原因，凤凰卫视着眼于其他媒体所忽略的信息与资源，即立足香港，沟通两岸三地，联结东南亚及全球的华人。同时，通过增办自制节目来突出节目的独特性和创新性，凤凰卫视新鲜、丰富的节目内容，活泼的节目形式成为凤凰产品的独有特征，而这些正是凤凰新闻人的责任和创新的价值观所打造出来的。

（4）创新广告策略。凤凰卫视的主要收入来源也是广告，但却对广告策略不断实行创新。近年来，凤凰卫视不断上调广告价格，但并未出现广告客户流失现象。从经济学角度分析，广告产品价格的涨落对广告商的广告没有明显的影响，呈"弱弹性"特征，主要原因是缺少与该产品相等同的"替代品"，消费者没有更多的选择。也就是说，在广告客户的眼里，凤凰卫视是不可替代的。凤凰经过不断创新，基本确定了以"国际带国内，以知名带新生"的广告策略。在高标准、高质量的广告（如法国航空公司、宝马汽车）氛围营造后，产生连锁反应，一些著名的甚至鲜做广告的企业也纷至沓来，如茅台酒的首次电视广告就选择了凤凰卫视。

（5）打造经典品牌。在电视内容产品不断丰富的今天，让观众在眼花缭乱的世界中形成品牌认知度和忠诚度不是一件容易的事情。在凤凰卫视进行商业模式创新的过程中，一个重要路径就是打造经典品牌，具体分解为"三名"战略，即名主持人、名记者、名评论员。通过让主持人、名记者和名评论员频频曝光，拉近与观众的距离，把他们始终作为凤凰的门面和招牌，既扩大了他们的知名度，又不断加深了受众心目中这些名主持、名记者出自凤凰的概念，从而扩展和延伸凤凰品牌的影响力。同时，为主持人、评论员量身定造适合其风格的栏目，使他们能够更容易发挥自己的最大潜力。此外，还借助其他名人来打造自身的品牌。例如，邀请杨澜主持"百年叱咤风云录"，邀请唐师曾主持"打开历史之门"，邀请余秋雨主持"千禧之旅"等。经过几年的实践，凤凰已经摸索出一条培养明星主持、以明星主持带动名牌栏目、最终实现由名牌栏目拉升频道品牌效应的发展路径。

2. 凤凰卫视商业模式创新的启示

成功的商业模式创新路径使凤凰卫视在国际传媒市场占据一席之地，在华语世界赢得了信赖和口碑。而成功的商业模式创新路径对内地正在实施产业化改革和文化体制改革的电视媒体具有非常重要的借鉴和参考价值，凤凰卫视带给内地电视传媒企业进行商业模式创新的如下几点启示：

（1）优化价值链，突出增值环节。我国电视传媒企业目前存在的诸如内容同质化、定位大众化和竞争无序化，商业模式单一等问题，其根本原因在于电视传媒企业对其价值链缺乏应有的理解和重视，价值链短而不充分，增值环节识别不清等。目前，我国电视传媒企业主流经营模式从总体上说仍然是单点式的，即围绕节目内容生产的上下游环节来实现价值增值，这样，做节目的资源在用过一次后就再也无人问津了，不仅使资源的利用率降低，增加成本，还使电视传媒企业的发展以及核心竞争力的形成受到制约。因此，内地的传统电视企业要在充分利用资源的基础上，通过对电视传媒企业价值链的优化与整合，形成电视、报刊、网络、图书等多点开花的立体化运作，这样不但能够更好地利用资源，提高使用效率，还可以有效实现价值增值，获得丰厚的利润，扩大媒体的整体影响力和竞争力。

（2）打造金牌栏目，注重品牌打造。凤凰卫视运用的通过产品异质化，进而达到价格需求"弱"弹性的广告策略是值得我们学习的。同时，国际电视业的发展已经证明，频道专业化进而实现频道品牌化正是电视业发展的方向，把品牌的概念引入传媒领域，是要在搞好栏目的同时，通过一系列的包装手段，树立媒体的品牌，提升品牌的竞争力。凤凰卫视的品牌营销已经为所有的内地媒体做出了榜样，凤凰卫视在与中央电视台规模和实力有一定差距的情况下，能够在国际传媒市场站稳脚跟，和其品牌在认知度和美誉度上的巨大优势有很大关系。

（3）策划大型活动，激活活动经济。目前，内地很多电视台组织大型活动，一般是在活动结束后办一台晚会，或者在活动结束后播几期专题节目了事，凤凰卫视则是在活动开始前便大肆炒作，同时围绕活动开设专门栏目，在活动进行过程中持续报道，使活动资源得到充分利用。同时这种将"活动栏目化"的做法又促进了广告的招商，较之昙花一现的一两台活动晚会更容易获得广告主的青睐。同时，大型活动如"千禧之旅"、"欧洲之旅"、"非洲之旅"等活动内容和形式都十分新颖，既吸引了观众的眼球，也赢得了其他媒体的关注。这种制作、播出周期长的大型活动，不仅很难被对手复制，还可以在较长的时间内保持对观众的吸引力。

（4）进行媒介融合，强化资源共享。中国电视传媒企业长期在被划定的区域市场中进行经营活动，已经习惯于在所在区域行政力量的支持与保护下，各自为战。但从长远的角度来看，国外媒体正有计划、有步骤地进入中国传媒市场，这会给中国电视传媒企业带来难以想象的压力和前所未有的挑战。那么，在不久的将来，内地传媒企业如何只身迎战，是我们十分关注的问题。凤凰卫视提供了一个好的发展思路，电视传媒企业可以结合自身发展水平，充分挖掘自身优势，通过组建传媒集团，实现媒介融合和跨界经营，增强抗风险能力，从而提升电视传媒企业核心竞争力。特别是要加快与新媒体融合速度。通过与网络，手机和移动设备合作，整合内容资源，打造新的信息平台和传播渠道，也可以考虑投资新媒体，打造多元化内容产业。但这种媒介融合依赖于市场因素，而非政策推动。

六、小　结

由于电视传媒企业商业模式是建立在特定的平台环境基础上的，所以，任何企业所选用的商业模式都不是一成不变的。电视传媒企业商业模式也必然会随着环境变化和时间推移而在其五种类型之间发生动态演化，而其进行商业模式创新的路径也随之发生新的变革。

电视传媒企业商业模式创新是一项综合性的、理论与实践并重的问题，它不但需要深入解剖电视传媒企业商业模式创新现象，还需要融合多门学科理论知识进行理论构建；不但需要解决电视传媒企业商业模式创新的理论框架、创新机制、动态演化及实施策略等一系列问题，还需要深刻理解并结合中国"传媒大变革"的背景；不但需要将电视传媒企业作为独立经营主体的微观层面进行研究，还涉及到与利益相关者的关系层面。对于电视传媒企业而言，商业模式创新并不仅仅代表一种价值观念或是营销思路，而是一种经营创新思想的具体实现形式和经营机制。

【参考文献】

［1］Fetscherin, M. and Knolmeyer G. Business Models for Content Delivery: An Empirical Analysis of the Newspaper and Magazine Industry Imitational Journal on Media Management, 2004（6）: 4-11.

［2］Stahl F., Schaefer M., F. and Maass, W. Strategies for Selling paid Content on Newspaper and Magazine Web Sites: An Empirical Analysis of Bundling and Splitting of News and Magazine Articles International Journal of Media Management, 2004（6）: 59-66.

［3］Timmers P. Business Models for Electronic Markets［J］. Journal on Electronic Markets, 1998, 8（2）: 3-8.

［4］Magretta J. Why Business Models Matter. Harvard［J］. Business Review, 2002, 80（5）: 86-92.

［5］罗伯特·皮卡特著：《传媒管理学导论》，韩俊伟，常永新译，人民邮电出版社，2006年。

［6］马金胜：《报纸转型新范式——国外报纸商业模式创新研究简述》，《中国传媒科技》，2007年第9期。

［7］高闯、关鑫：《企业商业模式创新的实现方式与演进机理———种基于价值链创新的理论解释》，《中国工业经济》，2006年第11期。

［8］曾楚宏、朱仁宏、李孔岳：《基于价值链理论的商业模式分类及其演化规律》，《财经科学》，2008年第6期。

［9］中国社会科学院：《"超女"经济贡献至少几十亿》，《中国青年报》，2006年1月12日。

［10］喻国明：《解析传媒变局》，南方日报出版社，2002年。

（**作者**：郭锴，辽宁大学广播影视学院）

我国企业低碳化运营模式的实现路径研究

在全球气候迅速变暖的趋势下，人类社会的可持续发展受到严重威胁。世界许多国家纷纷推出低碳发展战略与措施。改革开放 30 多年来，我国主要是一种粗放式发展，更多的是以能源和资源的爆炸式消耗为代价的。根据 2012 年国家发改委能源研究所发布的报告显示：目前，我国几乎所有的污染物排放量都处于世界第一，环境污染造成的损失占当年 GDP 的 3%~4%，一些污染物严重地区的环境损失已经达到 GDP 的 7% 以上，而能源消耗是最主要的碳排放源。2012 年底京都议定书第一承诺期到期后，各国将制定更具有操作性的碳减排目标，世界低碳发展的要求越来越强烈，低碳发展的路径逐步从宏观治理向宏观与微观结合过渡。目前我国低碳经济的发展主要处在政府推动、企业探索性行动的阶段，作为微观经济活动的主体，企业将逐渐在低碳发展中发挥主力作用。

一、问题的提出

在全球气候变暖的背景下，为应对环境变化，国内一些企业在日常运营中采取了一系列低碳措施，有些企业可以针对环境变化迅速作出反应，而有些企业却迫于官方所下达的硬性指标而不得不采取低碳行动，甚至有些企业为了迎合公众的低碳消费需求，把产品贴上低碳的标志，宣称自己是"低碳产品"，甚至还有些自封为"低碳明星"。低碳对于国内企业来说，更多的是一种噱头而非真正落到实处。究其原因，主要是宏观政策支持力度不足，企业领导层缺乏低碳意识，企业缺乏资质认证难以逾越绿色壁垒，缺乏低碳技术，资源利用效率低下，企业信息化滞后，信息渠道闭塞等，这些都严重地阻碍了企业的低碳之行。因此，探索有效的企业低碳化实现路径便成为我国企业低碳转型面临的首要问题。

二、文献评述

从目前的研究来看，关于企业的低碳化运营实施路径一般都是从单层面分析为主。如基于政府层面的分析，国外学者多德维尔（2007）认为发展低碳经济，需要政府能够对企业的减排进行监测、及时发布减排目标的信号，还要对低碳技术的国际交流进行部署。著名智囊机构世界资源研究所等（2007）基于 Pacala 的楔形减排方案，从技术方案、投资驱动和政策引导方面进一步深化了楔形减排方案的研究，提出技术上通过大规模采取业已或者即将商业化的技术，投资中最主要的是要克服技术风险、刚性的能源定价机制、政策法规的不确定性等因素，在技术和投资到位的情况下，营造有利于金融媒介投资低碳经济技术并获取可观回报的政策法规环境，从而实现温室气体排放技术的规模化，以应对气候变化问题。Batisti 等（2008）则研究了政府机构与企业低碳生产行为的关系，发现政府强制性的制度安排是企业采用低碳相关生产行为的重要驱动力；另外，有些学者也从企业层面展开分析，Kemp 和 Rotmans（2005）认为减少气候变化需要社会技术系统的转换，这自然需要技术创新。Bradley D. Parrish 和 Timothy J. Foxon（2008）发现解除碳锁定状态可利用新能源等低碳技术，并将这些技术植入企业战略，就能使企业在低碳基础上实现可持续发展。王昭全等（2008）则从循环经济的角度提出企业实现低碳化运营应遵循减量化、再利用、再循环的原则。国务院发展研究中心应对气候变化课题组（2009）强调企业需要加强低碳技术的研发和储备、加强国际合作。

以上学者对于企业低碳化运营的实现都是基于某单一层面的探讨，而笔者认为企业低碳化的实现是一项系统工程，应该从政府、企业自身、行业间以及消费者等多层面共同推动方可生效，因而本文试图构建了"四层面、多方位"的低碳实施路径，以此来推动我国企业快速地实现低碳转型。

三、我国企业低碳化运营实现的理论基础

根据归因理论，任何行动的产生都有其内部原因和外部原因。内部原因包括认知、态度、努力、能力等。外部原因包括社会环境、气氛等。内部原因具有稳定性，可导致行为的产生；而外部环境属不确定因素，主要是对行为起调节作用。企业低碳行为的产生实际上是在社会环境影响下，从意识到行动的联结过程。因此，探索企业低碳化运营的实现路径，须首先在以下几方面达成共识：

1. 低碳思维

目前，我国推行低碳经济的关键是企业，而企业的低碳化运营又是实现企业低碳化转型的核心。因此在构建企业低碳化运营模式时，应注重将低碳思维作为先导，无论是政府、企业自身、企业间以及消费者都要以低碳理念为指导，从多层面、多角度促进企业低碳化运营的实现。

2. "引、管"结合

企业的低碳化运营既需要技术创新，又需要大量的资金投入，因而需要政府出台引导方案，出台企业进行节能减排、使用可再生能源的政策法规，鼓励企业加强低碳技术的引进和研发、扶持企业低碳技术及产品的推广和应用、建立低碳技术支撑体系，制定和落实支持企业低碳化运营的各项激励措施。另外，对于高污染行业或企业，政府又要出台相关的管制政策，将二氧化碳排放减排强度作为政策性约束指标，分解落实到各个行政区域和相关企业。因而在探讨企业低碳化运营的实现路径时要坚持引导与管制并重的原则。

3. 需求拉动

随着对发展低碳经济认识的逐步深入，对低碳产品和服务支付意愿的逐步提高，消费者将会逐步倾向于对低碳产品的青睐。企业竞争力变化所带来的市场转变，以及消费者对于企业声誉的关注，使企业面临市场需求环境的强力约束，从而迫使企业采取切实措施承担发展低碳经济的社会责任，这也是企业实施低碳化运营的内在动力。

4. 系统优化

研究企业低碳化运营的导入机制，不能从单一角度、单一环节出发，而应采用系统考虑综合治理的方式，从政府引导、企业责任、企业间助推以及消费者拉动所构成的整个系统达到最优化。

四、我国企业低碳化运营的实现路径

遵循以上理论基础，根据我国现实情况，特提出"四层面，多方位"的企业低碳化运营实现路径，如图1所示。

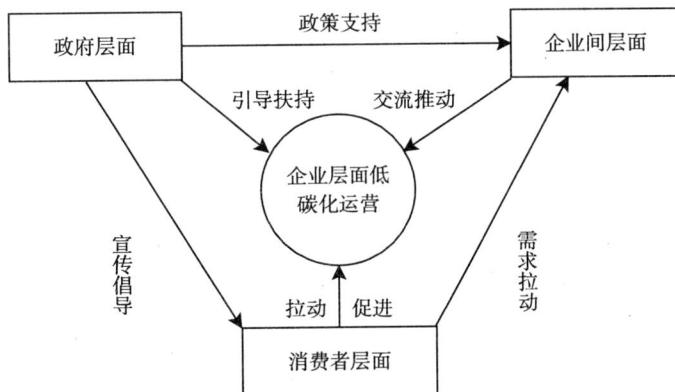

图1 企业低碳化运营导入机制

图1中四层面之间是相互促进、相互关联的，形成了一个闭环的企业低碳化运营的实现路径。即政府层面从政策、管制、激励等多方位向企业提供引导和扶持；企业间层面为同行业企业间的低碳化运营提供交流、创新的平台；消费者层面是拉动企业实行低碳转型的动力。各层面具体包括的内容可以概括如下：

1. 政府层面

政府层面为企业低碳化运营起到引导和扶持作用。一方面，政府制定的相对于高碳企业的管制和约束性指标，引导高碳企业向低碳型企业转型；另一方面，政府为企业提供的融资担保、技术的引进和研发、出台鼓励企业进行节能减排、使用可再生能源的政策法规，为企业的低碳化转型提供了强有力的支持。

从政府层面体现的多方位企业低碳化运营的内容，如图2所示。

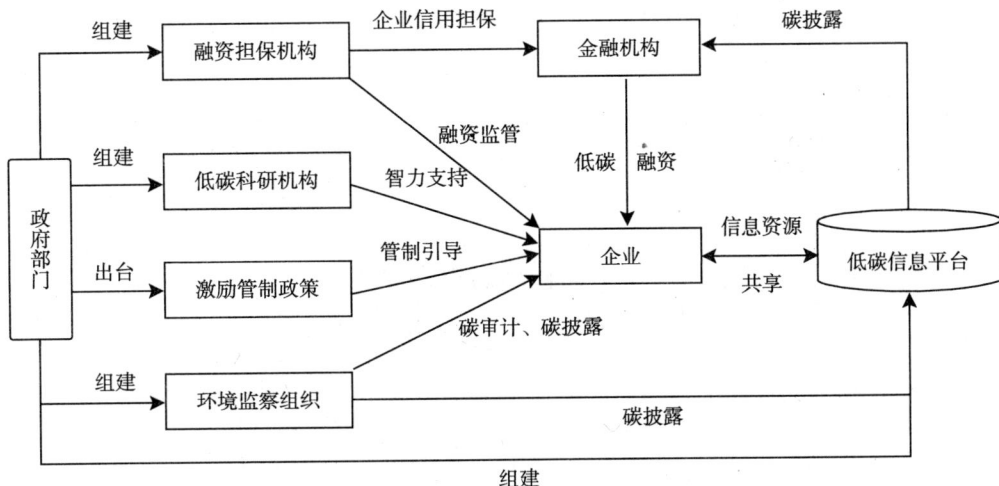

图2 企业低碳化运营的"政府层面"内容

（1）出台企业低碳转型的激励管制政策。"十二五"规划已将二氧化碳排放减排强度作为约束性指标分解落实到各个行政区域和相关企业，并作为各级政府和重点企业的政绩考核指标。为调动各方面发展低碳经济的积极性，政府应出台鼓励企业进行节能减排、使用可再生能源的政策法规，采取对实行低碳经济企业减免税收、财政补贴、政府采购等措施，建立专项"低碳发展基金"扶持申请低碳转型的企业，并对低碳成绩优异的企业给予名誉和经济奖励，从政策层面引导建立有利企业低碳转型的产业结构和增长方式。

（2）组建环境监察组织，对企业实行碳审计、碳评估和碳披露。目前，越来越多的投资者、政府和其他利益相关者都要求企业量化其对环境的影响。因而政府应组建环境监察机构，通过碳评估让企业能够评估对环境造成的影响，也能帮助了解企业自身在哪些方面排放了温室气体，对于在未来减少排放、降低能耗极为重要。碳审计也为评估企业未来的减排状况设定了一个基线，也是确定未来可在哪些地方采用何种方式减少排放的一个重要工具。通过碳披露，一方面督促了企业自身加强掌握碳排放情况和碳减排潜力的能力，另一方面表明企业向公众承诺减排和承担企业社会责任的态度。

（3）组建融资担保机构和低碳信息平台，向低碳转型企业提供融资担保。向低碳转型的企业，其低碳技术的开发、低碳产品的生产、新能源的利用都需要大量资金，因而政府应通过组建融资担保机构和低碳信息平台的方式为低碳转型企业向金融机构担保申请贷款，为企业的低碳转型提供经济支持。其基本形式是企业向政府申请融资担保，政府部门通过环境监察组织对该企业实行碳审计和碳评估，对符合低碳转型要求的企业通过融资担保机构向银行等金融机构申请低碳贷款，同时环境监察组织将碳披露信息公布在低碳信息平台，银行可以通过低碳信息平台查得企业的碳信用状况，然后决定是否为该企业发放低碳贷款，企业获得贷款后还要接受融资担保机构的低碳资金使用的全程监督，并把监管信息发布给政府部门，便于政府部门对企业的信用状况的监管。

（4）组建高校、科研机构、中介机构服务平台，为企业低碳转型提供智力支持。政府可以充分利用高校和科研院所资源以及管理咨询机构等，为企业的低碳转型提供智力支持。一方面可以通过高校或科研机构加强对企业技术人员的低碳技术培训，实现人员素质的低碳转型；另一方面加强低碳经济技术的公共研发机构和试验平台建设，促进研究成果孵化与转化，向企业提供高效、成熟的低碳转型技术和低碳研发产品，推进企业新能源和低碳技术的研发进程。通过中介机构或管理咨询机构能够为企业在低碳化发展方面答疑解惑、开拓思路，实现管理和技术方面的创新。

2. 企业层面

企业层面是实现低碳化运营的责任中心。因为，我国推行低碳经济的落脚点在于企业的低碳化转型，而实行低碳化运营是企业可持续发展的必然选择。企业层面低碳化运营的内容，如图3所示。

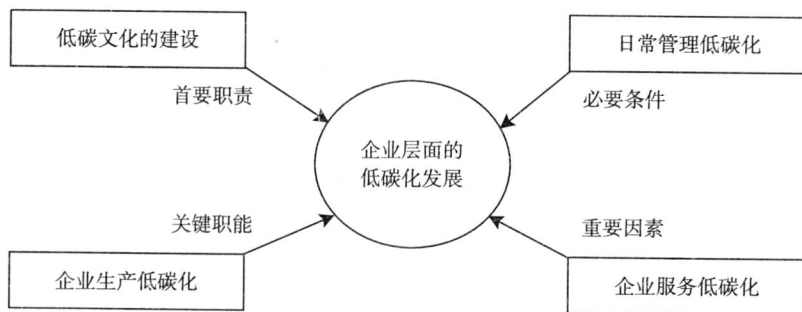

图3 企业低碳化运营的"企业层面"内容

（1）企业低碳文化的建设。作为低碳化运营实现的责任中心——企业，要想真正实现低碳化转型，首要职责就是建立企业的低碳文化，只有将低碳理念融入企业文化中，使其在企业长期的生产或服务中逐渐形成为全体员工所认同并遵循的价值观，同时形成具有本企业特色的文化内涵，才能进一步指引企业的生产或服务等实践活动向低碳化方向发展。

（2）企业生产低碳化。对于企业来说，尤其是对于制造型企业，其生产、加工、消费过程中伴随着物料、能源的耗费，污染物、废弃物的排放，有悖于低碳经济的实质，因而企业生产低碳化便显得尤为重要。企业生产低碳化首先要实现原材料的采购方式的低碳化和原材料选择的低碳化；在生产环节要实现节约生产、循环利用、使用新能源，并进行低碳技术创新；在产品的低碳化消费方面要实现销售途径的低碳化，在产品销售中减少不必要的销售费用和能源的消耗；在废弃物治理方面要发展清洁生产和循环经济，从多方位实现企业生产的低碳化。

（3）企业日常管理低碳化。企业不仅要在其生产方面做到低碳化，而且在其日常的管理中也需要低碳思想，日常管理的低碳化是企业实行低碳转型的基础，也是企业实行低碳化运营的保障，它包括：加大员工低碳意识培训力度，提升员工环境认知度；提升领导关注度，为低碳管理提供有力保障；实行量化管理，实现消耗的减量化；采用目标管理思想，实现低碳节能的具体化；应用细节管理思想，实现低碳管理的细节化；应用5S管理思想，实现低碳运营的习惯化；应用全面质量管理思想，实现低碳管理的全面化；实施碳资产管理，抓住企业发展的新机遇。

（4）企业服务低碳化。对于企业尤其是服务型企业来说，低碳化服务是吸引消费者、树立企业良好形象至关重要的因素。企业低碳化服务是有利于保护生态环境、节约资源和能源的、无污、无害、无毒、有益于人类健康的服务。低碳服务要求企业在经营管理中根据可持续发展战略的要求，充分考虑自然环境的保护和人类的身心健康，从服务流程的服务设计、服务耗材、服务产品、服务营销、服务消费等各个环节着手，节约资源和能源，以达到企业的经济效益和环保效益的有机统一。它包括积极开发电子商务服务和提供消费低碳化服务（低碳消费、低碳包装以及回收利用等）。

3.企业间层面

在动荡和竞争激烈的全球经济环境下，尤其是在低碳经济时期，几乎没有一个企业拥有进行有效竞争的所有资源，而企业间层面为企业低碳化运营提供了交流的平台。如果能够打破企业边界，将同行业具有相同业务内容的企业相互组合起来，便能够实现企业间的相互支持，即通过企业间低碳技术合作、低碳项目研发、低碳供求合作、低碳产品的协同开发等来推动企业低碳化运营的发展。因而我们拟通过"企业间层面"实现多方位的企业低碳化运营，如图4所示。

企业间层面的低碳化，我们拟通过构筑行业联盟信息资源管理平台来实现。通过行业联盟平台，可以弥补企业间信息缺口、提供信息交流的有效途径，同时也是支持企业实现知识内化和外化的有效工具。

通过搭建行业联盟信息资源管理平台，企业间不仅可以实现低碳信息资源的共享，有效应对国际低碳政策的影响，而且还能够实现低碳技术合作、开放式技术创新、低碳项目研究、节能减排技术的创新、低碳产品的协同开发，并且还能加强与科研院所间的联盟过程管理、知识管理和信息交流，为低碳技术的开发提供知识援助，从而降低企业的成本和风险，提高企业的运营绩效和组织效率，形成有效的价值网络体系，为企业的低碳经济发展提供强有力的支持。

4.消费者层面

消费者层面是企业实行低碳转型的拉动和促进。随着对发展低碳经济认识的逐步加深，对气候友好型产品和服务支付意愿的逐步提高，消费者将逐步倾向于对低碳产品的青睐，因而企业只有实行低碳转型，生产低碳型产品或提供低碳服务才能满足消费者的需求，赢得竞争力，如图5所示。

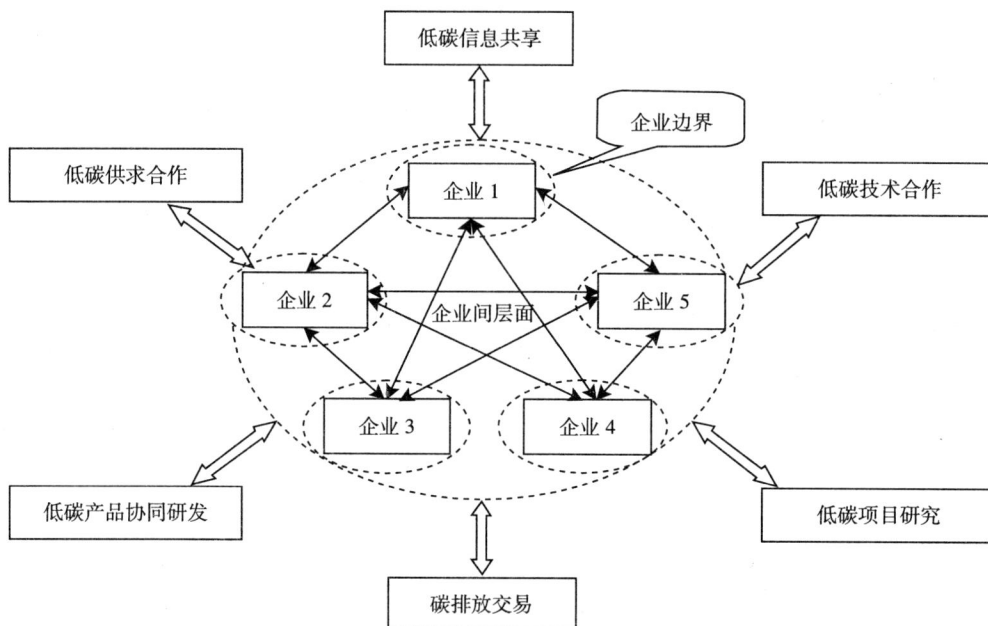

图4　企业低碳化运营的"企业间层面"内容

资料来源：价值网络下企业开放式技术创新过程模式及运营条件研究。①

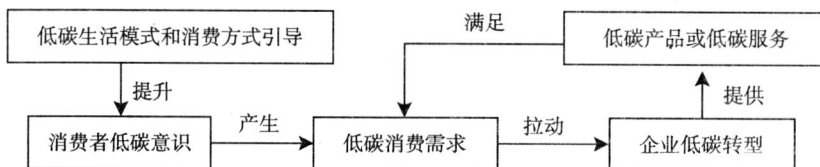

图5　企业低碳化运营的"消费者层面"内容

　　发展低碳型消费，提高公民低碳意识是建立低碳发展模式、推进企业实现低碳转型的一条重要途径。如果公民的低碳意识提高，他们将优先采购经过生态设计或通过环境标志认证的产品，优先采购经过清洁生产审计或通过ISO14001认证的产品。企业产品最终必须在市场上接受消费者的挑选，公民低碳意识的提高必将对企业的管理产生深刻的影响。因此要想提高公民的低碳意识，引导人们形成低碳的生活模式和消费方式，其内容包括充分发挥媒体作用做好宣传普及工作；多方位开展低碳教育活动；实行企业低碳标识化，引导消费者低碳消费行为等。

五、结论与启示

　　综合以上分析，在低碳经济背景下，只有通过寻找不同于传统管理观念的新方法或新范式，才能真正实现企业的低碳化运营。因此，本文得到以下几点结论和启示。

　　企业低碳化运营路径的实现：①以理念创新为前提。只有从理念开始创新，在应对气候变化和经济增长双赢的理念基础上才会有制度和政策的创新，在二氧化碳排放管制政策日益完善的环

---

① 张继林：《价值网络下企业开放式技术创新过程模式及运营条件研究》，天津财经大学，2009年。

境下，低碳技术的创新才会受到强烈的激励，低碳技术的创新势必会促进低碳型产业的形成与发展，低碳型产业创新又会为企业的经营创新带来动力。另外，理念的创新还会影响到消费者，使得消费者接受低碳消费的概念，从而产生消费者意识的创新，而消费者意识的创新又会影响到制度和政策的创新，给低碳技术创新和产业创新带来需求，给企业经营的创新增加压力。②以管理创新为基础。与传统制造企业单纯的经济管理不同，企业的低碳化运营需要将低碳化管理和生产运营管理紧密结合起来，建立完善的管理创新机制，形成强大的推动力，把全方位的低碳化管理渗透到企业生产运营管理的各个环节。全方位运用低碳化运营中的管理创新内涵是：第一，要把低碳化管理纳入企业的综合管理，形成内在的推动力；第二，要把低碳化管理纳入企业的各项专业管理，实施研究开发、产品设计、生产、包装、销售、审计等全方位、专业化的低碳战略，真正实现低碳化管理和生产运营管理的有机统一；第三，要建立低碳监督机制，在制度上保证低碳化管理和生产运营管理的有机统一。③以技术创新为关键。技术创新是企业赖以生存的支柱及持久发展的动力。与传统企业以"高投入、高消耗、高污染"为代价的粗放外延式发展道路不同，企业要实现低碳转型，就应淘汰技术工艺落后、资金消耗高、严重污染环境、产品质量低劣的落后生产技术，把高新技术与传统技术改造结合起来，建立先进节能的制造工艺，综合利用资源。

【参考文献】

[1] 张英华、张建宇：《中国制造企业环境友好运营的理论与实践》，2009 年。

[2] 明光、启玉：《后金融危机时代企业应对危机的思考》，《中国经济导刊》，2009 年第 18 期。

[3] 熊焰：《低碳之路》，中国经济出版社，2010 年。

[4] 刘永：《构建集群网络组织信息联盟的思考》，《图书馆论坛》，2008 年第 6 期。

[5] 杜军明：《基于低碳经济发展约束的企业战略选择》，《企业活力》，2010 年第 1 期。

[6] 蔡林海：《低碳经济绿色革命与全球创新竞争大格局》，经济科学出版社，2009 年第 20期。

[7] 张继林：《价值网络下企业开放式技术创新过程模式及运营条件研究》，天津财经大学，2009 年。

[8] J.Houghton 著：《全球变暖》，戴晓苏等译，气象出版社，1998 年。

[9] Sturluson J. T. Eeonomies Instrument for Decoupling Environmental from Eeonomies Growth [R]. Project Deseription，August13，2002.

[10] OECD.Indicators to Measure Decoupling of Environmental Pressure from Eeonomies Growth [R]. Summary Report，OECDSG/SD，2002.

[11] Tapio. The Theory of Decoupling: Degrees of Decoupling In the EU and the case of road traffic in Finland between 1970 and 2001 [J]. Journal of Transport Poliey，2005（12）：137–151.

[12] Olivier B.. Global Warming: Should Companies Adopt A Proactive Strategy？[J]. Long Range Planning，2006（39）：315–330.

[13] Svensson，E.，Berntsson，T.. Economy and CO_2 Emission Trade–Off: A Systematic Approach for Optimizing Investments In Processs Integration Measures Under Uncertainty [J]. Applied Thermal Engineering，2010（1）：23–29.

[14] Montalvo，C..General Wisdom Concering the Factors Affecting the Adoption of Cleaner Technologies: Survey 1990–2007 [J]. Journal of Cleaner Production，2008（16）：7–13.

[15] Zwetsloot，G.I.J.M.，Ashford，N. A. The Feasibility of Encouraging Inherently Safer Production in Industrial Firms [J]. Safety Science，2003（41）：219–240.

[16] Luken，R.，Van Rompaey，F.. and Katarina Zlgova. The Determinants of EST Adoption by Manufacturing Plants in Developing Countries [J]. Ecological Economics，2008（66）：141–152.

[17] Luken，R.，Van Rompaey，F. Drivers and Barriers to Environmentally Sound Technology Adoption by Manufacturing Plans in Developing Countries [J]. Journal of Cleaner Production，2008（16）：67–77.

[18] Christlan E.，Volker H. H. Effects of Regulatory Uncertainty on Corporate Strategy–an Analysis of Firms' Responses Touncertainty about Post–Kyoto Policy [J]. Environmental Science & Policy，2009（12）：766–777.

　　〔19〕 Battisti，G.. Innovations and the Economics of New Technology Spreading Within and Across Users：Faps and Way Forward〔J〕. Journal of Cleaner Production，2008（16）：22–31.

　　〔20〕 付允、马永欢、刘怡君、牛文元：《低碳经济的发展模式研究》，《中国人口·资源与环境》，2008 年第 3 期。

　　〔21〕 付允、汪云林、李丁：《低碳城市的发展路径研究》，《科学对社会的影响》，2008 年第 2 期。

　　〔22〕 龚建文：《低碳经济：中国的现实选择》，《江西社会科学》，2009 年第 7 期。

　　〔23〕 王文军：《低碳经济的概念及发展模式研究》，《科学·经济·社会》，2010 年第 2 期。

（作者：张英华、王丹丹，天津财经大学商学院）

我国企业研发投资创造成长机会的实证研究

一、引 言

企业研发投资对股价的影响取决于投资者的信心和预期，而投资者的信心和预期又会受到研发投资及其增长、负债率和成长机会等因素的影响。一些学者认为，企业规模、财务杠杆和产业集中度三个因素将会在研发投资创造企业成长机会的过程中发挥一定的调节作用。熊彼特（1952）和阿罗（2000）发现，由于大企业的资金来源渠道较多，所以创新能力也比较强。熊彼特（1934）提到，创新的资金来源不能只靠企业的生产经营活动收益，而必须依赖于银行贷款。熊彼特（1952）观察到，与完全竞争的市场结构相比，垄断竞争下的企业会带来更多的技术创新，他强调了产业集中度在创新中所扮演的重要角色。

因此，本文将实证研究公司内源性变量（企业规模和财务杠杆）和外生变量（产业集中度）的互动是如何调节研发投资对成长机会的影响。我们将在第二、三部分中提出有关假设，并描述研究方法和研究样本；第四部分讨论企业规模、财务杠杆和产业集中度的独立和双向互动对于研发投资创造企业成长机会的影响；第五部分总结本文的研究。

二、文献回顾和研究假设

1. 企业规模和研发投资对成长机会的影响

产业组织和经济学领域的大量文献一直致力于诠释和测试熊彼特（1952）阐述的关于创新的两种假设：①大企业比小企业更有创新能力；②大企业比小企业更能利用创新的成果。因此，我们假设：与小企业相比，大企业由于在利用研发成果上的优势，其研发投资创造成长机会的能力更强。

2. 财务杠杆和研发投资对成长机会的影响

有的学者发现通过负债融通研发所需资金对企业价值有积极影响，有的则认为有消极影响或者没有影响。这种结论并不奇怪，因为财务杠杆的作用具有双重性，一方面是通过激励功能所发挥的积极作用，另一方面是由于代理成本和信息不对称问题所形成的消极作用。因此，我们假设由于财务杠杆激励机制的正面影响和代理成本、信息不对称问题的负面影响交织在一起，财务杠杆对企业利用研发成果创造成长机会的影响不是太明确。

3. 产业集中度和研发投资对成长机会的影响

集中度高的产业，说明几家大厂商具有市场势力。熊彼特（1952）认为，市场势力提供了从创新中赚取超额利润的能力和条件。与之相反的是，有些产业组织学派认为，生产集中以及在此基础上形成的垄断会妨碍技术进步和创新。许多研究发现，市场势力对研发投资创造价值存在负面影响。从以上分析可知产业集中度的高低对研发投资创造成长机会的影响效应，实证研究和有关理论存在着不一致的结论。

4. 企业规模、财务杠杆和产业集中度的相互作用对研发投资的影响

对于企业规模和财务杠杆的相互作用，许多学者应用交易成本理论进行了分析。例如，Acs和Isberg（1996）认为，大公司投资于创新活动会形成特定的专有资产，但是银行一般不愿意接受以这种专有资产为抵押品的贷款，因此，大公司较少使用负债为创新活动融资。相反，他们发现，小公司实际上会更多地使用负债来为他们的创新融资。

产业集中度与企业规模的相互影响也非常突出（McGahan，1999）。在一个集中度高的产业中，少数几家大公司之间的战略性互动极易形成势均力敌的竞争格局，为了保持行业技术领先者或竞争优势的地位，大企业对负净现值的研发项目也会投资，这就可能降低从研发投资中获得竞争优势的能力。产业集中度也会影响到财务杠杆的作用。在集中度高的产业中，为了保持行业技术领先者地位，即使是高负债的约束机制也无法防止公司对负净现值的研发项目进行投资。

鉴于上述分析，我们提出两个假设。第一，在集中度低的产业中，负债率低的大公司更有利于将其研发投资转换为成长机会。第二，在集中度低的产业中，负债率高的小公司更有利于从研发投资中获得成长机会。

三、研究设计和样本描述

1. 研究样本和数据

本文研究的数据源自中国股票市场和会计研究数据库中的会计和市场相关数据。在样本的选取中，遵循了以下原则：①上市年限相对较长，这是为了确保公司行为相对成熟以及样本公司的数据具有可比性，因此选取 1995 年 12 月 31 日前上市的 A 股公司为原始样本；②2002~2006 年连续五年均可获得相关数据的公司；③从原始样本中剔除了 2002~2006 年被 ST 和 PT 的公司以及净资产为负的公司，这些公司或处于财务状况异常的情况，或已连续亏损两年以上，若这些公司纳入研究样本将影响研究结论；④剔除了 2002~2006 年第一大股东发生变更的公司，因为重大资产重组行为否定了公司研发投资决策的持续性。本文选择在深、沪上市的 234 家、分布于 12 个行业的非金融类公司作为研究样本，共包含 1170 个公司年份观测值。

2. 变量设计

本文被解释变量是企业成长机会（GO），解释变量是企业规模（SIZE）、财务杠杆（LEV）、产业集中度（CONC）和研发投资（RDI），如表 1 所示。除了产业集中度外，本文对其他研究变量进行调整以控制行业特征效应。我们使用中国证监会在 2001 年发布的《上市公司行业分类指引》进行行业分类。为了控制行业特征效应，对于企业规模、财务杠杆、研发投资和成长机会，我们使用同一样本年份的行业中位数对每一企业每一年份的观察值进行标准化处理。

表 1　研究变量定义

变量名称	变量符号	变量定义
企业规模	SIZE	销售净收入的自然对数
产业集中度	CONC	行业中销售额排名前四位企业的销售净收入总额÷全行业销售收入总额
财务杠杆	LEV	年末长期负债的账面价值÷年末总资产的账面价值
成长机会	GO	[公司总股本×年末的收盘价+（年末总资产的账面价值–年末股东权益的账面价值）]÷年末总资产的账面价值
研发投资	RDI	年研发支出额÷年末总资产的账面价值
企业规模虚拟变量	DumSIZE	当企业规模大于行业中位数时，DumSIZE 为 1，否则为 0
产业集中度虚拟变量	DumCONC	当企业属于集中度高的行业时，DumCONC 为 1，否则为 0；以一个行业中所有企业的中位数作为标准
财务杠杆虚拟变量	DumLEV	当企业财务杠杆大于行业中位数时，DumLEV 为 1，否则为 0

3. 研究方法

我们采用以下回归模型来检验企业规模、财务杠杆、产业集中度和研发投资对企业成长机会的独立影响：

$$GO = \alpha_0 + \alpha_1 RD + \alpha_2 RD^2 + \alpha_3(RD \times LNSIZE) + \alpha_4(RD \times LEV) + \alpha_5(RD \times CONC) + \alpha_6 INSIZE$$

$$+ \alpha_7 LEV + \alpha_8 CONC + \sum_{t=1}^{T} \alpha_{8+t} YrDum_t + \varepsilon_t \qquad 模型（1）$$

我们采用以下三个回归模型来检验上述研究变量的双向互动影响：

$$GO = \gamma_0 + \gamma_1 RD + \gamma_2 RD^2 + \gamma_3(RD \times LNSIZE) + \gamma_4(RD \times LNSIZE \times DumLEV)$$

$$+ \gamma_5(RD \times LNSIZE \times DumCONC) + \gamma_6(RD \times LEV) + \gamma_7(RD \times CONC) + \gamma_8 INSIZE + \gamma_9 LEV$$

$$+ \gamma_{10} CONC + \sum_{t=1}^{T} \gamma_{10+t} YrDum_t + \varepsilon_2 \qquad 模型（2）$$

回归模型（2）检验企业规模分别在高负债率（RD × LNSIZE × DumLEV）、高产业集中度（RD × LNSIZE × DumCONC）条件下的影响，根据上文对互动影响的假设，我们期望 $r_4 < 0$，$r_5 < 0$。

$$GO = \pi_0 + \pi_1 RD + \pi_2 RD^2 + \pi_3(RD \times LNSIZE) + \pi_4(RD \times LEV) + \pi_5(RD \times CONC)$$

$$+ \pi_6(RD \times LEV \times DumSIZE) + \pi_7(RD \times LEV \times DumCONC) + \pi_8 INSIZE + \pi_9 LEV$$

$$+ \pi_{10} CONC + \sum_{t=1}^{T} \pi_{10+t} YrDum_t + \varepsilon_3 \qquad 模型（3）$$

回归模型（3）检验财务杠杆分别在大企业（RD × LEV × DumSIZE）、高产业集中度（RD × LEV × DumCONC）条件下的影响，根据上文对互动影响的假设，我们期望 $\pi_6 < 0$，$\pi_7 < 0$。

$$GO = \lambda_0 + \lambda_1 RD + \lambda_2 RD^2 + \lambda_3(RD \times LNSIZE) + \lambda_4(RD \times LNSIZE \times DumLEV)$$

$$+ \lambda_5(RD \times LNSIZE \times DumCONC) + \lambda_6(RD \times LEV) + \lambda_7(RD \times CONC)$$

$$+ \lambda_8(RD \times LEV \times DumSIZE) + \lambda_9(RD \times LEV \times DumCONC) + \lambda_{10} INSIZE + \lambda_{11} LEV$$

$$+ \lambda_{12} CONC + \sum_{t=1}^{T} \lambda_{12+t} YrDum_t + \varepsilon_4 \qquad 模型（4）$$

回归模型（4）检验企业规模、财务杠杆和产业集中度三个变量的联合相互影响，基于上文假设，我们期望 $\lambda_4 < 0$，$\lambda_5 < 0$，$\lambda_8 < 0$，$\lambda_9 < 0$。

四、研究结果

在所有回归模型中，我们使用年度虚拟变量以控制与国民经济条件有关的影响。我们在普通最小二乘回归中使用 Newey–West 方法以修改不明形式的异方差和自相关问题。多元回归模型的结果如表 2 所示。

表 2　研究变量对企业成长机会的回归结果

变量名称	模型（1）	模型（2）	模型（3）	模型（4）
截距	0.784*** (16.805)	0.765*** (16.664)	0.773*** (16.809)	0.763*** (15.850)
RD	0.340*** (8.576)	0.360*** (10.166)	0.330*** (8.917)	0.347*** (8.273)
RD^2	−0.020*** (−2.885)	−0.022*** (−3.137)	−0.020*** (−2.848)	−0.022*** (−3.142)
RD×LNSIZE	0.010*** (2.448)	0.011*** (3.060)	0.006 (1.605)	0.010** (2.341)
RD×LNSIZE×DumLEV		−0.023*** (−6.404)		−0.025*** (−5.926)
RD×LNSIZE×DumCONC		−0.002 (−0.435)		−0.002 (−0.363)
RD×LEV	0.005 (0.613)	−0.004 (−0.542)	0.013 (1.500)	−0.006 (−0.538)
RD×CONC	−0.686*** (−7.625)	−0.696*** (−9.012)	−0.644*** (−7.788)	−0.665*** (−6.937)
RD×LEV×DumSIZE			−0.023*** (−2.659)	0.011 (1.317)
RD×LEV×DumCONC			−0.012 (−1.559)	−0.008 (−0.958)
LNSIZE	0.011** (2.330)	0.013*** (3.177)	0.011*** (2.556)	0.013*** (2.923)
LEV	−0.076*** (−7.297)	−0.068*** (−6.729)	−0.073*** (−7.182)	−0.070*** (−6.683)
CONC	0.773*** (7.140)	0.783*** (7.807)	0.784*** (7.801)	0.788*** (7.294)
调整后的 R^2	0.053	0.059	0.054	0.059
总的 F 统计量	16.877***	15.066***	15.229***	15.313***
DW 检验	1.868	1.877	1.892	1.895

注：总样本观测值为 1170；括号中 t 为双尾检验值；*** 代表在 1% 水平显著，** 代表在 5% 水平显著。

1. 研究变量对企业成长机会独立影响的分析结果

表 2 中，模型（1）的控制变量表明，企业规模和产业集中度的系数显著为正，而财务杠杆的系数显著为负。企业规模的系数为正，这与 Evans（1987）的观点并不一致，他指出，规模较小的公司成长速度往往快于规模较大的公司。然而，我们的研究结果支持 Chauvin 和 Hirschey（1993）提出的企业规模的积极效应，即企业规模越大，研发投资对企业价值的积极作用就越强。产业集中度的系数为正意味着产业集中度较高会导致更多的成长机会，这与 Doukas 和 Switzer（1992）的

研究结果是一致的，他们认为，在一个集中度高的行业中，企业具有把市场势力转变为成长机会的优势条件。财务杠杆的系数为负，这与 Myers 和 Majluf（1984）的观点相一致，他们认为，高成长性企业拥有有价值的投资机会，所以选择较低的负债率，保留借款渠道以便开发未来净现值为正的投资机会；而借款能力较差将会引起投资不足，甚至会放弃有利可图的研发项目。

模型（1）的结果还表明，即使控制了企业规模、财务杠杆和产业集中度的影响，研发投资也保持着对一个公司成长机会显著的积极影响，这表明研发投资对成长机会的影响是强劲的。此外，研发投资的平方（RD²）的系数是负数，为研发投资和成长机会是一种非线性关系提供了证据。

模型（1）表明，研发和企业规模相互作用（RD×LNSIZE）的检验系数显示出研发和企业规模的相互作用与企业成长机会之间存在显著的正相关关系。这与 Chauvin 和 Hirschey（1993）的观点是一致的，该观点认为规模大的公司能从他们的研发投资中更有效地创造成长机会，因为大企业拥有利用研发成果的规模经济优势。此外，Cohen 和 Klepper（1996）也观察到，大企业可以在更大销售量上分摊自己的研发费用。因此，企业规模较大将会增强企业从研发投资中获取价值的能力。

研发投资和财务杠杆之间的相互作用（RD×LEV）系数在统计上无意义，即杠杆效应缺乏一个清晰的指向。这是因为负债率较高存在着两种不同影响：一是负债激励功能的积极影响，二是代理和信息不对称问题的负面影响。

研发投资和产业集中度之间相互作用（RD×CONC）的系数显著为负，这表明在集中度高的产业下从事研发投资将会得到较少的成长机会。这与 Grabowski（1978）和 Connolly（1984）的研究结论是一致的，即研发与产业集中度之间的相互作用对一家公司的财务表现存在负面影响。我们的结论也支持在高集中度的产业中从事研发投资的边际收益将会迅速下降的说法。

从表 2 中模型（2）、模型（3）和模型（4）的分析结果可以看出，企业规模、财务杠杆和产业集中度分别对研发投资创造成长机会的独立影响的结论与模型（1）是一致的。同样地，企业规模、财务杠杆和产业集中度分别同研发的相互作用对企业成长机会的影响的调查结果同模型（1）的结论也是一致的。

2. 研究变量的相互作用对企业成长机会影响的分析结果

关于企业规模分别同财务杠杆（RD × LNSIZE × DumLEV）和产业集中度（RD × LNSIZE × DumCONC）的相互作用，模型（2）和模型（4）的结果显示，企业规模同财务杠杆的相互作用（RD × LNSIZE × DumLEV）系数显著为负，这表明在负债率较高的条件下，大企业从研发投资中创造成长机会的优势消失了。

在模型（2）、模型（4）中，我们也发现企业规模同产业集中度的相互作用（RD × LNSIZE × DumCONC）的系数为负，但是显著性不强。这显示在不同的产业集中度下，企业规模在提高研发投资创造成长机会的效果上并不显著。因此，在高产业集中度下，企业规模的积极影响将下降的命题并没有得到实证数据的支持。

接着，我们研究财务杠杆分别同企业规模（RD × LEV × DumSIZE）和产业集中度（RD × LEV × DumCONC）的相互作用。财务杠杆和企业规模的互动效应（RD × LEV × DumSIZE）系数并不一致，在模型（3）中，财务杠杆和企业规模的互动系数显著为正，而在模型（4）中，财务杠杆和企业规模的互动系数为负，但不显著。也就是说，虽然负债率的水平不会影响小企业从研发中获得成长机会，但是提高负债率会对大企业产生负面影响。这与早先的结论是一致的，即负债率较高的大企业利用研发成果的优势将会被稀释。在模型（3）和模型（4）中，财务杠杆和产业集中度的互动效应（RD × LEV × DumCONC）系数为负，但不太显著。

关于企业规模、财务杠杆和产业集中度如何组合以便获得最大的成长机会，本文提出了两个假设。第一，在集中度较低的产业中，负债率较低的大企业更有利于将其研发投资转换为其成长的机会。表 2 的研究数据证明了这个假设。这表明在高负债下，大企业利用研发的优势不太明显，甚至会产生不利的影响。其原因在于：一是虽然大企业可以利用规模优势从研发投资中获得最大限度的成长机会，但是他们必须有足够的后备资金来源为其未来的研发项目融资，而较高的负债会限制企业的资金来源；二是从交易成本来看，专用的资产或投资（如企业专用的研发投资）需要股权资金相配合，这样企业就有自由决策权。第二个假设是，在集中度较低的产业中，负债较高的小企业更有利于从研发投资中获得成长机会。表2的研究数据也证明了这个假设。这表明财务杠杆的负面影响似乎只出现在大型企业中。在负债率较高的条件下，小企业从他们的研发投资中所获得的成长机会要多于大企业。其原因在于：一是只要小企业有利用研发投资创造成长的机会，它们就愿意使用负债来为其研发项目融资；二是对小企业来讲，信息不对称问题不如大企业严重，小企业能够披露更多有关研发创新的细节；三是小企业除了借款以外，其他融资渠道都很有限，而且银行也欢迎这种借款。

五、结　论

我们调查了企业的两个内源性变量企业规模和财务杠杆，与一个外生变量产业集中度的相互作用是如何调节企业研发投资对成长机会的影响。在考察单个因素对研发投资创造成长机会的影响中，我们发现企业规模和产业集中度能发挥重要的积极作用，而财务杠杆则存在显著的消极作用。

研究表明，企业规模和财务杠杆的互动效应具有复杂性。在负债率较低的条件下，大企业的研发投资将带来更多的成长机会；而在负债率较高的条件下，小企业更能从其研发投资中获取价值。我们的结论是：在两个内源性因素相互影响下，研发投资对成长机会的影响是不明确的。因此，大企业的规模优势并不是一种普遍现象。我们也发现企业规模与产业集中度、财务杠杆与产业集中度的互动效应系数为负，但是都不太显著。这表明，产业集中度分别与两个内源性因素的互动效应对研发投资创造成长机会的影响不太重要。

【参考文献】

[1] Acs, Z. J., D. B. Audretsch, and M. P. Feldman. R&D Spillovers and Recipient Firm Size [J]. Review of Economics and Statistics, 1994, 76 (2): 336-340.

[2] Balakrishnan, S., and I. Fox. Asset Specificity, Firm Heterogeneity and Capital Structure [J]. Strategic Management Journal, 1993, 14 (1): 3-16.

[3] Chan, K. C., J. Lakonishok, and T. Sougiannis. The Stock Market Valuation of Research and Development Expenditure [J]. Journal of Finance, 2001, 56 (6): 2431-2456.

[4] Harris, M., and A. Raviv. Capital Structure and Informational Role of Debt [J]. Journal of Finance, 1990, 45 (2): 321-349.

[5] Kallapur, S., and M. A. Trombley. The Association Between Investment Opportunities Set Proxies and Realized Growth [J]. Journal of Business Finance and Accounting, 1999, 26 (3): 505-519.

（作者：熊胜绪、胡铭，中南财经政法大学工商管理学院）

中小企业国际化经营环境影响因素研究
——基于对珠三角调查问卷的实证检验

一、引　言

随着改革开放之初经济高增长条件的弱化，尤其是金融危机后，珠三角中小企业国际化经营环境恶化，贸易摩擦、能源和劳动力价格上涨，政策、社会等外部环境问题，严重制约着他们的发展及其国际化经营的步伐，使得一直以加工出口为主的珠三角中小企业面临着更大的挑战。据广东省统计局统计，广东近三成规模以上中小企业出现亏损，而有关专家指出，广大中小企业所面临的实际经营压力要比官方统计数据显示的更大。国外中小企业国际化成功的经验表明，中小企业在国际化经营中的竞争胜负不仅取决于自身的竞争能力，更取决于中小企业所处的竞争环境和竞争规则。因此，实证分析珠三角中小企业国际化经营环境影响因素，对制定中小企业转型升级政策，以促进和保障珠三角中小企业国际化经营的顺利开展具有非常重要的意义。

本文在研究中小企业国际化经营环境影响因素评价指标与评价方法的基础上，基于珠三角中小企业问卷调查数据库信息，运用因子分析和结构方程模型，对珠三角中小企业国际化经营环境因素进行评价与比较分析，并实证检验各因素的影响程度及差异性，最后得出本文的研究结论和政策建议。

二、理论简析和研究假设

1. 理论简析

在企业国际化过程中，国内环境和国外环境都直接影响着国际化的效果。环境因素的影响已成为国际化研究的重要组成部分。

国外学者从行业因素、市场状况等方面对企业国际化环境进行了研究。Andersson（2004）认为企业在成熟产业与在高增长产业面临着不同的状况，在企业国际化的后期阶段，企业更依赖于外部环境进行国际化战略决策；Bloodgood、Sapienza、Almeida（1996）研究发现，企业所在产业或行业对企业增长的支持在一定程度上决定了企业国际化的动机；Morrow（1988）研究发现，在国内市场竞争的环境下，国际企业和纯粹国内企业之间受到市场状况的影响没有显著差异；Karagozoglu（1998）等发现，35%的企业认为国内销售的不足而导致难以维持一个有竞争力的研发水平是企业国际化的主要动机；George、Prabhu（2000）等学者的研究还发现，制度环境严重影响企业的国际化行为，有效的政府行为可为企业的国际化行为提供便利；Oviatt 和 McDougall（1994）认为，国际环境的变迁更有助于中小企业发展起来；Johanson 和 Mattsson（1985）的网络理论认为，任何企业都只有在一定的社会关系中才能生存，一个行业就是企业间的社会关系网络。

国内关于中小企业国际化经营环境的研究还处于探索阶段。毛巍（2001）提出构筑我国中小企业国际化发展的支撑环境体系建议；吴三清（2005）认为国外市场条件因素是影响中小企业国际化的重要影响因素；孙利娟、冯德连（2006）指出，宽松而积极的政府政策可以促进民营中小企业外向国际化发展；谭力文、马海燕（2007）认为，民营企业动态发展和家族经营等特点的企业与环境关系理论是探索民营企业国际化的新思路；陈晓红、王傅强（2008）对我国中小企业外部环境进行了实证评价研究；肖文、陈益君（2008）从外部环境的六个视角对现有企业国际化影响因素的研究文献予以综述；赵锦春、冯德连认为（2009）中小企业自身发展、中小企业间组织结构和中小企业生存环境是制约中小企业国际化的因素。

综观国内外关于企业国际化环境方面的研究，学界都不否认政策支持是中小企业国际化发展的重要因素，各项支持政策对于中小企业国际化的具体影响程度以及政府如何扮演好管理者的角色等方面将是学界进一步研究的重点。另外，随着中小企业的发展以及统计分析软件等研究工具的完善，对中小企业国际化环境影响因素的实证分析以及运用实证分析验证和发展国际化理论也成为该领域的前沿。

2. 研究假设

由于对我国中小企业国际化相关的数据统计不完整等原因，目前对我国珠三角地区中小企业国际化经营环境影响因素系统的实证研究还没有，但从已有研究表明，外部环境对中小企业国际化经营有明显的影响。根据以上分析，本文拟从国内政策制度环境、社会化服务环境、珠三角区域环境、东道国环境、国际贸易环境等方面对珠三角中小企业国际化经营环境因素进行统计分析，并实证检验各因素的影响程度及差异性。本文提出以下研究假设，其模型如图 1 所示。

H1：国内政策制度环境对中小企业国际化经营有很显著的影响。

H1a：信贷融资政策环境对中小企业国际化经营有显著影响，融资环境越好对中小企业国际化经营越有利。

H1b：出口税收政策环境对中小企业国际化经营有显著影响，出口退税和其他财税减免优惠政策更能够促进中小企业国际化经营。

H1c：法律政策环境对中小企业国际化经营有显著影响，完善的法律法规能更好地促进中小企业国际化经营。

H1d：政府管制环境对中小企业国际化经营有显著影响，政府的执行力和服务可以有效提升中小企业国际化经营水平。

H2：社会服务环境对中小企业国际化经营有显著影响。

H3：珠三角区域环境对中小企业国际化经营有较显著影响。

H4：东道国政治经济文化环境对中小企业国际化经营有明显影响。

H5：国际贸易环境对中小企业国际化经营有较明显影响。

H6：假设 H1~H5 的中小企业经营环境各影响因素之间的相对重要性存在差异。

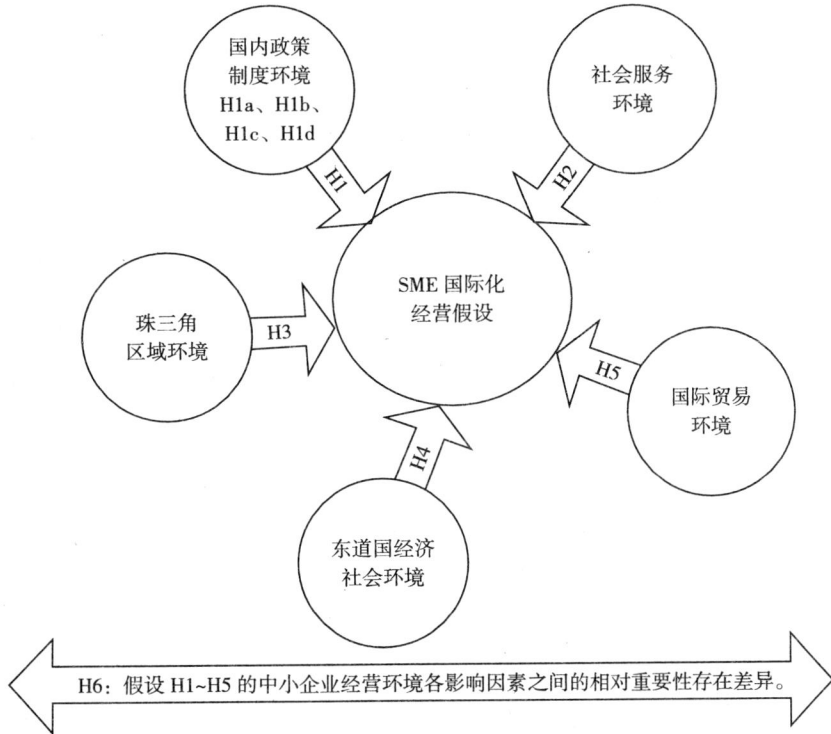

图1　SME 国际化经营环境影响因素假设概念模型

三、样本数据来源与研究方法设计

1. 样本数据来源

本文研究的中小企业调查问卷发放与回收得到江门市发改局、佛山市发改局、中山市发改局、珠海市发改局等珠三角各地政府发改部门以及广东省中小企业局、江门市中小企业局、协会、学校等部门或单位的大力协助，以此形成中小企业国际化环境调查信息数据库。问卷调查中共发放1000份问卷，收回497份。经过对收回问卷的整理和剔除后，有效问卷472份，本研究有效问卷回收率为47.2%。

本文调查对象主要是珠三角中小企业，根据统计年鉴中对珠三角工业及对外经济发展情况的统计数据来看，目前珠三角中小企业主要以进出口贸易加工生产为主，其中规模以上中小企业又是中坚力量。因此，本文将以珠三角规模以上中小工业企业作为抽样样本，[①]并按照珠三角各地市的企业数量以及样本的可获取性等方面确定抽样比例，发放地区涵盖了江门、佛山、中山、珠海、东莞、广州、深圳、惠州、肇庆珠三角区域的9个城市。本文在选择样本时，兼顾各类行业及其隶属关系，因此，样本的所有制类型、隶属关系、行业分布等特征与中小企业总体分布接近，能代表总体，可用于实证比较研究。

根据本文研究内容和目的，问卷内容包括34项封闭式问题，2项开放式问题，共涉及四大

---

① 规模以上中小型工业企业是指符合中小企业划分标准的独立核算国有及年产品销售收入500万元及以上的非国有工业企业。

类，涵盖了中小企业国际化经营的政策、社会、区域和贸易等外部环境的各个方面，足以实现对珠三角中小企业国际化经营环境影响因素的评价。

2. 研究方法

根据研究内容和目的，本文针对样本回收的基本数据即调查总体所有变量的有关数据做统计性描述，这就要利用到描述性统计分析（Descriptive Analysis）方法，对样本结构做初步的概括分析，对研究变量的有关数据做统计性描述，说明各个变量的平均数、标准差等基本特征，以发现其内在的规律。同时，对测验结果的一致性、稳定性及可靠性进行内部一致性分析（Internal Consistency Analysis），以评价各个测量指标的信度。本文采用克朗巴哈系数值（Cronbach'α）检定各个因子，以衡量细项间的内部一致性。Cronbach'α 值越大，表示该因素各细项间的相关性越大，亦即内部一致性越高。其 α 值大于 0.7，则代表因素具有高信度。

同时由于中小企业国际化经营环境因素多而复杂，为了将原始的多个变量和指标变成较少的综合变量和综合指标，以反映原来众多变量的主要信息并解释被观测变量之间的相关关系，本文在统计分析基础上再运用因子分析方法进行检验和验证。根据研究需要，本文把探索性因子分析（Exploratory Factor Analysis，EFA）和验证性因子分析（Confirmatory Factor Analysis，CFA）两种结合起来运用。本文首先对中小企业国际化经营的环境影响因素做 EFA，以了解数据背后的基础变量结构。然后再进一步做 CFA，以验证假设是否科学合理。两种方法并用，可使研究结果更具科学性和说服力。

基于结构方程分析能够同时处理多个因变量、容许自变量与因变量含测量误差、同时估计因子结构和因子关系、容许更大弹性的测量模型以及能够估计整个模型的拟合程度等优点的考虑，本文主要应用结构方程模型（Structural Equation Modeling，SEM）做验证性因子分析，以实现对中小企业国际化经营环境评价指标的验证。

四、评价指标体系及样本数据统计分析

1. 评价指标体系设计

中小企业国际化经营环境指标设计在于根据影响中小企业国际化经营的环境因素，评价特定时间内外部政策、社会及国际贸易环境等对珠三角中小企业国际化经营的影响程度及其差异性情况，了解影响中小企业国际化经营环境的形成机理，为珠三角相关部门有针对性地制定促进本地区中小企业更好"走出去"进行国际化经营提供理论参考。由于中小企业国际化经营的外部环境主要体现于所面对的贸易、资金、市场、政策、社会环境以及政府服务等方面，因此，调查问卷从国内政策和社会环境、珠三角区域环境、东道国环境、国际贸易环境等方面设计，共计 34 个评价指标，以单项选择的形式，被选择项共 5 个，分别为非常不同意、不同意、不一定、同意和非常同意。另外，还有包括中小企业基本情况、国际化经营情况在内的 9 道开放式问题，主要用来补充完善调查问题。这样在充分结合样本数据信息特点的基础上，提出包含 34 项要素的珠三角中小企业国际化经营的外部环境因素评价指标体系。

2. 样本数据统计分析

本文在充分结合样本数据信息特点的基础上，首先对中小企业样本指标进行探索性因子分析（EFA），以确定中小企业经营环境的维度。

选择 KMO 检验和 Bartlett 球形检验对原变量进行了检验。采用主成分分析法提取因子，进行方差最大正交旋转，以特征根大于等于 1 为因子抽取原则，参照碎石图确定抽取因子的有效数目。

在任何因子上的载荷量小于 0.4 或者同时在两个或以上因子的交叉载荷量都大于 0.4 的题项都剔除。表 1 为 SPSS 输出的 KMO 抽样适当性检验及 Bartlett 球形检验结果，通过对问卷中 34 个测量指标进行分析，KMO 值为 0.826，巴特利特检验 P=0.000，表明测量指标适合进行因子分析。

表 1 KMO 抽样适当性检验及 Bartlett 球形检验结果

Kaiser–Meyer–Olkin Measure of Sampling Adequacy		0.826
Bartlett's Test of Sphericity	Approx. Chi–Square	3.637E3
	df	325
	Sig.	0.000

通过因子分析，剔除了问卷中 8 个不符合标准的题项，最后得到由 26 个题项指标构成的 6 个因子，如表 2 所示。根据因子分析结果，文章对提取的主因子分别加以命名。

因子 F_1 主要包含了 Q21、Q22、Q23、Q25、Q26、Q27 共 6 个项目变量，可以看出因子 F_1 所涉及的内容主要是融资和税收政策环境，将因子 F_1 命名为"资金和税收环境"。

因子 F_2 包含了 Q29、Q31、Q32、Q33、Q34 共 5 个项目变量，从这 5 个项目变量的内容来看，涉及的主要是中小企业的社会化服务环境问题，将因子 F_2 命名为"社会化服务环境"。

因子 F_3 包含了 Q1、Q2、Q3、Q5、Q6 共 5 个项目变量，这 5 个项目变量主要涉及中小企业国际化经营的东道国政治、法律、文化以及贸易壁垒等问题，将因子 F_3 命名为"东道国政治经济文化环境"。

因子 F_4 包含了 Q12、Q13、Q14、Q15、Q16 共 5 个项目变量，其内容主要涉及中小企业国际化经营的政府管理和法律制度问题，将因子 F_4 命名为"政府管理和法制环境"。

因子 F_5 同样也包含了 2 个项目变量，分别是 Q7、Q8，内容主要涉及中小企业国际化的国际协定、区域协定问题，将因子 F_5 命名为"国际贸易环境"。

因子 F_6 包含了 Q9、Q17、Q28 共 3 个项目变量，其内容主要涉及中小企业国际化经营的区域经营环境问题，将因子 F_6 命名为"珠三角区域环境"。

表 2 中小企业（SME）经营环境 EFA 结果

SME 经营环境影响因素题项指标	F_1	F_2	F_3	F_4	F_5	F_6
Q1 东道国政治环境的不稳定制约了贵 SME 国际化经营			0.757			
Q2 东道国的关税壁垒制约了贵 SME 国际化经营			0.779			
Q3 东道国非关税壁垒制约了贵 SME 国际化			0.683			
Q5 东道国的法律法规不规范影响了贵 SME 国际化经营			0.627			
Q6 与东道国的文化差异制约了贵 SME 国际化经营			0.580			
Q7 国际协定（如 WTO 规则）制约了贵 SME 国际化经营					0.744	
Q8 国际区域协定制约了贵 SME 国际化经营					0.766	
Q9 中国与东道国的双边协定制约了贵 SME 国际化经营						0.661
Q12 境外投资审批中，外汇资金来源审查过于严格				0.405		
Q13 促进 SME "走出去"的专项法律制度不健全				0.718		
Q14 对 SME 国际化经营的海外经营人事和监管制度不到位				0.677		
Q15 SME 参与政府采购的法律与配套措施缺失				0.686		
Q16 SME 参与政府采购的机会受到招标信息来源渠道限制				0.678		
Q17 SME 进行国际化经营的珠三角区域优势很突出						0.830
Q21 银行信贷管理服务滞后	0.672					
Q22 贷款手续繁杂，抵押条件过严等，制约了 SME 的发展	0.841					
Q23 民间资本市场发展相对落后	0.656					

续表

SME 经营环境影响因素题项指标	F_1	F_2	F_3	F_4	F_5	F_6
Q25SME 的税负偏重	0.560					
Q26 税收优惠形式单一，优惠范围窄，造成优惠政策低效	0.584					
Q27 出口退税政策的调整制约了 SME 的国际化经营	0.647					
Q28 珠三角本身的区位优势明显						0.650
Q29SME 行业协会没有发挥应有的作用		0.635				
Q31 技术服务不到位，创新培育和技术共享机制不完善		0.632				
Q32SME 信息化建设仍然障碍重重		0.679				
Q33 中介服务的体系和机制不健全		0.817				
Q34 保护出口产品的环保政策没有落实到位		0.698				
累积解释方差（%）	25.65	38.78	49.60	58.56	65.40	70.41
Cronbach's Alpha	0.802	0.878	0.811	0.871	0.732	0.754

根据 EFA 对各因素指标进行内部一致性分析（如表 2 所示），以测验分析结果的一致性、稳定性及可靠性。表 2 中 6 个因子共解释了原有 26 个指标总方差的 70.41%，6 个因子的 Cronbach's Alpha 的取值范围从 0.732 到 0.878，高于最低临界值 0.7，表明问卷调查结果具有较好的可靠性或可信度，即中小企业经营环境影响因素的每个因子内部具有较好的一致性。

五、实证检验

在上述对样本数据进行描述性统计和 EFA 基础上，本部分从确定有效测评指标、经营环境测量模型的稳健性和检验假设三方面进一步对影响中小企业国际化经营的环境因素指标进行验证性因子分析（CFA）。

1. 确定有效测评指标

为进一步确认中小企业经营环境测量指标与因子之间的从属关系，对中小企业经营环境的测量模型进行 CFA。中小企业经营环境的测量模型由 26 个测量指标共 6 个因子组成，分别为：资金和税收环境、社会化服务环境、东道国政治经济文化环境、政府管理和法制环境、国际贸易环境、珠三角区域环境。如果测量指标的标准化因子载荷不显著，那么该测量指标不能评价相应的潜在因子，同时任何测量指标的标准化因子载荷量小于 0.4 都应剔除。表 3 给出了中小企业经营环境 CFA 的结果。由表 3 可知，各题项因子载荷量均达到统计显著性，表明中小企业经营环境各因子的构成题项均是对应因子的有效测评指标。

表 3 中小企业（SME）经营环境 CFA 结果

因子和测量指标	标准化载荷	t 统计值	CR	AVE
因子 F_3：东道国政治经济文化环境			0.836	0.507
Q1 东道国政治环境的不稳定制约了贵 SME 国际化经营	0.780	13.423		
Q2 东道国的关税壁垒制约了贵 SME 国际化经营	0.802	16.505		
Q3 东道国非关税壁垒制约了贵 SME 国际化	0.719	11.967		
Q5 东道国的法律法规不规范影响了贵 SME 国际化经营	0.624	9.821		
Q6 与东道国的文化差异制约了贵 SME 国际化经营	0.614	9.605		

续表

因子和测量指标	标准化载荷	t 统计值	CR	AVE
因子 F_5：国际贸易环境			0.723	0.566
Q7 国际协定（如 WTO 规则）制约了贵 SME 国际化经营	0.744	10.681		
Q8 国际区域协定制约了贵 SME 国际化经营	0.761	10.846		
因子 F_4：政府管理和法制环境			0.867	0.581
Q12 境外投资审批中，外汇资金来源审查过于严格	0.529	7.748		
Q13 促进 SME "走出去"的专项法律制度不健全	0.701	13.455		
Q14 SME 国际化经营的海外经营人事和监管制度不到位	0.835	13.945		
Q15 SME 参与政府采购的法律与配套措施缺失	0.824	13.716		
Q16 SME 参与政府采购的机会受招标信息来源渠道限制	0.801	13.205		
因子 F_1：资金和税收环境			0.894	0.584
Q21 银行信贷管理服务滞后	0.764	14.451		
Q22 贷款手续繁杂、抵押条件过严等制约了 SME 的发展	0.783	14.943		
Q23 民间资本市场发展相对落后	0.742	13.895		
Q25 SME 的税负偏重	0.793	15.227		
Q26 税收优惠形式单一，优惠范围窄，优惠政策低效	0.786	15.044		
Q27 出口退税政策的调整制约了企业的国际化经营	0.714	13.174		
因子 F_2：社会化服务环境			0.887	0.614
Q29 SME 行业协会没有发挥应有的作用	0.659	11.853		
Q31 技术服务不到位，创新培育与推广机制不完善	0.749	14.023		
Q32 SME 信息化建设仍然障碍重重	0.837	16.373		
Q33 中介服务的体系和机制不健全	0.867	17.232		
Q34 保护出口产品的环保政策没有落实到位	0.788	15.048		
因子 F_6：珠三角区域环境			0.770	0.530
Q9 中国与东道国的双边协定制约了贵 SME 国际化经营	0.717	10.114		
Q17 SME 进行国际化经营的珠三角区位优势很突出	0.649	8.922		
Q28 江门本身的侨乡区位特色明显	0.809	12.139		

2. 经营环境测量模型稳健性的检验

中小企业经营环境测量模型稳健性的检验包括模型的拟合度、信度和效度（聚合效度和区别效度）。

拟合度用来检验模型与数据的拟合程度，通常用卡方指数与自由度比值（x^2/df）、$P>0.05$、GFI、AGFI、CFI、NNFI 和 RMSEA 来衡量。一般认为 x^2/df 在 2.0~5.0，RMSEA 小于 0.08，GFI、AGFI、CFI、NNFI 均大于 0.9，表示模型拟合程度很高。中小企业经营环境一阶因子测量模型的各项拟合指数为：$\chi^2/df =2.261$，$P<0.000$，GFI = 0.961，AGFI = 0.920，NNFI = 0.932，CFI =0.965，RMSEA = 0.057。$P < 0.000$ 很可能是由于样本量过大，χ^2 受到样本数波动导致。因此，修正后的中小企业经营环境模型具有较好的拟合能力。

信度可通过检验测量模型构建的内部一致性来实现。通常采用组合信度（CR）和平均提取方差（AVE）作为衡量信度的标准。一般认为，若 CR 和 AVE 分别大于最小临界值 0.7 和 0.5，表示模型的内在质量良好。由表 3 可知，CR 和 AVE 均达到理想要求，6 个因子的测量指标的内部一致性都较好，表明中小企业经营环境的模型测量具有良好的信度。

聚合效度是测量同一因子不同测量指标之间应该具有显著的相关性，主要通过每个因子载荷的 t 值在一定水平下是否显著来检验。由表 4 可知，6 个因子的每个题项具有较高的载荷量，其 t 值在 1% 的水平下都显著，这表明修正后的中小企业经营环境量表具有聚合效度。

区别效度指不同的因子之间是否存在显著差异，通过任何两个因子的 AVE 与该因子和其他因子之间相关系数的平方的比较来检验。如果两个因子的 AVE 大于该因子和其他因子之间相关系数的平方，表明具有良好的区别效度。从表 3 和表 4 可以看出，中小企业经营环境的 6 个因子的抽取方差均大于任何两个因子相关系数的平方。因此，中小企业经营环境的 6 个因子之间存在显著差异，具有区别效度。

表 4   中小企业经营环境各维度的相关矩阵

	F_1	F_2	F_3	F_4	F_5	F_6
因子 1	1					
因子 2	0.708***	1				
因子 3	0.257***	0.216***	1			
因子 4	0.467***	0.442***	0.463***	1		
因子 5	0.214***	0.183**	0.479***	0.278***	1	
因子 6	0.539***	0.512***	0.406***	0.450***	0.461***	1

注：*** 表示在 1%水平下显著，** 表示在 5%水平下显著，* 表示在 10%水平下显著。

以上检验结果表明，经 CFA 所形成的中小企业经营环境测量模型具有较好的拟合度、信度和效度。

3. 检验假设

现以资金和税收环境（F_1）、社会化服务环境（F_2）、东道国政治经济文化环境（F_3）、政府管理和法制环境（F_4）、国际贸易环境（F_5）、珠三角区域环境（F_6）六因子为外生变量，中小企业经营环境为内生变量，构建中小企业经营环境影响因素的结构方程模型（如图 2 所示）。结构方程模型的各项拟合指数为：χ^2/df =2.165，P <0.000，GFI =0.941，AGFI =0.903，NNFI =0.925，CFI =0.951，RMSEA=0.075。可见，中小企业经营环境影响因素结构方程模型的整体拟合优度检验基本达到要求。

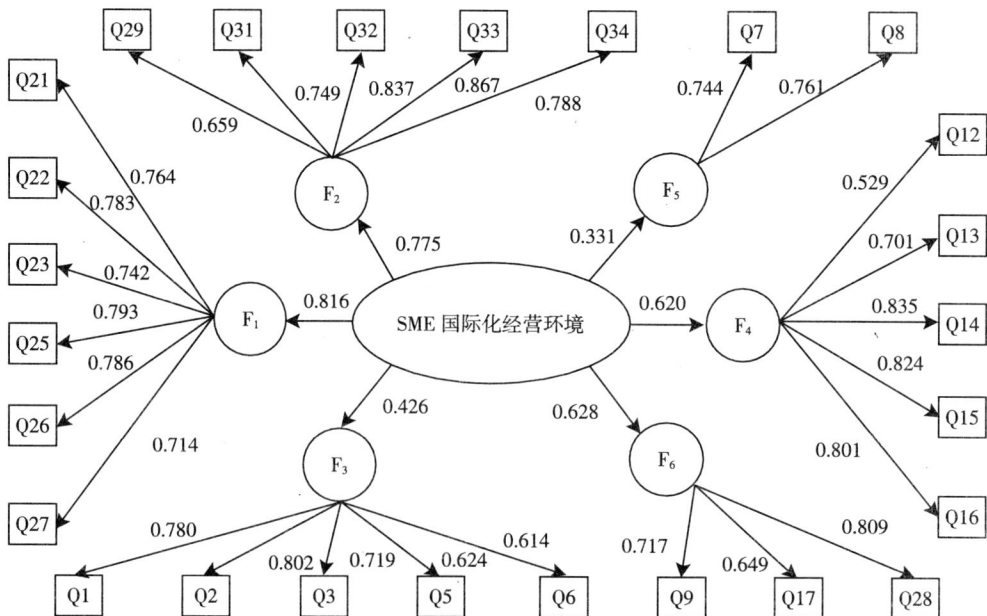

图 2   SME 经营环境影响因素的结构方程模型

图 2 表明，F_1 即资金和税收环境对中小企业国际化经营的路径系数为 0.816，影响很显著，这就支持了 H1a、H1b；F_2 即社会化服务环境对中小企业国际化经营的路径系数为 0.775，影响显著，这就支持了 H2；F_3 即东道国政治经济文化环境对中小企业国际化经营的路径系数为 0.426，影响明显，这就支持了 H4；F_4 即政府管理和法制环境对中小企业国际化经营的路径系数为 0.620，影响显著，这就支持了 H1c、H1d；F_5 即国际贸易环境对中小企业国际化经营的路径系数为 0.331，影响较明显，这就支持了 H5；F_6 即珠三角区域环境对中小企业国际化经营的路径系数为 0.628，影响较显著，这就支持了 H6。在六大影响因子中，资金和税收环境因子对中小企业经营环境的影响最大（F_1=0.816），然后依次为社会化服务环境（F_2=0.775）、珠三角区域环境（F_6=0.628）、政府管理和法制环境（F_4=0.620）、东道国政治经济文化环境（F_3=0.426）和国际贸易环境（F_5=0.331）。因此，H6 的"H1~H6 的中小企业经营环境各影响因素之间的相对重要性存在差异"得到验证。

六、结论及政策建议

1. 研究结论

本文通过对研究样本和研究方法的设计、调查问卷的统计、分析和模型验证，实证评价了珠三角中小企业国际化经营的环境影响因素。主要研究结论是：

（1）珠三角中小企业国际化经营环境的影响因素包括资金和税收环境、政府管理和法制环境、社会化服务环境、东道国政治经济文化环境、国际贸易环境、珠三角区域环境六大方面。

（2）各环境因素对中小企业国际化经营都产生了显著影响。其中，国内政府政策环境（资金和税收环境、政府管理和法制环境）对中小企业国际化经营的影响最显著；社会化服务环境对中小企业国际化经营的影响显著；珠三角区域环境对中小企业国际化经营的影响较显著；东道国政治经济文化环境对中小企业国际化经营的影响明显；国际贸易环境对中小企业国际化经营的影响较明显。

（3）各环境因素对珠三角中小企业国际化经营的影响程度即相对重要性存在差异，国内环境较国际环境影响显著。其中，资金和税收环境因子对中小企业经营环境的影响最大（0.816），然后依次为社会化服务环境（0.775）、珠三角区域环境（0.628）、政府管理和法制环境（0.620）、东道国政治经济文化环境（0.426）和国际贸易环境（0.331）。另外，六大影响因子中前四位的都是国内环境因素，最后两个为国际环境，因此，国内环境因素对中小企业国际化经营的影响更显著，其中国内的资金和税收环境对中小企业国际化经营的影响最大。

2. 政策建议

（1）优化中小企业国际化经营的外部环境。在目前珠三角中小企业生存环境更加艰难情况下，珠三角各级政府务必为广大中小企业国际化经营营造良好的外部环境，政府可以通过对企业对外直接投资或出口的相关规定来直接影响中小企业外向国际化发展，也可以通过对企业经营管理行为的规定间接影响中小企业经营管理活动，从而进一步影响中小企业的国际化行为。

（2）建立健全中小企业国际化经营的政策社会支持体系。由于珠三角中小企业国际化经营环境的六大影响因子中排在前四位的都是国内环境因素，最后两个为国际环境，表明，国内环境因素对中小企业国际化经营的影响更大些。因此，珠三角地区应结合本地中小企业的现状和需求，建立健全中小企业国际化经营的政策社会支持体系，形成有利于中小企业国际化发展的长效机制。

（3）更加重视广大中小企业的融资和税负问题。在本文分析的环境因素中，资金和税收环境因子对中小企业经营环境的影响最大，说明当前珠三角地区推进中小企业国际化发展的融资和税负问题还有待大力改善，中小企业融资难，税负沉重的问题不解决，将严重制约珠三角广大中小企业国际化发展步伐。

本文从政策环境、社会环境、贸易、区域因素等方面系统研究珠三角中小企业的国际化经营环境是一个较新且难度又大的命题，研究中在样本发放、指标设计、测量方法和模型检验等方面存在探索中的局限，例如，问卷调查只能反映当年企业情况，而不能反映珠三角中小企业国际化经营环境的时间变化，在一定程度上限制了理论解释的持续性，以动态阶段性发展的视角研究中小企业与环境之间的影响会更为合理。在后续研究中课题将结合珠三角发展现状，以动态视角深度研究珠三角中小和微型企业的生存状况和国际化经营问题。

【参考文献】

[1] 新华每日电讯：《成本上升银根紧缩，中小企业压力增大》，http：//news.xinhuanet.com/mrdx/2008-07/04/content_8490734.htm. 2008-07-04。

[2] 林汉川：《中国中小企业发展机制研究》，商务印书馆，2003年。

[3] 毛巍：《中小企业国际化发展及其环境研究》，浙江大学，2001年。

[4] 吴三清：《中小企业国际化经营的影响因素实证研究》，《暨南大学学报》，2005年第3期。

[5] 孙利娟、冯德连：《我国民营中小企业外向国际化方式研究》，《商业研究》，2006年第17期。

[6] 谭力文、马海燕：《民营企业国际化理论：企业与环境关系的视角》，《企业管理》，2007年第15期。

[7] 陈晓红、王傅强：《基于SEM的我国中小企业外部环境评价体系研究》，《商业经济与管理》，2008年第10期。

[8] 肖文、陈益君：《企业国际化的影响因素：一个文献述评》，《中南大学学报》（社会科学版），2008年第1期。

[9] 赵锦春、冯德连：《中小企业国际化制约因素的研究综述与趋势》，《阜阳师范学院学报》，2009年第6期。

[10] 叶向：《统计数据分析基础教程——基于spss和excel的调查数据分析》，中国人民大学出版社，2010年。

[11] 王斌会：《多元统计分析及R语言建模（第二版）》，暨南大学出版社，2011年。

[12] 吴明隆：《结构方程模型——AMOS的操作与应用》，重庆大学出版社，2010年。

[13] Andersson S. Internationalization in Different Industrial Contexts [J]. Journal of Business Venturing, 2004, 19 (7): 851-875.

[14] Bloodgood J. M., Sapienza H. J., Almeida J. G.. The Internationalization of New HighPotentialUS Ventures: Antecedents and Outcomes [J]. En-trepreneurship Theory and Practice, 1996, 20 (4): 204.

[15] Morrow J. F.. International Entrepreneurship: A New Growth Opportunity [J]. New Management, 1988, 3 (1): 59-61.

[16] Karagozoglu N., Lindell M.. International-ization of Small and Medium-Sized Technology-Based Firms: An Exploratory Study [J]. Journal of Small Business Management, 1998, 36 (1): 44-59.

[17] George G., Prabhu G.. Developmental Financial Institutions as Catalysts of Entrepreneurship in E-merging Economies [J]. Academy of Management Review, 2000, 25 (3): 620-630.

[18] Oviatt B., McDougall P.. Toward a theory of international new ventures [J]. Journal of International Business Studies, 1994, 25 (1): 45-64.

[19] Johanson J., L.G.Matsson: International Marketing and Market Investments in Industry Networks [J]. Journal of Research in Marketing, 1985 (3).

（作者：邱红、林汉川，广东省江门市五邑大学经济管理学院）

中小企业经营和发展环境正在持续恶化

近 20 年来，随着经济体制改革的不断深入和国家各项政策法规制度的不断完善，致使中小企业的经营环境与过去相比、与国有企业相比处于不断恶化状态。这种状态的持续发展，已直接影响到了中小企业的发展，影响到了未来中国经济发展的可持续性。最近几年国家出台了一系列鼓励和扶持中小企业发展的政策，但却未能切中要害，未能触及根本问题。主要是对当前中小企业经营和发展遇到了哪些环境问题、政策问题认识还不深入。本文期望就有关问题进行尽可能客观、深入的描述，期望有关部门能够在认识问题的基础之上采取果断措施，消除这些制约中小企业生存和发展的各种障碍。也只有中小企业的生存环境改善了，它们才能获得生机，才能获得快速发展，才能推动中国经济步入良性循环。

一、中小企业用工灵活的优势已一去不复返

过去常说中小企业的最大优势是用工灵活、营业时间长，能够方便、快速、灵活地提供服务。但在严格执行新的劳动合同法之后，中小企业的这种优势已经不复存在了。一是加班加点或法定节假日工作需要支付 1.5 倍~3 倍不等的工资。而中小企业由于规模较小、收入较低，通常没有那样高的利润率，承担不起翻倍的工资。二是不按照相关法律严格执行有关劳动工资规定也已经不现实了。现在网络比较发达、员工维护自己权利的意识在逐渐提高，那些心存侥幸，未和员工签订劳动合同，或者员工自己表示签不签劳动合同无所谓、支付不支付加班工资无所谓的企业，已经因为员工的诉讼、各种执法检查的罚款而付出了沉重代价。在利润率不能承受翻倍工资的情况下，中小企业的选择余地也非常有限，要么严格执法，向利润较高的高端领域转移，要么关门走人。现在市场竞争激烈，并且是大企业在主导竞争，能够允许中小企业生存的、利润率较高的业务、行业或者产业已非常稀缺，人们越来越感到实业难做、生意难做，就是这个道理。而关门走人的结果，就是最近在北京出现的一些情况，比如找到一个洗车的地方也都比过去困难了。一是洗车店因亏损关门而数量大幅度减少，二是洗车店开门营业的时间也大幅度缩短，早上 8 点以前开门的店很少。

但是，绝大多数中小企业的经营业务客观上需要灵活方便的用工和营业时间。许多服务业企业的特点是上班时间业务量小但却不能关门，下班时间业务较为繁忙，他们客观上需要灵活用工制度。中小企业的员工大多数也是"打工者"，属于"挣工资"的工作状态，加班加点支付工资非常正常合理。但劳动合同法要求支付翻倍的工资却使中小企业很难像过去那样安排营业时间了。与国有企业相比，中小企业在员工灵活性方面不但没有优势，而且还丧失了优势。现在在国有企业，员工加班到晚上八九点钟下班不支付加班工资已是家常便饭。这在中小型企业却坚决不行。与国有企业、大型企业相比，中小企业用工灵活、服务方便周到的优势已经不复存在了。

二、中小企业用工成本高，用工积极性下降

中小企业在用工灵活性上不如国有企业，在用工成本上也失去了过去的优势，这可从以下几个方面看出：

1. 社会保险成本高且为刚性支出，企业很难灵活变更

中小企业过去可以通过少缴纳或者不缴纳社会保险费、多支付现金工资来吸引优秀人才。但随着我国社会保险、劳动保障领域一系列法规、措施规定的执行，这种做法已不可能了。中小企业和国有企业一样，必须按照实际发放工资如实缴纳社会保险。因为工资按照目前的规定必须通过银行打卡发放，因此是有据可查的。这就不可能实现过去的那种做法，既缴纳社会保险以一个较低的工资基数缴纳而实际发放以一个较高的基数发放。如果那样做，员工可以以劳动合同为基础状告公司，保险部门也可以发工资的记录给企业罚款。因此，企业必须按照合同规定在支付工资的同时缴纳社会保险费，而社会保险费用已经达到了让人窒息的程度。以北京市职工社会保险缴费比例来看，一个企业用工缴纳的社会保险费是有关工资的67.8%，包括：养老保险28%，单位缴纳缴费工资基数的20%，个人缴纳缴费工资基数的8%；医疗保险12%，其中单位缴纳工资基数的10%，个人缴纳工资基数的2%；失业保险2%，其中单位缴纳1.5%，个人缴纳0.5%；工伤保险单位缴纳1%，生育保险单位缴纳0.8%；住房公积金24%，其中单位缴纳12%，个人缴纳12%。单位合计缴纳工资基数的45.3%，个人缴纳22.5%。但在本质上，这些支出均进入企业用工成本，由企业承担。

如果中小企业因为效益不好而给员工降低工资，其缴纳的社会保险费用却不能随着工资的降低而降低。北京市劳动与社会保障局的有关文件规定，一个员工缴纳社会保险的工资基数在每年3月确定，在这之后企业不能变更。企业要变更目前只有两个办法：一个是等到第二年3月底可以变更。但即使变更，员工的缴费基数也是由员工上一年的12个月的平均工资决定，而不是由员工新的工资水平决定。二是通过将这个员工解聘，办理中止缴纳手续，之后让其在其他企业或社会中介机构重新申请缴纳新的社会保险。而中止缴纳之后带来一系列问题：如未连续缴纳社会保险五年不能购买商品房、不能享受廉租房等。社会保险费用一旦上去了，不但缴纳比例高，而且变成了企业的一种刚性支出，企业很难正常降低。

2. 劳动用工成本高，用工过程非常痛苦

与国有企业相比，中小企业在用工方面也没有成本优势。除了加班、延长服务时间需要支付数倍工资，员工在试用、签订劳动合同和辞退时成本都很高。国有企业招聘一个新人，如果两个月试用之后觉得不适合相关岗位，可以调整到其他岗位而不至于浪费试用或培训时间，但中小型企业一般可容纳的员工较少，"一个萝卜一个坑"，试用两个月不合适只能让其走人。由于劳动合同法规定员工试用期不得超过两个月，企业不能让新员工到新岗位继续试用，也不能延长试用时间。这就迫使企业尽可能招聘熟练的、有经验的员工，少招聘新手，减少培训和试用。

但当企业对所招聘的新人比较满意，决定使用的时候，新员工又可以马上或者很快提出增加工资的要求，因为员工知道企业已经需要他了。在这个时候，企业要么浪费2个月的试用、培养时间让其走人，要么答应其工资要求。通常是答应员工的工资要求。

在中小企业员工要求工资增长的冲动也非常强烈和频繁。由于规模较小，没有闲人，企业很难短期内找到合适新人替补一名正在使用的员工，员工也非常清楚和明白这一点。在这个时候，特别是当企业离不开员工的时候，员工可以进一步要求增加工资，而企业的选择只能是要么满足

员工的要求，要么让员工走人。让员工走人必然会带来经营损失。使用新人短期内也很难上手。因此，要想继续经营下去的中小企业的唯一出路就是答应给员工增加工资，除非企业关门不干了。

即使企业给员工增加了工资，也必须很快达到员工的要求，因为如果达不到员工期望，即使员工勉强留了下来，继续工作，一旦企业的业务开展到该员工离开就不能开展下去的时候，员工又可提出增加工资的要求，这个时候企业也只有增加工资这一条路可走。当然，工资一旦增加就很难降低。即使企业没有业务、经营亏损，在中小企业也很难降低工资。因为降低工资员工就离职，离职就带来更大损失。

这种情况在国有企业却几乎不存在，因为国有企业多一个员工少一个员工根本无所谓，工资变动通常也是有明确的、严格的审批制度规定的，不是员工要求多少就可以多少的。国有企业亏损也可以降低工资，因为个别员工的离职对企业的影响不大。以辞职来要挟企业增加工资在国有企业根本行不通。因此，比较来看，中小企业工资持续增加的要求和机制要比国有企业更具刚性和不可调和性。

3. 企业和员工之间，只能同甘不能共苦

近年来宏观经济环境波动较大，首先受到影响的便是中小企业。中小企业因为宏观经济环境波动、出现经营困难、资金困难非常普遍。但中小企业因为经营困难、资金困难而临时停发、缓发工资也比较困难。因为新的劳动合同法明确规定，不按时发放工资企业要补发双倍工资。这就是要求中小企业的经营，只能一帆顺风，只能盈利，不能出现资金困难。在这种制度环境下，中小企业发生经营困难时的选择，要么辞退员工，要么关门歇业，希望员工和企业一起，再坚持一下、再忍耐一下，几乎都是幻想。在这种背景下，中小企业用工的积极性颇受打击，中小企业坚持、忍耐一下的希望和愿望非常小，中小企业维持继续创业和坚持经营变得日益困难。企业一旦出现经营不好，老板要么跑路，要么就负债累累，受多方胁迫，企业很难在困难中求生存、求发展。

4. 员工离职、期望保持核心技术和商业秘密的成本非常高

按照劳动合同法的规定，企业要为离职之后承担保守技术秘密和商业秘密的人员支付2年期间的禁业限制经济补偿。企业不支付经济补偿员工可不承担保密义务。经济补偿金额国家没有明确规定，但广州市规定按限制者年工资总额的2/3支付，上海市规定按限制者工资总额的1/2支付。而能够掌握企业核心技术或商业秘密的员工，其离职时工资也一般较高，使企业要求保守技术秘密和商业秘密的成本大幅度增加。

按照上海市的规定计算，一个能够接触核心技术的人员如一个软件工程师，他工作半年之后离职企业就必须给其在离职后每年支付其年工资的一半才能要求该员工保守技术秘密。如果这个工程师到第二家企业，采取同样的办法工作不足半年离职，则他可以要求第二个公司同样为其支付一半工资的禁业限制经济补偿。这样下来，他第二年到第三个单位工作时，他原来工作过的两个单位分别要给其支付一半工资的经济补偿，自己在第三个单位还可以领取正常的薪金，合计起来其选择离职所得到的报酬是其选择不离职时的2倍。

按照过去的法律，禁业限制保护期是三年，并且只有用人单位的禁业限制要求影响到劳动者正常找工作的时候，用人单位才向员工支付禁业限制的经济补偿。但新的劳动合同法规定，不但缩短了禁业限制期限，还明确只要企业要求员工执行禁业限制规定，保守商业秘密或技术秘密，就必须支付经济补偿。

三、禁业限制的不合理规定，消灭了企业创新源动力

有关禁业限制的规定，不仅仅抬高了创新企业员工离职的成本，而且还严重阻碍和打击了企业创新的动力和热情，助长了企业盗版、模仿和互挖"墙角"的热情，并迫使中小企业向家族化、核心小团体化转变。

1. 技术秘密保护期限过短，企业不愿意创新

新劳动合同法将禁业限制的时间由过去的 3 年缩短为 2 年，使许多创新型企业更加不愿意投资于创新型活动。现在科技创新和产品创新的周期比较长，而创新成果在现代信息技术环境下又非常容易被复制、传播和模仿。当一个企业花费 3~5 年时间终于获得了可以商业化的创新成果的时候，却很快会发现自己的创新却被一个仅仅经过 3~6 个月模仿或者盗用、没有投入多少创新成本的企业所推广使用，并使自己由创新领导者变成了追随者和模仿者。在这种环境下，许多企业已经停止了真正的创新投入，却投入大量的资金用于仿冒、挖技术人才。

2. 企业在技术秘密保护期内很难收回创新投资

在我国现阶段，知识产权保护体系不健全、执法不力，能够对企业创新行为起到有效保护作用的法律手段也就是禁业限制。但是，禁业限制只有两年的时间，即企业的技术秘密只能保护两年，也就是要求从事创新的企业必须在两年之内不但要完成创新工作，而且要把创新成果转换为商品，变成利润，使其收回投资。否则，这个创新成果就会因为人才的流动和禁业限制时间的解除而变成了公共产品。要想在两年内实现从产品设计创新、到产品化批量生产、到市场认知、再到大量销售和收回投资，几乎没有多少产品和企业可以实现。两年的保护期限向企业宣示，投资回收期超过两年的创新活动就没有干的必要。

3. 禁业限制的有关规定阻碍了创新人才的培育

现在的企业很少有不依靠计算机信息技术来开发和实现其核心技术的，这些核心技术很容易被复制和传播。禁业限制支付经济补偿的有关规定，迫使企业要么不从事这些创新型工作，要么尽量少地使用创新人员，让更少的人掌握核心技术、开展创新工作，这两种选择无论对企业还是对员工来讲，都是不利的。因为不投入创新活动企业就没有核心技术、没有竞争优势，让尽可能少的员工掌握核心技术就等于限制创新型人才和掌握核心技术人才的培养。为了防止核心技术、商业秘密的扩散，许多企业开始在这些关键岗位使用自己的亲戚朋友，使用自己小圈子之内的人，其结果就是迫使大量高新技术型中小企业向家族化、小团体化方向发展。

四、知识产权保护不力，创新型企业也难以持续创新

创新行为不能受到鼓励和保护，创新成果也不能得到有效承认和保护，企业从事创新活动常常带来的不是收益，而是一系列为了保护知识产权、打击侵权行为，而又无法有效执行的官司。

1. 智力劳动成果不能申请专利保护

现在是所谓的智慧地球、智慧社会的时代，大量的创新活动主要围绕智力劳动展开。过去那种在工业社会、工业化时代出现的驱动机器设备的技术已大幅度减少。但是，我国专利法第二十五条第一款第（二）项仍然规定，对智力活动的规则和方法不授予专利。这种规定保护的是工业

化、技术性的发明创造，却将目前大量出现的智能化、智力性的发明创造排除在专利保护之外。而美国专利法第103条规定，只要是非显而易见的创造性成果，就可申请专利保护。非显而易见主要是指率先提出并处于领先水平。公司的经营策略、管理方针、投资模式等原本属于"抽象概念"或"智力活动规则"的东西，以"与机器结合"软件程序的方式表现出来，就可申请专利，受到专利保护。按照美国法院的观点："一台一般用途的计算机……一旦编程来执行特殊的功能并符合软件要求就变成一台特殊用途的计算机"，而在这台计算机上运行的商业方法软件也就具有了实用性。就可获得专利保护。欧洲专利局于2001年11月2日发布了新的审查指南，确认了欧洲专利局近年在计算机软件和商业方法上的扩大保护政策。按照新的审查指南，计算机软件和商业方法的可专利性，已不存在能否属于专利保护对象的问题，而更多的是对创造性（Inventive step）的判断。2004年5月18日，欧洲专利局对其又作出修改，基本上采用了和美国一样的标准。而我国现行专利法的规定，不但使中国企业在同西方国家的企业竞争中处于不利地位，而且也不利于知识产品的发展，不利于知识产权的保护，不利于充分发挥中国科技人才多的优势。

2. 知识产权保护非常困难

根据《计算机软件著作权登记办法》第一章第六条，经国家版权局批准，中国版权保护中心可以在地方设立软件登记办事机构，因此我国各省地方政府的相关办事机构拥有自行审批计算机软件著作权的权力，但是由于各省审批机构之间相互信息没有联网，相互之间缺乏沟通和交流，结果就出现了同一软件稍做改头换面就可在不同地区以相同名称或者不同名称获得合法注册，即使盗版软件厂商使用正版软件厂商的软件使用说明书，也能够得到以自己名义申请的"合法侵权"软件著作权保护。

按照目前著作权法的有关规定，正版软件厂商也很难申请撤销盗版软件著作权，一是著作权登记机关不受理和著作权相关的争议。要求当事人申请人民法院裁决，而人民法院又很难得到相关软件登记注册时提交的材料，人民法院要求申请权利保护者提供相关侵权证据。而权利申请者又不能从国家登记机关获得相关登记文件，也无法通过正常途径获得侵权者的侵权的证据。目前唯一可行的做法就是权利保护者申请法院强制执行证据保全，查封侵权企业的电脑，从中获取侵权证据。强制执行证据保全的前提是申请人要向人民法院缴纳大量的保证金，保证金使强制执行给执行者经营业务带来的影响确定。但目前侵权的通常均是不进行创新性投入的大型企业，申请强制执行的通常又是开展创新活动的中小型企业，中小企业显然难以拿出足够的资金来要求人民法院强制执行证据保全。更加困难的是，即使通过证据保全，获得相关证据，也没有相应的机构有权利来鉴定执行证据是否侵权。真正有权利、有能力进行这种鉴定的著作权管理机关不承担这个责任，却要求一些研究机构、行业协会来承担这个责任，其鉴定结论的可采纳程度也是值得怀疑的。

3. 对侵权行为的打击不力

我国相关法律规定，侵权行为者如果获得了5万元以上的非法所得时才能构成犯罪，才可以由执法部门立案处罚。这便产生了两个问题：一是权利申请人首先要知道侵权行为者获得了多少非法所得。没有相关证据法院不受理侵权申诉。要想得到相关证据，就需要请求相关侦查部门立案侦查。二是如果是网上侵权或者计算机侵权，相关侦查部门之间因为分工不清也相互推诿扯皮，通常也很难立案侦查。

即使立案侦查清楚，只要侵权者的收入不超过5万元，也就免于法律制裁。为了规避法律制裁，一些侵权企业通常委托一些个人来实施侵权行为，并使侵权行为个人的经济得益控制在5万元以下，而侵权企业自己则不行使侵权行为，自己却使用侵权个人的侵权行为所取得的成果在市场上获取暴利。即使侵权个人的侵权所得超过5万元，也通常是侵权者个人没有足够的收入或者财产来赔偿由其侵权行为给权利所有人带来的经济损失，导致法院判决也无法获得执行。

通过一系列诉诸法律手段来维护自己创新成果的正当努力和追求之后，创新者就会很快发现，这种努力是徒劳的，非常浪费自己时间、精力和金钱，其最后结果是自己一无所获、侵权行为得不到惩罚。

五、认证、审计、评奖环节寻租现象严重

企业的创新行为和知识产权得不到保护，企业将创新成果商品化、产业化的过程也存在着一系列的阻力和障碍。

1. 中小企业很难获得高新技术企业称号

中小企业是一个社会创新的主体，但却很难获得高新技术企业的认证。比如现行的《高新技术企业认定管理办法》规定，获得高新技术认证的企业，高新技术产品（服务）收入占企业当年总收入的60%以上。实际上，创新型企业在创新时期研究开发投入很大，收入尤其是高新技术产品（服务）产生的收入却非常少，甚至在创新之初常常为零，要求高新技术产品（服务）收入占企业总收入的比重超过60%，实际上是排除了真正努力进行产品创新的企业，而是主持那些创新产品已经成熟、已经在市场上获得大量销售的技术成熟和产品成熟的企业。

2. 申请认证需要进行多项审计

有关制度还规定，申请认证的企业需要提交"企业近三个会计年度研究开发费用（实际年限不足三年的按实际经营年限）、近一个会计年度高新技术产品（服务）收入专项审计报告"。而这些专项审计报告还必须经具有资质并符合《高新技术企业认证工作指引》的中介机构鉴证。这些中介机构常常是由有关部门指定或认定的。致使申请高新认证的企业，还要重新申请相关中介机构进行专项审计。而国家中小企业扶持资金、国家中小企业创新基金，也明确要求中小企业提供其认可的审计机构的审计报告。而税务部门每年要求企业接受其认证或指定的审计机构对企业的盈亏情况进行审计。这一系列审计独立地、重复地进行着，并且不能相互承认。中小企业在还没有获得认证或政策支持的情况下，首先需要投资进行一系列审计活动，并为此而重复性地投入精力和时间。

3. 各种创新奖励、市场地位确认均需要金钱购买

目前大多数针对企业的评奖活动由各种行业协会牵头进行，而行业协会属于国家停止或减少拨款的自收自支单位，他们需要创造收入。于是，由行业协会组织的创新企业奖、创新企业家奖、创新产品奖、最佳创新奖、最有影响力企业奖、最具成长性企业奖、市场占有率第一奖、用户最满意的企业奖等，均可以通过购买的方式取得，并且在协会工作人员内部明码标价，只要给钱就可获得奖励或称号。一般来说，获得一个某某企业奖需要20万元以上，获得一个某某企业家奖需要10万~15万元，获得一个某某专项奖需要5万~10万元，获得一个某某行业最具影响力奖或成长性奖需要5万元左右。结果，有资金实力的大企业拿到了各种各样的奖励，大量没有资金实力或不愿意支付这笔资金的中小企业则无缘这种奖励。而获得这些奖励的企业，也可以明目张胆、大张旗鼓地进行宣传。比如某些产品创新奖，即使这种创新源自中小企业，这种创新概念和内容由中小企业创造，同行业大企业也可以申请自己获得这种最佳创新奖，并通过宣传赢得市场和社会信任。而那些真正从事创新、有创新成果和人才的中小企业，却逐渐被排挤出市场。

六、贷款或资金扶持政策也很难落实到中小企业身上

中央政府及有关部委和银行监管部门出台了一系列扶持中小企业发展的资金政策，但真正落实到需要资金支持的中小企业身上的却非常少。有关规定名义上是针对需要资金的中小企业的特殊扶持政策，实际上扶持的并不是需要资金的中小企业。

1. 所谓的中小企业贷款很难真正给中小企业

银行贷款一般要求最近 3 年和最近一期的收入和利润情况报表，一般要求是持续增长的。但在当前宏观经济形势和劳动力成本条件下，中小型企业收入和利润波动较大，很难满足银行的要求。导致银行很难给真正需要资金的中小企业发放贷款。银行是经营风险的企业，期望银行修改有关贷款规定也是不现实的。即使银行出台了专门针对中小企业的贷款政策，其门槛也设置得很高，很难说真正是给中小企业的。以中关村管委会和北京银行联合推出的专门扶持中小企业的快车道《融信宝》贷款为例，该产品贷款据介绍已经占到中关村扶持中小企业贷款的 79%，但从其公布的获得贷款的条件来看，并不是真正扶持中小企业的：一是该企业要连续两年入围"瞪羚"计划，但能够入围"瞪羚"计划的企业的条件又是销售收入 1000 万元以上且年度增长率在 10% 以上；二是累计三年进行信用评级，并且最近一个年度的信用等级在 BB 级别以上（含 BB 级）的非"瞪羚"企业，首先能够申请信用评级的企业其规模就已经不小了，其次要获得 BB 以上的信用评价一般是利润连续增长在 10% 以上的企业。很显然，满足这些条件的企业是经营形势良好、盈利情况较好、不需要资金的企业。

2. 真正需要资金的中小企业却很难得到政府的扶持资金

国家财政资金扶持的创业风险投资基金、创新基金等，按照有关规定目前也只能给那些并不缺钱的企业。例如，中关村科技园留学人员创业扶持资金，申请企业满足的第一个基本条件是，如果政府扶持企业 10 万元或者 30 万元，企业首先必须自己账上有 10 万元或者 30 万元，问题是企业如果有 10 万元或者 30 万元资金在账上，还申请扶持资金干什么？第二个基本条件是，必须是留学回国不足一年的留学人员，问题是回国不足一年，创业公司刚刚成立、市场调查摸底刚刚完成，企业正想干事情却自己投资的资金没有了，需要政府给以扶持的时候，政府却又不支持了。

再以国家中小企业科技创新基金申请为例，各种条条框框规定也使真正需要资金的企业很难得到。例如，第一，企业必须首先盈利，问题是企业自己能够创造利润、能够正常运转，还申请政府扶持干什么？第二，扶持企业要有配套资金，即扶持 30 万元你必须有 30 万元。第三，企业收入增长率、利润增长率必须达到一个百分比，等等。甚至《高新技术企业认证》的规定，也提出了收入应当连续增长多少、利润应当连续增长多少才能得多少分的硬考核指标。这几乎是考核一个成熟的成长性企业，根本不是考核一个需要资金的企业。

事实上，企业在创业初期或产品研发初期常常是亏损的，这个过程通常需要持续 2~3 年，甚至在创造新产品、新技术期间没有任何收入。高新技术企业受技术开发周期长，技术模仿、盗版容易且传播速度快等的影响，收入和利润也常常是很不稳定的。他们确实是需要政府资金扶持。但申请政府扶持中小企业的条件和向银行申请贷款的条件差不多，甚至有些要求还比银行贷款要求高。这些收入不稳定、利润不稳定甚至亏损的中小企业或高新技术企业，要想得到政府资金的扶持，唯一的办法就是造假。为了防止企业做假，有关制度已经明确要求企业要提供经过审计的财务报告。这就又逼迫企业找会计师事务所做假。不造假是很难达到国家资助和扶持的条件的。如果有一个企业不通过造假，完全满足有关规定要求而达到了政府资金扶持的基本要求，那也就

意味着这个企业在客观上并不非常急需政府资金的扶持，这样的企业完全可以通过银行贷款来解决其资金不足问题。

从以上情况可以看出，随着我国经济体制改革的快速推进和各种规章制度的不断建立，中小企业的生存和发展环境并不是改善了而是恶化了，中小企业创新、创业的积极性不是鼓励了、提高了而是降低了、打击了。中小企业经营和发展环境的恶化，已经发展到使中小企业举步维艰、经营难以持续的地步。客观环境和现状期待我国有关政府部门必须尽快拿出大手笔、大动作来净化经营创新环境，促进中小企业健康发展的具体政策措施来，以彻底改变和扭转当前不适合中小企业生存和发展的经营环境。否则，伴随着中小企业经营环境持续恶化的将是宏观经济的持续下滑和失业率的持续上升。

（作者：张金昌，中国社会科学院工业经济研究所）

中小企业模块化风险管理实证研究

随着伦敦奥运会落幕，全球股市下跌，世界经济萎靡趋势更加明显。2012年8月15日，温家宝在浙江调研时也指出当前经济不容乐观，需要做好长期苦战的准备。事实上，早在2012年3月底，国务院国资委主任王勇就指出许多中央企业反映2012年与2008年金融危机相比，形势更严峻。一些在经济形势好的时候容易被掩盖、被忽视的薄弱环节和深层次问题更加显露出来。为此，王勇要求中央企业"要通过管理提升找出风险点，止住出血点"，保持生产经营平稳运行。而且国资委还专门发出了《关于2012年中央企业开展全面风险管理工作有关事项的通知》，要求认真总结近一段时期以来企业内外部发生的各类重大风险损失事件典型案例，从中汲取经验教训，举一反三，采取切实有效的应对措施加以改进，不断提高风险管控能力，确保持续健康稳定发展。

事实上，自2006年中国开展风险管理工作以来，中央企业都比较积极地建立了风险管理体系，增强了抗风险能力。但作为我国社会主义经济建设重要组成部分的中小企业，却鲜有将风险管理运用到管理实践中去的例子。我国在册中小企业数量已经超过1500万家，占全国企业总数的90%以上，中小企业对GDP、财政税收和出口额的贡献率分别达到了65%、43%和62%，中小企业还为社会提供了近70%的就业机会。[①] 但是，随着经济的快速发展以及改革开放的不断深入，中小企业也开始暴露出诸多因为急功近利所导致的管理体制缺陷，加之新技术的不断涌现，知识经济全球化趋势的演进，就更使得中小企业难以在这瞬息万变、纷繁复杂的市场环境中从容面对来自各方的竞争和风险。为此，如何使中小企业健康生存和快速发展，做好中小企业的风险管理已经势在必行。

当前正处在世界经济后危机时代，风险管理的重要性无疑上升到一个新的高度。中国政府显然意识到了这一点，从2006年6月国务院国资委发布《中央企业全面风险管理指引》到2010年1月22日国资委再发布的《央企负责人经营业绩考核暂行办法》都一再强调风险管理的重要性。令人遗憾的是，到目前为止国内风险管理的开展仅局限于寥寥数家中央企业，各省属、市属企业以及中小企业均不在列。

同时，在当前人们的观念中，普遍认为风险管理就是高成本、投资小于收益的代名词。而传统风险管理繁琐的手段和高昂的费用也着实让很多中小企业家望而却步，甚至导致了很多企业家对风险管理的排斥，从而使企业缺乏风险意识。伴随着企业"跳跃式"的超常发展，一些"快起快倒"的企业不断涌现（巨人集团、三株集团、秦池酒业等）。因此有效降低风险管理成本，扭转人们对风险管理的认识已经迫在眉睫。为此，本文结构安排如下：第一部分进行文献综述；第二部分是问卷调查说明；第三部分是本文的主体内容，即实证结果分析；第四部分是模块化风险管理的基本框架；第五部分是本文的结论和建议。

---

① 中国中小企业网：www.cnsme.com。

一、文献综述

进入 21 世纪，自从英国巴林银行、美国安然公司、世通公司等相继暴露出严重的财务丑闻，现代企业的信息披露和风险管理已然成为国际企业界关注的一个焦点问题。2004 年美国 COSO 委员会在 1992 年出台的《内部控制整合框架》的基础上，结合《萨班斯—奥克斯利法案》的相关要求，颁布了一个概念全新的《企业风险管理框架》（Enterprise Risk Management-Integrated Framework），简称 ERM 框架。ERM 框架指出：企业风险管理是一个由企业的董事会、管理层和其他员工共同参与的，应用于企业战略制定和企业内部各个层次和部门的，用于识别可能对企业造成潜在影响的事项并在其风险偏好范围内管理风险的，为企业目标的实现提供合理保证的过程。《企业风险管理框架》将企业风险管理分为内部环境、目标制定、事项识别、风险评估、风险反应、控制活动、信息和沟通、监控八个相互关联的要素，各要素贯穿在企业的管理过程之中。《企业风险管理框架》的出台，拓展了内部控制的内涵，对企业风险管理这一更宽泛的主题做出了更详尽的阐述，得到社会理论界的广泛认可和接纳，对实务界也有了很强的指导意义。目前，风险管理已成为学术界和企业界备受关注的热门领域。越来越多的企业开始重视风险管理，企业的风险管理已经成为公司三大管理活动（策略管理、经营管理和风险管理）之一。许多企业评级机构，如穆迪、标准普尔等都已经将风险管理水平列为对企业评级的基本评价因素；美国、英国和德国也已经将上市公司关于风险管理的披露通过硬性要求上升到了法律的层面。在经历了 2008 年美国次贷危机引起的国际金融危机之后，80% 的西方投资者愿意为在经营管理中能有效实施风险管理的企业支付溢价，越来越多的企业也开始从风险管理的角度来考虑寻找商业合作伙伴，以保障自身的品牌、时限、质量及可持续性。因此，无论是从企业评级的新规还是从来自于监管、投资者或客户的压力，实施风险管理已成为当今企业发展的必然选择。

现行的企业风险管理方法，主要强调的是风险的不确定性，着眼于企业的客观事件风险，通过识别风险、估计风险、评价风险、综合决策和风险应对等手段，计算出风险发生的概率和可能造成的损失。笔者认为，即使是不确定性的风险，也可以通过分析、归类、整理、最后找出规律，从而进行科学的管理，而模块化就是其中行之有效的方法。斯坦福大学的 Jack C.P. Cheng 和 Kincho H. Law（2010）在他们的最新研究中，将模块化嵌入的理论运用到了供应链系统的整合中。他们认为，每个用户都可以根据需要安装不同的模块化插件对自身的物流系统进行管理，并且指出模块化嵌入的五大优点：①安装配置简单；②成本低廉；③方便连接和整合；④整合外部系统和信息的能力；⑤信息和模块化插件可以根据顾客需要定制。显然，Jack C.P. Cheng 和 Kincho H. Law 的研究对于风险管理的模块化嵌入也是同样适用的，Gonca Tuncel 和 Gulgun Alpan（2010）就证明了这一论点。他们用高级 PN 模型对电子企业的风险管理进行了仿真模拟研究，结果证明通过详细的模块定义，可以有效提高风险管理的水平。他们还进一步指出，系统绩效可以通过风险管理的模块化得以提高，而整体成本则会因为风险管理的有效措施得到减省。

所谓模块化，就是为了取得最佳效益，从系统的观点出发，研究产品（或系统）的构成形式，用分解和组合的方法，建立模块体系，并运用模块组合成产品（或系统）的全过程。作为一种新兴技术理念的模块化，最早是被运用于机器制造这一领域内，其中又以航空业的应用居多。从 20世纪 60 年代起，欧美国家的很多企业就逐步将模块化的方法应用到自身产品的研发过程中，如法国的 Potain 公司、瑞典的 Linden 公司以及德国的 Liebherr 公司等。他们都能在管理实践中将有限的模块组合成为满足客户需求的产品或者适用于各类具体施工的方案，例如，瑞典的 Linden 公司就通过 61 个标准模块的设定，配以其他非模块的零部件，就能够根据客户的需要组合出几万种不同性能的回转塔机。

从 20 世纪 80 年代开始，尤其是进入 20 世纪 90 年代，随着世界范围内市场细分和市场竞争的愈演愈烈，越来越多的企业开始采用业务外包或者与供应链的上下游企业建立紧密的合作关系等方式来进行日常的经营活动，此时的模块化又被当做一种时髦名词而频繁出现于企业与产业组织的研究中。斯坦福大学青木昌彦教授（2003）认为，随着新兴的信息技术和信息产业的快速发展，产业结构正发生根本性变化，模块化日益成为新产业结构的本质。哈佛大学商学院著名教授 Baldwin C.Y. 和 Clark K.B. 在他们 i997 年发表于《Harvard Business Review》的《Managing in an age of Modularity》和 2000 年问世的学术著作《The Power of Modularity》中，以敏锐的眼光洞察到模块化方法在全球信息化时代将拥有的开创性力量，并通过对微软公司电脑生产的实证分析提出了产品模块化的方法。"电脑是一套极为复杂的系统，但通过将电脑分解成主板、处理器、磁盘驱动器、电源等功能相对单一的模块部件，电脑的复杂程度被一步步细分再通过一定的规则界面确保不同品牌电脑的相应模块能互相兼容，则不仅使模块可以近乎完全独立地设计、制造，还可以让多个厂商在同一模块上彼此进行竞争。"

在网络化和信息化不断深入的今天，模块化策略正被越来越多的企业应用于定制化产品设计过程中，管理领域模块化也逐渐开始被运用于物流规划和供应链管理之中，可以预见，模块化理论和实践的发展将对今后企业的生存和壮大产生重大的影响。

为此，本文将"模块化风险管理"的概念界定为，将企业的全面风险管理系统任务分解成多个相对简单的模块进行分析和管理，最后再按照一定的界面标准集成为一个全面风险管理系统的全过程。

二、变量定义、研究假设、理论模型与问卷说明

1. 变量定义

（1）风险管理意识，定义为企业对于风险管理的理解深度和重视程度。

（2）风险管理成本承受力，定义为企业能够并且愿意为风险管理所支付的代价。

（3）风险管理水平，定义为企业所使用的各类管理手段工具所能达到的风险管理效果。

（4）企业战略风险，定义为企业整体损失的不确定性。

（5）企业财务风险，指企业财务结构不合理、融资不当使企业可能丧失偿债能力而导致投资者预期收益下降的风险。

（6）企业市场风险，是指因股市价格、利率、汇率等的变动而导致价值未预料到的潜在损失的风险。因此，市场风险包括权益风险、汇率风险、利率风险以及商品风险等。

（7）企业运营风险，是指企业在运营过程中，由于外部环境的复杂性和变动性以及主体对环境的认知能力和适应能力的有限性，而导致的运营失败或使运营活动达不到预期目标的可能性及其损失。

（8）企业法律风险，是指在法律实施过程中，由于企业外部的法律环境发生变化，或由于包括企业自身在内的各种主题未按照法律规定或合同约定行使权利、履行义务，而对企业造成负面法律后果的可能性。

2. 研究假设

根据文献综述与我国企业风险管理的实际情况，本文提出以下几个假设：

HS1：中小企业的风险管理意识低于大中型企业。

HS2：中小企业的风险管理成本承受力低于大中型企业。

HS3：中小企业的风险管理水平低于大中型企业。

HS4：中小企业的风险管理意识高低与其所面临的风险大小负相关。

HS5：中小企业的风险管理成本承受力大小与其所面临的风险大小负相关。

HS6：中小企业的风险管理水平高低与其所面临的风险大小负相关。

3. 理论模型

笔者将理论模型分成两部分：前者是对中小型企业和大中型企业在风险管理意识、风险管理成本和风险管理水平等方面的比较；后者则深入地讨论中小型企业的风险管理意识、风险管理成本和风险管理水平所对应的战略风险、财务风险、市场风险、运营风险和法律风险等。如图1所示。

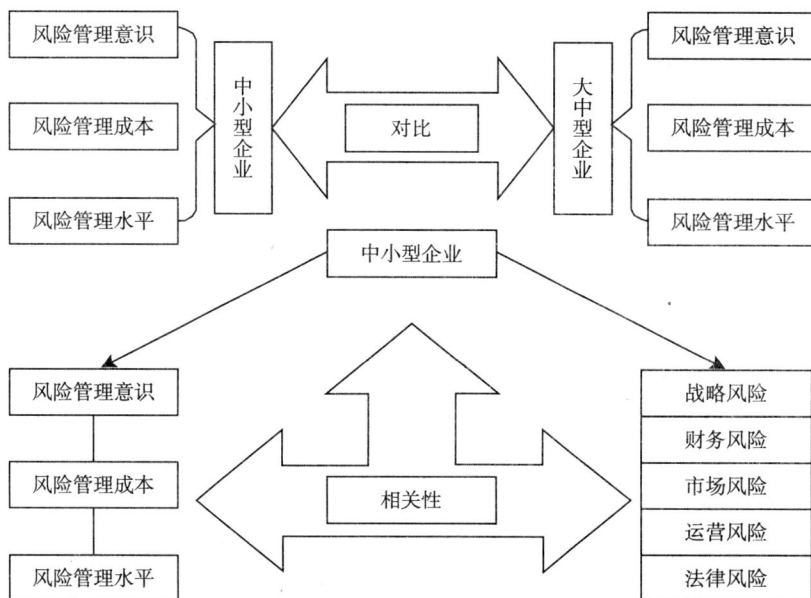

图1 中小企业模块化风险管理的理论模型

4. 问卷设计说明

本文主要以问卷作为测量的研究工具。调查问卷共分为三部分：包括被试者和所在企业基本资料、企业风险管理现状调查和企业所面临的主要风险调查。下面对每个部分加以说明：

第一部分为被试者和所在企业的基本资料。被试者个人资料部分，本文选取了"性别"、"学历"、"工作年限"和"工作职位"4个统计变量来了解被试者的基本情况。企业背景资料部分本文选取了"所属行业"、"行业内规模"、"所有制性质"和"员工人数"4个统计变量来了解企业的基本情况。

第二部分为企业风险管理现状调查。此部分包含19个问题，其中A1~A5是关于风险管理意识的调查，共有5个题项；A6~A10是关于风险管理成本承受能力的调查，共有5个题项；A11~A19是关于风险管理水平的调查，共有9个题项。

第三部分为企业所面临的主要风险调查。此部分包含33个小问题。其中B1~B8是关于企业战略风险的调查，共有8个题项；B9~B17是关于企业财务风险的调查，共有9个题项；B18~B22

是关于企业市场风险的调查，共有 5 个题项；B23~B27 是关于企业运营风险的调查，共有 5 个题项；B28~B33 是关于企业法律风险的调查，共有 6 个题项。

问卷中各问题的衡量方式，均以里克特 7 点量表的形式加以评价，依据"非常不符合"到"非常符合"加以计分。其中，"1"代表"非常不符合"、"2"代表"不符合"、"3"代表"有些不符合"、"4"代表"难以判断"、"5"代表"有些符合"、"6"代表"符合"、"7"代表"非常符合"。各个被试者根据自己对各个问题的了解程度进行选择。

5. 样本发放、回收与特征分析

本文的调查研究采取随机抽样的调查方法，即调查总体包含的个体有同等的和独立的机会被选为样本，也就是说，所有个体被选中的概率相同而且相互不影响。之所以采取随机抽样，是出于以下几个方面的原因：①随机抽样是一种最简单且最好的获取有代表性样本的方法，其所选择的样本和总体之间差别较小，且可以较好地避免系统性偏差；②随机抽样符合统计推断的要求，能借助样本的行为推断总体。

本文的调查研究采用问卷调查的方式，拟样本数目为 260 个，通过实地调查和网络共发放问卷 260 份，回收问卷 227 份。回收率高达 87.3%。并在问卷回收完成后，针对部分问卷出现的答案空缺和明显规律性答案情况进行了处理。经过甄选发现无效问卷 21 份，有效问卷 206 份，有效率为 90.7%。

表 1　中小型企业与大中型企业比较分析

比较项目	企业类型	均值	方差
企业风险管理意识比较分析	中小型企业（N=138）	2.752	0.936
	大中型企业（N=68）	5.428	0.805
企业风险管理成本承受力比较分析	中小型企业（N=138）	6.174	1.047
	大中型企业（N=68）	3.652	0.896
企业风险管理水平比较分析	中小型企业（N=138）	2.359	1.034
	大中型企业（N=68）	5.026	0.912

本次调查所回收的 206 份有效问卷中，中小企业问卷 138 份占 67%，大中型企业问卷 68 份占 33%。根据企业的不同规模对样本特征进行比较分析发现（如表 1 所示），中小型企业风险管理意识的得分均值 2.752，远远低于大中型企业的风险管理意识得分均值 5.428，说明中小型企业的风险管理意识十分薄弱，还需要长期的学习和积累，验证了研究假设 HS1。

从统计结果还可以看出：中小型企业风险管理成本承受能力的得分均值 6.174，远远高于大中型企业的风险管理成本承受能力得分均值 3.652，说明中小型企业的风险管理成本承受能力低下，传统的风险管理模式难以推行，急需低成本、经济性的风险管理工具，验证了研究假设 HS2。

进一步分析发现，中小型企业风险管理水平的得分均值 2.359，远远低于大中型企业的风险管理水平得分均值 5.026，说明中小型企业的风险管理水平十分落后，需要引入更为先进的风险管理手段，验证了研究假设 HS3。

在进行了样本特征的比较分析之后，我们可以很明显地发现中小企业在风险管理方面存在的三大问题：一是风险管理意识薄弱；二是风险管理成本承受能力低下；三是风险管理水平滞后。接下来笔者利用中小企业的问卷数据（N=138），进一步地分析各变量之间的相关性。

三、中小企业模块化风险管理的实证分析

1. 信度检验

在实证研究分析前，先进行信度分析。本文研究调查问卷中关于企业风险管理现状包含3个维度，其中关于风险管理意识共有5个题项，Cronbach's α 值为0.923；关于风险管理成本承受力共有5个题项，Cronbach's α 值为0.702；关于风险管理水平共有9个题项，Cronbach's α 值为0.940；关于企业所面临的主要风险包含5个维度，其中关于企业战略风险共有8个题项，Cronbach's α 值为0.933；关于企业财务风险共有9个题项，Cronbach's α 值为0.963；关于企业市场风险共有5个题项，Cronbach's α 值为0.883；关于企业运营风险共有5个题项，Cronbach's α 值为0.898；关于企业法律风险共有6个题项，Cronbach's α 值为0.933。以上 Cronbach's α 值都大于0.7，表示所测量样本的问卷题目具有内部一致性。如表2所示。

表2　调查问卷信度分析结果

项目	维度	题项	α 系数	α 系数
企业风险管理现状	风险管理意识	A1~A5	0.923	
	风险管理成本承受力	A6~A10	0.702	0.978
	风险管理水平	A11~A19	0.940	
企业面临主要风险	企业战略风险	B1~B8	0.933	
	企业财务风险	B9~B17	0.963	
	企业市场风险	B18~B22	0.883	0.946
	企业运营风险	B23~B27	0.898	
	企业法律风险	B28~B33	0.933	

2. 相关性分析

本文运用皮尔逊相关分析法，对企业风险管理现状的各维度与企业所面临主要风险的各维度进行相关分析，如表3所示。

表3　调查问卷变量相关性分析结果

	企业风险管理意识	企业风险管理成本承受力	企业风险管理水平
企业战略风险	−0.651**	−0.128	−0.687**
企业财务风险	−0.570**	−0.474*	−0.620**
企业市场风险	−0.506**	−0.242	−0.524**
企业运营风险	−0.602**	−0.121	−0.586**
企业法律风险	−0.448*	−0.173	−0.523*

注：** 显著水平在0.01上，* 显著水平在0.05上。

分析可以看出：

（1）企业风险管理意识与企业战略风险在0.01水平上呈显著负相关，相关系数为0.651；企业风险管理意识与企业财务风险在0.01水平上呈显著负相关，相关系数为0.570；企业风险管理意识与企业市场风险在0.01水平上呈显著负相关，相关系数为0.506；企业风险管理意识与企业运营风险在0.01水平上呈显著负相关，相关系数为0.602；企业风险管理意识与企业法律风险在

0.05 水平上呈显著负相关，相关系数为 0.448；验证了研究假设 HS4。

（2）企业风险管理成本承受力与企业财务风险在 0.05 水平上呈显著负相关，相关系数为 0.474；企业风险管理成本承受力与企业战略、市场、运营和法律风险相关性不显著，部分验证了研究假设 HS5。

（3）企业风险管理水平与企业战略风险在 0.01 水平上呈显著负相关，相关系数为 0.687；企业风险管理水平与企业财务风险在 0.01 水平上呈显著负相关，相关系数为 0.620；企业风险管理水平与企业市场风险在 0.01 水平上呈显著负相关，相关系数为 0.524；企业风险管理水平与企业运营风险在 0.01 水平上呈显著负相关，相关系数为 0.586；企业风险管理水平与企业法律风险在 0.05 水平上呈显著负相关，相关系数为 0.523；验证了研究假设 HS6。

3. 因子分析

采用 SPSS17.0 分析发现，风险管理现状、企业风险分类量表的 KMO 值分别是 0.887 和 0.861，两者 Chi-Square 统计值的显著水平均为 0.000，所以这两部分量表都适合做因子分析。因子分析的方法主要是采用主成分分析法，提取特征值大于 1 的那个因子，再用方差最大旋转处理。分析结果表明：企业风险管理现状的 19 个项目（Item）归为 3 个因子，企业所面临主要风险的 33 个项目（Item）归为 5 个因子，分析结果如表 4 和表 5 所示。

分析结果显示，企业风险管理现状的 KMO 值为 0.887，巴特利特球体检验达到 0.000 的显著性水平，适合因子分析。我们采取的是主成分分析法提取因子，提取的原则是特征值大于 1，采用最大方差旋转，旋转成分矩阵如表 4 所示。

表 4 企业风险管理现状正交旋转后的因子负荷矩阵（N=138）

题项	因子 1	因子 2	因子 3
A1	0.784		
A2	0.746		
A3	0.815		
A4	0.798		
A5	0.863		
A6		0.587	
A7		0.765	
A8		0.724	
A9		0.653	
A10		0.802	
A11			0.855
A12			0.756
A13			0.832
A14			0.611
A15			0.547
A16			0.680
A17			0.738
A18			0.703
A19			0.674

由表 4 可以看出，各个题项的负荷都达到 0.5 以上，符合本文研究的要求。企业风险管理现状所包含的三个方面结构清晰、解释力强，并且与本研究对企业风险管理现状界定的 3 个方面一致。根据题项内容将因子 1 命名为"企业风险管理意识"，包含了 A1~A5 共 5 个题项，解释了

22.309%的变异；将因子 2 命名为"企业风险管理成本承受力"，包含了 A6~A10 共 5 个题项，解释了 19.375%的变异；将因子 3 命名为"企业风险管理水平"，包含了 A11~A19 共 9 个题项，解释了 20.421%的变异。企业风险管理现状的三个方面及其所对应的题项与原假设一致，四个因子一共解释了 62.105%的变异。以上结果表明企业风险管理现状的量表有着比较好的构建效度。

进一步研究发现，风险管理现状公平的 KMO 值为 0.861，巴特利特球体检验达到 0.000 的显著性。

表 5　企业风险管理现状正交旋转后的因子负荷矩阵（N=138）

题项	因子 1	因子 2	因子 3	因子 4	因子 5
B1	0.825				
B2	0.721				
B3	0.637				
B4	0.581				
B5	0.596				
B6	0.670				
B7	0.742				
B8	0.683				
B9		0.755			
B10		0.804			
B11		0.668			
B12		0.701			
B13		0.592			
B14		0.504			
B15		0.726			
B16		0.688			
B17		0.625			
B18			0.596		
B19			0.657		
B20			0.732		
B21			0.687		
B22			0.841		
B23				0.672	
B24				0.740	
B25				0.692	
B26				0.578	
B27				0.816	
B28					0.702
B29					0.831
B30					0.760
B31					0.648
B32					0.852
B33					0.737

由表 5 可以看出，各个题项的负荷都达到 0.5 以上，符合本文研究的要求。企业所面临主要风险的 5 个方面结构清晰、解释力强，并且与本研究对企业所面临主要风险界定的 5 个方面一致。根据题项内容，将因子 1 命名为"企业战略风险"，包含了 B1~B8 共 8 个题项，解释了 16.209%的

变异；将因子 2 命名为"企业财务风险"，包含了 B9~B17 共 9 个题项，解释了 17.377% 的变异；将因子 3 命名为"企业市场风险"，包含了 B18~B22 共 5 个题项，解释了 13.421% 的变异；将因子 4 命名为"企业运营风险"，包含了 B23~B27 共 5 个题项，解释了 14.352% 的变异；将因子 5 命名为"企业法律风险"，包含了 B28~B33 共 6 个题项，解释了 15.762% 的变异；企业所面临主要风险的 5 个方面及其所对应的题项与原假设一致，5 个因子一共解释了 77.121% 的变异。以上结果表明企业所面临主要风险的量表有着比较好的构建效度。

至此，本研究所提出的各个研究假设，除去 HS5 只得到了部分验证之外，其余全部得到了验证。

四、模块化风险管理的基本框架

如图 2 所示，在中小企业风险管理模式的构建过程中首先将一个大的、复杂的风险管理系统分解成几个耦合度很弱的模块：管理模块、行业及插件模块、服务器模块、核心模块、信息过滤模块、外网接入模块和外部环境模块。按照 Crawford C.M（1984）的观点，我们又可以按照功能属性的不同将这些模块分为"定制模块"和"通用模块"，通过"定制模块"可以体现出不同企业、不同行业所面临的不同风险；而"通用模块"则可以帮助企业完成各类型的日常管理。以上每个独立的模块又可以分解成若干独立的子模块（如核心模块所示），大幅降低了系统的复杂性，降低了风险管理成本。而且在进行风险管理任务时，对各个模块的管理可以并行开展，使模块管理人员从事自己擅长的工作，缩短风险管理时间，提高管理效率，而且这样的模块化管理也有利于新型风险管理工具的开发和应用。

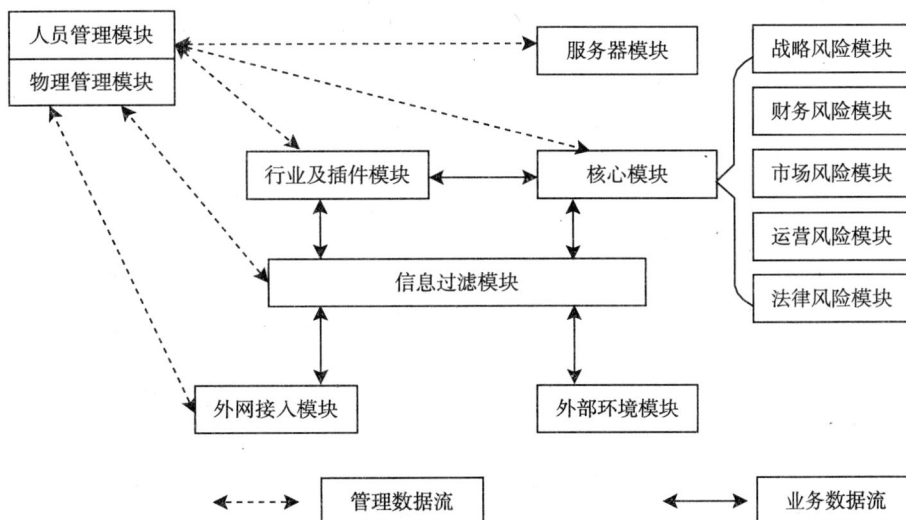

图 2　中小企业模块化风险管理的构思图

设计模块的宗旨是为企业的全面风险管理系统服务，在此我们以财务风险子系统为例进行说明。第一，财务风险模块可以提高财务风险的识别度，并降低误差率；第二，财务风险模块可以实现与其他子系统之间的风险信息共享；第三，可以按成对直线下级模块的指引与协调；第四，由于模块中仍然可以包含"架构、模块和元"三个维度，因此会出现企业外部风险模块，可以形成跨企业的财务风险协同管理；第五，如果有两家或两家以上企业能加入这一财务风险模块系统，并在各层级中实现交叉信息共享，那么就可以形成一个更加庞大和复杂的跨企业财务风险协同管理网络。

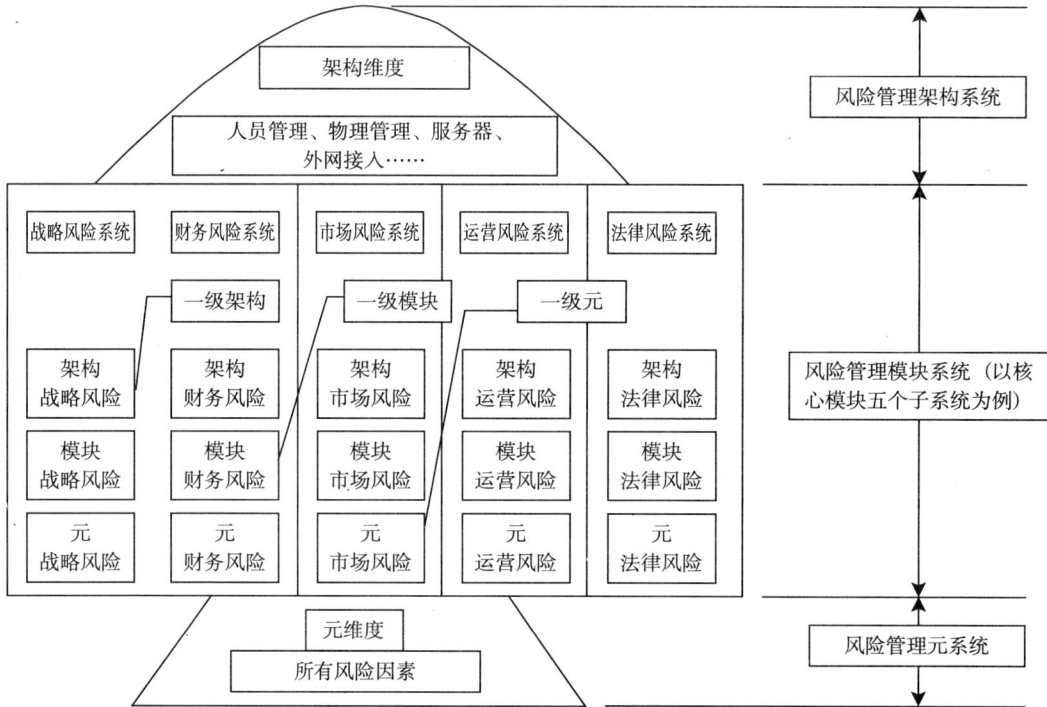

图3 中小企业模块化风险管理的模式

架构维度是指这一类模块对企业整个风险管理系统的建立具有主导性的影响，包括管理模块、行业及插件模块、服务器模块、核心模块、信息过滤模块、外网接入模块和外部环境模块等。当然，架构维度在一定程度上也会受到模块维度和元维度的影响，特别是一级架构和一级模块对架构维度有比较大的反馈影响。

本文的模块维度可分为五个子系统，即战略风险系统、财务风险系统、市场风险系统、运营风险系统和法律风险系统。每个子系统内部又由"架构、模块和元"三个部分组成。模块维度的分解为企业风险管理系统实现通用性、功能性和经济性提供了必要的条件。如图3所示，战略风险系统由其内部的架构战略风险、模块战略风险和元战略风险三部分组成。架构战略风险将直接影响企业的投资决策、行业潜在风险分析和品牌风险等；模块战略风险将为投资决策的选择提供新的途径和可能性；而元战略风险则直接为模块战略风险提供新的支持。

元维度是指企业模块化风险管理系统中的最基本风险来源，包括企业利益相关者或环境变化可能带来的所有风险。如：供应商信用风险、汇率或利率变动风险、会计信息风险、突发事件风险、产品供需变化风险等。

此外，为了说明模块具有嵌套性，本文在此引入"级"的概念。如图3所示，标注出"一级架构"、"一级模块"和"一级元"的原因就在于说明图上所画的仅为各风险系统的第 级。为全面地表述清楚模块的嵌套性，下面将用图4的财务风险系统标准模块化模型来分析：一个标准的一级财务风险系统模块包括一个一级架构、N个一级模块（或多个模块）和一个一级元，而每个一级模块又可以包含一个二级架构、N个二级模块和一个二级元，依次递推。

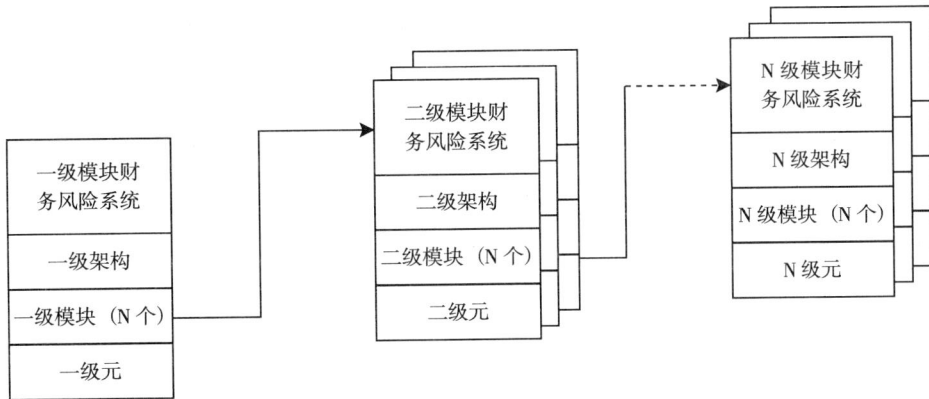

图4　财务风险系统的标准模块结构模型

五、结论与建议

本文以中小企业的基层、中层和高层管理者为研究对象，通过结构性访谈、问卷调查等方式对中小企业的风险管理现状进行了实证分析。将所搜集的138份有效问卷数据运用SPSS17.0软件进行统计分析，从而找出了中小企业风险管理目前存在的三大问题：一是风险管理意识淡薄。很多企业在经营和发展过程中急功近利，盲目追求扩大再生产和利润最大化，甚至为了在市场竞争中占据优势而不择手段，完全忽视风险管理。二是风险管理成本过高。传统风险管理繁琐的手段和高昂的费用是很多中小企业难以承担的，多数被调查者认为目前缺乏低成本的、有效的风险管理工具。三是风险管理水平低下。鉴于以上三点，大多数中小企业并没有健全的风险管理体系和制度，也没有风险管理的专项资源和人才，在电子化和信息化迅速发展的今天，其风险管理的手段非常滞后，水平十分低下。在此基础上，本文通过实证研究进一步分析了《中央企业全面风险指引》中所涉及的企业战略风险、企业财务风险、企业市场风险、企业运营风险和企业法律风险与中小企业风险管理意识、风险管理成本以及风险管理水平之间的相关性。这5类风险与中小企业的风险管理意识是呈负相关的、与风险管理成本是呈正相关的，与风险管理水平则是呈负相关的。

鉴于以上实证结果，本文提出了相应的解决对策，也是本文的主要创新点所在，即构建了中小企业的模块化风险管理模式，即在中小企业风险管理模式中引入模块化和"级"的概念，构筑了中小企业模块化风险管理的基本框架，这有助于分析风险管理过程中所接收的复杂信息，有助于风险管理工具的创新，有助于风险管理成本的降低从而提高企业利润，还有助于中小企业风险管理水平的提高，从而切实提高风险管理在中小企业管理实践中的可操作性，为广大中小企业寻找到一条保持长久生命力的道路。

【参考文献】

［1］何宗渝：《国资委：央企要提升管理找出风险点止住出血点》，http：//news.163.com/12/0327/16/7TK8UNSO000014JB5.html.2012−03−27。

［2］赵毅：《略论企业风险管理》，《商场现代化》，2005年第4期。

［3］盛世豪、杨海军：《模块化：一种新的组织形式》，《科研管理》，2004年第3期。

［4］桂彬旺：《基于模块化的复杂产品系统创新因素与作用路径研究》，浙江大学博士学位论文，2006年第10期。

［5］Williams J. R., Risk Management and Insurance ［M］. New York：Irwin/McGraw-Hill, 1998.

［6］Jack C.P. Cheng & Kincho H. Law, A service oriented framework for construction supply chain integration ［J］. Automation in Construction, 2010 （19）：245-260.

［7］Gonca Tuncel & Gulgun Alpan, Risk assessment and management for supply chain networks：A case study ［J］. Computers in Industry, 2010 （61）：250-259.

［8］Herbert Simon, A note on mathematical models for learning ［J］. Psychometrika, Springer, 1962 （12）：505-506.

［9］Nevin J. L. & Whitney D.E., Concurrent Design of Products and Processes ［M］. McGraw-Hill, New York, 1989.

［10］Langios R. N. & Robertson P. Networks and innovation in a modular system：Lessons from the microcomputer and stereo component industries ［J］. Research Policy, 1992 （15）：11-23.

［11］Crawford C. M., Product protocol：New tool for product innovation ［J］. The Journal of Product Innovation Management, 1984（2）：85-91.

（作者：周阳敏，郑州大学商学院）

第三篇　公司治理与财务管理

国有企业的控制权转移效率问题

——基于国有控股上市公司的实证研究

一、问题的提出

自 20 世纪 80 年代以来，民营化浪潮在世界上很多国家相继展开。这些国家都希望通过民营化给企业绩效带来积极影响。尤其是经济转轨国家，其民营化的规模更大，对国民经济的影响也更深远，民营化是否能提高国有企业的绩效，将直接决定这些转轨国家经济能否健康发展，因此有关民营化效率的研究日益增加。

严格意义上的民营化是指企业的所有权与控制权由国家转给私人部门，从这个意义上说，民营化与国有企业控制权转移是一个问题的两个方面。根据国有企业是否为上市公司，我们可以把民营化划分为两种类型，一是非上市国有企业控制权转让，二是国有上市公司的控制权转让。国有上市公司的控制权转让是现阶段国有企业民营化的最主要形式，因此，通过对国有上市公司控制权转让的效率分析可以客观评价现行民营化的效率。对于民营化效率的理论研究，大多数学者主要从委托代理理论、产权和交易成本理论、目标函数差异以及市场竞争环境等方面阐述国有产权与私有产权的效率比较，并认为政府可以通过民营化减少代理成本，提升企业内部的激励和监管机制，实现企业绩效的提升。然而，传统的关于民营化效率的理论研究大多是从政府的角度论证国有控股公司为什么要出售国有股权，这些研究忽视了民营化过程中的另一个重要主体——民营买家对于国有控股公司的真实购买动机。

控制权作为一种稀缺资源，它的转让实际上是资源进行重新配置的过程。对于控制权转让效率的评价，主要是看这种资源的再配置是否提升了公司的业绩和价值。学者们对于其转让效率评定的实证检验主要采用两种方法，一种是基于股价反应的累计超常收益评估，另一种是基于经营业绩的财务指标评估。前者是基于证券市场中的股价变动而对股东财富效应所进行的研究，通过股东财富的变化来评判控制权转移对企业价值的影响。这一类研究主要采用事件研究法，即选取一定的事件窗口，研究控制权转移公告前后一段时期内目标公司的股东能否获得超常收益。若股东能从中获得累计超常收益，则说明控制权转移是有效率的。西方许多经济学家都是用这种方法对目标公司的价值进行实证检验。尽管他们采用的样本以及设定的区间都不尽相同，使用的模型也存在差异，但都得出了一个相似的结论，即目标公司的股东可通过控制权转移行为获得超额收益（Schwert，1996；Jensen and Ruback，1983）。而财务指标法主要是通过控制权转移前后的一些财务指标变化情况来分析控制权转移事件对公司经营业绩的影响。Mueller（1980）研究了比利时等 7 个国家的并购绩效，选择了每股利润率、资产利润率和销售利润率 3 个指标进行分析，结果发现比利时、德国、英国和美国的目标公司在兼并后业绩有所提高。Healy et al.（1992）以现金流量等作为分析指标，研究了 1979~1984 年发生在美国的 50 起最大的并购事件，指出经过行业调整后的公司资产收益率明显提高，现金流收益率也显著区别于零，并购使企业绩效得到提升。

然而，无论上述哪一种控制权转让效率的评定方法都没有考虑到控制权受让方的接管动机，[①]而接管动机是研究控制权转让过程中不可回避的一个重要问题。因此，以上两种方法实际上都不能全面衡量控制权转移的效率状态。鉴于此，本研究将从控制权收益[②]的角度来揭示接管方真正的接管动机，建立控制权转移的效率评定框架，并基于 1998~2008 年这 10 年间发生的国有控股控制权转移给民营部门的样本数据，对其控制权转移前后的企业绩效变化进行检验，最后提出政策建议。本文在国有控股公司控制权转移效率的实证研究中采用了财务指标评估法中的因子分析方法，利用能反映企业绩效的财务指标以及时间跨度更长的控制权转移样本，我们认为这种做法可以更全面地分析国有控股控制权转移的效率情况。

二、分析框架与研究假设

Grossman and Hart（1980，1988）最早涉足控制权收益的研究，他们认为获取控制权收益才是大股东真正的接管动机。根据他们的研究，控制权收益可分为两部分：控制权私人收益（Private Benefits of Control）和控制权共享收益（Public Benefits of Control）。

控制权共享收益是由控股股东直接或间接参与公司治理而带来的企业业绩的提升或企业价值的增长，这种提升或增长将以股票价格的增长和股利等现金流收益的形式体现出来。如 Shleifer and Vishny（1986）的研究表明，随着持股比例逐渐增大，大股东具有足够的动力去实施有效的管理和监督，从而避免了股权高度分散情况下的"搭便车"问题；上海证券交易所 2009 年关于控制权市场的报告也指出，大股东在某些情况下也会直接参与经营管理，这样就解决了外部股东和内部管理层之间存在的信息不对称问题。与此同时，控股股东还通过更新技术、优质资产注入等手段提升企业业绩，增加公司价值。这种控制权共享收益是属于全体股东的，按照股东的股份占比进行分配。

与之相反，控制权私人收益是由控股股东独自享有的。股权的集中使大股东有可能通过有效监管来追求其共享收益的增加，但大股东也有可能以牺牲其他股东的利益为代价来追求自身利益最大化而不是公司价值最大化，这些收益并不按持股比例在所有股东之间进行分配，而只有大股东才能享有，"控制权私人收益"由此而得名。Johnson et al.（2000）把控制权私人收益定义为侵占公司的资源或谋取其他股东无法获得的利益。一些学者认为这种私人收益是控股股东通过侵害小股东利益而获得的（Demsetz and Lehn，1985；La Porta et al.，2000）。Shleifer and Vishny（1997）指出，现在在大多数的股份公司治理问题中，根本的委托代理冲突不再是股东和经理人之间的冲突，而是控股股东和中小股东之间的利益冲突问题。

关于现金流共享收益与私人收益的关系，Cornelli and Li（1997）构建了一个理论模型分析民营化最优模式，他们假设 $B_i = \bar{B} - \beta v_i$，即私人收益可以写成共享收益的一个线性函数。虽然 Barclay and Holderness（1989）的实证研究结果显示 β 远小于 1，但仍然可以看出两者的负相关关系。

---

① 公司接管的动机具有复杂多样性，控制权受让方接管企业时往往混杂着多重动机，有些实际动机可能会被包装成为其他动机，使得其真实目的往往很难为其他人所发现。

② 根据 Grossman 和 Hart（1980、1988）的观点，控制权收益指的是控制性股东利用控制权谋得的利益。

多数的相关实证研究也证实了私有收益与企业绩效的负向关系。例如，Claessens et al. (2002) 选取东亚 8 个国家的 1301 家上市公司为样本，指出控股股东同时存在正的激励效应和负的侵占效应，公司的绩效与控股股东的现金流权正相关，与私有收益负相关；曾昭灶、李善民 (2008) 用资金占用来表示控股股东的私有收益水平，实证结果表明，由大股东占用了较多资金的上市公司经营业绩较差，这直接降低了全体股东的现金流权，损害了中小股东的利益；豆中强 (2010) 在研究控股股东获取私利对投资行为以及公司价值的影响时发现，存在控股股东侵占时，公司价值显著低于不存在控股股东侵占时的公司价值，同时他指出，大股东的侵占行为是导致公司价值降低的一个重要因素；王书林 (2011) 在研究控制权转移时的溢价水平与企业绩效的关系时，指出无论是控制权转移后的第一年还是第二年，资产收益率、现金流资产比率都与溢价水平呈现负相关，在控制权转移后第一年，净资产收益率与溢价水平正相关，但在第二年又转为负相关，但第一年的正相关在统计意义上并不显著，也支持了公司绩效与控制权私人收益的负向关系。

本文认为分析控制权的共享收益与私人收益之间的关系首先要从两者的定义入手。共享收益是以全体股东的利益最大化为目标，而私人收益是以控股股东牺牲其他股东利益为代价获得的。显然，二者在追求的目标上存在根本的冲突。其次，控制权共享收益是由控股股东直接或间接参与公司治理而带来的企业业绩的提升，而私人收益规模的扩大则必然是以降低潜在的企业价值为代价的。

中国的国有上市公司中，国有股、国有法人股等非流通股占据绝对控股地位，因此，通过场外协议方式是其他主体成为控股股东、获得企业控制权的便利途径，而且几乎所有成功的国有控股上市公司的控制权转移活动都在一定程度上受到政府的行政干预，市场化程度不高。在这种情况下，作为股权的受让方，难免有人购买动机不纯，意欲通过购买壳资源成为上市公司的控股股东，通过关联交易、长期占用上市公司资金等手段来谋取巨大的控制权私人收益，严重影响国有控股上市公司的控制权转移效率。

Grossman and Hart (1988) 认为获取控制权收益才是大股东真正的接管动机。因此，我们将以控制权收益为视角，建立一个国有控股上市公司控制权转移效率的评定框架，以观测民营控股股东在获取控制权收益的同时是否也带来了企业价值的提升，进而对国有上市公司控制权转移的效率进行全面、客观的评价。

假设买方预期控制权收益 $\alpha V_b = B_b$，卖方预期控制权收益 $\alpha V_s + B_s$，V，B 分别表示全体股东共享收益（企业的价值）与控股股东的私人收益，α 为控股股东的股份占比。根据经济学的理性人假设，只有当买方的预期控制权收益大于卖方的预期控制权收益（即 $\alpha V_b + B_b \geq \alpha V_s + B_s$）时，买方才会有购买的欲望，控制权才可能发生转移。在满足上述公式的前提之下，我们提出了如下两种假设：

假设 1：控制权转移之后，企业的价值可以得到提升，即 $V_b > B_s$。在这种情况下，根据私人受益的不同，转移效率还存在两种可能的状态：如果 $B_b < B_s$，则表明控制权转移预期可以提升企业的价值，降低大股东私人收益，民营化是有效率的，这是最理想的状态；如果 $B_b \geq B_s$，则表明控制权转移预期可以在一定程度上提升企业价值，同时也可以增加大股东的私人收益，这时，民营化是有效率的。但如果 V 和 B 负相关，则说明这种结果有帕累托改进的可能，即通过降低私人收益可以进一步提升企业价值。

假设 2：控制权转移之后，企业的价值并没有得到提升，即 $V_b \leq B_s$。在这种情况下，上面公式 $\alpha V_b + B_b \geq \alpha V_s + B_s$ 成立的前提条件是 $B_b \geq B_s$，说明接管的主要目的在于大股东获得更多的私人收益，以此为目的的控制权转移将导致民营化的无效率。

根据以上两种假设，本文需要验证国有上市公司控制权转移之后的企业价值是否真正有所提升，以此来判断控制权转移的效率。

三、国有企业控制权转移效率的实证分析

1. 样本选择

本研究主要是针对国有控股公司控制权转移这一过程的效率检验，因而我们选择的控制权转移事件，都是国有控股上市公司面向民营或外资等非国有部门的控制权转移。鉴于以往实证检验的文献很少涉及 2003 年后的数据，本文在数据选择的时间上力求能涵盖最新的数据信息。基于此，本文选取 1998~2008 年沪深两市以股权协议转让形式实现的控制权转移的 A 股国有控股上市公司为研究样本，且满足以下条件：①股权的协议转让导致了第一大股东变更；②股权转让前卖方为第一大股东且股份性质为国有股或国有法人股；③转让后股份性质为非国有股；④买方在交易前不是第一大股东且通过此次交易成为公司的控股股东；⑤买方为民营或外资等非国有主体；⑥协议转让后上市公司行业并未发生变更；⑦买卖双方均为非金融类公司；⑧剔除无偿转让或由涉及诉讼而被法院强制转让的样本；⑨有公开的交易价格；⑩股权转让最终成功。

控制权转移的交易记录来自 CCER 的股权协议转让数据库；目标公司的财务指标信息来自 CCER 一般上市公司财务数据库，同时为确保数据的真实性，我们又将这些财务数据域样本公司的年报进行了二次核对。这样，我们共得到样本 113 个，剔除个别控制权转移前一年至转移后三年共五年间财务指标数据不完整的样本公司，最终获得有效样本 110 个，表 1 和表 2 是样本的年份及行业分布。

表 1 研究样本年份分布

年份	1998	1999	2000	2001	2002	2003
样本数量	6	7	10	3	9	28
年份	2004	2005	2006	2007	2008	总计
样本数量	19	4	16	8	0	110

表 2 研究样本行业分布

所属行业	样本数量	所属行业	样本数量
农林牧渔业	3	水电煤气及供应业	4
房地产业	9	社会服务业	4
制造业	63	建筑业	2
综合类	5	信息技术业	5
传播与文化产业	2	批发零售贸易	13

2. 指标选择及处理

公司财务绩效指标评价方法主要有单一指标法和指标体系法。徐向艺（2011）在其研究中指出单一指标法在国外研究中一般采用托宾 Q（Lang，1989；Servaes，1991）。由于中国股票市场的分割性，国内研究中多采用替代法，选取某个单一财务指标来衡量，但是，由于指标间差异较大，所以单一指标法的研究结果差异较大。我们认为，单一指标法还存在一些弊端：首先，采用的财务指标比较单一，通常为净资产收益率或主营业务利润率等，而少量的指标无法对企业绩效进行全面有效的衡量；其次，这些单指标的研究方法要求对所选择的若干指标分别进行控制权转移前后的配对检验，或以控制权转移为哑变量进行回归分析，这样不同的指标可能会揭示不同的信息、

得出不同的结论，我们将无法对企业业绩进行总体评价。

鉴于单一指标法存在的缺陷，很多学者在研究中采用了指标体系法，徐向艺（2011）认为，指标体系法是通过选取一定的财务指标考察事件发生前后指标变化来评价事件的影响，研究角度较宽，可以包括对其他公司利益相关者的影响。在指标体系法的应用中，国外的研究经常采用的指标有经营收入销售比和经营收入资产市价比（Randall and Erik，2002）、税后成本节约现值和收入增加现值（Joel，Christopher and Michael，2001）、资产收益率和市场回报（John，1985）等。国内研究通常是选择多个指标构建指标体系，通过因子分析计算综合指标（冯根福和吴林江，2001；李善民等，2004；周晓苏和唐雪松，2006；徐向艺和王俊韡，2011）。本文的研究也采用了这种因子分析的方法，我们利用能够反映企业绩效的财务指标以及时间跨度更长的控制权转移样本，更为全面地分析国有控股控制权转移的效率情况。我们从盈利能力、资产管理能力、发展能力以及偿债能力四个方面选取了关键的 14 个财务指标，基本能够客观有效地反映企业的绩效状况。14 个指标变量的描述如表 3 所示：

表 3 变量描述

指标类型	指标名称	含义
盈利能力	总资产收益率 净资产收益率 现金流量比总资产 每股收益 主营业务利润率	ROA：净利润/平均资产总额 ROE：净利润×2/(本年期初净资产+本年期末净资产) CROA：第 t 年经营现金流量/第 t-1 年总资产市值 EPS：净利润/总股本 主营业务利润/主营业务收入
资产管理能力	总资产周转率 流动资产周转率 存货周转率	TAT：主营业务收入净值/平均资产总额 CAT：主营业务收入净值/平均流动资产总额 IT：主营业务成本/存货平均余额
发展能力	主营业务收入增长率 总资产增长率 净资产增长率	本期主营业务收入/上期主营业务收入-1 本期总资产/上期总资产-1 本期净资产/上期净资产-1
偿债能力	资产负债率 流动比率 速动比率	负债总额/资产总额 流动资产/流动负债 速动资产/流动负债

在进行因子分析前，需要对上述的 14 个指标进行进一步处理，具体包括以下三个方面：

（1）指标的正向化处理。上述 14 个指标中，除资产负债率、流动比率以及速动比率外，其他指标都属于正向指标。资产负债率、流动比率以及速动比率这三个指标属于适度指标，对此，我们正向化处理公式为 $x' = 1/(1 + |x-A|)$，其中，X 为原始数据，X' 为正向化后的数据，A 为 X 的理论最优值，这里流动比率的理论最优值取 2，速动比率为 1，而资产负债率为 50%。

（2）在录入控制权转移前一年至后三年间的样本公司的财务指标时，由于 1997 年没有关于经营性现金流净值的记录，因此，在计算现金流量比总资产指标（CROA）时，我们采用了 1998 年和 1999 年的平均值来代替。

（3）在研究控制权转移对企业绩效的影响时，考虑到行业差异对企业绩效产生的影响，我们采用了经过行业调整后的数据指标来消除行业因素的影响。具体调整方法是：首先算出在不同年度样本公司所属的行业中所有公司各财务指标的中位数水平，然后将样本公司各年度的财务指标变量减去行业对应的指标变量的中值，所得差值即为行业调整后的数据。关于行业的分类，我们参照了曾昭灶和李善民（2008）的分类方法，根据《上市公司行业分类指引》将行业划分为 13 大类，其中制造业 C 类，根据第一个阿拉伯数字继续进行细分，如 C1、C2 等，排除金融类后，共有 21 个行业划分，因样本中无采掘业、交通运输业公司，最终分为 19 个行业。

3. 研究方法

通过因子分析的方法，我们可以将众多指标通过降维最终压缩成一个或几个因子，但并不是所有的数据都适合做因子分析。因子分析的前提是众多指标间存在较强的相互联系，设想如果变量间相互独立，没有信息的重叠，也就不可能有公共因子。因此，在选择使用因子分析的方法之前，我们还要对因子分析的适用性进行检验。常用的检验方法为 KMO 适度测定值与 Bartlett 球形图检验，当 KMO>0.5 时表明可以使用因子分析且因子分析效果较好，同时，当 Bartlett 球形图检验值在统计意义上显著时，也表明存在公共因子，可以进行因子分析。

在分析过程中，我们将在 14 个指标中提取特征值大于或接近 1 且累计方差贡献率在 70% 以上的主成分为公共因子，将公共因子表示成 14 个指标变量的线性组合得到各因子得分。再以每个因子的方差贡献率占公共因子总方差贡献率的比重作为权重与相对应的因子得分相乘，最后将所得的乘积加总，构成最终综合得分函数。依次算出控制权转移前一年、当年、后一年、后两年以及后三年的综合得分情况，并对比控制权转移前后的综合得分的变化，对不同年度的综合得分的差值进行样本均值以及正值比率的比较，以此来判定控制权转移的效率。

4. 实证结果

（1）未经行业调整的指标数据。从表 4 可以看出，无论控制权转移前，还是转移后，其 KMO 测定值都大于 0.5，说明数据可以做因子分析，并且此时因子分析的效果较好。同时，Bartlett 球形检验值对应的 P 值为 sig=0.000<0.05，说明母群体的相关矩阵有公因子存在，可以进行因子分析。

表 4 KMO 适度测定值与 Bartlett 球形检验值

时间	KMO 测定值	Bartlett 球形检验值	Bartlett 球形检验 P 值
控制权转移前一年	0.605	625.177	0.000
控制权转移当年	0.625	561.691	0.000
控制权转移后一年	0.560	669.472	0.000
控制权转移后两年	0.562	691.073	0.000
控制权转移后三年	0.512	467.891	0.000

在提取因子时，我们采用特征根大于或接近 1 且累计方差贡献率在 70% 以上的主成分为公共因子，同时，为了更合理地对因子进行解释，本文对其进行了 Varimax 因子旋转。以并购后一年为例，我们提取 6 个公共因子，累计方差贡献率为 76%，可以认为这 6 个因子基本能反映原指标变量的大部分信息（见表 5）。

表 5 特征根及贡献率

主成分	特征根	方差贡献率	累计方差贡献率
1	3.190	17.141	17.141
2	1.903	15.387	32.528
3	1.826	14.102	46.630
4	1.546	12.769	59.399
5	1.232	9.554	68.954
6	1.004	7.478	76.432

表 6 旋转后的因子负荷矩阵

	主成分					
	1	2	3	4	5	6
每股收益	0.951	0.127	0.078	0.081	−0.008	0.012

续表

	主成分					
	1	2	3	4	5	6
净资产收益率	−0.510	0.014	0.048	0.044	0.528	−0.049
资产收益率	0.913	0.155	0.144	0.077	0.036	−0.024
主营业务利润率	0.100	−0.073	−0.246	−0.067	0.824	0.046
现金流比总资产	−0.035	−0.128	0.433	0.030	0.574	0.007
存货周转率	0.060	0.095	0.900	0.138	−0.088	0.029
流动资产周转率	0.112	0.044	0.916	−0.077	0.022	0.054
资产周转率	0.020	0.024	0.078	−0.011	0.022	0.982
净资产增长率	−0.058	0.793	0.147	0.016	0.065	0.001
总资产增长率	0.082	0.902	−0.024	0.123	−0.101	0.025
营业收入增长率	0.277	0.791	−0.024	0.005	−0.155	0.001
流动正向处理	0.532	−0.045	−0.062	0.612	0.010	0.109
速动正向处理	0.066	0.084	−0.017	0.795	0.004	0.118
债务正向处理	−0.031	0.065	0.123	0.849	−0.036	−0.219

　　由表 6 旋转后的因子负荷矩阵中可以看出，绝大多数原始指标变量仅在一个公共因子上有较大的载荷，由此可见，通过旋转，我们更容易对各因子做出解释。

　　如表 6 所示，原始指标变量每股收益、净资产收益率、资产收益率、主营业务利润率以及现金流比总资产在因子 1 及因子 5 上有较大负荷，可以将这两个因子理解为衡量盈利能力的因子。

　　净资产增长率、总资产增长率、主营业务收入增长率在因子 2 上有较大负荷，因此，因子 2 可以理解成发展能力因子。

　　流动资产周转率、资产周转率以及存货周转率在因子 3 及因子 6 上有较大负荷，它们主要衡量企业的资产管理能力。

　　流动比率、速动比率和债务资产比率在因子 4 上有较大负荷，因此，因子 4 可以看成是衡量企业偿债能力的因子。

　　最终以每个因子的方差贡献率占公共因子总方差贡献率的比重作为权重与各因子得分的乘积之和，构成各年度的最终综合得分函数，如下所示：

控制权转移前一年：$F_i^{-1} = 0.2293Y_{i1} + 0.2105Y_{i2} + 0.1922Y_{i3} + 0.1407Y_{i4} + 0.1157Y_{i5} + 0.1116Y_{i6}$

控制权转移当年：$F_i^0 = 0.2662Y_{i1} + 0.2149Y_{i2} + 0.1811Y_{i3} + 0.1191Y_{i4} + 0.1178Y_{i5} + 0.1003Y_{i6}$

控制权转移后一年：$F_i^1 = 0.2243Y_{i1} + 0.2013Y_{i2} + 0.1845Y_{i3} + 0.1671Y_{i4} + 0.125Y_{i5} + 0.0978Y_{i6}$

控制权转移后两年：$F_i^2 = 0.205Y_{i1} + 0.2018Y_{i2} + 0.1967Y_{i3} + 0.1671Y_{i4} + 0.1022Y_{i5} + 0.1021Y_{i6}$

控制权转移后三年：$F_i^3 = 0.2322Y_{i1} + 0.2034Y_{i2} + 0.1742Y_{i3} + 0.1322Y_{i4} + 0.1302Y_{i5} + 0.124Y_{i6}$

　　其中，Y_{ij} 为第 i 个公司第 j 个公共因子的得分，F_i 是第 i 个公司的综合得分。这样，算得样本公司各年度综合得分，根据控制权转移前后相应年份综合得分的差值对样本进行检验，检验结果如表 7 所示。

表 7　未经行业调整的综合得分差值的样本均值及正值比率检验

差值	F^0-F^{-1}	F^1-F^{-1}	F^2-F^{-1}	F^3-F^{-1}	F^1-F^0	F^2-F^1	F^3-F^2
均值	2.72E-3	−1.8E-3	−9.1E-4	−4.5E-4	−4.6E-3	1.82E-3	6.36E-4
正值比率	0.46 (0.505)	0.39 (0.028) *	0.44 (0.215)	0.45 (0.391)	0.38 (0.017) *	0.46 (0.505)	0.54 (0.505)

　　注：F^{-1}、F^0、F^1、F^2 及 F^3 分别表示控制权转移前一年、当年、后一年、后两年和后三年的样本公司综合得分，正值比率为综合得分差值为正值的样本所占总样本个数的比值。第三行括号内为 z 检验对应的 P 值，* 表示双侧检验在 5%水平下显著。

首先，从控制权转移前后的企业绩效对比来看（如图 1 所示），发生控制权转移的企业平均绩效在控制权转移当年有所提升，但在控制权转移后一年，平均业绩急速滑落，虽在之后的第二年、第三年有所回升，但仍未达到控制权转移前的水平。

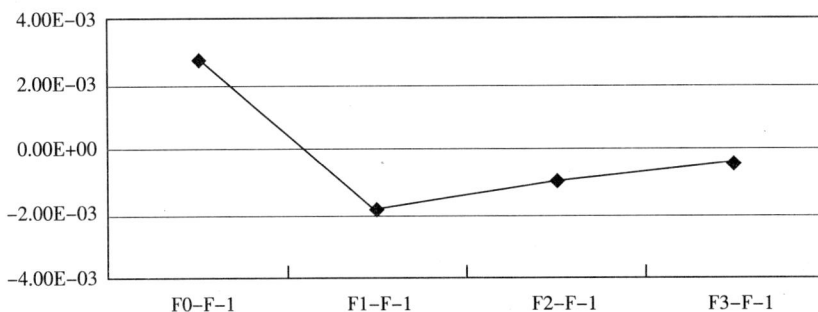

图 1　与控制权转移前一年的综合得分差值

从企业的逐年绩效变化来看（如图 2 所示），控制权转移当年企业绩效提升，随后第一年开始下降，第二年较上一年比业绩有所回升，这一趋势在控制权转移后的第三年得以保持。

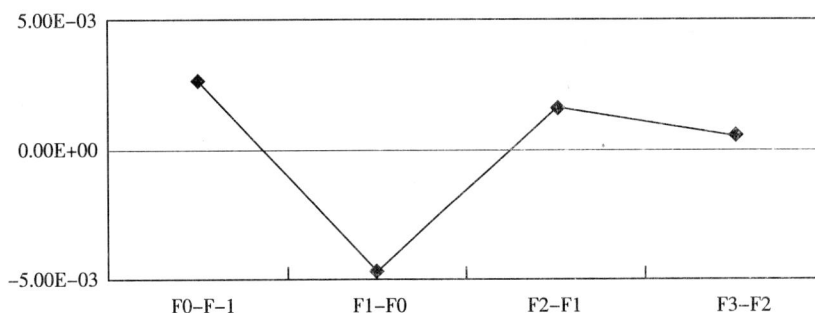

图 2　逐年综合得分差值比较

从正值比率来看（如图 3 所示），控制权转移当年与前一年相比，业绩上升的公司占总样本公司数量的 0.46，不足一半比例，而在控制权转移后一年，绩效上升的公司数量比例锐减至 0.39，且达到 5% 显著性水平的显著，虽然随后几年，正值比率都略有提升，但仍不及控制权转移当年业绩上升的公司数量。总体来说，控制权转移使得企业短期内业绩得到改善，长期来看这一改善并不明显。

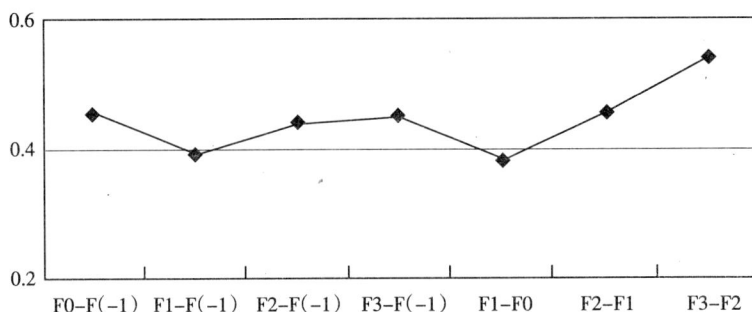

图 3　正值比率

当然，上述分析并没有考虑行业因素对企业绩效的影响，接下来，我们将采用经行业调整后的 14 个指标变量进行因子分析。

（2）经行业调整的指标数据。根据特征根大于 1 以及累计方差贡献率大于 70% 的原则提取公因子。各年度的最终综合得分函数如下：

控制权转移前一年：$F_i^{-1} = 0.2592Y_{i1} + 0.2298Y_{i2} + 0.1791Y_{i3} + 0.117Y_{i4} + 0.1089Y_{i5} + 0.1059Y_{i6}$

控制权转移当年：$F_i^0 = 0.2735Y_{i1} + 0.2180Y_{i2} + 0.1634Y_{i3} + 0.1221Y_{i4} + 0.1214Y_{i5} + 0.1015Y_{i6}$

控制权转移后一年：$F_i^1 = 0.2263Y_{i1} + 0.2082Y_{i2} + 0.1818Y_{i3} + 0.1501Y_{i4} + 0.1328Y_{i5} + 0.1010Y_{i6}$

控制权转移后两年：$F_i^2 = 0.2054Y_{i1} + 0.2037Y_{i2} + 0.2033Y_{i3} + 0.1908Y_{i4} + 0.1Y_{i5} + 0.0968Y_{i6}$

控制权转移后三年：$F_i^3 = 0.2416Y_{i1} + 0.1962Y_{i2} + 0.1832Y_{i3} + 0.1322Y_{i4} + 0.1254Y_{i5} + 0.1241Y_{i6}$

其中，Y_{ij} 为第 i 个公司第 j 个公共因子的得分，F_i 是第 i 个公司的综合得分。得到各年度样本公司的综合得分；同时，根据控制权转移前后相应年份综合得分的差值对本文全部样本进行检验，检验结果如表 8 所示。

表 8　综合得分差值的样本均值及正值比率检验

差值	$F^0 - F^{-1}$	$F^1 - F^{-1}$	$F^2 - F^{-1}$	$F^3 - F^{-1}$	$F^1 - F^0$	$F^2 - F^1$	$F^3 - F^2$
样本均值	0.00182	−0.00182	−0.0018	−0.0036	−0.0027	0.0004	−0.0009
正值比率*	0.45 (0.294)	0.40 (0.045)*	0.45 (0.294)	0.43 (0.152)	0.40 (0.045)*	0.49 (0.924)	0.45 (0.294)

注：F^{-1}、F^0、F^1、F^2 及 F^3 分别表示控制权转移前一年、当年、后一年、两年和三年的样本公司综合得分，正值比率为综合得分差值为正值的样本所占总样本个数的比值。* 行括号内为 z 检验对应的 P 值，* 分别表示双侧检验在 5% 水平下显著。

排除了行业因素对绩效的影响，我们从控制权转移前后和逐年的比较来看样本公司的绩效变化。从控制权转移前后的企业绩效来看（如图 4 所示），在短期内样本企业的平均绩效有所提升，但在控制权转移一年后开始滑落，这一趋势直至控制权转移后的第三年。

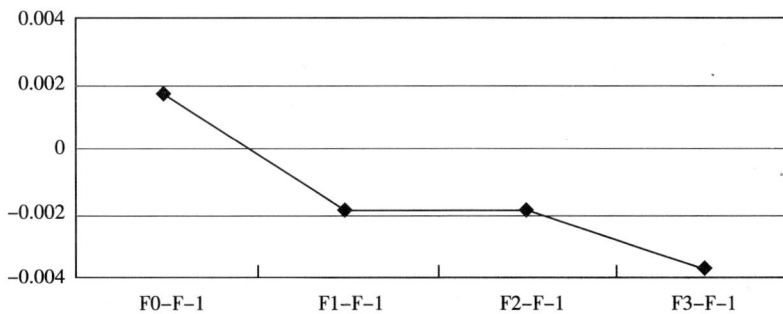

图 4　与控制权转移前一年的得分差值

从企业的逐年绩效变化来看（如图 5 所示），控制权转移当年企业绩效提升，在控制权转移后一年，业绩较上一年开始下降，在控制权转移后第二年有所回升，但控制权转移后的第三年又开始回落。

从各年综合得分差值的正值比率来看（如图 6 所示），控制权转移当年与前一年相比，业绩上升的公司占总样本公司数量的 0.45，而在控制权转移后一年，与转移前相比，绩效上升的公司比例锐减至 0.4。虽然之后两年正值比重有所提升，但仍没有达到控制权转移当年的比例。

综上，基于 1998~2008 年的发生国有控股控制权转移给民营部门的样本数据，通过采用财务

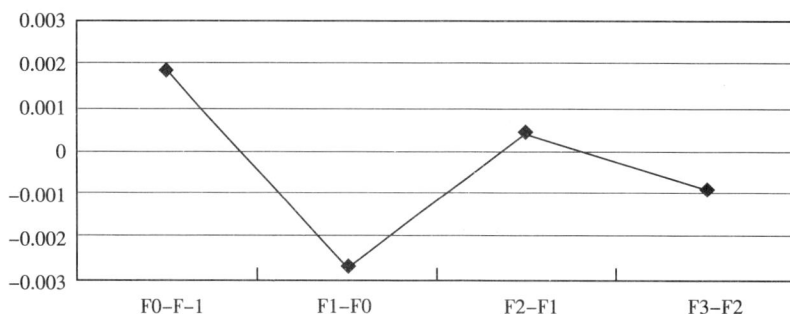

图5 逐年综合得分差值

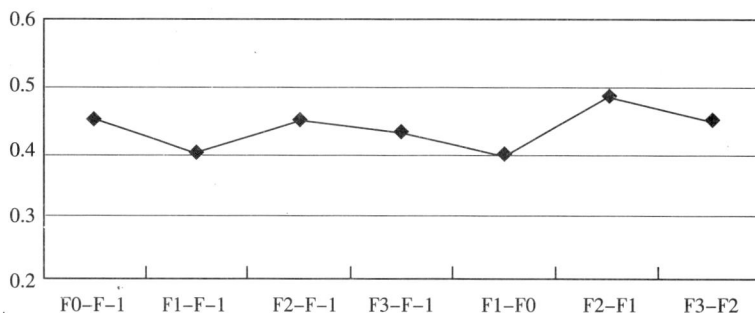

图6 正值比率

指标评估法中的因子分析的方法考察控制权转移前一年到后三年（1997~2011年）企业绩效的变化情况，我们可以看到，从控制权转移前后的企业绩效来看，在短期内样本企业的平均绩效有所提升，但在控制权转移一年后开始滑落，这一趋势一直延续至控制权转移后的第三年，企业的长期绩效并没有提升，本文提出的假设1被否定，而假设2则得到了验证。

四、结论及政策建议

1. 主要结论

（1）国有控股公司通过控制权转移而实现的民营化只在短期内改善了企业绩效，但并没有提升企业的长期绩效，从而说明了控制权转移的无效率。

（2）理性的买方只有当其预期控制权收益大于卖方的控制权收益时才会去购买企业控制权。因此，如果国有上市公司的控制权转移并没有带来企业绩效提升，那么民营企业接管国有股权动机就值得质疑。作为控制权的买方，民营机构或个人对国有控股上市公司控制权的兴趣并不在于获得企业长期绩效提升所带来的共享收益，而是在于其背后巨大的控制权私人收益。

2. 政策建议

关于国有经济民营化的发展方向，理论界经过长期的探索已经基本达成了共识。在实践中，中国的民营化已经被普遍视为一种有效的经济制度，可促进经济的发展，但本文通过对过去10年间国有控股上市公司控制权转移给民营部门的分析，发现了国有企业控制权转移的无效率。从控制权收益角度来看，我们认为，此时民营企业接管动机更多的是攫取控股股东的私人收益。我国在"十二五"规划建议中明确要求，要深化国有企业改革，推进国有经济战略性调整，加快大型的国有企业改革，鼓励和引导非公有制企业通过参股、控股、并购等多种形式参与国有企业改制重组。可见，国企改革进入深水区之后，未来的国有企业改革将以国有大企业为主，其对整个国民经济的影响尤为重大。因此，在未来的国有企业民营化过程中，我们必须对民营企业接管国有股权的动机和控制权私人收益问题予以高度关注，以确保国有企业改革的效率。

具体来说，政府首先应确保控制权市场的公开、公平与竞争性、减少内幕操作，使控制权市场这种作为公司治理的外部机制得以健康的发展。其次，司法部门应建立与完善相关公司法，明确禁止各种控股股东对中小股东利益的侵害。最后，监管部门应加强对上市公司信息披露的监管力度，对以关联交易，资金占用等手段来攫取私人收益的行为进行惩治。

本研究的局限性在于只是验证了国有控股公司控制权转移的无效率，并推断了控制权私人收益是民营企业对国有股权的接管动机之一，但对控制权私人收益的度量及其影响的实证检验尚待深入研究。

【参考文献】

［1］J. 弗雷德·威斯通、S. 郑光、苏现·E. 侯格：《兼并、重组与公司控制》，经济科学出版社，1999 年。

［2］陈昆玉、王跃堂：《国有控股上市公司控制权转移对经营绩效的影响——来自中国 A 股市场的经验证据》，《经济与管理研究》，2006 年第 9 期。

［3］陈信元、张田余：《资产重组的市场反应——1997 年沪市资产重组实证分析》，《经济研究》，1999 年第 9 期。

［4］豆中强：《我国上市公司的控制权私利行为及其经济后果研究》，重庆大学博士学位论文，2010 年。

［5］冯根福、吴林江：《我国上市公司并购绩效的实证研究》，《经济研究》，2001 年第 1 期。

［6］李善民、朱滔、陈玉罡等：《收购公司与目标公司配对组合绩效的实证分析》，《经济研究》，2004 年第 6 期。

［7］李善民、曾昭灶、王彩萍等：《上市公司并购绩效及其影响因素研究》，《世界经济》，2004 年第 9 期。

［8］王志诚、张翼：《大宗股权转让和公司控制》，《管理世界》，2004 年第 5 期。

［9］王娟、任安：《中国上市公司控制权转移绩效实证研究》，《系统工程》，2007 年第 11 期。

［10］王书林：《国有企业民营化、控制权转移与私人收益》，辽宁大学博士学位论文，2011年。

［11］徐莉萍、陈工孟、辛宇：《控制权转移、产权改革及公司经营绩效之改进》，《管理世界》，2005 年第 3 期。

［12］徐向艺、王俊韡：《控制权转移、股权结构与目标公司绩效——来自深、沪上市公司 2001~2009 的经验数据》，《中国工业经济》，2011 年第 8 期。

［13］杨记军、逯东、杨丹：《国有企业的政府控制权转让研究》，《经济研究》，2010 年第 2 期。

［14］余菁：《美国公司治理：公司控制权转移的历史分析》，《中国工业经济》，2009 年第 10 期。

［15］张新：《并购重组是否创造价值?——中国证券市场的理论与实证研究》，《经济研究》，2003 年第 6 期。

［16］曾昭灶、李善民：《国有控股上市公司控制权转移对经营绩效和代理成本的影响》，《技术经济》，2008 年第 5 期。

［17］朱宝宪、王怡凯：《1998 年中国上市公司并购实践的效应分析》，《经济研究》，2002年第 11 期。

［18］曾昭灶、李善民：《国有控股上市公司控制权转移对经营绩效和代理成本的影响》，《技术经济》，2008 年第 5 期。

［19］周晓苏、唐雪松：《控制权转移与企业业绩》，《南开管理评论》，2006 年第 9 卷第 4 期。

［20］Agrawal, A. & Jaffe, J. F. & Mandelker, G. N. The Post-merger Performance of Acquiring Firms: A Re-examination of an Anomaly ［J］. Journal of Finance, American Finance Association, 1992, 47（4）.

［21］Barber, B. M. & Lyon, J. D. Detecting Long-run Abnormal Stock Returns: The Empirical Power and Specification of Test Statistics ［J］. Journal of Financial Economics, 1997, 43（3）.

［22］Barclay, M. J. and Holderness, C. G. Private Benefits from Control of Public Corporations ［J］. Journal of Financial Economics, 1989: 25.

［23］Bradley, M., Desai, A. & Kim, E. H. Specialized Resources and Competition in the Market for Corporate Control. Working Paper. University of Michigan, Ann Arbor, MI, 1982.

［24］Classens, S., Djankov, S.& Lang, Larry H. P. et al. Disentangling the Incentive and Entrenchment Effects of Large Shareholdings ［J］. Journal of Finance, 2002: 57.

［25］Cornelli, F. & Li, David D. Large Shareholders, Private Benefits of Control, and Optimal Schemes of Privatization ［J］. The RAND Journal of Economics, 1997, 28 (4).

［26］Demsetz, H. & Lehn, K. The Structure of Corporate Ownership: Cause and Consequences ［J］. Journal of Political Economy, 1985, 93 (6).

［27］Grossman, S.& Hart, O. Takeover bids, the free－rider Problem, and the Theory of the Corporation ［J］. Bell Journal of Economics, 1980, 11 (1).

［28］Grossman S&Hart, O. One Share? One Vote and the Market for Corporate Control ［J］. Journal of Financial Economics, 1988, 20 (1/2).

［29］Shleifer A&Vishny R. Large Shareholders and Corporate Control ［J］. Journal of Political Economy, 1986, 94 (3).

［30］Johnson, S., La Porta, R., Lopez－de－Silanes, F. & Shleifer, A. Tunneling ［J］. American Economic Review, American Economic Association, 2000, 90 (2).

［31］Healy, P. M., Palepu, K. G., & Ruback, R. S. Does Corporate Performance Improve after Mergers? ［J］. Journal of Financial Economics, 1992: 31.

［32］Jensen, M. C. & Ruback, R. S. The Market for Corporate Control: The Scientific Evidence ［J］. Journal of Financial Economics, 1983, 11 (4).

［33］La Porta, R., Lopez－de－Salines, F. & Shleifer, A. Investor Protection and Corporate Governance ［J］. Journal of Financial Economics, 2000: 59.

［34］Magenheim, E. & Mueller, D. C. On Measuring the Effect of Mergers on Acquiring Firm Shareholders ［A］. In J. Coffee, L. Loisenstein, & S. Rose－Ackerman (Eds.), Knights, Raider and Targets: The Impact of the Hostile Takeover (C). New York: Oxford University Press, 1988.

［35］Mueller, D. C. The Determinants and Effects of Mergers ［M］. Cambridge, Mass.: Oelgerschlager, Gunn and Hain, 1980.

［36］Langtieg, T.C. An Application of A Three－Factor Performance Index to Measure Stockholder Gains from Merger ［J］. Journal of Finaneial Economics, 1978, 6 (4).

［37］Roll, R. The Hubris Hypothesis of Corporate Takeovers ［J］. The Journal of Business, 1986, 59 (2).

［38］Schwert, G. W. Markup Pricing in Mergers and Acquisitions ［J］. Journal of Financial Economics, Elsevier, 1996, 41 (2).

［39］Shleifer A&Vishny R. A Survey of Corporate Governance ［J］. Journal of Finance, 1997, 52 (2).

（作者：霍春辉，辽宁大学商学院；王书林，辽宁大学国际商学院）

利益相关者与国有企业 MBO 行为

——以河南省漯河市双汇实业集团有限公司 MBO 为例

国有企业 MBO 曾承载着国有企业改制、国退民进战略、管理人员激励等制度使命。但是，由于实践操作过程不规范、信息不透明、财富转移、国有资产流失等问题，2003 年财政部等下达《国有企业改革有关问题的复函》明确规定："在相关法规制度未完善之前，对采取管理层收购（包括上市公司和非上市公司）的行为予以暂停受理和审批"；2005 年《企业国有产权向管理层转让暂行规定》则直接叫停国有大型及国有控股企业的国有股份向管理层转让。[①] 尽管受到政策限制，国有企业的 MBO 冲动仍无法抑制，各种"曲线"、"隐性" MBO 被创造性地运用于绕开政策瓶颈。河南省漯河市双汇实业集团有限公司（以下简称双汇）MBO 就是较有影响力的典型案例。2010 年 11 月 29 日，停牌达 8 个月之久的双汇发展（SZ000895）宣布资产重组预案出台，公司股票复牌并连续 6 个交易日涨停，最高时股价达到 96.44 元。在重组安排中，备受关注的议题就是"长期潜伏"的 MBO 走向台前。双汇 MBO 借助外资及独特的曲线持股安排凸显国有资本产权交易重组的哪些问题？

理论上 MBO 包括了收购主体、融资来源与支付方式、估值与定价、信息披露等一系列议题。现有文献表明 MBO 具有优化公司股权结构、通过所有权与经营权的融合激励管理层、降低代理成本、提高公司运营绩效等效果（Jensen, 1986；Kaplan, 1989b）。也有学者认为，MBO 对企业绩效改进并不十分乐观，可能是由减税和财富转移效应等因素引起（Lowenstein, 1985；Kaplan, 1989a）。国内文献这种"财富转移观"占主导，更有甚者认为 MBO 在中国只是吞噬国有资产、转移财富的工具（郎咸平，2006）。我们关注的是在限制或"叫停"的制度背景下，MBO 案例是否依然存在财富转移问题？如果存在又是如何转移的呢？结合双汇 MBO 是否能给现行研究文献和 MBO 理论以新的贡献与启示？双汇 MBO 的独特之处在于其借助外资成为管理层突破国有股权直接转让限制的关键，以及基金等境内机构投资者通过集体行使投票权阻碍管理层的利益输送与财富转移行为。双汇案例给 MBO 进程中不同股东之间的制衡和公司治理纷争这一理论问题提供了新的研究素材。这种股东间的治理纷争是否可通过一些外部监督手段来加以制衡？案例研究发现，双汇 MBO 过程中"挤牙膏"式的信息披露方式饱受争议；为了配合 MBO，高派现和关联交易等转移利益、加速回收投资的行为的确存在，但资本市场对于 MBO 消息给予了积极的回应。本文的研究结果表明，MBO 市场饱受诟病的种种问题依然存在：信息披露不规范、收购过程近似"黑箱操作"、法律监管不力、内部人控制与财富转移等代理问题进一步加剧。双汇 MBO 的成功实施充分体现了监管制度的失灵，MBO 市场（尤其是曲线、隐性 MBO）亟须通过制度的到位与创新予以规范。

---

① 根据 2005 年 4 月颁布《企业国有产权向管理层转让暂行规定》第 3 条：国有资产监督管理机构已经建立或政府已经明确国有资产保值增值行为主体和责任主体的地区或部门，可以探索中小型国有及国有控股企业国有产权向管理层转让（法律、法规和部门规章另有规定的除外）。

一、文献述评

（一）MBO 概念的界定

MBO（Management Buy—Outs，管理层收购）是指公司管理层利用借贷融资或股权交易收购本公司发行在外的全部股本，并终止公司上市地位（going private）的行为。西方的概念强调 MBO 本身就是排斥股权多元化的，并辅以公司下市安排。但中国现有的 MBO 并非如此，中国情景下的MBO 并不以公司下市为目的，而是管理层（包括一些员工）会成为公司的第一大股东，并同时实际控制着公司的经营（益智，2003）。因此，本文把中国特色的 MBO 界定为收购者为公司的管理层、内部员工或由其组建的法人实体，收购较大比例的公司股权或其控股公司的股权，意在获取公司控制权或成为公司实际控制人的资本运营活动。

（二）MBO 理论研究的主要议题

从现有文献看，中西方学者对于 MBO 的研究角度存在较大差异。西方的 MBO 理论着重于MBO 的动因、目标公司的条件或特征、给股东带来的财富效应（DeAngelo，DeAngelo and Rice，1984）和 MBO 完成后会计业绩及公司价值的变化（Kaplan，1989）等方面。由于法律制度、所有权结构、股票发审制度、融资、税收等环境差异，中国的 MBO 与西方存在很大差异。中国和西方的 MBO 只是名词相同，形式相似，本质基本没有相同之处（郎咸平，2006）。这些差异主要体现在：第一，国内 MBO 收购对象主要为政府持有的国有股份。国有控股上市公司实施 MBO 本质是公司非国有化过程。一般而言，上市公司的其他股东难以通过将所持股份出售给管理层获取额外收益。第二，西方公司 MBO 意味着下市，国内公司 MBO 后，依然保持上市身份，管理层可能只是相对控股，成为上市公司或者上市公司母公司的实际控制人。这就使得公司 MBO 过程中和MBO 以后，管理层与公司其他股东的利益纷争、关联方交易、财富转移、信息不透明等成为中国上市公司 MBO 的特有现象。第三，西方 MBO 让代理人（管理者）直接参与经营决策与经营管理全过程，分享全部收益和所有风险，有利于减少代理成本和提升企业价值。但在中国现有的 MBO中，管理层只是控股股东，依然无法按照全体股东尤其是中小股东的利益行事，代理成本不一定能降低，反而可能凸显内部人"一人独大"的问题，在内部人控制下出现管理层寻求控制权回报的机会主义行为。鉴于中西方的 MBO 制度和实践情景的巨大差别，国内的 MBO 研究视角亦有所不同——主要关注 MBO 实施条件、实施过程本身（重点）及其经济后果。

1. MBO 的实施条件

根据现有的文献，公认的 MBO 实施条件或 MBO 公司的特征有：传统行业领头企业，隐性资产价值较大，较大的管理效率提升潜力，高层领导人任职时间长、贡献大、威望高，受到政府的认可和支持等（毛道维、蔡雷、任佩瑜，2003）。

2. MBO 的实施过程

（1）MBO 的运作模式。在国内已有的 MBO 案例中，管理层的收购对象基本都是非公众流通股，尤其是国有股，采用协议收购的方式，避免从二级市场购买。尤其是股权分置改革前，上市公司流通股与非流通股之间的巨大价差成为 MBO 的主要推动力量，甚至成为最终决定力量；而且非流通股的价格更依赖于账面净资产计量，MBO 中交易价格基本上是采用政府和管理层协议转让的方式，以每股净资产作为基准参考价，在此基础上调整比例，操纵空间很大（刘燕，2008；朱红军、陈继云、喻立勇，2006）。另外，收购过程中一般都没有引入有管理层以外的收购主体公开参与的竞价与拍卖机制。所以"中国上市公司 MBO 并非是管理层看好整个公司未来前景而采取的承担风险的经营性收购行为，而是针对上市公司部分存量资产的一种寻租性收购行为"（益智，2003）。

MBO 的运作模式大致可以分为直接收购和间接收购。直接收购指针对上市公司股权的收购完成 MBO。这种直接收购会引发"做亏模式"，典型案例是"中关村"，为了达到将企业做亏后再卖之目的，经营者处心积虑，采取措施逼大股东就范（杨咸月、何光辉，2006）。"做亏模式"不仅包括将企业真的做亏，还包括在行业平均向好的情况下公司资产增长却多年停滞不前的情况。背后的原因很可能是管理层将收购前的利润转移隐藏，使资源积累、盈利能力积聚处于较低的水平，以压低收购价格，达到财富转移的目的，这已经得到实证结果的验证（刘燕，2008）。

因直接收购上市公司非常敏感，尤其在涉及国有股权转让时变更实际控股人时须报审，审批程序复杂严格，通过率低，间接收购应运而生，在政府管制逐渐收紧乃至明令禁止的背景下，其比重逐渐增加。有学者总结了上市公司隐性 MBO 的四大类型：收购母公司间接控制型，收购子公司迂回实现型，拍卖、托管等快捷变通型，地下隐蔽型（何光辉、杨咸月，2004）。这些间接收购可以简化流程，规避有关法律监管和信息披露义务，容易通过。例如，宇通客车 MBO 的案例就采取了拍卖的间接方式，巧妙地避开了财政部和证监会有关国有股权的审批（朱红军等，2006）。

（2）收购资金来源。MBO 涉及标的金额往往远大于管理层个人和收购平台的资金能力，现有的可供管理层收购使用的合法融资渠道太少，收购资金来源就成了管理层讳莫如深的话题，很少有公司在公告中披露 MBO 的资金来源。学者推测资金的可能来源有管理层自筹、股权质押贷款、现金分红、关联交易等，其公正性和合规性受到一致质疑（益智，2003；毛道维等，2003；刘燕，2008；何光辉等，2003）。

（3）收购价格。收购标的资产的定价是 MBO 各种问题的焦点。实证结果表明上市公司管理层获得的事前控制权越大，操纵上市公司资源的余地也越大，越有利于其获得更大比例的价格折扣（刘燕，2008）。管理层同时作为买卖双方的代理人，会导致对少数股东的不公正待遇（DeAngelo，DeAngelo & Riee，1984）。在中国，以净资产作为定价基础使得这种"不公正"愈加严重，因为上市公司管理层除了可以通过盈余管理产生有利于自己的成交价格之外，还能绕开市场竞争、形成"合谋"，透明度低，再考虑到每股净资产本来就不能代表国有股和法人股的真实价值（刘燕，2008；朱红军等，2006；益智，2003；高伟凯、王荣，2005），所以有学者提出 MBO 的障碍不是质疑经济上的合理性，而是质疑其程序上的公正性，其中"收购价过低"和"收购资金来源"问题是质疑国有存量资产改革中"分配的公正性"（毛道维等，2003）。

（4）信息披露。MBO 最大的制度风险是内部人交易问题，解决该问题首先要规范信息披露（高伟凯等，2005）。MBO 涉及上市公司实际控制权的变化，属于重大事项，应对其各个环节予以及时完整的披露。中国上市公司对 MBO 一般程序的披露尚可，但对资金来源、定价标准等问题基本不予解释，关键环节都带有"黑箱操作"的色彩（益智，2003），甚至有的公司以变相的方式完成 MBO，而并没有将事件的详情做出充分披露（刘燕，2008）。

（5）地方政府的角色。地方政府在一批国有上市公司中兼任着"政府管理者"和"国有股东"的双重角色，但其往往表现出更"股东"即经济求利而非更"政府"偏重社会公平、追求制度完善的特征。王红领、李稻葵和雷鼎鸣（2001）建立模型验证了政府放弃国有企业并不是为了增加企业的效率，而是为了增加政府的财政收入，或者说是为了减轻因补贴亏损国有企业而造成的财政负担。这在一定程度上解释了"做亏模式" MBO 实施者和地方政府的"心思与底线"。朱红军等（2006）专门从中央政府、地方政府和国有企业利益分歧和管制失效的角度研究了宇通客车管理层收购的案例，该案例中地方政府迫于管理层转移利益甚至搬离其辖区的要挟，不得已与管理层合作避开审批成功实现 MBO。在洞庭水殖捆绑上市和 MBO 的案例中，研究者认为，作为大股东的地方政府听任第二大股东通过占用资金和关联交易侵害上市公司特别是外部其他股东利益，而自身目标函数则通过股权转让（即 MBO）得到满足（曾庆生，2004）。

根据现行国有资产处置收益权划分制度，地方国有企业的处置收益划归地方政府；中央政府（如国资委、财政部）负责监管、审批中央企业的国有资产处置。分析现有 MBO 案例，我们没有发现中央企业或央企控股上市公司的 MBO 案例。地方政府则从增加地方财政收入等自身利益出发，多表现出支持或放松性管制策略（朱红军等，2006；刘燕，2008）。我们相信国有公司 MBO 中"做亏模式"、"财富转移"、"资产定价不公允"、"信息不对称"等一定与地方政府的"默许"或失职密切相关。因此，在国企 MBO 进程中，如何使地方政府（国有股权代表）在国有企业治理中在"政府"角色和"股东"角色之间找到应有的平衡尚属理论盲点。

3. MBO 的经济后果

MBO 经济后果研究的切入点主要是公司绩效或会计业绩的变化、流通股东的财富效应和上市公司的行为变化（现金分红、关联交易等）3 个角度。在西方 MBO 中，由于管理层需要向社会公众股东溢价收购本公司发行在外的股票，资本市场公众股东财富得以增加（DeAngelo 等，1984）；同时，在实现经营者与所有者统一之后，长期激励机制得以建立，代理成本大大降低，企业价值增加（Kaplan，1989）。但中国背景下 MBO 不满足这两个条件，其研究发现经济后果也有所不同，益智（2003）采用每股收益、净资产收益率和总资产收益率作为衡量指标，发现 MBO 发生当年及前一年，公司绩效的各项指标均有可观升幅，但 MBO 后一年却大幅下挫；对于流通股东，MBO 并没有给流通股东带来财富效应。刘燕（2008）发现，MBO 首次公告前一个月有显著正的财富效应，而临近 MBO 首次宣告日和日后市场没有正的财富效应；管理层收购对上市公司的财务绩效也没有提高。黄荣东（2007）对 MBO 前后公司经营效绩差异的实证分析结果发现，MBO 后资产运用效率未有显著改善，盈利能力显著下降，研发和创新能力也没有明显改善。相似的研究发现也存在于其他研究之中（杨咸月等，2006；李智娟等，2006）。透过双汇 MBO 有关财务数据对比分析，发现存在高分红、关联交易利益输送等行为（王欢、汤谷良，2012）。

MBO 实施前后上市公司行为的变化，尤其是高额现金分红和关联交易等行为引人注目。高分红普遍存在于众多 MBO 案例中，MBO 所需巨额资金给管理层带来巨大的还本付息压力，使其产生从高现金分红中获取资金、回收投资的动机。而通过关联交易等手段进一步攫取包括地方政府在内全体股东的利益也是管理层实施财富转移，寻求控制权回报的典型行为（朱红军等，2006；毛道维等，2003；曾庆生，2004）。

二、MBO 研究的框架、方法及数据来源

（一）理论框架

国内现有的 MBO 研究主要从 MBO 的实施条件、MBO 实施过程本身和 MBO 的经济后果等角度进行 MBO 的理论探索。由于中国特色 MBO 的特殊性，MBO 的实施过程是研究者们关注的焦点，如图 1 所示。

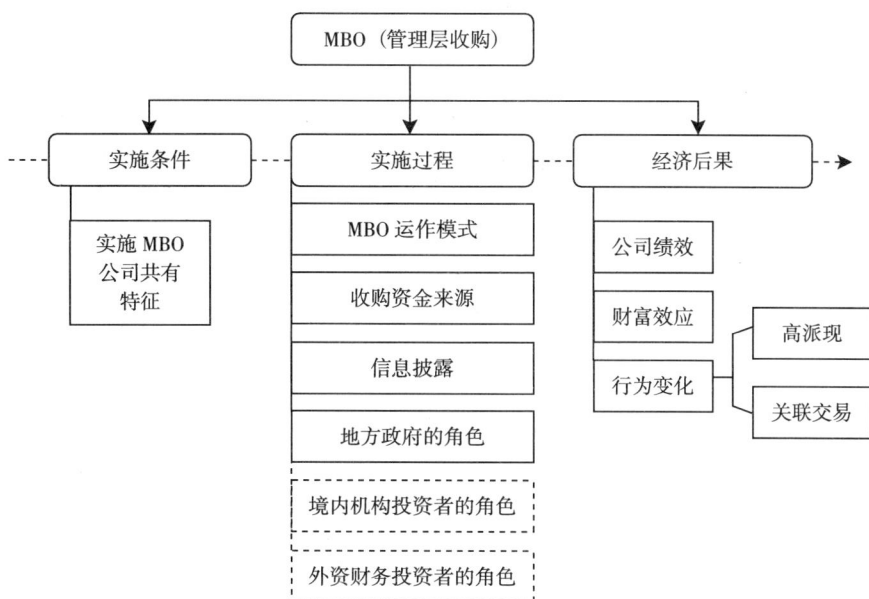

图 1 MBO 研究理论框架

在图 1 中，MBO 中境内机构投资者和外资财务投资者的角色是本文讨论的重点。本文所指境内机构投资者是以基金为代表的"外部"公众流通股投资者。社会公众投资者常常"处于大股东和内部控制人肆意剥削的境地之中"（朱红军等，2006），对信息的获取和公司决策的影响都明显处于弱势地位。囿于案例实践限制，以往文献中未能关注 MBO 过程中境内外机构投资者所能发挥的作用及其相应的制度安排。陈文瀚（2007）认为上市公司引入外资的动机有以下几种：①继续完善公司治理结构；②增加融资渠道，促进产业升级；③促进公司市场化、国际化发展。但这些结论无法与双汇引资完成 MBO 相匹配。通过 MBO 案例分析外资投行在国企重组中扮演的新角色及其经济后果是本文研究的主要内容。

国内的 MBO 实践多集中于 1999~2003 年，这些年 MBO 实践中出现的新情形应当并且可以充实现有的理论体系。社会公众投资者包括境内机构投资者在以往的 MBO 案例中对于抵抗管理层的信息不透明和财富转移等行为往往力不从心，他们的作用也基本没有出现在 MBO 研究的视野之内。但此次双汇 MBO，以基金为主的境内机构投资者通过联合起来表达反对意见而迫使管理层做出让步，最终选择了相对而言利于公众投资者的资产重组方案，这种股东之间的博弈与制衡丰富了 MBO 研究的治理内涵，为今后深化 MBO 的监督提供了新的启发和思路。同时，外资财务投资者在双汇 MBO 中扮演了"桥梁"的角色，既为管理层规避政策限制提供了帮助，又从中获取了巨额的财务收益，反映出在日益开放的资本市场中，外资对 MBO 市场参与度的提高，但如何看待境外财务投资者的作用，这种外资嵌入是否需要特殊的监管制度？由此归纳的双汇 MBO 的路径选择与理论特征如图 2 所示。

（二）研究方法和数据来源

本文采用单案例研究方法。本文的研究目的是从双汇 MBO 的路径选择中验证既有 MBO 理论的适用性，并从新经验中探索丰富、提升现有理论体系。关于资料获取：①案例资料数据来源主要依赖于 1998~2012 年对双汇发展年报和公告的收集与整理。②我们通过对双汇管理层及相关双汇项目知情人士面对面和电话沟通，本文的关键数据资料和内容已经其确认。③我们长期收集关于本案例的媒体报道，尤其是 2007 年 2 月 13 日《上海证券报》，《外资收购双汇后有打算》；2010

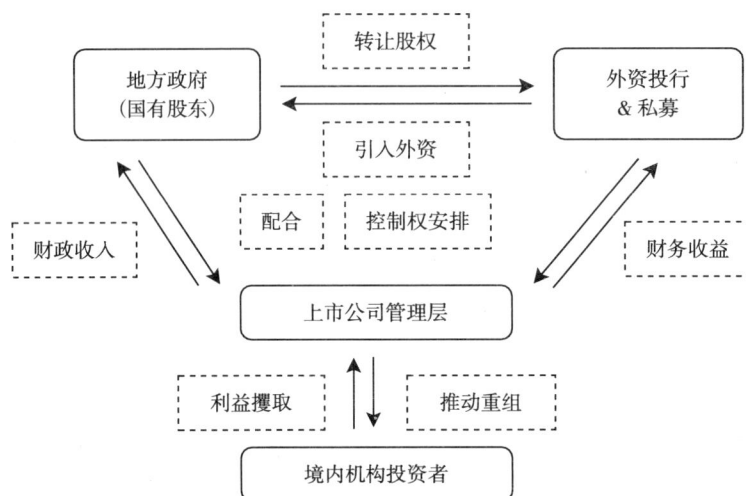

图 2 双汇 MBO 的路径选择

年3 月 19 日《21 世纪经济报道》，《一场远未落幕的改制双汇》；2010 年 7 月 10 日《经济观察报》，《双汇发展重组搁浅，公司管理层漫天要价激怒基金》；2010 年 11 月 11 日 《中国经营报》，《双汇MBO 七年成正果》；2011 年 12 月 26 日《中国经营报》，《揭幕双汇控制权变更迷局》等。基于本文采用多渠道收集资料，构造了完整、可靠的资料证据链，并符合 Yin 的证据能够相互印证的要求，能够确保研究的信度，增强研究结论的说服力。

三、双汇的 MBO 行为

（一）双汇集团与双汇发展的基本情况

河南省漯河市双汇实业集团有限公司曾是是以肉类加工为主的大型食品集团，是中国最大的肉类加工基地，目前总资产达 200 亿元，员工 6 万多人，年肉类总产量 300 万吨。总部位于河南省漯河市，漯河市国资委持有其 100%股权。双汇集团董事长为万隆，其同时担任上市公司双汇发展及集团旗下 20 多家子公司和关联公司的董事职位。

双汇集团在 20 世纪 80 年代中期企业年销售收入不足 1000 万元，1990 年突破 1 亿元，2003年突破 100 亿元，2010 年突破 500 亿元，2011 年达到 503 亿元。在中国企业 500 强排序中 2008 年第170 位、2009 年第 177 位、2010 年第 160 位、2011 年第 166 位、2012 年第 200 位；在河南企业100 强排序中 2008 年第 5 位、2009 年第 5 位、2010 年第 4 位、2011 年第 3 位、2012 年第 4 位。

2006 年 3 月 3 日，漯河市国资委将持有的双汇集团全部股权在北京产权交易所挂牌转让。高盛策略投资（Goldman Sachs Strategic Investment，以下简称高盛）和鼎晖国际投资（CDH Shine Limited，以下简称鼎晖）组建的财团罗特克斯有限公司 （Rotary Vortex Limited，以下简称罗特克斯），以 20.1 亿元人民币中标，成为双汇集团的 100%控股股东。

1998 年 10 月，双汇集团发起成立河南双汇股份公司，并于同年 12 月在深圳证券交易所上市交易。后更名双汇发展，交易代码 SZ000895。根据双汇发展 2008 年年报，双汇集团持有双汇发展30.27%的股权，罗特克斯持有 21.18%，其余 48.55%则由社会公众股东持有，如图 3 所示。在前10 大股东中，以基金为主的机构投资者占据 8 席。

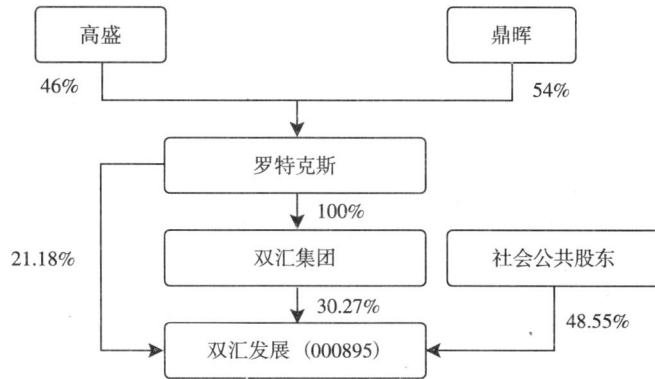

图 3 双汇发展股权结构示意图

表 1 双汇发展前 10 名股东持股情况——根据 2010 年报

股东名称	股东性质	持股总数	持股比例（%）
河南省漯河市双汇实业集团有限责任公司	境内法人	183416250	30.27
罗特克斯有限公司	境外法人	128393708	21.19
兴业趋势投资混合型证券投资基金	其他	14468175	2.39
诺安股票证券投资基金	其他	9957038	1.64
兴业全球视野股票型证券投资基金	其他	7268305	1.20
易方达价值成长混合型证券投资基金	其他	7100000	1.17
博时主题行业股票证券投资基金	其他	6801100	1.12
上投摩根中国优势证券投资基金	其他	6800000	1.12
信达投资有限公司	其他	6675510	1.10
全国社保基金一零二组合	其他	6200000	1.02
合计		377080086	62.22

（二）双汇 MBO 历程

随着高盛减持双汇股权等消息从 2009 年年底开始见诸报端，双汇管理层通过接手高盛所持有的双汇集团股权进行曲线 MBO 的做法已初见端倪。双汇发展在澄清公告中宣称公司没有施行"管理层股权激励计划"，但是，回顾 2002 年以来双汇管理层所做的种种努力，曲线 MBO 的猜测并非空穴来风。2009 年底，迫于舆论压力，双汇发布公告承认其管理层已通过在英属维尔京群岛（BVI）设立的 Rice Grand（以下称兴泰集团）的全资子公司 Heroic Zone（以下称雄域公司）间接持股双汇集团。直到 2010 年 11 月 29 日，在停牌 8 个月之久后，随着重组预案的公布，双汇 MBO 终于明朗化，兴泰集团即将成为上市公司实际控制人。

此次双汇 MBO 的平台为管理层设立于 BVI 的兴泰集团。兴泰集团由双汇集团及其关联企业（包括上市公司）的员工 263 人（其中上市公司 101 人）设立，通过全资子公司雄域持有双汇国际从而持有双汇集团 31.82% 的股份。

实际上从 2002 年以来，双汇管理层就未停止过实施管理层激励计划的步伐。海汇投资通过关联交易的方法从上市公司掘金，海宇投资则直接采用资本途径——低价受让上市公司股权。遭遇政策红线而失败后，管理层并没有就此放弃，而是采用借助外资的曲线战略：第一步引入外资高盛和鼎晖收购双汇集团全部股权并接手海汇投资所持双汇发展股权；第二步管理层通过在 BVI 设立的兴泰集团的全资子公司雄域公司从高盛一方接手 Shine C（双汇国际）股权，从而控制双汇集团 31.82%的股权；第三步，借助资产重组的"一揽子"预案，通过投票权安排，① 成为双汇集团及双汇发展的实际控制人，将 MBO 明朗化，预案在 2010 年第三次临时股东大会上通过。图 4 为根据 2010 年 11 月 29 日发布的《董事会关于本公司实际控制人变动事宜致全体股东的报告书》和 12 月 28 日发布的《2010 年第三次临时股东大会决议公告》整理的股权结构示意图。

表 2　双汇发展管理层的 8 年 MBO 历程

时间	事件
1998 年 10 月	双汇发展于深圳证券交易所上市
2002 年 6 月	万隆等 12 名双汇管理层及其他自然人出资设立漯河海汇有限责任公司（以下简称海汇投资）。海汇投资先后参控股 18 家企业。围绕肉制品加工行业生产流通、渠道流通的多个环节，与双汇集团和双汇发展发生关联交易
2003 年 6 月 11 日	双汇发展时任董事长贺圣华等 5 名高管和其他 11 名自然人发起成立漯河海宇投资有限公司（以下简称海宇投资）
2003 年 6 月 13 日	海宇投资与双汇集团签订《股权转让协议》，以每股 4.14 元的价格受让双汇发展 25%的股份。当日双汇发展收盘价 13.48 元，净资产 4.49 元。因国资部门提出国有股权转让底线不应低于净资产，经过商量将价格提到 4.7 元/股
2005 年初	因未及时披露关联交易，河南证监局责令整改，海汇投资旗下多家企业股权被迫转让
2005 年 12 月 31 日	证监会正式发布《上市公司股权激励管理办法》试行稿，其中规定股权激励计划所涉及的标的股票总数不得超过公司股本总额的 10%。而贺圣华等高管实际持有海宇投资 55.6%股权，间接持有双汇发展 139%的股权，遇到政策红线，MBO 努力失败
2006 年 7 月	高盛和鼎晖以 20.1 亿元收购双汇集团，同时以 5.62 亿元收购海宇投资所持 25%的股权
2007 年 6 月 13El	罗特克斯收购双汇集团和双汇股权的转让手续全部办理完毕
2007 年 10 月 （2009 年 12 月才公告披露）	高盛和鼎晖进行了内部重组。通过 Shine B、Shine C（即双汇国际）间接持有罗特克斯股权；以万隆为首的双汇管理层在 BV 设立兴泰集团，并通过其全资子公司雄域公司持有 Shine C 股权
2009 年上半年	双汇发展在公众股东并不知情的情况下，放弃了 10 家公司少数股权的优先认购权，并将之转让罗特克斯
2009 年 12 月 14 日	双汇发展发布澄清公告，就高盛鼎晖在境外进行内部重组的情况予以披露
2009 年 12 月 31 日	双汇发展再次发布澄清公告，就管理层间接持股双汇集团情况予以披露
2010 年 3 月 3 日	2010 年第一次临时股东大会，公众股东以高票否决上述少数股权转让议案
2010 年 3 月 23 日	深交所下发关注函，要求公司尽快拟定整改方案，公司股票停牌
20L0 年 6 月 29 日	双汇发展 2009 年度股东大会，《关于日常关联交易的议案》再次被公众股东悉数否决
2010 年 11 月 29 日	双汇发展历经 8 个月连续发布 32 个《重大事项进展暨停牌公告》后，重组方案终于在 29 日凌晨公告，双汇集团和罗特克斯将主业相关资产注入上市公司实现肉制品业务整体上市并解决关联交易问题，双汇将以 50.94 元股价向二者定向增发 6.32 亿股作为对价；通过投票权安排，兴泰集团成为双汇的实际控制人，已触发全面收购要约义务（实际控股超过 75%）；公司股票当日复牌

---

① 双汇国际的股东以投票方式表决普通决议时，雄域公司及运昌公司就所持每股股份投 2 票，其他股东就其所持每股股份投 1 票。同时规定运昌公司根据雄域公司的指示投票，因此雄域公司拥有双汇国际股东会表决权比例的 53.19%，成为其实际控制人，进而成为罗特克斯、双汇集团、双汇发展的实际控制人。其中运昌公司股权（持有双汇国际 6%的股权）为双汇管理团队一项为期 3 年的员工激励计划的标的股份。

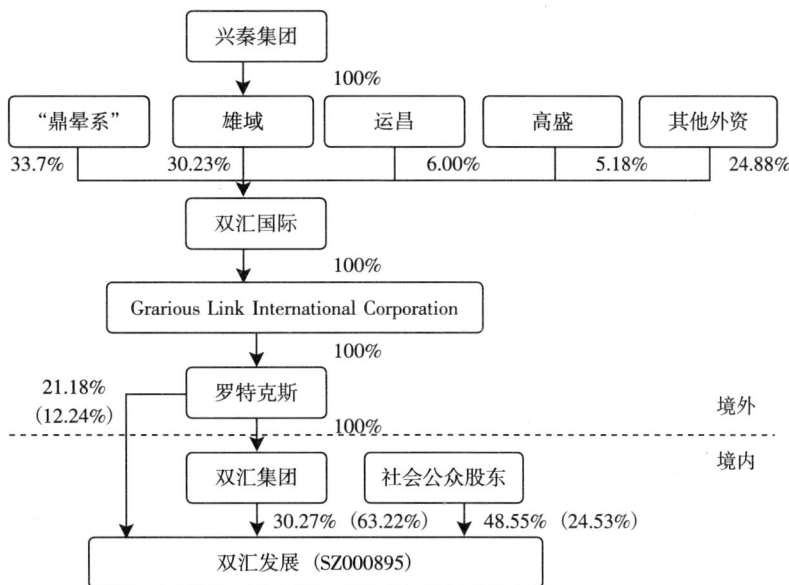

图4 双汇发展股权结构示意图

表3 双汇发展高管通过兴泰集团在双汇集团拥有权益

姓名	在双汇发展担任职务	在兴泰集团持股比例（%）	换算为在双汇集团权益比例（%）
张俊杰	董事长	6.18	1.868
龚红培	董事、总经理	0.02	0.006
万隆	董事	14.41	4.356
游牧	董事	0.20	0.060
王玉芬	董事	2.79	0.843
祁勇耀	董事、董秘	0.67	0.203
李俊	副总经理	0.28	0.085
朱龙虎	副总经理	0.80	0.242
贺圣华	副总经理	0.51	0.154
胡兆振	财务总监	1.42	0.429
楚玉华	监事会主席	1.46	0.441
乔海莉	监事	3.30	0.998
合计		32.04	9.685

四、双汇MBO的理论分析及实践启示

（一）双汇案例对MBO理论的验证

1. MBO的实施条件

根据公司及其产业背景，双汇处于肉食品加工行业领先地位，市场份额大，品牌认可度高；以万隆为首的管理层在公司任职时间长，贡献显著，经历了公司的发展壮大历程，在公司内部和当地都很有影响力；MBO也就很容易获得地方政府的支持和配合。双汇的条件符合文献中发生

MBO 公司的典型特征。

2. MBO 的实施过程

之前采用设立关联公司和低价收购股权的方法均因遭遇政策红线而失败后，双汇管理层采取了迂回之道换股实现控股母公司，属于曲线或隐性 MBO。再次验证在国内的政策环境下，间接MBO 依然是管理层收购的首选。收购主体为管理层于 BVI 成立的收购公司，免受国内公司证券法限制，收购资金来源只有含混的一句"境外银行融资"。据双汇公告披露，管理层筹资收购了境外一些公司的股权与外资交换双汇国际的股份从而实现控股，但交易价格没有披露，因此收购价格无从得知。在信息披露上，如前所述，双汇 MBO 没有披露收购资金来源和收购价格，透明度较低；不仅如此，从 2007 年开始境外股权就已发生变动，管理层也已经收购了双汇国际的股份，但年报中未有丝毫痕迹，直至 2008 年的年报依然以图 3 列示公司的股权结构，直至被媒体揭露才勉强给予解释，这种遮遮掩掩一段一段"挤牙膏"式的信息披露违反了《上市公司收购管理办法》和相关信息披露规定的要求。

地方政府在双汇 MBO 案例中扮演了重要的角色。根据河南省漯河市税务局资料，2006 年双汇集团上缴税金 11.59 亿元，占当年漯河市税收收入的 30%。对于地方政府来说，企业的控制权在谁手里并不那么重要，它们往往更加看重企业对地方经济、市政建设、就业和税收的贡献（朱红军等，2006）。引入国际知名外资，对于当地政府来说亦是一项顺水推舟的政绩。阻碍管理层前两次 MBO 努力的，是中央对于国有股权 MBO 政策的收紧，地方国资部门不仅将双汇集团全部国有股权转让给罗特克斯为管理层持股铺平道路，对于海宇投资的成立，海宇投资低价受让股权，政府都是采取支持的态度。作为国有资产的经营者，地方政府确"很愿意出让上市公司国有股权并让外商控股，以使归属权本不明晰的国有产权变为事实上的地方政府收益的产权"（陈文瀚，2007）。本案例进一步证明了朱红军等（2006）及曾庆生（2004）的研究结论，反映出了中央和地方政府利益目标不一致引起的监管失效。

双汇发展停牌之前，基金、保险、社保等 117 个机构投资者共计持有双汇发展 67.33% 的流通股。对于双汇管理层来说，同样一笔收益，若是放在上市公司，由于公众股东的稀释，兴泰集团可以分享到 16.37%，若是放在双汇集团，则可以分享到 31.82%。因此，管理层有动机并有能力利用对公司经营的实际控制权，通过大规模关联交易，将优质资产的优先认购权让与罗特克斯等方式转移上市公司收益，增加集团利润。但是随着管理层持股的曝光和整体上市预期的渐渐明朗，以基金为主的机构投资者决定不再忍受"掏空"行为，上演了两次集体投出反对票的"投票门"事件，引发了深交所的关注，也在客观上推动了资产重组的进程。对于管理层和外资来说，让罗特克斯或双汇集团在 H 股上市是更好的选择，[①] 但是，机构投资者们的抗争迫使他们选择了将集团资产注入上市公司，从而实现整体上市切断关联交易通道，这在一定程度上维护了投资者的利益。同时，在为进行资产重组而停牌的长达 8 个月内，机构投资者们得以就重组方案、资产定价和增发价格等关键问题表达反对意见，起到了制约管理层肆意侵占利益的作用。可见，国内机构投资者可以在 MBO 收购过程和利益转移中扮演监督和制衡的角色，这为 MBO 的外围监管提供了启示。

"外资过桥"是此次双汇 MBO 选择的路径。双汇引入高盛和鼎晖等外资并非为了筹资，也未在改善公司治理和促进公司市场化、国际化等方面有所动作，排除了这些常见动因后，其真正的目的在于"借道"。毛道维等（2003）的研究发现，国有股权越小，MBO 成功实施的可能性就越大。既然从政府手中直接获得国有股权受到制度限制，只能借外资这道桥梁曲线获取。高盛和鼎

---

① 在 H 股上市较少受到禁售限制，有利于外资和管理层的退出和套现；双汇集团或罗特克斯的收益直接归属于外资和管理层，而上市公司收益则须与公众股东分享。

晖与管理层的此项合作可谓各取所需的典范。一个值得注意的细节是，在早期的公告中，双汇从未称高盛和鼎晖为"财务投资者"，防止引发"贱卖国有资产"的责问；但在2010年11月29日《实际控制人变更公告》中反复称二者为"财务投资者"，以强调管理层持股对维持公司股权稳定的合理性和必要性。对于财务投资者来说，低买高卖是永恒的法则。2007年6月收购双汇集团和双汇发展股权的转让手续刚刚办理完毕，9月就开始"重组计划"（此举即可排除其战略持股的可能性），从公开资料看高盛一直在减持。虽然无从得知几番交易的成交价格，但依照其对资本市场规则的熟稔和交易能力，再加上助力MBO的功劳，高盛所得必然极其丰厚。鼎晖在高盛减持时充当了接盘者，按照重组预案，增发完成后鼎晖共间接持有双汇发展25.43%的份额，虽然存在36个月禁售期的限制，但可以预期到重组完成后上市公司市值将大幅增加，鼎晖通过持有最大比例的股份充分享有资本收益，而双汇管理层则通过投票权掌握对经营的剩余控制权，此种收益权与控制权分开的安排堪称各取所需的经典设计。

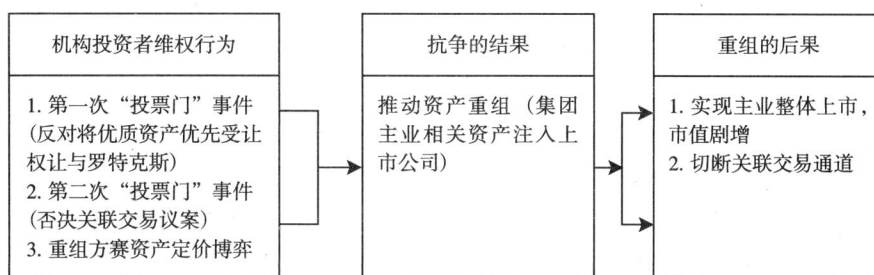

图5　国内机构投资者的制衡角色

（二）双汇MBO的实践启示

从实践的角度说，平衡各方利益是双汇MBO得以成功实施的基础。①选择正确的合作伙伴很重要。引入国际知名的外资投行高盛和鼎晖，让管理层和当地政府可以理直气壮地宣布引入外资和先进管理经验，既能在资本市场换取"声誉溢价"，又为股权的置换和管理层的接手扫清障碍，再通过投票权安排与外资达成收益权与控制权分开的协议，达到"双赢"目的。②地方政府的配合是基础。双汇作为当地最大的企业，是政府财政收入的重要源头，凭借对地方就业税收等的影响力，地方政府很容易选择放弃所持股份的分红权，而愿意配合管理层的激励措施。③双汇集团通过放弃关联公司的优先受让权以及关联交易等手段侵占上市公司利益，利益输送愈演愈烈，最终导致境内机构投资者的集体反抗，在股东大会上两次否决议案引发关注，迫使管理层最终选择将关联资产注入上市公司以切断利益输送的渠道，这在一定程度上维护了上市公司股东的利益，资产重组和MBO最终得以实现。

双汇MBO的成功实施从另一个角度折射出监管制度的缺失：①虽然明令禁止国有大型企业的MBO，却没能防范住曲线和隐形MBO的实施。各类隐形MBO的公开化本身就意味着现有简单直接"叫停"、"堵截"的MBO制度亟须在"道高一尺，魔高一丈"的博弈中修订完善。②中国社会和政策层面长期存在"外来的和尚好念经"，大举引进外资尤其财务投资的心态必须调整。缺乏对外资在MBO等类似国有股权流动和改制中的角色监管和风险防控，是制度建设的又一缺失。③中央政府和地方政府在对待国有资产、股权运作的态度差异和利益分歧有待新的制度来协调。低价出售国有资产和"协同"地方国企曲线MBO的地方政府是否应监管，如何被监管亦是制度难题。④如何提高国有股权流动的透明度、提高国企产权交易的公信力、防范新的内部人控制、对公司信息披露违规行为加强惩戒力度都是本案例引发的制度建设要点。

双汇 MBO 案例是一个具有分析意义普遍性的典型案例。在对以往理论的验证尤其是 MBO 的实施过程方面，成立壳公司作为收购平台实现曲线 MBO、收购资金来源和收购价格不予说明、"挤牙膏式"的信息披露、获得地方政府的支持和配合、高分红与关联交易等现象和行为确实存在。在新的环境下 MBO 的各种问题依然未有改变，现有的理论研究结论得到进一步论证。境外财务投资者作为桥梁参与到国企 MBO 中，这对现有资本监管理念提出挑战：依靠引入境外财务投资者能否改善国有股权结构、完善国企治理？低风险与谋求短期丰厚的财务收益始终是这些境外机构投资者的不变取向。相反，境内以基金为主的机构投资者联合起来能够成为完善国有股权流动、防范管理层利益输送、抑制地方政府的"失范"行为的强大群体。可以肯定境内机构投资者在我国上市公司治理中应该也必须发挥更大作用。

从实践操作的角度，双汇发展成功实施 MBO 的经验是各方利益的平衡：选择正确的"合作伙伴"，地方政府（国有股东）的配合，各取所需的投票权安排，皆为 MBO 的顺利实施奠定了基础，而满足境内机构投资者的权益诉求则为管理层扫清了最后的阻力使 MBO 走向台前。虽然事件研究表明资本市场给了 MBO 信息积极的回应，可能是 MBO 向投资者传达了管理层对公司未来的信心，但是在关联交易、增发定价等关键问题的博弈中，境内机构投资者通过"手脚并用"抵制管理层利益输送行为，这是一股无论是外部社会还是公司内部都不应小觑的制衡力量。

双汇 MBO 的成功实施既是一种资本运营创新，同时也反映出了监管制度的缺失。虽然政策禁止国有大型企业 MBO 的实施，但曲线和隐性 MBO 的存在让政策可能成为一纸空文。制度上必须再度思考、设计：①如果寄希望于 MBO 解决中国上市公司的代理问题，就必须通过制度创新，制定相关的政策措施，为 MBO 创造良好的环境。②鉴于地方政府在各 MBO 案例中的"拙劣"表现或者"合谋"行为，强化对地方政府在国有股权转让、国企改制中的行为监管成为制度建设的重点。严格透明程序，强制导入公开竞标、挂牌交易已经成为这一制度建设基本选择。③我国先后出台的一系列鼓励境外机构投资者参与国企上市、国企改制、股权转让的优惠条件和特殊待遇的政策制度设计是必要的。今后要提高境外财务投资者参与国企股权的政策门槛、合理定价和严格禁售条件等制度建设是必需的且迫切的。④多方着手，公司内外结合，加大境内机构投资者参与上市企业的公司治理的力度是今后一段时间制度建设的方向之一。⑤不断改进上市公司的信息披露，防范内部人控制，严查关联交易，提高资产定价的公正性，引导符合全体股东长期价值的财务行为始终是我国企业治理与市场监管制度的长期任务，依然任重道远，只是在 MBO 方案中尤为重要。⑥规范资本市场，完善资本市场体系，尤其是投资银行业务创新和发展债券市场，为 MBO 健康发展提供强有力的支撑。

【参考文献】

［1］王欢、汤谷良：《"借道"MBO：路径创新还是制度缺失？——基于双汇 MBO 的探索性案例研究》，《管理世界》，2012 年第 4 期。

［2］耿辉霞、毕茜：《国有企业 MBO 中的会计监管缺失——以双汇 MBO 为例》，《财会月刊》，2011 年第 1 期。

［3］何光辉、杨咸月：《管理层收购的四大问题》，《经济理论与经济管理》，2003 年第 4 期。

［4］何光辉、杨咸月：《上市公司隐性 MBO 的四大类型》，《当代经济科学》，2004 年第 6 期。

［5］魏成龙：《上市公司管理层收购分析》，《经济学家》，2003 年第 3 期。

［6］黄荣冬：《实施 MBO 的中国上市公司行为变化与公司绩效研究》，四川大学博士学位论文，2007 年。

［7］郎咸平：《中国式 MBO：布满鲜花的陷阱》，东方出版社，2006 年。

［8］李智娟、于胜道：《"粤美的"MBO 前后管理层对财务指标的调控》，《审计与经济研究》，2006 年第 5 期。

［9］刘燕：《中国上市公司的管理层收购：理论和实证研究》，西南财经大学博士学位论文，2008 年。

［10］毛道维、蔡雷、任佩瑜：《1999~2002 年中国上市公司 MBO 实证研究——兼论 EMBO 对国有企业改革的意义》，《中国工业经济》，2003 年第 10 期。

［11］毛基业、李晓燕：《理论在案例研究中的作用——中国企业管理案例论坛（2009）综述与范文分析》，《管理世界》，2010 年第 5 期。

［12］王勇、李姗姗：《双汇 MBO 的意外》，《中国经济周刊》，2010 年第 12 期。

［13］王红领、李稻葵、雷鼎鸣：《政府为什么会放弃国有企业的产权》，《经济研究》，2001 年第 8 期。

［14］杨咸月、何光辉：《从"中关村"论我国管理层收购"做亏模式"的控制》，《中国工业经济》，2006 年第 7 期。

［15］益智：《中国上市公司 MBO 的实证研究》，《财经研究》，2003 年第 5 期。

［16］曾庆生：《政府治理与公司治理：基于洞庭水殖捆绑上市与 MBO 的案例研究》，《管理世界》，2004 年第 3 期。

［17］朱红军、陈继云、喻立勇：《中央政府、地方政府和国有企业利益分歧下的多重博弈与管制失效——宇通客车管理层收购案例研究》，《管理世界》，2006 年第 4 期。

［18］陈文瀚：《外资战略持股能否创造价值——中国上市公司的实证》，上海交通大学硕士学位论文，2007 年。

［19］高伟凯、王荣：《浅析我国证券法对管理层收购规制》，《管理世界》，2005 年第 10 期。

［20］DeAngelo，H.，DeAngelo，L.and Rice，E.M.，"Going Private：Minority Freezeouts and Stockholder Wealth"，Journal of Law and Economics，1984，27：367-401.

［21］Jensen，M.C.，"Agency Costs of Free Cash Flow，Corporate Finance and Takeovers"，American Economic Review，1986，76：323-329.

［22］Kaplan，S.，"Management Buyouts：Evi-dence on Taxes as a Source of Value"，The Journal of Findn，ge，1989a，44：611-632.

［23］Kaplan，S.，"The Effects of Management Buyout on Operating Performance and Value"，Journal of Financial Economies，1989b，24：217-254.

［24］Lowenstein，L.，"Management Buyouts"，Co-lumbia Law Review，1985，85：730-784.

（作者：魏成龙、杨松贺，河南大学工商管理学院）

独立董事辞职行为的信号传递效应

一、引 言

独立董事制度起源于美国。引入独立董事制度的目的是依靠其专业优势，对董事会决策产生正面影响。自 2001 年 8 月我国正式引入独立董事制度以来的 10 年间，独立董事制度一定程度上改善了上市公司内部人控制问题，起到了保护中小股东的作用，但也因为其"既不独立也不懂事"而饱受诟病。一个值得我们关注的现象是，随着独立董事制度的推广和深入，却有越来越多的独立董事在任期内选择辞职。辞职是不是意味着他们在难以"用手投票"的情况下转而选择"用脚投票"？市场对独立董事的辞职会做出怎样的解读？这些问题都值得我们去探究。

国内外已有不少学者对独立董事辞职的原因作出分析。其中比较有代表性的如 Mace（1971）认为，专家和学者接受独立董事职务的原因在于经济收入、名誉和社会地位的提升等，缺乏与公司共渡难关的约束，在公司出现问题时大多会选择辞职以规避对自身的伤害。William and Michael（1999）研究发现，对独立董事而言，辞职所需要的成本很低，大多数情况下，独立董事更愿意通过辞职来逃避风险，而不是留在公司解决问题。Arthaud 等（2002）发现，独立董事在公司业绩下滑时辞职的可能性更大，他同时总结道，如果公司出现 CEO 的更替，那么，独立董事辞职的概率就更高。Gupta（2009）对 299 家公告独立董事辞职的上市公司用事件研究法进行了研究，发现外部董事辞职后市场的负面反应程度远远大于内部董事和经理的辞职。

独立董事制度在我国虽然起步比较晚，但也有不少学者对独立董事辞职的现象作出分析。杜胜利、张杰（2005）指出，独立董事变更事件与公司业绩、上市公司的诉讼事件、独立董事工作时间等因素有关。另外属于"模糊原因"辞职的独立董事，其所在上市公司通常存在着一些如业绩下滑、不利诉讼等潜在问题。谭劲松、郑国坚（2006）的研究表明，独立董事的个人特征是决定其是否辞职的重要因素，而薪酬对独立董事辞职并无显著作用。唐清泉、罗党论（2007）提出，独立董事离职的根本原因是对风险的规避。独立董事的风险感知能力是其辞职的关键因素。张俊生、曾亚敏（2010）的研究发现投资者对非规定性独立董事辞职的反应显著为负，而那些在独立董事辞职公告中，公司没有对独立董事表示感谢的，这种负的反应更加强烈。国内外研究的一个一致结论是，当公司出现潜在问题时，独立董事通常会出于对自身利益的保护而选择辞职。这种偏好决定了独立董事对上市公司的治理更倾向于"锦上添花"，而不是"雪中送炭"。我们知道，投资者与上市公司之间存在严重的信息不对称，本文探究的是，独立董事的辞职行为在改善信息不对称上能否起到一定的积极作用？目前为止，尚乏学者从信息经济学的角度分析独立董事的辞职行为。而实际上，内部人控制问题的本质也正是外部股东与公司内部人信息不对称所造成。将信息不对称的前提假设和信号传递理论运用到独立董事辞职问题的分析上，具有一定的适用性。

二、理论分析

公司质量好坏的真实情况投资者是很难准确判断的，但独立董事因其特殊身份可以了解公司的基本状况。当公司出现业绩下滑或其他负面问题的情况时，独立董事会出于自身利益的考虑而选择辞职。投资者会观察上市公司独立董事"用脚投票"的情况，进而对公司经营状况的好坏进行判断，来指导自己的投资策略。因此，独立董事的辞职行为以及这种行为的市场反应是一个不完全信息动态博弈过程，在特定条件下辞职行为可以传递准确的信号。

1. 模型假设

（1）有两个理性的参与人：参与人一是独立董事，由于了解公司基本情况而采取行动，成为信号的发送主体；参与人二是投资者，是信号的接收主体。参与人的目标函数均为自身效用最大化。

（2）上市公司的经营状况有好、坏这两种类型，即类型空间为 $\theta = \in (H, L)$。H 表示经营状况良好，L 表示公司经营存在潜在的风险和问题。投资者是信息劣势方，不能准确区分这两种类型，但知道上市公司属于 H 类型的概率为 μ，属于 L 类型的概率是 $1 - \mu$，$(0 < \mu < 1)$。

（3）独立董事有两种行动，即留任和辞职。行为空间为 $X = \in (X_a, X_b)$。X_a 为继续在公司留任，X_b 为从上市公司辞职。

（4）投资者有两种策略，即买入和抛售股票。策略空间为 $Y = \in (Y_a, Y_b)$，Y_a 为买入公司股票，Y_b 为抛售公司股票。

（5）供职于不同经营状况的上市公司的独立董事，选择相同策略的成本是不同的。高质量与低质量上市公司的独立董事选择留任的成本分别为 C_1 和 $(1 + k_1)C_1$，$(k_1 > 0)$。这是因为，如果上市公司经营状况不佳，继续留任的独立董事在执行自身职责时需要花费更多精力。高质量和低质量上市公司的独立董事选择辞职的成本分别为 $(1 + k_2)C_2$ 和 C_2，$(k_2 > 0)$。这是因为，作为公司高管的独立董事，其离任会影响到公司平稳正常运营，因而公司会尽量挽留独立董事。独立董事此时辞职，需要损失更多"人情"成本。

（6）如果上市公司经营状况良好，独立董事可能留任也可能辞职。在独立董事留任时，投资者如果选择买入公司股票，此时独立董事一方面获得公司津贴，另一方面也得到正的声誉收益。假设津贴用 W 表示，声誉收获用 S 表示，其效用函数为 $(W + S - C_1)$。投资者购入优质公司股票而获益。假设优质公司股票的内在真实价值为 P_1'，股票价格为 P_1，则投资者收益为 $(P_1' - P_1)$。如果投资者选择抛售股票，意味着独立董事的行为没有被关注和认可，独立董事无法获得声誉收益，效用函数为 $(W - C_1)$。此时投资者错失了投资机会，效用函数为 $(P_1 - P_1')$。在独立董事选择辞职时，如果投资者买入公司股票，独立董事既不能得到津贴，也无法获得声誉，效用函数为 $[-(1 + k_2)C_2]$。投资者这时只需支付 P_1 的价格即可买入内在价值为 P_1' 的股票，总收益为 $(P_1' - P_1)$。当投资者选择抛售股票时，独立董事除了不能获得津贴之外，还要承受一个预期的声誉损失，这个损失将在投资者意识到独立董事的行为传递了错误信号的时候得到兑现。假设这个预期的损失为 D，此时效用函数为 $[(-D - (1 + k_2)C_2]$。而投资者卖出了实际价值为 P_1' 的股票，只得到 P_1 的收入，效用函数为 $(P_1 - P_1')$。

（7）如果上市公司经营状况不佳，独立董事也有留任和辞职两种可能。在独立董事选择留任时，如果投资者选择买入股票，则独立董事能够获得津贴，但是会承担一个预期的声誉损失 D，这个声誉损失会在未来投资者发现自己根据独立董事留任而作出了错误选择时得到兑现。独立董事效用函数为［W－D－(1＋k_1)C_1］。假设质量差的公司股票的内在真实价值为P'_2，股票价格为P_2，此时投资者效用函数是（P'_2－P_2）。如果投资者选择抛售股票，则独立董事只能得到津贴收入，效用函数为［W－(1＋k_1)C_1］。而投资者用的价格卖出实际价值为P'_2的股票，获得收益（P_2－P'_2）。在独立董事选择辞职时，如果投资者选择买入股票，则独立董事无法获得声誉收益也无法获得薪酬，此时独立董事效用函数为（－C_2）。投资者用P_2的价格买入实际价值为P'_2的股票，收益函数为（P'_2－P_2）。如果投资者选择抛售股票，则独立董事可以获得声誉，效用函数为（S－C_2）。此时投资者卖出价值为P'_2的股票，获得P_2的收入，效用函数为（P_2－P'_2）。

（8）"自然"首先选择上市公司经营状况的类型θ，然后独立董事选择留任或者从公司辞职。投资者在观察到独立董事的行为之后，使用贝叶斯法则对其先验概率P(θ)进行修正，P(θ|X)得出后验概率，然后做出买入还是抛售股票的选择。最后，独立董事可以根据投资者可能做出的反应，选择究竟辞职还是继续留任。

基于上述假设，可以建立独立董事辞职行为及投资者反映的信号传递模型博弈树。其中支付组合中的第一个数字表示独立董事的效用，第二个数字表示投资者的效用。如图1所示。

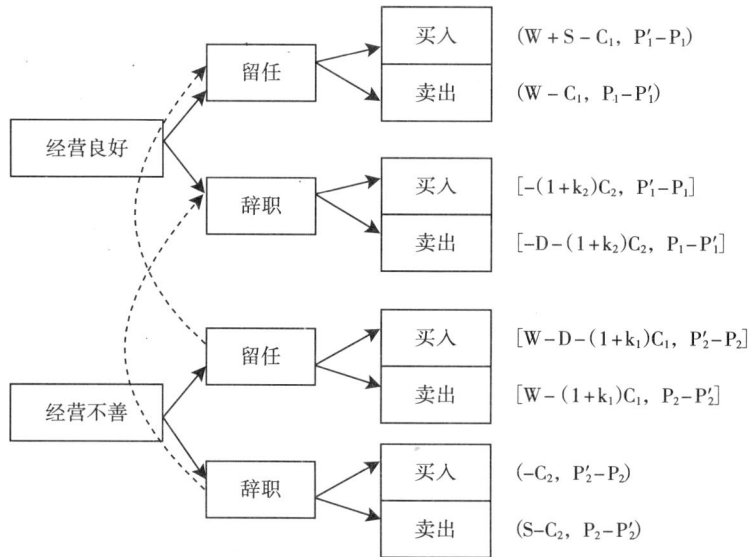

图1　独立董事辞职行为信号传递博弈树

2. 分离均衡的情形

分离均衡是一种理想化的精炼贝叶斯均衡，投资者可以根据独立董事辞职还是留任甄别出上市公司的质量，从而做出正确选择。此时，信号能够准确地揭示类型，因此，后验概率要么为1，要么为0。即：

$$P(H|X_a) = 1, \quad P(L|X_a) = 0 \tag{1}$$

$$P(L|X_b) = 1, \quad P(H|X_b) = 0 \tag{2}$$

当满足如下条件时，存在分离均衡

$$U_1[X_a, Y^*, \theta(H)] > U_1[X_b, Y^*, \theta(H)] \tag{3}$$

$$U_1[X_b, Y^*, \theta(L)] > U_1[X_a, Y^*, \theta(L)] \tag{4}$$

对上述条件进行整理，可以得到分离均衡存在的必要条件：

$$C_1 - (1 + K_2)C_2 < W < (1 + K_1)C_1 - C_2 \tag{5}$$

可以发现，独立董事辞职行为的博弈中是否存在分离均衡，与独立董事的薪酬和行动成本有关，与独立董事的声誉收益无关。在分离均衡的情况下，经营状况良好的上市公司的独立董事不会辞职，经营状况不佳的上市公司，其独立董事一定会选择辞职。此时投资者会认为，有独立董事辞职的上市公司一定是内部出现了某种问题，上市公司质量发生恶化，因此会选择抛售股票；没有发生独立董事辞职事件的上市公司则经营状况良好，可以买入并持有上市公司股票。在分离均衡时，辞职还是留任准确地传递了公司经营状况的信号。

从上述不等式可以看出，独立董事的薪酬不能太高，否则会使声誉和履行独立董事义务所需的成本显得微不足道，那么即使公司存在问题，独立董事也不会辞职。独立董事的薪酬又不能太低，否则其收入低于其声誉和履约成本时，即使公司经营状况良好，独立董事也会选择离职。上述结论在资本市场中也确实经常得到验证。

3. 混同均衡的情形

混同均衡是指不同类型的信号发送者（即独立董事）都选择相同的信号。混同均衡有两种可能的情况，一是所有的独立董事都选择辞职，二是所有的独立董事都选择继续在公司留任。混同均衡的存在条件是所有独立董事选择某一种策略的效用都大于另外一种策略。即：

当满足如下条件时，所有的独立董事都会一致地选择留任。

$$U_1[X_a, Y^*, \theta(H)] > U_1[X_b, Y^*, \theta(H)] \tag{6}$$

$$U_1[X_a, Y^*, \theta(L)] > U_1[X_b, Y^*, \theta(L)] \tag{7}$$

整理可得：

$$W > C_1 - (1 + k_2)C_2，且 W > S + D + (1 + k_1)C_1 - C_2 \tag{8}$$

同样的，满足如下条件时，所有独立董事都会一致地从公司辞职。

$$U_1[X_a, Y^*, \theta(H)] < U_1[X_b, Y^*, \theta(H)] \tag{9}$$

$$U_1[X_a, Y^*, \theta(L)] < U_1[X_b, Y^*, \theta(L)] \tag{10}$$

整理得：

$$W < C_1 - (1 + k_2)C_2 - D - S 且 W < (1 + K_1)C_1 - C_2 \tag{11}$$

在混同均衡的情形下，所有的独立董事会选择同样的策略，投资者会认为独立董事的辞职还是留任没有信息含量，因而不存在对先验概率的修正问题。

$$P(H|X^*) = \mu；P(L|X^*) = 1 - \mu \tag{12}$$

混同均衡实际上是一种比较极端的均衡状态，与分离均衡相比，混同均衡下的独立董事策略选择无法传递任何信号。投资者只能根据先验概率来判断公司的类型。薪酬水平同样是混同均衡存在与否的决定性条件。当薪酬足够高时，所有独立董事都会无视公司的风险因素而一直留任公司。而当薪酬非常低时，无论公司是哪种类型，独立董事都不愿意在公司任职。这说明过高和过低的薪酬水平都无法发挥独立董事在公司治理中的作用，也无法通过独立董事的行动传递公司经营质量的信号。

4. 准分离均衡的情形

除了分离均衡和混同均衡，还有一种均衡状态更具有普遍性，那就是准分离均衡。准分离均衡指的是一些信号发送者随机选择信号，而另一些信号发送者则选择特定的信号。具体到本文的研究中，则有两种情况：一是指经营正常的上市公司的独立董事全部选择留任，而经营出现潜在问题公司的独立董事则随机选择辞职或留任。二是经营不善的公司其独立董事全部选择辞职，而经营正常的公司其独立董事随机选择辞职或留任。用准分离均衡1和准分离均衡2分别表示上述两种状态，计算这两种出现这两种准分离均衡的条件：

当满足如下条件时，存在准分离均衡1：

$$U_1[X_a, Y^*, \theta(H)] > U_1[X_b, Y^*, \theta(H)] \tag{13}$$

$$U_1[X_a, Y_a, \theta(L)] = U_1[X_b, Y_b, \theta(L)] \tag{14}$$

整理得：

$$W > C_1 - (1 + k_2)C_2 \ \text{且} \ W = D + (1 + k_1)C_1 - C_2 = S + C_2 + (1 + k_1)C_1 \tag{15}$$

在此情形下，假设经营不善的上市公司的独立董事以 λ 的概率选择留任，以（$1 - \lambda$）的概率选择辞职。此时投资者会使用贝叶斯法则，依据独立董事行动，判断上市公司经营质量好坏的概率。已经假设 $P(H) = \mu$，$P(L) = 1 - \mu$，那么投资者判断公司好坏的依据是：

$$P(H|X_a) = \frac{P(X_a|H)P(H)}{P(X_a|H)P(H) + P(X_a|L)P(L)} = \frac{\mu}{\mu + \lambda(1 - \mu)} \tag{16}$$

$$P(L|X_a) = 1 - P(H|X_a) \tag{17}$$

$$P(H|X_b) = 0 \tag{18}$$

$$P(L|X_b) = 1 \tag{19}$$

在准分离均衡 1 的情形下，一部分低质量上市公司的独立董事会选择留任。当 λ 趋近于 0 时，只有极少数存在风险的上市公司独立董事会选择留任，此时的均衡状态接近于分离均衡，而当 λ 趋近于 1 时，几乎所有存在风险的上市公司独立董事都会选择留任，则均衡与混同均衡的情形类似。

同样的，当满足如下条件时，存在准分离均衡 2：

$$U_1[X_a, \ Y^*, \ \theta(L)] < U_1[X_b, \ Y^*, \ \theta(L)] \tag{20}$$

$$U_1[X_a, \ Y_a, \ \theta(H)] > U_1[X_b, \ Y_a, \ \theta(H)] \tag{21}$$

整理得：

$$W < (1 + K_1)C_1 - C_2, \ \text{且} \ W = C_1 - (1 + K_2)C_2 - S = C_1 - (1 + K_2)C_2 - D \tag{22}$$

此时，所有低质量上市公司的独立董事都会选择辞职，而只有一部分高质量的上市公司的独立董事会选择辞职。因此独立董事留任的上市公司一定经营状况良好，而独立董事辞职的上市公司则有好有坏。假设优质上市公司的独立董事以 θ 的概率辞职，则优质上市公司独立董事留任的概率为（$1 - \theta$），此时，投资者可计算上市公司经营质量的后验概率：

$$P(L|X_b) = \frac{P(X_b|L)P(L)}{P(X_b|L)P(L) + P(X_b|H)P(H)} = \frac{1 - \mu}{(1 - \mu) + \theta \times \mu} \tag{23}$$

$$P(H|X_b) = 1 - P(L|X_b) \tag{24}$$

$$P(H|X_a) = 1 \tag{25}$$

$$P(L|X_a) = 0 \tag{26}$$

在准分离均衡 2 下，一部分高质量上市公司的独立董事会选择辞职。当 θ 趋于 0 时，只有极少数高质量上市公司的独立董事选择辞职，此时均衡接近于分离均衡；而当 θ 趋近于 1 时，几乎所有高质量上市公司的独立董事选择辞职，则均衡与混同均衡类似。

5. 模型分析与实证假设

综上所述，独立董事辞职行为在不同的均衡状态下可以传递不同的信号。其中，在混同均衡的情形下，辞职行为无法传递任何信息，分离均衡和准分离均衡的情况下则都能传递相关信息。混同均衡指的是所有的独立董事都选择同样的策略，但是现实中的情况则总是既有独立董事辞职也有独立董事留任。因此混同均衡的情形实际上只在理论中存在，现实中更多的是分离均衡或准分离均衡的情形。

根据信号传递模型分析可以发现，独立董事选择行动需考虑的因素主要包括薪酬、履职成本和声誉状况等，但薪酬是最主要的因素。从公式（5）中可以看出，当独立董事的薪酬在一个适当的范围内，博弈存在分离均衡。这时，经营状况良好的上市公司，独立董事不会辞职，经营状况不佳甚至存在较大风险的上市公司，独立董事一定会选择辞职。因此，投资者根据独立董事的辞职行为，可判断出其所在的上市公司可能经营状况不良，甚至存在某种潜在的风险和危机，从而抛售股票。据此，可以提出第一个假设：

H1：独立董事辞职公告发布之后，市场会表现出负面的超额收益率。

从公式（15）中可以看出，当独立董事的薪酬较高时，博弈存在准分离均衡1。在此情形下，经营正常的上市公司的独立董事全部选择留任，经营不善的上市公司的独立董事一部分选择留任，另一部分选择辞职。

因此，当投资者观察到薪酬较高的独立董事选择辞职后公式（19）自然成立，可以认为该公司一定是经营不善的公司。况且独立董事选择留任的公司中，也不全部是经营良好公司，有一部分是经营不善公司，也就是说有一部分经营不善的上市公司由于薪酬较高而使独立董事选择留任。那么，投资者一旦观察到上市公司独立董事选择辞职，而且薪酬较高，就更有理由相信，其所在的上市公司问题更大、风险更高。投资者抛售股票的力度必然更大。由此，提出第二个假设：

H2：独立董事薪酬越高，其辞职公告发布之后公司股价的负面反应越强烈。

三、实证研究

（一）研究方法

本文选用事件研究法验证独立董事辞职后投资者所做出的反应。该方法的关键是计算股价的异常收益率。近年来相关文献计算异常收益率大多采用市场模型法，即使用某个证券公告发布前某段时间的收益对市场收益进行回归，计算出回归模型的系数。然后根据回归方程来预测该证券的正常收益，进而计算该证券的异常收益。这种方法虽然被广泛使用，但存在窗口期的选择影响 β 系数稳健性的缺陷。

为规避市场模型法的上述缺陷，本文采用市场调整法来计算异常收益率，即直接用公司股票的收益率减去市场收益率。这样做的优点是：第一，避免了窗口期选择的不同造成系数的不稳定。第二，由于市场收益率可以看作是没有独立董事辞职公司的平均表现，用样本公司收益率直接减去市场收益率，使本文的研究更加直观。具体计算方法如下：

$$AR_{it} = R_{it} - R_{mt}$$

$$CAR_{it} = \sum AR_{it}$$

其中，AR_{it} 为异常收益率，R_{it} 和 R_{mt} 分别代表公司股票实际收益率和市场收益率；CAR_{it} 代表累计异常收益率。

（二）样本描述

本文选择 2007~2010 年发布独立董事辞职公告的上市公司作为样本。辞职公告从上海证券交易所和深圳证券交易所的上市公司公告中搜集而来，共有 200 例样本。股票收益率和其他数据全部源于锐思（RESSET）数据库和国泰安（CSMAR）数据库，通过 Excel 和 SPSS17.0 软件整理而来。

表 1 所列是独立董事辞职的原因情况。辞职的原因是来自上市公司发布的辞职公告上所示，可分为表中所示的几种。其中，辞职原因阐述比较精确的为前两种，即满 6 年必须辞职，和按照相关规定不能任职的情况。这两种原因辞职的，在样本期内分别有 33 例和 28 例。除了这两种原因外，则是个人原因、工作原因或身体原因这样比较含糊的说法。分别有 52 例、59 例和 12 例。其他情况为 16 例。在搜集到的独立董事辞职案例中，几乎没有独立董事明确指出他是因公司经营存在风险而辞职。但实际上，规避继续履职可能面临的风险，则是独立董事选择辞职的重要原因之一。于是，在独立董事辞职的真正原因上，投资者与独立董事之间的信息是不对称的。理性的投资者可能更倾向于对此做出负面的猜测，即认为独立董事辞职是因为他要规避公司存在的风险。

表 1 独立董事辞职的原因

	2007 年	2008 年	2009 年	2010 年
满 6 年必须辞职	1	12	16	4
按规定不能兼任	3	5	10	10
个人原因	8	10	17	17
工作原因	7	19	15	18
身体原因	3	4	3	2
其他	7	2	6	1

数据来源：上海证券交易所网站、深圳证券交易所网站。

（三）辞职公告的市场反应

首先验证独立董事辞职公告发布后市场是否会做出负面的反应。本文以独立董事辞职公告发布日为事件日，采用 T 检验的方法来验证事件发生短期内 AR_{it} 和 CAR_{it} 是否出现显著变化。剔除掉因长期停盘导致的数据缺失和同一公司多名独立董事辞职的情况，共得到 179 例事件。检验结果分别如表2 和表 3 所示：

表 2 辞职公告发布前后 AR_{it} 检验

事件窗口	均值	T 值	<0 样本数量	>0 样本数量
−5	0.0029	1.217	101	78
−4	−0.0018	−0.848	104	75
−3	−0.0008	−0.355	95	84
−2	0.0048	2.094**	88	91
−1	0.0036	1.567	93	86
0	−0.0054	−2.461**	107	72
1	−0.0013	−0.573	97	82
2	−0.0037	−1.679*	107	72
3	−0.0027	−1.133	101	78
4	0.0028	0.145	100	79
5	−0.0015	−0.714	101	78
6	−0.0011	−0.584	104	75
7	0.0011	0.546	91	88
8	0.0032	1.408	92	87
9	−0.0004	−0.148	99	80
10	−0.0031	−1.617	90	89

注：* 表示在 10% 的水平下显著，** 表示在 5% 的水平下显著，*** 表示在 1% 的水平下显著。

表 3 辞职公告发布前后 CAR_{it} 检验

事件窗口	均值	T 值	<0 样本数量	>0 样本数量
(−3, 3)	−0.0057	−0.764	91	88
(−5, 5)	−0.0047	−0.558	89	90
(0, 3)	−0.0133	−2.472**	106	73
(0, 5)	−0.0133	−2.149**	110	69
(0, 10)	−0.0092	−1.189	98	81
(0, 15)	−0.0055	−0.609	103	76
(0, 20)	−0.0007	−0.071	92	87

注：* 表示在 10% 的水平下显著，** 表示在 5% 的水平下显著，*** 表示在 1% 的水平下显著。

从表 2 和表 3 所展示的检验结果中可以发现，在上市公司发布独立董事辞职公告的当天，市场表现出显著为负的异常波动，平均 AR_{it} 为 -0.0054；对窗口期为（0，3）以及（0，5）的检验也呈现出显著为负的累计异常收益率，平均 CAR_{it} 分别为 -0.0133 和 -0.0133。另外，在独立董事辞职公告发布的前后，所有样本中股票异常收益率为负的个数明显超过为正的个数。可知投资者确实认为独立董事的辞职行为传递了公司经营状况恶化的信号，并抛售股票。同时，从数据中也可以发现在独立董事辞职公告发布日之前，市场并没有给出显著为负的表现。虽然 -2 日的异常收益率检验结果显著异于 0，但是从均值和异常收益率的符号分布情况可以看出这一天的异常收益率并不显著为负。因此有理由认为公告日及之后的负面反应是因为独立董事辞职所导致的。因此 H1 通过了检验。

将平均 CAR_{it} 的变化情况绘制成图表，可检验独立董事辞职行为传递的信号强度。如图 2 所示，独立董事辞职公告发布后市场迅速做出负面反应，这种下跌状态持续到第 8 个交易日前后达到峰值。之后市场进入缓慢调整和恢复阶段，到第 20 天前后异常收益率恢复到正值。这说明，独立董事辞职行为在短期内能够对市场造成影响，但这种影响持续的时间较短，在 10 个交易日左右。随着时间的推移，投资者对这一事件的反应会逐渐趋于平淡，遗忘期在 20 个交易日左右。

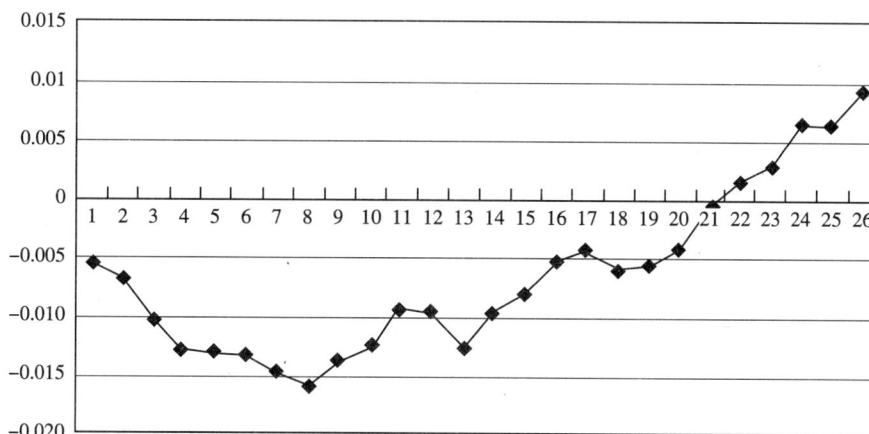

图 2　平均累计异常收益率变化

（四）市场反应强度的影响因素

模型构建

下面本文建立多元回归模型，以窗口期的累积异常收益率作为因变量，检测对独立董事辞职后市场反应强度的影响因素。可能的影响因素分为两大类，分别是独立董事个人层面的因素和所在公司的因素。本文建立回归模型如下：

$$CAR_{it} = \alpha + \beta_1 PAY_{it} + \beta_2 AGE_{it} + \beta_3 EDU_{it} + \beta_4 AORL_{it} + \beta_5 ST_{it} + \beta_6 NAT_{it} + \varepsilon_{it} \qquad (27)$$

其中，PAY_{it} 表示独立董事的薪酬；AGE_{it} 表示独立董事的年龄；EDU_{it} 表示独立董事的教育背景，独立董事的学历为大专及以下时，$EDU_{it} = 1$，为本科或硕士学历，$EDU_{it} = 2$，为博士及以上，$EDU_{it} = 3$；$AORL_{it}$ 反映独立董事的身份背景，如果独立董事具有会计和法律背景，则 $AORL_{it} = 1$，否则 $AORL_{it} = 0$；ST_{it} 表示独立董事所在公司是否被交易所特殊处理，如果公司股票被 ST（特别处理），则 $ST_{it} = 1$，否则 $ST_{it} = 0$；NAT_{it} 代表上市公司最终控制人的性质，如果上市公司最终控制人为国有性质，则 $NAT_{it} = 1$，否则 $NAT_{it} = 0$；ε_{it} 为残差。

如表 4 所示是用 SPSS17.0 统计软件所做多元回归的结果。可以看出独立董事的薪酬与市场累计异常收益率之间存在负相关，这种关系在用（−3，3）、（0，3）和（0，5）日的累计异常收益率做因变量检验中比较明显，分别在5%、10%和10%的水平上显著。这表明在短期内，薪酬确实是投资者判断独立董事辞职行为所传递信息强度的一个重要因素。所有的检验中，薪酬与累计异常收益率之间的关系系数都为负，这也说明了独立董事的薪酬越高，投资者就越倾向于认为他的辞职传递了更强的公司经营状况恶化的信息，进而抛售股票。因此，H2通过了检验。

表4　多元回归结果

变量	CAR$_{it}$ (−3, 3)	CAR$_{it}$ (0, 3)	CAR$_{it}$ (0, 5)	CAR$_{it}$ (0, 10)
PAY$_{it}$	−0.008** (−2.015)	−0.005* (−1.808)	−0.006* (−1.893)	−0.005 (−1.150)
AGE$_{it}$	−0.001 (−0.005)	0.002* (1.847)	0.003** (2.486)	0.003* (1.750)
EDU$_{it}$	0.022 (1.108)	0.013 (0.998)	0.011 (0.681)	0.006 (0.259)
AORL$_{it}$	0.037 (1.431)	0.016 (0.922)	−0.007 (−0.367)	−0.009 (−0.330)
ST$_{it}$	−0.061 (−1.473)	−0.052* (−1.927)	−0.065** (−2.048)	−1.112** (−2.594)
NAT$_{it}$	0.031 (1.325)	0.019 (1.211)	0.029 (1.593)	0.013 (0.535)
R−squared	0.144	0.179	0.230	0.188
F统计量	1.568	2.034*	2.794**	2.163*
样本量	179	179	179	179

注：括号里是t检验值，* 表示在10%的水平下显著，** 表示在5%的水平下显著，*** 表示在1%的水平下显著。

计量的结果显示除薪酬之外的其他独立董事个人因素中，独立董事的年龄越小，市场做出的负面反应就越强烈。在以（0，3）、（0，5）和（0，10）累计异常收益率的检验中分别在10%、5%和10%的水平上显著。而公司层面的因素中，公司是否被特殊处理这一项对市场反应强度的影响显著，被ST公司的独立董事辞职对市场造成的负面影响更强烈。在以（0，3）、（0，5）和（0，10）累计异常收益率的检验中分别在10%、5%和5%的水平上显著。进一步观察可以发现，对市场反应有显著影响的薪酬、独立董事年龄、公司是否被ST都是被投资者容易观察到的信息；而那些难以直接观察到的因素，如公司实际控制人性质、独立董事的学历和身份背景等信息则似乎并没有被投资者所关注。

四、结　论

由于上市公司和投资者之间存在信息不对称的问题，上市公司经营情况的好坏不易被投资者观察到，但独立董事的辞职行为可能会传递公司经营状况好坏的重要信息。本文通过建立信号传递模型，分析该模型的三种均衡状态，认为分离均衡的情形是广泛存在的。在分离均衡下，独立董事从有问题的公司中辞职，投资者依据独立董事的辞职行为做出抛售股票的选择。这既能帮助投资者做出投资决策，也能帮助独立董事获得更高的声誉收益。实证研究发现，独立董事辞职后市场确实会出现负面反应，而且独立董事放弃的薪酬水平越高，其辞职后的股价表现越差。这表明独立董事的辞职行为传递了公司经营质量好坏的信号。但随着时间的推移，投资者对这一事件的反应会逐渐趋于平淡，遗忘期在 20 个交易日左右。那么如何医治投资者的健忘症，对提高资本市场效率有重要作用。

根据本文的分析结果，我们认为，为了进一步发挥独立董事制度在公司治理中的作用，可以从以下方面入手：①改进和完善独立董事的薪酬制度，使独立董事在公司正常经营时有动力参与管理，并激励独立董事在公司存在风险时表达自己的意见，而不是保持沉默。同时增加独立董事薪酬的透明度。②提高媒体、投资者和监管部门对独立董事的关注度，包括独立董事离任事件、独立董事背景和薪酬，以及独立董事所发表的声明等，这样既可以完善独立董事的声誉机制，也能为投资者提供了解公司经营状况的新渠道。

【参考文献】

［1］杜胜利、张杰：《独立董事更迭影响因素的实证研究》，《中国软科学》，2005 年第 7 期。

［2］管征、卞志村、范从来：《增发还是配股？上市公司股权再融资方式研究》，《管理世界》，2008 年第 1 期。

［3］蒋海、罗瑶：《基于信号传递模型的风险资本退出的并购定价分析》，《管理学报》，2010 年第 6 期。

［4］李焰、秦义虎：《媒体监督、声誉机制与独立董事辞职行为》，《财贸经济》，2011 年第 3 期。

［5］鲁桐：《独立董事制度的发展及其在中国的实践》，《世界经济》，2002 年第 6 期。

［6］谭劲松、郑国坚、周繁：《独立董事辞职的影响因素：理论框架与实证分析》，《中国会计与财务研究》，2006 年第 8 期。

［7］唐清泉、罗党论：《风险感知力与独立董事辞职行为研究——来自中国上市公司的经验》，《中山大学学报》（社会科学版），2007 年第 1 期。

［8］张俊生、曾亚敏：《独立董事辞职行为的信息含量》，《金融研究》，2010 年第 8 期。

［9］ Andrei Shleifer and Robert W. Vishny. A Survey of Corporate Governance ［J］. Journal of Finance, 1997, 52（2）: 737-783.

［10］ Catherine M. Daily and Dan R. Dalton. CEO and Director Turnover in Failing Firms: An Illusion of Change? ［J］. Strategic Management Journal, 1995, 16（5）: 393-400.

［11］ Eugene F. Fama. Agency Problems and the Theory of the Firm ［J］. Journal of Political Economy, 1980, 88（2）: 288-307.

［12］ George A. Akerlof. The Market for "Lemons": Quality Uncertainty and the Market Mechanism ［J］. Quarterly Journal of Economics, 1970, 84（3）: 488-500.

［13］ Mason A. Carpenter and James D. Westphal. The Strategic Context of External Network Ties: Examining the Impact of Director Appointments on Board Involvement in Strategic Decision Making ［J］. Academy of Management Journal, 2001, 4（4）: 639-660.

［14］ Manu Gupta. Board Independence and Corporate Governance: Evidence from Director Resignations ［J］. Journal of Business Finance & Accounting, 2009, 36: 161-184.

［15］ Marne L. Arthaud-Day, S.T. Certo, C.M. Dalton and D.R. Dalton. A changing of the guard: Executive and director turnover following corporate financial restatements ［J］. Academy of Management Journal, 2006, 49（6）: 1119-1136.

［16］ M Spence. Job market signaling ［J］. The Quarterly Journal of Economics, 1973, 87（3）: 355-374.

［17］ Reggy Hooghiemstra and Jaap Van Manen. Supervisory Directors and Ethical Dilemmas: Exit or Voice? ［J］. European Management Journal, 2002, 20（1）: 1-9.

［18］ Stuart C. Gilson. Bankruptcy, Boards, Banks and Block holders: Evidence on Changes in Corporate Ownership and Control when Firms Default ［J］. Journal of Financial Economics, 1990, 27: 355-387.

（作者：王性玉、彭宇，河南大学管理科学与工程研究所）

从股市表现看上市出版企业存在的问题及发展对策

随着我国出版体制改革的不断深入，出版业已由传统的出版事业向出版产业转变，经过转企改制后，一批出版企业开始上市。通过上市，不仅可以筹集到大量的发展资金，还能促使出版企业建立现代企业制度，实现出版业体制改革的最终目标。目前，中国出版传媒类上市公司已达 49家，本文选取了 10 家上市出版企业，分别为新华传媒（600825）、天舟文化（300148）、皖新传媒（601801）、中文传媒（600373）、大地传媒（000719）、时代出版（600551）、长江传媒（600757）、出版传媒（601999）、凤凰传媒（601928）、中南传媒（601098），借助 Wind 资讯、各公司年报和其他公开数据，对出版业上市企业在 A 股市场上的表现进行了分析。

一、2011 年上市出版企业股市表现

（一）A 股市场综述

2011 年，在全球经济体总盘中，中国仍然是最具活力的经济体，IPO 数量和融资规模均居世界第一，但 A 股市场的表现却并没有同步。

2011 年，全国 A 股上市公司的数量增加了 279 家，新上市公司累计筹资 2825.07 亿元，虽然新股发行不断，但 A 股总市值却出现了大幅度的下滑。截至 2011 年底，A 股总市值为 214758.10亿元，较 2010 年的 265422.59 亿元缩水了 19.09%，其中 A 股流通总市值为 164921.30 亿元，较上年缩水 14.60%。同时，2011 年深沪两市股指和平均市盈率均出现了暴跌。显然，2011 年的股市市场活跃率进一步降低，A 股市场持续低迷。

尽管面临的宏观经济环境相同，但由于所处行业的景气度差异甚大，不同行业的盈利能力参差不齐。2011 年，所有行业板块股价均普遍下跌，以表现最好的银行类板块为例，2011 全年下跌2.82%，其次为酿酒食品和教育传媒板块，分别下跌 8.54% 和 18.77%，所有行业中有色金属板块跌幅最大为 41.72%，绝大多数行业跌幅都超过市场平均水平（见图 1）。

（二）出版类股市场表现情况分析

国家对文化产业发展日益重视，改革和政策支持成为传播和推动文化产业类企业上市的主要力量。尤其近年，越来越多传媒类企业通过各种方式涌入 A 股市场中接受市场经济的考验。

1.市场预期

市盈率、市净率和股价涨幅情况可以反映市场对企业的评价，从以下分析可见，投资者认可出版类股的长期发展能力并寄予希望。同时，其所属的一级行业传播与文化产业 2011 年的市场表现亦相对较好。

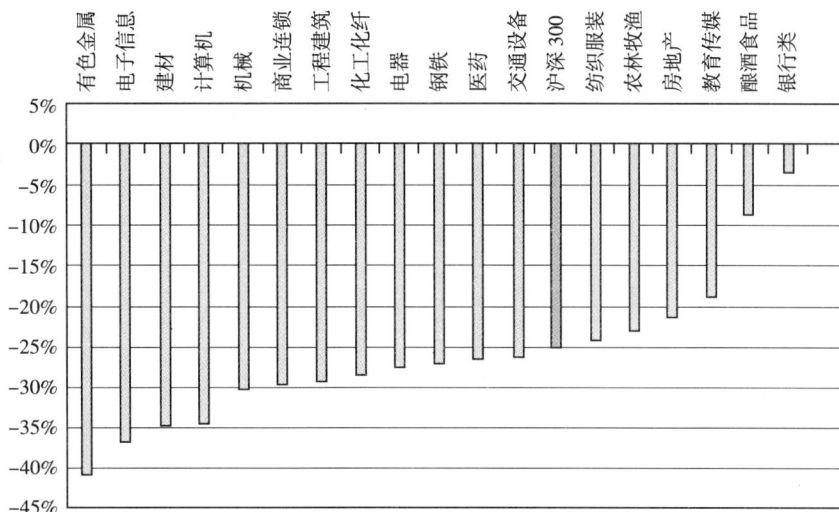

图1　2011年A股行业指数表现回顾

资料来源：《2011年A股市场年报：中国股市表现令投资者失望》，《金融界》，http://gold.jrj.com.cn/2012/01/20113812103632-3.shtml。

　　从市盈率水平来看（见表1），A股市场2011年平均市盈率为12.53倍，上市出版企业平均市盈率约为A股市场市盈率的2倍，为26.43，略低于所属一级行业传播与文化产业28.50倍的市盈率。10大上市出版企业中，2011年度平均市盈率最高的为天舟文化61.54倍，中文传媒最低为16.36倍，但仍高于A股市场平均市盈率。这在一定程度上表明出版业上市企业业绩呈现出良好的发展趋势，投资者较为看好出版行业上市企业的增长潜力。

　　市净率是企业的股票价格与每股净资产的比率，反映投资人对每元净资产所愿支付的价格，它是市场对公司的共同期望指标。因此，市净率越高说明市场对企业的未来越有信心。2011年，10家上市出版企业的平均市净率为3.16，低于传播与文化产业0.17，高于A股市场1.25（见表1）。出版企业的市净率明显高于A股平均水平，说明投资者普遍看好出版上市企业的发展前景。出版、传媒类企业较高的市净率也说明资本市场的价值发现功能和放大功能。

　　在2011年个股股价涨幅前10名中，有两家是出版业上市企业：浙报传媒（600633）和大地传媒（000791），排名第7和第8，涨幅分别为98.08%和94.74%。显然浙报传媒和大地传媒在2011年得到了投资者的支持，出版业上市企业作为A股市场上的新秀，在艰难的市场大环境中仍有2只个股挤进2011年度个股股价涨幅前10名实属不易。

表1　2011年上市出版企业相关数据

	A股市场	传播与文化产业	上市出版企业	上市出版企业比传播与文化产业增减	上市出版企业比A股市场增减
市盈率	12.53	28.50	33.66	5.16	21.13
市净率	1.91	3.33	3.16	-0.17	1.25
资产负债率（%）	85.70	30.30	30.91	0.61	-54.79
主营业务收入增长率（%）	23.17	13.55	26.82	13.27	3.65
每股收益（元）	0.53	0.39	0.41	0.02	-0.12

资料来源：和讯网和各上市出版企业年报，作者加以整理。

2. 股价波动

　　从2011年股价变动数据看（见表2），出版业上市企业股价波动情况与A股市场大体一致，但又表现出行业自身的特点。2011年，A股指数在4月18日达到最高，为3212.22点，12月28

日跌倒最低 2235.62 点。在 10 家上市出版企业中，有 5 家企业股价与 A 股涨势相当，股价在 4 月 18 日前后涨到年度最高。另有 4 家公司股价在 11 月前后达到全年最高，主要原因是出版业受政府政策的影响明显。2011 年 10 月 15 日召开的中共十七届六中全会审议通过了《中共中央关于深化文化体制改革推动社会主义文化大发展大繁荣若干重大问题的决定》，把我国的文化产业提升到一个新的高度，深入研究了文化体制改革，备受股民关注。中共十七届六中全会的召开给文化传媒类股票带来了一轮上涨高峰，国家政策支持让股民对其发展前景持乐观态度，相应地带来了出版上市企业股价的高涨。有 6 家出版上市企业在 2011 年 12 月 29 日前后跌至年度最低价格，其余个股股价跌至最低原因与公司经营情况和市场行情相关。

表 2　2011 年 10 家出版上市企业股价波动情况一览表

证券简称	平均收盘价（元）	最高股价（元）	时间	最低股价（元）	日期
天舟文化（300148）	20.25	31.21	2011-12-13	12.18	2011-6-24
皖新传媒（601801）	13.30	16.21	2011-5-9	10.31	2011-12-27
中文传媒（600373）	17.34	24.56	2011-11-10	13.00	2011-9-29
大地传媒（000719）	15.38	17.70	2011-12-23	13.40	2011-12-29
新华传媒（600825）	7.26	8.86	2011-3-28	5.49	2011-12-28
时代出版（600551）	13.28	17.38	2011-3-25	10.05	2011-8-9
长江传媒（600757）	9.15	12.16	2011-3-29	7.30	2011-12-29
出版传媒（601999）	9.21	11.33	2011-3-24	7.20	2011-9-29
凤凰传媒（601928）	9.93	12.97	2011-11-30	7.65	2011-12-28
中南传媒（601098）	10.32	12.30	2011-1-20	8.57	2011-12-28

资料来源：Wind 资讯，作者加以整理。

3. 成长性

主营业务收入增长率可以作为衡量一个企业产品生命周期，判断企业发展所处阶段的指标之一。一般来说，如果主营业务收入增长率超过 10%，说明公司产品处于成长期，将继续保持较好的增长势头，尚未面临产品更新的风险，属于成长型公司。如果主营业务收入增长率在 5%~10%，说明公司产品已经进入稳定器，不久将进入衰退期，需要着手开发新产品。若该比率低于 5%，说明公司产品已进入衰退期，保持市场份额已经很困难，主营业务利润开始滑坡，如果没有已开发好的新产品，将步入衰落。2011 年，10 家出版上市企业主营业增长率为 26.82%，均高于 A 股市场的 23.17% 和传播与文化产业的 13.55%（见表 1），说明出版业上市公司相对来说增长势头较好，具有较大的发展潜力。

2011 年出版业 10 大上市公司中有 6 家公司的主营收入增长率在 10% 以上，其中，中文传媒增长率排名第一，达到 127.21%。除大地传媒无数据之外，新华传媒的主营收入增长率最低，为 -9.33%，主要原因是受总体经济环境及媒体行业竞争加剧影响，报刊广告业务整体下滑明显。作为我国第一家经营性资产和采编业务资产实现整体上市的传媒企业，出版传媒 4.33% 的主营业务收入增长率表明其主营业务利润开始滑坡，开发新产品、保持原有行业优势成为其实现可持续发展的最大挑战。但综合来看，出版业 10 大上市企业的主营收入增长率都表明出版业仍然属于成长型行业。

4. 获利能力

从每股收益来看，2011 年上市出版企业的获利能力优于所属一级行业传播与文化产业，但达不到 A 股市场的平均水平。2011 年上市出版企业的平均每股收益为 0.41 元，比传播与文化产业高 0.02 元，低于 A 股市场 0.12 元（见表 1），其中中文传媒每股收益最高为 0.85 元，出版传媒最低为 0.12 元。

在2011年股市低迷的大环境中，上市出版企业作为股市中的一支新兴力量表现相对较好，具有一定的发展潜力，但仍需进一步适应市场，不断提高自己的盈利能力和业绩，学会利用上市后的资金优势。

5. 偿债能力

资产负债率可以体现行业和个股的长期偿债能力，在资产负债率方面（见表1），2011年A股市场资产负债率为85.70%，传播与文化产业为30.30%，上市出版企业平均资产负债率为30.91%，其中新华传媒以53.58%最高，最低为天舟文化的8.53%。行业整体负债率水平低，说明上市出版企业承担的风险较小，负债较少，偿债能力较好，但另一方面也说明出版业目前发展较为缓慢，企业利用外部资金较少。

二、上市出版企业存在的问题

近年来，我国不断推出各种政策促进文化体制改革，支持文化产业进入市场、接受市场检验。良好的宏观政策环境和科学技术的不断进步，使我国出版业进入了新一轮的发展高峰，有越来越多的出版企业已经或正在走向上市之路。从中长期来看，我国上市出版企业在市场预期、成长性、获利能力和偿债能力等方面的表现均相对较好，发展前景良好，但仍存在一些不容忽视的行业问题。

1. 依赖政府政策和资金支持，观念亟须转变

我国政府是推动出版企业走向资本市场的重要力量，随着文化体制改革的不断发展，国家为出版企业上市提供了很多政策和资金支持。从目前各地方政府的决策来看，上市被视为应对市场竞争、保护本地出版产业最为有效的方式，特别是当中央政府发出"推动十几家符合条件的出版发行企业上市"的积极信号后，各地政府便争先恐后地开展出版企业改制上市的竞赛。政府的支持无疑是出版企业上市的福音，但过于依赖则会适得其反。出版传媒近年来归属于上市公司股东的净利润开始下降，其中一个重要因素就是政府的扶持资金减少，同时，上市出版企业的股价也受政策影响明显。因此，上市出版企业应积极以市场为导向，政府支持作为一种产业优势，应充分利用，但不要过分依赖。

2. 从上市出版企业主营业务来看，严重依赖教材教辅的出版、发行

在大部分的出版业上市公司的图书出版模块里，教材教辅的收入都是重要的组成部分。国信证券曾在其研究报告中指出，辽宁出版传媒处于一个增长缓慢的行业之中，内生性增长动能不足；就中长期而言，占公司收入和利润分别高达40%与70%以上的教材出版和发行业务，面临教材招投标改革下竞争加剧的挑战，不仅市场份额可能下滑，利润率也会趋薄。教材收入受政策影响明显，会使上市出版企业持续盈利能力降低。

3. 急需完善产业链

出版企业上市后在内部体制、机制创新上的"化学反应"，加速了市场化进程，利用资本市场的融资功能，加快了战略转型，积极创新业态和商业模式，打造产业链，探索"跨行业、跨地区、跨媒体"经营。上市后，虽然加速了出版企业转型和产业链的完善，但现在传统纸质媒体受到新媒体的严重冲击，而大部分出版企业的主营业务仍以传统出版为主，转型压力略大，持续盈利能力也受到挑战。上市出版业公司中，主营业务收入增长率最高的中文传媒，近年在发行、印刷包裹等环节拓展自己的产业链，实现了收入的不断增加。完善产业链成为各个上市出版企业亟须解决的问题。

4. 上市出版企业普遍缺乏长期规划，忽视内部管理

上市对企业的管理能力提出了更高的要求，定期发布其经营状况和财务状况报告，都增加了企业的经营管理压力。出版传媒和时代出版在上市之初，都经过了一段时间的快速发展，但今年的发展速度趋缓甚至开始出现负增长，这都是缺乏长期规划，管理不佳的表现。

5. 资金利用能力较差，存在盲目投资，重复建设现象

从资产负债率来看，出版业上市公司的资产负债率较低，虽然说明其长期偿债能力较好，但亦表明其不能很好地利用外部资金拓展自身业务，实现资产扩张，容易造成发展缓慢。同时，不少上市出版企业的投资方向分散，把上市募集来的资金投入到与主营业务无关的产业，不仅未能提高盈利能力，也造成资源浪费。另外，还存在盲目投资和重复建设问题。在现阶段，这一现象出现最严重的领域是数字出版。虽然数字出版建设对出版企业的长期发展非常重要，但目前其盈利模式不清晰，单个的出版企业也不具备西方大型出版集团的技术和规模优势。所以说，将上市得到的大量发展资金投资于数字出版建设带有一定的盲目性，很容易成为低水平零利润的重复建设，造成资源浪费。就我国目前的情况来看，出版企业应努力向内容提供商转变。

三、上市出版企业的发展对策建议

1. 建立完善的现代企业制度

出版机构由事业单位向企业转变，就要减少对政府的依赖，改变原来粗放的运行体制，建立符合企业运营规律的企业制度，这样才能使出版企业走向市场，提高竞争力，这是出版企业能够得到资本市场认可的前提。可以说，建立完善的现代企业制度是脱离计划经济和政府保护，适应市场经济要求的一条有效路径。完善的现代企业制度同时也能够为上市出版企业制定合理的企业发展长期规划，杜绝盲目发展。

上市是我国出版体制改革发展到一定程度的结果，其最终目的就是使出版企业建立起现代企业制度，目前我国上市出版企业都意识到建立现代企业制度的重要性，也都在积极完善自身的管理制度、财务系统，建立既熟知出版业务又精通金融和资本运作的复合型人才队伍，仍然走在探索之路上的上市出版企业最终定能建立起完善的现代企业制度。

2. 做强做大出版主业，实现专业化与多元化协调发展

有些通过借壳上市的出版企业，目前仍然保留以前的部分业务，比如时代出版现在的主营业务中仍有化学制品制造业等行业。并且随着上市出版企业的不断发展，也有越来越多的企业开始将其业务延伸至不同的专业领域。

从本质上来看，这是主业和副业的关系问题。多元化投资能够分担企业的投资风险，亦能够减轻上市出版企业对教材出版的依赖，对完善产业链和实现战略化转型都有一定的促进作用，多元化经营战略已经在我国出版企业得以实现。从全球出版业排名来看，排在前 10 名的出版强社，其业务范围普遍涉及多个领域，但同时都坚守核心品牌，围绕其核心业务实行业务并购，以实现企业的跨越式发展。以贝塔斯曼为例，其业务范围涉及图书、工业、报纸杂志、娱乐、电台电视、互联网和多媒体等多个行业。但我们还应看到贝塔斯曼的营业收入主要还是图书产业的收入，而潜心于专业出版领域也是贝塔斯曼集团的市场定位。因此，对于我国上市出版企业来说，在利用部分资金拓展其他业务，实现多元化发展的同时，做强做大出版主业，是将来必然的发展趋势。

3. 通过并购、联盟战略扩大企业经营规模

运动中的资本才是最有价值的，出版企业上市后获得大量发展资金，为实现企业的跨越发展

提供可能，并购、联盟是利用资金进行资本扩张的有效手段。这点在全球出版业排名中也有体现，汤姆森、培生等上市出版企业能够在短期内实现巨大飞跃，无一不是树立整合了发展观，通过并购、联盟等战略实现企业经营规模的扩大，增强企业的竞争实力和盈利能力。北方联合出版传媒股份有限公司与时代出版传媒股份有限公司也都在发展过程中不断地进行并购与联盟，以期促进公司的进一步发展。

4. 由传统出版商向内容提供商转型

随着数字技术不断发展，人们的阅读习惯和阅读行为正在发生深刻变化，出版企业的传统主营业务市场受到冲击。并且我国上市出版企业的主营业务仍然停留在传统出版领域，且教材教辅类占大多数，虽然大部分企业已经早已意识到了数字出版业中存在的重大商机，但由于传统出版社数据资源有限，渠道建设成本过大以及数字平台不兼容等原因，即使有强大的资金支持，传统出版企业也无法在数字领域取得较大成功。上市出版企业面临着一个重大转型，就是由传统出版商向内容提供商的转型，利用自己的资金优势和内容优势，与技术提供商联合，实现资源的优化配置才是出版企业进行数字出版建设的正确选择。

【参考文献】

[1]朱宝琛：《证监会：2011 年 A 股一增三降 市盈率暴跌 "最可怕"》，http：//business.sohu.com/20120117/n332399570.shtml。

[2]唐溯：《我国出版上市公司绩效综合评价》，《出版发行研究》，2010 年第 8 期。

[3]王关义、华宇虹：《中国出版业绩效评估研究》，中国财政经济出版社，2010 年。

[4]唐舰、张晓斌：《出版企业上市：走上考场》，《编辑之友》，2008 年第 2 期。

[5]朱晓彦：《出版企业上市之路要走好哪几步》，《编辑之友》，2008 年第 2 期。

[6]张美娟、张海莲：《关于我国出版上市企业发展的思考》，《出版科学》，2008 年第 4 期。

（作者：王关义、张文琪，北京印刷学院）

华人家族企业治理结构解析

——双重性及其演化

    家族企业是世界各国企业创业早期大多采用的一种企业形式，在当今经济生活中也极具活力，是最普遍和最重要的企业组织形式。从华人家族企业诞生的那一刻起，就深深"嵌入"在家族关系网络之中，从家族共同体中汲取各种资源。家族的参与，使华人家族企业除了追求经济目标外还负有促进家族利益增长的责任。融合了家族和企业两个体系，华人家族企业的内部治理机制较非家族企业更加复杂：如何协调和平衡家族与企业之间的利益冲突？如何建立家族治理结构和企业治理结构？如何实现两种治理机制的相容？随着华人家族企业的成长，两种治理结构在企业的作用发生哪些变化？本文将对以上问题做初步的探讨。

一、家族企业治理模式的相关理论

    治理结构（Corporate Governance）是指治理主体之间权利分配和制衡平衡关系的一种制度安排。家族企业的治理结构则指家族企业内代表家族和公司的各个要素之间相互作用的制度安排，以及因此形成的有机框架。对家族企业治理机制的研究已成为家族企业研究中一个非常重要的领域。

    Gersick 提出了经典的家族企业三环治理模式，把华人家族企业表示成三个独立而又相互交叉的子系统：企业、所有权和家庭。家族企业的任何个体，都能被放置在由这三个子系统相互交叉构成的七个区域中，和企业有多种联系的人，存在于两个或三个环的重叠区域。三环模式有效地解释了家族企业中成员冲突、职责矛盾、权力界限等问题的原因，为人们分析家族企业内部各系统间复杂的相互作用提供了有效工具。

    Neubauer 延续了三环模式的成员角色定位方法，对家族企业成员角色进行了更加具体的分析。他认为，一般企业仅面临由所有者、董事会与管理者三个治理机构所组成的七种角色定位（包括企业主本身、董事会本身、管理者本身、企业主—董事会、企业主—管理者、董事会—管理者、企业主—董事会—管理者）；而家族企业还要增加家族因素，导致家族企业面临 15 种复杂的角色定位（见图 1）。

    Carlock 和 Ward 的研究则强调三环模式中家族的角色和作用，他们将家族理事会引入到家族企业治理结构中，使企业内的家族成员得以通过家族理事会，正式或非正式地讨论家族企业事务，形成与董事会作用相当的正式治理机构，促进华人家族企业的持续成长（见图 2）。

    综上所述，盖尔西克等人的环式治理模式，客观反映了家族企业系统在某个特定时刻的治理结构模式，具有较强的实践指导作用和一定的理论借鉴意义，但仍缺少系统的研究框架，且对家族、管理层、所有者三种治理结构之间协调机制的研究仍有不足。

1. 企业管理层/员工
2. 所有者
3. 董事会
4. 家族
5. 家族—所有者
6. 家族—管理层/员工
7. 家族—董事会
8. 家族—管理层/员工—董事会
9. 家族—所有者—董事会
10. 家族—所有者——管理层/董事会
11. 所有者—管理层/员工
12. 所有者—董事会
13. 所有者—董事会—管理层/员工
14. 管理层/员工—董事会
15. 家族—所有者—管理层/员工—董事会

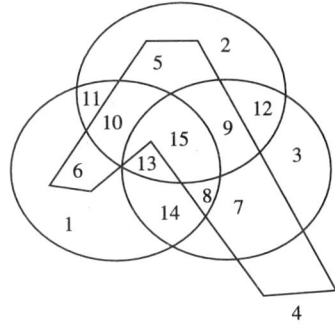

图1　家族成员角色定位示意图

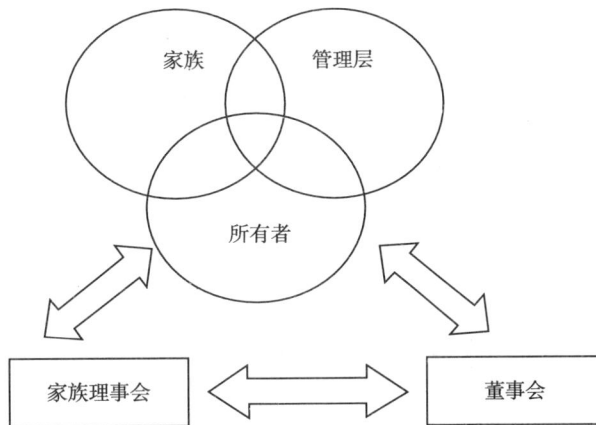

图2　华人家族企业治理结构

资料来源：兰德尔·S.卡洛克、约翰·L.沃德：《华人家族企业战略计划》，北京：中信出版社，2002年。

二、华人家族企业双重治理结构剖析

华人家族企业的独特性质决定着以家族利益为重的家族体系和以市场理性为特征的企业系统，在价值目标、动力机制、生命周期等方面存在着迥然差异。简单而言，基于家族利益的目标包括：保证家族成员对企业的支持、培养接班人、确立对家族有利的所有权关系、确保企业的代际传承等；而基于追求利润的企业目标有：提高市场竞争优势、制定企业长期战略、评价企业市场发展潜力、制订投资计划等。以上华人家族企业管理目标的双重性（即家族的非经济目标和企业的经济目标），决定了华人家族企业治理结构必然具有鲜明的双重性特征，形成契约治理结构与关系治理结构的混合结构。

（一）企业系统内的契约治理结构

契约治理结构基于新古典主义经济学的理性分析立场，将制度作为一种解决集体行动问题时的策略，通过制度约束来促进自利的行动者进行合作。为此，华人家族企业在内部建立起约束人们行为的规则系统，在契约中明文规定了每个人的责任和义务，以及针对机会主义行为的惩罚性措施，并以强制性作为其首要控制机制。

从本质上来看，企业中的内部契约类似于市场交易契约，根据委托—代理理论，由代理方付出劳动为企业创造价值，作为回报，委托方按照契约规定会在未来时期内支付代理方一定的利益补偿。如果对代理方的工作业绩不满意，委托方有权解除双方间的契约关系。总之，华人家族企业的股东会、董事会、监事会及各层级部门之间都会运用契约进行联结，成员行为受到企业内部契约的约束控制，形成以契约为基础的企业治理结构。

在这种契约式治理关系内部流动的是企业内公共信息，这些信息属于"硬性信息"（hard information），例如财务收支状态、生产运营情况、团队绩效等，这些信息以标准化的报表或报告的方式进行上传下达，使决策得以有效执行贯彻。显然，华人家族企业契约治理结构强调正式契约对于企业成长的重要性以及企业对正式制度的设计和控制。

（二）家族体系内的关系治理结构

与契约治理方式不同，家族成员间是以血缘亲缘关系为连接，以感情为纽带，并把家族关系融入到商业管理活动中，建立起信任基础上的关系治理结构，形成共同遵守的行为规范。因此，关系治理变量的引入，使古典经济学的理性选择假定受到了挑战，行动者效用最大化的追求受到了家族文化传统、成员情感、风俗习惯等非正式规范的限制，即并非纯粹的经济动机决定着家族行动者的选择，家族成员的行为深深"嵌入"在家族网络内。

根据社会网络理论，建立在强结点（strong ties）基础之上的关系网络可以带来社会资本和经济收益（Uzzi，1996，1999）。"嵌入式"关系模式加强了家族成员内部的信任和互惠性行为，并在家族内部共享他们的私人信息。与企业系统内通过正式管道流通的"硬性信息"不同，在家族成员内部流动的私人信息属于"软性信息"（soft information），包括家族成员的个人偏好、成员间关系亲疏、婚丧嫁娶、成员在家族整体结构中的位置等非标准化信息，在家族范围内以非公众管道传播。这种带有隐私性的"软"信息分享增加了家族成员间的情感维系和信息，建立起以家族为核心的共同期望，从而减少治理成本，释放资源用于其他有利可图的活动。正是在这种以关系为基础的治理方式下，家族网络体现出浓厚的重亲情关系、轻经济利益色彩，激发家族成员对家族的信任、忠诚、利他主义行为（altruism）。

这种独特的以情感维系为基础的关系治理模式虽然不需双方签署正式契约，也没有明文规定惩罚或赔偿条款，但却具有与契约治理结构相似的激励和监督作用。Harvey（2001）就曾指出，家族体系的独特之处在于家族成员组成的家族社会网络，而这种家族网络又对华人家族企业运作产生巨大影响。

现实中，有些华人家族企业并非败在外部职业经理人的"背叛"上，而是毁于家族成员内部的纷争。因此，要维持家族成员之间的情感基础，避免家族矛盾和管理内耗，家族内部也需要建立起一系列正式非正式的制度安排来促进家族成员间的团结，实现家族资源的有效整合。例如，家族成员的非正式聚会、正式家族会议、家族议会等，这些方式使家族成员有机会见面并表达各自需求、协调家族成员利益冲突，以保证企业管理的稳定和延续性。

（三）双重治理结构的重叠

以上两种治理机制的制度安排、成员目标和约束方式都存在较大差异（见图3），更复杂的是，同一个企业运行的是两种治理结构，要想准确揭示华人家族企业中组织和个人的经济行为，就必须先对复杂的成员关系进行准确的角色定位（见图4）。

在家族、所有者、企业系统组成的三环模式中，企业员工和非家族成员所有者（图4区域2、3、4、5、6、7），其治理模式为典型的契约治理模式；家族成员是以信任和情感维系为基础的关系治理模式占主导（区域1、7、6）。值得注意的是，两种治理模式在区域4、6、7出现重叠，

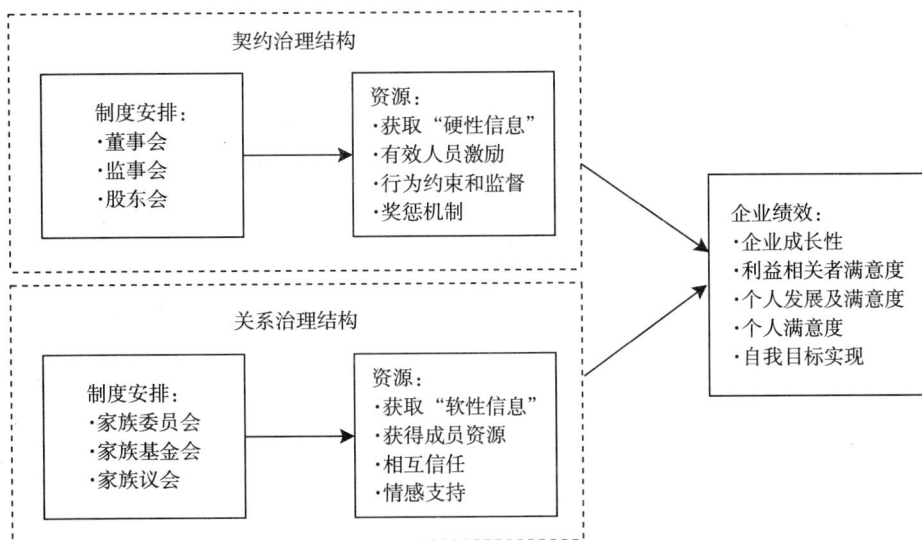

图3 华人家族企业两种治理结构比较

即在企业内工作但不持有股份的家族成员（区域4）、持有企业股票但不在企业内工作的家族成员（区域6）和既在企业内工作又持有股权的家族成员（区域7）同时接受两种治理方式的约束。实践证明，双重治理模式的矛盾和关系在这些家族成员身上体现得尤为明显，也经常演化为华人家族企业内部矛盾激化的焦点。因此，两种治理结构间的有机协调和融合对华人家族企业发展至关重要。

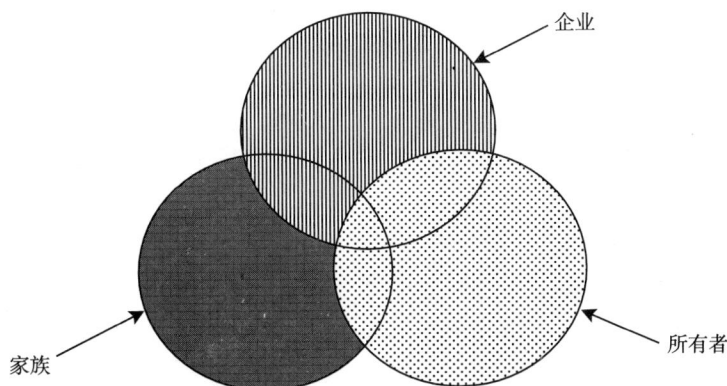

图4 华人家族企业双重治理结构示意图

注：横线区域为关系治理结构，斜线区域为契约治理结构，重叠部分为双重治理结构。

总之，华人家族企业正式的契约治理结构可以最大限度地减少机会主义行为，以情感维系为基础的关系治理结构可以保证家族成员间的团结一致。但在华人家族企业整个生命周期过程中，两种治理机制的力量对比不是恒久不变的，随着时间的推移，其发挥的作用和力量对比也在发生动态变化。

三、双重治理结构的动态演化

从华人家族企业创业到快速成长、成熟、衰退，两种治理结构在华人家族企业内部的力量始终处于动态变化状态，在某些阶段，以家族治理结构为主导，而在某些阶段，契约治理结构发挥更大作用。根据两种治理结构在华人家族企业内力量的动态变化，可以将华人家族企业成长分为四个阶段：创业阶段、协调发展阶段、整合成长阶段、成熟阶段。

（一）创业阶段（Creation）

在华人家族企业创业阶段，企业的主要战略目标是维持生存，企业主作为家族利益的代表，调动家族成员的所有力量，使企业存活下去。家族成员为企业提供创业的大部分资金、帮助企业发掘潜在客户、提供有价值的市场信息，或者干脆加入家族企业，体现出家族企业特有的灵活性及家族高度信任、团结协作的关系特征，家族内关系治理机制的作用得到充分发挥。而此时企业治理结构处于"家企合一"的原始状态，其作用被家族关系网络的力量所体现。

（二）协调发展阶段（Coordination）

企业已经有了一定数量的员工，设有一定的部门经理对生产运营进行监控，企业主和企业在财务和运营上开始出现分离。企业内部以契约为基础的治理结构开始建立，但力量非常薄弱，缺少规范的制度安排。

随着公司规模的扩大，需要进一步拓展管理资源，不少家族成员随之进入家族企业，并会提出股权要求，华人家族企业主也开始为子女利益和家族利益考虑。因此，此阶段虽然家族内部的关系治理结构作用仍占主导，但两种治理结构的矛盾开始显现，两种治理结构在企业家有意识的协调中向前发展。

（三）整合成长阶段（Integration）

企业进入快速成长期，规模快速扩大，企业主已难以依靠个人力量掌控整个企业，职业经理人开始进入企业高级管理层，企业剩余索取权和剩余控制权明显出现分离，公司治理结构开始逐步完善。

此时，要保证企业快速成长的同时提高管理效率，关键在于资源的获取和整合，而不在于资源是来自家族内还是家族外，于是，契约式治理模式开始发挥重要作用。而家族成员由于思想惯性，仍将企业作为获取家族利益的经济平台，两种治理模式的矛盾和冲突时有发生，因此，通常通过相互妥协来实现有效整合，推动企业发展。

（四）成熟阶段（Mature）

企业已经有了足够大的规模和产品市场份额来保证经济上的成功，赢利能力已达到或高于行业平均水平。随着企业的成熟，仅靠家族的财力，已难以支持企业的持续成长。因此，有些华人家族企业就会面向公众募集资金，设立规范的股份制公司，确立股东会—董事会—监事会的法人治理结构，家族成员作为股东参与利润分红。此时企业契约治理结构发挥主导性作用，而家族成员只是企业众多利益相关者一部分，家族利益已为企业利益所包含。

从两种治理结构的演化过程来看（见图5），家族一方由最初对企业的完全性控制（阶段 I）

到最终融入企业的未来发展中（阶段Ⅳ），实际上体现了华人家族企业社会化变迁的整个过程。

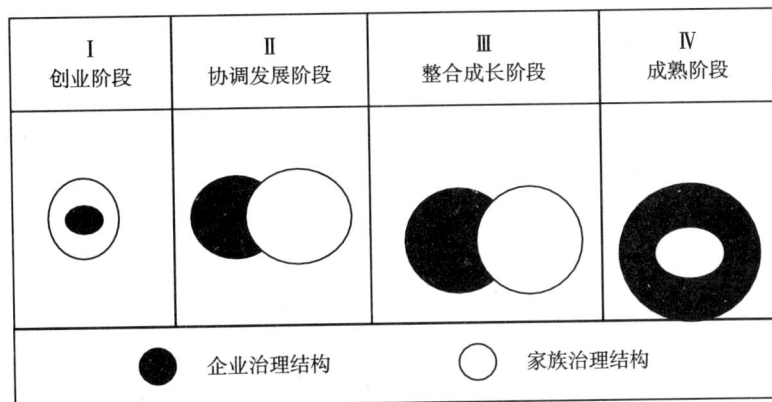

| Ⅰ 创业阶段 | Ⅱ 协调发展阶段 | Ⅲ 整合成长阶段 | Ⅳ 成熟阶段 |

● 企业治理结构   ○ 家族治理结构

图5 华人家族企业双重治理结构的演化过程

随着企业的成长，企业系统的契约治理机制与家族体系的关系治理机制之间自然会有一个相互博弈、相互调和，最终走向合作的过程。这一过程可视为华人家族企业不断"脱嵌"的过程，也是华人家族企业不断成长，最终走向公众公司的演化历程。

四、小 结

与非华人家族企业明显不同的是，华人家族企业无论在哪一个发展阶段，都会持续地受到来自于家族文化某些方面的影响。例如，家庭成员的团结性、家庭的利益偏好、个人性格等都会融入华人家族企业发展的各个阶段，引起企业决策的变动。由于家族内部网络的存在，华人家族企业内部决策不仅涉及单纯的经济利益问题，而且和家族和睦、伦理规范、家庭孝亲、家族秩序息息相关，因此，传统的契约治理结构与家族内部的关系治理结构两者之间能否实现良好合作、家族利益与企业利益能否实现逐步融合，是决定华人家族企业实现可持续成长的关键。

最后还应强调，尽管家族企业是一种在世界范围内普遍存在的组织形态，但在我国深厚的家族文化传统背景下，华人家族企业还是具有其特殊性，以致一些西方主流经济学或管理学理论很难完全诠释其特殊性，这充分说明了华人家族企业治理结构问题的复杂性和深入研究的必要性。

【参考文献】

［1］克林·盖尔西克：《华人家族企业的繁衍》，北京：经济日报出版社，1998年。

［2］兰德尔·S.卡洛克、约翰·L.沃德：《华人家族企业战略计划》，北京：中信出版社，2002年。

［3］Berghe，Carchon.Corporate Governance Practices in Flemish Family Business［Z］. SSRN Working Paper Series，2001.

［4］F.Neubauer.A.G.Lank. The Family busness：his governmance for sustainability［M］. London：McMillan Press，1998.

［5］Freeman，R.E. Strategic management：A stakeholder approach［M］. Boston：Pitman，1984.

［6］Granovetter，M. Economic action and social structure［J］. American Journal of Sociology，1985（91）：481-510.

［7］Harvey，D. Spaces of Capital［M］. New York：Routledge，2001.

［8］Henderson，R.，& Mitchell，W.The Interactions of Organizational and Competitive Influences on Strategy and Performance. Strategic Management Journal，1997，18：5-14 Summer Special Issue.

［9］Mikko Mustakallio，Erkko Autio，Shaker A.Zahra. Relational and Contractual Governance in Family Firms：［8］Effects on Strategic Decision Making［J］.Family Business Review，2002（3）：20-41

［10］Paolo Gubitta，Martina Gianecchini.Governance and Flexibility in Family-owned SMES ［J］. Family Business Review，2002（4）：294-316.

［11］Uzzi，Brian. Social Embeddedness in the Creation of Financial Capital ［J］. American Sociological Review，1999（64）：481-505.

［12］Uzzi，B.，& Lancaster，R. Embeddedness and price formation in the corporate law market［J］. American Sociological Review，2004（69）：319-344.

（作者：许晓明，复旦大学）

论垄断行业国有企业高管薪酬决定的特点及其特殊性

改革开放以来，我国企业高管薪酬决定发生了较大的变化。随着国有经济布局与结构的战略性调整的进展，垄断行业国有企业的改革也在不断深入，对现代企业制度建设发挥重大作用的高管薪酬制度也在逐渐发展与完善。1993年以来，国有企业开展了一系列以年薪制、奖金红利、经营者与员工持股、经营者股票期权等为主要内容的薪酬制度改革，高管薪酬的决定也发生了很大的变化。2003年，在新国有资产管理体制下，国有企业改革又呈现出新的态势，但新的矛盾也随之产生，垄断行业国有企业高管薪酬过高问题日益凸显出来。只有充分认识到垄断行业国有企业高管薪酬决定的特点与其特殊性，才能对垄断行业国有企业高管薪酬决定中存在的问题进行深刻的分析。

一、相关概念界定

（一）垄断行业国有企业

垄断指的是一种状态或行为，即通过经济领域中的独占或排斥、限制市场中的竞争者来获得超过市场一般水平的收益。垄断按市场进入障碍可以分为行政垄断、自然垄断和市场垄断。自然垄断是指一个企业生产全行业产品的成本更低于两个或两个以上的企业分别生产该产品的总成本。通常自然垄断行业的初始投资相当大，若政府不加以适当规制，而全依靠市场竞争机制，那就可能产生不利于社会福利改进以及最优的资源配置的结果，如自来水、电信、煤气、电力、铁路等基础设施和公用服务等。行政垄断指的是特权垄断，依赖行政权力在某一经济领域形成垄断。如银行、保险、军工、烟草（专卖）和食盐（专营）等行业。市场垄断即纯经济垄断，是指因市场力量或技术原因导致的，企业以自身竞争优势形成的垄断地位或寡头合谋状态。

这里采用行业集中率（CRn指数）和赫芬达尔—赫希曼指数（HHI指数）作为衡量垄断行业的判断标准。CRn指数决定了市场的垄断和竞争程度，指的是该行业内的相关市场上前N家最大的企业所占市场份额的总和。例如，CR_6是指行业内前六个最大的企业所占有的相关市场份额之和。美国经济学家贝恩对行业集中度的划分标准进行了研究，将行业市场结构划分为寡占型（$CR_8 \geq 40$）和竞争型（$CR_8 < 40\%$）；又将寡占型分为极高寡占型（$CR_8 \geq 70\%$）与低集中寡占型（$40\% \leq CR_8 < 70\%$）两类，竞争型分为低集中竞争型（$20\% \leq CR_8 < 40\%$）和分散竞争型（$CR_8 < 20\%$）两类。HHI指数是指产业内相关市场上的所有企业的市场份额的平方和。HHI越大，说明产业内竞争性越差，垄断性越强。通常由于HHI指数值比较小，所以在实际应用时需要乘上10000。如果$HHI \geq 1800$，该市场被视为高度集中的市场，即垄断行业；$1000 < HHI < 1800$，市场属于适度集中的市场；$HHI \leq 1000$，市场属于集中程度较低的市场。相比而言，CRn反映了一个行业中的市场结

构，但它没有指出行业相关市场中企业的总数。HHI 指数反映了一个市场的竞争强度，考虑到了企业总数以及企业的规模。所以，HHI 指数是一个较好的衡量垄断程度的指标。

运用 2010 年上市公司 22 个行业的 2162 个上市公司的相关数据，根据 CRn 指数和 HHI 指数的计算方法，可以对这些行业的 CR₈[①] 和 HHI 指数进行估算，计算结果如表 1 所示。通过对 HHI 指数的分析，采掘行业、木材家具行业、石化塑胶行业、电力煤气供水行业、建筑行业、金融保险行业的 HHI 指数超过 1800，属于垄断行业。通过对 CR₈ 指数的分析，发现交运仓储行业、信息技术行业的 CR₈ 值均在 0.7 以上，说明行业内的某些子行业是属于强垄断行业的。如交运仓储行业的铁路、民航和海洋运输业，信息技术行业中的电信业。但是其中木材家具行业的有效样本只有 8 家上市公司，这样计算出来的 HHI 指数和 CR₈ 指数都可能不准确，所以在这里就不算做垄断行业。此外，建筑行业不应属于垄断行业，但通过 HHI 值计算，建筑行业却是属于垄断行业的，其 CR₈ 值为 0.91，说明该行业内的某个子行业有非常强的垄断性，从而使整个建筑行业显现出垄断性。再通过对其子行业的 HHI 值的计算，得到铁路建筑业具有高度垄断性。同样，在石化塑胶行业、电力煤气供水行业中也存在着高垄断性行业，通过计算得到，石油和天然气开采业以及电力、热力的生产和供应业都具有高度垄断性。

表 1 2010 年上市公司 22 个行业的 CR₈ 和 HHI 指数

行业	企业数	CR₈	HHI	行业	企业数	CR₈	HHI
农、林、牧、渔行业	65	0.53	513.507	采掘行业	42	0.58	5377.147
食品饮料行业	85	0.52	495.060	纺织服装行业	77	0.43	364.778
木材家具行业	8	—	2309.655	造纸印刷行业	71	0.473	429.670
石化塑胶行业	245	0.82	5721.191	电子行业	114	0.29	200.050
金属非金属行业	145	0.41	321.820	机械设备行业	339	0.37	230.291
医药生物行业	175	0.37	272.704	其他制造业	16	0.45	1650.54
电力煤气供水行业	75	0.70	1871.752	建筑行业	52	0.91	2210.033
交运仓储行业	72	0.71	776.240	信息技术行业	174	0.72	1468.656
批发零售行业	101	0.54	530.252	金融保险行业	37	0.82	2348.825
房地产行业	140	0.42	374.163	社会服务行业	45	0.68	1042.483
传播与文化行业	29	0.65	712.498	综合类	55	0.64	361.621

资料来源：根据 Wind 数据库中提供的 2010 年上市公司的相关数据计算得到。

因此，垄断行业主要包括采掘行业、石油和天然气开采业、电力和热力的生产和供应业、铁路建筑行业、金融保险行业、电信业、铁路和民航及海洋运输业。

在中国，由于源自于市场经济的纯经济垄断尚未形成，所以，一直以来政府行为在各个行业的国有经济中无处不在，从而导致了各行业国有经济的垄断或是完全垄断。垄断行业是一国经济的基础和支柱，具有重要的国家战略意义。在我国，这些行业的主体均为国有企业，且多数是中央企业。因此，本文研究的垄断行业国有企业主要是指自然垄断与行政垄断行业的国有企业。[②]

政府的任务和努力的方向是创造和维持公平竞争的市场秩序，充分发挥市场竞争的作用。对于自然垄断行业国有企业，政府为了节约交易成本，合理配置稀缺资源，通过经济性规制和社会性规制，试图建立一种蕴含竞争机制的激励机制，以影响垄断行业国有企业的经济决策；或者强制性对垄断行业国有企业的准入条件、价格、质量等方面做出明确规定。对于行政垄断行业国有

[①] 本文计算了该产业内的相关市场上前 8 家最大的企业所占市场份额的总和，即 CR₈。

[②] 在 Wind 数据库中，选择了"控制人类型"为"国资委"、"中央国有企业"、"中央国家机关"、"地方国资委"、"地方政府"、"地方国有企业"的企业类型作为本文所研究的国有企业。

企业，国家机构运用国家赋予且代表公民利益的公共权力对市场竞争进行禁止、限制或排斥。在市场经济条件下，行政垄断行业存在着浓厚的行政权力保护色彩，一般以宏观决策制约社会经济行为。

（二）高管人员

高管人员是高级管理人员的简称，指的是担任董事长、总经理、董事等高级管理职务的自然人。负责日常经营管理的总经理、副总经理、总会计师、董事会秘书等，还有与这些职务相当的主要负责人，都属于高管人员。高管人员往往是拥有企业经营管理才能的专家，其经营管理的职能就是通过对企业资产的具体运作以实现企业资本的保值增值。理论界对公司高管人员的范围界定一直没有统一，主要有以下几种观点：①董事长；②总经理；③公司董事长和总经理；④公司董事长、总经理、党委书记和工会主席；⑤公司董事长、总经理和所有副职。

由于我国垄断行业国有企业自身的特殊性，其高管人员多来自政府任命或晋升到政府相关部门。所以本文研究的高管人员是指在垄断行业国有企业的公司治理结构中的所有高管人员，包括董事长、党委书记、执行董事、总经理、副总经理以及总会计师等。

（三）薪酬决定

报酬有经济报酬和非经济报酬两种类型。经济报酬指的是个体获得的工资、奖金、股权和福利等。工资包括的主要形式有基本工资、技能工资和绩效工资。用于奖励某些员工的特殊贡献的经济报酬称为奖金，其主要形式有佣金、分红计划及收益分享计划。股权主要是指利润分享的各种形式，包括股票期权、期股等。福利有很多种类，例如退休金、人身保险、带薪休假等。非经济报酬涉及员工在工作中的心理与物质条件，它是指个人对工作本身以及个人对工作在心理与物质条件上的满足感，包括工作内容和工作环境。薪酬指的是报酬中的经济报酬。从市场角度看，薪酬是人力资本价值的市场形式，可称为"人力资本价格"；从分配角度看，薪酬是企业对人力资本贡献的报酬部分。在上市公司的年报中能够获得的高管的相关报酬数据基本上都是货币性收入，也是本文研究的"薪酬"。

垄断行业国有企业高管薪酬决定是指垄断行业国有企业在一定的体制环境中，在其他内因与外力的共同作用下，影响与决定这类企业高管人员薪酬的基本因素、相互关系及发生变化的机理。它包含了以下几层意思：①薪酬决定的影响因素及其相互关系是薪酬决定问题的核心；②对薪酬决定的调控是薪酬决定体制的实施保障；③薪酬决定实质上是一种制度变化与安排，特别是研究中国垄断行业国有企业高管薪酬问题时，解决问题的关键是如何处理好薪酬制度安排与垄断行业国有企业体制变革的关系。

二、目前我国垄断行业国有企业高管薪酬决定的特点

垄断行业国有企业的薪酬决定经过一系列的相关制度改革，在以下各方面进行了探索与改进：①高管人员的薪酬激励不足的问题；②以业绩考核的结果决定高管人员的薪酬；③高管人员薪酬的构成问题；④企业激励与约束机制的建立与完善；⑤逐步推进股票期权等中长期激励制度、规范职位消费；⑥招聘职业经理人，使薪酬市场化；⑦董事会决定高管人员的薪酬等。这些改革反映出我国垄断行业国有企业高管薪酬决定的发展趋势，即逐步建立起符合现代企业制度，在管理体制、激励方式与水平上与市场机制全面接轨的高管人员薪酬制度。

1. 高管薪酬水平逐年增长，且增长幅度较快

随着国有企业的改革进程的加快，企业高管人员的薪酬水平也出现了较快的增长。国务院发展研究中心的一项调查显示，2001 年国有企业高管薪酬以"月薪和奖金"为主，89%的国企高管薪酬没有超过 10 万元人民币。2002 年前后开始推行国企高管年薪制，当年高管平均薪酬就达到了 13.2 万元人民币。随着国有企业上市和"股权激励"政策的产生与推行，国企高管的身价便更高了。截止到 2009 年底，有 21.76%的公司使用了高管股票期权激励制度。2005~2010 年，高管薪酬持续增长，从上市公司的统计数据可以看出，2007 年高管薪酬达到增长率的峰值，比 2006 年增长了 57.15%，高管薪酬上涨到 54.8285 万元。而在 2002 年，平均薪酬仅为 13.2 万元，五年间的平均增长率达到了 17.106%（见表 2）。

表 2　上市公司高管薪酬增长表

年份	高管薪酬平均水平（万元）	比上年增长（%）	加权平均每股收益	加权每股收益上升幅度（%）
2002	13.2		0.143	
2005	29.08		0.25	
2006	34.8887	19.97	0.39	56
2007	54.8285	57.15	0.43	10.26
2008	55.6527	1.5	0.337	−21.63
2009	57.51	3.33	0.41	21.66
2010	59.57	3.58	0.45	9.76
年平均递增（%）		17.106		15.21

资料来源：作者根据相关资料整理。

我国垄断行业国有企业上市公司中，84.97%是国有企业，央企资产约占 80%。中央企业是由国资委直接管的企业，虽然数量不多，但由于资产规模较大，实现利润占全国国有及国有控股工业企业的 90%左右，所以其高管人员的薪酬也备受瞩目。2002~2010 年，央企高管人员的平均薪酬从 25 万元涨到 70 万元左右，增长幅度达到了 180%，2002 年、2003 年的薪酬增长率超过了上市公司，而在 2003 年后，国家出台了相关政策制度，虽然薪酬增长率下降了，但薪酬依然是逐年增长的，其平均值丝毫不逊色于上市公司高管薪酬。

表 3　中央企业负责人年收入增长表

年份	高管人员平均薪酬（万元）	比上年增长（%）	中央企业负责人与企业职工平均薪酬的倍数
1999	6.1		3
2002	25		12.7
2004	35	40	13
2005	43	22	13.1
2006	47.8	11.16	14.6
2007	55	15.06	15
2008	60	9.09	14
2009	68	13.33	20
2010	70	2.94	19.2

资料来源：作者根据相关资料整理、计算得到。

2. 高管薪酬与本企业员工薪酬差距不断扩大

从表 3 可以看出，央企高管与企业职工平均薪酬的倍数由 1999 年的 3 倍左右增长到 2010 年

的近 20 倍左右。2002 年中央企业高管人员的平均薪酬水平是职工平均薪酬水平的 12.7 倍，[①] 而 2004~2010 年的年平均增长倍数达到 15.6 倍。这显然不符合推行年薪制时国资委许诺的"规定高管年薪不得超过职工平均工资水平的 12 倍"。2009 年 10 月，国家人力资源和社会保障部等六部门联合出台了《关于进一步规范中央企业负责人薪酬管理的指导意见》，规定央企高管年薪的上限为上年度中央企业在岗职工平均工资的 20 倍（基本工资 5 倍和绩效工资 15 倍）。[②] 看来，2010 年高管薪酬与本企业员工薪酬差距为 19.2 倍，还是处于合理范畴的。

3. 高管薪酬增长与公司业绩挂钩不紧密

高管薪酬与加权平均每股收益虽然有同增同减趋势，但是高管薪酬的变动幅度更大。从表 1 可以看出，2005~2010 年，高管年薪平均年增 19.548%，而加权每股收益年平均上升幅度却只有 15.21%。同时，在加权平均每股收益减少时或增长幅度为负值时，高管薪酬也是增加的。

4. 垄断行业高管薪酬高于同期非垄断行业上市公司的平均水平，且差距在扩大

2003 年，垄断行业与非垄断行业高管薪酬的差距倍数为 1.15，2009 年为 3.04 倍。2010 年垄断行业高管薪酬水平明显高于非垄断行业，行业高管总薪酬排名前两位的都是垄断行业。金融、保险业前三名高管平均薪酬总额达到了 780 万元，而农、林、牧、渔行业却只有 84 万元（见表4）。这两个行业的高管平均薪酬的差距达到了 9.3 倍。

表 4　2010 年不同行业高管薪酬比较

证监会行业	前三名高管平均薪酬总额（万元）	全部高管平均总薪酬（万元）	行业高管总薪酬排名
金融、保险业	780	3169	1
采掘业	174	559	2
建筑业	158	558	3
房地产业	190	520	4
批发和零售贸易	182	463	5
交通运输、仓储业	150	454	6
传播与文化产业	141	391	7
信息技术业	126	365	8
医药、生物制品	135	364	9
机械、设备、仪表	125	359	10
食品、饮料	126	359	11
综合类	136	354	12
社会服务业	122	346	13
金属、非金属	118	327	14
电子	129	323	15
电力、煤气及水的生产和供应业	114	309	16
造纸、印刷	91	307	17
纺织、服装、皮毛	104	289	18
石油、化学、塑胶、塑料	101	281	19
木材、家具	98	272	20
其他制造业	113	259	21
农、林、牧、渔业	84	236	22

资料来源：《投资者报》数据研究部。

---

① 刘晓滨等：《中直企业老总收入调查》，《劳工工资动态》，2002 年第 6 期。

② 凤凰网财经：《央企高管薪酬上限敲定为 20 倍央企在岗职工平均工资》，http://finance.ifeng.com/ news/ 20090924/ 1279523.shtml.2009-9-24。

5. 垄断行业国有企业高管薪酬与同行业员工薪酬差距较大

2010 年, 我国全国职工平均工资是 36539 元。而通过表 5 中的数据计算, 2010 年前三名高管平均薪酬为 529849 元, 那么前三名高管平均薪酬是全国职工平均工资的 14.5 倍。在垄断行业内部, 薪酬差距也很大。金融业前三名高管平均薪酬是其职工平均工资的 37 倍, 信息业前三名高管平均薪酬是其职工平均工资的 6.5 倍, 交通运输业前三名高管平均薪酬是其职工平均工资的 12.4 倍。

表 5 2010 年垄断行业与非垄断行业职工平均工资水平

国民经济行业分组	前三名高管平均薪酬（元）	合计（元）	国有单位（元）	城镇集体单位（元）	其他单位（元）
农、林、牧、渔业	260000	16717	16522	18156	21359
采掘业	580000	44196	44904	23791	44907
电力、燃气及水的生产和供应业	380000	47309	47724	33851	47164
建筑业	526667	27529	31777	20210	27522
制造业	375555	30916	36386	20841	30609
交通运输、仓储和邮政业	500000	40466	40097	19882	43176
信息传输、计算机服务和软件业	420000	64436	46402	37576	74178
批发和零售业	606666	33635	35814	16816	35109
食品饮料业	420000	23382	23864	18808	23505
金融业	2600000	70146	66014	44154	77445
房地产业	630000	35870	33967	24617	37102
社会服务业	406666	47971	43457	29259	589475
传播与文化业	470000	40198	407665	28141	361945
综合类	450000	39237	397495	29801	28032

资料来源:《中国统计年鉴》(2010), 中国统计出版社, 2011 年。

6. 薪酬结构注重企业绩效与中长期激励

随着企业股权、期权、中长期福利等激励手段的运用, 垄断行业国有企业加大了对高管人员的业绩考核力度, 提高了绩效薪酬的比重, 薪酬激励的重点发生了变化: 一是增加了绩效薪酬的比重。有的央企负责人的业绩薪酬最高可以达到 3 倍基本年薪。如果企业负责人年薪是由基本年薪和绩效年薪两部分组成的话, 那高管人员的绩效年薪可占到年度薪酬的 75%。如果企业高管人员的薪酬是由岗位薪酬、绩效薪酬与福利组成, 则绩效薪酬与企业长期发展、企业的改革成效相挂钩。二是增加了中长期激励的比重。股权、期权等中长期激励方式是管理要素参与经营收益分配的重要形式。图 1 是 2010 年企业高管薪酬中长期激励方式的使用比例。随着国家一系列相关政策的出台, 中长期激励的比重也逐渐增加。2010 年各行业长期激励给予高管人员的价值比 2009 年都有不同程度的增长, 公司的长期激励授予价值的中位值较 2009 年增长了 15%。

7. 公司治理结构有了较大改善

企业高管人员的薪酬决定问题与企业的产权结构及公司治理结构有着紧密的联系。企业高管人员的薪酬水平是一把"双刃剑", 它既是产权制度安排的结果, 也对企业的经营管理产生很大的反作用力。我国垄断行业国有企业通过产权多元化或重组上市引进战略投资者, 逐步形成符合行业技术经济特征和经济发展需要的产权结构和治理结构。电力、电信、铁路、民航、石油等行业的国有企业实现了投资主体多元化、非公有资本参股的格局。

董事会作为现代公司治理的核心, 逐步发挥其作用, 董事会成员的代表性普遍提高。大多数公司基本建立了符合我国公司法和公司治理规范的董事会议事制度。上市公司独立董事制度和董事会专门委员会制度也基本建立, 保障了董事会的独立性和有效性。同时, 上市公司内部控制和

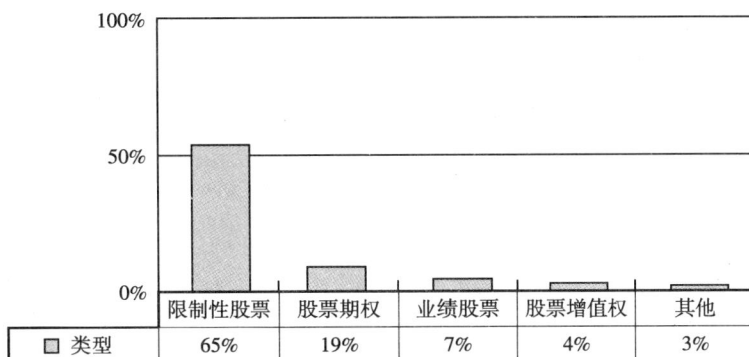

□ 类型	限制性股票	股票期权	业绩股票	股票增值权	其他
	65%	19%	7%	4%	3%

图1 2010年企业中长期激励方式的比重

资料来源：2010年韬睿惠悦长期激励数据库。

监督机制进一步完善。大多数上市公司都建立了审计机构或是审计委员会，负责公司财务信息及其披露。

8.高管薪酬决定的相关立法工作得到加强

我国现行的公司法、证券法、证券交易所的相关规则以及公司章程中对高管人员的薪酬进行了规定，在一定程度上规范了高管人员的行为，使得高管人员激励与约束机制有了法律依据，也使得薪酬决定程序逐步规范。由谁来选择薪酬制度、薪酬结构的组成、绩效考核指标的确定，独立董事的作用发挥、薪酬委员会的运作等与薪酬决定相关的问题，在我国相继出台的围绕公司治理与高管人员激励与约束的一系列法规和政策中都有法可依，有章可循。

三、垄断行业国有企业高管薪酬决定的特殊性

（一）垄断行业的特征

垄断在经济学意义上原是泛指不完全竞争市场结构。曼昆在《经济学原理》一书中，把垄断分为市场垄断、自然垄断和行政垄断三种类型。在计划经济体制下，我国的垄断行业都是牵涉到国计民生的，主要集中于国家的基础设施领域以及与此相关的服务领域。由于在这些行业中的企业拥有并占用了国家的经济资源，从而形成了绝对的行业垄断。目前，我国市场垄断并没有形成垄断行业，因为没有任何一家民营企业可以凭借其资金投入与垄断行业中的企业进行较量，而只形成了自然垄断和部分行政垄断。垄断行业是指那些依靠国家特许政策或专有技术从而垄断整个行业的生产或经营的行业，如公用事业。在我国，这些行业依靠规模经济取得自然垄断地位，又因提供公共性的产品或服务获得行政性垄断。所以垄断行业具有自然垄断与行政垄断双重垄断的特征。

我国的垄断行业是集中度很高的垄断，行业中的企业数量比较少，是国家政府出于维护公有制、掌握国民经济命脉的国家所有制垄断，往往借助政府权力来实施垄断。

（二）国有企业的性质

关于国有企业的说法目前还没有一个统一的界定，以下几种情况通常被认定为国有企业：国家直接投资或直接经营的企业；政府或公有机构投资建立的企业；拥有半数以上股份的企业；政府或其所属机构参与经营的企业。我们认为，对我国现阶段来说，国有企业是由国家出资建立的

或是由国家绝对控股的特殊的经济组织。国有企业是国家理性选择的结果，是国家与企业之间的一种刚性的制度与契约安排。所以，国家就会根据自身的发展目标来要求国有企业的行为模式。我国的国有企业经历了"实施中央和地方分权—扩大企业自主权—搞活国有企业"的改革之路，实际上这是我国发展市场经济寄期望于国有企业的表现。

西方发达国家也有国有企业，是处于市场经济下的国有企业，是政府干预经济的手段，是为了政府管制的需要或是提供公共产品与服务而存在的。我国的国有企业的存在不仅是政府干预经济的手段，也是政府参与经济的手段，是为了弥补市场缺陷、巩固社会主义建设的经济基础而存在的。由于长期的计划经济体制，我国有着大量的国有企业，这些国有企业并不像西方市场经济国家一样，建立一个国有企业，就赋予其相应的使命。我国国有企业是没有赋予其具体的使命的，国有企业的宗旨、使命和定位过于宽泛，一个国有企业同时承担国家政府赋予的使命时，往往会相互矛盾。

国有企业的使命及国有企业的企业本性，使得国有企业集非经济性目标与经济性目标于一身。国有企业的非经济性目标是指在一定时期内国有企业使用一定数量的国家资本、信用、人才及其他社会资源，所从事的不经济的经营活动，目的是在更长期的时间里实现国家经济发展、改变经济结构失衡等国家发展目标。国有企业的经济性目标是指国有企业和其他企业一样，都是追逐经济利益的。但国有企业的经济性目标与其他企业的经济性目标，由于企业所依托的制度基础不同而有着根本性差别，国有企业的经济性目标依托的是"国有"的制度基础，往往逐利是其非逐利的派生物。而其他企业的经济性目标来源于企业本身的制度属性。西方发达的市场经济体制中，作为政府干预经济的手段，大多数的国有企业都是在无利或微利的非经营性领域，数量少，规模小。而我国的国有企业，作为参与经济的手段，比西方发达国家的国有企业的范畴要广泛得多，营利性也要大得多，国有企业的目标也就多得多。通常，竞争性国有企业从事经营活动，追逐利润最大化，所以，其经济性目标要高于其非经济性目标。垄断性国有企业从事非经营性活动，更多的是政府干预经济的手段，所以，其非经济性目标要高于其经济性目标。

总之，与其他企业比较起来，国有企业具有双重性，即共性和特殊性。共性为它是追逐利润最大化的"经济人"；特殊性是它的投资者是国家，它必须向国家上缴利润。

（三）垄断行业国有企业高管薪酬决定的特殊性

我国垄断行业国有企业在有强大的国有资产作为资本来源，同时拥有垄断特权的背景下，其高管薪酬决定较其他企业有以下特殊性：

1. 垄断"寻租"性

垄断行业国有企业的非经济性目标决定了其势必得到国家或政府相关部门的大力支持与关照，从而带来了对该类企业无法进行有效的监督与管理，这也就为行业与行业之间、企业与企业之间，甚至是相关单位及个人之间的权钱交易提供了可能，加剧了垄断行业的"寻租"现象。即便是民营企业进入垄断行业，份额与规模往往也很小，利益也是被剥夺的，随时面临出局的危机。目前，国家以行政手段对垄断行业的相关企业进行拆分重组，这样垄断行业国有企业的势力范围扩大了，垄断程度加深了，实际上是提高了相关垄断行业的准入条件，如煤炭、石油等行业。由于拆分重组后的企业结成"利益同盟"，共享垄断收益，可以制定其理想的垄断价格。所以，垄断"寻租"性带来了垄断行业国有企业的高收入，从而使得其高管薪酬的决定并不完全来自于高管的努力与能力或是企业的业绩。

2. 垄断利润的独享性

国家是我国垄断行业国有企业的出资者，国家的资金投入主要用于企业的建设与运营，企业日常消耗的资源也是属于国家公民的，而企业为自己得到的资金与资源所付出的资源税费是相当少的。国家作为企业的出资人，让国企向国家上缴利润或者分红也是理所当然的。可是政府并没有把自己这最重要的权益落到实处，未公平公正地解决。国有企业只要付出较低的费用，就能得到国家垄断资本的投入。而在国外，一些国家规定了利润上缴的比例。例如，法国要求把国企税后利润的 50% 上缴给国家；瑞典、韩国、丹麦等国要求的利润上缴比例也达到了 1/3，有的国家甚至为 2/3。而我国垄断行业国有企业的收入分配没有真正地进入到公共财政领域，并未体现出"全民所有"的性质，大量的利润还停留在国企内部。这使得垄断行业国有企业高管薪酬的决定出现了自定高薪酬的现象。

可见，我国垄断行业国有企业高管薪酬的决定与薪酬决定的一般原理，即企业绩效、企业规模、相对绩效（企业间的横向比较）、职位变迁及政治力量等诸因素均可左右高管人员报酬水平，相较而言，它既要受薪酬决定的一般规律的影响，它也有着自身的特殊性，它的特殊性更多地来源于垄断、高新技术、国家的相关优惠政策等方面，当然，国家如何来管理这类企业也是重要的影响因素。西方市场经济国家通过产权的界定、资产收益与劳动收益的明确、成熟的劳动力市场等方面的管理来实现行业间收入的平衡，也使得垄断行业国有企业高管薪酬的决定相对合理。我国垄断行业的企业主要是国有独资或国有控股的公司，国有企业的社会责任决定了其是国家代表公众利益参与经济与干预经济的有效手段，同时，它注重非经济目标的实现超过了经济目标的实现。因此，目前垄断行业国有企业高管薪酬决定的特殊性并没有体现出垄断行业国有企业存在的实际价值与作用。

四、结束语

我国垄断行业国有企业的存在不仅是政府干预经济的手段，也是政府参与经济的手段，是为了弥补市场缺陷、巩固社会主义建设的经济基础而存在的。由于长期的计划经济体制，我国国有企业数量众多，再加上垄断行业具有自然垄断与行政垄断双重垄断的特征，所以深刻剖析垄断行业国有企业高管薪酬决定的现状及其特殊性，有利于我们分析垄断行业国有企业高管人员薪酬决定的各种影响因素，也为从理论高度来分析和从实证角度来解释垄断行业国有企业高管薪酬决定问题，奠定了坚实的基础。

【参考文献】

[1] 杨蓉：《如何看待国有垄断企业高管薪酬过高》，《文汇报》，2010 年 11 月 29 日。

[2] 黄继忠：《自然垄断与规制：理论和经验》，经济科学出版社，2004 年。

[3] 于春良：《自然垄断与政府规制：基本理论与政策分析》，经济科学出版社，2003 年。

[4] 杨兰品：《试论行政垄断及其普遍性与特殊性》，《武汉大学学报》（社科版），2005 年第 6 期。

[5] 李耘涛：《企业高层管理人员人力资本定价模型研究》，天津大学博士学位论文，2006 年。

[6] 吕政、黄速建：《中国国有企业改革 30 年研究》，经济管理出版社，2008 年。

[7] 上海证券交易所研究中心：《中国公司治理报告：董事会独立性与有效性》，复旦大学出版社，2004 年。

[8] [美] 曼昆：《经济学原理：微观经济学分册》，北京大学出版社，2009 年。

[9] 李晓宁：《国有垄断与所有者缺位：垄断行业高收入的成因与改革思路》，《经济体制改革》，2008 年第 1 期。

[10] 朱莺：《我国垄断行业职工高福利现象解析：成因及负面影响》，《上海企业》，2007 年第 1 期。

[11] 胡岳岷：《论国有企业的性质》，《江汉论坛》，2005 年第 8 期。

［12］黄速建、余菁：《国有企业的性质、目标与社会责任》，《中国工业经济》，2006 年第 2 期。

［13］黄群慧：《新时期国有企业的使命与国企领导人的薪酬制度》，《经济与管理研究》，2008 年第 1 期。

［14］仵明丽：《收入差距中的国企垄断行业研究》，《法制与社会》，2010 年第 9 期。

［15］周业安：《经理报酬与企业绩效关系的经济学分析》，《中国工业经济》，2000 年第 5 期。

（作者：丁敏、杨爱元，安徽大学商学院；韦邦荣，安徽大学经济学院）

基于动态调整模型的高新技术企业
资本结构的实证研究

一、文献回顾

企业投融资方式的选择是企业经济运行的核心问题，资本结构理论的研究经历了半个多世纪，有着浩如烟海的研究文献。Titman 和 Wessels（1988）最早全面地研究了资本结构的决定因素，样本数为美国 1972~1982 年制造业中 469 家上市公司。研究结果为获利能力与负债率之间呈显著的负相关关系。Jordan、Lowe 和 Taylor（1998）以 1989~1993 年 275 家英国私人或独立的中小型企业为有效样本，其结论为企业获利率与负债比呈正相关关系。Allen N. Berger（2006）以美国银行业 1990~1995 年 7320 个银行为研究对象，提出了基于代理成本假说，高财务杠杆或低权益资本结构比率是与高利润效率相联系的，同时高利润率反作用于股权资本结构，可以减少代理成本。Francisco Sogorb Mira（2003）对西班牙 1994~1998 年 6482 个中小企业资本结构进行研究，发现具有更多发展机会的公司将更多利用债务融资，尽管与短期债务融资比率成反比。Thomsen 和 Pedersen（2000）以欧洲 12 国最大的 435 家公司为样本，在控制了国家效应、行业以及资本结构因素之后发现，公司业绩与第一大股东持股比率呈现开口向下的二次方抛物线形态；而销售收入增长率与股票集中度之间没有显著的相关关系。

近年来，国内关于资本结构的研究层出不穷。这些文献可以分为三类：其一是对某阶段的理论模型进行介绍和评述；其二是对国有企业资本结构形成原因进行探讨；其三是利用上市公司的数据对理论模型进行实证检验。实证研究的范围主要集中在两个方面：一为资本结构的经济效果研究；二为资本结构的影响因素研究。

冯根福、吴江林、刘世彦等（2000）选取样本为 1996~1999 年的中国上市公司数据，用主成分分析法提取公因子再进行多元线性回归分析。结论为公司盈利能力与其资产负债率呈显著的负相关。王娟和杨凤林（2000）以 2000 年深沪市场非金融类（除 ST、PT 类公司）845 家上市公司 1999~2000 年的财务数据和相关统计数据为研究对象。得出结论是盈利能力是影响资本结构变动的第二大因素，但两个盈利能力指标对资本结构的影响是完全相反的，即内部留存收益对于资本结构呈负相关关系，净资产收益率与资本结构呈正相关关系。刘志彪等（2004）选取 2002 年 12 月 31 日前上市的公司，除去极端值，共有 5730 个有效样本。实证分析的结果是资本结构与公司业绩呈负相关关系。童勇（2004）、肖作平（2004）等利用班纳纪、海斯马迪和韦尔伯格（1999）提出的资本结构的动态调整模型对我国上市公司进行了实证检验，拟合度均较静态模型有所改善。苏冬蔚和曾海舰（2009）实证研究表明宏观经济状况是影响资本结构的重要因素，宏观经济上行时，公司资产负债率下降，宏观经济衰退时，公司资产负债率上升。王志强和洪艺珣（2009）选取 2001 年 12 月 31 日前在沪、深上市的 A 股公司为样本，实证研究表明公司历史显著地影响它们的资本结构，但经过一段时间，公司的资本结构会趋近于其动态的目标资本结构。

大多数国内外的相关研究所具有的缺陷是：第一，他们在进行分析时所采用的是公司资本结构的观测值，而相关的资本结构理论是针对最优资本结构进行分析的，而在现实中，出于调整成本或交易成本的存在，随着时间的变动，公司不可能总是把它们的资本结构调整到最优状态，而是处于一个次优的资本结构；第二，大多数的实证分析采用的是静态的分析方法而不是动态的分析方法，因此不能揭示资本结构动态调整的本质。虽然，童勇（2004）、肖作平（2004）等利用班纳纪、海斯马迪和韦尔伯格（1999）提出的资本结构的动态调整模型对我国上市公司进行了实证检验，但是所选样本包含多种产业、多种行业，相对削弱了模型的解释力。而本文采用资本结构的动态调整模型，利用动态面板数据的计量方法对我国高新技术产业这一具有特定经济特征的企业群体的资本结构进行实证研究。

二、资本结构动态调整模型的提出

根据现代资本结构理论，企业的目标资本结构，也就是能最大化企业价值的最优资本结构，是由一系列因素所影响并决定的。由于各企业特征上的差异，它们的目标资本结构也不相同，即便是对同一个企业而言，在不同的时期，其目标资本结构也不是恒定不变的。因此，我们可以用模型（1）来表示企业的目标资本结构。

$$L_{it}^* = \alpha_0 + \sum_j \alpha_j X_{it} + \varepsilon_{it} \tag{1}$$

式中，L_{it}^* 为企业 i 在 t 时期的目标资本结构，X_{it} 为影响公司目标资本结构的公司特定时变因素。在一个没有摩擦的完美市场中，企业 i 在 t 时期 L_{it} 观测到的资本结构 L_{it} 应该等于其目标资本结构 L_{it}^*，即有 $L_{it} = L_{it}^*$。但是，在现实世界中，企业对其资本结构的调整是有成本的，因此企业往往只是进行部分调整，而不会调整其资本结构正好为目标资本结构，即有：

$$(L_{it} - L_{it-1}) = \delta_{it}(L_{it}^* - L_{it-1}) \tag{2}$$

在模型（2）中，δ_{it} 是资本结构的调整系数，反映了公司对其资本结构的调整程度。根据模型（2），从 t–1 时刻到 t 时刻，公司调整它的资本结构到目标资本结构（即最优资本结构 L_{it}^*）的程度，取决于调整系数 δ。若 δ = 1，则公司将在一期内完全调整它的资本结构到目标资本结构；若 δ < 1，由于存在调整成本，公司只是部分调整它的资本结构到 L_{it}，而不是目标资本结构 L_{it}^*；当然若 δ > 1，则公司对其资本结构进行了过度的调整，仍然没有达到目标资本结构。总的来说，δ 反映了公司调整资本结构的一种速度，δ 值越高则调整速度越快。

为了进一步的研究公司对资本结构的部分调整及调整速度，我们考虑内生化调整速度 δ，即假定 δ 是由一些公司的特定因素以及一些时间的特定因素影响并决定的。即有：

$$\delta_{it} = \beta_0 + \sum_k \beta_k Y_{it} + \varepsilon_{it} \tag{3}$$

在模型（3）中，δ_{it} 为公司 i 在 t 时期对其资本结构的调整速度，Y_{it} 为影响调整速度的公司 i 特定因素在 t 期的值。

由模型（2），根据动态目标调整过程我们可以得到实际资本结构的表达式：

$$L_{it} = \delta_{it} L_{it}^* + (1 + \delta_{it}) L_{it-1} \tag{4}$$

通过以上分析我们可以看到，模型（4）完全刻画了公司对资本结构的动态调整，并把最优资本结构 L^*_{it} 和资本结构调整速度 δ_{it} 内生化。本文的实证分析就是建立在该模型的基础上。作为对比，本文还估计了一个静态模型，这也是目前多数国内学者在分析上市公司资本结构影响因素时所采用的模型。事实上，静态模型是我们所讨论的动态模型的特殊形式，当调整速度为 $\delta = 1$ 时，动态模型就转化为静态模型。这也说明用静态模型进行估计实际上是做了一个很强的假设，及公司的资本结构在任何时候都处于最优水平，这种假设显然是与现实有很大差距的。

$$L_{it} = \alpha_0 + \sum_j \alpha_j Y_{jit} + \varepsilon_{it} \tag{5}$$

三、变量设计

1. 资本结构度量指标的确定

在我国，上市公司负债期限结构呈现如下特点：短期负债占主导地位，长期负债占负债总额的比重很小，有些企业的短期负债一般是长期负债的数倍，甚至数十倍。虽然我国上市公司的负债中大部分是短期负债，长期负债所占比例较少，但由于我国很大一部分短期负债存在循环使用即短期负债长期化的情况，所以，短期负债给企业带来的流动性压力及短期内再融资的压力较小，再加上《破产法》的不完善及一些地方政府的保护措施，资金短缺无法及时偿还债务时的破产风险也很小。因此，可以认为，我国上市公司的短期负债在性质上与长期负债没有本质区别。基于以上论述，本文采用总负债与总资产的比值作为企业资本结构的度量。

2. 模型（1）指标的确定

基于最优资本结构影响因素的理论分析，兼顾我国上市公司信息披露的情况，本文在解释变量设计中将理论分析的可能影响因素与现实经济中信息获取的实际可行有机地结合起来，力求使实证分析能够全面反映理论研究成果。因此，本文选择公司规模、公司的成长性、盈利能力、非债务性税盾、资产流动性、资产构成作为高新技术上市公司资本结构的影响因素，纳入动态调整模型。

表1　模型（1）指标名称及计算方法

指标名称	指标代码	计算方法	假设其与资本结构的相关关系
资本结构	LEV	总负债/总资产	—
公司规模	SIZE	总资产的自然对数	正（+）
公司的成长性	GROW	主营业务收入增长率	正（+）
盈利能力	PRO	净利润/净资产	负（−）
资产流动性	LIQU	流动资产/流动负债	负（−）
非债务性税盾	NDTS	固定资产累计折旧/期末总资产	负（−）
资产构成	STRU	期末固定资产净值/期末总资产	正（+）

3. 模型（3）指标的确定

（1）公司向最优资本结构的调整速度主要决定于调整成本。一方面，如果调整成本比较高，那么只有在目前的资本结构与最优水平之间有足够的差距时，才会对其进行调整。在这种情况下，调整速度和第 t 期最优负债率与第 t−1 期实际负债率之差的绝对值正相关，即使负债水平与最优水平十分接近的公司也不会完全调整到最优水平 L^*_{it}，因为相对于调整带来的好处，进行微量调整的

成本是相当高的。另一方面，如果调整速度和差距之间呈负相关，就说明负债水平比较接近最优水平的公司会进行更为积极的调整，而偏离最优水平较多的公司则调整得比较缓慢。在这里，用 $DIST = |L_{it}^* - L_{it-1}|$ 表示实际资本结构偏离最优资本结构的程度，且假设偏离最优资本结构的程度同资本结构调整速度之间呈正相关。

（2）另一个可能影响调整速度的变量是公司的规模（SIZE）。公司规模对调整速度的影响可以从以下几个方面来看。首先，规模较大公司进行资本结构调整的单位资产固定调整成本要更小。其次，根据代理成本理论，大公司的信息更为公开化，因此更容易获得外部资金以便向最优负债水平进行调整。根据以上分析，假定调整速度和公司规模正相关，公司规模（SIZE）这里仍用总资产的自然对数表达。

（3）公司的成长性（GROW）和盈利水平（PRO）也是影响调整速度的重要因素。成长性强和盈利水平高的公司进行融资时有更多的选择，可以改变其融资来源快速地调整其资本结构。而对于低成长或盈利水平低的公司而言，只能通过发行新股来回购债券或进行相反的操作来调整其资本结构。在信息不对称的情况下，以上两种操作都会给市场传递负面信号，从而降低公司的市场价值。对于我国上市公司而言，由于证监会对上市公司的增发和配股有着严格的规定，而这些规定又是以公司的收益率为基础的，成长性、收益率高的公司往往容易获得核准。因此，我们预测调整速度和成长性及盈利水平正相关。成长性这里用本期销售增长率表示，盈利水平用总资产收益率表示。

4. 原始数据的统计描述

从国泰安数据库中找出各样本公司各年的数据，求出各指标各年的平均值与标准差，汇总整理如表 2 所示。

表 2　样本公司各指标的统计描述

	时间	资产负债率	公司规模	盈利能力	流动性	非债务性税盾	资产构成	成长性
平均值	1997	38.16%	20.35	7.68%	2.91	7.85%	20.96%	——
	1998	39.08%	20.57	6.27%	2.35	8.60%	22.11%	43.42%
	1999	41.63%	20.74	4.33%	2.04	9.25%	22.83%	28.71%
	2000	43.15%	20.95	5.18%	2.09	9.17%	22.57%	73.27%
	2001	44.33%	21.11	3.37%	1.90	9.41%	22.92%	36.58%
	2002	46.71%	21.21	2.97%	1.63	10.51%	23.91%	20.61%
	2003	47.99%	21.31	1.83%	1.51	11.36%	25.71%	24.17%
	2004	49.33%	21.38	2.08%	1.44	11.80%	26.50%	28.26%
标准差	1997	16.47%	0.83	5.34%	3.43	5.77%	10.78%	——
	1998	17.98%	0.83	6.12%	2.11	5.75%	12.13%	156.98%
	1999	17.82%	0.84	7.98%	1.63	5.91%	13.25%	73.36%
	2000	16.57%	0.84	2.83%	2.36	6.14%	11.41%	251.15%
	2001	17.27%	0.82	4.69%	1.36	6.98%	13.45%	95.01%
	2002	16.07%	0.80	2.89%	0.79	8.22%	14.67%	32.72%
	2003	16.44%	0.83	4.72%	0.66	7.97%	14.56%	50.50%
	2004	15.92%	0.84	4.72%	0.73	7.95%	14.77%	157.63%

从对原始数据的统计来看，在考察期间，企业规模（SIZE）平均值逐步上升，并且标准差相对其原始数据来说非常小且变化不大，说明样本公司的规模分布比较集中，并且规模的增加是由于样本公司整体规模的增加。企业的平均负债率（LEV）逐年上升。该类企业平均盈利能力（PRO）随时间的波动比较大，说明我国高新技术企业受宏观经济形势的影响比较大。

四、动态调整的过程分析

1. 模型估计方法

所要估计的模型（4）中 L_{it}^* 和 δ_{it} 都是不可观察的，分别用模型（1）和模型（3）进行代替，实际上此时动态模型（4）已经成为一个非线性模型，采用非线性最小二乘法（Non-linear OLS）进行估计的过程中，我们在此选用固定效应模式，遇到的最大困难是模型（3）中一个解释变量 $DIST = |L_{it}^* - L_{it-1}|$ 无法直接获得，形成迭代过程，这决定了这个方程组无法直接估计。我们采用的方法是：

（1）将模型（1）和模型（3）带入模型（4）中消去 L_{it}^* 和 δ_{it}，得到一个参数非线性模型，而且模型中的各个变量都是已知的。

（2）以静态模型的回归系数为迭代的初始值对该模型进行非线性最小二乘估计。考虑到模型可能存在各种形式的异方差，这将对检验统计量及其统计分布的计算产生偏差，因此有必要在参数估计中添加权重因子减少模型中异方差的影响。

（3）利用回归得到的参数估计量计算最优资本结构 L_{it}^*。在这个动态模型的非线性拟合中一些公司在某些年度的最优资本结构为值，但在目前的理论和实际中，最优资本结构为负是无论如何说不通的。为了研究的严谨性，我们对那些计算出的最优资本结构为负值的公司进行特殊处理，令它的最优资本结构为 0，然后再代入原估计方程重新迭代求解，在残差平方和与参数估计值两者的变化量都达到充分小时停止迭代过程。

（4）最后，计算调整速率 δ_{it} 和公司最优资本结构 L_{it}^*。

由于静态模型的各指标均可获得，因此对于模型（5）我们运用标准面板数据模进行估计，选用的模式仍为固定效应模式（Fixed Effect Model）。

2. 最优资本结构中各影响因素的分析

为统一数据，保持数据的完整性，我们选取 1998~2004 年的数据进行实证分析。

将对模型（4）的估计获得的最优资本结构的初始值代入模型（1），模型（1）的各参数估计结果如表3 所示。为方便静态模型与动态模型的对比，我们将模型（5）的结果也列入了表 3 中。

表 3 最优资本结构的参数估计和显著性比较

参数	静态模型		动态模型	
	估计值	T 统计量	估计值	T 统计量
SIZE	0.035***	4.985	0.010**	2.234
PRO	−1.061***	−9.181	−0.560***	−7.094
LIQU	−0.050***	−12.539	−0.023***	−8.184
NDTS	−0.079	−0.802	−0.109*	−1.679
STRU	−0.260***	−5.083	−0.062*	−1.791
GROW	0.010**	2.231	0.007**	2.349
R^2	0.493		0.781	
Adjusted R^2	0.486		0.778	
F-stat	0.000		0.000	
D–W stat	0.827		2.075	

注：* 表示 p<0.1；** 表示 p<0.05；*** 表示 p<0.01。静态模型的固定效应系数的平均值为−0.086，标准差为 0.148。动态模型的固定效应系数为 0.030，标准差为 0.098。

整体来看，两个模型估计结果具有较高的一致性，参数估计值的符号和显著性都比较接近。两者存在以下差异：首先，相对于静态模型，动态模型的解释能力得到了极大的提高。静态模型的可决系数 R^2 和 D-W 检验值均明显低于动态模型的各统计量，表明动态模型的拟合度比静态模型更为优越。主要原因在于两者采用的最优资本结构的数据不同，静态模型中忽略了最优资本结构的调整成本，直接采用实际资本结构的平均值作为替代。而动态模型则在第一阶段估计出最优资本结构的值，然后在第二阶段估计中采用这个估计值来进行拟合。这表明高新技术企业资本结构服从一个动态调整的过程。其次，在静态模型中非债务性税盾与资本结构负相关，但不显著，而在动态模型中二者显著负相关。这与前文的假设一致。通过实证检验，我们可得出如下结论：

公司规模对资本结构有重要的影响。静态模型和动态模型都显示公司规模同资本结构显著正相关，这说明公司规模的增强有利于企业进行债务融资，也就是说企业的最优资本结构随公司规模的增加而提高，这与国内外大多数实证研究结论一致，也与本文的研究假设相符。

在关于盈利能力与资本结构的相关性的检验中，无论是静态模型还是动态模型都获得了显著负相关的结果，说明了我国高新技术上市企业的资本结构是符合优序融资理论的，即对营利性好的企业主要靠其保留盈余来解决资金问题，这样节省资金成本和交易成本。

在关于流动性与资本结构的相关性检验中，静态模型和动态模型都得出显著负相关。符合本文提出的假设。这说明流动比率越高，资产的流动性越好，资产的变现能力越强，越能满足企业资金周转的需求，所以对外部资金的依赖性较小。

关于非债务性税盾的检验中，静态模型没有通过显著性检验；而动态模型却通过了 1% 水平上的显著检验，并呈现负相关，说明折旧、投资税贷项等非债务税盾可作为负债融资税利益的有效替代，在同等条件下，拥有较多非债务性税盾的公司应更少的使用负债。

在两个模型中资产结构都通过了系数为正的显著水平为 0.1 的检验。表明随着高新技术上市企业有形资产比例的增加，其最优资本结构点也随之提高。

对于企业成长性指标，在两个模型中的系数均为正，且在 1% 的水平下显著相关。证明高新技术企业成长性越好，就越容易得到资金以满足经营活动的需要。

对于企业资产构成这一指标，在静态模型与动态模型中都得出负相关，与前面的假设恰好相反。可能是由高新技术企业的特征决定的，可以理解为随着专利技术、商誉等无形资产的增加，即资产可抵押性的降低，融资越来越容易。

3. 调整速度的分析

将第一步对模型（4）估出的值代入模型（3），对模型（3）用标准面板数据模型进行估计，估计结果见表4：

表4　Model Summary（b）

Model	R	R-Square	Adjusted R-Square	Std. Error of the Estimate	Durbin-Watson
1	0.896（a）	0.802	0.792	0.04195	1.887

（a）Predictors：（Constant）成长性、公司规模、调整差距。
（b）Dependent Variable：资本结构调整速度。

表5　Coefficients^a

Model		Unstandardized Coefficients		Standardized Coefficients	t	Sig.
		B	Std. Error	Beta		
1	（Constant）	-4.611	0.056		-82.857	0.000
	调整差距	0.089	0.028	0.032	3.155	0.002
	公司规模	0.234	0.003	0.924	89.786	0.000
	成长性	0.062	0.001	0.423	41.435	0.000

a. Dependent Variable：资本结构调整速度。

盈利能力因为没有通过检验而没能进入模型。公司规模与资本结构调整速度显著正相关,这与前文的理论预期时一致的。随着公司规模的增大其调整速度也加快。原因可能是大公司进行资本结构调整的单位资产固定成本(如筹资时的谈判、公关等费用)相对更小,而且根据代理成本理论,大公司的信息更为公开化,因此更容易获得外部资金以便向最优负债水平进行调整。

公司的成长性与调整速度显著正相关,这与我们前面的理论预期是一致的。当高新技术上市公司具有较高的增长率时,其在严格的股权融资与债务融资条件限制下有更大的优势,其在融资方式上有更大的选择余地从而使其在调整公司资本结构上具有很大的灵活性,进而能快速地对资本结构的不合理性作出反应。

从对模型的估计来看,公司的实际负债率与最优负债率之间的差距与调整速度在0.01的水平下显著正相关,这证明实际资本结构与最优资本结构差距越大,调整的积极性越高,调整速度也越快。

4.最优资本结构分析

根据模型(1)的估计结果,我们逐年算出各公司的目标资本结构值,整理得到表6:

表6 最优资本结构与实际资本结构的比较

时间	实际资本结构 L		最优资本结构 L*		L*/L	
	平均值	标准差	平均值	标准差	平均值	标准差
1998	39.08%	17.98%	39.44%	13.72%	1.06	0.38
1999	41.63%	17.82%	42.62%	13.01%	1.17	0.93
2000	43.15%	16.57%	43.27%	9.26%	1.09	0.34
2001	45.19%	16.35%	45.54%	9.61%	1.11	0.39
2002	46.71%	16.07%	47.22%	7.58%	1.11	0.33
2003	47.99%	16.44%	48.86%	8.14%	1.12	0.34
2004	49.33%	15.92%	49.03%	9.16%	1.09	0.37

为进一步考察样本公司的资本结构适宜度,我们将各期 L*/L 的指标分区段进行了分组(见表7)。从分组的情况来看,各期属于0~0.8组的公司数较少,多数公司处于0.8~1组,同时有相当多数的公司处于1.2以上的区间上,这说明在少数情况下高新技术上市公司资本结构远远优于最优资本结构,而大多数情况下公司的负债率过低。

表7 资本结构适宜度的分布情况

L*/L	1998年	1999年	2000年	2001年	2002年	2003年	2004年
0~0.8	9	13	11	10	9	8	11
0.8~1	22	10	17	22	21	20	20
1~1.2	13	18	16	10	11	16	15
1.2以上	19	22	19	21	22	19	17

五、有关分析结果的讨论

通过以上对我国高新技术上市公司连续7年的资本结构动态调整分析,使得高新技术类企业资本结构的理论分析得到了实证检验,该行业资本结构的特征也得到了较全面的考察,下面对有关分析结果进行一些讨论。

（1）分析结果表明，动态模型比静态模型更为科学合理。首先表现在对因变量——最优资本结构的假设上，静态模型将实际的资本结构等同于最优资本结构的假设显然是不成立的，动态模型估计结果表明各公司的实际资本结构与最优资本结构之间有明显的差距；其次表现在模型的解释能力、拟合度及对各影响因素的敏感性上；更为重要的是，动态模型能对企业的资本结构调整速度及调整成本进行分析，这些都丰富了原始数据的信息含量，提高了资本结构理论与实证研究在实践中的价值。

（2）实证结果表明我国高新技术上市企业进行融资活动时，优先考虑的是如何方便地获得足额资金，而对于哪种融资方式更能使资本结构接近于现有条件下企业资本结构的最优选择却没有过多的考虑。首先表现在该类企业的融资顺序上，影响因素的实证结果表明，其一是内部融资，其二是股权融资，其三才是债务融资；其次表现在资本结构适宜度上，在考察期内大部分公司都反复出现了由负债不足变为过度负债，再由过度负债到负债不足的波动过程。

（3）本文所选的我国高新技术上市企业的资本结构影响因素在模型中的表现支持了一些经典的资本结构理论，但更多的是反映了该类企业的资本经营特点。实际上，在一些传统的资本结构影响因素的讨论上，都有完全相反的两个以上的经典理论解释，因此这些因素的表现总能用一些理论来加以解释的。因此，笔者在实证分析中对影响因素在模型中的表现进行解释时尽量从该类企业的特征的角度去分析，以期得到更具实际意义的答案。遗憾的是，由于能力有限，对个别因素的实际表现并没有得到合理的解释。

【参考文献】

［1］冯根福、吴林江、刘世彦：《我国上市公司资本结构形成的影响因素分析》，《经济学家》，2000年第5期。

［2］王娟、杨凤林：《中国上市公司资本结构影响因素的最新研究》，《国际金融研究》，2002年第8期。

［3］刘志彪等：《上市公司资本结构与业绩研究——以长江三角洲地区上市公司为例》，中国财政经济出版社，2004年。

［4］童勇：《资本结构的动态调整和影响因素》，《财经研究》，2004年第10期。

［5］肖作平：《资本结构影响因素和双向效应动态模型——来自中国上市公司面板数据的证据》，《会计研究》，2004年第2期。

［6］苏冬蔚、曾海舰：《宏观经济因素与公司资本结构变动》，《经济研究》，2009年第12期。

［7］王志强、洪艺珣：《中国上市公司资本结构的长期动态调整》，《会计研究》，2009年第6期。

［8］Titman，S. and Wessels，R. The Determinants of Capital Structure Choice［J］. Journal of Finance，1988（43）：1-19.

［9］Jordan，J.and Lowe，J.，Taylor，P. Strategy and Financial Policy in UK Small Firms［J］. Joural of Business Finance and Accounting，1998（25）：12-32.

［10］Allen N. Berger. Capital Structure and Firm Performance：A New Approach to Testing Agency Theory and Application to the Banking Industry［J］. Joural of Banking and Finance，2006，30（4）：24-46.

［11］Francisco，Sogorb，Mira. How SME Uniqueness Affects Capital Structure：Evidence from a 1994-1998 Spanish Data Panel. Working Paper，2003.

［12］Steen Thomsen and Torbern Pedersen. Ownership Structure and Economic Performance in the Largest European Companies［J］. Strategic Management Joural，2000（21）：689-705.

（作者：屠巧平、亢娜，河南大学工商管理研究所）

中国 IPO 首日收益溢价解释的新证据：基于随机前沿模型

一、引　言

　　IPO 即新股首次公开发行（Initial Public Offering），在各国资本市场中均存在着新股首日上市价格显著高于其发行价的现象，这一价差即为 IPO 首日收益，通常以（上市首日收盘价–发行价）/发行价进行计量，它表示以发行价买入新股并于上市首日以收盘价卖出所获得的收益。新股在发行到上市期间，其基本面通常不会有太大变化，则其在一级、二级市场的价格不应出现太大变化，那么 IPO 首日收益为何会产生？IPO 首日收益长期显著为正，意味着新股在一级、二级市场中存在着显著的价差套利机会，那么根据有效市场假设，套利者为何不消除这一异常现象，而使其得以长期广泛存在？这些问题在近 40 年内得到了国内外学者的广泛研究，并主要形成了两类观点，即以信息不对称理论为基础的抑价（Underpricing）解释和以行为金融理论为基础的溢价（Overvaluation）解释。

表 1　中国 A 股 IPO 首日收益年度情况（1998~2007 年）

发行年度	样本数	最小值	最大值	均值	中值	标准差
1998	97	0.0208	8.3021	1.3488	1.0958	1.1017
1999	88	0.0714	3.4187	1.1364	1.0381	0.7396
2000	136	0.0028	4.7677	1.5628	1.4340	0.8614
2001	67	0.0074	4.1379	1.3649	1.1899	0.9089
2002	67	0.2478	4.2825	1.2852	1.1271	0.7757
2003	65	0.1073	2.2799	0.7252	0.6963	0.4363
2004	98	−0.0900	3.2489	0.7018	0.5877	0.5498
2005	14	0.0279	1.3386	0.4753	0.4731	0.3463
2006	67	0.0000	3.4571	0.8710	0.7548	0.5792
2007	109	0.5102	5.3812	2.0565	1.8735	1.0919
1998~2007	808	−0.0900	8.3021	1.2698	1.0624	0.9345

　　注：根据 Wind 数据库整理而成。其中，首日收益=（首日收盘价–发行价）/发行价；剔除了金融保险业 IPO 公司。

　　抑价解释坚持二级市场有效前提，认为新股首日价格是真实有效的，那么 IPO 首日收益应缘于新股发行价格的偏低。大量学者借助新股在一级市场中的信息不对称缺陷对 IPO 发行抑价产生和长期存在的原因进行解释，认为 IPO 首日收益是发行人或承销商受迫于市场信息不对称缺陷而采取的有意调低发行价所致，并给出大量实证验证。抑价解释得到了广泛认可，原因有三：一是坚持二级市场有效前提，与主流金融理论吻合；二是相对于二级市场，新股在一级市场中存在明显的信息不对称缺陷，这是公认的；三是相关实证的变量设定合理，检验结果可靠。但是，以发行人和承销商主动调低定价为主要观点的抑价解释，难以完全解释网络泡沫时期以及新兴市场中高额的 IPO 首日收益，尤其是中国平均高达 127%、最大值甚至达到 830.2%（统计期间为 1998~2007 年，详见表 1）的高额 IPO 首日收益，因此，Ritter 和 Welch（2002）建议将研究转向行为金融和代理理论。

溢价解释则认为发行定价的确定多为机构投资者参与，因此更具理性，更能反映公司的基础价值，而现实市场的套利局限性导致二级市场并非完全有效，上市首日的噪声交易使得首日价格偏离基础价值，进而导致了 IPO 首日收益的异常。溢价解释以行为金融为基础，其假设条件更吻合中国这样的新股市场的非有效环境，对高额的 IPO 首日收益也具有较好的解释能力，但是受限于很难找到严谨的解释变量的替代变量，因而难以得到很好的直接实证支撑，这也是行为金融研究的通病。

本文认为，抑价解释和溢价解释的本质区别在于发行定价的合理性，前者依赖于发行定价偏低于新股基础价值，而后者不受新股发行定价偏低与否的限制。因此，如果能证明新股发行定价并未低于基础价值时仍存在显著为正的 IPO 首日收益，那么就为溢价解释提供了间接的实证支撑。本文将借助随机前沿模型，以新股发行市盈率作为新股发行定价的替代变量，对中国 1998~2007 年的 IPO 发行定价进行检验，以便为中国 IPO 首日收益的溢价解释提供间接证据。除第一部分外，后文做如下安排：第二部分述评相关文献，为后续分析和实证检验提供依据；第三部分分析 IPO 首日收益产生的所有四种可能，提供实证思路；第四部分介绍随机前沿模型；第五部分介绍实证方案设计；第六部分列示检验结果；第七部分为结论与展望。

二、相关文献述评

1. IPO 首日收益的抑价解释

抑价解释大多与一级市场的信息不对称有关。针对投资者之间的信息不对称，Rock（1986）的"赢者诅咒"（Winner's Curse）假说认为，非灵通投资者（Uninformed Investors）被分配到定价偏高的新股的可能性更高，抑价是对非灵通投资者面临的逆向选择风险所做出的必要补偿。针对发行人和投资者之间的信息不对称，Ritter（1984）认为，由于缺乏公开的历史信息，新股投资者面临更大的不确定性，抑价是对投资者承受的这种不确定风险的补偿；Allen 和 Faulhaber（1989）的信号传递理论则认为抑价是公司质量的一个均衡信号，只有高质量的公司才会采用较高的抑价作为公司质量的信号，以避免低质量公司的效仿。针对承销商和投资者之间的信息不对称，Benveniste 和 Spindt（1989）的累计投标理论认为，抑价是承销商对投资者需求的信息不对称所致，不同的定价方式可以不同程度地降低这种信息不对称程度。

关于中国市场 IPO 首日收益的抑价解释，基本延续了国外的理论体系。此外，针对国内特殊的市盈率管制制度，研究者还提出了制度抑价假说，杜莘、梁鸿昀和宋逢明（2001）认为，偏高的首日收益主要源于严格的发行市盈率管制。但是，宋逢明和梁洪昀（2001）等学者的实证研究却发现，放开市盈率管制后的 IPO 首日收益反而更高。市盈率管制作为一种限价政策能够对发行定价产生影响，但它可能并非导致 IPO 首日收益异象的主因。

2. IPO 首日收益的溢价解释

溢价解释以行为金融理论为基础，它重点关注二级市场大量存在的噪声交易者对新股上市首日价格的影响。行为金融理论认为现实套利存在局限性（Shleifer 和 Vishny，1997），且噪声交易者造成的噪声交易风险也为其自身的存在创造了空间（De Long 等，1990a），因而市场上长期存在着大量的噪声交易者。目前，已有文献提到的噪声交易者主要包括两类，狂热投资者（Sentiment Investors）和正向反馈交易者（Positive Feedback Traders），其中前者指对公司前景过度乐观而有过高支付意愿的投资者，后者指以前期价格变动预测未来价格趋势的"追涨杀跌"的噪声交易者。Daniel、Hirshleifer 和 Subrahmanyam（1998）的 DHS 模型研究指出投资者的情绪（Investors Sentiment）可以影响资产价格，De Long、Shleifer、Summers 和 Waldmann（1990b）建立的 DSSW 模型指出正向反馈交易者的存在会使得价格偏离基础价值。Ljungqvist、Nanda 和 Singh（2006）等学者结合 IPO 市场的卖空限制特点把狂热投资者因素引入到对 IPO 首日收益的解释，认为对 IPO 前景过度乐观的狂热投资者决定了上市首日价格，他们过高的支付意愿使得首日价格偏离其内在价值，产生溢价。

针对中国 IPO 首日收益，不少学者也做了溢价解释的探讨。在对 IPO 首日收益影响因素的实证分析中，宋逢明和梁洪昀（2001）加入了换手率因素，发现 IPO 首日超额收益与其显著相关。这意味着我国二级市场上的狂热投资者对 IPO 首日超额收益有着显著的影响。他们认为正是二级市场投资者对新股的狂热情绪形成了新股首日价格的虚高，从而导致 IPO 首日收益异象的产生。周孝华、胡国生和苟思（2005）也以换手率和看涨指标作为狂热投资者的代理指标，实证表明，IPO 上市首日存在相当高的噪声交易，从而形成了 IPO 首日超额收益。汪宜霞和夏新平（2007）以噪声交易者为基础建立了 IPO 溢价模型，并通过模型分析认为，噪声交易者（狂热投资者和正向反馈交易者）对 IPO 首日超额收益有显著的正向影响。田高良和王晓亮（2007）、江洪波（2007）均对中国市场 IPO 首日超额收益的影响因素进行了系统的实证检验，他们均认为二级市场的狂热投资者（市场氛围或投资者情绪）对 IPO 首日超额收益有着很好的解释能力。熊维勤、孟卫东和周孝华（2007）进一步研究发现，我国 IPO 市场上强烈的狂热投资者情绪能够产生很强的信息动量，使得持股锁定期制度也并未起到传递公司质量信息的作用。池丽旭、庄新田和王健（2008）则从投资者的处置效应角度分析了 IPO 首日价格偏高的原因，认为投资者对新股首日价格有着较高的预期，只有价格高于这一预期时才会选择卖出，这一集体性的偏高预期导致了 IPO 首日收益异象的产生，并且他们的实证结果表明投资者对 IPO 首日价格的预期平均为发行价的 1.5 倍。张小成、孟卫东和周孝华（2008）则从询价制下异质预期的角度分析了 IPO 首日收益的组成，认为当发行人和机构投资者对新股价值不存在分歧时，IPO 首日收益为有意抑价（发行定价偏低）；当发行人和机构投资者对新股价值存在分歧时，IPO 首日收益为有意抑价和无意抑价（二级市场错误定价所形成的溢价），并且 IPO 首日收益越高，其中的无意抑价成分越多。

根据中国股票市场的基本环境，以行为金融为理论基础的溢价理论应具有适用性，但是却难以得到可靠的实证支撑，原因在于：IPO 首日收益溢价解释的相关实证通常是以新股上市首日换手率、封闭式基金折价率或近期市场行情、媒体或分析师报道次数等变量作为噪声交易者投机情绪的替代变量，对 IPO 首日收益进行解释，用其相关性验证噪声交易者对 IPO 首日收益的影响。但是，噪声交易者参与程度的这些替代变量在严谨性上大多是有争议的，例如，上市首日换手率与 IPO 首日收益具有很强的内生性（Chang Eddy 等，2008）；封闭式基金折价率和近期市场行情最多只能代表噪声交易者整体可能的狂热情绪而不能区分单支股票交易中的噪声交易者狂热情绪；媒体或分析师报道次数等信息并不全面客观。噪声交易者参与程度替代变量的设定困难，是行为金融研究的通病，因而导致溢价解释的直接检验存在难度。

三、IPO 首日收益异象产生的四种可能

IPO 首日收益（IR）的计算方式通常如式（1）所示：

$$IR = (P_1 - P_0)/P_0 = P_1/P_0 - 1 \tag{1}$$

其中，P_1 为新股上市首日收盘价，P_0 为发行价。IPO 首日收益长期显著异常为正，其问题出在新股发行定价或上市首日价格皆有可能，其形成过程主要有以下四种可能性。

第一种，发行价低于基础价值，而上市首日价格正常。这其实就是 IPO 首日收益的抑价解释：二级市场有效，则新股上市后价格反映基础价值，定价正常；而新股在一级市场存在明显的信息不对称缺陷，为了保证新股的成功发行，发行人或承销商不得不调低新股定价进行抑价发行，有意"让利"给投资者，从而形成异常的 IPO 首日收益。

第二种，发行价正常，而上市首日价格高于基础价值。这其实就是 IPO 首日收益的传统溢价解释：一级市场主要由机构投资者参与，发行定价相对更能反映基础价值；而二级市场存在诸多套利限制，尤其是在新股上市首日，机构投资者手中的新股存在锁定期限制卖出，能够卖出的只有散户投资者，因而市场有效性存在很大局限，新股首日价格极有可能被噪声交易者推高而偏离基础价值，从而形成异常的 IPO 首日收益。

第三种，发行价低于基础价值，上市首日价格高于基础价值。这其实是 IPO 首日收益的抑价解释和溢价解释的综合：包括中国在内的新兴市场，其信息披露制度通常不如成熟市场完善，一级市场的信息不对称缺陷更为严重，因此发行人或承销商为保证新股发行成功而有意调低发行定价的现象更可能出现；新兴市场的二级市场投资者中机构投资者比重相对较低，市场机制不健全使得套利受限，其市场有效性通常比不上成熟市场，因此新股首日价格被噪声交易者推高偏离基础价值的可能性也更大。这样一来，一级、二级市场的不完善共同导致了 IPO 首日收益的异常。

第四种，发行价高于基础价值，而上市首日价格高于基础价值的程度更大。这其实是 IPO 首日收益溢价解释的拓展或者说是溢价解释的极端情况：根据溢价解释，新股上市初期的卖空受限使得上市首日价格总是会远远高出新股基础价值。发行人或承销商观察到这一现象后，在后续新股发行制定价格时就会以二级市场可承受的价格为基准向下调低定价，而不是以新股基础价值为基准向下调低定价。由于发行定价仍然存在相对于上市初期的预期有意"抑价"，即使当定出的发行价高于基础价值时，新股仍然能够吸引投资者参与申购，使得 IPO 成功发行。这就相当于新股在二级市场的高溢价传导到了一级市场，而 IPO 首日收益的异常源于新股在一级、二级市场的溢价差。

中国高额的 IPO 首日收益显然难以单纯地用基于信息不对称的抑价理论完全解释，或许其形成机理更吻合于第三种或第四种情况，这有待进一步实证检验。鉴于溢价解释在直接实证上的困难，本文将借助随机前沿模型，对发行定价的效率进行检验。新股最有效的定价应该是其基础价值，如果发现发行定价的最有效边界在下沿，则表明发行定价通常是偏高于基础价值的，而此时新股又存在显著异常的正向 IPO 首日收益，则可排除前三种情况，表明中国的 IPO 首日收益形成机理属于第四种情况，从而间接为 IPO 溢价解释提供证据。

四、随机前沿模型

随机边界模型通常是用来测效率的，现实观测值对有效值只能是尽可能地逼近，因而有效值相对观测值就会形成一条边界。如果观测值通常大于有效值，即变量越小越有效，则观测值会存在一条随机下边界；如果观测值通常小于有效值，即变量越大越有效，则观测值会存在一条随机上边界。对新股定价而言，最有效的定价是其内在价值。如果实际的新股定价存在一条随机上边界，则说明新股通常定价偏低；反之，如果实际的新股定价存在一条随机下边界，则说明新股通常定价偏高。Hunt 等（1996）最先运用随机边界模型研究新股定价问题，白仲光等（2003）和郭海星等（2011）也曾借用此方法研究中国的 IPO 定价问题。统计软件 FRONTIER4.1 是专门做随机边界回归检验的软件，而统计软件 STATA 也有集成的 Front 程序用以实现本检验。

Hunt 等（1996）研究新股定价问题所用的随机边界模型分为随机上边界模型和随机下边界模型，其中随机上边界模型如式（2）所示，随机下边界模型如式（3）所示。

$$P_i = f(x_i, \ \beta) + e_i$$

$$其中，\begin{cases} e_i = v_i + u_i \\ v_i \sim N(0, \ \sigma_v) \\ u_i = \min(u_i, \ 0) \\ u_i \sim N(\sqrt{2}/\sqrt{\pi}\,\sigma_u, \ \sigma_u^2) \\ \sigma^2 = \sigma_v^2 + \sigma_u^2 \\ \gamma = \sigma_u/\sigma \end{cases} \tag{2}$$

式中，P_i 为发行价格，X_i 为解释变量（影响新股价值的主要变量），β 为对应的参数向量（即解释变量的系数）。e_i 是残差项，v_i 是对称误差项，服从均值为 0 的正态分布，u_i 是非对称误差项，服从负的截尾正态分布。如果参数 γ 估计值接近于 0，则不存在系统的非对称偏差，随机边界模型估计退化为 OLS 估计；如果参数 γ 显著不等于 0，意味着存在上边界，样本数据系统性地落在边界下方。

$$P_i = f(x_i, \ \beta) + e_i$$

$$其中，\begin{cases} e_i = v_i + u_i \\ v_i \sim N(0, \ \sigma_v) \\ u_i = \max(0, \ u_i) \\ u_i \sim N(\sqrt{2}/\sqrt{\pi}\,\sigma_u, \ \sigma_u^2) \\ \sigma^2 = \sigma_v^2 + \sigma_u^2 \\ \gamma = \sigma_u/\sigma \end{cases} \tag{3}$$

随机下边界模型与随机上边界模型唯一的不同是假设 μ_i 服从正的截尾正态分布，如果参数 γ 显著不等于 0，意味着存在明确的随机下边界。

五、实证方案设计

1. 样本选取和数据来源

1998 年以前，我国股票市场相关制度变换频繁，市场很不规范，因此本文选取 1998~2007 年 10 年间发行的 A 股 IPO 公司（从 600133 东湖高新到 601999 出版传媒），剔除金融保险业得到 808 个研究样本，进一步剔除个别数据缺失的 IPO 公司，最终得到 797 个研究样本。数据获取以 Wind 数据库为主，以 CCER 色诺芬数据库为补充，承销商排名数据取自中国证券业协会网站（http：// www.sac.net.cn）。

2. 变量设定和实证模型

（1）被解释变量。

发行定价水平：采取通常做法，以新股发行市盈率（P_0E）为替代变量。

（2）解释变量。

根据已有文献，广泛被认可的新股发行定价决定因素是 IPO 公司基本面情况和抑价解释的信息不对称程度，因此解释变量也选取这两类因素。根据现金流估价法和戈登模型，股票价值的基本面情况主要受限于每股收益（EPS）和增长率（Growth）；而衡量一级市场信息不对称程度的常用变量则如下：

投资者之间的信息不对称变量大多为发行中签率（Lottery），非灵通投资者全部或随机参与申购，而灵通投资者则依据他们认为被低估的新股进行申购，因此中签率越低，抑价程度越大。

发行人和投资者之间的信息不对称变量大多为承销商声誉（Underwriter）、原始股东留存比例（Retain）、公司规模（LnTA）和公司年龄（AGE），承销商通常比投资者掌握更多的发行人信息，他们为了自身长远利益往往会选择高质量的公司进行承销，而原始股东作为内部人比投资者掌握更多的公司信息，发行后留存比例的提高会降低其投资分散化的效果，因此只有当公司质量较高时原始股东才会提高其留存比例，所以承销商声誉和原始股东留存比例可以作为公司质量的信号，根据信号理论，它们与抑价程度成正比；公司规模越大，公司从成立到发行的年数越久，透露出来的历史信息就越多，因而投资者对公司的信息不对称程度越小。

承销商和投资者之间信息不对称的实证检验，大多集中在不同定价方式导致的抑价程度比较，竞价方式比固定价格方式更能降低承销商对投资者新股需求的信息不对称，因而抑价程度较低。

（3）控制变量。

高科技行业虚拟变量（Hitech）：高科技行业公司通常具有更高的成长性，因而投资者会对其未来价值有更高的预期，因此能接受更高的发行价格水平。

股权分置改革虚拟变量（DGG）：股权分置结构造成同股不同权的局面，导致了拥有控制股的非流通股东与流通股东之间严重的代理问题，而 2005 年开始的股权分置改革则解决了这一结构性问题。因此，股权分置改革之后的 IPO 公司质量应有所提高，其发行定价水平也应高于股权分置改革之前的 IPO。

发行市盈率管制虚拟变量（DEPS）：1999 年以前，我国采用固定价格发行，并对新股的发行市盈率有着严格的管制，一般限定在 13~22 倍。1999 年下半年至 2001 年，新股发行定价引入了投资者的参与，并放开了市盈率管制。但 2001 年下半年，受国有股减持影响，股市大跌，证监会于 2001 年 11 月重新对新股发行价格进行管制，要求发行市盈率不得超过 20 倍。2005 年 6 月至 2006 年 5 月，股权分置改革停发新股。股改之后重启新股发行，新的发行办法虽然没有明文规定市盈率管制，但证监会发审委审核时仍然对市盈率有潜要求。在市盈率管制时期的发行定价水平应低于非管制时期。

具体变量所用符号及计算方法如表 2 所示。

表 2 变量定义及描述

变量名	变量定义及描述
被解释变量	
P_0E	P_0E = 发行价格/每股收益
解释变量	
Lottery	现金申购和市值配售的加权平均中签率（%）
Underwriter	承销商声誉虚拟变量，当年承销金额排名前 10 为 1，其他为 0
Retain	Retain =（发行后总股数 – 发行股数)/发行后总股数，原始股东留存的股权比例
LnTA	发行前一年公司总资产的对数
AGE	AGE = 公司成立至上市的年数
Auction	询价虚拟变量，询价方式为 1，其他为 0
EPS	盈利能力指标，发行前一年的每股收益
Growth	成长性指标，Growth = Ln（1 + 前三年主营业务收入几何平均增长率）
控制变量	
Hitech	高科技行业虚拟变量，G 信息技术业和 C5 电子制造业为 1，其他为 0
DGG	股改虚拟变量，股改后为 1，股改前为 0
DEPS	发行市盈率管制虚拟变量，非管制时期（1999 年 8 月至 2001 年 10 月）为 0，其他为 1

六、实证结果分析

1. 发行定价水平的随机边界估计

本文分别对 IPO 发行市盈率做了随机上边界和下边界的极大似然参数估计（MLE），验证发行市盈率存在随机上边界还是下边界，以证明我国新股发行定价水平是高于基础价值还是低于基础价值。同时，本文也对发行市盈率做了 OLS 估计，以检验所选用新股发行定价水平影响因素的稳健性。相关实证结果列示于表 3，分析可得如下结论。

表 3 发行定价水平的随机上边界和下边界的参数估计

被解释变量：P_0E	上边界的 MLE 估计		OLS 估计		下边界的 MLE 估计	
	系数	t 值	系数	t 值	系数	t 值
(Constant)	15.428***	14.55	15.254***	5.93	6.810***	4.89
Lottery	0.372	1.05	0.373	0.98	−0.173	−0.72
Underwriter	0.417	0.55	0.407	0.78	0.144	0.49
Retain	9.872***	8.14	10.132***	3.11	0.698	0.39
LnTA	0.035	0.50	0.035	0.44	0.335***	5.88
AGE	0.070	0.73	0.070	0.74	0.086	1.48

续表

被解释变量： P₀E	上边界的 MLE 估计		OLS 估计		下边界的 MLE 估计	
	系数	t 值	系数	t 值	系数	t 值
Auction	4.826***	7.11	4.809***	6.88	2.199***	5.55
EPS	−2.922***	−7.39	−2.922***	−8.03	−1.895***	−6.55
Growth	1.405	1.41	1.388	1.05	2.016***	3.04
Hitech	2.218**	2.29	2.222***	2.78	1.187***	2.66
DGG	−5.047***	−5.68	−5.071***	−5.22	−1.835***	−3.48
DEPS	−12.722***	−22.15	−12.697***	−18.70	−6.942***	−13.99
σ^2	48.109***	21.94			316.16***	11.13
γ	0.100E−07	0.40E−04			0.992***	515.81
F			27.13			
R−squared			0.2765			

注：*** 和 ** 分别表示在 1% 和 5% 的水平下显著；随机前沿分析软件采用的是 Coelli 编制的 FRONTIER4.1。

其一，随机上边界模型估计结果中的参数 r 估计值接近于 0，且不能显著拒绝零假设，表明不存在系统的非对称偏差，残差项近似服从标准正态分布，随机边界模型估计退化为 OLS 估计，发行市盈率不存在随机上边界，意味着新股发行定价水平并不显著低于其基础价值的有效边界。

其二，随机下边界模型估计结果则恰恰相反，参数 r 估计值为 0.992，且在 1% 的显著性水平下拒绝 r=0 的原假设，表明存在系统的非对称偏差，发行市盈率水平存在明显的随机下边界，意味着新股发行定价水平显著高于其基础价值的有效边界。

根据以上结果，可以合理地推出：以中国 1998~2007 年的 IPO 为样本，在统计上其发行定价水平是高度显著高于其基础价值的，表明发行定价存在价格泡沫，而与此同时，期间样本的 IPO 首日收益平均高达 127%、最大值甚至达到 830.2%（详见表 1），充分说明在中国即使发行定价偏高，仍然能成功上市并获得高额的 IPO 首日收益。结合之前分析的四种可能，中国 IPO 首日收益异象应吻合第四种情况，即溢价解释更符合中国实际。

此外，从变量的相关性及其显著性还可以发现，原始股东留存比例、询价方式、高科技行业、股改和市盈率管制等因素都对发行定价存在稳定的影响，这些都与事前预期相符。在溢价解释的理论框架下，这些可以解释为：原始股东留在比例越高，越容易满足投资者追寻作为内部人的原始股东投资策略的"羊群心理"，越容易得到投资者的依赖和追捧；采用询价方式进行定价，更容易帮助发行人和承销商了解市场可接受的价格水平，并据此定价，而不是从基本面对新股价值进行客观定价，因此新股在二级市场预期的高溢价就越容易传导至一级市场，新股发行定价越容易被高估；高科技行业新股通常具备更好的成长性概念，更容易受到投资者的追捧；股改之后，市场整体效率提高，新股供给增大，有助于降低发行定价水平；市盈率管制有助于限制新股的高溢价程度，另外，市盈率管制这一发行限价政策的长期实施也间接传递出管理层认为新股定价存在偏高的冲动，吻合 IPO 溢价解释。值得说明的是，每股收益（EPS）与预期相反，表现出了高度显著的负相关性，这主要是由于本文是以发行市盈率作为被解释变量所致。

2. 稳健性检验

由于样本数据的时间跨度较大，期间市场环境和 IPO 制度都有着较大的变化，尤其是期间包含发行市盈率管制和非管制两个时期。为检验上述结果的稳健性，本文根据市盈率管制为时点对样本进行分组，然后分别重复发行定价水平的随机边界 MLE 参数估计，具体模型及结果详见表 4。分组回归结果基本与前面的全样本结果一致，发行定价均仍存在高度显著的随机下边界，而不存在随机上边界，意味着发行定价高于新股基础价值。

表4　发行定价水平的随机上边界和下边界的参数估计（以发行市盈率管制分组）

被解释变量：P_0E	非市盈率管制时期（N = 224）				市盈率管制时期（N = 573）			
	上边界 MLE 估计		下边界 LME 估计		上边界 MLE 估计		下边界 LME 估计	
	系数	t 值	系数	t 值	系数	t 值	系数	t 值
(Constant)	46.04***	29.73	31.21***	7.73	−1.361	−0.70	−1.606	−1.50
Lottery	1.880**	2.00	−0.190	−0.45	−0.136	−0.47	−0.696***	−2.86
Underwriter	1.228	1.01	0.735	1.02	0.408	1.10	0.063	0.26
Retain	0.706	0.35	4.420	0.96	6.351**	2.48	−1.719	−1.28
LnTA	−0.713***	−5.57	−0.54***	−5.81	0.403***	4.87	0.600***	10.93
AGE	0.066	0.27	−0.112	−0.89	0.012	0.18	0.038	0.66
Auction	−0.291	−0.22	0.279	0.36	4.842***	6.56	2.065***	4.48
EPS	−30.42***	−17.3	−24.3***	−7.30	−1.884***	−7.86	−1.418***	−6.47
Growth	2.291	1.60	2.283*	1.73	2.732***	2.76	2.448***	3.37
Hitech	10.99***	8.77	6.144***	5.07	0.617	1.18	0.859**	2.45
DGG					−4.697***	−5.80	−1.408***	−2.86
σ^2	91.72***	17.38	623.9***	5.17	17.93***	16.62	99.09***	11.23
γ	0.10E−07	0.001	0.995***	497.1	0.18E−05	0.04	0.983***	280.8

注：由于本研究中非市盈率管制时期的样本都处于股改之前，因此非市盈率管制分组样本中的 DGG 变量自动剔除。*** 和 ** 分别表示在 1% 和 5% 的水平下显著；随机前沿分析软件采用的是 Coelli 编制的 FRONTIER4.1。

七、结论与展望

中国市场长期存在的高额 IPO 首日收益究竟是如何形成的，一直存在抑价解释和溢价解释之争。前者认为，IPO 首日异常收益是源于发行人或承销商迫于一级市场信息不对称缺陷而有意调低发行定价，抑价让利给机资者以保证发行成功；后者认为，IPO 首日异常收益主要由二级市场的噪声交易者所致，他们在新股上市初期套利受限和市场非有效的环境下推高新股首日价格偏离基础价值，以溢价引致 IPO 首日收益异常。抑价解释符合传统金融理论且有大量国内外实证支撑，被广泛认可，但对中国高额的 IPO 首日收益缺乏解释力；溢价解释能够很好解释中国 IPO 首日收益及其他相关异象，但却受限于行为金融的变量设定难题，苦于没有可靠的实证支撑。

本文首先分析了 IPO 首日异常收益形成的四种可能性，然后借助随机前沿模型，以我国 1998~2007 年的 IPO 为样本，以发行市盈率为替代变量，研究了 IPO 发行定价的效率边界问题，发现 IPO 发行定价水平存在高度显著的随机下边界而非上边界，意味着我国新股发行定价不是低于基础价值而高于基础价值，存在发行定价泡沫；与此同时，样本的 IPO 首日收益平均高达 127%，这就直接验证了 IPO 首日收益形成的第四种可能，即噪声交易者所引致的高溢价不仅仅存在于二级市场的首日价格，还传导到了一级市场的发行定价，IPO 首日收益是由二者的溢价差所致。这一发现，为 IPO 首日收益的溢价解释提供了很好的间接证据，从而有助于为发行制度改革方向提供参考。

【参考文献】

［1］白仲光、张维：《基于随机边界定价模型的新股短期收益研究》，《管理科学学报》，2003 年第 6 卷第 1 期。

［2］池丽旭、庄新田、王健：《基于 IPO 交易量对我国投资者处置效应的研究》，《管理学报》，2008 年第 5 卷第 1 期。

［3］杜莘、梁洪昀、宋逢明：《中国 A 股市场初始回报率研究》，《管理科学学报》，2001 年第 4 卷第 4 期。

［4］郭海星、万迪昉：《创业板 IPO 发行定价合理吗？》，《中国软科学》，2011 年第 9 期。

［5］江洪波：《基于非有效市场的 A 股 IPO 价格行为分析》，《金融研究》，2007 年第 8 期。

［6］宋逢明、梁洪昀：《发行市盈率放开后的 A 股市场初始回报研究》，《金融研究》，2001 年第 2 卷。

［7］田高良、王晓亮：《我国 A 股 IPO 效率影响因素的实证研究》，《南开管理评论》，2007 年第 5 期。

［8］汪宜霞、夏新平：《噪声交易者与 IPO 溢价》，《管理科学》，2007 年第 20 卷第 3 期。

［9］熊维勤、孟卫东、周孝华：《持股锁定期、信息动量与 IPO 抑价》，《中国管理科学》，2007 年第 15 卷第 1 期。

［10］张小成、孟卫东、周孝华：《询价下异质预期对 IPO 抑价的影响》，《中国管理科学》，2008 年第 16 卷第 6 期。

［11］周孝华、胡国生、苟思：《中国股市 IPOs 高抑价的噪声分析》，《软科学》，2005 年第 19 卷第 5 期。

［12］Allen F., Faulhaber G. R. Signaling by Underpricing in the IPO Market ［J］. Journal of Financial Economics，1989，23（2）：303–323.

［13］Benveniste L. M., Spindt P. How Investment Bankers Determine the Offer Price and Allocation of New Issues ［J］. Journal of Financial Economics，1989，24（2）：343–361.

［14］Chang Eddy, etc.IPO Underpricing in China：New Evidence from the Primary and Secondary Markets ［J］. Emerging Markets Review，2008，9（1）：1–16.

［15］Coelli Tim. A Guide to Frontier Version 4.1：A Computer Program for Stochastic Frontier Production and Cost Function Estimation ［R］. Australia：University of New England，1996.

［16］Daniel K. D., Hirshleifer D., Subrahmanyam A. Investor Psychology and Security Market Under–and Over–reactions ［J］. Journal of Finance，1998，53（6）：1839–1886.

［17］DeLong B. J., Shleifer A., Summers L. H., Waldmann R. J. Noise Trader Risk in Financial Markets ［J］. Journal of Political Economy，1990a，98（4）：703–738.

［18］DeLong B. J., Shleifer A., Summers L. H., Waldmann R. J. Positive Feedback Investment Strategies and Destabilizing Rational Speculation ［J］. Journal of Finance，1990b，45（2）：379–395.

［19］Hunt McCool, Janet, Samuel C. Koh, Bill B. Francis. Testing for Deliberate Underpricing in the IPO Premarket：A Stochastic Frontier Approach ［J］. The Review of Financial Studies，1996，9：1251–1269.

［20］Ljungqvist A.P., Nanda V., Singh R. Hot Markets, Investor Sentiment, and IPO Pricing［J］. Journal of Business，2006，79（4）：1667–1702.

［21］Ritter J., Welch I. A Review of IPO Activity, Pricing and Allocations ［J］. Journal of Finance，2002，57（4）：1795–1828.

［22］Ritter J. The 'Hot' Issue Market of 1980 ［J］. Journal of Business，1984，57（2）：215–240.

［23］Rock K. Why New Issues are Underpriced? ［J］. Journal of Financial Economics，1986，20（15）：187–212.

［24］Shleifer A., Vishny R. The limits of Arbitrage ［J］. Journal of Finance，1997，52（1）：35–55.

（作者：武龙，河南大学工商管理研究所）

平均价格投资组合策略研究及实证分析

一、引　言

随着我国股市的进一步动荡，投资组合保险作为一种动态资产配置策略，由于其具有锁定风险资产组合下跌的风险，同时又保有向上获利机会的特点，所以受到广大投资者的日益关注，越来越多的机构正在将这种技术应用到投资管理中。

到目前，投资组合保险理论已有了巨大发展，但绝大部分投资组合保险策略的选择都是基于标准期权，尤其是欧式期权。以连续时间下的标准 CPPI 策略为例，其组合的最终价值是非路径依赖的，它只依赖于到期日标的风险资产的市场价格和执行价格，所以市场的波动将导致组合最终价值具有高度的不确定性。为了能够大大降低市场波动对组合最终价格的影响，在连续时间下标准 CPPI 策略的基础上，本文通过将亚式期权引入到投资组合保险中，构造一种基于亚式期权的平均价格投资组合保险（APPI）策略。由于亚式期权具有强路径依赖的性质，因此引入亚式期权，一方面避免了投机者在接近到期日时通过操纵标的资产价格来牟取暴利的可能，另一方面随着到期日的临近，对过去价格依赖性的增强将降低投资组合的波动性。

二、文献综述

1952 年马柯维茨提出的投资组合理论通常被认为是现代金融学的发端。投资组合理论的问世，使金融学不再集中于纯粹的描述性研究和单纯的经验操作的状态，数量化方法开始大量进入金融领域，并逐渐成为金融投资研究的主流。投资组合理论主要思路是通过分散化的投资来将多项有风险的资产组合到一起，这样可以对冲掉组合的部分风险并且不降低平均的预期收益率，从而为人们优化投资行为提供了具体的解决方案。但同时，系统性风险是一种整体性风险，是所有的资产都同时承受的，并且各项资产的收益变动存在某种"同向性"，所以不能通过互相对冲来抵消，只能通过投资组合保险策略来规避。

1. 投资组合保险策略的概念

投资组合保险理论创始于 20 世纪 80 年代的美国，1983 年 Wells Fargo Inverstment Advisors、AetnaLife、Casualty 三家金融机构首先把此项技术运用于管理实践中，该理论对于风险厌恶者或者市场处于下跌情况时投资者规避风险来说，是很好的投资策略，所以在 80 年代中期得到了很好的发展。

投资组合保险是一种动态资产配置的方法，其效果在于既能够锁定风险资产组合下跌的风险，同时又保有向上获利的机会。所以，通过投资组合保险，不仅可以保证资产组合不会因为股市下跌使资产低于期初设定的最低标准，还可以分享股市上涨时的收益。因此，投资组合保险策略受到稳健型投资者尤其是基金、保险、年金等机构投资者的青睐。近年来，投资组合保险策略在我国被广泛运用于保本基金的运行中，2010 年 10 月末，证监会发布的《关于保本基金的指导意见》放宽了对保本基金投资的一些限制，允许保本基金参与股指期货且投资比例不做明确规定，并降低了担保人门槛等政策将使保本基金有更大的发展空间。

根据国外投资组合保险策略的发展情况来看，可以总结出实施投资组合保险策略较适宜的市场环境主要有以下特点：一是国家或地区的股票市场超额收益率较低或波动性较大；二是低风险投资多以银行储蓄为主，投资渠道单一，且回报率较低；三是居民的心态比较保守，有较强的风险意识；四是居民的储蓄存款比较多。在这种情况下，市场上急需既能规避市场风险又能保值增值的投资品种。

中国股市只是走了发达国家 100 年的融资路，因此"经验不足，制度不完善"，且波动较大；银行存款利率较低，尤其是在目前物价水平高企的背景下，存款实际利率为负，而作为最重要的低风险投资市场的国债市场在我国金融市场中发展很不成熟；国民尤其是老年人对风险的态度极为保守，特别是在经历了 2008 年的世界性金融危机后，使投资者更加注重对低风险的金融产品的寻求；同时，我国的人民币储蓄存款余额比较多，居民有着巨大的理财需求。这些因素表明我国金融市场正符合投资组合保险策略实施所需要的市场条件。

投资组合保险策略具有以下特点：第一，投资组合保险策略是追涨杀跌的策略。这里，我们首先要区分"凹性策略"和"凸性策略"两个概念。"凹性策略"通俗地讲，即越跌越买，越涨越卖，也就是在股票价格下降时买入股票，当股票价格上升时卖出股票，这样的策略会在平衡市场中有出色表现，因为其回报符合凹性曲线的特点，因此可以把这类策略称为凹性策略。在投资组合保险策略中，固定组合策略就属于这一类策略。"凸性策略"即越跌越卖，越涨越买的策略，也就是当股票价格下降时卖出股票，在股票价格上涨时买入股票，这样的策略在单边市场中会有出色表现，因为其回报符合凸性曲线的特点，可以把这类策略称为凸性策略。我们可以根据以上介绍的凹性策略和凸性策略的概念，除了判断出固定组合策略外，其他的投资组合保险策略都属于凸性策略。这是因为要达到保值的目标，在没有另外的风险控制手段的情况下，投资者不能采用低位补仓的常规手段。因为如果在低位继续加仓，当出现极端情况时，执行投资组合保险策略可能会损失更多。面对这样的不确定性，执行投资组合保险策略时不仅不能加仓，而且还要根据策略的要求在下跌时减少仓位，上涨时增加仓位。也就是"追涨杀跌"，这也是由投资组合保险策略对低风险的要求形成的现象。第二，投资组合保险策略有保值的投资目标，并且执行起来会要求绝对性和无条件性，这是一般的投资策略所不具备的，所以可以说其是纪律性很强的策略。当然，在这样的投资目标要求下，投资组合保险策略的各项实施要点就需要由极其严格的投资纪律来保障。第三，投资组合保险策略是高技术含量的策略。投资组合保险策略的研究属于金融工程的范畴，需要利用期权、期货或模拟期权等衍生品来完成组合复制、风险对冲等技术，因此，相比其他投资策略来说，其技术含量更高。第四，投资组合保险策略呈"偏态"分布。虽然 CAPM 模型假定资产服从正态分布，但由于投资组合保险策略自身的特点是规避资产价格下跌风险，只保留参与上方获利能力，因而使得组合保险的终值密度分布形态呈偏态分布。第五，投资组合保险策略可能会导致较高的交易成本和机会成本。投资组合保险策略尤其是动态投资组合保险策略要求经常性的结构调整，会导致组合保险策略的累计交易量过大，产生较大的交易成本；另外，像固定比例投资组合保险策略（CPPI）这类设定较高比例保留性资产的策略，当股市上涨时，只有一部分资产能参与获利，因此就放弃了部分上涨的机会。第六，投资组合保险策略比起一般的投资策略来说，会对投资品种有较高的流动性要求。就拿动态投资组合保险策略来说，因为需要频繁地对风险性资产和无风险资产进行调整，如果所选取的投资品种的流动性不高，就会产生较高的交易成本和冲击成本。

2. 固定比例投资组合保险策略（CPPI）

Black 和 Jones（1987）为解决复制性卖权计算复杂的缺点，而提出固定比例投资组合保险策略（CPPI），投资者首先决定受保组合目前的价值与到期日要保额度现值的差额为预定所能承受的风险损失，然后依据本身的风险偏好及承受能力来选择参数，利用简单的公式动态调整风险性资产和无风险资产的部位来达到保险的目的。

CPPI 策略的特性是：

（1）风险乘数一般是根据投资者的风险偏好选定的，并且在保险期内是固定的。设定的乘数越大，则投资于风险性资产的头寸就越多，期间股价持续下跌时，投资者就会受到巨大损失。

（2）CPPI 策略选择的乘数一般都大于 1，因此属于"追涨杀跌"的操作方法，这种投资组合保险策略有助涨助跌的效果，可能造成市场的波动性增加。

（3）动态投资组合保险策略需要对组合中的风险性资产和保留性资产进行适时的调整。因此，为使 CPPI 策略更好地发挥对资产的保障作用，投资者需要在策略的精确性和交易成本之间做出取舍。

（4）CPPI 策略中参数都是固定的，与市场形势的联动性不够灵敏，因此，如何把握时机，从提高策略的灵活性和精确度方面进行研究是后续应该关注的重点。

三、APPI 策略理论概述

假设市场为 Black-Scholes 市场，即市场由风险资产和无风险资产两种资产组成。无风险资产以固定利率 r 增长，风险资产不支付红利，并且价格服从几何布朗运动（以股票为例）：

$$S_t = S_0 e^{(\mu - \frac{1}{2}\sigma^2) t + \sigma B_t} \tag{1}$$

其中，S_0 是股票的初始价格，μ 是股票瞬时期望收益率，σ 是股票收益率的瞬时标准差，B_t 是标准布朗运动。在连续时间内，标准 CPPI 策略使投资于无风险资产和风险资产的投资组合保持动态平衡，超过底线的组合价值以无风险利率增长，风险暴露保持为缓冲额度的常数倍。Perold 和 Sharpe（1988）已研究得出标准 CPPI 策略在 t>0 时的价值函数为：

$$V_t^C = F_0 e^{rt} + (V_0 - F_0)(\frac{S_t}{S_0})^m e^{(1-m)(r + \frac{1}{2}m\sigma^2)t} \tag{2}$$

其中，V_0 为组合的初始价值，F_0 为初始底线，m 为乘数，r 为无风险利率，σ 为瞬时波动率。

根据该价值函数可以看出，t 时刻的组合价值受当期股票价格的影响比较大，这就不排除一些投机者在接近到期日时通过操纵标的资产价格来牟取暴利的可能。为了降低到期日股票价格对组合价值的较大影响，我们在此引入亚式期权理论。

亚式期权，又称为平均价格期权，其价值取决于合同期内标的资产的平均价格。由于平均价格分为算术平均和几何平均，因此对应于亚式期权可分为算术平均亚式期权和几何平均亚式期权。若股票价格服从对数正态分布，那么在连续时间下，价格的几何平均就服从正态分布，因此，本文采用标的资产的几何平均来进行讨论。

已知当股票价格连续变化时，股票在 [0，t] 内的几何平均价格为：

$$G_t = e^{\frac{1}{t} \int_0^t \ln S_t \, dt} \tag{3}$$

一些专家学者通过研究已经得到服从几何布朗运动的股票价格的几何平均价格的具体形式为：

$$G_t = S_0 e^{\frac{1}{2}(\mu - \frac{1}{2}\sigma^2)t + \sigma B(\frac{1}{3}t)} \tag{4}$$

根据连续时间下标准 CPPI 策略的价值函数，我们利用股票几何平均价格 G_t 来代替到期日价格 S_t，并做相应的修正来构造 APPI 策略价值函数，即：

$$V_t^A = F_0 e^{rt} + (V_0 - F_0)(\frac{G_t}{S_0})^m e^{(\frac{m\sigma^2}{4} - \frac{mr}{2} - \frac{m^2\sigma^2}{6} + r)t} \tag{5}$$

其中，V_0 为组合的初始价值，F_0 为初始底线，m 为乘数，r 为无风险利率，σ 为瞬时波动率。

四、参数设定和样本选取

作为初步分析，我们采用 Black-Scholes 期权定价模型的假设条件，在不考虑交易成本的情况下，依据上证综合指数的历史数据，并根据理论公式计算两种策略的组合价值随股票价格的变化情况，并比较期末组合保险的价值。

（1）保险额度：期初总资产设为 10000 元，本次模拟采用 70%、90% 两种保险比率，即最低要保额度分别为 7000 元、9000 元。

（2）乘数：风险乘数 m 分别取 0.5 和 2，乘数越大，对风险的喜好程度越高；相反，越低表示对风险厌恶的程度越高。

（3）资产设定：由于国债存在久期风险，所以无风险资产以 2006 年我国一年期银行定期存款利率 2.25% 计算。风险资产则选取上证综合指数的历史数据。

（4）测试时期：为测试两种策略在不同行情下的效果，将上证综指分为三个时期来讨论：震荡时期：2003-04-15~2004-12-16；多头时期：2006-09-15~2007-10-16；空头时期：2007-10-17~2008-11-07。

（5）调整方法：为了比较股票价格每日变化对两种策略的影响，本文采用按日调整以降低误差。

五、实证结果及分析

1. 期末表现分析

表1　在不考虑交易成本的情况下两种策略保险组合的期末价值

乘数	要保比例（%）	标准 CPPI 策略			APPI 策略		
		多头时期	空头时期	震荡时期	多头时期	空头时期	震荡时期
0.5	70	12804.57	8742.21	9897.33	11253.74	9407.75	10087.19
	90	11059.14	9694.42	10148.69	10526.71	9911.8	10200.39
2	70	44088.91	7361.98	9051.07	17472.19	8089.7	9631.76
	90	21471.76	9229.88	9855.02	12599.53	9472.45	10048.58

由表 1 可以看出，在不考虑交易成本的情况下，乘数 m 和要保额度 F 对 APPI 策略的影响与对标准 CPPI 策略的影响一样：在要保额度相同的情况下，乘数越大，多头时期向上获利的空间也越大，同样，在空头时期向下遭受的损失也越大；若乘数相同，要保额度越大，则多头时期向上获利的空间越小，同样，在空头时期遭受的损失也越小。从各个时期来看，多头时期，由于选取的上证综指在这一时期有较大增长，所以标准 CPPI 策略较 APPI 策略要好；而在空头时期和震荡时期，标准 CPPI 策略的表现则不如 APPI 策略。究其原因，标准 CPPI 策略的表现是非路径依赖的，主要取决于期末标的资产价格，因此在多头时期，期末上证综指较高，其获利较多；相反，空头时期遭受的损失也较大。而 APPI 策略具有较强的路径依赖，其期末表现主要依赖整个保险期间标的资产的几何平均，因此在多头时期，受前期较低价格的影响，向上获利有限，而空头时期由于受前期较高价格的影响，因此下跌也有限。

2. 不同时期结果分析

（1）多头时期（2006-09-15~2007-10-16）。

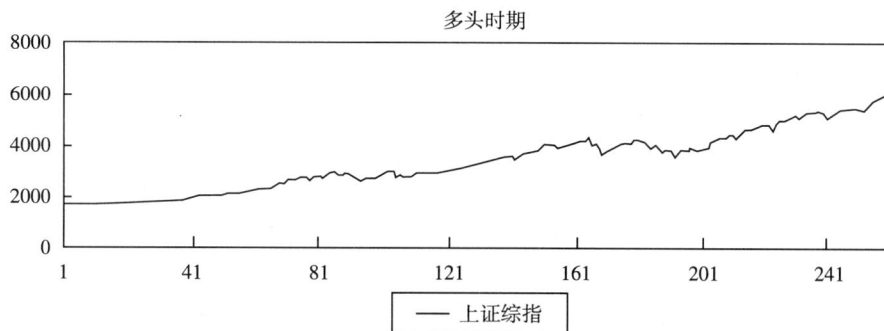

图 1　多头时期

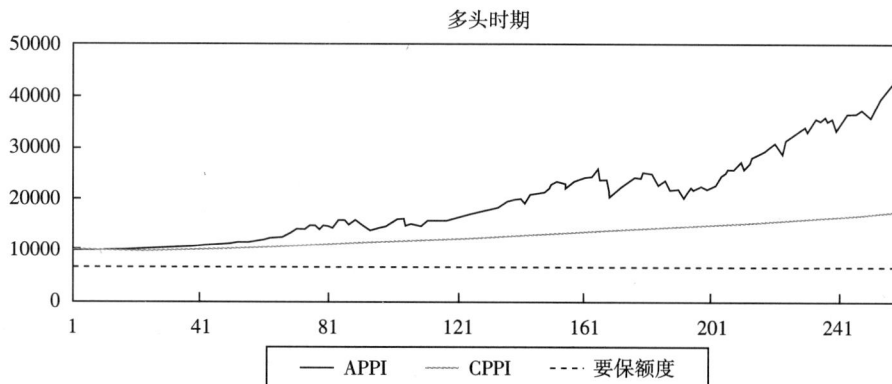

图 2　m = 2，F = 7000，保险期间各策略的组合价值随上证综指每日的变化情况

由图 1、图 2 可以看出，在多头时期，标准 CPPI 策略价值曲线整体上随上证综指上升，与上证综指的趋势线比较相近。一旦指数有所下降，标准 CPPI 策略价值曲线就出现较大的波动。反观 APPI 策略，其价值曲线平滑上升。在前 40 天，由于上证综指比较平稳，所以标准 CPPI 策略和 APPI 策略的价值曲线几乎无差别，但随后指数开始上涨，两者出现分离，随着涨幅扩大，标准 CPPI 策略开始明显优于 APPI 策略，具有较大的向上获利空间。

（2）空头时期（2007-10-17~2008-11-07）。

由图 3、图 4 可以看出，尽管在空头时期，两者的价值曲线也都处于要保额度线之上，说明即使指数出现较大幅度的下跌，两者也都能起到较好的保险效果。APPI 策略价值曲线由于受到前

空头时期

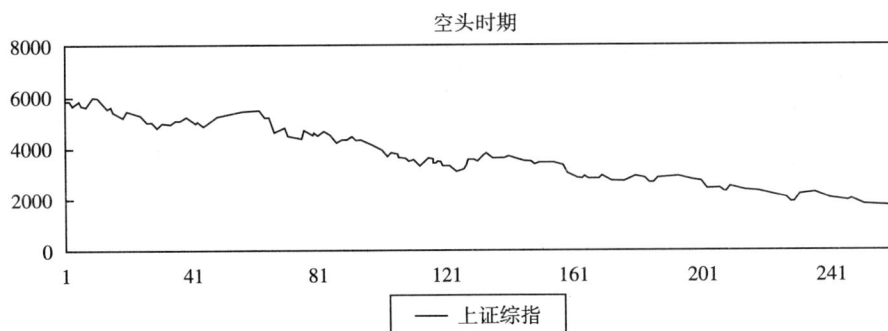

图3　空头时期

空头时期

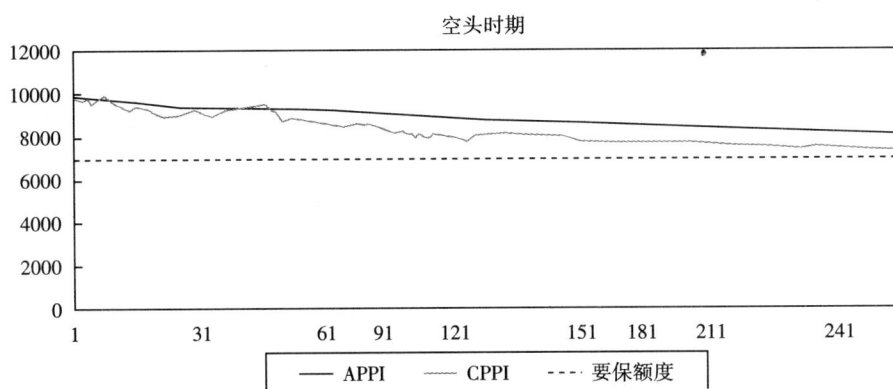

图4　m＝2，F＝7000，保险期间各策略的组合价值随上证综指每日的变化情况

期较高价格的影响，随着指数的一路下跌，并未出现较大波动，只是平稳下降，而标准CPPI策略的价值曲线由于受指数不断下跌的影响，下降幅度较大，并且在整个保险期间几乎都处于APPI策略价值曲线的下方。因此，在空头时期，标准CPPI策略的抗跌效果不如APPI策略明显。

（3）震荡时期（2003-04-15~2004-12-16）。

震荡时期

图5　震荡时期

震荡时期

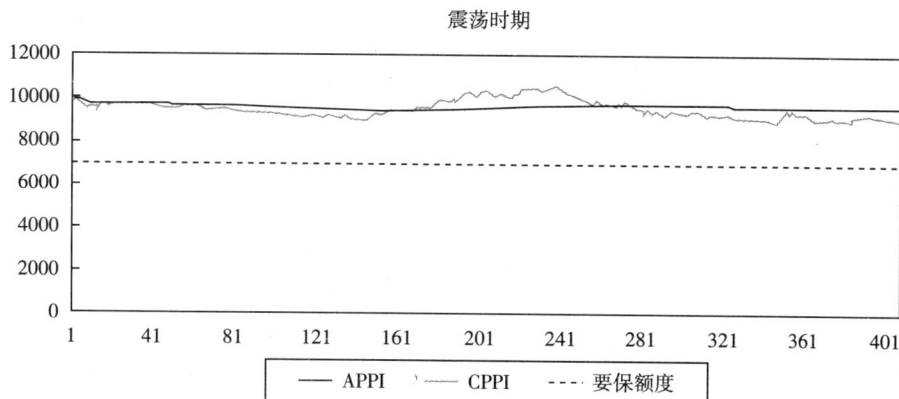

图6　m=2，F=7000，保险期间各策略的组合价值随上证综指每日的变化情况

从图5、图6看到，虽然指数出现大幅震荡，但APPI策略价值曲线相当平稳，并没有明显的大起大落，反观标准CPPI策略价值曲线则随指数大幅震荡，在指数下跌时，跌到APPI策略价值曲线下方，指数上升时又处于其上方，并且从前表已看出，在此期间标准CPPI的表现并不如APPI策略。

六、结论与不足

通过本文的分析，可以得出以下结论：

（1）在不考虑交易成本的条件下，通过对比标准CPPI策略和APPI策略的期末价值可以看出，在多头时期，标准CPPI策略具有较好的表现，又有较大的获利空间，但在空头时期和震荡时期，抗跌效果不太明显，表现并不如APPI策略。

（2）不管是在多头时期，还是在空头时期和震荡时期，APPI策略的价值曲线受当日指数涨跌的影响较小，而标准CPPI策略与当日指数有极大关系，易受其影响，稳定性不如APPI策略好。

（3）对那些为养老金进行保值增值的投资者来说，保本是首要的，其次才是获得更多收益。因此，可以在判断为多头时期时采用标准CPPI策略，而在空头时期和震荡时期选择APPI策略。而对风险绝对厌恶的投资者来说，不管在什么时期选择APPI策略都是不错的。

由于本文采用的假设条件比较严格，并且也只是在不考虑交易成本的情况下，将APPI策略的表现与标准CPPI策略做了对比，而在放宽假设条件下同时又与其他策略对比，APPI策略的表现如何还需进一步的分析讨论。

【参考文献】

［1］程兵、魏先华：《投资组合保险CPPI策略研究》，《系统科学与数学》，2005年第25卷第3期。

［2］杜少剑、陈伟忠：《CPPI投资组合保险策略的实证分析》，《财贸研究》，2005年第1期。

［3］杨少华：《亚式期权与欧式期权的实证比较》，《长春工业大学学报》（自然科学版），2007年第28卷第3期。

［4］章珂、周文彪、沈荣芳：《几何平均亚式期权的定价方法》，《同济大学学报》，2001年第29卷第8期。

［5］Black，F.，R. Jones. Simplifying Portfolio Insurance for Corporate Pension Plans ［J］. Journal of Portfolio Management，1988，2：33-37.

［6］Jacques Pézier, Johanna Scheller. Average Price Portfolio Insurance as Optimal Implementation of Life - Cycle Investment Strategies.ICMA Centre, Henley Business School at the University of Reading, 2012.

［7］Perold, A.F., Sharpe, W.F. Dynamic strategies for asset allocation. Financial Analyst Journal January - February, 1988: 1-27.

［8］Kemna, A.G.Z., Vorst, A.C.F., A pricing method for options based on average asset values［J］. Journal of Banking and Finance, 1990, 14（1）: 113-129.

（作者：李光亚，河南大学管理科学与工程研究所）

商业银行操作风险管理浅析

一、引　言

德勒公司 2002 年的研究显示：中国国有商业银行存在"缺乏责任制"的问题，造成这种结果的原因有：第一，银行内部控制体系不够健全，分支机构经理对信息的控制权力过大；第二，政府责任的无限性为很多造成银行巨大损失的经理开脱责任；第三，银行内部的政府机构缺乏全面考虑经济后果的意识。这种责任制的缺乏是商业银行操作风险的主要成因。操作风险与银行的结构、效率和控制能力密切相关，因此，我们有必要对商业银行操作风险管理过程和其管理三大工具展开具体讨论。

二、操作风险和操作风险管理的概念

操作风险的概念最早由巴塞尔委员会于 1998 年 9 月提出，其定义操作风险为商业银行在日常经营活动中由于人为的失误、欺诈、自然灾害或者意外事故所引起的风险。在 2004 年 6 月颁布的《巴塞尔新资本协议》则给予操作风险新的诠释。其定义操作风险为由不完善或有问题的内部程序、人员和系统，或外部事件所造成损失的风险。操作风险包括法律风险，但不包括策略风险和声誉风险。

其中，法律风险包括但不限于下列风险：[1]

（1）商业银行签订的合同因违反法律或行政法规可能被依法撤销或者确认为无效的；

（2）商业银行因违约、侵权或者其他事由被提起诉讼或者申请仲裁"依法可能承担赔偿责任的"；

（3）商业银行业务活动违反法律或行政法规，依法可能承担行政责任或者刑事责任的。

策略风险：由于无效的或有问题的策略而遭受损失的风险。

声誉风险：[2] 有关一家机构业务活动的负面宣传，不论其真假，都会引起该机构的客户流失、收入下降或者花费高昂的诉讼费用。

巴塞尔委员会给予风险管理的这种诠释是基于风险监管的角度而非风险管理的角度，其没能覆盖银行面临的所有操作风险。由于各国商业银行的管理体制各有不同，如英国商业银行施行混

---

[1] 摘自《银监会操作风险管理指引》。

[2] 摘自《银监会非现场监管指引（试行）》。

业经营，而我国商业银行则施行分业经营，因而直接将国外管理理念照搬照抄是不可行的，针对中国商业银行的特点所界定出的操作风险的概念在中国银行业监督管理委员会颁布的《商业银行操作风险管理指引》中定义为：操作风险是指由不完善或有问题的内部程序、员工和信息科技系统以及外部事件所造成损失的风险。本定义所指操作风险包括法律风险，但不包括策略风险和声誉风险。

管理是在特定的环境下，对组织所拥有的资源进行有效的计划、组织、领导和控制，以便达成既定的组织目标的过程。基于这一概念，操作风险管理就是在对操作风险量化的基础上进行的，既包括对银行业务运作中各个操作环节制定相应的政策、规章制度、操作规范制度层面上的安排，也包括对所有的业务流程操作风险的严格定义与规范。

三、操作风险的管理过程

1. 风险识别

风险识别是操作风险管理流程的基础。高级管理层对银行经营目标及可能妨碍目标实现的事件进行有针对性的研究，识别和评估所有重要产品、活动、程序和系统汇总固有的操作风险。明确回答在银行业务运行过程中将面临哪些操作风险、导致操作风险的因素是什么、风险可能带来损失的严重程度等问题。

风险识别常用方法为关键风险指标法（KRI）。为确保重大风险相关信息传递给管理层，应该实施关键风险指标法，用衡量结果来反映操作风险水平。关键风险指标应当容易衡量并集中汇报，指标的设计反映操作风险水平的动态变化，应尽可能获得风险的早期预警，从而使缓释行动能够防止重大操作损失或事件的发生，关键风险指标一般用于预防 A 级、B 级高级操作风险，或具有高绝对风险水平的 C 级操作风险，并不是所有操作风险都需要建立关键风险指标。

2. 风险评估

在潜在的操作风险被识别出后，接下来需要做的就是对其加以评估——确定具有不可接受性质的风险，并将其作为缓释的对象。风险评估是一个必经的过程，因为其能确定出特定的操作风险并找出克服它的方法。风险评估可以是正式的也可以是非正式的，如对某一行动进行简短的评论就是非正式的一种，而专门组织相关人员召开全天性的会议则为较为正式的方式。银行在评估潜在不利风险的同时，还应该评估自身对这些风险的承受能力。通过有效的风险评估，商业银行可以更好地掌握其风险状况和更有效地利用银行的风险管理资源。目前银行常用于评估操作风险的工具主要有风险地图、风险自我评估、记分卡等。

3. 风险监测

风险监测是操作风险管理过程的核心，是防范操作风险最重要的环节。定期的监测行为必不可少，其有利于及时发现并纠正操作风险管理的政策、程序和步骤中的不足，及时地发现这些不足可以较大限度地减轻损失的严重程度和减少损失事件的发生率。我国商业银行在操作风险管理实践中，可以通过事前控制、事中监测和事后缓释将风险监测和风险控制相融合，还可以把检查监控与系统监控、现场监控与非现场监控有机结合，形成全方位的监控体系。风险监测的频率应该可以反映所包含的风险以及操作环境变化的频率。这些监控行为的结果需编入董事会报告中。由监管当局编写的报告也应该包括监测的近期信息，并抄报给高层管理者和董事会。

4. 风险控制

识别、评估操作风险的最终目的是要对风险进行有效控制。这种控制是针对银行通过第一步识别出的操作风险。而对于已经识别出的操作风险，银行需采取合适的步骤来避免、缓释和转移风险，或是承担风险。经识别出的操作风险需由一定的控制方法加以处理，这些方法包括管理洞察力、信息处理、流程控制、风险政策等。以上控制措施应该组成一个系统的体系，因为只依靠某一种控制方法无法完全阻止风险的发生。

四、操作风险管理三大工具

（一）风险与控制自我评估

1. RCSA 的定义

风险与控制自我评估（Risk and Control Self Assessment，RCSA），是指商业银行识别和评估自身业务活动潜在操作风险、现有控制措施有效性和适当程度的操作风险管理工具。RCSA 主要通过组织责任制度的建立及组织内部各部门的参与投入，有自评单位主导、主动地辨识各种营运活动中的操作风险，以提升风险意识，并对风险暴露程度加以评估、衡量及监控，同时提出应对行动计划，以期降低操作风险。

（1）RCSA 通过调查问卷、系统性的检查或公开讨论的方式，评估银行的操作风险管理政策及流程的执行情况，识别银行内部操作风险管理和控制的薄弱环节，触发改进的行动计划。

（2）RCSA 针对风险识别模型中的风险因素、损失事件及影响模型进行匹配，识别分析可能产生操作风险的成因，定义损失时间并与损失时间可能造成的影响匹配，评估相关损失事件发生的可能性和严重程度。

（3）RCSA 可针对风险点识别对应的控制措施，进而对风险控制措施的实施效果进行评价，促使银行风险管理的改进。

2. RCSA 的作用

RCSA 在银行日常的操作风险管理中扮演着极为重要的角色，借由管理工具的导入，可提升全体员工的风险意识，并经由对操作风险的辨识、评估、控制后，提出评估报告及行动方案，以控管并降低操作风险，后续可对自我评估结果进行量化分析，进一步衡量控管风险。除此之外，《包塞尔新资本协议》在标准法（TSA）和高级计量法（AMA）的资格标准中，均要求银行建立内部操作风险评估系统。中国银监会发布的《商业银行操作风险管理指引》中也明确将其作为操作风险管理政策中的重要组成部分。

3. RCSA 的主要流程①

4. RCSA 职责与参与方式——三道防线

（1）第一道防线：业务职能部门。其主要负责出具风险点清单和控制清单的维护；本业务及职能部门的 RCSA 评估；本业务及职能部门的 RCSA 结果分析；行动方案的执行。

（2）第二道防线：风险管理部门。其主要负责 RCSA 工作的管理和统筹；设计并发展风险自评体系；协调并辅导各部门 RCSA 工作的执行；对 RCSA 评估结果进行检核和汇总分析。

（3）第三道防线：审计部门。其是 RCSA 工作的独立监督部门；根据 RCSA 评估结果筛选信息，监控辨识出的内部风险及控制缺失；确保 RCSA 工作执行的有效性。

---

① 资料来源：德勒管理咨询公司。

	风险点/控制清单与维护	RCSA 计划	RCSA 发起与执行	RCSA 结果运用
角色职责	• 总行业务部门风险点维护岗进行维护 • 总行风险管理部风险点维护岗复核生效	• 总行风险管理部在系统中的公告发起 • 分行风险管理部组织业务部门于线外讨论制订计划	• 总/分行业务部门 RCSA 执行人员（产品流程归口部门）组织线外研讨会进行 RCSA 评估，并在系统中完成问卷填写	• 总/分行 RCSA 执行人员组织线外研讨会确认是否启动行动计划缓释风险 • 总/分行业务条线及风险条线 RCSA 负责人/RCSA 管理岗位等进行 RCSA 结果的汇总分析
工作原则	分险点/控制清单维护是每年 RCSA 工作的基础，各业务部门根据各种产品和外部环境风险状况的变化，对产品与风险点控制措施的内容，及其与损失事件模型的映射关系进行更新与修改	总行风险管理部提供指导性文件，包括： • RCSA 执行时间范围 • 必须执行的产品流程种类 • 总体覆盖率要求等分行在指导框架下根据自身情况，以分行为单位制订本分行 RCSA 计划，包括明确本年度各产品 RCSA 开展的时间段，将评估的产品流程及具体的执行人员安排等	RCSA 发起方式主要有常规发起和特殊发起两种： • 常规发起：按照 RCSA 计划由系统自动派发问卷于指定的总/分行业务部门 RCSA 执行人员 • 特殊发起：由于内外部事件使银行面临的风险状况发生重大变化时，总行风险管理部可定向发起回答卷时 RCSA 的主要开展形式，评估者在经过充分讨论后，完成相应的 RCSA 问题	RCSA 的运用主要包括： • 行动计划：RCSA 结果作为触发行动方案的诱因。对风险偏高的产品及时采取缓释措施 • 报告报表：RCSA 结果作为 RCSA 报告的数据源，管理者通过各种类型的报告从不同角度掌握风险的分布和控制薄弱环节

图 1　RCSA 管理流程图

（二）损失数据收集

1. LDC 的定义

损失数据收集（Loss Data Collection，LDC），是指商业银行按照一定的标准化流程，对历史损失数据的完整信息进行有条理的收集、分析，建立完整的操作风险损失数据库。该流程作为以事件为导向的动态流程，应保证能够在全行范围收集操作风险事件，从而识别造成该事件的风险因素，并获取该事件所造成的影响（损失影响或非损失影响），进而控制与降低风险，最后产出操作风险报告，供银行高级管理层作为决策的参考依据。

2. LDC 的作用

损失数据搜集的目的为系统地追踪银行内部操作风险相关数据，以达成对操作风险的识别、评估、衡量与监控，并借由完备的损失数据分析，充分反映操作风险暴露与损失情况，发现损失共性，降低损失再发生的概率，进而控制与降低风险，且进一步借由连续性信息的统计观察值，制作管理报表凸显风险趋势与议题，调整内部资源提升全行操作风险管理效益，达成有效的资本配置。除此之外，《巴塞尔新资本协议》在标准法（TSA）和高级计量法（AMA）中，均对损失数据收集作出要求。银监会也明确指出银行实施 AMA 时，应具备至少 5 年（初次使用时为 3 年）观测期的内部损失数据。因此，开展 LDC 能使银行符合实施标准法的要求，并为将来实施高级计量法进行准备。

3. 损失数据类别及价值标准

损失数据的类别一般可分为以下几种：

（1）对于银行损益账户有直接影响的损失：对于金融机构的利润和损失账户（含损益表、资产负债表等）有直接影响的损失，但需留意区分因公司战略错误所造成的影响与因操作风险事件所造成的损失金额。

（2）预知收入（收入减少）：如果未经历特定操作风险的事件，将来所能获取的利润。

（3）投资成本（弥补费用）：因特定操作风险事件所增加投资的金额，或为弥补特定操作风险事件所额外花费的成本或费用。

（4）非损失事件：操作失误原可能造成的潜在直接或间接损失，但经由非正常控制程序被成功规避（如由外部第三者辨识出错误）。

损失数据的价值标准从会计角度可以分为实际损失和准备金两种。其中实际损失是指实际发生的损失金额，可具体于银行的会计账上直接跟踪，并且可根据该笔金额对利润和损失的影响进行客观的分析、评估与衡量。需特别留意这些损失应该包括因该损害事件产生的额外成本与费用，以及可能获得的金额回收或补偿（如保险或其他赔偿）。准备金是指当损失金额不确定，但基于会计准则要求对损失进行预测，且于特定会计账户计提准备金额，在这种情况下，该笔损失金额将被记录为损失。

4. LDC 推广难点及配套机制

如何最大限度地保证损失数据收集的完整、准确和及时，是 LDC 推广过程中所面临的主要难点：

（1）在完整性方面存在以下困难：风险发生单位可能无法确保完整、全面地搜集到操作风险事件的各项信息；风险发生单位可能瞒报、漏报操作风险事件；可能尚未充分从不同方面的信息源获取到有效信息；风险发生单位可能消极参与转荐非本部门发生的事件。

（2）在准确性方面存在以下困难：操作风险事件的认知水平和识别能力参差不齐；发生单位可能存在抵触情绪，未能准确记录操作风险事件的各项信息；由于缺乏数据的收集经验，可能尚需要一定时间的积累和理解才能达到较高的数据收集质量水平。

（3）在及时性方面存在的困难有：操作风险事件发生后可能未予以及时关注和发现；缺乏严明的报告时效限制，发现操作风险事件的单位可能对及时报告疏忽怠慢；对事件的及时跟进缺乏严格的机制，奖惩不明。

LDC 方案中通过改进流程体系、完善相应配套机制，在很大程度上达到对损失数据收集全面性、准确性和及时性要求：

（1）在完整性方面的配套机制有：新增发现部门转荐的启动方式；建立了信息源的获取和对应机制；强化了系统实时检查与验证的系统功能；明确了审计部门的检查机制；将在推广 LDC 一定时间后，建立适当的部门和个人责成机制及同举报转荐职责相当的奖励机制。

（2）在准确性方面的配套机制有：建立审阅机制，完善了系统化的审批功能；完善系统数据项设置，细化数据收集标准与口径；新增各部门对损失事件账务信息的录入，并由风险管理部门定期将损失数据与 RCSA 及 KRI 结果相互连接，进行合理性及偏离程度分析，提高损失数据的准确性。

（3）在及时性方面的配套机制有：通过风险管理部定期的数据分析（如进行发现日期及通报日期的差异分析），产出报告报表，加强对操作风险事件信息记录及时性工作的宣导；拟强调对事件及时跟进的奖惩机制，将于 LDC 工作推广及宣传一段时间后，制定明确奖惩办法予以推广。

（三）关键风险指标

1. KRI 的定义

关键风险指标（KRI）是指代表某一风险领域变化情况并可定期监控的统计指标。主要利用特定财务数据、统计数据或趋势建立。提供高级管理阶层检视、判断并了解整体操作风险的发生率概况，有助于追踪目标达成情形及作为日常运营活动决策的参考。

2. KRI 的作用

KRI 对银行风险管理的意义主要有：早期预警、触发行动、预防损失。其可以在风险防范过程中长期追踪操作风险暴露状况；为风险来临前提供早期预警信号；为预警方案的启动设定定量标准。

3. KRI 管理流程

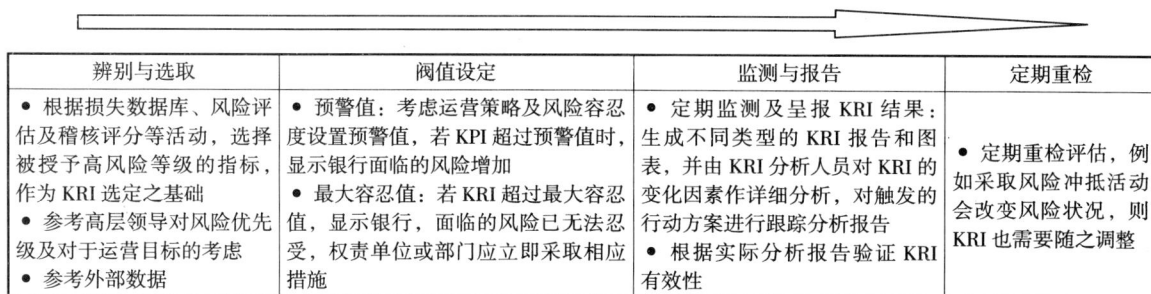

辨别与选取	阀值设定	监测与报告	定期重检
● 根据损失数据库、风险评估及稽核评分等活动，选择被授予高风险等级的指标，作为 KRI 选定之基础 ● 参考高层领导对风险优先级及对于运营目标的考虑 ● 参考外部数据	● 预警值：考虑运营策略及风险容忍度设置预警值，若 KPI 超过预警值时，显示银行面临的风险增加 ● 最大容忍值：若 KRI 超过最大容忍值，显示银行，面临的风险已无法忍受，权责单位或部门应立即采取相应措施	● 定期监测及呈报 KRI 结果：生成不同类型的 KRI 报告和图表，并由 KRI 分析人员对 KRI 的变化因素作详细分析，对触发的行动方案进行跟踪分析报告 ● 根据实际分析报告验证 KRI 有效性	● 定期重检评估，例如采取风险冲抵活动会改变风险状况，则 KRI 也需要随之调整

图 2　KRI 管理流程图 [①]

五、案例研究

2011 年 6 月，在中国社会科学院金融所举办的"中国农村金融机构发展与改革研讨会"上银监会副主席蒋定之提出，要建立健全农村合作银行的风险管理系统。而新昌农村合作银行则作为全面推行中小银行风险管理信息系统的试点银行。

新农昌商业银行操作风险管理系统主要包括以下内容：

1. 操作风险管理策略

新昌农村合作银行对高频率、高损失类操作风险，采取撤出或避免进入的策略；对高频率、低损失类操作风险，采取强化内部控制、优化组织、加强教育培训、完善和升级 IT 系统等策略。

2. 操作风险度量方法

新昌农村合作银行结合机构的内控评价考核、违规积分考核得分情况，确定机构内控等级，不同的内控等级设定不同的调整系数。

3. 操作风险分类方法

系统将日常操作的可疑信息进行分类，主要分成柜员监控、机构监控、存款业务监控、贷款业务监控、卡业务监控、国际业务监控、大额交易特殊交易监控八类，系统已实现监控点 270 多项。

4. 操作风险评估

风险评估可依据业务单元或业务流程进行分析和评估管理中存在的风险，可更有针对性地发现风险情况并评估风险影响，制订行动方案，提高风险管理有效性。

本文对商业银行的操作风险进行了系统分析，并通过具体的案例进行具体分析。在实际操作的过程中，应根据银行的业务种类和流程建立操作风险管理流程和框架，建立与本行的业务性质、规模和复杂程度相适应的、完善的、可靠的操作风险管理体系，以完善的操作风险识别、计量、监测和控制程序，完善的内部控制和独立的外部审计以及适当的操作风险资本分配机制来实现整个过程的良性运转，同时强化内部控制建设，找准关键的风险环节，做到"制度完善、目标准确"，进一步提高操作风险防范的效率和能力。操作风险管理过程是一个完整的系统，其包含的各

---

① 资料来源：德勒管理咨询公司。

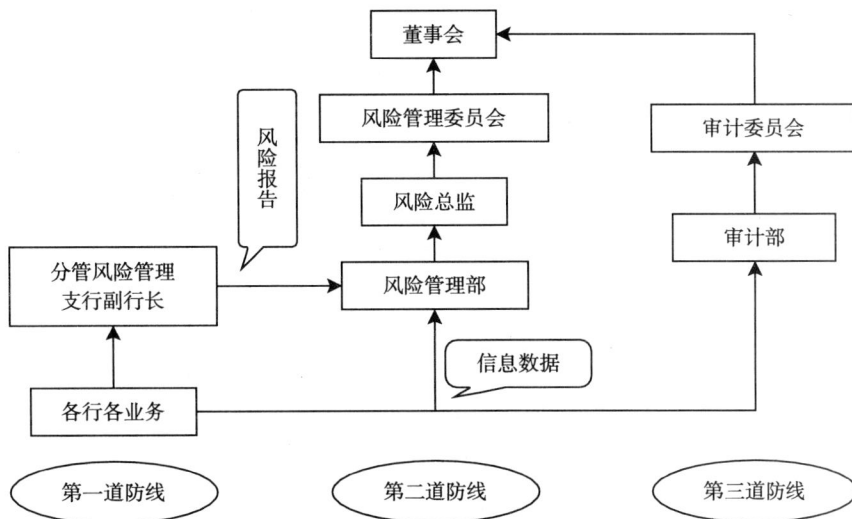

图3　新昌农村商业银行操作风险管理结构图①

个环节，即操作风险管理的日常活动和决策，是银行日常活动的一部分。一个完整有效的操作风险管理流程可以识别存在的潜在风险，做到对风险提前防范。操作风险的三大工具不是孤立存在的，而是相辅相成，紧密连接，共同支持操作风险管理。无论是在操作风险管理理论还是实践中，我国商业银行和国际先进银行都存在一定差距，同时国际先进银行也为国内商业银行操作风险的管理和实践提供了宝贵的经验。目前，我国商业银行操作风险管理尚处于起步阶段，要通过借鉴国际先进的商业银行操作风险管理的组织体系、管理架构和风险控制手段等成功经验，来改进内部控制体系、流程，以降低操作风险造成的损失。

【参考文献】

［1］杜世清：《商业银行操作风险管理实务》，西南财经大学出版社，2011年。

［2］车德宇、李宏巍、刘峰：《商业银行操作风险管理与实务》，中国经济出版社，2008年。

［3］刘明彦：《商业银行操作风险管理》，中国经济出版社，2008年。

［4］Basel Committee on banking Supervision. The New Basel Capital Accord. Third consultative document［EB/OL］. http：//www.bis.org/bcbs/cp3full.pdf，2003.

（**作者**：温珂，中国社会科学院工业经济研究所博士研究生）

---

① 资料来源：信达管理咨询公司。

第四篇　组织行为与人力资源管理

领导理论中国化研究及其反思
——以德行领导理论为例

一、引 言

领导研究历来是心理学、管理学、社会学、政治学等学科非常重视的课题。在以人治为主的社会里，一人可以兴邦、一人也可以亡邦的现象在历史上不断重演；就是在法制的社会里，领导对社会、组织、团队的发展也起着非常重要的作用。所以，对领导问题的研究，被古今中外不少领域的学者所重视。西方国家特别是美国，领导研究成果丰硕，在经过多年的发展后，已经形成两大潮流与研究途径，一些研究者（House 等，1997）坚持准则式的研究途径（Nomothetic Approach），认为领导现象与理论是放之四海而皆准的，不会受到文化、国家、地域的影响，具有全球一致性和跨文化的通用性，甚至宣称有全球化的领导作风存在。另一些研究者（Chemers，1993；Hofstede，1980）则采取特则式的研究途径（Idiographic Approach），主张虽然领导也许是全球共有的现象，但领导的内容却是镶嵌在文化之下的，随着文化的不同，领导的内涵与有效性是有差异的。

究竟领导是一种放之四海而皆准的规范，还是一种镶嵌在文化之下的特定行为？目前学界对此仍未达成共识。但越来越多的跨文化研究显示，很多西方人观察到或提出的领导理论，不见得适用于华人社会，若强迫将之套用很容易发生"削足适履"的现象。中华民族有着5000年悠久的历史，形成了以儒家文化为核心的相对独立的中华文化圈，也塑造了华人所特有的心理和社会行为。近30年来，华人社会，包括中国内地、中国香港、中国台湾及东南亚等地区的华商在经济上的崛起和腾飞，使得越来越多的研究者开始关注、研究华人社会与组织，探求其异于西方的文化因素在经济腾飞中的作用，既在努力检验西方领导理论是否适用于东方文化背景，对理论进行修订和改良，又在积极建构新颖的东方领导理论。在众多学者的不断努力下，有关领导理论的本土化研究越来越丰富，经过几十年的发展，回顾这些研究，我们惊奇地发现，这些研究或多或少都指向了同一个领域——领导品德，所以逐渐形成了极具中国文化特色的领导新理论——德行领导理论。本文通过对现有德行领导相关研究的综合回顾，进一步明确了德行领导的概念内涵与结构维度，并在综合不同的研究结果的基础上展开讨论与反思，以期构建更加完善的德行领导模型，为管理理论中国化添砖加瓦。

二、德行领导研究回顾

回顾以往的领导研究，很少有哪个研究者专门开展德行领导研究，而是在众多的不同类型、不同理论建构的领导研究中出现了一个有趣的研究现象，就是在这些研究中都包含着德行领导的身影。

1. 郑伯壎的研究

郑伯壎较早地在中国台湾地区军事组织的有效领导行为研究中发现了公私分明的德行领导是基层军事领导中的一个重要方面（郑伯壎、庄仲仁，1980）。研究者首先以开放式问题询问士兵，要他们描述基层连队主管的领导行为，再将这些搜集而得的陈述句与 Fleishman 的领导行为描述问卷（Leader Behavior Description Questionnaire，LBDQ）加以整合，编制成研究用的领导问卷。随后对 1160 名士官兵施测，资料经过因素分析后，发现有三种主要的领导行为因素：体恤、主动结构及公私分明（指领导者不会徇私或图利自己）。前两种因素和西方以 LBDQ 为研究工具而得的结果十分类似，第三种因素则是指领导者品德的部分，反映了下属对领导者是否假公济私的评估，这个发现与西方研究结果有所差异。

到 2000 年，郑伯壎等采用本土化的研究策略，在以往研究的基础上，并参考 Silin、Redding、Westwood、凌文辁等的研究成果，系统地提出了基于华人文化的家长式领导理论，把家长式领导定义为：在一种人治的氛围下，显现出严明的纪律与权威、父亲般的仁慈及道德的廉洁性的领导方式。家长式领导包含三个维度，即权威领导、仁慈领导、德行领导（郑伯壎、周丽芳、樊景立，2000）。郑伯壎等还编制了家长式领导量表，并在 20 家中国台湾地区企业中进行试测，获得有效问卷 200 份，通过因素分析，最后形成的 PLS 中包括仁慈领导分量表 11 题，德行领导分量表 9 题，权威领导分量表 13 题。在其因素负荷量的基础上计算出仁慈领导的方差解释率为 17.36%，内部一致性系数为 0.93，德行领导的方差解释率为 14.2%，内部一致性系数为 0.94，权威领导的方差解释率为 22.07%，内部一致性系数为 0.91。进一步研究发现，德行领导由三个次级因素组成。①正直尽责。这包括得罪他时，他不会公报私仇；他不会利用职位搞特权；工作出纰漏时，他不会把责任推得一干二净。②不占便宜。这包括他不会占我的小便宜；他不会因为个人的利益去拉关系、走后门。③无私典范。这包括他为人正派，不会假公济私；他对待我们公正无私；他是我们做人做事的好榜样；他能够以身作则。

2. 凌文辁的研究

20 世纪 80 年代初，干部终身制逐渐废除，组织部门提出了定性和定量相结合考查领导干部的要求。在这样的背景下，中国科学院心理研究所徐联仓、凌文辁等学者进行了工厂企业领导行为的评估研究，将三隅二不二的 PM 量表引入中国并进行了标准化，施测了 30 多家企业的 6000 多名员工。这也是国内最早按照国际通用规范和准则编制的评价领导素质量表。

在前述将 PM 量表标准化的过程中，许多企业和人事部门的领导提出，中国的干部政策除了"才"的要求之外，还有"德"的要求，而 PM 量表并没有反映领导品德的方面。这些建议成为了完善量表的重要线索。为了使领导行为的评价适合中国国情，凌文辁等学者在编制新的量表时考虑到了"德"的要求，假设领导行为评价量表可由三个因素构成：个人品质 C（Character and Moral）；工作绩效 P（Performance）；团体维系 M（Maintenance）。学者们基于公与私的标准具有相对稳定性、不受时代和政治影响等特点，将对待公与私的态度或如何处理公与私的关系作为评价个人品质的内容，并将个人品质作为领导评价中"德"的因素。在对 8792 名被试调查结果进行探索性因素分析的基础上，得出 CPM 领导的三因素模型：因素 1（C）为个人品德，方差解释率为 80%，内部一致性系数为 0.95；因素 2（P）为工作绩效，方差解释率为 8.19%，内部一致性系数为 0.93；因素 3（M）为团体维系，方差解释率为 3.6%，内部一致性系数为 0.95。这三个因素总方差解释率达 91.82%。个人品德因素包括 10 个项目，分别是领导先人之苦；领导报复；领导奉承上级；任人唯贤；克己奉公；滥用职权；图名图利；搞宗派主义；他人功劳据为己有；拉关系、走后门（凌文辁、陈龙、王登，1987；凌文辁、方俐洛，2000）。

CPM 领导理论是基于领导外在行为而构建的，研究发现，C 因素是中国文化的特有因素。然而，在人们的心目中，领导应该是什么样的？换句话说，人们心里理想化的领导形象是什么样的？为此，凌文辁进行了中国人内隐领导理论研究。研究结果表明，中国人内隐领导的心理结构由四项因素构成，它们分别是：①个人品德；②目标有效性；③人际能力；④多面性。其中，领导个人品德包括甘当人民公仆、诚实、表里如一、实事求是、能接受批评和自我批评、大公无私、守信用、严于律己、廉洁奉公、以身作则 10 个项目。个人品德因素的方差解释率达 35.79%，其他三个因素中目标有效性为 23.88%，人际技能为 13.17%，多面性为 13.44%（凌文辁、方俐洛、艾尔卡，1991）。

2002 年，凌文辁的博士生林琼基于中国改革开放 20 多年来，人们受西方外来文化的熏陶和潜移默化的影响，对领导的要求也会随着改变的思路，检验中国人内隐量表的因素结构；通过增加适应于现代科技发展、人们观念变化的条目，经过大量样本施测，研究结果表明，中国人内隐领导理论的因素结构由目标有效性、才能多面性、个人品德和人际能力构成。其中，个人品德包括身先士卒、办事严谨、接受新观念、言行一致、有原则性、善于授权、不屈不挠、以身作则 8 个项目。个人品德因素的方差解释率达 13.76%，其他三个因素中目标有效性为 18.29%，人际技能为 16.62%，多面性为 13.23%（林琼、凌文辁、方俐洛，2002）。

3. 李超平的研究

变革型领导理论是最近 20 多年来西方领导理论研究的热点问题，并已成为领导学研究的新范式。李超平等结合文献综述的结果，采用归纳法确定了变革型领导问卷的维度，并编制了变革型领导问卷。通过对 400 多人的调查，发现变革型领导由四个因素组成，分别是德行垂范、愿景激励、领导魅力、个性化关怀。其中，德行垂范也是以往国外研究没有包含的独特维度，包括 8 个项目：廉洁奉公，不图私利；吃苦在前，享受在后；不计较个人得失，尽心尽力工作；为了部门/单位利益，能牺牲个人利益；能把自己个人的利益放在集体和他人利益之后；不会把别人的劳动成果据为己有；能与员工同甘共苦；不会给员工"穿小鞋"，搞打击报复。其方差解释率达 47.65%，愿景激励、领导魅力和个性化关怀的方差解释率分别为 8.69%、5.17% 和 4.14%（李超平、时勘，2005）。

4. 赵国祥的研究

赵国祥等较早地开展了专门的德行领导研究。他们在文献检索的基础上，采用访谈法，并辅以开放式问卷，最终形成了一个有 63 个项目的领导品德问卷，以党政处级领导干部为调查对象，发现党政领导干部品德包括以下几方面的内容：①诚实正直；②服务性；③自律性；④敬业性；⑤包容性。总方差解释量达到 61.32%。其中包括说话算话，讲信用；公平待人，不偏私；原则性强，不因私废公；言行一致，表里如一；把人民群众的利益放在首位；工作以有利他人，方便他人为准则；关心群众疾苦；甘愿在工作中无私奉献；不见利忘义；不以权谋私；要求别人做到的，自己一定做到；小事上也严格要求自己；热爱本职工作，忠于职守；勇于承担责任，敢于负责；有高度的职业责任感和使命感；勤勤恳恳，任劳任怨；能容纳别人的缺点；不嫉贤妒能；能接受别人的批评和建议等项目（赵国祥、高冬东、李晓玉，2007）。

5. 孙立平的研究

孙立平采用文献分析、访谈、问卷调查等研究方法，首次实证探讨企业组织德行领导的内容结构及相关问题。通过探索性因素分析和验证性因素分析，他发现企业组织德行领导包含正直廉洁、关心下属成长、遵守社会规范和仁厚诚挚四个维度。总方差解释量达 69.79%。其中包括为了组织和集体利益，能牺牲个人利益；不以权谋私；不见利忘义；不浪费组织资源；以身作则；不以权压人；不拉帮结派；关心下属的工作和成长，真诚地提出建议；及时指出下属的错误，并引导其改正；当下属工作表现不佳时，会去了解真正的原因所在；善于化解压力，给下属安全感；为下属的成长和发展提供机会、条件；当下属犯错误时，能给其改过的机会；关心社会公益；有正义感；遵纪守法；有社会责任感；遵守社会公德；为人和善；待人诚恳；平易近人；有同情心；为人厚道等项目（孙立平，2008）。

6. 路红的研究

路红运用归纳研究范式，从文献研究开始，通过深度访谈、开放式问卷调查，采用严谨规范的问卷开发流程，运用探索性因素分析和验证性因素分析技术，发现我国组织中破坏性领导的内容结构包含四个因素，即贪污腐化、苛责下属、辱虐下属与德行缺失。其中的贪污腐化、德行缺失从反面验证了德行领导的存在。其中贪污腐化方差解释率为 52.083%，包括骗取单位财物；拿回扣；公物私用；擅自挪用公款作他用；滥用公款消费；以权谋私。德行缺失方差解释率为5.1%，包括拉帮结派；任人唯亲；鼓励下属打小报告；私心重；独断专行。二者合并，方差解释率为 57.18%，苛责下属方差解释率为 11.1%，辱虐下属方差解释率为 5.95%（路红，2010）。

综合上述的研究可以发现，在长达 30 年的时间跨度内，德行领导的相关研究长期存在，不断发展。其呈现以下几个特点：一是德行领导存在于多个地域的多种类型的组织中，横跨北京、河南、杭州、广州、深圳甚至台湾地区的广泛区域，包括企业、机关、事业单位、科研机构、军队等众多组织类型；二是在这些组织中德行领导的存在形式呈现多元化的态势，或是作为领导理论模型的一部分，或是独立出现，或是隐藏在人内心里更甚是从对立面中反衬出来，不管是何种形式，从德行领导的方差解释率角度，都说明德行都是领导理论模型至关重要的组成部分，是领导有效性的核心力量；三是在具体的研究方法上具有高度的一致性，基本上都包括文献检索、访谈、开放式问卷调查、编制问卷、因素分析等方面；四是德行领导的内涵虽有相似甚至相同的地方，如都强调领导者要公正无私，但在具体的组织、时代中还呈现出相对独特的方面。在传统观念和时代特征的作用下，组织在选拔和任用领导者时，往往把"德才兼备，以德为先"作为选人、用人的标准，经济环境也越来越要求领导者的品德与操守，领导者的德行日益被重视并不断放大，人们必须对这一问题进行深入思考，以回应传统和时代的要求。

三、德行领导的研究反思与展望

1. 德行领导为何广泛存在

为何德行领导出现在其他领导理论模型中并成为主要因素？以往的研究者往往从文化中寻找解释，认为是传统文化影响了人们对领导者的期望和要求，但并未解释其作用机制。从具体的研究中分析，相关的研究方法可能也是重要的方面。因为在众多研究中，人们使用的研究方法一般是从访谈、开放式问卷调查开始的，指导语在其中就是关键的一环。由于每个人"内心"都有关于领导的概念，它既含有领导者是什么，又含有领导者应该是什么样的。指导语中有关领导的字眼就会启动人们"内心"关于领导的概念，人们便会据此去衡量这个人的行为是否与他们过去所认识、所观察的领导行为相符。这实际上就是指导语启动并激活了人们的内隐领导理论，进而对领导行为作出判断，在内隐领导的相关研究中（凌文辁，1987；林琼，2002），研究者以自由联想的方式让被试对领导的特质进行描述，将人们心目中对领导者的理想要求和期望显现出来。就是说，民众受传统文化和社会价值观念的影响，形成了自我对于领导者的内隐理论，这种内隐领导理论被指导语启动，便会提取已经储存在记忆系统中与现实刺激物有关联的已有图式、内隐理论或者知识结构与刺激物进行知觉匹配，并按照匹配的程度把刺激信息加以分类。众多领导研究中都出现德行领导的维度，正是这种作用机制的结果。简言之，德行领导广泛存在，源于在传统文化和社会规范的影响下塑造了人们对领导者和领导行为的认识、价值判断与分类，形成了人们关于领导者的认知图式，即领导者首先必须是品德高尚的人，这是人们对于领导者的一般期望和要求。在相关领导研究中，这种认知图式被刺激物（如指导语）所激活，因此众多关于领导的研究结论中都包括品德的要求，不论这种研究是外显领导研究还是内隐领导研究。需要注意的是，人们的认知图式一旦形成就具有相当的稳定性，但并不是不可改变的，在原来图式的基础上，新的内容会被添加和更新，形成新的认识，人们对于领导品德的认识、要求也会不断变化，不同的研究者在不同的时空、组织下进行德行领导研究也必定有所差异。30 年来德行领导内容和结构的研究比较见表 1。

2. 缺乏整合性研究

德行领导研究横跨 30 年，众学者在多个组织中对其概念、结构进行了深入探索，但是到目前为止，还缺乏对众多德行领导模型间的比较与分析，某一组织内通用的德行领导模型仍未建立。在以往的研究中，德行领导往往作为某些领导模型的因素而部分出现，这就限制了德行领导在实际研究中的独立性，由于缺乏对德行领导理论的整合，相关的实证研究虽然很多，但还是缺乏对德行领导作用效果、机制和影响因素的系统认识，阻碍了德行领导为实践服务的步伐。在强调品德因素对领导者重要性的同时，人们忽视了在人的观念中存在着品德因素的"晕轮效应"，即人们通常认为一个品德高尚的领导者自然具有较好的领导行为，或者说其领导是非常有效的，德行领导是否会掩盖了其他领导行为的作用和有效性，而不利于领导者其他有效行为的发现与培养值得探究。受传统文化中关系取向文化的影响，华人组织的领导者在管理方式与领导行为上会有差序的表现，会有所偏私，不会一视同仁地对待下级，而与一视同仁、大公无私的德行领导有相互矛盾之处，领导者一方面要符合下级对他的德行期待，一方面，又必须对自己人和下级有差序对待的行为。作为一个组织的领导者，究竟该怎么做亟待明确。另外，在研究方法的使用上，人们多使用问卷调查等外显研究法来研究德行领导，实际上，内隐领导理论是指存在于人们（作为追随者角色）头脑中关于领导者应该具有的特质或行为的认知图式或原型，这种认知原型当与特定的领导结合时被激活，并以此为依据对认知对象进行定义或评价。与此相对应，外显领导理论是对于领导者实际表现出的行为进行的观察与评估（Ling，2000）。从研究指导语可以看出，凌文辁、郑伯壎、林琼、李超平等的研究内隐联想测验属于内隐领导理论的范畴，而赵国祥、孙立平、路红等的研究属于外显领导理论范畴，但是在研究方法上他们都使用了问卷调查等外显研究方法，而没有使用"纯粹的"内隐测验方法（如内隐联想测验、潜伏期测量、投射测验、实验性分离范式等）对内隐领导理论结构进行内隐性测量。此外，还缺乏德行领导内隐和外显研究的比较、分析与整合，对二者是否有交互影响也不清楚，还需要大量实证研究来验证。

3. 缺乏比较性研究

如果认为德行领导研究只出现在华人社会那就大错特错了，实际上，领导者的品德问题不只是儒家社会关注的焦点。近年来，西方国家在商业界不断出现的丑闻，使人们开始思考领导者对员工、顾客、股东等各个利益相关者所应承担的伦理责任。因此，一些伦理学和领导学研究者开始共同开展伦理型领导的研究，并在最近几年得到迅速发展。与传统的领导研究不同，伦理型领

表1 30年来德行领导内容和结构的研究比较

研究者	研究内容	研究方法	开放式问卷指导语	研究对象	研究结果	德行领导及其方差解释率
郑伯壎(1981)	领导行为的有效性	开放式问卷调查；编制问卷；因素分析	请描述基层连队主管的领导行为	台湾地区军事组织1160名军事人员	领导行为是由三种主要因素组成：体恤、主动结构、公私分明	公私分明，无
凌文辁(1987)	领导行为评价	理论构思；编制问卷；因素分析；聚类分析	无	企业、科研机构、行政管理机构的8792名被试	领导行为由三种主要因素组成：个人品质、工作绩效、团队维系	个人品质，80%
凌文辁(1991)	内隐领导	开放式问卷调查；编制问卷；因素分析	请写出至少25个描述领导特质（人格品质）的条目，没有提供领导的定义，没有时间限制	北京五种职业（干部、工人、教师、科技人员、学生）共597名被试	在中国被概念化了的领导原型意象，被清楚地划为四个因素：个人品质、个人品德、目标有效性、人际能力、多面性	个人品质，35.79%
郑伯壎(2000)	家长式领导	理论构思；编制问卷；因素分析	在一种人治的氛围下，显现出严明的纪律与权威，父亲般的仁慈及道德的廉洁性的领导方式	20家台湾地区企业200个有效样本	家长式领导包含三个维度，即威权领导、仁慈领导、德行领导	德行领导，14.2%
林琼(2002)	内隐领导	问卷调查法；因素分析	我们对您关于"领导是什么样的"看法感兴趣，请您评判下列的各项领导特质因素	在深圳市选取干部、职员、工人、教师、学生，共1410个人为被试，有效样本	人们心目中关于领导概念由四个维度的特质组成：目标有效性、才能多面性、个人品德、人际能力	个人品德，13.76%
李超平(2005)	变革型领导	开放式问卷调查；编制问卷；因素分析	给出BASS对变革型领导的定义，要求被试人员所根据他们的经验和观察列出5~6条变革型领导定义的行为或表现特征	来自在职研究生班、企业管理培训的学员以及部分企业的员工，获得431份有效问卷	在国内这一特殊的文化背景下，变革型领导是一个四维的结构，包括德行垂范、愿景激励、领导魅力与个性化关怀	德行垂范，47.65%
赵国祥(2007)	领导品德结构	文献检索；访谈；开放式问卷调查；编制问卷；因素分析	问卷一的指导语："作为一名领导者，你认为一位好的指导者的指导应该具有什么样的道德品质？"问卷二的指导语："请把你认为道德品质高尚的领导者的名字写在答题纸上，请用相对简短的文字描述他道德品质高尚在什么地方"	河南省党政处级干部共452人，有效问卷341份	领导品德由五个因素构成：诚实正直、服务性、自律性、敬业性、包容性	总方差解释量达61.318%
孙立平(2008)	德行领导	文献分析；结构化访谈；问卷调查法；因素分析	德行领导是指领导者以高尚的个人品德和操守，影响和激励下属去实现组织目标的过程。请根据上述定义，结合自己的观察和工作经验，尽可能多地列出符合德行领导定义的领导者的品德和行为表现	多家企业的员工，有效问卷426份	企业组织德行领导包括四个因素：廉洁正直、遵行社会规范、关心下属成长、仁厚诚笃	总方差解释量达69.785%
路红(2010)	破坏性领导	文献分析；结构化访谈；问卷调查法；因素分析	破坏性领导是指领导者滥用权力，侵犯组织和下属合法权益，甚至是不合法，以道德权益。请根据上述定义，结合自己的工作经验，尽可能地详尽列出10条符合破坏性领导定义的品质或行为	多家企业的员工，有效问卷361份	我国组织中破坏性领导的内容结构包含四个因素，即贪污腐化、苛责下属、辱虐下属、德行缺失	贪污腐化，52.083%；德行缺失，5.096%；合计57.18%

资料来源:根据相关文献整理。

导研究着重强调领导者基于合乎伦理的榜样行为促成其与跟随者间的双向沟通的重要实践意义，特别是在近期的研究当中，越来越多的学者在探讨伦理型领导效能机制的同时，开始关注伦理型领导是如何形成的这一前因问题。国外的伦理型领导与中国的德行领导是否有相似之处，又有何不同，值得人们去深入思考。Treviño 等对不同行业的中层经理人员进行访谈，让他们回答其所认为的伦理领导者的动机、特征和行为。结果发现，伦理型领导体现在两个层次上，即伦理个人和伦理管理者。所谓伦理个人，其特征包括正直、值得信赖、公平、有原则，能够在个人生活和职业活动中表现出伦理行为，但他们并不一定是合格的伦理领导者。伦理管理者则超越了伦理个人，他们通过和员工定期的沟通以传达和维持组织的价值观，在伦理行为方面起到了角色榜样作用，并能够运用奖惩制度引导下属作出伦理反应（Treviño，2000）。Meda 研究发现，伦理型领导是领导者和成员之间持续的对话过程，其目标是构建一种组织文化，以鼓舞和诱导员工在德行、绩效和关系上达到最高水平（Meda，2005）。凌文辁认为，个人品德通过模范和表率的动力机制，一方面可以使被领导者在工作中的不满得到解除，从而获得心理上的平衡和公平感；另一方面，领导者的模范表率行为，通过角色认同和内化作用，可以激发员工的内在工作动机，使其努力实现组织目标（凌文辁、方俐洛，2000）。中国的德行领导仅限于领导者的个人品德，强调其对下属潜移默化的影响，而没有像西方伦理型领导那样将下属的伦理行为作为一个明确的领导任务。鉴于不同文化下领导方式及领导效果会有所不同，中国学者应该探讨中国背景下的德行领导在内容、作用机制上和西方伦理型领导的异同，兼容并蓄，虚心吸收不同文化的优秀管理理论，为中国的领导实践以及企业的组织行为提供科学有效的指导。

4. 缺乏时代性研究

从德行领导的发展轨迹看，可分为两个阶段，前期研究以领导为主，希望发现领导有效性的具体内容，大量研究结果表明德行就是领导有效性重要的一环；后期研究以德行为主，冀求找出德行的具体结构和内容，从而进一步探求德行在领导过程中的作用机制。研究者对德行领导的阐释往往从传统文化出发，挖掘德行领导的传统文化根源，强调传统道德对于领导者的要求，忽略了现代社会的文化发展和道德要求，没有考虑现代社会道德的新内涵、新要求以及这种新道德对于领导行为的要求。如"孝"是传统文化的核心内容，但随着时代的发展，行孝、尽孝的环境发生了很大变化，孝的观念和实践也随之改变，为了更好地调整家庭伦理关系，人们提出了"新 24 孝"的行动标准，目前人们普遍认为，新 24 孝的内容应更贴近生活，更创新的标准，更具有操作性和现实意义。儒家伦理思想把"仁"作为最高的道德原则、道德标准和道德境界，但究竟何为"仁"，以孔子为代表的思想家并未给出明确的界定，据统计，"仁"字在今本《论语》出现 110 次，分见于 16 篇之 50 余章，目前学者们普遍认为爱人即关爱他人是"仁"的实质内涵。但是"爱人"中的"人"在传统文化中只限于熟人之间和小团体领域的人和关系，是以维护小团体的根本利益为基础的。也就是说，"人"是差序格局中的人，"社会关系是逐渐从一个一个人推出去的，是私人联系的增加，社会范围是一根根私人联系所构成的网络"，爱人是讲人伦差序的，孟子说"父子有亲，君臣有义，夫妻有别，长幼有序，朋友有信"，墨家讲"爱无差等"，就被儒家认为是无父无君的禽兽所为了。传统文化是一种差序格局下的文化，其伦理道德规范建立的基础也是差序的，而现代社会是一个不断城市化的社会，是陌生人社会，现代社会的伦理道德是建立在每个人都是公民的基础上的，现代与传统充斥着矛盾和冲突，表现在社会生活的方方面面，管理领域也不例外。如费孝通先生说，中国人"团体道德的缺乏，在公私的冲突里更看得清楚。就是负有政治责任的君王，也得先完成他私人间的道德"，领导者"公报私仇"、"假公济私"、"徇私舞弊"在中国传统社会中成为常见的现象，其根源就是在社会民众中长期形成的"差序格局"（马戎，2007）。因此，在研究当代社会德行领导时，不应仅限于传统文化对于领导者"私德"的要求，更要从现代公民社会的要求出发，研究领导者的"公德"。实际上，这一点已经被人们所关注，如在孙立平的研究中，德行领导就出现了遵守现代社会规范的维度，强调德行领导者应该关心社会公益、有正义感、遵纪守法、有社会责任感、遵守社会公德（孙立平，2008），这是在以往研究中没有出现的。既考虑差序格局下的传统道德要求，又关注公民社会的新道德要求，将是未来德行领导深入研究的必由之路。

德行领导研究可以用四个字来概括，就是长（时间）、广（地域）、多（形式）、杂（组织）。作为一个研究课题，这些特点充分说明德行领导备受关注、重视，具有跨时间、跨空间的一致性、延续性，是具有中国气派和特色的管理理论，是蕴含传统文化和时代特征的管理思想，是中国特色管理研究的标杆、活化石，更是对西方管理研究的创新与超越。希望未来的研究者能在深挖传统思想的基础上，紧扣时代要求，多种研究方法并举，对德行领导的内涵做出深刻分析，在多组织、多情景中系统地多层次探究德行领导的作用机制，把德行领导研究塑造成有中国特色的管理研究标志和典型，为世界管理理论的发展做出贡献。

【参考文献】

［1］费孝通：《乡土中国》，北京大学出版社，1998 年。

［2］李超平、时勘：《变革型领导的结构与测量》，《心理学报》，2005 年第 6 期。

［3］林琼、凌文辁、方俐洛：《透析中国内隐领导概念的内涵及变化》，《学术研究》，2002 年第 11 期。

［4］凌文辁、陈龙、王登：《CPM 领导行为评价量表的构建》，《心理学报》，1987 年第 2 期。

［5］凌文辁、方俐洛：《领导与激励》，机械工业出版社，2000 年。

［6］凌文辁、方俐洛、艾尔卡：《内隐领导理论的中国研究——与美国的研究进行比较》，《心理学报》，1991 年第 3 期。

［7］路红：《破坏性领导的内容结构及其相关因素研究》，暨南大学博士学位论文，2010 年。

［8］马戎：《"差序格局"——中国传统社会结构和中国人行为的解读》，《北京大学学报》（哲学社会科学版），2007 年第 44 期。

［9］孙立平：《企业组织德行领导的内容结构及其相关研究》，暨南大学博士学位论文，2008 年。

［10］赵国祥、高冬东、李晓玉：《处级干部领导品德结构研究》，《心理科学》，2007 年第 30 期。

［11］郑伯壎、周丽芳、樊景立：《家长式领导量表：三元模式的建构与测量》，《本土心理学研究》，2000 年第 14 期。

［12］郑伯壎、庄仲仁：《基层军事干部有效领导行为之因素分析：领导绩效、领导角色与领导行为之关系》，《中华心理学刊》，1980 年第 4 期。

［13］Chemers，M. M.. An Integrative Theory of Leadership. In：Chemers，M. M. and Ayman，R.（eds.）Leadership Theory and Research：Prerspectives and Directions［M］. New York：Academic Press，1993.

［14］Hofstede，G.. Culture's Consequences：International Differences in Work-Related Values［M］. Beverly Hill，CA：Sage，1980.

［15］House，R. J.，Wright，N. S.，Aditya，R. N.. Cross-Cultural Research on Organizational Leadership：A Critical Analysis and a Proposed Theory. In：Earley，P. C.，Erze，M.（eds.）New Perspectives on International Industrial/Organizational Psychology［M］. San Francisco：Jossey-Bass / Pfeiffer，1997.

［16］Ling，W. Q.，Chia，R. C.，Fang，L. L.. Chinese Implicit Leadership Theory［J］. Bei Jing：The Journal of Social Psychology，2000，140（6）.

［17］Meda，A. K.. The Social Construction of Ethical Leadership［D］. Lisle：Benedictine University Ph. D Dissertation，2005.

［18］Treviño，L. K.，Hartman，L. P.& Brown，M.. Moral Person and Moral Manager：How Executives Develop a Reputation for Ethical Leadership［J］. Berkeley：California Management Review，2000（42）.

（作者：务凯，河南大学教育科学学院）

仆人与领导者可以集于一身吗？
——公仆型领导与下属对主管的忠诚、下属业绩表现的关系

一、引 言

我国古代的管理思想以及我国执政党的管理实践，一直倡导"公仆型领导"理念。例如，儒家文化反复强调，管理过程中要以民为本，服务民众，以仁爱之心和高尚的德行维护组织的和谐统一，如"民为贵，社稷次之，君为轻"（《孟子·尽心下》）、"仁者爱人"（《孟子·离娄下》）、"知所以修身，则知所以治人"（《礼记·中庸》）、"礼之用，和为贵"（《论语·学而》）。我国执政党历次党代会通过的党章均强调，"党的干部是党的事业的骨干，是人民的公仆"（张晓燕，2007）。然而，目前国内学术界对于究竟什么是公仆型领导？它的作用效果如何？均未能给出充分的证据。

在西方，公仆型领导概念由 Greenleaf（1970）提出，并被广泛应用于各类组织。依据西方学者的观点，公仆型领导把员工利益放在首位（Graham，1991），能为了员工的利益而放弃自身的利益（Sendjaya、Sarrors、Santora，2008），甚至当需要做出自我牺牲时也坚持服务下属为第一要务（Daft，1999；Liden、Wayne、Zhao、Henderson，2008）。由此可见，公仆型领导理论超越了以往任何一种强调领导而非服务，并以达成组织目标为首要任务的领导理论，例如变革型领导（Bass、Avolio，1990）、CPM 领导（凌文辁、陈龙、王登，1987）以及家长式领导（郑伯壎、周丽芳、樊景立，2000）等。然而，公仆型领导理论也受到学界的质疑：第一，该理论要求领导者同时扮演领导者和仆人两种角色，这似乎是矛盾的，也是很困难的（Sendjaya、Sarros，2002）；第二，"企业以营利为目标"，而公仆型领导更强调满足下属的利益，能否推广应用于企业组织？能否通过提高员工的行为绩效从而提高组织绩效？

在中国社会，"滴水之恩当涌泉相报"是人际互动中的重要原则。在儒家文化和华人社会规范的影响下，感恩图报是一种关乎道德性的必要行为，并且"报"与"恩"的形式与内容不一定对等，所谓"投之以桃，报之以李"，但回报主要依据施恩者的需求与利益来决定（文崇一，1995）。华人社会历来强调臣属个人的忠诚教化，华人组织中的管理者更希望员工对自己忠诚。因此，公仆型领导服务下属以及把下属利益放在首位，必然促使下属的回报行为，尤其是下属对主管的忠诚。在东方高权力距离文化背景下，员工的行为和绩效表现更多的是与领导者有关的结果而不是与组织有关的结果（Aryee、Budhwar、Chen，2002），即主管忠诚会在很大程度上影响员工的行为和绩效表现。因此，公仆型领导可能通过激发员工的主管忠诚，进而诱发员工产生高绩效。基于以上分析，本文拟采用本土化的公仆型领导和主管忠诚量表，来验证公仆型领导、主管忠诚以及员工绩效之间的关系，即主要关注中国组织情境中的公仆型领导行为能否引导员工产生高绩效，主管忠诚是否在其中起中介作用，以期证明公仆型领导是有效的领导行为，服务与领导并不矛盾，仆人和领导者两种角色可以集于一身。

二、理论述评与研究假设

（一）公仆型领导、主管忠诚、员工绩效的概念界定

1. 本土化的公仆型领导

本文采用的公仆型领导概念是在中国组织情境下所发展的独特概念。在中国组织情境下，公仆型领导是一种把下属利益放在首位，采用仁慈的人际对待方式，以较高的德行和才干，体贴和培养下属，并在整个交互过程中以榜样示范的形式感染和影响下属，从而促成一种互助和谐的服务性组织文化的全新领导方式（王碧英，2010）。这一概念共包含 5 个维度，分别是品行、体贴、育人、仁慈、才干。其中，品行强调公仆型领导需要具备高尚的品德，可作为下属效仿的榜样；体贴体现为公仆型领导把下属利益放在首位，不仅关心下属的工作，而且关心下属的生活，能经常了解下属的需求，帮助下属解决实际困难；育人主要强调培养下属以及促进下属成长；仁慈是公仆型领导与员工互动时所采用的和善、尊重、信任、宽容、友爱以及善解人意等人际对待方式；才干主要强调公仆型领导所应该具有的优良工作作风、领导才能、自我管理能力以及远见卓识。

2. 本土化的主管忠诚

中国文化背景下的"主管忠诚"（Loyalty to Supervisor）概念与西方的"主管承诺"（Commitment to Supervisor）概念相对应。主管承诺概念是 20 世纪 80 年代之后在组织承诺基础上发展而来的，指下属对直接主管的一种心理依附状态（Becker、Billings、Eveleth、Gilber，1996）。中国社会历来十分强调"忠孝"的重要性，在中国社会，对一个人的心理依附更可能是个体忠诚，而不是不受感情因素影响的承诺（Chen、Tsui、Farh，2002），鉴于此，在华人社会中，使用"主管忠诚"来代替"主管承诺"是更合适的（Chen、Farh、Tsui，1998）。依据郑伯壎、郑纪莹、周丽芳（1999）的观点，主管忠诚是指认同与支持主管，并能够主动配合与辅佐主管的业务的相对程度。主管忠诚是华人社会一个非常重要的概念。首先，依据 Lewin（1943）的现场理论，与员工更接近的实体（如主管和同事）对员工的态度和行为产生更强的直接影响（Mathieu、Zajac，1990）；在实际的组织管理中，主管作为组织的代理人之一，在日常工作中经常与员工互动，为员工制定正式或非正式的组织活动程序（Chen、Tsui、Farh，2002），更重要的是，他们会对员工的绩效考核和评价产生影响，甚至是关于下属报酬和晋升的重要影响因素（Farh、Podsakoff、Organ，1990）。因此，主管忠诚是很重要的忠诚形式。另外，在传统文化的影响下，华人组织中上下级之间的权利距离相对较大，员工与主管的关系比与组织的关系相对更近（Chen、Tsui、Farh，2002），在这种文化背景下，对一个人的忠诚比对一个组织的忠诚更重要（Redding，1990）。因此，华人组织中的员工更倾向于对主管忠诚而非对组织忠诚。

3. 员工业绩表现的界定

高绩效的员工有哪些业绩表现？本文重点关注两种常用的行为绩效指标，即角色内绩效和组织公民行为（Organizational Citizenship Behavior，OCB）等。Katz（1964）提出，维持组织有效运行需要三类员工的工作行为：员工必须尽力参与并留在组织中，员工必须完成组织中特定的角色任务，员工必须主动从事创新活动并完成超越工作要求的自发性活动。其中，后两种工作行为主要指角色内绩效和 OCB。近年来，随着组织生存环境的不断变化，很多组织结构也逐渐从层级式向扁平式转变，由此，新型的组织特征对员工的自发性和合作性提出了更高的要求。为了适应这种

更具竞争性和不确定性的生存环境，组织不仅需要员工完成本职工作，而且需要通过鼓励员工自发自觉地促使组织产生更优的绩效。因此，我们不仅需要关注角色内绩效，而且需要关注组织公民行为。

（二）公仆型领导与主管忠诚的关系

首先，以往研究表明，影响主管忠诚的因素之一是与领导者相关的因素，如主管支持感（Jiang、Cheng，2008；Stinglhamber、Vandenberghe，2003）、组织公平感（Jiang、Cheng，2008；Wong、Wong、Ngo，2002）、领导—成员交换（Leader-Member Exchange，LME）（Gerstner、Day，1997）、主管的伦理行为（Jiang、Cheng，2008）等。依据本土化的公仆型领导内涵（王碧英，2010），在中国情境下，公仆型领导强调下属利益第一，全心全意为下属服务，能使员工感到更多的主管支持；他们坚持较高的品行，对待下属公平公正，表现出较多的伦理行为，会使下属知觉到更多的组织公平和领导公平；他们以仁慈的人际对待方式与下属交互，会提高与下属之间的LME质量。由此，公仆型领导能促使下属对主管忠诚。其次，依据社会交换理论（Blau，1964），当下属从主管那里获得一定的报酬或积极对待时，他们会对主管产生积极的情感和正向的态度，同时也倾向于采用一定的方式对主管进行积极的回报。下属与主管之间的交换内容，可以是物质的或经济的因素，也可以是非物质的因素，如尊重、社会赞许、服务、友爱、服从、威望和情感等（Homans，1958）。基于此，在中国组织情境中，公仆型领导以下属为导向的服务行为，必然会促使下属对其进行积极的回报，例如，对主管尊敬和服从、为主管卖命、对主管满意和认同（情感性忠诚）、对主管忠诚（如积极协助主管工作而毫无怨言）等。最后，从华人文化特征来看，"忠"自古以来就被中国社会所强调和重视，受此影响，中国组织中的员工在获得主管的关心和恩惠之后，往往更多地回报主管以忠诚。以往的相关领导理论研究也有类似的发现，例如，小学校长采用德行领导行为和仁慈领导行为会显著影响教师对其的情感忠诚（认同内化）和义务忠诚（牺牲奉献、行政协助、顺从无违、主动配合）（郑伯壎、谢佩鸳、周丽芳，2002）。基于以上分析，本文提出以下假设：

假设1：中国情境下的公仆型领导对主管忠诚有显著的正向影响。

（三）主管忠诚的中介作用

有学者提出，中国文化是权力距离较高的文化，这使得主管对员工拥有较多的权力和影响力，从而导致主管忠诚对员工绩效有较大的影响（Cheng、Jiang、Riley，2003）。以往大量的研究也表明，主管忠诚（或主管承诺）对角色内绩效和组织公民行为有显著的影响。例如，主管承诺与OCB正相关（Becker，1992；Cheng、Jiang、Riley，2003；Wong、Wong、Ngo，2002），对工作绩效有直接的影响（Vandenberghe、Bentein、Stinglhamber，2004）；在控制人口学变量和组织承诺后，主管忠诚对员工的角色内绩效（或工作绩效）以及组织公民行为仍有显著的增量影响（Cheng、Jiang、Riley，2003；Chen、Tsui、Farh，2002）。除此之外，本土化的研究还发现，主管忠诚对员工行为的影响大于组织承诺的影响。例如，在控制人口学变量、组织承诺和客位主管忠诚后，主位主管忠诚对自评绩效仍有显著的预测效果（郑伯壎、姜定宇，2000）；无论对中国台湾地区样本还是美国样本，在控制人口学变量和组织承诺的影响后，西方主管忠诚维度（认同内化）对间接的OCB（恪守本分、协助同事）仍有显著的增量影响，本土主管忠诚（牺牲奉献、服从不二、主动配合及业务辅佐）对工作绩效仍有显著的增量影响（姜定宇、郑伯壎、任金刚、谢宜君，2005）。

很多实证研究和概念性的文献均发现两类OCB（Williams、Anderson，1991）：一类为总体上有益于组织的OCBO（OCBs Directed toward the Organization，OCBO），例如，不能来上班时提前通知组织，遵守为维持秩序而设计的非正式规则；一类为直接有利于某个个体，并通过这种方式间接有益于组织的 OCBI（OCBs Directed Toward Individuals，OCBI），例如，帮助缺勤的人完成工作，私下关心其他员工。主管忠诚是如何影响这两类 OCB 的？第一，主管忠诚是在对主管价值观认同的基础上的服从与效忠（李新春，2002），如果下属对公仆型主管忠诚，则下属会认同该主管的价值观和目标，并主动把其当作自己的价值观和目标（Chen、Farh、Tsui，2002），从而表现出更多的类似于公仆型领导的行为，如主动帮助其他员工，私下关心其他员工，帮助后进员工提高工作效率，全心全意为其他员工提供服务，即表现出较多的 OCBI 行为。第二，依据郑伯壎、郑纪莹、周丽芳（1999）的观点，如果下属对公仆型领导忠诚，则下属愿意遵从主管的命令，愿意辅佐和配合主管的工作，愿意为主管付出和牺牲，从而下属会表现出更多的能促进工作绩效提高和改善组织运行的行为。因此，对主管忠诚的员工也会表现出更多的 OCBO 行为。

基于以上分析，公仆型领导会影响主管忠诚，而主管忠诚又将影响角色内绩效和组织公民行为，因此本文提出以下 3 个假设：

假设 2：主管忠诚在公仆型领导与下属角色内绩效的关系中起中介作用，公仆型领导是通过主管忠诚对下属角色内绩效产生间接影响的。

假设 3：主管忠诚在公仆型领导与下属 OCBI 的关系中起中介作用，公仆型领导是通过主管忠诚对下属 OCBI 产生间接影响的。

假设 4：主管忠诚在公仆型领导与下属 OCBO 的关系中起中介作用，公仆型领导是通过主管忠诚对下属 OCBO 产生间接影响的。

以上研究变量之间的关系可以用图 1 所示的模型来表示。

图 1　研究变量之间的关系模型

三、研究设计

（一）研究样本

本文的样本主要来自北京、郑州、上海、广州四城市的各类组织，为管理者—员工配对样本，其中，管理者和员工是直接的上下级关系，并且为一对一配对。整个调查共发放问卷 472 对，回收有效配对 281 对，回收的有效率为 59.53%。其中，国企样本为 49 人（17.4%），民企样本为 129 人（45.9%），外企及其他企业组织样本为 101 人（36.0%），缺失值为 2（0.7%）。就管理者样本来看，管理者的年龄在 21~57 岁，平均年龄为 34.06 岁；工龄在 2~39 年，平均工龄为 11.28 年；司龄在 0.5~39 年，平均司龄为 5.76 年。就员工样本来看，员工的年龄在 20~53 岁，平均年龄为 26.56 岁；工龄在 0.5~33 年，平均工龄为 4.58 年；司龄在 0.5~33 年，平均司龄为 2.80 年。其余人口学变量情况详见表 1。

（二）研究程序

在进行问卷调查之前，本文对角色内绩效和 OCB 等量表进行回译：首先，请两位应用心理学

表 1　管理者样本和员工样本的人口学情况（n = 281）

人口学信息		管理者样本		员工样本	
		人数	百分比（%）	人数	百分比（%）
性别	男	146	52.0	91	32.4
	女	123	43.0	175	62.3
	缺失值	12	4.3	15	5.3
婚姻状况	未婚	71	25.3	206	73.3
	已婚	201	71.5	68	24.2
	缺失值	9	3.2	7	2.5
最高学历	大学专科及以下	89	31.7	159	56.5
	大学本科及以上	190	67.6	119	42.4
	缺失值	2	0.7	3	1.1
职位级别	部门经理及以上	166	59.0	15	5.3
	主管或主办级别	111	39.5	39	13.9
	普通员工	—	—	220	78.3
	缺失值	4	1.4	7	2.5

专业的博士研究生共同将原英文量表译为中文（他们并不清楚本文的目的和内容），并在讨论后确定一种最佳中文译法；然后，请另外两位组织行为学方向的博士研究生共同将中文回译成英文，并将此译文与原英文量表进行比较，从而对存在差异的中文译句进行修改；最后，请一位组织行为学专家和研究者本人参考原英文量表、所翻译的中文量表以及再译的英文量表，确定本研究所用的调查工具。

研究数据的收集在 2009 年 6~11 月完成。调查问卷包括两份：一份是"管理者调查问卷"，要求管理者就其直接下属的角色内绩效、OCB 以及主管忠诚等行为进行评价，并填写自己以及所评价下属的人口学变量信息（包括管理者的性别、年龄、工龄、司龄、婚姻状况、学历、公司性质、职位名称、所在公司名称、姓氏等信息，以及直接下属的性别、职位名称以及姓氏等信息）；一份是"员工调查问卷"，要求员工对其直接上司的公仆型领导行为进行评价，并填写自己以及其上司的人口学变量信息（包括员工的性别、年龄、工龄、司龄、婚姻状况、学历、公司性质、职位名称、所在公司名称、姓氏等信息，以及其直接上司的性别、职位名称以及姓氏等信息）。以上评价方式主要是为了防止自评所容易产生的社会赞许性问题。

本文主要通过两种方式收集数据：第一，通过中间人的形式收集数据。把"员工调查问卷"和"管理者调查问卷"均交给中间人，由其组织整个调查。中间人与参与调查的员工和管理者均为同事关系。中间人先找某位员工填写"员工调查问卷"。回收该问卷后，中间人在"管理者调查问卷"所要评价的下属一栏填写该员工的姓名，并把"管理者调查问卷"和一个信封交给该员工的直接上司填写。直接上司填写完问卷后装入信封封好，直接交给中间人即可。最后，中间人把"管理者调查问卷"和"员工调查问卷"进行匹配，并转交给研究者。第二，由研究者本人在企业直接调查。调查前，先选定要参与调查的员工和管理者，并对一一对应的管理者—员工配对进行相同的编号。然后对"员工调查问卷"和"管理者调查问卷"进行相同的编号，并在管理者调查问卷的首页上方填写要求管理者评价的下属姓名，从而保证填写编号相同的"员工调查问卷"和"管理者调查问卷"的两名参与者为直接的上下级关系。调查时，员工和管理者分别在不同的时间段和不同的地点进行问卷填写，并且每位员工和管理者的编号必须与其所填写的问卷编号相同。调查采用现场发放现场回收的形式。

问卷回收后，研究者根据以下标准剔除无效配对问卷。第一，如果"员工调查问卷"和"管理者调查问卷"中所获得的员工和管理者的性别、职位名称、员工姓氏、管理者姓氏、公司性质和所在公司名称 6 项信息中，有任何一项不匹配，或其中一份问卷缺失 2 项以上的信息，则此配对问卷作废。第二，剔除作答不认真的配对问卷，如有乱涂乱画现象或漏答 3 次以上的配对问卷。第三，剔除有明显作答反应倾向的问卷，如作答有明显的规律性。第四，剔除员工和管理者司龄均在 6 个月以下的配对问卷，从而保证员工和管理者均相互了解，所评价的结果客观、真实、全面。

（三）测量工具

本文采用的测量工具共 4 个，其中公仆型领导量表采用直接下属评价的方式，均由员工来填写；员工的主管忠诚、角色内绩效、组织公民行为等量表均采用直接上司评价的方式，由员工的直接上司填写。以上量表采用 Likert 5 点量表进行评价，1~5 分别代表"非常不赞同"到"非常赞同"。

1. 公仆型领导量表

采用王碧英（2010）所开发的本土化公仆型领导量表，共 20 个项目，5 个维度，每个维度 4 个项目。经多次检验，总量表的信度为 0.82~0.94。其中，才干维度的信度为 0.78~0.79，项目如"我的上司雷厉风行，处事果断"；仁慈维度的信度为 0.75~0.82，项目如"我的上司尊重下属，不说伤害下属的话"；体贴维度的信度为 0.75~0.87，项目如"我的上司无微不至地关心下属的生活"；品行维度的信度为 0.73~0.85，项目如"我的上司以身作则，起模范带头作用"；育人维度的信度为 0.73~0.86，项目如"我的上司能在工作中给下属正确的引导"。采用员工样本所得的数据对该量表的结构和信度进行再次验证。结果表明，1 阶 5 因素模型的各项拟合指数良好：χ^2（165）= 379.296，NNFI = 0.913，CFI = 0.932，RMSEA = 0.068，5 个维度的 Cronbach α 系数分别为 0.77、0.82、0.86、0.84、0.85，满足心理测量学的要求。

2. 主管忠诚量表

取自郑伯壎、郑纪莹、周丽芳（1999）所开发的本土化主管忠诚量表，共 7 个题目，项目如"该下属认同我的工作理念和做事方式"，"当我需要有人承担艰巨的任务时，该下属会挺身而出"。该量表的有效性曾在以往的研究中被验证（郑伯壎、樊景立、周丽芳，2006）。该量表在本研究中的 Cronbach α 系数为 0.86，满足心理测量学的要求。

3. 角色内绩效量表

采用 Williams、Anderson（1991）开发的 7 个项目的角色内绩效量表，其中包含两个反向计分的题目，"该下属未能履行基本的工作职责"，"该下属在工作中忽略了一些应该完成的职责"。该量表在 Hui、Law、Chen（1999），Sun、Wang（2009），吴隆增、刘军、刘刚（2009）等的研究中被引用，均被证明是有效的测量工具。该量表在本文中的 Cronbach α 系数为 0.75，满足心理测量学的要求。

4. 组织公民行为量表

本文主要关注两类 OCB，即 OCBI 和 OCBO。尽管 Williams、Anderson（1991）已对二者进行了区分，但这些量表中的项目可能包含了职场越轨行为（Workplace Deviance Behavior，WDB）的内容（如不恰当的工间休息、花时间打私人电话等）（Lee、Allen，2002）。Lee、Allen（2002）把前人的 OCB 量表作为项目库，从中选择明显有利于个体或组织，但又不同于 WDB 的行为项目，并验证了 OCBI 和 OCBO 量表的信度和效度。因此，本文采用 Lee、Allen（2002）的 OCB 量表，分两个维度，每个维度 8 个项目。其中，OCBI 的项目如"该下属愿意花时间帮助其他遇到工作问题的员工"，OCBO 的项目如"该下属能提供改善组织运作的新想法"。该量表在国外曾被 Dunlop、Lee（2004）以及 Ilies、Scott、Judge（2006）等的研究多次引用，在国内也曾被韦慧民、龙立荣（2009）的研究验证为有效的测量工具。该量表的两个维度在本研究中的 Cronbach α 系数分别为

0.89 和 0.88，满足心理测量学的要求。

（四） 数据分析中的项目组合方法

本文主要运用结构方程模型来检验测量工具的区分效度、同源误差以及主管忠诚的中介作用。考虑到样本量相对于测量项目来说还相对较小，本文参照了以往研究中的统计方法（Bagozzi、Heatherton，1994），即对每个构念中的项目进行合并。其中，公仆型领导的各个维度均采用各维度的 4 个项目的平均值来代替，最后产生 5 个测量项目；主管忠诚和任务绩效均为 7 个项目，按照因素分析的结果，把负荷值最高的项目和负荷值最低的项目进行两两组合求均值，负荷值位于中间的剩余 3 个项目进行组合求均值，最后分别产生 3 个测量项目；OCBI 和 OCBO 均为 8 个项目，按照因素分析的结果，把负荷值最高的项目和负荷值最低的项目进行两两组合求均值，最后分别产生 4 个测量项目。

四、研究结果与分析

（一） 测量工具的区分效度检验

由于主管忠诚、OCB 与角色内绩效等构念在内涵上存在一定的相关性，因此在进行中介作用分析之前，需要对以上量表的区分效度进行检验。本研究参考 Aryee、Chen、Sun、Debrah（2007）的做法，采用结构方程模型来检验测量工具的区分效度。这里把假设的 4 因素模型（主管忠诚、角色内绩效、OCBI、OCBO 的测量项目分别负荷在相应的因素上）和嵌套的 3 因素模型（OCBI 和 OCBO 合并）、2 因素模型（角色内绩效、OCBI、OCBO 合并）、1 因素模型（4 个分量表全部合并）进行拟合指数的比较，结果见表 2。

表 2　研究变量所用测量工具的验证性因素分析结果（n = 281）

模型	χ^2	df	$\Delta\chi^2$	Δdf	NNFI	CFI	RMSEA
4 因素模型	197.916	71	—	—	0.932	0.947	0.080
3 因素模型	281.699	74	83.783	3	0.893	0.913	0.100
2 因素模型	375.753	76	177.837	5	0.850	0.875	0.119
1 因素模型	559.069	77	361.153	6	0.762	0.798	0.150

由表 2 可知，假设的 4 因素模型的各项拟合指数（NNFI=0.932，CFI=0.947，RMSEA=0.080）明显优于嵌套的 3 因素模型（NNFI=0.893，CFI=0.913，RMSEA=0.100）、2 因素模型（NNFI=0.850，CFI=0.875，RMSEA=0.119）和 1 因素模型（NNFI=0.762，CFI=0.798，RMSEA=0.150）。而且，模型差异检验也表明，假设的 4 因素模型与嵌套的 3 因素模型 $[\Delta\chi^2（3）= 83.783（p < 0.001）$，$\Delta$NNFI=0.039，$\Delta$CFI=0.034]、2 因素模型 $[\Delta\chi^2（5）= 177.837（p < 0.001）$，$\Delta$NNFI=0.082，$\Delta$CFI=0.072]、1 因素模型 $[\Delta\chi^2（6）= 361.153（p < 0.001）$，$\Delta$NNFI=0.170，$\Delta$CFI=0.149]有显著差异，其中 ΔNNFI 和 ΔCFI 的变化均远大于 0.01 的显著性变化标准（Cheung、Rensvold，2002）。因此，4 因素模型为最优模型。从而，本文所采用的测量工具具有区分效度，它们分别测量不同的构念。

（二）同源误差的检验

为了克服社会赞许性效应的影响，本文的主管忠诚量表和绩效量表均由员工的直接上司进行评价。然而，由于主管忠诚量表和绩效量表均由员工的直接上司评价，因此这些数据可能存在同源误差的问题。本文依据 Podsakoff、MacKenzie、Lee、Podaskoff（2003）的建议，采用验证性因素分析的方法，让几个构念的所有测量项目均负荷在同一个因素上（1 因素模型），如果模型拟合较差，则说明不存在严重的同源误差，这种方法已经被很多学者广泛使用（Iverson、Maguire、2000；Korsgaard、Roberson，1995；Mossholder、Bennett、Kemery、Wesolowski，1998）。此外，如果 4 因素模型明显优于 1 因素模型，则也能说明数据之间不存在严重的同源误差问题。由表 2 可知，1 因素模型的各项拟合指数很差，均不符合要求。而且，模型差异检验也表明，4 因素模型明显优于 1 因素模型。因此，主管忠诚、角色内绩效、OCB 的数据之间不存在严重的同源误差问题，数据质量可靠。

（三）各个变量的描述性统计与相关矩阵分析

表 3 为公仆型领导、角色内绩效、OCBI、OCBO 和主管忠诚等变量的描述性统计与相关分析结果。

表 3　公仆型领导、角色内绩效、OCBI、OCBO 和主管忠诚的相关分析结果

量表	M	SD	1	2	3	4	5	6	7	8	9
1. 才干	3.81	0.65	(0.77)								
2. 仁慈	3.79	0.76	0.517**	(0.82)							
3. 体贴	3.24	0.81	0.555**	0.648**	(0.86)						
4. 品行	3.64	0.78	0.655**	0.640**	0.718**	(0.84)					
5. 育人	3.66	0.74	0.664**	0.578**	0.698**	0.723**	(0.85)				
6. 角色内绩效	3.77	0.58	0.289**	0.347**	0.260**	0.244**	0.240**	(0.75)			
7. OCBI	3.56	0.69	0.263**	0.221**	0.261**	0.200**	0.240**	0.581**	(0.89)		
8. OCBO	3.49	0.66	0.357**	0.272**	0.305**	0.260**	0.293**	0.551**	0.734**	(0.88)	
9. 主管忠诚	3.51	0.67	0.357**	0.305**	0.349**	0.274**	0.296**	0.442**	0.569**	0.634**	(0.86)

注：** $p < 0.01$。

由表 3 可知，公仆型领导各个维度与角色内绩效相关显著，相关系数为 0.240~0.347。公仆型领导各个维度与 OCBI、OCBO 均相关显著，相关系数分别为 0.200~0.263 和 0.260~0.357，其中，与 OCBO 的相关均高于与 OCBI 的相关。公仆型领导各个维度与主管忠诚相关显著，相关系数为 0.274~0.357。角色内绩效、OCBI、OCBO 和主管忠诚两两之间均相关显著，相关系数为 0.442~0.734。除了 OCBO 与 OCBI 为 0.734 以外，其他的中介变量、后果变量两两之间的相关均小于 0.634。依据 Tsui、Ashford、Clair、Xin（1995）的研究，存在严重的多重共线性问题的相关水平到底应该多高，目前并没用一个明确的标准，但一般的经验法则是不能超过 0.75。因此，相关分析也表明，本文的数据不存在严重的多重共线性问题。

（四）主管忠诚的中介作用检验

中介结构模型的确定，一方面需要依据理论基础，另一方面需要依据结构模型的拟合程度和模型简洁性（侯杰泰、温忠麟、成子娟，2004）。本研究将两个嵌套模型——完全中介模型（模型1，即公仆型领导通过主管忠诚间接影响员工绩效）和部分中介模型（模型 2，即公仆型领导既直接影响员工绩效，又通过主管忠诚间接影响员工绩效）进行比较，最终确定一个与数据拟合最好且相对简约的获胜模型。模型比较的各项拟合指数见表4。

表4　完全中介模型和部分中介模型比较的结果

模型	χ^2	df	$\Delta\chi^2$	Δdf	NNFI	CFI	RMSEA
完全中介模型（模型1）	408.554	148	——	——	0.908	0.921	0.079
部分中介模型（模型2）	404.558	145	3.996	3	0.907	0.921	0.080

注：部分中介模型中，公仆型领导指向绩效变量的各条路径系数均不显著。

由表4可知，模型1的各项拟合指数为：χ^2（148）= 408.554，NNFI = 0.908，CFI = 0.921，RMSEA = 0.079。模型2的各项拟合指数为：χ^2（145）= 404.558，NNFI = 0.907，CFI = 0.921，RMSEA = 0.080，但公仆型领导对员工绩效的直接作用路径系数均不显著（实际无直接作用效果）。对以上两个模型的拟合指数进行比较，拟合指数没有显著差异，而且 $\Delta\chi^2$（3）= 3.996（p > 0.05）。在这种情况下，依据结构方程模型的观点，应选择最简约的模型作为最佳模型（侯杰泰、温忠麟、成子娟，2004；Aryee、Chen、Sun、Debrah，2007）。因此，完全中介模型（模型1）优于部分中介模型（模型2），为本文的最佳中介模型。完全中介模型的参数估计以及路径图如表5和图2所示。

表5　完全中介模型的参数估计（结构模型部分）

路径名称	非标准化		标准化路径系数	t值
	路径系数	标准误		
公仆型领导→主管忠诚	0.469	0.075	0.438	6.261***
主管忠诚→角色内绩效	0.486	0.067	0.631	7.270***
主管忠诚→OCBI	0.859	0.081	0.775	10.557***
主管忠诚→OCBO	0.809	0.072	0.832	11.284***

注：*** 代表 p < 0.001（双尾检验）。

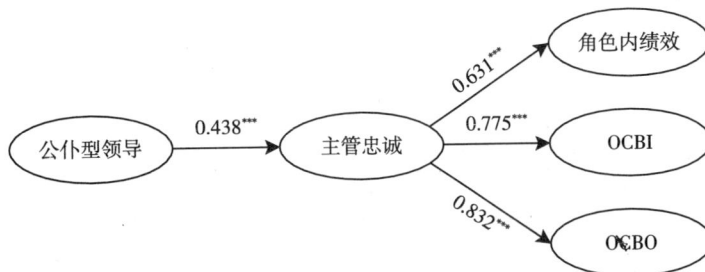

图2　完全中介模型的路径图

由表5和图2可知，公仆型领导对主管忠诚的直接效应为0.438；主管忠诚对OCB的影响大于对角色内绩效的影响；公仆型领导对角色内绩效的间接效应为0.276（0.438 × 0.631），对OCBI的间接效应为0.339（0.438 × 0.775），对OCBO的间接效应为0.364（0.438 × 0.832）。由此，公仆型领导通过主管忠诚对员工绩效的影响是非常显著的，公仆型领导是员工绩效的重要影响变量。本研究的4个研究假设均得到验证。

五、讨论与启示

（一）公仆型领导怎样促进员工的业绩表现？

西方学者曾针对公仆型领导对员工行为的影响进行研究，结果发现：在群体水平上，公仆型领导对 OCB 的影响是通过程序公平气氛起作用的，对于不同的 OCB 评价方式（员工自评或上司评），程序公平可能起部分中介或完全中介的作用，其中，公仆型领导对 OCB 的两个维度（帮助性和尽责性）的总效应分别为 0.10~0.65 和 0.09~0.59（Ehrhart，2004）；在个体水平上，当控制结构导向的领导行为（Initiating Structure）和情绪趋向（Dispositional Tendencies）时，公仆型领导通过提升聚焦（Promotion Focus）的部分中介作用来影响帮助行为，公仆型领导对帮助行为的总效应分别为 0.244（Neubert、Kacmar、Carlson、Chonko、Roberts，2008）。然而，本文发现，在个体水平上，公仆型领导对员工绩效没有直接影响，而通过本土化的主管忠诚的完全中介作用间接影响员工绩效，对各个绩效指标的影响效应为 0.276~0.364。这说明主管忠诚是公仆型领导与员工绩效之间很重要的中介变量。因此，与西方的公仆型领导效能相比，本土化的公仆型领导也能促进员工的业绩表现，是一种有效的领导行为。

公仆型领导对员工绩效没有直接影响，这可能与公仆型领导的本质有关。中国情境下的公仆型领导以服务员工为导向，他们把员工的利益放在首位，首先关心和满足员工的需要。由此，公仆型领导并不像其他的领导，如变革型领导一样，对员工绩效进行直接的强调。依据以往的研究，领导者的行为会强有力地传达，什么是重要的以及其他人应该如何做（Neubert、Kacmar、Carlson、Chonko、Roberts，2008）。依据社会认知理论（Bandura，1986），个体学习是通过参与和观察角色榜样的行为而实现的。在组织中，地位高的或权力大的角色榜样的行为会受到员工更多的关注，并被员工更多地模仿，因为这样做会被认为赞同和认可关于"什么是正确的和重要的"某种信仰和规范（Kark、Van Dijk，2007）。因此，公仆型领导的本质决定了他对员工绩效可能不产生直接影响。然而，以往有关态度与行为或绩效之间关系的元分析表明，态度与行为或绩效之间存在显著的正相关。例如，工作满意度和绩效之间的相关为 0.31（Petty、Mcgee、Cavender，1984）；态度性的组织承诺与工作绩效之间的平均相关为 0.20（Riketta，2002）；对领导的信任与工作绩效、OCB、离职意愿之间有显著的正相关（Dirks 和 Ferrin，2000）。基于以上分析，尽管公仆型领导不能直接影响员工绩效，但通过影响员工的态度，如主管忠诚，进而影响员工绩效，这种影响可能更深入、更持久。

（二）服务与领导并不矛盾，公仆型领导是一种更为有效的本土化领导行为

美国《财富》杂志 2000 年进行的"美国最适合工作的百家企业"（Levering、Moskowitz，2000）以及 2001 年进行的"美国最佳雇主"（Levering、Moskowitz，2001）的调查中发现，位居前列的美国西南航空公司、TD 工业公司以及 Synovus 金融公司均以公仆型领导作为管理理念。西方的实证研究也表明，公仆型领导对员工态度、行为以及绩效具有显著的影响（Barbuto、Wheeler，2006；Ehrhart，2004；Liden、Wayne、Zhao、Henderson，2008；Neubert、Kacmar、Carlson、Chonko、Roberts，2008）。因此，西方的实践界和理论界无不证明公仆型领导是一种有效的领导行为。在中国组织情境下，以往的实证研究表明，公仆型领导与员工互动公平感、工作满意度、上司满意度、组织承诺、组织支持感均有显著的正相关或正向影响（汪纯孝、凌茜、张秀娟，2009；

吴维库、姚迪，2009；Sun，Wang，2009）。然而，本文通过实证研究发现，公仆型领导能直接影响一个重要的本土化变量——主管忠诚，这是以往研究所没有涉及的一个重要发现，从而也证明了公仆型领导是更为有效的本土化领导行为。

在华人企业组织中，主管忠诚是领导者评价下属的重要标准之一（郑伯埙、姜定宇，2000）。虽然我国是法制社会，但在传统文化的影响下，中国社会仍然保留着人治大于法治的鲜明特征（Chen、Francesco，2000）。在这种社会背景下，员工对主管忠诚对其行为的影响应该是更直接的、更重要的和更强烈的（Chen、Tsui、Farh，2002）。本文得出，本土化的公仆型领导对主管忠诚有直接影响，这充分说明公仆型领导这一概念的存在价值及其较高的领导效能，同时也表明，公仆型领导强调以服务为核心，这与实施领导过程并不矛盾。有关本土化领导行为与主管忠诚的关系研究相对缺乏，但均得出了与本文相似的结果。例如，家长式领导中的德行领导和仁慈领导对主管忠诚有正向的直接影响（Chou、Cheng、Jen，2005）。

西方以往的许多研究还发现，领导行为如变革型领导、LMX、公仆型领导等，对员工的组织承诺有正向的直接影响（Bass、Riggio，2006；Gerstner、Day，1997；Liden、Wayne、Zhao、Henderson，2008）或间接影响（Avolio、Zhu、Koh、Bhatia，2004；Pillai、Williams，2004），而很少关注对主管承诺的影响（Walumbwa、Hartnell、Oke，2010）。有关LMX的元分析研究也表明，以往研究大多关注的是LMX对组织承诺的影响，几乎没有提到对主管承诺的问题（Gerstner、Day，1997）。可见，在西方情境下，领导行为对组织承诺的影响更多也更直接，而在中国情境下，领导行为更能影响员工对主管的忠诚（王碧英，2010；郑伯埙、樊景立、周丽芳，2006）。由此，组织承诺可能是西方更强调的一个概念，而主管忠诚可能是华人文化下更强调的一个概念（郑伯埙、姜定宇，2008）。西方强调组织本身的优越地位，而辅助对附属对象忠诚；华人社会则强调直接上司与最高主管的优越地位，再兼顾对组织整体的忠诚，即华人的组织忠诚主要是通过主管忠诚或个人忠诚而完成组织整体的目标，而非直接忠诚于组织目标（杨国枢、黄光国、杨中芳，2008）。鉴于在华人组织中，主管忠诚比组织忠诚更重要，而本土化的公仆型领导又更能促进员工对主管忠诚，因此公仆型领导在中国的组织情境中是一种更有效的领导行为。

（三）研究的贡献和不足

本文主要有三个贡献：贡献一，首次探讨主管忠诚在公仆型领导对员工绩效影响中的中介作用，是重要的开创性研究，尤其是在中国情境下，这种探讨更有意义。贡献二，本研究同时采用事先控制（采用配对样本收集数据）和事后检验（多种同源误差检验方法）两类方法来克服和避免同源误差的影响，使所得结果更加可靠。贡献三，本研究对员工行为绩效进行了较为全面的衡量，研究结果反映了公仆型领导对绩效的全面性影响及其高效能，同时也表明了服务与领导并不矛盾，仆人与领导者两种角色可以集于一身。

本文的不足之处在于：第一，主管忠诚与后果变量的测量均采用上司评价的方式，可能在一定程度上受到同源误差的影响。但采用事后的统计方法对同源误差的检验表明，数据的同源误差很小。第二，本研究虽然采用了配对样本收集数据，克服了同源误差的影响，但所收集的仍为横断面数据，对于变量之间的因果关系的说明略显不够，未来研究可采用纵向的数据收集方式进一步验证本文的结论。

（四）对管理实践的启示

本文所得结论进一步提醒管理者：①公仆型领导能带来员工的高绩效。因此，组织在领导的选拔、测评和考核等环节，应将领导者是否具有公仆型领导特征作为重要的评价标准。例如，在招聘选拔阶段，根据履历分析、情境面试以及以前所在组织的评价等信息，选拔善于了解下属需求、关心下属工作和生活、具有较高品行和才干、主动帮助和培养下属的领导者。②公仆型领导是通过主管忠诚的中介作用对员工的行为绩效产生影响的。也就是说，公仆型领导并非能够直接提高员工绩效，而是通过主管忠诚使员工自觉自愿地提高绩效。因此，监测和培养员工对上司的忠诚度是人力资源管理的重要工作。例如，在招聘阶段，将忠诚度作为录用员工的重要依据；在对员工满意度测评问卷中，加入员工对上司忠诚的条目，用以监测员工忠诚度的变化情况等。

（五）未来的研究方向

尽管本文为中国情境下的开创性研究，但仍有很多问题需要在未来的研究中得以解决：

第一，本研究仅仅探讨了公仆型领导对员工行为绩效的作用过程，关于公仆型领导对员工态度是如何影响的，以及除了主管忠诚，是否还有其他变量在起中介作用？未来研究仍需要针对公仆型领导对员工行为的影响机制进行更深入的探讨。

第二，本研究仅仅在个体层面上探讨公仆型领导对员工行为的影响，而在群体层面上，这种影响是否存在或有所不同？例如，群体层面的公仆型领导对个体层面的态度和行为的影响过程，或群体层面的公仆型领导对群体层面的态度和行为的影响过程。

第三，依据本研究的结果，人们可以推断，公仆型领导对员工行为的影响是长期持久的。因此，未来的研究可以进一步采用追踪研究的方式，探讨公仆型领导对员工行为的影响过程和影响阶段，这对公仆型领导的实践应用是非常有价值的。

【参考文献】

[1]（春秋）孔丘：《论语》，光明日报出版社，2008年。

[2]（东汉）郑玄：《周礼·仪礼·礼记》，岳麓出版社，2006年。

[3]（战国）孟轲：《孟子》，燕山出版社，1995年。

[4] 侯杰泰、温中麟、成子娟：《结构方程模型及其应用》，教育科学出版社，2004年。

[5] 姜定宇、郑伯壎、任金刚、谢宜君：《主管忠诚：华人本土概念的美国验证》，《中华心理学刊》，2005年第2期。

[6] 李新春：《信任、忠诚与家族主义困境》，《管理世界》，2002年第6期。

[7] 凌文辁、陈龙、王登：《CPM领导行为评价量表的建构》，《心理学报》，1987年第2期。

[8] 汪纯孝、凌茜、张秀娟：《我国企业公仆型领导量表的设计与检验》，《南开管理评论》，2009年第3期。

[9] 王碧英：《公仆型领导：内涵、测量及其对员工行为的影响》，中国人民大学博士学位论文，2010年。

[10] 韦慧民、龙立荣：《主管认知信任和情感信任对员工行为及绩效的影响》，《心理学报》，2009年第1期。

[11] 文崇一：《历史社会学》，三民书局，1995年。

[12] 吴隆增、刘军、刘刚：《辱虐管理与员工表现：传统性与信任的作用》，《心理学报》，2009年第6期。

[13] 吴维库、姚迪：《服务型领导与员工满意度的关系研究》，《管理学报》，2009年第3期。

[14] 杨国枢、黄光国、杨中芳：《华人本土心理学》(下册)，重庆大学出版社，2008年。

[15] 张晓燕：《新党章读本》，人民出版社，2007年。

[16] 郑伯壎、樊景立、周丽芳：《家长式领导，模式与证据》，华泰文化出版社，2006年。

[17] 郑伯壎、姜定宇：《华人组织中的主管忠诚：主位与客位概念对员工效能的效果》，《本土心理学研究》，2000年第14期。

[18] 郑伯壎、姜定宇：《华人企业组织中的忠诚》，《华人本土心理学》(下册)，重庆大学出版社，2008年。

[19] 郑伯壎、谢佩鸳、周丽芳：《校长领导作风、上下关系品质及教师角色外行为：转型式与家长式领导的效果》，《本土心理学研究》，2002年第17期。

[20] 郑伯壎、郑纪莹、周丽芳：《效忠主管：概念建构、测量及相关因素的探讨》，第三届华人心理学

家学术研讨会，1999 年。

　　[21] 郑伯壎、周丽芳、樊景立：《家长式领导量表：三元模式的建构与测量》，《本土心理学研究》，2000年第 14 期。

　　[22] Aryee, S., Budhwar, P. S., Chen, Z. X. Trust as a Mediator of the Relationship between Organizational Justice and Work Outcomes: Test of a Social Exchange Model ［J］. Journal of Organizational Behavior, 2002, 33 (3).

　　[23] Aryee, S., Chen, Z. X., Sun L. Y., Debrah, Y. A. Antecedents and Outcomes of Abusive Supervision: Test of a Trickle-Down Model [J]. Journal of Applied Psychology, 2007, 92 (1).

　　[24] Avolio, B. J., Zhu, W., Koh, W., Bhatia, P. Transformational Leadership and Organizational Commitment: Mediating Role of Psychological Empowerment and Moderating Role of Structural Distance [J]. Journal of Organizational Behavior, 2004, 25 (8).

　　[25] Bagozzi, R. P., Heatherton, T. F. A General Approach to Representing Multifaceted Personality Constructs: Application to State Selfesteem [J]. Structural Equation Modeling: A Multidisciplinary Journal, 1994, (11) .

　　[26] Bandura, A. Social Foundations of Thought and Action: A Social Cognitive Theory ［M］. Englewood Cliffs, NJ: Prentice Hall, 1986.

　　[27] Barbuto, J. E., Wheeler, D. W. Scale Development and Construct Clarification of Servant Leadership [J]. Group & Organization Management, 2006, 31 (3).

　　[28] Bass, B. M., Avolio, B. J. The Implications of Transactional and Transformational Leadership for Individual, Team, and Organizational Development [A]. In R. W. Woodman & W. A. Pasmore (Eds.), Research in Organizational Change and Development [C] . (No.4, pp.231-272), Greenwich, CT: JAI Press, 1990.

　　[29] Bass, B. M., Riggio, R. E. Transformational Leadership ［M］. Mahwah, NJ: Erlbaum, 2006.

　　[30] Becker, T. E. Foci and Bases of Commitment: Are They Distinctions Worth Making ［J］. Academy of Management Journal, 1992, 35 (1).

　　[31] Becker, T. E., Billings, R. S., Eveleth, D. M., Gilbert, N. L.Foci and Bases of Employee Commitment: Implications for Job Performance [J]. Academy of Management Journal, 1996, 39 (2).

　　[32] Blau, P. M.Exchange and Power in Social Life ［M］ . New York: Wiley, 1964.

　　[33] Chen, Z. X., Francesco, A. M. Employee Demography, Organizational Commitment and Turnover Intentions in China: Do Cultural Differences Matter [J]. Human Relations, 2000, 53 (6).

　　[34] Chen, Z. X., Tsui, A. S., Farh, J. L. Loyalty to Supervisor vs. Organizational Commitment: Relationships to Employee Performance in China ［J］. Journal of Occupational and Organizational Psychology, 2002, 75.

　　[35] Cheng, B. S., Jiang, D. Y., Riley, J. H. Organizational Commitment, Supervisory Commitment, and Employee Outcomes in the Chinese Context: Proximal Hypothesis or Global Hypothesis［J］. Journal of Organizational Behavior, 2003, 24 (3).

　　[36] Cheung, G. W., Rensvold, R. B.Evaluating Goodness-of-Fit Indices for Testing Measurement Invariance [J]. Structural Equation Modeling Journal, 2002, 9 (2).

　　[37] Chou, L. F., Cheng, B. S., Jen, J. K. The Contingency Model of Paternalistic Leadership: Subordinate Dependence and Leader Competence [C]. Paper Presented at 2005 Annual Meeting of the Academy of Management, Hawaii, U.S.A., 2005.

　　[38] Daft, R. L. Leadership: Theory and Practice [M] . New York, NY: The Dryden Press, 1999.

　　[39] Dirks, K. T., Ferrin, D. L. The Effects of Trust in Leadership on Employee Performance, Behavior, and Attitudes: A Meta-Analysis [C] . Academy of Management Proceedings & Membership Directory, 2000.

　　[40] Dunlop, P. D., Lee, K. Workplace Deviance, Organizational Citizenship Behavior, and Business Unit Performance: The Bad Apples do Spoil the Whole Barrel [J]. Journal of Organizational Behavior, 2004, 25 (1).

［41］ Ehrhart, M. G.Leadership and Procedural Justice Climate as Antecedents of Unit-Level Organizational Citizenship Behavior ［J］. Personnel Psychology, 2004, 57 （1）.

［42］ Farh, J. L., Podsakoff, P. M., Organ, D. W.Accounting for Organizational Citizenship Behavior: Leader Fairness and Task Scope versus Satisfaction ［J］. Journal of Management, 1990, 16 （4）.

［43］ Gerstner, C. R., Day, D. V. Meta-Analytic Review of Leader-Member Exchange Theory: Correlates and Construct Issues ［J］. Journal of Applied Psychology, 1997, 82 （6）.

［44］ Graham, J. W. Servant-Leadership in Organizations: Inspirational and Moral ［J］. Leadership Quarterly, 1991, 12 （2）.

［45］ Greenleaf, R. K.. The Servant as a Leader ［M］. Indianapolis, IN: Greenleaf Center, 1970.

［46］ Homans, G. Social Behavior as Exchange ［J］. American journal of Sociology, 1958, 62 （2）.

［47］ Hui, C., Law, K.S., Chen, Z.X.. A Structural Equation Model of the Effects of Negative Affectivity, Leader-Member Exchange and Perceived Job Mobility on in-Role and Extra-Role Performance: a Chinese Case ［J］. Organizational Behavior and Human Decision Processes, 1999, 77 （1）.

［48］ Ilies, R., Scott, B. A., Judge, J. A.. The Interactive Effects of Personal Traits and Experienced States on Intraindividual Patterns of Citizenship Behavior ［J］. Academy of Management Journal, 2006, 49 （3）.

［49］ Iverson, R. D., Maguire, C.. The Relationship between Job and Life Satisfaction: Evidence from a Remote Mining Community ［J］. Human Relations, 2000, 53 （6）.

［50］ Jiang, D. Y., Cheng, B. S. Affect-and Role-Based Loyalty to Supervisors in Chinese Organizations ［J］. Asian Journal of Social Psychology, 2008, 11.

［51］ Kark, R., Van Dijk, D. Motivation to Lead, Motivation to Follow: The Role of the Self Regulatory Focus in Leadership Processes ［J］. Academy of Management Review, 2007, 32 （2）.

［52］ Katz, D.. The Motivational Basis of Organizational Behavior ［J］. Behavioral Science, 1964, 9 （3）.

［53］ Korsgaard, M. A., Roberson, L.. Procedural Justice in Performance Evaluation: The role of Instrumental and Noninstrumental Voice in Performance-Appraisal Discussions ［J］. Journal of Management, 1995, 21（4）.

［54］ Lee, K., Allen, N.. Organizational Citizenship Behavior and Workplace Deviance: The Role of Affect and Cognitions ［J］. Journal of Applied Psychology, 2002, 87 （1）.

［55］ Levering, R., Moskowitz, M.. The 100 Best Companies to Work for in America ［J］. Fortune, 2000, 141 （1）.

［56］ Levering, R., Moskowitz, M.. The 100 Best Companies to Work for in America ［J］. Fortune, 2001, 145 （3）.

［57］ Lewin, K.. Defining the' Field at a Given Time' ［J］. Psychological Review, 1943, 50.

［58］ Liden, R. C., Wayne, S. J., Zhao, H., Henderson, D.. Servant Leadership: Development of a Multidimensional Measure and Multi-Level Assessment ［J］. Leadership Quarterly, 2008, 19.

［59］ Mathieu, J. E., Zajac, D.. A Review and Meta-Analysis of the Antecedents, Correlates, and Consequences of Organizational Commitment ［J］. Psychological Bulletin, 1990, 108.

［60］ Mossholder, K. W., Bennett, N., Kemery, E. R., Wesolowski, M. A.. Relationships between Bases of Power and Work Reactions: The Mediational Role of Procedural Justice ［J］. Journal of Management, 1998, 24 （4）.

［61］ Neubert, M. J., Kacmar, K. M., Carlson, D. S., Chonko, L. B., Roberts, J. A.. Regulatory Focus as a Mediator of the Influence of Initiating Structure and Servant Leadership on Employee Behavior ［J］. Journal of Applied Psychology, 2008, 93 （6）.

［62］ Petty, M. M., Mcgee, G. W., Cavender, J. W.. A Meta-Analysis of the Relationships between Individual Job Satisfaction and Individual Performance ［J］. Academy of Management Review, 1984, 9 （4）.

［63］ Pillai, R., Williams, E. A.. Transformational Leadership, Self-Efficacy, Group Cohesiveness, Commitment, and Performance ［J］. Journal of Organizational Change Management, 2004, 17 （2）.

［64］ Podsakoff, P. M., MacKenzie, S. B., Lee, J. Y., Podsakoff, N. P.. Common Method Biases in Behavioral Research: A Critical Review of the Literature and Recommended Remedies ［J］. Journal of Applied

Psychology，2003，88（5）.

［65］Redding，S. G.. The Spirit of Chinese Capitalism ［M］. New York，NY：Walter de Gruyter，1990.

［66］Riketta，M.. Attitudinal Organizational Commitment and Job Performance：A Meta-Analysis ［J］. Journal of Organizational Behavior，2002，23（3）.

［67］Sendjaya，S.，Sarros，J. C.. Servant Leadership：Its Origin，Development，and Application in Organizations ［J］. Journal of Leadership and Organizational Studies，2002，9.

［68］Sendjaya，S.，Sarros，J. C.，Santora，J. C.. Defining and Measuring Servant Leadership Behavior in Organizations ［J］. Journal of Management Studies，2008，45（2）.

［69］Stinglhamber，F.，Vandenberghe，C.. Organizations and Supervisors as Sources of Support and Targets of Commitment：A Longitudinal Study ［J］. Journal of Organizational Behavior，2003，24（3）.

［70］Sun，J. M.，Wang，B. Y.. Servant Leadership in China：Conceptualization and Measurement［J］. Advances in Global Leadership，2009（5）.

［71］Tsui，A. S.，Ashford，S. J.，Clair. L.，& Xin，K. R.. Dealing with Discrepant Expectations：Response Strategies and Managerial Effectiveness ［J］. Academy of Management Journal，1995，38（6）.

［72］Vandenberghe，C.，Bentein，K.，Stinglhamber，F.. Affective Commitment to the Organization，Supervisor，and Work Group：Antecedents and Outcomes ［J］. Journal of Vocational Behavior，2004，64（1）.

［73］Walumbwa，F. O.，Hartnell，C. A.，Oke，A.. Servant Leadership，Procedural Justice Climate，Service Climate，Employee Attitudes，and Organizational Citizenship Behavior：A Cross-level Investigation ［J］. Journal of Applied Psychology，2010，95（3）.

［74］Williams，L. J.，Anderson，S. E.. Job Satisfaction and Organizational Commitment as Predictors of Organizational Citizenship and In-Role Behaviors ［J］. Journal of Management，1991，17（3）.

［75］Wong，Y. T.，Wong，C. S.，Ngo，H. Y.. Loyalty to Supervisor and Trust in Supervisor of Workers in Chinese Joint Ventures：A Test of Two Competing Models ［J］. International Journal of Human Resource Management，2002，13（6）.

（作者：王碧英，江西师范大学商学院；孙健敏，中国人民大学劳动人事学院；
高日光，江西财经大学工商管理学院）

部属追随力：概念的界定与量表开发

一、研究问题的提出

追随力理论是当代管理学前沿的全新研究课题，它凸显了领导者与追随者、领导力与追随力并重的管理观念，顺应了组织在动态发展环境中对上下级和谐互惠合作关系建设的需求，发挥了追随者灵活应对竞争变化和挑战的能动性、创造性，并以殊途同归的方式，用全新的理念"追随力"诠释着领导力新的发展方向，使追随力理论对组织的发展发挥着越来越重要的作用。

核心概念"追随力"是支撑追随力理论的基础。通过对大量国外相关研究文献的阅读，发现西方学者对追随力理论研究有两种取向和多种视角。两种取向：一是社会政治学研究取向，其代表人物如 Kellerman 等；二是组织管理学研究取向，其代表人物如 Kelley、Challef 等。多种视角指不同的研究者站在不同的角度对追随力概念做出不同的释义。目前，在国内比较流行的西方学者的追随力定义主要有四种：一是 Kellerman（2008）从关系视角对追随力的解读，即指上下级之间的关系以及下级对上级的行为反应；二是 Challef（1995）从行为的精神角度，对追随力进行定义，即指追随者承担责任的勇气、服务的勇气、挑战的勇气、变革的勇气和离开的勇气；三是 Bjugstad 等学者（2006）能力观的追随力定义，即指有效执行领导指令，支持领导者工作的能力，其目标是达到组织目标的最大化；四是 Jehn 和 Bezrukova（2003）从行为和关系的综合角度对追随力进行定义，即一种人员导向的行为，这种行为建立了领导者和追随者之间的关系，从而为领导者和追随者锁定一个共同目标提供了环境。从以上四种不同的定义，可以看出西方学者对核心概念"追随力"的认知存在很大分歧，并站在各自的研究角度进行解读。本文认为，诠释一个核心概念的内涵，首先必须厘清其内在结构，以求对概念内涵的全面把握，才能做出比较准确的释义。同时，人的特质结构是多元的，人在社会生活中的行为也是多元的，以上单一视角的思辨性解读只是反映了追随者某个方面的特质或行为特征，因而具有片面性和局限性的不足。

关于部属追随力的内涵结构，截至 2012 年 6 月，尚未发现有西方学者的实证研究成果。唯有 Kelley（1992）、Dixon 和 Westbrook（2003）对追随力内涵结构的思辨性研究观点，他们认为，追随力是多种追随能力的组合，这些能力包括工作悟性、积极参与能力、独立思考能力、影响同事的能力、目标共享及达成能力、与领导建立信任的能力、风险承担能力、适应能力等，但他们并没有对自己所提出的 9 个维度做实证分析。虽然 Kelley 在 1992 年从积极参与和主动思考两个维度建构了 20 个五点自陈项目的追随问卷，主要是用于对追随者进行分类。Gilbert 等研究学者通过 13 年的长期考察，于 1988 年编制了一份 67 个条目的追随问卷，从上司角度来研究下属的追随行为以及追随者喜欢何种领导类型，属于领导理论研究的一部分。Miller 等学者（2004）通过修订编制了 LPL（The Least Preferred Leader）问卷，用来测量追随者的行为动机是出于任务导向还是关系导向，其目的也是确定有效的领导类型。Dixon 和 Westbrook（2003）采用 TFP（The Followership Profile）对 Challef 提出的五种勇气进行测量，其目的是证明组织所有层级中都存在追随行为。可见，国外学术界还没有学者用实证方法揭示追随力的内涵结构，因而也没有直接测量部属追随力的成熟量表。国内学术界对追随力理论的研究起步较晚，目前还处在接受和传播国外研究成果的层面上，因而目前还没有突破性的实证研究成果。

从以上述评中可以看出，西方学者对追随力是什么众说纷纭，对追随力内涵结构的测量研究还处在空白阶段，这在很大程度上影响着追随力理论对组织管理实践的实用价值。因此，对"追随力"这一核心概念做出科学释义，揭示其内涵结构有哪些维度，建构具有较高信效度的追随力测量工具，是当前追随力理论深化研究必须突破的课题。

二、部属追随力内涵结构与初始量表的质化研究

国内研究者曹元坤（2008）指出，追随力是追随者与领导力、组织环境相互作用的函数。Depree（1992）也阐述了类似的研究观点，即追随力的效率取决于追随者特质在工作中与领导者、与工作情境的互动水平。本文认同的两位研究者的观点，即追随力是追随者依靠自身特质在与领导力和组织环境相互作用的社会化活动中释放的行为能量。这种相互作用包括追随者认知与价值选择的心理活动，一定情境中的行为活动和人际交互活动等。人在不同的活动中，发挥作用的特质和所表现的行为特征是不同的。因而，对追随力应从追随者在不同的活动中所依靠的特质以及所表现行为特征的多元视角进行认知。本文将从文献源和实地源（主管与部属配对开放问卷、结构式访谈、追踪考察、企业家座谈会等）收集部属追随力的典型特征。为了避免客位（Etic）研究取向的影响，本文采用主位（Emic）研究取向，使用本土文化词汇，紧密联系本土企业发展的新形势、新变化、新特征，构建中国组织情境下部属追随力内涵结构的初步模型和初始量表，并用实证方法探索和检验该模型和初始量表。

（一）质化研究方法和步骤

质化研究，我们是按照 Farh、Zhong 和 Organ（2004）所论述的做法，分几个步骤来完成的。

第一步，收集追随实践特征。通过主管与部属配对开放问卷、结构式访谈、追踪考察、企业家座谈会等渠道，从实地源收集部属追随力的典型特征。本研究在南昌高新开发区企业中发放开放式问卷 160 份（回收有效开放问卷 126 份）、结构式访谈 16 人次、企业家座谈会 2 次、追踪考察多次，共获得有效的信息条目 1456 条。

第二步，条目合并和精减。进行条目同类项、近义项合并，删除与追随力本质相关不紧密以及有歧义的条目，删掉重复出现频次在 5 以下的条目，使条目精减为 142 个。

第三步，条目评审、归类和命名。本文由 1 名博士生导师和 4 位管理学博士生组成评议小组，共同对 142 个条目逐条进行评议。审查合并后所得条目描述内容的单一性和准确性、与追随力本质的相关性，以及条目之间的明显可区分性等，最后只有 45 个条目获得一致性评审通过。接着由 4 名博士生在没有相互沟通的前提下，各自对 45 个条目进行归类和命名。随后集中评审，先由 4 名博士生阐述自己如何归类及命名的理由，再由评议小组共同择优选择，并获得 5 人一致通过，形成最终的归类与命名。

第四步，条目归类命名后，再与相关理论文献相对照，是否与文献根据保持一致性，如果所提取的条目与相关文献根据保持高度一致性，说明质化研究结果具有可靠性；反之，则需要推倒重来。

（二）质化研究结果

通过以上四步程序，从实地源的反馈信息结果显示，部属追随力由进取精神、认知悟性、执行技能、关系技能、影响力五维构成。有效的追随者正是通过这五维特质和行为与领导力、组织环境的交互作用来创造组织绩效、实现自我价值的。这五个维度与众多学者对追随力的论述高度吻合，可以作为部属追随力测量量表的内部结构。

1. 进取精神

追随者特质理论告诉我们，正直、忠诚、积极进取（Lundin，1990），是学者普遍认同的追随者的关键特质。Lundin（1990）指出，追随者应该是正直的，这种正直既表现对组织的忠诚，也表现出他们愿意根据自己的信念去积极进取。同时，他还指出，如果缺失进取精神，也就没有追随力可言。本文从实地源反馈的信息中提取了这方面的 10 个条目，如"追随者具有与领导共谋组织发展的责任感"、"追随者主动加强学习以适应工作进取需要"等，这 10 个条目从多方面指向和聚焦着追随者的进取精神。这个维度在追随力内涵结构中起着定性定向和动力作用，并区别于其他维度。

2. 认知悟性

善于认知、独立思考（Kelley，1992），是较多学者达成了共识的追随者特质。Meilinger（1994）指出："我们都相信自己是足够聪明和成熟而不用别人指导去完成工作。""追随者事事想从领导那里得到所有的答案是天真的，这样做领导是不会喜欢。""追随者要善于认知和独立思考，主动去寻找问题的答案，而不是等待领导的明确指示。"（Alcorn 和 David S.，1992）本文从实地源反馈的信息中提取到了这方面的 8 个条目，如"我对工作情境变化能及时观察认知"、"我具有灵活实现领导意图的能动性"等。这 8 个条目从多方面指向和聚焦着追随者的思维认知悟性，它是追随者追随领导工作在智力方面的系列内在品质，并区别于其他维度。

3. 执行技能

Alcorn（1992）指出，积极参与、主动灵活执行是追随者的基本行为特征。同时他还指出："主动去做他们认为对的事情是追随力内容的一部分。""只有积极参与、追随者才会拥有发言权。"Rob Goffee 和 Gareth Jones（2006）认为："好的追随者有熟练辨别变化和时机完成工作的能力。"Meilinger（1994）也明确指出："灵活地、创造性地完成具有一定程度上模糊性和不确定性的工作是一个有效追随者的必备技能。"本研究从实地源反馈的信息中提取了这方面的 9 个条目，如"我忠实贯彻执行领导的决策指令"、"我从实际出发灵活运用执行方法"等。这 9 个条目从多方面指向和聚焦着追随者的执行技能，它是追随者在行动操作方面的系列内在品质，并区别于其他维度。

4. 关系技能

Bjugstad（2006）指出："追随力是追随者和领导者之间的一种关系，是相互依赖的关系而不是从属关系。"Chris Mussel White（2006）认为："当你主动与领导搞好关系，你会赢得领导的信任，从而获得进一步进入领导内心世界的机会，反过来使你更加明智更有价值。"同时他还进一步告诫追随者，"想获得领导的信任、资源和授权，就必须具有熟练的人际关系技能。"Dr Robert A. Sevier（1999）则直接指出："关系技能本身就是一种追随力。"本文从实地源反馈的信息中提取了 11 个这方面的相关条目，如"我会主动关心领导的所思所求"、"我会自觉从领导角度思考问题"等。这 11 个条目从多方面指向和聚焦着追随者处理人际关系的能力，并与其他维度相区别。

5. 影响力

Peter. F. Drueker（1966）指出，世界上任何人都是影响别人和被别人影响的个体。Kellerman（2008）也指出："追随力概念贯穿着'向上领导'（Leading Up）的理念。""追随力的实质就是追随者自下而上的影响力，这种向上影响力正在创造变革并改变着领导者。"Martin（2007）认为：

"用领导和追随者的相互影响来定义工作的关联，这种相互影响不是依靠领导的特质而是追随者的特质。"本研究从实地源提取了 7 个这方面的典型条目，如"我有时通过信息沟通帮助领导改进工作"、"我有时通过实践创新帮助领导改进工作"等。这 7 个条目从多方面指向追随力对领导力的积极影响，彰显着追随力是组织发展最强劲的内部动力。

三、部属追随力测量量表的实证分析

（一）初始量表预试

1. 样本

本文把质化研究提取的五维 45 个条目作为初始量表进行预试，采用 Likert 五级自陈测量：1=不认同，2=比较不认同，3=不确定，4=比较认同，5=完全认同。在南昌市高新开发区选择制造加工业、服务业的国有、私有、合资等 12 家企业，发放预试问卷 200 份，回收 187 份，其中有效问卷 152 份。

2. 项目分析（Item Analysis）

项目分析的主要目的是计算问卷各个条目的决断值（Critical Ratio，简称 CR 值）。本文测量条目的 CR 值必须大于 5.0 以上（部分学者认为 CR 值如果低于 3.0 水平应予删除），说明该条目能鉴别不同被试的反应水平，否则直接删除。本研究的初始量表只有 31 个条目的 CR 值达到显著水平（P<0.05），于是，本研究删除掉 14 个 CR 值低的条目。

3. 探索性因子分析（Exploratory Factor Analysis，EFA）

通过项目分析，初始量表 45 个条目被减为 31 个，其 KMO 值为 0.673，a 系数为 0.622，虽未达到显著水平，但可做因素分析。对预试数据进行探索性因素分析，用主成分分析法提取因素，以正交方差极大法进行因素转轴。在初步统计的基础上，按照共同度的大小，选取因素共同度和因数负荷都高的条目，删除因素共同度低和负荷低以及具有均等交叉负荷的条目，于是再次删除 11 个条目，保留 20 个条目，每维度 4 个条目，使量表的 KMO 值上升为 0.867，Chronbach a 系数上升为 0.871。通过多次探索得出了比较稳定的因素结构，符合心理测量学的基本要求。综合项目分析和因素分析结果，最终确定 20 个条目构成部属追随力的正式量表。

（二）大样本的探索性因子分析

1. 样本

运用方便取样的方法，本文在江西省南昌市和 8 个地级市选取了 20 家多类型企业，发放调查问卷 1000 份，同样以 Likert 5 点尺度计分。共收回问卷 864 份，回收率 86.4%。剔除漏答、连续 8 个以上选项相同的问卷和多选问卷，最终用于做分析的样本 780 份。本研究随机将这批样本分成两部分，一部分（390 份）用于做探索性因子分析，另一部分（390 份）用于做验证性因子分析。具体样本特征分布如表 1 所示。

2. 部属追随力内涵结构的因子分析结果

运用 SPSS15.0 软件，采用主成分分析法和斜交旋转法对样本数据进行因子分析，结果显示，部属追随力呈现清晰的五因子结构，KMO 值为 0.867，球形检验的 χ^2 值为 2358，总方差解释率为 72.641%。各维度因子负荷水平，共同度和方差解释率如表 2 所示。

表1 样本的特征分布（N = 780）

样本特征	类别	人数（人）	百分比（%）	样本特征	类别	人数（人）	百分比（%）
性别	男	374	47.9	工龄	5年以下	252	32.3
	女	389	49.9		6~10年	243	31.2
	缺失	17	2.2		11~20年	244	31.3
					20年以上	37	4.7
					缺失	4	0.5
年龄	30岁以下	540	69.3	岗位性质	管理	191	24.5
	31~40岁	176	13.4		技术	298	38.2
	41~50岁	53	6.8		营销	132	16.9
	50岁以上	8	1.0		生产	23	2.9
	缺失	3	0.4		其他	50	6.4
					缺失	74	9.5
						12	1.5
教育背景	高中以下	52	6.7				
	高中或中专	205	26.3				
	大专	222	28.5				
	本科	244	31.3				
	研究生	55	7.1				
	缺失	2	0.3				

表2 部属追随力内容结构因子分析结果（N = 390）

序号	项目	因子					共同度
		F1	F2	F3	F4	F5	
Fs1	我具有与领导共谋组织发展的责任感	0.872					0.554
Fs3	我主动加强学习以适应工作进取需要	0.827					0.713
Fs4	我把进取目标放在个人短期利益之上	0.801					0.732
Fs8	我具有承担各种进取挫折的顽强意志	0.726					0.633
Fs10	我对工作情境变化能及时观察认知		0.812				0.591
Fs12	我有准确认知领导意图的工作悟性		0.791				0.661
Fs13	我具有灵活实现领导意图的能动性		0.781				0.658
Fs17	我有整合规划工作资源的活跃思维		0.718				0.533
Fs21	我忠实贯彻执行领导的决策指令			0.784			0.732
Fs22	我从实际出发灵活运用执行方法			0.771			0.642
Fs26	我很认真地从执行细节做起做好			0.736			0.614
Fs27	我会主动克服工作执行中的困难			0.690			0.644
Fs29	我会主动与领导沟通思想情感				0.746		0.676
Fs31	我会主动关心领导的所思所想				0.715		0.548
Fs33	我会主动从领导角度思考问题				0.689		0.610
Fs37	我会与同事经常保持友好互动				0.581		0.705
Fs38	我有时通过信息沟通帮助领导改进工作					0.706	0.704
Fs40	我有时通过建言献策帮助领导改进工作					0.653	0.581
Fs43	我有时通过实践创新帮助领导改进工作					0.610	0.679
Fs44	我经常在组织群体活动中发挥表率作用					0.541	0.633
方差解释率（%）		39.410	9.254	8.754	6.823	8.400	
总体方差解释率（%）				72.641			

注：编码为初始量表的项目编码；因子F1~F5分别为进取精神、认知悟性、执行技能、关系技能和影响力。

（三）大样本的验证性分析

1. 样本

回收的 780 份有效问卷除探索性因子分析用去 390 份，剩余的 390 份用于做验证性分析。统计工具为 LISREL9.0 软件。样本特征如表 1 所示。

2. 量表信度分析

信度指量表测量结果的稳定性水平。它是反映心理测量中随机误差率大小的指标。本文运用因子分析和路径分析相结合的统计技术，评估量表结构与条目因子之间的关系。通过 LISREL9.0 软件对样本数据进行统计分析，结果显示，本量表的 Chronbach a 系数达到 0.871，五个维度的 a 信度系数分别为 0.862、0.843、0.792、0.811 和 0.647。并且所有的 T 值均具有较强的统计显著性，说明本次开发的部属追随力测量量表具有很好的内部一致性，证明该量表的信度得到检验。

3. 量表效度分析

（1）内容效度。本量表的测量维度和条目与众多学者的相关理论观点具有很好的兼容性，同时也准确反映了企业中部属追随力的典型特征，测量的内容和条目的描述既征求了企业家和追随者的修改意见，也征得了相关管理学专家的认同，因此，本次开发的部属追随力量表具有很好的内容效度。

（2）区分效度。本文从两个方面来评估本量表的区分效度：一是本量表的所有测量条目均没有同时在多维度之间有较高的因子负荷，即不存在跨因子负荷的现象。二是采用 Fornell 等学者的做法，即计算每个维度的方差提取量 AVE 值是否大于该维度与其他维度的方差，如果 AVE 值大于两维度间的相关系数平方，则表示这两个维度具有较好的区分效度。表 3 的分析结果表明，本量表五个维度的 AVE 值在 0.754~0.813 之间，各维度的相关系数在 0.218~0.294 之间，各维度的 AVE 值明显大于维度间的相关系数。同时，各维度的相关系数也小于各自的信度系数（0.647~0.862）。两个方面都证实，本量表五个维度之间具有很好的区分效度。

表 3　量表的区分效度分析结果

	a 系数	AVE	进取精神	认知悟性	执行技能	关系技能	影响力
进取精神	0.862	0.813	1				
认知悟性	0.843	0.796	0.264	1			
执行技能	0.792	0.762	0.277	0.263	1		
关系技能	0.811	0.787	0.294	0.278	0.236	1.	
影响力	0.647	0.754	0.260	0.218	0.229	0.253	1

（3）收敛效度。收敛效度指同一维度内各测量条目之间的相关程度。本文使用确认性因子分析方法，运用 LISREL9.0 软件，对部属追随力量表各维度的收敛效度进行检验，结果显示，所有测量条目在对应的维度上的标准化负荷系数在 0.541~0.872 之间，超过了 0.50 的可接受水平。并全部通过 T 检验，均在 P<0.01 的水平上显著，证实本量表具有很好的收敛效度。

4. 结构模型的竞争比较

竞争模型比较是对量表有可能包含的结构维度模型进行比较，以检验基于理论建构的量表结构维度模型是否最优。本书提出了单维模型，三因子模型（进取精神，将认知悟性和执行技能合并为工作技能，关系技能和影响力合并为关系技能）；四因子模型（进取精神，将认知悟性和执行技能合并为工作技能、关系技能、影响力）和已有的五维模型。通过验证性因子分析比较以上四个模型的优劣来选择最佳匹配模型，四个模型的主要拟合指数如表 4 所示。

表4 四个模型的主要拟合指标比较

项目	χ^2	df	χ^2/df	CFI	NNFI	RMSEA
单因子模型	1059	125	8.47	0.78	0.65	0.127
三因子模型	789	129	6.12	0.833	0.69	0.109
四因子模型	692	132	5.24	0.907	0.82	0.074
五因子模型	259	120	2.16	0.961	0.91	0.044
建议值			<3	>0.950	>0.90	<0.080

如表4所示，部属追随力五因子结构维度模型的主要指标拟合较好，相对优于其他三种模型。所以本研究接受五因素模型。

四、结论与讨论

通过文献研究、实践资源的质化和量化研究，最终形成本文的下列结论：

（1）对追随力概念的界定。追随力是追随者追随领导者工作，与领导力和组织情境交互作用的多维特质与行为。

（2）追随力概念的内涵结构维度。追随力概念的内涵结构维度即进取精神、认知悟性、执行技能、关系技能、影响力。

（3）本文开发的五维20个五点自陈条目部属追随力测量工具，具有很好的信度与效度，符合心理测量学要求。

本文对追随力概念的认知、冲破了以往研究者偏重单向视角解读的束缚，而是从人的多元特征以及与他人（领导者、同事等）、与组织情境交互作用的多种活动视角来界定追随力，较以往研究者的定义更贴切组织中的追随实践，更具有解释力。并从这种多元视角，揭示了部属追随力的内涵结构是由进取精神、认知悟性、执行技能、关系技能、影响力五因素构成。同时，以追随力结构的五维模型，通过开放问卷、访谈、追踪考察、企业家座谈等渠道，广泛收集本土文化背景下部属追随力的典型特征，并以规范的质化和量化程序，率先开发了具有较高信效度的部属追随力量表，为追随力理论研究者提供了一个符合心理测量学要求的测量工具，为当代追随力理论的发展做了一点微薄贡献。

本研究在以下两个方面还有待进一步优化：一是样本取样有待进一步的多样化，本文主要采用的是追随者自陈方式获取数据。追随力是追随者与领导者的互动行为，缺失领导者一方的受试数据，显然会影响最终测量结果。二是样本采集面有待进一步扩大，本研究主要在江西省境内企业中采样，可能在一定程度上难以反映全国各地区不同的地方文化对被试认知的影响，也就降低了量表跨不同地方文化测量的信效度。未来的研究将进一步优化，尽可能采用领导者与追随者配对样本，跨不同地方文化广泛采集数据，使量表的信效度进一步得到提高。

【参考文献】

［1］曹元坤、黄晓波、谭娟：《值得关注的管理学前沿：追随问题研究》，《当代财经》，2008年第7期。

［2］吴明隆：《SPSS统计应用实务：问卷分析与应用统计》，科学出版社，2003年。

［3］Barbara Kellerman，Followership. How Followers are Creating Change and Changing Leaders［M］. Boston，Harvard Business Press，2008.

［4］Ira Challef.Effective Followership［J］.Executive Excellence，1995（13）.

［5］Bjugstad，K.，Thach，Thach，E.C.，Thompson，K.J.，Morris，A.. A Fresh Look at Followership：A Model for Matching Followership and Leadership Styles［J］. Journal of Behavioral and Applied Management，2006（5）：304-319.

［6］Jehn，K. A.，Bezrukova，K.. A Field Study of Group Diversity，Workgroup Context，and Performance［J］. Journal of Organizational Behavior，2003（25）：703-729.

［7］Kelley，R.E..The Power of Followership：How to Create Leader People Want to Follow and Followers Who Lead Themselves［M］. New York：Doubleday，1992：24-28.

［8］Dixon，G.，Westbrook，J..Followers revealed［J］. Engineering Management Journal，2003（15）：19-25.

［9］Gilbert，G.R.，Albert C.H.Followership and the Federal Worker. Pubic Administration Review，1988，48（6）：962-968.

［10］Miller，R.L.，Butter，J.，Cosentino，C.J..Followership Effectiveness：an Extension of Fiedler's Contingency Model［J］. Leadership & Organization Development Journal，2004（25）：362-368.

［11］ Depree M.. Leadership Jazz［M］. New York：Doubleday Publishing，1992.

［12］Farh，J.L.，Zhong，C.B.，Organ，D.W. Organizational Citizenship Behavior in the People's Republic of China［J］. Organization Science，2004，6（1/2）：49-72.

［13］Lundin Stephen C.，Lancaster Lynne C.. The importance of Followership［J］. The Futurist，1990（3）.

［14］Phillip S. Meilinger.The Ten Rules of Good Followership［J］. Leadership Link，1994（6）.

［15］Alcorn，David S.. Dynamic Followership：Empowerment at Work［J］. Management Quarterly，1992（33）：9-13.

［16］Rob Goffee，Gareth Jones. The art of Followership［J］. European Business Forum，2006（25）：22-26.

［17］ Chris Mussel White.Why Great Followers Make the Best Leaders［J］. Harvard Management Update，2006（11）：3.

［18］ Robert A.. Sevier. Follow the Leader［R］. USA：Research and Marketing Stamatas Communications，Inc.，1999：1-8.

［19］Peter F.. Drueker. The Effective Executive［M］. 2009ed，UK：Harper Collins E-books，1966.

［20］ Martin，R.. Followership：the Natural Complement to Leadership［M］. FBI Law Enforcement Bulletin，2007（7）：8-11.

［21］ Fornell，David.Evaluating Structural Equation Models with Unobservable and Measurment Errors［J］. Journal of Marketing Research，1981（18）：39-50.

［22］Stetger J. H..Structural Model Evaluation and Modification：An Interval Estimation Approach［J］ .Annual Reviews of Psychology，2000（51）：201-226.

（作者：曹元坤，江西财经大学；许晟，江西财经大学、江西农业大学）

团队氛围、吸收能力对知识型团队绩效影响研究：知识整合视角

一、引 言

知识经济时代，知识成为最重要、最宝贵的资源，是企业获得竞争优势的基础，知识已成为理论界和企业界共同关注的焦点。对知识重要性的认识由来已久，是一个逐渐丰富和深刻的过程，这主要归功于理论界有两条研究路线不约而同地聚焦于知识的研究：第一条研究路线是经济学领域的经济增长理论研究。对经济增长从外生理论到内生理论的研究转变使人们认识到知识在规模收益递增中的巨大溢出效应，从而从宏观角度揭示了知识对经济增长和社会发展的巨大作用。第二条研究路线是管理学领域的战略理论研究。与经济学领域的研究不谋而合，对企业竞争优势的探讨，战略理论的发展经历了从产业结构观到资源观的过程，本质上来说，这也是一个从关注外部环境到关注内部资源的过程，学者们最终认为是知识资源而非其他资源是企业竞争优势的源泉，这些研究导致了 20 世纪 90 年代中期基于知识的企业理论的出现。该理论认为，企业是知识的集合体，知识是企业最有价值的资产，利用知识创造价值是企业最重要和最复杂的价值创造，它为组织提供核心能力和竞争优势源泉，即把知识的生产、占有、传递、配置、使用看作竞争优势的源泉。经济增长理论和战略理论的研究成果奠定了知识在当代社会经济发展和企业中的地位。因此，研究知识行为以获取和提升企业绩效、团队绩效和个人绩效也成为当前研究的焦点问题之一。本文则是从知识整合的视角研究知识型团队的绩效问题。

Nonaka 和 Konno（1998）认为，团队是将个体知识整合、放大到组织层面的最佳"场域"，而知识型团队是知识经济时代最重要的创新主体，因此，知识型团队可以被看作这种最佳知识整合"场域"的典型代表。但是，目前对团队的研究主要集中于"蓝领"团队，而对由知识工作者组成的团队问题研究尚不深入，探讨知识型团队的绩效机制，已成为理论界和企业界共同关注的话题。

在目前国内外从知识整合视角探讨知识行为的研究中，大多数研究者将知识整合过程视为一个整体，认为知识整合过程作为一个整体同等地受某一前因变量的影响，并同等地作用于结果变量。根据笔者的研究（张可军，2011），知识整合过程应包括贡献知识和组合知识两个阶段，贡献知识主要解决知识的空间离散问题，主要受到氛围等外因的制约，而组合知识主要解决知识的认知离散问题，更多地受到能力等内因因素的影响。因此，可以推断，某一前因变量并非同等地作用于贡献知识和组合知识；同理，贡献知识和组合知识也非同等地作用于某一结果变量。本文将以实证方式来验证以上观点。

基于以上分析，本文以知识型团队为研究对象，主要达到以下两个方面的研究目的：一是从知识整合的视角探讨知识型团队的绩效影响机制，以期为提高知识型团队工作绩效提供思路和对策；二是证实在知识整合过程中，氛围等外因对知识整合的贡献知识阶段影响很大，而能力等内

因对知识整合的组合知识阶段起决定作用。贡献知识对团队一般绩效影响较大，而组合知识决定团队创新绩效。

二、理论基础与研究假设

（一）团队氛围与贡献知识、组合知识

氛围是一个比较宽泛、抽象的概念，它看不见、摸不着，却又实实在在地存在并且切实对身在其中的人的行为产生影响。在组织行为学中，氛围被认为是个体对组织情境的心理认知，是一系列可测量的工作环境属性的集合。良好的团队氛围不仅为团队成员之间的协调与合作创造了条件，使成员之间相处变得更加容易，而且为团队成员间的知识行为提供了良好的"软"环境，从而更加有利于团队知识整合的发生。本文借鉴孙海发、刘海山（2007）对高管团队氛围的测量方式，考虑团队信任与开放性对团队内部知识行为的影响。同时，考虑到团队良好的氛围必须指向团队目标，增加了团队认同作为本研究团队氛围的测量维度。因此，本文将从团队信任、团队开放性和团队认同三个方面来测量团队氛围。根据前面的分析，本文将从贡献知识和组合知识两个方面来测量知识整合。

很多研究表明团队的信任、开放性氛围及团队认同对团队成员的知识整合行为有重要影响。Davenport 和 Prusak（1998）认为，在知识市场中，成员必须建立起互信的基础才有分享知识的可能。Goh（2002）认为，良好的团队氛围为知识共享提供了一个彼此信任和值得信赖的环境，一个积极、自发、自愿的氛围，对知识共享起着巨大的推动作用。开放性的团队环境能够容纳不同观点、思想，利于团队成员自由、无心理压力地交流、提出不同意见甚至是反对意见，团队成员更乐意贡献自己的知识，同时吸纳别人的意见和建议。Farrell 等（2004）的研究表明，开放性、鼓励参与决策和公开坦诚的讨论对整个公司的组织学习是至关重要的，并对知识整合产生很大的影响。刘冰（2011）等的研究表明，团队的信任和开放性能够减少关系冲突、增加任务冲突，而团队认同则与关系冲突显著负相关。低关系冲突能起到维护和谐的人际关系的作用。团队认同能促进团队成员将有限的时间和注意力放在实现集体目标上，促使团队成员产生与其他成员共享知识和信息的意愿。Kramer（1991）认为，对群体的认同会导致群体内偏爱，而这种群体内偏爱可能促进群体内知识转移。

基于此，提出以下假设：

H1a1：人际信任贡献知识有正向影响；

H1a2：团队开放性贡献知识有正向影响；

H1a3：团队认同贡献知识有正向影响；

H1b1：人际信任对组合知识有正向影响；

H1b2：团队开放性对组合知识有正向影响；

H1b3：团队认同对组合知识有正向影响。

（二）吸收能力与贡献知识、组合知识

本文采用共同知识来衡量团队对内部知识的吸收能力。共同知识代表知识贡献方与知识接收方的知识重叠度，很大程度上决定了知识接收方是否有能力对贡献的知识进行鉴别、吸收和应用。由于贡献知识需要付出一定的时间、精力等，因此，接收方的吸收能力会在一定程度上影响贡献

方贡献知识的意愿和行为。对于组合知识，团队具备相应的吸收能力是其必备的条件，缺乏相应的吸收能力，则会造成相应的知识整合障碍（Szulanski，1996）。Kogut 和 Zander（1992）认为，知识主体之间所具备的共同知识是知识整合的重要能力。Cohen 和 Levinthal（1990）认为，对于获取知识，仅仅有动机是不够的，还必须至少有其中一个成员拥有吸收能力，即希望得到的知识的基础知识，才能获取并应用这些新知识。

基于此，提出假设：

H2a：吸收能力对贡献知识有正向影响；

H2b：吸收能力对组合知识有正向影响。

综合以上（一）和（二）的论述，提出假设：

H12：团队氛围因素主要影响贡献知识，而吸收能力主要影响组合知识。

（三）贡献知识与组合知识

组合知识的前提是知识拥有者愿意把知识贡献出来。团队成员贡献知识的知识数量越多、质量越高，供团队组合的知识集就越大、越优质，组合知识时可供选择的机会就越多，同时，知识主体之间的知识行为能够提升知识主体之间的跨专业能力（Postrel，2002）。因此，贡献的知识越多，越可能有更多的组合知识行为发生，并提升团队成员的知识组合能力。

基于此，提出假设：

H3：贡献知识对组合知识有正向影响。

（四）知识整合与团队绩效

基于知识的企业观认为，企业是一个知识分布式的系统（Tsoukas，1996），组织知识从来都不是以集中或整合的形式存在的（Becker，2001）。因此，团队内分布式的知识对团队绩效产生作用的条件是知识源贡献知识并得到知识接受者应用。根据应用程度将其分为三种：一是贡献后暂时没有被应用，但由于知识主体之间进行了沟通、交流，扩大的共同知识集，会对知识主体后续相互应用彼此的知识产生正向影响；二是贡献即利用，即简单应用，不需要进行复杂的智力活动而直接应用；三是贡献的知识需要经过复杂的智力活动才能将其组合起来加以应用，这需要组合知识者必须具备相应的能力才能完成。可见，并不是贡献的所有知识都对团队的创新绩效产生重大影响，其中相当多部分仅仅对团队的一般绩效产生较大的影响，如降低成本、加快进度等。创新绩效是对贡献的知识进行深度加工的结果。基于此，本文将前两种情况称为贡献知识，将第三种情况称为组合知识。组合知识是知识应用与知识创造的重要途径，Nahapiet 和 Ghoshal（1998）指出，组合知识是将既有知识组合起来创造新知识的过程，这个过程以两种方式进行，一是将以前没有连接的知识连接起来，二是发现新的连接方式连接已经连接的知识。但是，没有相应的知识存量及共同知识，团队就没有相应的组合能力去完成以上知识创新活动。

基于此，提出以下假设：

H4a：贡献知识对团队的一般绩效有正向影响；

H4b：贡献知识对团队的创新绩效有正向影响；

H4c：组合知识对团队的一般绩效有正向影响；

H4d：组合知识对团队的创新绩效有正向影响；

H4e：贡献知识主要影响团队一般绩效，而组合知识主要影响团队创新绩效。

（五）理论模型

知识整合是一个复杂的过程，为了解决知识整合过程的障碍，必须解决知识的空间离散和认知离散两大问题，对应于解决以上两大问题，将知识整合划分为贡献知识和组合知识两个阶段（张可军，2011）。然后在此基础上研究知识型团队的绩效机制以及知识整合的不同阶段（贡献知识与组合知识）对团队绩效（一般绩效与创新绩效）的影响差异。结合前面的分析，提出本文的理论模型如图1所示。

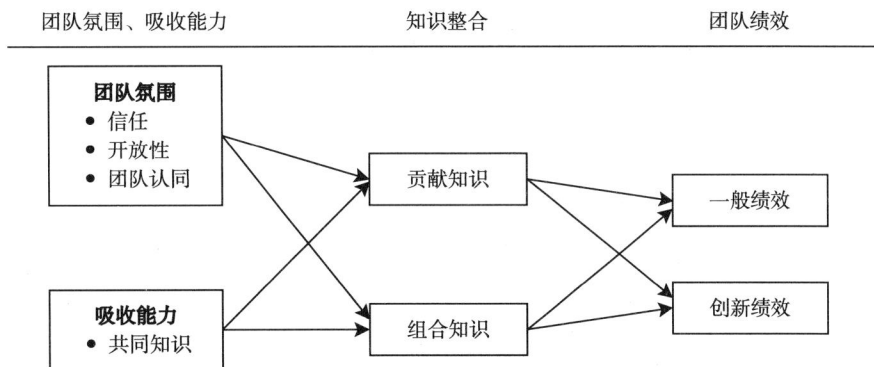

图1 团队氛围、吸收能力对团队绩效影响研究模型

三、研究方法

（一）数据调查与样本研究

本文主要采用通过熟人介绍的方法对知识型团队进行调研，这样能保证数据的质量，不足之处是不能保证调查对象的随机性。完成正式调研之前进行了预调研，共得到 37 个知识型团队155人，以此调研为样本对变量量表的信度、效度进行了检验，并做了适当的净化和修正。对小样本数据的统计分析表明，经过净化后的各个变量测量量表的信度和效度都非常好。采用净化后的各个变量量表进行大样本调查，主要采取直接送达纸质文档并当场填写（提前预约）和委托电子问卷两种方法，调查主要在武汉地区进行，以高校科研团队、企业研发团队及管理团队为主。由于电子问卷主要以委托发放的方式进行，故具体发放问卷的份数不详。对回收的问卷剔除不完整的和规律作答后，共计得到 156 个知识型团队，包含问卷 628 份。基本统计情况如下：男性占68.4%，女性占31.6%；30 岁以下者占70.3%，31~35 岁、36~40 岁、41~45 岁者分别占14.2%、8.4%、7.1%；加入团队时间 3 年以下者占67.1%、3~5 年者占10.3%、5 年以上者占22.6%；从学历分布看，专科及以下者占5.9%、本科76.7%、研究生及以上者占17.4%；从团队类型来看，研发、科研、管理团队分别占37.2%、42.3%、20.5%。从以上统计可以看出，受调查知识型团队里男性的比例要大于女性，在年龄上有很强的年轻化、高学历化的趋势。因此，可以说，"80 后"的一代目前越来越活跃于研发、科研和管理团队中。

（二）变量测量

团队氛围。借鉴孙海发、刘海山（2007）的测量方式，包括团队信任与开放性。考虑到团队良好的氛围应指向团队目标，增加团队认同。由此本文从团队信任、团队开放性和团队认同三个维度来测量团队氛围。团队信任采用 Rauniar（2005）的量表，团队开放性借鉴孙海发、刘海山的量表，对其做了适当的修订。国外有不少学者采用组织的情感承诺量表来测量组织认同，本文也借鉴这一测量方式，增加了对团队目标认同的问项，并对其进行适当的修正以适应团队层次的测量。

吸收能力。吸收能力是知识存量的函数（Cohen、Levinthal，1990），但是，更多的研究者强调共同知识在知识主体进行交流时扮演的重要角色。共同知识是个体知识集的交集，其重要性在于允许个体共享和组合他们之间交集之外的知识（Grant，1996），能够将团队成员各自的技能、知识相互关联起来。因此，本文采用共同知识来测量团队的吸收能力，借鉴柯江林等（2007）对共同知识的测量量表。

知识整合。贡献知识借鉴 Hooff 和 Ridder（2004）对知识共享的测量量表，关注知识贡献和知识收集两方面，是个体层面的。但是，相对于团队层面，无论是贡献知识还是收集知识，这两个过程都是向团队贡献知识的过程。因此，本文将这两方面的测量统称为团队的贡献知识。Hooff 和 Ridder 原始问项共有 10 项，其中有 5 项是与部门外交流知识的问项没有被采纳，同时修订问项以适应团队。考虑到团队内个体之间传递知识的对称性，本文增加了第六个问项，即当团队其他成员学到新知识时，他们会与我分享。组合知识的测量借鉴 Tiwana（2001）博士论文中的知识整合量表。Tiwana 从知识转化的角度来定义的知识整合，是狭义的定义，这与本文中组合知识定义的内涵是一致的。考虑到隐含于个体经验的隐性知识也是高效完成团队任务所必需的，本文增加了第五个问项，即团队成员通过组合彼此的知识、技能、经验完成团队任务。

团队绩效。团队绩效采用了 Lovelace 等（2001）的定义与测量方法。Lovelace 等通过探索性因子分析，得出创新绩效和计划符合度（A Constraint Adherence）两个维度。从问项的内容来看，后一维度主要测量的团队运作成本、进度与预算等方面的绩效，可以认为主要测量的是团队绩效中的非创新部分，本文称为一般绩效，以区别团队绩效中的创新部分。

（三）团队内部一致性系数检验与信度、效度检验

1. 团队内部一致性检验

由于本文以团队为研究对象，各个变量代表的均是团队层次的变量，而对团队层次变量的测量是通过团队成员个体的回答获取的，因此，需要将量表问项上的得分整合加总得到团队层次，才能作为团队层次变量的测量值。这首先需要对个体层次上的数据是否满足加总条件进行检验，即检验团队成员对团队现象的评价是否具有很高的相似性。对组内同质性的检验通常采用内部一致性系数法（rwg 系数）。通过计算，团队在各个变量的 rwg 平均值结果如表 1 所示。

表 1 团队层次变量的 rwg 平均值

	组内一致性检验值							
	团队认同	开放性	人际信任	共同知识	贡献知识	组合知识	一般绩效	创新绩效
均值	0.954	0.929	0.951	0.897	0.934	0.925	0.885	0.906

James 等（1984）认为，rwg 值在 0.8 以上就说明团队内具有趋同现象，团队内个体成员评分一致程度是可以接受的，即可以将个体测量值加总得到团队层面的测量值。从表 1 可以看出，各个变量的组内一致性系数均值均大于 0.8，因此，可以将个体测量值整合加总得到团队层面的测量值。

2. 信度检验

对各个团队成员个体测量值加权平均后，用此加权均值代表对团队层面变量的测量值，此时计算的值均代表团队层次变量的值。应用 SPSS11.5 软件对团队层次变量进行信度检验，经过统计分析，各个变量的 Chronbach a 系数如表 2 所示。

表 2 大样本变量信度检验结果（Cronbach a）

测量变量	团队认同	开放性	人际信任	共同知识	贡献知识	组合知识	一般绩效	创新绩效
a	0.848	0.834	0.900	0.795	0.860	0.753	0.799	0.825

从表 2 可以看出，各个变量测量量表的信度均很好，最小值为 0.753，表明测量量表具有很好的可靠性。

3. 效度检验

由于本文采用的量表均为比较成熟的量表，并在小样本测试中运用探索性因子分析（EFA）经过净化处理，因此，这里可采用验证性因子分析（CFA）来检验变量测量量表的效度。本文采用 SPSS11.5 进行验证性因子分析。分析结果表明，经过净化后的测量量表具有良好的区分效度和聚合效度，所有变量问项的载荷值均大于 0.5。

四、模型假设检验及研究结果讨论

（一）模型假设检验及结果

在检验模型各变量之间的关系之前，要对模型的拟合度进行检验。本文采用三类模型的适配度检验指标来衡量：绝对拟合指标、相对拟合指标和简约拟合指标。表 3 给出各个拟合指标的范围、建议值及本模型的拟合指标值。

表 3 各拟合指标范围、建议值及拟合指标值

指标	取值范围	建议值	实际指标值
χ^2/df	0~5 之间	小于 5，小于 2 更佳	1138.32/683=1.67
RMSEA	0~0.1 之间	小于 0.10，小于 0.05 更佳	0.066
GFI	0~1 之间，可能出现负值	大于 0.9	0.726
AGFI	0~1 之间，可能出现负值	大于 0.9	0.688
NFI	0~1 之间	大于 0.9	0.893
IFI	0~1 之间	大于 0.9	0.950
NNFI	可能超出 0~1 范围	大于 0.9	0.946
CFI	0~1 之间	大于 0.9	0.950
PNFI	0~1 之间	大于 0.5	0.824
PGFI	0~1 之间	大于 0.5	0.636

一个模型拟合程度的验证，通常需要综合考察以上三类指标。从表 3 可以看出，有 NFI、GFI 及 AGFI 三个指标的值低于建议值，但其他指标的值均在建议值范围之内。因此，从所有指标综合判断，本文模型具有较好的拟合度。

本文运用 LISREL8.72 软件作为分析工具，来检验本文图 1 理论模型中提出的各种假设关系。经分析，各变量之间的路径系数如图 2 所示。其中，图 2 的实线表示两者之间影响关系显著，虚线表示不显著。

根据图 2，列举出本文提出的各个假设检验验证情况如表 4 所示。

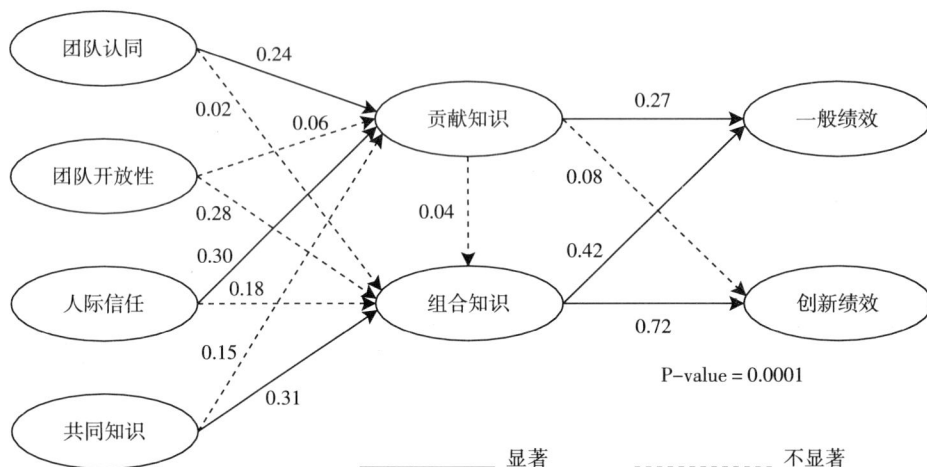

图 2　模型结构方程模型检验结果（路径系数）

表 4　理论模型标准路径系数与假设检验

序号	变量间关系	预测关系	标准路径系数	对应假设	检验结果
1	人际信任→贡献知识	+	0.24	H1a$_1$	通过
2	开放性→贡献知识	+	0.06	H1a$_2$	未通过
3	团队认同→贡献知识	+	0.30	H1a$_3$	通过
4	人际信任→组合知识	+	0.18	H1b$_1$	未通过
5	开放性→组合知识	+	0.28	H1b$_2$	未通过
6	团队认同→组合知识	+	0.02	H1b$_3$	未通过
7	吸收能力→贡献知识	+	0.15	H2a	未通过
8	吸收能力→组合知识	+	0.31	H2b	通过
9	团队氛围→贡献知识，吸收能力→组合知识		从图 2 对比看出	H12	部分通过（开放性除外）
10	贡献知识→组合知识	+	0.04	H3	未通过
11	贡献知识→团队的一般绩效	+	0.27	H4a	通过
12	贡献知识→团队的创新绩效	+	0.08	H4b	未通过
13	组合知识→团队的一般绩效	+	0.42	H4c	通过
14	组合知识→团队的创新绩效	+	0.72	H4d	通过
15	贡献知识→一般绩效，组合知识→创新绩效		从图 2 对比看出	H4e	部分通过（组合知识对一般绩效影响亦显著）

从表 4 可以看出，团队认同和人际信任对贡献知识影响显著，共同知识对组合知识影响显著，团队开放性对贡献知识和组合知识影响均不显著；贡献知识对组合知识的影响不显著；贡献知识对一般绩效影响显著而对创新绩效影响不显著，组合知识对一般绩效和创新绩效影响均显著。

（二）研究结果及讨论

通过分析可以看出，尽管本文提出的部分研究假设没有得到支持，但主要研究思想却得到了数据分析结果的支持，即不同类型影响因素对知识整合不同阶段的影响不是等同的，而不同的知识整合阶段对团队一般绩效和创新绩效的影响也不是等同的。

1. 团队氛围、吸收能力对贡献知识、组合知识的影响

研究表明，团队认同与人际信任对贡献知识均有显著影响，而对组合知识无显著影响；团队开放性对贡献知识、组合知识影响均不显著。由此可见，团队氛围对知识整合的影响主要作用在

贡献知识阶段，而对组合知识并不产生实质性影响，这说明贡献知识需要良好的关系和对团队的认同。团队开放性的影响均不显著，可能是因为即使在开放性环境下，中国人也不愿积极贡献自己的知识，而更愿意基于信任和"关系"来贡献知识。笔者认为，这是符合中国文化的，多数中国人总是喜欢基于私交和目标的认同去交流和讨论问题，而即使是在开放性的公开环境中，大家对问题的讨论和交流也比较隐晦和含蓄，不太会像私交那样尽力、努力地提供帮助和支持。

研究表明，共同知识（吸收能力）并不能促进知识源向知识需求者贡献知识，但对组合知识有显著影响。这说明组合知识作为需要复杂智力活动的脑力劳动，必须具备一定的前期相关知识积累，也就是说，必须具备知识冗余。因此，可以说，能力等内因是决定组合知识的关键因素。

综合以上分析可得出，团队氛围等外因主要影响贡献知识，而能力等内因则决定组合知识。

2. 贡献知识对组合知识的影响

研究表明，贡献知识对组合知识的影响不显著。这似乎有点违背常识。可能有以下四点原因：一是贡献知识多并不必然意味着组合知识就多；二是说明组合知识需要团队具备一定的吸收能力；三是可能与中国人的思维方式有关，如果不是基于私交、目标认同或其他愿意吸纳对方知识的交流，可能会引起知识接收方对立情绪，进而排除他人提供的知识；四是也可能与本次调研的对象选择有关，本次调研的知识型团队均是知识含量较高的团队，根据本文前面对贡献知识利用程度的分类，团队成员贡献的知识大多数应该属于第三类，而这类知识最需要的就是组合能力。

3. 贡献知识、组合知识对团队一般绩效、创新绩效的影响

研究表明，贡献知识对团队一般绩效有显著影响，对团队创新绩效影响并不显著，而组合知识对团队一般绩效和创新绩效均有显著影响。由此可得出以下结论：第一，组合知识是团队创新绩效的唯一来源。真正的创新是发生在知识整合的第二个阶段，即组合知识阶段，团队要想获得更好的创新绩效，团队成员彼此之间就必须有选择地贡献核心知识并有能力加以组合。第二，团队组合知识阶段做得很好，既能降低成本、加快进度，又能产生创造性的成果。第三，贡献知识并不必然导致创新绩效，贡献知识的直接效益仅可适度降低成本和加快进度。

以上分析说明，从直接效应来看，贡献知识仅对团队一般绩效有显著影响，而组合知识则是团队创新绩效的唯一源泉。

五、研究结论及展望

研究结果表明，团队氛围因素对贡献知识有显著影响，而团队的能力因素对创新绩效有显著影响；贡献知识仅对团队的一般绩效有显著影响，而组合知识对团队一般绩效和创新绩效均有显著影响。这对管理知识型团队的启示是，团队仅停留在良好的氛围层次上还不够，必须提升团队的吸收能力。

由于中国人十分注重"关系"，未来的研究还应考虑团队成员之间"关系"对贡献知识和组合知识的影响，同时从社会网络的角度进一步考虑团队从外部获取知识并进行组合的发生机制，从而更全面地考察团队绩效的产生机理。

【参考文献】

［1］张可军：《基于知识离散性的团队知识整合阶段及其影响因素分析》，《图书情报工作》，2011 年第 3 期。

［2］孙海发、刘海山：《高管团队价值观、团队氛围对冲突的影响》，《商业经济与管理》，2007 年第12 期。

［3］刘冰、谢凤涛、孟庆春：《团队氛围对团队绩效影响机制的实证研究》，《中国软科学》，2011 年第 11 期。

［4］柯江林、孙健敏、石金涛、顾琴轩：《企业 R&D 团队之社会资本与团队效能关系的实证研究——以知识分享与知识整合为中介变量》，《管理世界》，2007 年第 3 期。

［5］Ikujiro Nonaka, Noboru Konno. The Concept of "ba": Building a Foundation for Knowledge Creation. California Management Review; Spring 1998, 40（3）: 40-54.

［6］Davenport, T.H., Prusak, L.. Working Knowledge ［M］. Boston: Harvard Business School Press, 1998.

［7］Goh. S.G.. Managing Effective Knowledge Transfer: an Integrative Framework and Some Practice Implications ［J］. Journal of Knowledge Management, 2002, 6（1）: 22-30.

［8］Farrell et al.. CEO Leadership, Top Team Trust and the Combination and Exchange of Information ［J］. Winner of the Best Paper Award, Irish Academy of Management Conference, 2004: 22-40.

［9］Kramer, R.M.. Intergroup Relations and Organizational Dilemmas: the Role of Categorization Processes ［J］. Research in Organizational Behavior, 1991, 13: 191-228.

［10］Szulanski, G., Exploring Internal Stickiness: Impediments to the Transfer of Best Practice Within the Firm. Strategic Management Journal, 1996, 17（Winter Special Issue）: 27-43.

［11］Kogut, B., Zander, U.. Knowledge of the Firm, Combinative Capabilities, and the Replication of Technology. Organization Science, 1992, 3（3）, August 1992: 383-397.

［12］Cohen, W.M., Levinthal, D.A.. Absorptive Capacity: a New Perspective on Learning and Innovation ［J］. Administrative Science Quarterly, 1990, 35（1）: 128-152.

［13］Postrel S.. Islands of Shared Knowledge: Specialization and Mutual Understanding in Problem-solving Teams. Organization Science, May/Jun 2002, 13(3): 303-320.

［14］Tsoukas, H.. The Firm as a Distributed Knowledge System: A constructionist Approach ［J］. Strategic Management Journal, 1996, 17（Winter Special Issue）: 11-25.

［15］Becker, M.. Managing Dispersed Knowledge: Organizational Problems, Managerial Strategies and Their Effectiveness. Journal of Management Studies, 2001, 38: 1037-1051.

［16］Nahapiet, J., Ghoshal, S.. Social Capital, Intellectual Capital, and the Organizational Advantage. Academy of Management Review, 1998, 23（2）: 242-266.

［17］R. Rauniar. Knowledge Integration in Integrated Product Development: The Role of Team Vision, Mutual Trust, and Mutual Influence on Shared Knowledge in Product Development Performance ［D］. The University of Toledo, 2005.

［18］Grant, R.M.. Toward a Knowledge-based Theory of the Firm ［J］. Strategic Management Journal, 1996, 17（Winter special issue）: 109-122.

［19］Hooff, Ridder. Knowledge Sharing in Context: the Influence of Organizational Commitment, Communication Climate and CMC Use on Knowledge Sharing. Journal of Knowledge Management, 2004, 8(6): 11.

［20］Tiwana, A. B.. The Influence of Knowledge Integration on Project Success: An Empirical Examination of E-business Teams. 2001, The Dissertation for the Doctor of Ph. D. Georgia State University.

［21］Lovelace, K. Shapiro, D.L, Weingart, L.. Maximizing Cross-functional New Product Team's Innovativeness and Contraint Adherence: a Conflict Communications Perspective ［J］. Academy of management journal, 2001, 44（4）: 779-793.

［22］James, L. R., Demaree, R. G., Wolf, G.. Estimating within Group Interrater Reliability with and without Response Bias. Journal of Applied Psychology, 1984, 69（1）: 85-98.

（作者：张可军，河南工业大学管理学院）

组织政治知觉与反生产行为：心理契约破裂的中介检验

一、引　言

组织政治作为组织生活的现实反映，广泛存在于绩效考核、资源分配以及管理决策制定等环节。领导故意扭曲绩效考核结果、组织的晋升或薪酬决策被"暗箱操作"、同事之间钩心斗角、尔虞我诈以及潜规则等都是常见的政治行为。由于是私利行为和操纵行为，组织政治通常被视为一种机能不良、消极的组织环境（Mintzberg，1983），而员工对这种消极组织环境的主观评价被学者们称为组织政治知觉（Perceptions of Organizational Politics，POP；Ferris 等，1989）。

不同于操纵等具体的政治行为，组织政治知觉侧重反映个体对组织中所存在的政治行为的感知，属于认知类变量。研究发现，虽然组织政治知觉也具有潜在的积极影响，但学者们却更加关注其对员工工作态度和行为所产生的负面作用。例如，Ferris 和 Kacmar（1992）研究发现组织政治知觉与员工的工作满意度、工作投入显著负相关。Miller 等（2008）通过对组织政治知觉结果变量的元分析发现，组织政治知觉与工作满意度、组织承诺显著负相关，与工作压力、离职行为显著正相关。Chang 等（2009）对组织政治知觉的另一项元分析结果表明，组织政治知觉通过紧张感可以增加员工的离职意愿，并通过负面作用于员工士气（工作满意度、情感承诺）进而对任务绩效、组织公民行为产生消极影响。赵文（2010）也证实，组织政治知觉通过组织公平感对员工的组织公民行为产生负面影响。通过文献梳理发现，虽然以往研究已经对组织政治知觉的负面影响进行了大量探讨，但依然存在两点不足：一是缺乏关于组织政治知觉与消极工作行为关系的检验。除了离职行为以外，以往研究大都集中于探讨组织政治知觉对组织公民行为等积极工作行为所造成的负面影响，对组织政治知觉与反生产行为等消极工作行为的关系缺乏实证检验。二是缺乏从社会交换视角探讨组织政治知觉的作用机制。在以往的研究中，组织政治知觉通常被视为一种压力源，在探讨其潜在影响时主要以压力理论或情感事件理论为理论基础，很少有研究从社会交换视角揭示组织政治知觉对员工工作态度和行为的影响机制（Rosen 等，2006）。

Chang 等（2009）在组织政治知觉的元分析中指出，未来应该研究组织政治知觉对员工工作态度和行为产生影响的心理机制，并检验心理契约破裂在其中的中介作用。为了弥补以往研究的不足和回应上述研究呼吁，本文以反生产行为为结果变量，以心理契约破裂为中介变量，从社会交换视角构建了组织政治知觉对员工反生产行为的影响模型。本文拟解决以下四个关键问题：一是检验组织政治知觉与反生产行为的关系；二是检验组织政治知觉与心理契约破裂的关系；三是检验心理契约破裂与反生产行为的关系；四是检验心理契约破裂在组织政治知觉与反生产行为之间的中介效应。本文不仅可以丰富和发展组织政治知觉的理论研究体系，对指导组织加强组织政治管理等也具有一定的实践意义。

二、文献回顾与研究假设

（一）组织政治知觉

组织政治概念最早是由 Burns（1961）提出的，指当他人利用资源来获取竞争地位时所采取的行为。Pfeffer（1981）认为，政治行为是指在组织内部存在选择不确定性和不一致性时，个体获取、发展和使用权力与其他资源以达到期望结果所采取的行动。Ferris 等（1989）对组织政治进行了一项开创性研究。他们提出了组织政治知觉概念，是指一种社会影响力过程，在此过程中，行为是经过策略的设计以最大化短期或长期个人利益，这种利益有时与他人利益一致，有时是以牺牲他人利益而得来的。组织政治知觉包括三个维度：一般政治行为（General Political Behavior），不作为、静待好处行为（Go Along to Get Ahead）和薪酬与晋升政策行为（Pay and Promotion）（Kacmar、Ferris，1991）。一般政治行为是指组织成员以自利方式获取有价值结果的行为；不作为、静待好处行为是指组织成员为避免冲突而选择不作为，如保持沉默获取有价值结果的行为；薪酬与晋升政策行为是指组织成员在薪酬与晋升实际运作过程中与组织目标不一致的行为。

（二）反生产行为

反生产行为是指伤害组织和/或组织利益相关者的行为，其中利益相关者包括投资者、顾客和员工等（Spector、Fox，2005）。反生产行为有三条判断标准：一是无论行为是否造成恶劣后果，只要该行为是有意而为之；二是该行为可以预见带来伤害，但未必一定招致恶劣后果；三是此行为对组织合法利益的潜在伤害要大于其对组织带来的潜在利益（Sackett、DeVore，2001）。与反生产行为类似的概念很多，比如攻击行为、组织偏差行为、反社会行为、报复行为以及复仇行为等。Spector 和 Fox（2005）指出，虽然这些概念提出的视角不同，但测量的内容以及所反映的行为本质具有很大的重叠之处。根据行为指向不同，反生产行为可以分为组织指向反生产行为（CWB-O）和人际指向反生产行为（CWB-I）（Bennett、Robinson，2000）。其中，组织指向反生产行为是指针对组织所实施的反生产行为，比如工作不努力、旷工、挪用公司资产等；人际指向反生产行为是指针对个人所实施的反生产行为，比如责备他人、散布他人谣言、辱骂等。

（三）组织政治知觉与反生产行为的关系

社会交换理论指出，人与人之间在本质上是一种交换关系。当双方之间的交换关系公平、合理时，个体便会采取积极的工作态度和行为进行回报；反之，就会通过消极的工作态度和行为予以回应。本文认为，组织政治知觉可以破坏员工与组织、与同事之间的交换关系，从而导致员工的反生产行为。研究指出，在一个政治行为盛行的组织中，努力、绩效与奖励的关系变得模糊与不确定，而那些善于奉承、与高层来往密切、隶属于有影响力的小团体的员工会受到组织的奖励（Chang 等，2009）。这就意味着，一旦员工对组织政治形成负面评价，他们不仅会认为自己的努力与付出得不到组织的认可，也会对他人的操纵、私利行为感到难以接受，从而产生严重的不公平感、被剥夺感，并与那些通过政治行为获得好处的领导、同事关系恶化，除非自己也积极从事政治行为（Ferris 等，1996）。为了表达对组织中政治行为的不满，员工可能会通过一系列组织指向和人际指向的反生产行为进行回应。例如，消极怠工、挪用公司资产、散布他人谣言等。事实上，一些学者在理论研究中也提出了类似的观点。例如，Gilmore 等（1996）指出，组织政治行为可以创造一种"敌对环境"，并最终引发群体内各种冲突、不和谐等对抗行为、攻击行为和偏差行为。Kacmar 等（1999）指出，如果组织内政治行为盛行，员工将产生严重的不公平感，进而导致玩世不恭、旷工、工作不努力行为等。Kacmar 和 Baron（1999）指出，组织政治知觉可能与报复行为、攻击行为和敌对行为相关。Davis 和 Gardner（2004）指出，组织政治可以对员工的犬儒主义产生积极影响，而员工的犬儒主义越高，就越容易产生工作不努力、消极怠工、散布他人谣言等反生产行为。此外，以往研究已经证实组织政治知觉与工作满意度、情感承诺、组织公民行为显著负相关（Chang 等，2009），而这些变量也均被证实与反生产行为呈负相关关系（Dalal，2005）。因此，综合以上分析，本文提出如下假设：

H1a：组织政治知觉与组织指向反生产行为呈正相关关系；

H1b：组织政治知觉和人际指向反生产行为呈正相关关系。

（四）心理契约破裂与反生产行为的关系

心理契约是指员工与组织之间相互承诺与责任的个人信念（Robinson、Morrison，2000）。心理契约体现了员工与组织的交换关系，促使员工相信他们有权得到并且应该得到组织对其的承诺（Robinson，1996）。因此，对组织所做出的，尤其是那些超出正式合同的有形或无形的承诺的感知是心理契约一个非常重要的特征。一旦员工认为组织没有履行其所做出的承诺，心理契约破裂就会产生（Robinson、Morrison，2000）。

心理契约破裂反映的是组织对其交换职责的违背，这种违背破坏了员工与组织之间的交换关系（Chiu、Peng，2008）。当产生心理契约破裂时，员工会对组织进行消极的认知评估，认为破裂是彼此交换关系的不平等、不平衡，是组织对自己利益的无视与侵害，进而会采取消极互惠的方式进行回应。研究发现，心理契约破裂与工作满意度、组织承诺、信任、组织公民行为、绩效等呈负相关关系，并与旷工、离职意愿等积极正相关（Deery 等，2006；Zhao 等，2007）。Kickul 等（2001）研究发现，心理契约破裂与反生产行为积极相关。Derry 等（2006）也发现心理契约破裂与旷工等撤退行为积极正相关。Bordia 等（2008）研究指出，心理契约破裂导致员工产生违背感知，进而产生报复认知并最终引发组织指向的反生产行为。因此，可以推测，当出现心理契约破裂时，员工首先会将违背契约的不满发泄到组织身上，从而引发针对组织指向的反生产行为。然而，由于领导是组织的代言人（Frone，2000），员工可能会将破裂归咎为领导，认为领导也应该承担责任，因此心理契约破裂也可能会引发针对领导的反生产行为。但是，由于地位不平等和害怕打击报复，员工一般不敢直接针对领导实施反生产行为，转而会将这种不满发泄到组织或其他员工身上，进而产生组织指向和人际指向反生产行为（Mitchell、Ambrose，2007）。Chiu 和 Peng（2008）研究发现，心理契约破裂与组织指向和人际指向反生产行为都呈显著正相关关系。

虽然心理契约破裂可以同时导致组织指向和人际指向反生产行为，但心理契约破裂对两者的影响效果可能不同。本文认为，相对于人际指向反生产行为，心理契约破裂对组织指向反生产行为的预测力更高。推测理由如下：研究发现，组织指向反生产行为和人际指向反生产行为具有不同的影响因素（Berry 等，2007）。组织指向反生产行为更多受工作压力、工作不满意度等情境变量的影响，而马基雅维利主义、妒忌等个体变量对人际指向反生产行为的影响更加显著（Hershcovis 等，2007）。由于心理契约反映的是员工与组织之间的交换关系，心理契约破裂是员工对组织违背契约的感知，因此，心理契约破裂对组织指向反生产行为的影响应该大于对人际指向反生产行为的影响。此外，从前文的论述也可以看出，心理契约破裂不仅可以直接导致组织指向反生产行为，在进行领导归因时也会产生组织指向反生产行为。综上分析，我们提出如下假设：

H2a：心理契约破裂与组织指向反生产行为呈正相关关系；

H2b：心理契约破裂与人际指向反生产行为呈正相关关系；

H2c：心理契约破裂对组织指向反生产行为的影响要大于对人际指向反生产行为的影响。

（五）组织政治知觉与心理契约破裂的关系

组织政治知觉促使员工对组织能否履行其承诺形成负面评价，从而可能导致心理契约破裂的产生（Morrison、Robinson，1997）。一方面，当组织社会情境高度政治化时，在组织中盛行的是如何通过搞关系、影响别人使自己利益最大化的操纵行为，管理者被如何保护、实现自身利益和权力所侵占，根本不关心他们的行为会不会影响到其他成员（Hall 等，2004）。因此，员工就会形成一种印象，即组织无法履行其交换职责或自身的交换承诺已经被忽视或无法实现（Cropanzano 等，1997）。另一方面，在一个高度政治化的组织中，绩效标准是模糊的，奖励是由关系、权力和其他非客观因素所决定而并非价值本身，绩效与奖励的关系得以弱化，员工的奖励期望受到负面影响（Aryee 等，2004）。从社会市场的角度来看，由于成功的不成文规则随着权力的政治游戏变化而变化，致使组织政治破坏了绩效与奖励的关系（Hall 等，2004）。当员工不清楚他们的行为会不会受到奖励时，这就向员工传递了组织可能在长期内无法或不愿履行其交换职责的信号，除非自己也擅长政治行为。Rosen 等（2005）研究指出，组织政治阻碍了组织满足员工长期需求的能力，减少了组织满足其对员工责任的可能性，从而增加两者交换关系的风险。Vigoda-Gadot 和 Dryzin（2006）研究指出，由于管理者或领导操纵晋升与奖励，很容易导致资源分配的不公平，进而促使员工感到心理契约遭受违背。Rosen 等（2009）通过对比组织政治与心理契约破裂的几种关系模型，发现将心理契约破裂视为员工对组织政治环境的负面回应更具说服力。因此，我们提出如下假设：

H3：组织政治知觉与心理契约破裂呈正相关关系。

（六）心理契约破裂的中介作用

Cropanzano 等（1997）指出，工作环境可视为一个社会市场，员工会对其在工作时间和努力上的投资寻求回报。从社会交换的角度来看，由于组织政治破坏了员工与组织的交换关系，从而导致员工产生消极的工作态度和工作行为。本文认为，组织政治知觉之所以可以导致员工的反生产行为，心理契约破裂在其中具有重要的传递作用，也即组织政治知觉通过导致员工产生心理契约破裂，进而推动反生产行为的产生。对此，本文的推理逻辑为：在一个高度政治化的组织中，员工会认为管理者由于从事自身利益最大化的政治行为而不关心自己的需求和利益，感到满足其需求的奖励系统受到肆意的操纵而变得模糊、不确定并极度不公平，从而相信组织无法或不愿履行其所承诺的交换职责，心理契约破裂便随之产生。为了恢复公平、表达内心的不满，员工便会通过实施反生产行为来惩罚对方的违背行为（Bordia 等，2008）。事实上，一些研究也从侧面佐证了上述推理的合理性。例如，Rosen 等（2009）研究发现，组织政治知觉通过心理契约破裂进而对工作满意度和情感承诺产生负面影响，并最终导致员工组织公民行为的减少。高婧、杨乃定、祝志明（2008）研究表明，组织政治知觉通过心理契约破裂会导致员工产生犬儒主义。Rosen（2006）研究指出，组织政治知觉降低了员工对组织和管理者的信任感，进而引发了针对组织和针对人际的反生产行为。Chang 等（2009）更是直接呼吁未来研究应该探讨组织政治知觉对员工工作态度和行为产生影响的心理机制，并建议检验心理契约破裂的中介作用。因此，本文提出如下假设：

H4：心理契约破裂在组织政治知觉与反生产行为（CWB-O、CWB-I）之间具有中介作用。

本文所提出的理论模型如图 1 所示。

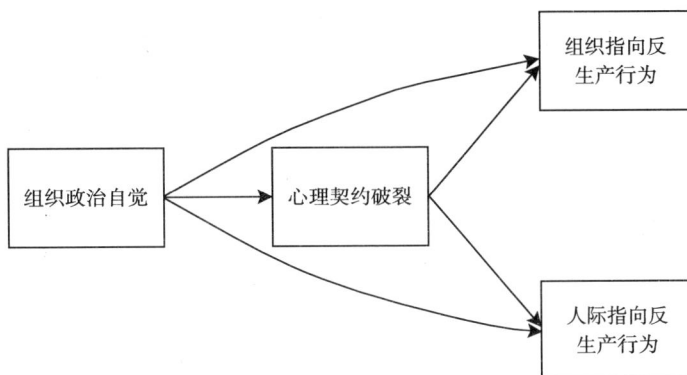

图1　本文理论模型

三、研究设计

（一）数据收集与样本

本次研究的调研是在 2011 年 3~10 月进行的，调研对象主要来源于武汉某高校 EMBA 班学员的企业。由于本研究涉及的内容比较敏感，让员工评价组织政治以及自己所从事的不良行为很难获得真实数据，我们主要采取现场发放并回收问卷的方式。我们首先与 EMBA 班各企业负责人取得联系，在争得同意后，直接到企业现场分发问卷。在分发问卷时，我们要求企业负责人回避并将调研对象集中，然后对被试进行简单的介绍和培训，再将装有问卷的信封和小礼品派发给被试，要求被试将填写完整的问卷装入信封并进行密封。问卷分两次发放，第一次主要测量员工的组织政治知觉，两个月以后，再通过同样的方式测量员工的心理契约破裂和反生产行为。

通过上述方式，本次调研一共收集了 528 份问卷，剔除无效问卷 93 份，共产生有效问卷 435 份，有效率为 82.4%。其中，男性 242 人，女性 193 人，各占 55.6% 和 44.4%。绝大部分样本小于 35 岁。25 岁以下 146 人，26~30 岁 141 人，31~35 岁 76 人，占到样本的 83.4%。在受教育程度方面，大学本科人数最多，共 186 人，占 42.8%，其次是中专 111 人和专科 92 人，各占 25.5% 和 21.1%。被调查对象中，143 人有 1~3 年的工作年限，占 32.9%；其次为 4~6 年和 1 年以下的员工，各有 96 人和 84 人，各占 22.1% 和 19.3%，7~10 年、10 年以上各有 44 人和 68 人，各占 10.1% 和 15.6%。

（二）变量的界定与测量

为了保证测量工具的信效度，本文尽量采用国内外现有成熟量表。对于国外量表均采用翻译——回译的办法，不断修改与完善，直至形成比较理想且通俗易懂的中文量表。问卷采用里克特 5 点制量表，其中 1 代表"完全不同意"，3 代表"既不同意也不反对"，5 代表"完全同意"。问卷采用自我报告法，要求被试根据自己的感受和工作的真实情况对组织政治知觉、心理契约破裂和反生产行为进行选择。不同于组织公民行为等其他正面行为，反生产行为具有敏感性，组织通常会对反生产行为制定处罚措施，因此，员工在实施反生产行为时一般都非常隐蔽，领导、同事等其他人很难察觉，采用他人报告法效果不会太理想。鉴于此，在以往的研究中，很多研究都采用自我报告法测量反生产行为，并证实自我报告法要比其他方法更精确、有效（Bennett、

Robinson, 2000; Jones, 2009)。在中国，由于社会赞许性以及"面子文化"的影响，人们一般不愿如实反映自己的不良行为，直接测量被试的反生产行为效果不会太好。鉴于反生产行为具有传染效应 (Cole 等, 2008)，同事的反生产行为可以对员工的反生产行为产生较大影响 (Robinson、O'Leary-Kelly, 1998)，并且在一定程度上可以反映被试的反生产行为情况 (Fox 等, 2007)。因此，本文根据投射效应，采用参照点转移的方法，要求被试回答身边同事的反生产行为来间接反映自己的反生产行为情况 (O'Boyle 等, 2011)。

组织政治知觉。组织政治知觉采用马超等 (2006) 所开发的量表。该量表是在中国情景开发的用于测量员工对组织政治行为的感知，目前被国内学者普遍采用，信效度较高。量表由 16 条目组成，分 3 个维度：薪酬晋升、自利行为和同事关系。其中，薪酬晋升是指组织在薪酬与晋升有关政策制定与执行方面是否公平、合理，是否具有政治性，包含 5 个条目，如"在我们单位，经常提升那些工作出色的员工"。自利行为是指员工认为组织内的个体或小团体为了得到自己期望的结果而通常采取的行为方式，包含 7 个条目，如"在我们单位，通常是'会叫的孩子有奶吃'"。同事关系是指组织内人与人之间的关系，包含 4 个条目，如"在我们单位，人人自扫门前雪"。薪酬晋升、自利行为和同事关系的 Cronbach a 系数分别为 0.77、0.87 和 0.82。

心理契约破裂。心理契约破裂采用 Robinson 和 Morrison (2000) 所开发的量表，用于测量个体对组织承诺履行程度的整体感知。量表包含 5 个条目，如"到目前为止，单位在招聘时对我的大部分承诺都没有兑现"，Cronbach a 系数为 0.93。

反生产行为。反生产行为采用 Bennett 和 Robinson (2000) 所开发的量表。该量表包含 19 个条目，分成组织指向反生产行为 (CWB-O) 和人际指向反生产行为 (CWB-I) 2 个维度。组织指向反生产行为是指针对组织所实施的不良行为，包含 12 个条目。鉴于中国目前的实际情况，我们将"酒后上班"条目删除，余下 11 个条目，如"在报销时弄虚作假"。人际指向反生产行为是指针对个人（同事、领导）所实施的攻击行为，包含 7 个条目。同样，根据现实情况，我们将"随意开他人种族或宗教玩笑"条目删除，余下 6 个条目，如"私下议论他人是非"。组织指向和人际指向反生产行为的 Cronbach a 系数分别为 0.92、0.86。

控制变量。根据以往的研究结论 (Lau 等, 2003)，本文将性别、教育程度和工作年限作为控制变量。

四、研究结果

（一）测量模型

由于本文所使用的都是成熟量表，我们通过 AMOS17.0 软件进行验证性因子分析。结果表明，各量表的因子载荷都在 0.4 以上，所有参数值均达到显著水平，具有很好的结构效度。此外，我们对比了几种测量模型的数据拟合好坏程度，发现六因素测量模型的各项拟合指数要好于其他五因素、四因素等测量模型（见表 1），且达到判断标准，表明组织政治知觉（薪酬与晋升、自利行为和同事关系）、心理契约破裂和反生产行为（组织指向反生产行为和人际指向反生产行为）的六因素测量模型数据拟合良好，可以进行结构模型分析。

表 1　测量模型对比

模型	χ^2	df	χ^2/df	NFI	TLI	CFI	RMSEA
六因素模型： PP/SP/CP/PCB/CWBO/CWBI	1414.093	650	2.176	0.853	0.907	0.916	0.055
五因素模型： PP/SP/CP/PCB + (CWBO + CWBI)	2158.424	655	3.295	0.778	0.823	0.835	0.075
四因素模型： (PP + SP + CP)/PCB/CWBO/CWBI	1943.734	659	2.949	0.801	0.849	0.866	0.069
三因素模型： (PP + SP + CP)/PCB/(CWBO + CWBI)	2695.034	662	4.071	0.736	0.768	0.776	0.088
两因素模型： (PP + SP + CP + CWBO + CWBI)/PCB	3824.292	664	5.759	0.608	0.636	0.657	0.107
单因素模型： (PP + SP + CP + CWBO + CWBI + PCB)	4823.225	665	7.253	0.551	0.536	0.558	0.123

注：表中 PP、SP、CP 分别表示组织政治知觉的三个维度：薪酬与晋升、自利行为和同事关系。

（二）相关分析

由变量的均值、标准差及相关系数（见表 2）可知，人口统计学变量只有年龄和工作年限与人际指向反生产行为显著负相关（r=−0.126，p<0.05；r=−0.124，p<0.05）。组织政治知觉与组织指向反生产行为和人际指向反生产行为显著正相关（r=0.302，p<0.01；r=0.257，p<0.01），与心理契约破裂显著正相关（r=0.356，p<0.01）。心理契约破裂与组织指向反生产行为和人际指向反生产行为显著正相关（r=0.377，p<0.01；r=0.271，p<0.01）。组织指向反生产行为与人际指向反生产行为显著正相关（r=0.572，p<0.01）。组织政治知觉、心理契约破裂与反生产行为的相关关系初步对研究假设提供了支持。

表 2　变量的均值、标准差及相关系数（N = 435）

变量	M	SD	XB	NL	JYCD	GZNX	POP	PCB	CWB-O	CWB-I
XB	1.446	0.489								
NL	2.364	1.426	−0.263**							
JYCD	3.182	1.037	−0.126*	0.367**						
GZNX	2.739	1.332	−0.218**	0.437**	0.334**					
POP	2.984	0.705	0.021	−0.147**	0.039	−0.074				
PCB	2.743	0.964	0.067	−0.190**	−0.074	−0.114*	0.356**			
CWB-O	2.327	0.796	0.001	−0.037	0.037	0.022	0.302**	0.377**		
CWB-I	2.148	0.922	−0.008	−0.126*	−0.036	−0.124*	0.257**	0.271**	0.572**	

注：表中 XB、NL、JYCD、GZNX、POP、PCB、CWB-O、CWB-I 分别表示性别、年龄、教育程度、工作年限、组织政治知觉、心理契约破裂、组织指向反生产行为和人际指向反生产行为。* 代表 p < 0.05，** 代表 p < 0.01。

（三）假设检验

根据 Baron 和 Kenny（1986）的中介检验方法，要检验心理契约破裂是否在组织政治知觉与反生产行为之间起中介作用，必须满足 4 个条件：一是组织政治知觉与心理契约破裂必须显著相关；二是组织政治知觉与反生产行为必须显著相关；三是心理契约破裂与反生产行为必须显著相关；四是当心理契约破裂与知觉组织政治同时进入回归方程时，若反生产行为对组织政治知觉的回归系数变小且依然显著，心理契约破裂就起到部分中介作用，若回归系数变小但不显著，则起到完全中介作用。由表 2 和表 3 可知，在控制了性别、年龄、教育程度和工作年限后，组织政治知觉与组织指向反生产行为和人际指向反生产行为显著正相关（$\beta=0.301$，$p<0.001$；$\beta=0.298$，$p<0.001$），因此，H1a、H1b 得到验证。组织政治知觉与心理契约破裂显著正相关（$\beta=0.351$，$p<0.001$），因此，H3 得到验证。心理契约破裂与组织指向反生产行为和人际指向反生产行为显著正相关（$\beta=0.366$，$p<0.001$；$\beta=0.257$，$p<0.001$），因此，H2a、H2b 得到验证。当心理契约破裂分别对组织指向反生产行为和人际指向反生产行为进行回归时，心理契约破裂对组织指向反生产行为的解释力度（$\Delta R^2=0.218$，$p<0.001$）要明显高于对人际指向反生产行为的解释力度（$\Delta R^2=0.127$，$p<0.001$），因此，H2c 得到验证。当心理契约破裂和组织政治知觉同时进入回归方程，组织指向反生产行为对组织政治知觉的回归系数减小且依然显著（$\beta=0.151$，$p<0.001$），因此，心理契约破裂在组织政治知觉与组织指向反生产行为之间具有部分中介作用。同样，在加入心理契约破裂后，人际指向反生产行为对组织政治知觉的回归系数减小且依然显著（$\beta=0.243$，$p<0.001$），但人际指向反生产行为对心理契约破裂的回归系数减小且不再显著（$\beta=0.056$，ns）。因此，心理契约破裂在组织政治知觉与人际指向反生产行为之间不具有中介作用。所以，H4 得到部分验证。

表 3　中介效应分析

变量	M1	M2	M3（CWB-O）		M4	M5（CWB-I）	
	PCB	CWB-O	第一步	第二步	CWB-I	第一步	第二步
控制变量							
性别	0.026	−0.019	0.001	−0.005	−0.040	−0.026	−0.028
年龄	−0.102	−0.023	−0.018	0.008	0.001	0.021	0.027
教育程度	−0.070	0.053	−0.006	0.012	0.028	−0.013	−0.008
工作年限	0.038	0.074	0.076	0.066	−0.111	−0.115	−0.118
自变量							
POP	0.351***		0.301***	0.151***		0.298***	0.243***
中介变量							
PCB		0.366***		0.242***	0.257***		0.056
R^2	0.372***	0.228***	0.276***	0.316***	0.080***	0.143***	0.146
ΔR^2	0.337***	0.218***	0.265***	0.041***	0.064***	0.127***	0.003
F	50.840***	25.377***	32.629***	32.983***	7.484***	14.322***	12.174

注：*** 代表 $p < 0.001$。

五、结论与讨论

（一）研究结论

作为组织中普遍存在的一种现象，组织政治通常被视为私利行为和操纵行为，而员工对政治行为的感知以及由此所造成的影响也一直被学者们所关注。本文聚焦于反生产行为，从社会交换的视角探究了组织政治知觉对员工反生产行为的影响，并检验了心理契约破裂在其中的中介效应，得到以下几点结论：

第一，组织政治知觉与组织指向和人际指向反生产行为显著正相关。该结论表明，由于组织政治是一种消极的组织环境，员工通常会对此做出负面评价。这种负面评价会导致员工产生严重的不公平感，并促使员工与组织、与同事之间的交换关系恶化。为了表达对这种感知的不满，员工就会实施针对组织和针对人际的反生产行为。

第二，组织政治知觉与心理契约破裂显著正相关。该结论表明，在一个社会情境高度政治化的组织中，由于管理者都在以权谋私，根本不关心员工的利益，且奖励系统被人为操纵，员工对自己的奖励产生负面预期，导致员工认为组织不会或不愿履行其允诺的职责，从而产生心理契约破裂。该结论与以往研究发现是一致的，即组织政治减少了组织对员工履行责任的可能性，而心理契约破裂正是员工对组织政治环境的消极回应表现之一（Rosen 等，2005；Rosen 等，2009）。

第三，心理契约破裂与组织指向和人际指向反生产行为显著正相关，并且对组织指向反生产行为的解释力更高。该结论表明，当产生心理契约破裂时，员工首先会将破裂的责任归咎为组织，进而会采取直接针对组织的反生产行为（Bordia 等，2008）。同时，员工也会认为领导应该承担责任，但由于地位、权力和害怕打击报复，员工不敢针对领导实施攻击行为，转而采取更加隐蔽的方式，通过组织指向和人际指向（同事）反生产行为来表达内心的不满（Mitchell、Ambrose，2007）。心理契约破裂对组织指向反生产行为的预测力更高说明心理契约破裂反映的是员工与组织之间的交换关系，对与组织相关的结果影响更为明显。

第四，心理契约破裂在组织政治知觉与组织指向反生产行为之间具有部分中介作用。该结论表明，在一个政治行为盛行的组织中，由于绩效标准不清楚，绩效与奖励的关系被人为操纵而变得模糊、不确定，会导致员工认为组织无法或不愿履行其先前所做出的承诺，心理契约破裂便随之产生。为了恢复公平、捍卫自己的权益，员工便会通过组织指向反生产行为来表达内心的不满。换言之，组织政治知觉破坏了员工与组织之间的交换关系，导致员工产生心理契约破裂，而实施组织指向反生产行为便是对这种感知的消极回应方式之一。

本文研究发现，心理契约破裂在组织政治知觉与人际指向反生产行为之间不具有中介效应。对此，我们分析认为可能存在以下两点原因：第一，组织政治知觉之所以导致员工的人际指向反生产行为，主要是因为政治行为伤害了员工与领导、同事的人际关系，并不是由于员工与组织的交换关系存在问题。换言之，政治行为所引发的人际指向反生产行为并不是通过心理契约破裂进行传递的，而可能是通过其他机制得以体现。第二，研究发现，由于政治行为本身具有很强的人际导向性（Mintzberg，1983）。因此，当组织政治知觉较高时，员工首先会进行人际归因，认为是由于他人的政治行为导致自己利益受损，于是便会采取针锋相对的方式予以回应。也即，人际指向反生产行为是员工对政治行为本身所具有的人际特性的直接回应，而与心理契约破不破裂的关系不大。

（二）理论贡献与实践意义

本文具有以下几点理论贡献：

第一，探讨了组织政治知觉与反生产行为的关系。文献回顾表明，以往研究主要关注组织政治知觉对任务绩效、组织公民行为等正面结果的影响，而忽视了其对消极行为可能的潜在作用的探讨，尤其是实证研究（Kacmar、Baron，1999；Kacmar 等，1999）。本文对组织政治知觉与反生产行为的关系进行了探讨，发现组织政治知觉与组织指向和人际指向反生产行为都呈显著正相关关系。该结论表明，作为员工对组织消极环境的主观评价，组织政治知觉确实会负面影响员工的工作行为，而反生产行为正是员工回应组织政治知觉的方式之一。本文对组织政治知觉与反生产行为关系的检验丰富和发展了组织政治知觉的结果变量。

第二，从社会交换的视角，探讨并检验了心理契约破裂在组织政治知觉与反生产行为之间的中介作用。在以往的研究中，组织政治知觉通常被视为一种压力源，进而对员工工作态度和行为产生影响（Ferris 等，1996），缺乏从社会交换视角的心理机制分析（Rosen 等，2006）。本文从社会交换视角探讨并检验了心理契约破裂在组织政治知觉与反生产行为之间的中介作用，发现由于组织政治知觉破坏了员工与组织的交换关系（Aryee 等，2004），导致员工产生心理契约破裂，进而引发各种组织指向反生产行为。该结论不仅回应了未来应该检验心理契约破裂在组织政治知觉与工作态度和工作行为之间中介作用的呼吁（Chang 等，2009），也拓展了组织政治知觉作用机制的理论框架。

第三，验证了心理契约破裂与反生产行为的关系及其对组织指向反生产行为的影响优势。本文研究发现，心理契约破裂与组织指向和人际指向反生产行为显著正相关，这与以往的研究结论是一致的（Bordia 等，2008；Chiu、Peng，2008）。不仅如此，本文还证实了心理契约破裂对组织指向反生产行为具有更高的预测力。该结论不仅表明心理契约破裂更多体现的是员工与组织交换关系的破裂（Robinson、Morrison，2000），从而更容易引发针对组织的态度和行为，也再次证明组织指向反生产行为和人际指向反生产行为具有不同的前因变量（Berry 等，2007），且情境变量（心理契约破裂）对组织指向反生产行为的预测力更强。

本文的研究结论具有两点管理启示：

第一，管理者需要重视并减少组织中的政治行为。虽然组织政治行为也存在一定的积极作用，但一旦员工对此做出负面评价，就会产生很多负面影响（Ferris 等，1989）。本文研究表明，组织政治不仅可以直接导致员工的反生产行为，还会破坏员工与组织的交换关系，导致员工产生心理契约破裂，进而引发针对组织的反生产行为。鉴于此，管理者要以身作则、不谋私利，在制定决策和执行制度时清晰透明、公平公正，不仅自己不从事政治行为，而且还要通过奖罚制度极力制止他人的政治行为，努力营造一个好的组织氛围。

第二，组织要积极履行和兑现对员工的承诺。心理契约体现的是员工与组织的交换关系，能够对员工的工作态度和工作行为产生积极影响。一旦认为组织没有履行和兑现对自己所做出的承诺，员工就会产生心理契约破裂，进而就会采取消极的工作态度和工作行为予以回应。本文的研究结果表明，心理契约破裂会导致员工的组织指向和人际指向反生产行为。鉴于此，组织一定要重视心理契约，不能随意食言，也不能前后履行不一致，对员工所做出的承诺一定要兑现，通过提高员工的心理契约，建立和维护良性的员工组织交换关系。

（三）不足与未来研究方向

当然，本文也存在一些不足之处。首先，本文采用的是自我报告法，同源偏差在所难免。其次，由于社会称许性和反生产行为的隐蔽性，根据被试回答他人的反生产行为间接反映其自身的反生产行为情况存在偏差，可能会造成因果关系的放大或污染。再次，本文只检验了心理契约破裂的中介作用，没有探讨其他变量可能的中介或调解效应。最后，本文只从社会交换视角对组织政治知觉的作用机制进行探讨，并没有将传统的压力机制纳入分析框架。鉴于此，未来可通过配对样本、客观数据法或实验法采集数据，再次检验上述假设。此外，未来还可以进一步研究组织政治知觉对反生产行为产生影响的中介机制和调节机制。比如，可检验负面情绪、信任、领导成员交换关系等变量的中介效应，以及程序公平、绩效考核目的、交换意识、归因风格、责任心等变量对上述关系的调节效应。同时，也可以考虑同时引入压力理论和社会交换理论，对比分析并揭示组织政治知觉的作用机制。

【参考文献】

［1］高婧、杨乃定、祝志明：《组织政治知觉与员工犬儒主义：心理契约违背的中介作用》，《管理学报》，2008 年第 5 卷第 1 期。

［2］马超、凌文辁、方俐洛：《企业员工组织政治认知量表的构建》，《心理学报》，2006年第38卷第1期。

［3］赵文：《组织政治知觉与组织公民行为之间的关系研究：组织公正感的中介作用》，复旦大学硕士学

位论文，2010 年。

［4］Aryee, S., Chen Z. X., Budhwar P. S.. Exchange Fairness and Employee Performance: An Examination of the Relationship between Organizational Politics and Procedural Justice ［J］. Organizational Behavior and Human Decision Processes, 2004, 94（1）: 1-14.

［5］Baron R. M., Kenny D. A.. The Moderator -Mediator Variable Distinction in Social Psychological Research: Conceptual, Strategic and Statistical Considerations ［J］. Journal of Personality and Social Psychology, 1986, 51（6）: 1173-1182.

［6］Bennett R. J., Robinson S. L.. The Development of a Measure of Workplace Deviance ［J］. Journal of Applied Psychology, 2000, 85（3）: 349-360.

［7］Berry C. M., Ones D. S., Sackett P. R.. Interpersonal Deviance, Organizational Deviance, and Their Common Correlates: A Review and Meta-Analysis ［J］. Journal of Applied Psychology, 2007, 92（2）: 410-424.

［8］Bordia P., Restubog S. L. D., Tang R. l. When Employees Strike Back: Investigating Mediating Mechanisms between Psychological Contract Breach and Workplace Deviance ［J］. Journal of Applied Psychology, 2008, 93（5）: 1104-1117.

［9］Burns T.. Micro -politics: Mechanisms of Institutional Change ［J］. Administrative Science Quarterly, 1961, 6（3）: 257-281.

［10］Chang C. H., Rosen C. C., Levy P. E.. The Relationship between Perceptions of Organizational Politics and Employee Attitudes, Strain, and Behavior: A Meta-Analysis Examination［J］. Academy of Management Journal, 2009, 52（4）: 779-801.

［11］Chiu S. F., Peng J. C.. The Relationship between Psychological Contract Breach and Employee Deviance: The Moderating Role of Hostile attributional style ［J］. Journal of Vocational Behavior, 2008, 73（3）: 426-433.

［12］Cole M. S., Walter F., Bruch, H.. Affective Mechanisms Linking Dysfunctional Behavior to Performance in Work Teams: A Moderated Mediation Study ［J］. Journal of Applied Psychology, 2008, 93（5）: 945-958.

［13］Cropanzano, R., Howes J. C., Grandey A. A., Toth, P.. The Relationship of Organizational Politics and Support to Work Behaviors, Attitudes, and Stress ［J］. Journal of Organizational Behavior, 1997, 18（2）: 159-180.

［14］Dalal R. S.. A Meta -Analysis of the Relationship Between Organizational Citizenship Behavior and Counterproductive Work Behavior ［J］. Journal of Applied Psychology, 2005, 90（6）: 1241-1255.

［15］Davis W. D., Gardner W. L.. Perceptions of Politics and Organizational Cynicism: An Attributional and Leader-Member Exchange Perspective ［J］. The Leadership Quarterly, 2004, 15（4）: 439-465.

［16］Deery S. T., Iverson R. D., Walsh J. T.. Toward a Better Understanding of PCB: A Study of Customer Service Employees ［J］. Journal of Applied Psychology, 2006, 91（1）: 166-175.

［17］Ferris G. R., Russ G. S., Fandt P. M.. Politics in Organizations. In R. A. Giacalone & P. Rosenfeld (Eds.), Impression Management in the Organization ［C］. Hillsdale, NJ: Erlbaum, 1989: 143-170.

［18］Ferris G R., Kacmar K. M.. Perceptions of Organizational Politics ［J］. Journal of Management, 1992, 18（1）: 93-116.

［19］Ferris G. R., Frink D. D., Galang M. C., Zhou, J., Kacmar K. M., Howard J. L.. Perceptions of Organizational Politics: Prediction, Stress-Related Implications, and Outcomes ［J］. Human Relations, 1996, 49（2）: 233-266.

［20］Fox S., Spector P. E., Goh, A., Bruursema K.. Does Your Coworker Know What You´re Doing? Convergence of Self -and Peer -Reports of Counterproductive Work Behavior ［J］. International Journal of Stress Management, 2007, 14（1）: 41-60.

［21］Frone M. R.. Interpersonal Conflict at Work and Psychological Outcomes: Testing a Model among Young Workers ［J］. Journal of Occupational Health Psychology, 2000, 5（2）: 246-255.

［22］Gimore D. C., Ferris G. R., Dulebohn J. H., Harrell-Cook, G.. Organizational Politics and Employee

Attendance [J]. Group and Organizational Management, 1996, 21 (4): 481-494.

[23] Hall A. T., Hochwarter W. A., Ferris G. R., Bowen M. G.. The Dark Side of Politics in Organizations. In R. W. Grifin & A. M. O'Leary-Kelly (Eds.), The Dark Side of Organizational Behavior [C]. San Francisco: Jossey-Bass, 2004: 237-261.

[24] Hershcovis M. S., Turner, N., Barling, J., Arnold K. A., Dupre K. E., Inness, M., LeBlanc M. M., Sivanathan, N.. Predicting Workplace Aggression: A Meta-Analysis [J]. Journal of Applied Psychology, 2007, 92 (1): 228-238.

[25] Jones D. A.. Getting Even with One's Supervisor and One's Organization: Relationships among Types of Injustice, Desires for Revenge, and Counterproductive Work Behaviors [J]. Journal of Organizational Behavior, 2009, 30 (4): 525-542.

[26] Kacmar K. M., Baron R. A.. Organizational Politics: The State of the Field, Links to Related Processes, and an Agenda for Future Research [M]. In K. M. Rowland & G. R. Ferris (Eds.), Research in Personnel and Human Resources Management. Greenwich, CT: JAI Press, 1999, 17: 1-39.

[27] Kacmar K. M., Bozeman D. P., Carlson D. S., Anthony W. P.. An Examination of the Perceptions of Organizational Politics Model: Replication and Extension [J]. Human Relations, 1999, 52 (3): 383-416.

[28] Kacmar K. M., Ferris G. R.. Perceptions of Organizational Politics Scale (POP): Development and Construct Validation [J]. Educational and Psychological Measurement, 1991, 51 (1): 193-205.

[29] Kickul, J., Neuman, G., Parker, C., Finkl, J.. Settling the Score: The Role of Organizational Justice in the Relationship between Psychological Contract Breach and Anti-citizenship Behavior [J]. Employee Responsibilities and Rights Journal, 2001, 13: 77-93.

[30] Lau V. C. S., Au W. T., Ho J. M. C.. A Qualitative and Quantitative Review of Antecedents of Counterproductive Behavior in Organizations [J]. Journal of Business and Psychology, 2003, 18 (1): 73-99.

[31] Mintzberg, H.. Power in and around Organizations [M]. Englewood Cliffs: Prentice-Hall, 1983.

[32] Miller B. K., Rutherford M. A., Kolodinsky R. W.. Perceptions of Organizational Politics: A Meta-Analysis of Outcomes [J]. Journal of Business Psychology, 2008, 22 (3): 209-222.

[33] Mitchell, M., Ambrose M. L.. Abusive Supervision and Workplace Deviance and the Moderating Effects of Negative Reciprocity Beliefs [J]. Journal of Applied Psychology, 2007, 92 (4): 1159-1168

[34] Morrison E.W., Robinson S. L.. When Employees Feel Betrayed: A Model of How Psychological Contract Violation Develops [J]. Academy of Management Review, 1997, 22 (1): 226-256.

[35] O'Boyle E. H., Forsyth D. R., O'Boyle A. S.. Bad Apples or Bad Barrels: An Examination of Group-and Organizational-Level Effects in the Study of Counterproductive Work Behavior [J]. Group & Organization Management, 2011, 36 (1): 39-69.

[36] Pfeffer, J.. Management as a Symbolic Action: The Creation and Maintenance of Organizational Paradigms. In L. L. Cummings & B. M. Staw (Eds.), Research in Organizational Behavior [C]. Greenwich. CT: JAI Press, 1981, 3:1-52.

[37] Rosen C. C.. Politics, Stress, and Exchange Perceptions: A Dual Process Model Relating Organizational Politics to Employee Outcomes [D]. University of Akron, 2006.

[38] Rosen C. C., Chang C. H., Johnson R. E., Levy P. E.. The Role of Psychological Contract Breach in Mediating the Relationship between Politics, Justice, and Work Attitudes [C]. Paper presented at the annual meeting of the Academy of Management, Honolulu, 2005.

[39] Rosen C. C., Chang C. H., Johnson R. E., Levy P. E.. Perceptions of the Organizational Context and Psychology Contract Breach: Assessing Competing Perspectives [J]. Organizational Behavior and Human Decision Processes, 2009, 108 (2): 202-217.

[40] Rosen C. C., Levy P. E., Hall R. J.. Placing Perceptions of Politics in the Context of the Feedback Environment, Employee Attitudes, and Job Performance [J]. Journal of Applied Psychology, 2006, 91 (1): 211-220.

［41］Robinson S. L., O'Leary-Kelly A. M.. Monkey See, Monkey Do: The Influence of Work Groups on the Antisocial Behavior of Employees ［J］. Academy of Management Journal, 1998, 41（6）: 658-672.

［42］Robinson S. L., Morrison E.W.. The Development of Psychological Contract Breach and Violation: A Longitudinal Study ［J］. Journal of Organizational Behavior, 2000, 21（5）: 525-546.

［43］Robinson S. L.. Trust and Breach of the Psychological Contract ［J］. Administrative Science Quarterly, 1996, 41（4）: 574-599.

［44］Sackett P. R., DeVore C. J.. Counterproductive Behaviors at Work. In N. Anderson, D. S. Ones, H. K. Sinangil & C. Viswesvaran（Eds.）, Handbook of Industrial, Work and Organizational Psychology: Personnel Psychology ［M］. London: Sage, 2001.

［45］Spector P. E., Fox, S.. A Model of Counterproductive Work Behavior. In S. Fox & P. E. Spector（Eds.）, Counterproductive Workplace Behavior: Investigations of Actors and Targets ［C］. Washington, DC: APA, 2005: 151-174.

［46］Vigoda-Gadot, E., Drory, A.. Handbook of Organizational Politics ［M］. Northampton: Edward Elgar Publishing, Inc., 2006.

［47］Zhao, H., Wayne S. J., Glibkowski B. C., Bravo, J.. The Impact of Psychological Contract Breach on Work-Related Outcomes: A Meta-Analysis ［J］. Personnel Psychology, 2007, 60（3）: 647-680.

（作者：张永军，河南大学工商管理学院豫商研究中心）

基于企业生命周期的企业组织结构
变革及评价研究
——以成长期民营机械制造企业为例

一、引 言

从 20 世纪 80 年代开始我国民营机械制造企业逐步发展起来，特别是对所有制结构理论突破性发展之后，各地各行业纷纷出台了许多有利于民营经济的政策，以此为契机民营机械制造企业得到了较快的发展。然而，无论企业规模大小，所从事的具体业务如何，几乎所有的民营机械制造企业都会经历自身成长所带来的困惑和问题。

以企业生命周期理论为依据，本文将民营机械制造企业分为四个时期，即初创期、成长期、成熟期和衰退期。由于我国民营机械制造企业经过二十多年的发展，正处于蓬勃发展的阶段，优胜劣汰的市场格局已基本形成，一部分企业不可避免地在竞争中衰亡。而大多数民营机械制造企业渡过了艰难的初创期，正进入快速健康发展的成长期。因此，本文没有将处在初创期的民营机械制造企业作为研究对象，而是选择了现在正处于成长期的民营机械制造企业作为研究对象，分析研究它们在成长中的问题与困惑，期望为它们快速健康发展献言献策。

二、相关概念及理论基础

（一）相关概念

1. 民营和机械制造行业

民营，即非公有制企业的总称，它是指除了"国有企业"和"国有控股企业"以外没有国有资本的所有企业，它是我国国民经济非常重要的组成部分。机械制造业是一个传统产业与现代产业相结合的产业，在国民经济中具有非常重要的作用，它的范围非常广泛，包括专用设备制造业、金属制品业、电气机械制造业和通用设备制造业等。

2. 企业生命周期理论与模型

（1）企业生命周期理论的发展。

1）企业生命周期理论在国外的发展。马森·海尔瑞在 1959 年提出了"企业生命周期"的概念，他认为企业的成长过程和生物学中的成长曲线很相似，可以利用生物学的观点和知识来研究企业的成长和发展。耶鲁大学副教授金伯利和米勒思在 20 世纪 70 年代中期，给本校组织与管理学院的博士生开设了一门《组织生命周期》课程，在这门课程中，他们利用类似生物学的方法提出了企业生命周期的概念。1989 年麦迪思的代表作《企业生命周期》得以发表，这也标志着企业生命周期理论的诞生。麦迪思教授将企业生命周期划分为两个阶段，即成长阶段和老化阶段。麦迪思教授根据企业生命周期的特征，提出了企业生命周期模型，如图 1 所示。

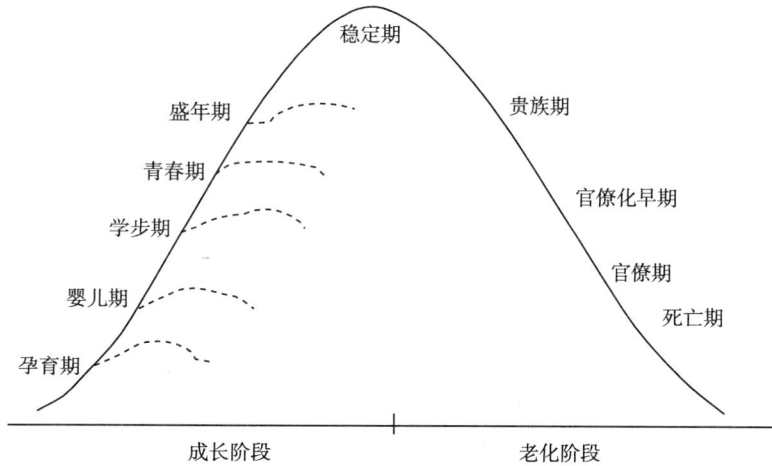

图 1　麦迪思的企业生命周期模型

2）企业生命周期理论在国内的发展。1995 年陈佳贵、黄速建在《企业经济学》一书中提出了企业成长模型。该模型将企业的生命周期划分为六个阶段，即孕育期、求生存期、高速发展期、成熟期、衰退期和蜕变期；同时，将企业的成长方式划分为欠发育型、正常发育型和超前发育型三种类型。我国学者李业通过对企业成长模型的修正并进行研究，提出了企业生命周期修正模型，将销售额作为衡量企业成长的定量指标，将企业生命周期划分为孕育期、初生期、成长期、成熟期和衰退期五个时期，如图 2 所示。

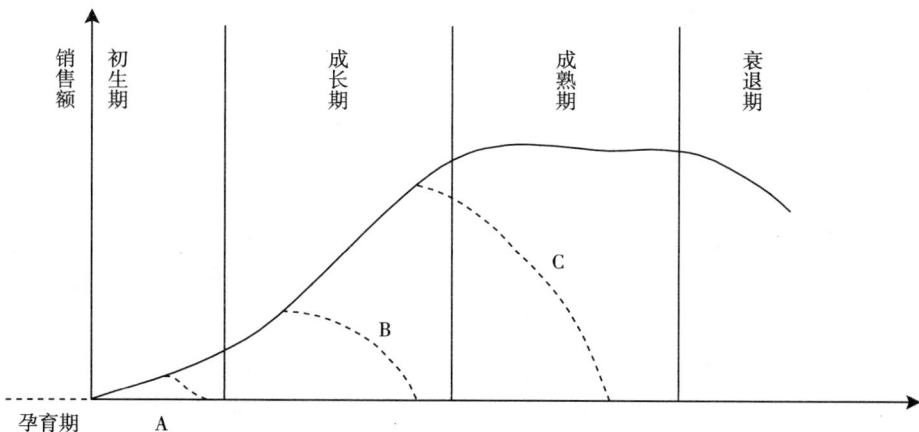

图 2　李业的企业生命周期修正模型

（2）企业生命周期模型的确立。通过对企业生命周期理论的研究，我们发现企业生命周期模型基本上都分为四个时期，即初创期、成长期、稳定期和衰退期。由于我国民营机械制造企业受国家宏观政策的影响较大，所以将其分为内生型和外生型。外生型企业是经济体制改革的产物，是具有中国特色的"嫁接"企业。因此，本文主要针对内生型民营机械制造企业的特点，以李业的观点为基础，对生命周期模型进行了适应行业性修正，将民营机械制造企业的生命周期划分为四个时期，即初创期、成长期、成熟期和衰退期。同时根据民营机械制造企业的发展特点，将其成长期进一步细分为成长初期、成长中期和成长后期。但是，外生型民营机械制造企业经过艰难的初创期后，同样要经历成长、成熟乃至衰退的时期。伴随着内生型企业度过艰难的初创期后，在发展期进行了适度的调整，二者之间的差距将不再明显，因此，在成长期后期二者的发展轨迹将有可能出现重叠，可见，这两类企业具有很大的共同性。以此为基础，本文建立了我国民营机械制造企业的生命周期模型，如图 3 所示。

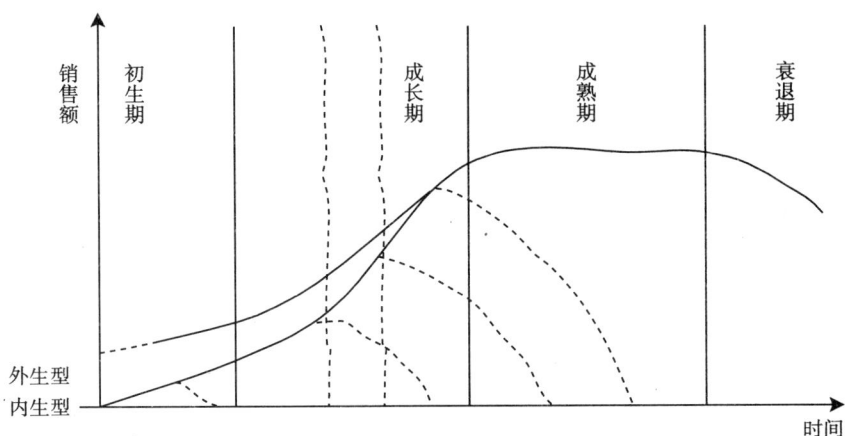

图 3　我国民营机械制造企业的生命周期模型

3. 企业组织结构与变革

（1）企业组织结构的含义。斯蒂芬·P.罗宾斯对企业组织结构所下的定义是"对于工作任务如何进行分工、分组和协调合作"。我国学者林金忠认为企业组织结构是"企业在特定的目标下，对实现该目标所必需的活动加以分工和协调而呈现出来的某种格局或形式"。本文认为，企业组织活动受诸多因素的影响，例如企业组织的目标、产权制度、组织规模、技术状况等，因此，企业的组织活动也就具有不同的方面和层次的特点。通过结合王凤彬博士对企业组织层次的划分，对于企业组织结构，本文从层次性角度进行理解，认为企业组织结构包括产权结构、治理结构和管理组织结构。

（2）企业组织变革的含义。在研究企业问题时，经济学家的关注点主要是制度变革。即研究企业作为社会进行资源配置的一种制度和机制，如何根据社会的发展变化来处理企业与市场、政府的关系，企业内部各利益相关者的关系，以实现对资源的最优化配置。而在研究企业变革时，管理学家的关注点主要是组织结构形式，即研究企业内部如何确定和划分部门，如何确定企业组织中的管理层次和管理幅度，如何确定企业中的集权与分权的关系，如何使企业成员能在一定的组织结构形式中既分工又合作地为实现共同的目标而努力。

本文认为，经济学家研究企业制度是对的，因为通过对企业制度的研究，有利于社会形成一种最有效的机制来规范社会中各利益主体的行为，可以使得社会有限的资源实现优化配置，实现其最大效用。而管理学家对企业组织结构形式的关注也是对的，因为管理学家只能在社会给定的制度和体制条件下，通过自身设置的不同管理方式，以最大限度调动员工的工作热情，实现企业价值。可见，管理学和经济学由于自身学科不同，所以研究问题角度有所不同，但它们都是研究人的经济行为的科学，所以我们应该把二者结合起来，以发挥它们各自的优势。所以我们在研究企业组织变革时，不但要包括企业组织结构形式的变革，还要包括企业治理结构的变革。

（二）理论基础

1. 古典组织理论

20 世纪初至 30 年代，在组织理论的研究中，古典组织理论一直处于领导地位。厄威克和古力克在 1937 年首次提出了"组织理论"的概念，此后经过不断的发展，理论界一致认为它是管理学的基础，它是现代管理区别于传统管理学的标志。它的依据是亚当·斯密的"劳动分工论"，它的理论基础是泰罗、法约尔、韦伯、穆尼为主要代表人物的组织理论。该理论认为，在所有的组织中有一个最好的结构模式，所有的古典组织理论都是从这方面的研究中发展出来的。

2. 新古典组织理论

新古典组织理论诞生于 20 世纪 30~50 年代，它的主要代表人物有伊尔顿·梅奥、马斯洛、切斯特·巴纳德、斯科特、卢因、穆顿等。巴纳德提出了"非正式组织"的概念，他提出了权力产生的要件，他认为行政命令得以有效地执行和发挥作用，取决于下级对命令的接受程度，只有当下级理解并接受命令，那么命令的作用才能得以发挥，权力才得以产生。

3. 现代企业组织理论

现代组织结构理论的突出特点是分析经验数据以及融合各家学说，该理论认为只有将组织作为一个系统进行研究才有意义。但是，这也并不是说这个理论具有统一的思想，在实际中，各个理论家都有自己独特的思想和理论，由此而形成了许多不同的学术流派，主要包括决策学派的组织结构理论、系统学派的一般系统理论、新组织结构学派的组织结构理论、经验主义学派结构理论、企业发展论中的组织结构理论、权变学派的组织结构理论、X 效率理论。

三、我国民营机械制造企业的发展和演变

（一）我国民营机械制造企业发展的阶段划分

结合以往学者们对我国民营经济的划分，以及我国机械制造业具有的自身特点和发展状况，在对机械制造业发展的特殊历程进行分析后，我们发现，不同于其他行业的民营企业，民营机械制造企业在新中国成立后真正意义上的萌芽是在改革开放之后。因此，本文对我国民营机械制造企业的发展阶段进行了以下的划分：萌芽时期（20 世纪 40 年代末~20 世纪 80 年代）；原始积累时期（20 世纪 80 年代中期~20 世纪 90 年代初期）；快速发展时期（20 世纪 90 年代初期~20 世纪末）；全面发展时期（21 世纪初至今）。

（二）我国民营机械制造企业组织结构演变的路径分析

1. 产权结构演变分析

（1）内生型民营机械制造企业的产权结构演变路径分析。内生型民营机械制造企业多是由创业者及其家族逐步经营发展起来，因而其天生就带有浓厚的血缘、亲缘和地缘色彩，表现在组织形式上就是人们常说的"家族企业"。民营机械制造企业以家族企业的形式存在，它的显著特点是产权的高度统一，这种形式的产权制度非常有利于调动员工的工作积极性，在企业初创阶段有利于企业的发展壮大；家族制度中潜在的等级制度和忠诚度使得企业中比较容易形成认同感，形成了家长式的权威，这对于减少企业内耗、降低管理难度和监督成本是有正面作用的。在企业进行决策管理时，这种高度统一的、单一的产权制度有利于决策的高效化，提高企业的效率，降低企

业的交易成本，可见，在企业发展初期它是非常有利于企业的发展壮大。

然而，随着经济的发展变化，这种制度的局限性不断暴露，首先，由于所有权单一，企业的发展壮大受到限制，无法实现规模经济；其次，所有权与管理权的高度统一，导致管理问题不断出现；再次，企业产权不清晰，导致企业内部纠纷不断，影响企业绩效；最后，单一的产权结构，不能调动企业内部员工的工作积极性等。那么，伴随着民营机械制造企业的发展壮大，企业的产权结构调整势在必行，必须将所有权与经营权相分离，同时还要注重委托人和代理人的利益一致性问题，充分调动管理者的积极性。可见，企业的产权结构势必走向多元化。内生型民营机械制造企业的产权结构的演变路径，如图4所示。

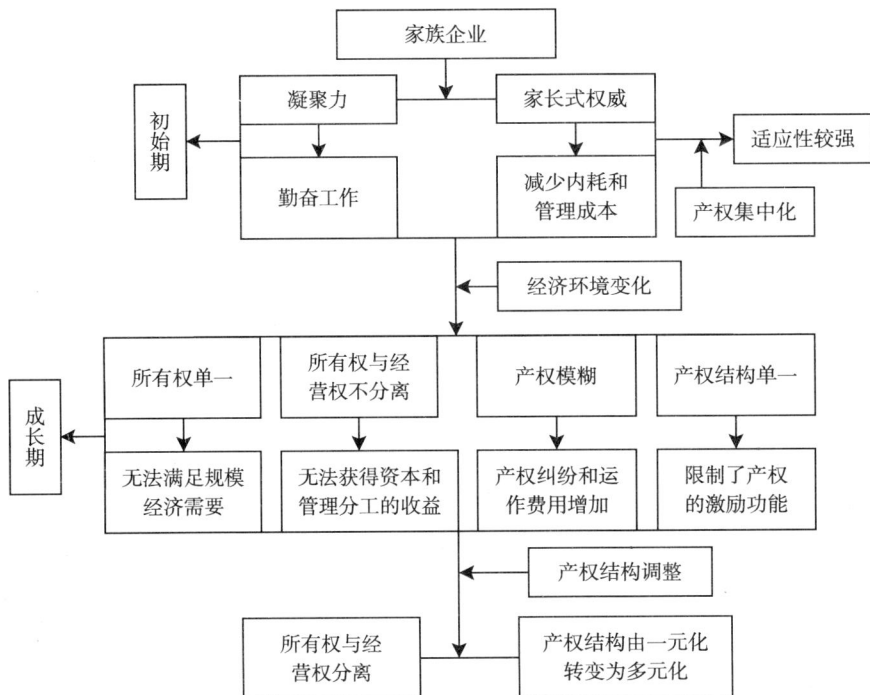

图4 内生型民营机械制造企业的产权结构演变路径

（2）外生型民营机械制造企业的产权结构演变路径分析。通过对国有企业和集体企业的改制变体，产生了外生型民营机械制造企业，这是一种明显的诱致性制度变迁。具体来说，集体企业、乡镇企业是企业经营者和地方政府在面对外部利益时，他们共同参与的一场变革而已。对于地方政府而言，改制有利于降低控制风险、缓解财政压力，同时支持民营企业的发展还能够带来较好的经济效益；对企业经营者而言，积聚了一定的社会资本和物质资本以后，也希望实现对企业的最高控制权从而获得高回报。那么，集体企业和乡镇企业的产权就会高度统一，即产权集中到少数经营者手中。集体企业和乡镇企业势必要经历两次改制，即股份合作制和经营者持大股。但是，改制之后形成的外生型民营机械制造企业，看起来产权清晰，实际上并没有改变企业经营者集所有权和经营权于一身的情形。它仍然有很多问题，就必然要进行第三次改制，即产权分散、两权分离。外生型民营机械制造企业的产权结构演变路径，如图5所示。

2. 管理组织结构演变分析

企业管理组织结构表示组织内各机构、岗位等的相互权利关系，是执行组织管理职能及经济模式的体制，它是组织系统中的物流和信息流的渠道。企业的健康成长受到企业管理组织结构与企业内外部环境的适应程度的影响；同时，企业的管理组织结构又受到企业规模和企业环境的影

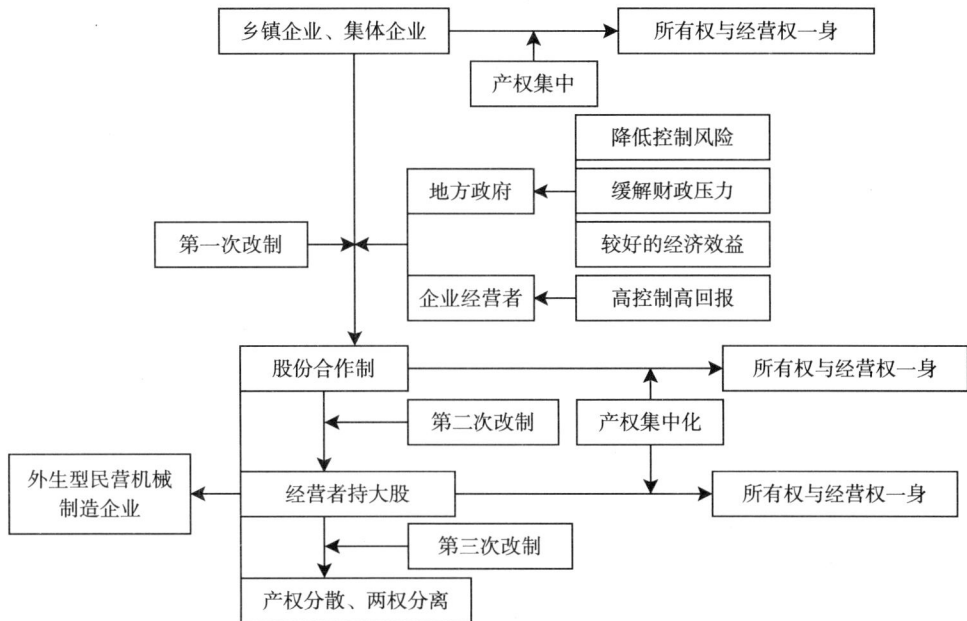

图5 外生型民营机械制造企业的产权结构演变路径

响。外生型民营机械制造企业是随着我国经济体制改革而产生的，具有非常明显的中国特色，这种企业的成长过程相对于内生型民营机械制造企业受人为因素的影响更大，所以我们在这里仅研究内生型民营机械制造企业的管理组织结构演变。

内生型的民营机械制造企业在成立初期，以创业者的集权管理为主，且由于企业规模相对较小，因此大多采用简单的直线职能型结构，且层级结构较为简单，趋于扁平化。在此阶段，创业者以所有者和经营者的双重身份来管理企业，部门之间的边界也比较模糊，在这个特定的阶段这种简单的组织结构既有利于以业务为中心、群策群力，也有利于保持灵活性。随着企业不断发展和规模的不断壮大，由于管理人员的管理幅度有限，必须通过增加管理层次来解决，因此，直线结构往往纵向延伸，管理层级增加。此时，民营机械制造企业已基本步入正规化管理，建立了相对比较严格的制度。但是，随之而来的是出现了组织的机械化，企业的反应速度变慢，应变能力和创新能力降低。此时，企业规模的膨胀导致了公司管理成本呈现出递增趋势，高层管理者直接管理企业的这种 U 型结构在经济上的不合理性的凸显，可见，M 型结构必然是民营机械制造企业的理想选择。根据钱德勒的研究结果我们发现，对这种转变起决定作用的不仅仅是规模本身，根本上是企业的多样性的扩张战略。很多民营机械制造企业在经历了初创期之后，选择了通过多元化来实现扩张，并根据多元化策略调整了组织结构，形成了事业部结构。与此同时，随着横向经济联合的不断发展，由某个或某几个大型机械制造企业带头组建企业集团，这种集团开始采用参股或者控股的方式设置内部组织结构，其类似于 H 型结构。内生型民营机械制造企业管理组织结构演变路径，如图6所示。

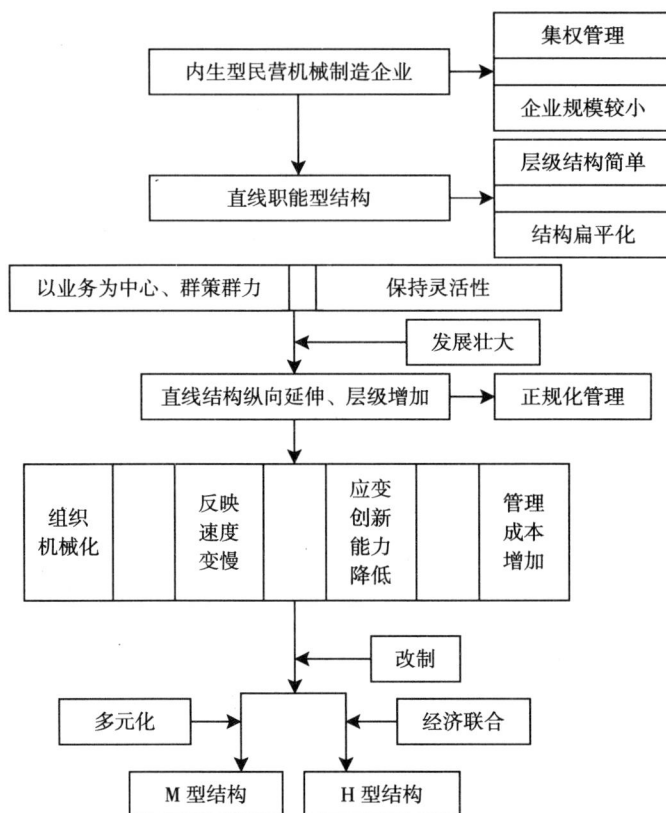

图6 内生型民营机械制造企业管理组织结构演变路径

四、成长期民营机械制造企业存在的组织问题剖析

（一）产权结构问题

1. 投资主体单一，产权结构封闭

目前，许多民营机械制造企业其产权形式，仍然是传统的具有血缘性、亲缘性和地缘性特征的个人产权或者家族产权形式，其产权形式单一。这种产权形式在创业初期有利于提高企业的决策效率，但是随着企业规模的扩大，其问题就不断暴露。一方面，这种单一的产权结构，使得企业的决策权和管理权高度统一，不能激发企业整体的创新精神，导致企业管理效率不高。另一方面，这种单一的产权结构，不利于调动企业管理层的工作热情和创新精神，导致企业货币资本和人力资本不能整合。

2. 产权界区不清，产权结构模糊

首先，家庭产权和企业法人产权混在一起。企业家往往认为企业财产就是个人财产，从而带来企业作为法人所应具有的权力和责任的削弱。其次，产权在家族成员之间没有严格的界定。在企业初创期，大家都相安无事，但是当企业发展壮大后，就存在产权的重新划分问题。再次，增量资产的产权不清。在民营机械制造企业中，出资人往往也在企业中担任某个管理职位，随着企业的发展壮大，增量资产往往只是按照各方出资量进行划分，没有考虑不同出资人的人力资本作

用。最后，法律形式和经济事实上的产权不清。第一，企业为了某些政治、经济和社会上的认可，一些民营机械制造企业仍然带着集体企业的"红帽子"，导致其产权不清；第二，一些企业在创业初期，政府为其提供贷款担保，解决其资金问题，在企业发展壮大之后，也存在着产权不清的问题；第三，一些企业虽然是个人出资发展壮大的，但是企业家为了吸引资金，出让一部分企业股份给当地居民，就称其为"社团所有"，这也会带来产权不清的问题。

（二）组织结构问题

1. 组织与管理的高度集权化

从企业的组织形式看，民营机械制造企业大多采用传统的直线职能型的组织形式，企业家在创业初期为企业投入了大量的资金，在企业中拥有绝对的控制权，在企业中处于核心领导地位。在创业初期，这种高度集权的组织形式有利于企业的快速决策。但是随着企业的发展壮大，企业面对的经营决策问题越来越复杂，只靠企业家个人的才能已经不能满足其经营需要，同时企业对资金的需求也日益增大，企业需要整合社会各方面的资金，以此满足其自身的需要。但是集权的组织形式以及其单一的产权形式已经不能满足需要，其对扩大资本和资源整合势必产生阻碍性问题。

2. 高层负责人管理幅度过大

伴随着民营机械制造企业规模的扩大，传统的直线职能型组织形式已经不能满足管理需要，一方面，这种高度集权的管理形式，使得高层管理者陷入到繁杂的日常事务中，没有精力为企业做长远规划，不利于企业的长期发展；另一方面，随着企业规模的扩大，在这种组织形式下，必然带来企业管理层次的增加，企业内部上下级沟通困难，同时也增加了企业内部横向沟通的难度，从而会导致企业整体管理效率的下降。

3. 部门设置混乱

随着企业规模的扩大，一方面，大多数民营机械制造企业都设置了一些新的职能部门，增加企业管理效率，例如，质检部、审计部等，但是在部门增多的同时，会出现部门之间相互推诿、责任不明等问题，导致企业效率下降；另一方面，随着企业层级的增加，企业往往会在不同的层级设置相同的部门，导致企业资源的浪费，还会引发管理混乱，多头指挥等问题。

（三）管理制度问题

1. 高度集权的管理模式

多数民营机械制造企业能够发展壮大，都是得益于企业家的创业精神，这些企业家在企业中具有绝对的领导地位和权威，集权管理是这类企业的典型特征。这种管理模式在企业初创期对企业的进步发展是很有利的，但是随着企业的发展壮大，其弊端不断暴露，例如，不能有效激励员工、企业管理僵化等。

2. 缺乏科学的管理体系与管理手段

民营机械制造企业尤其是中小型民营机械制造企业，其管理权力与地位往往以血缘或裙带关系为基础来确定，科学的管理规章制度难以制定和有效实行。同时，这样的管理制度严重制约了企业吸收、引进先进的管理理念和手段，其业务管理活动以经验决策为主，缺乏科学的管理手段，组织管理效果在一定程度上大打折扣。

3. 缺乏规范化的协调机制

民营机械制造企业的亲缘性和血缘性特征，决定了企业管理中以伦理规范代替行为规范，同时，由于民营机械制造企业，尤其是小企业的员工素质不高，他们也比较习惯企业的伦理规范方式。在企业规模较小时，这种规范形式还是能够满足企业需要，但是随着企业规模的不断壮大，其问题不断涌现，势必建立现代企业制度才能满足企业的发展需要。

4. 岗位职责不明

民营机械制造企业大多采用伦理规范来约束管理者和员工的行为，这就要求员工和管理者有较高的自觉性和素质，但是在民营机械制造企业初创期，员工素质普遍不高，这种规范方式必然会带来管理的混乱。有些企业还没有建立完整的员工岗位职责和规范，导致企业各个岗位之间职责不清，相互推诿责任。在员工绩效考核时，也没有依据，从而不能有效地监督和激励员工的行为，必然导致员工工作积极性、主动性和责任感的降低。

五、成长期民营机械制造企业组织结构优化的对策

（一）成长期民营机械制造企业的产权结构变革

1. 产权关系明晰化

（1）尽快为"戴帽子"企业"摘帽"。这些企业是中国新旧经济体制转型时期多种经济成分并存情况下所产生的一种特殊现象。对于这部分企业，没有固定的规则可以照搬，可以根据企业的实际情况来进行运作。一些比较成功的经验包括转变为国有民营或者通过股权结构改革转变为纯粹的私营企业。另一个思路是彻底"摘帽"，实施彻底的产权改制。成功的经验是可以通过"经理层融资收购"（简称 MBO），以此来改变公司所有权结构，经理层成为本企业的实际控股人，进而达到拥有控制权。

（2）明晰自然人之间的产权关系。对于内生型民营机械制造企业，自然人之间产权关系的清晰划分是产权结构变革的基础。产权关系要在家庭之间、家族和亲朋之间划分清楚，以此避免个人追求自身利益最大化给企业带来的不利影响。企业可以通过股份制改造等方式，重新建立企业的治理结构，以此建立企业新的产权关系。

（3）明晰自然人与法人之间的产权关系。法人财产是指出资人投入企业的资本，以及在经营过程中，通过对外负债的形式而形成的财产，包括股本、未分配利润等。企业家必须将个人产权同法人产权进行明确的区分，使企业具有自主性和能动性，成为能够自我完善、自我发展的经济实体。

2. 产权主体多元化

（1）融合外部产权，拓展资本渠道。民营机械制造企业可以通过合资合作、并购、参股和资产重组等方式进行外部产权的融合。合资合作有利于引进外资，引进先进技术，降低技术引进的风险，推动产业结构的升级，也可以借此开拓国际市场。并购作为企业对外扩张的重要形式，具有快速、适应性强、针对性强等特点。参股是分散风险的举措之一，其目的是信任经理的能力与道德，看好企业的发展前景，放弃经营权，转而追求收益权和影响权的方法。而资产重组是为了重新选择和组合资产，优化资产结构，提高资产质量。

（2）积极实施股权激励。一方面，要让非出资管理者和技术骨干能够分享利润，通过各种途径吸收他们入股，或者分配给他们一些股份，待条件成熟时，可以推行股票期权制度，转变奖励方式；另一方面，企业在增量资本的分配上也要考虑非出资管理者和技术骨干的利益，使他们能够分享企业成长带来的收益，增强他们的主人翁意识，增加企业的内部凝聚力。

（二）成长期民营机械制造企业的治理模式与治理结构变革

1. 治理模式变革

（1）对于内生型的民营机械制造企业，在初创期，企业的所有权和控制权集中在家族成员手中，既有利于从家族成员手中获取资金，解决初创期常常面临的资金紧张问题，也有利于快速沟通，降低交易成本，提高决策效率。而在成长期，家族企业通过自身积累和股东增资，已不能满足企业进一步发展的需要，必须通过股份制改造或者进行治理机制和治理结构的调整，以此来满足企业发展的需要。企业只有不断调整自身的治理模式，才能够长久不衰。

（2）对于外生型的民营机械制造企业，主要通过股份制改造。建立现代企业制度。尽管一些企业在进行公司化改造后，其董事会、监事会和股东会存在由家族成员控制的状况，在一定程度上削弱了现代企业治理的作用，但公司化改造后，随着企业经营规模的进一步扩大以及企业业务的专业化和复杂化，不可避免地引进了大量的专业经理人员，从而促使家族股东逐渐退出了经营活动。

2. 治理结构变革

（1）外部治理机制的优化。首先，优化产品市场治理机制。一是建立完善的监督制约机制；二是完善并严格执行机械制造业的市场准入和清出制度；三是建立完善的产品质量监管体系。其次，优化资本市场治理机制，目前在我国的资本市场上还存在着市场机制和政府监管错位的问题，对此，政府应努力促使交易公平和信息真实，对于企业并购等事项应该由市场机制来决定。再次，优化经理人市场治理机制。一是引进职业经理人体制；二是可以通过第三方机构对职业经理人的从业资格、从业经历等进行审查。最后，优化外部法律法规治理机制。一是对私有产权和民营经济提供保护性措施，明确私有财产合法性，给予民营经济以合法公平的地位；二是建立和完善法律法规，加大执法力度，使企业能够正常运行；三是制定和完善有关诚信的法律法规，营造一个诚信的法律环境。

（2）内部治理机制的优化。首先，建立合理的激励机制。科学合理地运用股权激励的方法，对员工、科技人员、经营者和创业者分别设置岗位股、技术股、管理股和创业股，让管理、技术等生产要素参与分配，不仅可以充分调动管理者、员工、创业者、科技人员的积极性，还可以实现企业股权的多元化，避免股权过度集中的问题。其次，建立有效的制衡机制。①完善董事会，坚持董事会和总经理两职相分离的原则；②完善监事会，坚持被监督对象（经理人员）不能进入监事会的原则；③完善股东大会。最后，建立科学的决策机制。①企业中只能有一个最高决策者；②每一个决策层都知道自己的权力范围，知道自己对什么有决策权；③下级必须服从上级的决策。

（三）成长期民营机械制造企业的管理组织变革

1. 简单型组织向职能型组织转变

在民营机械制造企业创业之初，企业规模比较小，企业人力、物力都有限，此时为了降低成本，企业中存在一人多职的现象，甚至还存在职位缺失的现象。但是随着企业规模的扩大，企业必然会从"非管理分工"的简单型组织向"管理分工"的职能型组织转变。

2. 建立与发展战略相匹配的组织结构形式

根据组织经济学的相关理论，通过组织分工来达到企业交易成本的最小化决策会决定企业的边界，通过不同的企业内部要素有效组合来追求企业内部管理成本节约导致企业组织结构的变化，那么，我们把二者结合进行对比，将会决定企业的组织结构形式和选择企业规模的大小。可见，在企业的不同发展阶段，企业会根据自身的发展战略，以及内外部交易成本的大小，来选择最适合的组织结构和规模。

3. 构建权变的管理组织结构

为了适应成长期民营机械制造企业的发展需要，本文提出以下几个管理组织结构调整的思路。首先，对于处于成长期初期的企业，企业刚刚开始扩展规模，此时，企业可以根据具体需求，增加一些管理层次和职能部门，从而设置有利于资源灵活配置的组织结构；其次，对于处于成长期中期的企业要跨地区、跨行业多元化发展，企业可以通过兼并、重组等方式，建立具有较强竞争力的企业集团；最后，对于处于成长期末期、向成熟期迈进的企业，这些企业在不同地区、不同行业已经形成了趋于稳定的市场，对于这类企业要进一步地发展，就必须进行适当的分权，建立分权式的组织结构。

六、结　论

伴随着我国民营经济的持续快速健康发展，民营机械制造企业成为我国机械制造业中最具活力的组成部分，对机械制造业的发展具有举足轻重的作用。经过改革开放后的快速发展，我国大多数民营机械制造企业已经度过初创期，进入了快速成长期，这些处于成长期的民营机械制造企业面对良好的发展机遇，非常希望顺势而起，却发现遇到了很多的困扰，其中困难最突出的是：产权问题、管理脱节问题、企业治理问题等。在这些错综复杂的表象背后，我们都可以找到一个重要的相关因素，那就是组织因素。

本文根据对我国民营机械制造企业生命周期的划分，主要探讨了处在成长期的民营机械制造企业存在的组织问题和困惑，并结合组织理论及其基本思想，为研究成长期民营机械制造企业的组织结构变革问题提供了理论支撑，在此基础上分析了我国民营机械制造企业的组织结构变革动因，探讨了影响民营机械制造企业组织结构变革的相关因素及其作用机制，并提出了相应的组织结构优化的对策。希望通过本文的初步分析，能对处于成长期的民营机械制造企业提供一些帮助和借鉴意义。

【参考文献】

［1］曹德骏：《家族企业研究的几个理论问题》，《财经科学》，2002 年第 6 期。

［2］戴红军：《我国机械制造业的发展研究》，河北工业大学博士学位论文，2010 年。

［3］戴天婧、汤谷良、彭家钧：《企业动态能力提升、组织结构倒置与新型管理控制系统嵌入——基于海尔集团自主经营体探索型案例研究》，《中国工业经济》，2012 年第 2 期。

［4］田焱、杨启智：《民营企业产权制度改革的相关认识》，《经济体制改革》，2005 年第5 期。

［5］李孔岳、罗必良：《公司治理结构的理论：一个综述》，《当代财经》，2002 年第 8 期。

［6］李建新：《学习型组织的组织结构设计及组织学习能力测评研究》，天津大学博士学位论文，2010 年。

［7］李业：《企业生命周期的修正模型及思考》，《南方经济》，2000 年第 2 期。

［8］李宇欣：《基于自然人控制的大股东治理问题研究》，沈阳理工大学硕士学位论文，2010 年。

［9］李巍：《认清差距才能知耻后勇——我国机械制造业的现状分析》，《天津市经理学院学报》，2011 年第 5 期。

［10］刘岸冰：《公私合营后中国企业制度的历史性转折》，上海社会科学院博士学位论文，2011 年。

［11］刘向：《制造业动态》，《电力设备》，2007 年第 1 期。

［12］林金忠：《企业组织的经济学分析》，厦门大学博士学位论文，2002 年。

［13］林志扬：《企业组织变革——治理结构与组织结构互动角度的考察》，厦门大学博士学位论文，2002年。

［14］陆欢：《基于企业生命周期变化的新疆民营企业组织结构变革研究——以麦趣尔集团有限责任公司为例》，石河子大学硕士学位论文，2010 年。

［15］况继秋：《民营企业组织结构及其管理问题》，《昆明理工大学学报》（社会科学版），2007 年第 6 期。

［16］韩利红、王立志：《企业生命周期及成长战略研究》，《改革与战略》，2007 年第 12 期。

［17］纪志坚：《机械制造企业绿色再造的研究》，大连理工大学博士学位论文，2006 年。

［18］邱国株：《当代企业组织研究》，经济科学出版社，2003 年。

［19］徐向艺、王俊韡、巩震：《高管人员报酬激励与公司治理绩效研究—— 一项基于深、沪 A 股上市公司的实证分析》，《中国工业经济》，2007 年第 2 期。

［20］赵雪凌：《成长期民营建筑企业组织结构变革研究》，东北财经大学博士学位论文，2007年。

［21］张湄：《银行公司治理结构与治理效果关系研究——来自中国上市商业银行的证据》，复旦大学博士学位论文，2010 年。

［22］张立中：《浙江民营家族制企业如何进行产权制度创新》，《经济界》，2003 年第 3 期。

［23］张国雄：《机械制造业的持续发展之路（Ⅰ）》，《国际学术动态》，2006 年第 6 期。

［24］张幼松：《闽台制造业竞合研究》，华侨大学博士学位论文，2011 年。

［25］单东：《民营经济论》，《浙江社会科学》，1998 年第 2 期。

［26］苏生荣：《我国机械制造业现状与发展前景》，《中国科技信息》，2009 年第 15 期。

［27］严鹏：《近 50 余年中国近代机械制造业史研究述评》，《华中师范大学研究生学报》，2011 年第 3 期。

［28］伊查克·安迪思：《企业生命周期》，中国社会科学出版社，1999 年。

［29］尹作亮：《我国民营企业管理模式及其制度创新研究》，《中央财经大学学报》，2009年第 2 期。

［30］王凤彬：《企业组织的结构变革》，《中国工业经济》，1991 年第 12 期。

［31］王凤彬、李彬、陶哲雄：《中国企业组织演变路径分析》，《经济学动态》，2011 年第4 期。

［32］A. S. Maiga, F. A. Jacobs. Activity-Based Cost Management and Manufacturing, Operational and Financial Performance: a Structural Equation Modeling Approach. Advances İn Management Accounting, 2007, 16: 217-260.

［33］Chang Yanru. Analysis of Government Strategies to Achieve Industrial Competitiveness: A Comparative Case Study of Japan, South Korea, Taiwan and China. Dissertation Abstracts International, 2002: 62-71.

［34］Ittner, C.D., D.F. Larcker, T. Randall. Performance Implications of Strategic Performance Measurement in Financial Service Firms. Accounting, Organization and Society, 2003, 28: 715, 741.

［35］Lee. Jaimin Comparative Advantage in Manufacturing as a Determinant of Industrialization: The Korean Case World Development Volume: 23, Issue: 7, July, 1995: 1195-1214.

［36］Lumpkin, G. T. Dess, Gregory G. Linking two Dimensions of Entrepreneurial Orientation to Firm Performance: The Moderating Role of Environment and Industry Life Cycle Journal of Business Venturing Volume: 16, Issue: 5, September, 2001: 429-451.

［37］Sanchez. Ron Strategic Product Creation: Managing New Interactions of Technology, Markets, and Organizations European Management.lournal Volume: 14, Issue: 2, April, 1996: 121-138.

［38］Stephen P. Robbins. Managing Organizational Conflict: A Nontraditional Approach. Englewood Cliffs. NJ: Prentice Hall, 1974: 3.

（作者：张刚，厦门大学管理学院）

组织认同的扩展模型：积极认同的构建

组织认同作为组织现象中的根源性构念，近些年一直是组织理论研究的重要问题，能够解释很多组织行为的背后原因。组织认同的基本内涵是：个人对于自己属于一个组织或者与一个组织命运共享关系的知觉和感受，是一个人用组织成员的身份来定义自己的过程。

一方面，组织认同是组织成员进行社会分类和自我定义的一种方式，以此与其他人、其他组织进行区别，对此构念的研究在实践上有重要意义；另一方面，组织认同是跨层次的概念、框架和工具，它既表达了组织的独特性，又揭示了同一性，是组织理论向前发展和揭示真理的重要手段。

以往在研究组织认同的文献中，主要关注组织认同对行为的积极作用（如高工作满意度、低离职意向等），而忽略了组织认同可能产生的消极作用；过度地强调提高组织认同程度，而没有意识到高组织认同状态也不一定对组织和个人有益。正是由于组织认同的不同状态的存在，所以我们在研究组织认同的影响作用时，不能单方面讨论问题，需要分析组织认同的消极作用并探讨积极组织认同感的形成。

一、作为变量的组织认同

认同是一种心理状态，也是个体心理依赖的一种表现形式，当个人将组织特征的定义应用于他们自己的定义时，这种心理现象就会发生。当认同发生时，个人趋向于把自己和所属的群体、组织看成是交织在一起的，优点和缺点、成功和失败都是共同分享的，是命运的共同体，并且认同也包含着价值观和情感意义。

组织认同是一个程度性变量，既是可以衡量的，同时也是变动的。组织认同的基本内容是个人身份特征与组织身份特征的重叠部分，每个人所感知到的组织身份特征是不同的，而每个人自己的定义和身份特征则更加不同，因此对组织的认同在程度上是有差别的。同时，组织认同是动态的概念，随着某些个人因素、某些组织因素和某些环境因素的变化，组织认同也会变化。组织认同不是明确固定的概念，其动态和变动的属性必然导致个人对组织认同会随时间变化。

这样，可以把个人对组织的认同过程看成为一个连续的过程，个人对组织认同程度随着组织社会化的作用过程、个人与组织价值观形成契合的过程、个人对组织的情感依赖形成过程等不同方面的作用，而不断发生改变。在组织认同形成的动态过程中，组织认同在每个时点都会形成不同的状态，组织社会化的程度越高、个人与组织价值观一致性越强、个人对组织的情感依赖越深，组织认同的程度也会随之提高。

但是由于个体具有多种类型和丰富个性，同时又由于多种个体因素和组织因素，不同成员的组织认同状态也会有所不同。虽然管理者和研究者都期望组织认同能够维持在较高水平，并产生正向的组织行为，但现实往往是更为复杂的。组织认同过程受到多层次的、复杂的因素影响，包括个人层面因素、组织层面因素和环境因素，这些因素会导致不同的组织认同结果。组织认同的状态反映了组织文化被组织成员接受和共享的不同程度，也表明了个人与组织命运共享关系的强弱。

二、组织认同的扩展模型——四种不同的认同状态

我们把组织认同放在一个连续的区间来考虑，根据组织认同的原始定义——个人与组织形成的命运共同体关系来分析组织认同，把认同和背离作为组织认同的两个方向（或者两个维度），大致把组织认同分解为2×2维的四种状态。组织认同在认同和背离（也就是不认同）这两极构成的区间内，组合成了强烈的认同、矛盾的认同、无关心认同和强烈的背离四个状态。

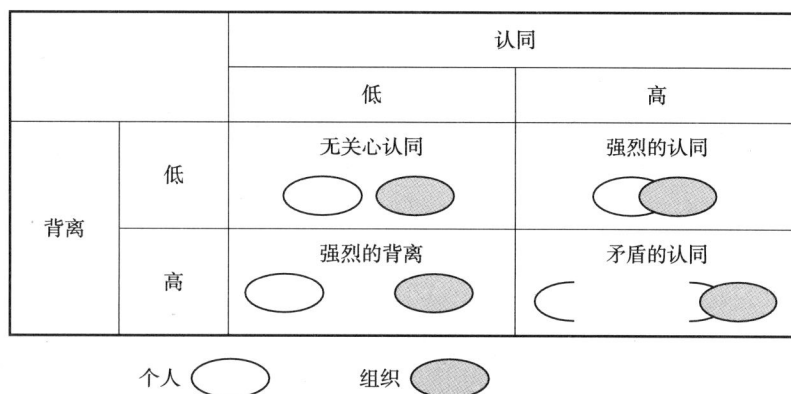

图1　组织认同与背离的二维认同模式①

背离是指个人把自己从组织中积极地分化出来，个人不认同组织价值观和目标，也没有对组织产生命运共同体的心理感受。而认同则表示个人高度的归属需求，减少个人与组织之间区别性的愿望，个人与组织价值观形成了高度一致的状态。认同强调的是个人与组织的相似性、联系性，而背离强调的是个人与组织的区别性。

无关心认同状态是当个人不关心自己是否与组织的价值观一致或者相似，既不支持组织的价值观，也不反对组织的价值观，个人的自我定义受到组织价值观的影响很小。组织价值观没有成为个人对自己身份定义的核心内容，而且在某种程度上，个体也不在意他们是否归属于某个组织。个人价值观与组织价值观的一致性程度很低，这种无关心状态下的认同非常低。

矛盾的认同状态是个人对组织既有认同的成分又有背离的成分，个人对组织的某些特征、某些价值观是认同的，而对另外的一些特征和价值观是否定的、不认同的。两种矛盾的状态同时存在，一个人对同一个组织产生了两种对立的认同结构。例如，一个组织中的会计可能认同组织的创新价值观，同时又对组织在研发上的过高投入和研发人员的高工资产生不认可。这种矛盾的认同状态使个人可能表现出很多矛盾的认知和行为。

强烈的背离状态也是在个人特征与组织特征、个人价值观与组织价值观之间没有特别的相似或者一致，而且，个人价值观与组织价值观似乎在向相互背离的方向运动，二者的距离不断地增大。这种强烈的认同背离状态发生在个人与组织之间没有重合、个人不需要用组织的价值观来影响自己、不需要用组织身份来定义自己的时候。例如具有独特个性的个体，不认为自己属于任何

---

① 根据 Dukerich、Kramer 和 Parks（1998）；Kreiner 和 Ashforth（2004）的研究修改而成。

一个组织，反对组织宣扬的所有价值观和组织特征，在向他人介绍自己的时候不以组织身份来介绍。这种强烈的背离状态是个人与组织之间认同程度的最低点。

强烈的认同产生于个人与组织之间的价值观高度一致、个人身份特征与组织身份特征高度重合的时候。这种状态下，个人的组织认同非常强烈，组织的价值观和身份特征成为个人定义的主要成分。强烈的认同强调集体性，而不是个性。个性可能会在这种极端认同的情况下被抹杀，组织的身份特征代替了个人的身份，组织的价值观代替了个人价值观。组织特征与个人特征之间的区别性被最小化，看不出个人的独特个性。

三、组织认同不同状态的消极作用

1. 强烈的组织认同

强烈的认同状态强调组织的包容性，而个人的区别性和差异性的需求被最小化。组织成员的自我意识逐渐消失，个体的独特性被集体性所限制，个人形成了与组织关系不可分割的强烈信念。

然而事实上，组织成员的角色仅仅是个人在社会环境中诸多角色中的一个，组织能够赋予个人的也仅仅是自我意识的一部分。组织价值观和特征对个人价值观形成过程中的影响作用也是有限的，组织不可能提供一个人有关自我认识的丰富内涵。[①] 个人需要通过其他角色来丰富自我的内涵。

过度的认同既有积极的作用，又有消极的作用。一些组织要求个人进入组织后经历"去个人化"过程，将个人完全融入组织，这可能会成为个人积极行为和组织高效产出的动力。对于一些人来说，过度认同一个组织会满足他们的其他身份角色不能满足的某些需求，比如一个刚刚经历了家庭变故的人可能会通过对组织的强烈认同而得到心理上的依赖；刚刚搬到新生活环境的个人对工作组织的强烈认同会代替生活上情感需求的满足。过度认同的消极作用表现在个人情感的成长方面，如果仅仅存在组织一个维度的身份，个人的情感需求得不到全方面的满足，个人的身份也过于单一。如果组织消失了（如破产和被收购），强烈认同组织的个体就会发现自我迷失，难以定义个人的身份。

组织文化和价值观在这种认同状态下，对个人行为的无意识控制程度达到了极限。个人的自我身份被剥夺，组织价值观对个人价值观的影响程度最深，个人对组织的情感依赖也最强。但却不一定能保证个人产生积极的组织行为。因为这种强烈的组织认同已经超越了组织文化应该拥有的对个人行为的支配程度。

2. 强烈的背离

强烈的背离可能是在个人的"区别性"需求主导个人的需求时所产生的。一个人需要把自己从集体中脱离出来，需要完整的、独立的个人人格，借此来表达个人的独特性，最大限度地降低个人与其他人的相似性。

在强烈的背离状态下，个人对组织产生了本能的抗拒，对个人与组织的一致性视而不见，毫无理由地反对组织的规范和要求。强烈的背离感能够操纵个人在组织中的行为，使个人变得麻木僵硬。为了满足个人独特性的需求，强烈背离感使个人主观地产生自己对环境的解释，一些中立的事件也可能被用反面的方式来解释。这种背离的态度会成为个性的一部分，反过来又强化这种

---

① 虽然一些规范组织，甚至是营利组织都在试图这样做，例如教会。

认同的背离感。

个人对组织的背离也会对个人行为产生消极的影响。成员会相信他们违背组织的价值观和目标是正确的，导致了怠工、反抗或者针对组织和其他成员的极端行为。此外，强烈的背离还可能形成对其他组织成员的不信任，无论是否有证据来支持。即使个人接受的信息不支持这种假象的不信任，他也会主观地重新解释这些信息，使之与个人的不信任假想一致。这种由认同的背离所造成的条件反射式反应，导致组织中值得被信任的成分被抛弃、好的方面被否定。持有强烈背离感的个人被组织和其他成员视为不满现状的人，组织和其他成员逐渐忽视了来自于这种成员的态度和行为。

强烈的背离感也会给个人人格的完整带来很大的压力，与组织身份和组织价值观背离得越远，个人在组织中感受到的压力越大。个人的情感需求、个性需求得不到满足，个人与组织间关系会变得疏远，更谈不上组织文化和组织价值观被个体成员的共享。

3. 认同的无关心状态

一些组织中存在着这样一类人：他们个性独特，找不到角色模仿的榜样，以至于他们不能在组织中发展出一个真实的自我。这类个体也可能是独特的，同时也难以形成对组织的认同。他们不会认同也不会模仿在特定组织生存所需要持有的价值观，也无法形成对其组织的情感依赖，这样产生了无关心认同状态。

认同的无关心状态是个体对组织认同存在与否缺乏兴趣，个人对组织的认同和背离感都处于不正常的低水平。无关心状态是一种反常状态，个人没有形成对一个组织的认同，也没有形成对组织的社会依赖状态。无关心状态可能导致的一个后果是：个人对组织和其他成员漠不关心，个人没有和组织建立应有的联系，可能使个人产生没有寄托的感觉。

无关心的认同状态使个人与工作组织之间缺少联系，个人与组织之间也缺少相互影响。事实上，由于缺少认同，个人会采取不同的手段来与组织相互作用，而这可能对其他个体产生威胁。[1]当处于无关心认同状态的个体，希望能够形成组织认同却难以实现这个愿望的时候，他们会形成子群体文化进而产生一种替代性的群体认同。当这些子文化包含了某些违背组织行为规则的价值观时，组织也可能容忍或者视而不见。这样，如果处于无关心认同状态下的个人能够从组织中得到其他补偿（如工资福利）、一种替代性的认同（如子文化认同）或者能在组织外发现其他的认同时，个人与组织的关系仍然能够维持。

无关心认同可能出现在组织并购中，这时的个体不能识别身份特征。新组建的组织不能提供充分的和连续的有关组织文化、组织价值观的信息，个体接受的信息也可能是凌乱的、不一致的，使个人难以形成对组织文化和价值观的整体了解。这种信息的不确定性会导致个人主观地解释组织文化和价值观，进而形成不协调的组织身份认知假设，会产生个人与组织间关系的信任危机。

在无关心认同状态下，组织文化和组织价值观被个体忽视，组织融入的手段往往不能起到积极的作用，价值观影响过程也难以发挥作用。这种认知的结果往往是个体和组织建立不起来密切的联系，组织文化难以形成对个人行为的无意识控制，个人与组织也不可能形成命运共同体的关系。

4. 矛盾的组织认同

矛盾的认同是当个体同时存在对组织的认同和不认同两种认知状态所形成的一种矛盾的认同状态。矛盾的认同会在认同和背离之间形成一个张力，产生一种个人身份的不均衡感觉。这种不均衡感会形成一种不稳定的状态，个人会产生类似于角色冲突的一种压力。然而，这种冲突还不

---

[1] 其他个体都采用一般的形式与组织相互作用，这些形式是可以预期的，而无关心认同状态下的个人行为则是难以预期的。

同于角色冲突，因为涉及了价值观成分，比角色冲突更为复杂。

由冲突造成的个人和组织的不协调，使个人产生认知调整的压力，个人面临认同或者进一步背离的选择。在这种选择过程中，个人需要不断收集证据来支持自己的认同选择或者背离选择。有关组织文化、组织价值观的各种信息都会把个人转向较为强烈的对组织认同或者背离。在这种情况下，组织影响个人行为的那些信息的影响作用会增强，这样组织就会尤为重视对这些信息的管理，来增加它们促进认同形成的作用。① 一旦这种不均衡状态得到暂时的解决，个体的认同或者认同背离的强度就会增加，可能会形成极端的认同或者背离。而且，也可能产生这样一种情况：个人根据组织的激励、沟通或者威胁，形成组织认同和背离在不同的时间分别居于主导地位的情况。当个人的情感需求和群体归属需求居于支配地位的时候，这种不均衡就更可能向组织认同的方向转变；而当组织处于动荡或者混乱时期，个人与组织间的心理契约就容易被破坏，这时个人的背离感就会被强化。

个人价值观和组织价值观在这种状态下的一致性很低，或者个人对组织价值观的认知和了解并不充分，二者没有产生很高的重合性；组织身份特征也没有充分地被融入个体身份特征。但个体处于变动的边缘，组织价值观融入的手段和组织价值观信息沟通手段都会对认同程度产生影响，管理者在这种情境下更容易使管理手段发挥作用。

四、积极的组织认同状态的构建

以上扩展的组织认同模型中包含的四种认同状态，是通过把个人对组织的认同和不认同推到四个极端时所形成的状态，对组织和个体都有消极的行为和态度影响，都不是理想中的组织认同应有的状态。过去，研究者往往忽视了这些极端情况的存在，直接研究组织认同的积极影响。而事实上组织认同的积极作用是存在于在某种程度和状态的条件下的，不是强烈的组织认同就能够预测积极的、正向的个人行为。组织认同需要在一个积极的区间内才能发挥积极的作用。

因此，我们需要对积极的组织认同状态做一个简要的分析，期望能够描绘出有益于组织管理和个人发展的组织认同状态，并在这个积极的认同状态下来继续研究组织认同对成员行为的影响。

1. 成员多层次需要的满足

组织中成员的需求是多个层次、多种形式的，个人也有自己所追求的目标。组织也同时需要成员的贡献才能实现组织的目标和组织存在的意义。组织的每个参与者接受来自组织的诱因作为他对组织做贡献的回报，如果组织提供给个体的诱因与要求个人做出的贡献一样大或者更多，那么个人会持续地为组织做贡献。

组织成员的需求是多层次、多方面的，组织可以提供多种诱因来保持个人与组织之间的诱因贡献平衡。①物质诱因，组织支付给员工的能够以金钱衡量的物质，是最强有力的诱因；②非物质诱因，能够显示个人的优越、权利、支配地位的机会；③工作时良好的物质条件也是保持成员工作动机的重要诱因；④理想方面的恩惠是最强有力的而又常常被忽视的诱因，包括对自己能力的自豪感、利他主义价值观、忠诚度等。还有广泛的工作参与机会、组织支持感、有吸引力的价值观等诱因。

组织为满足个人的多层次需求会使用很多管理手段和沟通方式。组织文化也是其中的一个重

---

① 这些信息包括组织内部的各种有关组织价值观和文化的表现，如英雄人物、仪式、典礼等组织文化的物质表现形式，也包括组织对个人行为的直接激励，如工资和奖励。

要内容。组织文化能够通过组织认同形成过程对成员的动机和需求给予满足，积极的组织认同，能够满足组织成员的安全、归属和减少个人与组织间不确定性关系的需要。个人认同组织的动机多数都是超过了自身需要以外的人类基本需要，多是安全、归属和减少不确定性。心理上的安全需求和信任需求是自我一致性和自我能效动机的核心。人类是具有意义寻找特征的动物，认同组织的过程和寻找角色定位的过程帮助个人减少的不确定性，尤其在新的工作组织中或者处于变化的环境中。积极的组织认同过程为个人把握自己的世界提供一种秩序，通过个人与组织的联系为个人提供了深层意义，减少了不确定性。

组织认同把个人放在了一个更为安全的个人与组织关系之下，个人的行为因此会有所改变。积极的组织认同满足了个人的社会性需求，归属感是组织认同为成员提供的最大满足。积极的组织认同帮助组织成员克服社会孤独感，是现代组织中个人应付社会分层的心理反应。积极的组织认同会修复由劳动分工给个人带来的疏远感觉。

在积极的组织认同状态下，个人的基本需求被较大程度满足的同时，个人的社会性需求，包括安全需求、归属需求和减少不确定性需求也都能够得到满足。这为个人提供了继续为组织贡献的诱因，增强了个人与组织之间的密切联系。个人认为组织是适合个人工作的场所，不会寻找新的雇主，对组织有积极的情感，相信除了这个组织再也没有更好的组织能满足他们的需求。

2. 个性特征得到一定程度的释放

个体身份和角色是具有丰富来源的，由组织文化和组织特征带来的身份规定性只能占个人身份的一部分；个人在组织中的角色也仅是个人在社会中多个角色中的一部分。无论是正式组织的角色化、结构化、制度化过程，还是由组织文化形成组织认同的过程，个性特征都不可能被完全抹杀，个人不可能成为绝对的"组织人"。

组织形成和存在的基础，是大家共有的目标、需求、个性追求，是每一个有差异的个人目标、需求、追求的共同部分。组织是这个共同部分目标明确化、结构形式化、职能角色化、规范制度化的"上层建筑"。虽然组织管理技术的进步使组织对个人行为和心理的支配和影响达到了空前程度，造就了今天所谓的"组织化社会"，但并没有改变上述组织形成和存在的基础。组织管理过程中，无论是共同的目标、战略、制度规范、业务流程、业务规范对个人行为的约束和调整，还是激励报酬、晋升、职业发展等对个人行为的引导和调节，抑或是其他管理手段和职能，始终都不应偏离这个基础。这是组织管理的基本前提，管理者对此必须始终保持清楚的认识。理想的组织认同状态是组织所形成的规范和角色界定给个体身心积极成长留有必要空间，个性特征和个人追求能在组织中得到较高程度的满足和实现。

虽然，我们研究组织文化的目的，是期望通过组织文化形成组织认同的过程来分析影响成员的行为和态度，但这种理想的结果不是极端的组织认同完全成为个人身份的象征，不是组织文化对个人的无意识完全支配。期望的是组织认同为成员的个人身份提供一个更可依赖、更为现实的来源，同时保留个人的原本特性。

3. 适度的组织价值观共享

组织价值观并不能代替个人价值观，也不可能提供一个人有关自我认识的全部内涵。个人价值观也是有丰富来源的，受到成长经历、过去生活环境、受教育的程度和方式、社会价值观等多种价值观来源的塑造和影响，组织价值观并不能提供给一个人生存和发展所需要的全部价值观信念。而个人价值观和组织价值观之间某种程度的不一致，也往往会成为组织创新和变革的动力来源。

一方面，在积极的认同状态下，个人根据组织的形象和价值观来重塑个人形象，个人吸收组织的价值观和目标，并把组织价值观和目标作为个人决策的前提。从管理视角来看，组织认同使成员即使是在没有监督的情况下，也会根据组织价值观和组织利益来进行决策。

另一方面，在积极组织认同状态下，组织价值观与个人价值观之间保持一定程度的一致，而不是完全的一致。组织价值观没有完全替代个人价值观，个人价值观仍然在支配着个人的组织外行为和其他组织价值观未能影响的个人行为。

4. 个人对组织有适度的情感依赖

组织认同使个人形成的与组织成为命运共同体的心理状态，能够满足个人的情感归属需要。从情感角度看，组织认同形成过程是个人对组织产生情感归属的过程，个人在组织认同的形成过程中满足了归属的需要。当个人的情感归属需要得到满足时，个人与组织形成一种安全型的依附关系，组织成员对组织产生真正的认同。

积极的组织认同，要建立在个人对组织适度的情感依赖基础之上，使个人产生一种协调的内心感受，感知到个人与组织的命运共同体关系。这也是组织认同从认知到价值观再到情感的一个自然发生的过程。适度的情感层面的依赖，会使个人产生对组织的忠诚，增加个人对组织的贡献意愿。

这里我们强调情感依赖的适度性。适度的情感依赖，与个性的释放和允许个人价值观的存在是一致的。而高度的个人对组织的情感依赖，则会束缚个性、忽视个人需求，也会过度地影响个人价值观，会产生极端的组织认同，个人会产生消极的行为。

以上仅对积极组织认同提供了一个"度"的粗略界定，而且积极组织认同的这种程度也随着组织形式的不同、随着时代发展的不同阶段、随着个体的差异程度等因素而不断变化。

【参考文献】

［1］Currie, C., Finn, R., Martin, G.. Role Transition and the Interaction of Relational and Social Identity: New Nursing Roles in the English NHS. Organization Studies, 2010, 31: 941.

［2］Ashforth, B.E., Harrison, S.H., Corley, K.G..Identification in organizations: An examination of four fundamental questions. Journal of Management, 2008, 34（3）: 325.

［3］Mael, F. and Ashforth, B.E..Alumni and Their Alma Mater: A Partial Test of the Reformulated Model of Organizational Identification. Journal of Organizational Behavior, 1992, 13（2）: 103–123.

［4］Albert, S., Ashforth B.E., Dutton, J.E., Organizational Identity and Identification: Charting New Waters and Building. New Bridges. The Academy of Management Review, 2000, 25（1）: 13–17.

［5］Mael, F.A., Tetrick, L.E..Identifying Organizational Identification. Educational and Psychological Measurement, 1992, 52（4）: 813.

［6］Smidts, A., Pruyn, A.T.H. and M.v. Riel, C.B..The Impact of Employee Communication and Perceived External Prestige on Organizational Identification. The Academy of Management Journal, 2001, 44（5）: 1051–1062.

［7］Schrodt, P..The relationship between organizational identification and organizational culture: Employee perceptions of culture and identification in a retail sales organization. Communication Studies, 2002, 53（2）: 189.

［8］Dukerich, J.M., Kramer, R., Parks, J.M..The dark side of organizational identification. Identity in organizations: Building theory through conversations, 1998: 245–256.

［9］Elsbach, K.D. and Kramer, R.M..Members'esponses to organizational identity threats: Encountering and countering the Business Week rankings. Administrative Science Quarterly, 1996: 442–476.

［10］Kreiner, G.E., Ashforth, B.E..Evidence toward an expanded model of organizational identification. Journal of Organizational Behavior, 2004, 25（1）.

［11］Ibarra, H.. Provisional selves: Experimenting with image and identity in professional adaptation. Administrative Science Quarterly, 1999, 44（4）.

［12］Petty, R. E., Cacioppo, J. T., et al..Personal involvement as a determinant of argument –based persuasion. Journal of Personality and Social Psychology, 1981, 41（5）: 847–855.

［13］Barnard, C. I..The Functions of the Executive. Cambridge, Mass, Harvard U. P., 1938.

［14］Simon, H. A..Administrative Behavior（3rd ed.）. New York: The Free Press, 1976.

［15］Erez，M. and Earley P. C..Culture，self−identity，and work，Oxford University Press，USA，1993：78−93.

［16］Aronson，E.. The return of the repressed：Dissonance theory makes a comeback. Psychological Inquiry，1992，3（4）：303−311.

［17］Dunham，R. B.，Grube，J. A.，et al.. Organizational commitment：The utility of an integrative definition. Journal of Applied Psychology，1994，79（3）：370−380.

［18］Mathieu，J. E. and Zajac D.M.，A review and meta−analysis of the antecedents，correlates，and consequences of organizational commitment. Psychological bulletin，1990，108（2）：171−194.

［19］Barker，J. R. and Tompkins P. K.. Identification in the Self−Managing Organization Characteristics of Target and Tenure. Human Communication Research，1994，21（2）：223−240.

［20］Galbraith，John Kenneth（1967）. The New Industrial State. Boston：Houghton Mifflin.

［21］Chandler，Alfred D.，Jr. The Visible Hand：The Managerial Revolution In American Business. Cambridge，MA：Belknap Press of Harvard University Press，1977：8−23.

［22］Cheney，G..The Rhetoric of Identification and the Study of Organizational Communication. Quarterly Journal of Speech，1983，69（2）：143−58.

（作者：苏雪梅，中国青年政治学院公共管理系）

服务员工组织支持感、工作态度与顾客忠诚

日益显著的买方市场特征使得顾客决定着企业的生存与发展，获取和保持忠诚的顾客不仅是企业获利的直接来源，也是其维持竞争优势的重要源泉（常亚平等，2009）。但随着顾客可选择范围的不断加大，所掌握信息的越来越多，企业吸引和保留顾客的难度也日益增大。研究显示，开发新顾客的成本是保留老顾客成本的6~9倍（Pepper和Rogers，1997），同时对老顾客的忽视，会造成老顾客在5年之内流失一半（Gronroos，2002）。由此可见，提高顾客的忠诚度将能显著改善企业的竞争优势。在后工业时代，顾客在购买产品或接受服务时，更重视与服务员工在接触过程中的体验和感受，服务员工自发主动的行为以及对顾客需要和要求的反应成为影响顾客购买行为的重要因素（裴一蕾，2009）。服务利润链模型作为研究服务员工和顾客关系的经典模型，但该模型只研究了一线服务员工工作满意度这一态度变量，忽视了员工的其他变量对顾客的影响，因而该模型很难有效解释服务员工与顾客直接关系，同时由于难以取得员工—顾客的二元匹配数据，因此将员工和顾客结合在一起的实证研究并不多见。另外，自20世纪70年代以来，人们发现服务员工只有获得组织的支持，才会按照组织的标准为顾客服务（Piercy和Morgan，1991）。基于此，本文将通过实证研究的方法来研究和探讨组织支持感、工作态度和顾客忠诚之间的影响路径，以期为更好地理解和提高顾客忠诚，提供一种较为科学的解释框架。

一、文献回顾与研究假设

1. 组织支持感对工作态度的影响

Eisenberger（1986）等认为，组织支持感（Perceived Organizational Support，POS）是指员工感受到的组织重视自己的贡献并关注其福利的程度。这一概念有两个核心要点：一是员工对组织是否重视其贡献的感受；二是员工对组织是否关注其幸福感的感受（徐晓锋等，2005）。组织支持感意味着员工对组织能够给予其支持程度的一种期望，这些期望包括组织对员工在未来生病、犯错误、主管绩效、薪酬公平、工作意义等方面的反映。员工将其得到的来自组织的支持或不支持性的措施作为评判组织如何看待他们的贡献及是否关心其福利的依据。

尽管员工工作态度由认知（Cognition）、感情（Affect）和行为（Behavior）三部分构成，在研究中为简单起见，学者们通常主要关注工作态度的感情部分和行为部分（陈永霞等，2006）。在组织行为的研究中，学者们普遍使用工作满意度和组织承诺作为服务员工的工作态度变量进行研究。

工作满意度（Job Satisfaction，JS）作为员工对其工作或工作经历而产生的一种积极的情绪状态（Locke，1976），已成为组织行为研究的重要概念和关键变量。组织承诺（Organizational Commitment，OC）作为员工对组织的依附和参与的相对程度和认同和卷入（Mowday等，1979）。Meyer（1990）和Allen（1990）认为组织承诺包括情感承诺、持续承诺和规范承诺三个维度。国内

外的相关研究对组织承诺的测量往往更关注情感承诺部分（郑晓涛，2007）。因此，笔者也借鉴这一做法，在本文中对组织承诺的测量仅考虑情感承诺部分，不考虑持续承诺和规范承诺这两个因素。

Rhoades（2002）和 Eisenberger（2002）通过元分析发现，组织支持感与工作满意度的平均加权相关系数为 0.59（p<0.001）。在互惠的道德规范下，有高组织支持感的员工就会有一种通过组织承诺回报组织的义务感觉（蒋春燕，2007）。Wanye（2003）等的研究表明，组织支持感对工作满意度和组织承诺均具有显著的正向影响。根据以上研究，本文提出以下假设：

H1：服务员工组织支持感对工作满意度存在正向影响。

H2：服务员工组织支持感对组织承诺存在正向影响。

2. 组织支持感对顾客忠诚的影响

早期的研究者认为顾客忠诚（Customer Loyalty，CL）主要表现为持续、反复购买特定产品的行为，但由于顾客行为背后心理过程的重要性，因此，有研究者将顾客忠诚定义为顾客对特定产品的情感上、心理上的依恋感。但由于顾客的持续购买行为可能会受到诸如缺少有效的可替换物、较高的转换成本或惯性趋势等环境因素的影响（陆娟，2007），因此 Baldinger（1996）和 Rubinson（1996）指出，在研究顾客忠诚时仅关注顾客的行为或态度都是不全面的，只有将行为忠诚和态度忠诚综合起来考虑，才最能反映顾客忠诚的真正意义。这一观点在近年来对"顾客忠诚"的研究中被广泛采用（吴泗宗、施蕾，2010）。行为忠诚（Behavior Loyalty，BL）反映对产品或服务所承诺的重复购买行为或对其服务的口碑推广；态度忠诚（Attitude Loyalty，AL）反映对特定产品或服务质量品质的信任、对产品和服务的一种偏好和依赖（徐健、汪旭晖，2009）。

在高水平组织支持环境下，互惠心理会促使其更加觉得有义务帮助组织实现目标，因此高组织支持感的员工就更可能克服工作中的困难，解决顾客面临的问题，灵活地帮助顾客实现他们的消费目的，从而促进顾客忠诚的产生（吴清津等，2004）。因此，本文提出以下假设：

H3：服务员工组织支持感对顾客的行为忠诚存在正向影响。

H4：服务员工组织支持感对顾客的态度忠诚存在正向影响。

3. 工作态度对顾客忠诚的影响

从情绪感染理论来看，服务员工的情绪能够感染给顾客，进而影响顾客的消费体验，因此 Howard 和 Gengler（2001）认为，快乐的员工能够引导顾客产生积极的态度。根据社会交换理论可知，员工会努力回报那些善待他们的企业，即对工作满意的服务员工更可能形成服务导向意识，进而促进顾客再次购买（Hoffman 和 Ingram，1991）。有关组织承诺与顾客忠诚关系的实证研究并不多见，但本文认为，组织承诺作为员工留在组织中的愿望，因此，高组织承诺的服务员工为了能够继续留在组织，就会竭尽所能留住顾客。基于上述论述，本文提出以下假设：

H5：服务员工工作满意度对顾客的行为忠诚存在正向影响。

H6：服务员工工作满意度对顾客的态度忠诚存在正向影响。

H7：服务员工组织承诺对顾客的行为忠诚存在正向影响。

H8：服务员工组织承诺对顾客的态度忠诚存在正向影响。

4. 工作满意度对组织承诺的影响

Tett 和 Meyer（1993）通过整合分析发现组织承诺与工作满意度的相关程度约为 0.70。Mathieu 和 Zajac（1990）通过元分析发现组织承诺与工作满意度的相关程度约为 0.53。对于工作满意度和组织承诺之间的因果关系，学术界长期以来存在较大的争议。由于工作满意度是对于某项工作短暂的情绪反应，而组织承诺是员工对组织一个较整体性和持久性的评估反应，因此，大多数学者认为工作满意度是"因"，组织承诺是"果"（牟嫣，2006）。姚唐（2008）等在对服务业员工忠诚度研究中发现，员工满意通过组织承诺影响员工态度忠诚，最终影响员工行为忠诚。因此，本文

提出以下假设:

H9:服务员工工作满意度对组织承诺存在正向影响。

5. 工作态度的中介作用

如果 H1~H8 成立,则一方面组织支持感对顾客忠诚、工作满意度和组织承诺产生影响;另一方面工作满意度、组织承诺对顾客忠诚产生影响,在此基础上,可以进一步假设服务员工组织支持感通过工作满意度、组织承诺进而对顾客忠诚产生影响。由此,提出以下假设:

H10:工作满意度是组织支持感和顾客的行为忠诚的中介变量。

H11:工作满意度是组织支持感和顾客的态度忠诚的中介变量。

H12:组织承诺是组织支持感和顾客的行为忠诚的中介变量。

H13:组织承诺是组织支持感和顾客的态度忠诚的中介变量。

基于以上假设,本文提出以组织支持感为自变量,以工作满意度和组织承诺为中介变量,以顾客忠诚的 2 个维度为因变量的理论模型,如图 1 所示。

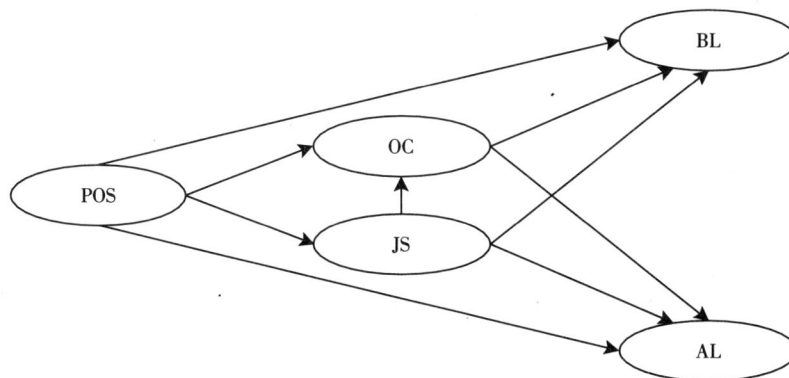

图 1 理论模型

二、研究设计

1. 问卷设计

组织支持感的测量采用周明建(2005)所编制的量表,该量表从"我们企业很关心我的福利"等 6 个方面对组织支持感进行测量。

工作满意度的测量采用 Tsui 等(1992)编制的量表,该量表包括"我对单位内的晋升机会非常满意"等 6 个题项。

组织承诺的测量采用 Allen 和 Meyer(1996)所编制的量表,该量表包括"我把企业的事情当作我自己的事情来处理"等 6 个题项。

顾客忠诚采用罗海成(2006)所编制的量表,该量表主要测度顾客的行为忠诚和态度忠诚 2 个维度。该量表由 11 个题项组成,其中 4 个题项测量行为忠诚,主要体现重复购买意向、交叉购买意愿和推荐意愿 3 个方面;7 个题项测量态度忠诚,主要体现第一选择、抵制改变、价格容忍和抱怨反应 4 个方面。

每份问卷包含两个部分:第一部分是关于服务员工组织支持感、工作满意度和组织承诺的调查;第二部分是关于该员工所服务顾客的忠诚度调查。除了一些人口组织学变量之外,量表均采用 5 级 Likert 量度，5 个备选答案从"1 非常不同意"到"5 非常同意"。

2. 研究方法

由于本文所研究的模型涉及多个潜变量之间的关系，而传统的回归方法不能同时处理多个因变量，且不允许因变量具有测量误差（侯杰泰等，2008）。因此，本文采用结构方程模型（SEM）作为实证分析的主要方法，同时利用 SPSS13.0 软件作为本文探索性研究的工具。

三、实证研究

1. 样本信息

我们于 2010 年 7~9 月对南昌、上海和广州等地 15 家服务性企业的一线服务员工及其顾客进行了一对一的配对问卷调查，服务员工填写问卷的第一部分；然后随机挑选一位顾客填写问卷的第二部分。本次调查共发放问卷 450 份，回收问卷 422 份，剔除回答不完整或无效的问卷，共取得有效问卷 371 份，有效回收率为 82.4%。

2. 问卷的信度检验

信度是指一组计量项目是否在衡量同一个概念，它是衡量数据质量的一个重要指标。在实证研究中，学术界普遍使用内部一致性系数（Cronbach α）来检验问卷的信度。本文利用 SPSS13.0 软件包，计算各量表的内部一致性系数，结果见表 1，数据显示各量表的 Cronbach α 均超过 0.70 的最低要求，说明问卷具有较高的信度。

表 1　变量的信度分析 Cronbach α 系数值（N = 371）

变量	题项数	Cronbach α
POS	6	0.898
JS	6	0.876
OC	6	0.871
BL	4	0.792
AL	7	0.775

3. 问卷的效度检验

效度也称为测量的正确性，是指量表是否能真正测量到所要测量的潜在概念的程度，即只有达到测量目的的量表才是有效的。效度分为表面效度和内容效度。由于本文所采用的问卷主要参考国内外比较成熟的量表，许多学者曾经使用这些量表并取得了较好的效果，同时在确定最终测量题项之前，我们根据小规模预试和咨询相关领域专家，对问卷作了进一步的修订，从而保证了问卷良好的内容效度。同时利用探索性因子分析的方法来检验问卷的结构效度。通过探索性因子分析得出问卷的 KMO 值为 0.910，并通过了 Bartlett's 球型检验（P<0.000），这表明数据具备因子分析的条件。采用主成分分析法，方差最大化正交旋转，提取特征值大于 1 的公因子进行探索性因子分析。结果显示：6 个因子的累积贡献率为 63.336%。从因子载荷的情况看，组织支持感、工作满意度、组织承诺、行为忠诚和态度忠诚均独立载荷，但态度忠诚的第 6 个题项因子载荷小于 0.5，为了保证问卷具有较好的结构效度，本文将该题项予以删除。

4. 假设验证

在确认了各变量测量的信度和效度之后，我们利用 AMOS7.0 软件对图 1 所示的理论模型进行检验，为了检验假设模型的可接受性，将假设模型与观测数据进行拟合，分析结果如图 2 所示。

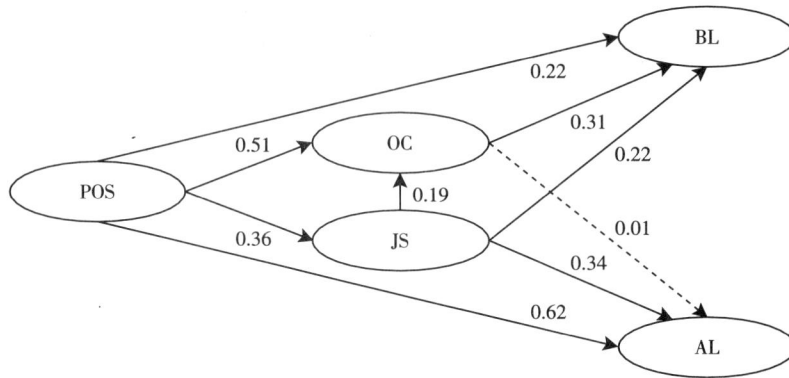

χ^2	df	X^2/df	GFI	AGFI	CFI	IFI	RMR	RMSEA
551.471	330	1.671	0.906	0.884	0.957	0.957	0.045	0.043

图 2　结构方程模型分析结果

从以上分析结果来看，理论模型的 X^2/df、GFI、CFI、IFI、RMR 和 RMSEA 分别为 1.671、0.906、0.957、0.957、0.045 和 0.043，调整的优良拟合指数（AGFI）为 0.884，略小于 0.9，但大于 0.8 的基本要求。由此可知，本文假设的理论模型与数据拟合情况较好，这表明理论模型的设定是可以接受的。

我们根据路径的显著性对研究假设进行检验，反映各个潜变量之间结构关系的标准化路径系数、T 值和假设检验结果如表 2 所示。可以看出，在 9 个原假设中，除 H8：服务员工组织承诺对顾客态度忠诚的影响没有通过显著性检验之外，其他假设都得到了支持。

表 2　模型的路径系数和假设检验结果

假设	估计值	T 值	结论
H1：服务员工组织支持感对工作满意度存在正向影响	0.36	5.57***	支持
H2：服务员工组织支持感对组织承诺存在正向影响	0.51	7.45***	支持
H3：服务员工组织支持感对顾客的行为忠诚存在正向影响	0.22	3.10**	支持
H4：服务员工组织支持感对顾客的态度忠诚存在正向影响	0.62	7.78***	支持
H5：服务员工工作满意度对顾客的行为忠诚存在正向影响	0.22	3.57***	支持
H6：服务员工工作满意度对顾客的态度忠诚存在正向影响	0.34	5.58***	支持
H7：服务员工组织承诺对顾客的行为忠诚存在正向影响	0.31	4.17***	支持
H8：服务员工组织承诺对顾客的态度忠诚存在正向影响	0.01	0.10	不支持
H9：服务员工工作满意度对组织承诺存在正向影响	0.19	3.20**	支持

注：*** 表示 P<0.001；** 表示 P<0.01。

结果表明，组织支持感在正向影响着顾客忠诚 2 个维度的同时，也对工作满意度、组织承诺具有正向影响；工作满意度正向影响着顾客忠诚的 2 个维度；组织承诺能够带来顾客的行为忠诚，但不能带来顾客的态度忠诚；工作满意度正向影响着组织承诺。

为了进一步检验工作满意度、组织承诺是否是服务员工组织支持感和顾客忠诚的中介变量，我们构建了一个只包括组织支持感和顾客忠诚的竞争模型。为了检验假设模型的可接受性，将假设模型与观测数据进行拟合，分析结果如图 3 所示。

从分析结果看，理论模型的 χ^2/df、GFI、AGFI、CFI、IFI、RMR 和 RMSEA 分别为 1.749、0.947、0.924、0.972、0.973、0.032 和 0.045，各项拟合指标都在可接受的范围内，这表明该直接作用模型的设定是可以接受的。

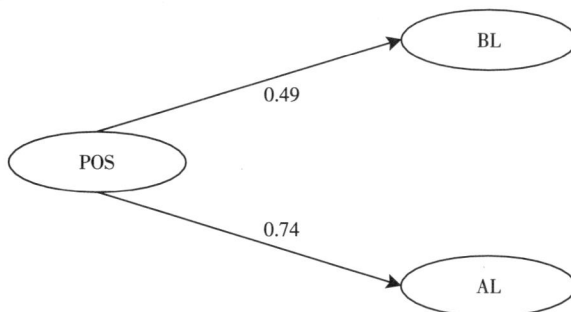

X²	df	X²/df	GFI	AGFI	CFI	IFI	RMR	RMSEA
167.916	96	1.749	0.947	0.924	0.972	0.973	0.032	0.045

图3　组织支持感对顾客忠诚的直接作用模型

Baron（1986）和 Kenny（1986）认为，一个变量要成为中介变量必须满足三个条件：条件①自变量显著影响中介变量；条件②中介变量显著影响因变量；条件③当控制中介变量后，自变量和因变量之间原先存在的显著关系变得不再显著或显著性降低。根据三个条件的满足程度不同，中介作用的效应大小可以分为完全中介变量和部分中介变量。当控制中介变量后，自变量和因变量之间的路径变得不显著，此时为完全中介；当控制中介变量后，自变量和因变量之间的路径显著降低，此时为部分中介。为了验证工作满意度（H10、H11）和组织承诺（H12、H13）的中介作用，本文将参考上述原则对工作满意度和组织承诺的中介作用进行验证。

分析工作满意度的中介作用是否显著。从表2可知，H3、H5 和 H6 得到证实，故条件①、条件②自然满足；从图2可知，组织支持感对顾客的行为忠诚（0.49）、顾客的态度忠诚（0.74）均具有显著影响；从表4可知，当控制了工作满意度后，组织支持感对顾客的行为忠诚（0.22）、顾客的态度忠诚（0.62）的路径系数显著降低，说明工作满意度具有部分中介作用。

分析组织承诺的中介作用是否显著。从表2可知，H3、H7 得到证实，H8 没有得到支持，故对于顾客的行为忠诚来说，条件①、条件②自然满足，而对于顾客的态度忠诚来说条件②得到拒绝，因此组织承诺不是组织支持感和顾客的态度忠诚的中介变量；从图2可知，组织支持感对顾客的行为忠诚（0.49）具有显著影响；从图3可知，当控制了组织承诺后，组织支持感对顾客的行为忠诚（0.22）的路径系数显著降低，说明组织承诺是组织支持感和顾客的行为忠诚的中介变量。

四、结论与讨论

本文运用结构方程模型的研究方法，通过对服务员工及其顾客的配对问卷调研，从员工工作态度的角度分析了服务员工组织支持感对顾客忠诚影响的作用机理，这对于服务性企业改善服务员工的工作态度，进而为企业有效开展顾客维系的营销实践提供了理论依据。

1. 研究结论

本文选择工作满意度和组织承诺作为中介变量，考察服务员工组织支持感、工作满意度、组织承诺与顾客忠诚之间的关系，通过实证研究得出以下四个结论：

（1）服务员工的组织支持感决定了他们的工作满意度和组织承诺，进而影响到顾客的行为忠诚，服务员工组织支持感、工作满意度、组织承诺成为影响顾客行为忠诚的基础和关键因素。组织支持感在直接影响顾客态度忠诚的同时，还通过工作满意度对态度忠诚产生影响。

（2）工作满意度和组织承诺是解释服务员工组织支持感影响顾客行为忠诚的部分中介变量，但在服务员工组织支持感影响顾客态度忠诚的过程中，仅有工作满意度这一变量起到了部分中介作用。

（3）服务员工组织承诺对顾客的行为忠诚具有显著影响，但对顾客的态度忠诚没有显著影响，这可能是因为虽然高组织承诺的服务员工会竭尽所能留住顾客，但这只能改变顾客的行为，而要改变顾客的态度，仅有高度的组织承诺还不够。

（4）在服务员工组织支持感与顾客忠诚的作用机制模型中，工作满意度是组织承诺的前因变量。在服务性行业，这再次验证了绝大多数已有的研究结论。

2. 讨论

长期以来，研究人员只是根据服务利润链模型研究员工与顾客之间的关系，但由于服务利润链模型并不能充分解释员工如何影响顾客，同时现有的研究忽略了组织在员工与顾客相互影响中的作用。本文通过梳理组织、员工和顾客三个市场主体之间的关系，提出了组织支持—员工态度—顾客忠诚的理论模型，并运用员工—顾客的二元匹配数据完成了对该理论模型的验证。

根据研究结论，本文认为，员工在与组织交往中，会将组织拟人化，按照互惠原则，根据其感受到的组织对自己的支持和关心程度，回馈给组织相应程度的工作态度，因此服务性企业管理者必须转变观念，将员工作为服务对象，关心他们的贡献和福利，只有这样服务员工才会以高工作满意度和组织承诺的工作态度为顾客提供良好的服务，从而赢得顾客的忠诚，并进而促进企业最终目标的实现。

由于受时间、空间和经费等条件限制，本文仅选择了工作满意度、组织承诺这两个常用的态度变量作为组织支持感和顾客忠诚间的中介变量进行了验证，而对其他的一些可能在组织支持感和顾客忠诚之间具有中介作用的态度变量未加研究，如组织认同、心理授权等。加之由于不同类型的服务性企业存在较大的差别，所以本文的分析结果对不同类型服务性企业的适用性还需要作进一步的验证，进而为服务性企业改善顾客忠诚提供更加有效和有针对性的建议。所以，我们将在今后的研究中，尽可能地选择更多中介变量及对不同类型的服务性企业进行比较研究，这对于补充和促进顾客忠诚研究，深化研究者和实践者对顾客忠诚形成机理的认识非常有益。

【参考文献】

［1］常亚平、刘艳阳、阎俊、张金隆：《B2C 环境下网络服务质量对顾客忠诚的影响机理》，《系统工程理论与实践》，2009 年第 6 期。

［2］陈永霞、贾良定、李超平、宋继文、张君君：《变革型领导，心理授权与员工的组织承诺：中国情景下的实证研究》，《管理世界》，2006 年第 1 期。

［3］格朗鲁斯：《服务管理与营销》，韩经纶等译，电子工业出版社，2002 年。

［4］侯杰泰、温忠麟、成子娟：《结构方程模型及其应用》，教育科学出版社，2008 年。

［5］蒋春燕：《员工公平感与组织承诺和离职倾向之间的关系：组织支持感中介作用的实证研究》，《经济科学》，2007 年第 6 期。

［6］陆娟：《顾客满意与顾客忠诚关系中的调节因素研究——来自北京服务业的实证分析》，《管理世界》，2007 年第 12 期。

［7］牟嫣：《工作满意度和组织承诺关系的实证研究》，华中农业大学硕士学位论文，2006 年。

［8］裴一蕾：《企业一线销售人员授权与其销售绩效关系研究》，吉林大学博士学位论文，2009 年。

［9］吴清津、汪纯孝、胡石凡：《旅游企业员工服务导向与工作行为对企业外部效率的影响》，旅游教育出版社，2004 年。

［10］吴泗宗、施蕾：《体验经济模式下百货商店顾客忠诚驱动模型研究》，《当代财经》，2010 年第 7 期。

［11］徐健、汪旭晖：《服务接触中的体验价值对零售顾客忠诚的影响机理——基于大型百货店消费者的

实证研究》，《营销科学学报》，2009 年第 4 期。

[12] 徐晓锋、车宏生、林绚晖、张继明：《组织支持理论及其研究》，《心理科学》，2005年第 1 期。

[13] 郑晓涛：《员工组织内信任、信任因素和员工沉默的关系研究》，上海交通大学博士学位论文，2007 年。

[14] Eisenberger，R.，Huntington，R.，Hutchison，S.，Sowa，D.. Perceived Organizational Support[J]. Journal of Applied Psychology，1986，71（3）：500-507.

[15] Hoffman，K. D.，Ingram，T. N.. Creating Customer-Oriented Employees：the Case in Home Health Care [J]. Journal of Health Care Marketing，1991，11（2）：24-32.

[16] Locke，E. A.. The Nature and Causes of Job Satisfaction [A]. Dunnette，M. D.，Hough，L. M. Handbook of Industrial and Organizational Psychology [C]. Rand-McNally，Chicago：Consulting Psychologists Press，1976：1319-1328.

[17] Mowday，R. T.，Steers，R. M.，Porter，L. W.. The Measurement of Organizational Commitment [J]. Journal of Vocational Behavior，1979，14（2）：224-247.

[18] Pepper，D.，Rogers，M. Enterprise One to One：Tools for Competing in the Interactive Age[M]. New. York：Doubleday，1997.

[19] Piercy，N.，Morgan，N.. Internal Marketing—The Missing Half of the Marketing Programme[J]. Long Range Planning，1991，24（2）：82-93.

（作者：占小军，江西财经大学工商管理学院）

组织信任对工作满意度的影响：
以组织公平为调节变量

一、引　言

众所周知，信任是减少组织内部摩擦的"润滑剂"，同时也是提高企业凝聚力的"胶合剂"。然而随着市场经济日益发展，个体的人生观和价值观也随之发生变化，越来越多的组织内部出现了信任危机。根据美国时代周刊和 CNN 进行的一项调查，75%的美国公民并不信任自己的政府，而且这与公务员对政府的看法颇为一致（Carnevale，1995）。换言之，美国公务员对其任职政府的组织信任并不高。2005 年，中国人力资源开发网对 3000 多名在职员工进行的"中国企业内部信任度调查"显示，38%的被调查者对企业的总体信任程度比较低，52%的人并不认同企业的政策和制度，39%的人对企业高层管理者持怀疑态度，50%的人认为直接上级不值得信任（李莹，2005）。可以想象，如果缺乏信任，组织内部将会充满猜忌、恐惧和冲突，严重影响到组织应变复杂环境的能力。目前，中国很多企业正处于改革转型攻坚阶段，员工对企业的信任水平本身就不高，长此以往将对企业发展造成很大障碍，因此研究组织信任是很有必要的。

组织信任是指个人或群体成员遵守并忠诚于共同商定的承诺，不谋取任何额外利益的一种共同信念（Cummings 和 Bromiley，2002）。Shaw（1997）认为组织信任是组织文化的一种特征，它的作用主要体现在影响组织成功、影响团队有效性、影响组织成员合作和影响组织成员信任度四个方面。综观国内外有关组织信任的研究，多数学者关注于组织信任的内涵、维度、形成机理以及影响机制。但遗憾的是，现有的实证研究都不够系统，有些结果散落在其他研究之中。相比之下，国内有关组织信任的实证研究较少，特别是组织信任对工作满意度的影响机制，相关研究更是少之又少。因此，本研究拟从两方面进行深入拓展，一方面基于中国样本再次验证组织信任对工作满意度的直接影响，另一方面基于组织公平视角探讨分配公平、程序公平和组织信任三重交互效应对工作满意度的影响。

二、文献回顾与理论假设

1. 组织信任对工作满意度的影响

信任不仅是一种信念，也是一种知觉（Mishra 和 Morrrissey，1990）。员工对组织的信任往往受到群体行为和组织文化的影响，这需要长时间的良性互动才能产生，因此组织信任源于个体的经验累积。由于情境的不确定性，员工会考虑过去与组织的互动经验，当员工认为组织是可信任的、可依赖的，就会产生一种祸福相依、相互关怀的依附情绪（Rousseau、Sitkin、Burt 和 Camerer，1998）。根据社会交换理论，人际互动的核心形态之一就是社会交换，而社会交换却是以信任为基础的。尽管现实情境存在风险、模糊和不确定，但信任就意味着个体相信未来结果是潜在收益大于潜在损失的，这本身就包含着对情境的满意意涵。以往有研究穿插着指出信任有助于提升工作满意度。Hackman 和 Oldham（1976）的研究发现，当工作的自主性、完整性、变化性、重要性和回馈性较高时，员工的满足感也较高，而从事这种工作的前提要件就是要对组织怀有充分的信任。Driscoll（1978）探讨了决策制定过程对组织成员满意度的影响，研究发现员工对决策制定结果的信任度越高，那么对组织的满意度也就越高。Morris、Marshall 和 Rainer（2002）的研究进一步发现信任度会正向影响工作满意度，且系统工具的使用并不会干扰信任对工作满意的影响。林碧华（2005）从互动视角探讨了虚拟团队的运作，研究结果显示主管信任对合作满意度具有正向影响关系，而同事信任对合作程度具有正向影响。基于此，本研究提出下面的假设：

H1：组织信任对工作满意度具有显著正向影响。

2. 组织公平的调节效应

组织公平研究始于 20 世纪 60 年代，Adams（1965）首次提出了分配公平的概念，它是指组织成员对组织资源分配的结果是否公平的知觉，强调的重点是决策的结果与内容。然而分配公平无法解释组织情境中以过程为导向的公平问题，随后 Thibaut 和 Walker（1975）通过司法审判案例研究提出了程序公平的概念，它是指组织员工对组织决策程序中所使用的方法、策略是否公平的主观感受。虽然后续研究在此基础上继续做出拓展，但分配公平和程序公平始终是组织公平最基本也是最重要的两个维度。

组织公平会对员工的工作态度和工作行为产生重要影响。工作满意度反映了个体对工作本身和工作情境的满意程度，这源于组织成员对工作经历评估的一种积极情绪状态。张奇、朱春奎和朱湘（2009）的研究发现，绩效评估的分配公平和程序公平对工作满意度具有显著正向影响。McFarlin 和 Sweeney（1992）的研究发现，分配公平和程序公平对薪酬满意度和工作满意度均具有正向影响，同时分配公平比程序公平具有更强的影响力。Folger 和 Konovsky（1989）认为分配公平和程序公平扮演着不同的预测角色，对于个体变量而言，分配公平比程序公平具有更强的解释效力，而对于组织变量，程序公平比分配公平具有更强的解释效力。此后在很长一段时期里，学术界都试图将分配公平和程序公平区分后进行独立研究。分配公平对组织信任具有相当大的影响力（Brockner、Siegel、Daly、Tyler 和 Martin，1997）。如果员工的薪酬或升迁与其贡献相匹配且薪酬跟其需求成比例，则员工会对组织产生较高的信任感，从而激发更高的工作满意度。根据群体价值模型，员工会把程序公平视为他们在组织中的社会地位信息，如果感知组织程序是公平的，员工就会认为组织重视和信任他们，这种对组织的信任会使员工产生更强的利他主义工作动机，从而影响到工作满意度（Tyler，1989）。Brockner 和 Wiesenfeld（1996）发现，分配公平和程序公平的交互作用会对工作态度和工作行为产生影响，当分配结果不公平时，程序公平对员工的组织决策反应影响作用会增强，这意味着程序公平可以弥补分配不公平带来的负面影响，而这种交互效应可能是具有普适性的。因此，只有将分配公平和程序公平结合起来研究才能更好地理解组织公平。从某种程度上来讲，组织公平向员工传递着有关组织的信息，分配公平决定着资源分配，而程序公平反映了员工在组织中的地位，分配公平和程序公平与组织信任之间存在交互作用从而影响员工的工作满意度。当分配公平和程序公平都较高时，员工对组织怀有更高的积极心理感知，此时组织信任度高的员工会产生更高的工作满意度；而在分配公平和程序公平都较低的情况下，员工的工作满意度本身就较低，即使员工相信组织不会漠视自己的利益，他们也不可能展现出较高的工作满意度。基于此，本研究提出下面的假设：

H2：分配公平和程序公平在组织信任对工作满意度影响中具有显著三重调节作用。具体而言，当分配公平和程序公平较高时，组织信任对工作满意度的正向影响最强，当分配公平和程序公平较低时，组织信任对工作满意度的正向影响最弱。

三、研究设计

1. 数据收集

本次问卷调查是在职 MBA 班进行滚雪球式发放，委托每位在职 MBA 学员负责向其同事发放并回收问卷。由于所有问卷均由被试对象独立完成，为了减少同源误差，我们设置了时间间隔（Time Interval），通过两次调查来采集不同的研究变量。在时间点 1，发放组织信任和组织公平问卷；在时间点 2，回收时间点 1 发放的问卷，同时发放工作满意度问卷；在时间点 3，回收时间点 2 发放的问卷。我们把时间间隔设置为 4 周，每次调查安排在 MBA 课程结束之后。问卷调查要求每位参与人留下联系方式：一来方便对样本进行编码配对，二来我们将据此随机抽出 5 名幸运参与者寄出精美礼品。本次数据采集过程历时 3 个月，从 2011 年 10 月至 2011 年 12 月，共发放调查问卷 376 套，回收问卷 234 套，回收率为 62.2%。问卷回收后，我们对问卷进行了筛选，评判依据有二：第一，量表题项回答是否存在缺失；第二，量表题项回答是否存在规律性。据此两项原则，我们剔除无效问卷 26 套，最后共回收有效问卷 208 套，有效回收率为 55.3%。本次问卷调查的人口统计学描述如表 1 所示。

表 1 样本的人口统计学分布（n = 208）

类别		频次	百分比（%）	类别		频次	百分比（%）
性别	男性	108	51.9	单位产权	国有企业	40	19.2
	女性	100	48.1		集体企业	8	3.8
					民营企业	76	36.5
					外资企业	30	14.4
					股份制企业	54	26.0
年龄	25 岁以下	48	23.1	单位规模	10 人以下	6	2.9
	25~30 岁	56	26.9		10~50 人	46	22.1
	30~35 岁	41	19.7		50~300 人	26	12.5
	35~45 岁	37	17.8		300~1000 人	48	23.1
	45 岁以上	26	12.5		1000 人以上	82	39.4

2. 变量测量

为了确保测量工具的信度和效度，本研究尽量采用以往研究使用过的成熟量表。首先，我们在文献回顾的基础上，选择出最符合本研究需要的量表；然后，我们遵从翻译—回译程序，由两名工商管理专业的博士研究生分别进行英汉互译，形成初始量表；最后，我们请两位人力资源方向的教授评价和修改，并在此基础上形成最终的调研量表。所有量表均采用李克特七分度量表进行测量，其中 1 代表"非常不同意"，2 代表"不同意"，3 代表"比较同意"，4 代表"一般"，5 代表"比较同意"，6 代表"同意"，7 代表"非常同意"。

组织信任采用的是 Nyhan 和 Marlowe（1996）开发的 12 个题项的 OTI 量表，其中 8 个题项测量的是领导信任，4 个题项测量的是组织信任。经检验，领导信任分量表的 Cronbach'α 系数为 0.84，组织信任分量表的 Cronbach'α 系数为 0.82，整体组织信任量表的 Cronbach'α 系数为 0.88。

工作满意度采用的是 Brayfield 和 Rothe（1951）编制的工作满意指数（Index of Job Satisfaction）量表，该量表包括 5 个测量题项，其中包含 2 个反向测量题项。为了避免语义歧义，提升量表的信度和效度，本研究在正式调查时删除了反向测量题项"每天的工作似乎永远都不会结束"和"我觉得工作令自己相当的不愉快"。经检验，工作满意度量表的 Cronbach'α 系数为 0.74。

组织公平采用的是 Colquitt（2001）开发的组织公平量表，该量表包含四个维度，根据具体需要，本研究仅选取 4 个题项的分配公平子量表和 7 个题项的程序公平子量表。经检验，分配公平量表的 Cronbach'α 系数为 0.80，程序公平量表的 Cronbach'α 系数为 0.75。

最后，我们用 AMOS4.0 对所有量表进行验证性因子分析（如表 2 所示）。结果表明，各量表因子载荷都在 0.5 以上，所有参数值均达到显著水平，具有很好的结构效度。通过对比几种测量模型的拟合指数，发现五因子模型的各项拟合指数要明显优于单因子、三因子和四因子模型（$\chi^2/df = 2.778$；TLI=0.928；CFI=0.941；RMSEA=0.052）。

表 2　测量模型验证性因子分析对比

模型	因子结构	χ^2/df	TLI	CFI	RMSEA
单因子	领导信任+组织信任+工作满意度+分配公平+程序公平	5.253	0.558	0.597	0.143
三因子	领导信任+组织信任，工作满意度，分配公平+程序公平	4.928	0.592	0.632	0.138
四因子	领导信任+组织信任，工作满意度，分配公平，程序公平	3.559	0.830	0.870	0.081
四因子	领导信任，组织信任，工作满意度，分配公平+程序公平	3.562	0.850	0.875	0.076
五因子	领导信任，组织信任，工作满意度，分配公平，程序公平	2.778	0.928	0.941	0.052

四、数据分析与假设检验

由信度分析和验证性因子分析的结果可知，分配公平、程序公平和工作满意度都具有良好的信度和效度，本研究用一阶因子测量题项得分的平均值作为该因子的值。另外，本研究关注于组织信任的整体效用，于是对组织信任两个维度上的题项做单一化处理，最后形成组织信任的总体测量值。表 3 列出了本研究所有变量的均值、方差和相关矩阵，从中可见组织信任与分配公平显著正相关（r=0.519，P<0.01），与程序公平显著正相关（r=0.482，P<0.01），与工作满意度显著正相关（r=0.709，P<0.01）；分配公平与程序公平显著正相关（r=0.531，P<0.01），与工作满意度显著正相关（r=0.449，P<0.01）；程序公平与工作满意度显著正相关（r=0.418，P<0.01）。

表 3　变量的均值、标准差和相关系数（n = 208）

项　目	性别	年龄	单位产权	单位规模	组织信任	分配公平	程序公平	工作满意度
平均值	1.260	3.481	3.240	3.740	4.844	4.236	4.427	4.726
标准差	0.439	1.201	1.394	1.266	0.810	1.060	1.043	1.053
性别	—							
年龄	0.308**	—						
企业产权	0.229**	0.332**	—					
企业规模	0.000	−0.305**	−0.019	—				
组织信任	0.113	−0.077	0.039	−0.129	—			
分配公平	0.039	−0.023	0.043	−0.118	0.519**	—		
程序公平	−0.121	−0.025	0.101	−0.178**	0.482**	0.531**	—	
工作满意度	−0.107	−0.170*	−0.011	−0.079	0.709**	0.449**	0.418**	—

注：* 表示 P<0.05，** 表示 P<0.01。

本研究在 H1 中提出，组织信任对工作满意度具有正向影响。第一步如表 4 中模型 M1 所示，当将性别、年龄、企业产权、企业规模四个控制变量放入回归方程后，年龄对工作满意度具有显著负向影响（$\beta=-0.222$，$P<0.01$），企业规模对工作满意度具有显著负向影响（$\beta=-0.145$，$P<0.05$），性别对工作满意度的影响不显著（$\beta=-0.055$，ns.），企业产权对工作满意度的影响不显著（$\beta=0.073$，ns.）；第二步，如模型 M2 所示，将自变量组织信任代入回归方程，我们发现组织信任对工作满意度具有显著正向影响（$\beta=0.721$，$P<0.01$），并且额外变异解释度 ΔR^2 为 0.495。因此，H1 得到了支持。

本研究在 H2 中提出，分配公平和程序公平对组织信任与工作满意度之间的关系具有三重调节效应。检验三重调节效应的"层级回归法"可以分为如下四步：第一步，将控制变量带入回归方程；第二步，将自变量和调节变量带入回归方程；第三步，将自变量和调节变量中每两项的二次乘积项带入回归方程；第四步，将自变量和调节变量的三次乘积项带入回归方程。同时，根据 Aiken 和 West（1991）的建议，当高阶交互作用显著时，不考虑低阶交互作用是否显著。根据以上四步检验法：第一步如上述模型 M1 所示，将人口统计学变量带入回归方程；第二步如模型 M3 所示，将组织信任、分配公平和程序公平带入回归方程，其中组织信任对工作满意度具有显著正向影响（$\beta=0.658$，$P<0.01$），分配公平对工作满意度的影响不显著（$\beta=0.098$，ns.），程序公平对工作满意度的影响不显著（$\beta=0.026$，ns.）；第三步如模型 M4 所示，将组织信任、分配公平和程序公平两两之间的二次乘积项带入回归方程，组织信任和分配公平的二次乘积项对工作满意度的影响不显著（$\beta=0.023$，ns.），组织信任和程序公平的二次乘积项对工作满意度的影响不显著（$\beta=0.107$，ns.），分配公平和程序公平的二次乘积项对工作满意度的影响不显著（$\beta=-0.032$，ns.）；第四步如模型 M5 所示，将组织信任、分配公平和程序公平的三次乘积项带入回归方程，三次乘积项对工作满意度具有显著负向影响（$\beta=0.125$，$P<0.10$），并且额外变异解释度 ΔR^2 为 0.005。这说明分配公平和程序公平对组织信任与工作满意度之间关系的三重调节效应显著，因此 H2 得到了支持。

表 4　回归分析结果（n = 208）

变量		工作满意度				
		M1	M2	M3	M4	M5
控制变量	性别	−0.055	−0.171**	−0.164**	−0.133*	−0.126*
	年龄	−0.222**	−0.073	−0.072	−0.086	−0.085
	企业产权	0.073	0.024	0.018	0.014	0.015
	企业规模	−0.145*	−0.007	0.001	0.003	0.002
自变量	组织信任		0.721**	0.658**	0.680**	0.711**
调节变量	分配公平			0.098	0.082	0.138*
	程序公平			0.026	0.005	0.031
交互项	组织信任×分配公平				0.023	−0.007
	组织信任×程序公平				0.107	0.111
	分配公平×程序公平				−0.032	−0.019
	组织信任×分配公平×程序公平					−0.125+
	R^2	0.036	0.531	0.535	0.539	0.544
	ΔR^2	—	0.495	0.004	0.004	0.005
	F	2.916*	47.858**	35.071**	25.195**	23.407**

注：+ 表示 $P<0.10$，* 表示 $P<0.05$，** 表示 $P<0.01$。

　　为了进一步考察分配公平和程序公平在组织信任对工作满意度影响中的三重调节效应，我们将样本分为低分配公平组和高分配公平组来分别考察在不同的情形下，程序公平在组织信任对工作满意度影响中的调节作用。因此，本研究按平均分将样本划分为低分配公平组和高分配公平组，采用层级回归分析的方法探讨程序公平在组织信任对工作满意度影响的调节作用，结果发现在低分配公平组中，程序公平在组织信任对工作满意度的正向影响中具有显著调节作用，而在高分配公平组中，程序公平在组织信任对工作满意度正向影响中的调节作用不显著，并且当分配公平和程序公平都高时，组织信任对工作满意度的正向影响最强，当分配公平和程序公平都低时，组织信任对工作满意度的正向影响最弱。我们用简单回归法得到了上述变量的关系，并通过坐标的形式表现出来（如图1所示）。为了避免共线性的问题，我们对自变量和调节变量均做了中心化的处理。因此，在两个图的横坐标中，低和高分别代表了一个负标准差和一个正标准差。

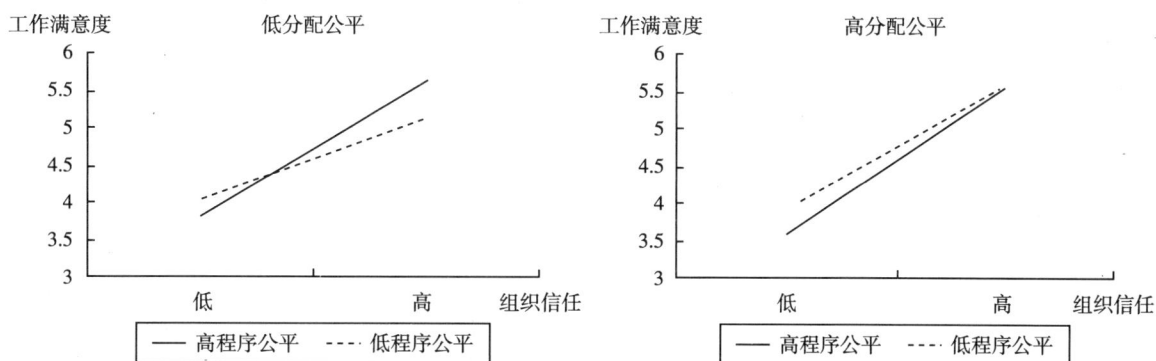

图1　分配公平和程序公平在组织信任对工作满意度影响的三重调节作用

五、研究结论

　　组织信任一直以来都是组织行为学领域的一个热门话题，尽管以往研究表明组织信任对员工的态度和行为都会产生积极影响，但甚少有研究关注组织信任对工作满意度的影响机制。为此，本研究探讨了组织公平在组织信任对工作满意度影响过程中的作用，并以208名全职工作为研究对象对上述议题进行了实证分析，研究发现：第一，组织信任对工作满意度具有显著正向影响；第二，分配公平和程序公平在组织信任对工作满意度影响中具有显著三重调节作用，当分配公平和程序公平较高时，组织信任对工作满意度的正向影响最强，当分配公平和程序公平较低时，组织信任对工作满意度的正向影响最弱。

　　研究工作满意度，绝对不能忽视组织情境的影响，其中很重要的一点就是组织是否公平。组织信任源于个体与组织互动的历史经验，组织信任度高的员工相信组织不会伤害或者牺牲员工利益，这本身也就包含对工作情境和工作本身感到满意，而组织公平可能会加剧这种影响关系。以往研究都习惯于分开讨论分配公平和程序公平的作用，而且这两种公平的影响效果也确实存在差异，分配公平对个体变量具有更强的解释力，而程序公平对组织变量具有更强的解释力，但这可能忽视了分配公平和程序公平的替代效应和交互效应。本研究就证实了分配公平和程序公平的交互作用对组织信任和工作满意度之间关系的调节作用，这对深化组织公平理论具有积极的意义。

　　相对于其他类似研究，本研究的一个重要优势在于研究设计的严谨性。研究量表尽量采用成熟量表，而且这些量表都在中国情境中都得到过检验，信度和效度有保证。另外，本研究对自变量、因变量、调节变量的数据采集设置了时间间隔，尽可能避免同源误差的影响，使得研究结论更加真实可靠。当然，本研究也不可避免地存在一定局限性，例如样本的背景复杂、数量有限，这些都可能给结论带来不确定性。建议后续研究进行更加广泛的行业和地区调查，进一步检验结论的可靠性。

【参考文献】

［1］李莹：《中国企业的内部信任度》，《中国保险》，2005 年第 4 期。

［2］林碧华：《信任、知识分享及成员互动对虚拟团队绩效之研究》，中国台湾中原大学硕士论文，2005年。

［3］张奇、朱春奎、朱湘：《绩效评估公平感对工作满意度的影响效应研究》，《科研管理》，2009 年第 3 期。

［4］Carnevale，D.G.. Trustworthy Government：Leadership and Management Strategies for Building trust and High Performance ［J］. San Francisco：Jossey－Bass，1995.

［5］Cummings，L.L. & Bromiley，P.. The Organizational Trust Inventory（OTI）：Development and Validation ［A］. Kramer，R.M. & Tyler，T.R.（eds.）. Trust in Organizations：Frontiers of Theory and Research ［C］. Thousand Oaks，CA，US：Sage Publications，Inc，1996.

［6］Shaw R.B.. Trust in the Balance：Building Successful Organizations on Results，Integrity and Concern ［M］. San Francisco：Jossey－Bass，1997.

［7］Mishra，J.，Morrissey，M.A.. Trust in Employee/employer relationships：A Survey of West Michigan Managers ［J］. Public Personnel Management，1990，19（4）：443－486.

［8］Rousseau，D.M.，Sitkin，S.B.，Burt，R.S.，Camerer，C. Not So Different After All：A Cross－discipline View of Trust ［J］. Academy of Management Review，1998，23（3）：393－404.

［9］Hackman，J.R.，Oldham，G.R.. Motivation Through the Design of Work：Test of a Theory ［J］. Organizational Behavior and Human performance，1976，16（2）：250－279.

［10］Driscoll，J.W.. Trust and Participation in Organizational Decision Making as Predictors of Satisfaction ［J］. Academy of Management Journal，1978，21（1）：44－56.

［11］Morris，S.A.，Marshall，T.E.，Rainer，R.K.，Jr.. Impact of User Satisfaction and Trust on Virtual Team Members ［J］. Information Resources Management Journal，2002，15（2）：22－30.

［12］Adams，J.S.. Inequity in Social Exchange ［A］. In Berko－witz，L.（eds.）. Advances in Experimental Social Psychology ［C］. New York：Academic Press，1965，2：267－299.

［13］Thibaut，J.，Walker，L.. Procedural Justice：A Psychological Analysis ［M］. Hillsdale，NJ：Erlbaum，1975.

［14］McFarlin，D.B.，Sweeney，P.D.. Distributive and Procedural Justice as Predictors of Satisfaction with Personal and Organizational Outcomes ［J］. Academy of Management Journal，1992，35（3）：626－637.

［15］Folger，R.，Konovsky，M.A.. Effects of Procedural and Distributive Justice on Reactions to Pay Raise Decisions ［J］. Academy of Management Journal，1989，32（1）：115－130.

［16］Brockner，J.，Siegel，P.A.，Daly，J.P.，Tyler，T.，Martin，C.. When Trust Matters：The Moderating Effect of Outcome Favorability ［J］. Administrative Science Quarterly，1997，42（3）：558－583.

［17］Tyler，T.R.. The Psychology of Procedural Justice：A Test of the Group Value Model ［J］. Journal of Personality and Social Psychology，1989，57（2）：333－344.

［18］Brockner，J.，Wiesenfeld，B.M.. An Investigative Framework for Explaining Reactions to Decisions：Interactive Effects of Outcomes and Procedures ［J］. Psychological Bulletin，1996，120（2）：189－208.

［19］Nyhan，R.C. Marlowe，H.A.. Development and Psychometric Properties of the Organizational Trust Inventory ［J］. Evaluation Review，1997，21（5）：614－635.

［20］Brayfield，A.H.，& Rothe，H.F.. An Index of Job Satisfaction ［J］. Journal of Applied Psychology，1951，35（5）：307－311.

［21］Colquitt，J.A. On the Dimensionality of Organizational Justice：A Construct Validation of a Measure ［J］. Journal of Applied Psychology，2001，86（3）：386-400.

［22］Aiken，L.S，West，S.G. Mutiple Regression：Testing and Interpreting Interactions ［M］. Newbury Park，CA：Sage，1991.

(作者：赵君，中南财经政法大学；蔡翔，桂林电子科技大学**)**

阶段转移事件对公平稳定性的影响

——公平与不公平的不对称研究

一、问题提出

自 Adams（1965）提出不公平感影响人们的工作态度和绩效以来，大量的研究证据陆续表明，公正或不公正对待感在指导人们的行为以及社会态度的形成中具有重要的影响。例如，如果员工受到公平对待，可提高员工对组织的承诺水平（刘璞等，2008），增强员工的满意度（李淑敏等，2010），降低辞职意图（Konovsky、Cropanzano，1991；Masterson 等，2000）。公平感还影响员工的行为，如跳槽（Aryee、Chay，2001）、偷窃行为（Greenberg，1993a）和绩效水平（吕晓俊等，2009；马娜，2011）。在对公平判断的研究中，人们将公正感的研究分为两个阶段：判断阶段和使用阶段（Lind，2001）。在判断阶段，人们快速收集权威人物是否公平的信息，以此做出公平判断；然后在使用阶段以公平判断指导自己随后的行为。然而，假定人们不重新审视自己公平判断是否合理是不符合常规的，这就会出现一个有趣的现象，是什么促使人们重新返回到判断阶段呢？

公平启发式理论预测，在以下两种情况下，人们的公平知觉可能会发生变化，促使人们重新返回到判断阶段。一是员工和雇主的关系性质发生了变化，例如，组织合并或结构重组；二是个体得到的公平信息过于悬殊，即当一个人面对一种结果、过程和程序体验与他们基于总体公平判断之上的期望明显不同。这些情况被称之为阶段转移事件，这两类阶段转移事件使知觉者怀疑自己的知觉是否正确。正是这种怀疑使人们从使用阶段重新返回到判断阶段。在判断阶段，人们再次快速形成与新形势知觉相一致的新的启发式。然后，这种新的启发式在使用阶段发生作用，指导随后的信息加工、知觉和态度（Lind，2001）。一些实证研究支持公平启发式理论对阶段转移事件的预测。例如，Lind、Greenberg、Scott 和 Welchans（2000）对被解雇的员工进行调查，结果发现，在解雇期间对待员工的方式比他们在组织工作中对待员工的方式更为重要。这些发现与公平启发式理论中的阶段转移事件相一致，因为失去工作意味着个体和雇主的关系发生重大变化。在解雇期受到公平对待会使被解雇的员工重新返回到判断阶段，使用最近的新消息来形成新的启发式。这种新的启发式在使用阶段被用来指导人们的知觉、态度和行为。这是员工—雇主关系发生变化的一个典型例子。然而，尽管这一研究与公平启发式理论相一致，但是它并没有直接测试阶段转移事件。

在目前的组织公平研究中，多集中于探讨组织公平对一些重要的组织结果变量的影响，很少有人关注公平判断形成之后是否会发生改变的问题。基于公平启发式理论，可以推测，人们的公平判断并不是固定不变的，当新形势发生变化时，人们的公平判断也会发生变化。当出现高不一致的信息时，人们的公平判断会发生一定程度的改变。然而，通过对公平反应和不公平反应相关文献的研究发现，人们对公平事件和不公平事件的反应可能是不同的。VandenBos 等（2001）研究指出，当人们受到不公平对待时，情感反应更为强烈。不公平事件可能会引发个人的不确定感，产生自我威胁，因此不公平事件更容易激发人们不公平感的强度。尽管公平事件和不公平事件对人们公平判断的影响程度可能不同，但到目前为止很少有学者对该话题进行研究。

本文通过呈现不一致的公平信息来探索阶段转移事件对人们公平反应的影响。具体地说，我们让一部分被试在实验的前半场（阶段 1）受到公平对待，在实验的后半场（阶段 2）受到不公平对待，称之为初始公平组。另一部分被试在实验的前半场受到不公平对待，而在后半场受到公平对待，称之为初始不公平组。为了更仔细地考察公平对反应的影响，我们还建立了两个控制条件。公平控制条件下的被试在整个实验中都受到公平对待，而不公平控制条件下的被试在整个实验中都受到不公平对待。

根据公平启发式理论，如果被试在体验到不一致的公平信息之后建立了一种新的启发式，那么，这种新的启发式应该影响被试随后的知觉和判断。因而，公平对待向不公平对待的转移应该会引起消极的反应，而不公平对待向公平对待的转移应该会引起积极的反应。在此，我们以对实验者的信任、组织公民行为作为因变量考察公平对待方式的变换对人们知觉判断的影响。基于上述情况，本研究提出以下假设：

假设 1：公平对待会导致高的对实验者信任和组织公民行为，而不公平对待会导致低的对实验者信任和组织公民行为。

假设 2：公平程序向不公平程序的转移会引起初始公平条件下的被试对实验者信任和组织公民行为的评价显著降低。而不公平程序向公平程序的转移会引起初始不公平条件下的被试对实验者信任和组织公民行为的评价显著增高。

二、研究方法

1. 实验设计

实验采取 4（公平模式：公平控制/不公平控制/初始公平/初始不公平）×2（实验阶段：阶段 1/阶段 2）混合实验设计。其中公平模式为被试间设计，实验阶段为被试内设计。

2. 被试

选取有企业经历的 154 位成人继续教育学员和 MBA 学员，随机分配到各种处理参与实验，其中男 48 人，女 106 人，平均年龄为 27.14 岁。

3. 实验材料

图形推理测试试卷　图形推理测试试卷由两部分共 13 道题组成，其中第一部分为练习项，第二部分为正式测试。所有题目都是从全国公务员考试历年真题中选取。选取的方法是：首先从全国公务员考试真题中选取图形推理判断题 20 道，然后请 20 位本科生回答这些题目，根据他们的回答结果，剔除掉难度过大或过小的部分试题，最终保留 13 道题组成图形推理测试试卷，其中练习题为 3 道，正式测试题为 10 道。

逻辑推理测试试卷　本试卷共 10 题，每题有 4 个选项，要求被试选择其中正确的选项。选取方法同图形推理测试试卷。

对实验者信任量表　使用 6 个项目评价该变量，这些项目基于认知的信任项目，选自 McAllister（1995）的人际信任测量。本研究在使用此量表时，经由两名英语专业研究生翻译成中文，并根据本研究内容经两名心理学专业研究生修正语言。采用 6 点评分法（1=非常不同意，6=

非常同意）对量表进行信度检验。结果显示，6个项目的组织信任量表内部一致性α系数为0.89。

组织公民行为量表 本研究使用 Williams 和 Anderson（1991）所编的组织公民行为量表中的5个项目进行测量。在使用此量表时，经由两名英语专业研究生翻译成中文，并根据本研究内容经两名心理学专业研究生对语言进行修正。采用6点评分法（1=非常不同意，6=非常同意）对量表进行信度检验。结果显示，5个项目的组织信任量表内部一致性α系数为0.87。对实验者信任和从事公民行为可能性在实验阶段1和阶段2之后进行测量。

操纵控制问卷 操纵控制问卷是根据本研究实际情况和程序公平操纵原理由自己编制而成。操纵控制问卷由4个项目组成，采用六点计分，即完全不赞同、比较不赞同、有点不赞同、有点赞同、比较赞同、完全赞同。4个项目的内部一致性α系数为0.83。

4. 实验程序

整个实验程序共分十步两个阶段，其中从第一步到第四步属于实验的第一阶段，从第五步到第十步属于实验的第二阶段，具体如下：

第一步：被试到达后，告知实验目的及具体任务内容。告诉被试，每人要完成两个项目的评估测试。第一个项目是图形推理测试题，每道图形推理测试题包含两套图形以及可供选择的四个备选图形。这两套图形既有某种相似性，也存在某种差异，要求被试从四个备选项中选择自己认为最适合替代问号的某个图形。第二个项目是逻辑推理测试，要求被试选择其中正确的选项。同时告知被试，在实验结束后，通过评估测试者，将会得到50元的奖金。

第二步：在被试练习几次练习题后，开始进行正式图形推理测试。

第三步：实验者收集测试问卷并进行公平操纵。本文根据前人的研究，选取程序公平的精确性对程序公平进行操纵，程序越是精确，往往被认为越是公平。在正式实验前，向被试描述实验者在该阶段中给被试项目评定的程序。在公平控制和初始公平条件下：告知被试，被试的测试成绩基于10个项目的评定。在不公平控制和初始不公平条件下，告知被试，实验者只给10个测试项目中的一个进行评定。

第四步：因变量和操纵控制测试。要求被试回答对实验者信任、组织公民行为意图以及操纵控制的有关问题。

第五步：收集问卷。

第六步：进行逻辑推理测试。

第七步：收集测试问卷并进行公平操纵。为了使被试在实验后半场（阶段2）注意到公平的转移，实验者在描述一种"新"的评定程序之前进行说明。在初始公平和不公平控制的条件下，实验者说"你知道，这真是漫长的一天，我感到疲惫，我简直不能努力地去给你们的试卷打分"。接着实验者描述用于评定项目的不公平程序：告知被试，实验者只给10个测试项目中的一个进行评定。在公平控制和初始不公平条件下，实验者说："你知道，这真是漫长的一天，我感到疲惫，我简直不能努力地去给你们的试卷打分，但是现在我打算认真地去做。"接着实验者描述他将用于判断项目的公平程序：告知被试，被试的测试成绩基于10个项目的评定。

第八步：再次对所有被试进行操纵控制测试和因变量测试。

第九步：收集问卷。

第十步：实验结束后，告诉被试实验的真实目的，同时发给每人一份纪念品。

5. 数据处理

研究结果采用SPSS11.5进行统计分析。

三、结果

1. 操纵控制检验

（1）实验阶段 1 中程序公平操纵检验。

表 1　实验阶段 1 中程序操纵效果的显著性检验

	M	SD	F	P
公平对待组	5.16	0.75	536.46	0.000
不公平对待组	2.18	0.73		

表 2　实验阶段 1 中不同对待方式的多重比较

		Mean Difference	Std. Error	Sig.
公平控制	初始公平	0.274	0.178	0.505
不公平控制		2.969	0.180	0.000
初始不公平		3.272	0.181	0.000
初始公平	公平控制	−0.274	0.178	0.505
不公平控制		2.696	0.178	0.000
初始不公平		2.998	0.180	0.000
不公平控制	公平控制	−2.969	0.180	0.000
初始公平		−2.696	0.178	0.000
初始不公平		0.302	0.181	0.430
初始不公平	公平控制	−3.272	0.181	0.000
初始公平		−2.998	0.180	0.000
不公平控制		−0.302	0.181	0.430

　　由于公平控制和初始公平在实验阶段 1 中都受到公平对待，因此合并为一组，称为公平对待组。同样，不公平控制和初始不公平合并为一组，称为不公平对待组。因此在第一阶段实验中，比较的是公平对待和不公平对待对人们反应的影响。研究结果显示，受到公平对待和不公平对待的被试在程序公平知觉存在显著差异，$F_{(1, 130)}=536.46$，$P<0.001$。受到公平对待条件下的被试（M=5.16）比受到不公平对待条件下的被试（M=2.18）更认为程序公平。进一步对不同公平对待方式进行多重比较发现，公平控制条件与不公平控制和初始不公平条件存在显著差异：$\Delta \overline{X}$ 分别为 2.969，$P<0.001$；3.272，$P<0.001$。初始公平与不公平控制和初始不公平条件存在显著差异：$\Delta \overline{X}$ 分别为 2.696，$P<0.001$；2.998，$P<0.001$。该结果表明在第一阶段的实验中程序操纵的效果是理想的（见图 1）。

　　（2）实验阶段 2 中程序公平操纵检验。由于在实验阶段 2 中，初始公平条件下的被试受到不公平对待，而初始不公平的被试受到公平对待，因此我们把初始不公平和公平控制合并作为一组，称为公平对待组；不公平控制和初始公平进行结合作为不公平对待组。研究结果显示，受到公平对待和不公平对待的被试在程序公平知觉存在显著差异，$F_{(1, 130)}=423.58$，$P<0.001$。受到公平对待条件下的被试（M = 5.17）比受到不公平对待条件下的被试（M = 2.12）更认为程序公平。

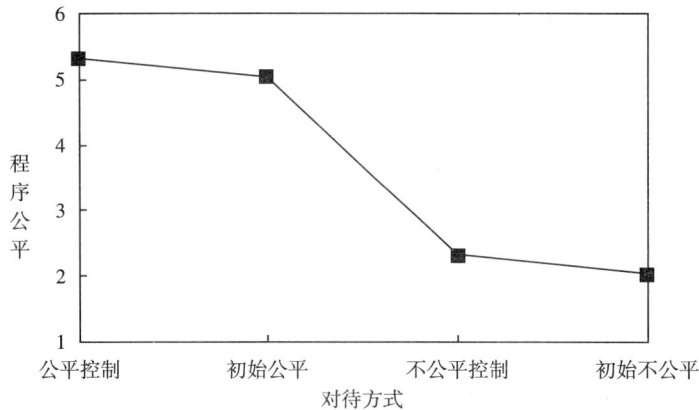

图1 实验阶段1中不同对待方式下被试对程序的公平评价

表3 实验阶段2中程序操纵效果的显著性检验

	M	SD	F	P
公平对待组	5.17	0.88	423.58	0.000
不公平对待组	2.12	0.83		

表4 实验阶段2中不同对待方式的多重比较

		Mean Difference	Std. Error	Sig.
公平控制	初始公平	3.423	0.204	0.000
不公平控制		3.061	0.206	0.000
初始不公平		0.395	0.207	0.309
初始公平	公平控制	−3.423	0.204	0.000
不公平控制		−0.362	0.204	0.375
初始不公平		−3.023	0.206	0.000
不公平控制	公平控制	−3.061	0.206	0.000
初始公平		0.362	0.204	0.375
初始不公平		−2.666	0.207	0.000
初始不公平	公平控制	−0.395	0.207	0.309
初始公平		3.023	0.206	0.000
不公平控制		2.666	0.207	0.000

进一步对不同公平对待方式进行多重比较发现，公平控制条件与初始公平和不公平控制条件存在显著差异：$\Delta \overline{X}$ 分别为3.423，$P<0.001$；3.061，$P<0.001$。初始公平条件与初始不公平条件存在显著差异：$\Delta \overline{X}$ 为−3.023，$P<0.001$。不公平控制与初始不公平存在显著差异，$\Delta \overline{X}$ 为−2.666，$p<0.001$；该结果表明在第一阶段的实验中程序操纵的效果是理想的（见图2）。

2. 不同实验条件下被试对对实验者信任、组织公民行为的感知

（1）在实验阶段1，被试对信任、组织公民行为的感知。在实验阶段1，我们将公平控制条件和初始公平条件相结合作为公平对待组；不公平控制和初始不公平条件相结合作为不公平对待组，比较公平对待与不公平对待条件下被试的信任程度和组织公民行为。被试的反应见表5。

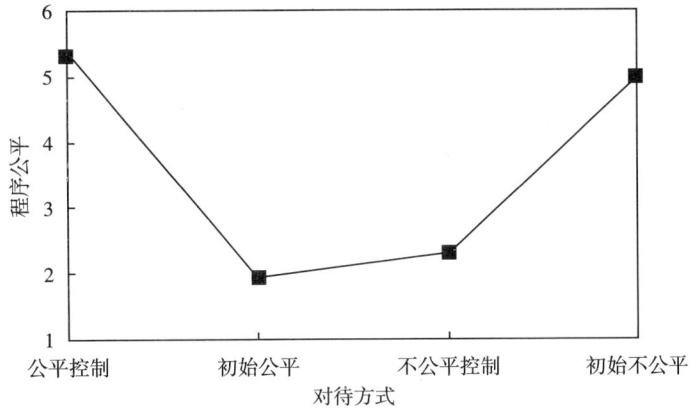

图 2　实验阶段 2 中不同对待方式下被试对程序的公平评价

表 5　实验阶段 1 中不同公平对待条件下被试反应的均值和标准差

	M	SD	F	P
对实验者信任				
公平对待组	4.78	0.79	258.067	0.000
不公平对待组	2.48	0.85		
组织公民行为				
公平对待组	4.90	0.68	677.581	0.000
不公平对待组	1.82	0.68		

从表 5 中可以看出，在实验阶段 1，公平对待组和不公平对待组对实验者信任和组织公民行为的感知存在显著差异，分别为 $F_{(1, 130)} = 258.067$，$P < 0.001$；$F_{(1, 130)} = 677.581$，$P < 0.001$。与受到不公平对待的被试相比，受到公平对待的被试在对实验者信任和组织公民行为上的得分显著高于受到不公平对待的被试。

（2）在实验阶段 2，被试对实验者信任、组织公民行为的感知。在实验阶段 2，将公平控制条件和初始不公平条件相结合作为公平对待组，初始公平条件和不公平控制条件相结合作为不公平对待组，比较公平对待与不公平对待条件下被试的信任程度和组织公民行为。被试的反应见表 6。

表 6　实验阶段 2 中不同公平对待条件下被试反应的均值和标准差

	M	SD	F	P
对实验者信任				
公平对待组	3.65	1.41	54.748	0.000
不公平对待组	2.16	0.83		
公平对待组	3.35	1.72	70.165	0.000
不公平对待组	1.89	0.70		

从表 6 中可以看出，在实验阶段 2，公平对待组和不公平对待组对实验者信任和组织公民行为的感知存在显著差异，分别为 $F_{(1, 130)} = 54.748$，$P < 0.001$；$F_{(1, 130)} = 70.165$，$P < 0.001$。与受到不公平对待的被试相比，受到公平对待的被试在对实验者信任和组织公民行为上的得分显著高于受到不公平对待的被试。

通过对实验阶段 1 和实验阶段 2 被试的对实验者信任、组织公民行为的反应进行分析，可以说明在公平条件下的被试比不公平条件下的被试会报告较高水平对实验者信任和组织公民行为，因此假设 1 得到支持。

3. 从实验阶段 1 到实验阶段 2, 被试在不同对待方式下的信任与组织公民行为的变化

表 7　被试在不同对待方式下的信任与组织公民行为的变化

	实验阶段 1		实验阶段 2		F	P
	M	SD	M	SD		
对实验者信任						
公平控制	4.55	0.79	4.70	0.82	1.72	0.199
初始公平	5.00	0.74	2.00	0.69	252.45	0.000
不公平控制	2.52	0.91	2.33	0.92	0.660	0.423
初始不公平	2.44	0.80	2.47	0.76	0.033	0.856
组织公民行为						
公平控制	5.06	0.70	4.88	0.82	0.814	0.374
初始公平	4.74	0.62	2.12	0.73	274.284	0.000
不公平控制	1.73	0.67	1.67	0.60	0.139	0.712
初始不公平	1.90	0.69	1.78	0.61	0.795	0.379

假设 2 预测, 不管是实验阶段 1 还是实验阶段 2, 在得到很大差异的公平信息后, 初始公平和初始不公平条件的被试都在反应上会存在显著性统计差异。我们的研究结果显示, 从实验阶段 1 到实验阶段 2: 公平控制组和不公平控制组没有发生显著变化。当初始公平组在第一阶段受到公平对待而在第二阶段受到不公平对待后, 被试在对实验者信任上的得分存在显著下降趋势, $F(3, 32) = 252.45$, $P < 0.001$; 在组织公民行为上的得分也存在显著下降 (由 4.74 下降到 2.12), $F(3, 32) = 274.28$, $P < 0.001$。但是, 初始不公平在实验阶段 1 受到不公平对待而在实验阶段 2 受到公平对待时, 没有存在这种变化趋势: 对实验者信任: $F(3, 32) = 0.03$, $P > 0.05$; 组织公民行为: $F(3, 32) = 0.795$, $P > 0.05$ (见图 3 和图 4)。

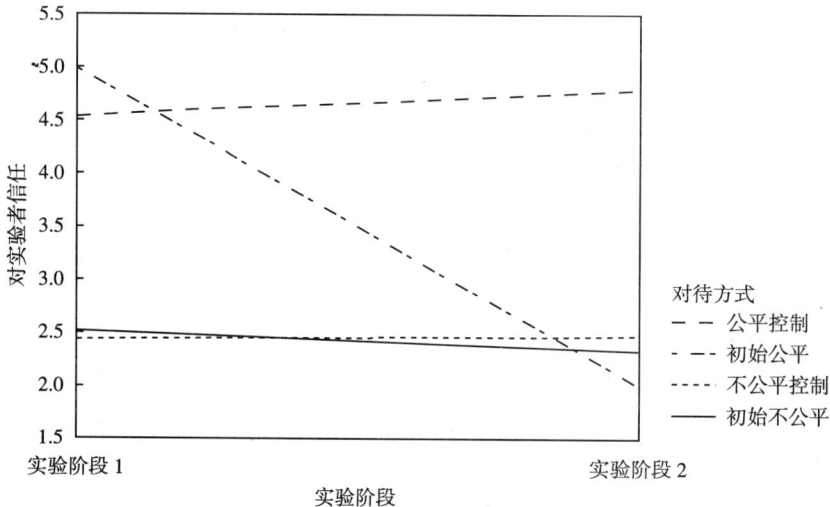

图 3　不同对待方式下是对实验者信任的感知

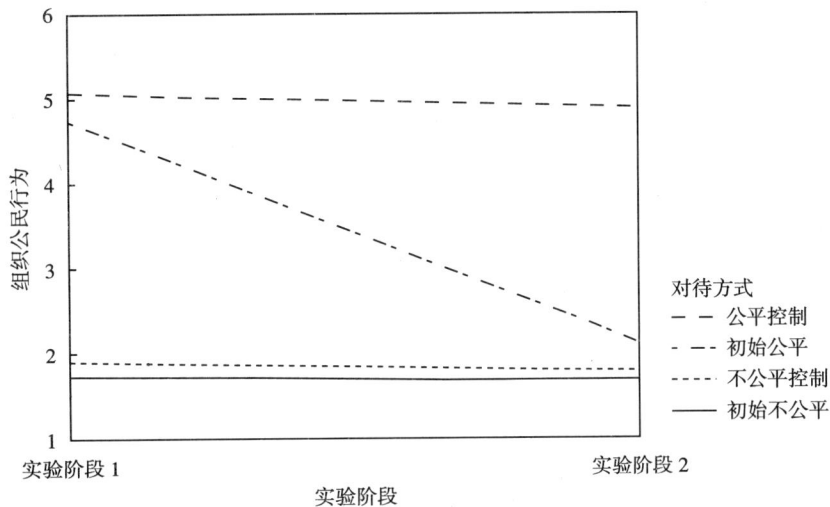

图4　不同对待方式下被试对组织公民行为的感知

　　总之，假设2只得到部分支持，公平程序向不公平程序的转移会引起初始公平条件下的被试对实验者信任和组织公民行为的评价显著降低。而不公平程序向公平程序的转移没有引起初始不公平条件下的被试对实验者信任和组织公民行为的评价显著提高。

四、讨　论

　　1. 不同对待方式下，被试对实验者信任与组织公民行为的感知
　　本研究的第一个假设预测，公平对待比不公平对待会引起更为积极的被试反应，研究结果支持这一假设预测。在实验阶段1和实验阶段2，公平对待组和不公平对待组在对实验者信任和组织公民行为上的得分均存在显著差异，受到公平对待的被试在对实验者信任和组织公民行为上的得分显著高于受到不公平对待的被试。因此可以说明公平对待会导致人们积极的反应；而不公平对待会导致人们的消极反应。本研究与以前的研究一致，例如，Moorman（1991）研究发现，员工如果认为自己受到公平对待，他们对工作、工作结果以及对主管都会表现出较正面的态度。Niehoff 和 Moorman（1993）认为当组织在资源分配及决定奖惩措施时，当员工主观认知不公平时，通常不会选择与工作绩效有直接关系的投入，因为减少此类投入将可能影响其未来的酬劳。然而，减少组织公民行为则不会影响个人酬劳，其代价显然较低，所以当员工面临不公平时，最有可能的就是减少此类行为。洪振顺（1998）在研究中把组织公平分为分配公平、程序公平及制度公平三个维度。以主管信任及同事信任作为中介变量，探讨组织公平与组织公民行为之间的关系。结果显示，程序公平能预测主管观点的组织公民行为，而制度公平能预测员工观点的组织公民行为。Podsakoff 等（1990）在研究中发现，公平感导致信任，如有不公平的感受，会使得员工较不信任组织。
　　2. 不同实验阶段下，被试在对实验者信任与组织公民行为的感知
　　公平启发式理论认为，当出现一种与公平判断相关联的关系，正在发生明显的改变信号时，必然会引起被试对已形成的总体公平判断产生怀疑，使人们重新返回到判断阶段。一旦返回到判断阶段，就会重新快速地收集和加工与公平有关的信息，形成新的总体公平判断，然后重新过渡

到新的使用阶段。使知觉者返回到判断阶段的意外体验可能是积极的也可能是消极的，重要的是存在大量偏离期望的偏差。如果一个人从身边视为敌人的人那里得到明显公平的结果、公平的程序或明显的尊重行为，知觉者可能会返回到判断阶段，收集关于他人公平的新信息，做出新的判断。

本研究通过在实验不同阶段呈现高不一致的公平信息，直接调查了这一假设。结果表明，当公平程序向不公平程序的转移，会引起初始公平条件下的被试，对实验者信任和组织公民行为的评价降低；然而，不公平程序向公平程序的转移却没有提高初始不公平条件下的被试对实验者信任和组织公民行为的评价。这意味着，公平不能恢复人们的积极反应，至少在短期的情况下是这样。这种情况的出现可能是由于不公平对待感导致个人的不确定性，引发自我威胁感。

除了高不一致的公平信息，其他的原因也可能导致阶段转移。例如，被试体验的公平或不公平程序的顺序有可能会影响实验中途被试形成新的启发式的可能性。初始公平条件下的被试对不一致的公平信息（例如在实验后半场受到不公平对待）会很快做出反应，使用不公平的体验来形成公平启发式。因此可以预期，这种新的启发式会引起消极的反应。然而，初始不公平条件下的被试可能会表现出一种不同的认知模式。由于"消极事件"对机体来说一般是危险信号，它强化了人们唤醒机制和谨慎方面的保守主义（Van den Bos 等，2001）。因此，当新出现的公平信息（公平对待）不足以强大到克服早期所建立的不公平启发式时，这些开始受到不公平对待的被试，即使受到公平对待也不会立即建立起新的启发式。

通过上面的研究分析，也说明了公平和不公平具有不对称性。这点也是对前人观点的一次实证性支持。如 Gilliland 和 Chan（2001）认为公平和不公平是一个连续体上对称的两端可能是错误的；Gilliland 和 Chan（2001）认为公平和不公平可能是不对称的，其中公平诱发帮助行为和卷入，而不公平诱发报复和退缩行为；而 Cacioppo 等（1997）认为公平和不公平体验存在数量上的区别，可能产生不对称的影响。因此，如果要想使作为启发式的总体公平判断改变，就必须要有足够大的违背期望的程度。而在本研究中，可能是不一致的信息没有达到足以改变人们评价的强度，因此不公平程序向公平程序转移时没有出现显著变化。

3. 研究不足及其展望

本研究也存在一些不足，例如：

（1）在对程序公平的操纵方面仅涉及程序公平的精确性。精确性只是构成实验研究中对程序公平进行操纵的一个方面，不能涵盖程序公平的一般性。因此，未来研究应考虑其他公平现象，对程序公平采取更一般的测量，如对领导制定决策时的偏见性和一致性等因素的测量。

（2）本研究在探讨阶段转移事件时，没有真正地深入企业，以企业事件作为主体。本文通过实验研究得出的结论是初始公平组的被试在后来遭遇不公平对待时会修订他们的公平启发式，而初始不公平组的被试则不会修订自己的公平启发式。如果有一个绝对理想的条件，即研究进行的时间足够长，那么也可能会发现公平启发式在不公平对待后会发生改变。对于未来研究更明确地探索更大跨度时间阶段变化的可能性仍然至关重要。

4. 管理启示

尽管存在一些局限，但是我们的研究还是有一些重要的实践意义。第一，我们从数据中所观测到的公平效果强化了实践的重要性，提醒管理者要重视公平。幸运的是，一些研究已经表明，可以成功地培训管理者去坚持公平原则（Skarlicki 等，2005），这种训练成为管理项目的一项内容，在今天的组织中基本上已经得到普及。第二，即便员工已经形成公平知觉，信任上司，作为管理者，持续地提高诚实、公平仍然很重要。因为即便形成了公平印象，如果在后期受到不公平对待，人们的公平反应仍然会发生改变，对他们的态度和行为会产生一定的影响。第三，对于管理者来说，如果想在员工心目中留下公平的印象，那么提高公平感的政策或行动必须在关系建立的早期执行；如果员工形成了对领导不公平的印象，那么领导往往需要花费很大的努力才能改变员工的这种印象，而且在短期情况下改变的效果并不一定理想。

五、结　论

通过探讨阶段转移事件对公平反应的影响，结果显示：（1）公平对待会提高员工的积极反应，而不公平对待则会引发员工的消极反应。（2）从公平程序向不公平程序的转移，会引起初始公平条件下的被试对实验者信任和组织公民行为评价显著降低。而从不公平程序向公平程序的转移不存在这种显著变化。因此可以认为公平和不公平反应具有不对称性。

【参考文献】

［1］刘璞、井润田、刘煜：《基于组织支持的组织公平与组织承诺关系的实证研究》，《管理评论》，2008年第11期。

［2］李淑敏、李旭培、时勘：《组织公平对工作满意度的影响：组织认同的调节作用》，《人类工效学》，2010年第3期。

［3］吕晓俊、严文华：《组织公平感对工作绩效的影响研究》，《上海行政学院学报》，2009年第1期。

［4］马娜、黄国泉：《组织公平感对工作绩效的影响》，《人力资源管理》，2011年第4期。

［5］洪振顺：《组织公正对组织公民行为研究之研究——信任关系之观点》，国立中山大学人力资源管理研究所硕士学位论文，1997年。

［6］Adams，J. S.. Inequity in social exchange ［J］. In L. Berkowitz（Ed），Advances in experimental social psychology. New York：Academic Press，1965：267-299.

［7］Konovsky，M. A.，Cropanzano，R.. Perceived fairness of employee drug testing as a predictor of employee attitudes and job performance ［J］. Journal of Applied Psychology，1991（5）：698-707.

［8］Masterson，S. S.，Lewis，K.，Goldman，B. M.，Taylor，M. S.. Integrating justice and social exchange：The differing effects of fair procedures and treatment on work relationships ［J］. Academy of Management Journal，2000（43）：738-748.

［9］Aryee，S.，Chay，Y. W.. Workplace justice，citizenship behavior，and turnover intentions in a union context：Examining the mediating role of perceived union support and union instrumentality［J］. Journal of Applied Psychology，2001（1）：154-160.

［10］Greenberg，J.. Stealing in the name of justice：Informational and interpersonal moderators of theft reactions to underpayment inequity ［J］. Organizational Behavior and Human Decision Processes，1993，54：81-103.

［11］Lind，E. A.. Fairness heuristic theory：Justice judgments as pivotal cognitions in organizational relations ［J］. In J. Greenberg & R. Cropanzano（Eds.），Advances in organizational justice. Stanford，CA：Stanford University Press，2001：56-88.

［12］Lind，E. A.，Greenberg，J.，Scott，K. S.，Welchans，T. D.. The winding road from employee complaint：Situational and psychological determinants of wrongful-termination claims ［J］. Administrative Science Quarterly，2000（45）：557-590.

［13］Van den Bos，K.. Uncertainty management：The influence of uncertainty salience on reactions to perceived procedural fairness ［J］. Journal of Personality and Social Psychology，2001（80）：931-941.

［14］McAllister，D. J. Affect and cognition-based trust as foundations for interpersonal cooperation in organizations ［J］. Academy of Management Journal，1995（1）：24-59.

［15］Williams，L.J.，&Anderson，S.E..Job satisfaction and organizational commitment as predictors of organizational citizenship and in-role behaviors [J]. Journal of management, 1991 (17): 601-617.

［16］Moorman R.M.. Relationship between organizational justice and organizational citizenship behaviors: Do fairness perceptions influence employee citizenship? [J]. Journal of Applied Psychology, 1991(6): 845-855.

［17］Niehoff, B.P. and Moorman R.H.. Justice as a Mediator of the Relationship between Methods of Monitoring and Organizational Citizenship Behavior [J]. Academy of Management Journal, 1993 (36): 527-556.

［18］Podsakoff, P.M., MaKenzie, S.B., Moorman, R.H., and Fetter, R.. Transformational Leader Behaviors and Their Effects on Follower'Trust in Leader, Satisfaction and Organizational Citizenship Bebavior [J]. Leadership Quarterly, 1990 (1):107-142.

［19］Gilliland, S. W., Chan, D.. Justice in organizations: Theory, methods, and applications [J]. In N. Anderson, D. S. Ones, H. K. Sinangil, C. Viswesvaran (Eds.) Handbook of industrial, work and organizational psychology, Sage: Thousand Oaks, CA, 2001 (2): 143-165.

［20］Cacioppo, J.T., Gradner, W.L., Berntson, G.G.. Beyond bipolar conceptualizations and measures: The case of attitudes and evaluative space [J]. Personality and Social Psychology Review, 1997(1): 3-25.

［21］Skarlicki, D.P., Latham, G.P.. How can training be used to foster organizational justice? [J]. In greenberg J.A. Colquitt (Eds.), Handbook of organizational justice. Mahwah, NJ: Erl baum, 2005: 499-522.

（作者：卢光莉、陈超然，河南大学）

我国个人社会资本影响劳动收入差异的实证分析

一、引言和概念界定

一般而言，人力资本决定工作效率，进而决定劳动收入的差异，可许多研究表明，改革开放许多年后，中国的教育收益率仍非常低，受教育程度等人力资本无法解释所有的劳动收入差异。可见，影响收入差异的重要原因中肯定有非人力资本因素。随着经济转型过程的推进，当前教育收益率有所提高，那么非人力资本因素对收入差异的影响程度有多大，不同人群中社会资本因素对收入的影响有什么特点，这是本文研讨的问题。

本文研究的社会资本为个人社会资本。个人社会资本是指个人动员或动用嵌入在个人关系网络中的所有社会资源的能力。个人关系网络就是以自我节点为中心以及其他和自我节点相联系的个体所组成的人际关系网络。个人社会资本水平，与个人关系网络的规模和质量有关。个人关系网络的规模和质量受三个因素的影响：一是个人在社会结构中的位置；二是有联系的其他人的数量以及他们在社会结构中的位置；三是个人和他人之间联系的强度。个人社会资本一般不具有生产性质，与生产函数没有直接关系，但它影响一个人或者家庭的生活质量、信息来源和办事效率，从而影响个人就业机会和就业质量。特别是公共社会资本比较贫乏时，单位和社会成员没有正规和公认的沟通渠道，这时个人社会资本能够发挥更强的作用，人们也愿意付出高成本获得个人社会资本。

根据获得社会资本的途径，可以把个人社会资本分为两类，一类是地位型社会资本，另一类是关系型社会资本。凭借自己在社会结构中的地位而获取非个人资源的能力，称为地位型社会资本；从他人那里获得社会资源的能力称为关系型社会资本。地位型社会资本的大小与个人在社会关系网络中位置的高低有关；关系型社会资本大小与个人所能利用的社会关系网络的质量和层次有关。在特殊情况下，个人社会资本发挥作用，限制了劳动力市场的自由竞争，人们不是靠劳动能力来获得高收入，这会激励人们努力构建和利用社会关系，而不是提高个人劳动能力。

社会资本主要是通过就业和晋升间接影响收入水平。一个假设是在社会变革过程中，当就业和晋升的显规则缺乏时，潜规则也有很大的发挥作用的空间，此时社会资本的影响会很大。随着市场体制的不断完善，社会资本对收入的影响会变得越来越小。本文利用调查数据分析当前我国社会资本对收入差异影响程度和特点，并研究社会资本对不同人群工资的影响特征。下面内容的安排是：首先对社会资本影响收入差异的相关文献进行梳理；再对调查数据的特征进行描述；接着对社会资本和个人收入变量进行回归分析，并分人群进行研究，解释分析结果；最后给出研究结论。

二、相关文献简述

随着研究的深入，当人们发现人力资本因素无法完全解释收入差异原因时，学者逐渐将注意力转向了人力资本以外的因素。社会资本的增加会带来个人收入的提高被广泛认同。科尔曼（1990）认为，社会资本的积累是一个类似保险的互惠行动过程，一个人平常投资于社会资本的成本类似于保费，这种投入在此人需要帮助的时候能够提供必要的经济和其他方面的支持。社会资本有助于人们获得资源，提高经济社会地位（Bian，1997；Bian 和 Ang，1997；林南，2004），而对于劳动者来说，当然也会获得更高的工资收入。赵延东和王奋宇（2002）利用 1998 年的数据证明了社会资本在农民工经济地位获得中的意义，并认为社会资本的作用已经超过了人力资本。彭巍（2003）利用中山大学广东发展研究院所做的"广东社会变迁基本调查"数据，研究得出社会资本对职工收入水平的差异具有一定的解释力，对社会资本的投资，可获得一定的经济收益。社会资本使权力、经济、文化三种资源相互保持稳定兑换，减少风险，增值增效，也强化了阶层的封闭性，社会资本诱导资本与公共权力结合和相互渗透，扩大了公众的不公平感（樊平，2004）。农民工的工资水平与其社会资本相关（刘林平、张春泥，2007），使用社会网络和对社会网络投资较多的个体可能获得更高的工资收入。何国俊等（2008）认为家庭关系与老乡关系对于女性迁移劳动力的工资有显著影响。社会资本在劳动力市场上发挥着重要作用，在行政管制经济体系向市场经济体系的过渡时期其作用尤其明显，在中国劳动力市场，"关系"是能否成功的一个决定因素，社会网络的大小以及党员身份对收入具有显著影响，社会资本的作用甚至超过了人力资本的作用，一些证据表明，即使在市场力量较强的领域，社会资本也具有较重要的作用（John Knight、Linda Yueh，2008）。杨其静等（2010）认为企业的政治联系是企业的社会资本，它影响着企业利润以及员工工资水平。以政府补贴作为衡量政府与企业政治联系的变量所进行的研究结果表明，获得政府补贴企业的人均工资水平显著高于未获得政府补贴企业。

关于社会资本影响收入的途径，一般认为，社会资本会通过影响人们的就业能力和信息获取能力而影响收入。在 Granovetter（1973）关于人们求职过程的研究中发现，即使在劳动力市场制度已经较为完善的欧美国家，人们在求职过程中仍会更多地依靠自己的社会关系。Portes（1993）进一步强调了社会资本对移民的重要作用，他认为，劳动力转移过程中的每一步都和其拥有的社会资本和社会网络密不可分，通过利用其在社会网络中动员资源的能力，移民能够更容易找到各种信息并找到合意的工作。李培林（1996）认为社会资本能够降低交易成本并提供更广泛的信息，从而增加农民工找到工作的机会。社会资本对职工能否获得再就业也有显著影响（赵延东等，2000）。

还有一些实证结论表明，人们往往利用社会网络或社会资本寻找工作，但并不一定可以获得更高工资收入的工作（Bridges 和 Villemez，1986；Korenman 和 Turner，1996；Staiger，1990；刘林平等，2006），Granovetter（1973）发现，虽然过去大量研究表明"弱关系网络"由于其信息的异质性能够给农村劳动力向城市转移提供一定程度的便利，但它并不能对收入产生实质的影响。杨靳（2007）发现由于民工受紧密型社会资本的制约，收入与社会资本之间存在负相关关系，即与具有相同教育水平的劳动者比较，利用社会关系就业的民工每月要少收入 11.5%，也就是说，在特定情况下，社会资本对收入水平的提高可能出现阻碍作用。只有非常微弱的证据表明拥有更多的社会网络能够直接提高农民工在城市劳动力市场上的工资水平，它在具有较高竞争性的城市劳动力市场上的主要作用是配给工作，但并不能直接改变劳动力市场的均衡价格水平，它只能通过影响农民工的工作类型而间接地影响他们的工资水平（章元、陆铭，2009）。可以看出，拥有社会资本尽管有助于人们找到工作，但是否一定能达到较高的收入水平仍存争议。

三、数据来源与分析

本章利用 2008 年 11 月 CHNS 网站公布的纵向数据资料（将以前的调查资料整理而得）。利用这些资料的原因是在 2008 年 11 月公布的纵向数据资料中，不但含有子女和父母的对应信息，而且根据调查信息对收入数据进行了整理，其中家庭收入利用每个人的劳动投入时间分解到了个人头上，并且和其他劳动收入进行了加总，使得含有个人收入信息的样本大增，便于分析父母身份特征与子女收入的关系。

1. 本人的社会资本

（1）本人的户籍类型。用户籍类型表示社会资本指标的原因有三：一是户籍与一系列社会权利紧密相连，户籍类型可以影响地位型社会资本的大小。二是户籍类型明显影响人们的就业和收入水平。很多地区都具有与户籍有关的就业政策，阻碍劳动力的充分流动，户籍制度使乡城迁移的成本非常大，这导致系统性的城乡收入差异。三是城市户籍的人也更容易建立广泛的较高层次的社会关系网络。

（2）本人的职业地位。职业地位度量的是地位型社会资本，在当前的中国，最能集中体现社会经济地位特征的是职业（李路路，2002）。职业地位直接影响一个人的社会资源的利用能力，不管这个人实际劳动能力的高低，如果所在的职业具有一定的权势，就能够安排和分配稀缺资源，自己拥有较高的威信，处于较高的社会阶层，能够影响别人的决策，并通过上述权力在收入分配中占据优势地位。因此，由于职业地位的不同，同样学历的人的收入也会有较大差异。

划分职业地位的方法一般是按照传统的习惯认识为标准的，本文借鉴以往研究的分类方法，把职业地位分为三个等级，较高等级的职业包括管理者、行政官员、经理、高级专业技术工作者、军官与警官、运动员演员演奏员，其职业地位赋值为 3，其中最后一类职业在权力结构中不一定处于上层，但他们往往有较广泛的关系网络；中等级别的职业包括一般专业技术工作者、办公室一般工作人员、技术工人或熟练工人、司机，属于白领阶层，其职业地位赋值为 2；较低等级的职业包括农民渔民猎人、非技术工人等体力劳动者，其职业地位赋值为 1。将样本按本人的职业地位分组，整理结果显示，较低等级职业地位的人数最多，占到总数的 61%，中等职业地位的人数比例为 30%，较高等级职业地位的人数最少，不足 10%，呈现明显的金字塔形状，与实际情况相符。按职业地位分组后，对总体基尼系数进行分解，组间差异解释总体差异的 40%，组内差异解释了 41%，重叠部分解释了 19%。组间差异解释了总体差异的很大部分，说明职业地位之间的收入差异是很明显的。

2. 父母社会资本

（1）父母的教育水平。教育水平高的父母至少具有更丰富的同学关系网络，一个人受教育水平越高，同学关系资源越丰富，高教育水平的人也容易获得更高的权利地位。同学关系也是一种比较亲密的关系，父母可以利用同学关系资源为子女谋利益。父母也可以直接帮助子女决策，利用他们自己的分析能力，收集信息和判断就业形势以及工作环境，指挥子女在各种竞争中获得胜利。因此，父母的受教育水平决定着父母的智力资源和同学关系资源，这些资源会对子女的就业和收入产生影响。

父母的教育水平变量的整理过程如下：根据取得的最高文凭将教育分成五个阶段，分别为文盲、小学水平、初中水平、高中水平和大学水平，相应赋值为 0、1、2、3、4。采用这种方法分别获得父亲的教育水平变量和母亲的教育水平变量。有的人认为父亲一般是家庭的决策者，善于利用社会关系，因此父亲的教育水平对子女的影响较大，而有人认为母亲与子女接触的时间较多，因此，母亲对子女的学习成绩以及对事物的认识判断能力影响较大。假设子女愿意充分利用父母的各种资源为自己谋利益，因此可以把父母的教育水平合成一个变量，方法是父母的共同教育水平等于父亲和母亲两人中较高等级的教育水平。当前具有劳动收入的人，其父母一般是在 20 世纪70 年代以前出生的，其中很多是解放前出生的，占样本的 43%，农村户口的样本占 78%，因此其受教育年限一般较低，父亲的受教育年限只有 5.9 年，母亲比父亲的受教育年限更低，只有 3.8年，平均还达不到小学毕业水平，父亲文盲的比率为 17%，母亲文盲的比率为 37%。

分别计算父辈的教育年限与子女收入的相关系数和父辈的教育水平与子女收入的相关系数，尽管相关系数都不是很高，但都在 5% 的水平上通过了相关性检验，说明父辈的教育水平与子女收入之间存在一定关系。其中，母亲的教育水平与子女收入的相关程度最高，秩相关系数达到0.108，在 0.1% 的显著水平上通过了相关性检验。

（2）父母的职业地位。父母的职业地位同样会影响子女的就业和晋升。职业地位直接影响父母的社会活动能力，如果所在的职业具有一定的权势，能够安排和分配社会资源，父母就可以利用手中的权力为子女安排工作。如果某个职员有"后台"，单位领导也会另眼相看，为了利用其后台而对这个职员做出较高的业绩评价或给予晋升机会。因此，父母的职业地位应该是影响子女收入的重要变量。

与上面分析的父母的教育水平类似，也将父母的职业地位合并成一个变量，其中如果父母两人都有职业等级信息，则取较高者的等级，如果只有一方的职业等级信息，则赋值为这个人的等级水平。数据分析表明，职业等级具有明显的金字塔形式，高职业等级即管理层的人数较少，父亲为高职业等级的样本数只占总样本数的 7.72%，母亲的占 1.45%，这符合总体的实际情况。分别计算父亲的职业地位、母亲的职业地位和父母综合的职业地位与子女收入的 Spearman 秩相关系数发现，其相关程度明显较大。三个相关系数的值都达到 0.2 以上，且都在 0.1% 的显著水平上通过相关性检验。其中，父亲的职业地位和父母综合的职业地位与子女收入水平的相关系数较大一些，都达到了 0.28。

3. 家庭社会资本

本文主要用家庭年度收送礼金额来表示家庭社会资本。年度收送礼金额是从投资和维护角度来衡量社会资本的。一个人关系网络的密度越大，一定时间内其维护这个关系网络所需要的资金越多，不然社会资本也会贬值。中国是关系型社会，人们通过节日或红白喜事会互相走动，有正常的社会交往，也会趁机拉拢有权势的人，进行有目的的社会资本投资。新建立的社会关系网，特别是具有目的性的社会资本投资需要较多资金，其效果往往也很明显。年度收送礼水平是描述个人关系网络大小的重要变量。尽管一些人没有利用个人关系网络为自己谋福利，但是大部分人在求职和办事过程中会首先想到亲戚、同学、朋友等熟人，请求他们提供信息和帮忙。可以设想家庭收送礼水平和个人收入也存在一定关系。

CHNS 家庭调查表中有这样三个指标可用来度量家庭收送礼金额：一是家庭送礼的花费；二是从亲戚朋友等那里所收礼金；三是亲戚朋友等所送非现金礼品的折算金额。将这三项加总，便得到年度收送礼金额变量。如果只相差数百元的年度收送礼金额，也无法完全区分谁的关系网络更大，只有金额相差较大时才能大致比较关系网络的大小，因此本文利用年度收送礼金额变量获取年度收送礼水平变量，仍然利用定序变量对其度量。整理的方法是将几乎没有收送礼的年度收送礼水平赋值为 0，将 200 元以下的赋值为 1，将 200 元到 500 元的赋值为 2，将 500 元到 1000 元的赋值为 3，将 1000 到 2000 元的赋值为 4，将 2000 元以上的赋值为 5，共六个等级。统计发现，收送礼金额大多集中在 1000 元以内，占总样本的 80%，5000 元以上的有 14 人，10000 元以上的只有 4 人，分布极不均匀，标准差很大。因此把收送礼指标用定序变量表示，也能使样本分布均匀化，排除奇异值的影响。

把收送礼水平分成六个等级，计算收送礼水平与个人收入的 Spearman 秩相关系数，其值为 0.09，对应的 t 检验 p 值为 0.0018，在 0.1% 的显著水平上通过相关性检验，说明收送礼水平也在一定程度上影响收入水平。

从上面的分析可以看出，个人的户籍类型、个人的职业地位、父母的教育水平、父母的职业地位和家庭收送礼金额都与个人收入差异有一定的相关性，在相应分析中可以作为影响收入的重要变量，它们表示的主要是个人社会地位和个人关系网络的大小，因此可以作为个人社会资本的替代变量。

四、社会资本因素对收入差异影响的回归分析

在标准的 Mincer 收入决定模型中，尽管教育和经验与收入显著相关，但模型的总体解释程度往往不高，在普通最小二乘法回归结果中，决定系数一般只有 0.2 左右，这是遗漏了其他重要解释变量所造成的结果。

由于直接度量社会资本比较困难，许多学者一般用间接指标来度量社会资本，由此可能会产生一种后果，当所采用指标与收入关系不明显时，我们不知道是指标的问题还是个人社会资本本身对收入影响不大，这是因为间接指标可能造成测量的社会资本对收入的影响偏小。社会资本的另一个特征是它能通过影响人力资本的大小间接影响收入水平，因此在计量过程中要注意变量的多重共线性问题，但解释变量间毫无关系是不可能的，共线性程度只要限定在一定范围内，也可以得出能够接受的结果。

根据上面分析的结果，本文认为影响个人收入水平的因素除了个人受教育水平、工作年限和户籍类型外，个人的职业地位、父母的职业地位、父母的受教育水平以及家庭收送礼金额也是非常重要的变量。根据本文对社会资本的解释，户籍类型属于地位型社会资本，因此方程中度量社会资本因素的变量有五个，分别为户籍类型、本人职业地位、父母职业地位、家庭收送礼金额和母亲的受教育水平，度量人力资本的因素有两个，分别为个人受教育年限和工作年限，由此建立计量模型的多个解释变量，被解释变量为收入水平的对数值。

利用上述变量，对个人收入差异的影响因素进行分析，采用 OLS 回归，经检验，各解释变量的方差膨胀因子分别为 1.60、1.53、1.23、1.39、1.05、1.18，均远小于 4，可认为不存在严重影响计量结果的多重共线性问题。利用 Breusch-Pagan 检验方法分析异方差问题，结果没有通过同方差的原假设，可见存在异方差问题。以估计残差的绝对值的倒数作为权数，采用加权最小二乘法，逐步引入解释变量，回归结果如表 1 所示。

表 1　逐步引入社会资本因素的回归结果

变量	模型 1	模型 2	模型 3	模型 4
个人受教育年限	0.199***	0.197***	0.180***	0.110***
工作年限	0.077***	0.075***	0.077***	0.045***
收送礼水平		0.057***	0.027**	0.024**
父母职业等级			0.317***	0.080**
母亲教育水平			0.051**	0.023

续表

变量	模型 1	模型 2	模型 3	模型 4
户籍类型				0.169*
本人职业地位				0.730***
常数	5.48***	5.39***	5.065***	5.320***
样本数	1145	1145	1031	935
调整的 R^2	0.49	0.57	0.63	0.68

注：*$p < 0.05$，**$p < 0.01$，***$p < 0.001$。

从回归结果来看，人力资本变量很容易通过显著性检验。从其中的社会资本因素来看，在模型 4 中，城市户口的劳动力比农村户口的劳动力的平均年收入要高 18.4%（$e^{0.169}-1$）。个人的职业地位是影响收入的重要变量，在较高程度上通过显著性检验，个人的职业地位每提高一个等级，平均能使年收入提高 107%。父母职业地位是标示家庭社会地位的重要变量，父母的职业地位每提高一个等级，可以使子女的收入提高 8.32%，可见社会地位有一定的代际传递性，父母可以凭借自己手中的权力和关系网络直接为子女谋福利，安排称心如意的工作，获得较高的收入，这种现象在初次就业的高校毕业生中非常明显。家庭收送礼金额在 5%的水平上通过了显著性检验，但影响程度没有父母的职业地位那么高，从数据本身来看，收送礼水平每上升一个等级，平均可以使个人收入上升 2.4%，这个数据比想象的要小的原因也可能是由于大额送礼具有一定的阶段性，比如只是在人生的重要年份求职或晋升时才可能出现大额送礼，而平时年份的送礼只是维护已有关系网络的费用，如果有求职年份的收送礼金额作为辅助变量可能会使收入的解释程度更高一些，另外也可能是由于很多人在报告年度收送礼金额时存在漏报和故意隐瞒现象；母亲的受教育水平对收入的影响不很显著，但基本上具有正向关系，显然，母亲的教育水平除了通过母亲的关系资源影响后代收入，也会通过母亲的智力资源影响后代收入。

在收入的各因素影响分析中，一种观点认为社会资本对人力资本积累有促进作用，因此下面利用含有交叉项的回归模型考察它们之间的相互影响。交叉项的含义是在不同的教育年限内，社会资本对收入的影响程度不同；对于不同的社会资本水平，教育年限对收入的影响程度也不同。仍采用上述回归方法，所得结果如下：

收入对数 = 5.43 + 0.107 × 本人教育年限 + 0.046 × 工作年限 + 0.184 × 户籍类型 + 0.743 × 本人职业地位 + 0.006 × 本人教育年限 × 父母职业地位

其中各回归系数均在 0.1%的水平上通过显著性检验，决定系数 R^2 为 0.73。

进行边际分析可得：

d（收入对数）/d（本人教育年限）= 0.12 + 0.006 × 父母职业地位

d（收入对数）/d（父母职业地位）= 0.006 × 本人教育年限

从分析结果可知，其中一个变量值的提高，会增加另一个变量对收入的边际效应，也就是说，父母的职业地位越高，其子女的教育收益率也越高，家庭社会资本能创造条件让子女尽量施展自己的学识和才华。当个人受教育年限越长时，父母的职业地位对收入的影响程度也越大，也就是说，个人教育水平越高，越能够充分利用家庭所拥有的社会资本。

五、社会资本对收入影响程度的分组比较

1. 不同收入人群的比较

为了比较在不同收入阶层中社会资本对收入的影响程度，可以采用分位数回归方法。取 10 分位、25 分位、50 分位、75 分位和 90 分位，以个人收入对数为解释变量，个人教育年限、工作年限、户籍类型和父母职业地位为被解释变量，建立多元线性回归模型，采用分位数回归方法，结果如表 2 所示。

表 2　个人收入影响因素的分位数回归

	q10	q25	q50	q75	q90
教育年限	0.237***	0.227***	0.168***	0.095***	0.066***
工作年限	0.099***	0.11***	0.063***	0.038***	0.033***
户籍类型	1.008***	0.323*	0.096	0.112	0.089
父母职业	0.404**	0.439***	0.254***	0.187***	0.195***
常数	2.54***	3.53***	5.726***	7.281***	7.989***
伪 R^2	0.106	0.117	0.065	0.04	0.04

注：*$p < 0.05$，**$p < 0.01$，***$p < 0.001$。

下面重点分析社会资本因素对收入的影响特点。户籍因素随收入阶层的提高对收入的影响有缩小趋势，在高收入组的影响没有通过显著性检验，这是由于高收入组内基本上都是城镇户口的样本，而对于低收入组，户籍对就业和生活保障的影响都很明显。父母的职业地位在每个收入阶层对收入的影响程度变化也较大，低收入组的回归系数几乎是高收入组回归系数的两倍，这说明在低收入组中，父母的职业地位对收入的提高作用更大。可见，低收入组进行人力资本和社会资本投资的收益率更高。如果国家能够提供足够的公共社会资本来弥补个人社会资本的不足，则对低收入组的收入提高作用比较大，对收入差异的减少作用也较大。

2. 按性别和工作年限分组的人群比较

将工作年限为 8 年以下的样本分为一组，其他的分为另一组，分别进行回归，结果如表 3 的前半部分；将样本按性别分为两组，分别进行回归，结果如表 3 的后半部分。

表 3　不同性别和工作年限人群社会资本对收入影响的回归结果

	低工作年限组	高工作年限组	男性	女性
教育年限	0.125***	0.11***	0.102***	0.132***
工作年限	0.096***	0.036***	0.048***	0.044***
户籍类型	0.165**	0.163*	0.128**	0.205***
本人职业	0.588***	0.891***	0.831***	0.56***
父母职业	0.073**	0.1**	0.084***	0.028
收送礼水平	0.034***	0.01	0.01	0.05**
常数项	5.15***	5.25***	5.25***	5.48***
样本数	506	429	594	340
调整 R^2	0.83	0.72	0.72	0.73

注：*$p < 0.05$，**$p < 0.01$，***$p < 0.001$。

从计量结果可以看出，各因素对收入的提高都具有正向作用，几乎都在较高水平上通过显著性检验。本人职业地位和父母的职业地位对高工作年限组的影响较大，这说明经过十年左右的工作经历，人们在职业地位方面的差距已经显现，父母的权力和关系网络也能够对子女的工作调整、岗位晋升发挥作用；家庭收送礼水平对低工作年限组的影响较大，说明家庭的社会关系主要影响初次就业的质量，而以后的发展还需要靠个人努力。与男性人群相比，女性的户籍类型对收入的影响更大，女性更难以突破户籍的限制，进入正规劳动力市场；本人职业和父母职业对男性收入影响更大，这是由于女性职业等级的差别一般较小，领导岗位的女性人员较少，而当父母有机会安排好岗位给子女时，往往优先考虑男性；收送礼水平对女性的收入影响较大，说明家庭社会关系能较大程度地影响女性的就业质量。

六、总 结

第一，所选社会资本指标都与收入有明显的正相关关系，其中职业地位与收入的相关性较强。人们处于不同的职业和岗位，便拥有不同的社会财产分配权力。处于较高职业等级的人，往往拥有工资政策的制定权和其他决策权，能够形成有利于本阶层的价值分配体系。他们还具有工作效果评价权，夸大本人对社会发展的贡献，因而可以从社会总产品中获取较大份额。公务员是政策的制定者和执行者，他们自然形成了高收入群体；办公室人员往往比一线员工的工资高，是因为他们也能够影响到政策的变动；义务教育法规定一线教师的工资不得低于当地公务员工资，但执行起来有一定难度，这是因为具体法律实施者正是公务员群体，他们没有降低本人工资而提高他人工资的动力。当然，职业地位高的人往往承担更大的责任，他们获得较高工资符合激励原则，但与贡献相比可能不成比例，这也是很多人想进入拥有较多公共权力岗位的原因。因此，公共权力的法律限定和监督体系建设能减轻收入差异扩大趋势。

第二，人力资本和社会资本对收入的影响有相互促进的作用。父母的职业地位越高，其子女接受教育对收入的提高作用越大；个人受教育年限越长，父母的职业地位对子女收入的影响程度也越大。人力资本和社会资本具有相辅相成的关系，它们共同促进收入水平的提高。如果人力资本水平较低，个人社会资本水平再高，由于工作能力有限，也很难长期处于地位较高的岗位，形成"扶不起的阿斗"现象；如果只有较高的人力资本水平，无人引荐和赏识，也会形成"英雄无用武之地"现象。要想解决收入差异过大问题，不但要加大所有居民的人力资本投资，而且要注意公共社会资本建设，来弥补一些人的个人社会资本的不足。充分竞争的市场规则建设、严格的法律体系建设、公平的招聘制度建设、权力监督体系建设等都是公共社会资本建设的范畴。

第三，户籍因素对收入的影响比较明显。对于高收送礼水平人群中，城镇人口的收送礼效果要比农村人口的收送礼效果好得多。这说明收入水平还有比农民工更低的群体是农村务农人员，这是由于长期的城乡投资倾斜政策、劳动力迁移限制政策等造成的历史遗留问题，获得明显改观非常不易，这是一个艰巨的任务，需要长期努力。城镇居民与农村居民的社会关系网络的质量有显著差异。城镇居民的信息来源渠道较多，关系网络中职业地位较高的人也较多，因此，他们进行的个人社会资本投资能取得更好的效果。领导主动下乡"结对子"，关注农村居民的需求和呼声，不但给农村居民带来新观念、新技术，还提高了他们人际关系的质量，能够改善这种对农村居民不利的状况。

第四，父母的职业地位、父母的教育水平和家庭收送礼水平对收入的影响有相互替代的作用，当其中一个指标处于较低水平时，其他社会资本指标对收入的影响程度就较大。大多数人都有千方百计利用社会资本为个人谋利益的冲动。社会地位高的人，就不需要刻意进行社会资本投资，而社会地位低的人，就希望通过"请客送礼"结交有权势的人，这是人之常情。竞争规则越不规范，"关系"发挥作用的空间就越大，"劳动能力"对收入的决定作用就越小，这会产生错误激励，影响整个社会的经济效率，这也说明了公共社会资本建设不但能够促进社会公平，减少收入差异，还能提高经济效率。

【参考文献】

[1] 樊平：《社会流动与社会资本——当代中国社会阶层分化的路径分析》，《江苏社会科学》，2004 年第 1 期。

[2] 何国俊、徐冲、祝成才：《人力资本、社会资本与农村迁移劳动力的工资决定》，《农业技术经济》，2008 年第 1 期。

[3] 李路路：《制度转型与社会分层模式变迁》，《江海学刊》，2002 年第 5 期。

[4] 李培林：《流动民工的社会网络和社会地位》，《社会学研究》，1996 年第 4 期。

[5] [美] 林南、张磊译：《社会资本——关于社会结构与行动的理论》，上海人民出版社，2004 年。

[6] 刘林平、万向东、张永宏：《制度短缺与劳工短缺——"民工荒"问题研究》，《中国工业经济》，2006 年第 8 期。

[7] 刘林平、张春泥：《农民工工资：人力资本、社会资本、企业制度还是社会环境——珠江三角洲农民工工资的决定模型》，《社会学研究》，2007 年第 6 期。

[8] 彭巍：《经济转型期人力资本和社会资本对职工收入影响的社会学研究》，《海南师范学院学报》（社会科学版），2003 年第 1 期。

[9] 杨靳：《人力资本、社会资本与劳动者收入决定》，《集美大学学报》（哲学社会科学版），2007 年第 1 期。

[10] 杨其静、杨继东：《政治联系、市场力量与工资差异》，《中国人民大学学报》，2010年第 2 期。

[11] 章元、陆铭：《社会网络是否有助于提高农民工的工资水平》，《管理世界》，2009 年第 3 期。

[12] 赵延东、王奋宇：《城乡流动人口的经济地位获得及决定因素》，《中国人口科学》，2002 年第 4 期。

[13] 赵延东、风笑天：《社会资本、人力资本与下岗职工的再就业》，《上海社会科学院学术季刊》，2000 年第 2 期。

[14] Alejandro Portes, Julia Sensenbrenner. Embeddedness and Immigration: Notes on the Social Determinants of Economic Action [J]. American Journal of sociology, 1993, 98 (6): 1320–1350.

[15] Bian Yanjie. Bringing Strong Ties Beck in: Indirect Connection, Network Bridges, and Job Searches in China [J]. American Sociological Review, 1997, 62 (3): 366–385.

[16] Bian yanjie, Soon Ang.. Guanxi Networks and Job Mobility in China and Singapore [J]. Social Forces, 1997, 75 (3): 981–1006.

[17] Bridges P. William, Wayne J. Villemez. Informal Hiring and Income in the Labor Market [J]. American Sociological Review, 1986, 51 (4): 574–582.

[18] James Coleman. Foundations of Social Theory [M]. Harvard University Press: Cambridge, Massachusetts, 1990: 300–321.

[19] John Knight, Linda Yueh. The Role of Social Capital in the Labour Market in China [J]. Economics of Transition, 2008 (7).

[20] Korenman, Sanders, Susan C. Turner. Employment Contacts and Minority–white Wage Differences [J]. Industrial Relations, 1996, 35 (1): 106–122.

[21] Mark S. Granovetter. The Strength of Weak Ties [J]. American Journal of Sociology, 1973, Vol .78 (6): 1356–1367.

（**作者**：谢周亮，河南大学）

劳动力市场转型下的非国有企业
人力资源管理模式探讨

一、"民工潮"下，非国有企业的"大棒式"管理

表 1 是笔者根据《中国统计年鉴》计算的我国非国有企业平均就业人数、每个企业平均拥有的固定资产及单位劳动者推动的固定资产。

表 1　1978~2006 年我国每个非国有企业平均就业人数、固定资产及单位劳动者推动的固定资产

年份	每个非国有企业平均就业人数（单位：人）	每个非国有企业平均拥有的固定资产（单位：元）	非国有企业单位劳动者推动的固定资产（单位：元）
1978	18.54	15063.6	812.49
1979	19.65	18927.32	963.22
1980	21	22904.68	1090.699
1981	22.2	28067.29	1264.29
1982	22.86	31526.77	1379.12
1983	24	35331.25	1474.76
1984	8.59	9480.31	1103.65
1985	5.7	6138.49	1076.93
1986	5.24	6247.6	1192.29
1987	5.07	7008.18	1393.27
1988	5.06	8388.75	1677.75
1989	5.01	10278.65	2050.40
1990	5.01	11900.13	2380.03
1991	5.03	13758.33	2751.67
1992	5.08	21703.23	4340.65
1993	5.03	28366.89	5673.38
1994	4.82	35552.6	7375.93
1995	5.84	58298.47	9984.33
1996	5.78	63879.08	11051.74
1997	6.48	96418.91	14879.46
1998	6.26	107620.39	17191.76
1999	6.13	133704.45	21811.49
2000	6.15	125795.6	20454.57
2001	6.19	143982.98	23260.45
2002	6.23	167385.32	26867.63

续表

年份	每个非国有企业平均就业人数（单位：人）	每个非国有企业平均拥有的固定资产（单位：元）	非国有企业单位劳动者推动的固定资产（单位：元）
2003	6.48	175396.42	27067.35
2004	4.9	185151.32	37785.98
2005	4.7	196600.52	41829.89
2006	4.4	210279.02	47790.69

资料来源：笔者根据 1978~2006 年各年《中国统计年鉴》计算得到。

从表中可看出：1992~2006 年，单位劳动者推动的资本数量明显增加，因此我们认为：

1. 1978~1991 年我国非国有企业主要采取了"传统大棒式"管理下的"劳动密集型"管理战略

所谓"传统大棒式"管理下的"劳动密集型"管理战略就是非国有企业对吸纳到本企业的人力资源压低、克扣、拖延其工资，使劳动者的生产与生活条件都极其恶劣，把劳动者与物质生产要素看作相似甚至相同，生产经营中主要依靠大量投入与使用劳动力，而对技术和设备的依赖程度低的发展与管理战略。这一战略在改革开放开始时的 1978~1991 年，我国农村劳动力为解决生存问题，或对非农产业与城市存有好奇心，或对未来工业化的发展有一种好的预期时，非国有企业采取的"传统大棒式"管理下的"劳动密集型"管理战略对我国工业化、城市化确实起到了促进作用。但当农民工生存问题解决了、好奇心消失后、好的预期长期不能实现时，继续采取这种战略，就会出现在农村还有大量农业剩余劳动力的情况下，雇用不到所需劳动力、劳动者积极性大大降低的情况。

2. 从 1992~2006 年，非国有企业又采取了"传统大棒式"管理下的"资本密集型"管理战略

所谓"传统大棒式"管理下的"资本密集型"管理战略就是非国有企业对吸纳到本企业的人力资源压低、克扣、拖延其工资，使劳动者的生产与生活条件都极其恶劣，把劳动者与物质生产要素看作相似甚至相同，生产经营中主要依靠大量资本投入，对技术和设备的依赖程度较高的发展战略。这一战略使非国有企业自身发展缓慢不前，农村工业化、城市化效果欠佳。主要原因是：①我国非国有企业"融资困难"。资本密集型产业的特征就是需要大量的资本投入和形成相对集中的经营核心。但我国非国有企业自身并没有完成这样的资本积累，融资又比较困难。调查显示，非国有企业因无法落实担保或抵押而被拒贷的高达 56%。由于正常融资渠道收缩，造成非正常融资迅速膨胀，进一步加大了中小企业的融资成本，融资难进一步加剧。②高新技术短缺。资本密集型产业一般伴随较高的技术水平，但我国的非国有企业大都是生产与经营技术水平较低的产品，没有较高的技术。③高素质、高技术、较高管理水平的人才短缺。人才是影响产业结构高级化的主要因素。在劳动密集型产业向资本密集型产业过渡中，资本有机构成提高，物质资本的使用量增加，简单劳动的使用量相应减少，技术型人才使用量增加。其间，需要的是：组织型人才、管理型人才、改进型人才和技艺型人才。由于非国有企业地理位置、投资环境、自身声誉等的限制导致这样的人才短缺。这些问题严重制约着我国非国有企业向资本密集化发展。

二、"民工荒"下的非国有企业"人本管理"模型构建探索

鉴于非国有企业采取"传统大棒式"管理下的"资本密集型"管理战略的制约与采取"传统大棒式"管理下的"劳动密集型"管理战略导致"民工荒"，本文提出：我国非国有企业在"民工荒"下，应采取"人本管理"战略下的"新的劳动密集型"管理战略。

所谓"人本管理"战略下的"新的劳动密集型"管理战略就是非国有企业要尊重转移到本企业的人力资源、尽量多地满足他们的需求，使用好各种尤其是薪酬的激励职能——通过提高整体薪酬水平、优化薪酬结构、改善转移农业劳力的生产和生活条件以激励转移农业劳动者的积极性——使劳动者在劳动中主动地、积极地接受教育、参加培训，自觉进行技术革新和发明创造，实现由劳动者低技术水平的劳动密集型向劳动者有较高技术水平的劳动密集型转变，或劳动者全身心的投入进行劳动以提高劳动生产率。而不是让非国有企业向资本密集化方向发展，提高劳动生产率。

这一"人本管理"战略下的"新的劳动密集型"管理战略可用数学模型做如下表述：

若用 W 、PL 、∏和 L 分别表示劳动者的货币工资或能满足劳动者经济人与社会人假设的可激励劳动者积极性的各种需求，劳动生产率，企业利润和企业吸纳的农业劳动力数量，则"人本管理"战略下的新的"劳动密集型"管理战略模型的中心思想可以表述为下面的联动方程模型：

$$\begin{cases} P_L = f(W) + \mu_1 \\ \prod = g(P_L) + \mu_2 \\ L = h(\prod) + \mu_3 \end{cases}$$

其中：$dP_L/dW > 0$，$d\prod/dP_L > 0$，$dL/d\prod > 0$。

其意义是：实施"人本管理"战略下的"新的劳动密集型"管理战略的企业`，不论在短期还是长期内，要通过满足劳动者经济人与社会人假设下的各种需求以激励劳动者积极性，在现阶段，要激励农民工的积极性，吸纳更多农业劳动力转向非国有企业首要的是货币工资应该上升，且货币工资的上升速度要使劳动者感觉到实际工资在上升和能最大限度地调动劳动者积极性的水平。能够使劳动者感觉到实际工资上升的货币工资的提高，会激励劳动者提高劳动生产率，劳动生产率提高，厂商利润会增加，利润增加了，企业吸纳农业劳动力的数量就会增加。这一模型中的利润增加是通过满足农业劳动力需求的"人本管理"机制实现的，而不是非国有企业长期采取的掠夺性使用人力资源的"大棒式"管理实现的，从而不会出现"民工荒"与类似富士康那样的事件。相反，农业劳动力会源源不断地转向非国有企业，从而实现非国有企业的可持续发展与我国工业化与城市化的共赢。

三、"人本管理"战略下的"新的劳动密集型"管理模型检验

一个生产普通茶杯的厂商，在每个工人的小时工资都是 5 元时，每个工人每小时可生产 5 个茶杯，若每个茶杯售出的市场价格为 10 元，则这个厂商每小时从每个劳动者身上可获得的收入为 50 元；如果生产 5 个茶杯的不变资本（C）为 5 元，则这个厂商从每个工人获得的可变资本和剩余价值（V+M）为 50-5=45（元），获得的剩余价值（M）为 45-5=40（元）；如果这个厂商给每个工人提高小时工资到 8 元，则由于工资水平的提高激励了劳动者的积极性，从而使每个工人的劳动生产率由每小时生产 5 个茶杯提高为每小时生产 10 个茶杯，按照马克思的劳动价值论，劳动生产率的提高使生产单位使用价值（茶杯）所耗费的劳动时间减少到社会必要劳动时间以下，但这些茶杯在出售时仍然按单位使用价值所耗费的社会必要劳动时间的价格（10 元）出售，这样在 1 小时内每个工人给厂商带来的总收入为：10×10=100（元），（V+M）为 100-5×2=90（元），厂商获得的 M 为 90-8=82（元）。从中可以看出：厂商给劳动者提高 3 元工资，劳动者给厂商带来的 M 增加 82-40=42（元）。

按厂商每小时支付给劳动者的工资为 5 元，厂商每小时获得的 M 为 40 元为单位计算，若每个劳动者一天工作 8 小时，一个月按 30 天计算，则厂商一个月从每个劳动者身上可获得的 M 为 40×8×30=9600（元）；若这个企业有 400 名一线工人，则此厂商每个月可获得的全部 M 为 9600×400=3840000（元）；若厂商一个月的非生产性消费为 40000 元，则厂商可用于生产性投资的资本为 3840000−40000=3800000（元）；当厂商支付给每个劳动者的工资提高到 8 元后，由于每个劳动者每小时给厂商带来的 M 为 82 元，则按一天工作 8 小时，一个月劳动 30 天，企业有 400 人计算，厂商可获得的全部利润 M 为：82×8×30×400=7872000（元）；若厂商的非生产性消费仍为 40000 元，则厂商可用于生产性投资资本为：7872000−40000=7832000（元），比支付给每个劳动者工资为 5 元时，厂商一个月可靠由于劳动者工资上升而激励了劳动者积极性自我积累增加的生产性资本为：7832000−3800000=4032000（元）。按每小时支付劳动者工资 8 元，一天工作 8 小时，一月劳动 30 天计算，一个月支付劳动者工资为 1920 元，按每小时每个工人耗费的 C（不变资本）为 10 元计算，一个月每个工人耗费的 C 为 10×8×30=2400 元，则资本有机构成为：C/V=2400/1920；按此资本有机构成，增加的生产性资本 4032000 可增加的劳动就业人数或增加转移的农业劳动力人数为 1680 人。即厂商给每个劳动者工资提高 3 元，由于劳动者积极性的提高，而使厂商的利润增加，增加的利润可用于生产性资本投资部分，可多吸纳农业劳动力或扩大就业人数约为 1680 人。

可见，厂商通过提高劳动者工资，激励劳动者积极性，提高劳动生产率，从而给厂商带来更多利润 M，达到了劳动者所追求的工资（V）增长和资本所有者所追求的利润（M）增加同时实现。同时更多 M 用于再投资又可实现增加就业、转移农业劳动力，即实现一个国家的农村工业化、城市化、现代化。

四、"人本管理"战略下的"新的劳动密集型"管理模型实施对策

（1）非国有企业管理者要充分认识到：使劳动者感到实际工资上升的货币工资的提高，有利于激励劳动者积极性、提高劳动生产率。

（2）非国有企业经营管理者要学会利用以工资为主要内容的薪酬体系、激励劳动者积极性的领导艺术，不能仅仅把工资等薪酬的增加只看作成本提高。

（3）要妥善处理工资和利润的分配关系，确保工资与利润的同步增长。

（4）处理好工资提高与劳动生产率提高的关系，即不仅要注意到劳动生产率对工资的决定作用，而且在目前着重注意利用以工资为主要内容的薪酬的激励职能提高劳动生产率。

（5）避免由政府或企业职工主导与迫使下的非国有企业职工工资的"被增长"，工资"被增长"与企业自主利用工资激励职能，激励劳动者积极性，提高劳动生产率的激励效果有很大差别。

目前，我国许多省（地）市都纷纷提高最低工资，企业在政府最低工资法下不得已使"农民工"的工资"被"增长。这与企业自主转变管理方式——提高工资水平、改善"农民工"工的生产条件、提高他们的生活水平，从而使员工感到他们受到老板尊重与重视、自觉自愿提高劳动生产率的效果差距甚大。可见，非国有企业所有者与管理者应充分认识到实施"人本管理"战略下的"新的劳动密集型"管理战略的重要性，并在实际经营管理中切实转变管理方式方能避免人工成本增加导致的企业经营困难，甚至亏损破产。

【参考文献】

［1］刘林平等：《劳动权益的地区差异》，《中国社会科学》，2011 年第 2 期。

［2］孙红玲：《候鸟型农民工问题的财政体制求解》，《中国工业经济》，2011 年第 1 期。

［3］蔡昉：《人口转变、人口红利与刘易斯转折点》，《经济研究》，2010 年第 4 期。

［4］J.Knight and R.Gunatilaka. Great Expectations？The Subjective Well-being of Rural-Urban Migrants in China ［J］. World Development，2010，38（1）：113-124.

［5］Roger Eugene Karnes. A Change in Business Ethics：The Impact on Employer-Employee Relations ［J］. Journal of Business Ethics，2009，87（2）.

［6］Li Shi. Effects of Labor Out-Migration and Income Growth and Inequality in Rural China ［J］. China's Economy：Rural Reform and Agricultural，2009，1.

［7］E.Somanathan. Can Growth Ease Class Conflict？［J］. Economics and Politics，2002，14（1）：65-81.

［8］J.R.Harris and M.P. Migration. Unemployment and Development：A Two-Sector Analysis ［J］. The Economic Journal，1970，60（1）：126-142.

［9］Gustav Ranis and John C. H. Fei. A Theory of Economic Development ［J］. The American Economic Review，1961，51（4）：533-558.

［10］D.W. Jorgenson. The Development of a Dual Economy ［J］. The Economic Journal，1961，71（282）：309-334.

（作者：杨俊青，山西财经大学）

第五篇　品牌管理、社会责任与可持续成长

怀旧类型与消费者怀旧心理传导机制：
一个实验研究

一、引　言

　　怀旧被普遍理解为"一种对过去的向往或渴望"，是个体的一种过去时间取向的个性特征。20世纪90年代以来，怀旧风潮席卷全社会，怀旧已不单单是文化、社会范畴和心理现象，更为重要的是已经渗透到个人消费和企业营销的方方面面。中国社会经济转型期的消费者怀旧心理倾向表现明显。2008年中国青年报社会调查中心通过新浪网对2493名，其中约90%为80后的公众进行的一项调查结果显示，43.7%的人有时怀旧，37.5%的人经常怀旧，从不怀旧的只有1.5%，认为中国80后也进入了加速怀旧年代。然而怀旧消费理论研究相对滞后，怀旧消费作为一个新兴的研究领域，近年才引起学术界的关注，加上怀旧心理现象本身的复杂性，怀旧消费问题研究成果总量不多。现有文献多分析怀旧的概念、类型、测量等基本问题，尽管文献区分了怀旧类型，却鲜有实证验证其在怀旧消费方面的差异性；除了Sierra、McQuitty（2007）和汪涛等（2011）的研究分析了消费者怀旧产品购买的影响因素外，缺乏对怀旧心理作用机理的深入研究。本研究结合消费者行为学和心理学的研究成果，分析影响怀旧产品购买意愿的消费者心理因素，试图解释消费者怀旧心理的传导机制，并分析不同类型怀旧刺激物激发的怀旧心理是否一致，以服务于企业怀旧营销实践。

二、文献回顾

　　怀旧（Nostalgia）这一术语最早由瑞士军医Hofer引入，指由离乡的瑞士雇佣兵因思乡和战争表现出来的生理上的病症。19世纪初，怀旧开始被认为是精神抑郁或消沉的一种形式。直到20世纪70年代，怀旧才被视为一种正常的人类反应，被界定为一种想回到过去的渴望，更重要的是一种对理想化的过去的渴望，一种对剔除了不好印象的过去的向往。早期的怀旧含义在很大程度上是贬义的、消极的，甚至看成是一种病态。现代意义的怀旧是心理寄托、流行时尚，具有感动性等褒义和积极的属性。营销和消费者行为领域的学者们在怀旧概念基础上深化了消费者怀旧的内涵，其中，Holbrook和Schindler（1993）的定义得到了广泛认同。他们认为，消费者怀旧是一种对事物（包括人、地或物）的喜爱（可以表现为一般的喜欢、积极的态度或者美好的情感），而且这些事物更常见（或流行、时髦或者大量传播）于人们比较年轻的时候（成年早期、青春期、儿童时代甚至是出生以前)。该定义随后被 Holbrook 继续发挥，认为怀旧不是空间属性问题，而是以过去为题材的偏好。过去是没有时间限制的，可以追溯到出生之前，这样就有了直接体验的怀旧和来自于书本、流传等间接体验的两类怀旧之分。怀旧不仅是对过去亲身经历的事物的喜爱，人们对间接体验的时代和物品也会产生怀旧，直接体验和间接体验是消费者怀旧的两个主要维度。Davis（1979）分别用真实怀旧和代际怀旧描述消费者怀旧是基于直接体验还是间接体验；Stern 则使用个人怀旧和历史怀旧的名称分析消费者怀旧的直接体验或间接体验。Marchegiani 和 Phau（2009）还分析了个人怀旧和历史怀旧的概念内涵、提出了各自的度量方案。可见，直接体验和间接体验的怀旧类型得到了广泛认同，但不同怀旧类型下的消费者怀旧心理并不清晰。

消费者的怀旧购买行为表现为消费者对怀旧产品的购买行为，Loveland、Smeesters 和 Mandel 于 2010 年提出了明确的怀旧产品（nostalgia goods）概念界定，指出怀旧产品是包含某人年轻时曾常见或流行过的因素的产品。这种怀旧产品包含的要素不仅是消费者儿童时代、青春期及成年早期直接体验的因素，还可以是消费者出生以前间接体验的因素。消费者怀旧文献对影响怀旧购买行为的个体心理因素较为关注。Sierra 等（2007）使用结构方程模型方法分析了消费者对怀旧产品的购买行为的决定因素。Sierra 等建立了一个社会认同理论的二元过程模型，在实证对过去的渴望和对过去的态度的同时影响消费者购买怀旧产品的意愿，并指出怀旧消费行为可以从情感和认知层面揭示其内在驱动因素。Sierra 等基于消费者的情感层面和认知层面分析怀旧购买行为倾向的驱动因素，对过去的渴望作为认知变量，对过去的态度作为情感变量。此外，还有一些西方学者已经尝试从情绪层面和认知层面分析怀旧与消费者行为之间的关系。Holbrook 等分析了消费者对过去的态度、怀旧倾向两个变量在形成持久消费偏好方面的作用；德国学者 Orth 和 Bourrain（2007）分析了零售环境中由香味唤起的怀旧记忆与消费者探索性行为之间的关系，认为怀旧记忆引发的消费者探索性行为也是以"情感寻求状态"和"情感寻求特征"作为前因变量；Pascal、Sprott、Muehling（2002）以及 Muehling 和 Sprott（2004）等分别在怀旧广告效应的分析中引入了怀旧强度指标。Bambauer-Sachse（2009）则采用了情绪、心理想象强度的指标分析含有怀旧元素的广告与消费者购买意愿间的关系，汪涛等（2011）实证了怀旧倾向、不安全感与怀旧购买意愿的关系。显然，消费者怀旧主题的研究开始重视探讨怀旧情感因素和认知因素的影响，认知变量研究包括怀旧倾向、唤起的怀旧、对过去的喜爱、对使用怀旧暗示的广告和品牌的态度；情感结构包括怀旧强度和对过去的情感。但情感和认知变量的选取并没有形成共识，且缺乏认知因素和情感因素的整合分析，消费者怀旧心理作用机制有待进一步探索。尽管文献关注了怀旧类型，不同怀旧类型下的消费者怀旧心理及行为并不清晰，这正是本文所研究的内容。

三、模型构建与研究假设

消费者怀旧产品购买行为分析需依托一些消费者行为理论模型，怀旧购买行为也不例外。消费者购买行为模型中，霍华德—谢思模型和 Kotler 模型都是经典的消费者行为理论模型，强调了影响消费者购买行为的个体自身因素的作用。这些模型都认为消费者的购买行为源于消费者对输入刺激的反应，经由消费者内在因素再影响行为产出。输入刺激是霍华德—谢思模型中的输入因素，表现为引发消费者反应的刺激物，可能是产品或服务刺激、符号刺激等。消费者内在因素体现为消费者内在心理活动，如消费者知觉过程和学习过程的影响，产出因素多为购买意愿或购买行为。以此为基础，结合消费者怀旧文献，消费者的怀旧产品购买行为起始于消费者对刺激物（即输入刺激）的反应，而怀旧被视为消费者的一种心理状态，消费者心理活动主要分析情绪因素和认知因素在怀旧购买行为中扮演的角色。

输入刺激的选取。消费者怀旧心理的唤起离不开诱因刺激，现有消费者怀旧文献分析了激发怀旧感的许多有形和无形因素，如音乐、气味、怀旧广告以及直接展露的怀旧物品等。怀旧产品购买行为的分析发现，其输入刺激表现为诱发消费者怀旧心理的怀旧产品。这种怀旧诱因作为本研究的实验刺激物类型存在，是本研究的基础。由于怀旧有直接体验的怀旧和间接体验的怀旧之分，本研究将实验刺激物分为三类，分别是代表直接体验的怀旧物品和间接体验的怀旧物品以及非怀旧物品。

怀旧情感变量的选取。现有怀旧文献几乎都强调了怀旧的情感基础，输入刺激激发的怀旧包含了较为强烈的情感反应。情感有正负向之分。在怀旧的情感信号方面，一些学者只承认怀旧的积极情感。Davis（1979）认为怀旧为以积极语调唤醒过去的生活，认为怀旧体验参入了诸如"以往的美丽，乐趣，欢愉，满意，善良，幸福，爱……"等情愫，怀旧从不与负面情感（如苦恼、挫折、绝望、憎恨、羞愧和虐待等）相连。这种与积极情感相连的怀旧观也与 Holak and Havlena（1998）和 Kaplan（1987）等人一致；Holbrook 等直接就将消费者怀旧定义为对过去事物的喜爱，指出正是消费者强烈的情感性消费才形成消费者的怀旧消费偏好。也有学者分析怀旧一种既包含正向情感，又包含负向情感，如 Johnson-Laird 和 Oatley（1989）定义怀旧为损失语调下的积极情感，认为怀旧是一种混合情感，怀旧与快乐情感相关的同时，又唤起无法实现过去的渴盼而产生的伤感。但大多数学者主张怀旧往往不是对过去经历的回忆元素的简单拼凑，怀旧记忆是有选择的，总体上是正面的，经过了"玫瑰镜"的过滤，如 Belk、Holak 和 Havlena 认为怀旧是有愉快的成分也包括不愉快的成分的一种情绪，但人们倾向于记住那些愉快的记忆，hirsh 认为怀旧会美化过去的回忆，将过去负面因素排除在外。Orth 和 Bourrain（2007）的实证也认为，只有正向情感影响消费者怀旧购买意愿。因此，本研究只分析消费者的正面情感反应。

由于怀旧包含直接体验的怀旧和间接体验的怀旧两类，直接体验的怀旧是消费者亲历的、透过记忆而产生的怀旧；间接体验的怀旧由于消费者并没有亲身经历，是通过图书、影视作品、他人描述等途径对历史事件以及与旧日时光有关的事物的怀旧。尽管文献分析结果显示着两种怀旧都伴随一定的情感反应，但现有文献并没有探讨两种怀旧产生的情感反应和行为结果的差异性。而情感反应是带有一定评价性质的情感，如喜欢、温暖等，对于消费者个体而言，直接体验的怀旧记忆深刻，当面临某特定的怀旧诱因时，容易引发更强烈的正向怀旧情感。基于此，本研究提出：

H11：与非怀旧产品相比，怀旧产品能使消费者产生更多的怀旧情感反应。

H12：与代表间接体验的怀旧产品相比，直接体验的怀旧产品能使消费者产生更多的怀旧情感反应。

消费者的怀旧情感反应与怀旧消费态度和行为的关系。情绪/情感影响消费者的购买决策的观点已得到认可。理性行为理论和计划行为理论中都强调了情感对消费者行为的影响。用于解释消费者购买决策机制的消费者态度 CAB 模型就包含了情感要素。消费者对许多产品的消费遵从认知——情感——行为的决策逻辑。此后的消费者行为研究尽管对该模型的要素顺序根据消费者介入情况进行了具体分析，但情感对消费行为的影响却得到了认可。Murry 等（1992）在研究消费者对电视节目的消费行为证实消费者正向情感直接影响消费行为。而且，怀旧情感和思想能够直接驱动人的行为。当人们在消费过程中体验到了怀旧，那么消费者更有可能购买与怀旧相关的产品。据此，提出假设：

H2：消费者的怀旧情感反应与消费者的产品态度正相关。

H3：消费者的怀旧情感反应与消费者的购买意愿正相关。

关于认知变量的选取，Bambauer-Sachse 和 Gierl（2009）认为怀旧广告效果与消费者心理想象的强度有关，本研究选取心理想象这一认知变量加以分析。心理想象（Mental Image），也有人将其翻译为心理意象或想象表象，是认知心理学中和知觉紧密相连的一个重要概念，比较普遍的观点认为，想象表象是一种独立的信息表征并有其加工过程，强调想象表象以知觉经验为基础，是对某一特定事件的头脑中的图像或心理图画。王甦和汪安圣（2006）认为，想象则是经过加工改造而成的新的形象。对于直接体验的怀旧，消费者存在亲历记忆，环境刺激能引发消费者从记忆中提取信息并经过加工，形成记忆表象和想象表象。对于间接体验的怀旧，由于消费者缺乏自身经历的认知，而是依靠书本、影视剧或人际传播获得怀旧对象的感知，更多地体现为源于具体刺激诱导的想象表象。消费者通过怀旧心理这一认知唤醒环节能产生间接体验的怀旧感。一方面，在怀旧分类的研究文献中，Stern（1992）将间接体验的历史怀旧定义为以消费者出生前的时间为载体，通过广告、大众媒体等唤起消费者对不知晓的历史人物和情境的充分想象力而产生的怀旧；另一方面，Havlena和Holak（1996）认为怀旧可以是过去的记忆，也可以是人们没有直接体验的、关于某遥远的时代或地方的想象，他们正是借助于消费者对拼贴画的内容想象来识别臆想怀旧和文化怀旧这些间接体验的怀旧。可见这种间接体验的怀旧是通过充分地想象过去产生的怀旧，基于此，本研究提出：

H41：与非怀旧产品相比，怀旧产品能使消费者产生更多的产品相关的心理想象。

H42：与代表直接体验的怀旧产品相比，间接体验的怀旧会产生更多的怀旧想象。

现代心理学的情绪—认知理论认为，认知也可能会直接引发行为反应，尤其是在个体的加工资源有限的情形下。也就是说，消费者产生的怀旧产品相关的心理想象也可能直接导致消费者对怀旧对象的正面评价，增强其购买意愿。Bambauer-Sachse和Gierl（2009）指出怀旧广告能通过消费者心理想象的强度影响消费者对广告和广告产品的态度，间接影响到消费者购买倾向。因而，提出假设：

H5：刺激物激发的心理想象与消费者的产品态度正相关。

H6：刺激物激发的心理想象与消费者的产品购买意愿正相关。

怀旧消费行为研究作为结果变量的主要是产品（或品牌）态度和购买意愿。本研究选取的行为反应变量是消费者的产品/品牌态度和怀旧产品购买意愿（一些研究将产品态度和品牌态度作为整体考虑而没有区分，由于怀旧对象既可能表现为产品，也可能表现为品牌，故将品牌态度和产品态度不加区分）。产品或品牌态度是消费者基于直接或间接的产品信息、使用体验以及消费者价值、情感特征而形成的关于产品或品牌的认知评价和肯定或否定的情感倾向。购买意愿作为怀旧消费研究的结果变量，在Sierra、Shaun和Quitty（2007）的怀旧购买行为实证研究中被采用。态度往往被看作行为的有效预测变量，Reisenwitz、Iyer、Cutler（2004），Bambauer-Sachse、Gierl（2009）都指出消费者对怀旧广告态度会影响其购买意愿。因而，提出假设：

H7：消费者的产品态度与其购买意愿正相关。

四、研究设计

针对怀旧情绪的研究有一定的难度，Bateson等认为，采用以照片或录像刺激物等作为工具的环境刺激方法研究情绪是科学有效的。本研究采用实验法，使用真实实物图片作为实验刺激物，通过多媒体播放，被试观看图片后根据自身的真实感受填写问卷。

1. 试验刺激物的选取

研究整体上是单因素实验设计，实验中操纵的因素是怀旧刺激物类型，在正式实验之前，需要选择合适的实验刺激物。实验刺激物的选择是依据开放式问卷调查的结果，通过对安徽某高校50 名 MBA 学生和 50 名成教学生进行的开放式问卷调查结果来确定合适的实验刺激物。根据两次小组调查结果，选取被调查者提及频次较高的花脸雪糕和老北京胡同作为实验刺激物备选，即选择花脸雪糕作为直接体验的怀旧产品刺激物，老北京胡同图片作为间接体验怀旧产品实验刺激物，并从百度图片搜索、挑选出代表上述怀旧产品的图片。与此相对应，选取现代北京的画册、现在冰激凌产品图片代表非怀旧产品，这三种刺激物将进一步通过实验操控测试。

2. 变量定义与测量

怀旧类型包括直接体验的怀旧、间接体验的怀旧和非怀旧，其测量是根据 Stern（1992）的怀旧分类描述，每个怀旧类型设计两个问项，实行 Likert7 分制。怀旧情感反应借鉴蔡明达和许立群（2007）的定义，是指消费者经由唤起其过往记忆的人、事、物所产生的心理反应状态，具体地说，这种怀旧情感是个人经由外在刺激所引发的主观性情感，为较强烈的情感反应，常会带有较明显的外部行为表现。测项参考 Bambauer - Sachse，Gierl（2009），Desmet（2004），Yeung and Wyer（2004）的测项；心理想象是对某一特定事件的头脑中的图像或心理图画，怀旧心理想象是通过环境刺激引发消费者怀旧相关的人、事、物在头脑中的图像或心理图画，主要参考 Bone and Ellen（1990）的量表；产品或品牌态度是消费者基于直接或间接的产品信息、使用体验以及消费者价值、情感特征而形成的关于产品或品牌的认知评价和肯定或否定的情感倾向，借鉴 Bambauer-Sachse 和 Gierl（2009）以及 Choi 和 Ferle（2004）的测项；购买意愿是消费者对购买特定产品的可能性的主观判断，本研究借鉴 Sierra、Shaun 和 Quitty 的怀旧产品购买意愿的测项，根据中国人语言习惯适当调整。

正式实验于 2010 年 10 月和 11 月分别在上海和安徽的 MBA 学生中进行，各地分别有三个实验组，每个实验组 35~45 人，共 6 组，全部实验 262 人。本研究的实验呈现给被试的有产品实体图片和纸质问卷。其中产品实体图片包括直接体验的怀旧产品实体图片、间接体验的怀旧产品实体图片、非怀旧产品图片。问卷包括指导语、测试项、背景信息。实验程序：将被试随机分成三组，共进行三场实验，每场实验有三组，分别播放三类怀旧刺激物图片。实验程序包括下发问卷、给被试播放实物图片、看完实物图片后被试填写问卷、回收问卷、发放小礼品。被试 262 人，剔除无效问卷后，完成有效问卷 259 份。从被试的性别分布状况看来，男性被试为 112 人，占43.2%，女性被试为 147 人，占 56.8%，女性被试略多；被试的年龄分布在 25~35 岁之间，实验所有数据都采用统计软件 SPSS17 进行处理。

五、数据分析与假设检验

1. 实验操控测试

为了检验试验选取的三种刺激物是否能体现不同怀旧类型，本次实验需要对怀旧产品类型这一自变量进行操控测试，要求被测试者完成三类怀旧量表来操控，方法是均值差的多重比较。各组被测试者在观看怀旧产品图片后，被要求填写前述的怀旧类型测量量表，包括直接体验怀旧、间接体验怀旧、非怀旧。在进行操控测量时，实验人员为了让被试清楚怀旧的定义，避免被试对"怀旧"一词存在误解，实验开始前向被试描述怀旧和怀旧类型。

花脸雪糕、老北京图片、现代冰激凌三种刺激物在直接体验怀旧测项的均值分别是 4.5378、3.6801、2.7357，通过均值差的多重比较结果见表 1，说明选取花脸雪糕作为直接体验怀旧实验刺激物是合适的。同理，三种刺激物在间接体验怀旧测项上的均值分别是 4.2326、4.8051、3.0500，三组间的均值差异具有显著性，见表2，说明老北京图片作为间接体验怀旧实验刺激物是合适的。被试观看实验刺激物图片后对非怀旧测项打分，花脸雪糕、老北京图片、现代冰激凌三组被试分别评分为3.3047、3.2353、4.6476，均值比较分析结果见表3，说明现代冰激凌图片相对于花脸雪糕和老北京图片更合适作为非怀旧类型的刺激物，本研究在怀旧类型的操控上达到了预期效果。

表1 直接体验怀旧的均值比较

直接体验的怀旧（I）	直接体验的怀旧（J）	Mean Difference（I−J）	Std. Error	Sig.	数据分析结果
A1	A2	0.8576(*)	0.1530	0.000	三组间的均值差异具有显著性，花脸雪糕相对于老北京图片和现代冰激凌图片更能引起被测试者直接体验的怀旧情感
A1	A3	1.8020(*)	0.1371	0.000	
A2	A1	−0.8576(*)	0.1530	0.000	
A2	A3	0.9444(*)	0.1467	0.000	
A3	A1	−1.8020(*)	0.1371	0.000	
A3	A2	−0.9444(*)	0.1467	0.000	

注：A1代表花脸雪糕，A2代表老北京图片，A3代表现代冰激凌；The Mean difference is significant at the 0.05 level. 表2和表3与此相同。

表2 间接接体验怀旧的均值比较

间接体验的怀旧（I）	间接体验的怀旧（J）	Mean Difference（I−J）	Std. Error	Sig.	数据分析结果
A1	A2	−0.5725(*)	0.1300	0.000	老北京图片相对于花脸雪糕和现代冰激凌图片更能引起被测试者间接体验的怀旧情感
A1	A3	1.1825(*)	0.1165	0.000	
A2	A1	0.5725(*)	0.1300	0.000	
A2	A3	1.7551(*)	0.1247	0.000	
A3	A1	−1.1825(*)	0.1165	0.000	
A3	A2	−1.7551(*)	0.1247	0.000	

表3 非怀旧测项得分的均值比较

非怀旧（I）	非怀旧（J）	Mean Difference（I−J）	Std. Error	Sig.	数据分析结果
A1	A2	0.0693	0.1009	0.492	现代冰激凌组与其他两组间的均值差异具有显著性，对于非怀旧测项来说，花脸雪糕与老北京图片的评分均值差异不显著
A1	A3	−1.3429(*)	0.0904	0.000	
A2	A1	−0.0693	0.1009	0.492	
A2	A3	−1.4123(*)	0.0967	0.021	
A3	A1	1.3429(*)	0.0904	0.000	
A3	A2	1.4123(*)	0.0967	0.021	

2. 信度和效度分析

本研究利用Cronbach's α系数检验问卷的信度，通过SPSS17.0所测得的所有变量各测项的Cronbach's α值都大于0.7，各潜变量的计量尺度的内部一致性系数α在0.771~0.882之间，如表4所示。说明量表的信度较高，各变量的计量要素非常可靠。效度运用主成分分析检验，如表4所示，所有变量的Bartlett检验均显著，所有变量的KMO均大于0.7，各变量的测项只能提取一个因子，提取因子的解释方差都大于60%，共同度均大于0.5。这表明研究各变量的测项是单一维度的，量表的效度较好。

表 4 信度效度分析结果

变量	Alpha	KMO	解释方差百分比（%）	显著性概率（%）
怀旧情感反应	0.842	0.770	59.016	0.000
心理想象	0.780	0.789	68.051	0.000
产品态度	0.821	0.763	65.413	0.000
购买意愿	0.786	0.815	77.402	0.000

3. 假设检验

（1）刺激物类型与怀旧情感反应的假设检验。为检验假设 1，即直接体验的怀旧产品、间接体验的怀旧产品与非怀旧产品所产生的怀旧情感反应是否存在差异，采用方差分析方法，表 5 反映不同刺激物下的被试怀旧情感反应。由于怀旧情感反应有 4 个测项，本研究是基于回归法将因子得分作为怀旧情感反应因子进行方差分析的。分析结果显示，三类实验刺激物的因子得分均有较明显差异，具体表现为：直接体验的怀旧产品的情感反应得分最高（0.4751），间接体验的怀旧产品得分次之（-0.03078），非怀旧产品的情感反应因子得分最低（-0.3692）。从三组实验的均值差的多重比较结果来看，三组间的均值差异具有显著性。因此，可以接受 H11 和 H12：与非怀旧产品相比，怀旧产品能使消费者产生更多的怀旧情感反应；与代表间接体验的怀旧产品相比，直接体验的怀旧产品能使消费者产生更多的怀旧情感反应。

表 5 不同刺激物下被试情感反应因子的多重比较

怀旧情感反应（I）	怀旧情感反应（J）	Mean Difference (I-J)	Std. Error	Sig.	95% Confidence Interval	
					Lower Bound	Upper Bound
A1	A2	0.5059(*)	0.1518	0.000	0.2068	0.8049
	A3	0.8443(*)	0.13610	0.000	0.5763	1.1123
A2	A1	−0.5059(*)	0.15186	0.000	−0.8049	−0.2068
	A3	0.3384(*)	0.1456	0.021	0.0515	0.6253
A3	A1	−0.8443(*)	0.1361	0.000	−1.1123	−0.5763
	A2	−0.3384(*)	0.1456	0.021	−0.6253	−0.0515

注：直接体验的怀旧产品 A1，间接体验的怀旧产品 A2，非怀旧产品 A3；The Mean difference is significant at the 0.05 level，下同。

（2）刺激物类型与怀旧心理想象的假设检验。该假设检验仍采用方差分析法，基于回归法将因子得分作为怀旧心理想象因子进行方差分析。A1、A2 和 A3 的得分分别为 0.27468、0.65319、−0.64800，从三组实验的均值差的多重比较结果来看，三组间的均值差异具有显著性，见表 6。因此，可以接受 H41 和 H42：与非怀旧产品相比，怀旧产品能使消费者产生更多的怀旧想象；与代表直接体验的怀旧产品相比，间接体验的怀旧会产生更多的怀旧想象。

表 6 不同刺激物下被试心理想象因子的多重比较

怀旧心理想象（I）	怀旧心理想象（J）	Mean Difference (I-J)	Std. Error	Sig.	95% Confidence Interval	
					Lower Bound	Upper Bound
A1	A2	−.3785(*)	0.1354	0.006	−0.6452	−0.1117
	A3	0.9226(*)	0.1214	0.000	0.6835	1.1617
A2	A1	0.3785(*)	0.1354	0.006	0.1117	0.6452
	A3	1.3012(*)	0.1299	0.000	1.0453	1.5570

续表

怀旧心理想象（I）	怀旧心理想象（J）	Mean Difference (I–J)	Std. Error	Sig.	95% Confidence Interval	
					Lower Bound	Upper Bound
A3	A1	−0.9226(*)	0.1214	0.000	−1.161	−0.6835
	A2	−1.3012(*)	0.1299	0.000	−1.5570	−1.0453

（3）研究各变量间关系的假设检验。本研究以皮尔森（Pearson）积差相关分析，探讨各变量间相关关系，如表7所示。输出结果显示，对于总体样本而言，模型中的四个变量之间的相关系数在0.430~0.686，且各相关性在T统计量的显著性概率均小于0.01，表明怀旧情感反应、心理想象、产品态度、购买意愿之间皆有显著的正相关关系。

表7　研究一各变量的相关分析

	怀旧情感反应	心理想象	产品态度	购买意愿
怀旧情感反应	1			
心理想象	0.456（**）	1		
产品态度	0.430（**）	0.612（**）	1	
购买意愿	0.456（**）	0.624（**）	0.686（**）	1

（4）回归分析。相关分析说明各变量间的相关方向和相关程度，回归分析则可进一步指明关系的确切性。本研究将采用多元回归方法，通过逐步回归分析检验研究假设。

其一，怀旧情感反应、心理想象对产品态度的回归分析。

逐步回归分析结果显示，模式一心理想象的经校正 R^2 为0.372，心理想象作为自变量可以解释因变量产品/品牌态度变异的37.2%。随着逐步回归的过程，到模式二加入怀旧情感反应自变量后，R^2 增大到0.416，也就是说随着逐步回归中模型的改进，总解释变差增大到41.6%。F统计值的显著性概率，都小于0.01，说明每个模型的总体回归效果都是显著的。表8中多重共线性诊断的方差膨胀因子均小于10，因而，这两个自变量之间不存在多重共线性问题。心理想象、怀旧情感反应对产品态度的回归效果显著，变量的系数分别为0.474、0.255。从所有模型的所有解释变量的T检验情况来看，均小于0.05的水平，显著差异为0，可以解释产品态度的变化。因此回归方程为：产品态度=0.869+0.474×心理想象+0.255×怀旧情感反应。上述相关分析和回归分析结果可以得出结论：对于总样本整体而言，接受H2，即消费者的怀旧情感反应与产品态度正相关；接受H5：消费者的心理想象与产品态度正相关。

表8　回归系数及共线性诊断

Model	Unstandardized Coefficients		Standardized Coefficients	t	Sig.	Collinearity Statistics	
	B	Std. Error	Beta			Tolerance	VIF
1（Constant）	1.371	0.209		6.546	0.000		
心理想象	0.606	0.049	0.612	12.407	0.000		
2（Constant）	0.869	0.231		3.762	0.000		
心理想象	0.469	0.056	0.474	8.355	0.000	0.641	1.560
怀旧情感反应	0.239	0.053	0.255	4.491	0.000	0.657	1.522

其二，怀旧情感反应、心理想象对购买意愿的回归分析。

逐步回归分析结果显示，模式一经校正 R^2 为 0.386，心理想象作为自变量可以解释购买意愿变异的 38.6%。到模式二加入怀旧情感反应自变量后，R^2 增大到 0.419，总解释变差增大到 41.6%。VIF 均小于 10，这两个自变量之间不存在多重共线性问题。因而，怀旧情感反应、心理想象对购买意愿的回归效果显著，变量的系数分别为 0.474、0.255，见表 9。回归方程为：购买意愿=1.356+0.525×心理想象+0.209×怀旧情感反应。上述相关分析和回归分析结果可以得出结论：对于总样本整体而言，接受 H3，即消费者的怀旧情感反应与购买意愿正相关；接受 H6，消费者的心理想象与怀旧购买意愿正相关。

表 9　回归系数及共线性诊断

Model	Unstandardized Coefficients		Standardized Coefficients	t	Sig.	Collinearity Statistics	
	B	Std. Error	Beta			Tolerance	VIF
1　(Constant)	1.769	0.189		9.353	0.000		
心理想象	0.564	0.044	0.624	12.788	0.000	1.000	1.000
2　(Constant)	1.356	0.212		6.384	0.000		
心理想象	0.475	0.049	0.525	9.781	0.000	0.781	1.281
怀旧情感反应	0.198	0.051	0.209	3.899	0.000	0.781	1.281

其三，产品态度对怀旧产品购买意愿的回归分析。

回归结果显示，产品态度经校正 R^2 为 0.471，产品态度作为自变量可以解释购买意愿变量变异的 47.1%，$F=228.801$，F 统计值的显著性概率为 0.000，产品态度与购买意愿的回归效果显著。回归系数 β 值是 0.686，回归方程为：购买意愿=1.663+0.686×产品态度。由相关分析和回归分析结果可以判断：消费者的产品或品牌态度与产品购买意愿正相关，接受 H7。

六、研究结论与启示

本研究以消费者行为模型为基础结合情绪唤起理论将认知和情感分别作为消费者怀旧购买行为的心理活动和心理反应要素，分析怀旧产品购买意愿的消费者情感因素和认知因素。实验分析结果表明：①怀旧情绪反应、刺激物相关的心理想象以及消费者的怀旧倾向是构成消费者怀旧心理的传导机制的重要因素，影响消费者的怀旧产品购买意愿。②不同怀旧刺激物类型所激发的怀旧情感反应、刺激物有关心理想象都存在差异。与非怀旧产品相比，怀旧产品能使消费者产生更多的怀旧情感反应和心理想象；直接体验的怀旧产品相比间接体验的怀旧产品能使消费者产生更多的怀旧情感反应，而间接体验的怀旧比直接体验的怀旧刺激物会产生更多的怀旧想象。

研究结论的管理启示：①充分利用怀旧情感和心理想象从事怀旧产品开发和品牌设计。研究表明，激发消费者的怀旧情感反应和刺激物相关的心理想象是影响消费者对怀旧产品态度和行为意向的重要前因，因而，企业将怀旧元素置入某些产品或品牌中，通过消费者情感共鸣或心理想象影响产品态度。由于刺激物相关的心理想象对于直接体验的怀旧和间接体验的怀旧而言，都与产品态度和购买意愿显著相关，而消费者积极的怀旧情感反应对直接体验的怀旧刺激物更有意义，因此，企业可以针对不同的产品类型设计怀旧产品或品牌开发策略。②促销中的怀旧诉求策略运用。实验结果显示，怀旧刺激物比非怀旧刺激物能产生更多的怀旧情感反应和刺激物相关的心理想象，而怀旧情感和心理想象又分别与消费者态度和购买意愿正相关。对一些适合采用怀旧营销的产品而言，怀旧是怀旧营销中广告诉求的主题选择，即把广告的目标直接指向诉求对象的情感反应，以期通过怀旧情绪与情感的唤起而在情感与品牌之间建立积极的联系。怀旧元素在广告活动有极好的应用价值，在广告主题和广告创意中有机置入怀旧元素，怀旧广告能产生较高的营销效应。另外，本研究证实，直接体验的怀旧刺激物、间接体验的怀旧刺激物之间所激发的怀旧情感和心理想象存在差异。说明对于企业采用怀旧广告策略而言，需要根据产品特点，所适合采用的怀旧类型，有针对性地设计怀旧广告诉求内容。对于直接体验的怀旧，广告诉求内容若既能激发受众的产品相关心理想象程度，又能唤起受众情感共鸣，应是比较理想的。间接体验的怀旧广告应能激发受众较高的心理想象程度。

【参考文献】

［1］汪涛、周玲、彭传新：《消费者不安全感与怀旧产品购买行为研究》，《经济管理》，2011 年第 1 期。

［2］张莹、孙明贵：《消费者怀旧的理论基础、研究现状与展望》，《财经问题研究》，2011 年第 2 期。

［3］高辉、卢泰宏：《西方消费者怀旧研究评介》，《外国经济与管理》，2006 年第 8 期。

［4］卢泰宏、杨晓燕、张红明著：《消费者行为学：中国消费者透视》，教育高等电子音像出版社，2005 年第 1 版。

［5］王甦、汪安圣：《认知心理学》，北京大学出版社，2006 年。

［6］蔡明达、许立群：《构建怀旧情绪量表之研究——以地方老街为例》，《行销评论》，2007 年第 4 期。

［7］Davis F.. Yearning for Yesterday: A Sociology of Nostalgia ［M］. New York: The Free Press, 1979.

［8］Sierra J. J., McQuitty S.. Attitudes and Emotions as Determinants of Nostalgia Purchases: an Application of Social Identity Theory ［J］. Journal of Marketing Theory and Practice, 2007, 15（2）: 99–112.

［9］Stern, Barbara B.. Historical and personal nostalgia in advertising text: the fin de siècle effect ［J］. Journal of Advertising, 1992, 21（4）: 11– 22.

［10］Hirsch A. R.. Nostalgia: A Neuropsychiatric Understanding ［J］. Advances in Consumer Research, 1992, 19: 390– 395.

［11］Wildschut T., Sedikides C., Arndt J.. Nostalgia: Content, Triggers, Functions ［J］. Journal of Personality and Social Psychology, 2006, 91: 975–993.

［12］Schindler R. M., Holbrook M. B.. Critical Periods in the development of men's and women's tastes in personal appearance ［J］. Psychology and Marketing, 1993, 10（6）: 549–564.

［13］Schindler R. M., Holbrook M. B.. Nostalgia for Early Experience as a Determinant of Consumer Preferences ［J］. Psychology and Marketing, 2003, 20（4）: 275–302.

［14］Holak S. L., Havlena W. J.. Nostalgia: An Exploratory Study of Themes and Emotions in The Nostalgic Experience ［J］. Advances in Consumer Reseach, 1992, 19: 380–387.

［15］Bambauer–Sachse S., Gierl H.. Effects of Nostalgia advertising Through Emotions and the Intensity of the Evoked Mental Images ［J］. Advances in Consumer Reseach, 2009, 36: 391–398.

［16］Loveland K. E., Smeesters, D., Mandel, N.. Still Preoccupied with 1995: The Need to Belong and Preference for Nostalgic Products, Journal of Consumer Research, 2010, 37（3）: 393–408.

［17］Orth U. R., Bourrain A.. The influence of noataalgic memories on consumer exploratory tendencies: echoes from scents past ［J］. Journal of Retailing and Consumer Services, 2007（7）: 1–15.

［18］Pascal V. J., Sprott D. E., Muehling D. D.. The influence of evoked nostalgia on consumers' responses to advertising: an exploratory study ［J］. Journal of Current Issues and Research in Advertising, 2002, 24（1）: 39–49.

［19］Muehling D. D., Sprott D. E.. The power of reflection, an empirical examination of nostalgia advertising effects ［J］. Journal of Advertising, 2004, 33（3）: 25–35.

［20］Izard Carroll E., Human Emotions ［M］. New York: Plenum Press, 1977.

[21] Holak, Susan L., William J Havlena. Feelings, Fantasies, and Memories: an Examination of the Emotional Components of Nostalgia [J]. Journal of Business Research, 1998 (3).

[22] Kaplan, H. A. The psychopathology of nostalgia [J]. Psychoanalytic Review, 1987, 74: 465-486.

[23] Johnson-Laird, P. N., & Oatley, K., The language of emotions: An analysis of semantic field [J]. Cognition and Emotion, 1989, 3: 81-123.

[24] Murry J. P., Lastovicka J. L., Singh S.. Feeling and liking responses to television programs: an examination of two explanations for Media-context effects [J]. Journal of ConsuMEIr Research, 1992, 18: 441-451.

[25] Reisenwitz, H. Timothy, Rajesh Iyer B. Cutler. Nostalgia Advertising and The Influence of Nostalgia Proneness [J]. The Marketing Management Journal, 2004, 14 (2): 55-66.

[26] Bambauer-Sachse S., Gierl H.. Effects of Nostalgia advertising Through Emotions and the Intensity of the Evoked Mental Images [J]. Advances in Consumer Reseach, 2009, 36: 391-398.

[27] Sherman, Steven, Robert B. Cialdini, Donna F. Schwartzman, Kim D. Reynolds. Imagining Can Heighten or Lower the Perceived Likelihood of Contracting a Disease: The Mediating Effects of Ease of Imagery [J]. Personality & Social Psychology Bulletin, 1985, 11: 118-127.

[28] Havlena W J., Holak S. L.. Exploring Nostalgia Imagery Through The Use of Consumer Collages [J]. Advances in Consumer Reseach, 1996, 23: 35-42.

[29] Bateson, J. E. G., Hui, M. M.. The ecological validity of photographic slides and videotapes in simulating the service setting [J]. Journa l of consumer research, 1992, 19 (9): 271-281.

(作者：张莹，安徽财经大学；孙明贵，东华大学)

双面信息与代言人的匹配效果研究

一、引　言

使用代言人是企业在营销传播过程中经常采用的策略，许多研究者对这一现象进行了探索。早期的广告代言人研究重点集中在有效代言人特征的甄别与度量上，但后来人们发现一个代言某产品效果很好的代言人，在代言另一个产品的时候效果却很不理想，研究者开始意识到特定的代言人只有在特定条件下代言特定的产品时才会有积极的效果。于是，寻找代言广告的特定适用条件，即代言广告要素之间的特定匹配关系，成为代言广告研究的重要方向。

代言广告的匹配性研究集中体现为代言人与广告产品的匹配，代言人与目标受众之间的匹配关系在代言广告的匹配研究文献中也占很大比重。但现有研究忽略了广告信息这一重要因素，对代言人与广告信息之间的匹配问题涉及较少；另外，有不少研究都涉及代言人诚实性与广告可信度的关系以及广告主张与广告可信度的关系，但代言人的诚实性和广告主张的不同组合对广告可信度的影响，现有研究文献很少涉及。因此，本文拟研究代言人和双面信息的不同组合在广告可信度上的交互作用及其对产品态度及购买意愿的影响。

二、文献综述

1. 双面信息研究

双面信息（Two-Sided Message）是指既包含产品优点又包含产品缺点的信息，在广告中又称双面主张，与其相对应的是单面信息或称单面主张。双面信息的说服效果体现在：提高对信息的注意和处理动机、提高可信度、减少反驳。有许多研究者认为，双面信息的广告能够提高广告的说服效果（Pechmann，1992）。认为双面信息能够提高广告说服效果的观点主体现在以下几个方面：①提高对广告信息的注意和处理动机。因为包含产品缺点的信息出乎消费者的意料，被理解为更新颖有趣可信，能引起更高的注意，努力处理信息的动机得到提高（Ayn E. Crowley 和 Wayne D. Hoyer，1994）。②提高可信度。因为包含了对产品缺点的提示，消费者容易认为广告主是诚实的，广告主张是可信的（Kamins 和 Marks，1987；Kamins 和 Assael，1989）。③降低反驳。因为包含了产品缺陷的信息，降低了广告主张的片面性和极端化，因此降低了广告主张被消费者反驳的可能性（Belch，1981；Kamins 和 Assael，1987）。④产生对攻击的抵抗。当消费者已经对产品的不足有所了解后，再遇到竞争对手对该产品的攻击信息时，因为消费者已经有所适应，对这些攻击有了一定的免疫力，态度向不利方向变化的可能性降低了（Kamins 等，1987；Heslin，1973）。⑤提高购买意愿。因为有前面几个方面的影响，双面信息在最终的购买意愿上也产生了积极的作用（Goodwin 和 Etgar，1982；Kamins，1989）。

2. 代言广告效果研究

代言效果研究主要是从信息认知处理、广告评价、品牌态度和购买意愿、财务绩效几个方面进行的。①信息处理方面。代言广告可以吸引受众的注意力进而使广告得以在纷繁复杂的信息流中脱颖而出，有助于增强品牌名称的再认度、增强受众对广告信息的回忆度。②广告可信度。代言名人可信度特征对消费者意向和行为的影响为众多研究者所强调，在实证研究方面 Petroshius（1989）和 Kamins 等的研究结果都支持代言人的可信度特征对广告可信度产生显著影响。③产品及品牌评价。Atkin 和 Block 在一项针对酒的广告研究中指出，被试对名人所代言的产品的评价明显高于非名人代言的产品，消费者对广告和产品的评价更积极。Kamins 发现名人形象提高了品牌评价。通过代言能带来独具个性的人格和生活方式等方面的感受（Freiden，1984），明星代言人的出现也可以成为显示公司经济实力的信号，可以有效降低消费者对于产品在经济风险上的担心（Biswas，2004），因而成功的代言人可以直接或间接地使消费者对该品牌产生偏好。④购买意愿方面。Friedman（1976）发现代言人在影响消费者态度和购买意愿方面也存在积极的效果，但 Rohit 等（1994）以及 Lawrence 等（1992）认为，购买意愿方面的效果不如在广告评价方面明显。Mahony 和 Meenaghan（1998）认为，尽管消费者可能非常喜欢某位名人，这并不意味着这种喜欢会自动地转变为购买意图。Till 和 Busler（1998）的研究也发现，由名人特征影响产生的对广告的肯定态度，并不一定会转变为对产品的购买行为或意图，名人代言更多的是在认知和情感层面上起作用，而不是在意向、行为上起作用。另外，Agrawal 和 Kamakura（1995）对名人代言的经济价值研究发现：当聘请明星代言人的合约被公布时，投资者对于使用代言人的评价一般是积极的。Mathur（1997）从投资收益率、公司股票价值对乔丹代言现象进行了分析。

三、研究假设

信息源可信性模型和信息源吸引力模型（McGuire，1985）及后来的广告源模型都对代言人可信度对广告说服效果的影响提供了理论解释。意义迁移模型（Meaning Transfer Model）基于隐喻认知理论和心理空间理论，认为人在进行认知活动时，会把对一个对象的意义认知投射到与之联系紧密的另一个认知对象上，从而实现意义在不同心理空间的转移。因此，代言人所具有的可信度等特征可以转移到广告信息和厂商身上。因此有假设：

H1：可信度高的代言人可以提高广告可信度（验证性假设）。

双面信息对广告可信度的影响可以从抗拒理论、接种理论、归因理论等方面获得解释。"抗拒"理论认为，单面说服因为陈述的片面性和绝对性，接受者抵制该观点的可能性增大。Shimp 和 Bearden（1982）认为，对产品质量的保证会因为"太好而不真实"从而失去效果。Tan（2002）发现，主张完美程度低的服务广告引起的怀疑也较低。归因理论认为，双面主张包含了对产品缺点的提示，消费者容易认为广告主是诚实的，广告主张是可信的（Kamins 和 Marks，1987；Kamins 和 Assael，1989）。因此有假设：

H2：双面信息可以提高广告可信度（验证性假设）。

当代言人和广告主张同时作用于广告可信度时，有如下假设：

H3：代言人的可信度和广告主张的可信度可以互补：代言人诚实性不高时，采用双面主张来提高广告可信度；在代言人诚实性高的情况下，双面主张提高广告可信度的效果不明显；采用单面信息时，需要用诚实性高的代言人提高广告可信度（探索性假设）。

关于双面信息说服效果的研究结论并不一致，一些研究认为双面信息并不比单面信息效果好（Hastak 和 Park，1990），甚至有人发现双面信息效果比单面信息更差。我们猜想，双面信息在提高广告可信度是有代价的：揭示产品的缺点可能会降低产品评价和品牌态度。当代言人已经具有足够的可信度时，采用双面信息的好处可能抵不上其在产品评价上的损失。因此有假设：

H4：当代言人可信度较高时，单面信息在产品评价和最终的购买意愿上的效果好，当代言人的诚实性较低时，双面信息在产品评价和最终的购买意愿上的效果好。

四、研究设计

1. 研究方法

本研究是探索代言人可信度与双面信息的交互效果，但为了区分出代言人吸引力、知名度的影响，设计了 6×2 因子实验，实验中操纵的因素分别是代言人类型（高可信且高吸引的名人、高可信低吸引力名人、低可信高吸引力名人、低吸引力低可信名人、虚构专业代言人、普通消费者）和广告主张（单面、双面）。

对外生变量的控制是建立内部效度的必要条件。本研究采用了样本随机化和设计控制的方法对外生变量进行控制和平衡，选择学生专业分布多样化和性别分布较均衡的公共课（公共计算机课和公共政治课）；同时，选择大学低年级学生作样本，使样本在年龄、教育程度、兴趣背景上尽量保持单一性，尽量避免不可预知的外部因素对实验的影响。

2. 变量选择与测量

对代言人的特征，分别用诚实性、吸引力、知名度等 7 级量表进行测量。为了与其他研究结果比较，同时也测量了喜爱度、专业性等。

广告的目的是说服消费者改变他们对某种商品的知识、态度，进而产生对该商品的趋向性行为，广告给消费者心理结构带来的变化实际上就是广告的说服效果。广告效果研究中用作结果变量的一般有广告态度、品牌态度、产品态度、购买意愿等（Lutz，1991；Rossite 和 Perey，1992；Simonin 和 Ruth，1998）。其中，广告态度又分为广告可信度、广告吸引力等。本研究主要关注广告可信度，不考虑广告吸引力，所以本研究选择广告可信度、产品态度和购买意愿作为结果变量。主要变量的定义及代码见表 1，主要变量的测项及来源见表 2。

表 1　主要变量的定义及代码

变量	代码	定 义
代言人知名度 Endorser Famousness	EF	代言人为公众所了解的深度和广度
代言人喜爱度 Endorser Likeability	EL	消费者在情感价值层面对代言名人产生的认同与接纳程度
代言人吸引力 Endorser Attractiveness	EA	代言人在形体容貌、气质品位上给消费者留下积极印象的能力
代言人专业性 Endorser Expertise	EE	消费者基于代言人在相关产品上的知识经验而对其提供合理建议的能力资质的评价
代言人诚实性 Endorser Honesty	EH	消费者对代言人向消费者传递客观信息的态度和意愿的评价

变量	代码	定　义
广告可信度 Advertising Credibility	AC	消费者基于广告信息内容、广告信息传递者的态度动机而对该广告是否值得相信做出的判断
产品态度 Product Attitude	PA	消费者基于直接的使用体验或间接信息而形成的关于产品效用的认知
购买意愿 Purchase Intentions	PI	消费者对购买特定产品的可能性的主观判断

表 2　主要变量的测项及来源

变量	测项	来　源
购买意愿	需要时会考虑购买	Darley 和 Smith（1993）
	希望保存信息供选购时参考	Goldsmith，Lafferty 和 Newell（2000）
	想了解产品的相关信息	Ohanian（1991）
	向朋友推荐该产品	Darley 和 Smith（1993），Wan 和 Pfau（2004）
产品评价	效果好/效果差	Bower 和 Landreth（2001）
	很好/不好	Darley 和 Smith（1993）；Hallahan（1999）；Bower 和 Landreth（2001）
	品质高/低	Darley 和 Smith（1993）；Hallahan（1999）
	值得拥有	Hallahan（1999）
广告可信度	欺骗—诚实	Goldberg（1990）
	夸张的—真实的	Ha（1996）、Darley 和 Smith（1993）
	广告信息值得相信	Goldberg Hartwick（1990）
	接受该广告的主张/不接受	Ha（1996），Areni（2005）
代言人 诚实性	可信	Ohanian（1990），Ferle 和 Choi（2005）Lichtenstein 和 bearden（1988）
	可靠	Ohanian（1990），Ferle 和 Choi（2005），reliable Lichtenstein 和 bearden（1988）
	真诚	Ohanian（1990），Ferle 和 Choi（2005），Lichtenstein 和 bearden（1988）
	诚实	Ohanian（1990），Lichtenstein 和 bearden（1988）
代言人 吸引力	吸引力	Ferle 和 Choi（2005），Ohanian（1990）
	英俊/漂亮	Ohanian（1990）
	优雅/有品位	Ohanian（1990）
	形象有魅力/长相迷人	Ohanian（1990）
代言人 专业性	专业	Ohanian（1990），Ferle 和 Choi（2005）
	知识	Ohanian 1990
	经验	Ferle 和 Choi（2005）
喜爱度	喜欢	Desarbo 和 Harshan（1985）
	欣赏	Desarbo 和 Harshan（1985）
	喜欢其推荐的产品	Desarbo 和 Harshan（1985）
	渴望拥有相关的东西	Desarbo 和 Harshan（1985）
知名度	名气	Friedman Santeramo Traina（1978）
	影响力	Friedman Santeramo Traina（1978）
	熟悉度	Friedman Santeramo Traina（1978）
	周围人知道	Friedman Santeramo Traina（1978）

3. 程序与步骤

在小组调查（2009 年 10 月）的基础上筛选代言人。可信的名人选择姚明（Y），魅力名人选择古天乐（G），长相好看但不可信的名人中，虽然陈冠希得票最高，但考虑到其具有明显的负面性，因此选择排名第二的田亮（T）。既不好看又不可信的名人选择小沈阳（X）。其他两个为虚构的专家——新浪数码编辑（Z）和普通消费者——在校大学生（P）。设计制作 MP3 产品的代言人广告（见附录）。在借鉴已有研究成果的基础上，设计了相应变量的量表，并且经过预调查对广告主张和量表的测量项目进行了修正。在郑州市和开封市以大学生为样本进行了正式抽样问卷调查（2010 年 4 月），共发放问卷 720 份，获取有效样本 568 份。在调查数据的处理过程中，采用 Cronbach'α 信度分析、因子分析、独立样本 T 检验、方差分析、相关分析等多种方法对本研究所提出的假设进行验证。

五、结果分析

1. 描述性统计

从调查样本的性别分布状况看来，①性别。男性消费者为 253 人，占 46.5%；女性消费者为 291 人，占 53.5%，调查样本的性别比例比较协调。②年龄。全部样本年龄在 17~23 岁，主要集中在 19~22 岁，占全部样本的 97.7%。③专业。专业为文科的被试者占 43%，理科占 57%，接近总体的专业分布。代言人特征的描述统计如表 3 所示。

表 3　代言人特征的描述性统计

F2		F_EH	F_EA	F_EE	F_EF	F_EL
专家	Mean	3.9366	3.8015	4.7164	3.1729	3.4908
	N	95	95	95	95	95
	Std. Deviation	0.64098	0.71770	0.70757	0.58384	0.78247
姚明	Mean	5.1430	3.8560	3.8788	5.0209	4.9679
	N	90	90	90	90	90
	Std. Deviation	0.88145	0.46479	0.99598	0.63999	0.81409
小沈阳	Mean	3.5517	3.2713	3.2645	4.3745	3.6872
	N	99	99	99	99	99
	Std. Deviation	0.71592	0.98758	0.92544	0.69310	0.90777
田亮	Mean	3.5060	4.5868	3.7232	4.0485	3.8000
	N	98	98	98	98	98
	Std. Deviation	0.88939	0.74091	0.91471	0.62341	0.80555
普通消费者	Mean	3.4421	3.3262	4.1862	2.7143	3.2900
	N	87	87	87	87	87
	Std. Deviation	0.74411	0.92086	0.77945	0.52710	0.77595
古天乐	Mean	4.4494	5.0612	4.2686	4.5731	4.7434
	N	99	99	99	99	99
	Std. Deviation	0.87943	0.59486	0.97424	0.64369	0.58780
合计	Mean	4.0000	4.0000	4.0000	4.0000	4.0000
	N	568	568	568	568	568
	Std. Deviation	1.00000	1.00000	1.00000	1.00000	1.00000

2. 假设 1 的检验

代言人诚实性与广告可信度的相关系数为 0.416，在 0.01 水平下具有显著性。考虑到存在影响广告可信度与代言人诚实性相关性的其他变量，根据假设及文献涉及的理论，我们控制广告主张力度、代言人吸引力、代言人专业性、代言人知名度和代言人可爱度后，进行偏相关分析，结果显示代言人诚实性与广告可信度的偏相关系数为 0.3862，具有显著性（见表 4）。

表 4　广告可信度与代言人诚实性的相关系数

		广告可信度因子	代言人可靠度因子
广告可信度因子	Pearson Correlation	1	0.416(**)
	Sig.（2–tailed）	0.0	0.000
	N	568	568
代言人可靠度因子	Pearson Correlation	0.416(**)	1
	Sig.（2–tailed）	0.000	0.0
	N	568	568

** 在 0.01 水平（双侧）上显著相关。

不同诚实性样本组之间的均值检验也表明，高诚实性代言人的广告引起广告可信度评价比低诚实性代言人的广告可信度高，姚明与小沈阳、田亮和普通消费者的差异，古天乐与小沈阳的差异都具有显著性，但由于专家的诚实性居于中间，与姚明、古天乐的诚实性差异不是很大，因此专家与姚明和古天乐组在广告可信度上的差异尚未达到 0.05 置信水平的统计显著性。

表 5　广告可信度的多组均值比较

（I）代言人	（J）代言人	Mean Difference（I–J）	Std. Error	Sig.
姚明	专家	0.2580	0.14631	0.078
	小沈阳	0.4040 （*）	0.14487	0.005
	田亮	0.2864 （*）	0.14522	0.049
	普通消费者	0.3319 （*）	0.14955	0.027
古天乐	专家	0.1677	0.14286	0.241
	小沈阳	0.3138 （*）	0.14138	0.027
	田亮	0.1961	0.14174	0.167
	普通消费者	0.2417	0.14617	0.099

* 在 0.05 水平（双侧）上显著相关。

结论：接受假设 1，高可信度的代言人可以提高广告可信度。

3. 假设 2 的检验

均值差异比较表明，单面和双面广告可信度之间的差异在 0.05 置信水平下均具有显著性。

表 6　不同广告主张力度广告可信度的均值比较

（I）单面主张	（J）双面主张	Mean Difference（I–J）	Std. Error	Sig.
中	低	−0.4957 （*）	0.08400	0.000

* 在 0.05 水平（双侧）上显著相关。

结论：接受假设 2，双面信息可以提高广告可信度。

4. 假设 3 的检验

对各个代言人的不同主张力度的广告可信度进行均值比较，结果如表 7 所示。对各个代言人的广告而言，都是广告主张力度高的版本广告可信度比广告主张力度低，即广告主张力度与广告可信度之间存在负相关关系。但均值比较的结果表明，在代言人诚实性较高的姚明和古天乐组，差异较小，不具有统计显著性，而在代言人诚实性较低的专家、小沈阳、田亮和普通消费者组，不同力度版本广告的可信度的差异具有显著性。

表7 广告主张力度对广告可信度的影响的均值比较和假设检验

代言人	广告主张	人数	均值	方差齐性检验		均值检验	
				显著性概率	齐性	显著性概率	均值差
专家	单	31	4.5548	0.729	是	0.039	−0.4248
	双	31	5.0387				
姚明	单	28	4.5857	0.502	是	0.286	−0.2648
	双	31	5.1677				
小沈阳	单	28	4.2857	0.260	是	0.002	−0.7473
	双	34	4.9765				
田亮	单	30	4.1467	0.031	否	0.000	−0.7176
	双	40	4.9050				
普通消费者	单	28	4.4071	0.282	是	0.002	−0.5902
	双	28	4.8929				
古天乐	单	36	4.5167	0.428	是	0.359	−0.2148
	双	30	4.7000				

Goldberg 和 Hartwick（1990）发现，公司声誉较高时广告可信度随广告主张力度的增加而缓慢下降，公司声誉较低时广告可信度随广告主张力度的增加而下降较明显，且存在倒"U"形关系。

结论：接受假设3。代言人诚实性不高时，采用双面主张来提高广告可信度；代言人诚实性高的情况下，双面主张提高广告可信度的效果不明显；采用单面信息时，需要用可信度高度代言人提高广告可信度。

5. 假设4的检验

（1）产品评价。对各个代言人的不同广告主张版本分别进行独立样本T检验，结果如表8所示。

表8 广告主张对产品态度的影响的均值比较及假设检验

	广告主张	人数	均值	方差齐性检验		均值检验	
				显著性概率	齐性	显著性概率	均值差
专家	单	31	4.0806	0.043	否	0.496	0.1433
	双	31	4.2500				
姚明	单	28	4.1607	0.356	是	0.499	0.2021
	双	31	3.8548				
小沈阳	单	28	3.9643	0.014	否	0.871	0.0321
	双	34	4.2868				
田亮	单	30	3.9917	0.928	是	0.985	0.0055
	双	40	4.3688				
普通消费者	单	28	3.9821	0.892	是	0.347	0.1376
	双	28	4.2411				
古天乐	单	36	4.2639	0.505	是	0.457	0.2106
	双	30	4.0333				

在单面主张与双面主张的比较中，对于代言人诚实性较高的广告（姚明和古天乐），单面主张的一组比双面主张的一组产品态度因子得分略高，但不具有显著性。对于代言人诚实性较低的广告（虚构专家、小沈阳、田亮和普通消费者），单面主张广告比双面主张广告的产品态度因子得分略低，未达到统计显著性。

Goldberg 和 Hartwick（1990）的研究结果表明，在公司声誉较高的情况下，产品评价随着广告主张力度的加强而提高，但在广告主张达到一定强度时基本趋于稳定；在公司声誉较低的情况下，产品评价与广告主张力度呈倒"U"形关系。

选择代言人诚实性高的样本（姚明和古天乐为代言人的广告组）和代言人诚实性低的样本（虚拟专家、小沈阳、田亮和普通消费者为代言人的广告组），分别对其进行广告主张力度和产品态度的相关分析。可以看出，在代言人诚实性高的样本组，广告主张力度和产品态度的相关系数为 0.506，而在代言人诚实性低的样本组，广告主张力度和产品态度的相关系数为 0.359。即当代言人诚实性较高时，广告主张力度与产品态度的正相关关系更强（见表 9）。说明广告主张力度与产品态度之间的关系受代言人诚实性的影响。

表 9　广告主张力度与产品态度的相关分析

| | | 高诚实性代言人样本组 | | 低诚实性代言人样本组 | |
		F_CS	F_PA	F_CS	F_PA
F_CS	Pearson Correlation	1	0.506（**）	1	0.359（**）
	Sig.（2-tailed）	0.0	0.000	0.0	0.000
	N	189	189	284	284
F_PA	Pearson Correlation	0.506（**）	1	0.359（**）	1
	Sig.（2-tailed）	0.000	0.0	0.000	0.0
	N	189	189	284	284

** 在 0.01 水平（双侧）上显著相关。

（2）购买意愿的假设验证。进一步具体地对各个广告版本分别进行独立样本 T 检验，各个广告版本的假设检验结果如表 10 所示。

表 10　广告主张力度对购买意愿的影响的均值分析及假设检验

| 代言人 | 广告主张 | 人数 | 均值 | 方差齐性检验 | | 均值检验 | |
				显著性概率	齐性	显著性概率	均值差
专家	单	31	4.1935	0.273	是	0.006	−0.5124
	双	31	4.6903				
姚明	单	28	4.1357	0.438	是	0.174	0.3459
	双	31	3.6258				
小沈阳	单	28	4.0786	0.463	是	0.029	−0.4097
	双	34	4.4882				
田亮	单	30	3.9467	0.262	是	0.043	−0.5245
	双	40	4.6800				
普通消费者	单	28	4.2000	0.051	是	0.045	−0.4127
	双	28	4.7643				
古天乐	单	36	4.3889	0.007	否	0.115	0.3120
	双	30	4.0733				

独立样本 T 检验的结果表明，关于具体广告版本的购买意愿假设大部分都获得了验证。但是，诚实性较高的代言人（姚明、古天乐）单面与双面主张在购买意愿上的差异未达到显著性，这与在产品态度上相关假设未获得支持有关。

结论：假设 4 获得部分支持。当代言人诚实性较高时，单面主张的广告在产品评价上略高，但差异不具有显著性；当代言人的诚实性较低时，双面主张的广告在产品评价上略高，但差异未达到统计显著性。当代言人诚实性较高时，单面主张的广告的购买意愿略高，当代言人的诚实性较低时，双面主张广告的购买意愿更高，且差异具有显著性。

六、结　论

研究结果表明，诚实性高的代言人和双面信息主张都能够提高广告可信度，而且，它们之间存在互补性，可信度低的代言人可以用双面信息来提高广告可信度，如果用单面广告主张，用诚实性高的代言人可以提高广告可信度。在产品评价方面，单、双面主张在诚实性高的代言人和诚实性低的代言人中都没有显著的差异。在代言人可信度较低的情况下，采用双面主张的广告在购买意愿上的效果比较理想；而代言人可信度较高时，采用单面主张的广告在购买意愿上的效果优势不明显，与假设并不一致，可能是由于双面主张在产品评价上的消极作用并没有我们预想的大或 Kamins（1989）曾认为双面信息的负面效应并不大。

本研究的局限在于：①产品局限于 MP3 产品，被试局限于河南省的在校大学生，研究结论的外部效度存在不确定性。②代言人和广告主张除了在广告可信度、产品评价上有共同作用外，可能对广告信息的处理加工上也存在相互影响，在本研究中未对此加以识别和控制。

【参考文献】

［1］Naresh K.Malhotra：《市场营销研究：应用导向》（第 4 版），涂平译，电子工业出版社，2006 年。

［2］Pechmann，Cornelia. Predicting When Two-sided ads will be more Effective than one Sided ads：The Role of Correlation and Correspondent Inferences［J］. Journal of Marketing Research，1992，29（4）：441-453.

［3］Ayn E. Crowley，Wayne D. Hoyer. An Integrative Framework for Understanding Two-sided Persuasion［J］. Journal of Consumer Research，1994，20（4）：561-574.

［4］Kamins. Marks A.，Henry Assael. Moderating Disconfirmation of Expectations Through the Use of Two-sided Appeals：A Longitudinal Approach［J］. Journal of Economic Psychology，1987，8（2）：237-253.

［5］Kamins. Marks A.，Celebrity and Non-Celebrity Advertising in a Two-Sided Context［J］. Journal of Advertising Research，1989，29（3）：34-42.

［6］Richard Heslin. Brian F. Blake，Robert Perloff，Robert Zenhausern. The Effect of Intolerance of Ambiguity Upon Product Perceptions［J］. Journal of Applied Psychology，1973，58（2）：239-243.

［7］Michael Etgar，Stephen A. Goodwin. One-Sided Versus Two-Sided Comparative Message Appeals for New Brand Introductions［J］. Journal of Consumer Research，1982，8（4）：460-465.

［8］Atkin，Charles and Martin Block. Effectiveness of Celebrity Endorsers［J］. Journal of Advertising Research，1983，23（2/3）：57-61.

［9］Prtty，Richard E.，John T. Cacioppo and David Schumann. Central and Peripheral Routes to Advertising Effectiveness：The Moderating on Cue Utilization in Product Evaluations［J］. Journal of Consumer Research，1983，10（9）：135-46.

［10］Frieden，Hershey H. and Linda Friedman.Endorser Effectiveness by Product Type［J］. Journal of Advertising Research，1984，19（10）：63-71.

［11］Buhr M. D.，Simpson T. L and Pryor B. Celebrity Endorsers' Expertise and Perceptions of Attractiveness，Likability，and Familiarity［J］. Psychological Reports，1987，60：1307-1309.

［12］Petroshius，Susan M.，Kenneth E. K. An Empirical Analysis of Spokesperson Characteristics on Advertisement and Product Evaluation［J］. Journal of the Academy of Marketing Science，1989，17（3）：217-225.

［13］Kamins，Miehael A.，Meribeth J. Brand，Stuart A. Hoeke，John C. Moe. Two-side Versus one-Sided Celebrity Endorsements：The Impact on Advertising Effectiveness and Credibility［J］. Journal of Advertising，1989，18（2）：4-10.

［14］Biswas，Dipayan and Abhijit Biswas.The Diagnostic Role of Signals in the Context of Perceived Risks in Online Shopping：Do Signals Matter More on the Web?［J］. Journal of Interactive Marketing，2004，18（3）：30–45.

［15］Rohit，Deshpande，Stayman，Douglas M. A Tale of Two Cities：Distinctiveness Theory and Advertising Effectiveness［J］. Journal of Marketing Research，1994，31（1）：57–64.

［16］Lawrence Feick and RobinA. Higie，The Effects of Preference Heterogeneity and Source Characteristics on Ad Processing and Judgement about Endorsers［J］. Journal of Advertising，1992，21（6）：9–24.

［17］Mahony，Sheila，Meenaghan，Tony. The Impact of Celebrity Endorsements on Consumers［J］. Irish Marketing Review，1998，10（2）.

［18］Till，BrianD，Busler M. Mathcing Products with Endorsers：Attractiveness Versus Expertise［J］. Journal of Consumer Marketing，1998，15（6）：576–586.

［19］Chandy，Rajesh K，Tellis，Gerard J.，Macinnis，Deborah J.and Thaivanich，Pattana. What to Say When：Advertising Appeals in Evolving Markets［J］. Journal of Marketing Research，2001，38（11）：399–414.

［20］Agrawal，Jagdish and Wagner A. Kamakura. The Economic Worth of Celebrity Endorsers：An Event Study Analysis［J］. Journal of Marketing，1995，59（7）：56–62.

［21］Mathur，Lynette Knowles，Mathur，Ike，Rangan，Nanda. The Wealth Effects Associated with a Celebrity Endorser：The Michael Jordan Phenomenon ［J］. Journal of Advertising Research，1997，37（5/6）：67–74.

［22］Hastak. Manoj，Jong–Won Park. Mediators of Message Sidedness Effects on Cognitive Structure for Involved and Uninvolved Audiences. Advances in Consumer Research，1990，17（1）：329–336.

［23］Coulter K. S.，Punj G. N. The Effect of Cognitive Resource Requirements，Availability and Argument Quality on Brand Attitudes［J］. Journal of Advertising，2004，33（4）：53–64.

（作者：刘中刚，河南大学工商管理学院）

"家族品牌"下不同产品的品牌强度确定

一、品牌强度在品牌价值模型中的重要作用

Interbrand 法除了被创始公司自行使用外，还被 Business Week（商业周刊）、Financial World（金融世界）、《Forbes》（福布斯）等著名刊物在编制其年度的品牌价值排行榜时使用。Interbrand 模型："品牌价值 V = 品牌带来的净利润 P × 品牌强度倍数 S"。Interbrand 法是基于品牌的未来收益而评估品牌价值的方法，其主要有以下三个特点：①以品牌的未来收益为评估基础；②财务分析、市场分析和品牌分析相结合；③用"S"形曲线将品牌强度分与品牌未来收益所适用的贴现率直接联系起来。Interbrand 法涉及对过去和未来年份销售额、利润等方面的分析与预测，对处于成熟且稳定的市场品牌而言，它是一种较为有效的品牌评价方法。但仍存在一些局限性，如对未来若干年销售、利润情况的预测存在较大的不确定性；评定品牌强度所考虑的七个因素是否囊括了所有重要的方面，以及各个方面的权重是否恰当等。在 Interbrand 法的基础上，Financial World 法对其作了部分调整并加以简化，主要不同之处是 Financial World 更多地以专家意见等第三方估测来确定品牌的财务收益等数据。Financial World 模型："品牌价值 V = 纯利润 P × 品牌强度系数 S"。

近年来，世界品牌实验室（World Brand Lab，WBL）评估方法获得兴起。WBL 法的评估模型为："品牌价值 V = 调整后的年业务收益额 E × 品牌附加值指数 BI × 品牌强度系数 S"。该评估方法的特点是使用了"品牌附加值工具箱"（BVA Tools）计算出品牌对目前收入的贡献程度，即品牌收益占主营利润的比例。其优势在于：该方法结合了品牌的历史收益和预期收益，同时只对品牌的近期收益进行预测，避免了对收益远期预测的不确定性；通过对品牌历史收益和预期收益的平均化处理，反映品牌价值一定时期的稳定性。但它也有局限性：虽然使用了 BVA 工具箱和品牌强度系数，但其取值不透明，基本上也是通过打分的方式确定，更多是定性判断，量化的分析还是会或多或少受到影响。

北京名牌资产评估有限公司是国内较早引入品牌价值评估概念的机构。其评估模型为"P = M + S + D"，其中 P 为品牌的综合价值；M 为品牌的市场占有能力，使用的是最近一年的销售收入；S 是品牌的超值创利能力，表现为品牌的超额利润；D 为品牌的发展潜力，由利润与倍数相乘得出，这里的倍数与 Interbrand 公司的品牌强度倍数相似。该模型的一个重要假设是企业持续经营能力是已经形成的，而不使用未来预测的数据，避免未经检验的数据对评估结果的影响，这是该方法的优势。但其局限性也很明显：在其品牌价值的计算公式中，三个组成部分为营业收入、超额利润和基期利润的一个倍数，将这三个意义完全不同的概念进行简单相加估算品牌价值，显得过于简单而且从财务和经济概念上很难理解。

国内学者王成荣（2008）在借鉴国内外品牌价值评价体系的基础上，考虑中国市场特点，提出：①双因素品牌价值资产化评价模型。②品牌价值社会化 Sinobrand 评价法。③基于品牌生命周

期的品牌价值内部评价模型。这种根据不同的评价目的建立不同评价模型的分类方法以及评价模型本身都具有一定的新颖性。其中，①双因素品牌价值资产化评价模型为 $V = (\sum_{i=1}^{n} SS_i) \cdot C \cdot R$，其中 SS_i 为品牌未来第 i 年折现后的表面超额收益，n 为品牌预期经营期限，C 为品牌成本因子（$0 < C \leq 1$），R 为品牌经营风险因子（$0 < R \leq 1$）。②品牌价值社会化 Sinobrand 评价法："品牌价值 V = 品牌优势值 BAV × 品牌强度乘数 MOS"，这一方法借鉴了 Financial World 法，但在具体指标上又有所差异。③基于品牌生命周期的品牌价值内部评价模型：$V = F[f(T, S), g(M), C(C_{ex}, C_{en})]$，其中 $f(T, S)$ 为反映品牌生命周期变化的动态价值函数，$g(M)$ 为品牌营销函数，$C(C_{ex}, C_{en})$ 为市场竞争函数，这一函数由外生竞争变量 C_{ex} 和内生竞争变量 C_{en} 所决定。但该评估方法未能解决各参数取值较为主观的问题。

现有流行的品牌价值表达式"品牌价值 V=品牌利润 P×品牌强度倍数 S"及其衍生出的表达式表明，品牌强度是计算品牌价值的重要概念，然而对于品牌强度这一关键概念，不同学者却给予了不同的理解，并提出了不同的品牌强度评价模式。

二、品牌强度的研究现状

Interbrand Group 认为，品牌强度是确定被评估品牌较之同行业其他品牌所处的地位，决定了品牌未来的现金流入能力，反映了品牌对企业收入的贡献程度，能衡量品牌在将其未来收益变为现实收益过程中的风险。该公司先后提出了两套计算品牌强度的模式，即七因子加权综合法和四因子加权综合法。七个因子是：市场领先度、稳定性、市场特征（行业增长能力、进入障碍）、国际化能力、发展趋势（与消费者的相关性）、品牌支持和法律保障。四因子加权综合法的四个因子：比重（同类产品中的市场占有率）、广度（市场分布）、深度（顾客忠诚度）和长度（产品延伸程度）。其中七因子法是被运用和借鉴最为广泛的构成体系。Financial World 对品牌强度的评价基本上沿用了 Interbrand Group 七因子加权法。Interbrand 法认为，品牌强度得分与品牌强度因子之间存在密切关联。一般而言，品牌强度得分（0~100）越高，品牌强度因子（0~20）越大。为了将品牌强度得分转化成品牌强度因子，Interbrand 法综合全球范围内大量的品牌转让案例的统计分析，发展了一种"S"形曲线，如图 1 所示，图 1 中纵轴为品牌强度因子，横轴为品牌强度得分。

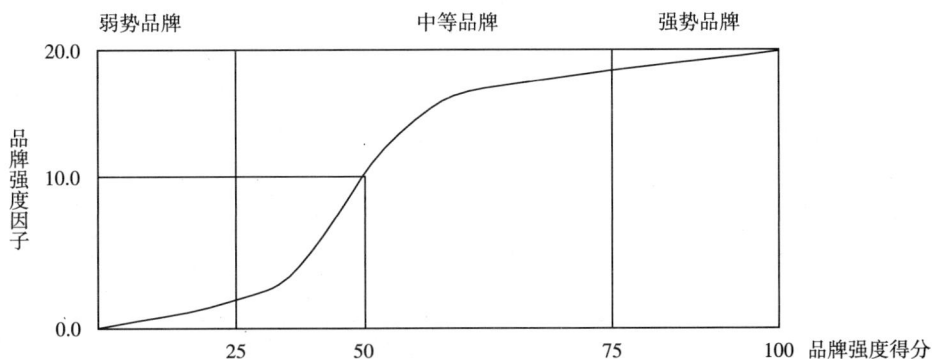

图 1 Interbrand 法中品牌强度 S 形曲线

范秀成等（2000）提出了品牌价值评估的忠诚因子法。其中忠诚因子（品牌强度）表示全部目标顾客中在未来决定重复购买或开始购买某品牌产品的顾客的比例，反映了整个市场对品牌的忠诚度和品牌的吸引力，是一个体现消费者群体行为的指标，而非对个体行为的测量。乔均（2005）以 Interbrand 的品牌评估模型为蓝本，结合中国国情对国内家电行业的各种品牌的品牌强度进行了连续的比较研究，并提出一计算公式：品牌强度（BP）= 相对占有率 × 0.25 + 相对覆盖率 × 0.15 + 相对传播力 × 0.2 + 相对美誉度 × 0.15 + 相对知名度 × 0.1 + 相对增长率 × 0.15。这一品牌强度公式的主观性很强，依据它计算品牌强度值有欠科学性。

三、考虑品牌延伸效应的品牌强度评估模型

与"品牌"概念解释应包括消费者、企业、竞争者三个主体相对应，品牌强度概念同样应包含上述三者，因此接受以下论述：Srivastava 和 Shocker（1991）提出品牌强度是品牌的顾客、渠道成员、母公司对于品牌的联想和行为，它们使得品牌可以享有持久的、差别化的优势，以及基于这一认识，张茂林、李春兰（2008）提出了包含消费者、市场、企业三维度的品牌强度因子构成体系。为此，本文用基于品类竞争的品牌市场表现指数 I_{mi}、基于企业销量变化的品牌成长趋势指数 I_{gi} 以及基于消费者认知的品牌声誉指数 I_{fi} 三个指标来反映品牌强度。与计算品牌强度的传统模型采用加权加和法不同，本模型采用因子乘积法，表达式见式（1），之所以这样处理，主要考虑到影响品牌强度的三个合成因子之间不是彼此独立的，而是相互作用、不可偏废的。

$$BS_i = I_{mi} \times I_{gi} \times I_{fi} \tag{1}$$

品牌市场表现指数 I_{mi} 是品牌 i 产品当年销售额与产品所在品类[①]前三名销售额平均数的比较值，见式（2）：

$$I_{mi} = \frac{x_n}{\sum (a + b + c)/3} \tag{2}$$

其中，x_n 为 i 产品第 n 年的销售额，a，b，c 分别是评估当年 i 产品所在品类销量排名前三位的销售额。这一指数能够综合反映品牌产品的市场占有率、渠道占有率、市场地位、品牌溢价能力等市场竞争方面的指标。

品牌成长趋势指数 I_{gi} 是 i 产品本三年和前三年销售额加权和的比值，表达式见式（3）。刘红霞、韩嫄（2009）实证表明，品牌销售增长率是企业品牌发展能力的财务表现，也是品牌市场占有率的体现，因而，I_{gi} 能反映品牌产品的成长能力，也能综合反映企业推动该品牌发展所具备的技术开发和创新能力、品牌保护投入力度、经营管理能力等。

$$I_{gi} = \frac{3x_n + 2x_{n-1} + x_{n-2}}{3x_{n-1} + 2x_{n-2} + x_{n-3}} \tag{3}$$

其中，$x_n \sim x_{n-3}$ 分别为 i 产品第 n~n-3 年的销售额。

品牌声誉指数 I_{fi} 是根据品牌在市场上存续时间长度和获得的荣誉、资格等声誉而综合设定的参量。杨建梅、黄喜忠、张胜涛（2006）根据品牌所获荣誉分 5 个等级：国际知名品牌（i 标准是进入世界品牌排行榜 TOP100 的）、中国著名品牌或国家驰名商标、省著名品牌、地市级著名品牌、产品商标。品牌等级不同，其权数相差很大，并通过调查问卷，利用判断矩阵法，构造权重

---

① 品类（Category）是指消费者认定的存在内在关联或可相互替代的区别于其他对象的产品或服务集合。品类是品牌优势理论的研究基础，它规定着品牌竞争范围，不属同一品类的品牌之间几乎不存在竞争问题（岳建秋、谌飞龙、吴群，2007）。

比矩阵并判断矩阵的相容性，最后计算出各层次品牌的权数值 W = (0.59，0.22，0.11，0.05，0.03)。成功的品牌声誉建立在顾客的体验上，对于如何衡量品牌声誉，与传统方法主要是通过市场调查获得目标消费群体体验打分不同，本模型在综合考虑品牌年龄维度、消费者认知维度以及政府、中介部门对品牌的评价认定结果基础上形成品牌声誉分。品牌声誉的第一层次为"省级品牌"，即品牌产品从省级政府有关部门获得了相关的资格、荣誉等，其中声誉时间 T_{fi} 是从品牌产品获得省级著名品牌时间 T_1、省级驰名商标 T_2、省级重点保护产品 T_3 等时间的最早时间算起，即 $T_{fi} = \min$ (T_1，T_2，T_3，…)。由于在对知名品牌的认定条件中要求其必须在市场上已存在若干年，并有良好经济效益，且已为相关公众广为知晓并享有较高声誉的商标、品名、产品，因此，这些声誉能综合反映企业视角的品牌年龄效应以及消费者视角的品牌知名度、品牌认知度、品牌美誉度等变量。品牌声誉的第二层次"国家级品牌"，包括中国名牌产品、中国驰名商标、中华老字号、中国出口名牌、国家免检产品等，进入第二层次要从其入选"国字号"品牌其中之一的最早时间算起。第三层次是"世界级品牌"，世界级品牌的确定目前存在争议，但本模型认为，国家质量监督检验检疫总局发出《关于开展中国世界名牌产品评价工作的通知》(国质检质〔2005〕95 号) 所设条件[①]有一定的参照价值，或可引用国际著名专业中介非收费机构，如福布斯等评价结果。品牌声誉与 I_{fi} 值对应关系见表 1。

表 1　品牌声誉与 I_{fi} 值对应表

品牌成长 节点系数	省级品牌	国家级品牌	世界级品牌
I_{fi} 参考值	[1，3]	[3，5]	[5，7]

备注：①I_{fi} 值参考范围是在征求相关专家意见后给出的；②在对具体品牌进行评价时，I_{fi} 值可根据品牌进入该层次的时间长度以及拥有资格、称号的数量来确定。

四、海尔各产品的品牌强度

海尔 2009 年主营业务分行业、分产品情况如表 2 所示。

表 2　海尔 2009 年主营业务分行业、分产品情况

分行业或分产品	营业收入（单位：万元）	营业收入比 2008 年增减（%）	毛利润（单位：万元）
电冰箱	1618668.69	22.36	501862.77
电冰柜	271485.31	17.57	66002.66
空调	868523.14	-9.98	219357.98
小家电	87287.63	-11.17	22435.51
其他产品	391216.62	5.56	51619.27

数据来源：《青岛海尔股份有限公司 2009 年年度报告》。

---

① 该评选的硬性条件包括：该类产品全行业的总产量和出口量居于世界前列；出口多个国家和地区，在国际同行中具有较高的知名度和影响力，在主要出口国家（地区）均已注册商标；采用国际标准和国外先进标准，质量达到国际同类产品先进水平，掌握核心技术并拥有自主知识产权；国内市场占有率居行业前列，其他各项经济指标处于同行业领先地位；-企业年销售额达到 100 亿元人民币以上；企业出口的同类产品中，申报品牌的出口量占 50%以上，出口额不低于 5000 万美元，在国际同行中位于前 5 名。

（1）计算品牌市场表现指数。根据相关公司年报，可获悉各品类产品 2009 年前三强销售数据，并据此计算出品牌市场表现指数（见表 3）。

表 3　海尔涉及产品所属品类 2009 年前三强品牌及其销售额

单位：万元

分行业或分产品	位一	位二	位三
电冰箱	海尔（1618668.69）	美的（631269.57）	科龙（520916.99）
电冰柜	在电冰箱、电冰柜两种产品同时生产的各公司年报中，除海尔外，其余公司都没有反映分产品数据，而是将两产品的业绩情况合并报告		
空调	格力（3832940.81）	美的（3203921.5）	海尔（868523.14）
小家电	九阳（460029.06）	苏泊尔（402752.1）	美的（296101.47）

备注：①数据来源于各公司 2009 年度报告。②另有媒体报道新飞冰箱的销量已跻身国内第二，但我们没找到可靠数据。③由于相关公司将电冰箱、电冰柜两种产品视同一类产品报告，没有提供分产品数据；与此同时，海尔 2006~2009 年的四年年报反映出该两产品在销量增长上具有一致性，即持续增长，而海尔其他产品时增时减，鉴于此，本文令 $I_{m2} = I_{m1}$。④"其他产品"表述不具体，无法比较，令 $I_{m5} = 1$。将上述数据代入式（2）可得：

$I_{m1} = I_{m2} = 1.76$，$I_{m3} = 0.33$，$I_{m4} = 0.23$，$I_{m5} = 1$。

（2）计算品牌成长趋势指数。根据青岛海尔股份有限公司 2006~2009 年历年年度报告数据（未考虑通胀率），运用式（3）可得：

$I_{g1} = 1.20$，$I_{g2} = 1.34$，$I_{g3} = 1.12$，$I_{g4} = 1.14$，$I_{g5} = 1.24$。

（3）确定品牌声誉指数。海尔品牌旗下冰箱、空调、冰柜、洗衣机、电视机、热水器、电脑、手机、家居集成等 19 个产品先后被评为中国名牌，其中海尔冰箱、洗衣机还被国家质检总局评为首批中国世界名牌，故取 $I_{f1} = 5$，$I_{f2} = I_{f3} = I_{f4} = 3$，$I_{f5} = 1$。

（4）计算海尔各产品的品牌强度。根据式（1）可得：

$BS_1 = 10.56$，$BS_2 = 7.08$，$BS_3 = 1.11$，$BS_4 = 0.79$，$BS_5 = 1.24$。

该组数据表明，海尔品牌的电冰箱、电冰柜在市场中的影响力、盈利能力比海尔的其他产品要强。

五、结论与启示

实证表明，家族品牌下不同产品在市场中的品牌强度存在着差异，这反映了不同产品即使使用同一品牌，但它们的获利能力也不同。这一发现使本计量模型在指导实践方面比 Interbrand 法更为合理、有效，因为如果品牌价值模型没有考虑到同一品牌下在不同产品上会有不同品牌强度，这将可能导致企业在品牌总体收益比较好的情况下，发觉不了品牌强度低、获利能力差的产品可能却在耗费企业更多的资源这类事实；与此同时，在品牌强度处理方法上，与 Interbrand 法计算品牌强度采用加权加和法不同，本模型采用综合因子乘积法，这样处理将规避加权加和法中可能存在的少数项目得分突出但其他项目得分不多，甚至有些为零，而不影响品牌强度获得高分的现象，这显然不符合一些品牌因在某项因素上遇到致命危机最终无法经营退出市场的现实，而综合因子乘积法要求构成品牌强度的各因子间不能有所偏废的，它能较早并有效地将问题反映出来。

【参考文献】

［1］北京名牌资产评估有限公司，www.mps.com.cn/Wisdom_list5.html。

［2］谌飞龙：《考虑品牌延伸"强化—稀释"效应的品牌价值计量模型与实证研究》，《财贸经济》，2011年第7期。

［3］符国群：《Interbrand品牌评估法评介》，《外国经济与管理》，1999年第11期。

［4］范秀成、冷岩：《品牌价值评估的忠诚因子法》，《科学管理研究》，2000年第5期。

［5］国家质量监督检验检疫总局：《关于开展中国世界名牌产品评价工作的通知》（国质检质〔2005〕95号），2005年3月24日。

［6］岳建秋、谌飞龙、吴群：《基于消费者心智资源开发的品牌优势塑造》，《中国工业经济》，2007年第3期。

［7］刘红霞、韩嫄：《中国企业品牌指数构建及其调查数据分析》，《江西财经大学学报》，2009年第6期。

［8］卢泰宏：《品牌资产评估的模型与方法》，《中山大学学报》（社科版），2002年第3期。

［9］乔均：《2004年度品牌强度测试系列报告》，《中国广告》，2005年第12期。

［10］青岛海尔、美的电器、苏泊尔、格力电器、九阳股份等公司2009年年度报告，http://www.eastmoney.com/。

［11］世界品牌实验室，http://brand.icxo.com/htmlnews/2006/03/30/830061.htm。

［12］宋永高：《品牌延伸评估动态模型构建——基于认知语言学的研究》，《浙江理工大学学报》，2010年第2期。

［13］王成荣：《品牌价值论——科学评价与有效管理品牌的方法》，中国人民大学出版社，2008年。

［14］徐洁怡、马威：《品牌扩展中"稀释效应"的消费者认知机制分析》，《商业研究》，2005年第16期。

［15］杨建梅、黄喜忠、张胜涛：《产业集群的品牌结构及其对集群竞争力影响的探讨》，《科技管理研究》，2006年第11期。

［16］于春玲、赵平：《品牌资产及其测量中的概念解析》，《南开管理评论》，2003年第1期。

［17］张茂林、李春兰：《品牌强度构成因子研究》，《上海管理科学》，2008年第3期。

［18］Srivastava，Rajendra K.，and Allan D. Shocker. Brand equity，A Perspective on its Meaning and Measurement. Marketing Science Institute Report，1991：91-124.

（作者：谌飞龙，江西财经大学产业集群与企业发展研究中心）

基于营销传播策略的自主品牌联想建设研究

一、引 言

经济全球化的今天，创建自主（有）品牌并合理、科学地运用品牌战略是中国企业发展壮大的必由之路（莫材友和韩延萌，2007）。而自主品牌经营得成功与否，是由消费者来决定，由市场来验证的。只有在消费者心中享有很高的知名度和美誉度，能强有力地引导消费者展开对该品牌的联想，并能不断刺激消费者购买欲望的品牌才能称为成功的自主品牌。因此，打造成功的自主品牌的核心就是要在消费者心中注入品牌知识，不断地激发消费者积极的品牌联想。然而，打造品牌联想绝不是简单的花钱做广告，而是需要与企业的整体营销战略协同，根据产品、行业的不同性质综合利用各种营销传播手段使品牌的营销传播效果最优化，从而不断地在消费者心中构建出丰富生动、积极的品牌联想。有感于此，本文将从消费者的角度出发，将各种主要营销传播策略纳入研究范围，分别展开分析各自对品牌联想的作用机理及效果。

二、文献综述

1. 品牌联想概念体系的构建

对品牌联想最早的相关研究始于 20 世纪 50 年代，广告大师奥格威在这一时期通过提出品牌形象（Brand Image）引入了品牌联想的概念。他指出品牌联想由消费者保存在头脑中的品牌相关信息和品牌对消费者所具有的意义所构成。截至目前，国内外学者对品牌联想构成体系的搭建主要基于 Aaker（1991）与 Keller（1993）两位学者的研究基础展开。

Aaker（1991）从微观层面采用横向展开的方法，将品牌联想的内容归纳为以下 11 个方面：产品品质、无形特征（包括抽象的特点和企业能力等多个方面）、消费者利益、相对的价格、使用、使用者（消费者）、社会名流与普通人、生活方式与个性、产品类别、竞争对手、国家或地理区域。

Keller（1993）采用纵向深入的方法以不同的品牌联想构面来衡量品牌形象，将品牌联想的内容分为三种：属性（Attributes）联想、利益（Benefits）联想与态度（Attitudes）联想。与 Aaker（1991）研究不同之处在于，Keller 将品牌联想的次级联想剥离出去，对初级联想进行划分和组合搭建了经典的品牌联想构成体系；同时，Keller 构建了次级品牌联想的体系并阐述了利用次级品牌联想杠杆建立品牌资产的理论，即利用品牌本身产生的联想，使品牌与某些实体相关联；此外，

Keller（1993）的基于顾客的品牌资产框架把公司联想归为品牌知识的次级联想渠道，而 Aaker（1991）将品牌背后的组织视为一个品牌，消费者对它产生的组织联想与品牌联想之间是有差别的。

我国学者对品牌联想的研究多以上述研究结论为依托。但众多学者对于品牌联想体系的搭建都未将初级联想和次级联想剥离开来。黄合水（2004）沿用了 Aaker 的搭建体系，范秀成（2006）将品牌联想大致分为两大类：与产品特性有关的联想和与产品特性无关的联想，但其中的内容与Aaker 构建的体系中的内容多有一致。王朝辉（2002）对此提出了一个具有系统性的四层次梯度型品牌联想纵向体系：无联想、产品层次的联想、品牌形象的联想以及品牌个性的联想。这四个层次依次显示了消费者品牌联想的不同程度，并由此决定了品牌在市场上的经营状态。通过这种体系的构建，便于企业考察消费者对自身品牌联想的层次和水平，同时也利于企业采用具有针对性的方法来更好的打造品牌联想。

基于已有的研究成果，本文构建了一个由产品类别联想、产品品质联想、产品价格联想、消费者对品牌市场表现的联想、品牌属性联想、公司品牌联想与消费者象征性利益联想 7 个方面（11 个要素）组成的品牌联想内容体系，如图 1 所示。

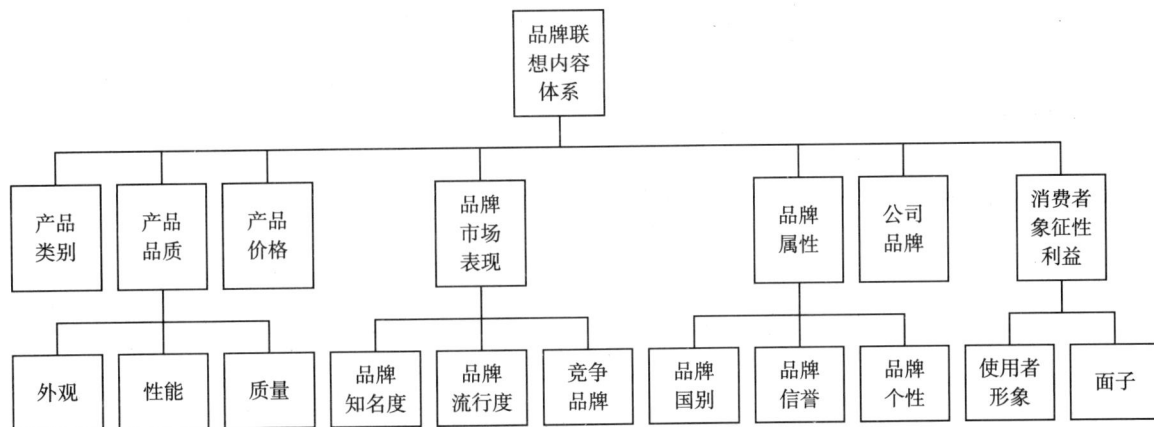

图 1　品牌联想内容体系架构

2. 营销传播策略概念体系的构建

营销传播是一个复杂的信息交流系统，它包括企业与消费者和公众的交流以及消费者之间及与其他公众之间的交流，它是品牌信息与消费者之间沟通的桥梁和工具，不同的营销传播策略对于品牌的建树起到不同的作用。在现有研究文献中，较为典型的营销传播手段组合内容主要涵盖了广告、人员推销、营业推广（销售促进）、公共关系、直复营销。其中，有很多研究都指出这四者在不同产品类型中的作用程度有所不同，如广告和营业推广对消费品的作用更加突出，而工业品使用更多的则是人员推销，广告对工业品来说只作为第三层次影响手段。另外，产品本身的信息传递如产品外观的设计、包装、颜色等以及口碑传播也被很多学者纳入低成本营销传播策略的组合中。申光龙、曲飞宇、商锐（2004）还指出，企业在精心策划传播策略时，需要培养良好的市场感知能力，以不断地感知市场内的变化和趋势，反映顾客及利害利益关系者的需求。George S. Day（2002）指出，组织可以采取多种方式培训组织的市场感知能力。如以由外而内的观念为导向，即组织应树立开放意识和深入调查精神，以开放的姿态面对机遇和市场变化，服务人员、销售人员、市场调查人员在开展工作时要正确处理顾客信息及市场机会和潜在的威胁，分析竞争对手的产品、行为，密切关注竞争对手，以预见并影响竞争对手的行动；为提高分析竞争对手的能力，要培养一种关注竞争对手情报的意识，以利于信息的接收和编译，确保信息能够被迅速、有效地利用；聆听一线员工的想法，工作在一线的员工直接与顾客接触，能够获得顾客的不满、需求等信息，是最有效的信息传播方式等，要建立一线员工信息汇报的渠道；学习同行业中佼佼者的组织行为方式、态度、价值观等经验，以改进与顾客沟通的效率，实现各职能部门间的团结与协作。由此可见，与消费者直接接触的销售人员、服务人员等都是影响企业传递信息的有效助手。

基于已有研究成果，本文从广告内容、公共关系、促销、人员推销、服务与口碑 6 个方面（13 个要素）构建了一个营销传播策略体系，如图 2 所示。

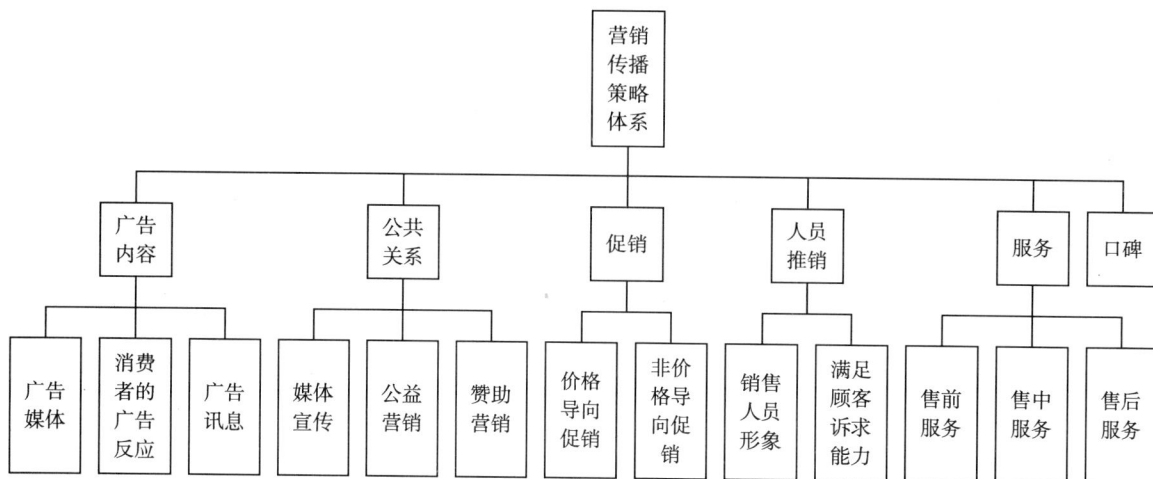

图 2　营销传播策略体系

三、假设发展与模型提出

1. 广告对品牌联想建设的作用

广告是品牌意识提升最重要的手段之一，传播学的层次效果理论（如 Lavidge 和 Steiner，1961）认为，广告的作用过程首先就是提高意识，其次就是增加了解。而提高意识的过程就是加强品牌与产品类别之间联想的过程。博加特（Bogart，1986）指出，广告主利用重复迫使"广告品牌名字进入消费者的意识，并使之对该品牌感到舒适"。McMahon 也曾指出，即使在受众对广告缺乏兴趣或处于低卷入状态中，广告也能保持或提高消费者的品牌意识。

Farquhar（1989）的研究表明广告会使消费者对品牌的评价与其广告态度在记忆中容易接近。Mitchell（1981）把广告态度的形成作为品牌态度形成的渠道之一并且二者存在线性关系。之后很多学者如 Fishbein、Ajzen、Lutz、Mackenzie 和 Belch 以及 Messmer、Burke 和 Edell 的研究结论都证实了广告态度和品牌态度之间的迁徙关系。该结论与美国广告理论专家 T.Schwartz 在 20 世纪 70 年代提出的"共鸣模型"（Resonance Model）是相一致的，他认为成功的品牌广告一定是与目标受众（消费者）产生了共鸣，广告让消费者（受众）唤起并激发其内心深处的回忆，产生难以忘怀的体验经历和感受，同时广告也赋予品牌特定内涵和象征意义并在消费者心目中建立移情联想。认知心理学中的平衡理论（Heider，1958）也可以很好地揭示这种广告态度迁移的现象，即爱屋及乌。如果消费者认为某品牌的广告整体品质很有档次，能够有效吸引他们的注意力，那么消费者至少就会联想到该品牌也一定是有实力的。因此，消费者可以将广告表现的效果直接作为判断品牌和产品是否优质的信号。由此，消费者对广告品质的整体评判就会直接影响到其对相应品牌整体市场势力的评判。我国学者余明阳等也指出广告可以通过感性诉求点，利用消费者对事物的自然的、美好情感的转移而建立他们对品牌的好感，就是在广告中体现消费者的感性追求，由此将美好的广告形象转移给品牌。综合以上结论，本研究提出如下假设：

H1.1：广告对品牌属性联想有正面影响。

H1.2：广告对产品类别联想有正面影响。

H1.3：广告对产品品质联想有正面影响。

H1.4：广告对公司品牌联想有正面影响。

H1.5：广告对消费者象征性利益联想有正面影响。

2. 公共关系对品牌联想建设的作用

汤姆·邓肯（2006）将公共关系作为加强品牌认知和缔造品牌信誉的有效手段，信誉联想直接关乎品牌联想的美誉度。他指出，品牌公关宣传可以创造或增加品牌意识、增加品牌认知、促使消费者产生品牌归属感、增加消费者对品牌的信任；公共关系中的公益营销对品牌的建设效用也得到了众多学者和机构的认可。美国一项对 469 家不同行业的公司的调查表明：资产、销售、投资回报率均与社会公益成绩有着不同程度的正比关系。国内学者束孝宇指出，在公益营销所影响的范围内，人们即便没有直接受益，但主观上仍会感受企业对其的关注，从而对企业产生好感，对此品牌产生情感上认同，从而加深对品牌的认识和记忆，而且，企业关心公共事业及社会问题也体现了其社会责任感并增强了社会公众对企业的信任，提高了品牌美誉度。

现有一些研究从品牌形象转移的角度来分析公司的赞助活动为塑造品牌联想所发挥的作用。Otker 和 Hayes 在 1986 年、Nebenzahl 和 Jaffe 在 1991 年以及 Meenaghan 和 Shipley 在 1999 年就提到过在赞助活动中品牌形象的转移问题。Gareth Smith 从消费者学习的视角研究了品牌形象的转移问题。他通过消费者学习的两种理论：Fiske（1982）、Sujan 和 Bettman 在 1989 年提出的模式一致理论（Schema Congruity Theory）、Collins 和 Loftus 在 1975 年以及 Wyer 和 Srull 在 1986 年提出的联想网络理论［Associative Network （AN）］及扩散激活理论等构建了一个影响品牌形象转移的因子模型。其中，品牌知识、品牌力量、赞助的匹配度、相似性和一致性等都影响到积极的品牌联想在活动过程中从被赞助主体到赞助品牌的转移。消费者的品牌知识越丰富和被赞助主体形象越好，激发品牌的联想的可能性就越大，同时品牌联想转移的可能性也越大。Kevin P. Gwinner 和 John Eaton 指出，当事件和品牌在形象和功能基础上相匹配时品牌联想的转移将会被加强。消费者对赞助活动的态度转移至对品牌形象的看法这一理论的源泉也可追溯到认知心理学的平衡理论（Heider，1958）。综合以上结论，本研究提出如下假设：

H2.1：公共关系对品牌市场表现联想有正面影响。

H2.2：公共关系对品牌属性联想有正面影响。

H2.3：公共关系对公司品牌联想有正面影响。

H2.4：公共关系对消费者象征性利益的联想有正面影响。

3. 销售促进对品牌联想建设的作用

销售促进从形式上被分为消费者促销和销售促销两大类，Mariola Palazón-Vidal 和 Elena Delgado-Ballester 将 Keller 的模型简化后指出，由于以顾客为基础的品牌资产的前期投入来自与品牌相关的市场营销活动，而销售促进作为一种重要的市场营销活动是构筑品牌知识的一个重要工具。在他们构建的创建品牌资产的框架模型中，销售促进具有增加品牌联想数量、增加品牌个性的特点；Chandon 和 Wansink 提出了一个多重促销利益的全模型。他认为，促销能够给消费者带来实利型和娱乐型两种不同的利益。同时他还认为，价格导向促销和非价格导向的促销都能给消费者带来上述良好总促销利益，但价格导向的促销带来的实利型利益更多，而非价格导向的促销更加适合向消费者传递一种娱乐的满足。另外，于坤章、沈度和刘畅也指出，根据品牌的自身特点、目标消费者群体的需求特点设计一些非价格导向的促销策略，不仅不会损害品牌的感知质量，而且能够培育和巩固品牌的独特联想，增强品牌权益。他们认为，对于具有某种独特联想的品牌，价格促销会稀释原有联想，对品牌联想产生不利影响，而灵活使用非价格促销会激发或强化品牌的独特联想，向消费者传递出一种感觉，一种情感。综合以上结论，本研究提出如下假设：

H3.1：销售促进对产品类别联想有正面影响。

H3.2：销售促进对产品价格联想有正面影响。

H3.3：销售促进对品牌属性的联想有负面影响。

4. 人员推销对品牌联想建设的作用

人员销售实际上也是一个人际传播的过程，它是销售人员与顾客直接面对面的沟通，传达品牌信息的过程。余明阳等指出，人员销售对于加深消费和对品牌的品质认知有重要的作用，同时，它是提升品牌传播亲和力的重要手段。他们指出，销售人员的形象代表着他所推销的品牌的形象，他向消费者的推销行为就是品牌向消费者传播的过程。销售人员的整体服务素质体现了销售人员自身的形象，这对于消费者的判断和评价起到直观的作用。另外，Gronroos（1984）将服务质量划分为技术质量（结果质量）和功能质量（过程质量），前者是指顾客从服务中实际得到的东西，后者是指服务是如何传递给顾客的方式。顾客通过对这两方面的评价，综合成感知服务，然后与期望服务比较，就得到感知服务质量。范秀成阐释到顾客在与服务人员直接互动的过程就影响到顾客期望的形成并成为感知服务质量的过滤器，同时，顾客感知服务质量又会进一步影响企业形象。而销售人员在与顾客的接触过程中，他们的专业知识或技术水准以及沟通所体现出的文化底蕴都会影响到顾客所感受到的技术质量，我国学者谢付亮在提出企业需要将推销人员打造成"活广告"时就指出，销售人员在面对客户的诸多疑问时，不知所措甚至无言以对势必会损害企业的品牌形象；销售人员的文化底蕴会增加客户的"好感"，提高企业的品牌美誉度。另外，销售人员的沟通态度和沟通技巧都是实现顾客感知质量中的功能质量所必需的要件，只有富有"真诚"的沟通才能维护企业良好的品牌形象。综合以上结论，本研究提出如下假设：

H4.1：人员推销对产品品质联想有正面影响。

H4.2：人员推销对公司品牌联想有正面影响。

H4.3：人员推销对消费者象征性利益联想有正面影响。

5. 服务对品牌联想建设的作用

服务一般是以无形的方式，在顾客与服务对象、有形资源、商品或服务系统之间发生的，可以解决顾客问题的一种行为（Heskett 等，1994）。服务已经成为现代营销竞争的焦点。服务无处不在，它既是一种被提供给消费者的无形产品，又是一种品牌传播的载体和工具。服务质量的高低决定了产品附加值的大小。汤姆·邓肯（2006）指出，优良的客户服务可以丰富消费者的品牌知识，加强品牌关系。有研究指出，优秀的服务质量可以有效创建品牌的差异点，即创建与其他竞争者相区别的品牌关系；有价值的并能有效传递给客户的服务可以有效提升企业的声誉，树立很好的口碑；与情感相连的服务会给顾客带来信任感、热情和亲近感。国内有学者指出，良好的服务质量可以有效提升消费者对品牌的信任感，改善消费者对品牌的信誉感知。20 世纪 80 年代由美国战略计划研究院组织的著名的 PIMS 研究发现，质量与市场占有率之间存在正相关关系（Buzzell 等，1987）。由此，我们可以判断服务质量的高低直接影响到市场占有率的高低，即就影响到消费者对品牌在市场中流行趋势的推断。美国哈佛大学商学院的专家在有关服务利润链（Service Profit Chain）的研究指出，较高的服务质量可以导致较高的顾客满意度，进而产生高的顾客忠诚度。综合以上结论，本研究提出如下假设：

H5.1：服务对品牌市场表现联想有正面影响。

H5.2：服务对品牌属性联想有正面影响。

H5.3：服务对公司品牌联想有正面影响。

H5.4：服务对消费者象征性利益联想有正面影响。

6. 口碑传播对品牌联想的作用

人际传播是形成品牌美誉度的重要途径，在品牌传播的手段中，人际传播最容易为消费者所接受。据研究显示，消费者对其他使用者所介绍的品牌品质等方面信息的相信程度是广告宣传的18倍（Petty等，1983）。口碑营销的效果直接影响到品牌与其产品类别之间的联想强度，当消费者认为信息的来源是高度可靠时，传递经验知识的消费者本身的态度就会直接作用于受传消费者的品牌态度的形成，因此会更加令消费者容易接受信息并依据这些经验性信息修改或重新修正自己对某种产品或服务的态度。Rundus（1973）认为检索某一具体品牌的概率是一个关于联想强度的函数，它等于这一品牌和产品类别之间的联想强度除以每个品牌和产品类别之间联想强度的总和。根据 Anderson 的加法平均模型信息整合理论，对大多数商品和服务而言，信念是使用平均原则合成态度（Anderson，1981，1982；Troutman 和 Shanteau，1970）。也就是说，消费者对品牌的态度是由消费者对产品属性、品牌属性的主观衡量值乘以消费者赋予每一属性的权重的乘积之和，其中被纳入态度合成的所有属性的权重之和为 1，由此对产品属性的数量予以限制，因此，我们也可以看出，人们在对品牌形成自身的态度时并不会将所有的信息进行权衡，而是会选择他们认为对他们来说更为重要的属性作为形成态度的因子。将该理论应用到口碑对品牌态度的影响分析中，我们可以看出商家在创造品牌的良好口碑时要充分分析产品类别的特点，从而尽可能发现潜在消费者对该产品类别的哪些产品、服务属性会给予更多的关注，同时要通过前期了解消费者对各个属性给予重视的不同程度来确定口碑创造应在哪些信息的传播过程中给予不同的侧重，从而迎合潜在消费者形成品牌态度所关注的产品、品牌特点，使得消费者尽可能通过口碑信息形成积极的品牌态度。综合以上结论，本研究提出如下假设：

H6.1：口碑对产品类别联想有正面影响。

H6.2：口碑对产品品质有正面影响。

H6.3：口碑对品牌市场表现联想有正面影响。

H6.4：口碑对公司品牌联想有正面影响。

H6.5：口碑对消费者象征性利益联想有正面影响。

如图 3 所示，我们构建了基于营销传播策略的品牌联想建设模型。广告、公共关系、销售促进、人员推销、服务和口碑 6 类营销传播策略分别会显著影响产品类别联想、产品品质联想、产品价格联想、消费者对品牌市场表现的联想、品牌属性联想、公司品牌联想与消费者象征性利益联想 7 方面的联想。

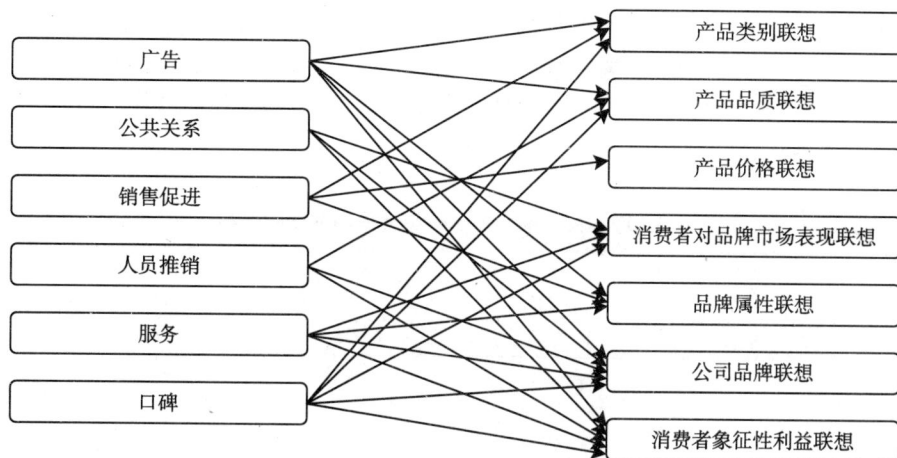

图 3 基于营销传播策略的品牌联想建设模型

四、研究设计与实证结果

以手机为例，对 500 名顾客进行了问卷调查，所有问项均来自文献中已引用的成熟量表，在剔除无效问卷后，共获得有效问卷 352 份，有效率为 70.4%。

信度分析结果显示，除了公司品牌联想、人员推销和口碑观测变量的 Cronbach'α 系数值略微低于 0.7 以外，其余每组观测变量的 α 系数值都保持在 0.7 以上，说明这些变量的测量问项设计的较好，各测量问项之间具有较好的一致性。验证性因子分析结果显示，问卷问项的因子载荷在 0.5 以上，具有相当的解释能力。卡方与自由度的比值为 3.16，说明模型拟合较好。拟合优度指数、调整后的拟合优度指数、比较拟合指数以及近似均方差残根均已达到标准，只有 NFI 和 IFI 略低于可接受标准，但是根据学者 Bentler（1992）建议，NFI 和 IFI 略低于可接受标准，予以接受。因此，问卷具有较好的效度。

在信度与效度检验结果的基础上，论文采用相关分析与多元线性回归分析方法对假设进行了验证。我们将假设检验结果分述如下。

1. 营销传播策略对产品类别联想的回归分析

表 1 的多重共线性检验表明，三者的容忍度都在 0.9 以上，方差膨胀因子（VIF）都在 1.1 以内，说明广告、销售促进与口碑三个自变量之间不存在多重共线性，即三项传播策略之间的独立性较高，故回归分析的结果有效可靠。其标准化回归系数分别为：0.522（P<0.01），0.368（P<0.01），0.446（P<0.05）。说明广告、口碑和销售促进作为产品类别因子的关键作用策略对产品类别联想的作用效应依次减弱，尤其广告和口碑对产品类别的影响作用非常显著。

表 1　产品类别联想与营销传播策略的回归分析

	β 值	t 值	Sig.	Tolerance	VIF
广告	0.522	5.183	0.000	0.997	1.003
销售促进	0.368	3.491	0.047	0.921	1.086
口碑	0.446	0.443	0.004	0.934	1.071

2. 营销传播策略对产品品质联想的回归分析

表 2 的多重共线性检验表明，二者的容忍度都在 0.9 以上，方差膨胀因子（VIF）都在 1.1 以内，说明广告、口碑之间不存在多重共线性，二者的独立性很高，故该回归分析有效可靠。其标准化回归系数分别是：0.371（P<0.05），0.765（P<0.01）。说明广告和口碑作为产品品质因子的关键作用策略对产品品质联想的作用效应依次增强。

表 2　产品类别联想与营销传播策略的回归分析

	β 值	t 值	Sig.	Tolerance	VIF
广告	0.371	10.000	0.018	0.986	1.014
口碑	0.756	7.786	0.002	0.928	1.078

3. 营销传播策略与产品价格联想的相关分析

相关分析结果表明，产品价格联想与销售促进之间存在着显著的正向关联（Pearson 相关系数

0.53，p<0.05）。表明销售促进能够显著激发消费者对于产品价格的联想。

4. 营销传播策略对品牌市场表现联想的回归分析

表3的多重共线性检验表明，三者的容忍度都在0.89以上，方差膨胀因子（VIF）都在1.2以内，说明公关、企业服务与口碑之间不存在多重共线性，三者的独立性很高，故该回归分析有效可靠。其标准化回归系数分别为：0.305（P<0.01），0.297（P<0.01），0.532（P<0.01）。说明口碑传播对品牌知名度、品牌流行性及品牌市场竞争力等市场表现有最为重要的影响，公共关系和企业服务对品牌市场表现的作用力要弱于口碑传播，并且二者依次减弱。

表3　品牌市场表现联想与营销传播策略的回归分析

	β值	t值	Sig.	Tolerance	VIF
公共关系	0.305	6.228	0.002	0.917	1.091
企业服务	0.297	5.197	0.009	0.944	1.059
口碑	0.532	6.011	0.006	0.898	1.114

5. 营销传播策略对品牌属性联想的回归分析

表4的共线性检验表明，四种传播策略的容忍度都为1，方差膨胀因子（VIF）也都为1，说明这四种传播策略之间不存在多重共线性，其独立性很高，故该回归分析有效可靠。其标准化回归系数分别为：0.744（P<0.01），0.234（P<0.01），0.185（P<0.01），0.140（P<0.01）。说明广告、公共关系、销售促进与企业服务对品牌属性因子联想的作用效应逐渐减弱。

表4　品牌属性联想与营销传播策略的回归分析

	β值	t值	Sig.	Tolerance	VIF
广告	0.744	5.273	0.000	1.000	1.000
公共关系	0.234	2.052	0.002	1.000	1.000
销售促进	0.185	2.228	0.007	1.000	1.000
企业服务	0.140	2.284	0.003	1.000	1.000

6. 营销传播策略对公司品牌联想的回归分析

表5的共线性检验表明，五个因子的容忍度都在0.9以上，方差膨胀因子（VIF）都在1.2以内，说明这五种传播策略之间不存在多重共线性，其独立性很高，故该回归分析可靠有效。其标准化回归系数分别为：0.446（P<0.05），0.320（P<0.01），0.378（P<0.05），0.676（P<0.05），0.495（P<0.01）。明显看出，企业服务的整体水平对公司品牌联想的影响力最为强烈，口碑、广告、人员推销和公共关系对公司品牌因子联想的作用效应依次减弱。

表5　公司品牌联想与营销传播策略的回归分析

	β值	t值	Sig.	Tolerance	VIF
广告	0.446	8.053	0.020	0.904	1.106
公共关系	0.320	7.222	0.003	0.932	1.073
人员推销	0.378	3.814	0.025	0.996	1.004
企业服务	0.676	6.969	0.015	0.918	1.089
口碑	0.495	7.403	0.004	0.963	1.038

7. 消费者象征性利益联想与营销传播策略的回归分析

表6的多重共线性检验表明，四个因子的容忍度都为1，方差膨胀因子（VIF）也都为1，说明这四种传播策略因子之间不存在多重共线性，其相互独立，故该回归分析有效可靠。其标准化

回归系数分别为：0.355（P<0.01），0.203（P<0.01），0.433（P<0.01），0.703（P<0.01）。其中，企业服务对消费者象征性利益因子联想的影响力最强，由此可看出，消费者愈加地关注企业的服务带给他们的感受，服务质量直接作用于消费者对品牌及其公司的感知，消费者在消费过程中自身利益的获得是其形成象征性利益联想的重要来源。另外，人员推销、广告与公共关系对消费者象征性利益联想的作用效应依次减弱。

表 6 消费者象征性利益联想与营销传播策略的回归分析

	β 值	t 值	Sig.	Tolerance	VIF
广告	0.355	2.222	0.003	1.000	1.000
公共关系	0.203	2.409	0.008	1.000	1.000
人员推销	0.433	8.529	0.002	1.000	1.000
企业服务	0.703	2.932	0.004	1.000	1.000

五、结论与营销建议

1. 研究结论

经济发展方式的转变需要企业加强自主品牌联想的建设，其中，如何基于营销传播策略建设好自主品牌联想是一个关键问题。论文通过对已有研究成果的深化，构建出一个理论模型，并基于实证研究对此问题进行了解答。

研究发现，产品类别联想主要受到广告、口碑和销售促进的作用，其中广告和口碑的作用效应尤为显著；广告和口碑对产品品质联想起到显著的作用，且口碑的作用效应更为突出；品牌知名度、品牌流行性及品牌市场竞争力等品牌市场表现主要受到口碑传播的影响，另外，公共关系和企业服务对品牌市场表现的作用力要弱于口碑传播；广告、公共关系、销售促进与企业服务对品牌属性联想的作用效应依次减弱，其中广告的作用效应尤为突出；公司品牌联想受到企业服务的传播影响力最为强烈，口碑、广告、人员推销和公共关系对公司品牌因子联想的作用效应依次减弱；首先消费者象征性利益联想受到企业服务的影响力最为强烈，其次人员推销、广告、公共关系对消费者象征性联想的作用效应依次减弱。

2. 营销建议

根据研究结果，论文对企业自主品牌联想的建设工作提出以下几点建议：

（1）在初级品牌联想的塑造中，企业应更多依托广告、口碑和销售促进构建整合营销传播策略组合。其中，广告、口碑和销售促进是产品类别联想建设的整合营销传播作用组合，且三者的作用力依次减弱；口碑和广告是产品品质联想建设的整合营销传播策略组合，且二者的作用力依次减弱。

（2）在中级品牌联想的塑造中，企业应更多依托口碑、企业服务和公共关系构建整合营销传播策略组合。其中，广告、公共关系、销售促进和企业服务是品牌属性联想建设的整合传播策略组合，且其作用力依次减弱，除销售促进与企业服务作用力相当以外；企业服务、广告、口碑、公共关系和人员推销是公司品牌联想建设的整合营销传播策略组合，且企业服务作用最为明显，广告和口碑作用次之，公共关系和人员推销作为第三影响因素。

（3）在高级品牌联想的塑造中，企业应更多依托企业服务、人员推销、广告和公共关系构建整合营销传播策略组合，其中，企业服务是效果最为显著的营销传播策略。

六、研究局限性与未来研究方向

论文以手机为调研产品进行研究，未来研究可从不同行业或者不同的产品类别上来发掘营销传播策略对自主品牌联想建设工作的影响情况；此外，论文未能从财务分析的角度来佐证本文的观点。未来研究如能将营销传播策略发生的费用数据与品牌联想现状考察的结果结合分析，将会对本文的研究结论进行更具说服力的验证。

【参考文献】

［1］戴维·阿克（David A.Aaker）：《管理品牌资产》，奚卫华译，机械工业出版社，2006年。

［2］范秀成：《基于顾客的品牌权益测评：品牌联想结构分析法》，《南开管理评论》，2000年第6期。

［3］黄合水：《强、弱品牌的品牌联想比较》，《心理科学》，2002年第5期。

［4］黄合水：《品牌建设精要》，厦门大学出版社，2004年。

［5］黄合水：《广告心理学》，厦门大学出版社，2005年。

［6］凯文·莱恩·凯勒：《战略品牌管理》，李乃和译，中国人民大学出版社，2003年。

［7］李晓雪：《品牌联想分析》，北京师范大学，2004年。

［8］吕一林、李蕾：《现代市场营销学》，清华大学出版社，2007年。

［9］申光龙、曲飞宇、商锐：《基于整合营销传播战略的企业组织重构模式研究》，《管理科学》，2004年第10期。

［10］汤姆·邓肯：《广告与整合传播原理》，廖以臣、张广玲译，机械工业出版社，2006年。

［11］王海忠、赵平：《品牌原产地效应及其市场策略建议——基于欧美日中四地品牌形象调查分析》，《中国工业经济》，2004年第1期。

［12］Frank R.Kardes：《消费者行为与管理决策》，马龙龙译，清华大学出版社，2003年。

［13］Buzzell，Robert D. and Bradley T. Gale. The PIMS Principles：Linking Strategy to Performance ［M］. Free Press，1987.

［14］Farquhar，P.H. Managing Brand Equity. Marketing Research ［J］. 1989（1）：24-33.

［15］Gronroos，C. A Service Quality Model and Its Marketing Implications ［J］. European Journal of Marketing，1984，18（4）：36-44.

［16］George S. Low，Charles W. Lamb Jr. The Measurement and Dimensionality of Brand Associations ［J］. Journal of Product & Brand Management，2000（9）：350-368.

［17］Heskett，James L.，Tomas O. Jones，Gary W. Loveman，W. Earl Sasser. Putting the Service - Profit Chain to Work ［J］. Harvard Business Review，1994，3（4）：121-147.

［18］Petty，Richard E.，John T.Cacioppo and David Schumann.Central and Peripheral Routes to Advertising Effectiveness：TheModerating Role of Involvement ［J］. Journal of Consumer Research，1983（9）：62-245.

［19］Sandler，D. and Shani D. Olympic Sponsorship Versus 'ambush' Marketing：Who Gets the Gold ［J］. Journal of Advertising Research，1989，29（8-9）：9-14.

［20］Silverman，George. How to Harness the Awesome Power of Word of Mouth.Direct Marketing［J］. 1997，（60）：32- 37.

［21］Sjödin，Henrik；Törn，Fredrik. When Communication Challenges Brand Associations：A Framework for Understanding Consumer Responses to Brand Image incongruity ［J］. Journal of Consumer Behavior，2006，5（1）：32-42.

（**作者：**张欣瑞、王楠、陶晓波，北方工业大学经济管理学院）

基于参与意愿视角的生猪期货市场主体客户细分研究[①]

"肉贵伤民，肉贱伤农"。生猪价格波动剧烈，年内市场行情呈现冰火两重天。凸显出当前市场调节生猪供求的诸多缺陷，即当前价格调节机制具有盲目性、滞后性、短期性、分散性；导致的后果：令生产者血本无归、无所适从，令消费者生活负担加重、怨气冲天，令市场监管束手无策、望市兴叹（王芳，2010）。期货市场是现货市场高度发展的产物，也是农产品市场体系的重要组成部分，对于促进农民增收大有可为。期货市场的价格发现和套期保值功能对调整产业结构、推动农业产业化、指导农民产销、促进农民增收具有显著作用。我国生猪产业规模大，但集中度还不高；传统的小农意识比较强，文化水平也比较低。生猪养殖户和其他生猪市场主体目前参与农产品期货市场的最主要方式是参考期货市场价格信息，直接或间接参与期货市场的人数比例极低，对期货市场的认识和利用程度也不够充分。

本文基于生猪市场主体参与生猪期货意愿视角，结合认知程度和交易规模，应用聚类方法对湖南生猪市场主体进行细分，并提出引导生猪市场主体积极参与生猪期货市场的措施。

一、文献回顾

（一）关于农产品期货功能的研究

对期货市场具有的功能研究，国外主要集中对价格发现和套期保值两方面，并且从理论与实证两个角度进行了相关的探讨。对于价格发现功能的理论探讨，按理论形成的时间先后顺序主要有：持有成本理论、理性预期理论（Cox，1976）、均衡价格理论和有效市场理论（萨缪尔森，1979）。国外学者对套期保值功能的研究，主要经历了传统套期保值理论、基差逐利性套期保值理论（Working，1953）、现代套期保值理论（Ghosh，1993）等阶段。

国内对农产品期货市场的功能研究大多侧重于利用国外相关的实证研究方法运用到国内的期货市场中。刘庆富和王海民（2006）利用信息共享模型和波动溢出效应模型对我国大豆、小麦的期货市场与现货市场之间的价格发现进行实证研究，结果显示大豆期货价格与现货价格之间存在双向引导关系，小麦仅存在期货对现货的单向引导关系。王汝芳（2009）利用大连商品交易所的大豆、玉米期货合约进行价格发现功能检验。胡秋灵和丁皞（2008）运用误差修正模型估计了2004~2007年中国棉花、玉米、豆粕和硬麦的套期保值比率并计算了相应的套期保值绩效，通过数据证明中国期货市场的套期保值功能并未得到充分的发挥。

① 基金项目：国家社科基金"我国生猪价格调控政策绩效评价及调控机制改进研究"（编号：11BGL058）国家社科基金"基于质量安全视角的农产品顾客感知价值形成机制实证研究"（编号：12CGL046）。

（二）关于农产品市场主体参与期货交易的研究

由于国内期货市场才发展了十多年的时间，总体规模和影响力还比较小，国内经济学者对期货市场的参与者研究相当有限，对农民参与期货市场的研究文献就更少。经济学者们在承袭国外学者对期货市场主要功能研究的基础上，在期货市场的自身完善和对我国粮食流通、农业发展等的影响方面有了进一步的研究，指出农民参与农产品期货市场的重要性。田秋生（2000）通过对20世纪90年代以来我国生猪生产波动根源的分析，认为信息不完备性是生猪生产和价格波动的根本原因，而建立期货市场，开展和完善期货交易是避免生猪生产和价格周期性波动的根本措施。卢建锋（2003）指出，农业生产越来越需要期货市场，同时期货市场能为农业的发展提供一个新的平台。杨雪等（2008）认为，农产品期货是中国期货市场上最重要的品种，伴随着市场发展的逐步规范和期货品种结构的日益合理，人们对农产品期货市场的认识及参与的积极性会不断提高，参与期货市场投资的主体和资金都将会大幅度增加，在一定程度上提高市场的流动性，国内农产品期货市场的交易规模将会因此而明显扩大。

蔡胜勋（2008）认为，对于农产品期货市场来说，生产者自然是农民，但是我国的农产品期货市场上依然难以看到农民的身影，我国农民基本上游离于期货市场之外，指出广大农民参与农产品期货市场的重要性。武魏（2009）认为，我国农产品期货参与者存在着一定程度的滞后现象。这主要表现在两个方面：①尽管我国有一部分农民已参与到农产品期货的交易体系中，但我国大部分农民对农产品期货还很陌生，农产品期货意识参与薄弱。②参与到农产品期货交易的我国机构投资者的影响有限，处于比较弱势的地位。李永山（2009）在总结了现有农民专业合作组织模式的优缺点后，认为"合作组织＋期货市场"模式是农民专业合作组织的创新模式，并在此基础上提出了政策建议。周衍平、陈会英等（2002）认为，发展订单农业能有效促进农业的发展，增加农民收入，这为农产品期货市场的发展做了良好的铺垫。黄薇等（2006）认为，单纯的订单农业发展到"订单农业＋期货"模式应该是我国订单农业进一步改革和发展的方向。

我国学者的上述研究为农民利用期货市场增收提供了很多宝贵的借鉴，但对于其他生猪市场主体参与生猪期货的研究却非常匮乏。考虑到现阶段我国的国情，本文作者认为必须将生猪产业链的各个市场主体都参与进来，生猪期货才会有健康的发展。但无论是小型养殖户（农户），还是大型养殖户，饲料厂等市场主体的参与意愿如何，这方面的研究比较少见，而它们的参与意愿对于生猪期货的发展起着至关重要的作用。本文以生猪市场主体参与生猪期货交易意愿的视角，结合认知程度和交易规模，应用聚类方法对湖南生猪市场主体进行细分，将具有理论新意和重要的现实意义。

二、调研设计、描述分析

1. 调研设计

（1）调研方法。经过与湖南农业大学商学院多位知名专家及畜牧行业资深专家的分析讨论，决定采用问卷调查及深入访谈等多种方式相配合。

（2）样本计划。根据湖南省畜牧协会的相关资料，本次抽取的样本均为行业有一定代表性的企事业单位。此次调查的样本总体为每种类市场主体有针对性抽取25家左右。猪场由于是参与者中的可能较积极者，因此猪场样本会适当增加到50家。

（3）问卷编制。本研究设计了生猪期货市场主体参与生猪期货交易意愿调查问卷，包括"企业基本情况"、"生猪期货认知"、"参与生猪期货交易意愿情况"、"可能的交易规模"四项内容。其中认知情况和参与意愿均采用 Liket5 量表，交易规模划分为 5 个档次。

（4）深入访谈。调研小组和一名企业负责人（财务负责人）在轻松自然的气氛中围绕生猪现货及中远期交易问题进行深入的讨论，自由发言，反映各市场主体的需求状况，充分表达他们的观点。

2. 描述分析

本次调查一共调查了 175 家在行业具有代表性的公司，其中以猪场为 50 家。由于涉及六种不同类别样本，为节省篇幅，这里仅以猪场为例进行描述分析说明。

以猪场为例，本次调查的猪场存栏猪均在 3000 头以上，其中有 5 家企业生猪存栏量均在万头以上。80%的被调查者有关注过大宗农产品期货交易平台。主要是对如糖、棉花等大宗农产品期货交易的关注，可见人们农产品期货交易还是有一定认知的。只是对于生猪期货还不是很了解，同时也心存一定的疑虑。90%的被调查者均没有尝试过期货，可见消费者对商品期货的认知程度不高。通过深入访谈，发现多数被调查者对于电子交易兴趣是浓厚的，只要能够比当前找到更多的客户，发现更好的价格，都愿意参与。50%的被调查者都有参与使用的热情。通过深入访谈，发现某生猪期货交易所提供的产品服务是符合市场需求的，被调查者是有充足的参与意愿的。被调查者普遍的想法是乐观其成，合理参与。但要他们真正参与，还有一段路要走，有许多工作要做。

三、客户细分

1. 客户细分

客户细分（Customer Segmentation，CS）是指企业在明确的战略、业务模式和特定的市场中，根据客户的属性、行为、需求、偏好以及价值等因素对于客户进行分类，并提供针对的产品、服务和营销模式的过程（张国政，2009）。

根据市场细分理论和与多位畜牧、农产品期货专家进行探讨的基础上，本文选取"认知程度"、"参与意愿"、"交易规模"（交易规模依照属于不同档次而赋予 1~5 的数值）等作为聚类指标，并应用 SPSS16.0 的快速聚类方法对湖南生猪市场主体进行细分。随后将细分结果与湖南省首家生猪电子交易所[①] 的 2010 年的客户数据进行对比分析，分类吻合度达到 80%以上（见表 1）。

表 1　某生猪期货交易所客户细分

分组号	细分编号	样本数	强势特征	弱势特征
组 1：价值客户	1	25	这类客户以授权服务机构及经纪人为主，也包含几个饲料厂。热衷于炒作，赚取投机收益；是交易所利润的主要来源	忠诚度低，风险较大
组 2：样板客户	2	22	这类客户以国内龙头企业为主，以现货交易为主，有一定的套期保值意识，具有较强的行业号召力；是交易所必须树立的样本	往往自视过高，与之合作有一定的难度
组 3：重点客户	3	35	这类客户以省内大型猪场、屠宰场、饲料厂为主，以现货交易为主，套期保值意识尚待开发，具有一定的行业号召力；是交易所必须重点关注的客户	随行就市心理严重
组 4：一般客户	4	83	这类客户以小型养殖户、屠宰场、部分大型猪场为主。参与意识不强，风险厌恶程度度高。由于基数较大，也是交易所必须关注的	从众心理突出，风险厌恶程度高

[①] 湖南省湖南御邦大宗农产品交易所，http://www.100ppi.com/exchange/wp-10049-detail-16188.html。

2. 客户开发策略

（1）价值客户对返还率敏感和交易活跃度非常敏感。推广方式以大型投资商合作会议、营销人员上门公关为主。

（2）样本客户有较强的战略投资和结成战略联盟愿望。此类客户一般需公司层面合作，最好能结成战略合作伙伴。

（3）重点客户管理具有较强的信息服务和培训需求。此类客户适宜采取营销人员直接上门培训服务。

（4）一般客户。此类用户从众心理较强。报纸、广播、网站、宣传单、海报、喷绘、公交车广告等宣传方式。由于该类客户数量较多，可采用大众营销渠道。

四、结　论

生猪期货交易是生猪产业发展的趋势，生猪市场各方都对期货市场的发展充满信心。当前客户对于现货挂牌交易的兴趣较高，可能是与现有交易模式较接近，客户较易接受有关。同时大部分客户都认为生猪期货将有利于帮助客户获取价格及客源信息、节省交易成本，客户有较高的参与兴趣。除投资商外，各方都对于风险相当敏感，具有强烈的风险厌恶，对于远期交易存在恐惧感。这既是参与生猪远期的阻力，也是参与的动力。说明参与者有强烈的风险规避意识，但是缺乏风险规避的相关知识，因而盲目地逃离任何风险。目前实际使用过某生猪期货交易所交易平台的客户还偏少，有相当一部分客户听说过某生猪期货交易所，也有相当的兴趣，但是有实际操作经验的尚不多见。一些客户利用行政手段采用了风险规避的雏形，还有客户利用自身集团的分布优势，形成了类似交易所的内部信息中心。

本文对于生猪市场主体细分的研究，将有助于政府、交易所制定合理的政策和营销措施，提升生猪市场主体参与意愿，帮助生猪产业健康发展，减轻生猪价格波动幅度，提升大型猪场和小型养殖户（农户）的抵御风险、获取利润的能力。

【参考文献】

[1] 王芳：《湖南生猪期货市场开发策略研究》，湖南农业大学博士学位论文，2010年。

[2] Working H, Futures trading and hedging, American Economics review, 1953, 43：214-343.

[3] 萨缪尔森：《经济学》（中册）. 高鸿业译，商务印书馆，1979年。

[4] Cox C. C., Futures Trading and Market Information. Journal of Financial Economics，1976，84：1215-1237.

[5] Ghosh A. Hedging with Stock Index Futures：Estimation and Forecasting with Error Correction Model. Journal of Futures Markets，1993，13（7）：743-752.

[6] 刘庆富、张金清：《我国农产品期货市场的价格发现功能研究》，《产业经济研究》，2006年第1期。

[7] 王汝芳：《2009中国农产品期货价格发现功能的实证研究》，《北京工商大学学报》（社会科学版），2009年第12期。

[8] 田秋生：《对90年代以来我国生猪生产波动根源的分析》，《甘肃社会科学》，2000年第6期。

[9] 杨雪、乔娟：《中国农产品期货市场发展历程、现状及前景》，《农业经济展望》，2008年第3期。

[10] 蔡胜勋：《我国农民利用农产品期货市场的再思考》，《经济研究参》，2008年第42期。

[11] 武魏：《新时期我国农产品期货发展研究》，《会计之友》，2009年第7期。

[12] 李永山：《我国农民专业合作组织创新模式研究：基于"合作组织+期货市场"的视角》，《农业经济

问题》，2009 年第 8 期。

［13］周衍平、陈会英等：《山东省订单农业的发展状况与问题》，《中国农村经济》，2002年第 5 期。

［14］黄薇、李然、郑炎成：《将期货市场引入订单农业的思考》，《农村经济》，2006 年第11 期。

［15］卢建锋：《论农产品期货市场在农业生产中的作用》，《经济问题》，2003 年第 4 期。

［16］张国政、王芳：《基于 CLV 及客户满意度的客户细分》，《科技与管理》，2009 年第 4期。

（**作者**：周发明，*湖南人文科技学院*；王芳、张国政，*湖南农业大学商学院*）

中国企业社会责任影响因素的实证分析

一、引 言

当经济全球化浪潮席卷中国，当人们置身于琳琅满目的商品社会里，却蓦然发现，我们可信赖的东西越来越少，衣、食、住、行无一不暗藏风险，市场经济体制下的诚信经营正在接受前所未有的社会考量，而某些企业违法乱纪，甚至违背基本道德操守的行为，让我们在日渐成熟的市场经济领域内无所适从。2008 年末，金融危机山呼海啸般地席卷全球，成为谁也无法置身事外的巨大灾难。追根溯源，我们清晰地发现，华尔街金融大鳄们的企业社会责任缺失正是这场人为灾难的重要因素。经验表明，当企业公民责任变成一种伪命题，仅用企业社会责任唤醒企业家的良心是远远不够的，所有的企业都将陷于一种可怕的发展思维，即舍本逐末地追求企业的扩张。而当企业公民责任的最基础一层都未履行到位时，企业规模越大、发展越快，只会对社会祸害越大。因此，企业的发展无论如何也离不开政府监管、媒体及全社会的监督。

企业的社会责任的落实需要多方面的因素共同作用，①需要国家权力机构的相关政策和规定；②需要企业的自觉，把自己培育成公民型企业；③需要相关公民社会组织特别是消费者和媒体等监督机构提供强有力的、对社会负责任的监督。[①]"企业作为社会公民和其他类型的公民一样都对社会负有伦理道德、义务，可以并且应该帮助社会和社会上的特殊群体"。[②] 完全依靠企业的自律和政府对企业的监管，进而希望从根本上改变中国企业的社会责任状况，往往事与愿违。遏制结构性企业社会责任缺失的行为及其蔓延，需要我们探索一条新的道路。面对市场和政府的力量在遏制企业不法行为的双重失灵，培育企业社会责任需要进一步改善。既要立足于企业的自律和政府、法律监管力度的加强，更要立足于社会的力量对企业和政府形成制衡的第三方，即通过促进社会与新闻媒体的监督作用来培育企业的社会责任。[③]

企业要取得良性发展，参与国际市场的竞争，必须培育承担社会责任的机制，这不仅是促进经济社会持续发展的需要，也是时代和社会进步的表现。而当前理论界对企业社会责任培育机制的研究除了感性经验判断之外，社会公众和企业利益相关者主要是通过企业的社会责任报告了解企业行为。为了避免"企业社会责任培育与建设研究"变为"企业社会责任报告所描述行为的分析"，研究企业社会责任的影响因素及可持续发展，就成为当前重要并极具研究价值的课题。

---

① 郭丹：《企业社会责任及其在中国的实践》，《市场与发展》，2010 年第 12 期。
② 林毅夫：《企业承担社会责任的经济学分析》，《经济研究信息》，2007 年第 1 期。
③ 段文、刘善仕：《国外企业社会责任研究述评》，《华南理工学报》（社会科学版），2007 年第 6 期。

二、相关研究文献回顾

最早讨论企业社会责任的影响因素的是西方的学者。哈佛大学莱维特教授（Gulnness，1958）认为：[1]"企业承担社会责任是一种危险的行为。社会问题如果要让企业来解决，就必须赋予企业更大的权力，那么企业将逐渐演变为具有支配地位的经济、政治和社会权力中心，这是十分危险的。追求利润是企业的责任，而解决社会问题应该是政府的责任。"弗里曼（1980）[2]从公司治理的角度提出了"利益相关者理论"，认为公司治理还应该考虑与利益相关者的关系。美国布鲁金斯研究中心布莱尔博士（1996，1999）指出，公司不是股东一方所有的，"公司，股东只是拥有公司股份，而不是拥有公司本身。既然公司不是由其股东所'拥有'，并且股东仅仅是一组对公司拥有利益者之中的一员，那么我们就没有理由认为股东的利益会或应该优于其他利益拥有者"。

齐沃兹（Schwartz，1999）提出了"三区域方法"（Three Domain Approach），[3]探讨了促进企业社会责任实现的原因。他们用三个圆分别代表企业承担社会责任的经济动因、制度动因和道德动因，三个圆相交产生七个区域；根据三种动因强度的差异，再把七个区域的企业社会责任归纳为经济动因主导型、制度动因主导型、道德动因主导型和平衡型，并认为同时满足经济、道德、制度三方面动因的状态是理想状态。Schwartz等的研究很好地揭示了企业社会责任的类型和促进企业承担社会责任的动因，以及企业社会责任实现需要多种力量的共同作用。

梁桂全、黎友焕（2004）认为：[4]企业的社会责任并不全是企业自身的事情，而是一个超越法律概念的广泛问题。一个经济体系正常秩序的维持，不能只依赖企业的自觉性，应建立在法律和规则的基础上。而法律实施只能由国家机关执行，跨国公司的任何一个组织，并不能代替国家的执法机关和司法机关。当前中国不少企业的社会责任意识淡薄，不仅与这些企业家的素质有关系，更重要的是政府相关职能部门没有承担起相应的监管责任。田虹的《企业社会责任及其推进机制》（2006）认为：[5]企业社会责任的推进机制主要由政府、消费者、社会等利益相关者来实现的。鞠芳辉、谢子远、宝贡敏（2005）认为：[6]企业承担社会责任既有经济动因，也有道德动因和制度动因，但经济动因是市场经济条件下最根本的因素。从而指出了企业承担社会责任的多种原因，并强调了在企业社会责任实现的过程中信息公开和政府的重要作用。林晓飞、郑文哲（2007）[7]等把CSR外部动力机制归纳为CSR的需求机制、法律机制、监督机制、评价机制和激励机制等子机制并提出了各机制的目标。

---

[1] Gulnness, Behindthemask: Revealing the True face of Corporate Citizenship, in Journal of Business Ethies, 25: 1/2, pp. 129-130.

[2] 弗里曼：《企业的性质社会》，上海三联书店，1980年。

[3] Schwartz. Private Management and Publie Poliey: The Prinei Pleof Publie ResPonsibility [M], Englewood Cliffs, NJ, Prentiee Hall, 1999.

[4] 梁桂全、黎友焕：《企业社会责任研究》，人民出版社，2004年。

[5] 田虹：《企业社会责任及其推进机制》，《中国软科学》，2006年第10期。

[6] 鞠芳辉、谢子远、宝贡敏：《公司社会责任理论初探》，《中国经济时报》，2005年第12期。

[7] 林晓飞、郑文哲：《企业社会责任分析》，《经济论坛》，2007年第16期。

三、企业社会责任培育机制影响因素的学理解构

（一）政治法律因素

政治法律是一个国家或地区经济正常运转的根本保证依据。自然，企业是否按照法律法规来保护消费者权益、是否合法经营、是否严格遵章保护劳工权益等就成为了影响企业正常运行的主要因素。

（1）守法经营。市场经济条件下，法制是各种市场主体规范运作、协调发展的强制性调节手段，要求企业加强自律、守法规范经营。不仅是企业之间的一种公平竞争，也是承担社会责任的积极体现。企业的行为是否遵循法律法规，不仅涉及企业自身的发展，也将涉及广大消费者的利益。[1]

（2）保护劳工权利。如果说消费者是企业的生产动力，那么企业的劳动员工就是企业的生产血液。若没有劳动员工的辛勤生产，质优价廉的产品便是一纸空文。2004年10月31日，全世界共有40个国家和地区的492家企业、组织获得了SA 8000认证证书。其中包括中国企业57家，大部分集中在珠三角地区的纺织、制衣、玩具等劳动密集型行业。SA 8000认证，其审核的重点集中在生产安全、工时、工资、员工福利等劳动条件方面。其根本目的就是要为员工提供更好的生活保障，为员工就业、生活福利以及工作条件提供保障，对缓解企业内部紧张的压力、促进社会发展的稳定、维护和平的世界环境是至关重要的。随着企业社会责任运动的兴起，并在国际社会的不断发展壮大，我们的企业需要不断增强社会责任感，切实提高劳工待遇，才不会遭到国际市场的拒绝，才能在世界企业之林立于不败之地。[2]

具体说来，影响企业承担社会责任的政治法律因素包括以下几个指标：[3] ①政府引导。②市场监督。③社会舆论。④企业评选。⑤行业协会自律。⑥法律的规范。⑦政府管理力度。⑧社会公益事业的现状。

（二）文化因素

政治法律对企业具有强有力的束缚作用，而文化则是影响企业承担社会责任的软约束。

1. 道德责任

企业经营道德建设是在第二次世界大战以后，尤其是在20世纪80年代以后才发展起来的。它是以美国为首的理论界、企业界掀起的一场意义深远的改革、企业道德责任建设和创新运动。这让企业的注意力在坚持原有最大利润目标不变的情况下，开始向企业社会责任道德问题延伸。市场经济首先是一种发达的商品经济，在商品价值、使用价值的产生和实现的过程中，必然会涉及不同的利益主体。不同的利益主体为达到自己的目标的同时，自然会影响到其他主体的利益的实现，这其中的较量就是博弈，在相互博弈的时候，如何显得大方得体，如何显示大家风范，就是各个利益主体必须遵守的社会伦理道德层面的要求了。[4]

另外，市场经济本身也是一种契约经济、信用经济。这种契约经济、信用经济的根本性质是要求活动主体在道德上以契约伦理和信用道德为最高推崇。若是缺乏信任基础，各种经济活动的

---

① ② ③ ④ 邓子纲：《汽车企业社会责任研究》，中南大学博士学位论文，2011年。

运转风险加大，信息收集、决策速度等活动的效率将会大大降低，有关成本自然就会增加，各自的利益将更加难以顺利实现。所以，市场经济本身也是要求把经营道德作为其内在要求，以此平衡各主体之间利益关系。企业只有遵循这一看似若无实际核心的软约束力，才能在真正意义上实现其最大化的利益目标。①

2. 公益责任

现实生活中，许多企业在力所能及的情况下，在超出法律框架和社会规范的约束下，主动做出一些善行，如向医院、养老院、灾区捐赠；向教育机构提供奖学金或其他款项；投资环境保护；为城市及社区的发展主动承担额外的责任；等等。企业对社会福利和社会公益事业的责任是传统的企业社会责任，对企业的要求自然不例外。这是以高于法律的标准对企业社会责任的要求，其行为受到国家和社会的高度肯定及表扬，且以企业出于自愿为前提，还会受市场发展程度的制约。因而，它是一种典型的道德义务。②

概括起来，影响企业承担社会责任的文化指标包括如下 12 个：①社会道德标准。②社会法制化程度。③媒体宣传。④公众舆论。⑤维权意识。⑥企业性质。⑦企业对责任的认同。⑧企业家的觉悟。⑨管理层水平。⑩雇员归属感。⑪企业执行力。⑫企业的发展战略规划。③

（三）经济因素

企业经营的最原始动力是经济利益，而经济利益是驱使企业有所为和有所不为的关键因素。在企业经营中，既在经济目标上合理，又确保符合社会的道德规范，还不违反法律法规，促进三方面的协调统一是必不可少的。经济目标上的合理可以概括为如下几个方面：

1. 追求利润最大化

从企业发展来看，只有盈利才能更好地承担社会责任。西方经济学奠基人亚当·斯密曾揭示：企业经营的行为动机是企业经营最根本的原始动机。美国著名经济学家哈耶克曾指出，公司的首要责任是提高效率、赚取利润；公司以最低廉的价格提供最大量的产品，就是在履行其社会职责；赚钱与社会责任之间没有任何冲突。如果不这样的话，就会损害股东和全社会的利益。④ 基于这种分析之上，在现代社会中，企业作为一个利益群体或组织的集中体现，其经营的目标自然是由其股东或代理股东经营的经理层的决策行为的动机来体现的。股东投资于企业的唯一目的就是最大化地获取利润；经理们作为代理管理者，其行为目标当然只是股东意志的具体化。企业在追求利润最大化，就是在承担最原始、最主要的责任。这里的原始责任最主要就是指经济责任，如为社会提供产品与服务，保证社会的就业，促进经济的发展、社会的进步等。

2. 追求技术进步和生产安全的责任

技术进步是企业生产效率提高的关键，生产安全是企业发展的根本保证。追求技术进步和生产安全的责任应该是企业高度关注的内容。越来越多的事实证明，没有研究的先行、技术的领先，企业的生存是不会有根本保障的，对安全的、先进技术的追求是企业决策的重要内容。有了技术上的保障，则生产安全、产品安全就会得以实现，而这些又为企业完成基本的社会责任和经济责任提供了强有力的支持。中国的一些企业，如海尔、联想、华为和春兰等都设立了自己的研究院进行科技研究和开发，创造了拥有自主知识产权的产品，并在世界同行业领域中占据领先地位，这对国家和民族都是社会责任的体现。⑤

---

①② 朱瑞雪：《社会责任与企业国际竞争力研究》，华东经济管理，2009 年第 7 期。

③ 邓子纲：《汽车企业社会责任研究》，中南大学博士学位论文，2011 年。

④ F1A, Hayek, The Corporationina Dynamic Society, in MA Shen & Gbach（eds）Managementandcorporation（1960）.

⑤ 邓子纲：《汽车企业社会责任研究》，中南大学博士学位论文，2011 年。

3. 照章纳税

企业是社会财富的主要创造者，政府是社会共同财富的管理者。税收收入是政府向社会提供公共服务的基本保证，政府依靠税收这个杠杆对社会资源合理配置，对社会收入再分配，这是在代理实行社会责任。企业照章纳税是政府代理实行社会责任的根本。再者，《税法》是以实体法的形式定下来的，也是政府收税的基本依据。所以，对于一个企业来说，不仅是在履行经济责任，也是在履行政治法律责任。

4. 保护环境，节约资源

科学技术的飞速发展，导致了环境的巨大破坏，工业污染、土壤沙化、稀缺物种减少，严重地破坏了自然界的平衡，导致了全球范围内环境急剧恶化、资源枯竭，环境保护成为人类面临的最迫切的问题。由于企业在环境污染中扮演了主要角色，所以应该深刻反思企业与环境保护的关系，要求企业树立人与自然和谐的价值观，努力做到尊重自然、爱护自然、合理地利用自然资源，在消除环境污染、保护环境中肩负起不可推卸的责任。企业对环境保护的责任主要包括实行清洁生产、开发环保产品、开发资源综合利用、对环境保护进行投资等。随着世界经济的快速发展，各国政府及其企业将承担更多、更广泛的保护环境、节约资源的责任。

5. 行业竞争状况

美国著名的战略管理学者迈克尔·波特（Michael E. Porter）教授在 20 世纪 80 年代提出了竞争的五种力量模型（见图 1），他认为，一个行业的竞争程度和行业利润潜力可以由五个方面的竞争力量反映并决定：新进入者的威胁、供应商、购买者、替代品以及当前竞争对手之间竞争的激烈程度。[①]

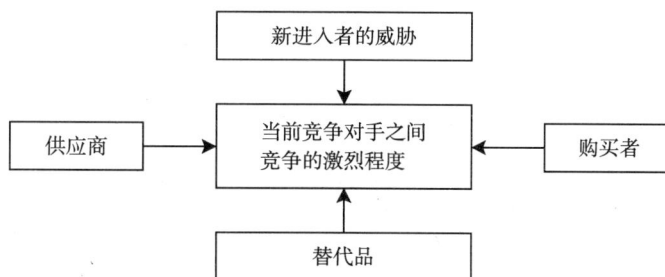

图 1　波特五力模型

尽管各企业都面临着五种竞争力量，但各种力量在不同企业中的作用是不同的，常常是最强的某个力量或某几个力量处于支配地位，起决定性作用，而且在不同的企业生命周期阶段，各种力量起的作用也不同。但在企业所处的市场环境中，影响力最大的是同行业中其他企业的竞争。因此，其他企业的竞争力可能直接影响企业承担社会责任的状况。

除此之外，影响企业承担社会责任还存在诸多其他方面的因素，按照经济要素来归类，可概括如下：①经营方式合法性。②照章纳税。③济弱扶贫。④利益相关者的经济影响。⑤消费者。⑥雇员。⑦股东。⑧服务社区居民。⑨滥用资源。⑩环境污染。⑪外部经济压力。⑫与其他金融机构的关系。⑬行业整体承担社会责任的水平。⑭企业所处的生命周期阶段。⑮企业的经济实力。[②]

---

① 迈克尔·波特：《竞争战略》，陈小悦译，华夏出版社，1997 年。
② 邓子纲：《汽车企业社会责任研究》，中南大学博士学位论文，2011 年。

（四）企业社会责任观因素

企业社会责任观因素主要包括以下几个方面：理念提出与执行方式，专门机构与经常性活动，企业文化中的体现与相关活动开展，沟通渠道与意见采纳，如表1所示。

表1　企业社会责任观因素

企业社会责任观	理念提出与执行方式	是否结合企业的特点提出明确的企业社会责任概念，是否为企业的社会责任界定明确的范围和执行方式
	专门机构与经常性活动	是否有专门的执行机构主管企业社会责任；分别由何人组成；是否定期召开工作会议；通过何种形式和手段指导各部门执行会议
	企业文化中的体现与相关活动开展	企业文化中是否有社会责任理念的内容；通过何种方式表现；开展过哪些活动在企业内部对员工宣传社会责任理念；效果如何
	沟通渠道与意见采纳	在企业内外是否有畅通的意见反馈渠道；是否有与利益相关人沟通的有效渠道；意见的采用情况如何

四、企业承担社会责任影响因素及重要性的数理解析

（一）企业承担社会责任影响因素的确定

由于企业的特殊性，关于影响企业承担社会责任的因素，不同的专家各抒己见、观点不一，为了使企业、社会、消费者及政府部门了解更好地影响企业承担社会责任的因素，本文通过设计《中国企业承担社会责任影响因素的问卷》对企业承担社会责任的主要影响因素进行调查，进而进行评价和定量的分析。

本文设计的调查问卷《中国企业承担社会责任影响因素的问卷》由三部分构成，第一部分是指导语，第二部分是基本信息调查，第三部分是企业承担社会责任影响因素。为了使调查的结果切实有效，能正确地反映企业承担社会责任的影响因素，本文将这份问卷分别发放到消费者、企业管理人员、政府工作人员、企业专业技术人员及企业社会责任方面研究的专家、学者和研究人员；本文通过网络及当面发放相结合的方式，共发出问卷500份，其中网络发放300份，由于问卷发放到了相关指定的人员手上，回收率比较高，共回收295份，有效率达90.2%，当面发放200份，共回收185份，有效率达89.3%。调查问卷有效样本构成如表2所示。

表2　调查问卷有效样本构成

项　目	分　类	样本数
性别	男	175
	女	120
年龄	30岁以下	159
	30~40岁	95
	41~50岁	24
	50岁以上	7
学历	高中以下	3
	高中/中专	18
	大专/本科	160
	研究生及以上	114

续表

项　目	分　类	样本数
工作年限	1 年以下	26
	1~5 年	126
	5~10 年	83
	10 年以上	52
身份	消费者	112
	企业管理人员	74
	政府工作人员	47
	企业专业技术人员	25
	专家、学者和研究人员	32
对企业社会责任问题的了解程度	较高	61
	高	92
	一般	103
	还不具备	33

　　通过调查问卷，本文了解了消费者、企业管理人员、政府工作人员、企业专业技术人员及企业社会责任方面研究的专家、学者和研究人员等人员站在的角度和立场不同，对影响企业承担社会责任的因素的看法也就很多，本文对回收的 480 份有效问卷按照调查结果进行统计，如果提及次数在 300 次以上的因素，本文将其均列入比较重要的因素之中，如果低于 300 次，本文将其列入不重要的因素，有关调查结果如表 3 所示。本文的调查结果为后续的研究提供了相当丰富的资料资源。

表 3　问卷调查结果

回收有效问卷数：	480
因素	因素被提及问卷数
一、政治法律因素	361
1. 社会舆论	326
2. 企业评选	251
3. 政府引导	426
4. 市场监督	331
5. 行业协会自律	300
6. 法律的规范	335
7. 政府管理力度	270
8. 社会公益事业的现状	281
二、文化因素	373
1. 利益相关者的觉悟	286
2. 社会道德标准	358
3. 媒体宣传	348
4. 公众舆论	363
5. 维权意识	295
6. 企业对责任的认同	276
7. 企业家的觉悟	258
8. 管理层水平	308
9. 雇员归属感	306
10. 企业性质	291
11. 社会法制化程度	316

回收有效问卷数:	480
12. 社会文明程度	290
13. 企业的发展战略规划	340
14. 企业执行力	276
三、经济因素	421
1. 经营方式合法性	338
2. 照章纳税	360
3. 济弱扶贫	370
4. 利益相关者的经济影响	400
5. 消费者	351
6. 股东	396
7. 雇员	256
8. 服务社区居民	311
9. 滥用资源	280
10. 环境污染	316
11. 与其他金融机构的关系	270
12. 外部经济压力	321
13. 企业的经济实力	316
14. 行业整体承担社会责任的水平	285
15. 企业所处的生命周期阶段	303
四、企业社会责任观	400
1. 理念提出与执行方式	335
2. 专门机构与经常性活动	356
3. 企业文化体现与相关活动开展	371
4. 沟通渠道与意见采纳	330

（二）企业承担社会责任影响因素重要性的确定

本文结合企业承担社会责任的实际，在企业承担社会责任影响因素调查分析的基础上，再通过调查问卷的形式获得各指标在影响企业承担社会责任方面的相对重要性。

影响中国企业承担社会责任因素重要性的调查问卷同样由三部分构成：指导语、基本信息调查、指标重要性。采用 Liket5 等尺度量表来反映指标重要性，问卷调查对象依然为消费者、企业管理人员、政府工作人员、企业专业技术人员及企业社会责任方面研究的专家、学者和研究人员等，只是调查的人员不同而已。表 4 为有效样本的变量分布情况。

表 4　调查问卷的有效样本构成

项　目	分　类	样本数
性别	男	90
	女	80
年龄	30 岁以下	90
	30~40 岁	47
	41~50 岁	22
	50 岁以上	19

项　目	分　类	样本数
学历	高中以下	5
	高中/中专	10
	大专/本科	90
	研究生及以上	65
工作年限	1年以下	17
	1~5年	70
	5~10年	60
	10年以上	23
身份	消费者	28
	企业管理人员	16
	政府工作人员	51
	企业专业技术人员	53
	专家、学者和研究人员	22
对企业社会责任问题的了解程度	较高	25
	高	43
	一般	70
	还不具备	32

政治法律因素、文化因素、经济因素、企业社会责任观因素四个一级指标调查统计结果如表5表示。

表5　影响企业承担社会责任因素一级指标调查统计结果表

一级指标	均值	方差	变异系数
政治法律因素	4.420	0.120	0.081
文化因素	4.460	0.084	0.066
经济因素	4.329	0.121	0.078
企业社会责任观因素	4.539	0.165	0.077

从表5可以看出，一级指标企业社会责任观的均值为最高，为4.539。最低的一级指标经济因素的均值也达到了4.329，政治法律因素、文化因素、经济因素、企业社会责任观因素四个一级指标均值都在4~5分，属于重要性程度较高的范围，其方差均值为0.1225，变异系数均值为0.0755。由此可知，一级指标在影响企业承担社会责任时，属于很重要的因素，都可以保留。

为了更好地说明二级指标的重要性，本文将政治法律因素的九个指标的调查结果为例来进行分析，从表6可以看出：二级指标市场监督的均值为4.489，政府引导的均值为4.304，其他的二级指标如利益相关者的觉悟、政府管理力度、法律的规范、行业协会自律等六个指标的均值都在4以上，属于重要程度较高的范围，其方差的均值为0.086，而其他二级指标如社会舆论、企业评选和社会公益事业现状的均值分别为3.649、3.700、3.789，相对于政府引导、生产监督、法律的规范、政府管理力度、利益相关者觉悟属于一般重要的指标，方差为0.202，变异系数为0.126，因此，对于政治法律因素的二级指标，可以剔除政府管理力度、社会舆论、企业评选和社会公益事业现状四个指标，而保留政府引导、生产监督、法律的规范、政府管理力度、利益相关者觉悟五个指标。

采用同样的方法，对经济因素、社会责任观因素、文化因素的二级指标，也可结合问卷结果对所有评价指标进行选择。剔除那些完全不太重要的指标，从而确定四个一级指标的二级指标。最后确定了影响企业承担社会责任的经济因素、社会责任观因素、政治法律因素、文化因素的二

表6 影响企业承担社会责任政治法律因素调查统计表

二级指标	均 值	方 差	变异系数
社会舆论	3.649	0.189	0.180
企业评选	3.700	0.202	0.119
政府引导	4.304	0.067	0.069
市场监督	4.489	0.088	0.096
行业协会自律	4.109	0.087	0.084
法律的规范	4.369	0.105	0.093
社会公益事业的现状	3.789	0.208	0.182
政府管理力度	4.059	0.078	0.091
利用相关者的觉悟	4.469	0.077	0.079

级指标共18个。其中，经济因素四个：股东及雇员、消费者、服务社区居民、滥用资源及环境污染。社会责任观因素四个：理念提出与执行方式、专门机构与经常性活动、企业文化中的体现与相关活动开展、沟通渠道与意见采纳。政治法律因素五个：政府引导、市场监督、法律的规范、政府管理力度、利益相关者的觉悟。文化因素五个：公众舆论、管理层水平、社会文明程度、企业执行力、企业的发展战略规划（见图2）。

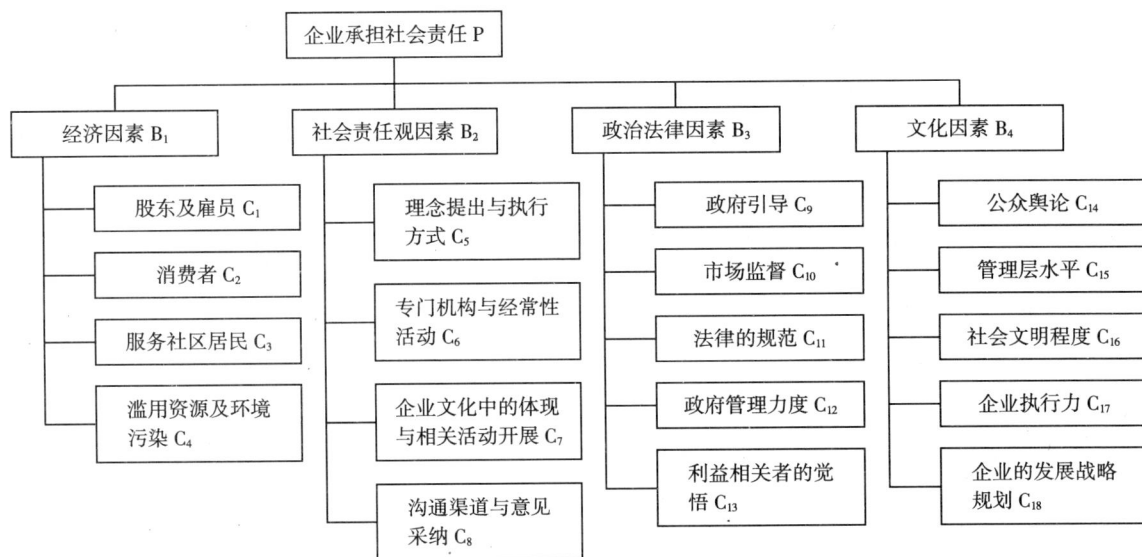

图2 影响企业承担社会责任因素评价指标

五、影响中国企业社会责任培育机制的因素的实证分析

根据上述确定的企业承担社会责任的主要因素，以下利用FAHP方法对影响中国企业承担社会责任的因素进行实证分析。

（一）模糊风险判断矩阵的构建

模糊层次分析法采用群组决策，可以进行专家三角模糊评分，在层次分析结构的基础上构造各层次元素的模糊判断矩阵。本文通过对企业的 20 位相关人员进行了调查，其中 4 人是企业总经理，占总调查人数的 20%；6 人是财务经理，占总调查人数的 30%；10 人是普通员工，占总调查人数的 50%。同时对高校学者及社会学专家进行调查与咨询，得到各层次的权重判断矩阵见表 7、表 8、表 9、表 10、表 11。

表 7　B_1、B_2、B_3、B_4 模糊风险判断矩阵

	B_1	B_2	B_3	B_4
B_1	(1, 1, 1)	(1, 3, 4)	(2, 3, 4)	(1/4, 1/2, 1/3)
	(1, 1, 1)	(5, 4, 5)	(3, 2, 4)	(1, 4, 5)
B_2	(1/4, 1/3, 1)	(1, 1, 1)	(6, 8, 4)	(1, 2, 3)
	(1/5, 1/4, 1/5)	(1, 1, 1)	(4, 3, 4)	(1, 3, 4)
B_3	(1/4, 1/3, 1/2)	(1/4, 1/8, 1/6)	(1, 1, 1)	(2, 3, 4)
	(1/4, 1/2, 1/4)	(1/4, 1/3, 1/4)	(1, 1, 1)	(1, 2, 5)
B_4	(5, 2, 4)	(1/3, 1/2, 1)	(1/4, 1/3, 1/2)	(1, 1, 1)
	(1/5, 1/4, 1)	(1/4, 1/3, 1/2)	(1/5, 1/2, 1)	(1, 1, 1)

表 8　C_1、C_2、C_3、C_4 模糊风险判断矩阵

	C_1	C_2	C_3	C_4
C_1	(1, 1, 1)	(2, 3, 4)	(1/4, 1/2, 1/3)	(3, 4, 4)
	(1, 1, 1)	(3, 2, 4)	(1, 4, 5)	(1, 2, 7)
C_2	(1/4, 1/3, 1/2)	(1, 1, 1)	(2, 3, 4)	(1, 5, 7)
	(1/4, 1/2, 1/4)	(1, 1, 1)	(1, 2, 5)	(3, 4, 6)
C_3	(5, 2, 4)	(1/4, 1/3, 1/2)	(1, 1, 1)	(4, 2, 3)
	(1/5, 1/4, 1)	(1/5, 1/2, 1)	(1, 1, 1)	(7, 5, 4)
C_4	(1/4, 1/7, 1/3)	(1/7, 1/5, 1)	(1/3, 1/2, 1/4)	(1, 1, 1)
	(1/7, 1/2, 1)	(1/6, 1/4, 1/3)	(1/4, 1/5, 1/7)	(1, 1, 1)

表 9　C_5、C_6、C_7、C_8 模糊风险判断矩阵

	C_5	C_6	C_7	C_8
C_5	(1, 1, 1)	(6, 8, 4)	(5, 2, 4)	(1/4, 1/3, 1)
	(1, 1, 1)	(4, 3, 4)	(5, 1, 4)	(1/5, 1/4, 1/5)
C_6	(1/4, 1/8, 1/6)	(1, 1, 1)	(2, 4, 1)	(1/4, 1/3, 1/2)
	(1/4, 1/3, 1/4)	(1, 1, 1)	(3, 4, 2)	(1/4, 1/2, 1/4)
C_7	(1/4, 1/2, 5)	(1, 1/4, 1/2)	(1, 1, 1)	(1/6, 1/5, 1/4)
	(1/4, 1, 1/5)	(1/2, 1/4, 1/3)	(1, 1, 1)	(6, 5, 4)
C_8	(1, 3, 4)	(2, 3, 4)	(4, 5, 6)	(1, 1, 1)
	(5, 4, 5)	(3, 2, 4)	(1/4, 1/5, 1/6)	(1, 1, 1)

表 10　C_9、C_{10}、C_{11}、C_{12}、C_{13} 模糊风险判断矩阵

	C_9	C_{10}	C_{11}	C_{12}	C_{13}
C_9	(1, 1, 1)	(5, 1, 3)	(1, 4, 2)	(5, 2, 4)	(1/4, 1/7, 1/5)
	(1, 1, 1)	(1, 2, 1)	(1, 2, 4)	(2, 1, 2)	(1/3, 1, 1/2)
C_{10}	(1/3, 1, 1/5)	(1, 1, 1)	(2, 3, 6)	(1/2, 1/3, 1/4)	(1/2, 1/3, 1)
	(1, 1/2, 1)	(1, 1, 1)	(2, 4, 6)	(1, 1/2, 1/3)	(1/4, 1/3, 1/2)
C_{11}	(1/2, 1/4, 1)	(1/6, 1/4, 1/2)	(1, 1, 1)	(1/5, 1/2, 1)	(1/4, 1/3, 1/2)
	(1/4, 1/2, 1)	(1/6, 1/4, 1/2)	(1, 1, 1)	(1/6, 1/5, 1/2)	(1, 1/3, 1/2)
C_{12}	(1/4, 1/2, 1/5)	(4, 3, 2)	(1, 2, 5)	(1, 1, 1)	(1/3, 1/2, 1/4)
	(1/2, 1, 1/2)	(3, 2, 1)	(2, 5, 6)	(1, 1, 1)	(1, 1/4, 1/2)

续表

	C_9	C_{10}	C_{11}	C_{12}	C_{13}
C_{13}	(5, 7, 4)	(1, 3, 2)	(1, 3, 4)	(4, 2, 3)	(1, 1, 1)
	(2, 1, 3)	(2, 3, 4)	(2, 3, 1)	(2, 4, 1)	(1, 1, 1)

由于有 2 个专家参与对每个元素的评分，对表 7、表 8、表 9、表 10、表 11 中的模糊风险判断矩阵取综合模糊三角数，如表 12、表 13、表 14、表 15、表 16 所示。

表 11 C_{14}、C_{15}、C_{16}、C_{17}、C_{18} 模糊风险判断矩阵

	C_{14}	C_{15}	C_{16}	C_{17}	C_{18}
C_{14}	(1, 1, 1)	(2, 3, 1)	(5, 7, 4)	(1, 3, 4)	(1, 3, 2)
	(1, 1, 1)	(2, 1, 4)	(2, 1, 3)	(2, 3, 1)	(2, 3, 4)
C_{15}	(1, 1/3, 1/2)	(1, 1, 1)	(1/2, 1, 1/2)	(1, 4, 2)	(1/4, 1/5, 1/3)
	(1/4, 1, 1/2)	(1, 1, 1)	(1/5, 1/3, 1/4)	(3, 2, 1)	(1/2, 1/8, 1/6)
C_{16}	(1/4, 1/7, 1/5)	(2, 1, 2)	(1, 1, 1)	(1, 4, 2)	(5, 1, 3)
	(1/3, 1, 1/2)	(4, 3, 5)	(1, 1, 1)	(1, 2, 4)	(1, 2, 1)
C_{17}	(1/4, 1/3, 1)	(1/2, 1/4, 1)	(1/2, 1/4, 1)	(1, 1, 1)	(1/6, 1/4, 1/2)
	(1, 1/3, 1/2)	(1, 1/2, 1/3)	(1/4, 1/2, 1)	(1, 1, 1)	(1/6, 1/4, 1/2)
C_{18}	(1/2, 1/3, 1)	(3, 5, 4)	(1/3, 1, 1/5)	(2, 3, 6)	(1, 1, 1)
	(1/4, 1/3, 1/2)	(6, 8, 2)	(1, 1/2, 1)	(2, 4, 6)	(1, 1, 1)

表 12 B_1、B_2、B_3、B_4 综合模糊风险判断矩阵

	B_1	B_2	B_3	B_4
B_1	(1, 1, 1)	(1, 3, 3.5)	(2.5, 2.5, 4)	(0.625, 2.25, 2.67)
B_2	(0.225, 0.29, 0.6)	(1, 1, 1)	(5, 5.5, 4)	(1, 2.5, 3.5)
B_3	(0.25, 0.42, 0.42)	(0.25, 0.23, 0.21)	(1, 1, 1)	(1.5, 2.5, 4.5)
B_4	(2.6, 1.125, 2.5)	(0.29, 0.42, 0.75)	(0.225, 0.42, 0.75)	(1, 1, 1)

表 13 C_1、C_2、C_3、C_4 综合模糊风险判断矩阵

	C_1	C_2	C_3	C_4
C_1	(1, 1, 1)	(2.5, 2.5, 4)	(0.625, 2.25, 2.67)	(2, 4.5, 5.5)
C_2	(0.25, 0.42, 0.42)	(1, 1, 1)	(1.5, 2.5, 4.5)	(2, 4.5, 6.5)
C_3	(2.6, 1.125, 2.5)	(0.225, 0.42, 0.75)	(1, 1, 1)	(5.5, 3.5, 3.5)
C_4	(0.20, 0.32, 0.67)	(0.15, 0.225, 0.67)	(0.29, 0.35, 0.20)	(1, 1, 1)

表 14 C_5、C_6、C_7、C_8 综合模糊风险判断矩阵

	C_5	C_6	C_7	C_8
C_5	(1, 1, 1)	(5, 5.5, 4)	(5, 1.5, 4)	(0.225, 0.29, 0.6)
C_6	(0.25, 0.23, 0.21)	(1, 1, 1)	(2.5, 4, 1.5)	(0.25, 0.42, 0.42)
C_7	(0.25, 0.75, 2.6)	(0.75, 0.25, 0.42)	(1, 1, 1)	(3.08, 2.6, 2.125)
C_8	(1, 3, 3.5)	(2.5, 2.5, 4)	(2.13, 2.75, 3.08)	(1, 1, 1)

表 15 C_9、C_{10}、C_{11}、C_{12}、C_{13} 综合模糊风险判断矩阵

	C_9	C_{10}	C_{11}	C_{12}	C_{13}
C_9	(1, 1, 1)	(3, 1.5, 2)	(1, 3, 3)	(3.5, 1.5, 3)	(0.29, 0.57, 0.35)
C_{10}	(0.67, 0.75, 0.6)	(1, 1, 1)	(2, 3.5, 6)	(0.75, 0.42, 0.29)	(0.375, 0.33, 0.75)
C_{11}	(0.375, 0.375, 1)	(0.17, 0.25, 0.5)	(1, 1, 1)	(0.18, 0.35, 0.75)	(0.625, 033, 0.75)
C_{12}	(0.375, 0.75, 0.35)	(3.5, 2.5, 1.5)	(1.5, 3.5, 5.5)	(1, 1, 1)	(0.67, 0.375, 0.375)
C_{13}	(3.5, 4, 3.5)	(1.5, 3, 3)	(1.5, 3, 2.5)	(3, 3, 2)	(1, 1, 1)

表 16　C_{14}、C_{15}、C_{16}、C_{17}、C_{18}综合模糊风险判断矩阵

	C_{14}	C_{15}	C_{16}	C_{17}	C_{18}
C_{14}	(1，1，1)	(2，2，2.5)	(3.5，4，3.5)	(1.5，3，2.5)	(1.5，3，3)
C_{15}	(0.625，0.67，0.5)	(1，1，1)	(0.35，0.67，0.375)	(2，3，1.5)	(0.375，0.16，0.25)
C_{16}	(0.29，0.57，0.35)	(3，2，3.5)	(1，1，1)	(1，3，3)	(3，1.5，2)
C_{17}	(0.625，033，0.75)	(0.75，0.375，0.67)	(0.375，0.375，1)	(1，1，1)	(0.17，0.25，0.5)
C_{18}	(0.375，0.33，0.75)	(4.5，6.5，3)	(0.67，0.75，0.6)	(2，3.5，6)	(1，1，1)

（二）计算模糊综合重要程度值

设各个元素的模糊综合重要程度值为 S_i，则经济因素维度、企业社会责任观因素维度、政治法律因素维度和文化因素维度相比较的模糊综合程度值、政治法律因素维度、文化因素维度、经济因素维度和企业社会责任观因素维度的综合模糊值如下：[1]

（1）经济因素维度、企业社会责任观因素维度、政治法律因素维度和文化因素维度相比较的模糊综合程度值为：

S_1 = (0.11，0.17，0.30)

S_2 = (0.14，0.25，0.44)

S_3 = (0.13，0.22，0.39)

S_4 = (0.13，0.23，0.42)

（2）同理，经济因素维度变量的综合模糊值为：

S_1 = (0.11，0.17，0.30)

S_2 = (0.13，0.22，0.39)

S_3 = (0.13，0.23，0.42)

S_4 = (0.03，0.04，0.07)

（3）同理，企业社会责任观因素维度变量的综合模糊值为：

S_1 = (0.14，0.25，0.44)

S_2 = (0.13，0.22，0.39)

S_3 = (0.05，0.12，0.22)

S_4 = (0.11，0.17，0.30)

（4）同理，政治法律因素维度变量的综合模糊值为：

S_1 = (0.09，0.14，0.26)

S_2 = (0.25，0.31，0.51)

S_3 = (0.14，0.28，1.02)

S_4 = (0.15，0.27，0.48)

S_5 = (0.32，0.63，1.08)

（5）同理，文化因素维度变量的综合模糊值为：

S_1 = (0.32，0.63，1.08)

S_2 = (0.08，0.21，0.32)

S_3 = (0.09，0.14，0.26)

S_4 = (0.14，0.28，1.02)

---

[1] 邓子纲：《汽车企业社会责任研究》，中南大学博士学位论文，2011 年。

$S_5 = (0.25，0.31，0.51)$

（三）权重计算与归一化处理

（1）经济因素维度、企业社会责任观因素维度、政治法律因素维度和文化因素维度变量的权重：

$V(S_1 \geqslant S_2) = 0.76$	$V(S_1 \geqslant S_3) = 0.87$	$V(S_1 \geqslant S_4) = 0.88$
$V(S_2 \geqslant S_1) = 1.0$	$V(S_2 \geqslant S_3) = 1.0$	$V(S_2 \geqslant S_4) = 1.0$
$V(S_3 \geqslant S_1) = 1.0$	$V(S_3 \geqslant S_2) = 0.88$	$V(S_3 \geqslant S_4) = 0.92$
$V(S_4 \geqslant S_1) = 1.0$	$V(S_4 \geqslant S_2) = 0.96$	$V(S_4 \geqslant S_3) = 1.0$

随后，计算变量 C_i 优于其他方案的纯度量 $d(C_i)$，$d(C_i) = \min V(S_i \geqslant S_k)$，并规定：$V(S_i \geqslant S_k) = 1$。因此得到：

$d(S_1) = \min(1，0.76，0.85，0.79) = 0.76$

$d(S_2) = \min(1.0，0.89，1.0，0.92) = 0.89$

$d(S_3) = \min(1.0，1.0，1.0，1.0) = 1.0$

$d(S_4) = \min(1.0，0.96，1.0，0.9) = 0.90$

最后，对权重进行归一化处理，于是 $w(0.76，0.89，1.0，0.90)^T$，经过归一化处理后得到 $\omega_1 = (0.214，0.251，0.282，0.253)^T$。

（2）同理，得到经济因素维度变量的权重：

$V(S_1 \geqslant S_2) = 0.87$	$V(S_1 \geqslant S_3) = 0.88$	$V(S_1 \geqslant S_4) = 1.0$
$V(S_2 \geqslant S_1) = 1.0$	$V(S_2 \geqslant S_3) = 0.92$	$V(S_2 \geqslant S_4) = 1.0$
$V(S_3 \geqslant S_1) = 1.0$	$V(S_3 \geqslant S_2) = 0.96$	$V(S_3 \geqslant S_4) = 1.0$
$V(S_4 \geqslant S_1) = 0.35$	$V(S_4 \geqslant S_2) = 0.45$	$V(S_4 \geqslant S_3) = 0.53$

随后，计算变量 C_i 优于其他方案的纯度量 $d(C_i)$，$d(C_i) = \min V(S_i \geqslant S_k)$，并规定：$V(S_i \geqslant S_k) = 1$。因此得到：

$d(S_1) = \min(1，0.85，0.79，0.9) = 0.79$

$d(S_2) = \min(1.0，1.0，0.92，0.9) = 0.90$

$d(S_3) = \min(1.0，1.0，1.0，1.0) = 1.0$

$d(S_4) = \min(1.0，1.0，0.9，1.1) = 0.90$

最后，对权重进行归一化处理，于是 $w(0.79，0.90，1.0，0.90)^T$，经过归一化处理后得到 $\omega_2 = (0.220，0.251，0.278，0.251)^T$。

（3）同理，得到企业社会责任观因素维度变量的权重：

$V(S_1 \geqslant S_2) = 1.0$	$V(S_1 \geqslant S_3) = 1.0$	$V(S_1 \geqslant S_4) = 1.0$
$V(S_2 \geqslant S_1) = 0.88$	$V(S_2 \geqslant S_3) = 1.0$	$V(S_2 \geqslant S_4) = 1.0$
$V(S_3 \geqslant S_1) = 0.34$	$V(S_3 \geqslant S_2) = 0.45$	$V(S_3 \geqslant S_4) = 0.58$
$V(S_4 \geqslant S_1) = 0.76$	$V(S_4 \geqslant S_2) = 0.87$	$V(S_4 \geqslant S_3) = 1.0$

随后，计算变量 C_i 优于其他方案的纯度量 $d(C_i)$，$d(C_i) = \min V(S_i \geqslant S_k)$，并规定：$V(S_i \geqslant S_k) = 1$。因此得到：

$d(S_1) = \min(0.76，0.85，1.0，1.0) = 0.76$

$d(S_2) = \min(0.89，1.0，1.1，1.0) = 0.89$

$d(S_3) = \min(1.0，1.0，1.0，1.0) = 1.0$

$d(S_4) = \min(0.96，1.0，1.0，1.0) = 0.96$

最后，对权重进行归一化处理，于是 $w(0.76，0.89，1.0，0.96)^T$，经过归一化处理后得到 $\omega_3 = (0.211，0.246，0.277，0.266)^T$

（4）同理，得到政治法律因素维度维度变量的权重：

$V(S_1 \geq S_2) = 0.90$　　$V(S_1 \geq S_3) = 1.00$　　$V(S_1 \geq S_4) = 1.00$　　$V(S_1 \geq S_5) = 0.80$

$V(S_2 \geq S_1) = 0.96$　　$V(S_2 \geq S_3) = 1.00$　　$V(S_2 \geq S_4) = 0.90$　　$V(S_2 \geq S_5) = 0.88$

$V(S_3 \geq S_1) = 0.37$　　$V(S_3 \geq S_2) = 0.62$　　$V(S_3 \geq S_4) = 0.70$　　$V(S_3 \geq S_5) = 0.35$

$V(S_4 \geq S_1) = 0.70$　　$V(S_4 \geq S_2) = 0.92$　　$V(S_4 \geq S_3) = 1.00$　　$V(S_4 \geq S_5) = 0.90$

$V(S_5 \geq S_1) = 0.77$　　$V(S_5 \geq S_2) = 0.72$　　$V(S_5 \geq S_3) = 0.90$　　$V(S_5 \geq S_4) = 0.91$

随后，计算变量 C_i 优于其他方案的纯度量 $d(C_i)$，$d(C_i) = \min V(S_i \geq S_k)$，并规定：$V(S_i \geq S_k) = 1$。因此得到：

$d(S_1) = \min(1, 1, 1, 1, 1) = 1$

$d(S_2) = \min(1.0, 0.21, 0.25, 0.4, 0.14) = 0.14$

$d(S_3) = \min(1, 0.38, 0.37, 1, 0.33) = 0.33$

$d(S_4) = \min(1, 0.86, 0.92, 0.9, 0.96) = 0.86$

$d(S_5) = \min(0.35, 0.54, 0.45, 1, 0.59) = 0.35$

最后，对权重进行归一化处理，于是 $^w(1, 0.14, 0.33, 0.86, 0.35)^T$，经过归一化处理后得到 $\omega_4 = (0.373, 0.052, 0.123, 0.321, 0.131)^T$。

（5）同理，得到文化因素维度维度变量的权重：

$V(S_1 \geq S_2) = 1.00$　　$V(S_1 \geq S_3) = 0.91$　　$V(S_1 \geq S_4) = 0.90$　　$V(S_1 \geq S_5) = 0.72$

$V(S_2 \geq S_1) = 0.60$　　$V(S_2 \geq S_3) = 0.54$　　$V(S_2 \geq S_4) = 0.90$　　$V(S_2 \geq S_5) = 0.37$

$V(S_3 \geq S_1) = 0.80$　　$V(S_3 \geq S_2) = 0.89$　　$V(S_3 \geq S_4) = 1.00$　　$V(S_3 \geq S_5) = 0.90$

$V(S_4 \geq S_1) = 0.35$　　$V(S_4 \geq S_2) = 0.10$　　$V(S_4 \geq S_3) = 0.37$　　$V(S_4 \geq S_5) = 0.62$

$V(S_5 \geq S_1) = 0.88$　　$V(S_5 \geq S_2) = 1.0$　　$V(S_5 \geq S_3) = 0.96$　　$V(S_5 \geq S_4) = 1.00$

随后，计算变量 C_i 优于其他方案的纯度量 $d(C_i)$，$d(C_i) = \min V(S_i \geq S_k)$，并规定：$V(S_i \geq S_k) = 1$。因此得到：

$d(S_1) = \min(1, 1, 1, 1, 1,) = 1$

$d(S_2) = \min(0.14, 0.24, 1, 0.25, 0.21) = 0.14$

$d(S_3) = \min(0.33, 0.47, 1, 0.37, 0.38) = 0.33$

$d(S_4) = \min(0.96, 0.87, 1, 0.92, 0.86) = 0.86$

$d(S_5) = \min(0.59, 0.53, 0.35, 0.45, 0.54) = 0.35$

最后，对权重进行归一化处理，于是 $^w(1, 0.14, , 0.33, 0.86, 0.35)^T$，经过归一化处理后得到 $\omega_4 = (0.373, 0.052, 0.123, 0.321, 0.131)^T$。

在此基础上，根据各层的层次单排序，从最高层到最低层逐层计算出同一层次所有元素相对于最高层（目标层）相对重要性的排序权重，各指标的权重大小及排序如表 17 所示。

表 17　指标层相对目标层的权重向量

	C_1	C_2	C_3	C_4	C_5	C_6	C_7	C_8	C_9
总权重排序	0.047	0.054	0.060	0.054	0.053	0.062	0.070	0.067	0.105
	12	9	8	10	11	7	5	6	1
	C_{10}	C_{11}	C_{12}	C_{13}	C_{14}	C_{15}	C_{16}	C_{17}	C_{18}
总权重排序	0.015	0.035	0.090	0.037	0.094	0.013	0.031	0.081	0.033
	17	14	3	13	2	18	16	4	15

根据上述综合评价结果，通过表 17 可以看出影响企业承担社会责任的主要因素为政府引导、公众舆论、政府管理力度、企业执行力、企业文化中的体现与相关活动开展、沟通渠道与意见采纳。其中政府引导是第一因素。要构建中国企业承担社会责任的外部环境，政治法律要素和经济要素两个方面都很重要。[①]

六、结论与展望

企业是社会财富的创造者，企业发展的整体水平决定国家的经济质量和发展水平，企业的总体效率决定国家的核心竞争力，企业的社会公德和责任意识对推动社会管理创新具有关键意义。企业作为社会经济活动的主体，其社会责任的提升对促进国民经济的健康发展、提升社会和谐水平有着深远的影响。随着世界竞争格局的变化和社会意识的普遍增强，企业的社会形象和企业的品牌、诚信等一样重要。对企业来说，衡量竞争力的基本标准不仅局限于质量、科技、服务，道德准则也正在成为保持企业核心竞争优势的重要因素。只有通过建设社会责任，塑造和展现有益于社会发展、有益于环境的社会形象，赢得社会公信，企业才能更被市场青睐，具有更强的竞争力。

本文通过问卷的调查，在逐级挑选指标的基础上，最后确定了 18 个影响企业承担社会责任的指标。其中，政治法律因素 5 个、文化因素 5 个、经济因素 4 个和企业社会责任观因素 4 个。在此基础上，利用 FAHP 法，结合中国企业承担社会责任的现状，对影响中国企业社会责任培育机制的因素进行了分析。根据综合评价结果，可以看出影响企业承担社会责任的主要因素为政府引导、公众舆论、政府管理力度、企业执行力、企业文化中的体现与相关活动开展、沟通渠道与意见采纳。其中政府引导是第一因素。如果说市场行为是实现效率的主要手段，那么，政府的干预是维护和实现社会公平的基本手段，国家的法律、制度和政策是维护和实现社会公平的基本保障。[②] 政府对企业的监督管理责任是一个几乎不存在争议的责任，各国法律都无一例外的要求政府加强对企业的监督，而企业必须对政府负担各种责任，比如依法纳税、依法接受政府有关部门的监督、完成政府交付的特定任务，等等。因此，要充分发挥政府的监督管理职能，就要坚持科学发展观，推动政府职能向法治和有限政府转变；推进企业社会责任法制化；建立和完善企业社会责任评价体系。同时，要构建中国企业承担社会责任的外部环境，政治法律要素和经济要素两个方面都很重要。企业是市场经济的主体，企业在制造产品的同时，不仅承担着经济责任，也承担着社会责任。这是企业必须承担的双重责任。

影响企业承担社会责任因素评价是一项系统的工作，通常牵涉到诸多的定性和定量的变量。本文在考虑各方面因素的基础上，应用模糊层次分析法对影响企业承担社会责任进行了因素重要性分析，具有一定的适用性。研究表明该模型操作较简单、容易理解和让人接受，其结果反映了各因素对企业承担社会责任的重要程度。然而，仅仅是一种识别方法与算法，在具体的应用过程中应该根据不同的企业的特点结合企业发展战略确定各个维度的指标及权重，才能得到更为理想的管理效果。

---

① 邓子纲：《汽车企业社会责任研究》，中南大学博士学位论文，2011 年。
② 俞可平：《社会公平和善治是建设和谐社会的两大基石》，《中国特色社会主义研究》，2005 年第 1 期。

【参考文献】

[1] 张彦宁:《企业社会责任心内涵》,《企业管理》,2007 年第 5 期。

[2] 郑孟状:《论企业的社会责任》,《浙江学刊》,2009 年第 7 期。

[3] 胡大立:《企业竞争力论》,经济管理出版社,2001 年。

[4] 孙蓓:《企业社会责任新探》,《商业研究》,2008 年第 4 期。

[5] 张维迎:《竞争力与企业成长》,北京大学出版社,2006 年。

[6] 孙建国:《论社会责任管理理论体系的构建》,《商业研究》,2008 年第 6 期。

[7] 杨锡怀:《企业战略管理》,高等教育出版社,1999 年。

[8] 常凯:《经济全球化与企业社会责任运动》,《工会理论与实践》,2007 年第 4 期。

[9] 厉以宁:《超越市场与超越政府》,经济科学出版社,1994 年。

[10] 杨士文、张雁:《管理学原理》,中国人民大学出版社,2000 年。

[11] 王铮:《利益相关者企业的缺陷分析及其治理机制》,《学海》,2010 年第 4 期。

[12] 厉以宁:《经济学的伦理问题》,北京三联出版社,1995 年。

[13] 张维迎:《企业理论与中国企业改革》,北京大学出版社,1999 年。

[14] 丁栋虹:《制度变迁中企业家成长模式研究》,南京大学出版社,1999 年。

[15] 李靖、洪明:《论企业核心能力的形成机理——基于企业家及其人力资本维度上的探寻》,《财贸经济》,2008 年第 2 期。

[16] 殷爱辉:《企业社会责任及其推进措施研究》,上海三联书店,2008 年。

[17] 王小鲁、樊纲:《中国地区差距的变动趋势和影响因素》,《经济研究》,2004 年第 10期。

[18] 崔生祥:《有责任才有竞争力》,《WOT 经济导刊》,2009 年第 8 期。

[19]《企业要有社会责任心》,《人民日报》,2009 年 2 月 22 日。

[20] 胡大立:《企业竞争力决定因素及其形成机理分析》,经济管理出版社,2004 年。

[21] 曲丽娟:《论我国企业社会责任制度的构建》,吉林大学硕士学位论文,2008 年。

[22] 章辉美、邓子纲:《基于政府、企业、社会三方动态博弈的企业社会责任分析》,《系统工程》,2011 年第 6 期。

[23] 李立清、李燕凌:《企业社会责任培育机制研究》,人民出版社,2005 年。

[24] [美] 斯蒂芬·P.罗宾斯:《管理学》,中国人民大学出版社,1997 年。

[25] [美] 迈克尔·波特:《竞争优势》,华夏出版社,1997 年。

[26] [美] 莫斯坎瑞斯 (Mosehandreas.M.):《企业经济学》,柯旭清、廖君译,北京大学出版社,2004 年。

[27] [美] 乔治·斯蒂纳,约翰·斯蒂纳:《企业、政府与社会》,张志强译,华夏出版社,2002 年。

[28] R.科斯:《企业的性质社会》,上海三联书店,1991 年。

[29] 朗·西韦尔:《核心竞争力》,姜法奎译,华夏出版社,2003 年。

[30] 熊彼特:《经济发展理论》,商务印书馆,1990 年。

[31] 韦斯:《商业伦理:利益相关者分析与问题管理方法》,符彩霞译,中国人民大学出版社,2005 年。

[32] [美] 沃可、马尔:《利益相关者权力》,赵宝华等译,经济科学出版社,2002 年。

[33] Peter Ranard & Maya Forstater, Corporate Social Responsibility: Implication for small and Medium Enterprise in Developing Countries, UNIDO, 2002.

[34] Mitchell & Wood. Toward a Theory of Stakeholder Identification and Salience: Defininf the Principle of Who and What Really Counts. Academy of Management Review, 1997.

[35] "Managerial Finance" 9thed, J.Fred Weston and Thomas E. Copeland, Dryedn Press, 1992.

(作者:郭勇、邓子钢,湖南省社会科学院工业经济研究所)

消费者响应企业社会责任的内在机理和干预路径

——基于扎根理论的探索性研究[①]

一、引 言

在全球化的企业社会责任（Corporate Social Responsibility，CSR）运动中，发达国家的企业在CSR方面的投资已经实现了"内生化"（许罗丹、龚程，2010），国外很多知名大企业不仅把CSR作为企业战略层面的制度安排，而且极力将CSR贯穿于具体的运营实践。究其原因，企业这种积极履行CSR的意愿是由制度、道德和经济因素共同驱动的，但经济动因才是最根本的内在动因（Schwartz & Carroll，2003），即企业希望通过主动承担CSR获得市场（劳动力市场、产品市场和资本市场）资源，这些资源使得企业获得一定的竞争优势。而CSR能否成功转化为企业竞争优势，不仅取决于企业的CSR战略，更取决于利益相关者是否把CSR作为决策的重要依据，即责任市场是否存在（李建升、李巍，2009）。作为企业的核心利益相关者和"货币选票"的提供者，消费者对企业履行CSR的内在经济动因能够产生直接影响，因此，企业是否积极履行CSR，一个重要的逻辑起点是消费者是否将CSR作为购买决策的重要依据。在产品市场上，如果消费者对CSR越敏感，偏好于购买CSR良好的企业产品，企业推行CSR行为的动机就越强，反之动机就越弱。因此，积极的CSR战略和行为选择与消费者的积极响应密切相关。

中国目前的责任市场尚未真正建立起来，企业无法获得与CSR相关的利益和优势，因此企业积极承担CSR的动力不足，很难做出持续的CSR战略选择。但随着消费者责任消费意识的不断提升，消费者对企业承担CSR的期望日益高涨，了解消费者认同CSR并产生行为意向的作用机理非常重要。即消费者响应CSR的内在机理是什么？如何干预才能实现CSR和消费者响应的良性互动？基于这些问题，本研究旨在探索消费者响应CSR的主要影响路径，构建CSR对消费者响应的作用情境，最终为制定有效的干预策略以转变消费者消费行为模式提供理论基础和政策借鉴。

① 本文系国家社科基金重点项目《国际金融危机后中国产业组织的重大问题与对策研究》（批准号12AJY004）成果之一。

二、文献评述

现有文献中，消费者响应大多通过消费者行为意向来测量。Parasuraman 等（1996）将消费者行为意向归结为忠诚度、支付溢价、转换、内部反应及外部反应五个维度。很多研究择取了其中的部分或全部指标进行实证研究，得出了不同的结论。

其中的大多数研究表明，CSR 行为会对消费者行为意向产生显著的正向的直接影响和间接影响（Bhattacharya & Sen，2004；Brown & Dacin，1997；Goodwin & Ross，1992；Lafferty & Goldsmith；1999；连漪等，2011；Murray & Vogel，1997）。学者们也对正向影响背后的机理进行了分析，一些学者认为消费者在一定程度上是基于利己或利他的归因来评价企业和企业行为（Dean，2003；卢东、寇燕，2009；Yoon et al.，2006）。Sen & Bhattacharya（2003）的研究则强调消费者认同在企业的 CSR 努力和消费者产品购买意愿之间的中介作用。Lichtein et al.（2004）的调查则发现，消费者—企业认同对消费者的 CSR 感知和消费者的购买行为起到中介的作用。还有一些学者用消费者满意度（Luo & Bhattcharya，2006）、社会责任—企业能力信念等（薛求知等，2008）作为中介变量来揭示 CSR 对消费者行为意向的作用机理。

然而，也有一些实证研究得出了不同的结论。Webb & Mohr（1998）发现一些受访者更多的是基于价格、质量和便利来选择购物场所，而并非因为企业参与社会事业。Sen & Bhattacharya（2001）的研究发现当企业披露正面的 CSR 信息时，消费者对产品质量的评价更低，这种漠视可能源于消费者对企业伪善行为的厌恶。周延风等（2007）的研究发现大部分消费者认为企业的善事具有商业目的，从而导致消费者规避消费具有伪善行为企业的产品。

此外，还有一些研究发现，CSR 对消费者行为意向产生的影响受一些调节变量的影响。Sen et al.（2001）通过实证研究发现 CSR 与消费者购买意向的关系受到消费者个人特征，即消费者对 CSR 与企业能力的信念程度和消费者对 CSR 行为的支持程度的调节。Mohr & Webb（2005）认为产品价格信号对 CSR 与购买意向的关系有调节作用。周延风等（2007）研究发现，消费者对不同的 CSR 领域所产生的响应也各不相同。Vanhamme 和 Grobben（2009）的研究表明，逐渐成熟和理性的消费者不再关注企业对于 CSR 的宣传和传播，而更注重 CSR 的履行情况，更愿意购买和支持长期承担 CSR 的产品，对于短期承担 CSR 的公司会产生怀疑和敌对的态度。

尽管理论界关于消费者 CSR 响应的议题已有了较丰富的研究，但仍亟须就下述问题展开深入研究：

第一，深入探索消费者响应 CSR 的各种影响因素。现有文献关于消费者对 CSR 行为意向的研究结论并不一致，甚至得出相反的结论，部分学者对责任消费意识能否转化为实际的责任购买行为也产生了怀疑。这表明，对于消费者响应 CSR 的影响因素还需要进一步的探索。此外，现有研究大多将消费者特征、产品价格等因素作为调节变量，来体现消费者响应 CSR 的作用条件，忽略了情境因素的影响。只有完整地发掘出这些因素，才能有针对性地为企业社会责任的培育和推进提供理论和实践指导。

第二，深入展开消费者响应 CSR 内在机理研究。现有文献多数将其片面地归结于某一方面，主要表现在相关研究中对中介变量的选取上。最常见的是消费者归因、消费者认同等，均是对消费者的规范理性即在情感认同层面对消费者反应做出解释，未明确或很少明确消费者经济理性即基于自身利益层面的考量，未完整揭示消费者响应 CSR 的内在机理。

消费者对企业社会责任的响应受到一系列因素的综合影响，有必要发展一个消费者响应 CSR

内在机理的综合性研究框架，以更深刻地揭示 CSR 对消费者响应的影响过程与影响机制。本研究运用扎根理论进行深度访谈和质性研究，对消费者响应 CSR 的内在机理进行探索性研究。

三、研究方法和数据来源

目前，国内外对消费者响应 CSR 的内在机理还没有成熟的理论假设和相关研究，量化研究方法不太可行，因此本研究采用扎根理论开展探索性的研究。扎根理论是质性研究中一种常用的研究方法，该方法从原始资料中发掘概念和理论，再从精心设计而收集的资料中得到进一步的阐释和修正。这一研究取向的核心特征是在资料与资料之间、理论与理论之间不断进行对比，然后根据资料与理论之间的相关关系提炼出有关的类属及其属性。这一比较和归纳过程是通过开放式编码（开放式登录）、主轴编码（关联式登录）、选择性编码（核心式登录）三级编码和分析程序来完成的。扎根理论的方法主旨在于发掘被访者的主位体验，从被访者的经验、角度来了解他（她）们的世界。这对于了解消费者响应 CSR 的内在机理具有特别的意义和价值。

本研究通过设计半结构化问卷对典型消费者进行深度访谈从而获得一手资料。采用理论抽样方法，按照分析框架和概念发展的要求抽取具体访谈对象。本研究选择年龄范围在 22 周岁（通常的大学本科毕业年龄）及以上的城市消费群体，样本数的确定按照理论饱和的原则为准，即抽取样本直至新抽取的样本不再提供新的重要信息为止。最终共选择了 34 个受访对象，受访者的统计资料如表 1 所示。

表 1 受访者一览表

		人数	所占比例（%）
性别	男	16	47.1
	女	18	52.9
年龄	22~35 岁	4	11.8
	35~45 岁	6	17.6
	45~60 岁	20	58.8
	60 岁以上	4	11.8
学历	专科及以下	6	17.6
	本科	12	35.3
	研究生及以上	16	47.1
职业	在校学生	6	17.6
	教育科研人员	12	35.3
	机关事业人员	6	17.6
	企业员工及自由职业者	10	29.4

访谈提纲如下：

（1）您了解 CSR 信息的来源有哪些？通常哪些方面的信息不能够获得？

（2）如果能够获得企业在股东、员工、供应商、顾客、社区、慈善等层面的 CSR 信息，您在选择产品或服务时，会关注哪些方面？为什么？

（3）您及您身边的人会选择有负面 CSR 信息的企业提供的产品或服务吗？如果有人选择，您觉得人们为什么在消费时不考虑或很少考虑该企业的 CSR 行为？主要原因是什么？

（4）在您看来，如何促进人们选择 CSR 良好的企业提供的产品和服务？

（5）您认为政府应该制定哪些措施来推进责任消费观念和行为？

（6）您能接受企业通过CSR 行为及其宣传来为自身谋利吗？企业在吸引消费者责任消费方面应如何去做？

访谈通过两种方式进行：

一种是面对面访谈。访谈前三四天先将访谈提纲通过 E-mail 或纸质材料告知受访者，并预约时间，以便受访对象稍做准备。正式访谈时，我们先就 CSR 内涵向受访者进行解释说明，尽可能用通俗语言和具体事例加深受访者的理解程度，以确保其对 CSR 有正确理解，然后征得受访者同意对访谈过程进行录音。访谈时围绕这些问题和捕捉出来的概念范畴还会进行追踪式提问，以尽可能深入地洞悉受访者的内在心理。

另一种是在线访谈。访谈前依然通过邮件将访谈提纲发给受访者，让受访者对各个问题简单回答一下并回复我们，我们对其回复浏览并考虑再度访谈拟追问的问题。并方便受访者在网络访谈、电话访谈和面谈中选择其一，并预约访谈时间。

我们在访谈结束后对录音资料、在线访谈记录进行整理，最终完成了访谈记录。

四、范畴提炼和模型建构

1. 开放式编码

开放式编码是将原始访谈资料打散、赋予概念，然后再以新方式重新组合的过程。我们对原始访谈资料逐字逐句分析以进行初始概念化，最终一共得到 700 余条原始语句及相应的初始概念。由于初始概念数量非常庞杂且存在一定程度的交叉，需要将相关概念进一步提炼概括，实现概念范畴化。我们剔除了出现频次低于两次的初始概念，仅仅保留出现频次在三次以上的概念。表 2 为得到的 12 个范畴及相应的初始概念。①

表 2　开放式编码范畴化

范畴	由原始资料语句得到的初始概念
个体利益感知	A02 产品安全感知；A02 产品质量感知；A13 产品质量负面信息的感知；A16 个体利益的关注；A16 个体经济利益受损的担忧；A17 产品主功能丧失的担忧；A23 消费者价格感知；A25 自身利益感知
个体情感感知	A09 价值观匹配；A14 情感和利益感知的激发；A21 消费者情感偏好；A23 消费者信任；A30 消费者情感认同
个体效能感知	A02 个体选择的无用感；A11 消费者的弱者意识；A23 消费者选择的无奈；A31 个体选择的孤立感
社会消费习惯和观念	A02 民族消费传统；A02 民族价值观；A04、A13、A18 责任消费意识；A06、A09 购物观念；A10 消费中的侥幸心态；A12 盲从的消费习惯和消费行为；A13 消费者责任消费观；A13 消费观念的教育；A28 消费习惯
社会风气氛围	A01 责任消费氛围；A02 社会消费环境；A11 社会生活节奏；A16 社会风气；A21 社会文化；A23 社会公益意识和社会环境意识
政府消费表率	A05 政府采购；A12 政府责任消费表率；A17 政府以身作则；A24 政府采购；A30 官员消费表率
经济激励政策	A03、A26、A29 政府补贴；A17、A20 价格的影响
社会责任披露	A02 CSR 虚假宣传；A02 CSR 信息渠道；A20 CSR 信息的宣传；A25 CSR 信息的披露；A28 CSR 信息可信度

① 本文限于篇幅，关于访谈对象的原始谈话内容均不在文中引用，有兴趣的读者可联系本文作者获取。

续表

范畴	由原始资料语句得到的初始概念
CSR 第三方评判	A02 中介的评判；A11 CSR 真假的评判；A14 非营利经济社团的约束、监督和评估；A22、A24 CSR 信息的真实性
消费者责任直接效应	A01 消费者责任的重要性；A02 消费者认可；A03 消费者层面责任的影响；A23 消费者信任；A26 消费者利益的相关度
CSR 的营销效应	A13 品牌形象的吸引；A17 责任产品接触的广度；A19 善因营销；A28 "良心企业"的宣传；A30 外包装提示语
CSR 的声誉效应	A01 诚信声誉的累积；A13 口碑和品牌形象；A23 企业形象；A23 不良 CSR 声誉的影响

注：A## 表示由第 ## 位访谈对象回答的语句所总结出的初始概念，下同。

2. 主轴编码

在开放性编码所发掘范畴的基础上，主轴编码通过聚类分析，发现和建立范畴之间的潜在逻辑关系，建立各独立范畴间的关联。通过分析，我们根据不同范畴之间的相互关系和逻辑次序，对开发性编码所获得的 12 个范畴进行了重新归类，共归纳出四个主范畴，并将其归入两大类别。各主范畴代表的意义及其对应的开放式编码范畴如表 3 所示。

表 3　主轴编码形成的主范畴

类别	主范畴	对应范畴	范畴的内涵
个体感知和行为意向决策因素范畴	消费者个体心理感知	利益感知	个体对 CSR 行为所产生的自身利益的认知和判断
		情感感知	个体对 CSR 行为所体现出的企业价值观的认知和判断
		个体效能感知	个体对其行为所产生的社会效果的认识
	社会参照规范	社会消费观念和习惯	社会大多数人的消费观念和消费习惯
		社会氛围	与消费相关的社会风气、社会环境
		政府消费表率	政府机关和官员的消费表率
企业社会责任推进策略因素范畴	企业社会责任对消费者的效应	消费者责任直接效应	指向消费者层面的 CSR 对消费者产生的效果
		CSR 的营销效应	CSR 的促销作用
		CSR 的声誉效应	CSR 对企业声誉的累积作用
	情境变革	CSR 第三方评价	由与企业无利益关联的中介对 CSR 进行评价，结果能真实反映企业的 CSR 实践
		CSR 信息披露	广泛地公布和宣传真实的 CSR 行为和业绩信息
		经济激励政策	价格杠杆、经济手段等激励性措施

3. 选择性编码

在主轴编码的基础上，选择性编码则要进一步系统地处理范畴与范畴之间的关联。即是从主范畴中挖掘"核心范畴"，分析核心范畴与主范畴及其他范畴的联结，并以典型关系结构的形式描绘整体行为现象。典型关系结构的出现意味着新的理论构架的形成。本研究中，主范畴的典型关系结构及其内涵如表 4 所示。

表 4　主范畴的典型关系结构

典型关系结构	关系结构的内涵	由受访者的代表性语句提炼出的关系结构
个体心理感知→消费者行为意向	个体的利益感知、情感感知、感知个体效力是责任消费的主要决策要素，从主观上促成消费者的行为意向	A02 个体效力感知影响消费者选择；A21 利益感知和情感感知能促进消费者行为意向
社会参照规范→消费者行为意向	社会风气氛围、社会消费观念和习惯、政府消费表率等社会参照要素是责任消费的重要决策要素，使个体行为符合社会规范的要求从而刺激行为发生	A06 消费者消费观念影响消费者行为意向；A16 社会氛围影响消费者行为意向；A30 官员消费表率影响消费者行为意向

续表

典型关系结构	关系结构的内涵	由受访者的代表性语句提炼出的关系结构
企业社会责任对消费者的效应→消费者个体感知	企业在消费者层面的 CSR 会促进个体的利益感知和情感感知，从而实现行为干预	A02 员工和供应商层面的责任影响消费者利益感知； A21 企业社会责任影响消费者的利益感知和情感感知
情境变革→消费者心理感知	情境变革通过影响消费者个体的利益感知、情感感知、效能感知，从而实现行为干预	A03 经济激励政策和社会责任披露影响消费者心理感知； A07 社会责任披露影响消费者心理感知
情境变革→社会参照规范	情境变革通过影响社会风气氛围、社会消费观念和习惯、政府消费表率等方面，从而实现行为干预	A05 经济激励政策和社会责任披露影响消费观念和习惯

　　基于以上典型关系结构，本研究建构了消费者响应企业社会责任的内在机理和干预路径模型的理论构架，如图 1 所示。

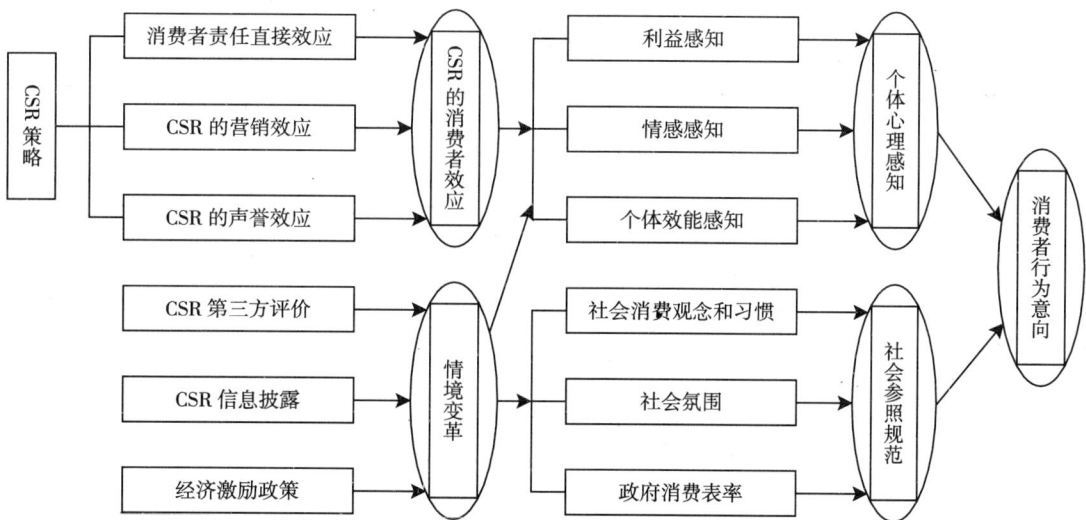

图 1　消费者响应企业社会责任的内在机理和干预路径模型

五、模型阐释和研究发现

　　根据上述消费者响应企业社会责任的内在机理和干预路径模型，消费者个体心理感知和社会参照规范两个主范畴是主要的作用路径。而情境变革（包括社会责任第三方评价、社会责任信息披露、经济激励政策）通过影响这两个主范畴实现行为干预。而通过企业的 CSR 实施策略实现的CSR 消费者效应方面（包括消费者直接责任效应、CSR 的营销效应和 CSR 的声誉效应）则会通过影响消费者个体心理感知来实现对消费者行为的影响。只有同时实现 CSR 的消费者效应（通过企业 CSR 策略来实现）和情境变革（由企业以外的政府、中介组织等来实现），才能更好地促进消费者对企业社会责任的敏感度，实现责任消费和企业社会责任行为的良性互动。我们将进一步对该模型进行阐释，并总结相应的研究结论。

　　（1）消费者个体心理感知是消费者对 CSR 产生行为意向的内部心理归因。通过深度访谈，我们发现消费者的利益感知、情感感知、个体效能感知等因子对于责任消费行为确实存在显著的促成效应。如前所述，前人的研究往往将 CSR 产生消费者行为意向的中介变量归结于消费者归因（利己还是利他）、消费者认同等情感感知的因素。但同时他们也发现，这种情感感知和真正的消费行为却难以一致。我们在深度访谈中也发现了这一点。很多访谈对象对 CSR 的各个维度或多或少地表示关注，但在真正进行消费时却鲜有考虑。这主要是因为忽略了对消费者的经济理性即利益感知因素的考虑。CSR 作为对消费者决策构成影响的外部因素，其发生作用的前提之一是触发了消费者的经济理性即利益感知，即企业的 CSR 行为或者真正地为消费者创造了利益（企业社会责任中的消费者责任直接效应），或者让消费者产生了企业向自己让渡利益的主观感觉（CSR 的营销效应和声誉效应）。我们的研究还发现，消费者的个体效能感知也对消费者 CSR 响应决策产生重要影响，普遍存在的市场弱势感和责任消费孤独感成为消费者漠视 CSR 的重要原因。当然，消费者决策的影响因素也包括经由消费者自我概念所产生的情感感知因素（企业的社会责任行为所传达的企业价值观与消费者的个人价值观相一致）。访谈中，我们发现，国内消费者的利益感知、情感感知和个体效能感知都很低，一方面是由于国内的 CSR 水平普遍不高，未实现 CSR 对消费者的效应；另一方面是 CSR 的情境因素造成的，如 CSR 行为的评价和信息披露难以保真，消费者购买 CSR 良好企业提供的产品成本较高，责任消费氛围尚未形成等。

（2）社会参照规范是消费者对 CSR 产生积极反应的外部影响路径，它通过对消费者个体施加影响，使个体行为符合社会规范的要求从而刺激行为发生。我们认为，中国属于高情境社会，社会参照规范对个体消费行为的影响特别显著。我们在访谈中发现，社会参照规范主要从消费习惯观念、社会风气氛围、政府消费表率三个方面对消费者个体行为施加影响，国内的消费者在消费时往往受这些决策影响路径产生依赖。可见，改变情境因素即社会的参照规范对于促进消费者责任消费行为具有不容低估的作用。此外，政府消费表率是短期内可以改变的，而消费习惯观念和社会风气氛围的改变往往需要一个很长的过程。

（3）情境变革通过对个体心理感知和社会参照规范施加影响从而实现行为干预。对于理性的消费者来说，往往追求个人效应最大化，追求便利、简单且有益的消费需要。如果选择 CSR 良好的产品会使得消费行为成本过高或收益太低，那么理性的消费者即使存在消费意愿，也不可能真正实施；即便消费者能偶尔实施，也很难保证长期坚持实施。由此，政策制定者应通过多层面的政策干预机制（如经济激励政策、社会责任第三方评价、社会责任信息披露等），确保消费者能有效分辨责任信息，能够便利且低成本地实施责任消费行为，消费者才会对 CSR 产生强烈的敏感度，并可能形成长久的消费行为。

基于上述理论模型，很容易解释我国和发达国家责任消费意识和行为的差距，也为增强消费者 CSR 响应提供了思路。企业的 CSR 策略和情境变革是应当同步进行配合发展的。在深度访谈过程中，很多受访对象都表达了类似的观点。我们认为，一方面，企业应策略性地开展 CSR 行为，在针对利益相关者框架中的 CSR 行为中，要集中各种资源优先履行消费者责任，因为企业的所有利益最终都必须通过消费者的购买行为，通过 CSR 行为来增强消费者的购买意愿和忠诚度，进而提升竞争力和未来收益。此外，还要研究目标消费人群的价值取向，在资源有限的情况下，针对目标消费者的总体认知水平和价值取向，适度开展企业社会责任活动。另一方面，企业的 CSR 策略发挥效果需要有一定的条件或情境，只有在特定的情境结构变革条件下，CSR 策略对消费者的效应才能真正显现出来，CSR 在资本市场、劳动力市场的责任市场效应也是如此。情境结构变革的配套使用是异常关键的。

六、结论和展望

　　本研究通过对典型消费者的访谈，应用扎根理论的研究范式，探索性地分析了消费者响应企业社会责任的内在机理和干预路径，更全面地梳理了引发消费者响应的相关变量范畴。本研究发现，消费者个体心理感知（个体利益感知、个体情感感知及个体效能感知）和社会参照规范（社会消费习惯和观念、社会风气氛围及政府消费表率）两个主范畴是影响机理中主要的作用路径。企业的相关 CSR 实施策略实现的 CSR 消费者效应方面（包括消费者责任直接效应、CSR 的营销效应和 CSR 的声誉效应）则会通过影响消费者个体心理感知来实现对消费者行为的影响。而情境变革（包括社会责任第三方评价、社会责任信息披露、经济激励政策等）通过影响消费者个体心理感知和社会参照规范这两个主范畴实现行为干预。本研究还发现，在中国情境下，影响消费者行为的心理变量除了前人研究中所提及的态度、情感、价值观等心理变量外，更主要的是消费者利益感知引致的，因此消费者责任消费的干预策略也应存在本质差异。这些结论可以为制定有效的干预策略以转变消费者消费行为模式提供针对性的政策思路和实施路径。

　　此外，由于本研究建构的消费者响应 CSR 的内在机理和干预路径模型是基于小样本深度访谈和质化研究得出的，其信度和效度尚未经过大样本检验。在后续的研究中还需将一些范畴进行概念化和操作化改进，并开发出测量量表，实施问卷调查并进行相应的实证研究。此外，由于本研究是基于扎根理论进行的探索性研究，就如何从 CSR 策略和情境变革两方面来影响消费者的个体心理感知和社会参照规范，进而影响消费者对 CSR 的敏感度，实现责任市场（产品市场）的初步形成，如何通过具体的 CSR 策略和社会干预政策来加大对消费者实际行为的影响效应，如何实现整合协调以最大限度地发挥二者"合力"，还需要进行深入的理论论证和实证检验。

【参考文献】

［1］李建升、李巍：《企业社会责任向企业竞争优势转化的波及效应》，《改革》，2009 年第 11 期。

［2］连漪、李涛、岳雯：《企业社会责任与消费者行为意向》，《商业研究》，2011 年第 2 期。

［3］卢东、寇燕：《基于消费者视角的企业社会责任综合解析》，《软科学》，2003 年第 3 期。

［4］许罗丹、龚程：《企业社会责任的内生化研究》，《国际经贸探索》，2010 年第 5 期。

［5］薛求知、侯丽敏、韩冰洁：《跨国公司环保责任行为与消费者响应》，《山西财经大学学报》，2008 年第 1 期。

［6］周延风、罗文恩、肖文建：《企业社会责任行为与消费者响应、消费者个人特征和价格信号的调节》，《中国工业经济》，2007 年第 3 期。

［7］陈向明：《质的研究方法与社会科学研究》，教育科学出版社，2000 年。

［8］王璐、高鹏：《扎根理论及其在管理学研究中的应用问题探讨》，《外国经济与管理》，2010 年第 12 期。

［9］Bhattacharya B., Sen Sankar. Doing Better at Doing Good：When，Why，and How Consumers Respond to Corporate Social Initiatives［J］. California Management Review，2004，47（1）：9-24.

［10］Cathy Goodwin，Ivan Ross. Consumer Responses to Service Failures：Influence of　Procedural and International Fairness Perceptions［J］. Journal of Business Research，1992，25（2）：149-163.

［11］Deborah J. Webb，Lois A. Mohr. A Typology of Consumer Responses to Cause-Related Marketing：From Skeptics to Socially Concerned［J］. Journal of Public Policy & Marketing，1998，17（2）：226-238.

［12］Dwane Hal Dean. Consumer Perception of Corporate Donations：Effects of Company Reputation of Social Responsibility and Type of Donation［J］. Journal of Advertising，2003，32（4）：91-102.

［13］Joëlle Vanhamme, Bas Grobben. Too good to be true! The Effectiveness of CSR History in Countering Negative Publicity ［J］. Journal of Business Research, 2009 (85)：273-283.

［14］Lafferty B. A., Goldsmith, R. E. Corporate Credibility's Role in Consumers' Attitudes and Purchase Intentions When a High versus a Low Credibility Endorser Is Used in the Ad ［J］. Journal of Business Research, 1999 (2)：109-116.

［15］Lichtenstein, Donald R., Minette E. Drumwright, Bridgette M. Braig. The Effect of Corporate Social Responsibility on Customer Donations to Corporate-Supported Nonprofits ［J］. Journal of Marketing, 2004, 68 (4)：16-32.

［16］Luo, Xueming, C. B. Bhattacllarya. Corporate Social Responsibility, Customer Satisfaction, and Market Value ［J］. Journal of Marketing, 2006, 70 (4)：1-18.

［17］Murray K. B., Vogel C.M.. Using a Hierarchy of Effects Approach to Gauge the Effectiveness of CSR to Generate Goodwill Towards the Firm：Financial Versus Non-Financial Impacts ［J］. Journal of Business Research, 1997, 38 (2)：141-159.

［18］Schwartz M.S., Carroll, A.B.. Corporate Social Responsibility：A Three-Domain Approach ［J］. Business Ethics Quarterly, 2003, 13 (4)：503-530.

［19］Sen, Sankar., C.B. Bhattacharya. Does Doing Good Always Lead to Doing Better? Consumer Reactions to Corporate Social Responsibility ［J］. Journal of Marketing Research, 2001, 38 (2)：225-243.

［20］Sen, Sankar., C.B. Bhattacharya. Consumer-Company Identification：a Framework for Understanding Consumers' Relationships with Companies ［J］. Journal of Marketing, 2003, 67 (4)：76-88.

［21］Tom J. Brown, Peter A. Dacin. The Company and the Product：Corporate Associations and Consumer Product Responses ［J］. Journal of Marketing, 1997 (61)：68-84.

［22］Lois A. Mohr, Deborah J. Webb. The Effects of Corporate Social Responsibility and Price on Consumer Responses ［J］. Journal of Consumer Affairs, 2005, 39 (1)：121-147.

［23］Valarie A. Zeithaml, Leonoald L. Berry, A. Parasuraman. The Behavioral Consequences of Service Quality ［J］. The Journal of Marketing, 1996, 60 (4)：31-46.

［24］Yeosun Yoon, Zeynep Gurhancanli, Norbert Schwarz. The Effect of Corporate Social Responsibility (CSR) Activities on Companies with Bad Reputations ［J］. Journal of Consumer Psychology, 2006, 16 (4)：377-390.

（**作者**：杨蕙馨、刘建花，山东大学管理学院）

上市公司社会责任信息披露影响因素的
实证分析

一、研究背景及意义

随着现代经济的发展与社会的进步，企业的规模在不断扩大，企业的任何行为已经不再是单单的个体行为，而是对整个社会有着一定的影响，尤其是其利益相关者。企业在追求财务绩效的同时，也不得不将环境污染、职业安全、产品质量、劳资纠纷等问题考虑在内，要求企业承担社会责任的呼声日益高涨，承担社会责任已经成为企业永续经营的主要趋势和方法。

2006 年，深圳证券交易所率先发布了《深圳证券交易所上市公司社会责任指引》，正式对上市公司履行社会责任并自愿披露相关信息提出了规范和指导。2008 年，上海证券交易所发布了《上海证券交易所上市公司环境信息披露指引》，进一步细化了公司在披露社会责任报告时应该囊括的环境信息。截至 2011 年 6 月底，我国 A 股上市公司已发布各类社会责任报告 531 份，在数量上创下了历史新高。但各企业所披露的社会责任报告在内容和质量上参差不齐，是什么因素影响了企业对社会责任的履行和相关信息的披露，这是一个非常值得研究的课题。本文主要采用实证的方法，重点分析影响企业社会责任信息披露的主要因素，并据此提出相应的改进措施，以期促进和完善我国企业社会责任信息的披露行为。

二、文献回顾

国外学者关于企业社会责任信息披露影响因素的研究，主要从公司特征和治理结构两个方面分析其对社会责任信息披露的影响。

Trotman et al.（1981）通过对澳大利亚联合交易所上市的最大的 600 家公司进行问卷调查，进而研究发现公司规模、系统风险、长期利益与企业社会责任信息披露正相关。Cowen et al.（1987）以 134 家美国公司的年度报告为样本，研究发现公司规模、所在行业、是否存在社会责任委员会与企业社会责任信息披露正相关，而盈利能力与企业社会责任信息披露不相关。Patten（1991）、Simon Knox et al.（2005）实证研究证实了公司社会责任信息披露水平与公司规模正相关。Reggy（2000）、Beochetti et al.（2008）都发现公司财务绩效越好，社会责任信息披露水平越高。Patten（1991）研究发现公众可见度高、政治敏感度高的行业的公司披露社会责任信息更多，如石油、造纸、化学和森林行业。Roberts（1992）、Mitchell et al.（1997）研究证实，负债比权益的比率越高，公司社会责任信息披露水平就越高。但是 McGuire et al.（1988）、Orlitzky et al.（2003）、Beochetti et al.（2008）的实证研究却发现财务风险与社会责任信息披露是负相关关系。

Roberts（1992）利用 130 家大企业在 1984~1986 年公布的企业社会责任信息资料为研究样本，研究结果表明利益相关者的势力、企业的战略地位、盈利能力与社会责任披露正相关。Tilt，C.A.（1994）使用问卷调查方法研究发现：外界压力集团是企业社会责任信息的主要使用者之一，但企业目前所披露的企业社会责任信息远远低于压力集团的期望值。Simon & Wong（2001）研究发现董事会比例与社会责任信息披露水平呈正相关。Haniffa & Cooke（2005）采用调查问卷的方法，发现董事会的实际控制权、董事会主席的身份等因素都会影响社会责任信息披露。Nazli & Ghazal（2007）研究发现，社会责任信息披露水平与国家持股数正相关，与公司内部董事的持股数负相关。

国内关于企业社会责任信息披露的研究起步较晚，始于 20 世纪 90 年代。宋献中、李皎予（1992）从社会责任会计的角度论述了企业社会责任的范畴以及计量、报告企业社会责任活动的方法。孟庆若（1996）提出社会责任信息披露的简单模式、中级模式和高级模式。李正（2006）以上海证券交易所 2003 年 521 家上市公司为样本，研究发现：资产规模、负债比率、重污染行业因素与公司的社会责任信息披露显著正相关，净资产收益率、ST 类公司与社会责任信息披露显著负相关。李正、向锐（2007）通过对上海证券交易所 642 家上市公司年度报告的指数评分，发现我国企业对员工问题、产品质量提高、公益捐赠等社会责任信息披露较多，而对于废旧原料回收、环境问题、社区问题等社会责任信息的披露较少。沈红涛（2007）以 1999~2004 年上市交易的石化塑胶行业的 A 股公司为样本，研究发现规模越大、盈利能力越好的公司越倾向于披露社会责任信息；披露环境对社会责任信息披露有显著影响，而财务杠杆和再融资需求则对社会责任信息披露没有影响。马连福、赵颖（2007）以 2005 年在深圳证券交易所上市的公司为样本，对上市公司社会责任信息披露程度及其影响因素进行了实证研究，研究发现公司绩效、行业属性及规模是影响我国上市公司社会责任信息披露的重要因素。陈文婕（2010）针对外部环境的影响进行了实证检验，发现治理环境会影响公司社会责任信息披露水平，如市场总体化进程、政府治理水平等会对公司社会责任信息披露产生积极影响。

在影响因素的研究方面，我国现有的研究并不完善，主要缺陷在于研究选取的样本数量较少，有的只拘泥于一两个特殊的行业，或者单个市场，而非整个证券市场，削弱了外部有效性，研究结论缺乏普遍适用性。

三、企业社会责任信息披露的影响因素分析

1. 研究设计

（1）假设的提出。

①盈利水平。盈利能力是企业及其利益相关者共同关注的，是企业生存和发展的根基。Preston & Bannon（1997）提出的"提供资金假说"认为，公司能否承担社会责任受到公司资源的约束，盈利能力强的公司才有能力承担更多的社会责任，才有可能披露更多的社会责任信息。因此，只有盈利好的公司才有能力承担更多的社会责任。盈利能力强、财务业绩好的公司有更充足的资源投入到社会责任活动中去，因而更有可能披露社会责任信息，使自己区别于其他公司。

由此，本文提出研究假设 1：上市公司社会责任信息披露水平与盈利水平呈正相关。

②公司规模。政治成本理论认为，规模越大的公司就越容易受到政府、媒体和其他社会团体等的关注。早在 1981 年 Trotman 就研究发现，公司规模越大，公司披露的社会责任信息就越多。一般认为，公司的规模越大，承担的社会责任会越多，就更有可能披露社会责任方面的信息，表明自己是负责任的公司。规模大的企业更看重企业的形象和社会影响力，他们愿意花费资金来维护企业的外部形象，也就是他们更愿意承担社会责任，以获得更大范围的认可。规模大的公司为了吸引更多的业务，增加民众对公司的信任和好感，它们的社会责任信息披露一般会较多、较详细。

由此，本文提出研究假设 2：上市公司社会责任信息披露水平与公司规模呈正相关。

③行业属性。由于企业的公共责任及受社会关注的程度不同，不同行业部门中的企业对社会造成的影响不同，其社会责任信息披露水平也存在一定的差异，某些行业倾向于披露更多的社会责任信息。如国家规定的 16 类重污染企业中，石油化工、塑料橡胶、冶金、采矿、火电等环境敏感度高的重污染行业，它们的公众责任受关注、受监管程度更高，因此重污染行业企业通常以披露社会责任信息的方式来证明其行为的合法性。

由此，本文提出研究假设 3：重污染行业企业的社会责任信息披露水平高于其他行业的企业。

④区域经济发展水平。长期以来，我国的区域经济发展处于不平衡的状态，东部和沿海地区经济发展水平远高于中、西部地区，市场化进程更快，信息披露水平也存在差异。王俊秋等（2007）通过实证研究发现上市公司信息披露质量会受到公司所在地区的市场化程度的影响。在经济发达地区，资本市场发展完善，市场竞争更加激烈，企业要想在竞争中取得优势，就需要通过披露社会责任信息来维持与股东、债权人、供应商、消费者、政府等利益相关者之间的良好关系。同时，我国东部沿海地区对外开放程度高，面对国际市场和外国资本的进入，企业更需要提高社会责任信息披露水平，以适应国际经济发展的要求。

由此，本文提出研究假设 4：经济发达地区的企业社会责任信息披露水平高于其他地区的企业。

⑤财务风险。公司的资产负债率越高，股权资本越少，"一股独大"的现象可能更为严重，对公司公开信息披露的需求就会减少。Eng & Mark（2003）的研究表明，财务杠杆高的公司面临较高的破产风险，倾向于封锁不利消息，降低了公司信息的透明度。McGuire et al.（1988）、Orlistky et al.（2003）和凌兰兰（2009）的研究都发现，公司财务风险越大，公司社会责任信息披露水平越低。

由此，本文提出研究假设 5：社会责任信息披露水平与公司资产负债率负相关。

（2）样本选择和数据来源。本文选取 2009~2011 年沪深两市中独立披露社会责任报告的 A 股上市公司作为研究样本，考虑到金融类公司的财务数据较为特殊、ST 类公司财务状况异常，可能会影响研究结果的有效性，于是本文剔除了：①金融类公司；②ST 和 PT 等财务状况严重恶化的公司；③某些资料、数据不齐全的样本公司。最终经整理得到有效样本 290 个。

上市公司年度社会责任报告相关数据来自润灵环球责任评级网站，公司财务数据等其他数据资料来自深圳证券交易所网站与国泰安 CSMAR 数据库。本文研究分析及数据收集采用的是 SPSS19.0 统计软件和 Excel 2003 软件。

（3）变量设计。本文以社会责任信息披露影响因素为研究对象，在研究中将上市公司社会责任信息披露水平作为因变量，将影响因素作为自变量。具体变量设置如下：

——因变量

采用社会责任报告披露指数（CSRID）来衡量企业社会责任信息的披露水平，社会责任报告披露指数越高说明企业社会责任信息的质量越好。

社会责任报告披露指数采用润灵环球（RKS）（原润灵公益事业咨询）的 MCT—CSR 报告评价体系对上市公司社会责任报告进行的评级得分。MCT—CSR 报告评价体系从整体性、内容性、技术性三个零级指标出发，分别设立一级指标和二级指标对报告进行全面评价，具体设置了包括

"战略有效性"、"内容平衡性"、"绩效陈述"、"外部审计"等 13 个一级指标，44 个二级指标。MCT 评价体系评分采用结构化专家打分法，满分为 100 分，其中整体性评价 M 值权重为 40%，满为 40 分；内容性评价 C 值权重为 40%，满分为 40 分；技术性评价 T 值权重为 20%，满分为 20 分。

——自变量

①盈利水平。用净资产收益率来反映企业的盈利状况，净资产收益率是净利润与平均股东权益的百分比，该指标值越高，说明投资带来的收益越高。企业盈利水平可以反映为公司业绩。

②公司规模。参考已有研究，本文使用总资产的自然对数来衡量企业规模。

③行业属性。哑变量，根据《上市公司环保核查行业分类管理名录》[环办函（2008）373 号]的规定，将火电、钢铁、水泥、电解铝、煤炭、冶金、建材、采矿、化工、石化、制药、造纸、酿造、发酵、纺织、制革业 16 类行业归类为重污染行业，取值为 1，反之为 0。

④区域经济发展水平。哑变量，当企业位于北京、上海、天津、山东、浙江、江苏、福建、广东 8 个省市时为 1，反之为 0。

⑤财务风险。参考已有研究，采用资产负债率指标来衡量公司财务风险。

——控制变量

①上市地点。当企业是在上海证券交易所上市的，取值为 1，在深圳证券交易所上市的，取值为 0。

②披露制度。属于应规强制披露的，取值为 1，反之，取值为 0。上海证券交易所和深圳证券交易所分别规定，属于上证金融、上证海外、上证治理板块以及深证 100 指数的上市公司必须披露公司年度社会责任报告，其他公司自愿披露。

表 1　变量定义表

变量类型	变量符号	变量名称	含义及描述
被解释变量	CSRID	社会责任报告披露指数	根据 MCT 评价体系计算的得分
解释变量	ROE	公司业绩	净资产收益率
	SCALE	公司规模	总资产的自然对数
	INDUSTRY	行业属性	哑变量，属于 16 类重污染企业时取 1，否则为 0
	AREA	区域经济发展水平	哑变量，位于 8 个经济发达地区时取值为 1，否则为 0
	LEV	财务风险	资产负债率
控制变量	PLACE	上市地点	哑变量，上交所为 1，反之为 0
	LAW	披露制度	哑变量，强制披露为 1，否则为 0

（4）回归模型。本文采用多元线性回归的方法对所获得的数据进行分析，根据研究假设构建的回归模型如下：

$CSRID = \beta_0 + \beta_1 ROE + \beta_2 SCALE + \beta_3 INDUSTRY + \beta_4 AREA + \beta_5 LEV + \beta_6 PLACE + \beta_7 LAW + \varepsilon$

其中 β_0 为常数项，β_1、β_2、β_3、β_4、β_5、β_6、β_7 为各自变量系数，ε 为误差项。

2. 实证结果与分析

（1）描述性统计。

①社会责任信息披露指数的描述性统计。从表 2 可以看出，样本公司 2009~2011 年的社会责任信息披露指数的极小值大致相同，极大值逐年上升，样本均值、中值逐年上升，标准差上升。在 0~100 的取值范围内，2011 年披露指数极大值为潞安环能，得分为 80.29 分，评价等级为 AA，2010 年与 2009 年披露指数极大值皆为中国神华，分别为 78.49 分和 68.76 分。其中 2011 年的样本均值为 34.1388，显著超过 2009 年，小幅超过 2010 年，这表明 2011 年样本公司的社会责任信息披露程度有了一定的提高。

表 2 社会责任信息披露指数的描述性统计

	2009 年	2010 年	2011 年
均值	28.7803	32.0380	34.1388
中值	27.0850	29.1300	30.2700
众数	24.23[a]	22.60[a]	23.03[a]
标准差	8.63525	11.12415	12.85690
极小值	15.20	15.40	16.12
极大值	68.76	78.49	80.29
样本个数	290	290	290

②各连续型解释变量的描述性统计。表 3 是对样本公司各连续型解释变量的描述性统计分析结果。从表中可以看出，净资产收益率极小值为-48.22%，极大值为 86.42%，均值为 11.91%，标准差 10.86，样本公司的盈利能力差别较大。公司规模是总资产的自然对数，极大值为 28.28，极小值是 19.66，均值 22.87。资产负债率极大值为 86.97%，极小值为 8.26%，均值 52.03%，中值 53.05%，符合一般公司资产负债率在 50%左右的水平。

表 3 连续型解释变量描述性统计

	净资产收益率（%）	公司规模	资产负债率（%）
均值	11.906123	22.869877	52.025278
中值	10.631800	22.691330	53.046900
众数	−48.2155[a]	19.6627[a]	8.2605[a]
标准差	10.8593592	1.4277758	17.6984033
极小值	−48.2155	19.6627	8.2605
极大值	86.4237	28.2821	86.9727
样本个数	870	870	870

③哑变量的描述性统计。表 4 是对样本公司哑变量的描述性统计分析结果。从表中可以看出，在 290 家样本公司中，上市公司所在地为经济发达地区的有 184 家，占样本总数的 63.4%。属于重污染行业的公司有 121 家，占样本总数的 41.7%。在上市地点中，上交所上市的公司有 181 家，占样本总数的 62.4%。从发布意愿来看，强制披露的公司有 236 家，占样本总数的 81.4%。

表 4 哑变量描述性统计

		区域经济发展水平			
		频率（%）	百分比（%）	有效百分比（%）	累积百分比（%）
有效	0	106	36.6	36.6	36.6
	1	184	63.4	63.4	100.0
	合计	290	100.0	100.0	
		行业属性			
		频率（%）	百分比（%）	有效百分比（%）	累积百分比（%）
有效	0	169	58.3	58.3	58.3
	1	121	41.7	41.7	100.0
	合计	290	100.0	100.0	

续表

上市地点		频率（%）	百分比（%）	有效百分比（%）	累积百分比（%）
有效	0	109	37.6	37.6	37.6
	1	181	62.4	62.4	100.0
	合计	290	100.0	100.0	

披露制度		频率（%）	百分比（%）	有效百分比（%）	累积百分比（%）
有效	0	54	18.6	18.6	18.6
	1	236	81.4	81.4	100.0
	合计	290	100.0	100.0	

（2）相关性分析。本文首先对研究变量之间的相关关系进行检验，结果如表5所示：

表5　各变量的相关性分析

		CSRID	公司业绩	公司规模	资产负债率	区域经济发展水平	行业属性	上市地点	披露制度
CSRID	Pearson 相关性	1	0.119**	0.495**	0.067*	0.074*	0.052	0.019	0.126**
	显著性（双侧）		0.000	0.000	0.047	0.029	0.124	0.566	0.000
	N	870	870	870	870	870	870	870	870
公司业绩	Pearson 相关性	0.119**	1	0.175**	−0.038	0.002	−0.058	−0.067*	0.126**
	显著性（双侧）	0.000		0.000	0.265	0.944	0.085	0.049	0.000
	N	870	870	870	870	870	870	870	870
公司规模	Pearson 相关性	0.495**	0.175**	1	0.391**	0.058	0.089**	0.046	0.299**
	显著性（双侧）	0.000	0.000		0.000	0.090	0.009	0.172	0.000
	N	870	870	870	870	870	870	870	870
资产负债率	Pearson 相关性	0.067*	−0.038	0.391**	1	−0.038	−0.017	0.026	0.004
	显著性（双侧）	0.047	0.265	0.000		0.258	0.619	0.452	0.902
	N	870	870	870	870	870	870	870	870
区域经济发展水平	Pearson 相关性	0.074*	0.002	0.058	−0.038	1	−0.171**	0.017	−0.069*
	显著性（双侧）	0.029	0.944	0.090	0.258		0.000	0.614	0.043
	N	870	870	870	870	870	870	870	870
行业属性	Pearson 相关性	0.052	−0.058	0.089**	−0.017	−0.171**	1	−0.051	0.010
	显著性（双侧）	0.124	0.085	0.009	0.619	0.000		0.134	0.779
	N	870	870	870	870	870	870	870	870
上市地点	Pearson 相关性	0.019	−0.067*	0.046	0.026	0.017	−0.051	1	0.507**
	显著性（双侧）	0.566	0.049	0.172	0.452	0.614	0.134		0.000
	N	870	870	870	870	870	870	870	870
披露制度	Pearson 相关性	0.126**	0.126**	0.299**	0.004	−0.069*	0.010	0.507**	1
	显著性（双侧）	0.000	0.000	0.000	0.902	0.043	0.779	0.000	
	N	870	870	870	870	870	870	870	870

**. 在 0.01 水平（双侧）上显著相关。

*. 在 0.05 水平（双侧）上显著相关。

从表5可以看出，公司业绩、公司规模、披露制度与上市公司社会责任信息披露指数是在1%的水平上显著正相关；而资产负债率、区域经济发展水平与该指数在5%的水平上显著正相关。行业属性、上市地点与上市公司社会责任信息披露指数未表现出显著的相关性，故在下文的回归分析中，不纳入回归模型。

（3）多元回归分析。多元回归分析的结果如表6所示。

表6　回归结果

模型汇总				
模型	R	R²	调整 R²	估计标准误差
1	0.517ᵃ	0.267	0.263	9.63121

方差分析 ᵇ						
模型		df	平方和（SS）	均方（MS）	F	Sig.
1	回归	5	29167.631	5833.526	62.888	0.000ᵃ
	残差	864	80144.874	92.760		
	总计	869	109312.504			

系数 ᶜ							
模型	非标准化系数		标准系数	t	Sig.	共线性统计量	
	β	标准误差				容差	VIF
1	（常量）	−63.817	5.520		−11.561	0.000	
	公司业绩	0.021	0.031	0.020	0.678	0.498	0.952	1.050
	公司规模	4.399	0.268	0.560	16.391	0.000	0.727	1.376
	资产负债率	−0.095	0.020	−0.149	−4.638	0.000	0.818	1.222
	区域经济发展水平	0.769	0.684	0.033	1.124	0.262	0.982	1.018
	披露制度	−1.174	0.892	−0.041	−1.316	0.189	0.883	1.132

a. 预测变量：（常量），披露制度，资产负债率，区域经济发展水平，公司业绩，公司规模。

b. 因变量：CSRID。

c. 因变量：CSRID。

从表6可以看出，回归方程的F检验值为62.888，在1%水平上显著，说明模型的整体线性拟合优度较好，回归模型具有统计学意义。修正后的R²值为0.263，在可接受的范围内，这说明模型中的解释变量对被解释变量的解释能力是比较好的，但仍有其他影响社会责任信息披露的因素有待探寻。方差膨胀因子（VIF）最大值为1.376，远小于10，容差也都小于1，表明自变量之间不存在多重共线性。

从回归结果来看，公司规模在1%的水平上显著正相关，资产负债率在1%的水平上显著负相关，假设2和假设5得到了支持。公司业绩与区域经济发展水平虽然与社会责任信息披露水平正相关，但并不显著，没能通过T检验，从而假设1和假设4没有得到支持。披露制度对社会责任信息披露水平的影响也不显著。

四、研究结论及政策建议

1. 研究结论

（1）2009~2011 年，国内发布的社会责任报告数量在不断迅速增加，发布社会责任报告已经成为主流趋势。从披露的质量上来看，三年的 CSRID 评级得分均值逐年上升，说明总体质量有所提高。随着企业、社会各界对社会责任信息披露的关注度逐渐增加，非财务信息披露已成为上市公司综合信息披露的重要组成部分，企业社会责任报告正成为中长期价值投资的重要参考，责任管理、责任品牌将成为上市公司可持续发展的新动力。

（2）从影响因素上来看，规模较大的公司在履行社会责任方面做得较好，倾向于披露较多社会责任信息。这主要是因为规模大的公司比规模小的公司受到社会公众的关注要高，愿意披露较多社会责任信息，向市场发出利好消息。一般大型的上市公司通过在年报中自愿地披露其履行社会责任的状况，达到向市场传递信息的功能，提高公司在市场上的价值。

（3）绩效好的上市公司不一定披露较多的社会责任信息，这与 Reggy（2000）、Beochetti et al.（2008）的结论恰好相反。社会责任信息披露与公司绩效之间的关系还有待于进一步检验。

（4）资产负债率与社会责任信息披露水平负相关。这主要是由于在公司财务风险较大的情况下，一方面公司没有能力从事过多的社会责任活动，另一方面债权人对高财务风险公司的限制条件也较多，过多披露社会责任信息会引起债权人的关注，从而给公司正常经营管理带来压力。因此，从这个角度上讲，财务风险高的公司可能会减少履行社会责任和披露社会责任信息。

2. 政策建议

（1）鼓励上市公司披露更多的包括社会责任信息在内的信息。从某种意义上来说，企业的自愿信息披露程度可以暗示一国证券市场的发达程度，而企业社会责任信息披露程度又会反映出一国企业与包括投资者在内的利益相关者的和谐程度。企业的社会责任信息披露一方面会增强企业的公众形象，另一方面也会形成众多利益相关者监管企业社会责任行为这样的外界监管机制，有利于社会和企业的可持续发展。

（2）监管部门应该加强"社会责任敏感"行业的立法监管，如采掘、化工等行业。从实证结果来看，重污染行业的上市公司并不愿意披露更多的社会责任信息，因此，监管部门应当更加关注此类行业社会责任信息披露的执行情况，同时设置相应的激励与惩罚措施，以避免社会责任不强的企业发生侵占社会资源、破坏环境等现象。

（3）制定统一的社会责任报告标准。我国目前还没有制定统一的社会责任报告标准，虽然上海证券交易所、深圳证券交易所等相关部门发布了关于编制社会责任报告的指引或指南，但对具体的披露内容和指标没有详细说明，这造成了报告格式不规范、报告质量参差不齐，影响了报告的可比性。因此，各监管部门可以在协商的基础上制定社会责任报告标准，对社会责任的内容、如何披露进行可操作性的规范。另外，相关的法规也要呼应，如对履行社会责任较差的企业是否进行惩罚、如何进行惩罚等。

（4）加强社会舆论的监督。随着可持续发展观念的深入人心，社会公众对于企业的社会责任活动关注度也在不断上升。通过社会舆论监督是一种很好的约束机制，企业员工权益保护、商品质量、环境污染、社区关系等问题成为社会关注的核心问题，企业应该提供完整可靠的信息。

【参考文献】

［1］陈文婕：《论企业社会责任信息披露影响因素》，《财经理论与实践》，2010年第4期。

［2］李正、向锐：《中国企业社会责任信息披露的内容界定、计量方法和现状研究》，《会计研究》，2007年第7期。

［3］李正：《企业社会责任信息披露影响因素实证研究》，《特区经济》，2006年第8期。

［4］凌兰兰：《上市公司社会责任报告披露问题研究》，《合肥工业大学硕士学位论文》，2009年。

［5］马连福、赵颖：《上市公司社会责任信息披露影响因素研究》，《证券市场导报》，2007年第3期。

［6］孟庆若：《试论企业社会责任会计报告模式》，《会计研究》，1996年第12期。

［7］沈洪涛：《公司特征与公司社会责任信息披露——来自我国上市公司的经验证据》，《会计研究》，2007年第3期。

［8］宋献中、李皎予：《企业社会责任会计》，中国财政经济出版社，1992年。

［9］王俊秋、张奇峰：《治理环境、治理机制与信息披露质量：来自深交所的证据》，《当代经济管理》，2007年第3期。

［10］ Beochetti Leonardo, Di Giacomo Stefania, Pinnaccchio Damiano. Corporate Social Responsibility and Corporate Performance: Evidence from a Panel of US Listed Companies ［J］. Applied Economics, 2008, 40 (5).

［11］ Cowen S.S., Ferreri, L.B., Parker, L.D. The Impact of Corporate Characteristics on Social Responsibility Disclosure: A Typology and Frequency－Based Analysis ［J］. Accounting, Organizations and Society, 1987, 12 (2).

［12］ Eng L.L. and Y.T. Mark. Corporate Governance and Voluntary Disclosure ［J］. Journal of Accounting and Public Policy, 2003 (22).

［13］ Haniffa R.M., Cooke T.E.. The Impact of Culture and Governance on Corporate Social Reporting ［J］. Journal of Accounting and Public Policy, 2005 (24).

［14］ McGuire J.B., Sundgren, A., and Schneeweis, T. Corporate Social Responsibility and Financial Performance ［J］. Academy of Management Journal, 1988, 31 (4).

［15］ Mitchell R.K., Agle B.R., Wood D.J., Toward a Theory of Stakeholder Identification and Salience: Defining the Principle of Who and What Really Counts ［J］. Academy of Management Review. 1997, 22 (4).

［16］ Nazli A. Mohd Ghazali. Ownership Structure and Corporate Social Responsibility Disclosure: Some Malaysian Evidence ［J］. Corporate Governance, 2007, 7 (3).

［17］ Orlitzky M., Schmidt F. L., Rynes S. Corporate Social and Financial Performance: A Meta－analysis ［J］. Organization Studies, 2003, 24 (3).

［18］ Patten, D.M. Exposure, Legitimacy, and Social Disclosure ［J］. Journal of Accounting and Public Policy, 1991 (10).

［19］ Preston Lee E., Douglas P.O. Bannon. The Corporate Social－financial Performance Relationship: A Typology and Analysis ［J］. Business & Society, 1997, 9 (36).

［20］ Reggy Hooghiemstra. Corporate Communication and Impression Management－New Perspectives Why Companies Engage in Corporate Social Reporting ［J］. Journal of Business Ethics, 2000 (27).

［21］ Roberts R.W. Determinants of Corporate Social Responsibility Disclosure: an Application of Stakeholder Theory ［J］. Accounting, Organizations and Society, 1992, 17 (6).

［22］ Simon Knox, Stan Maklan and Paul French. Corporate Social Responsibility: Exploring Stakeholder Relationships and Programme Reporting across Leading FTSE Companies ［J］. Journal of Business Ethics, 2005 (61).

［23］ Simon S.M. Ho, Kar Shun Wong. A Study of The Relation Between Corporate Governance Structure and The Extent of Voluntary Disclosure ［J］. Journal of Imitational Accounting Auding & Taxation, 2001 (10).

［24］ Tilt C.A. The Influence of External Pressure Groups on Corporate Social Disclosure, Some Empirical

Evidence [J]. Accounting Auditing and Accountability Journal, 1994, 7 (4).

[25] Trotman, K. T., Bradley, G.W.. Associations Between Social Responsibility Disclosure and Characteristics of Companies, Accounting [J]. Organizations and Society, 1981, 6 (4).

(作者：刘新仕、李芊，河南大学工商管理学院)

利益相关者理论视域下的企业社会
责任与可持续发展

随着企业之间联系的不断加强，利益相关者理论也不断地获得了普及，在这样的背景下，企业社会责任也成为学界的一个热门话题，那么，在同样需要可持续发展的今天，怎样才能够更好地通过企业社会责任的履行来推动可持续发展呢？

一、利益相关者理论

所谓利益相关者理论，就是强调任何一个企业在发展过程中都离不开各利益相关者的投入或参与，因而必须追求利益相关者的整体利益，而不仅仅是维护其中个别主体的利益的理论。早在资本主义的自由时期，亚当·斯密在其1776年问世的《国富论》中就提出了社会交换联合体根源于人类互通有无的自然天性并由此进一步得出了"共同利益"的思想，强调了每个人利益的取得都必须经由他人的帮助。对此，亚当·斯密概括说："请给我以我所要的东西吧，同时，你也可以获得你所要的东西。"① 1963年，美国斯坦福大学一研究小组更是明确地提出了"利益相关者"的概念。其后，著名经济学家斯蒂格利茨、管理学家多纳德逊与邓非等研究者都对这一理论做出了自己的贡献。这一理论也最终认定了：企业若要长久生存、持续发展，必须要尽到其社会责任，能够及时、准确对利益相关者的利益诉求做出合理反应，否则将会对此企业的生存发展极其不利；而企业的社会责任既包括为股东谋取利润，同时还应该包括其他相关利益者的利益，就是那些影响或者受影响于企业的各方利益，尤其是企业员工和消费者。

关于企业利益相关者的外延与分类，依据不同的标准经济学家们见仁见智。依据利益相关群体是否与企业存在交易性合同关系，1992年查克汉姆将其分为契约型利益相关者与公众型利益相关者，前者是指股东、员工、供货商、贷款人、分销商、顾客等，后者是指政府、社区、监管者、媒体、消费者等。按照与企业的联系紧密程度，1994年克拉克逊将其分为主要利益相关者与次要利益相关者，前者主要指离开这些群体的作用企业将难以存在，如股东、员工、供应商、顾客等；后者是那些间接影响或者受影响于企业的群体，对企业生存不构成根本作用，如媒体等。按照社会维度的紧密型差异，1998年威勒将其分为四种类型：首要社会利益相关者（与企业构成直接关系者，包括股东、员工、供应商等），次要社会利益相关者（指经由社会性活动和企业产生间接关系者，包括相关团体、居民等），首要非社会利益相关者（指那些虽然与企业形成直接关系，但不是具体的人，包括人类后代、自然环境等），次要非社会利益相关者（指既不与企业构成直接关系，又非人，如人类物种等）。后来卡罗给出了两种分类法，其一是按照利益相关者和企业关系的

① 亚当·斯密：《国民财富的性质和原因的研究》（国富论）（上卷），商务印书馆，1972年。

正式性，划分为直接利益相关者与间接利益相关者；其二是把利益相关者划分为核心利益相关者、战略利益相关者与环境利益相关者。

由此，以利益相关者理论观之，企业自然而然地就成为了一个由多方利益相关者形成的"契约集合体"。[①] 企业的成长由股东、员工、供应商以及消费者等利益相关者共同参与，利益相关各方在企业的发展过程中共同行使对企业的控制权，并且他们是各自独立和平等的，共同承担起企业的风险与收益。故而，在企业发展的决策中不仅要服务于股东，还要平等兼顾其他相关利益各方。利益相关者理论纠正了股东利益至上观念的偏颇，在一定意义上也为企业社会责任学说的发展奠定了理论根基。利益相关者理论摒弃了以往把谋取股东收益和企业利润作为企业唯一目的的陈旧观念，以一种全新的视域来看待企业，认为企业应当为利益相关各方谋求利益，担当起相应社会责任，这才是企业长久发展之道。

二、利益相关者理论视域下的企业社会责任

正是利益相关者理论在实践中不断地起到了推动企业发展的作用，在这一理论的推动下，企业社会责任观念意识与理论作为一种构建企业和社会良好关系的重要指导思想自 20 世纪的西方发达国家发端，逐渐得到了越来越多的有识之士的认同。企业社会责任意识的产生，更新了人们对企业这种法律拟制人的人格认识。对人的认识同时也超越了经济人的狭隘，达到了社会人的认识新高度，从而使得企业人格更全面，突破了法律人、经济人的局限，更增添了道德人格维度。

那么，在利益相关者理论视域下，我们应该怎样认识企业的社会责任呢？

"企业社会责任是企业及其管理者对企业非股东利益相关者即社会公众所负义务的一个称谓，它使企业不仅负有经济的与法律的义务，而且更有对社会负有超越这些义务的其他责任。"[②] 以经济人假设为依据，亚当·斯密指出人本性利己，每一个人皆为自身利益的最清楚者，并在利己本性支配下尽自己能力去追求自己的最佳利益，但是迫于分工与交换的现实，所有人都必须兼顾其他人的利益。这样，每个人都能够在平等自愿的交易中满足自身的需求。如此一来，加上市场规律的调节，个人利益将最终与公共利益达到自然动态平衡。按照这种传统的经济人假说，企业与其众多利益相关者之间就是一种单一的市场交易竞争关系，而利益相关者的那些非经济性利益诉求，企业无需过问。[③]

20 世纪以来，经济的飞速发展带来了诸多社会负面效应，人们开始谴责企业所长期遵从的社会达尔文主义之冷漠残酷，社会各界也意识到企业对与它利益关涉的社会群体应该负起相应的责任。20 世纪 20 年代，人们开始提出诸如利益平衡观、服务观、受托人观等多种认为应该增加企业社会责任的观点，总体而言，这些学说观点中渗入了一种社会人思想。

正是在这种背景下，企业社会责任观作为一种全新的认识，成为了对单一谋求企业利润最大化之传统经营理念的修正和补充，把着眼于股东本位，把实现股东个人利益最大化作为企业的唯一动力和目的的传统观念上升到了以社会本位的、以最大限度地盈利与尽可能地增加社会福利和公共利益为标的的新的经营观念。正是在这样的新观念中，企业利润最大化与维护和增进社会利益成为两个对等的目的。由此，企业社会责任很显然是对企业利润最大化的重要补充和修正，而

---

① 李福华：《大学治理的理论基础与组织架构》，教育科学出版社，2008 年。
② Joseph Mc Guire. Business and Society [M]. New York：McGraw-Hill，1963：144.
③ 傅殷才、颜鹏飞：《自由经营还是国家干预》，经济科学出版社，1955 年。

这个补充可以帮助企业更好地实现其利润最大化，重要的是如何实现企业的经济效益和社会责任的良性互动、良性循环。

但是，社会责任的要求并不是一定就要求企业放弃其经济责任，作为与社会责任相互对应的概念，"企业经济责任是指企业传统的和固有的责任，系指企业所负有的谋求股东利润最大化之责任，它所表明和强调的只是企业依法谋求旨在实现股东经济利益的特定的目标。"① 市场经济以市场为导向和主要资源配置方式，它肯定人的自由发展，主张公平竞争，提倡每个人尽己所能追求自己的合法利益，同时由于在市场经济中分工和交换的高度发达而形成人们之间普遍的相互依赖，并且市场经济越发达，人们的依存度就越发提高和普遍。所谓企业的社会责任有两个标准，最低标准就是企业或者个人在不伤害他人、社会的前提下，去最大限度地追求经济利益；最高标准就是经济主体在谋求自身利益的过程中积极主动地去维持和推进社会利益的实现与发展。

强调企业社会责任并不是要求企业办社会，它们是具有根本区别的两个概念。企业办社会就是在根本上否定企业的盈利目的，把企业看成是依靠国家承担社会安置任务的主体，否定了企业的独立法律人格，这是根本行不通的。而增强企业社会责任的根本出路在于建立现代企业制度。而现代企业制度的本质就是把企业做成能够真正独立承担经济和各种社会责任的企业。"对社会负责并不意味着企业必须放弃其传统的经济使命"，"社会责任要求企业在可获得的利益与取得利益的成本之间进行权衡"。② 因此，强化企业社会责任并不是完全摒弃经济人假说，而是要在基础上附加更多的内容，依照社会人假说，让企业拟制人人格更加完善。

企业的社会责任主要是针对经济责任来谈的，强化企业的社会责任可以避免传统因单一注重经济责任所带来的弊端，而从一定意义上说，企业的社会责任是道德责任与法律责任的综合，道德责任是对企业社会责任的较高要求，而法律责任则是办企业的底线。

早在 1924 年，谢尔顿先生就已经把企业社会责任和企业满足其行业内外之人类各种需求联系了起来，并强调了企业社会责任内含的道德因素。③ 其后，世界可持续发展委员会更是明确强调了"企业社会责任是企业承诺持续遵守道德规范，为经济发展做出贡献，并且改善员工及其家庭、当地整体社区、社会的生活品质。"④ 由此，企业道德责任与法律责任也自然而然地被纳入了企业的社会责任。对此，人们开始强调"在我们的社会里，我们期待个人发挥道德的一般水准，己立而立人，将'利他'的精神发挥至极致。同样地，我们也应基于相同的道德标准，期待公司恪守其社会责任。"⑤ 明确强调了"公司经营战略对社区提供的服务有利于增进社区利益，社区利益作为一项衡量尺度，远远高于公司的尺度。"⑥ 由此，企业社会责任越来越多地获得了更为广泛的意义。

在实务中，人们界定企业社会责任的方式更多地采取枚举方法。在美国经济开发委员会公布的《商事公司的社会责任》研究报告中，对于企业社会责任的列举就有十个方面 58 种之多，如教育、经济、用工与培训、资源保护、污染防治、医疗保健、城市建设、文化艺术、公民权与机会均等方面。后来 KLD 公司——著名社会责任性投资基金管理公司又从雇佣关系、环境、消费者、社区关系、机会均等五个方面对企业社会责任进行界定。20 世纪 90 年代之后，随着一些道德优秀的知名企业成为社会学习的榜样，人们对企业的衡量指标也从单一经济指标转化到企业社会绩效指标这种综合性指标。社会责任国际机构（SAI）所确立的企业社会责任概念为：企业社会责任区别于商业责任，是指企业除了对股东负责，即创造财富之外，还必须对全体社会承担责任；一般

①④ 王鲜萍：《解读"企业社会责任"》，《上海企业》，2004 年第 7 期。

② Tames E. Post，William C. Frederick，Anne T. Lawrence & James Weber. Business and Society：Corporate Strategy Public Policy，Ethics（Eighth edition）[M]. McGraw-Hill，1966：37.

③ 陈宏辉、贾生华：《企业社会责任观的演进与发展：基于综合性社会契约的理解》，《中国工业经济》，2003 年第 12 期。

⑤ 刘连煜：《公司与公司社会责任》，中国政法大学出版社，2001 年。

⑥ Oliver Sheldon. The Philosophy of Management [M]. 1924.

包括遵守商业道德、保护劳工权利、保护环境、发展慈善事业、捐赠公益事业、保护弱势群体等。[①]
2003 年的"赤道原则"由来自七个国家的十家银行共同宣布，它从员工健康与安全、土地使用、利益相关者参与、社会影响、社区关系、污染控制、再生资源、能源使用、有害和危险物质、生物多样性等方面全面综合评价申请贷款的企业项目。

三、企业社会责任与可持续发展的关系

在全球化时代的今天，经济、社会、环境等各因素之间的相互依存度逐渐提升，各个因素相互作用、相辅相成。这就要求作为社会经济单元的企业在注重经济效益的同时，要更加关注各利益相关者的利益诉求，尽自己作为一个社会细胞应尽的社会责任，增加社会福祉，增强企业自身的可持续发展能力，从而更好地促进企业的发展。从一定意义上说，企业社会责任与企业可持续发展之间也是相互依存、相辅相成的关系。

著名战略管理大师迈克尔·波特指出，企业唯有主动采取战略性举措，积极承担起社会责任，为维持和增进社会公共利益及其他团体的利益，从而对社会施加最大限度的积极影响，才能得到社会的认可，进而获取巨大的商业收益，实现企业的长远目标、可持续发展。企业社会责任之中最重要的就是能够在自身运营活动与复杂的社会环境之间恰当找出两者共享价值，唯有如此，才能在促进经济社会快速良好发展的同时，改变企业与社会之间对彼此的不信任与偏见，从而实现企业和社会的良性互动，最终达到企业社会责任与企业可持续发展良性循环的效果。

从思想渊源视角观察，企业社会责任观可以看作为一种企业和社会和谐共处、共同发展的思想。企业社会责任思想本身就内在地蕴涵有企业可持续发展的理念，因为企业社会责任与其可持续发展在思想出发点上具有高度的一致性，它们都客观要求企业既要在战略和策略上做好环保工作，又要充分挖掘包括人力资源在内的各种可利用资源的潜力。对现阶段的我国企业来说，企业应当把社会责任管理作为战略型任务和理念，使其逐步作为企业的基本价值取向渗入企业文化之中，成为企业使命，使其与企业发展战略以及日常运营管理密切结合，在各方利益相关者良好互动的氛围中逐渐增强企业实力和竞争力，寻找到实现企业可持续发展的合理路径。企业唯有顺应时代发展的潮流，及时调整自身的经营战略和策略以适应其处于其中的社会大环境，达到企业与社会环境的协调一致，勇于承担相应社会责任，才能长期保持并增强竞争优势，从而实现企业的可持续发展。

企业的成长壮大离不开社会的持续支持，因而为了实现自身长期可持续发展，企业就一定要勇于担当，承担起相应的社会责任。企业社会责任管理即为企业在自身自然发展过程中合理解决其碰到的各种外部社会性问题，从而推动自身的可持续发展。因为企业唯有达到与外部社会环境之间的良性互动，才有可能较好履行其社会责任，进而为自身可持续发展营造美好的外部氛围。通过履行社会责任，企业可以直接收到两个方面的好处。其一，通过展示自身企业文化与价值观，充分体现自己的社会价值，广泛博取社会认可；其二，通过社会认可与支持提升企业声誉，获取企业发展良好外部环境，从中实现企业长期发展战略。承担社会责任固然增加了企业成本，但是长期看来，这种成本带来了更高的企业收益，它为企业的可持续发展提供了强劲的外部支持，大大降低了企业的总体成本投入，并大大提升了企业的利润空间和社会发展空间。而较高的企业利

---

① 周国银、张少标：《SA8000：2001 社会责任国际标准实施指南》，海天出版社，2002 年。

润又为企业的社会责任履行提供了更大的支持，如此良性循环往复，故而企业社会责任与企业的可持续发展是相互作用、相辅相成的。

从以上讨论可以看出，企业履行社会责任能够为企业带来新的发展机遇，提升企业形象、提高企业竞争力，增强企业市场开拓能力等，从而促进企业的可持续发展。另外，企业积极主动履行其社会责任，还能有效促进企业创新、转变经济增长方式、推动企业优秀文化建设，从而在根本上增强企业可持续发展能力。在日益激烈的市场竞争中，企业取胜靠牺牲雇员利益、产品质量安全以及环境和社区利益，总是不长久的，无异于饮鸩止渴，终究会断送了企业的长期发展。而企业如果能够换一种思路，使企业利润最大化和社会责任兼顾，充分考虑到利益相关者的需求并设法满足之，那么企业就会在制度、管理、产品设计、生产流程、制作工艺、产品销售流程、售后服务等方面加以改善创新，而不是靠一味压榨员工剩余价值、牺牲社区利益和自然环境等代价来提高所谓效益。这样一来，企业就会不断创新，使经济增长方式向良性转变，实现经济集约型发展，建立资源节约型和环境友好型企业，减少资源浪费，提高管理效率，更好地提高企业利润和效益，从而通过履行社会责任而大大提高自身可持续发展能力。企业文化是一个企业所坚守的理想信念、行为方式以及价值观念等意识形态的总和。企业社会责任作为企业文化的外在表现，体现着企业优秀的价值取向和良好的理想信念，构成企业优秀文化的重要组成部分。所以，企业社会责任必将促进企业优秀文化的建设，增强企业发展潜力，进而促进企业的持续增长，亦即可持续发展。反过来，企业的良好发展也会进一步推进企业优秀文化的发展和建设。这样一来，履行社会责任和形成企业优秀文化之间就形成了良性循环，在根本的意义上推动着企业的可持续发展。

四、承担企业社会责任以实现可持续发展的途径

基于上文利益相关者理论视域下企业社会责任与企业可持续发展关系的探讨，本文认为企业要勇于承担社会责任，才能实现可持续发展，本部分尝试给出以下几种路径。

1. 大力推进使用绿色技术创新

企业应当主动把自己的社会责任管理战略与其独特能力、资源相结合，大力推进绿色技术手段创新，在解决企业价值链条社会问题的同时，实现企业绿色研发、绿色生产与绿色营销。这样既很好履行了企业社会责任，提高自身环境保护能力，还社会以青山绿色，提高了社会效益，又降低了企业的能源消耗、资源浪费，从而大大降低企业成本，增强了企业的可持续发展能力。这是依靠技术优势实现承担社会责任与可持续发展的良性循环。

"绿色技术是指减少企业环境污染，减少原材料、自然资源和能源消耗的方法、工艺和产品的总称。"[1] 企业大力引进绿色适用技术，既能够大大降低或者消除企业价值链条实现过程中所附带的外部环境污染问题，又能够有效节约能源、自然资源等原材料的消耗，并实现变废为宝、废物循环再用。"绿色技术创新是指将环境保护的新成果、新知识与绿色技术运用于企业的生产经营中去，以创造和实现新的经济效益与环境价值的活动"[2] 绿色技术创新大致分为绿色产品创新和绿色工艺创新两种类型。前者是指开发减排、节能、降耗并且便于回收或者再生利用的环境友好型产品；后者是指使用末端处理技术的创新来降低生产中已然形成污染物排放或者是利用清洁技术工

---

① 中国物流与采购联合会：《中国物流年鉴2009》，中国物资出版社，2009年。
② 戴宏民、戴佩华：《绿色包装技术：渐行渐近，春意正浓》，《中国包装》，2009年第2期。

艺创新来减少或消除生产中污染物形成。

在产品研发阶段，企业就应当引入企业社会责任管理理念，开发设计出环境污染小、能源材料消耗少、废弃物形成少且能够回收再利用或者再生的环保产品，并且要将产品社会责任向其上、下游的供应商和客户延伸，尽力实现产品全过程的社会责任履行。绿色生产就是利用绿色技术工艺，在充分降低环境负担和提高资源利用效率的前提下，用循环经济模式产出适销对路的绿色产品。所谓循环经济又称为闭环流动型经济，就是"资源—产品—再生资源"的经济模式，从而实现资源、能源的"低开采、高利用、低排放"，达到资源能源利用最大化与环境污染最小化，从而实现经济发展、社会进步与环境保护三赢目的，以此实现企业社会协调可持续发展。

对于单个企业，可以实现清洁生产型的循环经济，对于多个企业、多种行业，企业亦可以通过组建生态工业园的方式来实现相互利用对方废弃物和副产品等形式的协调合作型循环经济模式。在生态工业园中，我们可以充分发挥产业集群效应，甚至能够实现资源能源、无浪费利用与废弃物零排放。在产品的销售阶段，企业还可以大力倡导绿色消费观念，实行绿色营销战略和策略，通过公共关系途径将绿色产品与服务信息传达给终端消费者，从而实现全程绿色营销，使生产者、销售者和消费者均实现绿色行动。通过从产品研发到绿色产品营销的全程绿色企业活动，企业承担了社会责任，同时能够解决企业产品周期资金链问题和提高企业良好声誉，这样就能够赢得投资者、雇员、消费者、政府、社区等利益相关者群体的支持，从而提高企业产品市场占有份额和利润率，以绿色取胜，实现和促进企业可持续发展。

2. 市场创新以开发"金字塔底层"市场

金字塔底层（bottom of the pyramid）市场是普拉哈拉德最早提出的市场概念，意思是我们可以按照金字塔形态来划分人们的收入和财富，如全球处于金字塔底层的40多亿人口，虽然他们的收入很少，但是对于企业来说却是一个有待于开发的巨大商业市场。市场创新，就是要求企业利用自己独特的能力和资源去开发这个庞大的金字塔底层市场，在承担企业社会责任的基础上开发新商机，取得巨大经济利益，从而站在道德制高点上实现企业的可持续发展。

开发"金字塔底层"市场的典型案例就是中小型制造业企业利用破坏性技术开发满足低收入群体需求的新产品。破坏性技术的意思是企业开发并提供那些满足非主流客户群体需要的功能更简化、操作更简便并且价格更低位的产品和服务，使金字塔底层市场的那些潜在用户买得起、买得更便捷、使用更方便。发现并重视满足金字塔底层市场潜在客户的需要，能够提高这些人群的生活水准，当然是企业勇于承担社会责任的优秀表现，既满足了消费者需求，满足了相关利益者群体的需要，同时又增加了企业的利润和市场份额，无疑将会更好地促进企业的可持续发展。当年海尔的张瑞敏出差四川，得知当地农民反映的海尔洗衣机在他们洗地瓜时时常堵塞出水口，张瑞敏就敏锐地抓住这个商机，让研发人员特意为当地农民设计出了能够顺畅洗地瓜的洗衣机——大地瓜洗衣机，这就满足了当地农民的特定需要，履行了社会责任，同时也提高了海尔的市场和利润空间。后来，海尔研发团队又针对各种特定客户群，相继开发了海鲜洗衣机——满足渔民需求、打酥油洗衣机——满足牧民需要等。作为企业，利用其特有的能力与资源，研发新产品和服务以满足底层潜在客户群体的特定需要，既能提高这些金字塔底层人群的生活质量，又能为企业赢取丰厚的利润回报，从而达到企业通过承担社会责任、满足商业收益和实现社会利益的"双赢"，同时这也是我国建设和谐社会过程中国家和社会对企业社会责任的必然要求。

3. 构建超越审核的新型供应链社会责任管理模式

随着全球化的迅猛发展，我国经济也逐渐深入融进全球经济供应链条之中，世界500强企业之中已然有450多家企业在中国设立分中心或者采购中心。而目前越来越多的跨国大企业更加注重企业社会责任管理在其供应链中的推行，尤其关注其合作企业在劳工与环保标准上社会责任履行状况。为此，笔者认为，我国企业应当构建超越审核的新型供应链社会责任管理模式。

企业应当以循环经济思想和环保理念为指导来统筹管理供应链社会责任，按照封闭式管理方法，构筑绿色封闭式生态型供应链体系，以闭环形式使资源得以充分循环利用。此外，企业还应该对其相关供应链条上的企业严格执行绿色环保标准，实行严格准入管理制度，并按照统一技术标准与操作规范，实时监控与动态跟踪供应链上的成员企业。创维集团是这方面的成功案例。针对欧盟市场严令禁止在电子元器件中使用某些种类有害物质的ROHS环保禁令，创维集团专门成立环保绿色供应链管理部门，专业研发怎样构筑禁用物质的质量管理体系。结果创维集团远远超越了欧盟ROHS禁令中的六种有害管制物质，将禁用物质扩大到33种之多，并且将这一新标准要求扩大到其上游供应链中，从而既创建了业界领先环保绿色供应链，又顺利进军欧盟市场。积极主动构建企业绿色环保封闭式生态供应链管理体系，既能够维持和增强市场秩序，同时又能够通过保障相关企业和消费者的合法权益而达到提升企业形象和竞争力的目的，是企业履行社会责任的一种良好实现形式。

面对国际品牌采购商以审核为主要手段的供应链社会责任管理，我国企业应当超越审核，把应对形势从被动应对转变到积极主动采取供应链社会责任战略管理，可以通过以下几种方式来实现：其一，采取措施尽力掌握在供应链条社会责任管理中的主动权；其二，在社会责任管理上，积极主动与国际品牌客户采购部门进行沟通与协调；其三，应当努力争取相关政策支持以及国际品牌客户的战略支持；其四，积极主动从战略的高度进行企业员工的社会责任履行能力建设。

4. 改善企业竞争环境与进行企业间合作

要实现企业可持续发展，必须提高企业竞争优势和能力，因而还需要大力改善企业竞争环境以及进行企业间的良好合作。前者可以通过与非营利组织合作来实现，后者可以实现企业间的优势互补、相互借力，以集体效应来放大企业社会责任效果，从而提升企业形象，增大企业的社会认可度。

通过与非营利组织创造性合作，企业可以解决来自环境和社会等方面的压力，从而实现社会效益与企业商业利益双赢的良好效果。因为企业通过与非营利组织的有效合作，不仅可以降低企业社会责任项目进入风险以及运营风险，还能够为其改善身份，提升企业社会形象与社会知名度，从而有利于企业高效锁定目标客户群体，提高其市场份额。另外，企业通过与非营利组织的合作还能为自己构建特殊社会关系网络，从而有利于企业社会资本的获取，并且在与非营利组织互动合作过程中，企业还能够通过向非营利组织的学习而赢得支持性的竞争优势，以及增强其发展的稳定性。企业与非营利组织的合作有三种战略模式：第一是交易式战略合作模式。此种模式，企业与非营利组织交互度低，具体有企业慈善捐款、企业和非营利组织在营销上的合作以及企业支持员工参与志愿活动等合作方式。例如，农夫山泉的阳光工程就是这种模式，农夫山泉承诺"买一瓶水，捐一分钱"，与希望工程合作。第二是交互式战略合作模式。在这种模式中，企业与非营利组织的互动属于中等程度，具体有企业与非营利组织合作从事教育环境等，例如，一家企业与某家非营利组织合作发放产品、宣传材料，进行捐赠，以此来共同解决某项社会问题。再如，企业与科研机构、高校在教育与环保等方面的合作，企业以自己的发展来支持非营利组织的项目，并且通过非营利组织的活动来促进企业发展。第三是管理型的战略合作模式。这是一种企业与非营利组织的较深入程度的合作。企业往往通过正式的合作途径来促进企业内部管理问题的解决，以此来实现企业与非营利组织共同的社会责任目标。这方面的例子是广东开平挤达制衣厂与社会责任国际组织（SAI）和深圳当代社会观察研究所的合作。制衣厂在后两者的指导下构建了良好的员工交流平台，提升了企业管理水平，既落实了企业的社会责任管理，又实现了企业与员工的共同发展。

总之，对于企业来说，虽然在社会责任履行上难以做到面面俱到，但是，只有所有参与企业能够很好地履行企业社会责任，才能够在更好地维护企业与社会的可持续发展的同时，实现更为丰厚的商业利润。

【参考文献】

［1］亚当·斯密：《国民财富的性质和原因的研究》，《国富论》上卷，商务印书馆，1972 年。

［2］李福华：《大学治理的理论基础与组织架构》，教育科学出版社，2008 年。

［3］Joseph Mc Guire. Business and Society ［M］. New York：McGraw-Hill，1963.

［4］傅殷才、颜鹏飞：《自由经营还是国家干预》，经济科学出版社，1955 年。

［5］王鲜萍：《解读"企业社会责任"》，《上海企业》，2004 年第 7 期。

［6］陈宏辉、贾生华：《企业社会责任观的演进与发展：基于综合性社会契约的理解》，《中国工业经济》，2003 年第 12 期。

［7］刘连煜：《公司与公司社会责任》，中国政法大学出版社，2001 年。

［8］周国银、张少标：《SA8000：2001 社会责任国际标准实施指南》，海天出版社，2002 年。

［9］中国物流与采购联合会：《中国物流年鉴 2009》，中国物资出版社，2009 年。

［10］戴宏民、戴佩华：《绿色包装技术：渐行渐近，春意正浓》，《中国包装》，2009 年。

［11］Tames E. Post，William C. Frederick，Anne T. Lawrence & James Weber. Business and Society：Corporate Strategy Public Policy，Ethics（Eighth edition）［M］. McGraw-Hill，1966.

［12］Oliver Sheldon. The Philosophy of Management ［M］. 1924.

（作者：原伟泽，河南大学哲学与经济管理学院）

中国上市公司的组织冗余与公司慈善^①

一、引　言

随着企业社会责任议题在全球管理理论中的兴起，作为其最重要的子议题之一，近年来对于公司慈善的研究也进入了白热化的阶段。在中国，特别是从 2008 年开始遭受了一系列重大自然灾害之后，学者们纷纷将目光投向了公司慈善的研究，尤其是它对于企业绩效的影响、影响公司慈善的动因以及企业行使慈善行为的意图等。这些研究都不约而同地将公司慈善行为看作了一种获取合法性、降低负面影响、加强良性利益相关者互动的一种途径。然而，在这些研究中，却缺少公司慈善的资源基础的研究。根据德鲁克的"有限社会责任"的思想，企业会理性地划分企业的责任，在满足了其对于社会应有的价值创造的贡献之后，才会考虑到对于社会其他方面的福利创造。所以从理论上来说，企业会在资源分配时优先将资源分配至生产产品或服务的活动上，而后再考虑社会责任活动等其他方面。中国也有这样一句古训一直警醒世人："穷则独善其身，达则兼济天下"。企业是依据何种判断来选择以何种方式、何种程度介入到公司慈善事务中的，支持企业进行公司慈善的资源基础是什么，这本身就是一个有趣的问题。解决这个问题，对于企业的可持续发展来说，起到了重要的作用。所以，本文着重从公司慈善角度来看组织冗余与企业的可持续发展，看一看企业社会责任是不是利用组织冗余的有效途径之一。

上市公司作为一种重要的公司形式，其受到市场约束压力最大，企业更加具有透明性，承受的利益相关者的关注也最多。所以上市公司在进行战略决策、资源配置的时候需要更加的理性，否则不仅会影响到企业的生产或服务提供，更会影响企业的财务绩效和市场表现。作为中国这样一个还有待完善的转型经济制度下的上市企业，同时带有新兴制度的性质和原有制度的影子，通过对它们的研究，我们可以探索出企业对于制度转型的反应是通过何种机制形成的。

本文根据以上的研究动机，提出如下的研究问题：组织冗余是公司慈善的来源基础吗？这其中的所有权和上年绩效起到何种作用？

---

① 基金项目：国家自然科学基金项目"制度合法性与企业可持续发展战略关系研究"（70972127）。

二、文献回顾

1. 定义

（1）组织冗余。George（2005）将组织冗余定义为，"为达到公司目标而转移或重新配置的可利用用的潜在资源"。冗余对于公司绩效来说是一项关键因素（Bourgeois，1981；Daniel，Lohrke，Fornaciari & Turner，2004），可以作为组织与其内外部变化之间的缓冲器（Cyert & March，1963；Sharfman et al.，1988），同时组织冗余也是企业尝试自由量裁战略的资源基础（Thompson，1967）。Singh（1986）将组织冗余分为两类，一类是吸收冗余（Absorbed Slacks），这类资源比较不容易被重新配置；而另一类是较容易重新配置的未吸收冗余（Unabsorbed Slacks）。George（2005）在其研究基础上认为，在不确定的环境下，未吸收冗余对于组织绩效的影响更大。Tan & Peng（2003）也认为，在转型经济环境下，未吸收冗余对于组织绩效的作用比吸收冗余更大。Voss（2008）进一步将组织冗余分为四类，其中未吸收冗余包括财务冗余和客户关系冗余；而吸收冗余包括了操作冗余和人力资源冗余。

本文的组织冗余定义沿用了 George，Bourgeois 和 Gulati 等人对于组织冗余的定义，认为组织冗余是种企业可以自主支配的潜在资源，这部分资源可能暂时还不能直接使用到公司的生产中，或者是因为效率不高、体制问题而产生的，但是这部分资源却可以用于企业的其他自主的战略尝试性行为，如公司慈善。

（2）公司慈善。早在 1979 年，Carrol 就将公司慈善定义为"超出了企业在经济、法律和道德义务之外的，由公司主体自行履行的社会所需的责任"。特别地，他将组织的慈善行为定义为"自由量裁的、可自行选择的"（discretionary），因为可以自行选择形式、类别、介入时机和介入的程度。从资源基础的角度来看，公司慈善指的是公司为了某种社会事业捐赠出部分资源的行为（Ricks & Williams，2005），是一种新型的用来维持经营和企业声誉的手段（McWilliams et al.，2006），往往可以帮助公司积累社会资本，进而影响到利益相关者长期行为和执法者的倾向。McAlister et al.（2002）认为公司慈善的战略意义可以被定义为"协同组织与其利益相关者的核心竞争力和资源，以实现两个组织的共同利益"。他们将研究重点放在公司慈善是如何形成的，以及慈善目标与组织战略之间的关系。Porter & Kramer（2002）指出，公司捐赠直接对企业利润有贡献。从制度角度来看，Ashforth & Gibbs（1990）以及 Dowling & Pfeffer（1975）都认为公司慈善是获取合法性的工具之一。

本文将继续使用前人研究中对公司慈善的定义，认为公司慈善是一种企业自主选择的行为，企业可以自由的选择形式、类别、介入时机和介入程度，是企业用来提高合法性、积累社会资本的一种途径。

2. 司慈善研究：前因和后果

在公司慈善作为自变量的研究中，主要分为两种，一种是以企业声誉为因变量，另一种是以公司财务绩效为因变量。在公司慈善—声誉的研究中，Brammer & Millington（2005）认为，公司慈善是企业声誉的重要前因变量，慈善支出越高的公司，声誉越好，而声誉又会进一步对于组织绩效产生影响（Fryxell &Wang，1994）。同时，根据他们的研究，公司慈善又是利益相关者管理的重要手段，可以加强利益相关者持股对于企业的正向影响。Merz et al.（2010）将公司慈善看作跨国企业的一种本土化、标准化的战略性行为，他们主张，公司慈善是企业提高声誉最有效的方式之一，并且这种行为因为颇受利益相关者的关注，所以需要小心对待。如果能够在进入一个新市场时处理好公司慈善问题，跨国公司能够很快适应当地环境，并且获得丰厚的回报。而对于公司财务绩效来说，一些学者认为，由于公司慈善会巩固与利益相关者的合作，并且这些合作行为能够帮助公司获得由这些利益相关者掌握的关键资源。例如，Wang et al.（2011）的研究，他们通过对 2001~2006 年的中国上市企业的实证研究，得出公司慈善是与企业财务绩效呈正相关关系的，并且这个关系会因为更高的公众曝光率或更好的往期绩效而得到加强；非国有企业或者那些和政府关系不太好的企业从公司慈善中受益更多。另一些学者则持相反意见，认为公司慈善会耗费企业的有用资源，对于企业的财务绩效是有负面影响的。鉴于上述两种截然相反的观点，通过对 817 家企业 1987~1999 年的面板数据进行分析，Wang et al.（2008）认为公司慈善和企业财务绩效之间是倒"U"形的关系，这种倒"U"形关系随着公司的运作环境的改变而改变。从反方向来说，Muller et al.（2011）通过对美国 500 强企业在飓风之后的捐赠状况和股票状况分析，得出在灾害发生之后，如果企业不能及时作出捐赠反应，很可能会形成企业不负责任的声誉或者股价下跌。

而公司慈善的前因变量有哪些，这类研究也颇受重视，因为这类研究有助于挖掘公司慈善行为的本质和目的。从宏观角度来看，Urriolagoitia et al.（2011）认为，经济繁荣和衰退都会对公司慈善产生影响。Ricks & Williams（2005）认为，虽然公司慈善这个命题的产生是源于利他主义，但是在实际公司行为中，企业的目的往往不仅如此。他们通过企业对于大学提供的慈善项目的研究，认为企业进行战略性慈善行为的原因是需要吸引潜在的客户和优质的员工。Meijer et al.（2006）通过对于 1995~2003 年荷兰企业捐赠行为的研究得出，影响企业赞助行为最主要的是利他动机和商业动机；而影响慈善捐赠的主要是利他动机。

3. 组织冗余，企业社会责任与企业绩效

自组织冗余这一概念被提出以来，针对其对于企业绩效的影响如何一直处于辩论之中。一部分学者认为，组织冗余对于企业绩效有正向的作用。资源基础观认为组织冗余可以用来支持创新、战略行为等，以此来提高企业绩效（Cheng & Kesner，1997；Singh，1986）。组织冗余可以为企业的创新和变革提供资源，并在企业面对外部环境变化的时候起到稳定和吸收波动的作用，因此增加了企业的长期绩效（Cyert & March，1963；Pfeffer & Salancik，1978）。而另一部分学者却认为，组织冗余对于企业绩效的影响是负面的。代理理论认为，组织冗余会造成企业运作的效率低下，由此阻碍了企业的投资、创新、多元化等行为（Leibenstein，1969）。从交易成本理论的角度来说，未吸收冗余更容易被重新配置以适应环境变化，相对来说吸收冗余对环境变化的反应就比较少，这是因为吸收冗余往往有着高度的资产专用性（Nohria & Gulati，1996）。组织惯性视角认为组织冗余会导致组织惯性，这会对企业绩效有负作用（Leonard- Barton，1992；Davis & Stout，1992）。

细看以上两种对立的观点，其实都是在讨论某一种组织冗余在特定条件下对于企业绩效的影响，没有在企业层面讨论企业所面临的制度环境会影响到企业的战略行为，例如，如何分配、使用组织冗余（Peng，2003；Peng & Heath，1996），以及这种分配对于企业的最终绩效的影响（Guillen，2000；Wright et al.，2005）。作为企业的一种特殊的资源，组织冗余也有边界一说，这是受到资源本身的资产专用性的影响。资产专用性决定了使用这种资源会带来一定的成本，也决定了这种资源只能用于企业的某些方面。既然冗余的产生是因为这部分的资源暂时不能为企业的财务绩效做贡献，那么与其闲置这部分的资源，倒不如将其利用起来，增加资源的周转速率，为企业创造更多的无形价值。

三、理论和假设

1. 组织冗余与上市公司的公司慈善

由于组织冗余被定义为企业自愿支配的潜在能源（Discretionary Resource），所以大部分的组织冗余可以直接地用于公司的慈善活动。在 Carroll 的 CSR 金字塔模型中，公司慈善位于最自愿、自主（Voluntary and Discretionary）的那个维度，因此，从这个逻辑上来说，组织冗余对于公司慈善的形成是起到至关重要的作用的。由于组织冗余扮演了减少组织冲突、支撑战略行为的资源基础角色（Cyert & March，1963；Thompson，1967），它使得公司不用受到资源所有方的制约，使公司的自主决断成为可行。

吸收冗余指的是企业没有办法恢复原状的那部分低灵活性的资源，如半成品、存货或者机械等（Sharfman et al.，1988）。存货是指未经销售的商品，这类冗余往往在公司慈善中担当重要的角色。企业依据其惯性，会利用现有的资源来进行各项慈善活动，冗余也不例外。山立威等人（2008）研究发现捐赠实物的公司捐赠现金数量要少，但是总的捐赠数额更多，表明公司将实物捐赠看成是现金捐赠的一种替代。未吸收冗余指的是公司可以迅速调用和重新分配的那部分冗余资源，如现金、现金等价物、原材料和有价证券等（Sharfman et al.，1988）。根据企业行为理论，企业会储存这类资源以应对内部和外部的变革。也就是说，未吸收冗余能够吸收环境的波动，解决企业所面对的冲突，起到缓冲器的作用（Nohria & Gulati，1996）。从资源基础观出发，因为企业会将资源优先用于生产或者提供服务，所以社会绩效产生的资源来源会从冗余资源中进行选取；既然这部分资源暂时不能为财务绩效做出贡献，那么将它们安排到另一个能够提高公司声誉、合法性的企业行为中去，比闲置它们能够得到更好的效果。

上市企业乐于将组织冗余投入到公司慈善方面，是因为能够为公司减少税收和罚款，或是能够帮助企业获得更好的关键发展资源（人才、利益相关者的资源等），这些都会直接影响到企业绩效，提高企业的经济效益。根据制度理论，企业通过这样的资源配置，会提高企业的制度合法性，尤其是规制合法性和规范合法性。因为国家对于企业在社会责任方面的界定制定了相关的法律、法规，企业作为社会的一个重要的单元形式，需要为在组织内进行每日数小时工作提供这样的良好环境，同时为社会上的其他部门分担社会责任，提高自己的合法性来应对这些制度压力。

H1：吸收冗余和公司慈善之间正相关。

H2：未吸收冗余和公司慈善之间正相关。

2. 公司所有权对于上市公司慈善的影响

特别地，作为制度安排和公司治理的一种重要表现，我们认为组织冗余对于企业慈善的影响会随着企业所有权性质的变化而变化，企业性质的这一调节作用之前已经被证实（Shenkar & Von Glinow，1994）。由于企业在不同的资源决策行为时拥有异质的优点和缺点（Boisot & Child，1996；George，2005；Tan & Peng，2003），所以在追求企业绩效的时候，不同所有制性质的企业会倾向于进行不同的资源配置决策，并且在运用资源时效率不同。之前对于企业所有权性质的研究注重于对于企业的分类，如 Peng（1994）将中国境内的企业所有权性质分为三种类型：国有企业（state-owned enterprises，SOEs）、私有企业（privately-owned enterprises，POEs）和外商投资企业（foreign-invested enterprises，FIEs）。然而，企业所有权性质本质上反映的是企业受到不同的制度约束的影响大小（Gao，Murray，Kotabe & Lu，2009；Peng et al.，2004）。所以当观察某一种特定的制度因素对于企业的影响大小时，简单地对企业进行分类是不够的，还要找到一种适当的指标来表示影响程度。例如，对于上市公司来说，其股权比例结构就是一种重要的表达各个制度参与者对于目标公司的影响大小的指标。

国有控股上市公司是中国在进行国企改制过后的一种有中国特色的组织形式。由于国企改制，资产重组上市之后，这些企业虽然有着上市公司的特点，但是内部还是残留着国有企业的影子，如在人事任免和企业组织结构方面，这些企业仍旧保留着大型而复杂的组织形式，而公司内的"领导班子"借由庞大的科层制结构来治理整个公司和公司拥有的丰厚资源（Peng et al.，2004）。然而，也正是由于改制，这些原来的国有企业减少了来自国有资产的约束，而其他一些原来是私有性质的企业或多或少地受到了国有资产的约束。这是因为国有资产通过国家某些部门对上市公司的控股，加强或减少了对这些企业控制的力度。虽然国有控股可能会给企业带来一些弊处，如决策或运作效率降低，但是其为上市公司带来的利处也是显而易见的，如丰厚的政府支持资源和更直接的国家政策信息（Li & Zhang，2007；Peng et al.，2004；Tan，2002）。

从制度的角度来说，国有控股比例越高，意味着受到制度约束的程度越高，同时获取企业发展所需的关键资源的途径也越多，因为这些途径往往是掌握在政府等重要利益相关者手中的。这样，国有控股因素就在是否将更多的资源投入到公司慈善活动中起到了一定的替代作用。根据前人的研究，导致公司慈善的原因除了利他主义之外，还有一个重要的因素就是提高公司声誉、获得利益相关者的认可。那么，国有控股比例越高的企业本身就将掌握重要资源的利益相关者——政府的利益协同到了公司的整体目标中，这些公司不需要再多花费资源投入去获取政府的认可和支持。在中国"差序格局"的大背景环境下，企业缺乏制度化的政治寻租以提高绩效的途径，此时，如果企业本身已经可以寻租，就不需要再通过投入其他资源的行为。这种逻辑已经得到了实证验证，如 Wang et al.（2011）的研究，基于制度理论，他们通过对 2001~2006 年的中国上市企业的实证研究，得出非国有企业或者那些和政府关系不太好的企业反而从公司慈善中受益更多；而山立威等人（2008）直接得出政府控股的上市公司现金捐赠或总捐赠都要低于非政府控股公司。综上所述，本文假设：

H3：国有控股比例与上市公司的公司慈善之间呈负相关关系。

H4：国有控股会减弱吸收冗余和公司慈善之间的正相关关系。

H5：国有控股会减弱未吸收冗余和公司慈善之间的正相关关系。

3. 上年绩效对于上市公司慈善的影响

在企业社会责任的研究中，对于 CFP 与 CSP 之间的关系尤其受到关注。已经有学者从实证的角度证明了企业的财务绩效（CFP）与企业社会绩效（CRP）呈正相关关系（Abagail，2000；Bansal，2005；Mcguire，Sundgren & Scheneeweis，1988；Waddock & Graves，1997）。根据 Wang et al.（2011）的研究，得出公司慈善是与企业财务绩效呈正相关关系的，因为公司慈善会带来更多的政治资源、导致更高的合法性；并且这个关系会因为更高的公众曝光率或更好的往期绩效而得到加强。而山立威等人（2008）研究发现，业绩越好的公司捐款越多，表明公司的捐款行为与公司能够承担社会责任的经济能力有关。

笔者认为，上年绩效作为决定组织冗余的重要影响因素，其在很大程度上决定了注入组织冗余资源库的资源量有多少。而组织冗余的增多，意味着企业可以分配到慈善活动中的、可以任意支配的资源基础量更多。从规模效益的角度来看，企业会在获得更好的绩效之后追加慈善投入，降低由于慈善危机带来的成本。此外，只有绩效更好的企业，才能超越单纯经济利益的意图，从利他主义的角度出发来进行公司慈善。而且有更高绩效的公司会受到更多制度规范因素的影响，因为往往利益相关者会认为，绩效更好的企业，经济能力越强，就应该承担越多的企业社会责任。企业为了获得合法性，会选择更多地投入到社会慈善事业中去。综上所述，笔者假设：

H6：上年绩效与上市公司的公司慈善之间呈正相关关系。

H7：上年绩效会加强吸收冗余和公司慈善之间的正相关关系。

H8：上年绩效会加强未吸收冗余和公司慈善之间的正相关关系。

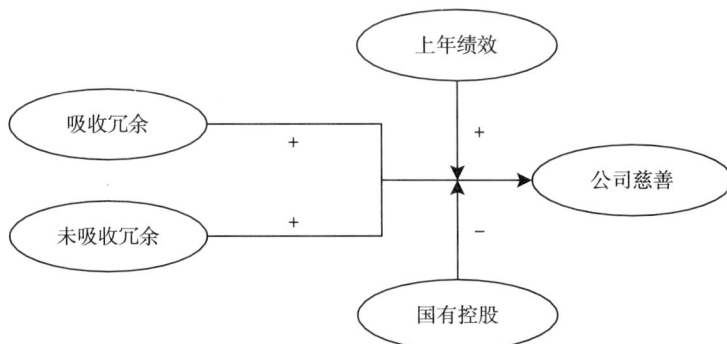

图1 本文假设模型

四、研究方法

在研究设计中，为了对比企业的实际行为和名义行为之间的差异，本文收集了两方面的因变量数据。其一是企业在年报附注的"营业外支出"一类中汇报的捐款数据，这类数据代表了企业实际为慈善事业的捐款。其二是企业在发生玉树地震之后，向民政部门和红十字会做出的捐款承诺，这些承诺在同一天被公布在玉树地震的募捐晚会上，其与实际的企业捐款之间是有差异的。2008年6月17日，商务部发布了一份《跨国公司、外商投资企业和台港澳企业捐赠情况一览表》，其中部分企业的承诺捐款和实际捐款部分不相符，有的实际捐款部分甚至是零。表中显示，沃尔玛中国承诺捐赠1700万元，实际捐助金额为400万元，物资100万元；诺基亚中国承诺捐助3950万元，实际捐助金额为1050万元；谷歌中国承诺捐赠1700万元，实际捐助为500万元；欧尚集团承诺捐助800万元，实际捐助为空白；联合利华中国承诺捐助1000万元，实际捐助部分为空白。根据Qian et al.（2012）的研究，企业的实际捐款与名义捐款之间是区分开来的，并且企业的声誉和实际捐款关系弱于与名义捐款之间的关系，因此，笔者认为，将实际捐款与名义捐款对比研究是有一定意义的。

1. 变量设计

（1）自变量：组织冗余。关于组织冗余的指标选择，之前一直都是选择财务性冗余作为单维变量来处理。但是Voss（2008）认为，组织冗余可以分为两种更详细的类型，这两种类型的灵活性是不一样的。他将组织冗余分为了吸收性冗余和未吸收冗余两种，其中，对于他选择的剧场样本来说，吸收性冗余包括了空座率（运营冗余）和固定员工数（人力资源冗余）；而未吸收冗余包括了留存现金（财务冗余）和应收账款（客户关系型冗余）。以Voss的研究方法为基础，经检验，单维度的财务冗余和操作冗余能够很好地替代未吸收冗余和吸收冗余，本文针对上市公司的性质，使用年报资产负债表里的"留存现金"来测量未吸收冗余，使用年报中"库存"一项来测量吸收冗余。

（2）因变量：公司慈善。实际慈善选择了企业在年报附注的"营业外支出"一类中汇报的捐款数据，这类数据代表了企业实际为慈善事业所做出的捐款。而名义慈善的数据来源有民政部和红十字会的官方网络公布的数据。

（3）调节变量：公司所有权。本文选择国有控股占所有发行股票股数的比例来表示国有控股的程度，以年报中所汇报的股权结构数据为准，因此，2010年的国有控股比例为截至当年12月31日，当时的国有控股占所有发行的股票股数的比例。

上年绩效。本文选择上年利润总额作为上年绩效的变量，数据来源为上市公司发布的年报。

（4）控制变量：公司规模。企业规模造成了企业能够投入到某项绩效之中的资源状况是有限的，不同规模的企业能够投入到公司慈善中的资金规模也是不同的，并且由于资源拥有规模效应，可能随着投入量的增加，其获得的绩效回报的增加速度在减少。所以需要将企业规模作为一个控制变量，防止其对于因果关系的影响使得最终研究结果偏离。本文将当年总资产的对数作为规模方面的控制变量。

公司年龄。随着组织成立年限增长，其在制度中积累的声誉和合法性越来越多，为了避免之前的这些因素对于组织的社会绩效的影响，将公司年龄也作为本文的控制变量之一。

经营状况。公司的经营状况会直接影响到公司慈善，这也是在本文论述中反复提到的一点。本文选择负债权益比例，即财务杠杆的利用程度作为经营状况的指标。

员工人数。企业劳动力的密集程度会对企业的财务绩效有一定的影响，并且员工本身作为企业的利益相关者之一，是企业慈善的参与者之一。有学者针对员工慈善和公司慈善之间的关系做过研究，认为员工个人的慈善行为会帮助公司慈善上升到更高水平，而公司慈善的水平也会激励员工行使个人慈善行为。因此，需要将员工人数作为控制变量之一。

行业。笔者认为企业的社会责任行为会受到所在行业的制度情境的影响。例如，行业自律状况不同，或者国家的监管程度不同，企业社会责任行为获得的回报可能不同。为了减少行业对于我们所验证的因果关系的影响，我们将行业作为控制变量，对其进行了编码。

具体变量的指标计算如表1所示。

表1　变量定义

变量类型	变量名称	指标	指标的计算	数据来源
自变量	吸收冗余	操作冗余	库存	公司年报/CSR报告
	未吸收冗余	财务冗余	留存现金	公司年报
因变量	实际慈善	年报捐款	公司年报捐款（取对数）	公司年报
	名义慈善	名义捐款	玉树捐款（取对数）	红十字总会/民政部网站
调节变量	公司所有权	所有权	所有权结构国有控股比例	公司年报
	上年绩效	上一年的利润	上年利润总额（取对数）	公司年报
控制变量	公司规模	资产（取对数）		公司年报
	公司经营状况	负债权益比		
	公司年龄	公司年龄		
	行业代码	行业编码		

2. 样本选择

由于本文研究的是转型经济下上市公司的组织冗余和企业社会绩效的关系，选择中国A股上市公司作为样本来源是非常符合的。为了方便比较，本文通过访谈和网络收集，选择了2010年，也就是玉树地震发生的那一年，发布了社会责任报告的502家上市公司作为样本，经过异常值处理，最终剩下467条数据。在这467家企业中，来自金融、公用事业、房地产、综合、工业、商业六大行业类型的企业分别有23家、52家、32家、68家、264家和27家（见表2）。经过初步整理，这些企业的描述性统计见表3。经信度检验，整个数据各变量的Cronbach's Alpha系数为0.711，说明该研究所选择的数据可信，能够支持假设检验。

表2　描述性统计1

行业代码	频度	所占样本百分比
金融	23	4.9
公用事业	52	11.1
房地产	32	6.9
综合	68	14.6
工业	264	56.5
商业	27	5.8
总数	467	100.0

表3　描述性统计2

	个数	最小值	最大值	均值	标准差	方差
资产对数	467	8.147	12.597	9.877	0.666	0.443
企业年龄	467	1	26	13.02	4.688	21.976
所有权	463	0.000	0.802	0.124	0.210	0.044
员工总数	467	28.000	108256	8536.210	13938.358	1.943E8
实际慈善	390	600.000	311600000	4659237.838	19017957.453	3.617E14
名义慈善	90	200000.000	37702300	6155136.667	6221782.830	3.871E13
留存现金	467	0.000	58320000000	2402000000	4854000000	2.356E19
存货	446	0.000	45460000000	2566000000	5315000000	2.825E19
负债权益比	467	0.016	28.306	1.740	2.770	7.674
上年总利润	438	−6449000000	38240000000	1010000000	2926000000	8.559E18

3. 定量分析结果

本文收集所有的公司二手数据之后进行了统一整理，由于回归分析显示自变量和调节变量之间并没有多重共线性，所以可以根据温忠麟（2005）等对于调节效应验证的方法，使用 Enter 法来验证主效应模型和调节效应模型。其中，模型1、模型5、模型9、模型13为原模型，仅加入了控制变量。模型1至模型8的自变量为吸收冗余，其中模型4、模型8为加入交互项之后的调节效应模型；模型9至模型16的自变量为未吸收冗余，其中模型12、模型16为加入交互项之后的调节效应模型。

表4　相关性分析

	1	2	3	4	5	6	7	8	9	10
组织冗余										
1. 吸收冗余										
2. 未吸收冗余	0.488**									
调节变量										
3. 国有控股比例	0.140	0.146								
4. 上年绩效	0.289	0.193*	−0.001							
控制变量										
5. 公司规模	0.537	0.422*	0.152*	0.624*						
6. 公司经营状况	0.319	−0.002	−0.048	0.621*	0.601					
7. 员工总数	0.381	0.362	0.147*	0.447	0.595*	0.243				
8. 企业年龄	0.083*	0.013	−0.079*	0.123	0.215*	0.169	0.012			

续表

	1	2	3	4	5	6	7	8	9	10
9. 行业	−0.041	−0.248	−0.066	−0.360	−0.365	−0.348	−0.110	−0.081		
公司慈善										
10. 实际慈善	0.264**	0.225**	−0.043	0.306**	0.467**	0.243**	0.362**	0.082※	−0.135**	
11. 名义慈善	0.095	0.104	−0.043	0.312**	0.403**	0.291**	0.209*	0.050	−0.217*	0.237*

** 在 0.01 水平（双侧）显著相关。

* 在 0.05 水平（双侧）显著相关。

※在 0.1 水平（双侧）显著相关。

由表 4 相关性分析可以得出，吸收冗余和未吸收冗余都与实际慈善呈显著正相关关系（$p < 0.01$），而与名义慈善不显著相关。这说明假设 1、假设 2、假设 6 得到了初步的支持。对于实际慈善和名义慈善之间的这种差异，这在 Qian 等的研究中也得到了相似的结果。实际慈善和名义慈善之间也是显著相关（$p < 0.05$）。上年绩效（$p < 0.01$）、公司规模（$p < 0.01$）、公司经营状况（$p < 0.01$）、员工总数（$p < 0.01$）、企业年龄（$p < 0.1$）和行业（$p < 0.01$）都与实际慈善显著相关，但是所有权与实际慈善不显著相关。上年绩效（$p < 0.01$）、公司规模（$p < 0.01$）、公司经营状况（$p < 0.01$）、员工总数（$p < 0.05$）、行业（$p < 0.05$）与名义慈善显著相关，但是企业年龄与名义慈善不显著相关。值得注意的是，企业的吸收冗余和未吸收冗余之间呈明显的正相关关系（$p < 0.01$），吸收冗余和未吸收冗余都和利润、企业总人数之间呈正相关。这点在国有控股企业上能够得到很好的实例支持：国有控股企业虽然不缺乏资源，往往资源拥有者还乐于将更多资源注入到这些企业之中，使得吸收冗余和未吸收冗余都同步增长。

根据表 5 显示，模型 2、模型 3、模型 4 相对于模型 1 来说，R^2 改变显著，且在加入调节变量国有控股比例之后，R^2 改变显著，且模型 12 中吸收冗余的标准化系数 β 大于模型 11 中的 β 系数，说明假设 3、假设 5 得到了支持，国有控股比例本身与公司慈善负相关，并会减弱未吸收冗余和公司慈善之间的正相关关系。模型 6、模型 7、模型 8 相对于模型 5 来说，只有模型 6、模型 8 的 △F 显著，但是上年绩效对于公司慈善的标准化系数 β 的显著性也达到了 0.05 的水平，说明假设 6、模型 7 能够得到支持。模型 8 中吸收冗余的 β 系数大于模型 7，说明假设 7 得到验证，上年绩效会加强吸收冗余和公司慈善之间的正相关关系。再看模型 9~12，可以看出加入交互项之后，R^2 改变明显，ΔF 的百分比高达 29%，并且未吸收冗余的 β 系数在加入调节变量之后变大，所以国有控股比例对于吸收冗余的调节作用是加强的，即假设 4 未能得到支持。而模型 13、模型 14、模型 15、模型 16 显示，加入调节变量上年绩效之后，未吸收冗余的 β 系数由大变小，且 R^2 改变并不明显，ΔF 的百分比也很小，这说明假设 8 未能得到验证。并且，通过这后八个模型，我们可以看出，上年绩效对于未吸收冗余和公司慈善之间的正相关关系是呈削弱趋势的。

总结来说，假设 1、假设 2、假设 3、假设 5、假设 6、假设 7 得到了支持，但是假设 4 和假设 8 未能得到支持。

本文的所有模型均经过 Ramsey 检验和 White 检验，没有遗漏变量也没有异方差性。

表 5　标准化系数—模型摘要表格

	吸收冗余								未吸收冗余							
	模型 1	模型 2	模型 3	模型 4	模型 5	模型 6	模型 7	模型 8	模型 9	模型 10	模型 11	模型 12	模型 13	模型 14	模型 15	模型 16
公司规模	0.359**	0.340**	0.361**	0.353**	0.357**	0.336**	0.261**	0.233**	0.419**	0.411**	0.434**	0.438**	0.419**	0.411**	0.402**	0.408**
公司经营状况	-0.052	-0.059	-0.073※	-0.075※	-0.057	-0.064	-0.041	-0.046	-0.026	-0.021	-0.045	-0.049	-0.030	-0.025	-0.040	-0.039
员工人数	0.131*	0.124*	0.129*	0.132*	0.124*	0.117※	0.126*	0.105※	0.123*	0.122*	0.124*	0.123*	0.116*	0.116*	0.107※	0.111※
企业年龄	0.006	0.006	-0.005	-0.005	0.009	0.008	0.015	0.013	-0.014	-0.014	-0.024	-0.022	-0.012	-0.011	-0.013	-0.014
行业	0.010	0.011	0.002	0.001	0.008	0.009	0.014	0.020	0.019	0.021	0.015	0.016	0.015	0.018	0.024	0.023
吸收冗余		0.048	0.055	0.070		0.050	0.044	0.093※								
未吸收冗余										0.013	0.017	0.006		0.013	0.015	-0.007
国有控股比例			-0.126**	-0.122*							-0.110*	-0.119*				
上年绩效							0.126*	0.170**							0.041	0.040
吸收冗余×国有控股比例				-0.031												
未吸收冗余×国有控股比例												0.048				
吸收冗余×上年绩效								-0.091※								
未吸收冗余×上年绩效																0.024
ΔR²	0.187	0.002	0.015	0.001	0.181	0.002	0.011	0.005	0.231	0.000	0.011	0.002	0.226	0.000	0.001	0.000
ΔF	16.700**	0.704*	6.798*	0.344*	15.103**	0.699**	4.571	2.067*	22.772**	0.061	5.654*	1.027	20.883**	0.053	0.369	0.083
ΔF%		4.04	28.09	1.40		0.44	2.24	0.92		0.03	1.98	0.35		0.25	1.73	0.39

** 在 0.01 水平（双侧）显著相关。
* 在 0.05 水平（双侧）显著相关。
※ 在 0.1 水平（双侧）显著相关。

五、结论与展望

1. 结论和讨论

（1）结论。本文通过对 467 家中国 A 股上市公司 2010 年数据的实证研究，得到如下的结论：

①组织冗余，包括了吸收冗余和未吸收冗余，与公司慈善呈正相关关系。组织冗余作为企业可以自愿分配的资源，是公司慈善活动的资源基础。从该方面来说，公司会从可以自行支配的、暂时无法形成效益的资源中抽出部分分配给自行承担的企业社会责任，而并不会从正常的生产和经营中占用资源。企业的资源与企业的社会责任一样存在边界：只有当企业的基本责任——正常的生产发展所需资源得到满足之后，企业才会转向更广泛的社会责任，面对来自更广泛的利益相关者提出的要求。

②国有控股比例会降低上市公司的公司慈善，并且会削弱未吸收冗余与公司慈善之间的正相关关系。国有控股在公司慈善方面，起到了替代企业政治寻租行为的作用。由此，我们巩固了前人研究中关于公司慈善活动本身是企业提高声誉与合法性的论证。

③上年绩效会加强上市公司的公司慈善，并且会加强吸收冗余与公司慈善之间的正相关关系。这再次加强了企业财务绩效和社会绩效之间正相关关系的论证。

（2）讨论。公司慈善的资源基础：溯源企业的有限责任。此前研究中，常常是从公司的可用资源中寻找公司慈善的资源基础，例如，Crampton & Patten（2008）研究发现，盈利企业和可用现金较多的企业参与慈善活动的可能性更高；同时在灾难性事件发生后，即使有巨大的社会压力，企业慈善捐赠还是受到经济因素的制约。这个资源基础，也就是公司慈善的资源库（resource pool），我认为，从冗余资源中寻找要更优于之前"可用资源"的提法。这是因为，企业存在惯性，并且资源有着资产专用性，"可用资源"本身并不一定适用于公司的所有战略性活动，并且也未必能和公司现有的行为形成协同。而组织冗余的定义是，组织可以自行支配的、潜在的资源，这就说明，在将冗余分配到公司慈善行为上时，企业需要考虑的一个重要的因素就是机会成本。这些资源虽然暂时未能形成绩效，但是却具有形成绩效的潜力。是将它们继续按照原有路径投入到正常的生产和服务中得到的回报更高，还是将它们投入到公司慈善方面，提高企业声誉、合法性、降低税收等带来的回报更高，这是一个精打细算的企业需要慎重考虑的问题。这就又回到了企业权衡无形资产和有形资产、长期效益和短期效益、财务回报和社会回报的问题上来。所以，组织冗余本质上来说，它的概念更适合用于公司慈善乃至企业社会责任与可持续发展的研究中。组织的资源与企业的社会责任一样存在边界：只有当企业的基本责任——正常的生产发展所需资源得到满足之后，企业才会转向更广泛的社会责任，面对来自更广泛的利益相关者提出的要求。

名义慈善和实际慈善的关系。本文实证研究结果得出了这样一个有趣的结论：组织冗余和实际慈善有关而和名义慈善并无关系。如果说，经济实力是约束企业实际慈善行为的最主要的因素，那么约束企业的名义慈善的又是什么呢？进一步说，推动企业争相"空口承诺"的背后因素是什么呢？由于"捐赠陷阱"（钟洪武，2008）的存在，企业往往陷入两难局面：捐的多了，对于企业是一项巨大的成本，承担不起，而且未必能够带来超额回报；捐的少了，利益相关者合法性形不成规模，更不能形成合理的回报，造成"白费劲"。所以渐渐地，学者和社会媒体发现了"承诺捐款"和"实际到账"二者的分离。为了提高企业声誉，或者说为了应对社会压力，避免"不负责任"对企业的负面影响，企业会选择"高承诺，低兑现"的双重标准。有研究发现，名义慈善对于企业绩效的推动作用高于实际慈善，这就为"承诺"的脱离，为慈善事业正成为道德绑架、牟利手段提出了掷地有声的证据。

国有控股。国有控股对于上市公司的绩效来说究竟是促进还是抑制？这类问题在转型经济下的中国得到了学者的广泛关注。由于国资委的相关规定等制度原因，这些企业仍旧保留着大型而复杂的组织形式，而公司内的"领导班子"借由庞大的科层制结构来治理整个公司和公司拥有的丰厚资源（Peng et al.，2004）。然而，也正是由于改制，这些原来的国有企业减少了国有资产的形式方面的约束，渐渐融入了各种市场化的融资方式。虽然国有控股可能会给企业带来一些弊处，例如，决策或运作效率降低，但是其为上市公司带来的利处也是显而易见的，如丰厚的政府支持资源和更直接的国家政策信息（Li & Zhang，2007；Peng et al.，2004；Tan，2002）。另外，银行也乐于向国有控股的企业借款，虽然这类企业往往在资金、原材料和人力资源方面已很充足（Child，1994；Tan，2002），因为这类企业往往有着良好的信用记录和强大的还款能力。所以这类企业往往有着大量的冗余资源，换句话说，也更有能力承担起更多的社会责任。在中国"差序格局"的大背景环境下，企业缺乏制度化的政治寻租以提高绩效的途径。此时，国有控股成为了一种至关重要的连接利益相关者的方式。如果企业本身已经可以将掌握重要资源的利益相关者囊括在本身的利益范围之内，就不需要再多花费资源投入去获取他们的认可和支持。但是，值得指出的是，随着国家体制改革的决心，国有资产的市场化程度越高，政府能够直接调动的资源无论是在种类还是数量上都在逐渐减少，对于这些政治联系（Political access，Wang et al.，2011）的依赖的风险也在逐渐提高。企业应该同时提高自身的资源整合和运用的效率，以吸收更多的外部资源。

2. 局限性和展望

本文是首个尝试关注公司慈善的资源基础的研究，并将目标锁定到组织冗余这种特别的资源。但是本文有着一些局限性，需要在今后的研究中逐步完善。首先，我们选择的是二手的截面数据，对于往期绩效的调节作用解释力度偏小。其次，样本量较小，仅选择了一次自然灾害后的企业行为作为样本，且只关注了上市公司群体。具体的，基于这篇文章的结论，未来可以进行如下的研究：

（1）公司慈善与组织冗余之间可能存在着长期动态关系，这部分关系可能会根据宏观环境的变化而变化，这决定了企业介入慈善事业的时机和程度；而现阶段的截面数据是无法支持同时研究固定效应和随机效应的。所以可以在今后的研究中，收集面板数据加以研究。

（2）此外，还可以对比研究国内外企业在面对同样的自然灾害时的企业行为差异，特别是在企业的话语、承诺和实际行动上的速度、程度差异，借以寻找不同制度条件下慈善动机的不同，进一步探求国内外对于社会责任概念的理解差别。

（3）可以进一步丰富目标企业类型，如本土企业和跨国公司，私营企业和外资企业等，交叉分析不同企业在不同情境下的慈善动机和资源基础。

【参考文献】

［1］山立威、甘犁、郑涛：《公司捐款与经济动机》，《经济研究》，2008 年第 11 期。

［2］Andrew J. Wefald, Jeffrey P. Katz, Ronald G. Downey & Kathleen G. Rust. Organizational slack and performance：The impact of outliers［J］. The Journal of Applied Business Research，2010，26（1）：45－76.

［3］Alan Muller and Roman Kraussl. Doing Good Deeds in times of Need：A Strategic Perspective on Corporate Disaster Donations［J］. Strategic Management Journal，2011（32）：911－929.

［4］Carroll, A.B.. A three dimensional conceptual model of corporate social performance［J］. Academy of Management Review，1979（4）：497－505.

［5］Debbie Thorne McAlister, Linda Ferrell. The role of strategic philanthropy in marketing strategy［J］. European Journal of Marketing，2002，36（5）：689 －705.

［6］Donna J. Wood. Corporate Social Performance Revisited ［J］. The Academy of Management Review, 1991, 16（4）: 691-718.

［7］Gerard George. Slack Resources and the Performance of Privately Held Firms ［J］. The Academy of Management Journal, 2005, 48（4）: 661-676.

［8］Glenn B. Voss, Deepak Sirdeshmukh, Zannie Giraud Voss. The effects of slack resources and environmental threat on product exploration and exploitation ［J］. Academy of Management Journal, 2008, 51（1）: 147-164.

［9］Heli Wang, Jaepil Choi and Jiatao Li. Too Little or Too Much: Untangling the Relationship between Corporate Philanthropy and Firm Financial Performance ［J］. Organization Science, 2008, 19（1）: 143-159.

［10］Heli Wang, Cuili Qian. Corporate Philanthropy and Corporate Financial Performance: The Roles of Stakeholder Response and Political Access ［J］. Academy of Management journal, 2011, 54（6）: 1159-1181.

［11］Jitendra V. Singh. Performance, Slack, and Risk Taking in Organizational Decision Making ［J］. The Academy of Management Journal, 1986, 29（3）: 562-585.

［12］Joe M. Ricks, Jr. and Jacqueline A. Williams. Strategic Corporate Philanthropy: Addressing Frontline Talent Needs through an Educational Giving Program ［J］. Journal of Business Ethics, 2005, 60（2）: 147-157.

［13］Joseph L. C. Cheng, Idalene F. Kesner. Organizational slack and response to environmental shifts: The impact of resource allocation patterns ［J］. Journal of Management, 1997, 23（1）: 1-18.

［14］Justin Tan & Mike Peng. Organizational slack and firm performance during economic transition: Two studies from an emerging economy ［J］. Strategic Management Journal, 2003（24）: 1249-1263.

［15］L. J. Bourgeois, III. On the Measurement of Organizational Slack ［J］. The Academy of Management Review, 1981, 6（1）: 29-39.

［16］Marc Orlitzky, Frank L. Schmidt, Sara L. Rynes. Corporate social and financial performance: A meta-analysis ［J］. Organization Studies, 2003, 24（3）: 403-441.

［17］Mark P. Sharfman, Gerrit Wolf, Richard B. Chase & David A. Tansik. Antecedents of organizational slack ［J］. Academy of Management Review, 1988, 13（4）: 601-614.

［18］May-May Meijer, Frank G.. A. de Bakker, Johannes H. Smit and Theo Schuyt. Corporate giving in the Netherlands 1995-2003: exploring the amounts involved and the motivations for donating ［J］. International Journal of Nonprofit and Voluntary Sector Marketing, 2006, 11: 13-28.

［19］McWilliams, A., Siegel, D. S. and Wright, P. M. Corporate Social Responsibility: Strategic Implications ［J］. Journal of Management Studies, 2006（43）: 1-18.

［20］Michael A. Merz, John Peloza and Qimei Chen. Standardization or localization: Executing corporate philanthropy in international firms ［J］. International Journal of Nonprofit and Voluntary Sector Marketing, 2010（11）: 233-252.

［21］Micheal E. Porter and Mark R. Kramer. The Competitive Advantage of Corporate Philanthropy ［R］. Harvard Business Review, 2002（12）: 5-16.

［22］Min Ju, Hongxin Zhao. Behind organizational slack and firm performance in China: The moderating roles of ownership and competitive intensity ［J］. Asia Pacific Journal of Management, 2009（26）: 701-717.

［23］Nitin Nohria & Ranjay Gulati, Is Slack Good or Bad for Innovation ［J］. The Academy of Management Journal, 1996, 39（5）: 1245-1264.

［24］O. Douglas Moses. Organizational Slack and Risk-taking Behavior: Tests of Product Pricing Strategy ［J］. Journal of Organizational Change Management, 1992, 5（3）: 38-54.

［25］Paul C. Godfrey. The Relationship between Corporate Philanthropy and Shareholder Wealth: A Risk Management Perspective ［J］. The Academy of Management Review, 2005, 30（4）: 777-798.

［26］Sandra A. Waddock & Samuel B. Graves. The corporatesocial performance- financial performance link ［J］. Strategic Management Journal, 1997, 18（4）: 303-319.

［27］Stephen Brammer and Andrew Millington. Corporate Reputation and Philanthropy: An Empirical Analysis.

Journal of Business Ethics，2005，61（1）：29-44.

[28] W. Gary Simpson，Theodor Kohers. The Link between Corporate Social and Financial Performance：Evidence from the Banking Industry［J］. Journal of Business Ethics，2002，35（2）：97-109.

[29] Yi-Chia Chiu，Yi-Ching Liaw. Organizational slack：is more or less better［J］. Journal of Organizational Change Management，2009，22（3）：321-342.

[30] Zhongfeng Su，En Xie & Yuan Li. Organizational slack and firm performance during institutional transitions［J］. Asia Pacific Journal of Management，2009（26）：75-91.

[31] Lourdes Urriolagoitia，Alfred Vernis. May the Economic Downturn Affect Corporate Philanthropy Exploring the Contribution Trends in Spanish and U.S. Companies［J］. Nonprofit and Voluntary Sector Quarterly，2011（8）.

（作者：徐二明、杨慧，中国人民大学商学院；吕源，香港中文大学）

第六篇　产业集群与技术创新

中国企业创新特征与决定机制研究
——基于 1999~2009 年中国制造业企业的专利分类数据

一、问题提出

  随着"十二五"期间中国经济增长方式从粗放型向集约型转变，企业作为创新主体，在推动国家技术进步中扮演着重要角色。然而，自主创新能力不强，缺乏核心技术仍然是我国企业当前面临的突出问题，主要表现在以下两个方面：一是企业专利申请少。虽然出现了华为技术有限公司、中兴通讯股份有限公司等一批专利大户，但全国有 99% 的企业从未申请过专利。二是发明专利的数量少、有核心竞争力的发明专利数量更少。由于缺乏核心技术，每部国产手机、计算机、数控机床售价的 20%~40% 支付给了国外专利持有者。加入 WTO 以来，我国企业涉外知识产权争议案件频频发生，从彩电、汽车、摩托车到 DVD 产品、MP3 芯片、数码相机和电信设备，我国企业因知识产权纠纷引发的经济赔偿累计超过 10 亿美元。[①] 众多产业缺乏自主的核心技术，成为我国经济建设和产业发展的严重制约。中国本土企业常常面临"有技术、无专利，有专利、无创新"的困境，迫切需要通过制定合理的专利战略，完善有效的激励机制，实现由"中国制造"向"中国创造"转型。

  在讨论中国企业转型升级问题时，迫切需要对中国企业的整体创新现状和演进过程有较为系统的理解。尤其是基于年份、产业、地域、规模和所有制方面的考察，有助于加深我们对于中国企业创新规律的认识。中国企业技术创新发展呈现什么特征？是什么因素决定了中国企业技术创新？现有文献中关于中国企业技术创新特征的统计和实证分析十分有限。本文使用 1999~2009 年中国制造业企业专利分类数据，研究中国制造业企业创新特征与决定机制。本文研究的贡献在于：第一，立足最近 10 年来微观层面的专利数据来研究中国企业技术创新的基本趋势，从企业特质、产业特征、区域环境等方面对中国制造业企业专利产出发展过程进行梳理和刻画，反映各类企业的创新发展特征，对于企业创新决策具有借鉴意义；第二，通过对中国企业技术创新影响要素和决定机制的考察，进一步拓展了中国企业技术创新的理论框架，为政府制定创新政策提供设计思路和决策参考。

  [①] 引自新华网：中国企业因知识产权引发的赔偿累计超 10 亿美元，http://news.xinhuanet.com/fortune/2006−04/27/content_4483322.htm。

二、中国企业创新的基本特征

1. 中国企业技术创新的总体特征

表1给出了1999~2009年[①]进行专利活动企业的基本特征。在现有知识产权制度下，中国企业平均专利申请数量在逐年递增。数据显示，[②]每家企业平均专利总数从1999年的3.17个增长到2009年的8.10个，年均增速为9.84%。

近10年以来，中国企业专利数量在快速增长的同时，专利结构显著改善，从过去外观专利为主发展到现在三种专利齐头并进。从总体上看，中国企业发明专利数量和比例快速增长，增长速度超过了新型专利和外观专利，成为增长速度最快的专利品种。数据显示：中国企业的发明、新型和外观专利的相对比例为6.31%：30.6%：63.09%。而在2009年这一比例变成了33.95%：36.17%：29.88%。发明专利在三种专利中所占比例从1999年的6.31%增长到2009年的33.95%，年均增速为18.33%。企业平均发明专利数量从1999年的0.2个增长到2009年的2.75个，年均增速为29.97%。而外观专利比例出现显著下降，在三种专利中所占比例从1999年的63.09%下降到2009年的29.88%。企业平均外观专利数量从1999年的2个增长到2009年的2.42个，年均增速仅为1.97%。新型专利在三种专利中所占比例从1999年的30.60%上升到2009年的36.17%。新型专利数量从1999年的0.97个增长到2009年的2.93个，年均增速为11.69%。

表1 制造业企业专利数

单位：个

年份	总数	发明	新型	外观
1999	3.17	0.20	0.97	2.00
2000	3.81	0.30	1.23	2.28
2001	4.06	0.38	1.40	2.29
2002	4.40	0.59	1.53	2.29
2003	5.22	1.02	1.85	2.35
2004	5.59	1.69	1.97	1.93
2005	5.95	1.91	1.92	2.12
2006	7.01	2.40	2.22	2.39
2007	7.74	2.81	2.38	2.55
2008	8.08	2.92	2.59	2.56
2009	8.10	2.75	2.93	2.42
历年平均	6.75	2.13	2.26	2.36

2. 中国企业技术创新的产业特征

表2给出了1999~2009年中国不同产业进行专利活动企业的基本特征。不同产业企业的平均专利数量和专利结构呈现出明显的差异性。数据显示：专利总数排名前3位的产业分别是"通信

---

① 由于国家知识产权局统计专利数据库在整体专利数据公布上存在3年的滞后期，所以本文的数据截至2009年。

② 样本总数为2637329家，其中有进行专利申请的企业数合计65242家。没有进行专利申请的企业大约占到总样本的97.5%（1-65242/2637329=97.5%），如果采用全部样本计算出的平均专利申请数可能会扭曲中国企业的专利情况。本文在删除了专利数为0的企业样本基础上，考察有专利申请活动的中国企业创新特征和发展趋势。

设备、计算机及其他电子设备制造业"、"纺织服装、鞋、帽制造业"、"纺织业",平均专利数量分别为 17.29 个、15.21 个和 11.2 个。而排名最后的"非金属矿采选业"中企业的平均专利总数仅为 2.12 个。从专利结构来看,"通信设备、计算机及其他电子设备制造业"专利结构在所有产业中显得十分特殊,产业中企业的专利结构以发明专利为主,其发明、新型和外观专利的相对比例达到了 60.27%:23.48%:16.25%。信息产业企业具有较高的平均发明专利。而"纺织服装、鞋、帽制造业"企业平均专利总数排名第二,以外观专利为主,其发明、新型和外观专利的相对比例为 3.42%:7.50%:89.02%。"纺织业"企业平均专利总数排名第三,其发明、新型和外观专利的相对比例为 8.48%:9.91%:81.61%。这表明企业的专利结构在很大程度上受到产业特征决定。不同产业企业的平均专利数量和专利结构呈现出明显的差异性。对于"通信、电子"等技术密集型产业的企业而言,专利数量较多,并且发明专利成为企业专利组成的主要部分。对于"纺织业"等劳动密集型产业中的企业而言,外观专利则成为企业专利组成的主要部分。而对于"非金属矿采选业"为代表的初级资源型产业中的企业而言,平均专利总数名列所有产业最后一位。

企业平均发明专利数量排名前三位的产业分别是"通信设备、计算机及其他电子设备制造业"、"黑色金属冶炼及压延加工业"和"化学纤维制造业"。"通信设备、计算机及其他电子设备制造业"在产业的对比中十分突出,专利总数和发明专利数均高于其他产业企业。近 10 年来,中国通信产业通过自主创新掌握了一批拥有核心技术的专利,涌现出了一批如华为技术有限公司、中兴通讯股份有限等专利储备丰富的优势企业。其中,华为技术有限公司、中兴通讯股份有限公司、鸿富锦精密工业(深圳)有限公司名列 2009 年中国申请专利排行榜前三位。

表 2　不同产业企业的专利数

单位:个

产业	总数	发明	新型	外观	产业	总数	发明	新型	外观
通信设备、计算机及其他电子设备制造业	17.29	10.42	4.06	2.81	有色金属冶炼及压延加工业	5.37	1.97	1.95	1.45
纺织服装、鞋、帽制造业	15.21	0.52	1.14	13.54	饮料制造业	4.89	0.32	0.16	4.41
纺织业	11.20	0.95	1.11	9.14	非金属矿物制品业	4.83	0.90	1.21	2.72
黑色金属冶炼及压延加工业	11.14	4.10	6.57	0.46	金属制品业	4.58	0.56	1.91	2.11
废弃资源和废旧材料回收加工业	11.10	0.98	5.78	4.34	通用设备制造业	4.47	0.87	2.73	0.87
家具制造业	11.02	0.17	1.58	9.28	专用设备制造业	4.34	0.90	2.82	0.63
皮革、毛皮、羽毛(绒)及其制品业	10.66	0.30	1.29	9.07	石油加工、炼焦及核燃料加工业	4.06	2.76	0.74	0.56
文教体育用品制造业	8.67	0.39	2.06	6.22	化学原料及化学制品制造业	4.02	2.02	0.56	1.44
电气机械及器材制造业	8.60	2.57	3.63	2.41	塑料制品业	3.97	0.61	1.42	1.94
交通运输设备制造业	6.72	0.96	3.28	2.49	橡胶制品业	3.90	0.68	1.40	1.82
木材加工及木、竹、藤、棕、草制品业	6.68	0.60	1.28	4.81	医药制造业	3.84	2.05	0.23	1.57
工艺品及其他制造业	6.45	0.41	1.54	4.51	造纸及纸制品业	3.83	0.76	1.07	2.00
电力、热力的生产和供应业	5.82	1.87	3.76	0.20	农副食品加工业	3.31	0.91	0.21	2.18
化学纤维制造业	5.82	2.65	1.54	1.63	印刷业和记录媒介的复制	3.18	0.69	1.40	1.09
食品制造业	5.62	0.75	0.21	4.65	水的生产和供应业	2.82	1.04	1.59	0.20
仪器仪表及文化、办公用机械制造业	5.42	1.60	2.36	1.46	燃气生产和供应业	2.21	0.79	1.39	0.03
烟草制品业	5.41	1.67	2.05	1.70	非金属矿采选业	2.12	1.31	0.69	0.12

3. 中国企业技术创新的地域特征

表3给出了1999~2009年中国东、中、西部进行专利活动的企业呈现出的基本特征。从总体上看，中国东、中、西部地区企业平均专利产出数量差异较为明显，东部地区企业平均专利产出高于中西部地区企业。相对于中西部地区，中国东部地区集中了数量庞大的科研结构和高等院校，雄厚的人才储备和科技实力能够为东部企业专利研制提供充足的人力资本和技术支持。但东部与中西部地区企业的差距在缩小，中西部地区企业正在迎头赶上。西部地区企业的平均专利数量增长速度已经超过东部地区企业。数据显示：东部地区企业的平均专利数量从1999年的3.43个，增长到2009年的8.61个，年均增速为9.64%。中部地区企业的平均专利数量从1999年的2.3个，增长到2009年的6.11个，年均增速为10.26%。西部地区企业的平均专利数量从1999年的2.5个，增长到2009年的6.67个，年均增速为10.31%。

在专利结构方面，东部地区企业的平均发明专利数高于中西部地区企业。中国企业平均发明专利产出的空间分布与地区经济科技发展水平、产业经济结构基本吻合，呈现出由东部向中西部递减的阶梯状特征。这表明专利反映了区域经济发展的水平，也体现出专利技术对经济发展的推动作用。在专利结构方面，数据显示：东部地区企业在1999年的发明、新型和外观专利的相对比例为4.66%：29.45%：65.6%，而在2009年这一比例变成了35.42%：34.61%：30.08%。东部地区企业发明专利迅速增加，随之而来是东部地区企业专利结构的日趋均衡。东部地区企业发明专利在三种专利中所占比例从1999年的4.67%增长到2009年的35.42%，年均增速为22.46%。东部地区企业的平均发明专利数量迅速上升，从1999年的0.16个上升到2009年的3.05个，年均增速达到34.28%。

中西部地区企业的专利构成主要以外观专利或者新型专利为主，发明专利增速则慢于东部地区企业。数据显示：中部地区企业在1999年的发明、新型和外观专利的相对比例为10.87%：36.52%：52.61%，而在2009年这一比例变成了27%：47.46%：25.53%。中部地区企业发明专利在三种专利中所占比例从1999年的10.87%增长到2009年的27%，年均增速为22.46%；中部地区企业的发明专利从1999年的0.25个上升到2009年的1.65个，年均增速为20.77%。西部地区企业在1999年的发明、新型和外观专利的相对比例为16%：33.2%：50.8%，而在2009年这一比例变成27.14%：37.93%：35.08%。西部地区企业发明专利在三种专利中所占比例从1999年的16%增长到2009年的27.14%，年均增速为5.43%；西部地区企业的发明专利数量从1999年的0.4个上升到2009年的1.81个，年均增速为16.3%。从过去这11年的发展经历来看，中国中西部地区企业的专利产出持续增长，专利结构持续改善，具有很大的发展潜力。

表3 东、中、西部企业的专利数

单位：个

年份	东部				中部				西部			
	总数	发明	新型	外观	总数	发明	新型	外观	总数	发明	新型	外观
1999	3.43	0.16	1.01	2.25	2.30	0.25	0.84	1.21	2.50	0.40	0.83	1.27
2000	4.11	0.30	1.28	2.53	2.72	0.30	1.08	1.34	3.16	0.28	1.13	1.75
2001	4.45	0.38	1.49	2.58	2.73	0.45	1.20	1.08	3.11	0.27	1.09	1.75
2002	4.83	0.67	1.64	2.53	2.63	0.37	1.21	1.05	3.40	0.32	1.11	1.97
2003	5.68	1.13	1.89	2.66	4.09	0.78	2.17	1.13	3.33	0.51	1.20	1.62
2004	5.95	1.91	1.97	2.07	4.83	1.01	2.42	1.41	3.83	0.85	1.49	1.49
2005	6.47	2.18	1.97	2.32	4.32	0.83	2.08	1.41	3.59	0.95	1.37	1.27
2006	7.64	2.75	2.31	2.58	4.71	1.07	2.00	1.63	4.87	1.27	1.77	1.83
2007	8.40	3.22	2.42	2.75	5.10	1.21	2.33	1.56	5.73	1.49	2.09	2.16
2008	8.71	3.34	2.61	2.76	5.56	1.45	2.43	1.68	6.25	1.48	2.67	2.11

年份	东部				中部				西部			
	总数	发明	新型	外观	总数	发明	新型	外观	总数	发明	新型	外观
2009	8.61	3.05	2.98	2.59	6.11	1.65	2.90	1.56	6.67	1.81	2.53	2.34
历年平均	7.29	2.42	2.31	2.56	4.87	1.15	2.25	1.47	4.92	1.15	1.87	1.90

4. 中国企业技术创新的所有制特征

表4给出了1999~2009年中国不同所有制类型进行专利活动企业呈现出的基本特征。从总体上看，现阶段外资从专利数量领先于内资企业。但以国有企业为代表的内资企业发展迅猛，专利结构进一步改善。国有企业的专利数量增长速度在各类企业中最高。数据显示：国有企业的专利数量从1999年的2.06个上升到2009年的8.1个，年均增速达到14.67%。民营企业的专利数量从1999年的3.18个上升到2009年的5.84个，年均增速为6.27%。外商投资企业的专利数量从1999年的3.77个上升到2009年的10.4个，年均增速为10.68%。港澳台企业的专利数量从1999年的3.99个上升到2009年的9.42个，年均增速为8.97%。

从专利结构来看，1999~2009年各类企业的专利发展日趋均衡，发明专利所占比例持续上升。国有企业的专利主要以发明专利为主，而民营企业主要以外观专利或者新型专利为主。数据显示：国有企业的发明、新型和外观专利的相对比例从1999年的11.65%：46.12%：42.72%，发展到2009年的35.19%：57.53%：7.28%。国有企业发明专利在三种专利中所占比例从1999年的11.65%增长到2009年的35.19%，年均增速达到11.69%。国有企业的发明专利数量从1999年的0.24个上升到2009年的2.85个，年均增速达到28.07%。民营企业的发明、新型和外观专利的相对比例从1999年的3.77%：24.84%：71.7%，发展到2009年的22.26%：35.10%：42.64%。民营企业发明专利在三种专利中所占比例从1999年的3.77%增长到2009年的22.26%，年均增速达到19.43%。民营企业的发明专利数量从1999年的0.12个上升到2009年的1.3个，年均增速达到26.9%。中国民营企业的专利产出持续增长，专利结构持续改善。民营企业已经成为中国本土企业技术创新的重要力量。

外资企业和港澳台企业发明专利的比例逐年上升，表明随着中国市场竞争的加剧，外资企业和港澳台企业明显加大了在华的技术投入力度，表现为专利总量迅速增长。中国本土企业技术创新能力的提高也会激发外资企业进行更强的技术创新。外商投资企业的发明、新型和外观专利的相对比例从1999年的5.04%：25.46%：69.5%，发展到2009年的39.52%：32.02%：28.46%。外商投资企业发明专利在三种专利中所占比例从1999年的5.04%增长到2009年的39.52%，年均增速为22.87%。外商投资企业的发明专利数量从1999年的0.19个上升到2009年的4.11个，年均增速达到35.99%。港澳台企业发明、新型和外观专利的相对比例从1999年的2.76%：17.04%：80.2%发展到2009年的27.28%：36.73%：36.09%。港澳台企业发明专利在三种专利中所占比例从1999年的2.76%增长到2009年的27.28%，年均增速达到25.75%。港澳台企业的发明专利数量从1999年的0.11个上升到2009年的2.57个，年均增速达到37.04%。

表4　不同所有制企业的专利数

单位：个

年份	国有企业				民营企业			
	总数	发明	新型	外观	总数	发明	新型	外观
1999	2.06	0.24	0.95	0.88	3.18	0.12	0.79	2.28
2000	2.63	0.27	1.25	1.10	2.88	0.10	0.88	1.91
2001	2.31	0.37	1.09	0.85	3.12	0.17	1.00	1.94

续表

年份	国有企业				民营企业			
	总数	发明	新型	外观	总数	发明	新型	外观
2002	2.89	0.51	1.47	0.92	2.75	0.19	0.95	1.61
2003	3.84	0.63	1.85	1.37	3.28	0.28	1.29	1.71
2004	3.76	0.92	2.13	0.72	2.98	0.34	1.22	1.42
2005	3.92	1.01	2.00	0.91	3.28	0.47	1.21	1.60
2006	4.22	1.20	2.29	0.73	3.90	0.63	1.39	1.88
2007	5.32	1.65	2.95	0.71	4.96	1.07	1.69	2.21
2008	6.91	2.31	4.03	0.57	5.24	1.10	1.62	2.52
2009	8.10	2.85	4.66	0.59	5.84	1.30	2.05	2.49
历年平均	4.15	1.07	2.23	0.85	4.76	0.93	1.64	2.19

年份	外资企业				港澳台企业			
	总数	发明	新型	外观	总数	发明	新型	外观
1999	3.77	0.19	0.96	2.62	3.99	0.11	0.68	3.20
2000	5.28	0.38	1.25	3.65	4.73	0.20	0.84	3.69
2001	4.95	0.29	1.48	3.18	6.09	0.42	1.87	3.81
2002	6.24	0.52	1.76	3.96	5.58	0.42	1.97	3.19
2003	6.47	1.33	2.02	3.13	6.68	0.56	2.29	3.83
2004	9.74	4.69	2.46	2.59	6.67	0.83	2.44	3.41
2005	11.10	5.11	2.47	3.52	6.87	0.99	2.48	3.41
2006	11.35	4.53	2.73	4.09	7.40	1.83	2.70	2.87
2007	9.27	3.10	2.56	3.60	8.59	2.59	2.54	3.46
2008	9.57	3.43	2.71	3.42	9.92	3.01	3.54	3.37
2009	10.40	4.11	3.33	2.96	9.42	2.57	3.46	3.40
历年平均	9.34	3.40	2.59	3.35	7.71	1.69	2.63	3.39

5. 中国企业技术创新的企业规模特征

财政部发布的《关于印发中小企业划型标准规定的通知》规定，从业人员1000人以下的为中小型企业。按照这个标准，我们把样本企业分为大型企业和中小型企业两类，来考察不同规模企业的创新特征。表5给出了1999~2009年中国不同规模企业进行专利活动呈现出的基本特征。大型企业的专利主要以发明专利为主，而中小型企业主要以外观专利为主。从总体上看，现阶段大型企业从专利数量和增长速度领先于中小型企业。数据显示：大型企业的专利数量从1999年的4.26个上升到2009年的24.28个，年均增速达到19.01%。中小型企业的专利数量从1999年的2.81个上升到2009年的5.49个，年均增速为6.93%。

从专利结构来看，大型企业的专利质量高于中小企业。大型企业主要以发明专利为主，而中小型企业则以外观专利为主。但中小型企业发明专利比例持续上升，专利结构显著改善。一般而言，大型企业更容易通过规模优势来突破技术难关，促进发明专利的研制。而中小企业技术创新的优势在于凭借经营管理灵活来捕捉创新机会从而满足市场需求，创新重点在于新型和外观专利。数据显示：大型企业的发明、新型和外观专利的相对比例从1999年的7.98%：36.38%：55.63%，发展到2009年的46.38%：33.65%：20.02%。大型企业发明专利在三种专利中所占比例从1999年的7.98%增长到2009年的46.38%，年均增速达到19.24%。大型企业的发明专利数量从1999年的0.34个上升到2009年的11.26个，年均增速达到41.9%。而中小型企业三种专利的相对比例从1999年的5.69%：27.76%：66.9%，发展到2009年的25.14%：37.89%：36.98%。中小型企业发明专利在三种专利中所占比例从1999年的5.69%增长到2009年的25.14%，年均增速达到

16.02%。中小型企业的发明专利数量从 1999 年的 0.16 个上升到 2009 年的 1.38 个，年均增速为
24.04%。

表 5 不同规模企业的专利数

单位：个

年份	大型企业				中小型企业			
	总数	发明	新型	外观	总数	发明	新型	外观
1999	4.26	0.34	1.55	2.37	2.81	0.16	0.78	1.88
2000	5.91	0.71	2.38	2.83	3.19	0.18	0.90	2.12
2001	7.73	0.94	2.86	3.93	3.03	0.22	0.99	1.82
2002	9.43	1.79	3.40	4.24	3.14	0.29	1.05	1.79
2003	13.11	3.78	4.95	4.38	3.50	0.41	1.17	1.91
2004	14.94	6.20	5.12	3.62	3.39	0.63	1.23	1.53
2005	14.85	6.62	4.25	3.99	3.35	0.54	1.24	1.57
2006	21.37	9.89	6.00	5.48	4.02	0.84	1.43	1.75
2007	24.98	12.13	6.79	6.06	4.43	1.02	1.53	1.88
2008	25.88	12.64	7.49	5.75	4.80	1.13	1.69	1.98
2009	24.28	11.26	8.17	4.86	5.49	1.38	2.08	2.03
历年平均	18.40	8.02	5.70	4.68	4.29	0.89	1.53	1.87

三、研究设计与描述性统计

1. 计量模型

$$\ln(patent_{jkit+1}) = \alpha_0 + \alpha_1 R\&D_{jkit-1} + \alpha_2 R\&D_{jkit-1}^2 + \alpha_3 hu\_capi_{jkit-1} + \alpha_4 trai_{jkit-1} + \alpha_5 new_{jkit-1}$$
$$+ \alpha_6 dum\_expo_{jkit-1} + \alpha_7 size_{jkit-1} + \alpha_8 size_{jkit-1}^2 + \alpha_9 tfp_{jkit-1} + \alpha_{10} age_{jkit-1} + \alpha_{11} lev_{jkit-1}$$
$$+ \alpha_{12} roa_{jkit-1} + \alpha_{13} dive_{jkit-1} + \alpha_{14} hhi_{jkit-1} + \alpha_{15} FDI_{jkit-1} + \alpha_{16} dum\_subs_{jkit-1} + \alpha_{17} burd_{jkit-1}$$
$$+ \alpha_{18} fac_{jkit-1} + \alpha_{19} law_{jkit-1} + \gamma_j + \gamma_k + \gamma_i + \gamma_t + \varepsilon$$

专利被认为是衡量创新活动相当可靠的指标，并被广泛接受（Griliches，1990；Jaffe et al.，
1993）。本文的被解释变量有四类：专利总数、发明专利数、新型专利数和外观专利数。发明、新
型和外观专利分属不同的类别，在专利内容、审查制度和保护时间方面具有明显的差异性。这为
我们提供了一个很好的机会来检验企业内外部因素对于企业不同类型专利活动的影响。考虑到不
同企业的专利申请数差异很大，本文采用 ln（专利数+1）的形式表示。本文删除了相关变量缺失
的样本，最后保留了 609034 家企业作为样本。根据以往有关文献的发现，本文构建一个基于企业
层面的计量模型，删除了总产值、职工数、固定资产为负的记录。为了控制可能存在的内生性问
题，所有解释变量都滞后一期。由于本文中被解释变量是以 0 为下限的拖尾变量（Censored
Variable），应采用 Tobit 模型进行估计。

2. 解释变量设计

（1）技术创新投入指标——研发投入因素。研发投资（R&D）是影响企业专利研制的重要因
素。这里用研发费用除以销售额来表示，考察研发投资对于不同类型企业专利产出的影响。中国
自主创新能力的提升主要依靠自主研发投入（李平等，2007）。目前，中国在研发经费的投入处于
世界较低水平，与发达国家相比存在较大差距。西方国家企业的研发费用投入一般占销售收入的

5%左右，甚至超过10%，而中国企业中除了华为技术有限公司、中兴通讯股份有限公司等企业外，绝大多数企业都达不到5%的水平。研发投资的平方（R&D²）用来检验研发投资与企业技术创新之间的非线性关系。人力资本（Hu-capi）这里用受过高等教育员工的比例来表示。孙文杰和沈坤荣（2009）利用1999~2006年中国32个行业数据发现，技术学习能力和技术人员人力资本积累是影响中国企业自主创新能力的重要因素。在人力资本构成中，接受过高等教育的人力资本对经济增长效率改善具有较大促进作用（朱承亮等，2011）。培训（Trai）反映了企业在技术创新过程中对于人力资本的投入程度。通过内部培训有利于企业提升员工的技术能力，促进企业技术创新。这里用培训费用除以员工总数来表示。新产品比率（New）用企业新产品销售占销售额的比重来表示，反映了企业技术成果市场化程度。企业把专利转化成为新产品，获得了创新回报，促进专利投入和产出之间的良性循环，有利于企业进行专利研制。当前发达国家科技成果的转化率已经达到80%，而中国企业只有10%~15%。国内大部分企业专利运用还只停留在专利申请等基础阶段，而有意识地研究制定并运用专利战略的企业仍很少（李薇薇，2011）。出口（Dum-expo）经历是否对企业技术水平产生积极作用有待进一步检验。本文采用是否出口来检验出口因素对企业专利研制的影响。企业通过出口市场，在更激烈的市场竞争环境下，有可能获得国外先进技术与管理经验来提升企业技术水平。戴觅和余淼杰（2012）发现对于首次出口的企业当年企业生产率有2%的提升。

（2）企业基本特质因素。规模（Size）通过平均总资产除以员工总数表示。由于规模经济效应，企业规模与企业技术创新之间可能存在正向关系。规模的平方（Size²）用来检验规模因素与企业技术创新之间的非线性关系。高良谋、李宇（2009）和秦雪征等（2012）发现企业规模对技术创新的影响呈现边际效应递减趋势。全要素生产率（Tfp）反映了企业的技术能力、管理能力、组织效率和自主研发能力，也是企业间异质性的一个综合反映。本文采用LP法（Levinsohn and Petrin，2003）来计算全要素生产率。年龄（Age）用来观测企业技术创新与年龄之间的关系。Yasuda（2005）发现，年龄是影响企业创新活动的重要因素。负债水平（Lev）代表了企业的负债水平，这里用总负债除以总资产来表示。获得外部融资支持的企业，意味着企业占有更多的金融资源。这些企业是否倾向利用企业融资优势来推动专利研制，这是一个有待进行经验检验的问题。盈利水平（Roa）代表了企业的盈利能力。这里用利润除以平均总资产来表示。本文需要检验盈利能力强的企业是否有着更高的创新能力。

（3）反映产业因素变量。用产业活动单位数来代表企业的多元化（Dive）状况，检验企业在涉足多个产业后对于企业技术创新的影响。企业可能利用在多个产业获取的经验来进行跨产业的技术应用和交叉创新。产业集中度（Hhi）用来反映产业集中程度对于企业技术创新的影响。本文用产业中销售额最大的10家企业占全行业销售额比重的平方和来表示。一定程度的垄断有利于整合产业中的创新资源促进企业研发投入。张杰等（2011）发现适度的产业集中可以缓解企业间的恶性价格竞争，提升利润率。外商直接投资（FDI）采用产业中企业外资股权比例按企业销售额加权平均计算出产业的外资水平。随着中国对外开放水平的提高，外商直接投资也已经成为中国企业获取技术和资金的来源之一。在产业方面，王红领等（2006）运用中国工业产业数据发现FDI的进入促进了企业研发，在地域方面，侯润秀和官建成（2006）使用中国1999~2003年各个省级数据发现实际利用外资额对专利申请量有着显著的正面效应。

（4）反映政策因素变量。本文这里需要检验政府的补贴措施（Dum-subs）对企业专利研制产生了什么影响。本文采用是否获得补贴来检验补贴因素对企业专利研制的影响。朱平芳和徐伟民（2003）发现政府的科技拨款资助和税收减免促进了企业的研发投资。随着中国政府支持企业创新的力度不断加大，政府的生产性补贴已经成为企业收入的一个重要的来源。政府的生产性补贴有助于缓解企业技术创新面临的融资约束，鼓励企业增加研发投入和进行专利研制。安同良等

(2009) 发现政府惯常将补贴作为激励企业进行自主创新的关键政策手段。企业减负（Burd）反映了地方政府在减轻企业的税外负担方面所做出的努力。地方政府减轻企业税外负担有助于增强企业对于当地进行长期投资信心，加大专利研发力度。

（5）区域环境要素。要素市场（Fac）和法律保护（Law）来自樊纲、王小鲁和朱恒鹏所编制的《中国市场化指数》，用来衡量地域因素对于企业技术创新的影响。要素市场代表了地区中生产要素的发展情况。在生产要素整体发展程度较高的地区，企业能够按照市场规则发现创新机会，组织创新资源，促进了地区企业技术创新的发展。张杰等（2011）发现要素市场发展扭曲会抑制研发投资。法律保护反映地区中法制环境对于企业技术创新的影响。良好的法制环境使得企业的知识产权能够得到更好的保护，企业就有意愿进行创新投入和技术应用。

（6）控制因素。公式中 γ_j、γ_k、γ_i、γ_t 分别表示地区、产业、产权和年份因素的影响。控制地区、产业、产权和年份虚拟变量，是为了控制与地区、产业、产权和年份相关的因素对于企业专利研制的影响。

3. 数据来源

本文的数据来自于国家统计局 1999~2009 年进行的全国工业企业数据库。本文中企业层面的专利申请数据来自国家知识产权局出版的《中国专利数据库》。企业减负、要素市场与法律保护的数据来自樊纲、王小鲁和朱恒鹏所编制的《中国市场化指数》。

4. 描述性统计

我们对研究样本的主要变量进行了描述性统计，具体结果如表 6 所示。在创新指标上，由于考虑了没有进行专利活动企业的影响，样本企业的平均专利总数为 0.22 个，最小值为 0 个，最大值为 1826 个，标准差为 6.7。发明、新型和外观专利的均值分别为 0.05、0.08 和 0.09，标准差分别为 4.15、2.24 和 2.5。这表明中国企业总体的专利产出水平较低，不同企业间差异和波动很大。而企业的研发投资水平均值为 1%。新产品水平均值为 3%，表明中国企业的研发投入水平和新产品产出水平较低。人力资本均值为 0.15，表明企业中受过大专以上高等教育员工比例为 15%。出口和补贴的均值分别为 0.3 和 0.15，表明样本中有 30% 的企业是出口企业，有 15% 的企业获得了政府补贴。

表 6　描述性统计

变量名称	均值	标准差	最小值	中位数	最大值
专利总数	0.22	6.70	0.00	0.00	1826.00
发明专利数	0.05	4.15	0.00	0.00	1651.00
新型专利数	0.08	2.24	0.00	0.00	658.00
外观专利数	0.09	2.50	0.00	0.00	555.00
研发投资	0.01	0.06	0.00	0.00	0.45
人力资本	0.15	0.18	0.00	0.08	1.00
培训	0.12	0.25	0.00	0.00	1.00
新产品	0.03	0.14	0.00	0.00	0.90
出口	0.30	0.46	0.00	0.00	1.00
全要素生产率	7.44	1.02	−0.31	7.41	9.86
规模	0.29	0.39	0.01	0.17	2.57
负债水平	0.57	0.28	0.01	0.58	1.54
盈利水平	0.09	0.18	−0.23	0.04	0.91
年龄	10.26	9.81	0.00	7.00	52.00
多元化	0.73	0.22	0.00	0.69	5.79
产业集中度	0.13	0.26	0.00	0.05	10.00
外商直接投资	0.03	0.11	0.00	0.02	22.32

变量名称	均值	标准差	最小值	中位数	最大值
补贴	0.15	0.35	0.00	0.00	1.00
企业减负	14.90	0.71	4.77	14.83	16.46
要素市场	6.83	2.31	1.70	7.28	11.93
法律保护	8.49	3.32	1.85	8.18	16.61

四、实证结果分析

1. 内部因素分析

表7报告了企业内外部因素对于企业专利活动的影响。第1列至第4列分别报告了对专利总数、发明专利数、新型专利数和外观专利数的回归结果。

（1）创新投入因素。研发投资与企业专利数量呈现出一种稳定并且显著的正向关系。基于专利类别的分析表明，研发投入与发明专利、新型专利、外观专利的数量显著正相关。但系数大小依次递减，这反映了研制不同类型专利的难易程度。发明专利的系数最小，这反映出发明专利的研制难度要高于另外两种专利。一般认为，在三种专利中，发明专利的技术含量最高，发明人花费的劳动最多。在相同研发投入条件下，发明专利的产出要低于新型和外观专利。研发投资的平方与企业专利数量显著负相关。研发投资一次项与二次项对专利产出的回归结果表明，研发投入强度对专利研制有显著的正效应，企业研发投资强度越大，专利产出越多。但是这种效应是递减的，即研发投入强度与企业技术创新之间存在"倒U"形关系。中国在研发经费上的投入处于世界较低水平，与发达国家相比存在较大差距。因此，中国企业研发投入水平仍处于"倒U"形的上升阶段。继续加大研发投入力度对于中国企业提升自主创新能力具有重要意义。

人力资本与企业专利研制显著正相关，表明企业人力资本水平越高，企业的专利产出越高。基于专利类别的分析表明，人力资本对于发明、新型和外观专利都具有显著正向影响。较高的人力资本水平意味着企业员工在教育程度、实践经验等方面有着更充分的知识积累和技能储备，促进了专利研制。人均培训费用支出与专利研制呈现出显著正相关，表明企业通过内部培训，提升了员工的知识和技能水平，有利于专利研制。因此，加大人才投入，提升企业人力资本水平有利于我国企业创新能力的提升。新产品比率与企业专利数量显著正相关。这表明创新回报提升了企业下一年的专利产出水平。这意味着企业在技术创新方面要坚持市场导向，把专利研制和消费者需求很好地结合起来，形成创新投入产出的良性循环。

企业出口行为与企业专利数量显著正相关，表明相对于非出口企业，出口企业的专利产出更高。企业通过出口市场的经历，学习了国外先进技术与管理经验，提升了企业技术水平。基于专利类别的分析表明，出口经历有利于企业进行发明、新型和外观专利的研制。在三种专利中，出口经历对于企业外观专利的影响系数最大。这表明为了适应国外消费者的需要，出口企业加大了对于商品外包装的创新力度，对产品外观相关的形状、图案、色彩等方面进行改进，促进了外观专利的研制。

（2）企业基本特质因素。规模与企业专利数量呈现出一种稳定并且显著的正向关系，规模的平方与企业专利数量显著负相关。这表明企业规模对专利研制有显著的正效应，企业的规模越大，专利产出越多。但是这种效应是递减的，即企业规模与企业技术创新之间存在"倒U"形关系。

这一结论表明大企业在一定程度上具有创新优势，然而，随着企业规模的持续扩大，当规模超越"倒U"形曲线顶点之后，企业规模将抑制创新活性。这意味着，对于大企业而言，需要不断改进管理方法，实现转型升级，减少"大企业病"，使企业规模在不断扩大的同时，组织管理体系能够更好地适应企业的创新活动。对于中小企业而言，通过研发合作可以充分利用资源建立研发网络，形成规模优势，促进企业专利研制。基于专利类别的分析表明，规模与发明专利显著正相关，表明大企业更能够发挥出在资金、人才方面的优势，促进发明专利研制。规模与企业的外观专利呈正向关系，但是不显著。规模与企业的外观专利呈负向关系。一个可能的原因是新型和外观专利本身技术难度不大，中小企业能够发挥出管理体制灵活等优势，捕捉市场机会，根据市场需求研制新型专利和外观专利。

全要素生产率与企业技术创新显著正相关，该结果表明，生产率越高的企业，专利研发实力越强。企业的全要素生产率高代表了企业在组织创新、专业化生产和技术改造等方面做出了持续的努力，在人、财、物的开发利用方面有着更高的效率，促进了企业的专利研制。基于专利类别的分析表明，全要素生产率的提高有利于促进企业的发明、新型和外观专利的研制。企业年龄代表了企业经营的长短，也代表了企业技术积累的时间长度。企业年龄与企业专利研制显著正相关，这表明随着经营时间的持续，企业积累了更多的行业经验和技术储备，表现为专利数量随着年龄的增加呈现上升趋势。负债水平与企业专利数量显著负相关，表明负债率越高的企业，专利产出越低。这说明过重的债务负担会抑制企业的技术创新意愿。盈利水平与企业专利数量显著负相关。这表明盈利能力越强的企业，专利产出越低。一方面，盈利能力强的企业的技术创新意愿较低。现有稳定的盈利模式使得企业往往会固守现有经营模式，不愿意去从事风险性太高的研发项目，抑制了企业的专利产出。另一方面，专利研制会消耗企业大量资源，创新的经济效应往往存在滞后效应，在短期内对企业绩效的作用可能不明显，甚至会产生负向影响。

表7 企业专利产出决定因素的回归结果

被解释变量	专利总数（1）	发明专利数（2）	新型专利数（3）	外观专利数（4）
研发投入	1.66***	1.25***	1.33***	1.77***
	(0.000)	(0.000)	(0.000)	(0.000)
研发投入平方	−0.29***	−0.20***	−0.23***	−0.32***
	(0.000)	(0.000)	(0.000)	(0.000)
人力资本	2.42***	2.04***	1.98***	2.19***
	(0.000)	(0.000)	(0.000)	(0.000)
培训	0.20***	0.17***	0.21***	0.04
	(0.000)	(0.000)	(0.000)	(0.584)
新产品	0.09***	0.07***	0.09***	0.09***
	(0.000)	(0.000)	(0.000)	(0.000)
出口	0.55***	0.39***	0.45***	0.85***
	(0.000)	(0.000)	(0.000)	(0.000)
规模	0.32***	0.89***	0.10	−0.72***
	(0.000)	(0.000)	(0.239)	(0.000)
规模平方	−0.20***	−0.31***	−0.10***	0.08
	(0.000)	(0.000)	(0.008)	(0.216)
全要素生产率	0.67***	0.57***	0.58***	0.86***
	(0.000)	(0.000)	(0.000)	(0.000)
年龄	0.02***	0.02***	0.02***	0.02***
	(0.000)	(0.000)	(0.000)	(0.000)

被解释变量	专利总数（1）	发明专利数（2）	新型专利数（3）	外观专利数（4）
负债水平	-0.26***	-0.40***	-0.23***	-0.16*
	(0.000)	(0.000)	(0.000)	(0.062)
盈利水平	-1.72***	-0.98***	-1.49***	-2.35***
	(0.000)	(0.000)	(0.000)	(0.000)
多元化	0.30***	0.28***	0.23***	0.31***
	(0.000)	(0.000)	(0.000)	(0.000)
产业集中度	0.34***	0.15***	0.28***	0.49***
	(0.000)	(0.000)	(0.000)	(0.000)
外商直接投资	0.23***	0.15***	0.13***	0.38***
	(0.000)	(0.000)	(0.000)	(0.000)
补贴	0.63***	0.55***	0.50***	0.71***
	(0.000)	(0.000)	(0.000)	(0.000)
企业减负	0.11***	0.04	0.09***	0.17***
	(0.000)	(0.136)	(0.000)	(0.000)
要素市场	0.04***	0.03**	0.03**	0.05**
	(0.001)	(0.026)	(0.049)	(0.035)
法律保护	0.06***	0.05***	0.03***	0.12***
	(0.000)	(0.000)	(0.000)	(0.000)
常数项	2.76***	2.31***	2.43***	3.56***
	(0.000)	(0.000)	(0.000)	(0.000)
Pseudo R^2	0.16	0.21	0.18	0.13
观测数	609034	609034	609034	609034

注：***、**、*分别代表在1%、5%和10%水平上显著，括号内是P值，标准误差按企业聚类和异方差调整，产业、区域、产权、年份效应已控制。

2. 外部因素分析

（1）产业因素。企业多元化水平与专利研制显著正相关。企业在多元化过程中，聚集了不同专业领域的研发人才，这些人才的交流与合作产生创新的范围效应，促进了跨产业的技术融合，带动了企业的专利研制。基于专利类别的分析表明，企业多元化发展促进了产业技术的相互融合，对于中国企业发明专利、新型专利和外观专利的影响系数均显著为正。

产业集中度与企业专利数量显著正相关。这表明在集中度较高的产业中，企业表现出了更高的专利产出水平。中国的一些产业存在"潮涌现象"，企业的过度进入加剧了过度竞争，导致全行业企业竞争力低下，创新乏力。因此，适度的产业集中有助于缓解企业在产品价格方面的过度竞争，促进产业资源的合理分配，促进企业技术创新。基于专利类别的分析表明，在适度的产业集中程度下，企业有着更高的发明、新型和外观专利产出。

产业中的外商直接投资与企业专利数量显著正相关。这表明，外商直接投资存在技术溢出效应，促进了中国企业的专利产出增加。基于专利类别的分析表明，外商直接投资对于中国企业发明、新型和外观专利的影响系数均显著为正。这进一步表明在外商投资更高的产业中，企业有着更高的专利产出。

（2）政策因素。生产性补贴代表企业的生产性活动获得了政府支持。结果表明，企业获得生产性补贴与企业的专利产出水平显著正相关。Tassey（2004）认为由于技术和知识具有公共产品的溢出特性，创新活动不可避免地会遇到市场失灵和投资不足的问题。本文的研究表明生产性补贴增加了企业的外部资金来源，发挥了支持企业技术创新的作用。基于专利类别的分析表明，生产性补贴对于中国企业发明、新型和外观专利的影响系数均显著为正。企业减负与企业专利数量显著正相关。这表明，地方政府在为企业减负方面做出的努力，产生了创新激励的效果。基于专利类别的分析表明，政府在减轻企业税外负担方面的努力对于中国企业新型专利和外观专利的影响系数均显著为正。而政府减轻企业税外负担，对于企业发明专利的影响为正，但不显著。这表明企业发明专利的研制往往面临更大的难度，需要多方面的政策配套措施才能体现出明显的政策效果。例如，出台鼓励企业之间、企业与科研单位之间技术合作的政策措施，为企业研发项目提供外部融资支持等。

（3）区域环境因素。要素市场与企业专利数量显著正相关。生产要素市场通常包括金融市场、劳动力市场、技术市场、信息市场、产权市场等。回归结果表明，生产要素市场发育水平高，当地企业能够更容易组织和利用人力资本、金融资源、技术要素等创新资源，从而表现出更高的专利产出水平。基于专利类别的分析表明，对于中国企业发明、新型和外观专利的影响系数均显著为正。这进一步表明要素市场发展改善了企业技术创新的区域环境，促进信息交流和创新成果保护，有利于企业专利产出。

法律保护与企业专利数量显著正相关。法律保护水平越高的地区，企业的知识产权和创新成果能够得到更好的保护，企业有意愿加大研发投入，提高专利产出水平。技术创新是一项高投入、高风险以及未来不确定的活动。法律政策的保障实施能够协调技术创新过程中的各种社会关系，更好地保证企业间技术的竞争与合作。基于专利类别的分析表明，法律保护的发展对于中国企业发明、新型和外观专利的影响系数均显著为正。在三种类型专利中，法律保护对于外观专利的影响系数最大。这表明外观专利容易遭到仿冒的现实条件下，法律保护对于外观专利的保护发挥了关键作用。

五、结论和建议

1. 结论

（1）发明专利比例持续上升成为近 10 年中国企业专利活动最显著的特征。企业平均专利数量和结构随着年份、产业、地区、所有制和规模的不同呈现出明显的差异性。中国企业专利总数和发明专利数量呈平稳增长态势。这表明在现有知识产权制度下，中国企业知识产权拥有量不断增加。发明专利比例的持续上升表明中国企业的专利结构不断改善。不同产业企业的专利数量和专利结构呈现出明显的差异性。"通信设备、计算机及其他电子设备制造业"企业的平均专利总数和发明专利数均高于其他产业企业。从总体上看，中国企业的技术创新的地区差异较为明显，东部地区企业强于中西部地区企业的总体格局没有改变，但东部与中西部地区企业的差距在缩小，中西部地区企业正在迎头赶上。西部地区企业的平均专利增长速度已经超过东部地区企业。基于所有制差异的分析发现，虽然现阶段外资从专利数量领先于内资企业，但中国本土企业特别是国有企业专利增幅显著，发明专利比例快速提升。基于企业规模差异的分析发现，大型企业在平均专利产出和发明专利比例方面要高于中小型企业。这表明企业规模是影响企业技术创新的重要因素。

（2）企业人力资本、技术培训、出口经历、多元化扩张等因素对企业专利研制产生了正向影响。这表明，企业可以通过增加人力资本投入、加大员工培训力度、进入出口市场和进行适度多元化来促进企业技术水平提升。企业的研发投资对企业技术创新的作用呈现出"倒 U"形关系。考虑到中国企业的研发投入水平仍然较低，现阶段中国企业应当继续加大研发投资力度，提升创新产出水平。新产品比率与企业专利数量显著正相关。这意味着创新回报促进了企业专利产出，形成创新投入产出的良性循环对于企业专利研制至关重要。适度的产业集中程度和外商直接投资对专利研制的影响显著为正，表明适度的产业集中和外商直接投资营造了有利于企业技术创新的外部产业环境，促进了企业的专利研制。政府的生产性补贴和为企业减负的政策工具对中国企业增加专利产出具有积极效果。而要素市场和法律保护环境的改善支持了企业技术创新的发展。这表明地方政府通过创新政策引导和影响当地制度环境，对企业的技术创新过程产生了重要影响。

2. 建议

（1）在企业层面建立和完善专利方面的投入产出管理机制。一是着眼市场和消费者需求确定创新方向，合理分配人力、物力和资金资源，加大产品创新力度，把企业的技术优势转化为市场优势。二是企业应当加大研发投入力度，提升研发投资效率，加强企业专利前期研制和后续运营的战略规划。三是营造有利于创新人才成长和发挥作用的体制机制和环境，提升人力资本水平。企业应该通过提供合理的物质激励和职业发展空间，吸引重要科研人员。加大企业技术培训力度，发挥人力资本在企业技术创新中的基础性作用。四是鼓励企业"走出去"，在参与全球竞争过程中获取新的技术和生产经验，在更大市场范围内配置资源，学习国际的先进技术，吸纳海外高素质的人才，增强企业的技术创新能力。五是根据专利投入成本和市场需求动态，有效管理企业自身专利资源，通过专利许可、出售等方式增加企业市场回报，促进创新投入和产出之间的良性循环。

（2）营造有利于企业技术创新的产业环境。一是继续通过实施和完善"抓大放小"的战略，形成一批有影响力的大企业，发挥规模化经营和大型企业在推动产业技术创新中的带动作用，促进产业结构升级。中小企业可以通过中小企业集群的形式，组建研发合作网络，形成规模优势，发挥企业合作带来的规模效应，实现创新资源的优势互补。同时，积极扶持中小企业特别是科技型中小企业向"专、精、特、新"的方向发展，同大企业建立密切的协作关系，提高整体产业的技术创新水平。二是鼓励中国本土企业与外资企业的合作。这意味着中国本土企业可以通过股权投资、联合创新、人才培养、技术合作和商业机遇分享等形式，与外资企业分享创新经验，促进外资企业对于中国企业的技术转移，加速企业自身技术升级。

（3）营造有利于企业技术创新的区域环境。一是健全知识产权监管、维权及执法机制，加快政策和地方法规的制定和完善，加大知识产权保护和市场监管力度。专利制度是推动和保障技术创新的一项基本制度，应当进一步发挥专利制度的作用，使之成为推动技术创新的主要动力和激励机制。二是加大政府对于民营企业和中小企业的技术创新的补贴扶持力度。对于企业自主创新的产品，给予适当优惠。积极培育一批具有自主知识产权的高新技术产业群，促进科技成果向市场需求转化。减轻企业税外负担，通过允许企业相关研发费用的抵扣等方式，减轻企业负担，鼓励企业加大研发投入。三是形成产学研一体化的互动机制。探索建立产学研合作的投入机制、人才培养和流动机制、利益分配机制，促进产学研之间的知识流动和技术转移。建设完善科技服务平台，提供更好的科技信息服务，促进企业科技成果产业化。四是培育劳动力、金融、信息、土地、技术等要素市场，优化创新资源配置，对技术开发、技术承包、技术咨询、技术转让、技术服务等技术交易服务相关方面给予财税政策支持。引入竞争机制，通过要素市场的发展，带动技术成果产业化、商品化，提高技术成果的转化率，促进创新资源的优化配置。

【参考文献】

[1] 王红领、李稻葵、冯俊新：《FDI 与自主研发：基于行业数据的经验研究》，《经济研究》，2006 年第 2 期。

[2] 安同良、周绍东、皮建才：《R&D 补贴对中国企业自主创新的激励效应》，《经济研究》，2009 年第 10 期。

[3] 朱平芳、徐伟民：《政府的科技激励政策对大中型工业企业 R&D 投入及其专利产出的影响——上海

市的实证研究》，《经济研究》，2003 年第 6 期。

［4］朱承亮、师萍、岳宏志、韩先锋：《人力资本、人力资本结构与区域经济增长效率》，《中国软科学》，2011 年第 2 期。

［5］李平、崔喜君、刘建：《中国自主创新中研发资本投入产出绩效分析——兼论人力资本和知识产权保护的影响》，《中国社会科学》，2007 年第 2 期。

［6］李薇薇：《中国企业模仿创新中的专利权属制度研究》，《中国软科学》，2011 年第 1 期。

［7］侯润秀、官建成：《外商直接投资对我国区域创新能力的影响》，《中国软科学》，2006 年第 5 期。

［8］高良谋、李宇：《企业规模与技术创新倒 U 关系的形成机制与动态拓展》，《管理世界》，2009 年第 8 期。

［9］戴觅、余淼杰：《企业出口前研发投入、出口及生产率进步——来自中国制造业企业的证据》，《经济学》（季刊），2012 年第 1 期。

［10］孙文杰、沈坤荣：《人力资本积累与中国制造业技术创新效率的差异性》，《中国工业经济》，2009 年第 3 期。

［11］张杰、周晓艳、李勇：《要素市场扭曲抑制了中国企业 R&D?》，《经济研究》，2011 年第 8 期。

［12］张杰、黄泰岩、芦哲：《中国企业利润来源与差异的决定机制研究》，《中国工业经济》，2011 年第 1 期。

［13］秦雪征、周建波、尹志锋：《中小型制造企业创新特征分析：基于德阳企业调查数据》，《中国工业经济》，2012 年第 4 期。

［14］Griliches. Zvi. Patent Statistics as Economic Indicators：A Survey. Journal of Economic Literature，1990，（28）.

［15］Jaffe，A. B.，Trajtenberg，M.，Henderson，R.Geographic Localization of Knowledge Spillovers as Evidenced by Patent Citations.The Quarterly Journal of Economics，1993，108（3）.

［16］Levinsohn，J.，Petrin，A.Estimating Production Functions Using Inputs to Control for Unobservables. Review of Economic Studies，2003（2）.

［17］Tassey，G.Policy Issues for R&D Investment in a Knowledge-based Economy.The Journal of Technology Transfer，2004，29（2）.

［18］Yasuda，T.Firm Growth，Size，Age and Behavior in Japanese Manufacturing.Small Business Economics，2005，24（1）.

（作者：林洲钰，对外经济贸易大学国际商学院；林汉川、邓兴华，
对外经济贸易大学国际经济贸易学院）

国际货币体系错配下中国制造业技术创新机制与途径[①]

一、引　言

自约瑟夫·熊彼特首次提出技术创新是企业生产函数组合观点以来，国内外学者从不同视角探寻企业技术创新途径和方法、Malerba、Adner从需求空间变化研究企业技术创新，认为不同的需求空间影响企业创新速度和产业变迁。许庆瑞、赵晓庆、宋宪萍等从制度和技术协同演变解读企业技术创新，认为技术创新是企业自然属性和社会属性的结合体，内外因素积累促进企业技术创新。徐丰伟基于协同视角提出技术创新能力来自产业创新能力和产业创新内外部协同两方面。金碚、林毅夫从生产与技术链控制下分析企业技术创新问题，提出以要素禀赋为基础承接全球技术转移。刘康、曾繁华等认为国际分工下的技术链整合程度是技术创新关键。此外，钱水土、周永涛认为金融与企业技术创新之间存在正向关系。

国内外学者从需求空间、制度与技术协同以及技术链转移等研究了企业技术创新问题，但对中国制造业面临的世界产业转移与货币体系错配局面提升技术创新层次的研究尚显不足。改革开放30多年，中国依据自己的比较优势，顺应国际分工趋势，在承接世界制造业转移的过程中逐渐演变为世界制造业大国，然而，中国制造业存在基础技术落后，产品升级严重依赖美国技术，出现了制造业产品出口与中国资源和技术不匹配的现象。这与国际制造业中心转移过程中，国际货币体系仍以美元为主导货币不无关系。历史上英国、美国曾是国际制造中心，国际货币体系分别以英镑和美元为主导货币的金本位制和布雷顿森林体系使英、美两国各领制造业强国风骚几十年。鉴于此，文章综合研究国际制造业中心转移与国际货币体系错配下，中国制造业技术创新机制与途径，解决国际制造中心转移与国际货币体系错配下形成的企业"技术锁定"效应，实现制造业技术上的"点断平衡"。

二、国际货币体系错配下研究制造业技术创新的理论框架

国际货币体系是世界主要贸易国在国际协调关系的统一框架下相互认可并共同使用的维持国际金融秩序正常运转的体系。其产生发展经历了金本位制——布雷顿森林体系——牙买加体系的

① 国家社科基金项目：《国际制造业中心转移背景下中国制造业技术创新承载产业升级的演变路径研究》阶段成果，编号12BJL066；河南省政府招标课题：《河南重点企业自主创新能力培育研究》阶段成果，编号2012B125。

演变过程。国际货币体系的核心内容有三项：一是规定了国际结算和支付的各国通用货币或各国储备资产的货币种类和使用范围等，以便于国际生产、贸易和资本流动的需要；二是界定不同国家货币之间的汇率换算方式，以支持各国货币间的兑换关系；三是制定国际收支的调节机制，纠正国际收支出现的不平衡。鉴于国际货币体系三项功能性内容，它可能从三个方面影响制造业技术创新。

1. 国际货币体系错配弱化制造业技术创新资金源泉

国际货币体系与国际制造业中心一致性对企业的技术创新提供金融支撑作用，促使国际制造业中心国家的技术创新顺利开展并及时转移到承接之地。制造业技术进步的基本条件是：国际货币体系与国际制造业中心的统一。从世界制造业中心转移的历史进程看，世界生产中心转移与国际主导货币变迁基本是一致的。世界制造业中心由英国向美国的转移与国际货币体系的变迁基本是匹配的，即作为世界生产中心的国家，其货币也是国际主导货币。例如，在金本位制下，英国成为世界制造业中心，英镑则是国际货币；布雷顿森林体系下的美国也是如此。英国、美国成为国际制造中心时期，国际货币体系分别为以英镑和美元为主导货币的金本位制和布雷顿森林体系，由此带动了两国制造业迅速崛起，奠定了两国的制造业霸主地位。

中国承接制造业中心转移的同时，却没有使人民币成为国际主要货币，这种国际货币体系与国际制造中心不匹配现象，使得中国制造业发展初期的出口导向倾向明显，被迫积累外汇资本造成制造业贸易条件的不断恶化。中国成为储蓄过剩的国家且正在遭受盈利性投资欠缺以及金融体系脆弱或无效的困扰。这些问题使承接制造业中心转移的国家向中小企业提供研发投资贷款的动力不足。同时，当过剩的储蓄迅速增长时，国内货币得以积累，金融机构投资者在收集了居民储蓄后，只能用本国外汇作为担保，将大量外汇形成的资金储蓄投资到美元资产上，同时，金融机构投资者还要面对相当大的汇率风险。现行的以美元为主体的国际货币体系不能保证货币使用国家的流动性和金融稳定，货币使用国家只好不断增加外汇储备以应对未来的不确定性，这样就使得发展中国家的内需不足，企业产品创新受到严重影响。

在当前美国作为世界中心国家、华尔街拥有全球最大金融市场和世界上绝大多数国家都在使用美元货币的情况下，货币使用国家经济增长的持续性、货币的稳定性、金融资产的安全性、金融市场的发育程度，很大程度上受制于美国。美元国际地位变化对其他国家企业的技术创新产生严重的影响，很可能导致其他国家企业技术创新的脆弱性。

2. 国际货币体系错配导致金融依附阻碍技术创新

国际货币体系下制造业技术创新深受金融依附关系影响。国际货币体系与制造业技术创新的密切联系突出体现在第二次世界大战后布雷顿森林体系下美国制造业的强弱对比变化。随着美元国际化的蔓延和世界经济区域化发展，以美国为经济主体出现了新型全球金融帝国主义，也叫货币帝国主义。这种货币帝国主义形成了主权货币国家与货币使用国之间一种新的依附关系，即货币—金融依附关系。金融依附是指世界上一部分国家的经济受制于它所依附的主权货币国经济的发展和扩张。在该依附关系中，主权货币国家与货币使用国家之间在收益的分享、成本分摊、风险承受和货币权力的可得性等方面存在着明显不对称。世界经济区域化发展形成了一些国家联合经济体与主权货币国家之间的依附关系，表现在主权货币国家经济扩张和自我持续发展时，其他货币使用国只不过是这种扩张的反映，主权货币国家的扩张对货币使用国家的制造业发展产生积极或消极影响。这种新型货币—金融依附关系影响中国制造业升级作用的机制和路径是：对主权货币国家而言，它在多个层面支撑美国的经济金融霸权。第一，在经济收益分享上，新依附结构使美国有能力享受到巨大收益，首先能凭借发达的华尔街市场，廉价利用其他国家的信贷，繁荣国内金融市场；其次能利用美元回流吸收其他国家储备金，为本国财政赤字融资；最后通过巨额经常账户逆差，美国向外围输出大量美元。第二，在成本、风险的分担上，新依附结构有利于主权货币国家向货币使用国家转嫁危机。这主要通过三条途径完成：一是通过贸易渠道使货币使用国家积累起持续资本盈余，并转化为大规模外汇储备，引发超货币供给，激起附属国家经济泡沫。二是美国率先倡导自由化，在将货币使用国家从金融抑制中成功解救的同时，也将其金融脆弱性暴露给国际。三是由美国私人金融资本推进金融创新，借助一体化金融市场以高风险的金融衍生方式，将来自货币使用国家的资本盈余再回流到这些国家。

由此，货币—金融依附对货币使用国家的企业技术创新施加了多种限制。首先，货币使用国家企业技术创新并非真正意义上的自主创新，必须依赖美国的技术输出。其次，在当前的美元本位制下，仍有不少货币使用国家选择钉住汇率。货币使用国家的制造业产品出口深受美元汇率的影响，由出口导致企业技术创新的影响也在很大程度上表现出来。再次，美国政府对外采取的弱势和强势兼备的美元政策影响货币使用国家持有的美元金融资产价值，导致这些国家引进美国企业技术能力降低。最后，美元资产的国际竞争力影响货币使用国金融市场的发育程度，直接导致货币使用国企业研发投入力度降低。

3. 国际货币体系错配扭曲要素市场抑制技术创新

国际货币体系错配迫使中国选择出口导向型发展战略，这就形成了中国承接国际制造转移的必然性。要素禀赋理论认为，一国只有生产要素禀赋相对比较密集的产品才能具有比较优势。由于中国的市场化进程中存在不对称现象，即要素市场的改革滞后于产品市场的改革，在要素市场领域最明显的土地、资本、劳动力以及环境等要素市场，各级地方政府出于对外汇积累战略的考虑，普遍存在对要素资源的分配权、定价权和管制权的控制。在土地要素方面，地方政府为了扩大出口换汇能力不断地以低价出让土地使用权。在劳动力要素方面，政府控制城乡两个层面的劳动力的流动，人为降低劳动力需求成本，造成中国劳动力市场的严重扭曲。由于土地、资本、劳动力等要素市场被干预和控制，对于那些能够创造更多产值、财税收入及就业机会多的出口型、高利润企业，政府给予倾向性的支持。这些企业轻而易举能够获得政府的各项要素优惠待遇，以低成本要素获得超额利润，逐渐丧失了通过自主创新增强竞争能力获得利润的动力。

由于政府控制了要素市场的定价权和分配权，也纵容了企业的寻租行为，长此以往，企业不可能增加研发投入，相反企业会积极投入寻租资金。或者是投入研发的企业也通过建立与政府的密切联系，利用寻租行为谋求对自己研发活动的过度保护和获得垄断地位。同时，寻租活动产生超额利润还会吸引更多的社会资源和人才从实体投资领域转移到非生产的寻租活动中去，从而对企业创新研发活动等实体投资活动产生转移效应和挤出效应，进而导致国家可持续发展动力下降。

货币体系错配扭曲要素市场的同时还破坏了企业技术创新的外在环境。政府的出口导向战略在很大程度上表现出对知识产权保护的松懈，使得企业研发投入很容易被模仿，企业的创新收益出现溢出效应，导致企业研发投入无法得到正常市场收益回报，企业技术创新积极性受到严重挫伤。对此，可以勾画基本框架图见图1：

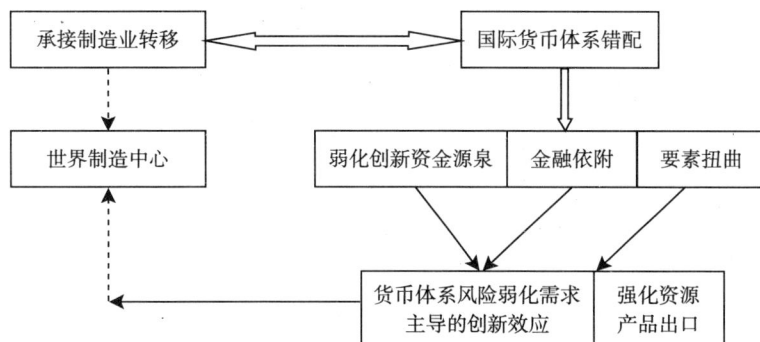

图1 国际货币体系错配与世界制造业中心演变示意图

总之，国际货币体系错配强化了中国政府积累使用别国货币的战略动机，导致中国制造业产品长期依赖国外市场需求，形成了低附加值、资源类产品出口的惯性模式，造成制造业技术难以实现"突破"和"点断平衡"。面对国际制造业中心转移的基本背景，中国要素禀赋的吸引力事实上约束了企业技术创新能力。

三、国际货币体系与制造业技术创新实证研究

1. 英镑崛起与英国制造业技术创新

1846 年英国废除了《谷物法》，开始了自由资本主义的发展时期。19 世纪 40 年代，英国基本完成了工业革命，成为当时的世界贸易金融中心。英镑成为当时国际贸易和结算的主要货币，同时，英国也成为世界原材料集散地、世界工业产品供应地，也是世界教育重要基地。这些决定了英国成为世界制造业中心的重要基础。伴随着英镑在世界范围内广泛使用，英国成为世界制造业中心。18 世纪 30 年代，英国在蒸汽机技术方面的突破是这一成就的主要标志。之后，英国成为当时集产品的研发、设计、生产和销售的中心国家。19 世纪 50 年代到 70 年代，英国的制造业产量和技术水平居世界首位，被称为世界第一代制造业中心。

2. 美元替代英镑与美国制造业技术创新

第二次世界大战前后，美元逐步替代了英镑成为国际通用货币。布雷顿森林体系正式确立美元的国际货币地位。1948 年，美国工业总产值从 1938 年的 34.9%增加到 1945 年的 53.9%，出口贸易额从 1937 年的 14.2%增加到 1945 年的 32.9%。其间，以电力技术使用为标志发展起来的电力工业技术体系，建立和完善了美国钢铁、化工和电力三大产业技术范式，同时，也完善和提高了石油开采技术优势，奠定了石油化工业的技术基础，完成了石油化工对煤化工的取代，成为"石油化工技术王国"。在电力和石油产业的驱使下，美国转向了汽车制造业。1948 年美国汽车总产量占世界市场的 82%，率先实现了大规模的制造业现代化。由此，美国也成为世界制造业第二代中心国家。美国制造业的迅速发展与以美元为中心的国际货币体系有直接关联。这是因为，美元成为国际货币使美国成为第二次世界大战后制造业技术扩散的重要国家，先进的制造业技术再加上由美元主导下的贸易自由化助推了美国制造业技术发展（见表 1）。

表 1　英、美成为国际制造中心的特征及条件比较

国际制造业中心与国际货币体系匹配	主要特征	形成的主要条件
英国成为第一代制造业中心与英镑成为国际货币匹配	①以纺织、采矿、冶金等传统制造业为支柱 ②英国包揽了产品开发、生产设计和销售等产业链，是国际贸易、金融、科技创新的中心 ③国际贸易是参与世界经济分工的重要形式 ④制造业产品的生产和出口占全球市场绝对的份额	①首先爆发第一次产业革命，在制造业研发、技术创新方面居领先地位 ②更多以货币体系造成的非平等贸易手段掠夺殖民地资源，同时，向殖民地输出制造业产品 ③自主创新成为推动产业升级和制造业发展的关键
美国成为第二代制造业中心与美元成为国际货币匹配	①建立电力体系，形成了钢铁制造、造船、化工、汽车等新兴工业基础 ②美国形成了产品研发、生产和销售的基地，成为制造业技术创新的中心 ③制造业产品贸易是世界经济分工的主要方式 ④制造业产品生产和出口占了国际市场很大比重	①成为第二次工业革命的起点，以汽车工业和化工产业为标志的制造业全球领先 ②美元为主体的国际货币体系集聚了丰富的资源并形成大的消费市场，吸引了外围国家资本大量流入 ③制造业技术创新成果不断涌现

资料来源：根据各代世界制造中心形成特点整理。转引自成其谦：《世界制造中心辨析》，《中国工业经济》，2002 年 4 月第 4 期（总 169 期），第 46~50 页。

3. 国际货币体系与技术创新反证：德、日制造业滞枯

国际货币体系以主权国家货币为主导，容易形成国际使用惯性，从而使主权货币发行国获得经济发展周期之外的更多利益。一个国家货币的国际化是自然垄断和外部效应作用下的自我增强进程。此时的主权国家货币可以超越发行国的经济规模，导致国际货币与发行国经济地位之间的错位。例如，在美元替代英镑的过程中，英镑的地位衰落相比英国在全球经济地位的衰落要更为缓慢。这就为主权货币国家低成本利用国际资源提供了长期的便利条件。

德国、日本虽成为制造业大国，但是由于国际货币体系的错配，两国货币最终未能成为国际主导货币，德国和日本的制造业技术创新与产业升级受到限制。由于国际主导货币是美元，德国、日本两国制造业内部技术升级的梯度性使制造业转移缺乏承接地，制造业内部技术传递速度减缓，抑制了德国、日本的技术创新与产业升级。最终德国、日本未能取代美国成为世界制造业中心，乃至 20 世纪中后期国际制造产业向中国等亚洲国家转移，同样是由于国际货币体系错配，中国依然面临这样的困境。

（1）货币错配造成德国制造业技术滞后。19 世纪 50 年代到 20 世纪初期，在德国由哲学科学的发展推动了自然科学的发展。1830 年出现了技术科学发展的高潮，出现了一批世界著名的自然科学家和技术发明家。德国利用煤化学的科研成就，很快创立了合成化学技术和工业，由合成染料发展到合成橡胶、合成纤维、造纸、油漆、制药等工业。德国率先进入合成化学时代和人工制品时代。到 1895 年，德国的制造业全面超过了英国，用 40 年的时间完成了英国近 100 年成就的事业。可是，令人遗憾的是德国终究没能替代英国制造业中心的地位。

（2）货币错配导致日本与制造业中心失之交臂。第二次世界大战后，日本从战争废墟上开始经济复兴，在 20 世纪 60 年代日本借助于重化工技术，随后利用工业化进入人们的日常生活，凭借先进的家用电器技术进入了经济高速增长期。之后的日本重点发展大型化、现代化的生产设备，不断创造规模效益，使石化、钢铁等基础材料型重化工制造业获得巨大进步。20 世纪 70 年代中后期，日本提出"技术立国"的战略，重视技术的引进和改进并强化企业管理，利用各国技术之长，培育了世界享有盛誉的日本产品系列，实现了综合发展生产技术的道路，促进了企业技术创新。日本很快成为世界第二的经济大国，GDP 占世界总额的 15%。日本的汽车、钢铁、家用电器、机械设备及电子信息产品等高技术产品誉满全球。日本的制造业技术、产品数量及质量方面都在世界先进之列。如 1988 年，世界前 10 位半导体制造商中，日本有 6 家，其中的 3 家在世界久负盛名。可见，20 世纪 80 年代的日本支柱产业，如半导体、电子信息、家电、汽车等产业就已经取代了美国，成为人们公认的世界制造大国。日本借助自由贸易政策，利用美国的援助，也使其经济和贸易得到前所未有的发展，从而成为世界制造业重要产地。但是，日本在形成第三代世界制造中心地位时，由于日元不是主导货币，国际金融的实力相对较弱，技术创新带动产业升级的承接地无法及时对接，导致日本未能成为世界科技中心，出现了世界制造中心与世界科技中心相分离的现象（见表 2）。

表 2　日本承接制造业的特征与条件

国际制造转移与日元非国际货币的错配	制造业特征	形成条件
日本承接国际制造与日元的非国际货币的错配	①日本以电子信息产品、汽车、家用电器等为主要制造业 ②部分制造业产品的技术创新程度领先世界水平，但没有成为国际技术中心 ③以制造业最终产品和中间品加工贸易的方式参与国际分工 ④制造业产品生产和出口具有相对优势，但制造业产品生产的绝对比重没有超过英国、美国，使日本成为制造中心	①利用第三次产业革命成就，积极吸收先进技术，形成部分产业领先优势 ②美国提供大量的资本和技术援助，并敞开产品销售市场 ③以国家力量培育战略制造业，采取差异化贸易政策推动技术创新

资料来源：根据不同时期国际制造中心形成特点整理。转引自成其谦：《世界制造中心辨析》，《中国工业经济》，2002 年第 4 期，第 46~50 页。

四、国际货币体系错配下中国制造业技术创新机制与途径

国际货币体系影响制造业技术创新是在国际比较优势明显状况下表现出来的，例如，中国要素禀赋特点对国际制造业转移具有很强的吸附力，加上中国的二元经济体制、出口导向决定中国承接国际制造的必然性。但现有国际货币体系下形成的非平等贸易机制、汇率机制等，弱化了资源禀赋理论和利率平价理论的解释能力。资源配置的系统性低效造成制造业技术创新缺乏动力机制；钉住汇率机制形成跟随贬值效应使技术传递速度减缓。鉴于此，国际货币体系错配下中国制造业技术创新应采取如下机制与途径：

1. 将债权国的金融权利转化为国家政策机制支持创新

债权和债务关系本应是国家博弈和互动的工具和筹码，可将此作为债权国的金融权力强化，增强抵御外部压力的能力和向外施压的能力，通过提升国际债权大国地位寻求技术利益。中国应将积累的外汇储备尽快形成新的资本循环，从被动债权人转变为主动债权人。第一，中国应积极建立发达的本土金融市场，扩张金融市场的深度和广度，推进人民币国际化进程，理顺投资与储蓄不畅的转化机制，通过增加国民拥有财产性收入实现财富重整，巩固债权国的形成基础并提高财富效应。第二，中国要把债权问题与转变经济发展方式和经济结构调整相结合，积极调整对外资产结构，加大外汇储备资产在海外市场投资，通过股权投资，海外兼并拓展海外市场，推动技术创新。通过资本的全球战略布局，将中国的资本优势转化为企业技术创新需要的制度、资源和投资的优势，提高全球技术创新资源的配置能力。第三，要减少债权投资，增加对外股权投资。美国对中国有选择的开放技术，设置各种涉及技术项目的投资壁垒成为中国企业吸收先进技术的强大逆流。然而，美国实施实业再造计划将为我国企业技术升级提供良好机会，有利于中国制造业参与投资世界先进技术并由此获得本土企业技术升级。

2. 建立差别需求机制以出口导向促进技术创新

世界经济长期失衡制约我国制造业技术创新与产业升级。国际制造中心转移与货币体系错配共存，造成中美两个主要国家国际收支失衡，同时，强化了中国出口劳动密集型产品的分工模式，导致中国企业的技术依赖性增强。中国过度依赖于存在型的技术进步和外资对增长规模的拉动，忽略了国内资本的运用和投融资机制发展，在注重出口创汇促进外汇储备增长中，忽略了有效使用外汇进口先进技术促进二次创新和集成创新的作用。中国渐进改革诱发了商品市场发育却造成了要素市场发育的滞后，导致土地、资本、劳动等要素价格存在不同程度"低估"现象。这在一定程度上刺激企业和企业家密集使用有形要素，而较少有压力和动力投资于技术创新，造成中国产品出口的低层次、资源性产品居多。中国进口先进装备建立本国现代产业政策是从封闭向开放经济转型政策体系，并不具备开放条件下实现从低端技术结构向高端技术结构升级功能。研究证明，技术来源越集中，本国技术战略的主动性就越弱，这样进口的技术不仅无法为本土企业的技术提供动力，反而抑制了技术创新，企业的研发也可能被限定在产业链的某个特定层次上，产生技术锁定问题。

对此，中国要把握金融危机带来的技术升级契机，根据中国比较优势特点，在保持原有制造业产品出口的同时，积极引导企业走高附加值产品出口的道路，以发达国家和发展中国家两个市场构建制造业产品出口机制，尽快提升制造业产品的技术层次。政府应从直接操作项目转变为支持竞争性企业技术创新，通过制造业所处分工位置的空间变革引导企业技术创新并做好企业科研

融资匹配工作，走引进—国产—自主开发的技术创新路径。中国要利用国际贸易协调和世界市场的合理分工，建立国际差别化需求机制，制定技术能力发展战略，积极支持国内竞争性企业技术创新，改变技术来源过于集中局面，以制造业出口带动企业技术创新。建立国际差别化市场结构可以稳定产品的技术路径，有利于企业技术的功能性创新。

3. 利用汇率机制引导企业技术创新

历史告诉我们，除了特殊的欧元模式外，在英镑和美元成为国际关键货币过程中，特别是国内金融市场尚未充分发展的初始阶段，都采用"资本输出+国际卡特尔"或跨国企业模式进行资本输出。这在金融形态上输出的是以本币或者比本币更可靠的黄金定值的信用，在物质形态上输出的是资本货物和技术，例如，第一次世界大战前英国对殖民地附属国的资本输出，第一次世界大战和第二次世界大战期间美国对交战国的资本输出以及第二次世界大战后美国的"马歇尔计划"。资本输出必然带来随后"回流"。这样的"回流"在物质形态上是原材料、中间品和低端最终品，在金融形态上是以本币或黄金定值的债务本息。在资本输出和随后的回流中，本国的企业集团或者跨国企业则是组织资源配置、生产、销售和定价的核心。汇率调整对资本输出起到重要作用。

（1）调整本币汇率配合技术创新。对于我国本币升值与资源约束所引致的这个潜在的技术创新升级阶段，存在着与经济周期下行阶段的重叠。在人民币升值背景下，中国政府在推动技术升级与产业结构整合，从单纯引入模仿到自主创新，合理引导国内的过剩资本逐利方向，促进产业结构升级的同时，按照渐进路径倡导建立全球信用管理的国际货币体系时，逐步放开本币汇率倒逼企业技术创新。

（2）利用外汇支持企业规模化。中国低成本高质量的劳动力和有效生产管理等形成的巨大生产能力面对的是有限的市场空间。现存国际货币体系下中国采取钉住美元汇率制度，利率平价理论不是表现为汇率变化，而是表现为资本流动，对企业进出口贸易影响有限，倒逼创新不明显。为此，中国应利用充裕的外汇储备加大对外投资力度，参与跨国公司的核心技术的研发，采取参与国际产业链高端技术研发，集中突破制造业核心技术，逐步摆脱对外技术的依赖，关注美国新能源的发展，紧跟制造业先进技术实现二次创新；通过制造业服务化与运营模式创新，加强产业内技术合作，形成系统内创新链，提升制造业整体创新实力。

4. 后金融危机下制造业技术创新途径

技术既不是单独存在，也不是线性的网状存在，而是以链条形式存在于各个产业当中，而每个技术链又彼此相互支持。每个技术链中的技术结构和作用也不尽相同，有核心技术和非核心技术等，后金融危机时代传统技术过剩但存在突破性因素。一是制造业内部"轻纺"和"重化工"，如加工制造、家电等，属于外需饱和产品，在工艺和功能上存在突破性因素可以实现技术创新。二是"装备制造"属自动化和智能化较高产品，后金融危机下形成核心技术链可以实现技术"突破"和"点断平衡"，从而带动整体制造业技术升级。

金融危机在导致传统制造业产品需求减少的同时，也将迫使技术链条裂变和重组推动新的技术产生，特别是在新能源、生物技术等领域存在技术的"点断平衡"对制造业技术创新将产生重要影响。为此，中国应通过改革不平等国际贸易制度与体系实现由简单制造产品到高精尖产品出口的替代，采取梯度与差异化贸易打造高精尖技术，支持先进装备制造业贸易以增加系统技术的积累。

【参考文献】

[1] 赵晓庆、许庆瑞：《技术能力积累途径的螺旋运动过程研究》，《科研管理》，2006年第1期。

[2] 宋宪萍：《后危机时代欠发达国家技术进步的实现途径》，《当代经济研究》，2010年第10期。

[3] 徐丰伟：《基于协同的装备制造业技术创新能力评价指标体系研究》，《科学管理研究》，2011年第10期。

［4］金碚：《中国工业的技术创新》，《中国工业经济》，2004 年第 5 期。

［5］林毅夫：《自生能力、经济发展与转型：理论与实证》，北京大学出版社，2004 年。

［6］刘康、曾繁华：《企业技术创新与产业技术链整合》，《科技进步与对策》，2011 年第 3 期。

［7］钱水土、周永涛：《金融发展、技术进步与产业升级》，《统计研究》，2011 年第 1 期。

［8］［法］米歇尔·阿格利埃塔：《阿格利埃塔论美元、人民币与国际货币体系》，赵超摘译，《国外理论动态》，2011 年第 11 期。

［9］张杰、周晓艳、李勇：《要素市场扭曲抑制了中国企业 R&D?》，《经济研究》，2011 年第 8 期。

［10］成其谦：《世界制造中心辨析》，《中国工业经济》，2002 年第 4 期。

［11］Schumpter, J.A. The Theory of Economic Development: An Inquiry into Profits, Capital, Credit, Interest, and the Business Cycle. Cambridge: Harvard University Press, 1934 (79).

［12］Malerba, F., Neison, R., Orsenigo, L., and Winter, S.Demand, Innovation, and the Dynamics of Market Structure: The Role of Experimental Users and Diverse Preferences. Journal of Evolutionary Economics, 2007 (4).

［13］Adner, R., and Levinthal, D.Demand Heterogeneity and Technology Evolution: Implications for Product and Process Innovation.Management Science, 2001 (5).

［14］Dos Santos, T. The Structure of Dependence. The American Economic Review, 1970 (60).

（作者：李新功，河南大学工商管理研究所）

我国三大区域技术创新效率差异的比较研究

一、引 言

内生经济增长理论（Romer，1994）认为，技术创新是提升经济发展水平和质量的最为重要的要素，是实现依靠要素投入和资源消耗转向创新驱动发展的内生力量。当前，我国政府将"提高自主创新能力，建立创新型国家"作为新时期国家发展战略的核心，技术创新成为各区域调整经济结构、转变经济发展方式、提高经济发展质量的根本出路。在经济全球化趋势下，区域经济日益直接参与全球竞争，区域技术创新效率的高低正日益成为区域获得国际竞争优势以及实现区域经济增长和发展的关键因素。据统计，2010 年我国研发经费支出占 GDP 的比重为 1.76%，超过了自主创新国家的转折点，但与发达国家相比仍处较低水平。与此同时，科研人员总量也从 2000 年的 92.2 万人上升到了 2010 年的 255.38 万人。应该看到，创新资源的投入只是技术创新水平提高的必要条件而非充分条件。一个地区在增强自主创新能力过程中，不仅需要增加资源的投入，更需要注重技术创新效率的提升。当前众多学者对区域技术创新效率的评价进行了大量的研究，采用的方法主要有 DEA（数据包络分析）、Malmquist 指数法、SFA（随机边界分析）等，其中以 DEA 方法的应用最为普遍。张宗益等（2008）使用 DEA 方法对我国 31 个省、市、自治区 2002~2006 年的区域技术创新效率进行了分析。白俊红等（2009）应用 DEA 方法对我国区域创新系统的创新效率进行了测评。王家庭等（2010）利用 DEA 方法和 Malmquist 指数法对 2002~2007 年我国区域技术创新两阶段的效率变动趋势进行了实证分析。潘雄锋和刘凤朝（2010）运用 SFA 法研究了 1996~2006 年中国区域工业企业技术创新效率状况。在上述工作的基础上，本文以我国 30 个省级行政区域为分析单元，使用更多年份（1998~2010 年）的面板数据，从技术创新的投入产出视角并借鉴波特的钻石模型理论，采用随机边界模型方法分析和估计三大区域技术创新效率差异及影响因素。

二、分析思路与模型的选择

技术创新效率是技术投入产出的转化率，其内涵为在一定的技术创新环境和创新资源配置条件下单位技术创新投入获得的产出，或者单位技术创新产出消耗的技术创新投入。技术创新资源投入包括财力和人力，它决定了一个区域技术创新产出的潜力，而这种潜力被转变为实际技术创新的程度就是技术创新效率。根据 Farrel（1957）的研究，技术效率是和生产可能边界（Production

Frontier）联系在一起的。考虑单一产出的情况，生产可能边界是在一定要素投入下所能达到的最大产出形成的曲线。技术效率便是一个生产部门在等量要素投入条件下实际产出与最大产出的比率。

目前对决策单元的技术效率的测度主要有参数法和非参数法两大类。非参数法主要以 Charnes 等（1978）提出的 DEA 方法为代表，该方法优点在于采用线性规划技术，无须设定函数形式，避免了主观设定函数的影响，而且在对多投入多产出的效率测度上具有优势。但 DEA 的缺点也很突出，由于设定了确定边界，该方法没有考虑随机误差的存在。而参数方法则以 SFA 方法为代表，该方法由 Aigner 等（1977）、Meeusen 和 Broeck（1977）、Battese 和 Corra（1977）提出。该种方法的优点是边界面本身是随机的，并且由于其区分了统计误差项和管理误差项，可以较好地避免不可控因素对非效率的影响。它的缺点也很明显，由于事先确定了生产函数模型，不同的模型带来的结果可能造成很大的差异。尽管两类方法各有利弊，但毕竟 SFA 方法能够将无效率项和随机误差项分离，进而保证被评估效率的有效性，并且 SFA 方法不仅可以测算每个个体的技术效率，而且可以定量分析各种相关因素对个体效率差异的具体影响。本文的研究聚焦在各个区域技术创新是否有效率以及影响技术创新效率的因素，因此本研究使用 SFA 对三大区域进行技术创新效率分析。

随机边界生产函数假定生产中存在技术无效率的情况，并且认为技术无效性按一定的方式变化。一般的设定形式为：

$$Y_{it} = f(t, x_k)e^{(V_{it} - U_{it})}, \quad i = 1, \cdots, N; \ t = 1, \cdots, T$$

$$V_{it} \sim N(0, \delta_V^2), \quad U_{it} \sim |N(\mu, \delta_u^2)| \tag{1}$$

其中，Y_{it} 表示 i 地区 t 年的实际技术创新产出水平，$f(\cdot)$ 表示生产可能性边界上的确定产出，也就是完全有效率时的最大产出。误差项由两部分组成：V_{it} 和 U_{it}，下标 i 表示个体，t 表示时间。其中，V_{it} 表示生产中的随机性因素，U_{it} 则体现了因技术无效率使用造成的效率损失。假定 V_{it} 服从正态分布，U_{it} 服从截断正态分布。

将上述模型两边取自然对数得到：

$$\ln Y_{it} = \ln f(t, x_k) + V_{it} - U_{it} \tag{2}$$

假定生产函数为柯布—道格拉斯生产函数，那么随机边界生产函数设定如下：

$$\ln Y_{it} = \beta_0 + \beta_k \ln K_{it} + \beta_L \ln L_{it} + V_{it} - U_{it} \tag{3}$$

为了便于估计，Battese 和 Coelli（1995）设定了方差参数 $\gamma = \delta_U^2/(\delta_V^2 + \delta_U^2)$ 来检验复合扰动项中技术无效项所占的比例，γ 介于 0 与 1 之间，若 $\gamma = 0$ 被接受，则表明实际产出与最大产出之间的差异均来源于不可控的纯随机因素，因此无须使用 SFA 方法，直接运用 OLS 方法即可。

技术有效性的测度指标为：

$$TE_{it} = E(Y_{it}^* | U_{it}, X_{it})/E(Y_{it}^* | U_{it} = 0, X_{it}) = \exp(-U_{it}) \tag{4}$$

其中，$E(Y_{it}^* | U_{it}, X_{it})$ 和 $E(Y_{it}^* | U_{it} = 0, X_{it})$ 分别表示 i 地区 t 年实际观察到的和潜在的技术创新产出水平。

为了进一步解释个体间的技术创新效率差异，Battese 和 Coelli（1995）在上述模型基础上引入了技术非效率函数：

$$U_{it} = \delta_0 + z_{it}\delta + w_{it} \tag{5}$$

其中 z_{it} 为影响技术无效率的因素，δ_0 为常数项，δ 为影响因素的系数矢量，若系数为负，说明其对技术创新效率有正的影响；反之，则有负的影响，w_{it} 为随机误差项。

三、指标选取与经验模型

1. 技术创新产出指标

要比较不同区域的技术创新效率，需要一个能够测度技术创新产出的指标。本文以各地区获得的发明专利授权量为指标进行分析。事实上，专利是否能够衡量技术创新的产出，现有的文献一直都存有质疑。因为并不是所有的发明都能够申请专利，也不是所有的发明都被授权了专利（Pakes 等，1984），而且授权的发明在质量以及实际经济价值方面有很大差别（Griliches，1990）。这样，专利数据既不包括全部的技术创新成果，也不反映不同技术创新成果的重要性，将专利等同于技术创新产出有着数量上和质量上的差异。专利尽管只能对技术创新产出近似地度量，但由于找到更好的替代指标还存在一定的困难，目前仍然被许多学者在实证分析中广泛应用。在我国，专利的申请、受理、授权的过程在全国范围内都是一致的，因此作为衡量技术创新产出的专利数据是具有区域可比性的。专利在我国主要划分为三类：发明、实用新型和外观设计。其中，发明专利是衡量创新产出水平的较好指标，其技术含量高且申请量很少受到专利授权机构审查能力的约束，更能客观地反映出一个地区原始创新能力与科技综合实力（刘凤朝、沈能，2006）。因此，本文选用发明专利作为创新产出衡量指标（Y）。同时，考虑到专利的申请、受理和授权过程都需要较长时间，本文采用 Furman 等（2002）在进行国际比较时使用的专利授权滞后研发投入 3 年的设定。

2. 技术创新投入指标

依据本文前面所给出的分析思路和模型，区域技术创新生产函数主要投入要素包括区域技术创新资源（包括人力和财力）的投入量。有关技术创新资源的投入，现有文献中通常选用 R&D 经费支出和 R&D 人员投入来表征（Sharma 和 Thomas，2008；李习保，2007）。因此，本文将各地区 R&D 经费筹集额（K）作为各地区技术创新资金的投入变量。区域技术创新的另一项投入指标 R&D 人员，本文选用 R&D 人员全时当量（L）来测算，其值为报告期内 R&D 全时人员数加非全时人员按工作量折算成全时人员数的总和。

3. 影响区域技术创新的因素

从理论上讲，任何与技术创新活动相关的因素都可能对技术创新效率造成影响。本文主要借鉴波特的国家竞争力理论钻石模型，从生产要素状况、需求状况、相关支持产业、企业结构和同业竞争、机遇和政府行为六个方面，考察影响区域技术创新的因素。由于一些概念定义本身的模糊性和数据信息可得性的局限，从这六个方面对区域技术创新的因素进行直接而准确的测量其指标难以获得，本文运用以下间接指标和替代指标来表示与这些方面相关的影响因素。

（1）城市化率（Z_1）。波特认为一个区域的生产要素状况是一个综合的概念，不仅包括自然资源、气候、地理、资本等基本要素，而且包括现代化电线网络、高科技人才、尖端学科研究机构等高级要素。因此，本文用城市化率来近似地衡量一个地区的技术创新生产要素状况，进而分析区域要素状况对技术创新效率的影响。城市化率计算采用人口统计学标准，城镇人口占总人口（包括农业与非农业）的比重。

（2）人均 GDP 增长率（Z_2）。该指标用来反映国内市场对创新产品或服务的需求状况。根据产品生命周期理论，创新产品或服务在市场中需求收入弹性往往较大，人均收入增长得越快，对创新产品或服务的需求越旺盛，越能刺激技术创新效率的提高。

（3）R&D 资金筹集中来自银行或其他金融机构资金的比重（Z_3）。该指标反映区域的金融部门对技术创新活动的支持程度，从而间接衡量相关和支持产业的状况。

（4）工业总产值占 GDP 的比重（Z_4）。该变量用来近似地衡量企业结构和同业竞争特征，进而分析地方工业环境对技术创新效率的作用。

（5）区域贸易专业化指数（Z_5）。其计算公式为：（出口额−进口额）/（出口额+进口额）。该指标用来表示不同区域的对外开放性，进而反映区域可获得的发展机遇。通过参与国际贸易，一个地区可以获得发达国家和地区的技术信息知识。我国三大区域发展环境差异明显，作为技术创新主体的企业可能由于处于不同区域的开放环境中而获得更多机遇，而表现出较好的技术创新效率。

（6）R&D 资金筹集中来自于地方财政资金的比重（Z_6）。该指标反映在促进技术创新过程中地方政府的行为。财政科技投入是地方政府支持技术创新最直接的切入点和最有效的着力点。各地区的财政科技投入是区域技术创新投入的重要来源，在全社会多渠道技术创新投入中占据重要地位并发挥着引导和调节的作用。

综上所述，在本文选取的技术创新活动投入产出指标框架内，可建立如下生产函数随机边界经验模型：

$$\ln y_{it} = \beta_0 + \beta_1 \ln K_{it} + \beta_2 \ln L_{it} + v_{it} - u_{it} \tag{6}$$

$$u_{it} = \delta_0 + \delta_1 z_1 + \delta_2 z_2 + \delta_3 z_3 + \delta_4 z_4 + \delta_5 z_5 + \delta_6 z_6 + w_{it} \tag{7}$$

四、实证研究

1. 数据来源与处理

本文选取的分析样本为我国内地的 31 个省、直辖市、自治区，但是由于西藏地区数据不全，最终确定的分析样本为除西藏以外的我国内地 30 个省、直辖市、自治区。研究数据来源于《中国科技统计年鉴》（1999~2011 年）、《中国工业经济统计年鉴》（1999~2011 年）、《中国统计年鉴》（1999~2011 年）。本文的技术创新投入、产出与影响因素变量均以对数形式或相对量形式出现，其中 R&D 经费支出依据 CPI 调整为 1998 年不变价格。变量的统计特征参见表 1。

表 1　变量的描述性处理结果

	N	年　度	最小值	最大值	均值	标准差
lnY	300	2001~2010	1.609	6.629	4.064	0.895
lnK	390	1998~2010	−0.916	4.366	1.776	1.002
lnL	390	1998~2010	−0.365	5.678	1.838	0.969
Z_1	390	1998~2010	0.186	0.893	0.424	0.148
Z_2	390	1998~2010	0.024	0.236	0.106	0.027
Z_3	390	1998~2010	0	0.234	0.065	0.04
Z_4	390	1998~2010	19.8	60.1	45.419	7.598
Z_5	390	1998~2010	−0.655	0.617	0.063	0.217
Z_6	390	1998~2010	0.081	0.683	0.279	0.133

在技术非效率函数方程中存在多个解释变量，若变量间存在多重共线性，那么估计结果将十分不准确。表 2 列出了影响因素变量之间的相关系数以及方差膨胀因子，结果表明尽管变量之间存在一定程度的多重共线性，但仍然在可接受的范围之内。

表 2　技术创新影响因素相关系数矩阵

	Z_1	Z_2	Z_3	Z_4	Z_5
Z_2	0.1746				
Z_3	−0.2914	−0.2197			
Z_4	0.1839	0.3937	0.006		
Z_5	−0.334	−0.0914	0.3769	0.3029	
Z_6	−0.2386	−0.2933	−0.0312	−0.5321	−0.2184

注：各变量的方差膨胀因子（VIF）均小于 2，且均值为 1.45。

2. 估计结果与分析

本文使用 FRONTIER 4.1 计量分析软件，根据式（6）、式（7）得到表 3 中参数的估计值及其相关检验结果。

表 3　随机边界分析的各项参数估计

系数	估计值	t 统计量
影响边界的因素		
β_1	0.6175	9.4484**
β_2	0.6621	2.0909*
效率影响因素估计		
δ_1	−1.4541	−5.9725**
δ_2	−3.9987	−2.2551*
δ_3	1.8334	2.7761**
δ_4	0.0098	2.0445*
δ_5	−0.3867	−2.5861**
δ_6	0.3741	0.7877
δ^2	0.1629	12.0422**
r	0.5777	3.0623**
对数似然函数值	−157.0096	

注：①截距项估计值省略。②*、** 分别表示在显著水平 5%、1% 下，具有显著性。

回归结果中，δ^2 和 r 均通过了显著性水平为 1% 的检验，这表明本文使用 SFA 方法估计的合理性。同时 r 值为 0.5777，这说明在控制了投入要素后技术创新产出的波动超过一半可能是由技术非效率差异引起的，而其余的部分来自于不可控因素造成的白噪声误差。可见，当前各种不可控因素对技术创新也存在相当的影响。

技术非效率函数中，除了政府作用因素外，各变量的统计显著性水平都较高，这说明本文技术创新影响因素的指标选取是合理的，观察各因素对技术创新效率的影响特征可得出如下结论：

（1）在要素状况方面，基本和高级的要素存量水平通过区域城市化水平来表征。城市化水平变量在模型回归系数显著为负，表明良好的自然资源、资本、人才等各类要素储备能够有力促进区域技术创新效率水平的提高。城市化率每提高 1%，区域技术创新产出提高 1.4541%。

（2）在需求因素方面，人均 GDP 增长率变量的系数显著为负，表明对创新产品的需求能够有效地促进技术创新效率的提高，这与本文之前的理论预期是一致的。人均 GDP 增长率每提高 1%，区域技术创新产出提高 3.9987%。

（3）金融支持变量在模型回归估计系数显著为正，检验结果表明其对技术创新效率产生负面的影响。这与金融机构提供资金的特点相关，出于信用担保的压力，金融机构在具体选择资助对象时，往往更喜欢选择那些规模实力大、偿债能力强的企业作为资助对象，而这些企业往往不缺乏研发资金。相反，那些具有良好创意、急需资金支持的中小型企业并没有获得贷款资助。这样就致使金融贷款并没有真正发挥其扶持作用，反而助长了研发垄断，排挤了中小型企业的创新活动。

（4）在地方工业环境方面，工业总产值占 GDP 的比重变量的系数显著为正，表明地方工业化水平的提高对技术创新效率亦有负的影响，这似乎有悖于常理。但是仔细观察近年来我国工业化进程，可以发现其中的一些原因。长期以来，我国的工业化遵循的是传统工业化模式，这种模式是建立在低成本和扩大规模取胜的基础上，实际上是阻碍了技术创新效率的提高。当前，我国还没有完全摆脱这种模式的影响，但从地方工业环境系数为 0.0098 可以判断，其对技术创新效率提高的阻碍已十分有限。

（5）贸易专业化指数系数估计值为负，而且在统计意义上显著，这表明区域的对外开放程度越高，带来更多的技术创新机遇，从而对技术创新效率产生明显的促进作用，这与本文先前的理论预期是一致的。

（6）地方政府对 R&D 的资金支持的系数在统计意义上不显著，且为正值，表明地方政府资助对技术创新效率并没有起到促进作用，反而可能存在着阻碍作用。政府财政资金进行 R&D 资助其主要目的是引导企业研发投入的方向，降低企业研发成本。但是，政府财政资金的 R&D 也可能"好心办坏事"，如果政府资金介入的是本可以由企业自发投入完成的研发领域，那么政府的资助只能是挤出了企业投资。当前我国政府财政资金对科技的资助结构不尽合理，投入存在"挤出效应"，影响了技术创新效率的提高。

3. 地区技术创新效率空间差异分析

表 4 给出了我国 30 个省、直辖市、自治区 2001~2010 年的技术创新效率水平估计结果以及东、中、西部技术创新效率的平均水平。

表 4　三大区域技术创新效率水平

地区	年份 地区	2001	2002	2003	2004	2005	2006	2007	2008	2009	2010
东部地区	北　京	0.5727	0.6450	0.6838	0.7281	0.8511	0.8503	0.9429	0.9545	0.9687	0.9768
	天　津	0.5587	0.5799	0.6722	0.7054	0.8931	0.8902	0.9081	0.9309	0.9220	0.9181
	河　北	0.3995	0.4001	0.4208	0.4312	0.4686	0.5109	0.5997	0.6407	0.6449	0.6713
	上　海	0.5026	0.6012	0.7586	0.8369	0.9245	0.8946	0.9639	0.9730	0.9633	0.9848
	江　苏	0.3922	0.4567	0.4808	0.5041	0.5453	0.5791	0.6309	0.6664	0.6930	0.7315
	浙　江	0.4417	0.4964	0.4967	0.5295	0.6654	0.7458	0.7750	0.7668	0.8158	0.8647
	福　建	0.4964	0.4014	0.4997	0.4711	0.5257	0.5788	0.6243	0.6751	0.7444	0.7709
	山　东	0.4310	0.4055	0.4724	0.5086	0.5464	0.6065	0.6321	0.6601	0.6835	0.6886
	广　东	0.4545	0.4254	0.4819	0.5201	0.6147	0.6811	0.6994	0.8459	0.9177	0.9213
	海　南	0.4196	0.4983	0.6648	0.5701	0.5775	0.5961	0.5966	0.7048	0.7202	0.7350
	平均值	0.4572	0.4818	0.5510	0.5677	0.6450	0.6772	0.7196	0.7648	0.7911	0.8149
中部地区	山　西	0.3749	0.3935	0.4500	0.5874	0.6487	0.6806	0.7369	0.6396	0.6498	0.7364
	辽　宁	0.4758	0.5153	0.5743	0.6035	0.6194	0.7058	0.7514	0.8245	0.8348	0.8659
	吉　林	0.4404	0.4663	0.5356	0.4921	0.5806	0.5307	0.5507	0.6557	0.7466	0.7547
	黑龙江	0.4569	0.3974	0.4602	0.4851	0.5080	0.5707	0.6196	0.6536	0.6560	0.6680
	安　徽	0.3584	0.4603	0.4291	0.4513	0.4799	0.3578	0.5171	0.4994	0.5466	0.5848
	江　西	0.3386	0.4274	0.5293	0.4943	0.5107	0.5495	0.5695	0.5983	0.5943	0.5605
	河　南	0.3054	0.3705	0.3786	0.4143	0.4646	0.4976	0.5640	0.5828	0.6089	0.6328
	湖　北	0.4371	0.4513	0.6265	0.4975	0.5078	0.5355	0.5712	0.6211	0.6802	0.7405
	湖　南	0.4246	0.4266	0.4905	0.5574	0.5776	0.5159	0.6164	0.6199	0.6835	0.8104
	平均值	0.4013	0.4343	0.4971	0.5092	0.5441	0.5493	0.6108	0.6328	0.6668	0.7060

年份 地区		2001	2002	2003	2004	2005	2006	2007	2008	2009	2010
西部 地区	内蒙古	0.4627	0.4324	0.5259	0.5351	0.6166	0.8177	0.8849	0.9581	0.7875	0.8235
	广 西	0.4460	0.4519	0.5013	0.4877	0.5287	0.4879	0.5100	0.5658	0.5890	0.6229
	重 庆	0.3321	0.3544	0.4682	0.4738	0.5419	0.6186	0.6411	0.6861	0.6850	0.8022
	四 川	0.3649	0.3398	0.4241	0.3972	0.4907	0.5029	0.5442	0.5627	0.6979	0.6506
	贵 州	0.3930	0.4061	0.4136	0.4435	0.4478	0.4442	0.4958	0.5093	0.5205	0.6216
	云 南	0.3447	0.3397	0.3667	0.3511	0.4123	0.3990	0.4433	0.4308	0.4877	0.5215
	陕 西	0.3470	0.3893	0.4264	0.4277	0.4658	0.4910	0.5539	0.5804	0.5586	0.6440
	甘 肃	0.3710	0.4117	0.4044	0.4216	0.4246	0.4831	0.5066	0.4810	0.4769	0.4695
	青 海	0.4385	0.3957	0.4722	0.4512	0.5630	0.5803	0.4693	0.6521	0.5897	0.5335
	宁 夏	0.3723	0.4915	0.5767	0.5114	0.5886	0.6477	0.5479	0.5026	0.6623	0.6660
	新 疆	0.3431	0.4377	0.4023	0.3748	0.4179	0.5307	0.5206	0.5744	0.5948	0.6342
	平均值	0.3832	0.4046	0.4529	0.4432	0.4998	0.5457	0.5561	0.5912	0.6045	0.6354

根据三大区域的划分，东、中、西部地区平均技术创新效率水平分别由 2001 年的 0.4572、0.4013、0.3832 上升到 2010 年的 0.8149、0.7060、0.6354，10 年间三大区域平均技术创新效率分别提高了 35.77、30.47、25.22 个百分点，可见东、中、西部地区平均技术创新效率水平在总体上呈现上升趋势。

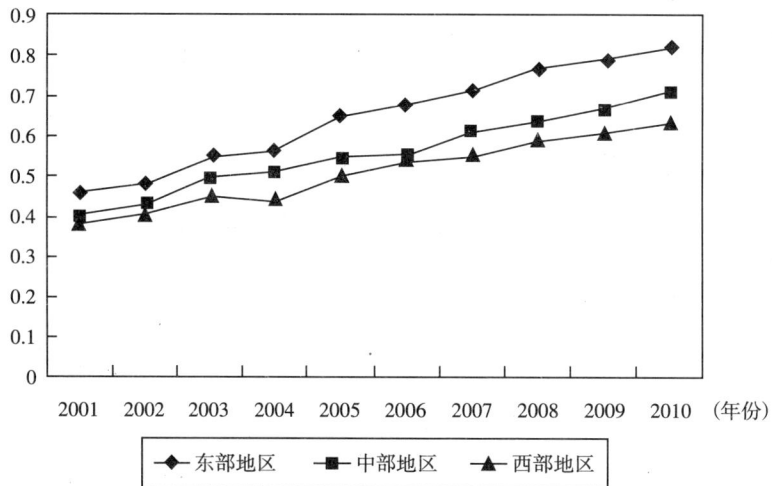

图 1 三大区域技术创新效率走势

为了能够更明确看出三大区域技术创新效率演化趋势，根据表 4 的数据作图 1。据图 1 所示，10 年间我国三大区域技术创新效率水平差异并未缩小，反而呈现明显的扩大趋势，表明技术创新效率的东高西低的梯度分布格局不仅没有改变，反而被进一步强化。根据 2010 年各地区技术创新效率序列的 1/3 分位数（0.6455）和 2/3 分位数（0.7672）将各地区的技术创新效率分为高、中、低三个等级，以此来观察当前技术创新效率的分布格局（见图 2）。

从图 2 中可以看出，东部 10 省市全都分布于技术创新效率中、高的区域，而且其大部分都属于效率高的地区。东部省市都处在我国改革开放的前沿，由于其高的市场化水平和对外开放程度等因素影响，表现出了较强的技术创新能力，在资本、人才、基础设施等方面占优势的情况下，技术创新效率高也是顺理成章的。中部 9 省、市在技术创新效率高、中、低三个区域都有分布，

技术创新效率			
高	内蒙古、重庆	湖南、辽宁	上海、北京、广东、天津、浙江、福建
中	宁夏、四川	吉林、湖北、山西、黑龙江	海南、江苏、山东、河北
低	陕西、新疆、广西、贵州、青海、云南、甘肃	河南、安徽、江西	
	西部地区	中部地区	东部地区

图2 区域技术创新效率空间分布矩阵

而处于中等区域的最多。中部地区是我国承东启西的重要战略地区，依托其良好的地缘和综合资源优势，积极承接东部产业技术转移，技术创新效率水平稳定且居中，具备进一步提升的潜力。西部11省、市、区同样在技术创新效率的三个区域都有分布，但主要集中于低效率的区域。自西部大开发战略实施以来，西部地区经济保持了较快的增长，并且逐步扭转了与中、东部地区在发展速度上的差距，但是考虑到西部地区整体技术创新效率低下的现实，很明显这些成绩的取得在很大程度上不是依赖内生的技术进步所推动的自我发展能力的提高，而是主要依靠国家资金支持与优惠政策支持的"输血式"外推增长，技术创新增长乏力已经成为西部地区亟须解决的问题。

五、结论与建议

从上述分析可以得到如下结论：首先，在影响技术创新效率的各因素中，要素状况、需求状况、对外开放程度对技术创新效率存在统计上显著的正向作用，而金融支持、地方工业环境和政府作用却限制了技术创新效率的提高。其次，我国技术创新效率整体上保持持续增长的趋势，但这种趋势在区域空间层面却存在显著的差异，而且这种差异是趋于扩大的，即技术创新效率落后的地区拥有相对较低的效率提升速度。最后，通过对比分析三大区域内部各省市技术创新效率水平及演变发现，区域技术创新效率与区域经济发展水平具有较高的相似度，区域技术创新效率水平的分布与其经济梯度分布是大体一致的。

基于提升区域技术创新效率和缩小区域效率差异的角度，依据研究结论，本文建议：①政府在对科技研发活动资助时，一方面需要对投入结构进行合理化，保证资金投入的高效益，尽量减少对企业资本的挤出；另一方面需要完善监督机制，以确保技术创新活动效率的提高和质量的改善。②创新金融模式，积极探索建立以政策法律保障、信用担保扶持、信贷制度完善以及配套服务支撑等为主要内容的融资支持体系，扶持中小型企业的技术创新活动。③东部地区在保持创新资源投入的合理性和有效性的前提下，应加大R&D资源的投入，同时注重原创性技术创新能力的培育，努力改善产业的国际分工地位。④中部地区应注意引进技术的消化吸收和创新，重点关注科技成果的应用，集中创新资源投向科技成果产业转化环节，提高技术创新与经济的结合度，更好地发挥科技进步对地区经济增长的支撑作用。⑤西部地区必须依托科技资源优势，建立起能够保护和促进技术发明和创新的有效机制，积极发展适宜技术，同时也应加大科技成果的引进力度，提高科技对经济增长的贡献率，逐步培育建立在内生的技术进步基础之上的自我发展能力。

【参考文献】

［1］科学技术部发展计划司：《中国科技统计报告2011》，中华人民共和国科技部，2011年。

［2］白俊红、江可申、李婧：《中国区域创新系统创新效率综合评价及分析》，《管理评论》，2009年第9期。

［3］王家庭、单晓燕：《我国区域技术创新的效率测度及动态比较》，《中国科技论坛》，2010年第11期。

［4］张宗益、张莹：《创新环境与区域技术创新效率的实证研究》，《软科学》，2008年第12期。

［5］潘雄锋、刘凤朝：《中国区域工业企业技术创新效率变动及其收敛性研究》，《技术与创新管理》，2010年第2期。

［6］刘凤朝、沈能：《基于专利结构视角的中国区域创新能力差异研究》，《管理评论》，2006年第11期。

［7］李习保：《中国区域创新能力变迁的实证分析：基于创新系统的观点》，《管理世界》，2007年第12期。

［8］白俊红等：《应用随机前沿模型评测中国区域研发创新效率》，《管理世界》，2009年第10期。

［9］周民良：《模式切换：从成本优势走向技术优势》，《经济研究参考》，2005年第94期。

［10］Romer P. M. The Origins of Endogenous Growth［J］. The Journal of Economic Perspectives，1994，8（1）.

［11］Farrell，J. M. The Measurement of Productive Efficiency［J］. Journal of the Royal Statistical Society，1957，120（3）.

［12］Charnes，A.，Cooper W. Measuring the Efficiency of Decision Making Units［J］. European Journal of Operational Research，1978，2（6）.

［13］Dennis Aigner，et al. Formulation and Estimation of Stochastic Frontier Production Function Models［J］. Journal of Econometrics，1977，6（1）.

［14］Meeusen W.，Broeck J. V. D.. Efficiency Estimation from Cobb-Douglas Production Functions with Composed Error［J］. International Economic Review，1977，18（2）.

［15］Battese，George E.，Corra. Estimation of a Production Frontier Model：with Application to the Pastoral Zone of Eastern Australia［J］. Australian Journal of Agricultural Economics，1977，21（3）.

［16］Battese G. E.，Coelli T. J. Frontier Production Functions，Technical Efficiency and Panel Data：With Application to paddy Farmers in India［J］. Journal of Productivity Analysis，1992，3（1/2）.

［17］Battese G. E.，Coelli T J. A Model for Technical Inefficiency Effects in a Stochastic Frontier Production for Panel Data［J］. Empirical Economics，1995，20（2）.

［18］Griliches Z.，Pakes A. Hall B. H. The Value of Patents as Indicators of Inventive Activity［J］. NBER Working Paper No.2083，1988.

［19］Griliches Z. Patent Statistics as Economic Indicators：A Survey［J］. Journal of Economic Literature，1990，18（4）.

［20］Furman J. L.，Porter M. E.，Stern S. The Determinants of National Innovative Capacity［J］. Research Policy，2002，31（6）.

［21］Sharma S.，Thomas V. J. Inter-country R&D Efficiency Analysis：An Application of Data Envelopment analysis［J］. Scientometrics，2008，76（3）.

［22］Porter M.. The Competitiveness Advantage of Nation［M］. New York：Free Press，1990.

（作者：罗吉，西安理工大学经济与管理学院、西华师范大学政治与行政学院；

党兴华，西安理工大学经济与管理学院）

结构、资源、环境与企业集群创新

一、引　言

20 世纪 90 年代以来，改革开放的制度环境、巨大需求市场、低生产要素成本促进了我国企业集群的快速发展。集群是中小企业发展良好的载体，以民营企业为主体的多数中小企业生长在集群环境之中，因此，研究集群研究中小企业创新问题需要从集群入手。

企业集群能够促进企业创新一度被学界普遍认可，Porter（1998）指出，集群内公司与独立的公司相比，能更早地了解到演进中的技术、零部件和机械的可用性，服务和营销概念等。加之它还具有迅速反应的能力和灵活性，集群内的公司经常能够寻找到他们所需要的要素，以促进创新更快地实现。集群组合了中小企业各自的资源优势，实现了相关中小企业各自核心能力的叠加，这种组合和叠加的结果，不仅可以获得大企业所拥有的创新资源优势，而且由此而产生的集体创新效率和创新能力可能远远超过大企业（刘友金，2004）。Freeman（1991）讨论了集群的创新过程的本质，他认为知识积累和有关公司聚集能迅速降低技术和经济的不稳定性，集群有关公司连续发生相互作用——多次博弈中，面对面的接触更有利于新知识的创造和交换。

Baptista（2001）认为，学习效应、公司网络和知识扩散是创新的最重要的因素。公司的网络化和地理上的聚集促使了当地化的发展，不确定性降低，从而使集体学习效应更为便利，加快了知识转移的速度。但也有一些学者看到集群的两面性，Harrison（1994）在研究意大利产业区的合作网络关系时指出，"网络关系是一把'双刃剑'"，网络关系是建立在信任基础上的，但信任可能会成为保护传统方法的力量，抑制创新。由此可见，集群并不是一个天然的、永久的创新空间。特别是随着技术进步的加速和全球化竞争的不断加剧，越来越多的产业集群在发展中遇到了新的问题和挑战，发展中国家的许多集群逐渐遭遇了人力资源短缺、市场拓展缓慢、创新意愿不强和制度环境薄弱等创新"瓶颈"（周泯非等，2009）。对传统产业区的"马歇尔特征"进行重新认识，是研究变化环境下的集群创新的核心工作（Asheim，1996）。

二、集群创新分析框架

企业集群是具有产业联系和地理空间限制的企业集聚体。企业是集群的细胞，集群创新表现企业为企业创新，但由于企业间活动紧密联系，企业创新与集群创新不可分割。集群创新最终还是体现在企业的创新行动上，但不是集群内企业创新的简单叠加，而是通过对多重关系的治理实现资源要素高效流通以联合行动实现集群整体功能的提升和跨越（杨锐，2010）。创新集群是一种多元构成的创新系统，能对企业的创新行为和创新战略提供有效的背景信息（Spielkamp 和 Vopel，1998）。集群创新系统由创新网络与机构组成，该创新系统内部的机构除核心企业、供应商等企业网络外，还包括研究机构、大学、技术转移机构、行业协会、银行、投资者、政府部门等（Cooke 和 Schienstock，2000）。Radosevic（2002）建立了更为复杂的区域创新系统模型，这个系统有多个子系统支撑系统构成，国家层面的要素、区域层面的要素、行业层面的要素和微观层面的要素互动生产区域创新系统，产业集群的竞争力取决于上述要素的动员能力。周泯非等（2009）从知识获取角度把集群创新能力归结为四类构成要素：一是集群企业间的知识共享和扩散；二是集群内具有不同知识基础的企业和机构的合作；三是集群企业与国内外供应链关系企业合作及对外部知识吸收；四是集群企业建立外部协作关系。以上研究旨在说明影响集群创新因素多样性，并且这些因素构成了一个复杂的系统；以上成果主要反映了发达国家成熟集群创新现状，是一种理想状态，表明了对创新集群或集群创新理解过于狭窄和严格，没有考虑不同国家、地区集群发展的阶段性特征和产业特征。实际上，集群与任何企业组织一样，其创新发展是一个过程，其创新行为的表现方式与发展阶段相联系。如果放宽集群创新的判断标准，集群升级和功能的提升就是一种"创新"活动，这种活动包括组织结构改变、装备和工艺的提升、产品质量的提高和竞争优势的增强等。以此提炼出集群创新要素和条件，可以更好地解释我国企业集群创新现象，增加理论的实践价值。集群创新因素尽管复杂多样，但起决定作用的关键因素是有限的，且关键因素随集群成熟度和产业成熟度的变化而不断变化。本文根据我国传统产业集群，特别是中西部地区（以河南为代表）企业集群快速成长后普遍遇到的共性问题，并结合一些集群的创新实践，从企业创新能力构成要件和环境影响因素出发，提出了企业集群创新的一个分析框架："结构与关系—资源—区域环境"模型，如图 1 所示。

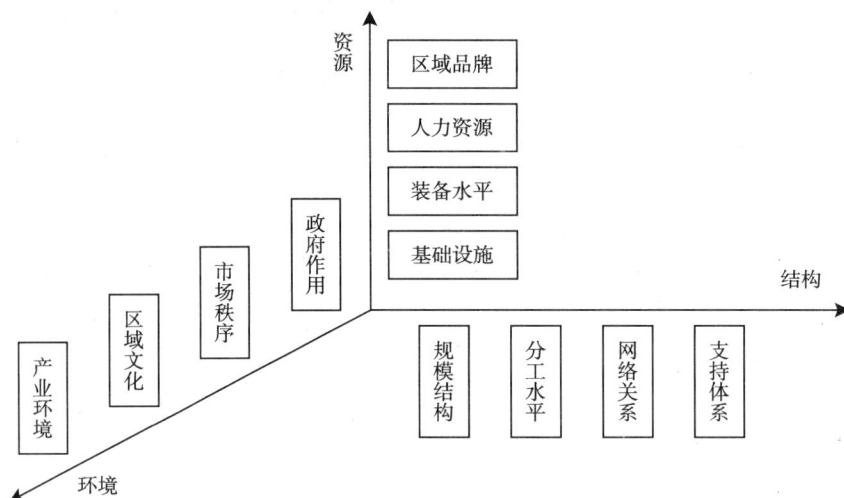

图 1　企业集群创新的关键要素

（1）结构与关系。结构是集群组织方式和系统状况，不同的结构形成了经济主体不同的连结方式、能力和行为，因而决定集群创新能力、创新方式和创新绩效。创新是一个受制于多种因素的过程，由于企业和结构之间有活动，集群创新系统更为复杂，因此，很多学者研究创新主体的构成，并强调了相关机构作用，如研究机构和高等教育机构、技术扩散代理机构、职业培训机构、行业协会、金融机构等，并认为完善区域和集群创新体系是促进各类产业集群创新发展的根本措施。企业是创新的基础，尽管支持系统不可或缺，但主体条件是支持体系发挥的先决条件，也是集群网络关系建立包括建立外部联系通道的先决条件。因而从主体出发，我们把结构与关系归结为四个子要素：规模及结构、分工水平、支持体系和网络关系。规模有两个含义：一是集群规模，二是集群企业规模和规模分布。集群规模是支持产业和支持体系存在的必要条件，相关企业和机构在规模较大的集群中容易出现；反之亦然。在集群中，企业规模与创新能力具有正相关关系，适度企业规模是企业创新的基础，因而也是集群创新的基础。一个由大量中小企业构成的集群，企业平均规模较小，规模分布离差亦小，企业自主技术创新的内在动力就会较弱（李永刚，2004）。分工水平决定集群企业的竞争状况和学习效率，也影响企业创新合作水平和形式。生产同类产品集群企业技术合作行为较少，但如果企业能够实现以产品差异化为标志的横向分工，集群仍能取得较好的创新绩效；如果集群企业产品同质化，则只能导致低价格竞争，从而进一步消耗企业的创新资源。知识溢出是"同类企业"集群形成的条件而不是进一步创新的条件。纵向分工集群的典型形态是轴轮式集群。一旦集群形成领导型企业网络，即在技术创新、专利、标准、研发、品牌或营销渠道等方面具有控制能力的核心企业作为分工协作生产体系的中心，作为各种供应商的小企业以多层外包、分包协作体系构成的具有柔性能力的模块化生产体系，也就为突破性创新活动奠定了基础（张杰等，2007）。支持体系是集群创新系统的组成部分，其发育程度制约和影响集群创新。网络关系是集群组织典型特征。集群创新能力载体主要是集群企业间、企业与各类机构间以及企业与集群外主体间一套相对稳定的网络化关联机制（周泯非等，2009）。企业网络增强了集群在技术、市场多变的情况下的生存能力，更为重要的是通过企业之间的集体学习，促进集群内企业的技术创新（Sternberg 和 Tamasy，1999）。但内部过强网络关系可能导致"锁定"，构筑外部网络关系对集群创新可能更为重要。集群内企业间的网络是集群重要的形成机制，而创新机制建立需要更为广泛的外部联结能力。

（2）资源。资源是创新能力的基础。集群的资源结构依赖于集群企业的资源结构，但有别于企业的资源结构，Tura 和 Harmaakorpi（2005）认为，集群的资源结构主要包括社会资本、智力资本、经济资本和实物资本四个方面，它们是集群创新能力的基础，而其中社会资本是最重要的一种创新资源，其实际调用和"活化"程度决定着区域创新能力的强弱。广泛的资源包括了集群的软硬实力，是创新的基本条件。但根据我国集群多数仍处于成长期这一现状，因而只突出了关键资源，即基础设施、装备水平、技术人力和区域品牌。前三项为实物资源，后一项为无形资源。基础设施的完备程度是能否吸引相关产业在此积聚的重要因素（赵联强等，2010），特别是能否吸引外部"高位势"企业进入集群的主要条件。由于我国企业集群大多位于乡镇而非城市，基础设施存在先天不足，特别是中西部地区基础设施条件仍然是制约集群和企业发展的重要因素。完善的基础设施可以降低企业的交易成本、生产成本和学习成本，增强集群的整体竞争力。装备水平对传统产业集群非常重要，产品质量的提升及其他技术创新依赖于新设备的投入，不断提升装备水平仍是多数中西部企业集群实现产品升级和企业战略转型的重要条件。人力资源，主要是技术人力等专业生产要素和高级生产要素（波特，1990），是资源中最重要的资源，技术人力和专业管理人才缺乏是集群企业创新瓶颈中关键的制约因素。由于人才的缺乏，多数企业的知识积累不足，知识创造乏力；由于人才的缺乏，多数企业也难以有效地吸收外部知识，因为对外部知识的吸收能力依托于地方企业技术能力层次（杨锐，2010）。区域品牌是一种无形资源，区域品牌形成既是创新的结果，又是创新的条件，它通过创造更大需求市场、约束企业行为、吸引人才和外部企业等途径推动集群创新。

（3）环境。环境是集群和企业创新发展外部关系的总和，从关键要素出发，我们仅把环境界定为制度环境和市场环境，包括政府的作用、市场秩序、区域文化和产业市场环境。波特（1990）在"钻石模型"中把政府政策作为一个非关键要素，他认为政府政策的影响力固然可观，但作用有限。在我国，由于特殊体制环境，政府掌握大量的资源和多种行政权。地方政府在集群发展中的作用尤其关键。政府不仅是基础设施的提供者、财税政策的制定者，而且在规范市场秩序、推动区域文化建设方面发挥着重要作用；行业协会更进一步的发展、公共技术中心的建立、人员培育、搭建企业、结构之间交流的平台、吸引高端企业进入集群等，都离不开政府，政府是环境要素中最为关键的要素。模仿激励大于创新激励是中小企业集群的通病，在外部原因中，产权制度、市场秩序等软环境是影响企业创新动力的重要变量。正式和非正式的制度条件为区域内相互交流、集体学习、联合攻关提供了可靠的保障。没有相应制度的保障，区域内企业之间的分工与合作是不可能的（H.巴泽尔，2005）。因此，规范竞争秩序、保护创新收益等正式制度和非正式制度完善是推动企业创新的基础。区域文化主要包括区域内居民的风俗习惯、文化水平、心理素质，主流的价值观念、社会风气以及社会关系网络等内容，它直接影响着人们是否有追求创新的热情，人与人之间能否建立起相互信任、相互合作的关系（徐胜，2007）。创新文化建设的核心是重塑企业家精神。以上是构成集群区域环境的主要因素。产业环境和市场环境影响企业的创新绩效和收益，但产业环境和市场环境是外生变量，集群企业无法控制。集群企业只有不断调整发展战略，适应产业发展需要才能提高创新绩效。

集群创新要素之间并不完全是并列关系，每种要素的作用方式和重要程度也不一样；各要素之间既有决定和被决定关系，也有互动和相互影响的关系。结构要素中，集群规模、企业规模及其集群组织结构是最基本的因素，尤其在集群成长阶段。分工程度、网络关系、支持体系作用的发挥，都与集群组织规模和结构有关。中间投入品企业、设备制造企业、支持性和服务性企业能否进入集群，取决于服务对象的多寡。规模集群可以提供足够的市场需求来满足相关产业的生存和支持性产业的发展，即集群本身的市场规模制约着分工。而分工是集群企业提高生产经营效率的必要条件和进一步发展的内在动力。群内企业网络关系一度被认为是集群创新最为关键的要素，但实践证明，网络关系是集群形成的关键变量而非集群创新的变量，因为知识溢出对创新并不总是有利的，过强的社会关系往往导致技术锁定；建立外部联系、主动搜索、消化和吸收外部知识对集群创新作用更大，但不是任何企业都能有效地建立起外部网络关系。企业知识吸收取决于积累和吸收能力，而吸收能力又与集群企业的规模结构有关，因为在一个由小微企业组成的集群中，很少出现既有知识基础又具有吸收能力的企业。在资源要素中，人力资源是集群创新最为关键的制约因素，但人才集聚不仅取决于企业的需求，而且涉及用人单位规模、工作条件和集群生活环境；装备水平与企业规模、资本积累，金融支持等高度相关，也受装备产业发展的制约；基础设施即取决于集群规模，也依赖于地方政府的作为。企业创新动力与创新能力有关，但也受环境条件的影响，如产业环境、市场秩序和创新文化。在环境要素中，地方政府是一个关键角色，在某种意义上政府是诸多创新要素改变的推动者。以上分析尽管考虑了集群发展的阶段性特征，但对创新要素阐述与多数研究成果一样，属于静态分析。这种分析方法的问题在于，似乎只有满足上述条件，创新才能发生。实际上，我国传统产业集群创新从未停止，只是快慢问题和方式不同。从动态看，在无法满足以上条件的情况下，集群创新或进步是如何实现的？或者说，集群在发展过程中是如何完善上述条件的？这需要通过案例进行分析。

三、案例分析

按西方多种集群创新"模型"衡量，我国传统产业中小企业集群总体创新能力不高，创新绩效较差，但按本文"结构与关系—资源—区域环境"模型分析，传统产业集群能够不断实现创新突破不在少数，虽然突破路径有所差异，但也有共同性。因此，我们选取了具有代表性的大周有色金属企业集群作为案例进行分析。

大周有色金属企业集群位于河南长葛市大周镇，该集群以废旧金属的回收、加工、销售为主导产业，是江北最大的再生金属集散地，2011 年，回收废旧金属近 200 万吨，再生各类金属 160 万吨，其中再生不锈钢 80 万吨、再生铝 60 万吨、再生铜 10 万吨、其他金属 10 万吨。大周产业集聚区完成主营业务收入 320 亿元，上缴税金 2.4 亿元。区内各类经济实体 1000 余家，规模以上企业 180 多家。是国家"城市矿产"示范基地，第二批循环经济试点单位、河南省重点产业集群。大周企业集群发展和创新过程、方式和原因主要表现为：

（1）产业链延伸和产品升级。从 20 世纪 70 年代末到 80 年代初期，该区域形成了有色金属市场。主要以农民自发地走村串户收购废铜烂铁为主，收购以后进行初步分拣，集散成多，转手再卖，在这种"买与卖"的反复循环中，渐次出现了有色金属市场的雏形。20 世纪 80 年代中期到 90 年代初期属于市场催生企业阶段。有了丰富的原料后，部分"能人"开始尝试有色金属的初加工，如铝锭等，实现了有色金属从简单的买卖到初级加工质的飞跃。2000 年后，产业链继续延伸，产品扩张为铝线、铝板、PS 版、铝型材、不锈钢坯、不锈钢型材、不锈钢阀门、光亮铜杆、铜漆包线等。到 2008 年，已初步形成由废旧金属收购→熔炼→锭材→线材、板材、管材、铸件→回收再利用的较为完整的废旧有色金属产业链。2008 年至今，产业链条延伸到精深加工阶段，产品技术含量和附加值进一步提高，铝板带装饰、铝板不锈钢压铸件、不锈钢薄板及复合钢带、再生铝杆等产品不断出现，生产技术也随之提升。如河南金汇鸿鹏不锈钢制品有限公司 2011 年 7 月在大周工业经济园区投资建厂，是一家集不锈钢制品科研、生产、销售为一体的民营企业，公司实施的年产 10 万吨不锈钢管项目，总投资 3.5 亿元，设备主要有分条机、制管机、平台机、抛光机等 100 条先进生产线，从而进一步拉长和延伸不锈钢产业链条。

（2）企业规模扩张和分工结构优化。简单同类"原子状"企业"扎堆"企业之间难以建立起合作创新关系。80 年代的集群加工企业是前店后厂的家庭作坊式，由于进入壁垒低，全镇的有色金属业呈遍地开花之势，全镇 35 个行政村，村村有工厂，户户搞金属。但个体企业和微型企业设备简陋、技术简单，能耗高且污染严重。随着规模企业的出现，不仅带动整个集群产品技术含量的提高和企业管理水平的提高，而且加快了企业之间的专业化分工。小企业专注于收购、分拣和初加工环节，规模企业进行深加工，结构的优化提高了企业生产效率，加快集群创新发展的速度。近几年，出现了装备先进，拥有高技术、能生产高附加值产品的加工龙头企业，龙头企业拥有较雄厚的资本、高级技术人力等生产要素，因而创新能力较强。如长葛市汇达感光材料公司主要生产印刷板材，现有员工 150 名，其中高级技师、技师 76 名。拥有自主研发单张高速流水线（每分钟 10 米）一条，涂布机采用进口设备，可以生产单张最宽面达 1.32 米，本设备专业生产单张原版。2010 年，公司新购置一条 1350 型 CTP/CTCP/PS 版卷筒自动生产线，可生产卷线 PS 版，CTCP 版、CTP 版、UV-CTP 版等印刷用板材。产品质量达到国家 HG/T2694—2003 标准，通过了 ISO9001 国际质量认证，公司努力拓展国际市场，连续几年均列国产 PS 版出口量第一，在全国各地乃至全世界印刷行业中具有很强的影响力。龙头企业以其资源能力优势往往在集群网络中占据核心地位。作为集群投资主体、创新发动机、成功典范和区域品牌代表者，龙头企业通过投资、创新、知识转移、品牌扩展等各种行为带动着集群中其他企业的发展，促进了集群整体的演进和升级（张杰等，2007）。

（3）外部知识源的引进和技术创新。多数发展中国家传统产业集群创新绩效较差，这可能是由于中小企业本身缺乏技术资源，从而阻遏了它们对外部知识的获取（Rothwell，1994）。大周有色金属产业集群与多数传统产业集群一样，在发展到一定阶段后，存在"知识源"问题。一般认为，产学研合作是解决知识源的主要途径。但由于企业规模、生产方式、企业技术吸收能力等因素制约的内部原因和研发机构、大学的原创性技术种子与当地集群企业的商业需求难以有效对接的外部原因，产学研合作水平较低。因此，它们解决知识源的途径是吸引外部企业进入当地的集群，且主要通过合资形式。这与温州市采取"以民引外、民外合璧"的经济发展战略极其相似。该战略试图借用外力驱动内力，着力推动温州民营企业与国外资本嫁接，通过培育开放型经济来改造和提升传统产业，实现经济结构的转换（中国社会科学院课题组，2006）。大周产业着力营造环境，通过招商引资活动引入外部企业，促进集群内创新发展。如河南青山金汇不锈钢产业有限公司成立于 2005 年 6 月，是由中国百强企业广东广新外贸集团、浙江青山控股集团，河南金汇不锈钢产业集团等股东共同出资组建的股份制不锈钢企业，公司注册资本 4.4 亿元。采用国内最先进的生产工艺和冶炼装备，2011 年，企业不锈钢产能规模 62 万吨，销售收入 106 亿元，金汇不锈钢品牌在广东佛山和宁波不锈钢市场上深受全国用户的好评，产品质量在同行业民营企业中跃居第一，金汇品牌不锈钢单品种具有影响市场价格的能力，同品种比其他厂家高出 200 元左右，质量叫响了金汇品牌，品牌效应带来了企业效益的提高。河南柯威尔合金材料有限公司于 2009 年在大周集群成立，是一家中（中国大陆）澳（澳大利亚）合资企业，澳大利亚先进镁业有限公司是一家在澳大利亚证交所上市的公司，其在全球拥有一系列专业镁合金产品及先进镁熔融专利技术，具有多年与世界知名汽车厂商和 3C 领域的合作经验。公司依托澳大利亚先进镁业的科学运营、质量控制和技术研发方面的优势，同时配备了先进的检验检测设备。以生产高品质的普通镁合金为基础、研发与生产高品质的专利镁合金为亮点，逐步将河南柯威尔合金材料有限公司打造成世界级的镁合金生产与加工基地。

（4）园区建设与政府作用。大周企业集群是自发形成的，规模扩张迅速，数量达到高峰时，有大小企业、作坊、门店 2200 家，但分散在大周和相邻的几个村庄中，企业分散工业导致生产工艺、装备落后，产品低档和产品附加值低，布局分散导致基础设施建设成本高，市场秩序管理、环境治理难度大；更为重要的是，难以吸引外部规模企业入驻集群。因而，地方政府通过规划园区，在政策、资金、项目用地、服务等方面加力助推集群创新发展。地方政府实施了财政支持和税收减免政策；在制度建设方面以保护知识产权为核心，以打击假冒伪劣为手段，以实施品牌战略为支撑，通过外部硬约束增强企业的自我创新激励；特别是通过大力推动园区建设提高集群的创新能力；并努力塑造集群品牌。2007 年 12 月，加工园区成为国家第二批循环经济试点单位。2009 年，开展了创建省级产业集聚区工作，规划了 11.62 平方公里的长葛市大周产业集聚区，2011 年 9 月，园区通过国家发改委、财政部的专家评审，被确定为国家第二批"城市矿产"示范基地。园区专门成立了管委会。管委会按照"网络健全高效、市场规范集中、资源整合节约、技术先进适用、产业集聚发展"的思路，以管理创新和技术创新为动力，加快信息化建设步伐，提升再生金属产业水平，围绕再生金属主导产业，完善回收网络、健全交易市场、整合区内企业，推进再生金属产业规范化、集约化、高效化、清洁化发展。目前，园区拥有青山金汇不锈钢、金阳铝业、柯威尔镁业等一批在行业内具有较高知名度的龙头加工企业。特别是河南葛天再生资源有限公司 2010 年在园区投资兴建的"葛天再生资源产业基地"，该基地按功能划分为有色金属市场交易中心，报废汽车拆解中心，废弃电器电子产品拆解中心，再生金属加工中心，物流、仓储、交易商铺和电子交易中心等。基地的建成将会进一步推动集群产业延伸和升级，带动集群整体创新。

四、结　论

企业集群在内部结构和发展模式上具有相当大的差异性，产业类型和发展阶段是决定集群差异最基本的因素。一个集群的竞争优势是自身产业特性与环境结合的产物，不同类型、不同发展阶段的集群会面临特定的创新发展问题。学界普遍认同完善的集群创新体系和网络是促进企业集群创新发展的根本措施，但创新体系的完善是一个过程。本文在总结现实经验和对集群创新理论反思的基础上，提出了"结构与关系—资源—环境"分析框架，以大周有色产业集群为案例，对集群创新发展过程进行剖析。主要结论是：①传统产业中小企业集群创新能力不足是一个普遍现象，其根源在于企业的创新资源不足。培育龙头企业，使其成本为集群创新的示范者、外部知识和人才的吸收者，可以有效地提高集群创新能力。②只有改变集群"原子状"组织形式，才能更好地实现分工，分工深化可以促使网络关系的形成，有效地发挥规模企业和小企业各自在创新活动中的优势。③引入跨国公司和沿海地区有实力的企业可以改变地方集群的组织结构、生产方式、产品结构、经营理念，引入外部公司对沟通国外市场、提高当地的技术水平和人力资本也有明显作用。④基础设施建设、区域品牌建设仍是推动中西部地区集群创新发展重要条件，装备水平是多数传统产业集群产品升级和创新的基础，人才是关键因素。⑤环境作用不可或缺，保护知识产权、打击假冒伪劣是形成良好市场秩序的核心，是增强企业自我创新激励的外部条件，而诚实守信、开放包容、合作竞争、不断创新的区域文化是集群发展的内在动力。⑥地方政府在推动集群创新上可以多方面发挥作用，坚持规划引导、建设园区、营造环境是政府有效发挥作用的重要途径。

【参考文献】

[1] 刘友金：《中小企业集群式创新》，中国经济出版社，2004 年。

[2] 周泯非、魏江：《产业集群创新能力的概念、要素与构建研究》，《外国经济与管理》，2009 年第 9 期。

[3] 李永刚：《论产业集群创新与模仿的战略选择》，《中国工业经济》，2004 年第 12 期。

[4] 张杰、刘东：《产业技术轨道与集群创新动力的互动关系研究》，《科学学研究》，2007年第 5 期。

[5] 杨锐：《产业集群创新的 NRC 分析框架——三个案例的比较分析》，《科学学研究》，2010 年第 4 期。

[6] 迈克尔·波特：《国家竞争优势》，华夏出版社，2002 年。

[7] 赵联强：《贾晓霞临港产业集群风险的综合模糊评价方法研究》，《科技管理研究》，2010 年第 5 期。

[8] H.巴泽尔：《产业集群研究的新视角》，《世界地理研究》，2005 年第 1 期。

[9] 徐胜：《产业集群与区域创新体系的融合研究》，《当代财经》，2007 年第 1 期。

[10] 中国社会科学院课题组：《温州模式的转型与发展——"以民引外，民外合璧"战略研究》，《中国工业经济》，2006 年第 6 期。

[11] Porter M. E. Clusters and New Economics of Competition [J]. Harvard Business Review, 1998 (6).

[12] Baptista R. Geographical Clusters and Innovation Diffusion [J]. Technological Forecasting and Social Change, 2001 (1).

[13] Baptista R. and Swann P. Do Firms in Clusters Innovate More? [J]. Research Policy, 1998 (6).

[14] Harrison B. The Italian Industrial Districts and the Crisis of the Cooperative Form [J]. European Planning Studies, 1994 (1).

[15] Asheim. B. T. Industrial Districts as "Learning Regions"—A Ccondition for Prosperity? [J]. European Planning Studies, 1996 (4).

[16] Freeman C. Networks of Innovators: a Synthesis of Research Issue [J]. Research Policy, 1991 (5).

[17] Spielkamp A. and Vopel. K. Mapping Innovative Clusters in National Innovation Systems [R]. ZEW CENTRE FOR European Economic Research, Gerymany August 1998.

[18] Cooke P. and Schienstock G., Structural Competitiveness and Learning Region [J]. Enterprise and Innovation Management Studies, 2000 (3).

[19] Radosevic S. Regional Innovation Systems in Central and Eastern Europe: Determinants, Organizers and Alignments [J]. The Journal of Technology Transfer, Transfer, 2002 (1).

[20] Sternberg R. and Tamasy, C. Munich as Germany's No.1 High Technology Region: Empirical Evidence,

Theoretical Explanations and the Role of Small Firm/Large Firm Relationships [J]. Regional Studies, 1999, 33 (4).

[21] Tura T.and Harmaakorpi V. Social Capital in Building Regional Innovative Capability [J]. Regional Studies, 2005 (8).

（作者：魏剑锋，河南大学工商管理研究所）

"泛珠三角"区域构建低碳产业链研究

一、引 言

2003 年 7 月，在全球区域合作如火如荼、国内区域经济蒸蒸日上、粤港澳协作快速推进、"泛珠三角"产业整合方兴未艾的背景之下，时任中共中央政治局委员、广东省委书记张德江首次提出了"泛珠三角"区域协作的概念，建立"9+2"协作机制，形成"泛珠三角"经济区；这是继1994 年 10 月，广东省委提出"珠三角"构想承接国际产业转移，20 世纪 90 年代后期提出"大珠三角"构想制度化"前店后厂"之后，珠江流域区域经济合作的进一步深化和扩展。此后，随着2004 年 6 月《"泛珠三角"地区合作框架协议》的签订，以及此后六届"泛珠三角"区域经贸合作洽谈会和合作与发展论坛的成功举行，"泛珠三角"区域合作逐步取得预期成果，一条基于资源禀赋、经济发展水平、市场状况等比较优势而构建的，通过"小珠江三角"、"大珠江三角"的产业转移而逐渐形成的产业链条不断形成和延伸，并随着时间的推移越发焕发出生机和活力。

与此同时，伴随着全球气候不断暖化及由此导致的"十大后果"，温室气体排放问题比以往任何时刻都要引起国际社会的普遍关注和争论。作为温室气体的重要来源，企业经济活动往往成为指责的对象，产业界的减碳活动也往往成为人们关注的焦点。2010 年，中国超过日本成为第二大经济强国；与此同时，中国在温室气体排放方面也在总量上超越美国，成为第一大温室气体排放国，中国无疑处于国际碳排放的风口浪尖。2009 年，国务院召开常务会议，会议决定"到 2020 年中国单位国内生产总值二氧化碳排放比 2005 年下降 40%~45%"；在 2009 年 12 月召开的哥本哈根气候变化会议中，时任总理温家宝同样向世界承诺为此约束性指标而努力。

由于地理位置上的优越，广东省一直是我国南方的开放门户，与国外的货物及服务交易比较频繁，广东省已成为我国的核心省份，人们称它是"世界工厂"，称珠江三角洲地区是我国乃至世界重要的制造业中心名副其实，在此基础上，构建的泛珠江三角洲区域合作机制及所形成的产业链也必然在我国乃至世界产业格局中处于举足轻重的地位。2011 年，"泛珠三角"9 省区能源消耗总量为 11.87 亿吨标准煤，占全国总消耗量的 26.24%，[①] 泛珠江三角洲区域省区理应为中国乃至世界的温室气体减排做出贡献。此外，当今，"绿色经济"以席卷全球之势令世人侧目，不仅成为美、欧、日未来的经济引擎，而且也以全球价值链"新王牌之姿占领国际市场竞争制高点"。如此一来，借助"泛珠三角"区域合作机制，依托"泛珠三角"产业转移，构建"泛珠三角"低碳产业链就成了当务之急。基于此，在本文，笔者首先对低碳产业链进行了概述，解释何为低碳产业链；在此基础上，笔者对"泛珠三角"地区构建低碳产业链的优势、弱势、机会、威胁进行详细

---

① 数据来源：根据《中国统计年鉴》（2012）相关数据整理。

分析，论述"泛珠三角"地区构建低碳产业链的条件；最后，笔者提出"泛珠三角"构建低碳产业链的意见和建议，说明"泛珠三角"地区如何构建低碳产业链。

二、低碳产业链概述

"低碳产业链"是一个新的术语和概念，它不是一类新的产业链，而是在原有产业链的基础上加上"低碳"的因素，以"低碳"思维改造、优化原有产业链。分析低碳产业链，需要首先理解产业链。从理论研究方面来看，国外关于产业链的理论研究很少，几乎为空白；国内关于产业链的理论研究处于刚刚起步阶段。在国内，最早提出"产业链"一词的是我国学者姚齐源、宋武生于 1985 年发表的《有计划商品经济的实现模式——区域市场》。所谓"产业链"，就是指"一产业在生产产品和提供服务过程中按内在的技术经济关联要求将有关的经济活动、经济过程、生产阶段或经济业务按次序连接起来的链式结构；产业链的实质是技术经济关系链……其本质是以价值为纽带，将能够决定和影响节点产业产品主要价值部分连接所构成的链"。产业链表达的是厂商内部和厂商之间为生产最终交易的产品或服务所经历的增加价值的活动过程，它涵盖了商品或服务在创造过程中所经历的从原材料到最终消费品的所有阶段。

将产业链用图形表示（见图 1），产业链起源于生产要素的输入；之后，供应商所在行业利用生产要素生产下游企业行业所需要的中间投入；下游企业在利用中间投入生产出产品之后，生产出最终消费产品，通过销售商投向消费市场。供应商企业、下游企业及销售企业分属不同的产业。供应商企业、下游企业及销售企业之间的链接关系是他们之间的技术经济联系，他们以价值为纽带。从微观角度看，这种链接关系表现为不同产业的企业与企业之间的关系；从中观角度来看，

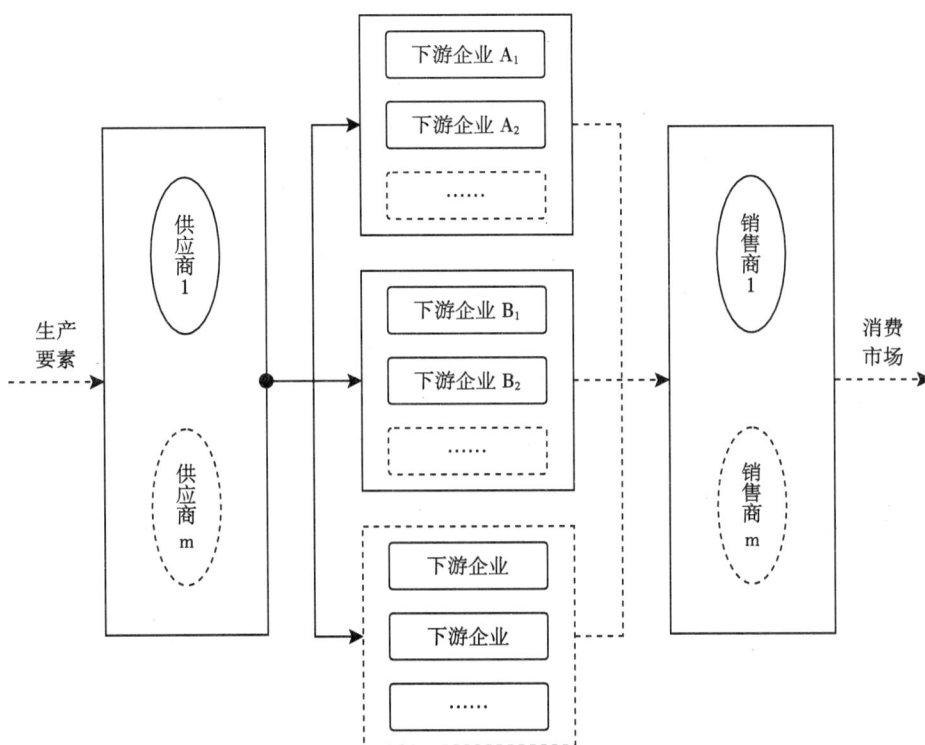

图 1　产业链示意图

这种链接关系表现为不同产业之间的关系，将所有的这种链接关系连接起来就是产业链。

那么低碳产业链是如何将"低碳"因素纳入产业链，如何用"低碳"思维改造、优化产业链，从而形成低碳产业链呢？产业链以企业为纽带，表现为宏观经济中不同产业之间的技术经济联系；低碳产业链是将"低碳"因素纳入原有的产业链，用"低碳"思维改造、优化产业链。具体来看，在使用生产要素环节构建低碳产业链可以表现为使用低碳的原材料、低能耗资本、更为节能环保的技术等。在供应商环节构建低碳产业链可以表现为使用能耗更低的运输工具，根据制造业区位重量重新布局产业分布，降低可能的运输次数和强度等。在下游企业构建产业链环节可以表现为产业转移、产业集聚、产业结构升级、使用低碳能源、利用新的管理手段和工具等。在销售商环节构建低碳产业链可以表现为低碳店铺、低碳消费知识宣传、销售低碳产品等。

三、泛珠江三角洲构建低碳产业链分析

（一）构建低碳产业链优势分析

1. 明显能源资源优势

低碳产业链的构建需要首先在生产要素投入环节低碳，作为生产要素的重要组成部分，能源资源的种类和结构对"泛珠三角"低碳产业链具有重要影响。正如表1所显示，在天然气资源方面，2011年"泛珠三角"区域内地九省区总基础储量为7985.33亿立方米，占全国总储量的19.86%，而其中西部省份四川省的储量独占7973.07亿立方米；在煤炭方面，2011年"泛珠三角"地区内地九省区总基础储量相对较少，为195.51亿吨，占全国总储量的9.06%；在石油方面，"泛珠三角"九省区总量占总储量的0.29%。"天然气具有热值高、安全、方便等优点……天然气碳排放量与同热值的油或煤相比，比油低21%，比煤低43%。""泛珠三角"地区可以依据丰富的天然气能源资源，逐步调节能源消费中的结构，增加天然气的消费；逐步减少对相对较少的煤炭、石油等碳排放较高，而该区域储量相对较少的能源资源消费，丰富的天然气资源对"泛珠三角"地区构建低碳产业链提供了保障。

表1　2011年"泛珠三角"区域能源资源情况一览

区域	石油（万吨）	天然气（亿立方米）	煤炭（亿吨）	河流（千公顷）	湖泊（千公顷）
全国	323967.94	40206.41	2157.89	8206.98	8351.59
福建	—	—	4.29	31.06	19.54
江西	—	—	4.26	314.88	443.21
湖南	—	—	13.29	683.13	359.27
广东	8.05	0.30	0.23	231.65	1.55
广西	142.88	3.38	2.02	219.13	—
海南	-34.44	-4.24	1.19	38.27	17.31
四川	818.74	7973.07	51.82	563.87	13.38
贵州	—	10.50	58.74	57.96	2.30
云南	12.21	2.32	59.67	119.78	96.54
区域量总量	947.44	7985.33	195.51	2259.74	953.09
占全国比例	0.29%	19.86%	9.06%	27.53%	11.40%

数据来源：《中国统计年鉴》（2012），其中，天然气、煤炭、石油为2011年基础储量，河流、湖泊为中国首次湿地调查（1995~2003）资料。

此外，"泛珠三角"地区水资源丰富，河流面积总和为 2259.74 千公顷，占全国总量的 27.53%，湖泊面积总和占全国总量的 11.4%。丰富的水资源，尤其是河流资源，为开展水力发电，贡献清洁能源提供了保障，为"泛珠三角"构建低碳产业链锦上添花。

2. 便利的交通运输条件

便利的区域交通运输条件是构建产业链、密切产业链环节区域的联系，保证产业链正常运转的重要条件。低碳产业链是在原有产业链的基础上加上"低碳"的因素，以"低碳"思维改造、优化原有产业链，区域交通运输条件同样对于低碳产业链的构建和正常运转产生影响。正如表 2 所显示，2011 年底全国铁路里程密度、内河航道密度、公里密度分别达到 97.13 公里/万平方公里、129.8 公里/万平方公里和 4277.43 公里/万平方公里，在三个反映区域交通运输便利与否的因素中，"泛珠三角"区域均具有明显优势。具体来看，在铁路里程密度方面，仅有四川和云南的铁路里程密度低于全国的平均水平，剩余 7 省区均远高于全国平均水平。在内河航道密度方面，仅有云南、海南的内河航道密度低于全国水平，其余 7 省区的内河航道密度均高于 200 公里/万平方公里，显著高于全国平均水平。在公里密度方面，"泛珠三角"区域 9 省均高于全国平均水平，其中湖南省和广东省的公路密度最高，是全国平均水平的 2 倍多。"泛珠三角"区域便利的交通运输条件使得区域省份之间的联系更为紧密，使得低碳产业链的构建更为紧密。

表 2　2011 年底"泛珠三角"区域各省区交通情况一览

地区	铁路营业 (公里)	内河航道 (公里)	公路 (公里)	铁路里程密度 (公里/万平方公里)	内河航道密度 (公里/万平方公里)	公路密度 (公里/万平方公里)
全国	93249.64	124612	4106387	97.13381	129.8025	4277.432
福建	2110.306	3245.28	92322	175.85880	270.4400	7693.500
江西	2834.546	5637.85	146632	177.15650	352.3604	9164.365
湖南	3696.254	11495.35	232190	176.01350	547.4021	11056.760
广东	2832.148	11849.65	190724	157.34160	658.3139	10595.780
广西	3194.211	5432.53	104889	138.87650	236.1932	4560.318
海南	693.748	343.04	22916	195.97400	96.90395	6473.446
四川	3516.427	10720.39	283268	73.25620	223.3332	5901.199
贵州	2070.016	3442.32	157820	121.76930	202.4955	9283.810
云南	2491.258	3157.585	214524	65.56392	83.10005	5645.756

数据来源：整理自《国家统计年鉴》(2012)。

3. 较强技术力量及资本实力

低碳产业链的构建需要强大的科技力量作为支撑，需要雄厚的资本实力做后盾。无论是改造原有产业链中高耗能行业使其"低碳化"，还是注入原有产业链新的低碳产业以增加其"低碳"活力，抑或是在"泛珠三角"东部产业向中西部省区转移过程中为转移行业"安家落户"后进行"碳瘦身"，都需要强大的技术力量和资本实力。以申请专利受理累计数作为反映技术力量的指标，以居民储蓄作为反映资本实力的指标，通过对"泛珠三角"进行考察我们发现，截至 2011 年，"泛珠三角""9+2"所包括的 11 个省、自治区、特区的国内发明、实用新型和外观设计专利累计数量分别为 433482 件、698289 件和 815238 件，占全国的比重分别为 23.51%、23.46% 和 30.42%，"泛珠三角"区域所具有的技术力量可见一斑。

在资本实力方面如表 3 所显示，2011 年，"泛珠三角"内地 9 省区居民储蓄总额为 102449 亿元，占全国总储蓄的 29.81%，其中湖南省和四川省超过 1 万亿元，分别达到 10584.8 亿元和 16147.3 亿元，广东省超过 4 万亿元，达到 40405.1 亿元，"泛珠三角"区域具有较强的资本实力。

表3　"泛珠三角"技术力量及资本实力一览

地区	总累计			受理量			申请量			居民储蓄 (亿元)
	发明	实用新型	外观设计	发明	实用新型	外观设计	发明	实用新型	外观设计	
全国	1843959	2976278	2679800	415829	581303	507538	385766	550922	474392	343635.9
福建	28577	70613	68164	6896	16688	8741	6429	15865	8417	9068.6
江西	14506	29203	13539	2796	4698	2179	2456	4323	2046	7123.6
湖南	46479	87776	40538	8774	13598	7144	7960	12469	6318	10584.8
广东	242194	329432	534241	52012	67333	76927	49796	64619	71919	40405.1
广西	13206	28571	11885	2757	3614	1735	2605	3423	1600	6654.0
海南	3845	3642	3267	732	504	253	662	462	246	1875.1
四川	50912	100322	100811	11808	19241	18685	10863	18063	17272	16147.3
贵州	11568	19150	9119	2358	3170	2823	2115	2963	2490	3934.5
云南	15480	21861	13056	2796	3175	1179	2606	2975	1097	6656.0
香港	6597	7547	20535	944	900	1327	912	857	1268	—
澳门	118	172	83	19	15	2	18	14	2	—

数据来源：国内申请专利受理总累计和受理当年累计来源于中华人民共和国国家知识产权局，http://www.sipo.gov.cn/ghfzs/zltjjb/jianbao/year2011/a/a4.html；居民储蓄来自《国家统计年鉴》(2012)；国内专利申请受理总累计和当年累计为2011年数据，居民储蓄为2011年数据。

4."泛珠三角"区域合作不断深化

长期以来，"泛珠三角"区域内的经济社会交往就一直进行，自从2003年"泛珠三角"区域协作概念提出以来，"泛珠三角"区域合作就不断深化。依托"泛珠三角"区域合作平台"泛珠三角区域合作与发展论坛"，"泛珠三角"区域省、自治区、特区政府签订了《泛珠三角区域合作框架协议》、《泛珠三角区域合作行政首长联席会议纪要》、《泛珠三角区域综合交通运输体系合作专项规划》、《关于务实推进泛珠三角区域合作专项规划实施的工作意见》、《泛珠三角区域合作行政首长联席会议议事规则》等一系列文件，"泛珠三角"区域逐步建立了"泛珠三角区域合作协调机制"、"泛珠三角区域合作与发展论坛暨经贸洽谈会承办方产生办法"、"泛珠三角区域合作县政府秘书长协调制度"、"泛珠三角区域合作部门斜街落实制度"等合作机制，使得"泛珠三角"合作逐渐制度化、机制化，有力地推进了"泛珠三角"产业链的构建。依托"泛珠三角"区域合作平台"泛珠三角区域经贸合作洽谈会"，"泛珠三角"区域已经累计签订合作项目13026个，投资金额累计高达22423.53亿元，使得"泛珠三角"产业链条更为紧密。此外，"泛珠三角"合作还决定着重在基础设施、产业与投资、商务与贸易、旅游、农业、劳务、科教文化、信息化建设、环境保护、卫生防疫十个领域加强合作，并设置了"泛珠三角"秘书处、"泛珠三角"秘书处综合办、"泛珠三角"秘书处规划办、各省区"泛珠三角"合作工作协调领导小组办公室等机构。"泛珠三角"区域合作的不断深化对构建"泛珠三角"低碳产业链带来了便利，如表4所示。

表4　历届"泛珠三角"区域经贸合作洽谈会情况

届次	签订合作项目（个）	投资总额（亿元）
首届	847	2926.00
第二届	4473	4535.00
第三届	1019	1981.70
第四届	3280	3376.00
第五届	600	2261.00
第六届	1263	2831.00
第七届	1544	4512.83
汇总	13026	22423.53

数据来源：整理自"泛珠三角"合作信息网，http://www.pprd.org.cn/ziliao/jieshao/200504/t20050413_1326.htm。

（二）构建低碳产业链弱势分析

"泛珠三角"区域构建低碳产业链的弱势主要体现在人力资本优势不明显，支撑低碳生活方式、生产方式、消费方式的人文环境并不突出。众所周知，丰富的人力资本对于低碳产业链构建的推动作用表现在多种方面。首先，作为受过教育的人群，自身具有较强的低碳意识，这种良好的低碳意识的人文环境的形成可以有力地支撑低碳产业链的末端——低碳消费。其次，受过教育的人群倾向于采用低碳的生产方式使用生产资料，如采用无纸化办公等。最后，低碳产业链的构建需要大量的研发人才与技术人才，受到高素质教育的人才能够在低碳产业链构建中提供必要的智力支撑。

从表5可以看出，"泛珠三角"区域各省每十万人各级学校平均在校生数和全国平均水平相比并不乐观，尤其是进入高等学校的比例，9省区无一例外均低于全国的平均水平。由此可见，"泛珠三角"区域各省区人力资本并不特别突出，可能对低碳产业链的构建形成一定的障碍。

表5　每十万人口各级学校平均在校生数

地区	幼儿园	小学	初中阶段	高中阶段	高等学校
福建	3572	6664	3134	3924	2200
江西	3261	9727	4504	3392	2212
湖南	2492	7463	3293	3032	2054
广东	2948	7873	4588	4384	1978
广西	3129	9262	4356	3756	1688
海南	2410	8810	4516	3984	2079
四川	2623	7207	4060	3623	1904
贵州	2523	11749	6146	3178	1254
云南	2360	9215	4460	2905	1520
全国平均	2413	7372	3763	3403	2338

注：①高等学校包括普通高等学校和成人高等学校；②高中阶段合计数据包括普通高中、成人高中、普通中专、职业高中、技工学校和成人中专；③初中阶段包括普通初中和职业初中。

数据来源：《中国统计年鉴》（2012），一般认为中国香港、中国澳门具有较高的受教育人口比例，在此不做统计。

（三）构建低碳产业链机遇分析

1. 我国积极转变经济发展方式

全球向低碳经济转型，既给我国带来压力，又带来发展的新机遇，我国有机会凭借后发优势实现跨越式发展。发展低碳经济意味着我国能够避免走西方国家的高消耗、高污染的工业化发展道路，走出一条低消耗、低排放的新型工业化道路。2010年，国务院颁布了《国务院关于加快培育和发展战略性新兴产业的决定》，低碳环保产业被置于举足轻重的地位。2009年，哥本哈根联合国气候变化大会，中国承诺到2020年单位国内生产总值二氧化碳排放比2005年下降40%~45%，并作为约束性指标纳入中国经济和社会发展中长期规划，并制定相应的国内统计、监测、考核办法。"十二五"期间，我国把调整经济结构、积极转变经济发展方式置于突出的战略地位。这都为"泛珠三角"区域构建低碳产业链带来新的机遇。

2. 珠三角地区产业结构升级，产业转移

经过20余年的高速发展，珠三角经济实力得到极大的加强，但珠三角许多劳动密集型产业的产品价格竞争优势正在逐步丧失。依靠低成本、低附加值的制造业为主的格局，已经无法承载珠三角的发展，原有的优势产业难以继续做强，新的主导产业缺乏发展空间。因此，珠三角正将这

些劳动密集型产业向有承接能力的欠发达地区转移，以腾出空间大力发展技术密集型和资金密集型产业，进行产业的升级。

对于"泛珠三角"区域，珠三角新一轮的产业结构升级与转移对"泛珠三角"区域内构建低碳产业链带来重要的机遇。发达区域利用产业结构调整，为低碳产业的发展与低碳产业链的构建提供了难得的市场机遇，而"泛珠三角"其他区域在承接发达区域产业转移的过程中可以利用承接产业转移的规模效应与后发优势打造低碳高效的产业链。

3. SRI 飞速发展

SRI 是一种新的投资理念，它将投资企业市场、社会和环境影响纳入投资决策的过程之中；在投资决策中，除包括常规的财务指标，社会责任投资还考虑社会、伦理和环境指标。企业在市场、社会和环境方面的责任缺失可能导致自己无法获得 SRI 资金的青睐；企业建立必要的社会责任管理和践行在市场、社会和环境方面的社会责任将能够吸收 SRI 投资于自身。欧美 SRI 一直处于世界的前列，据全球可持续投资联盟发布的《2012 全球可持续投资回顾》披露的数据，截至 2011 年底，全球社会责任投资市场规模最少达 13.6 万亿美元，占全球总的管理资产的 21.8%。其中，欧洲社会责任投资金额为 8.76 万亿美元，较 2009 年增长了 25%；美国社会责任投资金额为 3.74 万亿美元，较 2009 年增长 22%；加拿大社会责任投资金额为 5891 亿美元，占本国金融行业管理资产总额的 20%；澳大利亚社会责任投资金额为 1785 亿美元，占本国管理资产总额的 18%；非洲社会责任投资金额为 2287 亿美元，亚洲社会责任投资金额为 740 亿美元，占全球社会责任投资的份额最少，仅为 0.6%。社会责任投资逐步从边缘投资转变为主流的投资方式。国际 SRI 迅速发展，它所依据的投资策略必将严重压缩高耗能产业的发展空间、提高了低碳产业的发展空间。

2008 年 4 月 30 日，中国第一支社会责任基金——兴业社会责任基金开始发行，标志着我国 SRI 也顺应世界潮流，迎来新的篇章。为了促进我国证券投资基金更好地开展社会责任投资，2008 年，泰达环保指数正式发布；2009 年，上证社会责任指数、深证责任指数、巨潮—CBN—兴业基金社会责任指数陆续发布；2010 年，南方低碳 50 指数正式发布，社会责任指数的发展为我国证券市场投资者更好地开展社会责任投资创造了条件和依据。SRI 也必将在我国"开花结果"、"茁壮成长"，SRI 也必将在中国飞速发展。SRI 的飞速发展将对"泛珠三角"区域低碳产业的发展带来机遇，为"泛珠三角"低碳产业链的构建带来机遇。

（四）构建低碳产业链威胁分析

在中国低碳产业蓬勃发展的大背景下，各大区域间低碳产业竞争加剧。20 世纪 80 年代，国家发展经济特区，给予珠三角很多优惠政策；20 世纪 90 年代，随着上海和长三角的开发，国家政策的重心渐渐向华东地区倾斜；随后，国家又提出"振兴东北三省"的口号，政策重心向东三省倾斜。如此一来，"泛珠三角"地区在政策扶持方面与其他地区相比优势已经不那么明显。在这种形势下，如何加大招商引资力度、保持外向型经济的优势，是"泛珠三角"经济区面临的重要课题。

此外，改革开放以来，由于渴望尽快减缓地方贫困及受政府政绩考核体系的影响，我国地方政府往往片面追求 GDP 的增长，对于 GDP 增长背后可能造成的负面影响，如生态破坏、高耗能等鲜有重视。2011 年，我国 GDP 总量达到 472882 亿元，人均 GDP 也达到 35181 元；对于"泛珠三角"地区省区（除港澳）来说，仅有广东省和福建省高于此数据，其他内地 7 省区人均 GDP 欲赶上全国平均水平任重道远。在此情况之下，"泛珠三角"省区渴望追求经济增长速度在所难免，从而片面追求 GDP，这对于构建"泛珠三角"低碳产业链构成威胁，如表 6 所示。

表6　2011年"泛珠三角"地区各省区GDP和人均GDP一览

地区	GDP（亿元）	人均GDP（元）
全国	472882	35181
福建	17560	47377
江西	11703	26150
湖南	19670	29880
广东	53210	50807
广西	11721	25326
海南	2523	28898
四川	21027	26133
贵州	5702	16413
云南	8893	19265

数据来源：《国家统计年鉴》（2012）。

四、构建泛珠江三角低碳产业链政策建议

低碳产业链是在原有产业链的基础上加上"低碳"的因素，以"低碳"思维改造、优化原有产业链；构建低碳产业链不是建立新的产业链，而是以新的、低碳的方式开展产业链的构建。"泛珠三角"已有产业链是其构建低碳产业链的基础。通过对"泛珠三角"区域构建低碳产业链所具有的优势、弱势及所面对的机会、威胁进行分析，我们认为"泛珠三角"构建低碳产业链所具有的优势和机会为其构建低碳产业链提供了前提和机遇，"泛珠三角"构建低碳产业链所具有的弱势和威胁对其构建低碳产业链造成了可能的障碍和挑战。如何发挥优势、超越弱势、抓住机会、避免威胁成为"泛珠三角"构建低碳产业链需要首先考虑的问题。那么"泛珠三角"区域如何构建低碳产业链呢？我们认为要做到以下几点：

（一）丰富区域合作内涵，助力低碳产业链构建

2003年以来，通过"泛珠三角"区域两大合作平台——"泛珠三角区域合作与发展论坛"和"泛珠三角区域经贸合作洽谈会"的构建与成功开展，"泛珠三角"区域合作不断取得进展，企业内涵也不断扩展和深化。伴随着国际社会及我国政府对碳排放问题的重视，"泛珠三角"区域合作应进一步扩充其内涵，纳入低碳产业链的构建，增强"泛珠三角"区域合作对低碳产业链的重视。具体来说，首先，在"泛珠三角区域合作发展论坛"中增加"低碳产业链"的内容，设定专门的"低碳产业链论坛"，对构建"泛珠三角"低碳产业链进行讨论、沟通、交流等。其次，整合"泛珠三角"区域十大合作领域，凸显构建低碳产业链的合作内容。再次，低碳产业链的构建需要组织保证，在机构设置中增设新的低碳产业链合作机构，专门负责"泛珠三角"低碳产业链的构建工作；或者增加已有的秘书处综合办、秘书处规划办、各省区"泛珠三角"合作工作协调领导小组办公室的职责。最后，制定规划，低碳产业链的构建是一项系统工程，不可能一蹴而就，"泛珠三角"应对低碳产业链构建进行可行性研究，制订低碳产业链构建规划，指导低碳产业链构建工作的落实。

（二）发挥能源资源优势，构建低碳产业链

在"泛珠三角""9+2"区域中，处于东部的有广东、福建、海南三省及中国香港、中国澳门

两个特别行政区，处于中部的有湖南、江西两省，处于西部的有四川、云南、贵州三省及广西壮族自治区。香港是地区及国际金融中心之一，拥有条件优越的天然深水港，服务业发达；澳门的博彩业、旅游业发达；港、澳本身资源匮乏。东部沿海省份靠近国际市场，是改革开放的前沿阵地，特别是广东省临近港、澳，制造业发达，但是自身资源不足。中西部地区自身资源丰富，水资源、天然气资源等较多。构筑"泛珠三角"低碳产业链可以发挥中西部地区的能源资源优势，通过将港澳特区、沿海经济发达地区的耗能产业向中西部地区能源资源丰富地区转移，改变产业链中各产业企业的能源结构，降低能源中煤炭、燃油等比例。具体来看，一方面，利用粤港澳的资本实力，投资中西部地区的水电、天然气低碳能源资源，提高整体"泛珠三角"地区的能源结构；另一方面，通过产业转移，将原来需要消耗大量能源的产业向中西部转移，就近利用中心部地区的水电、天然气等低碳能源资源。通过提高低碳能源的供给能力及需求，通过产业转移降低对煤炭、燃油等燃料的需求，给原来的产业链"瘦碳"，在原来产业链的基础上构建低碳产业链。

（三）依托技术构建低碳产业链

区域后发优势是指后发区域因其经济发展相对迟缓而形成的有利条件或存在的各种机遇；区域后发优势亦涵盖技术和制度两个层面；区域技术后发优势是指后发区域的技术模仿创新，即从先发区域或先发国家引进各种先进技术，并经模仿消化吸收和改进提高所形成的追赶优势。"泛珠三角"地区 11 个省、自治区、特区经济社会发展水平呈东、中、西依次降低，东部发达地区经济发达、技术先进，中西部地区相对落后，"泛珠三角"地区客观上存在通过技术专业提升整体经济发展水平、构建低碳产业链的条件；并且，在一个主权国家的范围之内，没有国家利益的博弈，技术之间的转移更为畅通。具体来看，一方面，东部发达地区可以将先进的低碳技术通过"泛珠三角"合作机制转移到中西部相对落后地区，中西部省、区可以利用后发优势高起点，更好、更快地对原有产业进行改造，降低原有产业的碳消耗；另一方面，东部发达地区在进行产业转移的过程中，要在更高层次的技术水平上，降低转移产业自身的碳消耗，使得转移产业在"落地生根"后，较转移之前具有更低的碳消耗。如此一来，依托东部发达地区的技术优势，利用中心部省区的后发优势，在对中心部省区原有产业低碳改造的同时，降低转移向中心部省区产业自身的碳排放，有利于构建"泛珠三角"低碳产业链。

（四）合理布局产业分布构建低碳产业链

产业布局是指产业在一国或地区范围内的空间分布和组合；合理的产业布局不仅有利于发挥各地区的优势，合理利用资源，而且有利于取得良好的社会、经济和生态效益。重复建设引起的"同构化"和"低度化"产业结构已经成为制约我国区域经济协调发展、产业竞争力提升及企业实现规模经济效率的最主要原因。构建"泛珠三角"低碳产业链需要依托区域省、自治区、特区的比较优势，合理布局产业结构，避免由于不同的省、自治区、特区产业的重复建设所导致的产业效率整体偏低。较低的产业效率增大了企业的投入，与低碳产业链的构建背道而驰。合理布局"泛珠三角"区域产业，将相同行业企业布局到具有比较优势的地区，能够实现行业规模经济。如此一来，同行业企业的聚集能够使行业内的企业提高专业化程度，降低单位生产成本，随着聚集企业数量的增多，行业产量扩张，行业规模化优势明显，单位产品的成本降低。企业单位成本的降低是企业能耗降低的间接体现，合理布局产业所带来的行业规模化优势能够使得"泛珠三角"地区产业链的"碳含量"降低，有利于"泛珠三角"地区构建低碳产业链。

（五）鼓励社会责任构建低碳产业链

自从 1916 年芝加哥大学的克拉克（J.Maurice Clark）首次提出"迄今为止，大家并没有认识到社会责任中有很大一部分是企业的责任"的企业社会责任的观念之后，关于 CSR 的研究和实践不断引起人们的兴趣，并取得进展。在中国，随着经济的高速发展所带来的市场、社会和环境问题不断显现，CSR 不断引起人们的关注，以发布 CSR 报告为例，据中国社科院企业社会责任研究中心统计，2010 年中国企业发布了 710 份企业社会责任报告，较 2006 年的 32 份增加了 20 多倍，2012 年，仅纳入评价的 2011 年社会责任报告就由 2010 年的 588 份增至 885 份。环境问题是企业履行社会责任的重要方面，"泛珠三角"合作应当通过建立 CSR 沟通平台、支持科研机构开展 CSR 研究、开展以企业为对象的 CSR 培训等措施，使区内企业认识 CSR，加强 CSR 管理，开展 CSR 实践，通过企业履行社会责任减少碳排放。

此外，伴随着 CSR 在全球范围内风行，以筛选、股东行动和社区投资为策略的新型投资理念——SRI 不断引起人们的关注，并"俨然"成为一种主流的投资方式。"泛珠三角"合作机制应鼓励金融机构对区内企业开展 SRI 投资，将资本投向低碳行业企业，退出碳排放量较大的行业企业，并通过开展股东行动直接要求企业采取措施降低碳排放；"泛珠三角"合作机制还要鼓励金融机构投资于风能、太阳能等低碳项目，开展项目投资。

【参考文献】

[1] 新浪网：《全球变暖十大后果揭晓：导致卫星加速运行》，http：//tech.sina.com.cn/d/2007-03-26/07211432138.shtml，2007-03-26/2011-08-06。

[2] 张珍花、刘安琪：《我国珠江三角洲内地九省区经济差异分析》，《经济问题》，2011 年第 4 期。

[3] 余勇：《低碳语境下的产业突破》，《中国纤检》，2010 年第 3 期。

[4] 刘贵富：《产业链研究现状综合评述》，《工业技术经济》，2006 年第 4 期。

[5] 蒋国俊：《产业链理论及稳定机制研究》，西南财经大学出版社，2004 年。

[6] 周新生：《产业链与产业链打造》，《广东社会科学》，2006 年第 4 期。

[7] 茵明杰、刘明宇：《产业链整合理论评述》，《产业经济研究》，2006 年第 3 期。

[8] 张庆华：《低碳经济呼吁天然气的合理使用》，《人民政协报》，2010 年第 3 期。

[9] 王必达：《后发优势与区域发展》，复旦大学经济学院，2003 年。

[10] 王传荣：《产业经济学》，经济科学出版社，2009 年。

[11] 毛艳华：《泛珠江三角洲的产业分工与协调机制研究》，《中山大学学报》（社会科学版），2005 年第 1 期。

[12] J.Maurice Clark, The Changing Basis of Economic Responsibility, Journal of Political Economy, 1916 (3)：209-229.

[13] 钟宏武、张蒽、翟立峰：《中国企业责任研究报告白皮书》（2012），经济管理出版社，2012 年。

[14] Cowton C.J, Accounting and Financial Ethics：from Margin to Mainstream, Business Ethics：A European Review, 1999 (8)：99-107.

（作者：许英杰，中国社科院研究生院　工业经济系）

行动者网络理论：创新网络研究的新视角

一、引　言

当前中国企业面临着转型升级的巨大挑战，应对的有效方式就是创新，但是怎样才能有效创新成为理论和现实上亟须解决的重大问题。按照创新经济学的解释，"创新"是把新思想引入到经济领域。这一经典概念决定了创新从来就不是某个企业的孤立行为，而是一个复杂的技术——社会结网过程，需要不同参与主体和组织之间不断地相互作用才得以产生。从这个意义上讲，企业为了创新就必须借助于网络的力量，但对于两者之间关系的研究是近二十年来才被逐渐关注的一个相对新的研究领域。Rothwell 认为，自熊彼特提出创新理论以来，人们对创新过程的认识先后经历了五代模式的转换：技术推动模式、市场需求拉动模式、技术推动与市场需求拉动交互作用模式、技术创新一体化模式和系统集成网络模式。虽然创新从来就是在网络中完成的，但由于在前三代创新模式中，网络的节点相对较少，节点之间的联系也相对较弱，以至于网络的作用没有得到重视。20 世纪 80 年代以后，出现的第四代和第五代模式，才开始重视外部协作和网络在创新中的作用。这是因为随着经济发展与竞争条件的变化，人们逐渐认识到，创新就是结网的过程，企业内外网络的构建日益成为成功创新的基础，网络逐渐成为企业技术创新的社会场所及创新实施的重要组织方式。于是，围绕着创新网络，大量的研究文献不断涌现，但创新网络现有研究的一些缺陷阻碍了我们利用其对创新问题的进一步探讨。

在这样一个特定的背景下，本文拟在对创新网络相关的研究进行回顾的基础上，揭示创新网络当前研究上存在的不足，进而引入行动者网络理论这一新的研究视角，剖析把行动者网络理论的基本思想应用于创新网络研究的合理性，并提出用行动者网络理论研究创新网络的基本思路，以期为创新网络的进一步深入研究提供新颖的思考方向。

二、创新网络研究述评

1. 相关研究回顾

1991 年，创新研究领域的国际顶尖学术期刊 Research Policy 第 20 卷第 6 期刊发了关于"创新网络"的研究专集。该研究专集的推出，可被看作是学界对"创新网络"重视并引发后续大规模研究的开端。比如，弗里曼认为创新网络是应付系统性创新的一种基本制度安排，网络构架的主要连结机制是企业间的创新合作关系。Powell 等发现，在生物技术产业，创新的核心是网络，而不是单个公司。Oerlemans 等认为，纳入企业外部的网络因素以后，对企业创新绩效的解释力要比单纯考虑企业内部因素强。1999 年，《中国软科学》杂志第 9 期刊发了学者盖文启、王辑慈的论文：《论区域创新网络对我国高新技术中小企业发展的作用》，该文提出，只有积极构建区域创新网络，实现区内各行为主体的密切合作和知识的增值创新，才能提高中小企业的创新能力，推动我国国民经济的快速发展，这可视为创新网络研究在我国的开始。可以说，20 世纪 90 年代以来，创新网络研究日益成为国内外一个正在崛起的学术研究热点问题。通过对国内外文献的梳理，可以发现，当前的创新网络研究，主要是沿着五条路径进行的。

（1）网络关系与创新。此研究路径关注网络节点之间的关系对创新的影响。这方面的研究成果可归为以下几类：强调正式关联对创新的重要性、强调非正式关联的重要性、强调融合正式和非正式联盟的平衡的网络结构的重要性及强调研究多方关系的重要性。其中，一些关于正式关联（强关联）对创新影响的研究表明，联盟的设立与创新之间呈强正相关关系。Kreiner 和 Schultz 通过对丹麦生物技术领域里的高校研究人员和行业研究主管的深入访谈，分析了非正式关联的重要性。他们强调，在丹麦生物技术行业中，成功的研发合作联盟常常是以非正式的关联为基础的。Ruef 的企业家分析强调了一个融合正式和非正式联盟的平衡的网络结构的重要性。他发现，比起那些位于同性质网络中的企业家，位于既包括强关联也包括弱关联的异性质网络中的企业家，更有可能被同行认为具有创新性。Rosenkopf 和 Tushman 关于专业社团的分析强调了研究多方关系的重要性，这种多方关系将各个组织中的专业技术人员联合起来。

（2）网络结构与创新。这类研究聚焦于网络结构本身的特点或组织在网络结构中的位置对创新的影响。Schilling 和 Phelps 研究了 11 个战略产业联盟合作网络结构与创新绩效的关系，证实拥有较高网络聚类系数与较短网络平均路径的企业拥有更好的创新产出。Gibbons 研究了六个典型区域网络拓扑结构模型——无限制网络模型、分散区块模型、单链连接模型、层次模型、单区域中心聚类模型、全区域中心聚类模型——对创新扩散影响，证实区域正态分布的合作倾向与结构互动促进创新扩散。刘凤朝、马荣康分析了创新网络中的中间人的角色。Walker 等研究了结构洞和产业创新网络的关系，认为企业应探寻网络中结构洞的机遇，打破过去关系的结构限制，减少关系冗余，从而获取优势。

（3）结网的空间范围与创新。该研究路径研究致力于分析结网的空间范围对创新的影响。这类研究一般认为，知识的性质，即隐性和显性，是决定网络成员是否能有效共享信息和技能的重要因素，而创新成功与否取决于其传递和转移不易编码的知识的能力。所以，这类研究的出发点往往是从分析知识尤其是隐性知识转移效率的影响因素开始的。包括三种代表性的观点：强调地方网络重要、强调外部网络重要、强调创新地理空间的双重分布均重要。强调地方网络重要的观点认为，隐性知识构成了基于创新的价值创造的最重要基础，而空间上的接近性对于隐性知识的有效产生、传播与共享来说很关键，这就强化了创新集群、行政区和区域的重要性。格兰柏赫关于伦敦广告业的项目表明，地理位置的相近性便于项目团队的持续快速重组，并有利于项目潜在合作伙伴的能力和经验等知识的传播流动。地方网络具有文化认同、相互信任、能够共享基础设施和劳动力市场、便于进行产业配套和互动等多方面的优势，会通过"贸易相互依赖"特别是"非贸易相互依赖"而形成规模经济、范围经济、地方化经济、城市化经济等促进地方化学习创新能力的提升。由于地方网络也存在诸如过度内部化、自稳性、知识冗余、产品雷同、技术锁定、路径依赖、创新者收益无法保障等种种弊端，所以，有学者认为，对于支持隐性知识的生产、识别、拥有、流动而言，组织上或关系上的亲近度及职业的相似性比地理位置的接近度更重要，由此可以推出，如果关系上的亲近性存在，隐性知识的共享不必局限于某区域范围内，可以跨越区域和国家的边界传播。Wilkinson 提出了向外部知识源学习的建议，强调区际和国际网络是外部资源导入、合作研发和科技人才引进的重要条件。Mackinnon 等认为，全球性的知识网络和知识流动对于日益增多的经济活动来说，是重要创新思想的源泉。还有学者认为，单纯地强调地方空间重要或外部联系都不能更好地实现企业创新，应该将两者进行有效连接。顾志刚提出内外部创新网络的紧密联结，是发展中国家产业集群完成技术学习并实现技术能力提高的重要条件。苗长虹通过案例研究发现，通过全球和地方生产网络的建构和有机联结，传统产业集群的技术学习是可以从"低端道路"迈向"高端道路"的。文嫮与曾刚也提出，地方产业网络的升级需要在全球价值链中与区域外的经济行为主体积极互动。巴塞尔特等认为，企业在某一特定地区集群，除了它们自己产生的和本地共享的知识外，还需要获取非本地化的知识来源以作为一种必要的补充。他们用"当地的蜂音系统和全球性的渠道"（local buzz and global pipelines）来描述这种新兴的创新地理空间分布的双重性。

（4）创新网络的治理与激励。这类研究致力于分析创新网络中关系各方在合作中可能出现的问题及其改进。王大洲认为，企业创新网络的运行需要解决三个困境：首先，如何激励自私的成员与其他成员分享有价值的知识，同时防止这些知识外溢给外部竞争对手？其次，鉴于特定企业可能参与创新网络并获取想望的知识，而不做出应有的贡献或事后退出网络，那么如何防止这种"搭便车"行为？最后，如何降低发现、评估和转移各种知识尤其是难言知识的成本？Dyer 和 Nobeoka 研究了丰田公司生产与创新网络的创造及管理过程，发现了丰田公司通过有效的制度设计解决上述困境的方法。第一，丰田公司创造了具有明确职责的组织单元如供应商协会、知识转移顾问、志愿学习小组等，让它们担负起在网络中积累、储存和扩散相关知识的职责。第二，制定网络参与的规则或标准，在特定知识领域中根除"专有知识"的观点，使知识被网络成员共享而非仅归属于特定的企业，从根本上消除"搭便车"问题。第三，创造多重知识共享过程和嵌套网络，促进隐性及显性知识的有效转移。第四，创造知识获取与应用的激励制度。然而，丰田网络的治理方式也存在着危险，因为当一个网络中的参与者关系变得过于紧密，并且信息只是在一个小团体中传播时，网络可能会变得具有限制性和僵化。只在相同的参与者之间反复循环的信息可能会导致锁定，这说明了适时更新和升级关系网络的重要性。

（5）创新网络的演化。这类研究关心创新网络的演化及网络建构本身对创新的影响。禹献云运用复杂适应系统理论和方法，对高技术企业创新网络的演化机理进行分析。他认为创新网络整体的演化是建立在创新主体的适应性行为上的，创新主体的刺激——反应行为推动着创新网络的形成，创新主体的不断学习与进化促进创新网络整体的不断发育，同时，网络外主体不断地加入及网络内主体之间不断地交互共同使得创新网络不断成长。刘友金和刘莉君从分析集群式创新网络的演化过程入手，阐述创新网络的混沌特征，然后通过借鉴虫口模型来分析和检验集群式创新网络的发展路径。他们发现随着母体企业的聚化能力从弱到强的转变，集群式创新网络逐步出现混沌状态，而且不同的聚化能力表现出不同集群式创新网络演化的结果。通过有效地控制母体企业的聚化能力，可以从宏观上把握集群式创新网络的演化方向。蒋同明和刘世庆在分析区域创新网络具有开放性、非线性、非平衡性等耗散结构特征，以及自组织特性的基础上，构建区域创新网络演化的自组织模型，对区域创新网络演化规律进行深入分析。研究发现，区域创新网络的耗散性及自组织性主要体现在创新主体（网络节点）及网络与所处的环境之间的相互作用上，正是这些相互作用的关系促使了区域创新网络自我调节和自我完善，同时发现区域创新网络的形成过程可以分为孕育期、成长期和成熟期三个阶段。Assimakopoulos 则借助社会网络分析和可视化软件等技术手段，从区域、国家及国际等三个层面开展创新网络研究，分析网络的建构对创新的重要性。他通过案例研究，从国际层面分析了欧盟的 10 个 Esprit 项目网络和一些非正规的人员网络，评价了非正规的跨国人员网络对于在如此分散的网络中实现知识创造和交换的重要性；在国家层面，采用网络方法，重点研究了一簇特殊的计算机化技术，即希腊地理信息系统（GIS）创新在广泛范围内机构中采用、实施和推广的过程，认为 GIS 创新来自国家范围内的官产学研的多方参与，关键群体的形成引领着 GIS 传播、建立新的 GIS 社区和新的技术实践惯例；在地区层面，着重考察了硅谷半导体社区的出现和关键群体的形成，发现硅谷半导体社区开始是由少数科学家、工程师和企业家组成的团队，在特别的地理和体制环境支持下形成全新的社会网络与技术实践惯例。

2. 现有创新网络研究的不足

当前的创新网络分析，研究视角多样，"网络"一词具有实指意义，网络的节点表现为具有能动性的组织或个人，研究的重点指向了"关系的强弱"、"合作的方式"、"网络的结构"、"结网的范围"、"网络的演化"等对获取专利、获得信息和产生新想法的影响，这对我们认识创新的社会属性、管理创新做出了不可磨灭的贡献。但是，这些研究具有以下几个方面的不足：一是网络的"节点"基本局限于具有能动性的组织或个人，没有把非人类行动者纳入其中作为网络节点同等对待，存在着不能深刻揭示创新网络影响因素的缺憾。二是当前的创新网络分析具有"非中心化"特征。创新网络的形成是一个动态演化的过程，目前还缺乏针对核心行为主体进行的创新网络演化分析，即使进行的企业创新网络研究，也并没有把"企业"作为"核心行为主体"来对待，而是在对各个行为主体同等看待的基础上进行网络相关问题分析的。而近年来关于企业创新网络的研究表明，创新网络中的核心企业在网络进化中往往具有决定性的作用，核心企业与创新网络具有共生演变的特征。因此，围绕核心企业构建的自我中心网络来分析创新网络的演化值得进一步探讨。三是创新网络研究中未能将空间维度与时间维度进行有机结合。当前对创新与空间之间关系的分析不管是认为"地方重要"、"外部联系重要"还是认为"双重地理分布均重要"，究其实质，研究的侧重点在于分析空间地理距离的远近对特定主体创新活动的影响，缺乏从时间变迁的维度进行创新与空间关系变化的分析；而创新网络的演化研究虽然对网络建构的时间维度比较关注，也有从区域、国家及国际层面展开的创新网络建构分析，但分析的侧重点在于揭示创新网络本身的演化规律或网络建构本身对创新的作用，未能在研究中同时关注网络参与主体空间距离的远近对创新的影响。也就是说，当前的创新网络研究还没有把空间的关系视角和时间的关系视角进行有机连接，而这样研究的缺乏也直接导致了我们对创新与空间及时间关系认识的不完整性。

为克服上述缺陷，需引入新的研究视角来对创新网络进行拓展性的探讨，行动者网络理论（Actor-network Theory，ANT）即是这样一个独特的理论视角，但目前这方面的研究尚未受到重视。

三、行动者网络理论对创新网络研究的启示

1. 行动者网络理论应用于创新网络研究的合理性分析

20 世纪 80 年代中期，主要由法国社会学家拉图尔、卡龙和劳为核心的科学知识社会学的巴黎学派，对实验室研究遇到的"内部"和"外部"、"认识"和"社会"、"宏观"和"微观"问题进行了分析，并结合实验室人类学研究及法国后结构主义，提出了著名的行动者网络理论。行动者网络理论出现以后，因其丰富的理论内涵，已被广泛应用于很多领域，如人文地理、经济地理、科技哲学、社会心理学、经济社会学等，但在创新网络研究中的应用研究还比较缺乏，其实它的很多思想能为我们解决创新网络研究中存在的以上问题提供有益的帮助。

（1）行动者网络理论拓宽了对网络"节点"的理解。为了对称地看待自然和社会在科学技术实践中的作用，行动者网络理论引入了"行动者"（actor）这一核心概念，用来表示在科学知识的建构过程中所有起作用的因素，既可指个人、团体、组织这样的人类行动者（human），也可指文化观念、技术、设备等非人的存在和力量（non-human），并不对他们可能是谁和他们有什么特征做任何假定。行动者网络理论认为，凡是参与到科学实践过程中的所有因素都是行动者，异质性

是其最基本的特性，即任何通过制造差别而改变了事物状态的东西都可以被称为行动者。这一理论给予了非人类因素以关键地位，有效克服了人们在自然和社会之间所制造的对立，其基本取向是认为科学是一个由人类和非人类行动者相互作用的场域。在这个场域中，任何一方的因素并未被赋予特别的优先权。在科学活动中，自然行动和社会行动不断地变换着角色并进行着磋商，科学最终从这两类行动的游戏场地中涌现出来。

行动者网络理论用"行动者"来消除"人"与"非人"的二元对立，由此拓宽了对网络"节点"的理解，使我们在进行创新网络分析时，能够同时关注非人类行动者在网络形成中的作用，而不是把目光仅仅停留在人类行动者的作用上，这将有助于我们全面解析创新网络的影响因素。按照行动者网络理论的观点，创新网络可以视为是在人类与非人类行动者相互作用下形成的，创新成果最终从这些行动者的相互建构中涌现出来。

（2）行动者网络理论有助于克服当前创新网络分析的"非中心化"特征。行动者网络理论认为，科学知识是由多种异质行动者相互作用、彼此建构而形成的网络动态过程。为了探求科学知识的产生过程，其基本的方法论规则是"追随行动者"，即从各种异质的行动者中选择一个，并以此为核心行动者，通过追随特定核心行动者的方式，清晰展示以此行动者为中心的网络建构过程。在网络建构过程中，参与行动者的数量在不断地改变，于是已有的网络不断地被改变，新的网络也在不断地生成；网络的范围逐渐从局部扩展开来，范围由小到大、边界由模糊到清晰并相对固定下来，以此展示科学知识的整个产生过程。

创新的过程，就是创新网络的建构过程，成功的创新要通过构建强大的异质性创新网络来实现，但当前创新网络分析的"非中心化"特征使得研究结果对特定企业的理论指导作用有限。行动者网络理论通过"追随特定核心行动者"的方式来分析以该行动者为中心的网络建构过程，能够成功地克服当前创新网络分析的"非中心化"特征，使创新网络的研究脉络更为清晰，便于揭示核心行动者的创新演化机理，从而能为核心行动者的创新决策提供更具针对性的建议。

（3）行动者网络理论有助于空间维度与时间维度的有效连接。"网络"是行动者网络理论的基础，"网络"分析在行动者网络理论中占据了重要地位。在社会科学中，一般用"网络"来描述人际关系、社会关联、技术关系、经济联系或政治关联，但是行动者网络理论赋予"网络"一词以特别的内涵。按照行动者网络理论的重要奠基人拉图尔的观点，"网络"一词具有两层含义。第一层是空间含义。在行动者网络理论看来，"网络"是一种关系型聚合体型态，是一种由不同行动者组织的具有多元性、异质性和杂合性的"空间"。第二层是时间含义，是指网络的建构是历时的、演化的，其关键之处在于将时间性和历史性赋予了自然的或社会的行动者。在行动者网络理论中，网络的主角是具体的行动者，研究者应关注的是处于不同空间位置的行动者之间的关系，这些关系是在时间脉络中慢慢建构起来的，由一系列转义和转译过程所组成，最终形成了一切变化的根源。

行动者网络理论把稳定的关系或联系视为方法手段，认为网络是通过这些方法或手段建构的，并且不但把空间看作网络构建，还认为时间也是在网络结构内形成的。行动者网络理论很明显把空间的关系视角和时间的关系视角联系起来。可以说，行动者网络理论通过对"网络"一词的重新解读，使"行动者网络"既具有了弹性的空间特征，也具有了历时的、演化的特征，这样，以行动者网络理论作为新颖的理论视角开展创新网络研究，就可以将空间维度与时间维度进行有效连接，从而有利于全面揭示创新与空间及时间之间的关系。

2. 行动者网络理论应用于创新网络研究的基本思路

按照行动者网络理论，当进行创新网络研究时，一个可行的研究思路是开展以核心企业为"中心"行动主体的创新网络在时空变迁中的建构分析。在此研究中，我们能够以追随"核心企业"这一特定行动者的方式，从时间变迁的视角揭示各种处于不同位置的行动者是如何被逐渐建构进核心企业的创新过程并最终形成一个异质的行动者创新网络的。这样的分析不但有助于克服当前创新网络研究的"节点"不全面、"非中心化"特征，而且能够将创新活动的空间维度和时间维度结合起来，从而有利于深入了解企业创新的内在动力，全面识别影响企业创新的各种因素，提供创新在企业间不平衡发展的理论解释，为企业及政府进行创新的过程管理、减少创新决策的失误提供更有价值的理论指导。

四、结 论

"创新的旅程是一个集体成就，需要来自公共和私营部门的众多'企业家'发挥各自的重要作用"，创新这一集体成就的取得过程就是创新网络的建构过程。这意味着，网络已经成为创新的中心与创新实施的重要组织方式。20世纪90年代以来，创新网络研究日益成为国内外一个正在崛起的学术研究热点问题。根据上面的分析可以看出，当前的创新网络分析，虽然研究路径很多，但存在着"节点"不全面、具有"非中心化"特征以及对"空间维度"、"时间维度"不能有效结合等缺陷，而通过行动者网络理论的引入，可以较好弥补这些不足。因为行动者网络理论用"行动者"来消除"人"与"非人"的二元对立，拓宽了对网络"节点"的理解；通过"追随特定核心行动者"的方式来展示以该行动者为中心的网络建构过程，能够克服当前创新网络分析的"非中心化"特征；认为"行动者网络"既具有弹性的空间特征，也具有历时的、演化的特征，克服了创新网络研究中对空间维度与时间维度不能有效结合的缺陷，有助于全面揭示创新与空间及时间之间的关系。按照行动者网络理论进行的创新网络研究，就可以开展以核心企业为"中心"行动主体的创新网络在时空变迁中的建构分析。行动者网络理论为创新网络的深入研究提供了一种很好的方法和理论平台。

尽管本文为创新网络研究提出了一个新的研究视角，并对行动者网络理论应用于创新网络研究的基本思路进行了初步介绍，但由于篇幅所限，并没有运用"行动者网络理论"的思想，构建出以核心企业为"中心"行为主体的企业创新网络演化分析框架，也无法通过收集数据或案例分析的方式对分析框架的合理性加以验证，以至于还不能从创新演化的观点深入了解企业创新的内在动力及识别影响企业创新的关键行动者，这既是本文的不足，也将是后续研究努力的方向。

【参考文献】

［1］ROTHWELL R. Towards the Fifth-generation Innovation Process ［J］. International Marketing Review，1994（1）.

［2］Freeman C. Networks of innovators：A synthesis of research issues ［J］. Research Policy，1991，20（5）：499-514.

［3］Dimitris G. Assimakopoulos 著：《技术社区与网络——创新的激发与驱动》，华宏鸣、司春林、吴添港译，清华大学出版社，2010年。

［4］Powell W.W.，Koput K.，Smith-Doerr L. Inter-organizational Collaboration and the Locus of Innovation：Networks of Learning in Biotechnology ［J］. Administrative Science Quarterly，1996，41：116-145.

［5］Oerlemans L. A. G.，Meeus M T. H.，Boekema F. W. M. Do Networks Matter for Innovation？ The Usefulness of the Economic Network Approach in Analysing innovation ［J］. Journal of Economic and Social Geography，1998，89（3）：298-309.

［6］盖文启、王缉慈：《论区域创新网络对我国高新技术中小企业发展的作用》，《中国软科学》，1999年第9期。

［7］刘兰剑、司春林：《创新网络 17 年研究文献述评》，《研究与发展管理》，2009 年第 4 期。

［8］Abuja，G. Collaboration Networks，Structural holes，and Innovation：a Longitudinal Study［J］. Administrative Science Quarterly，2000，45：425-455.

［9］Baum J.A.C.，Calabrese T.，Silverman B.S. Don't go it alone：Alliance Network Composition and Startups' Performance in Canadian Biotechnology［J］. Strategic Management Journal，2000，21：267-294.

［10］Godoe H. Innovation Regimes，R&D and Radical Innovations in Telecommunications［J］. Research Policy，2000，29：1033-1046.

［11］Kreiner K.，Schultz M. Informalcollaboration in R&D：the Formation of Networks Across Organizations［J］. Organization Studies，1993，14：189-209.

［12］Ruef M. Strong ties，Weak Ties and Islands：Structural and Cultural Predictors of Organizational Innovation［J］. Industrial and Corporate Change，2002，11：427-449.

［13］Rosenkopf L.，Tushman M. The Coevolution of Community Networks and Technology：Lessons from the flight Simulation Industry［J］. Industrial and Corporate Change，1998，7：311-346.

［14］Schilling M.A.，Phelps C.C. Interfirm Collaboration Networks：The Impact of Large-scale Network Structure on Firm Innovation［J］. Management Science，2007，53（7）：1113-1126.

［15］Gibbons D.E. Network Structure and Innovation Ambiguity Effects on Diffusion in Dynamic Organizational Fields［J］. The Academy of Management Journal，2004，47（6）：938-951.

［16］刘凤朝、马荣康：《组织创新网络中的中间人角色及其影响因素——以中国制药技术领域为例》，《科学学研究》，2011 年第 8 期。

［17］Walker G.，Kogut B.，Shan W. Social Capital Structural Holes and the Formation of an Industry Network. Organization Science，1997，8（2）：109-125.

［18］Powell W.W.、Grodal S：《创新网络》，詹·法格博格、戴维·莫利、理查德·纳尔逊主编：《牛津创新手册》，柳卸林、郑刚、蔺雷、李纪珍译，知识产权出版社，2009 年。

［19］Pavitt，K. Knowledge about Knowledge Since Nelson and Winter：a Mixed Record［A］. Electronic Working Paper Series Paper No.83［C］. SPRU，University of Sussex，June，2002.

［20］比约恩·阿歇姆、莫瑞克·哥特勒：《创新地理学：区域创新系统》，詹·法格博格、戴维·莫利、理查德·纳尔逊主编，柳卸林、郑刚、蔺雷、李纪珍译，《牛津创新手册》，知识产权出版社，2009 年。

［21］Grabher G. Cool Projects，Boring Institutions：Temporary Collaboration in Social Context［J］. Regional Studies，2002，36：205-214.

［22］苗长虹：《全球——地方连接与产业集群的技术学习》，《地理学报》，2006 年第 4 期（总第 6 期）。

［23］马海涛、苗长虹、高军波：《行动者网络理论视角下的产业集群学习网络构建》，《经济地理》，2009 年第 8 期。

［24］Allen J.Power/economic Knowledge：Symbolic and Spatial Formations［A］. in J.R. Bryson，P.W. Daniels，N.Henry，and J. Pollard（eds.），Knowledge，space，economy［C］. London：Routledge，2000：15-33.

［25］Amin A. Organisational Learning through Communities of Practice［A］. Paper Presented at the Workshop on The Firm in Economic Geography［C］. University of Portsmouth，UK，March，2000：9-11.

［26］Amin A.，Cohendet P. Architectures of Knowledge［M］. Oxford：Oxford University Press，2004.

［27］Wilkinson K. Collective Learning and Knowledge Development in the Evolution of Regional Cluster of High Technology SMEs in Europe［J］. Regional Studies，1999，33（4）：295-303.

［28］Mackinnon D.，Cumbers A.，Chapman K. Learning，Innovation and Regional Development：a Critical Appraisal of Recent Dzebates［J］. Progess in Human Geography，2002，26（3）：293-311.

［29］顾志刚：《发展中国家产业集群创新网络构建和技术能力提高》，《经济地理》，2007年第 6 期（总第 27 期）。

［30］文嫣、曾刚：《全球价值链治理与地方产业网络升级研究——以上海浦东集成电路产业网络为例》，《中国工业经济》，2005 年第 7 期。

［31］ Bathelt H., Malmberg A., Maskell P. Clusters and Knowledge: Local Buzz, Global Pipelines and the Process of Knowledge Creation［J］. Progress in Human Geography, 2004, 28（1）: 31-56.

［32］ 王大洲：《企业创新网络的进化与治理：一个文献综述》，《科研管理》，2001 年第 5 期。

［33］ Dyer J.H., Nobeoka K. Creating and Managing a High-performance Knowledge-sharing Network: The Toyota case［J］. Strategic Management Journal, 2000, 21（3）: 345-367.

［34］ 禹献云：《基于 CAS 理论的高技术企业创新网络演化机理研究》，湖南大学硕士学位论文，2009 年。

［35］ 刘友金、刘莉君：《基于混沌理论的集群式创新网络演化过程研究》，《科学学研究》，2008 年第 1 期。

［36］ 蒋同明、刘世庆：《基于自组织理论的区域创新网络演化研究》，《科技管理研究》，2011 年第 7 期。

［37］ 张宝建、胡海青、张道宏：《企业创新网络的生成与进化——基于社会网络理论的视角》，《中国工业经济》，2011 年第 4 期。

［38］ 郭俊立：《巴黎学派的行动者网络理论及其哲学意蕴评析》，《自然辩证法研究》，2007年第 2 期。

［39］ 李承嘉：《行动者网络理论应用于乡村发展之研究》，《地理学报》（台湾），2005 年第 39 期。

［40］ Dicken P., Kelly P.F., OLDS K., YEUNG H.W.C. Chains and Networks, Territories and Scales: towards a Relational Framework for Analyzing the Global Economy［J］. Global Networks, 2001, 1（2）: 89-112.

［41］ 周桂林、何明升：《行动者网络理论的困境及出路——以虚拟社区系统的社会建构为例》，《自然辩证法研究》，2009 年第 9 期。

［42］ 艾少伟、苗长虹：《从"地方空间"、"流动空间"到"行动者网络空间"：ANT 视角》，《人文地理》，2010 年第 2 期。

［43］ Latour B. Reassembling the Social-an Introduction to Actor-network Theory［M］. Oxford: Oxford University Press, 2005.

［44］ 刘济亮：《拉图尔行动者网络理论研究》，哈尔滨工业大学硕士学位论文，2006 年。

［45］ 郭明哲：《行动者网络理论（ANT）》，复旦大学博士学位论文，2008 年。

［46］ Latour B. Science in Action: How to Follow Scientists and Engineers Through Society［M］. Oxford University Press, 1987.

［47］ 艾少伟、苗长虹：《行动者网络理论视域下的经济地理学哲学思考》，《经济地理》，2009 年第 4 期。

［48］ Thrift N.Spatial formations［M］. Sage, London, 1996.

［49］ Van de Ven A., Polley D.E., Garud R., Venkataraman S. The Innovation Journey［M］. New York: Oxford University Press, 1999.

（作者：刘锦英，河南大学管理科学与工程研究所）

基层员工创新行为的驱动因素及其向企业创新能力的转化
——基于高新技术企业的跨案例研究

一、引　言

　　基层员工的工作流程和操作方法通常是约定俗成的，因而企业忽视他们的创新意图和想法也就相对常见。对于处于工作一线的基层员工来说，他们常常被管理者视为创新外围的人群，虽然有不少企业依赖合理化建议制度来激励每一位基层员工进行创新，然而不善表达的员工常常在这种制度下显得无所适从，企业基层员工智慧似乎对企业的贡献度不足，因而员工的创新思维和知识贡献也就很难转为企业的竞争力。传统创新理论认为，创新的主体是企业家，更多的研究则强调企业创新。然而环境的动态性和知识型员工的增长削弱了传统创新理论的现实解释力。动态环境下，基层员工创新行为已经成为促进企业成功的重要资产（West 和 Farr，1989）。然而对基层员工创新行为的系统研究还较为薄弱，另外有关基层员工的创新行为如何转变为企业创新能力的研究更是凤毛麟角。现有研究的关注点更多地放在充满想象空间和战略层面的突破性创新，抑或是强调创新本身的破坏性作用，而对于员工更多的小改进、小想法、小创新行为不太关注。在熊彼特及其追随者看来，创新的主体就是企业家而且只能是企业家。而事实上我们在承认企业家的催化作用的同时，也应该将基层员工纳入到企业创新主体的范畴之中来（Sundbo，1996），对高新技术企业尤其如此。

　　本文将焦点集中在企业基层员工的具体创新行为上。基于此，我们提出了两个具体的问题。首先，什么是基层员工的创新行为，我们如何用一种严谨而有效的方式来确定基层员工的创新行为，从而强调这种行为对企业的独特性？其次，以第一个问题为基础，通过什么样的过程才能让企业基层员工产生创新行为，基层员工创新行为发生的因果机制是怎样的？本文通过案例研究的方式初步探讨了企业基层员工创新行为得以实施的一般过程及其向企业创新能力转移的因果机制。

二、文献回顾与相关命题提出

（一）基层员工创新行为的概念解读

West 和 Farr（1989）将基层员工的创新行为界定为"由员工个人通过自身对新事物的创造、

引入或应用，从而对企业组织任何层次都有益的所有个体行为"。在企业内部，基层员工的创新行为是有意而为，绝非无意而为。Scott 和 Bruce（1994）认为基层员工创新行为更多与企业内部的渐进性创新相联系，也就是说，基层员工的创新行为往往依赖于现有的工作内容。对企业来说，基层员工的创新行为往往产生于工作过程的惯例之中。换句话说，基层员工的创新行为本身就是他们自身的观察、经历和一种干中学的行为（Brooking，2000）。实际上，对于高新技术企业的基层员工来说，他们自身极少考虑创新行为是如何产生的，他们在工作过程中往往更关心结果，譬如如何更快地处理一个文件、加工装配一个零件或者如何让自己更省事、便捷等（Riege 和 Zulpo，2007）。基层员工的一些新想法、新做法能否在企业内部得以传播主要仰赖于管理层的认可和推行，借助管理层的推动，基层员工的创新行为才有可能打破现有的制度和流程窠臼，逐渐转化成为企业的创新行为。如果基层员工的创新行为无法在企业内部得以传播与实施，那么这种零散的创新也就只能被扼杀在摇篮之中而无法得到有效执行，这在某种程度上也就必然影响到企业创新能力的提升。

按照传统的管理层级理论，对企业的基层员工来说，他们最有效的工作状态应该是严格按照标准规范和流程进行操作。在这种思想的影响下，基层员工的创新行为往往被管理层视为异类，这无形中也增添了基层员工进行创新的阻力。另外，有创新欲望的基层员工，出于"枪打出头鸟"的担心，也常常收敛自身的创新行为（Yuan 和 Woodman，2010）。因此，诸多学者（如 Axtell 等，2000；Scott 和 Bruce，1994）更多地将基层员工的创新行为与企业内部的渐进性创新（Incremental Innovation）相关联，也是基于现实的考虑。虽然亦有学者（如 De Jong & Kemp，2003）提出突破性创新（Radical Innovation）与基层员工之间的关联性，但囿于资料的局限、现实中关联现象较少以及问题的复杂性，鲜有学者深入讨论突破性创新与基层员工创新行为之间的关系。

（二）基层员工创新行为的特征

从表面特征来看，企业基层员工的创新行为更多是出于利己考虑。譬如如何更快地完成工作、如何减轻自己的工作负担、如何获得更多绩效工资等。另外，企业在招聘基层员工时，其入职的标准更多是强调他们的动手能力，在思想性和创新性方面大多数企业都没有更高要求。这就使得大多数基层员工的创新动机不在组织利益，而在个人利益。由于基层员工个体需求的差异性和本身的异质性，使其创新行为与企业层面的创新行为呈现出不同的特征。

从创新主体来看，基层员工的创新行为主要依赖于员工自己（Yuan 和 Woodman，2010；West 和 Farr，1989），而企业层面的创新行为则以企业家为中心（夏宝华，2004）。

在创新动机表现上，企业基层员工的创新行为主要出于自利性考虑（Van de Ven，1986），而企业层面的创新行为则考虑的是组织的长期发展，在某种程度上可能会牺牲当前利益来获得战略性成长。

在管理层支持程度上，企业基层员工的创新行为大多数情况下较难获得管理者的支持，尤其在管理者与基层创新员工缺乏共同的工作经历和感受时，这种支持就更难了（Riege 和 Zulpo，2007），因此即便在很多企业强调激发基层员工的创造性思维，但考虑到创新的风险性和可能增加的管理难度，很多企业的支持也只停留在口头上。与基层员工创新行为不同，企业层面的创新行为往往是组织的正式活动，为了保证企业的可持续发展，创新甚至成为企业的标识和基因组成（Aaker，2007）。

在组织内部反应上，由于企业基层员工的创新行为常常体现为无纪律状态、较为零散，因而某些具有创新想法的员工常常会遭受惯于因循守旧的其他基层员工的排挤（Yuan 和 Woodman，2010）。而企业层面的创新行为由于是自上而下的行为，带有一定的行政命令色彩，因而组织内部的响应性相应就高一些。基于以上分析，基层员工的创新行为和企业层面的创新行为的特征对比可归纳为表 1。

表 1 基层员工创新行为与企业组织创新行为的特征比较

比较维度	基层员工的创新行为	企业层面的创新行为
创新主体	基层个体	企业家
创新动机表现	自我利益满足、缺乏持续性	组织利益获取和组织长期发展
管理层支持程度	停留在口头支持、力度不大	较为正式、重点投资支持
组织内部反应	其他人容易对创新者产生排挤	能够得到内部响应

资料来源：笔者整理。

基于表 1 的特征归纳，不难发现，基层员工的创新行为有着如下特点：

1. 零散且不系统

由于基层员工创新行为是出于自利性的考虑，异质性的个体在创新过程中必然会产生不同的表现。因而，具体的创新结果也就表现得相对零散，这无形中增加了管理难度，管理层对基层员工的创新行为反应平淡也就不难理解了。

2. 创新行为难以在企业内部传播

基层员工的创新行为得以在组织内部顺利传递的前提是接受者能够对创新者的行为有充分理解。创新的基础是拥有绝佳的想法（Van de Ven，1986），基层创新者的想法往往出自于他们自己的工作实践。现实中很多基层员工往往是不善于表达的，对于他们自身的创新行为和由此产生的想法常常难以进行充分的解释。而企业中的管理者如果不能从基层员工的视角看待创新行为，则创新行为所衍生出来的知识传播就存在一些困难。在 Riege 和 Zulpo（2007）看来，基层员工依靠经验、干中学所形成的创新知识是企业中的隐性知识，这些知识能够成功进行转移的前提为发送者和接受者是同质的，而实践中这种情况却几乎不存在。

3. 很难得到管理层支持

按照官僚行政组织理论，基层员工按照职责和流程进行严格执行理应是最佳选择，因此企业管理者为了保证现场的可控性，对于基层员工的创新行为都是有限度的支持，一些企业甚至是不支持，因为创新或多或少是对传统行为和惯例的破坏与颠覆，而这种破坏的结果是管理者难以预测的，这就让他们对基层员工的创新行为产生恐惧感，而对于缺乏实际基层工作经验的管理者尤其如此。

4. 员工存在被排挤的政治风险

Yuan 和 Woodman（2010）认为基层员工的创新行为除了能够提高自身工作效率或绩效以外，在某种程度上还让基层员工自身向他人传递了某种信号，这种信号可能带来的是某种嫉妒甚至是仇视心理，这最终阻止了基层员工的持续创新行为。事实上，对于固守原有模式和惯例的员工来说，任何有创新想法的基层员工都可能都是他们不太喜欢的对象，因为创新者在一定程度上冲击了组织内部原有的行为习惯和惯例，从而让老员工难以适应，因而也就产生了基层创新者可能被一些老员工排挤的政治风险，最终让基层创新者失去可能需要从基层同级同事那里得到的必要资源支持和心理支持。

从以上特点来看，基层员工的创新行为似乎存在着无尽阻力。然而个体创新是组织创新的基础，关系到企业的生存与发展（顾远东，彭纪生，2010）。所以企业需要解决的问题是如何克服以上阻力，让基层员工的创新行为转化为企业的创新能力。

（三）基层员工创新行为产生的驱动因素

1. 企业家精神的存在

基层员工的创新行为能否被管理者发现并从中认识其价值，对于整个组织的发展极其关键。受官僚行政组织理论的影响，大多数管理者更希望基层员工以标准化作业流程和工作说明书为基础展开工作，任何可能的创新行为在他们看来都是离经叛道，这显然不利于企业内部创新知识的积累和企业创新能力的提升。因此，为了保证基层员工创新行为的产生，企业内部就必须拥有能够识别、评价、开发和利用基层员工创新行为的管理者和关键决策者，而这在 McDougall 和 Oviatt（2003）的眼里就是企业家精神，这种精神在本质上就体现为创新（Miller，1983）。Kirzner（1979）将这种企业家精神确定为一种对前所未有机会的警觉性。拥有对机会高度警觉的关键决策者，基层员工的创新行为才能在整个企业内部得以传播和实施，因为企业的决策往往受到关键决策者的影响（Miller 和 Toulouse，1986）。据此，我们提出以下研究命题：

命题 1：基层员工创新行为能够演变为企业创新能力的主要原因在于组织内部企业家精神的存在。具有较强企业家精神的企业对于基层员工的创新行为具有敏锐的洞察力，他们敢于冒险来把握任何可能的机会。

2. 管理层支持尤其是具有同质化背景的管理层支持

Bechky（2003）和 Tasi（2001）的研究表明，如果创新者所传递的知识和信息对接受者来讲是难以理解的，那么这种知识转移就是失败的。实际上，基层员工的创新行为能够固化为企业的创新知识取决于管理者的归纳能力和吸收能力。当然，如果管理者与基层员工之间在语言沟通、实际经验、所处的工作条件以及网络中的位置上存在着极大差异，那么基层员工的创新行为往往就较难得到推广与传播，对于企业创新能力的提升也就极为不利。而现实工作中，这种现象又相对普遍。因此，Riege 和 Zulpo（2007）认为中层管理者在促进基层员工的知识转移过程中起着关键作用，当然这些中层管理者需要充分诠释基层员工的创新行为并将其转化为企业的通用知识进行传递，基层员工创新行为得以充分诠释的前提就是中层管理者与基层员工具有同质化的工作背景、经验以及对创新行为有着相似的理解。在企业第一线，基层员工创新的对象主要是日常任务，其创新思想大都来源于他们自己的工作任务，因此他们所获取的创新知识基本都是基于自我发现，而从外界获得的知识相对偏少（Gravey 和 Williamson，2002），Hertog 和 Huizenga（2002）将基层员工这些基于行动或任务的创新知识界定为运营知识。而管理者要想让基层员工的创新行为转化为企业创新能力就需要高超的传达和教育能力（Hertog 和 Huizenga，2000）。当然企业对基层员工的创新支持程度越高，也就意味着员工自身的自主权越大，De Long 和 Kemp（2003）的实证研究支持了基层员工拥有更多的自主权利与基层员工创新行为之间的正向显著关系。基于以上认知，我们得到以下命题：

命题 2：基层员工的创新行为是以企业管理层的支持为基础的。而具有类似工作经历和经验的管理层更容易支持基层员工的创新行为，赋予员工更多的创新自主权，最终促成企业创新能力的提升。

3. 基层同事们的认同和良好的创新氛围

顾远东和彭纪生（2010）认为组织创新氛围通过影响员工的创新自我效能感，进而影响员工的创新行为，即创新自我效能感在组织创新氛围与员工创新行为之间起着重要的中介作用。基层员工是否有积极性产生创新行为取决于组织内部的创新氛围，这种氛围决定了基层员工的行为习惯和工作作风，不同的氛围能够塑造员工对事物的看法与态度。Scott 和 Bruce（1994）的实证研究结果显示团队成员对"创新支持"（Support for Innovation）的认知程度与个人创新行为呈显著的正相关关系，而在"资源支持"（Resource Supply）上对个体创新行为并无显著关系，根据 Scott 和

Bruce（1994）的研究，可以看出软性的创新支持比硬性的资源支持更为重要。换句话说，就是基层员工的创新行为在企业内部能够得到同事认可的程度。Yuan 和 Woodman（2010）的实证研究表明，如果基层员工在创新之后遭遇到同事们的诋毁或嘲讽，那么他们的创新行为就会终止。由此，我们得出以下命题：

命题 3：基层员工创新行为得以持续的关键在于基层同事们的强烈认同，由基层员工们的普遍认同所形成的创新氛围有利于基层员工积极传播自身拥有的创新知识，进而促成企业创新能力的提升。

三、研究设计与相关方法

（一）样本选择

为了使研究结论更具一般性，本研究分别在天津、苏州、安徽和深圳四个地区选择了曾经咨询过的四家高新技术企业（以国家科技部、各地方科委和科技厅认定的高新技术企业为基准）为研究样本。四家企业分别生产制造电子产品（天津）、母婴用品（苏州）、工业用品（安徽）和保健器材（深圳）。借助项目咨询中的访谈优势，我们对四家高新技术企业进行了实地访谈，当然样本的选择并非本研究进行的刻意选择，而是从我们咨询的案例中挑选出来四家不同地区的高新技术企业作为我们选择的对象。由于案例研究的目的是归纳理论，因此无须遵循抽样法则。Eisenhardt（1989）认为采用多案例研究往往可以更好地提炼出理论，Sanders（1982）建议多案例研究的最佳数目为 3~6 个，基于此，本研究选择了 4 家高新技术企业作为我们的研究样本。

（二）研究样本的信度及效度

由于我们所选择的企业都是与我们正在合作或已经合作过的企业，案例研究的启动往往是在咨询中就已经展开。本研究遵循罗伯特·K.殷（2004）对案例研究设计的建议。为了提高案例研究的建构效度，本研究选择四个不同地区的高新技术企业作为多元的证据来源，并形成了"基层员工创新行为的前因—基层员工创新行为—企业创新能力"的基本证据链，本研究的证据来源主要包括已有的研究文献、访谈记录、直接观察和某些实物文本证据。在每次访谈之后我们都进行一次到两次的访谈反馈，以保证证据的主要提供者确认访谈信息的真实性和可重复性。

为了保证研究的内在和外在效度，本文充分依赖已有的研究成果提出相关命题，同时在案例分析时借助分析性归纳手段。为了保证研究的信度，我们在访谈过程中详细记录了每一个访谈细节，甚至是访谈中与本研究可能无关的主题我们都记录在案，并将这些记录在再次访谈时进行进一步确认与核实。在访谈过程中，我们确保每次访谈至少有 3 名项目组成人员参与，访谈平均时间为 2 小时。

四、基层员工创新行为及其转化过程的跨案例分析

（一）案例陈述

本研究选取的四家高新技术企业基本都是规模相对不太大的，这其中以深圳的保健器材企业为规模最小，员工人数不到 200 人；苏州的母婴用品企业规模最大，员工人数上万人，鉴于苏州公司的超大规模，我们只以其中一个车间作为研究对象。这四家企业有一个共同的特点在于这些企业的很多决策均由总经理做出，而其他副手和中层管理者基本处于执行状态，本研究主要访谈的对象是基层员工。由于本研究选取的是我们咨询的四家客户企业，所以为了保证私密性，我们隐去了企业的具体名字，分别用 A（天津）、B（苏州）、C（安徽）、D（深圳）来代表不同的企业，限于篇幅，我们不再对企业进行详细描述，案例的具体情况如表 2 所示。

表 2　案例概况陈述

研究对象	A（天津）	B（苏州）	C（安徽）	D（深圳）
主要产品	手机配件	手推车	压缩机	远红外产品
基层员工规模	350 人	237 人（某车间）	1502 人	163 人
成立时的企业性质	民营股份制企业	集体企业	国有企业	民营独资
操作技术要求	不高	一般	较高	不高
合理化建议制度	无	有	有	无
公司专利数	不到 5 项	2000 余项	60 余项	不到 5 项
企业发展历程	1998 年成立，2001 年开始贴牌生产和代加工	1989 年成立的集体企业，2003 年入选"向世界名牌进军具有国际竞争力的中国企业"之一	1958 年成立的国有企业，2002 年改制为民营，2005 年在香港联交所上市	2003 年借助自有资本成立，主要做贴牌加工，以海外市场为主

资料来源：笔者整理。

（二）案例分析

通过四家企业的案例分析，我们发现影响基层员工创新行为的驱动因素主要由以下几个方面构成：

（1）决策者对机会的把握和警觉性。Davison 等（1989）认为通过及时地反馈可以避免改善机会的遗漏，对于基层员工任何可能会出现的创新思维，通过及时地向决策者反馈就更容易给企业带来创新机会。在 Yuan 和 Woodman（2010）看来，对现场工作中的每次创新保持高度关注能够有效提升基层员工的工作效率，在某种程度上也有利于他们不断产生新想法。Krizner（1979）认为决策者对于前所未有的机会应有足够的警觉性，才有可能利用机会从而追逐可能的利润。在案例 B（苏州）中我们发现，基层表示，他们的现场经理经常会在一天工作结束后进行一天的工作总结，及时发现工作中存在的问题和可能改进的空间，并让基层员工表达自己的看法。案例 C（安徽）的基层员工则是以中午午餐会的形式对工作状况进行讨论，而公司的管理者则是每天早晨以早餐会形式对上一天工作中可能存在的创新机会和可能性进行交流，以保证做到每天改善一点点。从案例 B（苏州）和案例（C）（安徽）的专利数我们实际上也能够在某种程度上看出他们较强的机会把握和发现能力。案例 A（天津）对基层员工有着较高的规范性要求，要求员工在工作中严格按照操作流程和规范进行操作，不许有任何逾越。案例 D（深圳）对基层员工的操作要求和规

范相对较为松散，虽然公司也有纸质的操作指导书和流程规范，但员工在理解了基本操作流程后基本是按照自己熟悉和舒适的方式在开展工作。显然在机会的发现和创造上，案例 B 和案例 C 要优于案例 A 和案例 D。因而我们可以认为，基层员工创新行为得以持续发生是因为管理者对机会的把握和发现能力。

（2）管理者将创新行为进行编码并传播。管理者对创新行为的支持不仅仅体现在赋予基层员工更大的自主权上，还表现在管理者起着对创新知识的促进和传播作用（Riege 和 Zulpo，2007）。管理者尤其是中层管理者往往承担着对基层员工创新行为进行知识化编码的责任，以使这些知识由带有个体特性的隐性知识转化为可以在企业内部传播的显性知识（Argote，1999），基层员工的创新行为如果未经整理则对于企业的贡献是微乎其微的，只有通过一定编码和整理才能真正转化为企业知识，进而提升企业的创新能力。这也就解释了为什么在倡导组织结构扁平化的今天，中层经理依然在各类企业中发挥着中坚作用。Ahmed、Kok 和 Loh（2002）的研究表明中层经理的核心职能在于快速识别基层员工的创新行为，并进行知识建设和知识分享活动，他们是基层个体的创新行为向企业创新能力转化的重要推手。当然这其中，作为管理者的中层经理们如果与基层的创新者们具有类似的经验、背景和对基层工作的感悟，就更能促进基层员工创新知识转变为企业的创新能力（Bechky，2003）。在访谈中，我们首先发现四家案例企业的中层经理基本都是从基层员工提拔上来，对现场和基层员工非常了解，因而在基层员工产生一些新想法和做法时，他们往往能第一时间发现并能够在车间内部进行传播和交流。其次，四家案例企业的被访谈对象在访谈中均表示"有改进和改善的欲望，希望能够得到别人的认可，并希望自己的创新行为最好能够贴上自己的名字标签在企业内部传播"。例如，案例 A（天津）的基层员工表示"每天做重复的工作的确有些疲劳，希望能够做一些力所能及的改进，不过车间主任更希望我们依葫芦画瓢，别有太多想法，执行最重要，现在弄得我们积极性不高，反正做一天和尚撞一天钟"；案例 B（苏州）的基层员工谈到"看到我们自己的小发明、小创新在整个生产车间得到应用，心里特别开心，尤其是在这些小发明和小创新上加上自己的名字就觉得每天到车间来就是一种荣耀"；案例 C（安徽）的基层员工描述了在他们中午午餐会上进行讨论的场景，他认为"午餐会的闲聊，尤其是和车间主任及班组长闲聊时总能有收获，觉得午餐会很有帮助，有时候自己的想法不知道怎么表达或者自己有一个新点子却不知道怎么实施，午餐会上交流一下有时候能够解决问题"；案例 D（深圳）的被访谈者认为"和车间主任搞好关系特别重要，否则你做得再好、再有创新也是零，基层经理即便看见你有创新想法和行为有时也装看不见，所以有时候特别影响我的创新积极性"。由此可见，管理者在基层员工的创新行为和企业创新能力之间起着极其关键的桥梁作用，没有中层经理的推动和支持，基层员工的创新行为只能淹没在每天的日常工作之中，永远无法转化为企业的创新能力。

（3）基层同事的认同与创新氛围的营造。事实上，人本身就是社会人，人的行为除了有技术（物质）意义外，还有很重要的象征和指示意义（Yuan 和 Woodman，2010）。无论你自己的行为是否有利于效率的提升，如果无法从周边人群获得情感性支持，你的行为可能也会遭受无形的阻碍，基层员工的创新行为也同样如此。印象管理理论认为，他人的反应直接影响到你的行为，他人的反应可能会阻止你可能的创新行为（West，1989）。在企业第一线，大部分员工更偏向于遵照规定的流程进行日常性工作，对创新的关注度普遍偏低，这种情况下容易产生的现象就是基层员工的某种创新行为可能会打破常规，最终使创新者受人排挤，在 Yuan 和 Woodman（2010）看来，这是一种潜在的社会政治风险，基层创新者出于自我保护的动机可能最终会选择放弃创新，在注重关系的中国企业，这一点可能体现得更为明显。通过对案例 A（天津）的长时间观察和旁敲侧击的打听，我们了解到生产车间一位女工表现非常积极，鉴于她的杰出表现和个人意愿，企业将其吸纳为中国共产党预备党员，按照常理，车间其他员工理应祝贺和支持，然而现实情况恰恰相反，但凡这位女工出现的地方，大家原本畅所欲言的讨论立即会戛然而止，不少人背后对她的评价是三个字——"假积极"，因而在案例 A（天津）企业中，表现好或者有积极性进行创新的员工就常常看起来脱离了他所处的群体而遭受排挤。案例 B（苏州）的状况与之刚好相反，在车间现场，基层员工之间呈现的是一种知识技能竞赛场景，虽然不少创新想法和点子不能得到实施，但在车间现场工作会上他们会得到主管领导的公开表扬，而对基层员工来说，他们觉认为如果自己的想法和做法能够在这个生产车间得到推广就是一种荣耀，当然在具体物质性激励上，公司也会有所体现。案例 C（安徽）虽然有合理化建议制度，但基层员工的创新行为发生的概率远不如案例 B（苏州），在 C（安徽）企业中我们很难观察到车间现场有对员工的直接激励（表现员工创新贡献的宣传或指示），偶尔在 C（安徽）企业的食堂我们能看到一张 A4 纸张贴在布告栏，说明某位基层员工在工作中进行了哪些方面的创新，因而在本月的奖金上增发 100 元，这种物质激励和类似布告栏式的表述并没有很好地在 C（安徽）企业中营造出一种创新氛围。与案例 A 类似，案例 D（深圳）企业基层员工在车间现场往往只关心自己的工作完成情况，在工装夹具的使用上 D（深圳）企业较为随意，虽然公司也有工作标准和岗位说明书，无奈这些标准和说明书过于笼统和模糊，使得员工经常按照自己的意愿和偏好选择自己的工作方法。从我们的观察来看，案例 D（深圳）企业现场操作略显凌乱，而 D（深圳）企业的基层员工对他人的了解相对较少，就更谈不上行为认同了，产生这一现象的原因在于该企业较高的员工离职率，但在问及他们是否重视别人如何评价自己的行为时，多数员工的回答是肯定的。显然从四个案例中我们看出同事认同对个体行为的重要影响，所以说，高度的同事认同以及由此营造的良好组织创新氛围无疑是基层员工创新行为产生的重要前置因素，这是基层员工创新行为得以培育的土壤，同时，高度的同事认同感也有利于后期个体创新行为向组织共同行为转变，最终促成企业创新能力的提升。

对照本文通过文献梳理提出的命题，以上述分析为基础，我们可以整理出四个案例分析对前期提出命题的支持状况，具体结果如表 3 所示。

表 3　各案例对研究命题的支持状况

已有命题	案例 A（天津）	案例 B（苏州）	案例 C（安徽）	案例 D（深圳）
命题 1	支持	强烈支持	支持	支持
命题 2	支持	强烈支持	强烈支持	支持
命题 3	强烈支持	强烈支持	强烈支持	支持

资料来源：笔者整理。

五、研究结论与局限

伴随着中国高等教育的普及化，企业基层员工的受教育水平正快速提高，企业知识化进程也逐步加快，员工的知识化趋势成为不可逆转的潮流，因而基层员工的创新行为也日益成为企业创新的重要源泉。传统创新理论一直把企业家作为创新的主体，看重的是资源整合，然而对于很多高新技术企业来说，它们的核心能力往往表现为其独特的现场工作流程和基层员工开展创新性工作而形成的组织惯例（Teece，1998），因此，传统创新理论对现实的解释力就略显不足。尽管西方对"基层员工创新行为"的研究已经取得了一定进展，但仍然未能系统分析基层员工创新的驱动因素及转化问题。因此，本文一方面阐释了基层员工创新行为对企业创新能力的作用和研究该问题的必然性，并提供了一个"基层创新行为的驱动—个体创新行为—企业创新能力"的基本分析逻辑。另一方面通过跨案例的研究设计揭示了基层员工创新行为得以产生的驱动因素，以此为分析基础说明了基层员工创新行为向企业创新能力转化的因果机制。

通过对四家高新技术企业的案例研究，可以发现基层员工创新行为的驱动因素源于决策者对机会的警觉与把握（这实际是一种企业家精神）、管理者对基层创新行为的编码与传播、基层员工认同以及由此形成的组织创新氛围这三个方面。在基层，企业家精神的存在容易让基层决策者对企业基层工的创新行为更有警觉性，决策者们更愿意抓住一切可能的机会并加以利用，从而为企业创新能力的提升做贡献；管理者尤其是与基层员工具有同质化经验和背景的管理者，如果能够充分理解基层员工的创新思想和行为，将有利于创新思想和行为在企业内部的传播，此时管理者实际承担的是创新知识的解码和重新编码工作，他本身是一个连接个体创新和企业创新的中介，承担着把个体创新行为转化为企业创新能力的使命；组织创新氛围的营造依赖于基层同事对创新行为的高度认同，这种认同感会让基层员工在创新过程中有一种归属感，从而促进其不断进行创新，以强化自己的组织身份。

虽然，我们严格按照罗伯特·K.殷（2004）的案例研究设计与方法进行了研究，但依然存在一些不足。首先，在案例的选取上，出于便捷性考虑，我们选择了四家与我们有咨询合作关系的高新技术企业作为样本企业，在代表性和典型性上值得推敲，这也使得结论的普适性会有所降低，因此本文的研究结论是否能够推广应用到所有的企业还需要更多的案例来进行进一步验证。其次，由于案例研究方法本身的不足，罗伯特·K.殷（2004）认为案例研究需要事先提出命题或理论假设，以此为基础进行数据资料的收集和整理，最终通过这些数据资料的分析来验证先前提出的命题或理论假设，这难免陷入了先入为主的窠臼，影响了分析结论的独立性和客观性，因此后期研究需要借助扎根理论（Grounded Theory）的研究方法，系统收集、整理和占有一切可能的写实资料，从中挖掘出关键信息，最终形成命题或理论，从而避免了先有命题后有分析的反向行为。当然，本文以案例研究为主要研究方法主要取决于本研究的性质，本研究属于对基层员工创新行为的探索性研究，主要回答的是基层员工创新行为为何产生以及如何向企业创新能力转化的问题，后期进行延伸研究时我们还可借助纵向研究设计、大样本抽样研究设计结合实证研究等方法来展开。

【参考文献】

［1］罗伯特·K.殷：《案例研究：设计与方法》，周海涛主译，重庆大学出版社，2004年。

［2］顾远东、彭纪生：《组织创新氛围对员工创新行为的影响——创新自我效能感的中介作用》，《南开管理评论》，2010年第1期。

［3］夏宝华：《企业家间断创新与大企业持续创新——熊彼特创新理论一瞥》，《科学学与科学技术管理》，2004年第11期。

［4］Aaker D., Innovation: Brand It or Lose It［J］. California Management Reiview, Fall, 2007, 50（1）: 8－24.

［5］Argote, L., Organizational Learning: Creating, Retaining and Transferring Knowledge［M］. Boston: Kluwer, 1999.

［6］Ahmed, P.K., Kok, L. & Loh, A., Learning Through Knowledge Management［M］. Oxford: Butterworth-Heinemann, 2002.

［7］Axtell, C.M., Holman, D.J., Unsworth, K.L., Wall, T.D., P.E., Waterson & Harrington, E., Shopfloor Innovation: Facilitating the Suggestion and Implementation of Ideas［J］. Journal of Occupational and Organizational Psychology, 2000, 73.

［8］Brooking, A., Corporate Memory: Strategies for Knowledge Management［M］. London: ITP, 2000.

［9］Bechky, B.A., Sharing Meaning Across Occupational Communities: The Transformation of Understanding on the Production Floor［J］. Organization Science, 2003, 14（3）.

［10］Davison, H., Watkins, T. & Wright, M., Developing New Personal Financial Products: Some Evidence on the Role of Market Research ［J］. International Journal of Bank Marketing, 1989, 7（1）.

［11］ De Jong J.P.J., Kemp R., Determinants of Co-workers' Innovative Behaviour: An Investigation into Knowledge Intensive Services ［J］. International Journal of Innovation Management, June 2003, 7（2）: 189-212.

［12］ Eisenhardt, K.M., Building Theories from Case Study Research ［J］. Academy of Management Review, 1989, 14（4）: 532-550.

［13］ Garvey, B. & Williamson, B., Beyond Knowledge Management ［M］. Essex: Pearson, 2002.

［14］ Hertog, J. & Huizenga, E., The Knowledge Enterprise: Series on Technology Management-Vol. 2［M］. London: Imperial College Press, 2000.

［15］ Kirzner I., Perception, Opportunity and Profit: Studies in the Theory of Entrepreneurship［M］. Chicago: University of Chicago Press, 1979.

［16］ McDougall P.P., Oviatt B. M., International Entrepreneurship: The Intersection of Two Research Paths ［J］. Academy of Management Journal, 2000, 43（5）.

［17］ Miller D., The Correlates of Entrepreneuship in Three Types of Firms ［J］. Management Science, 1983, 29（7）.

［18］ Miller D., & Toulouse J.M., Chief Executive Personality and Corporate Strategy and Structure in Small Firms ［J］. Management Science, 1986, 32（11）.

［19］ Riege A., Zulpo M., Knowledge Transfer Process Cycle: Between Factory Floor and Middle Management ［J］. Australian Journal of Management, December 2007, 32（2）: 293-314.

［20］ Sanders P., Phenomenology: A New Way of Viewing Organizational Research ［J］. Academy of Management Review, 1982, 7（3）.

［21］ Scott, S. G., Bruce, R. A., Determinants of Innovative Behavior: A Path Model of Individual in the Workplace. Academy of Management Journal, 1994, 37（3）.

［22］ Sundbo, J., The Balancing of Empowerment: A Strategic Resource Based Model of Organizing Innovation Activities in Service and Low-Tech Firms ［J］. Technovation, 1996, 16（8）.

［23］ Teece, D.J., Capturing Value From Knowledge Assets: The New Economy, Markets for Knowhow, and Intangible Assets ［J］. California Management Review, 1998, 40（3）.

［24］ Tsai, W., Knowledge Transfer in Intraorganizational Networks: Effects of Network Position and Absorptive Capacity on Business Unit Innovation and Performance ［J］. Academy of Management Journal, 2001, 44（5）.

［25］ Van de Ven, A. H., Central Problems in the Management of Innovation ［J］. Management Science, 1986, 32: 590-607.

［26］ West, M. A., Innovation Amongst Health Care Professionals ［J］. Social Behavior, 1989, 4: 173-184.

［27］ West, M. A., & Farr, J. L., Innovation at Work: Psychological Perspectives ［J］. Social Behavior, 1989, 4: 15-30.

［28］ Yuan F.R., Woodman R.W., Innovative Behavior in The Workplace: The Role of Performance and Image Outcome Expectations ［J］. Academy of Management Journal, 2010, 53（2）: 323-342.

（作者：张建宇、张英华，天津财经大学商学院）

中国汽车市场、技术的演化与创新研究

一、引 言

对于我国汽车产业"市场换技术"的发展策略，一直是争议不断。"市场换技术"源自 20 世纪 80 年代初汽车产业提出的"技贸结合"，一直以来"市场让出去了，原有技术也丢了，新的技术又不掌握，真正成了依附型的汽车工业"，汽车自主品牌企业尤为反对"市场换技术"，但也获得了阶段性成功。以传统内燃发动机技术为例，奇瑞、吉利和上海汽车的研发模式都达到了获得技术的目的，并且技术差距不大，但比亚迪跨越技术阶段的电车开发模式对世界汽车业最具冲击力。在开发成本方面，上汽荣威获取技术的性价比要比奇瑞、吉利更高，而自主技术开发能力比奇瑞、吉利要低。

金融危机发生前，我国汽车企业意识到了升级的重要性，但升级成本很高、障碍很大，买不起、买不到、没机会掌握微笑曲线两端的经营。金融危机的影响主要表现为我国企业的订单下降，国际订单向其他地区转移。面对全球化的环境以及国际产业在新经济环境下的分工格局，我国汽车业应该如何寻求和选择有利于构筑新比较优势，实现产业链的升级呢？因此，从技术进步的角度来分析我国汽车产业发展战略，是一个十分重要而又现实的问题。

二、技术进步与企业成长的理论回顾

汽车产品是由众多的汽车零部件组装起来的集成系统，由一万多个零件组成，其本身的产业链较长。同时由于汽车制造过程中所涉及的领域众多，因此汽车企业的成长主要是通过产业技术链升级来实现，产业技术链将众多汽车企业联结起来形成一个有机整体。

从产业内分工看，发达国家经历了多年的经济转型和产业升级，逐渐着力于研发和品牌营销，并控制核心技术和经营技巧，而把加工制造环节转移至发展中国家。在全球产业链中，高端环节获得的利润占整个产品利润的 90%~95%，而低端环节只占 5%~10%。我国一些加工制造企业获得的利润甚至只有 1%~2%。从产品内分工看，技能含量高的工序、附加值高的部件一般由发达国家来完成，发展中国家承担的大多是低附加值的初级零部件生产，或者是主要部件依靠进口、只承担最后加工装配的工序。因此，我国汽车产业升级的主要路径就是提高产品本身的技能含量，从而提高产品的附加价值。

Chandler（1990）提出企业制度理论，认为领先企业之所以能永续经营，是因其积累了组织能力，包括在技术、管理和营销等方面长期投资，在组织层面积累了后来者无法轻易复制的能力。Nelson（1994）将 Chandler 的组织能力理论和 Nelson 与 Winter（1982）提出的演化学派企业理论结合起来，认为企业理论应着重理解企业的策略、结构以及核心能力，而这三方面是相辅相成的。企业决定策略牵涉长期广泛的委托，并影响企业的结构与能力的积累，同时长期积累的能力也会影响策略的选择。这样的企业策略，应该可以帮助我们解释为何我国制造企业会走上代工的道路。

Penrose（1959）的企业成长理论强调了企业已积累的人力资源对企业成长的决定性影响。就其着重企业既有资源而言，与 Chandler 有相似之处，但更直接处理企业成长的机制，更能帮助我们用来理解追赶者的动态发展途径。Pavitt（1992）认为技术能力是指产生和管理技术变化所需的资源，这些资源包括引进的外国技术、在教育培训和研究上的投资、激励创新和模仿的经济手段、鼓励公司重视技术积累的制度与政策等。Linsu Kim（1997）以韩国为实证，提出了分析全球技术环境的框架，展示了发达国家和发展中国家两种不同的技术发展轨迹，以及后进国家企业技术能力的三阶段模式——获得、消化吸收和改进。

Lynch（1999）利用价值链理论分析了 20 世纪末以来世界汽车生产格局的变化，认为经济的全球化改变了世界汽车产业的组织结构，推动了跨国汽车公司之间的兼并重组以及形成战略联盟，世界汽车产业中 50 多家独立的大型汽车制造企业，兼并重组成为 6 家跨国汽车企业集团和 4 家独立的跨国汽车企业，后来被称为"6+3"或"6+4"，包括他们在世界各地建立的独资的、合资的或转让技术准许生产的分支机构。

Schmitz（2004）以巴西的汽车零部件产业为例，分析了地方汽车零部件企业整合进入全球价值链的动力机制、价值链治理和产业升级的过程。认为在生产者驱动的全球价值链中价值环节空间分离现象越来越普遍。Jeffrey（2005）通过对墨西哥 Silao 地区汽车产业发展的实证研究，探讨了政策制定者在对价值链治理结构的认识下，如何制定区域经济政策以吸引通用汽车公司和其主要的零部件供应商到 Silao 投资，从而使其地方汽车产业实现升级。

跨国汽车企业除了具有整车设计、制造工艺的核心技术，还和全球垄断供应商共同拥有关键零部件设计和制造的核心技术。无论如何，发展中国家或地区企业都必须要先行积累相当规模的资源能力，并以技术创新作为整体资源能力的核心。发展中国家汽车产业发展一般都会经历从保护到开发、从汽车组装到国产化再到自主开发的过程。各国在发展的过程中采取何种政策，会直接影响汽车产业发展的过程。

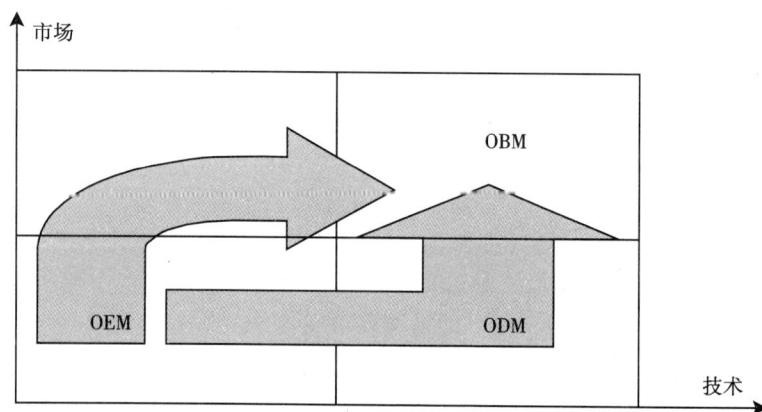

图 1　基于企业转型的市场、技术升级路径

三、我国汽车市场和技术的演化

（一）我国汽车业的市场开拓

在我国汽车产业发展中，除了中国第一汽车集团公司（原第一汽车制造厂）得到前苏联的技术援助，以后几乎再也没有系统性地引进过外国技术，而一汽也成为技术转移的主要源泉。在 20 世纪 50 年代末到 60 年代初的开发浪潮之后，老厂援建或包建新厂成为技术扩散的主要方式。经过第一个五年计划，国民经济取得较大发展。一汽的品种和数量不能满足各方面的需求，1957 年起，部分省市开始制造汽车。到 1963 年全国共有汽车制造厂 18 家，改装车厂 45 家，形成了南京、上海、北京和济南 4 个较有实力的汽车生产基地。其中，上海汽车装配厂于 1957 年 12 月 26 日试制出第一辆样车，定名为 SH58-I 型三轮货运汽车。1965 年北京汽车厂也试制成两辆 BJ212 型样车。

1984 年以前，技术、资金、人才等制约了中国汽车产业的发展，"市场换技术"此时被推到了历史的前台。1984 年，第一个中外合资企业——北京吉普诞生，1985 年，中德合资轿车生产企业——上海大众成立。1985 年，南京汽车引入意大利菲亚特的依维柯汽车，广州和法国标志合资项目也成立了。1987 年，国家确定了"三大三小"的总体格局，轿车工业开始向规模化方向发展。1990 年，中国轿车工业的三大基地进一步调整，上海汽车工业总公司成立。

20 世纪 80 年代和 90 年代，当时跨国汽车企业向我国输出的桑塔纳、富康等车型都已过了其在母国的成长期。以普桑为例，这款车型是德国大众在帕萨特等轿车基础上于 1982~1984 年开发的，于 20 世纪 90 年代引入我国，继而 16 年内车型几乎没什么变化。相对于国际惯例即五年淘汰一个新车型而言，普桑在我国大大延长了它的发展。除车型之外，跨国汽车企业也将一批不能继续在母国生产的、污染较严重的汽车动力技术转移到我国，而对其在 20 世纪 60、70 年代已开始研制的清洁能源车的技术，根本没有进行技术转让。

表 1　"市场换技术"与单纯引进外资的比较

	市场换技术	单纯引进外资
外资类型	直接投资	贷款、直接投资
载体	合资企业、跨国公司	国内企业
附加要求	技术转让要求、技术含量要求	一般没有附加要求
投资领域	一般在先进技术领域	不限
支付利息贷款	无需利息	一般需要支付利息
目的	引进国外先进技术	弥补资金不足

20 世纪 80 年代的"市场换技术"战略，将国内汽车产业隔离于世界竞争之外。同时，也从客观上保护了少数几家跨国汽车公司在中国的垄断利润。1984 年后，我国公车市场空前繁荣。1985 年，全国进口轿车、面包车达 20 万辆，超过了前 30 年的总和。由于公车消费需求弹性小，以至于外商无须在价格上让利。一辆普桑在中国要价 18 万元人民币，而在国际市场上每辆不足 9000 美元，跨国公司赚取的利润颇为丰厚。20 世纪 70 年代末和 80 年代初，中国为重型、轻型和微型车引进了许多关键生产技术（包括来自奥地利和捷克斯洛伐克的 Steyr、Tatra 重型卡车生产技术，日本的 Isuzu 轻型卡车技术和 Suzuki、Daihatsu 微型车技术）。到 20 世纪 80 年代中期，在轿车

需求迅猛增加的刺激下，国家允许跨国汽车企业和部分国有汽车企业成立合资企业。

自 20 世纪 90 年代后期以来，跨国公司技术转让更加积极。这时期技术转让的阻力一方面来自于核心技术的保密，另一方面来自于我国的汽车产业保护政策。我国汽车产业政策规定，跨国汽车公司投资整车不能以独资形式投资，合资股份不能超过 50%，因此，跨国汽车公司仍然不愿将核心技术进行转让。近几年来，我国企业的发展大多是依赖引进成套生产设备组装产品，企业没有掌握本行业的心技术，大量引进成套设备这种简单的"复制"过程，必然导致"引进—落后—再引进"的怪圈，因此部分企业的自主创新水到渠成。

表 2　"市场换技术"与进口替代的比较

	市场换技术	进口替代
战略属性	技术引进战略	内向性工业发展战略
资本属性	合资经营	国内资本或合资经营
主要目的	引进国外先进技术	促进民族工业的发展
动因	增加外方转让技术的积极性	外汇短缺的制约

（二）我国汽车业的技术开发

生产技术的引进并不仅仅是简单的"拿来"即可，往往需要根据技术要求进行引进设备和过程与原来的设备和过程按照工艺进行重组。上海大众经过 CKD（组装汽车）→国产化（缩小技术缺口）→联合设计（培养技术开发能力）→独立产品设计这样的道路，已基本掌握了产品制造工艺技术，但在制造装备水平上与国外差距较大。另外，尽管整车的产品开发能力没有形成，但在一些零部件国产化过程中，不但促进了制造技术的掌握，而且逐渐形成了初步的产品开发能力。

中国汽车企业的创新过程从封闭到开放，每一阶段所匹配的创新模型分别为模仿创新、原始创新和集成创新等模式；中国汽车企业的创新能力从低端到高端分别为局部改进能力、联合开发能力，再到培养出自主研发能力。当企业技术创新能力较高，而选择的创新模型较为低端时，说明企业的潜力还没有充分地发挥出来。相反，若企业技术创新能力较低，而选择了超越自身技术创新能力的自主创新模式时，企业无论实行何种战略手段，都将无法保证其自主创新的成功，由此给企业带来的效应将是负面的，企业产品将因为缺乏竞争力而丧失市场，这也不是企业理性的选择。由此可见，企业只有在拥有合适的技术创新能力情况下，选择合适的自主创新模式才能保证其自主创新活动的成功。

表 3　我国主要汽车企业轿车开发水平一览表

厂家	主要车型	品牌归属	知识产权	开发机构	开发能力
一汽集团	红旗	中国	中国	长春汽车	联合开发
	奥迪	德国	德国	长春汽车	局部改进
	捷达	德国	德国	长春汽车	局部改进
东风集团	富康	法国	法国	东风汽车	局部改进
	风神	中国	日本	东风汽车	局部改进
上海大众	桑塔纳	德国	德国	上汽技术	局部改进
	帕萨特	德国	德国	上汽技术	局部改进
上海通用	别克	美国	美国	上汽技术	局部改进

表 4 我国主要汽车企业不同关键技术创新模式

关键技术	典型企业	典型产品	自主创新模式		
			原始创新	引进消化吸收再创新	集成创新
发动机	奇瑞、华晨	奇瑞 ACTECO、华晨 BL1.8T	√		
	广西玉柴	YC6G 柴油机		√	
	潍柴动力	06 款商用车			√
整车	一汽集团	解放奥威	√		
	东风柳州	东风龙卡		√	
	重庆长安	长安 CM8、奔奔 CV6			√
底盘	安徽江淮	江淮客车专用	√		
	陕西欧舒特	SX6127AC		√	
	陕西欧舒特	SX6137C			√
变速器	大同齿轮	DC6J48T	√		
	吉利	Z 系列 AT 自动		√	
	北京齿轮	电控机械式自动			√
防抱死制动系统	浙江亚太	汽车防抱死制动系统开发	√		
	瑞立集团	SORL		√	
新能源技术	上柴	T6114ZLQ3B	√		
	金龙	KLQ6118G			√

资料来源：http: //auto.mop.com/special/nativeautocele/。

　　从表 4 可以看到，不同汽车企业会结合企业发展的实际，选择不同的技术创新发展模式。东风公司具有三层次组织结构的研发体系，即科技决策（科技委员会）、科技管理（科技研发部）、研发实体（各级研发中心、技术中心）。在吸收国家汽车试验技术和经验的基础上，建成了规模完善的汽车试验场和高科技实验设施，比如有综合路面试验室，各种底盘技术、器件试验室、台架设备，车身振动试验室，整车转鼓试验室，发动机国Ⅲ/国Ⅳ排放试验室等。东风以自主开发与技术引进结合为主，利用多年积累的物质基础，整合国内的技术资源进行自主研发，同时利用全球化汽车技术平台与竞争环境，正在走由技术引进向自主开发结构化转型的道路，通过针对性地对部分关键技术进行引进，充分消化、吸收和创新移植，提高产品设计水平和制造技术水平。

　　吉利致力于产品开发体系、技术管理和产品验证体系的建构，产品开发体系就是用企业特有的标准化开发程序规划产品开发工作；技术管理体系则是对技术标准和工程标准建立完整层次体系，标准化分层管理；产品验证体系主要完成对技术产品的试验分析，三大体系形成了吉利技术自主创新的支撑平台。

　　奇瑞公司从创立之初就坚持自主创新，建立了汽车工程研究总院、中央研究院、规划设计院、试验技术中心，并以此为技术开发依托，与公司控股的关键零部件企业和供应商三方协同设计，同时与国内高校、科研院所等形成产学研联盟的研发体系。通过"以我为主，联合开发"的技术自主创新模式，根据关键技术的分类，选取该技术领域的专业公司进行合作，并且强调与国外技术人员一起展开工作、紧密合作，加强企业和研发人员的技术积累和技术消化吸收能力，在此基础上建构了从整车、动力、关键技术与零部件开发设计的一套完善开发系统，形成拥有自主知识产权的轿车基础平台，逐步掌握了整车开发和关键零部件的核心技术。

　　重庆长安汽车股份有限公司一直坚持"以我为主，自主创新"与"合资合作"相结合的发展模式，并且先后与福特汽车、铃木汽车、马自达汽车、沃尔沃汽车等企业建立了跨国合作关系。早期的长安汽车主要通过技术引进，在实现引进技术国产化、本土化的过程中，逐步掌握了部分国际关键技术的知识原理，能够开始完成车型改造。后期建立的长安汽车技术中心是汽车整车与发动机研发机构，完成整合资源，统一协调汽车技术开发、试制的工作。长安汽车从前期单纯的技术引进，发展到技术本土化开发，同时探索性地与其他企业联合开发，进行部分车型改造、不同发动机的匹配工作等。在这样的技术发展轨道下，企业逐步培养了车身开发、整车性能测试、发动机开发与匹配、模拟仿真分析的部分联合设计、部分自主设计能力。

上汽集团采用了自主开发与对外合作相结合的发展模式，致力于合资品牌和自主品牌的共同发展。集团一方面通过加强与德国大众、美国通用等全球著名公司的战略合作，深化上海通用、上海大众、上汽通用五菱、上海申沃等系列产品的后续发展；另一方面通过集成全球资源，加快技术创新，推进自主品牌轿车的研发、生产和销售。

2002年，我国1989家汽车零部件企业分布在全国27个省市区，汽车的零部件过万种，我国汽车零部件生产既表现出较大的分散，也显示出一定的集中。在全国26个省市区内都有某一或多种汽车零部件的最大企业，一些紧密相关汽车零部件的最大企业相隔千里之外，如活塞、活塞环与活塞销的三个最大生产企业分别在山东滨州、安徽安庆与湖南株洲，半轴、半轴螺栓与半轴套管的三家最大生产企业分别落在辽宁丹东、贵州贵阳与河南南阳，等等。也可看出，我国最大的汽车零部件企业主要集中在上海、浙江、江苏、安徽与山东这一区域。在161种主要汽车零部件中，有52种汽车零部件的最大生产企业集中在该区域，约占四成。如果不考虑汽车零部件的生产规模，那么在一些汽车生产大省（市、区）内则基本上都可以自行配套，如江苏省境内分布在各地的115家汽车零部件企业生产了超过150种主要汽车零部件，形成了典型的"小而全"格局；湖北省境内各地的123家规模大小不等的汽车零部件企业生产了全部的汽车零部件，呈现出一种"大而全"的格局。这种地域分散在一个市范围之内亦是如此，如北京48家主要汽车零部件企业散落在东城、朝阳等共13个区内。因此，要着力改变企业的产品在国内汽车零部件市场份额较小的问题，扭转"小、散、乱"的不利格局。

（三）我国汽车市场的转变和技术升级

研究后来企业的转型问题，企业理论无法提供适用的资源。Penrose（1959）提出一个基本的问题：企业本质上有何因素促使它成长，但同时又限制它成长的速度？Penrose认为企业的功能在于取得并组织必要的人力及其他资源，来提供市场所需的商品或服务。企业的疆域界定是依据行政协调与权威沟通所及的范围而定。企业原有的管理人员需要具有对该企业本身的经验，才能将从外面引进的管理人才进行有效的吸纳。

例如，与跨国汽车企业的合资对于上汽的技术能力提升起到了巨大作用。外方提供技术在国内进行生产，控制合资企业的技术部门，并控制着产品配套、零部件认证权和采购权。虽然合资企业的中外双方股份比例各是50%，上汽也同样在汽车价值链各环节面临着被大众、通用等跨国汽车巨头的多方操控，根本无法体现另外50%的中方控制权。上汽在研发能力和全球资源整合能力上存在严重的不足，并直接导致上汽盈利能力不强，从而使上汽仅仅只占据着较低增值能力的组装生产环节。

刘志彪（2005）认为，中国参与国际分工方式的基本特征是，它大量和持续地吸纳了以加工装配为主的外商直接投资。要实现产业升级，需要经过以下几个阶段：一是提高本土企业接受外包订单价值/外商直接投资比例升级的阶段；二是OEM转向ODM的升级阶段：成功与否主要取决于能否在学习曲线上尽快建立快速追赶先进企业的学习能力和组织能力；三是OEM、ODM向OBM的升级跳跃阶段：这两个紧密联系环节要求以创新和差异化为竞争的主要途径，以战略定位或寻求战略的差异性作为核心竞争力。国际分工已经从产业间分工、产业内分工转变为产品内分工。产品内分工的产生和发展，改变了国际经济环境。在国际分工环境中，决定一个国家现在和未来在国际分工交换中所获利益的，不再取决于进口什么、出口什么，而是取决于参与了什么层次的国际分工，是以什么样的要素、什么层次的要素参与国际分工？代工生产只是我国工业化进程中的一个阶段而已，这种阶段既不可能时间太短，也不可能时间太长；代工企业只是我国培育国际大型汽车企业的一种途径而已。

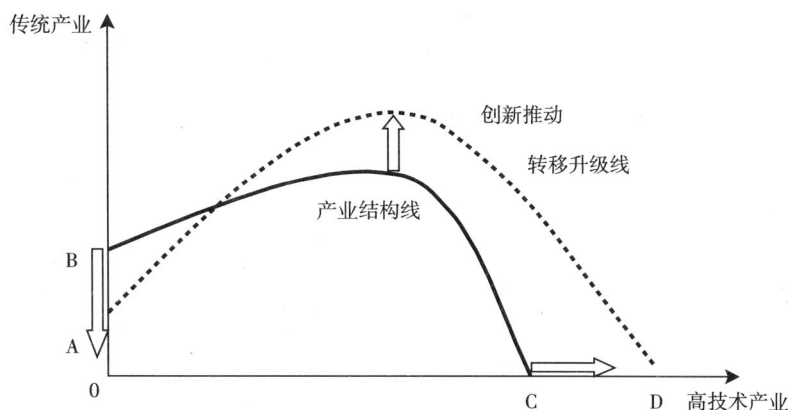

图 2　我国汽车产业转移、升级的动态分析

如图 2 所示，纵轴表示传统产业。目前，我国汽车产业占有其中一个组成部分，如图中的 A 点，说明我国汽车产业的低限比较低。我国不但资源比较丰富，而且人力资源充足，如果不考虑结构性问题，应该是无限低成本供应的。图中以 B 点表示我国汽车产业的潜在层次，说明我国汽车产业不存在产业转移的压力，或产业转移的压力不大。横轴表示高技术产业，右边空心箭头表示产业升级。目前，我国已形成比较齐全的产业门类，汽车高技术产业也获得一定的发展。如图中的 C 点，说明我国产业结构的高限还是比较高的，但与产业的需求拉动相比，我国汽车产业的技术层次仍然是比较低的，由需求拉动决定的技术层次应该是 D 点。创新推动表示解决产业升级压力和产业转移压力的能力，升级压力本质上说明我国汽车产业发展中存在着能力缺口。如果创新能力得到提高，则我国汽车产业升级的问题会得到解决。随着产业融合的加大，特别是用高技术改造汽车产业，使我国汽车产业的生产效率得到提高。

例如，为学习产品开发技术，奇瑞委托意大利和德国的设计公司开发新车型，并派遣了数十名自己的技术人员参与开发工作。在奇瑞的战略构想中，国际合作是其发展自主开发能力的第二阶段（以现有 4 个车型的开发为第一阶段）；第三阶段则是要自己设计较小、较低档的产品，然后向设计较高端产品爬升；最后要在第四阶段完全达到自主开发。整个过渡期需要 3~5 年。由于了解发动机的重要性，奇瑞在 2002~2003 年委托奥地利 AVL 公司设计了从 0.8 升到 4.2 升的 18 款发动机，全部达到欧四排放标准；奇瑞汽车研究院发动机部件截止到 2003 年 12 月已经建立起一支多达 200 人的技术队伍。这些发动机正在奇瑞拥有的 10 个世界一流的发动机测试台架上进行测试，从 2004 年开始用在奇瑞的车型上。奇瑞的发动机计划和模具计划正是其迈入高速增长的先期准备。

全国主要汽车企业市场、技术各有侧重。近几年来，北京汽车旗下的北汽福田，一直都在致力于提高产品的国有化程度。福田在研发方面的投入是显著的，每年的研发投入都占到总销售收入的 3% 以上。因而，北汽自主研发能力的优势主要体现在北汽福田上。北汽福田通过在研发上的大量投入提升了技术能力，主要表现在以下方面：研发投入保持在销售收入的 3% 以上；800 多人的技术研究院，聘请国外技术专家，并在德、美、日等设立研究机构，为八大系列 700 多个品种的产品在技术创新上提供动力。其 2003 款车的驾驶室采用全浮式悬置技术，安装了良好减震性能的气囊式座椅，具有优良的平顺性；采用 2.5 米宽的驾驶室以及轿车化的仪表和内饰，并可安装多种形式的发动机，其底盘主要总成件由国内知名厂家的成熟产品组合而成，其中大多数选用斯太尔平台的主要零部件。

福田轻型载货车为了提高整车的主动安全和被动安全性能，盘式制动器、倒车雷达、吸能转向管注和感载比例阀等部件在轻型载货车上得到批量应用。2003年，将"风阻"概念引入轻货车身设计中，成功地对换代产品的车身进行正向设计开发。在轻型载货车产品的结构设计与整车匹配方面，分别采用铆接式变截面车架、前独立悬架、稳固可靠的可翻式车身支承、整体式制动离合操作系统、带锁止机构的转向操作系统、助力转向和二级消声系统、电子式里程表、电控熄火灯新技术，大幅提高了整车舒适性与平顺性。

目前，福田的研发能力已达到自己能够设计平台/引擎、车型的程度，有一定的技术改造能力、质量管理和成本控制能力，能够生产发动机，但发动机设计能力较弱。拥有技术许可，能够较低程度地参与工程技术管理。签约制造商（几乎不参与管理和工程技术）福田汽车在研发上进行大量投入，以消化和吸收技术为主并获得了成功。

表5 我国主要汽车企业市场和技术现状的比较

企业名称	供应商网络	技术与制造	品牌营销	销售网络与服务	战略联盟
上汽集团	拥有40余家零部件厂，与德尔福、博世等国际零部件著名企业合资合作；华东地区拥有完善的供应商网络	技术引进大众和通用的乘用车平台；与国外合作进行技术研发，主要集中在提高国产化率；着手发展轿车的自主研发能力	轿车领域主要经营大众和通用的合资品牌；奇瑞属于轿车自主品牌，但奇瑞拟独立发展；拟在江苏仪征发展自主品牌	在全国有25家销售服务中心、415家特许经销商、584家特约维修站，完善的售后服务	与大众和通用联盟（上海大众和上海通用）
一汽集团	供应商网络集中在东北长春	引进大众轿车技术，和国外合作进行技术研发，主要集中在提高国产化率；在卡车领域有强大的自主研发能力	在轿车领域，主要经营与大众的合资品牌；拥有轿车自主品牌：红旗和夏利，但发展不佳；在卡车市场，拥有自主品牌"解放牌"	全国性的销售服务网络	和大众组建合资公司（一汽大众），拟和丰田展开全面合作
东风汽车	供应商网络主要集中在湖北十堰；东风零部件将引入日产全球采购体系	引进标志雪铁龙轿车技术，和国外合作进行技术研发，主要集中在提高国产化率；在卡车领域有较强的自主研发能力	在轿车领域，主要经营与标志雪铁龙的合资品牌；在卡车市场，拥有自主品牌"东风牌"	全国性的销售网络	已经和日产展开全面合作，成立东风汽车有限公司；和标志雪铁龙扩大合作范围；与起亚组建合资公司，和康明斯合资生产发动机
长安集团	供应商网络集中在重庆	引进铃木和福特技术；和国外合作技术研发，主要集中在提高国产化率	主要经营与铃木和福特的合资品牌	长安福特已经在国内的18个城市确定了26家经销商	和福特进行合作（长安福特）；和铃木进行合作（长安铃木）
北汽控股	供应商网络集中在北京	引进现代、戴—克和三菱的技术；和国外合作进行技术研发，主要集中在提高国产化率；在越野车和卡车领域有较强的自主研发能力	轿车主要经营与现代和三菱的合资品牌；在越野车市场有自主品牌JEEP；在卡车市场拥有自主品牌"奥铃"和"时代"	全国性的销售网络	和现代合资（北京现代）；和戴—克合资；和三菱合资

四、结论与建议

本文探讨了我国汽车企业以代工为主而缺乏国际品牌的成因，并就其发展历史讨论推动自主创新作为升级的一种途径。当前情况下，应做好以下几点。

（一）发展新型代工汽车企业

1995 年以前，我国汽车企业之间主要是非价格竞争，在产品质量和产品促销上采取差别化战略。依靠技术创新，提高产品质量，加速新产品开发，初步建立起汽车产业的售后服务体系。1995 年以后，在汽车市场日趋成熟的情况下，逐步追求独创性是我国汽车企业生存必不可少的发展步骤。虽然企业应是创新的主体，但我国大部分汽车企业还缺乏长远发展的机制、动力和实力。我国汽车企业研发能力与国外公司的差距除了因为经验不足外，还因为在研发上忽视理论研究。联合开发可以主动掌握知识产权，同时还能获得人才培养方面的一些好处，通过新型代工实现OEM 转向 ODM 的升级。

（二）拓展合作的汽车企业网络

落后国家企业转型的最大优势在于，在初期可以通过干中学模仿和吸收发达国家的先进技术和经验，从而大大降低创新的成本和风险。改革开放后，大量外资的进入缓解了企业发展所面临的资本不足问题，同时通过"市场换技术"在一定程度上促进了本土企业的技术和管理水平的提升；本土企业借助 OEM 融入了全球价值链体系中，借助海外市场来实现增长与扩张。虽然长期以来技术能力弱是中国汽车业的"瓶颈"，汽车生产的核心技术和关键部件（发动机、电子部件等）仍需要进口，如上汽合作的母子公司合作学习网络已经建立，在技术、资金、信息交流和人员培训等方面都大大加强，应为其他汽车企业所借鉴。

表 6　我国汽车企业合作学习情况

区域	主要汽车企业	合作学习的对象
长三角	上海汽车（工业）集团、南汽集团、浙江吉利	通用、福特、大众、菲亚特、现代起亚、奔驰
珠三角	广汽集团	日产、丰田，本田
环渤海	北汽集团、天津汽车	奔驰—克莱斯勒、丰田、现代
东北	一汽集团、哈飞、华晨	大众、丰田、宝马
华中	东风汽车集团	PSA 标志—雪铁龙、日产、本田
西南	长安汽车集团	铃木、福特

（三）努力实现汽车金融发展

国外成熟的汽车产业价值链，涵盖了从采购至产品销售以及服务的各个方面，尤其在服务方面，最典型的就表现在汽车金融服务方面。目前，我国的汽车金融服务经过 10 年的发展，随着上海通用汽车金融有限责任公司的成立，我国汽车金融服务步入了汽车金融服务公司主导的专业化阶段，目前已成立了上汽通用、大众、丰田、福特、戴姆勒—克莱斯勒、东风标致雪铁龙等汽车金融公司。预计到 2025 年，中国汽车市场可能将达到 1500 万辆。在国外，平均信贷购车的比例是总销售量的 70%，而中国目前只有不到 20%，即使未来 20 年中国信贷购车的比例只有国外平均水平的一半，汽车信贷市场也将有很大的发展空间。

（四）积极推动汽车自主品牌

全球金融危机本应对我国汽车市场造成负面影响，但政府出台了一系列对汽车行业的利好政策，导致我国汽车市场保持了高速增长，本土自主品牌轿车企业从中受益，以小排量、低端车为主的自主品牌是最大受益群体。其中市场表现最为突出的比亚迪汽车，同比增长近两倍；奇瑞和吉利因为具有较高的销量基础，所以同比增长相对较小。本土自主品牌企业的崛起使越来越多的人看到我国汽车业的希望，然而自主品牌的日子并不好过，原因是主要定位于低端车型，利润微薄。自主品牌可以积累能量进行更好的质量管理、强化供应链优势、提升品牌形象，逐步向外资品牌所擅长的中级车型渗透。

按照不同激励主体与对象，应从两个层面建立自主开发激励机制：一个层面是国家对企业的激励，另一个层面是企业对人员的激励。国家激励机制就是为了调动汽车企业自主创新的积极性，鼓励企业加大研发投入，直接的激励方式就是财政补贴，间接的方式则可以选择性给予返税或免税制度；建立技术成果基金转化政策，鼓励企业技术成果的应用。企业激励就是汽车企业要以完善的创新奖励体制激励员工，促进人才在技术自主创新上所做的贡献率，并提供更全面更开放的创新平台。

（五）大力培育汽车销售服务

发展适合我国国情的汽车服务贸易模式，不能简单借鉴国外模式，必须以国内市场为导向，在国内市场的基础上，科学借鉴国际先进的营销模式、先进的服务贸易模式，创新我国的服务与营销贸易体系、贸易模式，更好地满足国内市场消费需求。构建企业以品牌专卖为特征的集新旧车销售、零配件供应、全方位维修服务、客户与市场信息管理功能一体化的"四位一体"模式及其专卖街区与规模化汽车交易市场互为补充的模式，积极探索集约化的、服务综合化的、开放式的品牌超市服务贸易模式体系，形成适合我国国情的汽车服务贸易与营销一体化、全方位服务和质量一流的体制格局。

【参考文献】

[1] 薛求知、黄佩燕：《跨国公司对我国汽车产业技术转移模式转变的探因》，《经济纵横》，2002 年第 9 期。

[2] 谢伟、吴贵生：《国产化作为技术学习过程：上海桑塔纳案例分析》，《科研管理》，1997 年第 18 卷第 1 期。

[3] 赵晓庆：《技术学习的模式》，《科研管理》，2003 年第 3 期。

[4] 胡树华、管顺丰：《发达国家大战略意义及对我国汽车业发展启示》，《科技进步与对策》，2000 年第 17 卷第 9 期。

[5] 王彦森：《产业集约化与我国汽车产业竞争力提升》，《汽车研究与开发》，2004 年第 5 期。

[6] 李燕、胡树华：《系统论与我国汽车产业的发展战略》，《中国地质大学学报》（社科版），2003 年第 3 卷第 3 期。

[7] 路风、封凯栋：《发展我国自主知识产权汽车工业的政策选择》，北京大学出版社，2005 年。

[8] 刘志彪：《全球化背景下中国制造业升级的路径与品牌战略》，《财经问题研究》，2005 年。

[9] Kim Linsu, Stages of Development of Industrial Technology in a Developing Country: A Model [J]. Research Policy, 1980, 3（1）: 30-35.

[10] Lynch T.M., Globalization in the Motor Vehicle Industry: Final Conference Summary [C]. MIT IPC Globalization Working Paper, 1999.

〔11〕 Http：//www.drcnet.com.cn/DrcNet/view_new.asp?cnt_id=5&dn=guoyan_incar&mainunid=279477drcnetchentechchenchenchen.

〔12〕 Http：//www.drcnet.com.cn/Product/view_product.asp?cnt_str=1&dn=report_archives&mainunid=101621drcnetchentechchenchenchen.

（作者：卢锐、董燕、盛昭瀚，同济大学经济管理学院）

管理创新能力调节下技术创新能力对企业绩效的影响研究
——以我国上市高新技术企业为例

一、引　言

　　小米手机自从发布以来，始终处于供不应求的状态，每一轮的开放购买都在短时间内销售一空，到目前为止，小米手机的销量已突破 300 万部。作为一个初创的国产手机品牌，为何能够受到人们如此的追捧呢？首先，在技术方面，小米手机将现有技术进行重新组合，在 Android 系统的基础上，优化改进近 100 项技术，开发出 MIUI 系统，并开发了专属于小米手机的米聊系统，使用高性能双核处理器，性能比普通的双核智能手机提高了 25%，且支持大型 3D 游戏和高清视频，使得小米手机在性能和用户体验方面超越同等价位的其他品牌手机。其次，在营销管理方面，小米手机除了运营商定制外，只通过电子商务平台进行在线销售，使得运营成本大大降低，新型微博营销也在小米手机上得到很好体现。小米手机通过高配置低价格来吸引用户，待用户量足够多时，便可以通过终端销售内容和服务来实现盈利。通过小米手机目前的营销成功经验可以看出，技术创新决定了产品的质量和用户体验，是客户满意的基本决定因素，也是企业持续发展的保障。通过管理创新使得产品能够更快速高效地引起消费者兴趣并实现商业化，进而转化为企业的盈利。

　　学者们在对技术创新与企业绩效关系的相关研究上取得了丰硕成果，大部分研究者都认同技术创新对企业绩效有显著的正影响，也有部分学者认为技术创新对组织绩效没有直接的影响；管理创新作为企业创新的另外一个重要方面，有学者通过研究认为管理创新能够直接影响企业的绩效，也有学者强调管理创新与技术创新的协同对企业绩效的提升作用。管理创新在技术创新与企业绩效关系中起到什么作用？管理创新是否能够影响技术创新与企业绩效之间的关系？如果有影响，是如何影响的？带着这些问题，我们参阅了相关文献，有的学者认为管理创新是中介变量的，技术创新通过管理创新影响企业的绩效，但我们进行企业访谈后发现，管理创新是企业创新的一个重要方面，决定企业绩效的高低，但管理创新本身无法形成绩效，它一定是附着在企业生产运营的某个环节上，管理创新调节着生产运营的成果。因此，我们大胆假设管理创新能力调节着技术创新能力对企业绩效的影响关系，但还需要我们进行小心求解。本研究以 2008 年和 2009 年被评为高新技术企业的 249 家上市公司为总体研究样本，研究技术创新能力与企业绩效的关系及管理创新能力对这一关系的影响。这一研究如果得到验证，将对创新理论有较大贡献。

二、文献回顾与模型构建

（一）技术创新能力对企业绩效的影响作用

对技术创新理论的研究始于 20 世纪初熊彼特对创新理论的首次提出，他将技术创新定义为：把新的生产要素和生产条件的结合引入生产体系中，包括引入新产品新工艺，开辟新市场以及供应链的重新选择等。自此，学者们开始从不同角度对该理论进行研究。S. myers 等于 1966 年在对创新进行定义时突出了技术创新，他们认为创新就是企业技术变革活动的集合。他们是从过程的角度对技术创新进行界定的，这一过程始于新想法新思路的形成，通过反复地解决思路向实践转化中出现的各种问题，最终使得有一定价值的新项目能够成功推广应用。弗里曼（1982）在总结前人研究成果的基础上从更全面的角度对技术创新进行了定义，他认为技术创新是企业将新过程和新系统的首次结合，从而实现新产品新服务的首次商业化运转。

技术创新与企业绩效关系的研究在技术创新理论提出后就开始为研究者们所重视，他们在不同的背景下从不同角度对技术创新的效果进行研究。Grillches（1986）运用柯布—道格拉斯生产函数对美国 1957 年到 1977 年 20 年间约一千家大型制造业企业的研发支出与生产力进行分析，得出研发支出能有效地提高企业的生产力及绩效。Geroski 等（1993）选取了英国制造业 1972 年到 1983 年间的 721 个企业样本，研究结果显示企业创新的数量与营业利润率正相关。他们还指出，尽管某一特定的技术创新对企业利润的影响不大，但是进行产品创新的企业在总体上要比没有创新的企业利润率要高。

技术创新对企业绩效的影响可以通过资源—能力—绩效这一经典模型进行解释。首先，技术创新始于各类资源的投入，终于企业经营目标的实现。我们可以把企业的技术创新过程简单地划分为研发、制造和商品化三个阶段，而资源投入在研发、制造和商品化的各个阶段都有体现，不同的资源投入所形成的技术创新能力是有差别的。技术创新能力作为企业的核心能力，它的高低必然影响企业的产品和服务在市场中的竞争力，进而影响企业绩效。其次，从企业经营的角度来看，技术创新能力强的企业往往比其他企业能够更快地研发出新专利和新产品，进而能为企业带来一定的垄断权，并且拥有一定的定价优势。最后，企业通过研发或技术引进改进原有生产工艺，如新的流水线的采用、新物流系统的实施和新生产模式的引入都可以降低原材料的投入，进而降低成本，并且提高劳动生产效率，进而提高企业绩效。基于以上分析提出本研究的第一个假设：

H1：技术创新能力对企业绩效有显著的正影响。

（二）管理创新能力的调节作用

Ray Stata 于 1989 年首次提出了管理创新这一命题，他认为在企业管理中，管理创新没有受到足够的重视是公司发展的"瓶颈"所在，并指出日本企业的成功在很大程度上源于他们对管理创新的重视。他认为管理创新与技术创新和流程创新是不同的，并作了一定的区分，但他并没有对管理创新的概念给出明确的界定。Pierre-Jean Benghozi（1990）在研究中将管理创新与技术创新及市场创新进行了区分，他指出市场竞争加剧、技术革新加快，企业不仅需要关注技术创新，也需要重视管理创新，如内部协作流程的更新、研发费用的控制、有效的人力资源管理，可以提高企业的研发和内部管理效率。由于管理工作的普遍性，以往的研究者在研究创新时往往将部分管理的内容归入到技术创新中，因此他的重要贡献就是进一步将管理创新作为独立的内容从技术创新中剥离出来。Hidalgo 和 Albors（2008）在研究中提出，管理创新能帮助企业适当引入新的产品、服务、流程和组织技术，能帮助企业开展更复杂的创新项目。Igartua 等（2010）分析了创新管理能力在推动创新战略，特别是在推动企业引入适当的新技术方面起到的重要作用。廖理和姜彦福通过对我国国有企业技术创新进行的研究，指出技术创新并非单纯的技术活动，企业技术创新活动需要组织管理的支持，他们认为当管理活动适应于技术创新时，才能有效地支持技术创新活动，使企业具有产品的快速转向和投放能力，适应快速变化的竞争环境。严新忠（2003）认为实施有效创新体系的关键是实现技术创新和管理创新的协同互动。通过以上的研究可以发现，技术创新和管理创新是互相配合的，技术创新的过程也是管理的过程，管理工作可以将合适的人员安排到最适合的位置，同时为技术创新提供资金保障，有效的组织管理可以提高技术活动的效率，同时技术创新的成果需要管理活动的推动才能最终走向市场，如渠道建设、促销活动。在技术创新过程中，企业通过管理创新模式的合理选择对技术创新系统进行合理的资源配置，提高企业的创新绩效，管理创新跟不上技术创新的发展，会导致企业技术创新效率降低，创新成果不能快速地转化为商品并最终为消费者所接受。基于以上分析提出本研究的第二个假设：

H2：管理创新能力对技术创新能力与企业绩效的关系具有正向调节作用。

（三）构建理论模型

上文通过对技术创新能力与企业绩效的关系及管理创新能力对二者之间关系影响的相关研究进行总结和分析，提出了本研究的两个研究假设，在此基础上可以构建出管理创新能力调节下的技术创新能力影响企业绩效的理论模型，如图 1 所示。

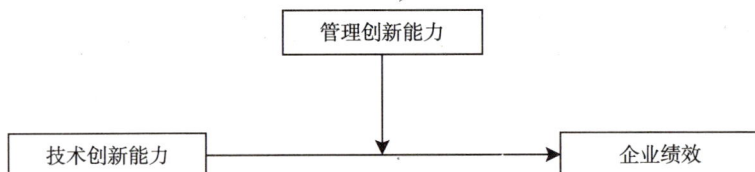

图 1　理论模型

三、研究设计

（一）变量选择与设计

1. 技术创新能力

在企业技术创新能力研究领域，基本遵循"创新绩效"和"创新过程"这两大思路。创新绩效视角一般从创新投入、创新产出以及经营绩效的角度用定量的指标，采用研发费用投入强度、研发人员比例等衡量投入，用专利数、创新发明数目、新产品销售收入衡量创新的产出等定量指标进行评价；创新过程视角则是通过对过程能力的定性或定量评价，结合不同创新过程的投入产出能力对企业创新能力进行度量。综合比较以往研究者对企业技术创新能力评价指标体系的选择及结合数据的可获得性，拟从基于过程的资源投入角度来衡量企业的技术创新能力，分别用研发投入强度、研发技术人员比例、本科及以上员工比例和固定资产成新率来衡量企业的技术创新能力。

2. 管理创新能力

在对管理创新及管理创新能力大量相关文献进行分析后发现，有关管理创新能力的实证研究比较少，对于管理创新中的组织创新、制度创新等研究比较多，对管理创新能力的测量并没有形成系统的方法。以往的研究者大致从两个角度对管理创新能力进行衡量：第一种思路是按照对管理创新的分类，针对每一分类找出具体的衡量指标；第二种是运用投入产出的思路，通过对体现企业经营管理成果相关财务指标的分析来评价企业管理创新能力。第一种思路主要适用采用问卷的方法来进行评价，而本研究的数据拟通过企业年报来获取，因此参考何鹏（2006）在对我国中小企业创新力进行研究时用到的方法，将从管理效率、运营效率、市场营销效率三个方面考察企业的管理创新能力，管理效率用主营业务收入与管理费用的比值即管理费用贡献度来衡量，资金管理效率即运营效率用企业的总资产周转率来衡量，市场营销效率通过用主营业务收入与销售费用的比值即销售费用贡献度来衡量。因此，本研究用管理费用贡献度、总资产周转率和销售费用贡献度来衡量管理创新能力。

3. 企业绩效

通过对文献的回顾和总结，发现对于企业绩效的测量指标可以归为两个方面：其一，基于市场绩效的指标，如 Tobin's Q，股票价值；其二，基于财务会计的企业绩效指标，如每股收益和总资产收益率。由于我国目前资本市场不够完善，处于弱有效的市场范式，如果选取基于资本市场的指标如 Tobin's Q 来度量公司的绩效，就难以恰当地反映上市公司的内在价值。且 Dubofsky 和 Varadarajan（1987）通过研究发现，基于资本市场的企业市场绩效与基于财务会计的企业绩效其最终结果具有一致性，因此本研究用企业财务会计指标每股收益和总资产收益率来衡量企业的绩效。

4. 控制变量

基于对文献的回顾和对企业调研的总结，本研究把企业规模和财务杠杆作为控制变量。

对于企业规模的衡量，学者们使用较多的方法有：利用公司资产总额的自然对数来衡量；利用企业销售收入总额的自然对象来衡量；利用企业营业收入的自然对数来衡量；利用企业员工总数的自然对数来衡量；利用公司发行在外的股票市场价值来衡量；本研究采用应用比较广泛的总资产自然对数来衡量企业规模。

在对企业绩效或价值影响进行研究时，作为财务杠杆的资产负债率经常被用来作为控制变量。大量的研究都证实资产负债率确实会对企业的盈利能力产生一定的影响。Titman（1988）通过对美国 469 家制造业上市公司的资本结构进行研究，发现企业的资产负债率与盈利能力之间存在显著负相关关系。在实际中当企业的资产负债率过高，意味着需要用更多的收益来支付债务，而不是以净收入的形式留在企业。资产负债率高，企业的偿债压力就会越大，经营压力和风险也就越大，因此财务杠杆对企业绩效有负影响。

（二）样本与数据来源

本研究以 2008 年和 2009 年被评为高新技术企业的 249 家上市公司为总体研究样本，选用的数据主要是 2009 年和 2010 年末企业年报中披露的相关数据。本研究之所以选择高新技术类上市公司作为研究样本，主要出于以下三个方面的考虑：首先，我国对技术创新越来越重视，一大批创新力强的高技术企业获得高新技术企业认证，使得本研究具有样本的支持，也更具有针对性。其次，由于高新技术企业对创新的重视，对创新研究的相关数据的披露会比较多，因此保证了研究数据的可获得性和一致性。最后，由于上市公司的数据资料需要定期披露，且其年报是需要通过审计的，因此比较容易获得，而且具有较高的可靠性和稳定性。

在总体研究样本确定后，由于每一个公司的具体情况不同，为了确保研究的合理性和准确度，在选择样本时依据以下原则对总体样本进行筛选，以确定最终有效的研究样本：①删除业绩较差的所有 ST、PT、*ST、SST 及 S*ST 的上市公司样本；②删除个别变量数据缺失的样本，如研发支出和企业员工结构是本研究中重要的解释变量，如果缺失将影响研究的进行，因此要删除此类公司的样本；③为了避免异常值的影响，从原始样本中剔除管理费用为负的公司。

本研究所使用的财务数据主要来自于企业年报和 RESSET 金融研究数据库，以及企业主页，所有的数据处理和统计分析工作均在 Excel 2007 和 SPSS 17.0 统计分析软件中进行。

（三）数据信度与效度分析

在用数据来研究变量之间的关系时，数据的真实性与可靠性往往会对结果产生重大的影响，因为所有的假设都需要依靠数据分析的结果来进行验证。本研究中的数据全部都是来自于样本企业的年报以及 RESSET 数据库，属于二手数据，这种数据能够在很大程度上确保数据的稳定性及可靠性，因为这种方式得到的企业经营数据是按照一定的会计准则进行核算的，而且要通过审计部门的审计，受主观因素的影响比较小。同时 RESSET 数据库中的数据是由专门的人员将企业年报中相关的数据直接或是简单处理后录入到数据库中的，同时 RESSET 数据库具有庞大的用户群和较强数据处理能力，也保证了数据的可靠性。在研究中随机选取的某一个公司年报中研发人员数量与营业收入等指标与数据库中数据进行比较，都是一致的，因此本研究的数据来源也是可靠的，确保了数据的信度。

在对变量测量指标的选取过程中，不仅参考了学者们以往的研究成果，而且在很大程度上针对本文研究对象的特点对构念的概念和内容加以理解，保证了测量指标的内容和结构效度，所以在一定程度上能够保证数据的效度。

（四）数据处理

在进行回归分析之前，需要先测量技术创新能力和管理创新能力的分值，计算分值的方法主要是参考了徐浩明等提出的相关系数矩阵法，因为这种方法可以比较完整地保留变量数据的信息。这是一种利用各测量变量之间的相关系数来确定各测量变量的权重，进而计算潜变量分值的方法。计算步骤是，首先运用 SPSS 对各潜变量进行相关分析，得到各潜变量的两两之间的相关系数 r_{ij}，然后利用公式 $R_i = \sum_{j=1}^{n} |r_{ij}| - 1$ 计算第 i 个变量对其他各变量整体影响程度 R_i，再用 $\lambda_i = \dfrac{R_i}{\sum\limits_{i=1}^{n} R_i}$ 来计算第 i 个变量的权重。计算出各指标的权重后，就需要用加权平均的方法来计算潜变量的分值。但需要注意的是，此处进行加权平均的各测量变量的数据应为标准化后的数据。

按照上面的步骤，分别计算技术创新能力 J 和管理创新能力 G 的分值，计算公式为：

$J = 0.333 \times$ 标准化 $J_1 + 0.297 \times$ 标准化 $J_2 + 0.238 \times$ 标准化 $J_3 + 0.132 \times$ 标准化 J_4

$G = 0.192 \times$ 标准化 $G_1 + 0.375 \times$ 标准化 $G_2 + 0.433 \times$ 标准化 G_3

按照以上公式可以计算出各企业的技术创新能力得分和管理创新能力得分，用于后续的假设检验。

四、研究结果与讨论

前文通过对文献的回顾与分析提出了技术创新能力对企业绩效有显著的正影响，以及管理创新能力能够调节这一影响的假设，并构建了理论模型，在对各变量的测量变量进行设计的基础上，确定高新技术企业为研究样本，通过企业年报和RESSET数据库完成了数据的搜集，并对数据进行信度和效度分析，分析结果说明数据是可靠并有效的。因此需要进一步验证技术创新能力对企业绩效的影响、验证管理创新能力对技术创新能力与企业绩效之间的关系具有调节作用。

（一）技术创新能力对企业绩效影响的验证

1. 相关分析

本文的第一个假设H1认为技术创新能力对企业绩效有显著的正影响，为初步验证假设，了解变量之间的相互关系，使用双侧检验的方法对本研究所涉及的变量：每股收益率Y1、总资产收益率Y2、技术创新能力J、企业规模C1、财务杠杆C2做相关分析，结果如表1所示。

表1 变量相关系数矩阵分析结果

变量	每股收益	总资产回报率	技术创新能力	企业规模	财务杠杆
每股收益	1	0.747**	0.801**	0.823**	−0.249**
总资产收益率	0.747**	1	0.654**	0.591**	−0.390**
技术创新能力	0.801**	0.654**	1	0.670**	−0.354**
企业规模	0.823**	0.591**	0.670**	1	−0.173*
财务杠杆	−0.249**	−0.390**	−0.354**	−0.173*	1

注：*: $P < 0.05$，**: $P < 0.01$。

由相关分析的结果可以得出以下结论：

（1）企业绩效两个变量每股收益和总资产报酬率之间存在一定的相关性，相关系数为0.747，且在$P<0.01$的水平下显著，说明因变量每股收益和总资产报酬率的选择比较合理，基本能够一致地反映企业绩效。

（2）企业技术创新能力与每股收益和总资产报酬率的相关系数分别为0.801和0.654，且在$P<0.01$的水平下显著，因此初步验证了假设H1。

（3）企业规模与每股收益和总资产回报率的相关系数分别为0.823和0.591，且在$P<0.01$的水平下通过了显著性检验，说明企业规模与企业绩效各变量显著正相关，因此企业规模是需要加以控制的变量，再看资产负债率与每股收益及总资产收益率的相关系数分别为−0.249和−0.39，并且在$P<0.01$的水平下显著，说明资产负债率与企业绩效各变量具有显著的负相关性，企业资产负债率即财务杠杆越大，企业的绩效就越小，因此财务杠杆是需要加以控制的变量。

2. 回归分析

根据研究假设可以建立技术创新能力与企业绩效之间的回归模型，其中Y1为每股收益，Y2为总资产收益率，J为技术创新能力，C1为企业规模，C2为财务杠杆。

模型一：$Y1 = \alpha + \beta_1 J + \beta_2 C1 + \beta_3 C2 + \varepsilon$

模型二：$Y2 = \alpha + \beta_1 J + \beta_2 C1 + \beta_3 C2 + \varepsilon$

运用SPSS 17.0进行回归分析，模型一和模型二整体显著性检验情况如表2所示。

表2 模型的显著性检验表

模型	R^2	$Adj\text{-}R^2$	F	Sig.
一	0.790	0.786	171.025	0.000
二	0.506	0.495	46.379	0.000

从回归分析的结果可以看出，两个模型$Adj\text{-}R^2$都较高，分别为0.786和0.495，说明模型的拟

合优度都较高，同时两个模型的 F 值在 P<0.001 的水平下显著，说明模型在总体上比较显著，因变量能够很好地解释每股收益和总资产回报率。

在整体回归模型成立的基础上，下面对变量的显著性进行分析，回归分析的结果如表 3 所示。

表 3　变量的显著性检验表

	模型一（每股收益 Y1）			模型二（总资产收益率 Y2）		
	B	t	Sig.	B	t	Sig.
常数	−4.787	−10.045	0.000	−20.094	−2.565	0.011
技术创新能力	0.303	8.103	0.000	2.361	4.411	0.000
企业规模 C1	0.257	9.774	0.000	1.395	3.697	0.000
财务杠杆 C2	0.002	0.001	0.980	−4.022	−3.149	0.005

从变量的显著性分析结果可以看出，在模型一中，技术创新能力的回归系数为 0.303 且在 P<0.001 的水平下显著，说明技术创新能力对每股收益有显著的正影响，在模型二中，技术创新能力的回归系数为 2.361，也在 P<0.001 的水平下显著，说明技术创新能力对总资产收益率有显著的正影响。两个模型的回归分析结果同时支持了假设 H1，即技术创新能力对企业绩效有显著的正影响。

企业规模在第一个模型中的回归系数为 0.257，在第二个模型中为 1.395，并且都在 P<0.001 的水平下显著，即说明企业规模对绩效有显著的正影响，这也与大多数的研究者的研究结果相符。财务杠杆在第一个模型中的回归系数为 0.002，但不显著；在第二个模型中的回归系数为−4.022，且在 P<0.01 的水平下显著，说明企业的财务杠杆对总资产收益率有显著的负影响。这一结果与大多数研究者的研究结果相符，企业的财务杠杆即资产负债率虽然可以发挥举债经营带来的效益，但高的资产负债率也说明企业的财务风险较高，会给企业的经营带来一定的压力，对绩效产生负影响。

通过回归分析可知，技术创新能力对企业绩效有显著的正影响，本研究的假设 H1 得到支持。对高新技术企业来说，企业间的竞争就是技术的竞争，首先，技术创新可以使企业更快地开发出新产品或是专利，能够为企业带来一定的垄断权；其次，企业通过新技术或是新生产工艺的运用，能提高转化效率降低生产成本，进而提高经营绩效；最后，持续的创新活动会使企业产生"路径依赖性"，进而使企业的素质不断提高，企业的创新氛围也越来越浓厚，技术创新能力不断得到积累和提高，从而企业的发展能力得到提高，主体地位不断增强，潜在盈利能力也会持续增强。

（二）管理创新能力调节作用的验证

1. 调节作用验证

管理创新能力对技术创新能力与企业绩效关系的调节作用进行验证是本研究的另一个重要工作。由于自变量技术创新能力和调节变量管理创新能力都是连续型变量，所以采用层次回归分析对管理创新调节作用进行验证，层次回归分析的结果分别如表 4 和表 5 所示。

表 4　管理创新能力对技术创新能力与每股收益关系的调节作用回归结果

变　量	Step 1：每股收益	Step 2：每股收益	Step 3：每股收益
常数项	−4.787**	−4.057**	−4.057**
技术创新能力 J	0.303**	0.277**	0.341**
管理创新能力 G	—	0.148**	0.109**

续表

变　量	Step 1：每股收益	Step 2：每股收益	Step 3：每股收益
乘积项 $J_z \times G_z$	—	—	0.105**
企业规模 C1	0.257**	0.243**	0.226**
财务杠杆 C2	0.002	−0.229*	−0.235*
R^2	0.786	0.823	0.850
ΔR^2	—	0.038**	0.027*
F	171.025**	163.003**	158.567**

注：*：$P < 0.05$，**：$P < 0.01$。

层次回归第一步的结果进一步验证了假设 H1；第二步是在第一步的基础上加入了调节变量管理创新能力，从回归结果可以看出，调节变量管理创新能力和技术创新能力的回归系数都为正且非常显著，说明管理创新能力和技术创新能力一样对每股收益有正的影响；第三步是验证调节作用存在的关键步骤，将技术创新能力和管理创新能力的乘积项引入到模型中，可以看到技术创新能力和管理创新能力的系数都为正，且通过了显著性检验，特别地，乘积项 $J_z \times G_z$ 的系数为 0.105，在 $P < 0.01$ 的水平下显著，说明技术创新能力与管理创新能力的交互作用对企业绩效会产生影响，再看 R^2 的变化及 ΔR^2 的显著性，可以看出引入乘积项后 R^2 的变化为 0.027，且在 $P < 0.05$ 的水平下显著，说明调节作用显著，即管理创新能力对技术创新能力与每股收益之间的关系起到了调节作用，具体的调节效应将在下文通过分组回归进行分析。

表 5 是验证管理创新能力对技术创新能力与总资产收益率关系调节作用是否存在的回归结果。第一步回归分析的结果进一步验证了假设 H1；第二步是在第一步的基础上加入了调节变量管理创新能力，从结果可以看出调节变量管理创新能力和技术创新能力的回归系数都为正且非常显著，说明管理创新能力和技术创新能力一样对每股收益有正的影响；第三步的回归结果可以看出乘积项 $J_z \times G_z$ 的系数为 0.298，显著性低，再观察 R^2 的变化及 ΔR^2 的显著性，可以看出在引入乘积项后，方程的显著性变化不明显，即管理创新能力对技术创新能力与总资产收益率之间关系的调节作用不显著，下面将通过分组回归来更深入地检验以确定这一调节关系是否成立。

表 5　管理创新能力对技术创新能力与总资产收益率调节作用回归结果

变　量	Step 1：总资产收益率	Step 2：总资产收益率	Step 3：总资产收益率
常数项	−20.094*	−17.514*	−16.516*
技术创新能力 J	2.361**	2.185**	2.116**
管理创新能力 G	—	1.003*	0.892*
乘积项 $J_z \times G_z$	—	—	0.298
企业规模 C1	1.395**	1.298**	0.226**
财务杠杆 C2	−4.255**	−5.828*	−0.235*
R^2	0.495	0.512	0.511
ΔR^2	—	0.02**	0.003
F	46.379**	37.422**	30.017**

注：*：$P < 0.05$，**：$P < 0.01$。

2. 调节效应分析

层次回归分析的结果说明管理创新能力对技术创新能力与每股收益之间的关系具有调节作用，而对技术创新能力与总资产收益率之间关系的调节作用不显著，因此为了明确这一调节作用，需要进行下一步的检验。常用的检验调节效应的方法是分组回归法。分组回归就是将研究样本分为两组，来分别考察当调节变量的类别或是大小不同时，自变量是如何影响因变量的。在本研究中，为了进行分组回归，首先需要将研究样本以管理创新能力为基准进行升序排列，然后以管理创新能力的中位数为临界值，将样本分为两组，一组属于管理创新能力低的样本，另一组属于管理创新能力高的样本，然后分别用这两组样本对技术创新能力和企业绩效的关系进行考察，比较在低管理创新能力和高管理创新能力下技术创新能力回归系数的变化。因此按照分组可以建立以下四个回归模型，其中 Y1 为每股收益，Y2 为总资产收益率，J 为技术创新能力，G 为管理创新能力。

模型一（G↓）：$Y1 = \alpha + \beta_1 J + \beta_2 C1 + \beta_3 C2 + \varepsilon$

模型二（G↑）：$Y1 = \alpha + \beta_1 J + \beta_2 C1 + \beta_3 C2 + \varepsilon$

模型三（G↓）：$Y2 = \alpha + \beta_1 J + \beta_2 C1 + \beta_3 C2 + \varepsilon$

模型四（G↑）：$Y2 = \alpha + \beta_1 J + \beta_2 C1 + \beta_3 C2 + \varepsilon$

分组回归分析的结果如表 6 所示：

表 6　管理创新能力调节效应分析

自变量	每股收益 Y1		总资产收益率 Y2	
	模型一	模型二	模型三	模型四
常数	−4.597***	−3.078***	−25.434*	−0.081
技术创新能力 J	0.132***	0.479***	1.328*	3.708***
企业规模 C1	0.250***	0.179***	1.618***	0.531
财务杠杆 C2	−0.308**	−0.010	−4.609*	−6.862**
R^2	0.762	0.866	0.469	0.603
ΔR^2	0.851	0.860	0.445	0.586
F	69.224***	144.399***	19.158***	33.982***

注：*：$P < 0.05$；**：$P < 0.01$；***：$P < 0.001$。

从以每股收益作为因变量的回归模型一和模型二的回归结果可以看出，两个模型非常显著，技术创新能力的回归系数也都在 $P<0.001$ 的水平下通过了显著性检验，更进一步验证了假设 H1。通过对两个模型中技术创新能力的回归系数进行比较，可以看出在低管理创新能力水平下即模型一中技术创新能力的回归系数为 0.132，在 $P<0.001$ 的水平下显著，在高管理创新能力下即模型二中技术创新能力的回归系数为 0.479，且在 $P<0.001$ 的水平下显著，由于 0.479>0.132，说明管理创新能力越强，技术创新能力对企业每股收益的正影响越大，即管理创新能力对技术创新能力与每股收益的关系具有正向调节作用。

从以总资产收益率为因变量模型三和模型四的回归结果可以看出，两个模型都是显著的，且在低管理创新能力水平下即模型三中技术创新能力的回归系数为 1.328，在 $P<0.05$ 的水平下显著，在高管理创新能力即模型四中技术创新能力的回归系数为 3.708，在 $P<0.001$ 水平下显著，说明管理创新能力越强，技术创新能力对总资产收益率的正影响越大，即管理创新能力对技术创新能力与总资产收益率的关系具有调节作用，且为正向调节。

基于以上分析可以看出，管理创新能力在技术创新能力对企业绩效的影响中发挥了正向的调节作用。即当企业引入新的管理模式、管理方法或管理流程后，使得技术创新的效率提高，创新成果更多。引入新的营销模式后，创新成果更好地满足客户或消费者的需求，并能使企业以相对较低的成本和较高的效率完成产品的交易。

五、结　论

（一）研究结论

本文通过实证研究主要得出以下两个研究结论：①技术创新能力对企业绩效具有显著的正影响。②管理创新能力对技术创新能力与企业绩效之间的关系具有正向调节作用，即管理创新能力越强，技术创新能力对企业绩效的促进作用越强，管理创新能力越弱，技术创新能力对企业绩效的促进作用就越弱。基于以上研究结论，本研究建议，要提高企业的绩效，高新技术企业首先应重视企业技术创新能力的培养与提升，通过研发投入强度的提高为技术创新提供资金支持，通过高素质创新人才的引进为企业提供创新动力，通过与其他企业、高校及科研院所的合作互通有无，达到协同效应。有研究者指出税收优惠政策可以推动企业的技术创新，因此政府可以通过出台相关的税收优惠措施及扶持政策和监管措施来鼓励高新技术企业不断提高技术创新能力。其次要重视管理创新的配合，管理创新的关键是企业高层管理人员，管理人员的创新意识和经验是进行管理创新保障。因此应加强企业高层管理人员的培训，通过企业间交流合作，分析和学习其他企业在管理创新方面的先进的经验，结合企业自身情况选择性地吸收应用。同时注重企业创新文化创新氛围的构建，在民主和鼓励创新的氛围下可以充分发挥员工参与决策与企业管理的积极性，员工参与的结果能够使企业不断优化管理流程和管理方式，进而提高管理效率。同时应注意管理创新与技术创新的协同发展。

（二）局限性与展望

1. 局限性

本研究的样本来自于我国高新技术上市公司，研究局限于高新技术企业，研究的结论对于非高新技术企业是否适用有待进一步研究。本研究数据主要来自企业年报，但是大部分上市公司年报披露的数据缺少管理创新方面的定量数据，且以往研究者对企业管理创新能力进行定量评价的较少，也没有形成系统的测量指标，所以本研究中衡量管理创新能力的指标可能不够全面。

2. 展望

未来的研究应不再局限于高新技术企业，应扩大研究范围检验结论是否依然成立。考虑使用问卷或访谈的方式可以更全面地测量企业的技术创新能力和管理创新能力。本研究仅验证了管理创新能力对技术创新能力与企业绩效关系的调节作用，也就是说两者具有协同效应，但对技术创新和管理创新之间如何进行协同及匹配未作深入细致的研究。因此在后续的研究中可以更加深入地研究技术创新和管理创新的协同或匹配效应。

【参考文献】

［1］马文聪、朱桂龙、蒋峦：《创新是组织公民行为影响绩效的中介变量吗？——基于高科技行业的实证研究》，《科学学研究》，2010 年第 28 卷第 2 期。

［2］谢洪明、刘常勇、陈春辉：《市场导向与组织绩效的关系：组织学习与创新的影响》，《管理世界》，2006 年第 2 期。

［3］Damanpour F., Organizational Innovation: A Meta-Analysis of Effects of Determinants and Moderators

［J］. Academy of Management Journal，1991，34（3）：555－590.

［4］Damanpour F.，K.A. Szabat，W. M. Evan.，The Relationship between Types of Innovation and Organizational Performance［J］. Journal of Management Studies，1989，1：587－601.

［5］谢洪明、王成、吴隆增：《知识整合、组织创新与组织绩效：华南地区企业的实证研究》，《管理学报》，2006 年第 5 期。

［6］张钢、陈劲、徐庆瑞：《技术、组织与文化的协同创新模式研究》，《科学学研究》，1997 年第 2 期。

［7］苏敬勤、崔淼：《核心技术创新与管理创新的适配演化》，《管理科学》，2010 年第 1 期。

［8］约瑟夫·熊彼特：《财富增长论：经济发展理论》，李默译，陕西师范大学出版社，2007 年。

［9］S.myers D. G. Marquis.，Successful Industrial Innovation：A Study of Factors Underlying Innovation in Selected Firms［M］. National Science Foundation，1969：20－50.

［10］弗里曼：《工业创新经济学》，北京大学出版社，2004 年。

［11］Romer P.，M.，Increasing Return and Long－run Growth［J］. R&D Management，2006，36（5）：499－515.

［12］Geroski，Paul，Machin，Stephen and Van Reenen，John.，The Profitability of Innovating Firms［J］. Rand Journal of Economics，1993，24（2）：198－211.

［13］Stata，R.，Management Innovation［J］. Executive Exellence，1992（8）.

［14］Pierre－Jean Benghozi.，Managing Innovation：From ad hoc to Routine in French Telecom［J］. Organization Studies，1990，11：531－554.

［15］Hidalgo A. and Albors，Innovation Management Techniques and Tools：a Review from Theory and Practice［J］. R&D Management，2008，2（38）：113－127.

［16］Igartua J.，Albors J. and Hervás－Oliver，How Innovation Management Techniques Support an Open Innovation Strategy［J］. Research Technology Managemen，2010（53）3：41－52.

［17］廖理、姜彦福：《国有企业的技术创新、组织创新与制度创新》，《技术经济》，1996年第 9 期。

［18］严新忠：《技术创新、管理创新互动与竞争战略融合》，《现代管理科学》，2003 年第 9 期。

［19］张国良、陈宏民：《国内外技术创新能力指数化评价比较分析》，《系统工程理论方法应用》，2006 年第 5 期。

［20］方新：《国外关于技术创新评价指标的研究》，《国外科技政策与管理》，1991 年第 1期。

［21］王勇、程源、雷家骕：《IT 企业技术创新能力与企业成长的相关性实证研究》，《科学学研究》，2010 年第 2 期。

［22］谢洪明、韩子天：《组织学习与绩效的关系：创新是中介变量吗？——珠三角地区企业的实证研究及其启示》，《科研管理》，2005 年第 5 期。

［23］杨伟、刘益、沈灏、王龙伟：《管理创新与营销创新对企业绩效的实证研究——基于新创企业和成熟企业的分类样本》，《科学学与科学技术管理》，2011 年第 3 期。

［24］唐现杰、陈旭：《企业自主创新能力的财务评价》，《财务与会计》，2007 年第 20 期。

［25］何鹏：《我国中小企业创新力研究——基于成长的视角》，中南大学博士学位论文，2006 年。

［26］Dubofsky P.，P. Varadarajan.，Diversification and Measures of Performance：Additional Empirical Evidence［J］. Academy of Management Journal，1987，30（3）：597－608.

［27］Scherer.，Corporate Inventive Output，Profits and Growth［J］. The Journal of Politicaland Economy，1965，73（3）：290－297.

［28］朱平芳、李磊：《两种技术引进方式的直接效应研究——上海市大中型工业企业的微观研究》，《经济研究》，2006 年第 3 期。

［29］Titman，Sheridan，Wessels，Roberto. The Determinants of Capital Structure Choice［J］. Journal of Finance，1988，43（1）：1－19.

［30］徐浩鸣、徐建中、康妹丽：《中国国有电子通信设备制造业系统协同度模型及实证分析》，《工业技术经济》，2003 年第 2 期。

［31］安沃·沙赫:《创新投资与创新的财政激励》,经济科学出版社,2000年。

［32］肖广岭、柳卸林:《我国技术创新的环境问题及其对策》,《中国软科学》,2001年第1期。

(作者: 王铁男、涂云咪,哈尔滨工业大学管理学院)

政治关联与企业技术创新绩效：
研发投资的中介作用

一、引 言

在中国，企业领导人公开参与政治活动的现象日渐普遍。在每年召开的全国各级人大、政协会议上，企业领导人频频亮相。这些企业家往往被称为"红顶商人"，他们起初主要是国有企业的领导人，然后扩展到知名大型企业的企业家，再到中小型企业乃至创业型企业的领导者。这种企业高管通过公开或者隐含方式参与政治活动从而影响政府政策的现象，在全球范围内普遍存在，学术界称之为政治关联[①]（Faccio，2006）。政治关联对所在企业绩效的影响引起了学者的广泛关注，但结论并不一致。有学者认为政治关联为所在企业带来了社会资本，而这种社会资本对企业绩效具有积极作用（Peng & Luo，2000；Li & Zhang，2007；Li et al.，2008）。然而，也有一些研究对上述观点提出了挑战，认为企业具有的社会资本存在风险并可能导致不利影响（Xiao & Tsui，2007；Li et al.，2009）。事实上，现有研究仅仅说明了社会资本意义上的政治关联具有获取和运用嵌入于外部政治网络中各种资源的机会和可能，却忽视了政治关联对企业绩效产生影响的内部中介机制。由于未能考虑中介机制，没有关注政治关联是否影响企业内部的战略选择和资源配置，就导致政治关联和企业绩效这两者的逻辑关系不够清晰而出现研究分歧。而且，目前政治关联对企业绩效的影响主要聚焦于经济绩效和运营绩效（Luo et al.，2010），对于创新绩效的关注仍显不足。由于创新是世界各国谋求发展的战略选择，中国正致力于建设创新型国家，企业技术创新在国家发展战略中的地位愈加重要。企业成为技术创新的主体，显著提升企业技术创新绩效就显得十分迫切。那么，政治关联对于决定企业竞争优势的技术创新绩效会产生怎样的影响？通过什么途径产生影响？

依据高阶理论（Upper Echelons Theory，UET）和资源基础观（Resource-Based View，RBV），本文力图分析企业高管政治关联对技术创新绩效的影响，并解释其隐藏的作用机制。遵循高阶理论"高管特征—战略选择—企业绩效"的分析框架（Hambrick & Mason，1984；Carpenter et al.，2004），结合资源基础观对资源独特属性的强调，本文提出了高管政治关联通过研发投资从而作用于技术创新绩效的中介作用模型。为了更好地检验中介机制，本文采用纵向研究设计，并以中国创业板158家上市公司为样本，这主要是考虑到创业企业鲜明的创新特色、创新对于企业成长的重要性以及随着制度环境演进导致该类企业政治关联所蕴含的时代性。

---

① 国内外关于政治关联的表述并不一致，英文中主要有 political connections、political ties 两种，汉语中有政治关联、政治联系、政治连带等。本文认为政治关联的表述比较客观地描述了企业通过高管人员与政治组织（如政府、人大、政协）所建立的正当关系与联系，体现出企业组织与政治组织的关联性，具有世界通用性且为法律所允许，因而表述更为合理。

二、理论发展与假设提出

尽管政治关联是一个全球范围内普遍存在的现象，但既往研究还是强调了在转型经济体中政治关联的独特性及其重要影响。由于制度发展不够完善以及事实上政府掌握了大量资源，寻求在转型经济中繁荣的企业愿意培育同政府的良好关系并建立政治关联。在经济转型期的中国，各类企业的高管通过成员渠道（如人大、政协）与政府建立非正式的报告关系，或者因为具有政府工作经历而与政府形成隐性的报告关系，从而形成政治关联（Li et al., 2010）。即使是创业企业，也十分倾向于建立政治关联（Li, 2005）。政治关联对于组织绩效的影响始终是关注的焦点。组织绩效既包括经济绩效和运营绩效，也涵盖创新绩效。现有研究关于政治关联对经济绩效和运营绩效的影响存在争论（Luo et al., 2010），由此，高管的政治关联会对创新绩效产生何种影响以及这种影响的传导机制，是值得关注和探究的。

从近期的研究来看，学者们实证检验了高管政治关联对创新的影响以及作用机制，但结论仍然模糊且存在分歧。首先，在政治关联是否会对创新产生影响以及影响的方向上存在明显差别。Luk 等（2008）利用中国大陆和香港地区的调查样本，实证研究发现政治关联虽然对创新具有影响，但只是对管理创新有积极效应而对产品创新没有影响。有学者根据中国大陆的跨行业调查数据，实证结果发现政治关联对创新的影响十分有限并趋于下降（Shu et al., 2012）。也有学者认为政治关联会使得大规模创新的效率降低（丁重、邓可斌，2010）。Wu（2011）利用中国五个城市的问卷调查数据，实证检验了政治关联对创新的影响，结果却发现呈现"倒 U 形"关系。同时，大陆学者的一项实证研究却发现政治关联对创新呈现出正向影响（谢言等，2010）。其次，在政治关联影响创新的作用机制方面，既可能是直接影响，也可能是间接影响。例如，Luk 等（2008）、Wu（2011）讨论了政治关联对创新的直接效应。越来越多的研究认识到政治关联与创新之间存在较长的关系链条，因而认为即使存在影响，这种影响也是间接的（谢言等，2010；曾萍、宋铁波，2011；孙凯，2011；Shu et al., 2012）。最后，对于存在间接作用的情形，识别了承担中介角色的因素，如知识创造、组织学习、外部资源获取、吸收能力等。但由于是采用同一时间点采集的一手数据，能否有效验证以因果关系为基础的中介效应值得商榷。尽管有学者注意到政治关联对于关键的创新资源配置特别是研发投资具有重要影响（陈爽英等，2010），却并未考虑其是否起到中介作用。此外，从变量操作化方面看，部分研究采用国有产权作为政治关联的替代变量，暗示非国有企业不存在政治关联，这既与现实不符也同大量前人研究不尽一致。上述研究注意到了政治关联获取的外部社会资本需要转化为内部能力，因而立足于社会资本理论，同时结合知识基础观和动态能力等相关理论框架进行分析，很有理论价值。然而，上述研究局限性的突出表现在于：仅仅说明了高管政治关联作为社会资本具有获取外部资源的可能性，却并未说明政治关联是否影响内部直接用于促进创新的独特资源配置，更未说明政治关联与研发投资影响创新绩效的共变关系。

由于政治关联是企业高管微观层面的个人与政府的联系，并且会对宏观层面的组织绩效产生影响，体现为一种微观—宏观跨层次的联系（Peng & Luo, 2000），这也正是高阶理论通过高管个人特征预测组织绩效的逻辑主线。立足于企业高管"有限理性"的前提假设，高阶理论摆脱了战略管理中"只见组织不见人"的完全理性逻辑，赋予组织人格化的灵性，认为企业组织是高管人员的反映（Hambrick & Mason, 1984）。高阶理论是一种方法论，依靠高管人员的背景特征作为高管认知和行为的代理变量；同时，高阶理论又是一种理论框架，该理论认为高管人员特征会显著影响企业战略决策及组织绩效（Carpenter et al.，2004）。正是由于企业高管具有管理自主性，从而使得企业高管对组织绩效产生影响（Crossland & Hambrick，2011）。因而，本文结合高阶理论和资源基础观以及相关研究来进一步分析政治关联、研发投资与企业技术创新绩效之间的逻辑关系。讨论内容和假设提出过程如下：

（一）政治关联与技术创新绩效

政治关联是企业高管与外部政治组织的联系，是一种跨越企业边界的政治行为，这与企业高管同商业伙伴的商业联系也有所不同，因而拓展了高阶理论有关高管外部社会网络关系的研究视野，成为理解企业战略的一个关键视角。高阶理论认为，企业高管对创新绩效的影响至关重要（Elenkov et al.，2005；Li et al.，2008；Tang et al.，2012），熊彼特早就指出企业家的首要职能就是实现创新。由于企业高管的领导力能够对技术创新施加影响（Elenkov & Manev，2005），高管政治关联也会对企业技术创新绩效产生重要影响。企业技术创新绩效是企业技术创新活动投入产出的效率和效益（Hagedoorn & Cloodt，2003），主要体现为新技术的产生及运用。政治关联对技术创新绩效的影响取决于其自身收益与成本的比较。

企业建立政治关联的目的在于获取政府及其附属机构所拥有的各种资源和便利。但值得注意的是，外部社会资本具有双重性（Adler & Kwon，2002），企业在享有获取外部资源机会的同时，也面临着风险，并且可能付出较高的社会成本和代价。这些社会代价既包括企业为维持政治地位所产生的各项超额支出，也包括对企业决策自由的干预，更可能束缚了企业的创新思想（白璇等，2012）。具体来说，首先，高管的政治关联要支付较高的成本。这是因为，资源的获取并非单向的行为，而是企业与政府的交换（金太军、袁建军，2011）。企业显然需要以各种形式支付成本以获取政府的扶持。世界历史的经验表明，企业家获取政治地位的光环要付出代价不菲的成本（Ma & Parish，2006），而且维持既有的政治关系需要不断投资。同时，随着制度环境的演进，在技术动荡和市场不确定性加剧的情况下，政治关联显然存在不利于创新的阴暗面（Sheng et·al.，2011），其代价自然高昂。其次，企业既然需要政府的扶持去获取商业成功，就必然在决策时要考虑政府的要求，不同程度地受到政府的干预。更有甚者，企业高管可能会放弃决策自主性以换取政府的资源（Sheng et al.，2011）。这种对政府的高度依赖显然会降低高管改善创新效率的努力，不利于在高度技术动荡条件下构建技术创新能力（Chen & Wu，2011）。最后，由于政治关联加剧了企业高管与政府的接触和依赖，在提升公共思维的同时可能抑制了创新思维，无法贯彻技术创新的战略导向。企业高管参与政治活动，需要对各种政治技能进行组织学习和吸收，然后整合政治战略和市场战略。但现实的情况是，企业内部往往无法有效做到这些整合，也就无法执行技术战略导向，而技术战略导向对组织创新具有显著的积极影响（Yang et al.，2012）。综上所述，政治关联的代价和成本可能会超过收益，因而对于创新具有不利影响。故此，提出如下假设：

H1：政治关联对企业技术创新绩效具有负向影响。

（二）政治关联与研发投资

企业高管对于战略选择尤其是资源分配决策具有重大影响。高管特征对企业研发投资具有显著的解释作用（Barker Ⅲ & Mueller，2002），不仅高管的人力资本而且社会资本都会显著影响研发投资（Kor，2006；Dalziel et al.，2011）。高管政治关联既会决定外部获取的资源是否会投向研发领域，也会决定影响投向研发领域资源的多寡。一方面，中国企业通过政治关系获取的资源，往往具有社会资源配置的功能，因而往往投向"短、平、快"的获利项目和政府管制行业，从而抑制了企业投向周期长、见效慢、风险大、社会效益高的研发项目（陈爽英等，2010）。另一方面，政治关联也会影响到企业具有弹性的研发投资部分。企业研发投资既包括"制度化"而稳定的固定部分，也包括根据环境（如企业经济绩效同预期的对比情况）而变化的弹性部分（Chen & Miller，2007）。由于受到企业外部尤其是政府短期业绩预期的影响，在风险厌恶和自利动机的驱使下，政治关联高管在面临外部分析预期时倾向于减少研发投资（Gentry & Shen，2012）。绩效预期，包括对既往绩效的反馈预期和未来的绩效前瞻预期，且都可以决定研发投资（Chen，2008）。特别是政治关联高管对前景容易持乐观态度，而且创业企业在上市初期绩效较高，绩效预期高于目标时往往导致减少研发投资（Greve，2003）。综合考虑政治关联对研发投资上述两方面的不利影响，提出如下假设：

H2：政治关联对企业研发投资强度具有消极影响。

（三）研发投资与技术创新绩效

研究与发展（R&D）投资是支持创新活动的资金、人员、物质要素以及信息和软件等无形要素投入的总和。研发投资在企业众多投资中，体现为一种十分独特的资源形式。资源基础观是有关企业发展不平等的理论，该理论解释了企业绩效异质性的原因在于资源的独特属性（Barney，1991，2001）。研发投资是创新活动的输入资源，尤其当这些资源具有难以替代、难以模仿、有价值并且稀缺的特征时，会对创新更加有利（Terziovski，2010）。研发投资并不意味着"烧钱"，尽管研发投资未必保证产生技术创新成果并实现商业化，但研发投资对于高技术企业的成功往往必不可少。研发投资强度代表了企业对创新的战略承诺和重视程度，是一种积极的探索与搜寻，而高管对创新的搜寻选择和搜寻强度会积极影响创新。中小企业和大企业一样，都需要创新战略和正式结构以便于有效推进创新活动，这需要持续的研发资源投入。研发投资作为创新活动的资源投入，涵盖了从资金、人员到物质资源在内的多种要素，其强度高低对创新影响很大。首先，充足的研发资金显然是引起创新的关键性投入，有利于实现差异化的研发项目资助，形成专属性技术。尤其在中国这样一个制造强度较高的市场中，缺乏资源投入是不利于创新的（Katila & Shane，2005）。其次，对研发人员的投资，既能通过加强培训提高现存的人力资本能级，更有助于引进技能和经验丰富而又多样化的高层次研发人员，从而不断积累企业的知识资产，这些培训投资和知识资产都有利于创新（Thornhill，2006）。最后，各种设施、设备、工具等物质资源投入，提供了研发的必备场所和支持性条件，对企业技术创新具有显著的积极影响。这些物质性资源的充足投入，可能会形成冗余资源，而部分冗余资源的存在可以提高吸收能力、提供多样化的机会，从而有利于创新（Adams et al.，2006）。较高的研发强度能够形成研发投资组合，进而构造多种互补性资产，从而协调一致地推动技术创新。根据以上讨论，提出如下假设：

H3：企业研发投资强度对企业技术创新绩效具有积极影响。

（四）研发投资的中介作用

研发投资是面向创新的资源分配，对于创新成败具有关键作用（Raymond & St-Pierre，2010）。而且，在资源分配的决策过程中，企业高管具有决定性影响（Bertrand，2003），因而需要考虑企业高管的背景特征。根据高阶理论"高管特征—战略选择—企业绩效"的分析框架，具有政治关联背景的高管人员在战略决策和资源配置的战略行动中，对于关键的创新资源进行了不同程度的配置。不仅如此，根据资源基础观，企业利用独特的资源和能力来发展和维持竞争优势，其基本逻辑在于企业内部的资源和能力增加了企业的效率和效力（Barney，1991，2001）。正是企业内部资源基础的不同导致了创新差异。鉴于资源配置对创新的重要作用（Barney，2001；Leiblein & Madsen，2009；Terziovski，2010），综合运用高阶理论和资源基础观，本文在政治关联与技术创新绩效之间考虑了资源投入的作用，从而弥补了既往研究缺失的一环。政治关联之所以对技术创新绩效产生影响，主要在于具有政治关联背景的高管人员对创新战略的重视程度不同以及由此产生的创新资源分配的多寡，最终造成了创新绩效的差异。资源分配作为一种重要的战略选择和管理手段，是企业领导者识别外部政治网络资源并作用于创新结果的必要环节。面向企业创新最重要的资源分配，即研发投资正是这必不可少的一环。

同时，提高研发投资的潜力，产生更多创新成果，需要高管人员的控制、授权和跨职能协调。没有有效的指导和充足的资金支持，是难以培育有效的研发能力的。尤其是在各职能部门争夺资源的情况下，企业高管作为研发活动的指导者就变得更加重要（Dalziel et al.，2011）。显然，研发资源配置受到高管政治关联这一背景特征的影响（陈爽英等，2010）。正如现有研究所认识到的，面向企业创新最重要的资源分配，即研发投资在社会资本与创新绩效之间起到了桥梁作用（Kaasa，2009）。正是由于高管人员政治关联对创新战略的重视程度不同，进而导致研发投资强度的不同，最终形成了不同的创新结果。在此过程中，研发投资承担了中间的传递作用。故此，既可以根据高阶理论高管特征影响组织绩效的逻辑，关注政治关联对技术创新绩效的影响；同时又根据资源基础观考虑中介作用，关注研发投资在其中所起的传导作用。根据上述讨论，提出如下假设：

H4：研发投资强度在政治关联与企业技术创新绩效之间起到中介作用。

综上所述，提出了本文的假设模型（见图1）。

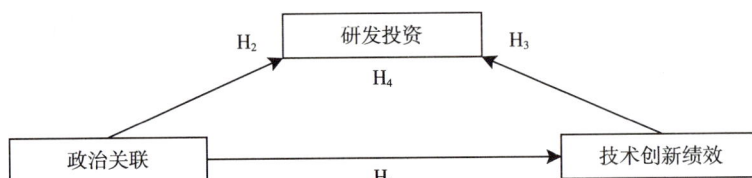

图1　假设模型

资料来源：笔者整理。

三、研究设计

本文意在检验研发投资的中介效应，而中介效应意味着一个因果链——中介变量由自变量引起并影响了因变量的变化。为了克服横截面数据预测因果关系所固有的缺陷，本文考虑了因果关系的时间顺序，采用纵向研究设计。

（一）样本选择与数据来源

本文以2009~2011年深圳证券交易所创业板上市公司为原始研究样本，主要是考虑到创业企业具有鲜明的创新特色，以及创业板公司于2009年才开始上市。在原始样本中剔除了研发投资数据缺失、研发投资和专利申请数具有极端值异常的公司后，获得158个样本公司，收集了这158个样本公司在2009~2011年的连续观测值。

企业政治关联情况通过"公司治理数据库"（CSMAR）获得企业董事长和总经理的个人资料，对于差异情况，与公司年报进行了对比，并经"百度"、"谷歌"搜索引擎进行确认复核。专利申请数据根据中国证监会官方授权网站（巨潮资讯网）发布的公司年报数据手工整理而成。公司基本信息尤其是成立日期数据来自RESSET数据库。研发费用等其他财务信息主要来自WIND数据库。地区发展程度情况则来源于樊纲等编著的《中国市场化指数2011年报告》。数据处理采用

SPSS 17.0 统计分析软件。

（二）变量定义与度量

1. 自变量：政治关联

一般认为，企业高管当选为人大代表或者政协委员，以及前任政府官员因"下海"或者退休而担任企业高管的情况就属于政治关联。企业高管尽管涵盖职位较广，但企业管理的实际控制人主要是董事长或者总经理，因而主要衡量董事长和总经理的政治关联（Fan et al.，2007；Chen et al.，2011；夏立军等，2011）。同时，在创业企业中董事长和总经理两职合一情形比较普遍。因此，本文以企业董事长或者总经理现在担任人大代表或者政协委员、曾经担任政府官员来度量政治关联。据此，构建了政治关联哑变量，若董事长或总经理具有上述政治背景，则赋值为 1，否则为 0。

2. 因变量：技术创新绩效

目前，国内外关于技术创新绩效的衡量方法十分多样化，从技术、市场到财务指标在内的多种指标均得到应用，但尚无统一而公认的衡量指标。技术创新的本质是发明创造应用于市场的过程，新技术的产生是前提条件。目前，利用专利数量衡量新技术的做法比较普遍，既是因为数据获取简便易行，更是因为专利代表了技术创新结果的主要形式（Kotha et al.，2011；Guler & Nerkar，2012）。而且，使用专利数据便于高科技企业之间跨部门的横向比较，尤其便于比较新技术、新工艺过程、新产品等技术创新绩效。考虑到技术创新绩效是衡量技术创新产出与投入的相对指标，因而本文借鉴 Lin 和 Chen（2005）的做法，采用专利申请数/总资产作为技术创新绩效的衡量指标。

3. 中介变量：研发投资强度

研发投资尽管涵盖了有形要素和无形要素，且研发人员的创意、信息等无形要素难以进行客观衡量，但资金投入起着主导和引导作用，因而大部分研发投入都可以计入研发费用。研发投资强度反映了企业研发费用支出的相对程度，体现为研发费用受到企业规模调节的程度，一般采取研发费用占当年销售收入百分比的形式（Chen & Miller，2007；Gentry & Shen，2012）。因此，本文研发投资强度的度量为：年研发费用/年销售收入。

4. 控制变量

根据因变量技术创新绩效及中介变量研发投资强度的影响因素，本文选取了如下 8 个控制变量。主要变量及控制变量的操作化定义见表 1。

（1）企业规模。规模小的企业进行研发投资的实力较小（Dalziel et la.，2011），而规模较大的企业也会因为具有较强的技术储备和技术转换能力从而有助于技术创新（Leiblein &Madsen，2009）。因此，本文对企业规模进行了控制，采用企业员工总数的自然对数进行度量。

（2）股权集中度。在股权集中度较高的情况下，大股东能够控制和支配公司的战略决策活动，迫使公司管理层关注企业长期绩效，更有动力和能力进行研发投资，并产生较高的创新绩效（Hosono et al.，2004）。因而，本文控制了股权集中度，其取值为公司第一大股东的持股比例。

（3）管理层持股。根据委托代理理论，管理层持股是一种激励措施，会有效缓解委托代理问题，使管理层与股东的利益趋于一致，更有利于管理层同董事会的合作，进而促进研发投资和创新绩效（Makri et al.，2006），故而需要控制。管理层持股采用除董事和监事外的公司管理层持股比例进行衡量（Kor，2006）。

（4）企业年龄。年轻的企业可能并不具备足够的研发基础和研发能力，因而需要进行研发投资，其创新绩效也将因此受到影响（Katila & Shane，2009）。年轻的企业与年长的企业在影响创新方面存在系统性差异，年轻有利于创新（Kotha et al.，2011）。因此，需要对企业成立时间的长短进行控制。

（5）产权性质。不同产权性质的企业，因为委托代理问题的不同，进行研发投资的动力也会有所不同。国有控股企业，其创新绩效会显著低于民营企业。所以，企业产权性质需要控制（Luk et al.，2008）。本文以控股股东的性质进行了区分，若控股股东为各级国资委或者其他国有机构则取值为1，否则为0。

（6）行业类型。一般而言，企业所在行业若为高科技行业，企业对于研发投资的倾向更高，创新的绩效也会更好。因此，本文对于行业类型进行了控制。

（7）地区市场化程度。企业所在地区不同，外在竞争强度、创新氛围和支持条件也会不同。越是市场化程度高的地区，研发投资强度和创新绩效也会更高（Luk et al.，2008）。本文对地区市场化程度进行了控制，并以企业总部所在地的市场化指数进行度量。

（8）盈利能力。企业盈利能力高，具有充足的资金去进行研发投资，产生的创新绩效也会较高（Gentry & Shen，2012）。本文对盈利能力进行控制，其取值为总资产净利润率。

表 1　变量的操作化定义表

变量类型	变量名称	符号	定　义
因变量	技术创新绩效	TECHNOVA	专利申请数/每百万元总资产
中介变量	研发投资强度	R&DINVES	年研发费用/年销售收入
自变量	政治关联	PC	哑变量，董事长或总经理为人大代表、政协委员、前任政府官员则为1，否则为0
控制变量	企业规模	SIZE	企业员工总数的自然对数
	股权集中度	LS	第一大股东持股数占公司股本总数的比例
	管理层持股	MANAGER	公司管理层（高管人员中除董事、监事外的其他公司层高管）持股数占公司总股本的比例
	企业年龄	AGE	企业成立日期到样本观测年年终日期的持续时间
	产权性质	OWNER	哑变量，控股股东为国家各级国资委和国有机构时取1，否则取0
	行业类型	INDUSTRY	哑变量，企业为高新技术企业则取1，否则取0
	地区市场化程度	REGION	各地区市场化指数
	盈利能力	ROA	总资产净利润率，比因变量滞后一年

资料来源：笔者整理。

（三）检验模型

为了检验假设 H1，首先考虑控制变量对技术创新绩效的影响，运行基本多元回归模型（1）；在此基础上，考虑政治关联对技术创新绩效的影响，运行检验模型（2）：

$$TECHNOVA_{t+1} = \beta_0 + \beta_1 SIZE_{t+1} + \beta_2 LS_{t+1} + \beta_3 MANAGER_{t+1} + \beta_4 AGE_{t+1} + \beta_5 OWNER_{t+1} +$$
$$\beta_6 INDUSTRY_{t+1} + \beta_7 REGION_{t+1} + \beta_8 ROA_t + \varepsilon \qquad (1)$$

$$TECHNOVA_{t+1} = \beta_0 + \beta_1 PC_{t-1} + \beta_2 SIZE_{t+1} + \beta_3 LS_{t+1} + \beta_4 MANAGER_{t+1} + \beta_5 AGE_{t+1} +$$
$$\beta_6 OWNER_{t+1} + \beta_7 INDUSTRY_{t+1} + \beta_8 REGION_{t+1} + \beta_9 ROA_t + \varepsilon \qquad (2)$$

为了检验假设 H2，首先考虑控制变量对研发投资强度的影响，运行基本多元回归模型（3）；在此基础上，考虑政治关联对研发投资强度的影响，运行检验模型（4）：

$$R\&DINVES_t = \beta_0 + \beta_1 SIZE_t + \beta_2 LS_t + \beta_3 MANAGER_t + \beta_4 AGE_t + \beta_5 OWNER_t + \beta_6 INDUSTRY_t +$$
$$\beta_7 REGION_t + \beta_8 ROA_{t-1} + \varepsilon \qquad (3)$$

$$R\&DINVES_t = \beta_0 + \beta_1 PC_{t-1} + \beta_2 SIZE_t + \beta_3 LS_t + \beta_4 MANAGER_t + \beta_5 AGE_t + \beta_6 OWNER_t +$$
$$\beta_7 INDUSTRY_t + \beta_8 REGION_t + \beta_9 ROA_{t-1} + \varepsilon \qquad (4)$$

为了检验假设 H3，考虑研发投资强度对技术创新绩效的影响，运行如下的检验模型（5）：

$$TECHNOVA_{t+1} = \beta_0 + \beta_1 R\&DINVES_t + \beta_2 SIZE_{t+1} + \beta_3 LS_{t+1} + \beta_4 MANAGER_{t+1} + \beta_5 AGE_{t+1} +$$
$$\beta_6 OWNER_{t+1} + \beta_7 INDUSTRY_{t+1} + \beta_8 REGION_{t+1} + \beta_9 ROA_t + \varepsilon \quad\quad（5）$$

为了检验假设 H4，在政治关联对技术创新绩效回归基础上加入了研发投资强度，运行如下的检验模型（6）：

$$TECHNOVA_{t+1} = \beta_0 + \beta_1 + PC_{t-1} + \beta_2 R\&DINVES_t + \beta_3 SIZE_{t+1} + \beta_4 LS_{t+1} + \beta_5 MANAGER_{t+1} +$$
$$\beta_6 AGE_{t+1} + \beta_7 OWNER_{t+1} + \beta_8 INDUSTRY_{t+1} + \beta_9 REGION_{t+1} + \beta_{10} ROA_t + \varepsilon \quad\quad（6）$$

模型的构建考虑了本文纵向设计的要求。纵向研究设计关注变量时间上的先后次序，但由于本文所用二手数据因时间周期短而无法构成面板数据的情形，故对三个主要变量的度量时间进行了尝试设定。根据其实际意义，三个主要变量的年度滞后效应为 1~2 年，[①] 即政治关联对研发投资强度的影响会延后一年，而研发投资产生技术创新绩效也会延后一年，政治关联对技术创新绩效的影响将延长为两年。综合考量，本文设定自变量政治关联的度量时间为 t-1 年，中介变量研发投资强度为 t 年，而因变量技术创新绩效为 t+1 年模型中的下标 t-1、t、t+1 代表变量的度量时间分别为：2009 年、2010 年、2011 年。

四、实证分析与结果

（一）描述性统计

各主要变量的描述性统计及 Pearson 相关分析如表 2 所示。自变量政治关联的均值为 0.28，表明在 28% 的样本公司，其董事长或者总经理具有政治背景。中介变量研发投资强度的均值为

表 2　变量描述性统计及 Pearson 相关系数

Variable	Mean	S.D.	AGE	OWNER	INDUS-TRY	SIZE	LS	MANAG-ER	REGION	ROA	PC	R&DINVES	TECH-NOA
AGE	10.876	3.399	1										
OWNER	0.060	0.233	0.032	1									
INDUSTRY	0.890	0.319	0.137*	0.088	1								
SIZE	6.537	0.752	−0.029	0.018	0.065	1							
LS	0.3330	0.1307	−0.013	0.007	0.141*	0.280***	1						
MANAGER	0.0406	0.0736	−0.055	−0.082	−0.074	−0.170**	−0.140*	1					
REGION	9.503	1.709	0.076	−0.151*	0.071	0.153*	0.118	−0.051	1				
ROA	0.106	0.065	0.006	−0.044	−0.002	0.001	0.001	0.116	0.043	1			
PC	0.280	0.453	0.093	0.147*	0.050	0.033	0.132*	−0.009	−0.059	−0.124	1		
R&DINVES	0.0496	0.0266	−0.047	0.089	0.061	−0.155*	−0.143*	0.115	−0.010	0.297***	−0.187**	1	
TECHNOVA	0.0084	0.0096	−0.031	0.031	0.192**	0.099	0.108	−0.069	−0.151*	−0.139*	−0.083	0.129	1

注：*、**、*** 分别表示在 10%、5%、1% 水平（双侧）上显著相关。

资料来源：笔者整理。

[①] 这是考量三个变量实际意义的结果。一般意义上，高管政治关联所具有的政治影响力对公司各项战略决策的影响会发生滞后（参见余明桂、回雅甫、潘红波：《政治联系、寻租与地方政府财政补贴有效性》，《经济研究》，2010 年第 3 期）。可以推断，高管政治关联对研发投资的影响会滞后一期（参见文芳、胡玉明：《中国上市公司高管个人特征与 R&D 投资》，《管理评论》，2009 年第 11 期）。研发投资也并非会产生立竿见影的结果，往往会在随后的一至两个年度产出结果。同时，技术创新绩效会比其前因变量滞后一年甚至两年（Kotha et al., 2011）。

0.0496，表明创业企业的研发投资强度平均为4.96%，体现了较强的创新投入特色。因变量技术创新绩效的均值为0.0084，表明当年每百万元资产的专利申请数平均为0.0084件。Pearson相关分析结果发现各变量间的相关系数低于0.5，表明变量间的多重共线性较弱。同时发现，研发投资与技术创新绩效的相关性并不显著。尽管如此，相关分析仅仅考虑单个自变量与因变量的关系，不考虑其他因素而得出二者无关的结论并不可信，需要建立多元回归模型作进一步的检验。

（二）回归检验与结果

在回归分析之前，对于多重共线性、自相关和异方差三大问题进行了检验。利用容许度和方差膨胀因子法进行的多重共线性检验结果显示，容许度 Toli 全部大于0.83，方差膨胀因子 VIF 均小于1.2（限于篇幅未列出），说明自变量之间不存在明显共线性。利用DW统计量进行的自相关检验结果显示，Durbin-Watson 值最小为1.848（见表3），接近2，故认为不存在一阶序列相关。透过散点图可以确信不存在异方差问题。同时，六个模型均通过了F值检验，说明模型整体有效。多元回归分析结果如表3所示。

表3 多层次OLS回归分析

Variables	R&DINVES		TECHNOVA			
	Model 1	Model 2	Model 3	Model 4	Model 5	Model 6
REGION	0.042 (0.533)	0.034 (0.439)	−0.183** (−2.281)	−0.191** (−2.390)	−0.189** (−2.400)	−0.195** (−2.474)
LS	−0.080 (−1.012)	−0.064 (−0.817)	0.073 (0.888)	0.092 (1.114)	0.098 (1.204)	0.110 (1.354)
OWNER	0.127 (1.649)	0.143* (1.845)	−0.022 (−0.283)	−0.005 (−0.061)	−0.045 (−0.580)	−0.030 (−0.377)
AGE	−0.024 (−0.307)	−0.016 (−0.205)	−0.041 (−0.515)	−0.028 (−0.350)	−0.026 (−0.335)	−0.017 (−0.219)
INDUSTRY	0.038 (0.497)	0.044 (0.578)	0.194** (2.434)	0.196** (2.468)	0.175** (2.229)	0.178** (2.269)
SIZE	−0.130 (−1.589)	−0.129 (−1.594)	0.088 (1.071)	0.089 (1.092)	0.115 (1.411)	0.114 (1.399)
ROA	0.306*** (3.844)	0.279*** (3.458)	−0.129 (−1.645)	−0.145* (−1.850)	−0.191** (−2.373)	−0.199** (−2.467)
MANAGER	0.077 (0.941)	0.075 (0.930)	−0.028 (−0.348)	−0.022 (−0.282)	−0.040 (−0.506)	−0.035 (−0.440)
PC		−0.130* (−1.662)		−0.134* (−1.682)		−0.105 (−1.313)
R&DINVES					0.212** (2.571)	0.195** (2.335)
R^2	0.156	0.172	0.102	0.119	0.140	0.150
Adjusted R^2	0.111	0.121	0.054	0.065	0.088	0.092
F-value	3.445***	3.405***	2.113**	2.216**	2.684***	2.600***
Durbin-Watson	1.890	1.897	1.897	1.848	1.903	1.860

注：括号内为t值，*、**、*** 分别表示在10%、5%、1%水平上显著。
资料来源：笔者整理。

回归分析结果表明四个假设均得到验证。从自变量与因变量之间的关系看，模型4显示政治关联与技术创新绩效显著负相关（β=−0.134，α<0.10），假设H1得到验证。从自变量对中介变量的影响看，模型（2）显示政治关联与研发投资强度显著负相关（β=−0.130，α<0.10），假设H2得

到验证。从中介变量对因变量的影响看，模型（5）说明研发投资强度与技术创新显著正相关（β=0.212，α<0.05），支持了假设 H3。为了进一步验证研发投资强度的中介作用，根据 Baron 和 Kenny（1986）检验中介效应的方法进行了多层次回归分析。模型（6）在模型（4）政治关联对技术创新回归的基础上，加入了研发投资强度进行回归。通过比较模型（4）与模型（6）可以发现，当加入了研发投资强度后，政治关联与技术创新的负相关关系不再显著（β=-0.105，α>0.10），且总体回归效果明显提升（判定系数 R² 由 0.119 上升为 0.150）。综合来看，研发投资强度在政治关联与技术创新之间起到完全中介作用，假设 H4 得到验证。

此外，从表 3 中可以发现，地区市场化程度与技术创新绩效显著负相关，这说明发达地区企业可能不注重技术创新，而是更注重其他形式的创新绩效。从产权性质看，国有产权与研发投资强度显著正相关，说明新国资具有强烈的创新意愿进行研发投资。从行业类型看，高新技术企业与技术创新绩效显著正相关，说明高新技术企业有能力产生较高质量的创新成果。从盈利能力看，ROA 与研发强度显著正相关，说明企业较好的经济绩效能够利用较强的资金实力进行高强度的研发投资。但是，ROA 与技术创新绩效显著负相关，说明较好的经济绩效导致了企业对技术创新绩效的忽视。

（三）稳健性检验

为了保证回归结果的稳健性，本文将因变量技术创新绩效的衡量指标替换为营业收入年增长率进行度量，[①] 重复上述步骤对原有模型进行了回归分析（见表 4），结论基本一致。模型（4）表明政治关联与技术创新绩效显著负相关（β=-0.176，α<0.05）；模型（5）表明研发投资强度与技术创新绩效显著正相关（β=0.200，α<0.05）。通过比较模型（4）与模型（6）可以发现，当加入了研发投资强度后，政治关联与技术创新的相关系数从 β=-0.176（α<0.05）降低为 β=-0.148（α<0.10），显著性降低，且总体回归效果明显提升（判定系数 R² 由 0.088 上升为 0.113）。由此证明研发投资强度在政治关联与技术创新之间起到中介作用。这说明研究结论没有实质性改变，模型是稳健的。

表 4 稳健性检验：多层次 OLS 回归分析

Variables	TECHNOVA–REVENUE		
	Model 4	Model 5	Model 6
REGION	−0.060 (−0.759)	−0.055 (−0.695)	−0.066 (−0.843)
LS	−0.066 (−0.828)	−0.057 (−0.710)	−0.038 (−0.476)
OWNER	−0.029 (−0.376)	−0.073 (−0.946)	−0.049 (−0.624)
AGE	0.033 (0.427)	0.038 (0.494)	0.047 (0.609)
INDUSTRY	0.014 (0.178)	−0.017 (−0.223)	−0.008 (−0.100)

① 利用营业收入年增长率衡量技术创新绩效，主要是综合考虑了企业的工艺技术创新和产品创新，由此会因为降低成本或者扩大市场占有率而增加了企业的营业收入。因此，营业收入增长是技术创新的反映。尽管营业收入增长可能来自市场需求本身扩大或者由其他因素所引起，但这都是系统性的，不会对研究结论产生根本性影响。参见郭立新、陈传明：《组织冗余与企业技术创新绩效的关系研究——基于中国制造业上市公司面板数据的实证分析》，《科学学与科学技术管理》，2010 年第 11 期。

Variables	TECHNOVA-REVENUE		
	Model 4	Model 5	Model 6
SIZE	0.218*** (2.747)	0.228*** (2.876)	0.228*** (2.898)
ROA	0.037 (0.475)	0.003 (0.039)	−0.006 (−0.082)
MANAGER	−0.076 (−0.968)	−0.089 (−1.143)	−0.083 (−1.077)
PC	−0.176** (−2.241)		−0.148* (−1.865)
R&DINVES		0.200** (2.458)	0.173** (2.118)
R²	0.088	0.093	0.113
Adjusted R²	0.036	0.042	0.057
F−value	1.705*	1.826*	2.017**

注：括号内为 t 值，*、**、*** 分别表示在 10% 、5%、1%水平上显著。
资料来源：笔者整理。

五、结论与讨论

本文希望回答一个现有文献忽视的问题，即企业高管的政治关联是否通过企业内部资源配置从而影响技术创新绩效？尽管现有文献认为政治关联是企业高管的一种重要外部社会资本（Li & Zhang，2007；Li et al.，2008），但由于高管对于创新战略的重视程度不同以及由此导致了不同的创新资源分配，最终显著影响了技术创新绩效。采用中国创业板上市公司 2009~2011 年的数据，本文实证检验结果表明：政治关联通过研发投资的中介作用对技术创新绩效产生负向影响。其背后的逻辑在于：政治关联与研发投资强度显著负相关，而研发投资强度与创新绩效显著正相关，正是由于研发投资不足导致了较低的创新绩效。

（一）理论贡献

本研究立足于高阶理论和资源基础观并对两者的整合作出了贡献。高阶理论的相关研究认识到了高管社会资本对于创新的影响（Carpenter et al.，2004），资源基础观也强调了资源的独特属性对于创新的重要作用（Barney，2001）。但是，无论是高阶理论还是资源基础观都只是勾画了企业创新的部分图景，因为高管政治关联仅仅提供了获取外部创新资源的可能，而资源基础观却很少用来处理外部的资源利用问题。因此，通过整合高阶理论和资源基础观，能够勾画出企业高管政治关联通过研发资源投入影响技术创新的全貌。"政治关联—研发投资—技术创新绩效"的连接反映了企业创新的潜在路径，研发投资在其中起到关键的中介作用。这种"政治关联—技术创新绩效"的间接联系说明了企业高管的社会网络收益需要通过内部转化才能作用于创新结果，这一结论与 Shu 等（2012）的观点基本一致。因此，通过整合高阶理论和资源基础观，能够实现外部关系和内部资源的协同考虑，全景式展现企业创新的过程。

本研究也拓展了高阶理论的研究视野，并深化了关于政治关联的认识。除了高管的人力资本，高阶理论也开始认识到高管的社会资本对于创新的影响（Su et al.，2009；Gao et al.，2008）。但目前关注的社会资本主要是商业伙伴之间的横向社会资本，对于同政治组织之间的纵向社会资本影响创新的研究比较有限。另外，现有政治关联方面的文献较多关注了政治关联对于经济绩效和运营绩效的影响（Luo et al.，2010），而对于政治关联与创新绩效之间的关系则研究较少，且结论并不一致。根据高阶理论利用高管特征预测组织绩效的逻辑，本文研究发现高管政治背景对于创新绩效具有负向影响，从而拓宽了高阶理论的解释空间，也说明政治关联的影响随着制度环境的完善而逐步减弱（Shen et al.，2011）。

此外，本研究也加深了对于企业创新的理解，并丰富了创新绩效方面的文献。创新是关乎企业未来发展定位的关键活动。因此，需要在战略上重视并投入资源，本研究证实了研发投资对于创新绩效具有积极影响。尽管要有效利用外部社会资本，但并不意味着要利用所有形式的社会资本服务于创新。本研究结果表明，政治关联就对创新绩效具有负面效应。因此，应注意到不同制度环境下不同形式的社会资本对于创新的不同影响（Luk et al.，2008）。

（二）管理启示与政策建议

本研究结论对于企业及其高管具有管理启示和实践意义。企业家的精神特质和本质作用在于创新，创新是企业赢得竞争优势的重要来源。企业家在创新过程中需要应对复杂的外部市场和政治环境。尤其在转轨经济中，市场和政府的关系仍处于变动之中，其边界依然模糊。为了应对政治环境，企业需要构建政治战略（张建君、张志学，2005），建立同政府的良性互动。外部制度压力会促使企业高管形成政治关联（李茜、张建君，2010）。尽管政治关联高管会从政府的互动中获取信息、知识和资源，但这些资源主要还是政府政策、管制方向以及其他一些资源，这些资源往往难以转化为企业创新适用的内部资源。同时，政治关联高管因为同政府的密切接触而转移了注意力，或者部分让渡了管理自主性，导致内部研发资源投入不足，结果显著降低了创新绩效。因此，在考虑到社会资本积极作用的同时，必须深刻认识到社会资本的双重性，避免"过度嵌入"。同时，政治关联对于创业企业并非必不可少，因为创业资源并非政府控制，企业同政府的关系也应灵活地随着创业周期变化而变化（Guo & Miller，2010）。在实施政治战略的同时，应注意同市场战略的整合并提高吸收能力，降低转化成本，及时将外部资源转化为内部资源。只有充足而有效的研发资源投入，才有助于实现较高的创新绩效。如何实现政治战略和市场战略的有效整合，显著提升创新能力，是值得进一步研究的方向。

本研究也对政策制定具有理论参考价值。实现中国经济的长期稳定健康发展需要及时转变经济发展方式、调整经济结构，实现经济发展的"创新驱动"。但现实是，作为技术创新主体的企业，其创新绩效不高、创新能力不足、创新投入有限。调动企业创新的积极性，需要政府采取更加积极有力的措施。但受制于体制惯性，地方政府往往继续强调经济增长、奉行 GDP 至上观念，对于企业技术创新重视不够、措施乏力。因此，政府应特别注意到政治关联企业的研发投入不足、创新绩效不高的现象，利用各种渠道传递创新重要性的信息。在人大、政协换届时，应提升具有较高创新绩效的企业家当选比例。此外，政府应采取产业、外贸、财税等多方面的措施鼓励企业增加研发投入，建立研发机构，保护创新收益，培育创新型企业家，提升企业创新绩效。

（三）研究局限与展望

本研究仍具有一些局限性。首先，样本容量较小，并且全是上市公司，没有得到理想中的大样本。由于创业板上市公司的上市时间较短，获取的数据仅仅说明了中国部分公司在部分时间段内的结果，能否将结论适用于更广泛的群体，需要后续较长周期更多样本实证结果的支持。其次，由于利用二手数据而没有采用一手数据进行相互验证，对于变量的取值具有一定程度的主观性。例如，对于自变量政治关联，我们根据董事长和总经理的个人政治背景设定取值为 0 或者 1，但这可能导致大量信息损失，也无法涵盖现实情境中大量的企业与政府隐性和非正式接触的情形。因此，未来对于政治关联需要更加详尽而真实的刻画以揭示其动态过程及其影响。因变量技术创新绩效的情况也大致如此，尽管进行了稳健性检验，但由于现有研究关于技术创新绩效的衡量指标过于繁多，对于本研究结论的解释力仍需保持谨慎态度。

我们的研究揭示，企业家在参与政治的同时，可能对企业创新具有不利影响。因此，积极利用政治地位为企业带来优势的同时，企业家应思考如何规避其不利影响。扭转研发投资不足的倾向，既需要企业家在战略上重视，更需要外部制度支持。如何利用制度支持提高研发投资强度，显著提升企业创新绩效，是值得深入研究的。

【参考文献】

[1] 白璇、李永强、赵冬阳：《企业家社会资本的两面性：一项整合性研究》，《科研管理》，2012 年第 3 期。

[2] 陈爽英、井润田、龙小宁、邵云飞：《民营企业家社会关系资本对研发投资决策影响的实证研究》，《管理世界》，2010 年第 1 期。

[3] 丁重、邓可斌：《政治关系与创新效率：基于公司特质信息的研究》，《财经研究》，2010 年第 36 卷第 10 期。

[4] 金太军、袁建军：《政府与企业的交换模式及其演变规律——观察腐败深层机制的微观视角》，《中国社会科学》，2011 年第 1 期。

[5] 李茜、张建君：《制度前因与高管特点：一个实证研究》，《管理世界》，2010 年第 10 期。

[6] 孙凯：《在孵企业社会资本对资源获取和技术创新绩效的影响》，《中国软科学》，2011 年第 8 期。

[7] 夏立军、陆铭、余为政：《政企纽带与跨省投资——来自中国上市公司的经验证据》，《管理世界》，2011 年第 7 期。

[8] 谢言、高山行、江旭：《外部社会联系能否提升企业自主创新？——一项基于知识创造中介效应的实证研究》，《科学学研究》，2010 年第 5 期。

[9] 曾萍、宋铁波：《政治关系真的抑制了企业创新吗？——基于组织学习与动态能力视角》，《科学学研究》，2011 年第 8 期。

[10] 张建君、张志学：《中国民营企业家的政治战略》，《管理世界》，2005 年第 7 期。

[11] Adams R., Bessant, J., and Phelps, R., Innovation Management Measurement: A Review [J]. International Journal of Management Reviews, 2006, 8 (1): 21-47.

[12] Adler P.S., Kwon, S.W., Social Capital Prospects for a New Concept [J]. The Academy of Management Review, 2002, 27 (1): 17-40.

[13] Barker Ⅲ V. L., Mueller, G.C., CEO Characteristics and Firm R&D Spending [J]. Management Science, 2002, 48 (6): 782-801.

[14] Barney J. B., Firm Resources and Sustained Competitive Advantage [J]. Journal of Management, 1991, 17 (1): 99-120.

[15] Barney J. B. Is the Resource-Based "View" a Useful Perspective for Strategic Management Research? Yes. [J]. The Academy of Management Review, 2001, 26 (1): 41-56.

[16] Bertrand M., Schoar, A., Managing with Style: The Effect of Managers on Firm Policies [J]. The Quarterly Journal of Economics, 2003, 118 (4): 1169-1208.

[17] Carpenter M. A., Geletkanycz M. A., and Sanders, W. G., Upper Echelons Research Revisited: Antecedents, Elements, and Consequences of Top Management Team Composition [J]. Journal of Management, 2004, 30 (6): 749-778.

[18] Chen C. J.P., Li Z., Su X., and Sun Z., Rent-seeking Incentives, Corporate Political Connections, and the Control Structure of Private Firms: Chinese Evidenc [J]. Journal of Corporate Finance, 2011, 17 (2): 229-243.

[19] Chen W. R., Determinants of Firms' Backward and Forward-looking R&D Search Behavior [J]. Organization Science, 2008, 19 (4): 609-622.

［20］ Chen W. R., Miller K. D., Situational and Institutional Determinants of Firms' R&D Search Intensity ［J］. Strategic Management Journal, 2007, 28（4）: 369-381.

［21］ Chen X., and Wu J., Do Different Guanxi Types Affect Capability Building Differently? A Contingency View ［J］. Industrial Marketing Management, 2011, 40（4）: 581-592.

［22］ Crossland C., Hambrick D.C., Differences in Managerial Discretion across Countries: How National-level Institutions Affect the Degree to Which CEOs Matter ［J］. Strategic Management Journal, 2011, 32（8）: 797-819.

［23］ Dalziel T., Gentry R. J., and Bowerman M., An Integrated Agency-resource Dependence View of the Influence of Directors' Human and Relational Capital on Firms' R&D Spending［J］. Journal of Management Studies, 2011, 48（6）: 1217-1242.

［24］ Elenkov D. S., Judge W., and Wright P., Strategic Leadership and Executive Innovation Influence: An International Multi-cluster Comparative Study ［J］. Strategic Management Journal, 2005, 26（7）: 665-682.

［25］ Elenkov D.S., Manev I.M., Top Management Leadership and Influence on Innovation: The Role of Sociocultural Context ［J］. Journal of Management, 2005, 31（3）: 381-402.

［26］ Faccio M., Politically Connected Firms ［J］. American Economic Review, 2006, 96（1）: 369-386.

［27］ Fan J.P.H, Wong T. J., Zhang T., Politically Connected CEOs, Corporate Governance, and Post-IPO Performance of China's Newly Partially Privatized Firms ［J］. Journal of Financial Economics, 2007, 84（2）: 330-357.

［28］ Gao S., Xu K., and Yang J., Managerial Ties, Absorptive Capacity, and Innovation［J］. Asia Pacific Journal of Management, 2008, 25（3）: 395-412.

［29］ Gentry R. J., Shen W., The Impacts of Performance Relative To Analyst Forecasts and Analyst Coverage on Firm R&D Intensity ［J］. Strategic Management Journal, 2012（18）JUN, Article first published online.

［30］ Greve H. R., A Behavioral Theory of R&D Expenditures and Innovations: Evidence from Shipbuilding ［J］. The Academy of Management Journal, 2003, 46（6）: 685-702.

［31］ Guler I., Nerkar A., The Impact of Global and Local Cohesion on Innovation in the Pharmaceutical Industry ［J］. Strategic Management Journal, 2012, 33（5）: 535-549.

［32］ Hagedoorn J., Cloodt M., Measuring Innovative Performance: Is There an Advantage in Using Multiple Indicators? ［J］. Research Policy, 2003, 32（8）: 1365-1379.

［33］ Hambrick D. C., Mason P. A., Upper Echelons: The Organization as a Reflection of Its Top Managers ［J］. The Academy of Management Review, 1984, 9（2）: 193-206.

［34］ Kaasa A., Effects of Different Dimensions of Social Capital on Innovative Activity: Evidence from Europe at the Regional Level ［J］. Technovation, 2009, 29（3）: 218-233.

［35］ Katila R., and Shane, S., When does Lack of Resources Make New Firms Innovative? ［J］. The Academy of Management Journal, 2005, 48（5）: 814-829.

［36］ Kor Y. Y., Direct and Interaction Effects of Top Management Team and Board Compositions on R&D Investment Strategy ［J］. Strategic Management Journal, 2006, 27（11）: 1081-1099.

［37］ Kotha R., Zheng Y., and George G., Entry into New Niches: The Effects of Firm Age and the Expansion of Technological Capabilities on Innovative Output and Impact ［J］. Strategic Management Journal, 2011, 32（9）: 1011-1024.

［38］ Leiblein M. J., Madsen T. L., Unbundling Competitive Heterogeneity: Incentive Structures and Capability Influences on Technological Innovation ［J］. Strategic Management Journal, 2009, 30（7）: 711-735.

［39］ Li H., Zhang Y., The Role of Managers' Political Networking and Functional Experience in New Venture Performance: Evidence from China's Transition Economy ［J］. Strategic Management Journal, 2007, 28（8）: 791-804.

［40］ Li J.J., The Formation of Managerial Networks of Foreign Firms in China: The Effects of Strategic Orientations ［J］. Asia Pacific Journal of Management, 2005, 22（4）: 423-443.

［41］ Li J. J., Poppo L., and Zhou K. Z., Do Managerial Ties in China Always Produce Value? Competition, Uncertainty, and Domestic vs. Foreign Firms ［J］. Strategic Management Journal, 2008, 29（4）: 383-400.

［42］ Li J. J., Zhou K. Z., and Shao A. T., Competitive Position, Managerial Ties, and Profitability of Foreign Firms in China: An Interactive Perspective ［J］. Journal of International Business Studies, 2009（40）: 339-352.

［43］ Li S. X., Yao X., Chan C. S., and Xi Y., Where Do Social Ties Come From: Institutional Framework and Governmental Tie Distribution ［J］. Management and Organization Review, 2011, 7（1）: 97-124.

［44］ Li Y., Guo H., Liu Y., and Li M., Incentive Mechanisms, Entrepreneurial Orientation, and Technology Commercialization: Evidence from China's Transitional Economy ［J］. Journal of Product Innovation Management, 2008, 25（1）: 63-78.

［45］ Lin B-W., and Chen J-S., Corporate Technology Portfolios and R&D Performance Measures: A Study of Technology Intensive Firms ［J］. R&D Management, 2005, 35（2）: 157-170.

［46］ Luk C. L., Yau O. H. M., Sin L. Y. M., and Tse A. C. B., Chow R. P. M. and Lee J. S. Y. The Effects of Social Capital and Organizational Innovativeness in Different Institutional Contexts ［J］. Journal of International Business Studies, 2008（39）: 589-612.

［47］ Luo Y., Huang Y., and Wang S. L., Guanxi and Organizational Performance: A Meta-Analysis ［J］. Management and Organization Review, 2011, 8（1）: 139-172.

［48］ Ma D., Parish W.L., Tocquevillian Moments Charitable Contributions by Chinese Private Entrepreneurs ［J］. Social Forces, 2006, 85（2）: 943-964.

［49］ Peng M. W., Luo Y., Managerial Ties and Firm Performance in a Transition Economy: The Nature of a Micro-macro Link ［J］. Academy of Management Journal, 2000, 43（3）: 486-501.

［50］ Raymond L., St-Pierre J., R&D as a Determinant of Innovation in Manufacturing SMEs: An Attempt at Empirical Clarification ［J］. Technovation, 2010, 30（1）: 48-56.

［51］ Sheng S., Zhou K. Z., and Li J. J., The Effects of Business and Political Ties on Firm Performance: Evidence from China ［J］. Journal of Marketing, 2011, 75（1）: 1-15.

［52］ Shu C., Page A. L., Gao S., and Jiang X., Managerial Ties and Firm Innovation: Is Knowledge Creation a Missing Link? ［J］. Journal of Product Innovation Management, 2012, 29（1）: 125-143.

［53］ Su Y.S., Tsang E. W. K., and Peng M. W., How Do Internal Capabilities and External Partnerships Affect Innovativeness? ［J］. Asia Pacific Journal of Management, 2009, 26（2）: 309-331.

［54］ Tang Y., Li J., and Yang H., What I See, What I Do: How Executive Hubris Affects Firm Innovation ［J］. Journal of Management, 2012（17）April, published online.

［55］ Terziovski M., Innovation Practice and Its Performance Implications in Small and Medium Enterprises （SMEs）in the Manufacturing Sector: A Resource-based View ［J］. Strategic Management Journal, 2010, 31（8）: 892-902.

［56］ Thornhill S., Knowledge, Innovation and Firm Performance in High-and Low-technology Regimes ［J］. Journal of Business Venturing, 2006, 21（5）: 687-703.

［57］ Wu J., Asymmetric Roles of Business Ties and Political Ties in Product Innovation ［J］. Journal of Business Research, 2011, 64（11）: 1151-1156.

［58］ Xiao Z., Tsui A S., When Brokers May Not Work: The Cultural Contingency of Social Capital in Chinese High-tech Firms ［J］. Administrative Science Quarterly, 2007, 52（1）: 1-31.

［59］ Yang Y., Wang Q., Zhu H., and Wu G., What Are the Effective Strategic Orientations for New Product Success under Different Environments? An Empirical Study of Chinese Businesses ［J］. Journal of Product Innovation Management, 2012, 29（2）: 166-179.

（作者：罗明新，东北大学工商管理学院、中共辽宁省委党校；

马钦海、胡彦斌，东北大学工商管理学院）

附录

"光辉的足迹"
——中国企业管理研究会大事记

1. 1981 年 在著名经济学家马洪、蒋一苇倡议下，中国工业企业管理教育研究会在京成立。同年，中国工业企业管理教育研究会就组织编写出版了高等学校文科教材《工业企业管理》（上、下两册）。该教材 1986 年修订再版，分为三册。以上两版由中国财政经济出版社出版，仅 1986 年版发行量达 22.6 万套。1998 年中国企业管理研究会对该书进行了再次修订。

2. 1995 年 3 月 经民政部批准，中国工业企业管理教育研究会更名为中国企业管理研究会，成为全国性的、企业管理专业学术研究的社团组织。

3. 1999 年 10 月 23~25 日中国企业管理研究会在京举办了"跨世纪中国企业改革与发展暨中国企业管理研究 1999 年年会"，近 200 名与会代表围绕中共中央十五届四中全会关于国有企业改革与发展若干重大问题的决议，对国有企业改革与发展的重大问题进行了研讨，并选举了第二届中国企业管理研究会理事会。

4. 2000 年 9 月 中国企业管理研究会编辑、经济管理出版社出版了《跨世纪中国企业改革、管理与发展》一书。

5. 2000 年 10 月 中国企业管理研究会与兖州矿务集团公司在山东省兖州市共同举办了"网络经济与企业管理创新暨中国企业管理研究会 2000 年年会"，100 多名与会代表对网络经济、知识管理等问题进行了探讨。

6. 2001 年年初 在中国企业管理研究会倡议和协办下，《经济管理》由月刊改为半月刊，其中下半月刊为《经济管理·新管理》，定位为全国性的纯管理学术性杂志。中国企业管理研究会也有了自己的会刊。

7. 2001 年 11 月 17~18 日 中国企业管理研究会与中国小商品城集团公司在浙江省义乌市共同举办了"中国中小企业改革与发展暨中国企业管理研究会 2001 年年会"，与会 100 多名代表围绕中小企业改革、管理与发展问题进行了研讨。

8. 2002 年 4 月 由中国企业管理研究会和首都经贸大学联合举办了企业管理学科建设研讨会，全国各大高校管理学科的带头人都参加了这次研讨会，对我国未来企业管理学科发展的若干重大问题进行了探讨。

9. 2002 年 10 月 第一本中国企业管理研究会年度报告《中国中小企业改革与发展》由中国财政经济出版社出版。

10. 2002 年 11 月 30 日~12 月 2 日 中国企业管理研究会与苏州创元集团在江苏省苏州市共同召开了"核心竞争力与企业管理创新暨中国企业管理研究会 2002 年年会"，100 多名与会代表就企业核心竞争力的界定、评价、培育等一系列问题进行了研讨。

11. 2003 年 2 月 在企业会员单位支持下，中国企业管理研究会设立了五个招标课题，向全体会员单位招标，到 2003 年 10 月，各个招标课题都被高质量地完成。

12. 2003 年 8 月　第二本中国企业管理研究会年度报告《企业核心竞争力问题研究》由中国财政经济出版社出版。

13. 2003 年 11 月 30 日~12 月 1 日　中国企业管理研究会与东胜精攻石油开发股份有限公司在山东省东营市共同举办了"中国能源企业的改革与发展暨中国企业管理研究会 2003 年年会"，100 多名与会代表围绕能源企业发展战略、企业改革和管理创新等问题进行了全面的探讨。

14. 2004 年 9 月　第三本中国企业管理研究会年度报告《中国能源企业的战略选择与管理创新》由中国财政经济出版社出版。

15. 2004 年 9 月 18~19 日　中国企业管理研究会与辽宁大学工商管理学院在辽宁省沈阳市共同举办了"东北老工业基地振兴与管理现代化暨中国企业管理研究会 2004 年年会"，近 200 名与会代表围绕东北老工业基地振兴与管理现代化问题进行了研讨，并选举了中国企业管理研究会第三届理事会和领导人员。

16. 2005 年 4 月　第四本中国企业管理研究会年度报告《东北老工业基地振兴与管理现代化》由中国财政经济出版社出版。

17. 2005 年 9 月 23~24 日　中国企业管理研究会与厦门大学管理学院在福建省厦门市共同举办了"管理学发展及其方法论问题"学术研讨会，近百名与会代表围绕管理学方法论、管理学科学化、中国式企业管理、管理学学科建设等问题进行了全面、深入的探讨。

18. 2005 年 12 月　中国企业管理研究会、中国社会科学院管理科学研究中心、中国社会科学院企业管理重点学科共同主编的"管理学发展及其方法论问题"学术研讨会会议论文集《管理学发展及其方法论研究》，由中国财政经济出版社出版。

19. 2005 年 12 月 18~19 日　中国企业管理研究会与国联集团在江苏省无锡市共同举办了"中国企业社会责任暨中国企业管理研究会 2005 年年会"，近 200 名与会代表围绕企业社会责任理论、中国企业社会责任实践、国外企业社会责任实践的经验和教训等方面的问题进行了研讨。

20. 2006 年 5 月　第五本中国企业管理研究会年度报告《中国企业社会责任报告》由中国财政经济出版社出版。

21. 2006 年 11 月 25~26 日　中国企业管理研究会、江西财经大学、中国社会科学院管理科学研究中心在江西省南昌市共同举办了"中国企业自主创新与品牌建设暨中国企业管理研究会 2006 年年会"，近 200 名与会代表围绕中国企业自主创新和品牌建设的理论与实践问题进行了研讨。

22. 2007 年 8 月　第六本中国企业管理研究会年度报告《中国企业自主创新与品牌建设报告》由中国财政经济出版社出版。

23. 2007 年 9 月 22~24 日　中国企业管理研究会、山西财经大学工商管理学院、中国社会科学院管理科学研究中心在山西省太原市共同举办了"中国企业持续成长问题学术研讨会暨中国企业管理研究会 2007 年年会"，近 200 名与会代表围绕中国企业持续成长的理论与实践问题进行了研讨。

24. 2008 年 5 月　第七本中国企业管理研究会年度报告《中国企业持续成长研究报告》由中国财政经济出版社出版。

25. 2008 年 9 月 2 日　中国企业管理研究会与中国社会科学院工业经济研究所共同举办了"中国企业管理论坛——宏观经济调控与企业发展"。

26. 2008 年 9 月 6~8 日　中国企业管理研究会、重庆工商大学、中国社会科学院管理科学研究中心在重庆市共同举办了"中国企业改革发展三十年理论与实践研讨会暨中国企业管理研究会 2008 年年会"，近 200 名与会代表围绕中国企业改革发展的理论与实践问题进行了研讨。

27. 2008 年 12 月　第八本中国企业管理研究会年度报告《中国企业改革发展三十年》由中国财政经济出版社出版。

28. 2009 年 10 月 12~13 日 中国企业管理研究会、东华大学、中国社会科学院管理科学研究中心在上海市共同举办了"国际金融危机与中国企业发展学术研讨会暨中国企业管理研究会 2009 年年会"。来自中国社会科学院、中国人民大学、清华大学、东华大学、国家电网、招商局集团等院校、企业的近 200 名管理学专家，就国际金融危机背景下中国企业的自主创新、兼并重组、品牌建设和战略转型等专题进行了深入研讨。

29. 2010 年 4 月 24 日 中国企业管理研究会、中国社会科学院管理科学研究中心、湖南农业大学商学院、湖南农业大学涉农企业研究所在湖南省长沙市共同举办了"新时期公司治理"专题研讨会，立足于后金融危机的大背景，深入探讨新时期公司治理理论与实践。与会代表就公司治理的一般问题、国有企业公司治理、民营企业公司治理、公司治理绩效的实证等专题展开研讨。

30. 2010 年 4 月 17 日 中国比较管理研究会筹委会、蒋一苇企业改革与发展学术基金会、经济管理出版社、《比较管理》编辑部主办，南京工业大学经济管理学院承办，上海外国语大学跨文化管理研究中心、首都经济贸易大学工商管理学院协办的第二届全国比较管理研讨会在南京召开。

31. 2010 年 10 月 23 日 中国企业管理研究会、首都经济贸易大学、经济管理出版社、《中国工业经济》杂志社、《比较管理》编辑部、《战略管理》编辑部主办，中国社会科学院管理科学与创新发展研究中心和首都企业改革与发展研究会协办，首都经济贸易大学工商管理学院承办第三届全国比较管理研讨会在北京会议中心举行。此次研讨会主题为：比较管理的演化理论、方法及其案例分析。

32. 2010 年 11 月 第九本中国企业管理研究会年度报告《国际金融危机与中国企业发展》由中国财政经济出版社正式出版。

33. 2010 年 12 月 3~5 日 中国企业管理研究会、蒋一苇企业改革与发展学术基金会、汕头大学、中国社会科学院管理科学与创新发展研究中心联合主办，汕头大学商学院承办的"经济发展方式转变与中国企业发展学术研讨会暨中国企业管理研究会 2010 年年会"在汕头大学举行。全国人大常委、中国社会科学院学部团代主席、经济学部主任、中国企业管理研究会会长陈佳贵参加了研讨会并作主题发言。出席会议的有来自中国社会科学院、北京大学、清华大学、中国人民大学、复旦大学、南京大学等高校及科研机构和企业界的 100 余名专家学者，与会代表围绕"经济发展方式转变与中国企业发展"这一主题展开了深入交流。

34. 2011 年 9 月 17~18 日 由中国企业管理研究会、经济管理出版社、《中国工业经济》杂志社、《比较管理》、《战略管理》及《人力资源管理评论》编辑部主办，山东大学管理学院承办，中国社会科学院管理科学与创新发展研究中心、首都经济贸易大学工商管理学院协办的"情境化、本土化理论与比较管理研究第四届全国比较管理研讨会"在泉城济南市举行。

35. 2011 年 11 月 25~27 日 由中国企业管理研究会、蒋一苇企业改革与发展学术基金会、广西大学、中国社会科学院管理科学与创新发展研究中心联合主办，广西大学商学院承办的"中国管理思想与实践学术研讨会暨中国企业管理研究会 2011 年年会"在广西大学举行。全国人大常委、中国社会科学院学部团代主席、经济学部主任、中国企业管理研究会会长陈佳贵参加了研究会并作主题发言。出席会议的有来自中国社会科学院、中国人民大学、厦门大学、复旦大学、暨南大学等高校及科研机构和企业界的 100 余名专家学者，与会代表围绕"中国管理思想与实践"这一主题展开了深入交流。

36. 2011 年 12 月 第十本中国企业管理研究会年度报告《经济发展方式转变与中国企业发展》由中国财政经济出版社正式出版。

37. 2012 年 9 月 14~16 日 由中国企业管理研究会、蒋一苇企业改革与发展学术基金会、河南大学、中国社会科学院管理科学与创新发展研究中心联合主办，河南大学工商管理学院承办的"管理学百年与中国管理学创新学术研讨会暨中国企业管理研究会 2012 年年会"在河南省开封市召开。来自北京大学、中国人民大学、厦门大学、同济大学、北京工业大学、中央财经大学、东北财经大学、重庆工商大学、辽宁大学、西安理工大学、江西财经大学等高等院校与中国社会科学院以及来自《经济管理》和《中国工业经济》杂志社的专家学者，来自国内外著名企业的商界人士，共计300余位代表参加了本次会议，会议共收到学术论文200余篇，其中8篇获得年会优秀论文奖。

38. 2012 年 10 月 26~27 日　由中国企业管理研究会、蒋一苇企业改革与发展学术基金会主办，香港卫生经济学会、香港理工大学专业与持续教育学院、首都经济贸易大学工商管理学院、经济管理出版社等单位联合承办的第五届全国比较管理研讨会"中国管理实践与比较管理理论创新"在香港召开。

39. 2012 年 10 月 28~29 日　由中国企业管理研究会、中国社会科学院工业经济研究所、中国社会科学院管理科学与创新发展研究中心联合主办，北京师范大学珠海分校（商学部及管理学院）承办的"珠港澳经济合作与企业发展"学术研讨会在珠海召开。

审读分工

  《管理学百年与中国管理学创新：中国企业管理研究会年度报告（2012~2013）》作为中国企业管理研究会年会会议资料，审稿任务重、质量要求高、编辑时间紧，六个编辑部的编辑和社领导均承担了本书的审读工作。承担本书一审工作的有：第一编辑部：谭伟、杜菲、张马；第二编辑部：杨雪、王琰、丁慧敏、赵喜勤；第三编辑部：王光艳、宋娜、杨雅琳；第四编辑部：魏晨红、胡茜、王格格；第五编辑部：郭丽娟、王琼、张达；第六编辑部：侯春霞、梁植睿。

  本书二审由勇生承担。

  本书三审由沈志渔承担。